NomosKommentar

Michael Krenzler [Hrsg.]

Rechtsdienstleistungsgesetz

Handkommentar

Dr. Henning Hübner, Rechtsanwalt und Notar, Bremerhaven | **Dr. Hans Klees,** Rechtsanwalt, Freiburg | **Dr. Michael Krenzler,** Rechtsanwalt, Fachanwalt für Familienrecht, Fachanwalt für Erbrecht, Freiburg | **Dr. Susanne Offermann-Burckart,** Rechtsanwältin, Düsseldorf | **Daniela Schmidt,** Rechtsanwältin, Berlin | **Karl-Michael Schmidt,** Rechtsanwalt, Berlin | **Joachim Teubel,** Rechtsanwalt und Notar, Hamm | **Klaus Winkler,** Rechtsanwalt, Kenzingen | **Tilman Winkler,** Rechtsanwalt, Kenzingen

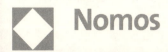

Die Deutsche Nationalbibliothek verzeichnet diese Publikation in
der Deutschen Nationalbibliografie; detaillierte bibliografische
Daten sind im Internet über http://dnb.d-nb.de abrufbar.

ISBN 978-3-8329-2934-3

1. Auflage 2010
© Nomos Verlagsgesellschaft, Baden-Baden 2010. Printed in Germany. Alle Rechte, auch die des Nachdrucks von Auszügen, der fotomechanischen Wiedergabe
und der Übersetzung, vorbehalten. Gedruckt auf alterungsbeständigem Papier.

Vorwort

Das am 1.7.2008 in Kraft getretene Rechtsdienstleistungsgesetz ist an die Stelle des „Gesetzes zur Verhütung von Mißbräuchen auf dem Gebiete der Rechtsberatung" aus dem Jahre 1935 getreten, das nach dem Zweiten Weltkrieg fortgalt und seit 1962 als „Rechtsberatungsgesetz" bezeichnet wurde. Ziel des Gesetzgebers war es, dieses historisch belastete Gesetz durch eine zeitgemäße Regelung zu ersetzen und sich dabei auch terminologisch von den Begrifflichkeiten des Rechtsberatungsgesetzes zu lösen. Das bürgerschaftliche Engagement bei der Erbringung von Rechtsdienstleistungen für Hilfsbedürftige sollte gestärkt und das Spannungsverhältnis zwischen verfassungsrechtlich geschützter Berufsfreiheit einerseits sowie dem Schutz der Rechtsuchenden, des Rechtsverkehrs und der Rechtsordnung vor unqualifizierten Rechtsdienstleistungen andererseits unter Berücksichtigung der dazu ergangenen Rechtsprechung des Bundesverfassungsgerichts und des Bundesgerichtshofs neu austariert werden.

Dies führte zu einer sowohl inhaltlich als auch strukturell vollständigen Neugestaltung des Gesetzes und damit auch zu einem entsprechenden Erläuterungsbedarf. Verstärkt wird dieses Informationsbedürfnis durch teilweise irreführende Darstellungen in der Öffentlichkeit zu den Auswirkungen des Rechtsdienstleistungsgesetzes. Denn es erlaubt eben nicht jedermann ohne jede Einschränkung die Erbringung von Rechtsdienstleistungen, sondern behält diese Tätigkeit grundsätzlich den hierzu ausdrücklich befugten Personen und Institutionen, vornehmlich der Rechtsanwaltschaft, vor und bindet die Befugnis zur Erbringung von Rechtsdienstleistungen im Übrigen an das Vorliegen strenger Voraussetzungen.

Die rechtliche Durchdringung aller Lebensbereiche macht allerdings eine berufliche Tätigkeit ohne die Erbringung von Rechtsdienstleistungen oft unmöglich, weshalb die Abgrenzung von erlaubter und verbotener Rechtsdienstleistung insbesondere für alle Dienstleister außerhalb der Anwaltschaft von größtem Interesse ist. Hierzu und zu allen anderen mit dem Rechtsdienstleistungsgesetz verbundenen Fragen will der vorliegende Handkommentar eine Antwort geben.

Mein Dank gilt vor allem den Mitautoren für ihre Beiträge, aber auch dem Verlag und seiner Lektorin, Frau Rechtsanwältin Gertrud Vorbuchner, für die intensive Unterstützung des Projekts.

Freiburg, im September 2009 *Dr. Michael Krenzler*

Bearbeiterverzeichnis

Dr. Henning Hübner, Rechtsanwalt und Notar, Bremerhaven, Vorsitzender des BRAO-Ausschusses der Bundesrechtsanwaltskammer (§§ 27, 93 BNotO; § 3 BeurkG)

Dr. Hans Klees, Rechtsanwalt, Freiburg, Geschäftsführer der Rechtsanwaltskammer Freiburg (§§ 16–20 RDG)

Dr. Michael Krenzler, Rechtsanwalt, Fachanwalt für Familienrecht, Fachanwalt für Erbrecht, Freiburg, Präsident der Rechtsanwaltskammer Freiburg, Vizepräsident der Bundesrechtsanwaltskammer (§ 2 Abs. 1 und § 5 RDG; § 7 RDGEG)

Dr. Susanne Offermann-Burckart, Rechtsanwältin, Düsseldorf, Hauptgeschäftsführerin der Rechtsanwaltskammer Düsseldorf, Vorsitzende des Ausschusses 1 der Satzungsversammlung (§ 2 Abs. 2, 3 und § 3 RDG; §§ 1–3 RDGEG)

Daniela Schmidt, Rechtsanwältin, Berlin (§§ 10, 11, 15 RDG)

Karl-Michael Schmidt, Rechtsanwalt, Berlin, Geschäftsführer des Instituts für Anwaltsrecht an der Humboldt-Universität zu Berlin (§§ 6–9, 12–14 RDG; RDV)

Joachim Teubel, Rechtsanwalt und Notar, Hamm, Mitglied des Ausschusses Bewertung von Anwaltskanzleien sowie des Ausschusses Rechtsanwaltsvergütung der Bundesrechtsanwaltskammer (§§ 1 und 4 RDG; §§ 49 b, 59 und 59 a BRAO)

Klaus Winkler, Rechtsanwalt, Kenzingen, Mitglied des Ausschusses Rechtsanwaltsvergütung der Bundesrechtsanwaltskammer (§ 4 RDGEG)

Tilman Winkler, Rechtsanwalt, Kenzingen (§§ 5 und 6 RDGEG)

Zitiervorschlag: Hk-RDG/*Bearbeiter*, § 1 RDG Rn 1

Inhaltsverzeichnis

Vorwort	5
Bearbeiterverzeichnis	7
Abkürzungsverzeichnis	11
Literaturverzeichnis	17

Gesetz über außergerichtliche Rechtsdienstleistungen (Rechtsdienstleistungsgesetz – RDG)

Teil 1: Allgemeine Vorschriften

§ 1	Anwendungsbereich	19
§ 2	Begriff der Rechtsdienstleistung	29
§ 3	Befugnis zur Erbringung außergerichtlicher Rechtsdienstleistungen	87
§ 4	Unvereinbarkeit mit einer anderen Leistungspflicht	99
§ 5	Rechtsdienstleistungen im Zusammenhang mit einer anderen Tätigkeit	104

Teil 2: Rechtsdienstleistungen durch nicht registrierte Personen

§ 6	Unentgeltliche Rechtsdienstleistungen	145
§ 7	Berufs- und Interessenvereinigungen, Genossenschaften	154
§ 8	Öffentliche und öffentlich anerkannte Stellen	169
§ 9	Untersagung von Rechtsdienstleistungen	184

Teil 3: Rechtsdienstleistungen durch registrierte Personen

§ 10	Rechtsdienstleistungen aufgrund besonderer Sachkunde	189
§ 11	Besondere Sachkunde, Berufsbezeichnungen	208
§ 12	Registrierungsvoraussetzungen	214
§ 13	Registrierungsverfahren	228
§ 14	Widerruf der Registrierung	235
§ 15	Vorübergehende Rechtsdienstleistungen	245

Teil 4: Rechtsdienstleistungsregister

§ 16	Inhalt des Rechtsdienstleistungsregisters	269
§ 17	Löschung von Veröffentlichungen	290

Teil 5: Datenübermittlung und Zuständigkeiten, Bußgeldvorschriften

§ 18	Umgang mit personenbezogenen Daten	295
§ 19	Zuständigkeit und Übertragung von Befugnissen	300
§ 20	Bußgeldvorschriften	302

Einführungsgesetz zum Rechtsdienstleistungsgesetz (RDGEG)

§ 1	Erlaubnisinhaber nach dem Rechtsberatungsgesetz	312
§ 2	Versicherungsberater	328
§ 3	Gerichtliche Vertretung	332
§ 4	Vergütung der registrierten Personen	344
§ 5	Diplom-Juristen aus dem Beitrittsgebiet	379
§ 6	Schutz der Berufsbezeichnung	388
§ 7	Übergangsvorschrift für Anträge nach dem Rechtsberatungsgesetz	389

Verordnung zum Rechtsdienstleistungsgesetz (Rechtsdienstleistungsverordnung – RDV)

§ 1	Bestimmung von Teilbereichen	392
§ 2	Nachweis der theoretischen Sachkunde	393
§ 3	Nachweis der praktischen Sachkunde	397
§ 4	Sachkundelehrgang	400
§ 5	Berufshaftpflichtversicherung	404
§ 6	Registrierungsverfahren	409
§ 7	Aufbewahrungsfristen	411
§ 8	Öffentliche Bekanntmachungen im Rechtsdienstleistungsregister	412
§ 9	Löschung von Veröffentlichungen	414
§ 10	Inkrafttreten	415

Änderungen durch das Gesetz zur Neuregelung des Rechtsberatungsrechts

(Auszug)

§ 27 BNotO		416
§ 93 BNotO		416
§ 49 b BRAO	Vergütung	417
§ 59 BRAO	Ausbildung von Referendaren	420
§ 59 a BRAO	Berufliche Zusammenarbeit	421
§ 3 BeurkG	Verbot der Mitwirkung als Notar	425

Stichwortverzeichnis.. 429

Abkürzungsverzeichnis

aA	anderer Ansicht
abl.	ablehnend
ABl. EG	Amtsblatt der Europäischen Gemeinschaften
ABl. EU	Amtsblatt der Europäischen Union
ABS	Asset-Backed-Securities
Abs.	Absatz
abw.	abweichend
ADR	alternative dispute resolution
aE	am Ende
aF	alte Fassung
AG	Aktiengesellschaft; Amtsgericht; Die Aktiengesellschaft (Zeitschrift)
AGG	Allgemeines Gleichbehandlungsgesetz
ähnl.	ähnlich
AktG	Aktiengesetz
allg.	allgemein
allgM	allgemeine Meinung
Alt.	Alternative
amtl.	amtlich
Anm.	Anmerkung
AnwBl	Anwaltsblatt
AO	Abgabenordnung
ArbGG	Arbeitsgerichtsgesetz
arg.	argumentum
Art.	Artikel
ASiG	Arbeitssicherheitsgesetz
Aufl.	Auflage
ausdr.	ausdrücklich
ausf.	ausführlich
AVO	Ausführungsverordnung
BaFin	Bundesanstalt für Finanzdienstleistungsaufsicht
BAföG	Bundesausbildungsförderungsgesetz
BauGB	Baugesetzbuch
BauR	baurecht (Zeitschrift)
BayObLG	Bayerisches Oberstes Landesgericht
BB	Betriebs-Berater (Zeitschrift)
BBiG	Berufsbildungsgesetz
Bd.	Band
BDIU	Bundesverband Deutscher Inkasso-Unternehmen e.V.
BDSG	Bundesdatenschutzgesetz
Begr.	Begründung
Beil.	Beilage
BerHG	Beratungshilfegesetz
BetrVG	Betriebsverfassungsgesetz
BeurkG	Beurkundungsgesetz
BfA	Bundesversicherungsanstalt für Angestellte
BFH	Bundesfinanzhof
BFH/NV	Sammlung amtlich nicht veröffentlichter Entscheidungen des BFH

BGB	Bürgerliches Gesetzbuch
BGBl.	Bundesgesetzblatt
BGG	Behindertengleichstellungsgesetz
BGH	Bundesgerichtshof
BGHZ	Entscheidungen des Bundesgerichtshofs in Zivilsachen
BMJ	Bundesminister(ium) der Justiz
BNotO	Bundesnotarordnung
BPersVG	Bundespersonalvertretungsgesetz
BR	Bundesrat
BRAGO	Bundesgebührenordnung für Rechtsanwälte
BRAK	Bundesrechtsanwaltskammer
BRAK-Mitt.	Mitteilungen der Bundesrechtsanwaltskammer
BRAO	Bundesrechtsanwaltsordnung
BRD	Bundesrepublik Deutschland
BR-Drucks.	Drucksache des Deutschen Bundesrates
BReg.	Bundesregierung
BRRG	Beamtenrechtsrahmengesetz
BSG	Bundessozialgericht
bspw	beispielsweise
BT	Bundestag
BT-Drucks.	Drucksache des Deutschen Bundestages
Buchst.	Buchstabe
BVerfG	Bundesverfassungsgericht
BVerfGE	Sammlung der Entscheidungen des Bundesverfassungsgerichts
BVerfGG	Bundesverfassungsgerichtsgesetz
BVerwG	Bundesverwaltungsgericht
BVerwGE	Sammlung der Entscheidungen des Bundesverwaltungsgerichts
BVG	Bundesversorgungsgesetz
BVSK	Bundesverband der freiberuflichen und unabhängigen Sachverständigen für das Kraftfahrzeugwesen e.V.
BW	Baden-Württemberg
BZRG	Bundeszentralregistergesetz
bzw	beziehungsweise
DAR	Deutsches Autorecht (Zeitschrift)
DB	Der Betrieb (Zeitschrift)
ders.	derselbe
DGRV	Deutscher Genossenschafts- und Raiffeisenverband e.V.
dh	das heißt
DNotZ	Deutsche Notar-Zeitschrift
DRiG	Deutsches Richtergesetz
DStR	Deutsches Steuerrecht (Zeitschrift)
DStRE	DStR Entscheidungsdienst
DtZ	Deutsch-Deutsche Rechtszeitschrift
DVBl	Deutsches Verwaltungsblatt (Zeitschrift)
E	Entwurf; Entscheidung (in der amtlichen Sammlung)
e.V.	eingetragener Verein
EBRG	Gesetz über Europäische Betriebsräte
EG	Europäische Gemeinschaft(en); Vertrag zur Gründung der Europäischen Gemeinschaft; Einführungsgesetz
EGBGB	Einführungsgesetz zum Bürgerlichen Gesetzbuche

Abkürzungsverzeichnis

EGG	Elektronisches Geschäftsverkehr-Gesetz
EGGVG	Einführungsgesetz zum Gerichtsverfassungsgesetz
EGV	Vertrag zur Gründung der Europäischen Gemeinschaft
EGZPO	Einführungsgesetz zur Zivilprozessordnung
Einl.	Einleitung
Erl.	Erläuterungen
EStG	Einkommensteuergesetz
etc.	et cetera
EU	Europäische Union
EuGH	Gerichtshof der Europäischen Gemeinschaften
EuR	Europarecht (Zeitschrift)
EuRAG	Gesetz über die Tätigkeit europäischer Rechtsanwälte in Deutschland
EuZW	Europäische Zeitschrift für Wirtschaftsrecht
EWR	Europäischer Wirtschaftsraum
f/ff	folgend(e)
FamFG	Gesetz über das Verfahren in Familiensachen und in den Angelegenheiten der freiwilligen Gerichtsbarkeit
FamRZ	Zeitschrift für das gesamte Familienrecht
FAO	Fachanwaltsordnung
FGG	Gesetz über die Angelegenheiten der freiwilligen Gerichtsbarkeit
FGG-RG	Gesetz zur Reform des Verfahrens in Familiensachen und in den Angelegenheiten der freiwilligen Gerichtsbarkeit
FGO	Finanzgerichtsordnung
Fn	Fußnote
FS	Festschrift
GbR	Gesellschaft bürgerlichen Rechts
GdW	Bundesverband deutscher Wohnungs- und Immobilienunternehmen
GenG	Genossenschaftsgesetz
GewO	Gewerbeordnung
GG	Grundgesetz
ggf	gegebenenfalls
GKG	Gerichtskostengesetz
GmbH	Gesellschaft mit beschränkter Haftung
GmbHG	Gesetz betreffend die Gesellschaften mit beschränkter Haftung
grds.	grundsätzlich
GRUR	Gewerblicher Rechtsschutz und Urheberrecht (Zeitschrift)
GüSchlG	Gütestellen- und Schlichtungsgesetz
GVG	Gerichtsverfassungsgesetz
GWB	Gesetz gegen Wettbewerbsbeschränkungen
HGB	Handelsgesetzbuch
HK; Hk	Handkommentar
hM	Herrschende Meinung
HOAI	Honorarordnung für Architekten und Ingenieure
HRG	Hochschulrahmengesetz
Hrsg.	Herausgeber
Hs	Halbsatz
HwO	Handwerksordnung

idF	in der Fassung
idR	in der Regel
iE	im Ergebnis
InsO	Insolvenzordnung
IPRax	Praxis des Internationalen Privat- und Verfahrensrechts
iSd	im Sinne des
iSv	im Sinne von
iVm	in Verbindung mit
JGG	Jugendgerichtsgesetz
juris	Juristisches Informationssystem für die Bundesrepublik Deutschland
JuS	Juristische Schulung (Zeitschrift)
JVEG	Justizvergütungs- und -entschädigungsgesetz
JZ	Juristenzeitung (Zeitschrift)
Kfz	Kraftfahrzeug
KG	Kammergericht; Kommanditgesellschaft
KirchE	Entscheidungen in Kirchensachen
KJ	Kritische Justiz (Zeitschrift)
KJHG	Kinder- und Jugendhilfegesetz
KOM	Kommissionsdokumente
KostO	Kostenordnung
krit.	kritisch
KSchG	Kündigungsschutzgesetz
LAG	Landesarbeitsgericht
LG	Landgericht
Lit.	Literatur
lit.	litera (Buchstabe)
LSG	Landessozialgericht
LSK	Leitsatzkartei des deutschen Rechts
m.	mit
m. Anm.	mit Anmerkung
MarkenG	Markengesetz
MDR	Monatsschrift für Deutsches Recht
MoMiG	Gesetz zur Modernisierung des GmbH-Rechts und zur Bekämpfung von Missbräuchen
MüKo	Münchener Kommentar
mwN	mit weiteren Nachweisen
n.v.	nicht amtlich veröffentlicht
Nachw.	Nachweise
nF	neue Fassung
NJOZ	Neue Juristische Online-Zeitschrift
NJW	Neue Juristische Wochenschrift
NJWE-WettbR	NJW-Entscheidungsdienst Wettbewerbsrecht
NJW-RR	NJW-Rechtsprechungs-Report Zivilrecht
Nr.	Nummer
NSDAP	Nationalsozialistische Deutsche Arbeiterpartei
NStZ	Neue Zeitschrift für Strafrecht

NStZ-RR	Neue Zeitschrift für Strafrecht Rechtsprechungs-Report
NVwZ	Neue Zeitschrift für Verwaltungsrecht
NW	Nordrhein-Westfalen
NZI	Neue Zeitschrift für Insolvenz und Sanierung
NZV	Neue Zeitschrift für Verkehrsrecht
OHG	offene Handelsgesellschaft
OLG	Oberlandesgericht
ÖRA	Öffentliche Rechtsauskunft- und Vergleichsstelle Hamburg
OVG	Oberverwaltungsgericht
OWiG	Gesetz über Ordnungswidrigkeiten
PAO	Patentanwaltsordnung
PartGG	Partnerschaftsgesellschaftsgesetz
PatAnwO	Patentanwaltsordnung
PatG	Patentgesetz
PBefG	Personenbeförderungsgesetz
PfandBG	Pfandbriefgesetz
PflVG	Pflichtversicherungsgesetz
Rbeistand	Der Rechtsbeistand (Zeitschrift)
RBerG	Rechtsberatungsgesetz
RDG	Rechtsdienstleistungsgesetz
RDGEG	Einführungsgesetz zum Rechtsdienstleistungsgesetz
RDV	Rechtsdienstleistungsverordnung
RefE	Referentenentwurf
RegE	Regierungsentwurf
RGBl.	Reichsgesetzblatt
RIW	Recht der Internationalen Wirtschaft (Zeitschrift)
RJM	Reichsjustizministerium
Rn	Randnummer
Rpfleger	Der Deutsche Rechtspfleger (Zeitschrift)
RPflG	Rechtspflegergesetz
Rs.	Rechtssache
Rspr.	Rechtsprechung
RVG	Rechtsanwaltsvergütungsgesetz
S.	Satz
SCEAG	Gesetz zur Ausführung der Verordnung (EG) Nr. 1435/2003 des Rates vom 22.7.2003 über das Statut der Europäischen Genossenschaft (SCE) (SCE-Ausführungsgesetz)
SGB	Sozialgesetzbuch
SGG	Sozialgerichtsgesetz
SigG	Signaturgesetz
Slg	Sammlung von Entscheidungen, Gesetzen etc.
sog.	so genannt(e)
SP	Schaden-Praxis (Zeitschrift)
SPV	Special-Purpose-Vehicle
StBerG	Steuerberatungsgesetz
StBGebV	Steuerberatergebührenverordnung
StGB	Strafgesetzbuch
StPO	Strafprozessordnung

StV	Strafverteidiger (Zeitschrift)
StVollzG	Strafvollzugsgesetz
SVertO	Schifffahrtsrechtliche Verteilungsordnung
TDG	Teledienstegesetz
TKG	Telekommunikationsgesetz
TKÜV	Telekommunikations-Überwachungsverordnung
TMG	Telemediengesetz
u.a.	unter anderem
UStG	Umsatzsteuergesetz
usw	und so weiter
uU	unter Umständen
UWG	Gesetz gegen den unlauteren Wettbewerb
VAG	Versicherungsaufsichtsgesetz
VersR	Versicherungsrecht (Zeitschrift)
VersVermV	Versicherungsvermittlungsverordnung
VG	Verwaltungsgericht
VGH	Verwaltungsgerichtshof
vgl	vergleiche
VO	Verordnung
VOB/B	Vergabe- und Vertragsordnung für Bauleistungen (VOB) Teil B
VV	Vergütungsverzeichnis
VVG	Versicherungsvertragsgesetz
VwGO	Verwaltungsgerichtsordnung
VwVfG	Verwaltungsverfahrensgesetz
WEG	Wohnungseigentumsgesetz
WertV	Wertermittlungsverordnung
WPO	Wirtschaftsprüferordnung
WRP	Wettbewerb in Recht und Praxis (Zeitschrift)
zB	zum Beispiel
ZfBR	Zeitschrift für deutsches und internationales Bau- und Vergaberecht
zfs	Zeitschrift für Sachverständige
ZIP	Zeitschrift für Wirtschaftsrecht
zit.	zitiert
ZKM	Zeitschrift für Konfliktmanagement
ZPO	Zivilprozessordnung
ZRP	Zeitschrift für Rechtspolitik
zT	zum Teil
ZVG	Gesetz über die Zwangsversteigerung und die Zwangsverwaltung

Literaturverzeichnis

Baumbach/Lauterbach/Albers/Hartmann, Zivilprozessordnung, Kommentar, 66. Aufl. 2008

Chemnitz/Johnigk, Rechtsberatungsgesetz, Kommentar, 11. Aufl. 2003

Dreyer/Lamm/Müller, RDG, Praxiskommentar, 2008

Erbs/Kohlhaas (Hrsg.), Strafrechtliche Nebengesetze, Loseblatt, 169. Ergänzungslieferung 2008

Eversloh, Das neue Rechtsdienstleistungsgesetz – Die große Reform der Rechtsberatung, 2008

Feuerich/Weyland, Bundesrechtsanwaltsordnung, Kommentar, 7. Aufl. 2008

Finzel, Kommentar zum Rechtsdienstleistungsgesetz mit Ausführungsverordnungen und ergänzenden Vorschriften, 2008

Gerold/Schmidt, Rechtsanwaltsvergütungsgesetz, Kommentar, 18. Aufl. 2008

Göhler, Ordnungswidrigkeitengesetz, Kommentar, 14. Aufl. 2006

Gola/Schomerus, Bundesdatenschutzgesetz, Kommentar, 9. Aufl. 2007

Grunewald/Römermann (Hrsg.), Rechtsdienstleistungsgesetz, Kommentar, 2008

Hartmann, Kostengesetze, Kommentar, 39. Aufl. 2009

Hartung/Römermann (Hrsg.), Berufs- und Fachanwaltsordnung, Kommentar, 4. Aufl. 2008

Hartung/Römermann/Schons, Praxiskommentar zum Rechtsanwaltsvergütungsgesetz, 2. Aufl. 2006

Henssler, Partnerschaftsgesellschaftsgesetz, Kommentar, 2. Aufl. 2008

Henssler/Koch, Mediation in der Anwaltspraxis, 2. Aufl. 2004

Henssler/Prütting (Hrsg.), Bundesrechtsanwaltsordnung, Kommentar, 2. Aufl. 2004 (3. Aufl. 2009 ist gesondert ausgewiesen)

Hinne/Klees/Müllerschön/Teubel/Winkler, Vereinbarungen mit Mandanten. Vergütungsvereinbarungen, Mandatsbedingungen, Haftungsbeschränkungen, Verhandlungsführung, 2. Aufl. 2008

Hommerich/Kilian, Vergütungsvereinbarungen deutscher Rechtsanwälte – Eine empirische Untersuchung der Vergütungspraxis der deutschen Anwaltschaft, 2006

Jonas, Das Gesetz zur Verhütung von Mißbräuchen auf dem Gebiet der Rechtsberatung, 1936

Karlsruher Kommentar zum Ordnungswidrigkeitengesetz, 3. Aufl. 2006

Karlsruher Kommentar zur Strafprozessordnung, 6. Aufl. 2008

Kilian/Sabel/vom Stein, Das neue Rechtsdienstleistungsrecht, 2008

Literaturverzeichnis

Kleine-Cosack, Rechtsberatungsgesetz, Kommentar, 2004

Kleine-Cosack, Rechtsdienstleistungsgesetz, Kommentar, 2. Aufl. 2008

Kopp/Ramsauer, Verwaltungsverfahrensgesetz, Kommentar, 10. Aufl. 2008

Lemke/Mosbacher, Ordnungswidrigkeitengesetz, Kommentar, 2. Aufl. 2005

Löwe/Rosenberg, Strafprozessordnung, Großkommentar, Band 2, 26. Aufl. 2007

Mayer/Kroiß (Hrsg.), Rechtsanwaltsvergütungsgesetz, Handkommentar, 3. Aufl. 2008 (zit.: HK-RVG/*Bearbeiter*)

Mayer/Winkler, Erfolgshonorar. Grundlagen, Erläuterungen, Muster, 2008

Meyer-Goßner, Strafprozessordnung, Kommentar, 49. Aufl. 2006

Meyer-Ladewig/Keller/Leitherer, Sozialgerichtsgesetz, Kommentar, 9. Aufl. 2008

Münchener Kommentar zum Strafgesetzbuch, Band 2/2, 2005

Palandt, Bürgerliches Gesetzbuch, Kommentar, 68. Aufl. 2009

Pöhlmann/Fandrich/Bloehs, Genossenschaftsgesetz, Kommentar, 3. Aufl. 2007

Prütting, Rechtsberatung zwischen Deregulierung und Verbraucherschutz, Gutachten G für den 65. Deutschen Juristentag, Verhandlungen des 65. Deutschen Juristentages Bonn 2004, Band I, 2004

Rennen/Caliebe, Rechtsberatungsgesetz, Kommentar, 3. Aufl. 2001

Rottleuthner/Klose, Rechtsberatung zwischen Deregulierung und Verbraucherschutz, Gutachten H für den 65. Deutschen Juristentag, Verhandlungen des 65. Deutschen Juristentages Bonn 2004, Band I, 2004

Rücker, Rechtsberatung – Das Rechtsberatungswesen von 1919–1945 und die Entstehung des Rechtsberatungsmissbrauchsgesetzes von 1935, Diss., 2007

Schaub, Arbeitsrechts-Handbuch, 12. Aufl. 2007

Schneider/Wolf (Hrsg.), AnwaltKommentar RVG, 4. Aufl. 2008 (zit.: AnwK-RVG/*Bearbeiter*)

Schönke/Schröder, Strafgesetzbuch, Kommentar, 27. Aufl. 2006

Schorn, Die Rechtsberatung, 2. Aufl. 1967

Stelkens/Bonk/Sachs (Hrsg.), Verwaltungsverfahrensgesetz, Kommentar, 7. Aufl. 2008

Tilch/Arloth (Hrsg.), Deutsches Rechts-Lexikon, 3. Aufl. 2001

Unseld/Degen, Rechtsdienstleistungsgesetz, Kommentar, 2009

von Lewinski, Grundriss des Anwaltlichen Berufsrechts, 2. Aufl. 2008

Zöller, Zivilprozessordnung, Kommentar, 26. Aufl. 2007

Gesetz über außergerichtliche Rechtsdienstleistungen (Rechtsdienstleistungsgesetz – RDG)

Vom 12.12.2007 (BGBl. I S. 2840)[1] (BGBl. III 303-20)
zuletzt geändert durch Gesetz zur Modernisierung von Verfahren im anwaltlichen und notariellen Berufsrecht, zur Errichtung einer Schlichtungsstelle der Rechtsanwaltschaft sowie zur Änderung sonstiger Vorschriften vom 30.7.2009 (BGBl. I S. 2449, 2472)[2]

Teil 1
Allgemeine Vorschriften

§ 1 Anwendungsbereich

(1) Dieses Gesetz regelt die Befugnis, außergerichtliche Rechtsdienstleistungen zu erbringen. Es dient dazu, die Rechtsuchenden, den Rechtsverkehr und die Rechtsordnung vor unqualifizierten Rechtsdienstleistungen zu schützen.

(2) Regelungen in anderen Gesetzen über die Befugnis, Rechtsdienstleistungen zu erbringen, bleiben unberührt.

I. Entstehungsgeschichte des RDG 1	d) Verfahren vor den Vergabekammern nach § 102 GWB 32
II. Anwendungsbereich des Gesetzes (Abs. 1 S. 1) 6	e) Zwangsvollstreckungsverfahren 34
1. RDG als Verbotsgesetz mit Erlaubnisvorbehalt 7	f) Disziplinar- und berufsrechtliche Verfahren 36
2. Erlaubte Rechtsdienstleistung 11	III. Schutzzweck des RDG (Abs. 1 S. 2) 37
3. „Außergerichtliche" Rechtsdienstleistung 15	1. Ziel des RDG 37
4. Gerichtliche Verfahren 22	2. Schutz der Rechtsuchenden ... 39
a) Strafverfahren 23	3. Schutz des Rechtsverkehrs 47
b) Schiedsgerichtsverfahren ... 25	4. Schutz der Rechtsordnung 51
c) Zeugenbeistand 29	IV. Vorrang von Sonderregelungen (Abs. 2) 53

I. Entstehungsgeschichte des RDG

Das „Gesetz über außergerichtliche Rechtsdienstleistungen (Rechtsdienstleistungsgesetz – RDG)" löst das letztlich aus dem Jahre 1935[1] stammende, seit 1962 so bezeichnete Rechtsberatungsgesetz (RBerG)[2] ab. Das ursprüngliche Gesetz war geprägt durch das Bestreben, jüdische Juristinnen und Juristen aus allen Bereichen des Rechts auszuschließen und die Sozialrechtsberatung allein den Organisationen der NSDAP vorzubehalten. Auch wenn die entsprechenden Pas- 1

---

1 Verkündet als Art. 1 des Gesetzes zur Neuregelung des Rechtsberatungsrechts vom 12.12.2007 (BGBl. I S. 2840). In Kraft ab 18.12.2007 bzw 1.7.2008.
2 In Kraft ab 28.12.2009.
1 Gesetz zur Verhütung von Mißbräuchen auf dem Gebiet der Rechtsberatung (Rechtsberatungsmißbrauchsgesetz) vom 13.12.1935 (RGBl. I S. 1478, BGBl. III 303-12).
2 Außerkrafttreten durch Art. 20 S. 4 Nr. 1 des Gesetzes zur Neuregelung des Rechtsberatungsrechts vom 12.12.2007 (BGBl. I S. 2840, 2860).

sagen bei der Wiedereinführung 1962 entfernt worden sind, blieb doch dieser „Geburtsmakel" des Rechtsberatungsgesetzes und prägte die öffentliche Diskussion über dieses Gesetz. Um u.a. diese grundlegende Abkehr von dem Rechtsberatungsgesetz zu dokumentieren, sollte bewusst keine Gesetzesänderung, sondern eine vollständige Ablösung des Rechtsberatungsgesetzes mit einer neuen Bezeichnung erfolgen.

2 Wesentliche weitere Gründe für das neue Gesetz waren die systematischen Unzulänglichkeiten des Rechtsberatungsgesetzes und die erheblichen Korrekturen, die vor allem durch das BVerfG jedenfalls seit der am 29.10.1997 erlassenen „MasterPat"-Entscheidung vorgenommen wurden.[3] Danach unterfielen Spezialdienstleistungen, die nicht die volle juristische Kompetenz eines Rechtsanwalts erfordern, regelmäßig nicht dem Anwendungsbereich des Rechtsberatungsgesetzes. Ebenso hat das BVerfG die unentgeltliche Rechtsberatung durch Volljuristen für zulässig erachtet.[4] Umstritten war, ob und in welchem Umfang der Kernbereich der Rechtsdienstleistung Rechtsanwälten vorbehalten bleiben sollte. Dabei waren vor allem die europarechtlichen Vorgaben, aber auch die Regulierungsvorstellungen des deutschen Gesetzgebers zu beachten. Letztlich führte das zu der Koalitionsvereinbarung vom 16.10.2002, die vorsah, das Rechtsberatungsgesetz den geänderten gesellschaftlichen Vorstellungen anzupassen.

3 Unmittelbar vor dem 65. Deutschen Juristentag in Bonn, der die Neuregelung der Rechtsdienstleistung zum Thema hatte, legte die Bundesjustizministerin *Brigitte Zypries* einen Diskussionsentwurf zur Neuregelung des Rechtsberatungsrechts[5] vom 6.9.2004 vor. Auf dem 65. Deutschen Juristentag (21.9. bis 24.9.2004) wurden die Reformüberlegungen eingehend diskutiert. Die Beschlüsse zielten überwiegend in Richtung der alleinigen Rechtsdienstleistung durch Rechtsanwälte.

4 Nach einem Eckpunktepapier vom 30.3.2005 wurde am 14.4.2005 ein Referentenentwurf eines Gesetzes zur Neuregelung des Rechtsberatungsrechts vorgelegt, der dann am 23.8.2006 mit geringen Änderungen zum Regierungsentwurf wurde. Der Bundesrat nahm in wesentlichen Punkten eine abweichende Haltung ein.[6] Der Gesetzentwurf vom 30.11.2006[7] blieb im Wesentlichen bei den ursprünglichen Vorstellungen des BMJ.

5 Umstritten war im Gesetzgebungsgang die Definition der Rechtsdienstleistung in § 2, somit die Frage, worauf das Gesetz überhaupt anwendbar ist. Ursprünglich sollte nur die Rechtsberatung oder Rechtsbesorgung als Rechtsdienstleistung gelten, die eine besondere Prüfung der Rechtslage im Sinne eines juristischen Subsumtionsvorgangs voraussetzt. Umstritten war weiterhin die Frage, in welchem Umfang Rechtsdienstleistungen ohne weiteres erlaubt sein sollten, die im Zusammenhang mit einer anderen geschäftsbesorgenden Tätigkeit anfallen (§ 5). Schließlich war auch die Neuregelung über die berufliche Zusammenarbeit von Rechtsanwälten mit anderen Berufen umstritten. In den Gesetzesberatungen setzte sich der weitere Begriff der Rechtsdienstleistung durch. Die Reform des

---

[3] BVerfG 29.10.1997 – 1 BvR 780/87, BVerfGE 97, 12 = NJW 1998, 3481.
[4] BVerfG 29.7.2004 – 1 BvR 737/00, NJW 2004, 2662; BVerfG 16.2.2006 – 2 BvR 951/04, FamRZ 2006, 539.
[5] Beilage zu NJW Heft 38/2004.
[6] Beschlüsse des Bundesrates vom 13.10.2006, BR-Drucks. 623/06.
[7] BT-Drucks. 16/3655.

II. Anwendungsbereich des Gesetzes (Abs. 1 S. 1)

Abs. 1 S. 1 stellt fest, was das RDG regelt: Es regelt die Befugnis, **außergerichtliche Rechtsdienstleistungen** zu erbringen. 6

1. RDG als Verbotsgesetz mit Erlaubnisvorbehalt. Was unter der Befugnis, bestimmte Dienstleistungen zu erbringen, zu verstehen ist, ergibt sich aus § 3. Danach ist die selbständige Erbringung außergerichtlicher Rechtsdienstleistungen nur in dem Umfang zulässig, in dem sie durch das RDG oder durch oder aufgrund anderer Gesetze erlaubt wird. Daraus folgt, dass das RDG ein **Verbotsgesetz mit Erlaubnisvorbehalt** ist, dh, die selbständige Erbringung außergerichtlicher Rechtsdienstleistungen ist grundsätzlich verboten, es sei denn, sie ist durch das RDG oder durch oder aufgrund anderer Gesetze erlaubt. 7

Das Verbot ist nur in sehr eingeschränktem Umfang strafbewehrt. Ordnungswidrig ist es nur, bestimmte in § 10 Abs. 1 S. 1 genannte Rechtsdienstleistungen (Inkassodienstleistungen, Nr. 1; Rentenberatung, Nr. 2; Rechtsdienstleistungen in einem ausländischen Recht, Nr. 3) ohne Registrierung zu leisten. Darüber hinaus kann die zuständige Behörde bestimmte Rechtsdienstleistungen untersagen; der Verstoß gegen diese Untersagungsverfügung ist wiederum eine Ordnungswidrigkeit (§ 20 Abs. 1 Nr. 2). 8

Die wesentliche Funktion des Verbots besteht darin, dass Verträge, die auf verbotene Rechtsdienstleistungen gerichtet sind, gemäß § 134 BGB nichtig sind, insoweit also eine wirksame Tätigkeit nicht ausgeübt werden kann (zB können außergerichtlich Ansprüche nicht wirksam für einen Auftraggeber geltend gemacht werden) und insbesondere keine Vergütungsansprüche des unzulässig Tätigwerdenden begründet werden. Wird gleichwohl gezahlt, kann nach § 812 BGB die Leistung zurückverlangt werden, es sei denn, der Leistungsempfänger wusste, dass der Dienstleistungsvertrag nichtig ist. 9

Darüber hinaus muss derjenige, der sich über das Verbot hinwegsetzt, befürchten, von Mitbewerbern – das sind vor allem Rechtsanwälte – auf Unterlassung unlauteren Wettbewerbs (§§ 3, 4 Nr. 11 UWG) in Anspruch genommen zu werden; auch ein entsprechendes Vorgehen der Anwaltsvereine und der Rechtsanwaltskammern ist möglich. 10

2. Erlaubte Rechtsdienstleistung. Verboten ist die außergerichtliche Rechtsdienstleistung, soweit sie nicht ausnahmsweise erlaubt ist. 11

Was unter einer „**Rechtsdienstleistung**" zu verstehen ist, ist in § 2 geregelt. Soweit eine bestimmte Dienstleistung nicht unter den Begriff der Rechtsdienstleistung in § 2 Abs. 1 fällt, also keine Tätigkeit in konkreten fremden Angelegenheiten, die eine rechtliche Prüfung des Einzelfalls erfordern, ist (siehe § 2 Rn 12 ff), greift das RDG nicht ein. § 2 Abs. 2 regelt näher, dass Inkassodienstleistungen grds. Rechtsdienstleistungen sind (siehe § 2 Rn 54 ff). § 2 Abs. 3 nimmt bestimmte Dienstleistungen, die möglicherweise unter den allgemeinen Begriff der Rechtsdienstleistung fallen könnten, aus dem Schutzbereich aus (siehe § 2 Rn 148 ff). Die §§ 5 bis 8 und § 10 regeln, welche Rechtsdienstleistungen nach RDG ausdrücklich erlaubt sind. 12

13 Daneben bleiben Rechtsdienstleistungen erlaubt, wenn sie durch oder aufgrund anderer Gesetze erlaubt sind (§ 1 Abs. 2 und § 3). Zu den in anderen Gesetzen geregelten Befugnissen, Rechtsdienstleistungen zu erbringen, gehört insbesondere die sich aus § 3 BRAO ergebende Befugnis der Rechtsanwälte zur Beratung und Vertretung in allen Rechtsangelegenheiten.

14 Die Möglichkeit, durch andere Gesetze die Erbringung außergerichtliche Rechtsdienstleistungen zu erlauben, beschränkt sich nicht auf die bei Erlass des RDG bestehenden Gesetze; die Befugnis kann auch zukünftig durch neue Gesetze konstituiert werden.

15 3. **„Außergerichtliche" Rechtsdienstleistung.** Das RDG beschränkt den Anwendungsbereich bewusst auf die **außergerichtliche** Rechtsdienstleistung. Die gerichtliche Rechtsdienstleistung ist im Rahmen des Gesetzes zur Neuregelung des Rechtsberatungsrechts vom 12.12.2007[8] neu geregelt in den Art. 8 bis 16 betreffend das zivilprozessuale Verfahren (Art. 8), das Insolvenzverfahren (Art. 9), die freiwillige Gerichtsbarkeit (Art. 10), das gerichtliche Verfahren in Landwirtschaftssachen (Art. 10 a), das arbeitsgerichtliche Verfahren (Art. 11), das sozialgerichtliche Verfahren (Art. 12), das verwaltungsgerichtliche Verfahren (Art. 13), das finanzgerichtliche Verfahren (Art. 14), das patentgerichtliche Verfahren (Art. 15) und das markenrechtliche Verfahren vor dem Patentgericht (Art. 16).

16 Die Unterscheidung zwischen **außergerichtlicher** und **gerichtlicher** Rechtsdienstleistung wird im RDG nicht definiert. Nach der Begründung des Gesetzentwurfs[9] sind alle Handlungen dann **außergerichtlich**, wenn sie **nicht an das Gericht adressiert** sind. Außergerichtlich sind danach auch solche Rechtsdienstleistungen, die im Zusammenhang mit einem gerichtlichen Verfahren stehen, etwa Verhandlungen mit dem Prozessgegner während eines bereits anhängigen gerichtlichen Mahn- oder Klageverfahrens, Vollstreckungshandlungen, fortlaufende Beratungen einer Prozesspartei und die Vorbereitung von Schriftsatzentwürfen an das Gericht.

17 Die Entwurfsbegründung steht damit in einem gewissen Widerspruch zur Unterscheidung zwischen gerichtlichen und außergerichtlichen Angelegenheiten im anwaltlichen Vergütungsrecht. Nach § 4 Abs. 2 RVG können in außergerichtlichen Angelegenheiten Vergütungen vereinbart werden, die niedriger sind als die gesetzlichen Gebühren. Die in Teil 2 des Vergütungsverzeichnisses („Außergerichtliche Tätigkeiten einschließlich der Vertretung im Verwaltungsverfahren") bezeichneten Gebühren beziehen sich ausschließlich auf außergerichtliche Tätigkeiten, und zwar im Gegensatz zu den in Teil 3 des Vergütungsverzeichnisses geregelten Gebühren für die Tätigkeiten in Zivilsachen, Verfahren der öffentlich-rechtlichen Gerichtsbarkeiten, Verfahren nach dem Strafvollzugsgesetz und ähnlichen Verfahren. Die Vergütung für die Tätigkeit im gerichtlichen Verfahren fällt auch insoweit an, als es sich um Vorbereitungshandlungen und/oder außergerichtliche Verhandlungen handelt, sofern nur ein unbedingter Klageauftrag erteilt worden ist (vgl § 19 Abs. 1 S. 2 Nr. 1 und 2 RVG). Während also im anwaltlichen Vergütungsrecht der Inhalt der Tätigkeit, gemessen an dem erteilten

---

8 BGBl. I S. 2840.
9 BT-Drucks. 16/3655, S. 45.

Anwaltsauftrag, maßgeblich ist, soll nach der Entwurfsbegründung für das RDG der **Adressat der Tätigkeit** maßgeblich sein.

Bei der Auslegung des RDG ist zu berücksichtigen, dass jede Rechtsdienstleistung entweder außergerichtliche Rechtsdienstleistung oder gerichtliche Rechtsdienstleistung sein soll und muss, da es angesichts der Regulierung sowohl der außergerichtlichen als auch der gerichtlichen Rechtsdienstleistung keinen unregulierten Zwischenraum zwischen den beiden Regelungsfeldern geben soll und kann. **18**

Die Regelung der Rechtsdienstleistungsbefugnis für den **gerichtlichen** Bereich hat das RDG bewusst den **Verfahrensordnungen** vorbehalten. Die Verfahrensordnungen übernehmen aber nicht das System des Vergütungsrechts, regeln also nicht, wann eine gerichtliche Tätigkeit vorliegt, sondern regeln, wer bestimmte Prozesshandlungen ausführen darf, wer also postulationsfähig ist. Die ZPO regelt also nicht, wer außergerichtliche Vergleichsverhandlungen führen darf, sondern bestimmt, wer wirksam Anträge vor Gericht stellen darf. Demgemäß regeln die Prozessordnungen die Voraussetzungen für die Wirksamkeit von Handlungen gegenüber dem Gericht. Demgemäß bestimmt § 79 Abs. 2 ZPO idF des Art. 8 des Gesetzes zur Neuregelung des Rechtsberatungsrechts, wer als Bevollmächtigter im Parteiprozess vertretungsbefugt ist, und zwar gegenüber dem Gericht. **19**

Würde man die vorbereitende Tätigkeit eines „Prozessagenten", die noch nicht an das Gericht adressiert ist, oder die Mitwirkung bei außergerichtlichen Vergleichsverhandlungen während eines laufenden Rechtsstreits als gerichtliche Rechtsdienstleistung definieren, gäbe es insoweit keine Regelung der Rechtsdienstleistungsbefugnis, da § 79 ZPO für den Parteiprozess (und die übrigen Vorschriften nach Art. 8 ff des Gesetzes zur Neuregelung des Rechtsberatungsrechts für die übrigen Verfahren) diese Tätigkeit nicht regelt. **20**

Unter **gerichtlicher** Rechtsdienstleistung ist also die Dienstleistung zu verstehen, die in den gerichtlichen Verfahrensordnungen geregelt ist, regelmäßig gerichtet **an das Gericht.** **21**

4. Gerichtliche Verfahren. Es bleibt die Frage, welche Verfahren, die nicht ausdrücklich in Art. 8 ff des Gesetzes zur Neuregelung des Rechtsberatungsrechts genannt sind, als gerichtliche Verfahren anzusehen sind. **22**

a) Strafverfahren. Mit Rücksicht auf § 138 StPO hat der Gesetzgeber eine weitere Regelung der Rechtsdienstleistung im Strafverfahren nicht für geboten erachtet. Nach § 138 StPO können zu Verteidigern Rechtsanwälte und die Rechtslehrer an deutschen Hochschulen mit Befähigung zum Richteramt sowie andere Personen nur mit Genehmigung des Gerichts bestellt werden. Damit ist sowohl für das Ermittlungsverfahren als auch für das Hauptverfahren geklärt, unter welchen Voraussetzungen die Rechtsdienstleistung als Verteidiger zulässig ist. Mit der Erhebung der Klage (§ 151 StPO), spätestens mit der Entscheidung über die Eröffnung des Hauptverfahrens (§ 199 StPO) handelt es sich um ein gerichtliches Verfahren; insoweit greift also das RDG nicht ein. **23**

Denkbar ist, dass Rechtsdienstleistung im Ermittlungsverfahren erbracht wird, ohne dass der Rechtsdienstleistende Verteidiger ist. Zu denken wäre etwa an unentgeltliche Beistandsleistungen im Ermittlungsverfahren, die nach § 6 unter bestimmten Voraussetzungen zulässig sein können. Derartige Beistandsleistungen wären auch während des gerichtlichen Hauptsacheverfahrens zulässig, so- **24** weit sie sich nicht auf die Vertretung vor dem Gericht, also die Verteidigung, beziehen.

25 **b) Schiedsgerichtsverfahren.** Bei den durch Rechtsnorm eingesetzten Schiedsgerichten (sog. **unechten Schiedsgerichten**)[10] bestimmt die einschlägige Rechtsnorm, ob und unter welchen Umständen Rechtsdienstleister in diesen Verfahren tätig werden dürfen. Fehlt eine solche Bestimmung, wird das RDG nicht anwendbar sein, weil durch Rechtsnormen eingesetzte Schiedsgerichte ersichtlich nicht eine außergerichtliche Rechtsdienstleistung ermöglichen.

26 Die privatrechtlichen Schiedsverfahren iSd §§ 1025 ff ZPO (sog. **echte Schiedsgerichte**) zeichnen sich dadurch aus, dass die öffentlich-rechtlichen Organe der Justizhoheit durch frei gewählte Privatpersonen als Schiedsrichter ersetzt werden.[11] Sie sind daher nicht nur materielle Rechtsprechung, sondern auch nicht außergerichtliche Institutionen iSv § 1.

27 Gemäß § 1042 Abs. 3 ZPO können die Parteien, vorbehaltlich der zwingenden Vorschriften des 10. Buches der ZPO, das Verfahren selbst oder durch Bezugnahme auf eine schiedsrichterliche Verfahrensordnung regeln; fehlt es daran, bestimmen die Schiedsrichter das Verfahren nach freiem Ermessen. Hinsichtlich der Vertretungsbefugnis bestimmt § 1042 Abs. 2 ZPO, dass Rechtsanwälte als Bevollmächtigte nicht ausgeschlossen werden dürfen. Das bedeutet im Umkehrschluss, dass entweder durch Parteivereinbarung oder, falls es daran fehlt, durch Ermessensentscheidung des Schiedsgerichts alle anderen Rechtsdienstleister ausgeschlossen oder zugelassen werden können.

28 Es besteht in diesen Fällen also kein Bedürfnis für die Anwendung des RDG. Da das echte Schiedsgerichtsverfahren auf Parteivereinbarung beruht, die Parteien also Herr des Verfahrens sind, bestehen auch keine verfassungsrechtlichen Bedenken aus Art. 12 GG gegen einen vereinbarten völligen Ausschluss nichtanwaltlicher Rechtsdienstleistender im Schiedsgerichtsverfahren. Ebenso müssen es die Parteien und ggf das Schiedsgericht entscheiden, ob eine großzügige Zulassung nichtanwaltlicher Rechtsdienstleistender dem Verfahren abträglich ist oder nicht.

29 **c) Zeugenbeistand.** Der Zeugenbeistand ist regelmäßig in den einschlägigen Verfahrensordnungen nicht geregelt. Gleichwohl kann grds. jeder Zeuge verlangen, dass er vor Gerichten nur in Anwesenheit seines eigenen Beistandes vernommen wird.[12]

30 Das Beistandleisten bei der gerichtlichen Vernehmung eines Zeugen ist gerichtliche Rechtsdienstleistung, so dass das RDG nicht gilt.

31 Die Neufassung der Vorschrift des § 90 ZPO über die Beistandsleistung in Art. 8 des Gesetzes zur Neuregelung des Rechtsberatungsrechts hat der Gesetzgeber leider nicht dazu genutzt, die Zulässigkeit des Zeugenbeistands zu regeln. Das führt zur generellen Zulässigkeit jedes Zeugenbeistands, dessen Tätigkeit nur im Einzelfall bei Störung der Verhandlung nach §§ 177 ff GVG, § 158 ZPO unterbunden werden kann.

---

10 Baumbach/Lauterbach/*Albers*, ZPO, § 1025 Rn 1 (zu Grundzüge).
11 BGH 5.5.1986 – III ZR 233/84, NJW 1986, 3078.
12 BVerfG 8.10.1974 – 2 BvR 747/73, 2 BvR 748/73, 2 BvR 749/73, 2 BvR 750/73, 2 BvR 751/73, 2 BvR 752/73, 2 BvR 753/73, NJW 1975, 103.

d) Verfahren vor den Vergabekammern nach § 102 GWB. Das Verfahren vor den Vergabekammern ist zwar gerichtsähnlich, gleichwohl handelt es sich um ein Verwaltungsverfahren, da die Vergabekammern gemäß § 114 Abs. 3 S. 1 GWB durch Verwaltungsakt entscheiden. Demgemäß gilt für die Tätigkeit das RDG.

32

Das Verfahren im Zusammenhang mit der sofortigen Beschwerde gegen Entscheidungen der Vergabekammern an das Oberlandesgericht nach § 116 GWB ist wiederum gerichtliches Verfahren.

33

e) Zwangsvollstreckungsverfahren. Auch wenn das Zwangsvollstreckungsverfahren in den einschlägigen Verfahrensvorschriften geregelt ist, handelt es sich nur insoweit um ein gerichtliches Verfahren, als im Einzelfall Vollstreckungsmaßnahmen durch das Gericht anzuordnen sind oder über Rechtsmittel das Gericht entscheidet. Dagegen ist die Tätigkeit des Gerichtsvollziehers einschließlich der Abnahme der eidesstattlichen Versicherung außergerichtliche Tätigkeit, demgemäß das RDG einschlägig. Für die Inkassodienstleistung gelten die §§ 2 Abs. 2 und 10.

34

Soweit in der zivilgerichtlichen Zwangsvollstreckung das Gericht zu entscheiden hat (zB Pfändungs- und Überweisungsbeschlüsse, Entscheidung über Erinnerungen), gilt § 79 ZPO idF des Gesetzes zur Neuregelung des Rechtsberatungsrechts.

35

f) Disziplinar- und berufsrechtliche Verfahren. Soweit das Disziplinarverfahren innerhalb der Behörde geführt wird (Dienstvorgesetzter oder gesonderte Disziplinarbehörde), gilt für die Vertretung und das Beistandleisten in den Fällen, in denen keine gesonderte gesetzliche Vorschrift eingreift, das RDG; gegenüber dem Disziplinargericht bzw dem Berufsgericht gilt das RDG nicht; es kommt darauf an, ob die einschlägigen Verfahrensordnungen spezielle Regelungen für die Vertretungsbefugnis enthalten.

36

III. Schutzzweck des RDG (Abs. 1 S. 2)

1. Ziel des RDG. Abs. 1 S. 2 definiert den **Schutzzweck** des RDG. Diese Definition hat eine doppelte Bedeutung: Zum einen rechtfertigt der Gesetzgeber gegenüber dem Grundgesetz – Art. 12 GG – und gegenüber dem Europarecht die in dem RDG liegende Einschränkung der Berufsfreiheit. Zum anderen können die definierten Schutzzwecke bei der Auslegung des RDG herangezogen werden.

37

Das BVerfG hat in ständiger Rechtsprechung grds. die mit dem RBerG verbundene Einschränkung der Berufsfreiheit nach Art. 12 GG mit dem notwendigen Schutz der Rechtsuchenden,[13] den Belangen der geordneten Rechtspflege[14] und dem Schutz der Allgemeinheit vor ungeeigneten Rechtsberatern[15] gerechtfertigt. Diese Rechtsprechung ist von den anderen oberen Bundesgerichten, insbesondere vom BVerwG[16] und vom BGH,[17] übernommen worden. Auch der EuGH

38

---

13 BVerfG 29.10.1997 – 1 BvR 780/87, NJW 1998, 3481; BVerfG 29.7.2004 – 1 BvR 737/00, NJW 2004, 2662; BVerfG 20.2.2002 – 1 BvR 423/99, 1 BvR 821/00, 1 BvR 1412/01, NJW 2002, 1190; BVerfG 15.1.2004 – 1 BvR 1807/98, NJW 2004, 672.
14 BVerfG 29.10.1997 – 1 BvR 780/87, NJW 1998, 3481; BVerfG 20.2.2002 – 1 BvR 423/99, NJW 2002, 1190.
15 BVerfG 15.1.2004 – 1 BvR 1807/98, NJW 2004, 672.
16 BVerwG 16.7.2003 – 6 C 77/02, NJW 2003, 2767; BVerwG 27.10.2004 – 6 C 30/03, NJW 2005, 1293 und 1295.
17 BGH 11.11.2004 – I ZR 213/01, NJW 2005, 969.

hat das Schutzgut entsprechend bestätigt.[18] Das RBerG und somit auch das RDG dienen dagegen nicht unmittelbar dem Schutz der Interessen der Rechtsanwaltschaft. Die Aufrechterhaltung der Rechtspflege erfordert allerdings nach Auffassung des BVerfG eine hinreichende Zahl qualifizierter Rechtsberater.[19] Insoweit darf das RDG auch mittelbar den wirtschaftlichen Interessen der Anwaltschaft dienen, indem die wirtschaftliche Existenz der Rechtsanwaltschaft als solcher gesichert werden soll.

39 **2. Schutz der Rechtsuchenden.** Zunächst soll der Rechtsuchende vor unqualifizierten Rechtsdienstleistungen geschützt werden. **Rechtsuchender** ist der Vertragspartner des Rechtsdienstleistenden, bei anwaltlicher Dienstleistung regelmäßig als Mandant bezeichnet.

40 Die Notwendigkeit des Schutzes des Rechtsuchenden ergibt sich zum einen aus den weit reichenden Folgen unqualifizierten Rechtsrats, zum anderen aus den Problemen, die sich für den Rechtsuchenden im Zusammenhang mit der Überprüfbarkeit der Qualität der Rechtsdienstleistung ergeben.

41 Der Umstand, dass es auch auf anderen Dienstleistungsgebieten Fälle geben kann, in denen Fehler weit reichende Folgen haben, ist kein Grund, unqualifizierten Rechtsrat regelmäßig hinzunehmen. Bei der Rechtsdienstleistung geht es nicht nur häufig um erhebliche wirtschaftliche Belange, sondern auch um für die Zukunft existentielle Entscheidungen, etwa im Familienrecht oder im Arbeitsrecht. Ähnlich schwerwiegende Folgen gibt es im Sozialrecht oder im Verwaltungsrecht, etwa bei der Frage, ob zu Recht ein Studienplatz versagt worden ist. Der Umstand allein, dass trotz langer, fundierter Ausbildung und Weiterbildungsverpflichtung auch Rechtsanwälte nicht immer qualifizierten Rechtsrat erteilen, hat zu Recht den Gesetzgeber nicht vor dem Ziel kapitulieren lassen, den Rechtsuchenden vor den Folgen unqualifizierten Rechtsrats zu schützen.

42 Es ist überlegt worden, durch umfassende Informationspflichten der Anbieter juristischer Dienstleistungen den Verbraucherschutz zu gewährleisten. Davon hat der Gesetzgeber abgesehen mit Rücksicht darauf, dass es kaum möglich ist, die notwendigen Informationspflichten im Einzelnen gesetzlich festzulegen und die Einhaltung der Informationspflicht zu überprüfen. Gerade weil die Qualität der Rechtsdienstleistung für den Rechtsuchenden – jedenfalls vor Beauftragung des Rechtsdienstleistenden – kaum überprüfbar ist, ist es äußerst schwierig, die Informationen festzulegen, die für eine sachgerechte Beurteilung erforderlich wären. Erst recht kann die sachgerechte Erteilung der Information schwerlich überprüft werden.

43 Bezweifelt worden ist, ob der Gesetzgeber empirisch die Gefahren einer völligen Deregulierung des Rechtsberatungsmarktes hinreichend dargelegt hat.[20] Richtig ist, dass es empirische Untersuchungen über Qualitätsmängel bei Rechtsdienstleistungen durch Anwälte einerseits, Nichtanwälte andererseits für Deutschland schon deswegen nicht geben kann, weil aufgrund der Regulierung durch das RBerG Rechtsdienstleistung durch Nichtanwälte nur rudimentär erbracht wird. Ausländische Untersuchungen sind ebenfalls nicht bekannt geworden, dürften

---

18 EuGH 25.7.1991 – C-76/90, Slg 1991, I-4221 = NJW 1991, 2693.
19 BVerfG 29.10.1997 – 1 BvR 780/87, NJW 1998, 3481, 3482.
20 *Klose*, KJ 2007, 44.

im Übrigen schon deswegen kaum Vergleiche ermöglichen, weil in unterschiedlichen Rechtssystemen unterschiedliche Qualitätskontrollen eingeführt sind.

Angesichts der Vielgestaltigkeit der Rechtsdienstleistung wird eine statistische Kontrolle kaum möglich sein. Unterlagen der Haftpflichtversicherer dürften angesichts erheblicher Dunkelziffern wenig aussagekräftig sein. Ebenso wenig dürften allgemeine Beschwerden über mangelnde anwaltliche Dienstleistung aussagekräftig sein, weil naturgemäß bei jeder streitigen Auseinandersetzung es nahe liegt, dass die unterliegende Partei unzufrieden ist. 44

Objektiv sprechen allerdings mehrere Faktoren für eine hohe Absicherung des Rechtsuchenden gegenüber Qualitätsmängeln anwaltlicher Dienstleistungen, die bei nichtanwaltlicher Rechtsdienstleistung nicht, jedenfalls nicht im gleichen Maße gegeben sind: 45

- die durch die staatlich geprüfte Befähigung zum Richteramt gewährleistete Ausbildung,
- die Fortbildungspflicht (§ 43 a Abs. 6 BRAO),
- die umfassende Haftpflicht für jegliche Vermögensschäden, verbunden mit einer strengen und differenzierten Rechtsprechung zu dieser anwaltlichen Haftpflicht und gleichzeitig verpflichtender Berufshaftpflichtversicherung,
- die vereinfachte Regulierung von Anwaltsfehlern durch ein Schlichtungsverfahren (Ombudsmann) gemäß § 191 f BRAO.

Wenn also der Gesetzgeber im Interesse des Rechtsuchenden idR nicht abdingbare Verpflichtungen des Anwalts für erforderlich erachtet hat und in der Praxis die Folgen anwaltlicher Fehler regelmäßig zu Schadensersatzverpflichtungen führen, ist es im Interesse des Rechtsuchenden und der Rechtsordnung mit erheblichen Gefahren verbunden, die Rechtsdienstleistung freizugeben und darauf zu hoffen, dass ähnliche, im Ergebnis gleich greifende Schutzmechanismen bei anderen Berufen entweder durch Gesetz oder durch den Markt geschaffen werden könnten. 46

3. Schutz des Rechtsverkehrs. Der Schutz des Rechtsverkehrs ist deswegen erforderlich, weil bei der Auseinandersetzung um Recht regelmäßig nicht nur der Rechtsuchende, sondern Dritte, häufig der Vertragspartner, aber auch Behörden betroffen sind. So dienen die Vorschriften über das Inkassogeschäft wesentlich dazu, Auswüchse, wie zB die Einschaltung „schwarzer Sheriffs" bei dem Forderungseinzug, zu verhindern. Sowohl Privatleute als auch Behörden sind daran interessiert, bei rechtlichen Auseinandersetzungen mit sachkundigen und sachlich argumentierenden Bevollmächtigten zu tun zu haben. 47

Zum Schutz des Rechtsverkehrs gehört auch die Sicherung einer leistungsfähigen Anwaltschaft.[21] Diese Sicherung ist verfassungsrechtlich nicht geboten zur Alimentierung der Anwälte, sondern notwendige Voraussetzung für die verfassungsrechtlich gebotene Sicherung des streitwertunabhängigen Zugangs zum Recht. Aus dem Rechtsstaatsgebot folgt der Justizgewährungsanspruch des Bürgers: Jedermann hat das Recht auf Zugang zu den Gerichten. Das wäre wiederum gefährdet, wenn keine hinreichende Zahl von Rechtsdienstleistenden zur Verfügung stünde, die – im Interesse des Rechtsuchenden – den notwendigen Voraussetzungen für das anwaltliche Berufsbild verpflichtet sind, nämlich 48

---

21 Die zur Aufrechterhaltung der Rechtspflege benötigte Rechtsberatung, BVerfG 29.10.1997 – 1 BvR 780/87, NJW 1998, 3481, 3482.

- anwaltliche Unabhängigkeit,
- Verschwiegenheitspflicht und Verschwiegenheitsrecht,
- Verbot der Vertretung widerstreitender Interessen,
- Sachlichkeitsgebot,
- gleiche Qualifikation wie die Richter.

49 Der Gesetzgeber hat dafür zu sorgen, dass durch die Ausgestaltung des anwaltlichen Vergütungsrechts zum einen die Einhaltung dieser *„core values"* abgesichert wird, andererseits dem Rechtsuchenden der Zugang zum Recht über einen diesen Grundsätzen verpflichteten Anwalt zu angemessenen Gebühren gewährt wird. Insbesondere dürfen regelmäßig nicht Gebühren erhoben werden, die außer Verhältnis zu dem wirtschaftlichen Wert stehen, den das gerichtliche Verfahren für den einzelnen Beteiligten hat. Im außergerichtlichen Bereich werden diese wirtschaftlichen Überlegungen primär über die Beratungshilfe gesichert.

50 Das RDG findet seine Rechtfertigung auch darin, dass wirtschaftliche Verwerfungen unter den Rechtsdienstleistern, die den gleichmäßigen Zugang zum Recht für den Rechtsuchenden gefährden könnten, möglichst vermieden werden.

51 **4. Schutz der Rechtsordnung.** Bereits in diesem Sinne (vgl Rn 40 ff) dient das RDG auch dem Schutz der Rechtsordnung insgesamt. Dabei geht es nicht so sehr um die Bewahrung der Rechtsordnung im gerichtlichen Verfahren, da insoweit das RDG nicht gilt (vgl Rn 15 ff). Aber auch vorbereitend und außergerichtlich dient die primäre Einschaltung des Rechtsanwalts bei Rechtsdienstleistungen iSd § 2 der Bewahrung der Rechtsordnung. Denn dem gerichtlichen Verfahren geht regelmäßig eine außergerichtliche Auseinandersetzung voraus, in dieser außergerichtlichen Auseinandersetzung werden häufig Weichen gestellt, die vom Gericht im gerichtlichen Verfahren nicht mehr korrigiert werden können.

52 Berücksichtigt man weiter, dass die Mehrzahl der Auseinandersetzungen außergerichtlich erledigt wird, dient es der Bewahrung der Rechtsordnung, insbesondere dem Rechtsfrieden, wenn diese Auseinandersetzungen idR durch sachkundige Vertreter der Rechtsuchenden geführt werden. Wenn etwa der Forderungseinzug mit unzulässigem Druck oder aufgrund unwahrer Behauptungen erfolgreich durchgeführt wird, verletzt das die Rechtsordnung. Eine nachträgliche Korrektur einer zu Unrecht erfolgten Zahlung unterbleibt häufig, führt gelegentlich mit Rücksicht auf mangelnde Zahlungsfähigkeit des Zahlungsempfängers nicht mehr zum Erfolg, hinterlässt in jedem Fall aber bei demjenigen, der zu Unrecht gezahlt hat, die Überzeugung, dass hier der Staat ihn vor derartigen Machenschaften hätte schützen müssen.

IV. Vorrang von Sonderregelungen (Abs. 2)

53 Aus Abs. 2 ergibt sich, dass das RDG nicht nur keine abschließende Regelung der zulässigen Rechtsdienstleistungen enthält, sondern dass es auch sich aus anderen Gesetzen ergebende Befugnisse, Rechtsdienstleistungen zu erbringen, nicht einschränken will und kann. Das gilt zunächst für die Befugnisse der herkömmlich Rechtsdienstleistung erbringenden Berufsgruppen, nämlich Rechtsanwälte, Patentanwälte, Notare, Steuerberater und Wirtschaftsprüfer. Diese Berufsgruppen haben jeweils in ihren Berufsgesetzen Regelungen über die zulässige Berufsausübung, diese Regelungen werden durch das RDG nicht berührt. Sie können auch in Zukunft weiterentwickelt werden.

Daneben gibt es eine Reihe von gesetzlichen Regelungen, die Rechtsberatungs- 54
befugnisse enthalten, so etwa § 23 Abs. 3 AGG (Besorgung von Rechtsangelegenheiten Benachteiligter durch Antidiskriminierungsverbände), § 1908 f Abs. 4 BGB (Befugnis anerkannter Betreuungsvereine zur Beratung bei der Errichtung einer Vorsorgevollmacht), die Einziehung der Praxisgebühr durch Kassenärzte oder die sich aus § 192 Abs. 3 VVG ergebende Möglichkeit von Krankenversicherungen, über die Berechtigung von Entgeltansprüchen zu beraten, unberechtigte Entgeltansprüche abzuwehren und ihre Versicherungsnehmer bei der Durchsetzung von Ansprüchen gegen Ärzte zu unterstützen. Die Beratungsdienstleistungen eines Versicherungsberaters und Versicherungsmaklers sind in den §§ 34 d ff GewO und auf der Grundlage der Richtlinie 2002/92/EG vom 9.12.2002 über Versicherungsvermittlung geregelt worden.

Im Ergebnis bedeutet das für die Prüfung der Unzulässigkeit einer bestimmten 55
Rechtsdienstleistung, dass zunächst zu prüfen ist, ob es sich um eine Rechtsdienstleistung iSd § 2 handelt. Wird das bejaht, ist festzustellen, ob ein anderes Gesetz die Befugnis zu der Erbringung dieser Rechtsdienstleistung enthält. Fehlt es daran, ist zu prüfen, ob die Annexzuständigkeit nach § 5 oder eine sonstige erlaubte Rechtsdienstleistung nach §§ 6 ff vorliegt.

§ 2 Begriff der Rechtsdienstleistung

(1) Rechtsdienstleistung ist jede Tätigkeit in konkreten fremden Angelegenheiten, sobald sie eine rechtliche Prüfung des Einzelfalls erfordert.

(2) Rechtsdienstleistung ist, unabhängig vom Vorliegen der Voraussetzungen des Absatzes 1, die Einziehung fremder oder zum Zweck der Einziehung auf fremde Rechnung abgetretener Forderungen, wenn die Forderungseinziehung als eigenständiges Geschäft betrieben wird (Inkassodienstleistung). Abgetretene Forderungen gelten für den bisherigen Gläubiger nicht als fremd.

(3) Rechtsdienstleistung ist nicht:
1. die Erstattung wissenschaftlicher Gutachten,
2. die Tätigkeit von Einigungs- und Schlichtungsstellen, Schiedsrichterinnen und Schiedsrichtern,
3. die Erörterung der die Beschäftigten berührenden Rechtsfragen mit ihren gewählten Interessenvertretungen, soweit ein Zusammenhang zu den Aufgaben dieser Vertretungen besteht,
4. die Mediation und jede vergleichbare Form der alternativen Streitbeilegung, sofern die Tätigkeit nicht durch rechtliche Regelungsvorschläge in die Gespräche der Beteiligten eingreift,
5. die an die Allgemeinheit gerichtete Darstellung und Erörterung von Rechtsfragen und Rechtsfällen in den Medien,
6. die Erledigung von Rechtsangelegenheiten innerhalb verbundener Unternehmen (§ 15 des Aktiengesetzes).

I. Gesetzliche Definition „Rechtsdienstleistung" (Abs. 1) 1	b) Die Regelung des Abs. 1 im Einzelnen 12
1. Grundsätzliches 1	aa) „Jede Tätigkeit" 12
2. Die Legaldefinition des Abs. 1 3	bb) „Rechtliche Prüfung des
a) Entstehungsgeschichte 3	Einzelfalls" 14

(1)	„Rechtliche Prüfung"	15	aa)	Forderungseinzug aufgrund einer Inkassovollmacht oder -ermächtigung	85
(2)	Abgrenzung zu Tätigkeiten auf rein wirtschaftlichem Gebiet	17	(1)	Inkassovollmacht	86
(3)	Abgrenzung zu Routineangelegenheiten	22	(2)	Inkassoermächtigung	87
(4)	Einzelfallprüfung	24	bb)	Forderungseinzug aufgrund einer Inkassozession	89
cc)	„Erforderlichkeit" der rechtlichen Prüfung	28	c)	Forderungseinzug auf eigene Rechnung	93
(1)	Objektive und subjektive Komponente	28	aa)	Forderungskauf	95
(2)	Fallgruppen	34	bb)	Factoring	100
(a)	Treuhandtätigkeit	34	(1)	Begrifflichkeit	100
(b)	Tätigkeit von Stellvertretern	39	(2)	Echtes Factoring	101
(c)	Abwicklung von Verkehrsunfallschäden	42	(3)	Unechtes Factoring	103
(d)	Telefon-Hotlines, Internetforen	45	cc)	Forderungseinzug durch ärztliche und anwaltliche Verrechnungsstellen	107
(3)	„Erkennbare Erwartung" des Rechtsuchenden	46	dd)	Forfait-Geschäfte	110
dd)	Tätigkeit in „konkreten fremden Angelegenheiten"	47	ee)	Forderungseinzug aufgrund einer Sicherungszession	111
(1)	Rechtsdienstleistung in einer „konkreten" Angelegenheit	48	d)	Grenzfälle	112
(2)	„Fremde" Rechtsangelegenheiten	50	aa)	Asset-Backed-Security-Transaktionen	113
II. Sonderregelung: Inkassodienstleistungen (Abs. 2)		54	bb)	Unechtes Factoring	122
1. Entstehungsgeschichte		54	e)	Das Tatbestandsmerkmal der Einziehung	124
a) Die frühere Rechtslage		55	f)	Forderungseinzug als „eigenständiges Geschäft" (Abs. 2 S. 1 aE)	126
aa)	Art. 1 § 1 Abs. 1 S. 1 RBerG	56	aa)	Einziehung erfüllungshalber abgetretener Forderungen	131
bb)	§ 1 Abs. 1 S. 1 der 5. AVO zum RBerG	57	bb)	Unechtes Factoring	137
cc)	Art. 1 § 5 Nr. 4 RBerG . .	62	cc)	Micropayment	139
b) Die Genese des Abs. 2		64	g)	Die Ausnahmeregelung des Abs. 2 S. 2	141
aa)	Das Tatbestandsmerkmal des eigenständigen Geschäfts	66	III. Keine Rechtsdienstleistung (Abs. 3)		148
bb)	Kauf und sonstiger Vollerwerb einer Forderung	67	1. Entstehungsgeschichte		148
2. Normzweck		74	a) Perpetuierung der früheren Rechtslage		149
3. Regelungsgehalt		77	b) Die Mediation (Abs. 3 Nr. 4)		150
a) Gesetzliche Definition „Inkassodienstleistung" (Abs. 2 S. 1)		77	aa)	Die Problematik rechtlicher Regelungsvorschläge	152
b) Forderungseinzug auf fremde Rechnung (Abs. 2 S. 1)		81	bb)	Die Problematik der Abschlussvereinbarung	155
			c) Die Darstellung und Erörterung von Rechtsfragen und Rechtsfällen in den Medien (Abs. 3 Nr. 5)		159

d) Die Erledigung von Rechtsangelegenheiten innerhalb verbundener Unternehmen (Abs. 3 Nr. 6) 167	d) Die Mediation und jede vergleichbare Form der alternativen Streitbeilegung (Abs. 3 Nr. 4) 206
2. Normzweck 168	aa) Mediation 207
3. Regelungsgehalt 170	bb) Jede vergleichbare Form der alternativen Streitbeilegung 210
a) Die Erstattung wissenschaftlicher Gutachten (Abs. 3 Nr. 1) 171	
aa) Gutachten 173	cc) Die Einschränkung des Abs. 3 Nr. 4 Hs 2 214
bb) Das Merkmal der Wissenschaftlichkeit 174	dd) Protokollierung einer Abschlussvereinbarung .. 222
cc) Abgrenzung vom (juristischen) Rat 181	e) Die an die Allgemeinheit gerichtete Darstellung und Erörterung von Rechtsfragen und Rechtsfällen in den Medien (Abs. 3 Nr. 5) 227
dd) Person des Gutachters ... 185	
b) Die Tätigkeit von Einigungs- und Schlichtungsstellen, Schiedsrichterinnen und Schiedsrichtern (Abs. 3 Nr. 2) 194	
	f) Die Erledigung von Rechtsangelegenheiten innerhalb verbundener Unternehmen (§ 15 AktG) (Abs. 3 Nr. 6) 233
aa) Einigungsstellen 197	
bb) Schlichtungsstellen 198	aa) Verbundene Unternehmen 234
cc) Gütestellen iSv § 15 a EGZPO 199	
dd) Schiedsrichter 201	bb) Erlaubte Tätigkeiten 236
c) Die betriebliche Interessenvertretung (Abs. 3 Nr. 3) ... 202	

I. Gesetzliche Definition „Rechtsdienstleistung" (Abs. 1)

1. Grundsätzliches. Mit der Definition des Begriffs der Rechtsdienstleistung in § 2 hat der Gesetzgeber im Verhältnis zu dem bis zum 30.6.2008 gültig gewesenen RBerG in zweierlei Hinsicht Neuland betreten: Zum einen hat er den Begriff der Rechtsdienstleistung gesetzlich definiert, während Art. 1 § 1 Abs. 1 RBerG von der „Besorgung fremder Rechtsangelegenheiten, einschließlich der Rechtsberatung und der Einziehung fremder oder zu Einziehungszwecken abgetretener Forderungen" sprach und die Ausfüllung dieser Begriffe der Rechtsprechung überließ; und zum anderen hat er den § 2 anders als Art. 1 § 1 Abs. 1 RBerG nicht als zentrale Verbotsnorm, sondern lediglich als Legaldefinition ausgestaltet und die Zulässigkeit der Erbringung von Rechtsdienstleistungen im Sinne dieser gesetzlichen Definition in den gesonderten Vorschriften der §§ 4 ff geregelt. Dementsprechend kommt der Legaldefinition in § 2 nur die Aufgabe zu, den Anwendungsbereich des Gesetzes festzulegen, also diejenigen Tätigkeiten von vornherein aus seinem Anwendungsbereich auszuscheiden, die nicht als Rechtsdienstleistung iSd Legaldefinition zu qualifizieren sind. Anders ausgedrückt: Erst wenn sich eine Tätigkeit als eine Rechtsdienstleistung iSd § 2 darstellt, kommt es auch zur Anwendbarkeit des RDG.[1] Vor der Anwendung seiner Vorschriften auf eine bestimmte Tätigkeit muss deshalb also immer erst die Prüfung der Frage stehen, ob sich die betreffende Tätigkeit als Rechtsdienstleistung iSd § 2 darstellt oder nicht.

---

1 Begr. RegE, BT-Drucks. 16/3655, S. 37.

2 Die Begriffsvielfalt des RBerG, in dem von – geschäftsmäßiger – Rechtsbesorgung und Rechtsberatung (Art. 1 § 1 Abs. 1), Rechtsbetreuung (Art. 1 § 3 Nr. 1 und 7), Erledigung rechtlicher Angelegenheiten (Art. 1 § 5 Nr. 1; Art. 1 § 6 Abs. 1 Nr. 1 und 2), rechtlicher Bearbeitung (Art. 1 § 5 Nr. 2) oder auch Rat und Hilfe in Rechtsangelegenheiten (Art. 1 § 7) die Rede war, ist mit der Verwendung des einzigen Begriffs „Rechtsdienstleistung" in **Abs. 1** aufgehoben worden. Die Inkassodienstleistungen werden – anders als noch in Art. 1 § 1 Abs. 1 RBerG – in einem gesonderten **Abs. 2** geregelt, aber ebenso wie früher dem Anwendungsbereich des RDG unterworfen, und zwar unabhängig davon, ob sie sich als Rechtsdienstleistung iSd Abs. 1 darstellten oder nicht. In **Abs. 3** werden schließlich umgekehrt bestimmte Tätigkeiten, deren Charakter als Rechtsbesorgung oder Rechtsberatung bisher zumindest teilweise umstritten war, aus dem Anwendungsbereich des RDG herausgenommen.

3 **2. Die Legaldefinition des Abs. 1.** a) **Entstehungsgeschichte.** Zum richtigen Verständnis der Legaldefinition in Abs. 1 ist die Kenntnis ihrer Entstehungsgeschichte unverzichtbar. Denn nach der ursprünglichen Konzeption des BMJ sollte in der Legaldefinition von vorneherein den vom BVerfG, den vom BGH und zuletzt auch den vom BVerwG entwickelten Begrifflichkeiten zur Abgrenzung erlaubnisfreier **Geschäftsbesorgung** von erlaubnispflichtiger **Rechtsbesorgung** Rechnung getragen werden.

4 In seiner grundlegenden Entscheidung vom 29.10.1997[2] hat das BVerfG es nämlich angesichts der rechtlichen Durchdringung aller Lebensbereiche zum Schutz der Berufsfreiheit für verfassungsrechtlich geboten gehalten, einfache kaufmännische Hilfstätigkeiten wie die Überwachung der Fälligkeit und der Einzahlung von Patentgebühren nicht dem Anwendungs- und damit Schutzbereich des RBerG zu unterwerfen. Derartige Tätigkeiten bedürften nicht der Kenntnisse und Fertigkeiten, die durch ein Studium oder langjährige Berufserfahrung vermittelt werden und für eine „substantielle Rechtsberatung" erforderlich seien.[3]

5 In seinem Beschluss vom 20.2.2002[4] hat das BVerfG entschieden, dass ein Inkassounternehmen seine durch das RBerG begrenzten Befugnisse nicht überschreite, wenn es Darlehensnehmer im Rahmen einer Beratung auf die Möglichkeit aufmerksam mache, dass ein Kreditvertrag unwirksam sein könne und daraufhin den Auftrag zum Inkasso erhält. Zur Begründung hat es ausgeführt, mit Rechtsberatung iSd Art. 1 § 1 Abs. 1 RBerG sei grds. die „umfassende und vollwertige Beratung der Rechtsuchenden, gegebenenfalls beschränkt auf einen der in Satz 2 der Vorschrift genannten Sachbereiche", gemeint. Typisierend könne deshalb unterstellt werden, dass beim Forderungseinzug in allen seinen Formen auch Rechtsberatung zu leisten sei. Setze das Inkassounternehmen die von ihm verlangte, überprüfte und für genügend befundene Sachkunde bei der Einziehung fremder oder zu Einziehungszwecken abgetretener Forderungen ein, sei aber nicht erkennbar, dass damit eine Gefahr für den Rechtsuchenden oder den

---

2 BVerfG 29.10.1997 – 1 BvR 780/87, BVerfGE 97, 12 = NJW 1998, 3481 (MasterPat).
3 BVerfG 29.10.1997 – 1 BvR 780/87, BVerfGE 97, 12, 29 = NJW 1998, 3481 ff (MasterPat).
4 BVerfG 20.2.2002 – 1 BvR 423/99, 1 BvR 821/00 und 1 BvR 1412/01, NJW 2002, 1190, 1191 (Inkasso I), bestätigt durch BVerfG 14.8.2004 – 1 BvR 725/03, NJW-RR 2004, 1570 (Inkasso II).

Rechtsverkehr verbunden sein könnte, weshalb die konkrete Beratungstätigkeit auch nicht zu beanstanden sei.

Aufgrund dieser Formulierungen definierte der Diskussionsentwurf des BMJ vom 6.9.2004 den Begriff der Rechtsdienstleistung wie folgt:

*„Rechtsdienstleistung ist jede Hilfeleistung in konkreten fremden Angelegenheiten, die nach der Verkehrsanschauung oder der erkennbaren Erwartung des Rechtsuchenden eine **umfassende** rechtliche Beurteilung ... zum Inhalt hat."* (Hervorhebung durch den Verf.)

In § 2 Abs. 1 des Referentenentwurfs vom 14.4.2005 hat das BMJ an diesem Ansatz einer Reduzierung des materiellen Anwendungsbereichs des Gesetzes auf Fälle „substantieller Rechtsanwendung" festgehalten, dabei aber in Abweichung von der Rechtsprechung des BVerfG nicht mehr auf die jeweilige berufliche Tätigkeit in ihrer gesamten Breite, sondern auf die **einzelne** Dienstleistung, die im Rahmen einer beruflichen Tätigkeit erbracht wird, abgestellt. Dem sollte dann mit folgender Formulierung Rechnung getragen werden:

*„Rechtsdienstleistung ist **jede Tätigkeit** in konkreten fremden Angelegenheiten, die nach der Verkehrsanschauung oder der erkennbaren Erwartung des Rechtsuchenden eine **vertiefte Prüfung der Rechtslage** unter Berücksichtigung der Umstände des Einzelfalls erfordert."* (Hervorhebungen durch den Verf.)

In § 2 Abs. 2 des Regierungsentwurfs vom 23.8.2006 wurde dieser Ansatz in ähnlicher Form ebenfalls noch weiterverfolgt,[5] vom Bundesrat in seiner Stellungnahme vom 13.10.2006 aber nicht akzeptiert. Stattdessen schlug der Bundesrat vor, auf jedes qualifizierende Merkmal der rechtlichen Prüfung zu verzichten, also wie folgt zu formulieren:

„Rechtsdienstleistung ist jede Tätigkeit in konkreten fremden Angelegenheiten, sobald sie nach der Verkehrsanschauung oder der erkennbaren Erwartung des Rechtsuchenden eine rechtliche Prüfung des Einzelfalls erfordert."[6]

Der Rechtsausschuss des Bundestages hat diese Anregung aufgenommen, zur weiteren Straffung der Norm aber auch noch die Bezugnahme auf die Verkehrsanschauung und die Erwartung des Rechtsuchenden gestrichen, womit die Vorschrift ihre jetzt vorliegende Gesetzesfassung erlangt hatte. Damit hat sich der Gesetzgeber nicht nur für eine erfreulich knappe und jeglichen Ausdehnungsversuchen so wenig Raum gebende Formulierung entschieden, sondern dem Gesetz vor allem auch eine von der ursprünglichen Konzeption gänzlich abweichende Struktur gegeben. Denn die Gesetz gewordene Legaldefinition nimmt die den Anwendungsbereich des RBerG einschränkende Rechtsprechung des BVerfG, des BGH[7] und des BVerwG[8] zur Abgrenzung erlaubnispflichtiger Rechtsdienstleistungen von erlaubnisfreien Geschäftsbesorgungen nun bewusst nicht mehr auf, sondern ist zur Verwirklichung der in § 1 Abs. 1 S. 2 des Gesetzes formulierten Ziele auf eine möglichst weitgreifende Anwendung des Gesetzes ausgelegt.

---

5 BT-Drucks. 16/3655, S. 7.
6 BT-Drucks. 16/3655, S. 103.
7 Zuletzt BGH 11.11.2004 – I ZR 213/01, NJW 2005, 969 (Testamentsvollstrecker) und BGH 24.2.2005 – I ZR 128/02, I ZR 129/02, NJW 2005, 2458 (Fördermittelberater).
8 BVerwG 27.10.2004 – 6 C 30.03, NJW 2005, 1293 (Insolvenzberater).

10 Nach dem Konzept des RDG ist deshalb grds. bei jeder Berufsgruppe der Anwendungsbereich des Gesetzes eröffnet, wenn und soweit eine Tätigkeit ausgeübt wird, die unter die Definition der Rechtsdienstleistung fällt.[9] Es wäre deshalb verfehlt, bei der Anwendung des Abs. 1 auf die seit der MasterPat-Entscheidung des BVerfG entwickelte Rechtsprechung zur Abgrenzung erlaubnisfreier Geschäftsbesorgung von erlaubnispflichtiger Rechtsbesorgung abzustellen. Denn diese Rechtsprechung ist im Hinblick darauf ergangen, dass es sich bei Art. 1 § 1 RBerG um eine die Berufsfreiheit des Art. 12 GG einschränkende Verbotsnorm handelte, die deshalb einer verfassungskonformen Auslegung bedurfte. Die Vorschrift des § 2 enthält demgegenüber keinen Verbotstatbestand, sondern lediglich eine Begriffsdefinition zur Bestimmung des Anwendungsbereichs des Gesetzes und lässt deshalb das Verfassungsrecht unberührt.

11 Das heißt selbstverständlich nicht, dass die Rechtsprechung des BVerfG bei der Anwendung des RDG ignoriert werden dürfte; ihre Bedeutung entfaltet sie nun aber erst bei der Auslegung der einzelnen Vorschriften des RDG über die erlaubnispflichtigen und die erlaubnisfreien Tätigkeiten, insbesondere des § 5, und eben nicht schon bei der Frage nach der Anwendbarkeit des Gesetzes auf einen konkreten Fall.[10] Die gegenteilige Ansicht[11] ignoriert die Entstehungsgeschichte der Norm und geht am Aufbau des Gesetzes vorbei. Soweit sie sich zur Begründung ihrer Auffassung auf die Beschlussempfehlungen und den Bericht des Rechtsausschusses beruft, wonach mit der Streichung der Merkmale „nach der Verkehrsanschauung oder der erkennbaren Erwartung des Rechtsuchenden" keine Ausdehnung des Anwendungsbereichs des RDG einhergehe,[12] übergeht sie den Sachzusammenhang, in den diese Äußerung des Rechtsausschusses gestellt ist. Denn sie bezieht sich nicht allgemein auf das mit der Legaldefinition verfolgte Ziel einer Ausdehnung oder Einschränkung des Anwendungsbereichs des RDG, sondern nur auf die Streichung der Merkmale „nach der Verkehrsanschauung oder der erkennbaren Erwartung des Rechtsuchenden". Diese Streichung bringt aber in der Tat keine Ausdehnung des Anwendungsbereichs des RDG mit sich, weil die gestrichenen Merkmale in dem Begriff des „Erfordernisses" enthalten sind (siehe Rn 28 ff).[13]

12 **b) Die Regelung des Abs. 1 im Einzelnen. aa) „Jede Tätigkeit".** Jede Tätigkeit, die die Kriterien des Abs. 1 erfüllt, fällt gemäß Abs. 1 in den Anwendungsbereich des Gesetzes. Der Begriff der Tätigkeit ist dabei aus den in Rn 3 ff dargestellten Gründen nicht im Sinne der von einem Dienstleister auftragsgemäß zu entfaltenden Gesamttätigkeit, sondern als beliebige Einzelaktivität zu verstehen, die im Rahmen der jeweiligen Gesamttätigkeit zu erbringen ist. § 2 „kommt damit die Aufgabe zu, für jede Einzeltätigkeit die Schwelle zu definieren, ab der diese Tätigkeit Rechtsdienstleistung ist. Immer wenn dies der Fall ist, wenn also eine konkrete berufliche Tätigkeit auch Rechtsdienstleistungen umfasst, ist der Anwendungsbereich des Verbotsgesetzes eröffnet mit der Folge, dass sich die Zulässigkeit der Tätigkeit nach den §§ 3 ff RDG richtet".[14]

---

9 So Begr. RegE, BT-Drucks. 16/3655, S. 37.
10 Ebenso *Sabel*, AnwBl 2007, 816, 817 und *Römermann*, NJW 2008, 1249, 1251.
11 *Kleine-Cosack*, BB 2007, 2637, 2638; *vom Stein*, AnwBl 2008, 385, 386; OLG Karlsruhe 9.7.2008 – 6 U 51/08, NJW 2008, 3229, 3231.
12 BT-Drucks. 16/6634, S. 62.
13 Unentschieden *Henssler/Deckenbrock*, DB 2008, 41, 42.
14 Begr. RegE, BT-Drucks. 16/3655, S. 37 – in gleichem Sinne auch S. 47.

Auf die in der bisherigen Rechtsprechung entwickelten Kriterien zur Abgrenzung 13
erlaubnisfreier wirtschaftlicher Tätigkeit von erlaubnispflichtiger Rechtsbesorgung kommt es also für die Frage nach der Anwendbarkeit des RDG nicht mehr an. Denn auch dann, wenn gemäß dieser Rechtsprechung die jeweilige Gesamttätigkeit überwiegend auf wirtschaftlichem Gebiet liegt und die Wahrnehmung wirtschaftlicher Belange bezweckt und die rechtliche Seite der Angelegenheit deshalb in den Hintergrund tritt, so hatten die betreffenden Tätigkeiten in den meisten der entschiedenen Fälle doch in erheblichem Umfang auch die Prüfung rechtlicher Fragen und die Förderung der rechtlichen Angelegenheiten des jeweiligen Auftraggebers zum Gegenstand.[15] Alle diese Fälle unterliegen deshalb nunmehr dem RDG und sind infolgedessen am Maßstab des § 5 darauf zu überprüfen, ob die jeweiligen Teiltätigkeiten als Nebenleistung erlaubnisfrei erbracht werden können oder nicht (zu den Einzelheiten vgl § 5 Rn 1 ff, 34 ff).[16]

bb) „Rechtliche Prüfung des Einzelfalls". Die jeweilige Tätigkeit muss eine 14
rechtliche Prüfung des Einzelfalls zum Gegenstand haben.

(1) „Rechtliche Prüfung". Bei diesem Tatbestandsmerkmal gibt die aufgezeigte 15
Entstehungsgeschichte der Norm (siehe Rn 3 ff) für das Verständnis des Begriffs „rechtliche Prüfung" wiederum die entscheidenden Hinweise. Denn nachdem die qualifizierenden Merkmale wie die „umfassende" rechtliche Beurteilung oder die „vertiefte Prüfung der Rechtslage" und auch die „besondere rechtliche Prüfung" nicht Gesetz geworden sind, dürfen an das Erfordernis der „rechtlichen Prüfung" keine zu hohen Maßstäbe angelegt werden. Vielmehr muss es für die Anwendbarkeit des RDG als ausreichend angesehen werden, wenn die jeweilige Tätigkeit eine auf den Einzelfall bezogene rechtliche Subsumtion eines Lebenssachverhalts zum Gegenstand hat. Darauf, ob diese Subsumtion sich mit – ggf oft nur vermeintlich – leichten oder schwierigen Rechtsfragen zu befassen hat, kommt es dagegen nicht an.[17]

Ebenso wenig kann auf die in der bisherigen Rechtsprechung des BGH (siehe 16
Rn 9, 13) erarbeiteten Kriterien für die Abgrenzung einer – erlaubnisfreien – wirtschaftlichen Betätigung von einer – erlaubnispflichtigen – Rechtsbesorgung abgestellt werden. Denn bei dieser Rechtsprechung ging es um die Qualifizierung der jeweiligen beruflichen Tätigkeit in ihrer gesamten Breite, so dass sich das BVerfG und der BGH zwangsläufig die Frage stellen mussten, ob „der Kern und der Schwerpunkt der jeweiligen Gesamttätigkeit auf wirtschaftlichem oder rechtlichem Gebiet" lag.[18] Nachdem das Gesetz nun aber nicht mehr auf die jeweilige Gesamttätigkeit, sondern auf die Einzeltätigkeiten und deren Qualifizierung als Rechtsdienstleistung abstellt (siehe Rn 12), kommt es nur noch darauf an, ob die jeweils zu beurteilende Gesamttätigkeit eine Einzeltätigkeit umfasst, die die auf

---

15 BGH 16.3.1989 – I ZR 30/87, NJW 1989, 2125 (Erbensucher); BGH 25.6.1998 – I ZR 62/96, NJW 1998, 3563 (Titelschutzanzeigen) m. krit. Besprechung *Bürglen*, WRP 2000, 846, 847 f; BGH 29.10.2003 – IV ZR 122/02, NJW 2004, 841 (Treuhandtätigkeit in Bauherrenmodellen); BGH 11.11.2004 – I ZR 213/01, NJW 2005, 969 (Testamentsvollstrecker); BVerwG 27.10.2004 – 6 C 30.03, NJW 2005, 1293 (Insolvenzberater); BGH 24.2.2005 – I ZR 128/02, NJW 2005, 2458 (Fördermittelberater).
16 Ebenso *Sabel*, AnwBl 2007, 816, 819.
17 So auch die Beschlussempfehlung und der Bericht des Rechtsausschusses des Deutschen Bundestages vom 18.10.2007, BT-Drucks. 16/6634, S. 62.
18 BVerfG 27.9.2002 – 1 BvR 2251/01, NJW 2002, 3531 (Erbenermittler); BGH 11.11.2004 – I ZR 213/01, NJW 2005, 969, 970 (Testamentsvollstrecker).

einen Einzelfall bezogene juristische Subsumtion eines Lebenssachverhalts zum Gegenstand hat. Infolgedessen bedürfen die von der Rechtsprechung unter der Geltung des RBerG entschiedenen Fälle einer neuen differenzierenden Betrachtung, wobei die meisten von ihnen nunmehr zwar dem Anwendungsbereich des RDG unterliegen dürften, gemäß § 5 Abs. 1 aber nach wie vor erlaubnisfrei erbracht werden könnten.

17 **(2) Abgrenzung zu Tätigkeiten auf rein wirtschaftlichem Gebiet.** Tätigkeiten, die auf **rein wirtschaftlichem Gebiet** liegen, wie zB der Einzug von Forderungen durch Telefonanbieter oder Internetprovider, die gebührenpflichtige Dienste fremder Anbieter über ihre Telefon- oder Internetgebührenrechnung gegenüber dem Endkunden abrechnen und den hierauf entfallenden Teil des Gesamtrechnungsbetrages an den fremden Anbieter weiterleiten (sog. **Micropayment**), fallen nicht unter das RDG. Denn in diesen Fällen findet offensichtlich keinerlei rechtliche Prüfung der einzuziehenden Forderung statt. Auch das Angebot einer **Kfz-Werkstatt** zur Beauftragung eines Sachverständigen und der Weiterleitung seines Gutachtens an die Haftpflichtversicherer sowie der Reservierung eines Ersatzwagens[19] scheiden als rein wirtschaftliche Tätigkeiten aus dem Anwendungsbereich des RDG aus. Gleiches gilt für die Abwicklung von Verkehrsunfallschäden durch die Kfz-Werkstatt, wenn es um einzelne, unstreitige Schadensersatzansprüche geht und es deshalb keiner rechtlichen Prüfung des Einzelfalls bedarf. Ist der Auftrag des Kunden der Werkstatt dagegen auf eine umfassende Schadensregulierung gerichtet, müssen die in Betracht kommenden Ansprüche ermittelt und einer rechtlichen Prüfung unterzogen werden mit der Folge, dass es sich um eine Rechtsdienstleistung handelt (siehe Rn 43).

18 Keine Rechtsdienstleistung ist auch die Tätigkeit von **Genealogen** oder **Erbenermittlern**, solange sie sich auf das Aufspüren von unbekannten Erben bzw des Aufenthaltsortes bekannter Erben beschränkt. Ist sie dagegen auch auf die Klärung oder gar Durchsetzung von Erbansprüchen sowie Eintragungsanträge in Grundbüchern, Anmeldung von Ansprüchen bei Behörden etc. gerichtet, dann hat sie in diesem Teil zweifelsfrei eine „rechtliche Prüfung des Einzelfalls" zum Gegenstand und unterliegt damit, anders als nach der jüngsten Rechtsprechung zum RBerG,[20] der Anwendung des RDG (zu den Gründen siehe Rn 12 f).

19 Die Beratung von Finanzdienstleistern oder Banken bei Vermögensanlagen oder die betriebswirtschaftliche **Beratung bei Existenzgründungen** und die technisch-betriebswirtschaftliche Beratung zur Optimierung von Telekommunikationsanlagen oder des Energieverbrauchs gehören selbstverständlich ebenfalls zu den Betätigungen auf rein wirtschaftlichem Gebiet.[21] Ist die Beratung bei Existenzgründungen dagegen zugleich mit einer Erörterung möglicher Rechtsformen für eine wirtschaftliche Betätigung verbunden, so kommt es für die Anwendbarkeit des RDG darauf an, ob es sich dabei um eine allgemein gehaltene Darstellung möglicher Rechtsformen handelt oder die konkreten Verhältnisse und Vorstellungen des Beratenen erfragt und darauf abgestellte individuelle Vorschläge unterbreitet werden. Denn im ersteren Falle fehlt es an der Erfüllung des Tatbe-

---

19 BGH 30.3.2000 – I ZR 289/97, NJW 2000, 2108.
20 BVerfG 27.9.2002 – 1 BvR 2251/01, NJW 2002, 3531.
21 Zu den drei zuletzt genannten Beispielen ebenso schon nach dem RBerG OLG Hamm 25.4.1989 – 4 U 107/88, NJW-RR 1989, 1061; OLG Frankfurt 19.2.1999 – 24 U 85/97, MDR 1999, 1167; OLG Düsseldorf 15.7.2003 – 24 U 6/03, NJW-RR 2004, 489.

standsmerkmals einer Tätigkeit in einer „konkreten" fremden Angelegenheit, so dass derartige abstrakte Rechtsauskünfte in jedem Fall nicht dem RDG unterliegen (siehe näher Rn 47 f). Im zweiten Fall läge dagegen mehr als eine abstrakte Rechtsauskunft, nämlich die Subsumtion eines Lebenssachverhalts unter in Betracht kommende Rechtsnormen und damit eine Rechtsdienstleistung vor.

Ähnlich verhält es sich mit der Beratung im Zusammenhang mit der **technisch- 20 betriebswirtschaftlichen Optimierung von Telekommunikationsanlagen**. Gibt der Berater allgemeine Auskünfte über die **übliche** Gestaltung von Miet-, Kauf- oder Leasingverträgen für derartige Anlagen, kommt die Anwendung des RDG nicht in Betracht, lässt er sich hingegen die von dem Beratenen abgeschlossenen Verträge zeigen und macht er Vorschläge zu deren Abänderung oder vorzeitigen Auflösung, dann liegt zweifelsfrei eine Rechtsdienstleistung vor. Ob diese dann als „Nebenleistung" iSd § 5 Abs. 1 gleichwohl erlaubnisfrei erbracht werden kann, ist eine andere Frage (siehe § 5 Rn 34 ff).

Nach den gleichen Grundsätzen ist auch bei den verschiedenen Arten von **Mak- 21 lern** (Immobilien-, Versicherungs- und Finanzmaklern, Vermittlern von Fußballspielern und anderen Sportlern etc.) danach zu unterscheiden, ob ihre jeweilige Tätigkeit auf die rein wirtschaftliche Maklertätigkeit, also den Nachweis der Gelegenheit zum Abschluss eines Vertrages oder die Vermittlung eines Vertrages beschränkt ist oder darüber hinaus eine Rechtsdienstleistung „erfordert" (zu diesem Merkmal siehe Rn 28 ff). In der Praxis wird eine derartige Beschränkung allerdings selten sein, weil Makler idR auch den von ihren Auftraggebern gewünschten Vertragsabschluss mit eigenen Entwürfen vorbereiten oder Vertragsentwürfe der anderen Vertragspartei auf ihre Übereinstimmung mit den Vorstellungen ihres Auftraggebers überprüfen. Noch mehr gilt dies für die Vermittlung von Verträgen, bei der die Makler dem Kunden den Inhalt der Verträge erläutern und deren Übereinstimmung mit den Vorstellungen und Wünschen des Kunden klären müssen. Auch wenn also Maklertätigkeit in aller Regel zu einem Teil mit Rechtsdienstleistungen iSd Abs. 1 verbunden ist und deshalb insoweit auch dem Anwendungsbereich des RDG unterliegt, so wird es sich bei diesem Teil der Tätigkeit doch häufig um eine – erlaubte – Nebenleistung iSd § 5 Abs. 1 handeln (siehe näher § 5 Rn 34 ff, 75).

(3) **Abgrenzung zu Routineangelegenheiten.** Des Weiteren scheiden alle diejenigen Tätigkeiten als Rechtsdienstleistung aus, die im Rahmen einer wirtschaftlichen Betätigung zwar auch auf die Gestaltung von Rechtsverhältnissen gerichtet sind, aber nach Inhalt, Form und Rechtsfolgen jedermann so geläufig sind, dass sie von den angesprochenen Verkehrskreisen nicht mehr als Betätigung auf rechtlichem Gebiet empfunden und auch **ohne jede rechtliche Prüfung erledigt** zu werden pflegen. Derartige Geschäfte werden nicht dadurch zur Rechtsdienstleistung, dass ein Dritter mit ihnen beauftragt wird. Typischer Fall sind beispielsweise Barkäufe[22] oder auch die – nicht beratende – Unterstützung bei dem Ausfüllen von Anträgen auf Sozialleistungen. 22

Gehen die Rechtsgeschäfte, mit deren Erledigung ein Dritter beauftragt wird, 23 über derartige Routineangelegenheiten hinaus, dann handelt es sich bei der jeweiligen Tätigkeit zweifellos um eine Rechtsbesorgung iSd früheren RBerG. Für die Anwendbarkeit des RDG auf diese Fälle kommt es nun aber nicht mehr auf

---

22 Vgl *Chemnitz/Johnigk*, Art. 1 § 1 RBerG Rn 68; *Rennen/Caliebe*, Art. 1 § 1 RBerG Rn 19.

die zum RBerG entwickelte Rechtsprechung zur Abgrenzung erlaubnisfreier wirtschaftlicher Betätigung von erlaubnispflichtiger Rechtsbesorgung an (siehe Rn 12 f). Vielmehr ist gemäß dem Wortlaut des Abs. 1 allein maßgeblich, ob die jeweilige Tätigkeit eine „rechtliche Prüfung des Einzelfalls **erfordert**" (zu diesem Merkmal siehe Rn 28 ff).

24 **(4) Einzelfallprüfung.** Schließlich fallen alle diejenigen Tätigkeiten aus dem Anwendungsbereich des RDG heraus, die nicht die rechtliche Prüfung eines **Einzelfalls** zum Gegenstand haben. Allgemeine, an die Öffentlichkeit oder einen interessierten Kreis gerichtete rechtliche Informationen stellen also keine Rechtsdienstleistung dar, und zwar auch dann nicht, wenn sie einen konkreten Fall als Beispiel heranziehen oder durch ihn ausgelöst werden. Hierzu gehören typischerweise alle juristischen Informationsdienste, aber auch Rundschreiben oder Postwurfsendungen an Vereinsmitglieder, Geschäftspartner und andere Personengruppen. Denn sie vermitteln den angesprochenen Personen lediglich allgemeine Rechtskenntnisse, ohne auf deren Einzelfall einzugehen.[23]

25 Auch **Ratgeberseiten** in den Printmedien und **Ratgebersendungen** in Funk und Fernsehen sind in diese Kategorie einzuordnen, wenn sie sich anhand eines konkret geschilderten Falles auf die Darstellung der damit allgemein verbundenen Rechtsfragen beschränken.

26 Problematisch sind dagegen Sendungen, in denen – gewollt oder ungewollt – mit Hilfe des öffentlichen Drucks Forderungen von Zuhörern oder Zuschauern durchgesetzt werden.[24] Denn in ihnen macht sich der jeweilige Sender nach – hoffentlich – vorheriger rechtlicher Prüfung des Einzelfalls des jeweiligen Zuschauers zu dessen Anwalt und versucht lediglich, seine Rechte auf einem anderen als den sonstigen zur Verfügung stehenden außergerichtlichen oder gerichtlichen Wegen durchzusetzen. Sowohl der BGH[25] als auch das BVerfG[26] haben diese Art von Sendungen zwar als Rechtsdienstleistung im Sinne der nunmehrigen Legaldefinition des Abs. 1 angesehen, aber gemeint, dass die Sender nicht „unmittelbar auf rechtlichem Gebiet tätig werden wollten", sondern schwerpunktmäßig ihre durch Art. 5 Abs. 1 S. 2 GG geschützten journalistischen Aufgaben wahrnähmen. Gleichzeitig haben sie aber auch schon deutlich gemacht, dass die Aufforderung einer Zeitschriftenredaktion an ihre Leser, Probleme mit Kfz-Werkstätten oder Kraftfahrzeugherstellern zu schildern, eine unerlaubte Rechtsbesorgung darstelle, wenn diese Aufforderung von den meisten Adressaten dahingehend verstanden werde, die Redaktion werde sich mit der rechtlichen Prüfung der Fälle befassen und den Lesern bei der Durchsetzung ihrer Ansprüche

---

[23] OLG Hamburg 28.4.2005 – 3 U 230/04, NJW 2005, 3431 (Postwurfsendung eines Mietervereins mit allgemeinen Hinweisen zu Mietminderungsmöglichkeiten bei Sanierungsmaßnahmen an einem Wohngebäude und der Zulässigkeit von anschließenden Mieterhöhungen); OLG Köln 27.2.1998 – 6 U 253/96, GRUR 1999, 93 (Rundschreiben einer Herstellerin von Kosmetikartikeln an den Handel mit dem Hinweis auf die fehlende Verkehrsfähigkeit eines Konkurrenzproduktes).
[24] BGH 6.12.2001 – I ZR 316/98, NJW 2002, 2877 (Bürgeranwalt); BGH 6.12.2001 – I ZR 101/99, NJW 2002, 2879 („Wie bitte?!"); BGH 6.12.2001 – I ZR 11/99, NJW 2002, 2884 (Ohne Gewähr).
[25] BGH 6.12.2001 – I ZR 316/98, NJW 2002, 2877 (Bürgeranwalt); BGH 6.12.2001 – I ZR 101/99, NJW 2002, 2879 („Wie bitte?!"); BGH 6.12.2001 – I ZR 11/99, NJW 2002, 2884 (Ohne Gewähr).
[26] BVerfG 15.1.2004 – 1 BvR 1807/98, NJW 2004, 672 (Mahnman).

behilflich sein.[27] Ebenso stelle der Hinweis in einer Sendung, die darin aufgetretenen Experten stünden nach der Sendung noch für Fragen zur Verfügung, auch nach Auffassung des BGH das – unzulässige – Angebot einer Rechtsdienstleistung dar.[28]

Konnte der Auffassung des BGH und des BVerfG schon nach dem RBerG nicht gefolgt werden,[29] so bedarf es nun aufgrund der neuen Struktur des RDG (siehe Rn 1) und der Funktion des Abs. 1 als bloße Legaldefinition (siehe Rn 1) für den Anwendungsbereich des Gesetzes der von dem BGH und dem BVerfG für erforderlich gehaltenen Abgrenzung zwischen der schwerpunktmäßigen Wahrnehmung journalistischer Aufgaben einerseits und dem unmittelbaren Tätigwerden auf rechtlichem Gebiet andererseits nicht mehr. Denn sie ist ebenso wie die Rechtsprechung zur generellen Abgrenzung von erlaubnisfreier Geschäftsbesorgung und erlaubnispflichtiger Rechtsbesorgung im Hinblick auf den die Berufs- bzw Pressefreiheit einschränkenden Verbotscharakter des Art. 1 § 1 RBerG ergangen, der dem Abs. 1 aber gerade nicht mehr innewohnt. Mit der Qualifizierung einer Tätigkeit als Rechtsdienstleistung iSd Abs. 1 ist deshalb noch nichts darüber gesagt, ob die jeweilige Tätigkeit erlaubnisfrei erbracht werden kann oder nicht. Vielmehr entscheidet sich dies – unter Beachtung der verfassungsrechtlichen Vorgaben – erst im Rahmen des § 5. Dass die in den genannten Sendeformaten entfalteten Tätigkeiten nicht nur journalistischer Natur sind, sondern in Teilen auch die rechtliche Prüfung eines Einzelfalls zum Gegenstand haben (siehe Rn 12 f), unterliegt aber auch nach der erörterten Rechtsprechung keinem Zweifel. Wegen der weiteren Einzelheiten wird auf die Ausführungen zu Abs. 3 Nr. 5 (siehe Rn 159 ff, 227 ff) sowie zu § 5 (siehe § 5 Rn 83) verwiesen. **27**

cc) „**Erforderlichkeit**" der rechtlichen Prüfung. (1) Objektive und subjektive Komponente. Hat eine Tätigkeit die rechtliche Prüfung eines Einzelfalls in dem vorstehend dargelegten Sinne zum Gegenstand, dann stellt sich die weitere Frage nach der „**Erforderlichkeit**" der jeweiligen rechtlichen Prüfung. Dieser Begriff enthält, wie dies im Regierungsentwurf noch ausdrücklich formuliert worden war, eine **objektive** und eine **subjektive Komponente**: Vom Standpunkt eines vernünftigen externen Betrachters aus gesehen („nach der Verkehrsanschauung") kann nämlich die rechtliche Prüfung des Einzelfalls auch dann „erforderlich" sein, wenn der Rechtsuchende selbst dies nicht erkennt; und umgekehrt kann die rechtliche Prüfung des Einzelfalls eben auch dann „erforderlich" sein, wenn ein vernünftiger externer Betrachter sie für verzichtbar hielte, der Rechtsuchende gegenüber dem jeweiligen Dienstleister aber zu erkennen gibt, dass er von ihm – aus welchen Gründen auch immer – eine derartige Prüfung erwartet. Die objektive und die subjektive Komponente des Tatestandsmerkmals „Erforderlichkeit" stehen mithin in einem Komplementärverhältnis zueinander, so dass eine Dienstleistung nur dann nicht in den Anwendungsbereich des RDG fällt, wenn keine dieser beiden Komponenten erfüllt ist. **28**

Was die **objektive Komponente** der Erforderlichkeit einer rechtlichen Prüfung des Einzelfalls betrifft, so tritt zu der Verkehrsanschauung als Prüfungsmaßstab vor allem der in § 1 Abs. 1 S. 2 definierte Gesetzeszweck hinzu. Danach kommt **29**

---

27 BVerfG 11.3.2004 – 1 BvR 517/99, NJW 2004, 1855 (Autobild/SAT 1).
28 BGH 6.12.2001 – I ZR 14/99, NJW 2002, 2882 (Wir Schuldenmacher).
29 Ebenso *Rennen/Caliebe*, Art. 1 § 1 RBerG Rn 23; *Huff*, NJW 2002, 2840, 2841; zweifelnd auch *Chemnitz/Johnigk*, Art. 1 § 1 RBerG Rn 53.2.

aber dem Schutz der Rechtsuchenden, des Rechtsverkehrs und der Rechtsordnung vor unqualifizierten Rechtsdienstleistungen (vgl § 1 Rn 37 ff) eine besondere Bedeutung zu, und gerade diese Gemeinwohlbelange rechtfertigen auch die aus den Bestimmungen des RDG resultierenden Einschränkungen der verfassungsrechtlich geschützten Berufs- und Handlungsfreiheit hinsichtlich der Erbringung spezifisch rechtlicher Dienstleistungen.[30] Bei der Frage, ob eine bestimmte Tätigkeit objektiv (nach der Verkehrsanschauung) eine rechtliche Prüfung des jeweiligen Einzelfalls „erfordert", kann und muss deshalb auch immer der Schutz des Rechtsuchenden vor unqualifizierten Rechtsdienstleistungen im Auge behalten werden.

30 Dies kann und wird häufig zu einer Kollision mit der in dem Begriff der Erforderlichkeit ebenfalls enthaltenen **subjektiven Komponente** der jeweiligen Erwartung des Rechtsuchenden an die Tätigkeit des Dienstleisters führen. Will nämlich ein Rechtsuchender in einer Rechtsangelegenheit wie zB bei der Regulierung eines Verkehrsunfallschadens, der Errichtung eines Testaments oder auch der Errichtung eines Gesellschaftsvertrages – aus welchen Gründen auch immer – explizit auf eine qualifizierte Rechtsdienstleistung verzichten und stattdessen einen nicht oder nicht ausreichend qualifizierten Dienstleister in Anspruch nehmen, so steht dem die Vorschrift des § 3 entgegen, wonach die selbständige Erbringung außergerichtlicher Rechtsdienstleistungen denjenigen vorbehalten ist, denen dies kraft Gesetzes ausdrücklich erlaubt ist (insbesondere also den Rechtsanwälten).

31 Gleiches gilt erst recht für die im täglichen Leben sicherlich sehr viel häufigeren Fälle, dass der Rechtsuchende entweder falsche Vorstellungen von der Erforderlichkeit einer rechtlichen Prüfung seines Falles hat, diesen also, wie zB häufig bei Verkehrsunfällen, irrtümlich für vollkommen eindeutig oder auch ohne besondere rechtliche Kenntnisse für lösbar hält; oder in denen er die Erforderlichkeit einer rechtlichen Prüfung, wie zB beim Erwerb einer Immobilie im Rahmen eines sog. Bauträgermodells (siehe Rn 34 ff), überhaupt nicht erkennt. Diese Konfliktlage zwischen objektiver Erforderlichkeit einer rechtlichen Prüfung und subjektiver Verzichtbarkeit darauf kann gemäß dem Gesetzeszweck nur zugunsten eines Schutzes vor unqualifizierten Rechtsdienstleistungen aufgelöst werden. Denn der Gesetzgeber hat sich wegen des verbraucherschützenden Charakters des Gesetzes bewusst für seine Ausgestaltung als **Verbotsgesetz mit Erlaubnisvorbehalt** entschieden[31] und dementsprechend in § 3 die selbständige Erbringung außergerichtlicher Rechtsdienstleistungen denjenigen Dienstleistern vorbehalten, denen sie durch das RDG oder durch oder aufgrund anderer Gesetze erlaubt ist. Auch wenn ein Bürger in einer Rechtsangelegenheit ganz bewusst auf eine qualifizierte Rechtsdienstleistung verzichten will, soll und darf er deshalb nach dem Gesetz in Deutschland keinen Dienstleister finden, der die Erledigung der betreffenden Rechtsangelegenheit anbietet oder für ihn durchführt.

32 Das RDG hat insoweit zweifellos einen den Dienstleistungsmarkt regulierenden Charakter, doch ist die damit verbundene Einschränkung der Berufs- und Dienstleistungsfreiheit von Anbietern, die für eine „rechtliche Prüfung" von Lebenssachverhalten nicht ausreichend qualifiziert sind, durch die gemäß § 1 Abs. 1 S. 2 geschützten Gemeinwohlbelange auch verfassungsrechtlich gerechtfertigt. Die Auffassung, das RDG stehe der Erbringung einer Rechtsdienstleistung durch

---

30 Vgl Begr. RegE, BT-Drucks. 16/3655, S. 45.
31 Begr. RegE, BT-Drucks. 16/3655, S. 30.

einen nicht qualifizierten Anbieter nicht entgegen, wenn dessen Tätigwerden nur dem Willen des jeweiligen Auftraggebers entspreche,[32] verfehlt deshalb den Gesetzeszweck und seine Folgen. Denn entweder dürfte der betreffende Auftraggeber von Gesetzeswegen schon gar keinen Dienstleister finden, der die – ihm verbotene – Rechtsdienstleistung erbringt, oder der betreffende Dienstleister verstößt gegen das Verbot des RDG und nimmt damit nicht nur eine wettbewerbsrechtliche Inanspruchnahme, sondern vor allem die Nichtigkeit seines Vertragsverhältnisses mit seinem Auftraggeber in Kauf.

Neben der Sache liegt das in diesem Zusammenhang geführte Argument, ebenso wenig, wie man einem Arzt erlauben könne, einen Bürger trotz medizinischer Indikation gegen seinen Willen zu operieren, könne man einem Bürger eine an sich erforderliche rechtliche Prüfung seines Falles aufzwingen.[33] Denn das RDG zwingt niemanden dazu, eine an sich erforderliche rechtliche Prüfung seines Falles durch eine dafür qualifizierte Person vornehmen zu lassen, wenn er dies nicht wünscht. Vielmehr kann er jedes Rechtsgeschäft, soweit es nicht zB der notariellen Beurkundung bedarf, auch auf eigenes Risiko ohne jede rechtliche Prüfung allein abschließen. Nur wenn er sich – um im Bild zu bleiben – zu einer Operation bzw einer rechtlichen Prüfung seines Falles entschließt, dann soll er eben zu seinem Schutz sowohl im medizinischen als auch im rechtlichen Bereich die Sicherheit haben, dass er in dafür qualifizierte Hände gerät. 33

(2) Fallgruppen. (a) Treuhandtätigkeit. In diesem Kontext findet die neuere Rechtsprechung des BGH zur **Treuhandtätigkeit** bei der rechtlichen Abwicklung eines Grundstückserwerbs im Rahmen eines **Bauträgermodells** ihren richtigen Platz.[34] Denn auch wenn ein Anleger beim Abschluss eines diesbezüglichen Treuhandvertrages naturgemäß „lediglich die Durchführung des Vertrages durch den Treuhänder" erwartet,[35] so doch nur deshalb, weil die Verträge den Anlegern als zwar atypische, im Grunde genommen aber ganz normale Immobilienkäufe dargestellt worden sind. Tatsächlich ergibt sich bei den Tätigkeiten von Treuhändern im Rahmen von Bauträger- oder Steuersparmodellen aber, wie der BGH zutreffend ausgeführt hat, für den Treugeber mannigfaltiger rechtlicher Beratungsbedarf, der nur von entsprechend qualifizierten Dienstleistern befriedigt werden kann.[36] 34

Das gilt auch dann, wenn der Treuhänder nicht ermächtigt wird, von ihm abzuschließende Verträge abzuändern oder nach seinem Ermessen neue Verträge für den Treugeber abzuschließen. Denn schon bei der Entscheidung, ob der Treugeber dem Treuhänder überhaupt den Treuhandauftrag erteilen will, entsteht jedenfalls hinsichtlich der einzelnen Vertragsbedingungen und ihrer Bedeutung für den Treugeber erheblicher Bedarf an rechtskundiger Beratung durch den Treuhänder oder einen Dritten, die gemäß dem Gesetzeszweck, die Rechtsuchenden vor unqualifizierten Rechtsdienstleistungen zu schützen, denjenigen 35

---

32 *Kleine-Cosack*, BB 2007, 2637, 2639.
33 *Kleine-Cosack*, BB 2007, 2637, 2639.
34 Grundlegend BGH 28.9.2000 – IX ZR 279/99, BGHZ 145, 265 = NJW 2001, 70; ihm folgend BGH 16.12.2002 – II ZR 109/01, BGHZ 153, 214 = NJW 2003, 1252 und BGH 26.3.2003 – IV ZR 222/02, BGHZ 154, 283 = NJW 2003, 1594; zuletzt BGH 25.4.2006 – XI ZR 29/05, BGHZ 167, 223 = NJW 2006, 1952 und BGH 1.2.2007 – III ZR 281/05, NJW 2007, 1130.
35 So Begr. RegE, BT-Drucks. 16/3655, S. 46.
36 BGH 28.9.2000 – IX ZR 279/99, BGHZ 145, 265, 271 = NJW 2001, 70 ff.

Dienstleistern vorbehalten bleiben muss, die für eine derartige Beratung ausreichend qualifiziert sind.[37]

36 Insoweit gilt für den Abschluss eines derartigen Treuhandvertrages nichts anderes als für den Abschluss eines ganz normalen Immobilienkaufs, für den – ebenfalls zum Schutz des Käufers – die notarielle Beurkundung vorgeschrieben ist. Auch der Abschluss eines solchen Treuhandvertrages „erfordert" dementsprechend nach der Verkehrsanschauung eine an den Interessen, Bedürfnissen und Möglichkeiten des potenziellen Treugebers ausgerichtete „rechtliche Prüfung" des von ihm abzuschließenden Treuhandvertrages. Darauf, dass der Treuhänder dann bei der Ausübung seiner Tätigkeit die von ihm abzuschließenden, bereits ausformulierten und nicht mehr abänderbaren Verträge regelmäßig nicht mehr einer rechtlichen Prüfung im Einzelfall unterzieht und auch nicht unterziehen kann, kommt es nicht an. Denn bei der Frage nach der Erforderlichkeit einer rechtlichen Prüfung des Einzelfalls ist nicht allein auf die von dem jeweiligen Auftragnehmer auftragsgemäß zu entfaltende Tätigkeit, sondern im Sinne des Gesetzeszwecks in Abhängigkeit vom Inhalt des jeweiligen Auftragsverhältnisses immer auch auf den objektiven Beratungsbedarf des Auftraggebers abzustellen.[38]

37 Die entgegengesetzte Auffassung in der Literatur[39] beruft sich schon deshalb zu Unrecht auf die Gesetzesbegründung, weil diese noch auf den Regierungsentwurf abgestellt war, wonach eine Rechtsdienstleistung nur dann vorliegen sollte, wenn die jeweilige Tätigkeit eine „besondere" Prüfung der Rechtslage erforderte. Nachdem der Gesetzgeber bewusst auf jedes qualifizierende Merkmal der rechtlichen Prüfung verzichtet (vgl Rn 8 f) und dem RDG damit eine von seiner ursprünglichen Konzeption gänzlich abweichende Struktur gegeben hat, beruht die Gegenmeinung aber auch auf einem Fehlverständnis des Begriffs der Erforderlichkeit.

38 Gänzlich verfehlt ist die Einordnung dieser Treuhandtätigkeiten „in Formen, die den angesprochenen Verkehrskreisen geläufig sind und die daher ihrer Art nach nicht mehr als Betätigung auf rechtlichem Gebiet empfunden werden".[40] Denn es mag durchaus – einem Barkauf ähnliche – Treuhandtätigkeiten, wie zB die bloße Entgegennahme von Geld und dessen Weiterleitung an einen Dritten auf Weisung des Treugebers, geben, bei denen das Treuhandverhältnis nicht mehr als auf rechtlichem, sondern nur auf wirtschaftlichem Gebiet liegend empfunden wird. Die Treuhandtätigkeit im Rahmen von Bauträgermodellen gehört aber sicherlich weder nach der Verkehrsanschauung noch nach dem Schutzzweck des RDG dazu. Denn derartige Treuhandgeschäfte sind den „angesprochenen Ver-

---

37 BGH 16.12.2002 – II ZR 109/01, BGHZ 153, 214, 219 = NJW 2003, 1252 ff.
38 Der gegenteiligen Auffassung in der Begründung des RegE, BT-Drucks. 16/3655, S. 46 sowie von *Kleine-Cosack*, BB 2007, 2637, 2639 und *vom Stein*, AnwBl 2008, 385, 386 kann deshalb nicht gefolgt werden.
39 Außer den in vorstehender Fn Genannten auch noch *Henssler/Deckenbrock*, DB 2008, 41, 42.
40 So *Sabel*, AnwBl 2007, 816, 817 unter Berufung auf BGH 30.3.2000 – I ZR 289/97, NJW 2000, 2108, 2109, wobei es in der zitierten Entscheidung jedoch gerade nicht um einen Treuhandfall, sondern um das als eine rein wirtschaftliche Betätigung (siehe oben Rn 17) qualifizierte Angebot einer Kfz-Werkstatt ging, dem Unfallgeschädigten die Beauftragung eines Kfz-Sachverständigen abzunehmen und dessen Gutachten an den Haftpflichtversicherer weiterzuleiten – ein Angebot, bei dessen Annahme der Unfallgeschädigte in der Tat keinerlei rechtlichen Beratungsbedarf hatte.

kehrskreisen", also vornehmlich privaten Immobilienkäufern, keineswegs „geläufig", sondern im Gegenteil: Die Gründe für die Treuhandkonstruktion sind den Kaufinteressenten gänzlich unbekannt und die Komplexität des Vertragswerkes ist für sie – anders als bei einem unmittelbaren Immobilienkauf vom Verkäufer – ohne rechtliche Beratung weder durchschaubar noch verständlich. Andererseits wissen die Kaufinteressenten sehr wohl, dass sie sich mit dem Abschluss eines Treuhandvertrages auf einem für sie sehr weitreichenden rechtlichen Terrain bewegen. Der Umstand, dass ihnen dieses Terrain gänzlich fremd ist, führt aber nicht dazu, dass sie ihr Handeln nicht als Betätigung auf rechtlichem Gebiet empfänden.

(b) Tätigkeit von Stellvertretern. Bei der Tätigkeit von Stellvertretern ist ebenso wie in den Treuhandfällen auf das Verhältnis zwischen Vertreter und Vertretenem abzustellen und danach zu fragen, welche Dienstleistungen der Vertreter im Einzelnen anbietet bzw erbringen soll und welcher Beratungsbedarf bei dem Vertretenen im Verhältnis zu seinem Vertreter objektiv oder nach den Erwartungen des Vertretenen besteht. **39**

Geht das Angebot eines Dienstleisters lediglich dahin, einen Auftraggeber in rein wirtschaftlichen Angelegenheiten zu vertreten und erfordert die jeweilige Tätigkeit weder objektiv noch nach den Erwartungen des Auftraggebers eine rechtliche Prüfung des Sachverhalts, so liegt keine Rechtsdienstleistung iSd Abs. 1 vor. Geht das Angebot bzw die Tätigkeit des Stellvertreters dagegen darüber hinaus und macht sie infolgedessen objektiv oder nach den Erwartungen des Auftraggebers eine rechtliche Prüfung des Sachverhalts erforderlich, ist die Anwendbarkeit des RDG gegeben. Insoweit kann zunächst auf die Ausführungen in Rn 17 sowie auf das dort erörterte Angebot einer Kfz-Werkstatt zur Beauftragung eines Sachverständigen, die Weiterleitung seines Gutachtens an den Haftpflichtversicherer und Reservierung eines Ersatzwagens[41] verwiesen werden. Ein derartiges Angebot ist ebenso wie das in jüngster Zeit häufig vorkommende standardmäßige Angebot von **Stromanbietern**, zur Ersparnis von Energiekosten zu ihnen zu wechseln und zu diesem Zweck dem Kunden die **Kündigung seines bisherigen Energielieferungsvertrages** abzunehmen, als eine Betätigung auf rein wirtschaftlichem Gebiet anzusehen. Bietet dagegen ein **Energieberater** über die technisch-betriebswirtschaftliche Beratung zur Optimierung des Energieverbrauchs hinaus auch die Analyse der Energiebezugsbedingungen und die Prüfung einer vorzeitigen Kündigung des bestehenden Energielieferungsvertrages sowie die Führung von Verhandlungen mit dem bisherigen Energielieferanten über eine wenigstens kulanzweise vorzeitige Beendigung des bestehenden Energielieferungsvertrages an, so handelt es sich bei diesem Teil seiner Tätigkeit eindeutig um eine Rechtsdienstleistung iSd Abs. 1.[42] Darauf, ob seine Tätigkeit insgesamt ihren Schwerpunkt auf wirtschaftlichem Gebiet hat, kommt es nicht mehr an (siehe Rn 12 f). Vielmehr ist nach der Qualifizierung der Teiltätigkeit als Rechtsdienstleistung nur noch zu prüfen, ob dieser Teil der Tätigkeit gemäß § 5 Abs. 1 eine – erlaubnisfreie – Nebenleistung darstellt oder nicht (siehe § 5 Rn 34 ff, 38; Erlaubnisfreiheit iE zu bejahen). **40**

Nichts anderes gilt im Ergebnis für die neuerdings aufgetretenen Fälle der **Vertretung von Banken durch externe Personen in Zwangsversteigerungstermi- 41**

---

41 BGH 30.3.2000 – I ZR 289/97, NJW 2000, 2108.
42 Vgl OLG Düsseldorf 15.7.2003 – 24 U 6/03, NJW-RR 2004, 489 (Energieberater).

nen.⁴³ Denn diese Vertretungstätigkeit hat zwar ebenso wie die Tätigkeit von Treuhändern im Rahmen von Bauträgermodellen die Herbeiführung weitreichender Rechtswirkungen zum Gegenstand, „erfordert" aber nicht in jedem Fall die rechtliche Prüfung des Einzelfalls. Beschränkt sich diese Tätigkeit nämlich gemäß den detaillierten und strikten Anweisungen der auftraggebenden Bank auf die Beobachtung der Terminsvorgänge und bei der anschließenden Anhörung über den Zuschlag auf die Abgabe von im Einzelnen vom Auftraggeber vorgeschriebenen Erklärungen, dann fungiert der Terminsvertreter praktisch nur als Bote und tritt an die Stelle eines mit den gleichen Weisungen versehenen Bankangestellten. Eine Prüfung des rechtlich einwandfreien Ablaufs des jeweiligen Versteigerungstermins oder gar des Versteigerungsverfahrens insgesamt findet nicht statt und der Terminsvertreter verfügt auch nicht über die Befugnis, unter Prüfung der rechtlichen Gegebenheiten selbständig Anträge zu stellen. Infolgedessen liegt bei einer derartigen Fallgestaltung auch keine Rechtsdienstleistung iSd Abs. 1 vor. Darauf, ob der Terminsvertreter nach außen mit einer weiterreichenden Vollmacht ausgestattet ist, kommt es dagegen ebenso wenig wie bei den Treuhandfällen (siehe Rn 34 ff) an. Maßgeblich ist vielmehr allein das Verhältnis zwischen Vertreter und Vertretenem und die Erforderlichkeit einer rechtlichen Prüfung des Einzelfalls in diesem Vertretungsverhältnis. Ist das Innenverhältnis zwischen Vertreter und Vertretenem dagegen, wie in dem von dem LG Chemnitz entschiedenen Fall, mit der erteilten weiterreichenden Vollmacht kongruent, der Vertreter also mit der Vertretung in dem gesamten Zwangsversteigerungsverfahren von der Einleitung bis zur Erlösverteilung beauftragt und mit eigenen Entscheidungsbefugnissen ausgestattet, dann obliegt ihm im Laufe des Verfahrens eine Fülle von rechtlichen Prüfungen im Einzelfall mit der Folge, dass das RDG auf seine Tätigkeit anwendbar ist.⁴⁴

42 **(c) Abwicklung von Verkehrsunfallschäden.** Die Abwicklung von Verkehrsunfallschäden durch Kfz-Werkstätten hat bei der Diskussion des neuen RDG eine große Rolle gespielt. Bewegt sie sich lediglich auf wirtschaftlichem Gebiet, dann fehlt es schon an einer rechtlichen Prüfung des Einzelfalls (siehe Rn 17). Die Grenze zur Anwendbarkeit des RDG ist in diesen Fällen aber auch dann noch nicht überschritten, wenn die Kfz-Werkstatt ihrem Kunden allgemeine Rechtsauskünfte zB dahingehend gibt, dass die Erstattungsfähigkeit eines Schadens vom Verschulden oder der Betriebsgefahr abhängt, die Reparaturkosten nur bis zur Höhe von 130 % des Wiederbeschaffungswertes ersatzfähig sind und Ähnliches. Denn dabei handelt es sich jedenfalls noch nicht um eine Rechtsdienstleistung in einer „konkreten" fremden Angelegenheit, sondern eben nur um allgemeine Auskünfte. Die Grenze zu einer rechtlichen Beratung des Kunden in seinem konkreten Einzelfall ist bei derartigen Auskünften allerdings fließend, so dass sie schnell zu einer Rechtsdienstleistung iSd Abs. 1 werden können.

43 Eindeutig Rechtsdienstleistung ist dagegen ein etwaiges pauschales Angebot der Kfz-Werkstatt, die Unfallersatzansprüche ihres Kunden gegenüber der Haftpflichtversicherung des Schädigers geltend zu machen. Denn bei einer solchen Tätigkeit geht es naturgemäß nicht mehr um allgemeine Hinweise zur Rechtslage, sondern um die Prüfung des konkreten Unfalls des Kunden und seiner Folgen

---

43 Vgl LG Chemnitz 30.7.2007 – 3 T 400/07, AnwBl 2008, 152.
44 Zur Frage, ob der Terminsvertreter nach § 79 ZPO nF vertretungsbefugt ist, siehe die ZPO-Kommentare.

sowie die Subsumtion des konkreten Lebenssachverhalts unter rechtliche Kategorien wie Anspruchsgrundlage, Schadensbegriff und Kausalität. Darauf, ob diese Subsumtion eine „vertiefte" oder „besondere" rechtliche Prüfung erforderlich macht, kommt es für das Vorliegen einer Rechtsdienstleistung nicht an (zu den Gründen siehe Rn 3 ff). Unerheblich ist deshalb auch, ob es bei der Schadensregulierung um – vermeintlich oder tatsächlich – einfache Ansprüche des Kunden, also eine „bloße Schadensabrechnung" geht. Denn auch diese setzt zunächst die Subsumtion des konkreten Sachverhalts unter rechtliche Kategorien voraus und ist deshalb Rechtsdienstleistung.

In diesen Fällen ist also stets zu prüfen, ob die jeweilige Tätigkeit – wenn auch nur in einem kleinen Teilbereich – eine juristische Subsumtion und besondere Rechtskenntnisse erfordert und deshalb in den Anwendungsbereich des RDG fällt. Denn der Prüfungsmaßstab für die Anwendbarkeit des RDG bezieht sich, anders als nach dem früheren RBerG, nicht auf eine berufliche Tätigkeit in ihrer gesamten Breite, sondern auf die einzelnen Dienstleistungen, die im Rahmen der jeweiligen beruflichen Tätigkeit erbracht werden. Ob eine als Rechtsdienstleistung qualifizierte Teiltätigkeit erlaubnisfrei erbracht werden darf, entscheidet sich sodann erst bei der Prüfung der Erlaubnistatbestände, vor allem also nach § 5 als der zentralen Erlaubnisnorm für Rechtsdienstleistungen im Zusammenhang mit einer anderen Tätigkeit.[45] 44

(d) **Telefon-Hotlines, Internetforen.** Bei Anbietern von Telefon-Hotlines oder Internetforen ist ebenso wie bei Ratgebersendungen (siehe Rn 25) stets zu prüfen, ob das Angebot lediglich auf die Erteilung allgemeiner Rechtsauskünfte oder die Beantwortung von Rechtsfragen zu einem konkreten Einzelfall des Teilnehmers gerichtet ist. Allerdings spricht bei der Inanspruchnahme dieser Kommunikationswege wegen ihrer größeren Individualität im Vergleich zu Ratgebersendungen in Funk und Fernsehen oder entsprechenden Seiten in Zeitschriften sehr viel mehr dafür, dass der jeweilige Teilnehmer seinen konkreten Einzelfall geprüft haben möchte. Das gilt insbesondere dann, wenn der jeweilige Anbieter speziell mit der Erteilung von Rechtsrat wirbt, weil der Rechtsuchende sich mit seinem Problem dann gerade deshalb an diesen Anbieter wenden wird. Selbst wenn der Teilnehmer an einem derartigen Dienstleistungsangebot nur eine abstrakte Rechtsfrage vorzutragen scheint, wird dahinter meist sein eigener konkreter Fall stehen, den er gelöst haben möchte. Infolgedessen wird bei derartigen Angeboten regelmäßig sowohl nach der Verkehrsanschauung als auch nach dem Schutzzweck des RDG, aber auch nach der Erwartung des jeweiligen Teilnehmers (zu diesem Tatbestandsmerkmal siehe Rn 46) von der „Erforderlichkeit" einer rechtlichen Prüfung des Einzelfalls und damit von einer Rechtsdienstleistung ausgegangen werden können. Dient der vorgetragene Fall dem Anbieter dagegen tatsächlich nur als Beispiel, anhand dessen dann die daraus resultierenden Rechtsfragen abstrakt und ohne Bezug auf den konkreten Fall erörtert werden, liegt keine rechtliche Prüfung eines Einzelfalls (siehe Rn 24) vor, sondern die – erlaubnisfreie – Erteilung allgemeiner Rechtsauskünfte vor. 45

(3) **„Erkennbare Erwartung" des Rechtsuchenden.** Stellt ein Rechtsuchender einem Anbieter von Dienstleistungen unter Bezugnahme auf seinen Einzelfall gezielt rechtliche Fragen, wie zB in den Fällen einer Existenzgründungs- oder 46

---

45 Begr. RegE, BT-Drucks. 16/3655, S. 47 re. Sp.

Energieberatung (siehe Rn 19), dann hat der Rechtsuchende die **erkennbare Erwartung**, eine Rechtsdienstleistung zu erhalten. In allen derartigen Fällen stellt sich für den jeweiligen Dienstleister die Frage, ob er die erwartete Rechtsdienstleistung im Rahmen des § 5 Abs. 1 erlaubnisfrei erbringen kann und darf oder den Rechtsuchenden an eine Person oder Stelle verweisen muss, der das Erbringen der Rechtsdienstleistung in dem konkreten Fall erlaubt ist. Darauf, ob der Fall des Rechtsuchenden nach der Verkehrsanschauung bzw dem Schutzzweck des RDG objektiv eine rechtliche Prüfung erfordert oder nicht, kommt es in einem derartigen Fall nicht an. Vielmehr ist, anders als im umgekehrten Fall eines bewussten Verzichts auf eine qualifizierte Rechtsdienstleistung (siehe Rn 32 f), allein der erkennbare Wille des Rechtsuchenden maßgeblich, eine Rechtsdienstleistung in Anspruch nehmen zu wollen, um ihm den Schutz des RDG vor einer unqualifizierten Rechtsdienstleistung zu gewähren und die jeweils erwartete Tätigkeit der Anwendung des RDG zu unterwerfen.

47 **dd) Tätigkeit in „konkreten fremden Angelegenheiten".** Das Tatbestandsmerkmal der Tätigkeit in „konkreten fremden Angelegenheiten" stellt eine notwendige Ergänzung des Tatbestandsmerkmals der rechtlichen Prüfung des Einzelfalls (siehe Rn 14 ff) dar.

48 **(1) Rechtsdienstleistung in einer „konkreten" Angelegenheit.** Das RDG will nicht jede Tätigkeit auf rechtlichem Gebiet seiner Anwendung unterwerfen, sondern im Sinne des in § 1 Abs. 1 S. 2 definierten Gesetzeszwecks nur solche Tätigkeiten, die für einen bestimmten Rechtsuchenden (in dessen Einzelfall) erbracht werden. Die Erteilung abstrakter, an die Öffentlichkeit oder einen interessierten Kreis gerichteter rechtlicher Informationen unterfällt deshalb nicht der Anwendung des RDG, und zwar auch dann nicht, wenn sie auf einen konkreten Fall als Beispiel bezogen ist oder durch ihn ausgelöst wird (zu Einzelheiten siehe Rn 24 ff). Dient der Einzelfall dagegen nicht nur als Beispiel für eine allgemein gehaltene Information über die damit verbundenen Rechtsfragen, sondern wird der Dienstleister für die von dem Einzelfall betroffene oder an ihm interessierte Person in der Weise tätig, dass er über die Entgegennahme der Erstinformation hinaus mit ihr in einen Dialog eintritt, dann konkretisiert sich seine Tätigkeit auf diesen Einzelfall und wird damit zur Rechtsdienstleistung in einer konkreten Angelegenheit. „**Konkret**" im Sinne dieses Tatbestandsmerkmals ist eine Angelegenheit mithin nicht schon dann, wenn sie einen Einzelfall betrifft, sondern erst dann, wenn der Einzelfall in Bezug auf die jeweils beteiligten Personen individualisiert wird.

49 Markantes Beispiel für diese **Abgrenzung** sind diejenigen **Ratgebersendungen** in Funk und Fernsehen, in denen mit Hilfe des öffentlichen Drucks Forderungen von Zuhörern oder Zuschauern durchgesetzt werden.[46] Denn in ihnen geht es eindeutig um den Einzelfall eines bestimmten Zuschauers und damit zweifellos um eine konkrete fremde Angelegenheit. Ob diese Sendungen nach dem früheren RBerG, wie der BGH gemeint hat, gleichwohl nicht als – verbotene – Rechtsbesorgung zu qualifizieren waren, kann nach der Neustrukturierung des RDG und der Ausgestaltung des Abs. 1 als bloße Festlegung des Anwendungsbereichs des Gesetzes ohne Verbotscharakter dahingestellt bleiben. Denn unabhängig davon,

---

46 BGH 6.12.2001 – I ZR 316/98, NJW 2002, 2877 (Bürgeranwalt); BGH 6.12.2001 – I ZR 101/99, NJW 2002, 2879 („Wie bitte?!"); BGH 6.12.2001 – I ZR 11/99, NJW 2002, 2884 (Ohne Gewähr).

ob die journalistische Berichterstattung bei derartigen Sendungen im Vordergrund steht oder nicht, sind sie doch in Teilbereichen stets mit einer rechtlichen Prüfung des Einzelfalls verbunden und stellen insoweit eine Rechtsdienstleistung iSd Abs. 1 dar (siehe näher Rn 26 f).

(2) **„Fremde" Rechtsangelegenheiten.** Dem Dienstleistungsbegriff immanent ist die Tätigkeit für einen anderen, also in einer **fremden** Angelegenheit. Die Aufnahme dieses Tatbestandsmerkmals in den Gesetzestext hat infolgedessen nur klarstellende Funktion und entspricht der Rechtslage nach dem RBerG. Denn der in § 1 Abs. 1 definierte Schutzzweck ist kein anderer als der des RBerG, so dass hinsichtlich dieses Tatbestandsmerkmals ohne weiteres auf die Literatur und Rechtsprechung zum RBerG zurückgegriffen werden kann. Danach richtet sich die Frage nach der Fremdheit einer Angelegenheit, wenn ein Dienstleister wie zB bei einer offenen Stellvertretung nicht schon nach außen erkennbar für einen Dritten tätig wird, nach dem wirtschaftlichen Interesse, das hinter der jeweils entfalteten Tätigkeit steht.[47] Typischer Fall ist das in § 1 Abs. 2 gesondert geregelte **Inkasso**, aber zB auch eine **Treuhandtätigkeit**. Denn sie erfolgt zwar im eigenen Namen, aber für fremde Rechnung. Darauf, ob und inwieweit der Dienstleister an Weisungen des Auftraggebers gebunden ist, kommt es nicht an; entscheidend ist vielmehr allein die Interessenlage.[48] Dementsprechend galt die nunmehr zur Klarstellung ausdrücklich in Abs. 3 Nr. 6 geregelte Erledigung von Rechtsangelegenheiten innerhalb verbundener Unternehmen auch schon nach dem RBerG nicht als Besorgung fremder, sondern eigener Angelegenheiten.[49] 50

Das sicherlich häufig gegebene (finanzielle) Eigeninteresse eines Dienstleisters an der von ihm für einen Dritten ausgeübten Tätigkeit macht die jeweilige Angelegenheit noch nicht zu einer eigenen des Dienstleisters,[50] wie umgekehrt eine eigene Angelegenheit nicht dadurch zur fremden wird, dass sie zugleich die Interessen anderer wahrt. Als Beispiel für die zuerst genannte Fallkonstellation kann die Tätigkeit einer Bank im Zusammenhang mit einer Umschuldung eines ihrer Kreditnehmer dienen,[51] als Beispiel für Letztere die Tätigkeiten eines WEG-Verwalters, der zugleich Eigentümer einer der von ihm verwalteten Wohnungen ist.[52] 51

Als fremde Rechtsangelegenheiten gelten auch nicht diejenigen, die jemand aufgrund einer ihm **kraft Gesetzes** verliehenen Rechtsposition für einen Dritten wahrnimmt, also zB als **gesetzlicher Vertreter** eines Minderjährigen, als **Betreuer** oder als **Vormund**, aber auch als **Vorstand einer AG**, der deren Rechtsangelegenheiten erledigt.[53] Nimmt eine von Gemeinden ausgegliederte, von ihnen zu 100 % beherrschte juristische Person des Privatrechts die Rechtsangelegenheiten der Gemeinden wahr, handelt es sich ebenfalls nicht um ein Tätigwerden in einer 52

---

47 Vgl *Chemnitz/Johnigk*, Art. 1 § 1 RBerG Rn 77; *Rennen/Caliebe*, Art. 1 § 1 RBerG Rn 29; *Kleine-Cosack*, Art. 1 § 1 RBerG Rn 55; Henssler/Prütting/*Weth*, Art. 1 § 1 RBerG Rn 12 mwN aus Lit. und Rspr.; BGH 16.3.2000 – I ZR 214/97, NJW 2000, 2277.
48 Vgl *Rennen/Caliebe*, Art. 1 § 1 RBerG Rn 29; Henssler/Prütting/*Weth*, Art. 1 § 1 RBerG Rn 12.
49 Vgl *Chemnitz/Johnigk*, Art. 1 § 1 RBerG Rn 78.
50 BGH 3.5.2007 – I ZR 19/05, GRUR 2007, 978 Rn 22 (Rechtsberatung durch Haftpflichtversicherer).
51 OLG Karlsruhe 9.7.2008 – 6 U 51/08, NJW 2008, 3229.
52 Vgl KG 19.12.1990 – 24 W 5932/90, NJW 1991, 1304.
53 BGH 14.4.1986 – II ZR 129/85, NJW-RR 1986, 1360.

fremden Angelegenheit, sondern in den eigenen Angelegenheiten der Gemeinden.[54] Ebenso wenig kann von eine fremden Angelegenheit die Rede sein, wenn eine Vertragspartei aus einem Vertrag zugunsten Dritter den Anspruch auf Leistung an den Dritten geltend macht.[55]

53 Was schließlich die unter der Geltung des RBerG strittig gewesene Frage betrifft, inwieweit das Tätigwerden im Rahmen enger **verwandtschaftlicher oder sonstiger persönlicher Beziehungen** in fremden Angelegenheiten erfolgt oder noch den eigenen Angelegenheiten zuzurechnen ist, so hat der Gesetzgeber dieses Problem in § 6 Abs. 2 aufgenommen und derartige Tätigkeiten grds. erlaubnisfrei gestellt (siehe näher § 6 Rn 16 ff).

II. Sonderregelung: Inkassodienstleistungen (Abs. 2)

54 **1. Entstehungsgeschichte.** Abs. 2 trifft unabhängig von der Frage, ob eine Tätigkeit die Voraussetzungen des Abs. 1 erfüllt, also schon nach dessen Definition eine Rechtsdienstleistung darstellt, eine Sonderregelung für Inkassodienstleistungen, die per se als Rechtsdienstleistung eingestuft werden. Die Vorschrift ist an die Stelle von Art. 1 § 1 Abs. 1 S. 1 RBerG getreten, der der „Besorgung fremder Rechtsangelegenheiten" ausdrücklich auch die „Einziehung fremder oder zu Einziehungszwecken abgetretener Forderungen" zurechnete und – bis zur Entscheidung des BVerwG vom 16.7.2003[56] – noch durch § 1 Abs. 1 S. 1 der 5. AVO zum RBerG ergänzt wurde.

55 **a) Die frühere Rechtslage.** Die Regelung des Bereichs der Inkassodienstleistungen nach altem Recht war kompliziert, weil sie sich in verschiedenen Vorschriften fand. Erschwerend kam hinzu, dass der Bereich erlaubnispflichtiger Tätigkeiten Anfang des 21. Jahrhunderts durch das Vierte Finanzmarktförderungsgesetz vom 21.6.2002[57] und eine Entscheidung des BVerwG grundlegend erweitert wurde.

56 **aa) Art. 1 § 1 Abs. 1 S. 1 RBerG.** Gemäß Art. 1 § 1 Abs. 1 S. 1 RBerG durfte die Besorgung fremder Rechtsangelegenheiten, einschließlich „der Einziehung fremder oder zu Einziehungszwecken abgetretener Forderungen", geschäftsmäßig nur von Personen betrieben werden, denen dazu von der zuständigen Stelle die Erlaubnis erteilt worden war. Abs. 1 S. 2 Nr. 5 der Vorschrift sah die Erteilung der Erlaubnis für die außergerichtliche Forderungseinziehung an Inkassounternehmen vor.

57 **bb) § 1 Abs. 1 S. 1 der 5. AVO zum RBerG.** § 1 Abs. 1 S. 1 der 5. AVO zum RBerG erweiterte die Erlaubnispflichtigkeit auf den geschäftsmäßigen Erwerb von Forderungen zum Zweck der Einziehung auf eigene Rechnung. Die Vorschrift erfasste den Forderungskauf sowie Vollabtretungen in Form der Abtretung an Erfüllungs statt. Dadurch sollte eine Umgehung von Art. 1 § 1 RBerG durch entsprechende zivilrechtliche Gestaltungen verhindert werden.[58]

---

54 BGH 16.3.2000 – I ZR 214/97, NJW 2000, 2277, 2279.
55 *Chemnitz/Johnigk*, Art. 1 § 1 RBerG Rn 83; Henssler/Prütting/*Weth*, Art. 1 § 1 RBerG Rn 14.
56 BVerwG 16.7.2003 – 6 C 27/02, BVerwGE 118, 319 = NJW 2003, 2767.
57 BGBl. I S. 2010.
58 BGH 24.10.2000 – XI ZR 273/99, NJW-RR 2001, 1420 m. zahlr. Nachw.

Allerdings hatte das BVerwG in seiner Entscheidung vom 16.7.2003[59] § 1 Abs. 1 der 5. AVO zum RBerG für ungültig und damit unanwendbar erklärt. Das BVerwG begründete dies mit dem Wegfall der Ermächtigungsgrundlage für die Norm. Als Ermächtigungsgrundlage komme nur Art. 5 RBerG in Betracht. Nach dessen Abs. 1 S. 1 würden Ausführungsvorschriften zu Art. 1 des Gesetzes durch den „Reichsminister der Justiz" erlassen. Hierbei könnten nach S. 2 ergänzende Bestimmungen, „insbesondere Einschränkungen oder Erweiterungen der Erlaubnispflicht", getroffen werden. Die Ermächtigung in Art. 5 Abs. 1 S. 2 RBerG sei gemäß Art. 129 Abs. 3 GG jedoch erloschen, soweit sie zum Erlass gesetzesvertretender Verordnungen ermächtige.[60] Gesetzesvertretende Verordnungen seien solche, die den förmlichen Vorrang des Gesetzes besäßen, also allen früher erlassenen Gesetzen vorgingen. Diese Voraussetzung treffe auf die Erstreckung eines Erlaubnisvorbehalts auf vom Gesetz noch nicht erfasste Tatbestände und damit auch auf § 1 Abs. 1 der 5. AVO zum RBerG zu.

Der auf der Grundlage des Art. 5 Abs. 1 S. 2 RBerG erlassene § 1 Abs. 1 der 5. AVO zum RBerG sei nicht mehr anzuwenden, weil er nach dem Wegfall der Ermächtigungsgrundlage dem GG nicht mehr entspreche. Die zum Zeitpunkt der Entscheidung bereits seit langem erloschene Ermächtigungsgrundlage des Art. 5 RBerG zum Erlass gesetzesvertretender Verordnungen stelle keine hinreichende Legitimationsgrundlage mehr für die Grundrechtseingriffe dar, die mit dem durch die 5. AVO zum RBerG angeordneten Erlaubnistatbestand verbunden seien. Denn der in der Übergangsbestimmung der Art. 123 Abs. 1 und 129 Abs. 3 GG enthaltene Verzicht auf heutigen Anforderungen entsprechende Eingriffsgrundlagen sei auch von der Erwägung getragen gewesen, regellose Zustände zu vermeiden. Seither habe der Gesetzgeber genügend Zeit gehabt, rechtsstaatlichen Erfordernissen Rechnung zu tragen. Zwar habe das BVerfG in seinem Kammerbeschluss vom 7.11.1994[61] entschieden, dass § 1 der 5. AVO zum RBerG mit rechtsstaatlichen Grundsätzen vereinbar sei und deshalb als Bundesrecht weiter gelte. Bindungswirkung nach § 31 BVerfGG komme diesem Beschluss aber nicht zu. Angesichts der auch danach noch verstrichenen Zeit (von nahezu neun Jahren) stütze sich die Regelung des § 1 der 5. AVO zum RBerG jetzt auf eine seit 54 Jahren außer Kraft getretene Ermächtigungsgrundlage. Das sei mit rechtsstaatlichen Grundsätzen nicht mehr zu vereinbaren. Denn die Bestimmung des § 1 der 5. AVO zum RBerG erstrecke den Erlaubnisvorbehalt des Art. 1 § 1 Abs. 1 RBerG auf einen Lebenssachverhalt, der sich von dem gesetzlichen Erlaubnistatbestand in wesentlichen Punkten unterscheide, und führe damit zu erheblichen zusätzlichen Grundrechtseinschränkungen, die gemäß Art. 19 Abs. 1 GG „jedenfalls nunmehr" nur auf der Grundlage einer Entscheidung des Gesetzgebers zulässig seien.

Die wirtschaftlichen Verhältnisse hätten zudem im hier zu betrachtenden Zusammenhang bedeutende Veränderungen erfahren, so dass es auch deshalb der Entscheidung des Gesetzgebers bedürfe, ob der Forderungsankauf zum Zwecke

---

59 BVerwG 16.7.2003 – 6 C 27/02, BVerwGE 118, 319 = NJW 2003, 2767.
60 Art. 129 Abs. 3 GG lautet: „Soweit Rechtsvorschriften im Sinne der Absätze 1 und 2 zu ihrer Änderung oder Ergänzung oder zum Erlaß von Rechtsvorschriften anstelle von Gesetzen ermächtigen, sind diese Ermächtigungen erloschen."
61 BVerfG 7.11.1994 – 1 BvR 2031/93, n.v.

der Einziehung im eigenen Namen und auf eigene Rechnung noch dem Regime des RBerG unterworfen sein solle.

61 § 1 Abs. 1 der 5. AVO zum RBerG knüpfe nicht an den Einzug der (eigenen) Forderung an, sondern an den Erwerb der Forderung. Damit werde der Erlaubnistatbestand des Art. 1 § 1 Abs. 1 RBerG nicht lediglich „in Randbereichen abgerundet", sondern auf einen Vorgang erweitert, der bei typisierender Betrachtung primär wirtschaftlicher Art sei. Das gelte namentlich für den nach heutigen Wirtschaftsbedingungen unter dem Gesichtspunkt der Auslagerung von Dienstleistungen (Stichwort: „Outsourcing") nahe liegenden und gebräuchlichen entgeltlichen Erwerb einer großen Zahl von Forderungen durch einen Dritten zwecks Einziehung. Beim Verkauf zahlreicher Forderungen einer Bank oder eines anderen Wirtschaftsunternehmens gegen eine Vielzahl von Kunden „im Paket" erwarte der Zedent keine rechtliche Bewertung, sondern handele mit dem Erwerber einen „Preis" aus. Der als „Massengeschäft" in Erscheinung tretende Forderungsankauf zeige eine Entwicklung der wirtschaftlichen und rechtlichen Verhältnisse auf, die weder bei Erlass des RBerG noch bei Erlass der 5. AVO zum RBerG absehbar gewesen sei. Der Bezug zur Betreuung von Rechtsangelegenheiten Dritter sei hier allenfalls noch insoweit gegeben, als die Bewertung der zu zedierenden Forderung zur Festlegung eines angemessenen Preises eine rechtliche Beurteilung erfordern könne, die aber jedenfalls in erster Linie nicht gegenüber Dritten, sondern im eigenen Interesse des Erwerbers der Forderungen vorgenommen werde. Die rechtliche Bewältigung dieses Vorgangs könne nicht mehr auf der Grundlage einer vor mehr als einem halben Jahrhundert unter einem mit heutigen rechtsstaatlichen Grundsätzen nicht zu vereinbarenden Rechtssystem erlassenen Rechtsverordnung erfolgen, sondern bedürfe der Bewertung durch den Gesetzgeber.[62]

62 **cc) Art. 1 § 5 Nr. 4 RBerG.** Art. 1 § 5 Nr. 4 RBerG stellte kaufmännische oder sonstige gewerbliche Unternehmer für den Einzug solcher Forderungen frei, „die sie im Rahmen des Gewerbebetriebes abgetreten haben".

63 Die Vorschrift wurde durch das „Gesetz zur weiteren Fortentwicklung des Finanzplatzes Deutschland (Viertes Finanzmarktförderungsgesetz)" vom 21.6.2002[63] in das RBerG eingefügt. Dadurch sollte insbesondere klargestellt werden, dass Asset-Backed-Securities (ABS; siehe hierzu Rn 113 ff) nicht unter den Anwendungsbereich des RBerG fielen und somit der entsprechende Forderungseinzug nicht behördlich genehmigungspflichtig sei.[64]

64 **b) Die Genese des Abs. 2.** Abs. 2 dient in besonderer Weise dem Verbraucherschutz und dem Schutz des Rechtsverkehrs[65] und gehört zu den Vorschriften des umkämpften Gesetzgebungsvorhabens, die von Anfang an weniger umstritten waren. Allerdings erfuhr die Norm im Lauf des Gesetzgebungsverfahrens wichtige Erweiterungen und Einschränkungen.

65 Im Diskussionsentwurf des BMJ vom 6.9.2004 lautete die Regelung:

„Rechtsdienstleistung ist auch die Einziehung fremder oder zu Einziehungszwecken abgetretener Forderungen sowie der Ankauf und sonstige Erwerb fremder

---

62 Vgl anders noch Henssler/Prütting/*Weth*, 5. AVO zum RBerG § 1 Rn 2 f.
63 BGBl. I S. 2010.
64 BT-Drucks. 14/8601, S. 10, 12; Henssler/Prütting/*Weth*, Art. 1 § 5 RBerG Rn 70.
65 Begründung zum Diskussionsentwurf des Bundesministeriums der Justiz zur Neuregelung des Rechtsberatungsrechts, Beilage zu NJW Heft 38/2004, S. 15, 16.

Forderungen zum Zweck der Einziehung, wenn die Forderungseinziehung in erheblichem Umfang als eigenständiges Geschäft betrieben wird. Abgetretene Forderungen gelten für den bisherigen Gläubiger nicht als fremd."[66]

aa) Das Tatbestandsmerkmal des eigenständigen Geschäfts. Die Bundesrechtsanwaltskammer[67] kritisiert in ihrer vom November 2004 datierenden Stellungnahme zu dem Diskussionsentwurf die hierin enthaltene Einschränkung, wonach eine Inkassotätigkeit nur dann als Rechtsdienstleistung anzusehen sei, wenn sie „in erheblichem Umfang" als eigenständiges Geschäft betrieben werde. Die Einziehung fremder Forderungen sei, so der Einwand, unabhängig vom Umfang der Tätigkeit stets Rechtsdienstleistung, sofern sie als eigenständiges Geschäft betrieben werde. Die Abgrenzung „in erheblichem Umfang" sei unpraktikabel und zu unbestimmt. Die Einschränkung sei auch nicht erforderlich. Denn die einmalige Einziehung fremder Forderungen sei keine Rechtsdienstleistung, weil sie nicht als eigenständiges Geschäft betrieben werde. Die Einziehung von abgetretenen Erstattungsansprüchen durch Kfz-Werkstätten sei ebenfalls keine Rechtsdienstleistung, sofern sie nicht als eigenständiges Geschäft betrieben werde, also solange nicht, als es sich bei der Abtretung von Erstattungsansprüchen letztlich um die Sicherung des Werklohnanspruchs handele. Schon im Referentenentwurf von April 2005 taucht die Einschränkung nicht mehr auf. **66**

bb) Kauf und sonstiger Vollerwerb einer Forderung. Sowohl im Diskussions- als auch im Referentenentwurf waren „der Ankauf und sonstige Erwerb fremder Forderungen" ausdrücklich erwähnt. In der Begründung zum Referentenentwurf[68] heißt es hierzu, der Verbraucherschutz und der Schutz des Rechtsverkehrs rechtfertigten die Einbeziehung aller Inkassodienstleistungen in den Anwendungsbereich des Gesetzes. Dies gelte auch im Falle des Ankaufs fremder Forderungen. Die Gefahren, zu deren Abwehr die Regulierung der Inkassotätigkeit für erforderlich gehalten werde, bestünden unabhängig davon, aufgrund welchen rechtlichen Vorgangs der Einziehende die Befugnis hierzu erlangt habe. **67**

Der Regierungsentwurf vom 30.11.2006[69] vollzog eine Kehrtwende. In ihm tauchen die Begriffe „Ankauf" und sonstiger „Erwerb" nicht mehr auf. **68**

In der Begründung[70] heißt es jetzt, der echte Forderungskauf, der seit der Entscheidung des BVerwG zur Nichtanwendbarkeit des § 1 der 5. AVO zum RBerG[71] – vorbehaltlich gewerberechtlicher und bankenrechtlicher Erlaubniserfordernisse nach § 32 des Kreditwesengesetzes – nicht mehr gesetzlich reguliert sei, solle auch weiterhin aus dem Anwendungsbereich des Rechtsberatungsrechts ausgenommen bleiben. Beim Vollerwerb einer Forderung stehe – anders als bei der Übertragung einer Forderung zum Zweck der Einziehung auf fremde Rechnung – stets das wirtschaftliche Geschäft des endgültigen Ver- bzw Ankaufs von Forderungen im Vordergrund. Hier besorge der Erwerber, indem er die zu übernehmenden Forderungen prüfe und im Anschluss an den Erwerb einziehe, keine fremden, sondern ausschließlich eigene Angelegenheiten. Aus Gründen der **69**

---

66 Diskussionsentwurf des Bundesministeriums der Justiz zur Neuregelung des Rechtsberatungsrechts, Beilage zu NJW Heft 38/2004, S. 2.
67 BRAK-Stellungnahme Nr. 37/2004, S. 13.
68 Begr. RefE, S. 69.
69 BT-Drucks. 16/3655, S. 7.
70 BT-Drucks. 16/3655, S. 36 f.
71 BVerwG 16.7.2003 – 6 C 27/02, BVerwGE 118, 319 = NJW 2003, 2767.

Rechtsklarheit und -sicherheit erfordere die gesetzliche Neuregelung eine eindeutige Regelung über den Forderungskauf, die entweder den im Rahmen eines eigenständigen Geschäfts erfolgenden Erwerb insgesamt – also auch hinsichtlich der Tätigkeit von Verrechnungsstellen und Factoringunternehmen – der Erlaubnispflicht unterwerfe oder ihn weiterhin unreguliert zulasse.

70 Eine Einschränkung des Rechts zum Verkauf und Vollerwerb einer Forderung und ihrer anschließenden Einziehung bedürfe dabei nicht nur einer verfassungsrechtlichen Rechtfertigung, sondern – angesichts der derzeitigen Erlaubnisfreiheit – auch einer besonders sorgfältigen Abwägung der möglichen wirtschaftlichen Auswirkungen. Dabei könne anders als bei der Abtretung zu Einziehungszwecken eine gesetzliche Regulierung des Forderungskaufs nicht auf den Gesichtspunkt der Umgehung einer Erlaubnispflicht gestützt werden. Denn in den Fällen des Forderungskaufs träten zu der Einziehungskomponente immer eine besondere wirtschaftliche Motivation und ein finanzielles Engagement des Erwerbers hinzu, die beim Inkassogeschäft gerade fehlten. Durch die Entrichtung des Kaufpreises für die erworbenen Forderungen erlange der Erwerber nicht lediglich eine formale Forderungsinhaberschaft, sondern die vollständige wirtschaftliche Berechtigung. Der Vollerwerb einer Forderung sei damit stets mehr als bloße Umgehung, da er eine vollständige, irreversible Änderung der rechtlichen und wirtschaftlichen Verhältnisse bewirke. Beweisproblemen könne durch die Vorlage des vollständigen Kaufvertrages begegnet werden.

71 Schuldnerschutzaspekte seien beim Forderungskauf den verfassungsrechtlichen Belangen des alten und des neuen Gläubigers gegenüberzustellen. Dabei sprächen Gründe des Schuldnerschutzes dafür, möglichst jede Art des Gläubigerwechsels zu unterbinden, da sich der Schuldner als Folge der Forderungsübertragung dem Zugriff eines neuen Gläubigers ausgesetzt sehe, mit dem er vertraglich nicht verbunden gewesen sei und auf dessen Auswahl er – außer in den Fällen, in denen die Abtretung von seiner Zustimmung abhänge – keinen Einfluss habe. Er könne in diesen Fällen auch nicht verhindern, dass der neue Gläubiger die Forderung möglicherweise effizienter und nachdrücklicher durchsetze als der ursprüngliche Forderungsinhaber. Allerdings entstünden bei einer Forderungseinziehung durch diesen Neugläubiger auch keine Inkassokosten für den Schuldner, soweit nicht wiederum ein – dann aber registrierungspflichtiges – Inkassounternehmen mit dem Inkasso beauftragt werde.

72 Forderungen müssten im heutigen Wirtschaftsleben schnell und leicht übertragbar sein und grds. auch als Finanzierungsinstrument zur Verfügung stehen. Einem besonderen Schutzbedürfnis des Schuldners könne dabei durch die gesetzliche Regelung von Zustimmungserfordernissen Rechnung getragen werden, wie sie auch die Neuregelung zur Abtretbarkeit anwaltlicher Honorarforderungen (siehe hierzu § 49b Abs. 4 BRAO nF) vorsehe. Auch könne der massenhafte Erwerb von Kreditforderungen jedenfalls dann bankerlaubnispflichtig sein, wenn damit auch noch Ausreichungspflichten übernommen würden und demzufolge ein Kreditgeschäft iSv § 1 Abs. 1 S. 2 Nr. 2 des Kreditwesengesetzes vorliege. Darüber hinaus sei jeder Neugläubiger bei Durchsetzung der erworbenen Forderungen von vornherein an die allgemeinen gesetzlichen Bestimmungen gebunden, die den Schuldnerschutz beim Forderungseinzug gewährleisten.

73 Schließlich würde eine Regulierung des Forderungskaufs den Unternehmen, die den Ankauf von Forderungen betreiben, nicht nur die Pflicht auferlegen, eine

Registrierung nach § 10 Abs. 1 S. 1 Nr. 1 zu beantragen, sondern damit zugleich die Pflicht zum Abschluss einer Vermögensschadenhaftpflichtversicherung nach § 12 Abs. 1 Nr. 3 begründen. Hierdurch würden nicht nur Bürokratie in einem bisher nicht regulierten Bereich aufgebaut, sondern zugleich die Unternehmen mit Kosten für eine Versicherung belastet, deren Abschluss für den Ankauf von Forderungen sinnlos sei. Eine Einbeziehung zahlreicher Wirtschaftsgeschäfte in die gesetzliche Regulierung unter dem Oberbegriff des Forderungskaufs sei daher im Ergebnis auch unter Verbraucherschutzgesichtspunkten nicht angezeigt und stünde im Gegensatz zu dem Ziel des Gesetzentwurfs, wirtschaftliche Tätigkeiten nicht zu behindern, sondern zu fördern.

2. Normzweck. Auch wenn nicht jede Einziehung fremder oder zu Einziehungszwecken abgetretener Forderungen eine „rechtliche Prüfung"[72] iSv Abs. 1 voraussetzt, hält der Gesetzgeber eine Regulierung des Inkassogeschäfts, unabhängig vom Vorliegen einer rechtlichen Prüfung im Einzelfall, für erforderlich. Dies entspricht auch der Handhabung in vielen anderen europäischen wie außereuropäischen Ländern. Der Bereich des gewerblichen Forderungseinzugs auf fremde Rechnung ist wirtschaftlich nicht nur für den Auftraggeber des Inkassounternehmers, sondern auch für die Schuldner von erheblicher, zum Teil existenzieller Bedeutung. 74

Dabei kommt dem Inkassowesen im Geschäftsleben ein hoher Stellenwert zu. Nach Angaben von *Kilian*[73] sind in Deutschland zurzeit rund 750 Inkassounternehmen tätig, von denen mehr als zwei Drittel im Bundesverband Deutscher Inkasso-Unternehmen e.V. (BDIU) organisiert seien. Schätzungen gingen davon aus, dass durch die Inkassodienstleister pro Jahr Forderungen im Wert von rund 4 Mrd. € realisiert würden. Die BDIU-Mitgliedsunternehmen verwalteten nach Mitteilung ihres Verbands ein Forderungsvolumen von über 22 Mrd. €. Inkassounternehmen verfügen also über erhebliche „Marktmacht". 75

Aus diesem Grund bezieht Abs. 2 S. 1 die Forderungseinziehung auf fremde Rechnung in den Tatbestand der Rechtsdienstleistung ein, unabhängig davon, ob im Einzelfall die Voraussetzungen von Abs. 1 vorliegen. Weitere Voraussetzung für die Anwendung von Abs. 2 ist allerdings, dass die Forderungseinziehung als eigenständiger Geschäftszweck erbracht wird.[74] 76

3. Regelungsgehalt. a) Gesetzliche Definition „Inkassodienstleistung" (Abs. 2 S. 1). Abs. 2 enthält eine Legaldefinition des Begriffs „Inkassodienstleistung". Er knüpft an die Rechtsprechung des BVerfG an, das in mehreren Entscheidungen das Tätigkeitsfeld von Inkassounternehmen definiert und insbesondere klargestellt hat, dass die Befugnis, Inkassodienstleistungen erbringen zu können, stets eine umfassende rechtliche Forderungsprüfung mit umfasse.[75] In der der Erteilung einer Inkassoerlaubnis vorausgehenden Zulassungsprüfung würden vom Antragsteller u.a. profunde Kenntnisse in den ersten drei Büchern des Bürgerlichen Gesetzbuchs, handels- und gesellschaftsrechtliche Kenntnisse sowie Grund- 77

---

72 Soweit in der amtlichen Begründung von „besonderer" Rechtsprüfung die Rede ist, hängt dies damit zusammen, dass das Wort „besondere" in Abs. 1 im Regierungsentwurf noch enthalten war (siehe näher Rn 37).
73 Kilian/Sabel/vom Stein/*Kilian*, § 6 Rn 127.
74 BT-Drucks. 16/2655, S. 48.
75 BVerfG 20.2.2002 – 1 BvR 821/00, NJW 2002, 1190; BVerfG 14.8.2004 – 1 BvR 725/03, NJW-RR 2004, 1570; vgl hierzu Kilian/Sabel/vom Stein/*Kilian*, § 6 Rn 133.

kenntnisse auf etlichen anderen Rechtsgebieten verlangt. Im Verfahrensrecht seien Kenntnisse im Mahnverfahren, im Vollstreckungsrecht, im Konkursvergleichs- und Insolvenzrecht und im Kostenrecht erforderlich. Diese Anforderungen unterstrichen, dass die außergerichtliche Einziehung von Forderungen sich nicht in der Besorgung von Wirtschaftsangelegenheiten, also von kaufmännischen Tätigkeiten, erschöpfe. Derartige Kenntnisse wären für die Übernahme einfacher Tätigkeiten mit gelegentlichen rechtlichen Berührungspunkten nicht erforderlich. Solche Tätigkeiten müssten auch nicht durch das RBerG im Prinzip den Volljuristen vorbehalten bleiben, um Gläubiger und Rechtspflege vor unqualifizierter Aufgabenerfüllung zu schützen. Inkassounternehmer hätten indessen nicht nur die Aufgabe schlichter Mahn- und Beitreibungstätigkeit, also einer kaufmännischen Hilfstätigkeit, die nicht als Besorgung fremder Rechtsangelegenheiten anzusehen wäre. Sie übernähmen vielmehr die Verantwortung für die wirkungsvolle Durchsetzung fremder Rechte oder Vermögensinteressen. Typisierend könne deshalb unterstellt werden, dass beim Forderungseinzug in allen seinen Formen auch Rechtsberatung zu leisten sei. Nur aus diesem Grund lasse sich einerseits das Verbot mit Erlaubnisvorbehalt rechtfertigen. Andererseits umfasse „sozusagen spiegelbildlich" die Erlaubnis zur Rechtsbesorgung an Inkassounternehmer zugleich die Erlaubnis zur Rechtsberatung.

78 Der Begriff der Inkassodienstleistung ist nicht deckungsgleich mit dem Begriff der Rechtsdienstleistung. Vielmehr können von ihm auch Tätigkeiten erfasst sein, die nach den allgemeinen Regeln des RDG nicht als Rechtsdienstleistung zu qualifizieren und damit grds. nicht erlaubnispflichtig wären, weil sie keine Rechtsprüfung iSv Abs. 1 (vgl Rn 15 f) verlangen. Das RDG bezieht durch Abs. 2 solche Tätigkeiten kraft gesetzlicher Anordnung in die Erlaubnispflicht ein, um eine Regulierung des gesamten Inkassogeschäfts zu ermöglichen. Konsequenz ist, dass Inkassodienstleistungen als Hauptleistung nur von registrierten Personen oder umfassend befugten Rechtsdienstleistern, dh Rechtsanwälten oder Rechtsbeiständen, erbracht werden dürfen.[76]

79 Wie Art. 1 § 1 Abs. 1 S. 1 RBerG behandelt auch Abs. 2 S. 1 die Einziehung fremder und die zu Einziehungszwecken abgetretenen Forderungen gleich. Der Unterschied zwischen beiden Alternativen liegt nur darin, dass die Einziehung fremder Forderungen im Namen und für Rechnung des Dritten erfolgt, während die zu Einziehungszwecken abgetretenen Forderungen im Namen des Besorgenden, aber ebenfalls für fremde Rechnung geltend gemacht werden. In beiden Fällen soll das wirtschaftliche Ergebnis in gleicher Weise dem Dritten zugute kommen.[77]

80 Geht es nicht um den Einzug einer fremden Forderung oder einer zur Einziehung auf fremde Rechnung abgetretenen Forderung, bleiben nur zwei Möglichkeiten: Es wird eine eigene Forderung für eigene Rechnung eingezogen und damit ein eigenes Geschäft betrieben, so dass es auch am Merkmal der „fremden Angelegenheit" und damit an einer Rechtsdienstleistung iSv Abs. 1 fehlt. Oder es geht um den Einzug einer abgetretenen Forderung durch den bisherigen Gläubiger, der jetzt durch die Spezialregelung in Abs. 2 S. 2 aus dem Bereich der Rechtsdienstleistung ausgenommen ist.

---

76 *vom Stein*, AnwBl 2008, 385, 388.
77 Vgl in diesem Sinne Henssler/Prütting/*Weth*, Art. 1 § 1 RBerG Rn 26; *Rennen/Caliebe*, Art. 1 § 1 RBerG Rn 45.

b) Forderungseinzug auf fremde Rechnung (Abs. 2 S. 1). Abs. 2 S. 1 erfasst nur 81
Fälle der Forderungseinziehung auf fremde Rechnung. Er manifestiert damit den
Rechtszustand, der eingetreten ist, nachdem das BVerwG § 1 Abs. 1 der 5. AVO
zum RBerG für ungültig und damit unanwendbar erklärt hat.[78]

Die Frage, auf wessen Rechnung der Einzug erfolgt, ist zu trennen von der, um 82
wessen Forderung es sich handelt, ob also die Forderung eine fremde oder eigene
des Einziehenden ist. Der Forderungsinhaberschaft als solcher kommt für die
Anwendbarkeit von Abs. 2 keine unmittelbare Bedeutung zu. Mit dem Tatbestandsmerkmal der Einziehung auf fremde Rechnung will der Gesetzgeber die
Vorschrift auf alle Fälle erstrecken, in denen wirtschaftlich eine fremde Forderung eingezogen wird und das Ausfallrisiko beim ursprünglichen Forderungsinhaber verbleibt.[79]

Hierunter fallen zunächst alle Fälle der Einziehungstätigkeit aufgrund einer In- 83
kassovollmacht oder -ermächtigung, bei denen die einzuziehende Forderung
nicht nur wirtschaftlich, sondern auch formal fremd bleibt (**Abs. 2 Alt. 1**). Daneben wird auch der Forderungseinzug aufgrund einer Inkassozession erfasst,
weil hier zwar die formale Forderungsinhaberschaft auf den Einziehenden übertragen wird, die Einziehung aber weiterhin auf Risiko und Rechnung des Zedenten erfolgt und für den Einziehenden wirtschaftlich fremd bleibt (**Abs. 2 Alt. 2**).[80]

Ob eine abgetretene Forderung auf fremde oder auf eigene Rechnung eingezogen 84
wird, ist im Streitfall anhand der zugrunde liegenden Verträge zu beurteilen.
Entscheidend ist, ob die Forderung endgültig auf den Erwerber übertragen wird,
dieser insbesondere das Bonitätsrisiko übernimmt. Vertragsklauseln, die für den
Fall des Ausfalls des Schuldners eine Rückabwicklung des Kaufvertrages vorsehen oder eine Garantie für die Beitreibbarkeit der übertragenen Forderung enthalten, verdeutlichen, dass es sich nicht um einen Forderungskauf, sondern um
eine (verdeckte) Abtretung zu Einziehungszwecken handelt. Auf eigene Rechnung wird der Erwerber einer Forderung nur tätig, wenn er das volle wirtschaftliche Risiko der Beitreibung der Forderung übernimmt.[81]

aa) Forderungseinzug aufgrund einer Inkassovollmacht oder -ermächti- 85
gung. Unter das Tatbestandsmerkmal der Einziehung auf fremde Rechnung sind
die Fälle der Einziehungstätigkeit aufgrund einer Inkassovollmacht oder -ermächtigung zu subsumieren.

(1) Inkassovollmacht. Die Inkassovollmacht (§§ 164 ff BGB) ist der klassische 86
Fall der Einziehung einer Forderung auf fremde Rechnung. Die Forderung verbleibt nicht nur wirtschaftlich, sondern auch rechtlich beim Forderungsinhaber.

(2) Inkassoermächtigung. Bei der Inkasso-, also Einziehungsermächtigung er- 87
folgt die Übertragung eines Forderungsausschnitts in der Weise, dass der Ermächtigte die Forderung im eigenen Namen geltend machen und je nach dem

---
78 BVerwG 16.7.2003 – 6 C 27/02, BVerwGE 118, 319 = NJW 2003, 2767.
79 Begr. RegE, BT-Drucks. 16/3655, S. 36; Kilian/Sabel/vom Stein/*Kilian*, § 6 Rn 135.
80 Begr. RegE, BT-Drucks. 16/3655, S. 48.
81 Begr. RegE, BT-Drucks. 16/3655, S. 48 f.

Inhalt der Ermächtigung Leistung an den Gläubiger oder an sich verlangen kann.[82] Die Forderung verbleibt ebenfalls sowohl wirtschaftlich als auch in ihrem wesentlichen Kern beim Forderungsinhaber, so dass die Einziehung auf fremde Rechnung erfolgt.

88 Hauptanwendungsfälle sind das Einziehungsrecht des Zedenten in Folge der Sicherungsabtretung und des verlängerten Eigentumsvorbehalts, die Ermächtigung des Bauträgers zur Geltendmachung der an den Bauherrn abgetretenen Mängelansprüche gegen den Bauunternehmer bzw Handwerker, des Verwalters zur Geltendmachung von Ansprüchen der Wohnungseigentümergemeinschaft, des Forderungsverkäufers zur Durchsetzung der abgetretenen Forderung sowie des herrschenden Gesellschafters zur Geltendmachung von Ansprüchen der Gesellschaft.[83]

89 **bb) Forderungseinzug aufgrund einer Inkassozession.** Bei der Inkassozession erlangt der Inkassounternehmer im Außenverhältnis durch eine Abtretung iSv § 398 BGB die volle Gläubigerstellung. Allerdings ist er im Innenverhältnis durch die entsprechenden vertraglichen Vereinbarungen beschränkt. Er soll die Forderung einziehen und den Erlös an den Zedenten abführen.[84]

90 Auch hier erfolgt die Einziehungstätigkeit auf fremde Rechnung, weil zwar die formale Forderungsinhaberschaft auf den Einziehenden übertragen wird, die Einziehung nach der getroffenen vertraglichen Vereinbarung aber weiterhin auf Risiko und Rechnung des Zedenten erfolgt und für den Einziehenden wirtschaftlich fremd bleibt.[85] Das Ausfallrisiko trägt der Zedent.

91 In diesen Bereich gehört auch die Einziehung von erfüllungshalber abgetretenen Forderungen. Zwar handelt es sich in einem solchen Fall in Folge der Abtretung um eine eigene Forderung des Abtretungsempfängers, doch liegt deren Geltendmachung rechtlich und wirtschaftlich in erster Linie im Interesse des Abtretenden, der dem Abtretungsempfänger zur Bezahlung einer Schuld verpflichtet ist und durch die Einziehung der abgetretenen Forderung zugleich dieser Verpflichtung und der Notwendigkeit ledig wird, seine Forderung vom Drittschuldner einzuziehen.[86] Denn zum einen ist das durch die Einziehung erlangte Geld auf den Anspruch des Zessionars gegen den Zedenten anzurechnen, so dass Letzterer bei einer erfolgreichen Geltendmachung der Forderung von seiner Schuld befreit wird, zum anderen wird der Zedent auf diese Weise der Notwendigkeit enthoben, die Forderung gegen den Schuldner selbst durchzusetzen und mit dem Erlös den Gläubiger zu befriedigen.[87]

---

82 BGH 23.2.1978 – VII ZR 11/76, NJW 1978, 1375; Palandt/*Grüneberg*, § 398 BGB Rn 29 ff. Auf die umstrittene Frage, ob die Zulässigkeit der Einziehungsermächtigung aus § 185 BGB herzuleiten ist (so BGH 10.12.1951 – GSZ 3/51, NJW 1952, 337; BGH 23.2.1978 – VII ZR 11/76, NJW 1978, 1375), braucht hier nicht eingegangen zu werden, da die Einziehungsermächtigung jedenfalls im Ergebnis seit Jahrzehnten praktizierter richterlicher Rechtsfortbildung darstellt.
83 Palandt/*Grüneberg*, § 398 BGB Rn 30 m. entspr. Nachw.
84 Vgl hierzu Palandt/*Grüneberg*, § 398 BGB Rn 26 ff.
85 Palandt/*Grüneberg*, § 398 BGB Rn 26 ff.
86 BGH 26.4.1994 – VI ZR 305/93, NJW-RR 1994, 1081 = AnwBl 1994, 571 LS 1 m. Anm. *Chemnitz*; *Chemnitz/Johnigk*, Art. 1 § 1 RBerG Rn 96 ff; Henssler/Prütting/*Weth*, Art. 1 § 1 RBerG Rn 30 f m. zahlr. w. Nachw.
87 Henssler/Prütting/*Weth*, Art. 1 § 1 RBerG Rn 30.

Es geht hier um die häufigen Fälle der Einziehung von Schadensersatzforderungen durch Kfz-Reparaturwerkstätten, Mietwagenunternehmen, Abschleppunternehmen, Unfallhilfefirmen, Finanzdienstleistungsunternehmen und Kfz-Sachverständige im Rahmen ihres „Kundendienstes". Trotz der Einziehung auf fremde Rechnung sind solche Tätigkeiten jetzt allerdings idR erlaubnisfrei gestellt, weil sie nicht – wie von Abs. 2 S. 1 aE gefordert – als „eigenständiges Geschäft", sondern nur als kaufmännische Nebensache erbracht werden. 92

c) Forderungseinzug auf eigene Rechnung. Ursprünglich waren auch der (geschäftsmäßige) Erwerb von Forderungen auf eigene Rechnung und deren anschließende Geltendmachung erlaubnispflichtig. Dies ergab sich nicht aus Art. 1 § 1 RBerG, wonach die Tätigkeit in eigenen Rechtsangelegenheiten grds. erlaubnisfrei war und niemand daran gehindert wurde, seine eigenen Rechtsangelegenheiten selbst zu erledigen. Die Erstreckung resultierte vielmehr aus § 1 Abs. 1 S. 1 der 5. AVO zum RBerG, der verhindern sollte, dass der für die Einziehung fremder oder zur Einziehung abgetretener Forderungen geltende Erlaubniszwang dadurch umgangen würde, dass jemand geschäftsmäßig Forderungen auf eigene Rechnung erwarb und dann geltend machte.[88] Allerdings hatte sich diese Rechtslage bereits durch die Entscheidung des BVerwG vom 16.7.2003[89] geändert, durch die § 1 Abs. 1 der 5. AVO zum RBerG für ungültig und damit unanwendbar erklärt wurde (vgl Rn 58). 93

Auch nach Inkrafttreten des RDG gilt, dass immer dann, wenn die Einziehung wirtschaftlich allein dem Einziehenden zugute kommt, keine erlaubnispflichtige Inkassodienstleistung vorliegt (vgl Rn 68 ff). 94

aa) Forderungskauf. Der echte Forderungskauf, dh der Ankauf einer fremden Forderung, bei dem die Forderung endgültig auf den Erwerber übertragen wird und dieser das Risiko eines eventuellen Forderungsausfalls trägt, soll aus dem Anwendungsbereich des Rechtsberatungsrechts ausgenommen bleiben. Bereits im Jahr 2003[90] hatte das BVerwG festgestellt, dass § 1 der 5. AVO zum RBerG, der den Forderungskauf nach altem Recht regelte und unter Erlaubnispflicht stellte, auf einer seit über 50 Jahren außer Kraft getretenen Ermächtigungsgrundlage beruhe und mit rechtsstaatlichen Grundsätzen nicht mehr zu vereinbaren sei (siehe Rn 59). Das BVerwG forderte damals den Gesetzgeber ausdrücklich auf, eine Entscheidung darüber zu treffen, ob und ggf wie der „nach den heutigen Wirtschaftsbedingungen unter dem Gesichtspunkt der Auslagerung von Dienstleistungen naheliegende und gebräuchliche entgeltliche Erwerb einer großen Zahl von Forderungen durch Dritte", der bei typisierender Betrachtung primär wirtschaftlicher Art sei, tatsächlich weiter im Rechtsberatungsrecht reguliert werden solle.[91] 95

Beim Vollerwerb einer Forderung steht – anders als bei der Übertragung einer Forderung zum Zweck der Einziehung auf fremde Rechnung – stets das wirtschaftliche Geschäft des endgültigen Ver- bzw Ankaufs der Forderung im Vordergrund. Hier besorge, so jetzt die Begründung zum Regierungsentwurf,[92] der Erwerber, indem er die zu übernehmenden Forderungen prüfe und im Anschluss 96

---

88 Vgl hierzu *Chemnitz/Johnigk*, 5. AVO zum RBerG § 1 Rn 1285.
89 BVerwG 16.7.2003 – 6 C 27/02, BVerwGE 118, 319 = NJW 2003, 2767.
90 BVerwG 16.7.2003 – 6 C 27/02, BVerwGE 118, 319 = NJW 2003, 2767.
91 BVerwG 16.7.2003 – 6 C 27/02, BVerwGE 118, 319 = NJW 2003, 2767, 2769.
92 BT-Drucks. 16/3655, S. 36.

Offermann-Burckart

an den Erwerb einziehe, keine fremden, sondern ausschließlich eigene Angelegenheiten. Aus diesem Grund habe der BGH das wirtschaftlich besonders relevante Factoring bereits lange vor der Entscheidung des BVerwG aus dem Anwendungsbereich des RBerG und der damals noch geltenden 5. AVO zum RBerG herausgenommen und für insgesamt nicht erlaubnispflichtig erklärt.[93] Der BGH habe die Erlaubnisfreiheit des Forderungskaufs beim Factoring mit der Anwendbarkeit von Art. 1 § 5 RBerG begründet, indem er den Erwerb und die spätere Einziehung der Forderungen in diesen Fällen als bloße Nebenleistungen angesehen habe. Wirtschaftliches Hauptgeschäft sei die mit dem Kauf der meist noch nicht fälligen Forderungen einhergehende Vorfinanzierung und die mit der Übernahme des Delkredererisikos einhergehende Insolvenzausfallsicherung des Zedenten.[94]

97 Diese Abgrenzung sei, so heißt es im Regierungsentwurf weiter, indes wenig trennscharf, da der Erwerber letztlich bei jeder Art des Vollerwerbs einer Forderung die Ausfallhaftung übernehme und die Zahlung des Kaufpreises vor dem Einzug stets eine Vorfinanzierung beinhalte.

98 Auch die Unterscheidung zwischen dem Erwerb noch nicht fälliger Forderungen einerseits und dem Erwerb fälliger oder notleidender Forderungen andererseits scheine nicht mehr geeignet, eine trennscharfe und handhabbare Abgrenzung zwischen erlaubnisfreien Finanzgeschäften und erlaubnispflichtigen Inkassodienstleistungen zu treffen. Gerade die aktuellen Entwicklungen des Finanzmarktes zeigten, dass der Handel mit ganzen Kreditportfolios zunehme, wobei hier insbesondere notleidende Kreditforderungen im Paket veräußert würden (sog. non-performing-loan-Transaktionen).[95] Bei diesen Transaktionen bestehe für den Finanzmarkt ein hohes Bedürfnis an Rechtssicherheit darüber, ob der Erwerber eines solchen Forderungsportfolios etwa einer Registrierung als Inkassounternehmer bedürfe, obwohl gerade in diesen Fällen – ähnlich wie beim Factoring – der eigentliche Forderungseinzug häufig nicht durch den Erwerber, sondern durch eine Drittgesellschaft erfolge, die ihrerseits über eine Inkassoerlaubnis verfüge.

99 Aus Gründen der Rechtsklarheit und -sicherheit erfordere daher die gesetzliche Neuregelung eine eindeutige Regelung über den Forderungskauf, die entweder den im Rahmen eines eigenständigen Geschäfts erfolgenden Erwerb insgesamt – also auch hinsichtlich der Tätigkeit von Verrechnungsstellen und Factoringunternehmen – der Erlaubnispflicht unterwerfe oder ihn weiterhin unreguliert zulasse. Eine Einschränkung des Rechts zum Verkauf und Vollerwerb einer Forderung und ihrer anschließenden Einziehung bedürfe dabei nicht nur einer verfassungsrechtlichen Rechtfertigung, sondern angesichts der derzeitigen Erlaubnisfreiheit auch einer besonders sorgfältigen Abwägung der möglichen wirtschaftlichen Auswirkungen. Dabei könne anders als bei der Abtretung zu Einziehungszwecken eine gesetzliche Regulierung des Forderungskaufs nicht auf

---

93 Vgl hierzu BGH 3.5.1972 – VI ZR 170/71, BGHZ 58, 364 = WM 1972, 683; BGH 23.1.1980 – VIII ZR 91/79, BGHZ 76, 119 = NJW 1980, 1394 (siehe näher unten Rn 102).
94 Vgl BGH 23.1.1980 – VIII ZR 91/79, BGHZ 76, 119 = NJW 1980, 1394.
95 Nicht einmal der Gesetzgeber wird geahnt haben, wie aktuell seine diesbezüglichen Ausführungen zum Zeitpunkt des Abfassens der Begründung zum Regierungsentwurf schon waren bzw kurz darauf sein würden.

den Gesichtspunkt der Umgehung einer Erlaubnispflicht gestützt werden (siehe näher Rn 68 ff).[96]

bb) Factoring. (1) Begrifflichkeit. Als Factoring bezeichnet man ganz grds. den Vertrag, durch den ein Unternehmer seine gesamten auf Geldzahlungen gerichteten Forderungen an einen Dritten (meist eine Bank) überträgt, der die Forderungen einzieht. Der Dritte (der sog. Factor) zahlt dem Unternehmer nach Entstehung der Forderung deren Betrag, abzüglich seiner Provision. Für den Unternehmer hat dies neben der sofortigen Liquidität den Vorteil, dass er von der Führung der Debitorenbuchhaltung und der Einziehung der Forderung entlastet wird. Die Forderungsübertragung geschieht idR mittels einer Global- oder einer Mantelzession, wobei sich der Factor jedoch häufig die Entscheidung vorbehält, eine einzelne Forderung nicht zu übernehmen.[97] Zwei Formen des Factorings sind zu unterscheiden: **100**

(2) Echtes Factoring. Das echte Factoring ist ein Forderungskauf. Da der Factor beim echten Factoring die Forderungen endgültig erwirbt,[98] besorgt er mit der Einziehung im eigenen Namen und auf eigene Rechnung keine fremden, sondern eigene Rechtsangelegenheiten. **101**

In seinem Urteil vom 23.1.1980 stufte der BGH[99] das echte Factoring als Fall des Art. 1 § 5 Nr. 1 RBerG ein, der erlaubte, dass gewerbliche Unternehmen für ihre Kunden solche Rechtsangelegenheiten erledigten, die mit einem Geschäft ihres Gewerbebetriebs in unmittelbarem Zusammenhang standen. Die vom erkennenden Senat schon für das unechte Factoring-Geschäft einer Bank angestellten Erwägungen würden auch für das echte Factoring gelten. So handele es sich beim echten Factoring um einen Forderungskauf, doch sei bei der im Rahmen der Anwendung des RBerG gebotenen wirtschaftlichen Betrachtungsweise zu berücksichtigen, dass sich das echte Factoring nicht im Forderungskauf erschöpfe. Auch beim echten Factoring würden die – angekauften – Forderungen des Anschlusskunden bevorschusst. Er erhalte den Gegenwert (Kaufpreis) für die Forderung – nach Abzug der Gebühren und Zinsen des Factors – sofort, obwohl die abgetretene Forderung meist erst wesentlich später fällig werde. Die darin liegende Vorfinanzierung möge zwar rechtlich betrachtet nur ein kreditorisches Nebengeschäft darstellen, das einen Kaufvertrag als Hauptgeschäft voraussetze, doch liege wirtschaftlich in der Vorfinanzierung der für den Anschlusskunden entscheidende Vorteil des Factoring-Geschäfts. Beim echten Factoring komme hinzu, dass der Factor das Delkredererisiko, dh das Risiko der Zahlungsunfähigkeit des Schuldners (Debitors), übernehme. Das echte Factoring habe damit außerdem eine Versicherungsfunktion. Kreditgewährung, Übernahme des Risikos für einen Forderungsausfall infolge Zahlungsunfähigkeit eines Schuldners des Anschlusskunden und die mit dem Factoring verbundenen Dienstleistungen seien Geschäfte, die als solche nicht notwendigerweise dem RBerG unterlägen. **102**

(3) Unechtes Factoring. Beim unechten Factoring erhält der Zedent vom Factor sofort den Gegenwert der Forderung, wird bei deren Ausfall aber in Höhe des erhaltenen Wertes wieder belastet.[100] Die Kundenforderungen werden erfül- **103**

---

[96] Vgl zum Forderungskauf auch *Sabel*, AnwBl 2007, 816, 818.
[97] Vgl die Definition bei *Tilch/Arloth*, Deutsches Rechts-Lexikon, Band 1.
[98] BGH 19.9.1977 – VIII ZR 169/76, BGHZ 69, 254, 257 = NJW 1977, 2207.
[99] BGH 23.1.1980 – VIII ZR 91/79, BGHZ 76, 119 = NJW 1980, 1394.
[100] Vgl die Definition bei *Tilch/Arloth*, Deutsches Rechts-Lexikon, Band 1.

lungshalber auf den Factor übertragen, so dass der Zedent aus der Kreditgewährung des Factors, die in der Bevorschussung der Kundenforderung liegt, verpflichtet bleibt. Wie bei sonstigen erfüllungshalber abgetretenen Forderungen ist der Zedent auch hier der eigenständigen Verfolgung seiner Rechte enthoben, und auch hier wird er bei erfolgreicher Einziehung durch den Factor von seiner Schuld gegenüber diesem befreit.

104 Anders als die „normale" Abtretung erfüllungshalber stellt das unechte Factoring allerdings ein Kreditgeschäft dar, in dessen Rahmen die Abtretung der Kundenforderungen eine Sicherungsfunktion erfüllt. Daher stellt sich die Einziehung der Forderungen durch den Factor nicht als Besorgung fremder, sondern als Besorgung eigener Rechtsangelegenheiten dar, die auch schon nach früherer Rechtslage nicht unter das RBerG fiel.[101]

105 Dies stellte der BGH bereits in einer Entscheidung vom 3.5.1972[102] fest. Beim unechten Factoring bleibe der Zedent weiterhin aus der Kreditgewährung des Factors, die in der Bevorschussung der Kundenforderung liege, verpflichtet. Der Factor übernehme zwar die Einziehung der Forderungen. Doch hafte der Zedent nicht nur für den Rechtsbestand der übertragenen Forderung, sondern im Ergebnis auch für die Zahlungsfähigkeit des Schuldners. Sei die abgetretene Forderung nicht beitreibbar, so werde der Zedent aus seinem Grundverhältnis zum Factor auf Erstattung des gewährten Kredits in Anspruch genommen. Dabei sei es eine rein rechtstechnische Frage, ob man die Übertragung der Kundenforderung als durch deren Beitreibbarkeit auflösend bedingt ansehen oder annehmen wolle, dass der Factor verpflichtet sei, im Falle der Inanspruchnahme des Zedenten aus dem Grundverhältnis die abgetretene Forderung zurückzuübertragen. Jedenfalls stelle sich bei wirtschaftlicher Betrachtung das unechte Factoring als ein Kreditgeschäft dar. Die Abtretung der Kundenforderungen diene dabei der Sicherung der Ansprüche des Factors aus diesem Geschäft. Sie unterscheide sich von der gewöhnlichen Sicherungsabtretung dadurch, dass die Abtretung nicht verdeckt bleibe, und dass aufgrund der zwischen dem Factor und dem Zedenten getroffenen Abrede der Factor in erster Linie Befriedigung aus der abgetretenen Forderung suchen müsse, bevor er sich an den Zedenten halte.

106 In der Begründung zum Regierungsentwurf zieht der Gesetzgeber allerdings zu Recht in Zweifel, ob beim unechten Factoring die Einziehung wirklich ausschließlich für eigene oder der Sache nach nicht doch im Wesentlichen für fremde Rechnung erfolge, weil das Ausfallrisiko beim ursprünglichen Forderungsinhaber verbleibe.[103] Da es beim unechten Factoring aber am Tatbestandsmerkmal des eigenständigen Geschäfts (siehe Rn 137) fehlt, braucht die Frage hier nicht abschließend entschieden zu werden.

107 **cc) Forderungseinzug durch ärztliche und anwaltliche Verrechnungsstellen.** Den Erwerb und die Einziehung einer zahnärztlichen Honorarforderung durch eine gewerbliche Verrechnungsstelle stufte der BGH – ohne nähere Begründung – schon früh als Fall des echten Factorings und damit als nicht erlaubnispflichtig

---

101 Vgl hierzu näher Henssler/Prütting/*Weth*, 5. AVO zum RBerG § 1 Rn 7.
102 BGH 3.5.1972 – VIII ZR 170/71, NJW 1972, 1715 = WM 1972, 683.
103 So jetzt BT-Drucks. 16/3655, S. 49.

nach dem RBerG ein.[104] Dagegen hob *Weth*[105] darauf ab, dass die Abrechnung der Honorarforderungen und ihr Einzug für die gewerblichen ärztlichen Verrechnungsstellen anders als Kreditgeschäfte für die Banken keine notwendigen Hilfsgeschäfte im Rahmen eines vorrangig betriebenen Kreditgeschäfts darstellten, sondern der Forderungskauf das Hauptgeschäft sei. Deshalb greife Art. 1 § 5 Nr. 1 RBerG nicht ein.

Der Gesetzgeber teilt die Einschätzung, dass sich der Ankauf von Forderungen etwa durch ärztliche oder anwaltliche Verrechnungsstellen[106] nach der Systematik des RDG nur schwer als Nebenleistung iSd § 5 einordnen lasse, wenn gerade Erwerb und Einziehung einen ganz wesentlichen Teil der Tätigkeit dieser

108

---

104 BGH 10.7.1991 – VIII ZR 296/90, BGHZ 115, 123, 124 = NJW 1991, 2955, 2956. – Der BGH verliert zu dieser Problematik nur einen Satz und beschäftigt sich im Übrigen mit der Frage, ob die Abtretung gegen die ärztliche Schweigepflicht verstoße und deshalb gemäß § 134 BGB nichtig sei, sofern der Patient ihr nicht zugestimmt habe.
105 Henssler/Prütting/*Weth*, 5. AVO zum RBerG § 1 Rn 8.
106 Die Abtretung von Vergütungsforderungen oder die Übertragung ihrer Einziehung an rechtsanwaltliche Verrechnungsstellen ist zulässig, wenn eine ausdrückliche, schriftliche Einwilligung des Mandanten vorliegt oder die Forderung rechtskräftig festgestellt ist. Das bestimmt jetzt wörtlich § 49 b Abs. 4 S. 2 BRAO in der Fassung, die er durch Art. 4 Nr. 1 des Gesetzes zur Neuregelung des Rechtsberatungsrechts vom 12.12.2007 (BGBl. I S. 2840, 2848) erhalten hat. Die Vorschrift gilt bereits seit dem 18.12.2007 (Art. 20 S. 1 des Gesetzes zur Neuregelung des Rechtsberatungsrechts vom 12.12.2007, BGBl. I S. 2840, 2860). Nach der alten Fassung kam die Abtretung einer Gebührenforderung oder die Übertragung ihrer Einziehung an einen nicht als Rechtsanwalt zugelassenen Dritten nur in Betracht, wenn die Forderung rechtskräftig festgestellt war *und* eine Vollstreckung erfolglos fruchtlos ausgefallen war *und* der Rechtsanwalt die ausdrückliche, schriftliche Einwilligung des Mandanten eingeholt hatte. – Allerdings hat der BGH durch Urteil vom 24.4.2008 (IX ZR 53/07) überraschenderweise festgestellt, dass § 49 b Abs. 4 S. 2 BRAO aF nicht mit Art. 2 Abs. 1, 12 Abs. 2 und 14 Abs. 1 GG vereinbar und daher nichtig und somit die Abtretung anwaltlicher Vergütungsansprüche auch schon vor Inkrafttreten der entsprechenden Neuregelung zulässig war. Der 9. Zivilsenat findet deutliche Worte und vertritt sogar die Auffassung, der Gesetzgeber hätte die Änderung von § 49 b Abs. 4 S. 2 BRAO rückwirkend in Kraft setzen müssen. Ein Rechtsanwalt habe in seiner Freiheit, über seine Vergütungsansprüche zu verfügen und entsprechende Verpflichtungen einzugehen, nicht ohne sachlichen Grund und nicht weiter als von einem solchen geboten beschränkt werden dürfen. Bereits früher habe der BGH zu § 64 Abs. 2 StBerG entschieden, dass diese gleichgelagerte Vorschrift die im Interesse des Gläubigerschutzes höheren verfassungsrechtlichen Anforderungen eines Pfändungshindernisses nicht erfülle. Dem Gesetzgeber habe zur Beseitigung des verfassungswidrigen Zustands nur ein Weg offen gestanden. Denn jedenfalls müsse die wirksame Zustimmung des Mandanten genügen, um bei der Abtretung von Vergütungsansprüchen die Mitteilung der Vergütungsgrundlage an den Zessionar zu ermöglichen, die der Rechtsanwalt aufgrund des Abtretungsvertrages nach § 402 BGB im Regelfall schulde. Deshalb führe die Verfassungswidrigkeit von § 49 b Abs. 4 S. 2 BRAO idF vom 2.9.1994 zur Nichtigkeit. Eine Vorlage an das BVerfG sei, so der BGH, indes nicht erforderlich. Da der parlamentarische Gesetzgeber bereits selbst die Mangelhaftigkeit von § 49 b Abs. 4 S. 2 BRAO idF vom 2.9.1994 erkannt habe und für die Zukunft abgeholfen habe, gebiete es die Achtung vor seiner Autorität, „dem geläuterten gesetzgeberischen Willen" nach Möglichkeit durch die planwidrig nicht angeordnete Rückwirkung des neuen Rechts zum vollen Durchbruch zu verhelfen. Dem trage die verfassungskonforme Auslegung von Art. 20 S. 1 des Gesetzes zur Neuregelung des Rechtsberatungsrechts (der das Inkrafttreten regelt) Rechnung. Entgegen der bisher herrschenden Auffassung waren deshalb auch vor der Neuregelung erfolgte Abtretungen zulässig, sofern nur – diese Einschränkung macht der BGH – der Mandant die entsprechende Entbindung von der Verschwiegenheitsverpflichtung erklärt hatte und über die möglichen Folgen dieser Erklärung informiert war.

Stellen ausmachten und – wie von Abs. 2 vorausgesetzt – im Rahmen eines eigenständigen Geschäftsbetriebs erfolgten.[107]

109 Er nimmt Forderungserwerb und -einziehung durch ärztliche und anwaltliche Verrechnungsstellen deshalb aus dem Anwendungsbereich des RDG aus, weil es sich – wie ja schon vom BGH festgestellt – um Finanzgeschäfte im Rahmen des (echten) Factorings und damit nicht um Inkassodienstleistungen, sondern um primär wirtschaftlich geprägte Finanztransaktionen handele.[108]

110 dd) Forfait-Geschäfte. Forfaitierung ist der Kauf einer (auch künftigen) Forderung unter Regressverzicht mit dem Zweck, ein Geschäft vorzufinanzieren. Die Erscheinungsform ist vor allem im Export- und Leasingbereich häufig.[109] Entstehung und Bestand der gekauften Forderung sind oftmals ungewiss. Es gilt das zum Factoring Gesagte entsprechend (siehe Rn 100 ff).[110]

111 ee) Forderungseinzug aufgrund einer Sicherungszession. Im Fall der Sicherungsabtretung gemäß § 398 BGB wird die volle Gläubigerstellung auf den Sicherungsnehmer übertragen. Allerdings ist er im Innenverhältnis erst dann zur Einziehung berechtigt, wenn die gesicherte Forderung fällig wird und der Sicherungsgeber in Verzug gerät.[111] Bei dieser Fallgestaltung überwiegt das eigene Interesse des Zessionars an der Einziehung der Forderung, so dass das Tatbestandsmerkmal „auf fremde Rechnung" nicht erfüllt ist.[112]

112 d) Grenzfälle. Die Beantwortung der Frage, ob ein Forderungseinzug auf fremde oder eigene Rechnung erfolgt, ist mitunter schwierig.

113 aa) Asset-Backed-Security-Transaktionen. Unter Asset-Backed-Securities (ABS) versteht man Wertpapiere mit kurzer Laufzeit, sog. Commercial-Papers, oder längerfristige Schuldscheine (Inhaberschuldverschreibungen gemäß §§ 793 ff BGB), die Zahlungsansprüche gegen eine ausschließlich für die Durchführung der ABS-Transaktion gegründete (Ein-)Zweckgesellschaft (das sog. Special-Purpose-Vehicle – SPV) zum Gegenstand haben. Diese Zahlungsansprüche werden durch einen Bestand – zumeist – unverbriefter Forderungen („assets") gedeckt („backed"), die von einem Unternehmen/einer Bank (dem Originator) auf die Zweckgesellschaft übertragen werden und den Inhabern der ABS, meist institutionellen Investoren, als Haftungsmasse zur Verfügung stehen. Die Begebung der Wertpapiere erfolgt häufig über Platzierungsinstitute (Bankenkonsortien) an private institutionelle Investoren, kann sich aber auch durch eine Platzierung am öffentlichen Markt vollziehen. Die an die Wertpapierinhaber zu leistenden Zins- und Tilgungsleistungen werden aus dem Cash-Flow gedeckt, den der übertragene Forderungspool hervorbringt.[113]

114 Die zT sehr komplexen ABS-Strukturen lassen sich nach *Caliebe*[114] auf eine gemeinsame Grundstruktur zurückführen: Hauptbeteiligte seien der Originator, das SPV und die Investoren. Darüber hinaus wirkten bei einer üblichen ABS-Transaktion noch eine Vielzahl weiterer Beteiligter mit ganz unterschiedlicher

---

107 Begr. RegE, BT-Drucks. 16/3655, S. 36.
108 Begr. RegE, BT-Drucks. 16/3655, S. 48.
109 Palandt/*Weidenkaff*, § 453 BGB Rn 28.
110 Vgl *Rennen/Caliebe*, Art. 1 § 1 RBerG Rn 52.
111 Vgl Palandt/*Grüneberg*, § 398 BGB Rn 20 ff.
112 Vgl Begr. RegE, BT-Drucks. 16/3655, S. 48; Kilian/Sabel/vom Stein/*Kilian*, § 6 Rn 141.
113 *Caliebe*, BB 2000, 2369.
114 *Caliebe*, BB 2000, 2369, 2370 f.

Aufgabenstellung mit (Arrangeur, Sponsor, Zahlstelle, Treuhänder, Sicherungsgeber, Back-Up-Servicer, Rating-Agenturen). Der Originator verkaufe gemäß § 433 Abs. 1 S. 2 BGB einen Teil seines Forderungsbestands an das SPV, trete die Forderungen gemäß § 398 BGB an dieses ab und erhalte vom SPV einen Kaufpreis. Als potenzieller Originator kämen Leasing-, Kreditkarten-, Telefon-, Absatzfinanzierungsgesellschaften von Automobilherstellern, Hypothekenbanken sowie Kreditinstitute in Betracht, die sich auf Konsumenten-/Firmenkredite spezialisiert hätten. Der Erwerber der Forderung, das SPV, habe als alleinigen Geschäftszweck den Erwerb der Forderungen vom Originator sowie die Finanzierung dieses Kaufs über die Begebung von Wertpapieren oder die Platzierung von Schuldverschreibungen. Das SPV weise ein geringes Eigenkapital auf. Als Forderungskäufer müsse es in jeder Hinsicht unabhängig von dem Originator sein. Denn die ihm übertragenen Forderungen erfüllten für die vom SPV emittierten Wertpapiere/Schuldverschreibungen nur dann die erforderlichen Sicherungsfunktionen, wenn die betreffenden Forderungen rechtlich verselbständigt würden. Da das SPV lediglich als „Finanzierungsvehikel" gegründet werde und zur Vermeidung zusätzlicher, die Sicherheit der Investoren gefährdender Geschäftsrisiken auch keine über den Forderungskauf und die Ausgabe der Wertpapiere hinausgehenden Aktivitäten entfalte, verfüge es weder über die personelle noch über die sächliche Ausstattung, um die Verwaltung der ihm übertragenen Forderungen selbst durchführen zu können. Es übertrage die Verwaltung und die Einziehung der Forderungen daher auf einen Service-Agenten. Diesem oblägen die datentechnische Bearbeitung, die Debitorenbuchhaltung, das Mahnwesen sowie alle weiteren auf die Einziehung der Forderung gerichteten Maßnahmen. Dem damit übertragenen Inkasso liege ein Inkassoauftrag des SPV an den Service-Agenten zugrunde (Servicing-Agreement), der im Regelfall eine Einziehungsermächtigung beinhalte. Der Service-Agent erhalte für seine Tätigkeit vom SPV eine entsprechende Servicegebühr (Service-Fee), die aus den erzielten Überschüssen finanziert werde, aber zB auch im Kaufpreis der Forderung ausdrücklich oder stillschweigend enthalten sein könne.

Während der Forderungskauf durch das SPV dem Forderungskauf im Rahmen des echten Factorings entspricht,[115] stellt sich die Frage, ob die Forderungseinziehungstätigkeit des Originators auf fremde oder auf eigene Rechnung erfolgt. Allerdings verlor diese Frage schon vor einigen Jahren an Brisanz, nachdem Art. 1 § 5 RBerG mit Wirkung zum 1.7.2002 durch Art. 21a des Vierten Finanzmarktförderungsgesetzes vom 21.6.2002[116] um eine Nr. 4 ergänzt worden war, die bestimmte, es stehe den Vorschriften des RBerG nicht entgegen, „dass kaufmännische oder sonstige gewerbliche Unternehmer solche Forderungen einziehen, die sie im Rahmen des Gewerbebetriebes abgetreten haben". 115

Jetzt sind ABS-Transaktionen und verwandte Finanzierungsformen in Abs. 2 S. 2 gesondert erfasst (siehe Rn 144). Die Frage nach der Fremdheit oder Nicht-Fremdheit ist an dieser Stelle also von eher akademischer Natur. 116

Caliebe,[117] die von Fremdheit ausgeht, verweist zunächst darauf, dass die Besorgung einer fremden Rechtsangelegenheit bzw die Einziehung einer fremden Forderung stets vorliege, wenn jemand eine Forderung zwar im eigenen Namen 117

---

115 *Caliebe,* BB 2000, 2369, 2371.
116 BGBl. I S. 2010, 2072.
117 *Caliebe,* BB 2000, 2369, 2371 f.

einziehe, dabei aber wirtschaftlich für die Rechnung eines anderen tätig werde, der wirtschaftliche Erfolg also bei dem anderen eintrete. Deshalb bestehe kein Zweifel daran, dass der Originator eine fremde Forderung einziehe, wenn er als Service-Agent die dem SPV verkauften, ursprünglich eigenen Forderungen einziehe. Denn sowohl aus der Sicht des SPV als auch und gerade aus der Sicht des Originators sei ein ganz wesentliches Element der ABS-Transaktionen – neben der sofortigen Erlangung liquider Mittel für ansonsten illiquide Aktiva –, dass ein „True Sale" vorliege, dh dass das SPV rechtlicher und vor allem wirtschaftlicher Inhaber der Forderung werde. Die aus der Sicht des Originators wesentlichste Folge sei, dass das SPV das wirtschaftliche Risiko übernehme. Liege somit ein „True Sale" vor, trete der wirtschaftliche Erfolg der Einziehungstätigkeit des Originators, die dieser im eigenen Namen und ganz oder im Wesentlichen frei von Weisungen des SPV durchführe, auf Seiten des SPV ein. Damit ziehe der Originator fremde Forderungen ein.

118 Anders – vor dem Hintergrund, dass damals Art. 1 § 5 Nr. 4 RBerG noch nicht existierte, allerdings stark ergebnisorientiert – argumentieren *Rinze/Klüwer*.[118] Derjenige, der eine Forderung von einem mit ihm vertraglich verbundenen Forderungsschuldner einziehe, ziehe keine fremde Forderung ein und besorge daher auch keine fremde Rechtsangelegenheit.[119] Denn er ziehe eine Forderung ein, die gerade aus seinem Vertragsverhältnis mit dem Forderungsschuldner entstanden sei. Der Originator habe nach wie vor ein eigenes wirtschaftliches und rechtliches Interesse am Einzug solch einer Forderung, da er es durch den Einzug in der Hand behalte, das Vertragsverhältnis mit dem Forderungsschuldner ordnungsgemäß, dh ohne Verletzung vertraglicher Abreden, abzuwickeln. Darüber hinaus habe der Originator auch ein Interesse daran, bestehende Rechte gegenüber dem Vertragspartner rechtzeitig und ordnungsgemäß geltend zu machen und beispielsweise seine Vertragsbeziehungen mit dem betroffenen Kunden, die weit über die verkaufte einzelne Forderung hinausgehen könnten, bei Zahlungsverzug zu beenden. Auf den von *Caliebe* (siehe Rn 117) betonten Gesichtspunkt, dass bei ABS-Transaktionen im Regelfall ein sog. True Sale vorliege, komme es insoweit überhaupt nicht an.

119 Für die Auffassung, die Fremdheit annimmt, streiten rechtliche, für die, die Fremdheit verneint, wirtschaftliche Argumente. Weder das Fortbestehen der Veritätshaftung nach den §§ 434, 437 BGB noch die Rückkaufpflicht des Originators bei falscher Auswahl der verkauften Forderungen berühren die Inhaberschaft des SPV an der Forderung. Andererseits begründet – entgegen *Caliebe*[120] – das Bestehen einer Rückkaufverpflichtung natürlich ein eigenes wirtschaftliches Interesse des Originators an der erfolgreichen Forderungseinziehung.

120 Der Gesetzgeber hat jetzt in Abs. 2 S. 2 eine pragmatische Lösung gewählt und festgeschrieben, dass abgetretene Forderungen für den bisherigen Gläubiger (also zB den Originator) nicht als fremd gelten.

121 Für die ABS-Transaktionen verwandte Finanzierungsformen, wie etwa das **In-House-Factoring**, gilt das Ausgeführte entsprechend.

---

118 *Rinze/Klüwer*, BB 2000, 2483, 2485.
119 So iE auch *Küppers/Brause*, AG 1998, 413, 417.
120 *Caliebe*, BB 2000, 2369, 2372.

bb) Unechtes Factoring. Zu den Grenzfällen hinsichtlich der Frage, ob die Einziehung auf eigene oder fremde Rechnung erfolgt, gehört auch das unechte Factoring (siehe näher Rn 103 ff). Nach Auffassung des Gesetzgebers[121] handelt es sich nicht um einen echten Forderungskauf, weil das Ausfallrisiko beim ursprünglichen Forderungsinhaber verbleibe. 122

Allerdings will der Gesetzgeber das unechte Factoring aus dem Anwendungsbereich des Abs. 2 ausgenommen wissen, weil hier nicht das Tatbestandsmerkmal des eigenständigen Geschäfts erfüllt sei (vgl Rn 137). 123

e) Das Tatbestandsmerkmal der Einziehung. Der Begriff der Einziehung erfasst alle Maßnahmen, die auf die Geltendmachung einer Forderung gerichtet sind.[122] Darunter fallen zunächst die schlichte Mahn- und Beitreibungstätigkeit, aber – wie der Gesetzgeber durch die Qualifizierung der Inkassotätigkeit als Rechtsdienstleistung deutlich macht – auch eine viel weitergehende, substanzielle rechtliche Beratung und Prüfung.[123] 124

Dabei darf der Inkassounternehmer auch Rechtsdienstleistungen mit Außenwirkung entfalten, also zB in einen rechtlichen Diskurs mit dem Schuldner eintreten.[124] Es würde der ratio des Gesetzes widersprechen, wenn der Inkassodienstleister zwar rechtliche Aussagen gegenüber seinem Auftraggeber, nicht aber gegenüber Dritten treffen dürfte. Bei Verhandlungen und/oder Auseinandersetzungen mit dem Dritten, im Zweifel dem Schuldner, wird nicht etwa diesem Rechtsrat erteilt. Vielmehr gehören entsprechende Tätigkeiten zu der (Rechts-)Dienstleistung, die gegenüber dem eigenen Auftraggeber erbracht wird.[125] 125

f) Forderungseinzug als „eigenständiges Geschäft" (Abs. 2 S. 1 aE). Eine wichtige Einschränkung für die Anwendbarkeit des RDG ergibt sich aus der Legaldefinition des Begriffs „Inkassodienstleistung" in Abs. 2 S. 1 aE. Danach ist erforderlich, dass der Forderungseinzug als „eigenständiges Geschäft" betrieben wird. Erfolgt die Forderungseinziehung außerhalb einer ständigen haupt- oder nebenberuflichen Inkassotätigkeit lediglich als Nebenleistung im Zusammenhang mit einer anderen beruflichen Tätigkeit, ist sie keine „Inkassodienstleistung" und damit keine Rechtsdienstleistung iSv Abs. 2.[126] Gedacht ist hier an rein kaufmännische „Hilfstätigkeiten". 126

Das Tatbestandsmerkmal des eigenständigen Geschäfts bildet zugleich die **Trennlinie zu § 5**. Denn eine Inkassodienstleistung, die als eigenständiges Geschäft betrieben wird, kann niemals „Nebenleistung" sein.[127] 127

Allerdings kann eine nicht als eigenständiges Geschäft betriebene Inkassotätigkeit immer noch eine Rechtsdienstleistung iSv Abs. 1 sein – sofern nämlich die Einziehung mit einer rechtlichen Prüfung verbunden ist.[128] Ist dies der Fall, stellt 128

---

121 BT-Drucks. 16/3655, S. 49.
122 Henssler/Prütting/*Weth*, Art. 1 § 1 RBerG Rn 27.
123 Vgl in diesem Sinne Kilian/Sabel/vom Stein/*Kilian*, § 6 Rn 132 f.
124 Vgl in diesem Sinne bereits BVerfG 14.8.2004 – 1 BvR 725/03, NJW-RR 2004, 1570.
125 Kilian/Sabel/vom Stein/*Kilian*, § 6 Rn 134.
126 Vgl BT-Drucks. 16/3655, S. 49.
127 Vgl BT-Drucks. 16/3655, S. 50.
128 Kilian/Sabel/vom Stein/*Kilian*, § 6 Rn 147.

sich – wie stets im Anwendungsbereich des Abs. 1 – die weitere Frage, ob die Forderungseinziehung gemäß § 5 als Nebenleistung zulässig ist.[129]

129 Nach dem Zusammenspiel der genannten Vorschriften ist also der Forderungseinzug Personen, die nicht als Inkassodienstleister registriert (oder zur Anwaltschaft zugelassen) sind, nicht von vornherein verschlossen. Der „schlichte" Forderungseinzug ohne rechtliche Prüfung, bei dem es sich um eine rein kaufmännische Tätigkeit handelt, ist aufgrund der Einschränkung in Abs. 2 S. 1 aE jedermann erlaubt. Und der Forderungseinzug, der eine rechtliche Prüfung erfordert, ist auch ohne Registrierung nach § 10 (oder Anwaltszulassung) zulässig, wenn er lediglich als Nebenleistung zu einer Hauptleistung erfolgt. Diese Zulässigkeit beurteilt sich nach § 5 (siehe § 5 Rn 34 ff).[130]

130 Aufgrund der Einschränkung in Abs. 2 S. 1 aE sind nach neuem Recht eine Reihe von Tätigkeiten zulässig, die bislang erlaubnispflichtig waren.

131 **aa) Einziehung erfüllungshalber abgetretener Forderungen.** Grundsätzlich zulässig, weil kein eigenständiges Geschäft, ist jetzt die Einziehung von Forderungen, die mit Blick auf eine erbrachte Hauptleistung an den Leistungserbringer erfüllungshalber abgetreten worden sind.

132 Früher galt die Einziehung einer erfüllungs-, also zahlungshalber abgetretenen Forderung regelmäßig als Besorgung einer fremden Rechtsangelegenheit, die gegen Art. 1 § 1 RBerG verstieß. Zwar handele es sich, so der BGH, infolge der Abtretung um eine eigene Forderung des Abtretungsempfängers, doch liege deren Geltendmachung rechtlich und wirtschaftlich in erster Linie im Interesse des Abtretenden, der dem Abtretungsempfänger zur Bezahlung einer Schuld verpflichtet sei und durch die Einziehung der abgetretenen Forderung zugleich dieser Verpflichtung und der Notwendigkeit ledig werde, seine Forderung vom Drittschuldner einzuziehen (siehe auch Rn 91). Eine Ausnahme nach Art. 1 § 5 Nr. 1 RBerG greife nicht ein.[131]

133 Klassische Fälle entsprechender Verstöße waren die Tätigkeiten von Kfz-Reparaturwerkstätten und Autovermietern, die die Einziehung der Schadensersatzforderungen ihrer Kunden aus einem Unfall vom Haftpflichtversicherer des Schädigers in ihren „Kundendienst" aufgenommen hatten.[132] Häufig regulierte dabei der Abtretungsempfänger den gesamten Schaden, schloss schließlich noch einen Abfindungsvergleich mit dem Versicherer und kehrte dann den seine eigenen Forderungen übersteigenden Betrag an den Kunden aus.[133] Aber auch soweit der Unternehmer die ihm zahlungshalber abgetretenen Schadensersatzansprüche seines Kunden nur bis zur Höhe seiner eigenen Forderungen geltend machte,

---

129 Kilian/Sabel/vom Stein/*Kilian*, § 6 Rn 147.
130 Kilian/Sabel/vom Stein/*Kilian*, § 6 Rn 148.
131 BGH 24.4.1994 – VI ZR 305/93, NJW-RR 1994, 1081 = AnwBl 1994, 571 m. Anm. *Chemnitz*; *Chemnitz/Johnigk*, Art. 1 § 1 RBerG Rn 96 ff; Henssler/Prütting/*Weth*, Art. 1 § 1 RBerG Rn 30 f.
132 LG Münster 7.4.1989 – IV O 36/89, AnwBl 1990, 102.
133 Siehe BGH 18.4.1967 – VI ZR 188/65, AnwBl 1967, 357; BGH 20.2.1968 – VI ZR 158/66, AnwBl 168, 226; vgl *Chemnitz/Johnigk*, Art. 1 § 1 RBerG Rn 97 m. zahlr. w. Nachw.

geschah dies nach Ansicht der Rechtsprechung in erster Linie im Interesse des Kunden.[134]

Eine „Heilung" über Art. 1 § 5 Nr. 1 RBerG, wonach kaufmännische oder sonstige gewerbliche Unternehmer für ihre Kunden solche rechtlichen Angelegenheiten erledigen durften, die mit einem Geschäft ihres Gewerbebetriebs in unmittelbarem Zusammenhang standen, lehnte die Rechtsprechung ab. Es bestehe kein unmittelbarer Zusammenhang zwischen der Schadensregulierung und der Haupttätigkeit zB von Abschleppunternehmen, Finanzdienstleistungsunternehmen, Kfz-Händlern, Kfz-Sachverständigen und Mietwagenunternehmen. Deren Berufstätigkeit erfordere es nämlich nicht, sich geschäftsmäßig mit der Schadensregulierung ihrer Kunden zu befassen.[135] **134**

Nunmehr gilt, dass die Einziehung abgetretener Erstattungsansprüche durch Kfz-Werkstätten, soweit nicht die Voraussetzungen des Abs. 1 vorliegen, ebenso wenig unter § 2 fallen wie die in einzelnen Fällen durchgeführte Einziehung erfüllungshalber abgetretener Ansprüche durch Ärzte, Psychotherapeuten oder andere freiberuflich tätige Personen.[136] **135**

Auch bei der Einziehung der Praxisgebühr der gesetzlichen Krankenversicherung durch Kassenärzte, die den Einzug einer fremden Forderung darstellt, fehlt es am Merkmal des eigenständigen Geschäfts. Ohnehin ist eine entsprechende Befugnis der Kassenärzte ausdrücklich in § 43 b Abs. 1 SGB V geregelt. **136**

bb) Unechtes Factoring. Am Tatbestandsmerkmal des eigenständigen Geschäfts fehlt es auch beim unechten Factoring (siehe ausf. Rn 103 ff, 122). Dieses falle, so der Gesetzgeber, auch wenn es sich – weil das Ausfallrisiko beim ursprünglichen Forderungsinhaber verbleibe – bei ihm nicht um einen echten Forderungskauf handle, von vornherein nicht in den Anwendungsbereich des Abs. 2. Denn die Abtretung erfolge in diesen Fällen erfüllungshalber zur Kreditsicherung und damit nicht im Rahmen eines eigenständigen Inkassobetriebs.[137] **137**

Entsprechendes gilt für das **Forfait-Geschäft** (siehe Rn 110). **138**

cc) Micropayment. Der Einzug von Forderungen durch Telefonanbieter oder Internetprovider, die gebührenpflichtige Dienste fremder Anbieter (zB unter Verwendung von 0190er-Rufnummern) über ihre Telefon- oder Internetgebührenrechnung gegenüber dem Endkunden abrechnen und den dem Dienstleister zustehenden Anteil des Gesamtrechnungsbetrags an diesen weiterleiten, erfolgt nicht im Rahmen eines eigenständigen Geschäfts. **139**

Da auch keinerlei Rechtsprüfung erfolgt (siehe Rn 17), unterfallen entsprechende Tätigkeiten nicht dem Anwendungsbereich des RDG.[138] **140**

g) Die Ausnahmeregelung des Abs. 2 S. 2. Im Einzelfall kann es schwierig sein, zu entscheiden, ob ein Forderungseinzug auf eigene (siehe Rn 93 ff) oder fremde (siehe Rn 81 ff) Rechnung erfolgt. Die auch innerhalb einzelner Vertragstypen denkbaren Fallgestaltungen sind vielfältig und unterschiedlich. **141**

---

134 Siehe BGH 12.2.1970 – VII ZR 103/68, VersR 1970, 422; OLG Stuttgart 22.12.1965 – 2 W 31/65, AnwBl 1966, 98; OLG Koblenz 7.6.1974 – 2 U 155/74, AnwBl 1975, 31; OLG Hamm 8.12.1980 – IV W 113/80, AnwBl 1981, 152.
135 Vgl hierzu nur BGH 26.4.1994 – VI ZR 305/93, NJW-RR 1994, 1081 = AnwBl 1994, 571 m. Anm. *Chemnitz*.
136 Begr. RegE, BT-Drucks. 16/3655, S. 49.
137 Begr. RegE, BT-Drucks. 16/3655, S. 49.
138 Begr. RegE, BT-Drucks. 16/3655, S. 49.

142 Ob eine abgetretene Forderung auf eigene oder auf fremde Rechnung eingezogen wird, ist im Streitfall anhand der zugrunde liegenden Verträge zu beurteilen. Entscheidend ist dabei, ob die Forderungen endgültig auf den Erwerber übertragen werden und er insbesondere das Bonitätsrisiko übernimmt. In der amtlichen Begründung[139] heißt es hierzu, Vertragsklauseln, die für den Fall des Ausfalls des Schuldners eine Rückabwicklung des Kaufvertrages vorsähen oder eine Garantie für die Beitreibbarkeit der übertragenen Forderungen enthielten, verdeutlichten, dass es sich nicht um einen Forderungskauf, sondern um eine (verdeckte) Abtretung zu Einziehungszwecken handele. Entscheidend sei stets, dass der Erwerber einer Forderung das volle wirtschaftliche Risiko der Beitreibung der Forderung übernehme.[140]

143 Nach Abs. 2 S. 1 wäre grds. also auch die Einziehung einer abgetretenen Forderung durch den bisherigen Gläubiger auf Rechnung des Abtretungsempfängers erlaubnispflichtig, da in einem solchen Fall eine Forderung auf fremde Rechnung eingezogen wird. Hier greift nun aber Abs. 2 S. 2 ein, wonach der bisherige Gläubiger stets berechtigt bleibt, eine abgetretene Forderung – die für ihn nicht als fremd gilt – einzuziehen.

144 Durch Abs. 2 S. 2 werden neben der Sicherungsabtretung, bei der die Einziehung der Forderung ohnehin weiter im wirtschaftlichen Interesse des Zedenten liegt, vor allem Fallgestaltungen erfasst, bei denen nach der vertraglichen Regelung die Forderung zwar übertragen wird, der bisherige Gläubiger aber die Einziehung betreiben soll. Es geht hier um die Asset-Backed-Securities (ABS; siehe näher Rn 113 ff) sowie ihnen verwandte Finanzierungsformen, etwa das sog. In-House-Factoring, die bisher von dem mit Wirkung zum 1.7.2002 in das RBerG eingefügten Art. 1 § 5 Nr. 4[141] erfasst wurden.

145 Allerdings ist Abs. 2 S. 2 nicht auf bestimmte Vertragstypen festgelegt. Die Herausnahme aus der Erlaubnispflicht gilt vielmehr für alle Fälle, in denen eine abgetretene Forderung noch durch den ursprünglichen Gläubiger eingezogen werden soll.[142]

146 Bedeutung erlangt die Regelung vor allem in den Fällen, in denen die Forderungseinziehung Rechtsdienstleistungen iSv Abs. 1 erfordert, weil der ursprüngliche Gläubiger die Forderungseinziehung nur selten im Rahmen eines eigenständigen Inkassobetriebs betreiben wird.[143]

147 Mit der Neuregelung korrespondiert eine Änderung von § 79 Abs. 1 ZPO, der jetzt in S. 2 bestimmt, dass „Parteien, die eine fremde oder ihnen zum Zweck der Einziehung auf fremde Rechnung abgetretene Geldforderung geltend machen", sich nicht anwaltlich vertreten lassen müssen, soweit sie eine Forderung einziehen, deren ursprünglicher Gläubiger sie sind.

---

139 Begr. RegE, BT-Drucks. 16/3655, S. 48 f.
140 Vgl zum früheren Recht BGH 24.10.2000 – XI ZR 273/99, NJW-RR 2001, 1420 f.
141 Art. 21a des Vierten Finanzmarktförderungsgesetzes vom 21.6.2006 (BGBl. I S. 2010, 2072).
142 Begr. RegE, BT-Drucks. 16/3655, S. 49; Kilian/Sabel/vom Stein/*Kilian*, § 6 Rn 146.
143 Begr. RegE, BT-Drucks. 16/3655, S. 49.

III. Keine Rechtsdienstleistung (Abs. 3)

1. Entstehungsgeschichte. Abs. 3 beinhaltet einen „Negativ-Katalog", in dem – zur Klarstellung[144] – aufgelistet ist, welche Tätigkeiten unabhängig von der Frage, ob sie eine „rechtliche Prüfung des Einzelfalls" iSv Abs. 1 erfordern (siehe Rn 14 ff), keine Rechtsdienstleistung sind. Abs. 3 fand sich bereits im Referentenentwurf und ist im Verlauf des Gesetzgebungsverfahrens weitgehend unverändert geblieben. 148

a) Perpetuierung der früheren Rechtslage. Zunächst werden die auch schon nach altem Recht geltenden Ausnahmen aufgegriffen: 149

- Nr. 1 (Erstattung wissenschaftlicher Gutachten) entspricht Art. 1 § 2 Alt. 1 RBerG,
- Nr. 2 (Tätigkeit von Einigungs- und Schlichtungsstellen sowie Schiedsrichtern) korrespondiert – jedenfalls zT – mit Art. 1 § 2 Alt. 1 RBerG und
- Nr. 3 betrifft die früher von Art. 1 § 7 (iVm § 73 Abs. 6 SGG) mitumfasste Tätigkeit der sog. Gewerkschaftssekretäre.[145]

b) Die Mediation (Abs. 3 Nr. 4). Abs. 3 Nr. 4, wonach die Mediation (und jede vergleichbare Form der alternativen Streitbeilegung) mit einer geringfügigen Einschränkung aus dem Bereich der Rechtsdienstleistungen ausgenommen ist, wurde – im Gegensatz zu den übrigen Regelungen des Absatzes – im Verlauf des Gesetzgebungsverfahrens mehrfach geändert. Die letzte Änderung wurde noch am Regierungsentwurf vorgenommen, nach dem die Norm hatte lauten sollen: 150

„*Rechtsdienstleistung ist nicht ... die Mediation und jede vergleichbare Form der gesprächsleitenden Streitbeilegung einschließlich der Protokollierung einer Abschlussvereinbarung.*"[146]

Insgesamt war (und ist) die Frage, ob Mediation per se, dh unabhängig davon, auf welchen konkreten Gegenstand sie sich bezieht, aus dem Bereich der Rechtsdienstleistungen ausgenommen sein soll, umstritten. 151

aa) Die Problematik rechtlicher Regelungsvorschläge. Schon in einer „Ersten Bewertung der Bundesrechtsanwaltskammer zum Rechtsdienstleistungsgesetz (RDG)" von September 2004 zum seinerzeitigen Diskussionsentwurf des BMJ[147] wurde die Klarstellung, dass Mediation keine Rechtsdienstleistung sei, zwar grds. begrüßt, allerdings gefordert, im Gesetzestext müsse klargestellt werden, dass dies nur gelte, sofern die Mediation nicht mit rechtlichen Regelungsvorschlägen des Mediators verbunden sei. 152

In der Stellungnahme der Bundesrechtsanwaltskammer zum Regierungsentwurf von Mai 2007[148] heißt es, der in § 2 Abs. 3 Nr. 4 RDG-E vorgesehenen Bestimmung, dass Mediation keine Rechtsdienstleistung sei, könne in dieser pauschalen Weise nicht gefolgt werden. Denn in den meisten Fällen habe Mediation eine rechtliche Regelung zum Gegenstand oder erfolge innerhalb eines Rechtsverhältnisses. Eine angemessene Konfliktbearbeitung setze dabei Rechtskenntnisse voraus. Unterbreite der Mediator rechtliche Regelungsvorschläge, liege eine 153

---

144 Begr. RegE, BT-Drucks. 16/3655, S. 49.
145 Vgl hierzu *Chemnitz/Johnigk*, Art. 1 § 3 RBerG Rn 403 ff.
146 BT-Drucks. 16/2655, S. 7.
147 Diskussionsentwurf des Bundesministeriums der Justiz zur Neuregelung des Rechtsberatungsrechts, Beilage zu NJW Heft 38/2004, S. 2.
148 BRAK-Stellungnahme Nr. 19/2007, S. 7 f.

Rechtsdienstleistung vor. Mediation sei nur dann keine Rechtsdienstleistung, wenn sie zur Lösung streitiger Fragen ohne Anwendung des Rechts eingesetzt werde und auskomme und der Schwerpunkt der Tätigkeit des Mediators in der Gesprächsleitung liege. Sei jedoch die Tätigkeit des Mediators nicht auf die gesprächsleitende Funktion beschränkt, greife er vielmehr regelnd oder durch rechtliche Regelungsvorschläge in die Gespräche der Mediationsbeteiligten ein, seien diese Regelungsvorschläge Rechtsdienstleistungen im Sinne des RDG. Die Bundesrechtsanwaltskammer erkennt an, dass dieses Verständnis auch der Entwurfsbegründung zugrunde liege, bemängelt aber, dass es in dem (ursprünglich vorgesehenen) Text der Norm nicht zum Ausdruck komme. Da der Begriff der Mediation weder klar umrissen noch geschützt sei, müsse der Text entsprechend ergänzt werden. Dies ist durch den 2. Halbsatz von Abs. 3 Nr. 4 schließlich auch geschehen.

154 Allerdings stellt sich die Frage, ob die aktuelle Einschränkung weitreichend genug ist. Als sinnvolle Alternative zu der jetzigen Regelung hätte es sich angeboten, die Mediation aus der Definition der Rechtsdienstleistung herauszunehmen, sofern es sich nicht um „Mediation in Rechtsangelegenheiten" handelt. Dies entspricht einer Abgrenzung, wie *Koch*[149] sie trifft. Nach seiner Auffassung ist Vermittlung in Rechtsangelegenheiten von alters her anwaltliche Aufgabe. Selbstverständliche Voraussetzung für kompetente Vermittlungstätigkeit in Rechtsangelegenheiten sei das erforderliche fachliche Wissen, bei Rechtsanwälten durch Prüfung nachgewiesen. Natürlich müssten, da Mediation die Hilfestellung zur Lösung von Konflikten durch Verhandeln, also Verhandlungsmanagement, bedeute, dem Fachwissen des Anwalts verfahrenstechnische Kenntnisse der Verhandlungsführung unverzichtbar zugeordnet werden. Mediation in Rechtsangelegenheiten setze deshalb in der Position des Mediators sowohl die fachlichen Kenntnisse in Rechtsangelegenheiten als auch die spezifische Kenntnis der Verfahrenstechnik für eine Verhandlungsführung voraus, die in einem Zeitpunkt einsetze, in dem unmittelbare Verhandlungen der Beteiligten gescheitert seien, weil die Beteiligten außer Stande gewesen sein, in der Verhandlung die Verhandlungshindernisse zu überwinden und deshalb ein Verhandlungsergebnis zu erreichen.

155 **bb) Die Problematik der Abschlussvereinbarung.** Streit hatte sich außerdem an der Frage entzündet, ob die Fixierung der von den Medianten gefundenen Lösung in einer sog. Abschlussvereinbarung noch reine Mediation oder schon Rechtsdienstleistung sei.

156 In ihrer Stellungnahme zum Referentenentwurf des BMJ von Juni 2005[150] brandmarkt die Bundesrechtsanwaltskammer die ursprünglich vorgesehene ausdrückliche Einbeziehung der „Fixierung einer Abschlussvereinbarung" in den Ausnahmekatalog scharf. Diese Tätigkeit jedermann erlauben zu wollen, der Mediation oder eine vergleichbare Streitbeilegung anbiete, heiße, den Schutz der Beteiligten vor unqualifiziertem Rechtsrat aufzugeben und der „Scharlatanerie" Tür und Tor zu öffnen. Die noch im Regierungsentwurf enthaltene Formulierung „einschließlich der Protokollierung einer Abschlussvereinbarung" findet sich in der verabschiedeten Fassung von Abs. 3 Nr. 4 nicht wieder.

---

149 Henssler/Koch/*Koch*, Mediation in der Anwaltspraxis, § 1 Rn 11.
150 BRAK-Stellungnahme Nr. 16/2005, S. 3.

Henssler[151] begrüßt diesen Verzicht auf das nicht taugliche Abgrenzungskriterium der Protokollierung der Abschlussvereinbarung. Denn wie Abschlussvereinbarungen zustande gekommen seien, sehe man ihnen nicht an. Zu begrüßen sei außerdem, dass das grundsätzliche Mediationsverständnis des Gesetzgebers nunmehr nicht nur in der Gesetzesbegründung, sondern auch im Gesetzeswortlaut zum Ausdruck komme. 157

Sabel[152] sieht die Protokollierung der Abschlussvereinbarung als Grenze der erlaubten Mediation an. Dabei schreibt er die Tatsache, dass über die Formulierung von Abs. 3 Nr. 4 in der Fachöffentlichkeit und im Rechtsausschuss des Deutschen Bundestages so intensiv diskutiert worden sei, dem Umstand zu, dass es an einer klaren Definition des rechtlich nicht geschützten Begriffs der Mediation fehle. Das RDG sei nicht der richtige Ort für eine gesetzliche Begriffserklärung. Gleichwohl habe der Gesetzgeber zur Vermeidung von Streitigkeiten darüber, ob eine nach außen als Mediation gekennzeichnete Tätigkeit tatsächlich noch für jedermann erlaubt oder schon eine der Anwaltschaft vorbehaltene Rechtsdienstleistung sei, eine Grenzziehung vornehmen wollen. Dabei sei die im Regierungsentwurf vorgesehene positive Abgrenzung, wonach die Protokollierung einer Abschlussvereinbarung (im Gegensatz zur rechtlich gestaltenden Mitwirkung bei einer solchen Vereinbarung) die Grenze (im Sinne der äußersten Grenze) der erlaubten Mediationstätigkeit habe bilden sollen, im Rechtsausschuss aus Gründen der größeren Klarheit durch eine negative Grenzziehung ersetzt worden. Nunmehr werde, ohne dass hiermit eine Änderung des Regelungsgehalts einhergine, herausgestellt, dass rechtliche Regelungsvorschläge – die sich nach dem Selbstverständnis der Mediation ohnehin verböten – „nicht als Teil einer Mediationstätigkeit dem Anwendungsbereich des RDG entzogen" seien. Solche rechtlichen Regelungsvorschläge, von denen die allgemeine Darstellung des rechtlichen Rahmens und rechtlicher oder tatsächlicher Handlungsoptionen zu trennen sei, seien vielmehr Rechtsdienstleistungen und dürften von Nicht-Anwälten allenfalls unter den Voraussetzungen des § 5 Abs. 1 erbracht werden. 158

c) Die Darstellung und Erörterung von Rechtsfragen und Rechtsfällen in den Medien (Abs. 3 Nr. 5). Abs. 3 Nr. 5 regelt mit der Rechtsaufklärung in den Medien einen der Bereiche, die – wie auch die Thematik der unentgeltlichen Erbringung von Rechtsdienstleistungen (insbesondere durch karitative Einrichtungen) – einer breiteren Öffentlichkeit die wesentlichen Angriffspunkte für ihre Kritik am RBerG lieferten.[153] 159

An der zT sehr einzelfallbezogenen Behandlung und „Lösung" von Rechtsfällen in den Medien, insbesondere im Fernsehen, hatte sich schon früh der Streit entzündet, ob es sich hier um Tätigkeiten iSd RBerG handele. Gegenstand gerichtlicher Auseinandersetzungen war zunächst die Beantwortung von (fingierten) Leseranfragen.[154] In den 1980er Jahren kamen (Telefon-)Aktionen in Zusammenarbeit mit Dritten hinzu.[155] 160

---

151 AnwBl 2007, 553, 555 f.
152 AnwBl 2007, 816, 818.
153 BVerfG 15.1.2004 – 1 BvR 1807/98, NJW 2004, 672 (Mahnman); BVerfG 11.3.2004 – 1 BvR 517/99 und 1 BvR 313/99, NJW 2004, 1855 (Auto Bild/SAT 1).
154 BGH 13.12.1955 – I ZR 20/54, NJW 1956, 591.
155 BGH 13.2.1981 – I ZR 63/79, NJW 1981, 1616.

161 Für das Ende der 1990er Jahre sprechen *Rottleuthner/Klose*[156] von einer Klagewelle, die sowohl öffentlich-rechtliche als auch private Fernsehsender „überrollt" und in ein „Sammel-Urteil" des BGH[157] gemündet habe und dann wieder abgeebbt sei. Gegenstand der Verfahren seien zum einen Sendungen gewesen, in denen anhand ausgewählter Geschehnisse der Umgang von Behörden und Unternehmen mit Verbrauchern sowie die Reaktion der „Parteien" aufgrund der Intervention des Senders gezeigt worden seien. Zum anderen seien sog. Call-in-Sendungen betroffen gewesen, in denen Zuschauer aufgefordert worden seien, telefonisch ihre Fragen zu dem jeweils behandelten Rechtsgebiet zu stellen, die dann von „Experten" oder Mitgliedern der Redaktion beantwortet worden seien. Auch in diesen Fällen hätten sich die Fernsehsender vor dem BGH größtenteils durchsetzen können.

162 Es ging bei der Diskussion auch um eine Abwägung zwischen den vom RBerG erfassten Schutzgütern und dem Grundrecht der Rundfunkfreiheit.

163 Der BGH[158] nahm – das Grundrecht aus Art. 5 Abs. 1 S. 2 GG im Blick – an, eine Handlung iSv Art. 1 § 1 RBerG setze voraus, dass der Handelnde unmittelbar auf rechtlichem Gebiet tätig werde. Daran fehle es beispielsweise, wenn die Berichterstattung der Medien nur die von ihnen ausgehende Wirkung nutze, um Forderungen aufgrund des öffentlichen Drucks durchzusetzen, ohne dass der Schwerpunkt der Hilfestellung im rechtlichen Bereich liege.

164 Das BVerfG stellte in zwei Entscheidungen fest, dass nicht nur die generell-abstrakte Behandlung von Rechtsfragen in Presse und Rundfunk, sondern auch die aus Gründen der Veranschaulichung und Vertiefung erfolgende Darstellung einzelner konkreter Streitfälle stets von der Rundfunkfreiheit gedeckt und damit ohne Einschränkung zulässig sei.[159]

165 In der Gegenwart hätten auch Massenmedien bei der Bewältigung von Streitigkeiten des täglichen Lebens eine Rolle übernommen. Ihre publizistische Betätigung nehme dann zwar ihren Ausgang an dem jeweiligen konkreten Problemfall, gehe aber in der Zielsetzung und Wirkung darüber hinaus, indem zugleich allgemeine Informations- und Unterhaltungsinteressen befriedigt würden. Soweit sich ein Rundfunkveranstalter auf journalistische Weise mit Streitigkeiten befasse, müsse das Grundrecht der Rundfunkfreiheit bei der Beurteilung seines Verhaltens anhand des RBerG berücksichtigt werden.[160]

166 Im ersten Leitsatz seines Beschlusses vom 11.3.2004 präzisiert das BVerfG[161] seine Auffassung zunächst dahin, dass die Einstufung der Aufforderung einer

---

156 Gutachten H für den 65. Deutschen Juristentag, Verhandlungen des 65. Deutschen Juristentages Bonn 2004, Band I, H 57 f.
157 BGH 6.12.2001 – I ZR 316/98, NJW 2002, 2877 (Bürgeranwalt); BGH 6.12.2001 – I ZR 101/99, NJW 2002, 2879 („Wie bitte?!"); BGH 6.12.2001 – I ZR 214/99, NJW 2002, 2880 („WISO"); BGH 6.12.2001 – I ZR 14/99, NJW 2002, 2882 (Wir Schuldenmacher); BGH 6.12.2001 – I ZR 11/99, NJW 2002, 2884 (Ohne Gewähr).
158 BGH 6.12.2001 – I ZR 316/98, NJW 2002, 2877 (Bürgeranwalt); BGH 6.12.2001 – I ZR 101/99, NJW 2002, 2879 („Wie bitte?!"); BGH 6.12.2001 – I ZR 214/99, NJW 2002, 2880 („WISO"); BGH 6.12.2001 – I ZR 14/99, NJW 2002, 2882 (Wir Schuldenmacher); BGH 6.12.2001 – I ZR 11/99, NJW 2002, 2884 (Ohne Gewähr).
159 BVerfG 15.1.2004 – 1 BvR 1807/98, NJW 2004, 672 (Mahnman); BVerfG 11.3.2004 – 1 BvR 517/99 und 1 BvR 313/99, NJW 2004, 1855 (Autobild/SAT 1).
160 BVerfG 15.1.2004 – 1 BvR 1807/98, NJW 2004, 672 (Mahnman).
161 BVerfG 11.3.2004 – 1 BvR 517/99 und 1 BvR 313/99, NJW 2004, 1855 (Autobild/SAT 1).

Zeitschriftenredaktion an ihre Leser, Probleme mit Werkstätten oder Kraftfahrzeugherstellern zu schildern, als unerlaubte Rechtsbesorgung iSv Art. 1 § 1 RBerG verfassungsrechtlich dann nicht zu beanstanden sei, wenn diese Aufforderung von den meisten Adressaten dahingehend verstanden werde, die Redaktion wolle sich mit der Frage befassen, ob ihnen gegen die beteiligten Werkstätten oder Kraftfahrzeughersteller rechtlich begründete Ansprüche zustünden, und ihnen bei der Durchsetzung solcher Ansprüche behilflich sein. Bezogen auf den konkreten Fall heißt es dann aber in den Gründen, bei der Auslegung des Begriffs der Rechtsberatung müsse man den Interessen der Rundfunkveranstalter an publizistischer Betätigung ebenso gerecht werden wie denen der Fernsehteilnehmer an der Rezeption von Fernsehsendungen über Streitigkeiten des täglichen Lebens und deren „unkonventionelle" Bewältigung. Ergebe im konkreten Fall die Bewertung der Sendung unter Berücksichtigung des Grundrechts der Rundfunkfreiheit, dass der Sendeinhalt und insbesondere das dort berichtete Vorgehen des Reporters nicht als Rechtsbesorgung iSd RBerG anzusehen seien, dann erscheine auch die Aufforderung an die Zuschauer in einem anderen Licht. Es könne sich dann ergeben, dass die unmittelbar in eine solche Sendung einbezogene Aufforderung, sich bei Ärger an die Redaktion zu wenden, nicht auf eine Rechtsbesorgung im rechtstechnischen Sinne gerichtet gewesen sei. Jedenfalls müsse die Aufforderung an die Zuschauer im Rahmen des publizistischen Verwendungszwecks bewertet werden. Dieser ziele auch darauf, einzelne Zuschauer mit ihren Anliegen in die Gestaltung der Sendung einzubeziehen und die Sendung anhand des Einzelfalls publizistisch so zu gestalten, dass sie ihrerseits den Informations- und Unterhaltungsinteressen der Allgemeinheit diene.

d) Die Erledigung von Rechtsangelegenheiten innerhalb verbundener Unternehmen (Abs. 3 Nr. 6). Abs. 3 Nr. 6 stellt jetzt klar, dass die Rechtsberatung im gesellschaftsrechtlichen Konzern nicht als Erledigung fremder Rechtsangelegenheiten gilt.[162]

2. Normzweck. Abs. 3 hat – worauf der Gesetzgeber mehrfach hinweist – klarstellende Funktion. Dies soll insbesondere auch für die neuen Regelungen in Nr. 4 und 5 gelten, die „ausdrücklich" nicht dazu dienten, die durch Abs. 1 gezogenen Grenzen zulässiger Rechtsdienstleistungen zu erweitern.[163]

Taucht ein typisierter Sachverhalt, bei dem es regelmäßig auch um die Bewältigung rechtlicher Probleme geht, nicht in dem Negativ-Katalog des Abs. 3 auf, kann dies ein erstes Indiz dafür sein, dass es sich um eine Rechtsdienstleistung iSv Abs. 1 handelt.

3. Regelungsgehalt. Abs. 3 bestimmt sechs Tätigkeitsfelder, die jedenfalls keine Rechtsdienstleistung im Sinne des RDG und damit nicht erlaubnispflichtig sind.

a) Die Erstattung wissenschaftlicher Gutachten (Abs. 3 Nr. 1). Abs. 3 Nr. 1 spricht sehr allgemein von „wissenschaftlichen Gutachten". In der amtlichen Begründung[164] wird klargestellt, dass damit nur „Rechtsgutachten", nicht dagegen medizinische, technische oder ähnliche Gutachten gemeint sind.[165] Letztere unterfielen regelmäßig schon gar nicht dem Anwendungsbereich des Abs. 1.

---

162 Zur Frage der Fremdheit der Forderung bei einer Einziehung durch konzerngebundene Inkassounternehmen vgl *Michalski*, ZIP 1994, 1501, 1505 ff.
163 Begr. RegE, BT-Drucks. 16/3655, S. 49.
164 Begr. RegE, BT-Drucks. 16/3655, S. 49.
165 Vgl hierzu schon BVerwG 20.1.1966 – 1 C 10/63, NJW 1966, 796, 797.

Demgegenüber sei die Ausnahmeregelung für rechtswissenschaftliche Gutachten erforderlich, weil eine entsprechende Gutachtertätigkeit typischerweise nicht nur allgemeine rechtstheoretische oder rechtstatsächliche Gutachten, sondern gerade auch die Erstellung einzelfallbezogener Rechtsgutachten umfasse.

172 Die Vorschrift entspricht Art. 1 § 2 Alt. 1 RBerG, wo von „wissenschaftlich begründeten Gutachten" die Rede war.

173 **aa) Gutachten.** Als (Rechts-)Gutachten galt und gilt die Darlegung des Ergebnisses einer in Bezug auf eine rechtliche Streitfrage angestellten Prüfung unter Darstellung der einzelnen Herleitungsschritte, also des Weges, auf dem das Ergebnis gewonnen wurde.[166] Eine schriftliche Darlegung, die der Regelfall sein wird, ist nicht erforderlich.[167]

174 **bb) Das Merkmal der Wissenschaftlichkeit.** Wesensmerkmal eines Gutachtens war nach Art. 1 § 2 Alt. 1 RBerG die Begründung, die wissenschaftlichen Anforderungen entsprechen musste. Erforderlich war danach eine eingehende Auseinandersetzung mit den in Betracht kommenden Aspekten der Rechtslage unter Berücksichtigung der in Rechtsprechung und Literatur vertretenen Meinungen.[168]

175 Jetzt ist die Formulierung „wissenschaftlich begründete Gutachten" durch „wissenschaftliche Gutachten" ersetzt worden, was zunächst nach einer Abschwächung der Anforderungen klingt.

176 Der Begriff „wissenschaftlich" ist – insbesondere hinsichtlich der qualitativen Ansprüche, die mit ihm verbunden werden – schwer zu fassen.

177 Nach einer Definition des BVerfG[169] ist wissenschaftliche Tätigkeit alles, „was nach Inhalt und Form als ernsthafter planmäßiger Versuch zur Ermittlung der Wahrheit anzusehen ist". Der gemeinsame Oberbegriff „Wissenschaft" bringe den engen Bezug von Forschung und Lehre zum Ausdruck. Forschung als die geistige Tätigkeit mit dem Ziel, in methodischer, systematischer und nachprüfbarer Weise neue Erkenntnisse zu gewinnen, bewirke angesichts immer neuer Fragestellungen den Fortschritt der Wissenschaft; zugleich sei die Wissenschaft die notwendige Voraussetzung, um den Charakter der Lehre als der wissenschaftlich fundierten Übermittlung der durch die Forschung gewonnenen Erkenntnisse zu gewährleisten. Andererseits befruchte das in der Lehre stattfindende wissenschaftliche Gespräch wiederum die Forschungsarbeit.

178 Auch wenn das RDG die frühere Formulierung „wissenschaftlich begründete Gutachten" auf „wissenschaftliche Gutachten" reduziert hat, ist ein Gutachten, das diese Bezeichnung verdient, ohne fundierte Begründung undenkbar. Denn wie anders sollte dem Postulat des BVerfG entsprochen werden, wonach wissenschaftliche Tätigkeit der ernsthafte planmäßige Versuch zur Ermittlung der Wahrheit ist (vgl Rn 177)? Fehlt es an einer Begründung, bleibt jede Darlegung bloße Behauptung, die schon denknotwendig im Gegensatz zum wissenschaftlichen Diskurs steht.

---

166 Henssler/Prütting/*Weth*, Art. 1 § 2 RBerG Rn 3; *vom Stein*, AnwBl 2008, 385, 388.
167 Henssler/Prütting/*Weth*, Art. 1 § 2 RBerG Rn 3.
168 OLG Stuttgart 16.1.1975 – 1 Ss 753/74, AnwBl 1975, 173, 174; LG Hamburg 26.7.1978 – 15 O 925/77, MDR 1979, 234; Henssler/Prütting/*Weth*, Art. 1 § 2 RBerG Rn 5; *Rennen/Caliebe*, Art. 1 § 2 RBerG Rn 6.
169 BVerfG 29.5.1973 – 1 BvR 424/71, 1 BvR 325/72, BVerfGE 35, 79, 113 = NJW 1973, 1176 f; vgl auch BVerwG 12.1.1966 – V C 104.63, BVerwGE 23, 112, 120.

179 Die früher vertretene Auffassung, kennzeichnend für das wissenschaftliche Gutachten sei seine Objektivität,[170] und die Forderung, die Rechtslage müsse unter Außerachtlassung von Zweckmäßigkeitserwägungen dargestellt werden,[171] dürften allerdings eher einem Ideal als realistischer Einschätzung entsprechen.[172] Es wäre sicher problematisch, eine als „Gefälligkeitsgutachten" entlarvte Darlegung von der zulässigen wissenschaftlichen Abhandlung zum erlaubnispflichtigen juristischen Rat mutieren zu lassen. Wer wollte hier der Schiedsrichter sein?

180 Ohne Bedeutung für die Wissenschaftlichkeit des Gutachtens ist auch, ob die zu klärende Rechtsfrage (für einen Juristen) einfach oder schwierig zu beantworten ist. Ebenso wenig ist zu fordern, dass die Frage einen Meinungsstreit auslösen kann oder bereits ausgelöst hat und noch nicht vollständig ausgetragen ist.[173] Erforderlich ist nicht einmal, dass die Klärung der Frage dem Auftraggeber selbst Schwierigkeiten bereitet.[174] Auch ein Juraprofessor, der eine völlig gefestigte Meinung zu einer bestimmten Fragestellung hat, kann bei einem Kollegen ein wissenschaftliches Gutachten in Auftrag geben, um eine zweite Meinung einzuholen oder in einen wissenschaftlichen Diskurs zu treten.

181 **cc) Abgrenzung vom (juristischen) Rat.** Abzugrenzen ist die Erstattung eines wissenschaftlichen Gutachtens von der Erteilung eines Rats. Dieser ist allerdings nicht, wie *Kleine-Cosack*[175] überraschenderweise meint, „schon grundsätzlich zulässig", sondern im Gegenteil erlaubnispflichtig.[176]

182 Die Grenzziehung kann im Einzelfall schwierig sein, weil sowohl die Erstattung eines Gutachtens als auch die Erteilung eines (einigermaßen fundierten) juristischen Rates die Prüfung der Sach- und Rechtslage erfordert. Aufgrund dieser Prüfung werden bestimmte Schlussfolgerungen gezogen, nach denen der Beratene sein Verhalten einrichten kann.[177] Nach *Weth*[178] kommt es beim Rat im Unterschied zum Gutachten lediglich auf das Ergebnis der juristischen Prüfung und die daraus gezogenen Folgen an. Die zu diesem Zweck angestellten Überlegungen seien nebensächlich. Ein Gutachten enthalte hingegen begriffsnotwendig eine Begründung, die es ermögliche, die Überlegungen des Gutachters nachzu-

---

170 BFH 30.4.1952 – IV 73/52 U, JZ 1952, 631, 632 m. Anm. *Oswald*; Henssler/Prütting/*Weth*, Art. 1 § 2 RBerG Rn 5; Erbs/Kohlhaas/*Senge*, Art. 1 § 2 RBerG Rn 2.
171 OLG Stuttgart 16.1.1975 – 1 Ss 753/74, AnwBl 1975, 173, 174; Erbs/Kohlhaas/*Senge*, Art. 1 § 2 RBerG Rn 2 f; *Rennen/Caliebe*, Art. 1 § 2 RBerG Rn 6; aA Henssler/Prütting/*Weth*, Art. 1 § 2 RBerG Rn 5.
172 *Kleine-Cosack*, Art. 1 § 2 RBerG Rn 1 und *ders.*, 2. Aufl., § 2 RDG Rn 108 meint auch, die in der Literatur an das Gutachten gestellten hohen Anforderungen – „sachlich, objektiv, gründlich, exakt, systematisch oder gar verständlich" – seien überwiegend wirklichkeitsfremd, wenn man die in der Praxis oftmals vorgelegten niveaulosen und parteiischen Gutachten in einer Zeit „des Verfalls und der Käuflichkeit der (Rechts-)Wissenschaft" berücksichtige.
173 Henssler/Prütting/*Weth*, Art. 1 § 2 RBerG Rn 6; aA *Schorn*, Die Rechtsberatung, S. 136.
174 So aber Henssler/Prütting/*Weth*, Art. 1 § 2 RBerG Rn 6 und wohl auch *Rennen/Caliebe*, Art. 1 § 2 RBerG Rn 7.
175 *Kleine-Cosack*, Art. 1 § 2 RBerG Rn 1. In der 2. Aufl. (§ 2 RDG Rn 106) ist von der „schlichten Erteilung eines Rates" die Rede.
176 AG Wiesbaden 18.10.1961 – 93 C 1016/91, AnwBl 1962, 51, 52, wonach die Anwendung in einem rechtswissenschaftlichen Aufsatz ausgeführter Gedanken auf einen konkreten Fall keine Fortsetzung der wissenschaftlichen Diskussion, sondern Rechtsbesorgung ist.
177 Henssler/Prütting/*Weth*, Art. 1 § 2 RBerG Rn 4.
178 Henssler/Prütting/*Weth*, Art. 1 § 2 RBerG Rn 4.

vollziehen und das von ihm festgehaltene Ergebnis auf diese Weise zu überprüfen. Sei der Auftraggeber allein am Ergebnis der juristischen Prüfung und an der darauf basierenden Empfehlung für sein Verhalten, nicht aber an dem Gedankengang der Untersuchung interessiert, sei stets die Erteilung eines Rates anzunehmen.[179]

183 Die Abgrenzung ist im Einzelfall schwierig. Sie wird nicht eben dadurch erleichtert, dass der Gesetzgeber in der amtlichen Begründung[180] formuliert, in den Anwendungsbereich der Nr. 1 falle auch die Erstellung eines rechtswissenschaftlich begründeten Schiedsgutachtens, das über die rechtliche Prüfung und Wertung hinaus aufgrund einer Vereinbarung der Parteien auch eine bindende rechtliche Wirkung entfalten könne. Hier werden die Grenzen zum juristischen Rat unnötig verwischt, zumal schiedsrichterliche Tätigkeit ohnehin durch die Nr. 2 erlaubnisfrei gestellt ist.

184 Nach der ratio des Gesetzes und dem Zusammenspiel von Abs. 1 und 3 darf es nicht möglich sein, die Erlaubnispflichtigkeit der Erbringung von Rechtsdienstleistungen dadurch zu unterlaufen, dass jeder beliebige – sei es auch schriftlich erteilte (und vielleicht irgendwie mit Fundstellen unterlegte) – Rat zum wissenschaftlichen Gutachten hochstilisiert wird. Eine Ausarbeitung, die die Bezeichnung „wissenschaftliches Gutachten" verdient, muss die in Rechtsprechung und Literatur vertretenen Meinungen möglichst vollständig darstellen und würdigen und im Rahmen eines nachvollziehbaren Deduktionsprozesses zu einem wertenden Ergebnis gelangen. Demgegenüber kann sich der Rat darauf beschränken, dem Beratenen auch ohne jede Herleitung und Begründung eine Handlungsmöglichkeit aufzuzeigen.

185 **dd) Person des Gutachters.** In engem Zusammenhang mit den Erfordernissen eines wissenschaftlichen Diskurses und einer wissenschaftlichen Begründung steht die Frage, welche Voraussetzungen die Person des Gutachters erfüllen muss.

186 Gutachter kann zunächst – wie nach bisherigem Recht – nur eine natürliche Person sein, so dass juristische Personen oder Vereine ausscheiden.[181]

187 Hinsichtlich der qualitativen Anforderungen an den Gutachter reicht das Meinungsspektrum von „keine"[182] über „muss eine gewisse juristische Vorbildung haben", ohne dass es jedoch notwendig sei, dass bestimmte juristische Prüfungen abgelegt worden seien oder ständig eine bestimmte juristische Tätigkeit ausgeübt werde,[183] bis hin zu der Auffassung, dass in erster Linie Hochschullehrer und sonstige akademisch vorgebildete Personen mit speziellen Fachkenntnissen in Betracht kämen und eine wissenschaftliche, mit einer akademischen Prüfung beendete Ausbildung unerlässliche Voraussetzung der erlaubnisfreien Gutachtertätigkeit sei.[184]

---

179 Vgl in diesem Sinne auch *Rennen/Caliebe*, Art. 1 § 2 RBerG Rn 4 f und *Chemnitz/Johnigk*, Art. 1 § 2 RBerG Rn 329 ff.
180 BT-Drucks. 16/3655, S. 50.
181 Kilian/Sabel/vom Stein/*vom Stein*, § 4 RN 69.
182 *Kleine-Cosack*, Art. 1 § 2 RBerG Rn 1.
183 *Chemnitz/Johnigk*, Art. 1 § 2 RBerG Rn 336.
184 Hensssler/Prütting/*Weth*, Art. 1 § 2 RBerG Rn 7; *Rennen/Caliebe*, Art. 1 § 2 RBerG Rn 6.

188 Nur durch eine entsprechende Vorbildung, so die Vertreter der letztgenannten Auffassung, sei sichergestellt, dass der Gutachter befähigt sei, einen bestimmten Vorgang in wissenschaftlicher Arbeitsweise, mit Gründlichkeit und Exaktheit nach streng sachlichen und objektiven Gesichtspunkten systematisch zu untersuchen und in einen sinnvollen Zusammenhang zu bringen.[185] Der Erwerb der juristischen Vorbildung im Selbststudium reicht nach *Weth*[186] nicht aus, weil ansonsten jedermann, der nach eigener Einschätzung rechtswissenschaftliche Vorkenntnisse besitze, Rechtsgutachten fertigen dürfe.

189 Den Vorzug verdient die vermittelnde Meinung, wonach zwar eine „gewisse juristische Vorbildung", aber nicht notwendigerweise ein juristisches Staatsexamen (und schon gar nicht beide juristischen Staatsexamen) erforderlich sind. Auch ein „abgebrochener" Jurastudent mag in seiner Ausbildung im Rahmen von Hausarbeiten und Referaten gelernt haben, wissenschaftlich zu arbeiten.

190 Dass dagegen ein wissenschaftliches Werk „von einem besonderen Spezialisten, der über keine wissenschaftliche Ausbildung verfügt", erstellt werden kann,[187] muss bezweifelt werden. Auch wenn es immer wieder in allen Bereichen begnadete Autodidakten geben mag, ist das Erlernen wissenschaftlichen Arbeitens ohne Anleitung schwer denkbar.

191 Als Gutachter werden – ungeachtet des hier dargestellten Meinungsstreits – im Wesentlichen Hochschullehrer in Betracht kommen (für die eine entsprechende Anzeigepflicht gemäß § 52 HRG gilt).

192 Richter sind schon aufgrund von § 41 Abs. 1 DRiG an der Erstattung von Gutachten gehindert, soweit sie nicht beamtete Professoren der Rechte oder der politischen Wissenschaften sind, die zugleich ein Richteramt ausüben. Für Letztere gilt § 41 Abs. 2 DRiG, wonach die Erstattung von Rechtsgutachten mit Genehmigung der obersten Dienstbehörde der Gerichtsverwaltung möglich ist.

193 Sonstige Beamte können/dürfen Gutachten erstatten, sofern sie eine entsprechende Genehmigung ihrer Dienstbehörde haben (vgl § 42 BRRG).[188]

194 **b) Die Tätigkeit von Einigungs- und Schlichtungsstellen, Schiedsrichterinnen und Schiedsrichtern (Abs. 3 Nr. 2).** Die Schiedsrichter waren schon bislang durch Art. 1 § 2 Alt. 2 RBerG erlaubnisfrei gestellt. Jetzt sind ausdrücklich auch die zahlreichen Einigungs- und Schlichtungsstellen, die inzwischen existieren und im Zuge der von Rechtspolitikern befürworteten Ausweitung der außergerichtlichen Streitbeilegung zunehmend an Bedeutung gewinnen, hinzugekommen.

195 Die Tätigkeit der Schlichtungsstellen, so heißt es in der amtlichen Begründung,[189] ähnele der Tätigkeit eines Richters oder Schiedsrichters, da sie – wenn auch in einer weniger verbindlichen Form – auf eine Entscheidung des Rechtsstreits ausgerichtet sei.

196 Eine abschließende Definition der Begriffe der Einigungs- und Schlichtungsstelle existiert ebenso wenig wie eine trennscharfe Abgrenzung.

---

185 BFH BStBl. 1953 III, 33, 35; *Schorn*, Die Rechtsberatung, S. 136.
186 Henssler/Prütting/*Weth*, Art. 1 § 2 RBerG Rn 7.
187 So Kilian/Sabel/vom Stein/*vom Stein*, § 4 Rn 70 und *vom Stein*, AnwBl 2008, 385, 388.
188 Vgl hierzu nur Henssler/Prütting/*Weth*, Art. 1 § 2 RBerG Rn 9.
189 BT-Drucks. 16/3655, S. 50.

197 **aa) Einigungsstellen.** Als Einigungsstellen erwähnt der Gesetzgeber[190] ausdrücklich die betrieblichen Einigungsstellen nach § 76 BetrVG. Hierhin gehören auch die Einigungsstellen nach den Personalvertretungsgesetzen des Bundes und der Länder (zB § 71 BPersVG).[191]

198 **bb) Schlichtungsstellen.** Als Schlichtungsstellen iSv Abs. 3 Nr. 2 sind in der amtlichen Begründung[192] exemplarisch die von öffentlichen Stellen, wie den Industrie- und Handelskammern, aber auch von einzelnen Berufsverbänden eingerichteten Institutionen angeführt, deren Aufgabe in der außergerichtlichen Beilegung von Streitigkeiten mit Verbrauchern besteht. „Beispielhaft" werden Schiedsstellen für Textilreinigungsschäden, das Ombudsmannverfahren der privaten Banken sowie der Ombudsmann für Versicherungen genannt. Erfasst werde auch die Tätigkeit der grenzüberschreitend tätigen Europäischen Verbraucherzentren zur außergerichtlichen Beilegung von Streitigkeiten zwischen Verbrauchern und Unternehmern aus verschiedenen Staaten im Rahmen des Netzes der Europäischen Verbraucherzentren (ECC-Net). Schließlich werden die in § 76 BetrVG in Bezug genommenen tariflichen Schlichtungsstellen erwähnt. In die Aufzählung gehören der Vollständigkeit halber natürlich auch die Schlichtungsstellen der Handwerkskammern und beispielsweise die des Kfz-Gewerbes.[193]

199 **cc) Gütestellen iSv § 15 a EGZPO.** Die „Gütestellen" iSv § 15 a EGZPO, deren Funktion ebenfalls in einer außergerichtlichen Streitschlichtung besteht, deren Anrufung in bestimmten zivilrechtlichen Angelegenheiten Prozessvoraussetzung ist und deren Funktion durch Schiedspersonen und sonstige Personen mit entsprechender Anerkennung (vgl zB § 12 GüSchlG NW) ausgeübt wird, finden in Abs. 3 Nr. 2 keine besondere Erwähnung. Dies wurde schon deshalb für nicht erforderlich gehalten, weil sie aufgrund behördlicher Bestellung tätig würden und ihre Tätigkeit, sofern sie denn als Rechtsdienstleistung zu qualifizieren wäre, bereits nach § 8 Abs. 1 Nr. 1 zulässig sei.[194]

200 Dass der Gesetzgeber hier § 8 Abs. 1 Nr. 1 bemüht, ist widersprüchlich, bedeutet es doch die grundsätzliche Einstufung der Tätigkeit von Gütestellen nach § 15 a EGZPO als Rechtsdienstleistung. Wenn der Gesetzgeber die Tätigkeit von Einigungs- und Schlichtungsstellen insgesamt nicht als Rechtsdienstleistung im Sinne des RDG qualifiziert, weil sie auf eine Entscheidung des Rechtsstreits ausgerichtet sei und damit eher der Tätigkeit eines Richters oder Schiedsrichters ähnele, müsste auch die Tätigkeit der Gütestellen, für die das Gleiche gilt, schon per definitionem aus dem Bereich der Rechtsdienstleistungen herausfallen.

201 **dd) Schiedsrichter.** Unter schiedsrichterlicher Tätigkeit ist zunächst die Tätigkeit der Schiedsgerichte iSd §§ 1025 ff ZPO zu verstehen.[195] Erlaubnisfrei ist aber auch jede sonstige schiedsrichterliche Tätigkeit, ohne Ansehen der Person des Schiedsrichters, insbesondere seines Berufs und eventuell vorhandener juris-

---

190 BT-Drucks. 16/3655, S. 50.
191 Kilian/Sabel/vom Stein/*vom Stein*, § 4 Rn 72; *vom Stein*, AnwBl 2008, 385, 388.
192 BT-Drucks. 16/3655, S. 50.
193 *vom Stein*, AnwBl 2008, 385, 388.
194 So Begr. RegE, BT-Drucks. 16/3655, S. 50 und dem folgend Kilian/Sabel/vom Stein/*vom Stein*, § 4 Rn 74.
195 Begr. RegE, BT-Drucks. 16/3655, S. 50; Kilian/Sabel/vom Stein/*vom Stein*, § 4 Rn 75; *vom Stein*, AnwBl 2008, 385, 389.

tischer Vorkenntnisse.[196] Unerheblich ist außerdem, ob die Aufgabe des Schiedsrichters nur in einem bestimmten Einzelfall oder regelmäßig im Rahmen einer ständigen Mitgliedschaft in einem institutionellen Schiedsgericht übernommen wird. Mit umfasst ist deshalb die Tätigkeit in verbands-, vereins-, partei- und berufsständischen Ehrengerichten.[197]

c) Die betriebliche Interessenvertretung (Abs. 3 Nr. 3). Durch die neue Regelung in Abs. 3 Nr. 3 soll klargestellt werden, dass die Tätigkeit von Betriebs- und Personalvertretungen sowie der Schwerbehindertenvertretung keine Rechtsdienstleistung darstellt. Erlaubnisfrei sollen damit insbesondere die Beratung von Beschäftigten in rechtlichen Angelegenheiten während der Sprechstunden iSv § 39 BetrVG bzw § 43 BPersVG oder im Rahmen von § 95 SGB IX sein.[198] Bislang ergab sich die Erlaubnisfreiheit aus Art. 1 § 7 RBerG. 202

Erfasst ist ausdrücklich nur die „Erörterung der die Beschäftigten berührenden Rechtsfragen mit ihren gewählten Interessenvertretungen, soweit ein Zusammenhang zu den Aufgaben dieser Vertretungen besteht". Der Umfang der Amtstätigkeit des Betriebsrates ergibt sich aus der Aufgabenzuweisung im BetrVG und in sonstigen Gesetzen (KSchG, InsO, SGB III, SGB VII, ASiG, EBRG) sowie in Tarifverträgen und Betriebsvereinbarungen.[199] 203

Eine Ausweitung der Befugnisse von Personalvertretungen gegenüber dem geltenden Recht war nicht beabsichtigt. Sinn und Zweck von Abs. 3 Nr. 3 sei es, so der Rechtsausschuss, nicht, künftig echte Rechtsdienstleistungen durch Betriebsräte oder Personalvertretungen erlaubnisfrei zu stellen. Abs. 3 Nr. 3 erfasse deshalb auch nicht jede Art von Tätigkeit, sondern bewusst und ausdrücklich nur die „Erörterung" bestimmter Rechtsfragen mit Bezug zu Arbeitnehmer- und Personalvertretungsangelegenheiten. Grund für diese lediglich klarstellende Freistellung sei, dass es sich hierbei um Tätigkeiten handele, die nicht Dienstleistung für Dritte, sondern Teil der eigenen Aufgabenwahrnehmung der Personalvertretung seien und jedenfalls auch in ihrem eigenen Interesse erfolgten.[200] 204

Im Laufe des Gesetzgebungsverfahrens hat Abs. 3 Nr. 3 zwei Änderungen erfahren. So ist statt von „Arbeitnehmerinnen und Arbeitnehmern" jetzt von „Beschäftigten" die Rede. Die ursprünglich vorgesehene Beschränkung hätte zu einem nicht beabsichtigten Umkehrschluss führen können.[201] Außerdem ist der Zusatz „in den Betrieben gewählten Interessenvertretungen" entfallen. Durch die vom Rechtsausschuss des Deutschen Bundestages vorgeschlagene offenere Formulierung wird klargestellt, dass die Vorschrift nicht nur für Betriebsräte, sondern auch für die Personalvertretungen der Beamten und die Vertreter der Richter, Soldaten, Zivildienstleistenden oder kirchlichen Beschäftigten gilt. 205

d) Die Mediation und jede vergleichbare Form der alternativen Streitbeilegung (Abs. 3 Nr. 4). Mediation (und sonstige Formen alternativer Streitbeilegung) gewinnen zunehmend schon deshalb an Bedeutung, weil Justizpolitiker aus fis- 206

---

196 Vgl hierzu nur Henssler/Prütting/*Weth*, Art. 1 § 2 RBerG Rn 10.
197 Henssler/Prütting/*Weth*, Art. 1 § 2 RBerG Rn 12; Kilian/Sabel/vom Stein/*vom Stein*, § 4 Rn 76.
198 Begr. RegE, BT-Drucks. 16/3655, S. 50; Kilian/Sabel/vom Stein/*vom Stein*, § 4 Rn 77; *vom Stein*, AnwBl 2008, 385, 389.
199 Vgl hierzu Schaub/*Koch*, Arbeitsrechts-Handbuch, § 221 Rn 8 a.
200 Begr. RegE, BT-Drucks. 16/6634, S. 51.
201 Begr. RegE, BT-Drucks. 16/6634, S. 51.

kalischen Gründen an allem interessiert sind, was dazu beiträgt, Gerichtsverfahren zu verhindern. Und selbst dort, wo ein Verfahren bereits anhängig ist, kann Mediation – in der Form der Richtermediation oder der sog. gerichtsnahen prozessbegleitenden Mediation – praktiziert werden. Die grundsätzliche Herausnahme dieses ebenso großen und wichtigen wie indifferenten Tätigkeitsfeldes aus dem Bereich der Rechtsdienstleistung und damit der Erlaubnispflichtigkeit ist deshalb von erheblicher Tragweite.

207 aa) **Mediation.** Der Gesetzgeber[202] versteht Mediation als „Methode der außergerichtlichen Konfliktbearbeitung, in der ein neutraler Dritter (Mediator) die Beteiligten dabei unterstützt, ihren Streit im Wege eines Gesprächs beizulegen und selbständig eine für alle Seiten vorteilhafte Lösung zu finden, die dann eventuell in einer Abschlussvereinbarung protokolliert wird". Die Mediation sei eine kommunikative Handlung eines neutralen Dritten mit dem Ziel der Herstellung von „Verständigungsprozessen". Schwerpunkt der Tätigkeit des Mediators sei die Gesprächsleitung. Zwar könne Mediation Rechtsinformationen beinhalten und sich auf Rechtsverhältnisse beziehen sowie Regelungsmöglichkeiten zur Diskussion stellen, doch überlasse sie den Konfliktparteien die Gestaltung ihrer Rechtsverhältnisse eigenverantwortlich.[203]

208 Die am 21.5.2008 verabschiedete Mediations-Richtlinie[204] definiert – nicht zuletzt mit Blick auf die Richtermediation – in Art. 3 lit. a Mediation als „ein strukturiertes Verfahren unabhängig von seiner Bezeichnung, in dem zwei oder mehr Streitparteien mit Hilfe eines Mediators auf freiwilliger Basis selbst versuchen, eine Vereinbarung über die Beilegung ihrer Streitigkeiten zu erzielen". Das Verfahren kann von den Parteien eingeleitet oder von einem Gericht vorgeschlagen oder angeordnet werden oder nach dem Recht eines Mitgliedstaats vorgeschrieben sein. Es schließt die Mediation durch einen Richter ein, der nicht für ein Gerichtsverfahren in der betreffenden Streitsache zuständig ist. Nicht eingeschlossen sind dagegen Bemühungen zur Streitbeilegung des angerufenen Gerichts oder Richters während des Gerichtsverfahrens über die betreffende Streitsache. Mediator ist gemäß Art. 3 lit. b der Mediations-Richtlinie „eine dritte Person, die ersucht wird, eine Mediation auf wirksame, unparteiische und sachkundige Weise durchzuführen, unabhängig von ihrer Bezeichnung oder ihrem Beruf in dem betreffenden Mitgliedstaat und der Art und Weise, in der sie für die Durchführung der Mediation benannt oder mit dieser betraut wurde".

209 *Rottleuthner/Klose*[205] beschreiben Mediation in der Bundesrepublik als eine „Jedermann-Tätigkeit". Es gebe keine gesetzliche Regelung des Berufsbildes und keine bundeseinheitlich geregelte Ausbildungsordnung. Eine staatliche Anerkennung, Genehmigung oder Erlaubnis zum Führen der Berufsbezeichnung sei nicht notwendig. In der Mediatorenszene, die auf bis zu 60.000 aktive Mediatoren geschätzt werde, konkurrierten verschiedene Berufsverbände um Anerkennung. Obwohl die Berufsangehörigen aus den verschiedensten „Grundberufen"

---

202 Begr. RegE, BT-Drucks. 16/3655, S. 50.
203 Vgl zum Begriff der Mediation *von Hoyningen-Huene*, JuS 1997, 352; *Mähler/Mähler*, NJW 1997, 1262; *Pflüger-Demann*, NJW 1997, 1296.
204 ABl. EU Nr. L 136 vom 24.5.2008, S. 3.
205 Gutachten H für den 65. Deutschen Juristentag, Verhandlungen des 65. Deutschen Juristentages Bonn 2004, Band I, H 36 f.

stammten,[206] werde die Mediation jeweils als „genuiner Teil des eigenen Berufsbildes" reklamiert. *Rottleuthner/Klose* weisen allerdings zu Recht darauf hin, dass die Mediation trotz des Fehlens einer gesetzlichen Regelung als Form der außergerichtlichen Streitschlichtung zum 1.1.2002 Eingang in § 278 Abs. 5 ZPO gefunden habe.[207]

bb) Jede vergleichbare Form der alternativen Streitbeilegung. Da eine verbindliche Definition des Begriffs „Mediation" fehlt, will der Gesetzgeber auch alle anderen denkbaren Formen der alternativen Streitbeilegung erfassen und aus dem Bereich der Rechtsdienstleistung herausnehmen. Entscheidend sei dabei stets der „gesprächsleitende Charakter der Tätigkeit".[208] Im Regierungsentwurf fand sich auch noch die Formulierung „jede vergleichbare Form der gesprächsleitenden Streitbeilegung",[209] die dann durch „alternative Streitbeilegung" ersetzt wurde. Damit ist das Gesetz auf den gesamten Bereich außergerichtlicher Streitbeilegungskonzeptionen anwendbar, die sich auf eine Konfliktlösung durch die Streitparteien selbst beschränken.[210] 210

Die auf dem Vorschlag des Rechtsausschusses des Deutschen Bundestages basierende Änderung der Terminologie dient der Anpassung an den in Europa verbreiteten Sprachgebrauch. Auch in der zwischenzeitlich verabschiedeten Mediationsrichtlinie[211] findet sich der Begriff der alternativen Streitbeilegung („alternative dispute resolution" – ADR). Demgegenüber ist das Merkmal einer „gesprächsleitenden" Tätigkeit weder im nationalen noch im internationalen Sprachgebrauch verankert. Über die Abgrenzung zur Rechtsdienstleistung hinaus solle, so der Rechtsausschuss des Deutschen Bundestages, gerade keine inhaltliche Vorgabe für den Verlauf einer Mediation gemacht werden, die auch aktive Kommunikationstechniken erfassen könne, ohne eine rechtliche Befassung darzustellen,. Als eine solche Vorgabe könnte die Beschränkung auf eine „gesprächsleitende Streitbeilegung" aber verstanden werden.[212] 211

Ist schon der Begriff der „Mediation" schwer fassbar, so ist es der „jeder vergleichbaren Form der alternativen Streitbeilegung" erst recht. 212

Bei *Tilch/Arloth*[213] findet sich der Begriff „alternative Streiterledigung". Dies sei in der neueren rechtspolitischen Diskussion „die Bezeichnung für die Beilegung oder Entscheidung von Streitigkeiten außerhalb der staatlichen Gerichte". Herkömmliche Formen seien Prozessvergleich, Schiedsgericht, Schiedsgutachten. Daneben seien nach und nach verschiedene Formen eines Güteverfahrens ent- 213

---

206 Aufgezählt werden hier außer Rechtsanwälten: Psychologen, Steuerberater, Sozialarbeiter, Sozialpädagogen, Betriebs- und Volkswirte, Unternehmensberater, Lehrer, Pädagogen, Erziehungswissenschaftler, Soziologen, Politologen, Theologen, Kommunikationswissenschaftler etc.
207 Inzwischen werden in vielen Bundesländern Projekte der Richtermediation und/oder der sog. gerichtsnahen prozessbegleitenden Mediation durchgeführt. In Nordrhein-Westfalen etwa gibt es Richtermediation an den Landgerichten Aachen, Essen und Krefeld.
208 Begr. RegE, BT-Drucks. 16/3655, S. 50; vgl zur Abgrenzung *Henssler*, NJW 2003, 241, 246.
209 BT-Drucks. 16/3655, S. 7.
210 *vom Stein*, AnwBl 2008, 385, 389.
211 Richtlinie 2008/52/EG des Europäischen Parlaments und des Rates über bestimmte Aspekte der Mediation in Zivil- und Handelssachen vom 21.5.2008, ABl. EU Nr. L 136 vom 24.5.2008, S. 3.
212 Begr. RegE, BT-Drucks. 16/6634, S. 51; *Finzel*, § 2 RDG Rn 22.
213 *Tilch/Arloth*, Deutsches Rechts-Lexikon, Band 1.

standen, ebenso im Arbeitsleben die Erledigung durch Betriebsbußen. In jüngerer Zeit seien vorgerichtliche Verfahren zur Streiterledigung eingeführt worden zB durch das notarielle Vermittlungsverfahren nach dem Sachenrechtsbereinigungsgesetz oder durch das Schuldenbereinigungsverfahren nach der InsO. Die gegenwärtige Entwicklung sei geprägt durch Bemühungen und Überlegungen, den Gütegedanken zu stärken, also Streitende ohne oder mit Hilfe eines Vermittlers zu einer Erledigung durch Vergleich zu führen. Das solle der Entlastung der Justiz dienen, die viel zitierte Schwellenangst vor dem Gericht bei Durchsetzung eigener Rechte nehmen, Kosten sparen, die Streiterledigung beschleunigen, die persönlichen und geschäftlichen Beziehungen der Streitenden nachhaltig befrieden.

214 **cc) Die Einschränkung des Abs. 3 Nr. 4 Hs 2.** Die Mediation und vergleichbare Formen der alternativen Streitbeilegung sollen nur dann nicht unter die Definition „Rechtsdienstleistung" fallen, wenn die Tätigkeit nicht durch rechtliche Regelungsvorschläge in die Gespräche der Beteiligten eingreift (vgl Rn 152 ff). Mit dieser Einschränkung wurde insbesondere Einwendungen aus der Anwaltschaft Rechnung getragen.

215 Greife der Mediator gestaltend in die Gespräche der Beteiligten ein, liege keine (reine) Mediation, sondern eine Streitlösung mit (auch) rechtlichen Mitteln vor, bei der sich der nicht anwaltliche Mediator nicht auf Abs. 3 Nr. 4 berufen könne – so heißt es in der amtlichen Begründung[214] schon zu einem Zeitpunkt, als die für Abs. 3 Nr. 4 Hs 2 vorgesehene Formulierung noch eine andere war. In der Fassung des Regierungsentwurfs waren die „in die Gespräche der Beteiligten eingreifenden rechtlichen Regelungsvorschläge" nicht ausdrücklich ausgenommen. Stattdessen war in den Ausnahmetatbestand des Abs. 3 Nr. 4 expressis verbis („einschließlich") die Protokollierung einer Abschlussvereinbarung einbezogen (siehe näher Rn 222 ff).

216 Wenn die jetzt in den Gesetzestext aufgenommene Einschränkung überhaupt einen Sinn haben soll, müssen die Begrifflichkeiten „Regelungsvorschläge" und „in die Gespräche der Beteiligten eingreifen" weit ausgelegt werden. Schon die Hinweise, es könne sinnvoll sein, bei der Gestaltung des Konflikts auf die Anregungen eines Mustervertrages zurückzugreifen, oder es seien bestimmte gesetzliche Vorgaben (zB die Pflichtteilsregelungen) zu berücksichtigen, sind geeignet, den Entscheidungsprozess der Parteien in eine bestimmte Richtung zu lenken. Die Abgrenzung zwischen bloßer Rechtsinformation und Regelungsvorschlag kann im Einzelfall schwierig sein, zumal einschlägige Rechtsinformationen häufig die möglichen Lösungsoptionen begrenzen.[215]

217 Dabei ist zu gewärtigen, dass im Alltagsleben kaum ein Konflikt denkbar ist, in dem nicht auch die rechtliche Bewertung der Situation eine Rolle spielt. Egal, ob es um die Auseinandersetzung zwischen Ehepartnern, Arbeitskollegen oder den

---

214 Begr. RegE, BT-Drucks. 16/3655, S. 50. Der an dieser Stelle der amtlichen Begründung auftauchende Verweis auf § 5 Abs. 3 RDG und darauf, dass dem Mediator, soweit der rechtliche Teil der Tätigkeit in diesen Fällen nicht nach § 5 Abs. 1 RDG erlaubt sei, die Zusammenarbeit mit einer Rechtsanwältin oder einem Rechtsanwalt offenstehe, ist überholt, weil die in einem ursprünglich vorgesehenen § 5 Abs. 3 RDG enthaltene „Erfüllungsgehilfen-Lösung" (siehe hierzu § 5 Rn 12 f) ersatzlos gestrichen wurde.
215 Vgl hierzu LG Leipzig ZKM 2005, 71, 72, wonach die Verwendung von Formulierungsvorschlägen bzw -mustern eines Notars durch einen nicht-juristischen Mediator beim gemeinsamen Ausarbeiten der Abschlussvereinbarungen eine erlaubnispflichtige Tätigkeit nach dem RBerG darstellt, und *Kunert*, BRAK-Mitt. 2008, 53, 54 f.

Parteien eines Arbeitsvertrages, Mietparteien oder den Parteien eines Mietvertrages, Gesellschaftern etc. geht, selten spielen dabei ausschließlich zwischenmenschliche und/oder rein tatsächliche Probleme eine Rolle. Hinzu kommt, dass die Medianten idR erwarten, dass der Mediator sie darin unterstützt, eine rechtlich durchsetzbare Lösung zu finden und zu fixieren.[216] Die völlig autonome Rechtsgestaltung der Medianten, die sich des Mediators als eines bloßen Moderators oder Protokollführers bedienen, wäre zwar ein theoretischer Idealzustand, dürfte in der Praxis allerdings nicht zu realisieren sein.[217]

Wie lebensfremd die Vorstellung ist, die den Mediator in einer nur passiven und gänzlich „ajuristischen" Rolle sieht, belegen anschaulich die Ausführungen, mit denen *Kessen*[218] die besonders wichtige fünfte Phase der Mediation beschreibt: **218**

„Die Bewertung und Auswahl der Optionen erfolgt in der fünften Phase auf der Basis der jeweiligen Interessen und Bedürfnisse. Am Ende stehen realisierbare Vorschläge, mit denen alle Beteiligten leben können. Der Mediator unterstützt in dieser Phase mit seinen Fragen die Beteiligten auch darin, die Folgewirkungen von Entscheidungen ausreichend zu reflektieren, damit diese nicht nur so lange tragen, wie die Euphorie über den gefundenen Konsens anhält (…) oder diese nur aus Unsicherheiten über mögliche Auswirkungen heraus abgelehnt werden. Diese Phase ist geprägt durch viele (auch geschlossene) Tragfähigkeitsfragen, um die rechtlichen, technischen, wirtschaftlichen, ökologischen und sozialen Realisierungschancen und die Realitätstauglichkeit der Lösungsoptionen zu prüfen (‚Ist eine solche Lösung arbeitsrechtlich erlaubt und im Sinne des Betriebsrates; können Sie das der Belegschaft vermitteln?')."

Wenn es aber die Aufgabe des Mediators ist, die von den Parteien gefundenen Optionen auf ihre tatsächliche und rechtliche Realisierbarkeit zu überprüfen, ist er denknotwendig gezwungen, auch rechtliche Regelungsvorschläge zu unterbreiten. Dies bleibt ihm nur dann erspart, wenn die von den Parteien erarbeiteten Optionen in rechtlicher Hinsicht einmal völlig unbedenklich sind. Sobald hingegen der Mediator juristische Bedenken erkennt und also formulieren muss, ist der Schritt zum Alternativvorschlag (dh zum Vorschlag, wie es denn gehen könnte) ein winziger. **219**

Es bleibt im Interesse des Verbraucherschutzes deshalb zu hoffen, dass sich in Praxis und Rechtsprechung im Ergebnis doch die vorerwähnte *Koch'sche* Sichtweise (siehe Rn 154) durchsetzt, wonach jede Vermittlung in Rechtsangelegenheiten, mag sie auch im Gewand der Mediation daherkommen, originäre Rechtsdienstleistung ist. Dabei ist zu berücksichtigen, dass die Medianten sich aufgrund der besonderen Gesprächssituation häufig in die Lage versetzt sehen, ad hoc irgendwelche Erklärungen abzugeben oder Zugeständnisse zu machen, deren juristische Tragweite sie kaum übersehen. **220**

Äußerst problematisch ist auch der in der amtlichen Begründung[219] enthaltene Hinweis, dass der „rechtliche Teil der Tätigkeit" eines nicht-anwaltlichen Me- **221**

---

216 *Kunert*, BRAK-Mitt. 2008, 53, 55.
217 So *Kunert*, BRAK-Mitt. 2008, 53, 55 unter Berufung auf *Henssler*, abrufbar unter: http://www.bundestag.de/ausschuesse/a06/anhoerungen/19_rechtsdienstleistungsgesetz04_stellungnahmen/indexx.html.
218 Henssler/Koch/*Kessen*, Mediation in der Anwaltspraxis, § 9 Rn 8. *Stefan Kessen*, Mediator-GmbH Oldenburg, ist Mediationstrainer und Nicht-Jurist.
219 BT-Drucks. 16/3655, S. 50.

diators nach § 5 Abs. 1 erlaubt sein könne. *Henssler*[220] hält diesen Ansatz der Bundesregierung in den Gesetzesmotiven für problematisch und überraschend. Ein Mediator sei eine Person, die sich einer bestimmten Methode zur Lösung von Konflikten bediene. Die Mediation sei eben kein Rechtsgebiet, sondern eine alternative Methode der Konfliktlösung. Dass sich hinter diesem Begriff nicht mehr verberge, erhelle sich bereits aus der Tatsache, dass es kein definiertes und eigenständig reguliertes Berufsbild des Mediators gebe, als Mediatoren vielmehr Rechtsanwälte, Notare, Psychologen, Sozialpädagogen usw tätig seien. Sie bedienten sich alle auf der Basis ihres eigentlichen Berufs dieser speziellen Konfliktlösungsmethode, häufig in Konflikten juristischer Art. Der Mediator sei also ein Methodenanwender. Weshalb aber allein eine bloße Methode, die zur Lösung eines Konflikts mit rechtlicher Dimension angewandt werde, die Rechtsbesorgung zur Nebenleistung degradieren solle, bleibe offen. Im Rechtsdienstleistungsrecht werde nicht ernsthaft vertreten, dass ein Nicht-Anwalt rechtsdienstleistend tätig sein dürfe, weil er sich darauf berufe, dass er hauptsächlich juristische Methodik anwende und die sich hierbei ergebende Rechtsdienstleistung, der Vertrag, eine Klage, eine Beratung, lediglich nachrangige Nebenleistung sei.

222 **dd) Protokollierung einer Abschlussvereinbarung.** Jede Mediation endet üblicherweise damit, dass der Mediator die von den Medianten gefundene Lösung schriftlich im Rahmen einer sog. Abschlussvereinbarung fixiert. Gerade auch an der Frage der Einstufung der Abschlussvereinbarung hatte sich im Gesetzgebungsverfahren Streit entzündet (siehe Rn 155 ff).

223 In der Fassung des Regierungsentwurfs enthielt Abs. 3 Nr. 4 noch den Zusatz „einschließlich der Protokollierung einer Abschlussvereinbarung".[221] Dieser Zusatz ist erst in der endgültigen Fassung entfallen. Nach Auffassung des Rechtsausschusses des Deutschen Bundestages schloss die im Regierungsentwurf enthaltene Einbeziehung der Protokollierung von Abschlussvereinbarungen nicht hinreichend eindeutig eine rechtlich gestaltende Mitwirkung bei der Abfassung der Abschlussvereinbarung aus. Es sei klarer, jedes Eingreifen in die Gespräche der Beteiligten durch rechtliche Regelungsvorschläge ausdrücklich aus dem Anwendungsbereich des Abs. 3 Nr. 4 auszunehmen. Zugleich werde durch die neue Formulierung sichergestellt, dass die allgemeine Darstellung rechtlicher und tatsächlicher Handlungsoptionen für sich genommen noch nicht den Tatbestand der Rechtsdienstleistung erfülle.[222]

224 Allerdings würde es der Intention des Gesetzgebers und wohl auch den Realitäten zuwiderlaufen, die „Verschlankung" der Norm dahin zu interpretieren, dass die Protokollierung einer Abschlussvereinbarung nun doch immer Rechtsdienstleistung sein soll.[223] Soweit die Abschlussvereinbarung nicht zugleich rechtliche Regelungsvorschläge des Mediators fixiert, darf sie nicht losgelöst von der eigentlichen mediativen Tätigkeit betrachtet und bewertet werden. Für eine reine Protokolltätigkeit des Mediators kann nichts anderes gelten als für seine übrige Tä-

---

220 *Henssler*, NJW 2003, 241, 246.
221 BT-Drucks. 16/3655, S. 7.
222 Begr. RegE, BT-Drucks. 16/3655, S. 51.
223 Nach *Unseld/Degen*, § 2 RDG Rn 57 kann das über die Protokollierung des erzielten Mediationsergebnisses hinausgehende Abfassen einer Abschlussvereinbarung den Tatbestand der Rechtsdienstleistung erfüllen, sofern dort auch rechtliche Inhalte niedergelegt oder betroffen werden.

tigkeit auch. Das OLG Rostock[224] hat schon im Jahr 2001 festgestellt, dass die Tätigkeit des Mediators kaum auf eine reine Protokollierungstätigkeit reduziert werden könne, da die Medianten andernfalls auch ein „Schreibbüro" beauftragen könnten.

Der Versuch, durch die ausdrückliche Benennung der „Zulässigkeit der reinen Protokolltätigkeit" im Gesetzestext die Grenze zwischen erlaubnisfreier Mediation und erlaubnispflichtiger Rechtsdienstleistung „zu definieren",[225] kann allerdings nur als untauglich bezeichnet werden und ist richtigerweise in der verabschiedeten Fassung nicht beibehalten worden. **225**

Unabhängig von der Qualifizierung einer Abschlussvereinbarung sind die Medianten gut beraten, diese Vereinbarung von ihren Rechtsanwälten überprüfen zu lassen. Seriöse Mediatoren, denen die dauerhafte Bereinigung des Konflikts und die Findung einer auch juristisch tragfähigen Lösung am Herzen liegen, raten hierzu. **226**

e) Die an die Allgemeinheit gerichtete Darstellung und Erörterung von Rechtsfragen und Rechtsfällen in den Medien (Abs. 3 Nr. 5). Nicht zuletzt die Diskussion über die Grenze der zulässigen Intervention insbesondere von Zeitungen und Fernsehsendern in konkreten Rechtsfällen führte zur Kritik am RBerG insgesamt (siehe Rn 159). Abs. 3 Nr. 5 dient erklärtermaßen der Umsetzung der in diesem Zusammenhang ergangenen Rechtsprechung (siehe ausf. Rn 161 ff).[226] Zulässig sind sowohl die generell-abstrakte Behandlung von Rechtsfragen als auch die aus Gründen der Veranschaulichung und Vertiefung erfolgende Darstellung einzelner konkreter Streitfälle.[227] **227**

Die Schwierigkeit wird in Zukunft darin bestehen, zu entscheiden, ob ein Einzelfall nur „aus Gründen der Veranschaulichung und Vertiefung" dargestellt und gelöst wird oder ob die Behandlung des Rechtsproblems eines Einzelnen im Vordergrund steht und damit Selbstzweck ist. Angesprochen ist hier auch das schwierige Spannungsfeld zwischen dem Grundrecht der Rundfunkfreiheit und dem Interesse der Verbraucher an einem wirksamen Schutz vor unqualifizierter, an bloßer „Effekthascherei" ausgerichteter Rechtsberatung. Der Gesetzgeber zieht die Grenze dort, wo Medien spezifisch juristische Hilfestellung bei der Prüfung und Durchsetzung von Individualansprüchen anbieten, die als zusätzliches Dienstleistungsangebot und damit als eigenständige, nicht dem Schutz der Rundfunkfreiheit unterliegende Tätigkeit zu qualifizieren sei.[228] **228**

---

224 OLG Rostock 20.6.2001 – 2 U 58/00, MDR 2001, 1198 ff m. Anm. *Mankowski*.
225 Begr. RegE, BT-Drucks. 16/3655, S. 50. Zu Recht weist *Römermann*, NJW 2008, 1249, 1250 grds. darauf hin, dass die sog. amtliche Begründung sich bei näherem Hinsehen oft als Begründung erweise, die einem Entwurf in irgendeinem Stadium des Gesetzgebungsverfahrens beigegeben worden sei. Auch der „amtlichen Begründung" zum RDG liege in entscheidenden Passagen (so auch hier) eine Gesetzesformulierung zugrunde, die vom Bundestag schließlich nicht akzeptiert worden sei. Sie sei dann insoweit Makulatur, und man müsse jede Norm genauestens darauf prüfen, ob sie noch im Sinne der ursprünglichen Entwurfsbegründung interpretiert werden könne oder ob ihrer Auslegung ein ganz neues Verständnis zugrunde zu legen sei.
226 BGH 6.12.2001 – I ZR 316/98, NJW 2005, 2877; BVerfG 15.1.2004 – 1 BvR 1807/98, NJW 2004, 672 (Mahnman); BVerfG 11.3.2004 – 1 BvR 517/99, 1 BvR 313/99, NJW 2004, 1855 (Autobild/SAT 1).
227 Begr. RegE, BT-Drucks. 16/3655, S. 50.
228 Begr. RegE, BT-Drucks. 16/3655, S. 50; *Finzel*, § 2 RDG Rn 24; *Unseld/Degen*, § 2 RDG Rn 60.

229 Inzwischen gibt es immer mehr Medienbeiträge und insbesondere Fernsehsendungen, die ganz konkret auf die Lösung von Einzelfällen ausgerichtet sind. Bei diesen Formaten fungiert das Individuum, dessen Fall dargestellt und möglicherweise „gelöst" wird, nicht mehr nur als Protagonist zur besseren Veranschaulichung eines allgemein behandelten Sachverhalts (etwa „Wie klappt´s mit Kfz-Werkstätten?"). Vielmehr sind Thema und Inhalt der Sendungen gerade die ganz unterschiedlichen Probleme Einzelner, so wie sie rein zufällig und auf entsprechende Aufforderung an den Sender herangetragen werden. Es fehlt bei diesen Formaten an einer Leitthematik, die der Behandlung von Einzelfällen als roter Faden dienen würde. Da aber selbst hier das Problem des Einzelnen idR nur der vordergründige „Aufhänger" und nicht der eigentliche Zweck der Sendung ist, dieser Zweck vielmehr in der Fesselung der Zuschauer und der Erzielung einer guten „Quote" liegt, wird man alle diese Beiträge aus dem Bereich der Rechtsdienstleistung ausnehmen müssen. Die Grenze verläuft dort, wo Einzelfälle nicht nur Bezugspunkte für die allgemeine Unterrichtung (oder auch Unterhaltung) des Publikums und damit Teil dessen, was unter medialer Berichterstattung zu verstehen ist, sondern Selbstzweck sind.[229]

230 Eine Überschreitung dieser Grenze dürfte aufgrund der anderen Verbreitungsstruktur und Konsumweise im Bereich der Printmedien schneller anzunehmen sein als bei den „unpersönlichen" Medien Funk und Fernsehen. Zeitungen und Zeitschriften befassen sich auf unterschiedliche Weise mit Rechtsfragen. Da sind insbesondere die sog. Briefkästen, also zB eine Rubrik zum Thema Nachbarrecht in einer Gartenzeitschrift, in der Fragen zum Überwuchs, zum Platzieren einer Mauer oder auch zu Ruhezeiten gestellt werden. Schildert hier der jeweils anfragende Leser einen individuellen, so kaum zu verallgemeinernden Fall und richtet sich die Antwort sehr unmittelbar an den Fragesteller, fehlt das „allgemein belehrende"[230] Element, das die Berichterstattung von der Rechtsdienstleistung trennt. Etwas andere gilt, wenn einzelne Leseranfragen zum Anlass genommen werden, ein bestimmtes Rechtsproblem in seinen verschiedenen, über den Einzelfall hinausgehenden Dimensionen zu beleuchten.

231 Immer überschritten ist die Grenze zur Rechtsdienstleistung selbstverständlich dann, wenn sich Zeitungs-, Rundfunk- und Fernsehredaktionen zusätzlich zu den abgedruckten bzw ausgestrahlten Rechtsfällen konkret mit der Beantwortung oder gar Regulierung weiterer Zusendungen und Eingaben beschäftigen. Das ist auch bei den bei Tageszeitungen so beliebten Telefonaktionen der Fall, in deren Rahmen Leser zu bestimmten Zeiten in die Redaktion eingeladene „Experten" anrufen können.[231] Auch die Erteilung von Rechtsauskünften in redaktionellen Sprechstunden für die Abonnenten einer Zeitschrift ist Rechtsdienstleistung.[232]

232 Die Frage, ob das bewusste Einsetzen der Öffentlichkeits-, um nicht zu sagen, Prangerwirkung der Medien und das bei den Konsumenten so erzeugte Gefühl, mit ausreichendem öffentlichem Druck werde man das Recht schon im eigenen

---

229 Grunewald/Römermann/*Römermann*, § 2 RDG Rn 140.
230 Vgl hierzu *Chemnitz/Johnigk*, Art. 1 § 1 RBerG Rn 52 unter Verweis auf BGH 13.12.1955 – I ZR 20/54, NJW 1956, 591.
231 Solche Telefonaktionen sind selbstverständlich unbedenklich, wenn Rechtsanwälte die Anrufe beantworten, OLG Stuttgart 7.7.1995 – 2 U 45/95, NJW-RR 1995, 1269 = BRAK-Mitt. 1996, 215.
232 Fallkonstellation bei *Chemnitz/Johnigk*, Art. 1 § 1 RBerG Rn 50.

Sinne nutzen, vielleicht sogar beugen können, möglicherweise nachhaltige und unerwünschte Auswirkungen auf die Rechtskultur haben, ist eher gesellschaftspolitischer Natur und auf dem Terrain des RDG wohl nicht zu beantworten.

f) Die Erledigung von Rechtsangelegenheiten innerhalb verbundener Unternehmen (§ 15 AktG) (Abs. 3 Nr. 6). Die Regelung von Rechtsangelegenheiten im Unternehmensverbund ist mangels Fremdheit des Geschäfts schon nach der Legaldefinition in Abs. 1 keine Rechtsdienstleistung. Dies soll in Abs. 3 Nr. 6 lediglich klargestellt werden.[233]

233

aa) Verbundene Unternehmen. Verbundene Unternehmen sind gemäß § 15 AktG rechtlich selbständige Unternehmen, die im Verhältnis zueinander in Mehrheitsbesitz stehende Unternehmen und mit Mehrheit beteiligte Unternehmen (§ 16 AktG), abhängige und herrschende Unternehmen (§ 17 AktG), Konzernunternehmen (§ 18 AktG), wechselseitig beteiligte Unternehmen (§ 19 AktG) oder Vertragsteile eines Unternehmensvertrages (§§ 291, 292 AktG) sind.

234

Der Umfang der Verflechtung der Unternehmen ist nicht entscheidend und muss daher auch nicht konkret festgestellt werden. Es reicht eine Vermutung iSd §§ 17 Abs. 2, 18 Abs. 1 S. 3 AktG aus.[234]

235

bb) Erlaubte Tätigkeiten. Erlaubt ist innerhalb eines Unternehmensverbunds die Erledigung aller Rechtsangelegenheiten, einschließlich des sog. Konzerninkassos, also der Forderungseinziehung nach Abs. 2 durch ein dem Unternehmensverbund zugehöriges Unternehmen.[235] Die früher problematisierte (allerdings verneinte) Frage[236] der Fremdheit bei einer Forderungseinziehung durch konzerngebundene Inkassounternehmen stellt sich deshalb jetzt definitiv nicht mehr.

236

§ 3 Befugnis zur Erbringung außergerichtlicher Rechtsdienstleistungen

Die selbständige Erbringung außergerichtlicher Rechtsdienstleistungen ist nur in dem Umfang zulässig, in dem sie durch dieses Gesetz oder durch oder aufgrund anderer Gesetze erlaubt wird.

I. Entstehungsgeschichte 1	aa) Rechtsdienstleistungen in Zusammenhang mit einer anderen Tätigkeit 33
1. Das Verbotsmodell 2	
2. Das Informationsmodell 4	
3. Argumente und Ergebnis 7	bb) Unentgeltliche Rechtsdienstleistungen 34
II. Normzweck 15	
III. Regelungsgehalt 20	cc) Rechtsdienstleistungen von Berufs- und Interessenvereinigungen sowie Genossenschaften 36
1. Außergerichtliche Rechtsdienstleistungen 21	
2. Selbständige Erbringung 22	
3. Umfang der Zulässigkeit 26	
a) Erlaubnisse nach dem RDG 32	dd) Rechtsdienstleistungen von öffentlichen und öffentlich anerkannten Stellen 37

---

233 Begr. RegE, BT-Drucks. 16/3655, S. 50.
234 Kilian/Sabel/vom Stein/*vom Stein*, § 4 Rn 86.
235 Begr. RegE, BT-Drucks. 16/3655, S. 50.
236 Vgl hierzu nur *Michalski*, ZIP 1994, 1501, 1505.

ee)	Rechtsdienstleistungen aufgrund besonderer Sachkunde	39	gg)	In Deutschland dienstleistende Rechtsanwälte aus dem europäischen Ausland	51
ff)	Vorübergehende Rechtsdienstleistungen von ausländischen Dienstleistern	42	hh)	Verkammerte Rechtsbeistände	53
b)	Erlaubnisse aufgrund anderer Gesetze	44	ii)	Betreuungsvereine	57
aa)	Rechtsanwälte	45	jj)	Versicherungsmakler	58
bb)	Patentanwälte	46	kk)	Versicherungsberater	59
cc)	Steuerberater	47	ll)	Kassenärzte	60
dd)	Wirtschaftsprüfer	48	mm)	Antidiskriminierungsverbände	61
ee)	Notare	49			
ff)	In Deutschland niedergelassene Rechtsanwälte aus dem europäischen Ausland	50			

I. Entstehungsgeschichte

1 § 3 greift die frühere Systematik des RBerG, das Verbot mit Erlaubnisvorbehalt, auf. Im Vorfeld der Änderung des Rechtsberatungsrechts wurden verschiedene Möglichkeiten diskutiert, wie sich die Ziele einer Regulierung des Rechtsberatungsmarktes, nämlich der Schutz der Rechtsuchenden vor unqualifiziertem Rechtsrat und die Gewährleistung eines reibungslosen Rechtsverkehrs,[1] realisieren ließen. Zur Wahl standen das Verbotsmodell und das sog. Informationsmodell.

2 **1. Das Verbotsmodell.** Das Verbotsmodell ist wiederum in zwei Varianten denkbar: Entweder wird die Erteilung von Rechtsrat von vornherein (nahezu) jeder Person verboten, die nicht Rechtsanwalt ist, wobei der Erhalt einer Ausnahmeerlaubnis im Einzelfall möglich ist (dieses Verbot mit Erlaubnisvorbehalt entsprach dem RBerG), oder die Beratung wird zunächst einmal erlaubt und dann ggf einzelnen Personen verboten, die ihre Befugnis missbrauchen.

3 *Grunewald*[2] resümiert, das Verbotsmodell führe einerseits zu einer gewissen Bevormundung des Verbrauchers, andererseits aber auch dazu, dass nicht qualifizierter Rechtsrat (bzw auch qualifizierter Rechtsrat, der nicht von berufsrechtlich gebundenen Personen erteilt werde) weitgehend nicht gegeben werde. Dabei bleibe die Variante, die in einem ersten Schritt davon ausgehe, dass jedermann Rechtsrat erteilen dürfe, und dann in einem zweiten Schritt per Verbot diejenigen vom Rechtsberatungsmarkt ausschlösse, die sich als ungeeignet erwiesen hätten, in zweierlei Hinsicht hinter dem prinzipiellen Verbotsmodell zurück: Sowohl der Eingriff in die Berufsfreiheit derjenigen, die Rechtsrat erteilen wollten, als auch der Schutz derer, die vor diesen Beratern bewahrt werden sollten, sei weniger intensiv.

4 **2. Das Informationsmodell.** Sie favorisiert deshalb das dem Verbotsmodell gegenüberstehende Informationsmodell. Dieses sei der „klassische und von der Europäischen Union bislang nahezu stets favorisierte Weg zur Erreichung eines umfassenden Verbraucherschutzes". Um dem Nachfrager zu einer sachgerechten

---
[1] Vgl hierzu nur *Grunewald*, AnwBl 2004, 208.
[2] AnwBl 2004, 208, 209.

Wahrnehmung seiner Vertragsfreiheit zu verhelfen, würden ihm die hierfür benötigten Informationen verschafft. Die Vertragsparität, die durch den Informationsvorsprung des gewerbsmäßig Handelnden aus dem Gleichgewicht geraten sei, werde so wiederhergestellt. Auf den Bereich der Rechtsberatung bezogen bedeute dies, dass ein Anbieter von Rechtsrat, der kein Rechtsanwalt sei, auf die Nachteile hinzuweisen hätte, die eine Beratung durch ihn im Vergleich zu einer Beratung durch einen Rechtsanwalt mit sich bringe. Volljuristen, die nicht Rechtsanwälte seien, müssten etwa das Fehlen einer Versicherung (so sie denn keine abgeschlossen hätten) ebenso offenlegen wie die Tatsache, dass sie den weiteren anwaltlichen Berufspflichten nicht unterlägen.[3] Der mündige Verbraucher sei, sofern ihm alle Fakten für eine umfassende Meinungsbildung zur Verfügung stünden, durchaus in der Lage, zwischen qualifizierten und weniger qualifizierten Anbietern von Rechtsdienstleistungen zu unterscheiden und insbesondere zu erkennen, ob er für sein jeweiliges Problem tatsächlich den hoch qualifizierten (und entsprechend teuren) Berater benötige oder auch mit weniger Niveau (für weniger Geld) auskomme. Eine sachgerechte Entscheidung des Auftraggebers über die angebotene Art der Rechtsberatung setze (nur) voraus, dass er die Unterschiede zwischen Volljuristen und anderen Beratern sowie zwischen Volljuristen und Rechtsanwälten kenne. Um das sicherzustellen, müsse jedem, der berate, ohne Volljurist zu sein, „ein entsprechender Hinweis angesonnen werden".[4]

Die Vorteile des Informationsmodells sieht *Grunewald*[5] vor allem in einer Stärkung des Wettbewerbsgedankens und in der Beseitigung von Unsicherheiten, die mit jeder Regulierung zwangsläufig verbunden seien. Je mehr Anbieter am Markt zugelassen würden, desto breiter werde die Angebotspalette. Der Verbraucher könne selbst entscheiden, welches Gut er wähle. Dies heiße zB für Rechtsschutzversicherer: Entweder habe der Nachfrager das Recht, einen Rechtsanwalt frei zu wählen, müsse dann aber auch eine höhere Prämie bezahlen, oder er beauftrage den „Hausjuristen des Versicherers" und spare an der Prämie. Dies ähnele in etwa dem Hausarztmodell der Krankenkassen, das auch niemand als anstößig empfinde und das daher eigentlich auch für den Beratungsmarkt tragbar sein müsse.

Außerdem würden Rechtsunsicherheiten eingedämmt. Unsystematische Ausnahmen wären obsolet. Dies lasse sich am Beispiel der heftig umstrittenen kostenlosen Erteilung von Rechtsrat belegen. Denn vielfach sei gefordert worden, dass die kostenlose Erteilung von Rechtsrat uneingeschränkt zulässig sein solle. Andererseits sei mit guten Gründen darauf hingewiesen worden, dass auch die kostenlos beratenen Personen schutzwürdig seien. Da Qualität ihren Preis habe, lasse sich in das Informationsmodell die Zulässigkeit kostenloser Rechtsberatung problemlos integrieren: Denn natürlich müsse auch derjenige, der ohne Gegenleistung berate, auf die Art seiner Beratung hinweisen. Zugleich erübrige sich die mit der Schaffung einer Ausnahme für kostenlosen Rechtsrat stets verbundene Frage, wann dieser Rat kostenlos erteilt werde und wann nicht doch vielleicht mittelbare Vorteile erwartet und gewährt würden.

---

3 *Grunewald*, AnwBl 2004, 208, 209.
4 *Grunewald*, AnwBl 2004, 208, 211.
5 AnwBl 2004, 208, 210.

7 **3. Argumente und Ergebnis.** *Prütting*[6] lehnt das Informationsmodell zugunsten des „präventiven Verbotsmodells" ab. Durch ein Informationsmodell könnten weder der Schutz der Rechtspflege noch der Schutz der materiellen Rechtsentwicklung und Rechtsfortbildung und ebenso wenig der Schutz einer leistungsfähigen Rechtsanwaltschaft sowie der Schutz des Rechtsstaates gewährleistet werden. Das Informationsmodell sei einseitig auf den Schutz des Rechtsuchenden ausgerichtet, den es in einer anderen Form als das Verbotsmodell gewährleisten wolle. Nicht bedacht werde dabei von den Befürwortern des Modells, dass auch der Gedanke des Verbraucherschutzes durch dieses nur sehr eingeschränkt gewährleistet werden könne. Den von *Grunewald* dargestellten Vorteilen stehe nämlich gegenüber, dass im Falle eines Informationsmodells die Rechtsfolge des § 134 BGB nicht mehr eingreifen würde und damit alle Möglichkeiten einer späteren Rückabwicklung entfielen. Umgekehrt könnten die von *Grunewald* dargestellten Nachteile eines Verbotsmodells vermieden werden. Eine Verringerung der Angebotspalette auf dem Rechtsberatungsmarkt könne durch Korrekturen des Gesetzes innerhalb des Rahmens des Verbotsmodells weitgehend vermieden werden.

8 Auch die von *Grunewald* geltend gemachte Entwicklung in Europa weise in eine andere Richtung. Zur Schaffung eines einheitlichen und gehobenen Schutzniveaus im Bereich der Rechtsberatung wäre es in Europa dringend erforderlich, eine dem Grundgedanken des deutschen RBerG ähnliche Regelung allgemein einzuführen. Die häufig geltend gemachte Behauptung, in den übrigen Ländern der Europäischen Union gebe es keine Bedenken gegen die Qualität der Rechtsberatung, werde nirgends überzeugend begründet. Mit Blick auf mancherlei Entwicklungen in den südeuropäischen Ländern lasse sich diese Aussage mit guten Gründen bezweifeln.

9 Diesen Gedanken greifen auch *Henssler/Kilian*[7] in ihrer kritischen Auseinandersetzung mit der viel zitierten IHS-Studie[8] auf. Sie weisen darauf hin, dass im Rechtsberatungsmarkt sowohl Zugangshürden als auch Monopolrechte zu Gunsten qualifizierter Rechtsberater im Interesse der rechtsuchenden Bevölkerung und ihrem Interesse an einer qualitativ hochwertigen Rechtsberatung existierten. Der auf dem Rechtsberatungsmarkt agierende Nachfrager sei, im Gegensatz zu Teilnehmern auf vielen anderen Dienstleistungsmärkten, durch die zwischen ihm und seinem Rechtsberater bestehende Prinzipal-Agentenbeziehung zum einen und zum anderen durch die Tatsache, dass er zumeist ein „one-shotplayer" sei, benachteiligt. Der Staat müsse daher zur Erhaltung der Funktionsfähigkeit der Rechtspflege und des Vertrauens der Verbraucher in sie ein hohes Qualifikationsniveau der Leistungserbringer garantieren und unqualifizierten Rechtsrat von der Bevölkerung fernhalten. Dass ein solches gesetzgeberisches Anliegen billigenswert sei, habe auch der EuGH wiederholt bestätigt.

10 Die in der IHS-Studie aufgestellte Behauptung, in anderen europäischen Ländern, in denen der Rechtsberatungsmarkt weniger stark reguliert sei als in

---

6 Gutachten G für den 65. Deutschen Juristentag, Verhandlungen des 65. Deutschen Juristentages, Bonn 2004, Band I, G 56 f.
7 AnwBl 2005, 1, 6.
8 Die IHS-Studie wurde im Jahr 2002 von der Generaldirektion Wettbewerb beim Institut für Höhere Studien (IHS) Wien in Auftrag gegeben und im Januar 2003 unter dem Titel „Economic impact of regulation in the field of liberal professions in different EU Member States" publiziert.

Deutschland, funktioniere dieser ebenso gut oder sogar besser, ziehen *Henssler/ Kilian*[9] am Beispiel des immer als „Paradefall" hingestellten Finnlands in erhebliche Zweifel. So bleibe zB die Frage unbeantwortet, warum sich in Finnland die Anbieter von Rechtsschutzversicherungen trotz fehlender Regulierung des Rechtsberatungsmarktes Anfang der 1980er Jahre dafür entschieden hätten, ihre Versicherungsnehmer durch Zusatzklauseln in den Versicherungsbedingungen zu verpflichten, für die Rechtsverfolgung einen Anwalt in Anspruch zu nehmen, der unter der Aufsicht des finnischen Anwaltsbundes arbeite oder gleichwertig juristisch qualifiziert bzw bei einem derart ausgewiesenen Rechtsanwalt angestellt sei. Es zeige sich damit, dass selbst die in besonderem Maße Wettbewerbsprinzipien unterworfenen Rechtsschutzversicherungsunternehmen theoretisch vorhandene Einsparpotenziale nicht ausschöpften, sondern die Vertretung ihrer Versicherungsnehmer durch Personen mit hohem Ausbildungsniveau für unverzichtbar hielten. Ebenso wäre die Tatsache näherer Betrachtung Wert gewesen, warum der finnische Staat ca. 10 % aller finnischen Anwälte hauptberuflich als Staatsbedienstete beschäftige und in 67 staatlichen Rechtsberatungseinrichtungen einsetze (bei einer Bevölkerungszahl von lediglich 4 Mio.), also ganz erhebliche eigene Ressourcen investiere, um der Bevölkerung Zugang zu rechtsanwaltlicher Beratung zu ermöglichen. Keine Auseinandersetzung erfolge auch mit Stimmen aus dem Schrifttum, nach denen die Qualität nicht-anwaltlicher Rechtsberatung in Finnland Kritik ausgesetzt sei. So habe kein Geringerer als der Präsident des Obersten Gerichtshofs in Finnland darauf hingewiesen, dass nichtanwaltliche Parteivertreter die Anliegen ihrer Mandanten mangels Kompetenz häufig irreparabel schädigten.

Koch[10] pointiert die praktischen Konsequenzen, die eine Umsetzung des Informationsmodells hätte, indem er schlussfolgert: Das heiße im Zweifel, dass der Rechtsanwalt vor jedem Informationsgespräch dem Rechtsuchenden die BRAO vorlese und der sonstige Berater stattdessen seinen Ausbildungsgang sowie seine allfälligen Prüfungsleistungen erläutere. Dabei bleibe noch ganz unbeachtet, wieso man dem Verbraucher, den man neuerdings durch eine Fülle nationaler und europäischer Schutzvorschriften eher „in Informationen ersäufe und stranguliere" – „vor lauter Informationsbäumen sei der Wald nicht mehr zu sehen" –, ausgerechnet in dem Rechtsberatungsmarkt, dessen Kennzeichen geradezu die Asymmetrie der Information zwischen Anbieter und Kunden sei, ansinnen dürfe, Klarheit unter verschiedenen gestuften und eingeteilten Rechtsberatungsangeboten zu gewinnen, damit er richtig auswähle. Verschiedene Rechtsberatungsleistungen seien etwas anderes als verschiedene Automobile. Da nütze es auch nicht, den Verbraucher nach überstandener Informationsflut bei dennoch falscher Auswahl mit einem Schadensersatzanspruch wegen etwaiger Verletzung der Informationspflicht auszustatten.[11]

Auch *Rottleuthner/Klose*,[12] die sich in ihrem Gutachten für den 65. Deutschen Juristentag kritisch mit dem RBerG auseinandersetzen, sprechen sich grundsätzlich für eine Beibehaltung des bisherigen Regelungsmodells aus. Statt der Ertei-

---

9 AnwBl 2005, 1, 3 f.
10 AnwBl 2004, 385, 387.
11 In diesem Sinne auch *Henssler*, AnwBl 2001, 525, 532 f; unentschieden *Bräcklein*, ZRP 2002, 413, 414.
12 Gutachten H für den 65. Deutschen Juristentag, Verhandlungen des 65. Deutschen Juristentages, Bonn 2004, Band I, H 67 f.

lung eingeschränkter Teilerlaubnisse wäre dabei eine Erlaubnispraxis denkbar, die sich nicht nur an aufgeführten Berufsfeldern, sondern stärker an den Zielen des Gesetzes orientiere. Diese, vor allem der Verbraucherschutz, müssten im Einzelnen präzisiert werden (hinsichtlich Qualifikation, deren Zertifizierung und Transparenz, Aktenführung, Haftung, Kontrolle, evtl Verkammerung, jedenfalls berufsständischer Einbindung als Merkmal von Professionalisierung). So ließe sich auch eine stärkere Vereinheitlichung der unter der Geltung des RBerG sehr inhomogenen Erlaubniserteilung herstellen. Auch das Konzept der Geschäftsmäßigkeit müsse im Hinblick auf die Einbeziehung der altruistischen Rechtsberatung geändert werden.

13 Das präventive Verbotsmodell hat sich schließlich durchgesetzt.[13]

14 § 3 formuliert im Grundsatz das, was sich früher aus Art. 1 §§ 1 ff RBerG ergab. Die Norm fand sich schon im Diskussionsentwurf des Bundesjustizministeriums[14] und ist im Verlauf des Gesetzgebungsverfahrens nicht in Frage gestellt oder geändert worden.

II. Normzweck

15 § 3 ist die logische Konsequenz aus der Tatsache, dass das RDG den Charakter der Verbotsregelung mit Erlaubnisvorbehalt beibehält.[15] Der Gesetzgeber hat aus Verbraucherschutzgründen keine völlige Deregulierung des Rechtsberatungsmarktes vorgenommen.

16 In der amtlichen Begründung[16] wird ausdrücklich darauf hingewiesen, dass der Rechtsuchende, sei er Verbraucher oder Unternehmer, vor den oft weitreichenden Folgen unqualifizierten Rechtsrats geschützt werden müsse. Vor allem die Belange des Verbraucherschutzes, aber auch der Schutz der Rechtspflege und der in ihr tätigen Personen sowie das Rechtsgut Recht als solches rechtfertigten es daher, die Berufs- und Dienstleistungsfreiheit in den Bereichen, in denen Rechtsdienstleistungen erbracht würden, einzuschränken. Aus diesem Grund hätten das BVerfG ebenso wie der EuGH die Vorschriften des (früheren) RBerG ausdrücklich für vereinbar mit dem GG und dem Europäischen Recht gehalten.

17 Eine völlige Deregulierung des Rechtsberatungsmarktes, die es nicht geben solle, könne – selbst bei gleichzeitiger Statuierung umfassender Informationspflichten der Anbieter juristischer Dienstleistungen – den Verbraucherschutz nicht hinreichend gewährleisten. Die strikte Einhaltung solcher Informationspflichten erscheine kaum praktikabel, geschweige denn überprüfbar; vertragliche Schadensersatzansprüche der Rechtsuchenden wären erheblich durchsetzungsgefährdet.

---

13 Vgl hierzu *Hamacher*, AnwBl 2006, 789, der ausführt, der Mechanismus des (damals noch im Entwurfsstadium befindlichen) Gesetzes repliziere auf die unveränderte Grundkonstellation, dass der ganze Rechtsberatungsmarkt nur dem Rechtsanwalt/der Rechtsanwältin zugänglich sei. § 3 Abs. 1 BRAO, den das RDG ebenso wie Befugnisse zur Erbringung jeweils eingeschränkter Rechtsdienstleistungen in anderen Gesetzen unberührt lasse, sei die materielle Quelle dieses uneingeschränkten Zutritts der Rechtsanwaltschaft zu dem Rechtsberatungsmarkt. Durch die uneingeschränkte Verknüpfung des ganzen Rechtsberatungsmarktes mit dem Beruf des Rechtsanwalts werde klargestellt, dass qualifizierte Rechtsberatung nur durch den Rechtsanwalt erbracht werde.
14 Diskussionsentwurf des Bundesministeriums der Justiz zur Neuregelung des Rechtsberatungsrechts, Beilage zu NJW Heft 38/2004, S. 2.
15 BT-Drucks. 16/3655, S. 51.
16 BT-Drucks. 16/3655, S. 30 f.

Denn im Rechtsdienstleistungsbereich bestehe in weiterem Umfang als in anderen Lebensbereichen eine Asymmetrie der Information zwischen Auftraggeber und Auftragnehmer. Der Verbraucher frage die Rechtsdienstleistung eher selten als „Gut des täglichen Bedarfs" nach und könne daher kaum Konsequenzen aus schlechten Erfahrungen ziehen und nach und nach den ihm zusagenden Anbieter herausfinden.[17] Außerdem wären der Rechtsverkehr und betroffene Dritte im Fall einer Freigabe des Rechtsberatungsmarktes überhaupt nicht mehr geschützt.[18]

Mit seiner Argumentation widerspricht der Gesetzgeber ausdrücklich dem „Informationsmodell" von *Grunewald* (siehe Rn 3).[19]

Der fortbestehende Verbotscharakter des RDG macht die Regelung erforderlich, dass Rechtsdienstleistungen nur aufgrund gesetzlicher Erlaubnis erbracht werden dürfen und im Übrigen verboten sind. § 3 bewirkt damit zugleich die Nichtigkeit von Verträgen, die auf eine Verletzung des RDG gerichtet sind, gemäß § 134 BGB.[20] Außerdem stellt ein Verstoß gegen das RDG nach § 20 eine Ordnungswidrigkeit dar, die mit einem Bußgeld geahndet werden kann (§ 20 Abs. 1).[21]

III. Regelungsgehalt

§ 3 korrespondiert mit § 1, in dem die Rechtsdienstleistungsbefugnis weder umfassend noch abschließend geregelt ist (siehe § 1 Rn 53).[22] § 1 Abs. 1 S. 1 beschränkt den Anwendungsbereich des RDG auf außergerichtliche Rechtsdienstleistungen.

1. Außergerichtliche Rechtsdienstleistungen. Konsequenterweise spricht auch § 3 nur von der Erbringung „außergerichtlicher Rechtsdienstleistungen". Aus der Beschränkung des RDG auf die Regelung außergerichtlicher Rechtsdienstleistungen folgt, dass die Frage, ob und in welchem Umfang Nicht-Anwälte auch Prozessvertretungen übernehmen dürfen, nunmehr ausschließlich in den Prozessordnungen (ZPO, FamFG, ArbGG, VwGO, SGG, FGO, StPO) geregelt wird.[23]

2. Selbständige Erbringung. Selbständige Erbringung von Rechtsdienstleistungen bedeutet Tätigwerden aufgrund eigener Initiative auf eigene Rechnung und Gefahr. Den Gegensatz stellt das Tätigwerden in abhängiger Beschäftigung, also in Arbeitnehmereigenschaft, dar.

Als Indiz für das Bestehen eines Abhängigkeitsverhältnisses galt (und gilt) der Umstand, dass der Arbeitgeber Lohnsteuer sowie die Sozialabgaben einbehält und mit seinem Arbeitgeberanteil abführt. Auch die Art der Vergütung kann Anhaltspunkte bieten.[24]

---

17 Begr. RegE, BT-Drucks. 16/3655, S. 31.
18 Begr. RegE, BT-Drucks. 16/3655, S. 31.
19 AnwBl 2004, 208.
20 Begr. RegE, BT-Drucks. 16/3655, S. 31 und 51; *Kleine-Cosack*, § 3 RDG Rn 1; *Unseld/ Degen*, § 3 RDG Rn 4.
21 *Unseld/Degen*, § 3 RDG Rn 3.
22 Begr. RegE, BT-Drucks. 16/3655, S. 44.
23 Vgl Kilian/Sabel/vom Stein/*vom Stein*, § 1 Rn 16. Die Tatsache, dass Taxifahrer nicht vor Landgerichten Prozesse für ihre Kunden führen dürfen, „entnehmen wir", so *Römermann*, NJW 2008, 1249, 1250, jetzt § 78 ZPO und nicht dem RDG.
24 Vgl *Chemnitz/Johnigk*, Art. 1 § 6 RBerG Rn 645.

24 Nach Art. 1 § 6 Abs. 1 RBerG waren Rechtsangelegenheiten des Dienstherrn, die Angestellte erledigten, oder Rechtsangelegenheiten, die Angestellte, die bei Personen oder Stellen der in den §§ 1, 3 und 5 RBerG bezeichneten Art beschäftigt waren, im Rahmen ihres Anstellungsverhältnisses erledigten, von der Erlaubnispflichtigkeit ausgenommen, sofern nicht lediglich die Rechtsform des Angestelltenverhältnisses zu einer Umgehung des Erlaubniszwangs missbraucht wurde (Abs. 2). Die Anwendbarkeit von Art. 1 § 6 RBerG hing davon ab, ob der Handelnde die Stellung eines selbständig im unabhängigen Beruf Stehenden oder die eines abhängigen Arbeitnehmers innehatte.[25]

25 Eine „Erlaubnisnorm zur Reichweite der Zulässigkeit der Erledigung von Rechtsangelegenheiten in abhängiger Beschäftigung", wie sie Art. 1 § 6 RBerG darstellte, hält der Gesetzgeber für entbehrlich. Eine solche Regelung hätte lediglich eine klarstellende Funktion. Denn auch ohne sie sei selbstverständlich, dass Angestellte für eine rechtsdienstleistungsbefugte Person nur in dem Umfang tätig werden dürften, in dem diese Person selbst berechtigt sei, Rechtsdienstleistungen zu erbringen.[26]

26 **3. Umfang der Zulässigkeit.** § 3 gestattet die selbständige Erbringung außergerichtlicher Rechtsdienstleistungen nur in dem Umfang, in dem sie durch „dieses Gesetz", also das RDG, oder durch oder aufgrund anderer Gesetze erlaubt wird.

27 Das RDG ist als allgemeines Gesetz zur Regelung der Erbringung von außergerichtlichen Rechtsdienstleistungen konzipiert. Besondere Regelungen über die Befugnis zur Erbringung von Rechtsdienstleistungen finden sich in vielen Spezialgesetzen (zB BRAO, BNotO, StBerG, WPO, GewO). Aus diesem Grund sieht schon § 1 Abs. 2 ausdrücklich vor, dass Regelungen über die Befugnis von Rechtsdienstleistungen in anderen Gesetzen unberührt bleiben und dem RDG jeweils als lex specialis vorgehen (siehe näher § 1 Rn 53 ff).[27]

28 Eine „gesonderte, redundante Regelung" der in besonderen Berufsgesetzen enthaltenen Rechtsberatungsbefugnisse erfolgt nach dem Willen des Gesetzgebers im RDG jetzt nicht mehr.[28] Künftig neu hinzutretende Rechtsdienstleistungsbefugnisse in anderen Berufen sollten sachnah in dem jeweiligen Berufsgesetz – etwa für Versicherungsvermittler aufgrund der Umsetzung der Richtlinie 2002/92/EG des Europäischen Parlaments und des Rates vom 9.12.2002 über Versicherungsvermittlung[29] in der Gewerbeordnung – geregelt werden. Dies gelte nicht nur für die rechtlichen Befugnisse der Versicherungsmakler, sondern auch für den Berufsstand des Versicherungsberaters, dessen Rechtsdienstleistungsbefugnisse künftig ebenfalls in dem Spezialgesetz geregelt werden sollten.[30]

---

25 OLG Celle 9.12.1965 – 1 Ss 344/65, AnwBl 1966, 169; vgl hierzu *Chemnitz/Johnigk*, Art. 1 § 6 RBerG Rn 644.
26 Begr. RegE, BT-Drucks. 16/3655, S. 51.
27 Kilian/Sabel/vom Stein/*vom Stein*, § 2 Rn 21.
28 *Römermann*, NJW 2008, 1249, 1250, qualifiziert das RDG deshalb als systematisch überzeugender als das frühere RBerG, „in dem eine eigentümliche Mixtur aus Rechtsbesorgungen aller Art durch verschiedene, zT in ganz anderen Gesetzen speziell geregelte Berufsangehörige" zu finden gewesen sei. Den Umstand, dass Rechtsanwälte Rechtsdienstleistungen erbringen dürfen, lernten wir zukünftig nicht mehr aus dem RDG, sondern aus dem dafür bestimmten Gesetz, der Bundesrechtsanwaltsordnung.
29 ABl. EG Nr. L 9 vom 15.1.2003, S. 3.
30 Begr. RegE, BT-Drucks. 16/3655, S. 32.

Darüber hinaus solle dem Problem begegnet werden, dass sich in einer Vielzahl von anderen, nicht speziell rechtsdienstleistende Tätigkeiten regelnden Gesetzen Vorschriften fänden, die Rechtsberatungsbefugnisse enthielten. Obwohl schon früher spezielle und ausdrücklich geregelte Rechtsberatungsbefugnisse – etwa die erst jüngst in § 1908 f Abs. 4 BGB verankerte Befugnis anerkannter Betreuungsvereine zur Beratung bei der Errichtung einer Vorsorgevollmacht – Vorrang gegenüber den Regelungen im RBerG gehabt hätten, sei es hinsichtlich der Reichweite anderer Vorschriften in der Vergangenheit mehrfach zu Anwendungsfragen bezüglich des Verhältnisses zum RBerG gekommen. Aus jüngster Vergangenheit sei hier etwa die Praxisgebühr in der gesetzlichen Krankenversicherung zu nennen, deren Einziehung durch die Kassenärzte sich als an sich erlaubnispflichtiger Forderungseinzug darstellen könne. Einen weiteren Anwendungsfall für eine spezialgesetzlich geregelte Rechtsdienstleistungsbefugnis enthalte § 23 Abs. 3 des Allgemeinen Gleichbehandlungsgesetzes (AGG). Auch die Befugnis der privaten Krankenversicherer, bestimmte Rechtsdienstleistungen für ihre Versicherungsnehmer zu erbringen (§ 192 VVG), falle hierunter. Um für die Zukunft Probleme zu verhindern, solle ein genereller Vorrang der in anderen Gesetzen geregelten Rechtsberatungsbefugnisse gegenüber den Regelungen im RDG eingeführt werden. Durch diese Klarstellung des Rangverhältnisses würden künftig Änderungen des RDG aufgrund von Widersprüchen zu anderen gesetzlichen Regelungen vermieden.[31]

Zu unterscheiden ist also zwischen Befugnisnormen im RDG und außerhalb des RDG und bei den Befugnisnormen außerhalb des RDG noch einmal zwischen Berufsgesetzen und Befugnisnormen in sonstigen Gesetzen (vgl näher § 1 Rn 6 ff).[32]

Der Umfang, in dem die selbständige Erbringung außergerichtlicher Rechtsdienstleistungen nach Befugnisnormen des RDG und sonstiger Gesetze zulässig ist, kann sehr unterschiedlich sein.

a) Erlaubnisse nach dem RDG. Die Befugnisnormen des RDG lassen sich in solche unterteilen, die objektiv auf die besonderen Umstände der Rechtsdienstleistung abstellen (wie die sog. Annexleistungen und die unentgeltlichen Rechtsdienstleistungen, die *Kilian*[33] als „Jedermann-Rechtsdienstleistungen" bezeichnet), und in solche, die eine subjektive, auf den Rechtsdienstleister bezogene Anknüpfung wählen. An dieser Stelle kann nur ein allgemeiner Überblick (der sich der Übersichtlichkeit wegen an der Reihenfolge der Vorschriften im RDG orientiert) gegeben und ansonsten auf die entsprechenden Kommentierungen verwiesen werden.

aa) Rechtsdienstleistungen in Zusammenhang mit einer anderen Tätigkeit. Sog. Annexleistungen, dh Rechtsdienstleistungen im Zusammenhang mit einer anderen Tätigkeit, sind gemäß § 5 Abs. 1 S. 1 nur erlaubt, wenn (und soweit) sie als Nebenleistung zum Berufs- oder Tätigkeitsbild gehören. Wann dies der Fall ist, regelt § 5 Abs. 1 S. 2.

bb) Unentgeltliche Rechtsdienstleistungen. § 6 stellt die unentgeltliche Rechtsdienstleistung weitgehend erlaubnisfrei.

---

31 Begr. RegE, BT-Drucks. 16/3655, S. 32.
32 Vgl hierzu den Überblick bei Kilian/Sabel/vom Stein/*Kilian*, § 5 Rn 98 ff.
33 Kilian/Sabel/vom Stein/*Kilian*, § 5 Rn 115.

35 Sofern unentgeltliche Rechtsdienstleistungen allerdings außerhalb familiärer, nachbarschaftlicher oder ähnlich enger persönlicher Beziehungen erbracht werden, darf dies gemäß § 6 Abs. 2 nur durch eine Person geschehen,

- der nach Maßgabe des RDG die entgeltliche Erbringung der (im konkreten Fall unentgeltlich erbrachten) Rechtsdienstleistung gestattet ist (§ 10) **oder**
- die Volljurist ist **oder**
- die zwar selbst keine der beiden vorhergehenden Voraussetzungen erfüllt, aber die unentgeltliche Rechtsdienstleistung unter Anleitung eines Volljuristen (oder einer anderen zur Erbringung der fraglichen Rechtsdienstleistung befugten Person) erbringt.[34]

36 **cc) Rechtsdienstleistungen von Berufs- und Interessenvereinigungen sowie Genossenschaften.** § 7 gestattet Berufs- und Interessenvereinigungen sowie Genossenschaften die Erbringung von Rechtsdienstleistungen, dies allerdings nur

- im Rahmen des satzungsmäßigen Aufgabenbereichs der Vereinigung,
- ausschließlich für deren Mitglieder (bzw. soweit es sich um eine Dachorganisation handelt, für Mitglieder der ihr angehörenden Vereinigungen oder Einrichtungen) **und**
- wenn ein die Qualität der Rechtsdienstleistung sicherstellender, gesetzlich definierter infrastruktureller Rahmen vorhanden ist.[35]

37 **dd) Rechtsdienstleistungen von öffentlichen und öffentlich anerkannten Stellen.** § 8 erlaubt in der Norm enumerativ aufgezählten „öffentlichen und öffentlich anerkannten Stellen" die Erbringung von Rechtsdienstleistungen, dies aber jeweils nur bei Wahrnehmung der Aufgaben, die ihnen gesetzlich zugewiesen sind oder wegen derer sie staatlich gefördert werden.

38 Eine Verbraucherschutzeinrichtung ist deshalb darauf beschränkt, Rechtsdienstleistungen im Zusammenhang mit Verbraucherschutzaufgaben zu erbringen, der Insolvenzberater darf nur im Zusammenhang mit insolvenzrechtlichen Fragen rechtlich beraten etc.[36]

39 **ee) Rechtsdienstleistungen aufgrund besonderer Sachkunde.** Nach § 10 sind natürliche oder juristische Personen sowie Gesellschaften ohne Rechtspersönlichkeit, die über besondere Sachkunde in einem der in § 10 Abs. 1 enumerativ aufgeführten Bereiche (Inkasso, Rentenberatung, ausländisches Recht) verfügen, zur Erbringung von Rechtsdienstleistungen befugt.

40 Sachkunde allein reicht allerdings noch nicht aus. Notwendig ist zusätzlich die Eintragung in ein durch das RDG neu geschaffenes Rechtsdienstleistungsregister als „registrierte Person". Die für die Befugnis konstitutive und als Verwaltungsakt iSv § 35 VwVfG zu qualifizierende Registrierung setzt neben dem Nachweis besonderer Sachkunde (§ 11) die persönliche Eignung und Zuverlässigkeit des Rechtsdienstleisters (§ 12) voraus. Registrierte Personen sind aufgrund ihrer Registrierung befugt, Rechtsdienstleistungen auf dem Gebiet, für das sie ihre Sachkunde nachgewiesen haben, zu erbringen. Die Befugnis ist also entsprechend der subjektiven Befähigung des Rechtsdienstleisters sachlich beschränkt.[37]

---

34 Kilian/Sabel/vom Stein/*Kilian*, § 5 Rn 117.
35 Kilian/Sabel/vom Stein/*Kilian*, § 5 Rn 103.
36 Kilian/Sabel/vom Stein/*Kilian*, § 5 Rn 105.
37 Kilian/Sabel/vom Stein/*Kilian*, § 5 Rn 108.

Gemäß § 1 Abs. 3 RDGEG hatten Frachtprüfer und vereidigte Versteigerer sowie (Voll-)Rechtsbeistände, die nicht Mitglied einer Rechtsanwaltskammer sind, und sonstige Inhaber einer Teilerlaubnis nach dem RBerG die Möglichkeit, bis zum 31.12.2008 ihre Eintragung in das Rechtsdienstleistungsregister zu beantragen und in der Folge Rechtsdienstleistungen auf dem Gebiet ihrer bisherigen Erlaubnis dauerhaft zu erbringen. Diese Alt-Erlaubnisinhaber, die andere und/oder weitergehende Befugnisse als die „registrierten Personen" haben, werden als „registrierte Erlaubnisinhaber" (§ 1 Abs. 3 S. 1 RDGEG) bezeichnet. **41**

ff) Vorübergehende Rechtsdienstleistungen von ausländischen Dienstleistern. Nach § 15 ist die Erbringung vorübergehender Rechtsdienstleistungen durch natürliche und juristische Personen sowie Gesellschaften ohne Rechtspersönlichkeit, die in einem anderen EU-Mitgliedstaat oder in einem anderen Vertragsstaat des Abkommens über den Europäischen Wirtschaftsraum zur Ausübung eines in § 10 Abs. 1 genannten oder eines vergleichbaren Berufs rechtmäßig niedergelassen sind, ebenfalls nur unter bestimmten Voraussetzungen und in bestimmtem Umfang zulässig. **42**

Erforderlich ist gemäß § 13 Abs. 1 S. 2 eine Meldung in Textform bei der zuständigen Behörde, der u.a. eine Bescheinigung darüber beigefügt sein muss, dass die Ausübung der Berufstätigkeit im europäischen Ausland nicht, und sei es auch nur vorübergehend, untersagt ist (§ 15 Abs. 2 Nr. 1). Ferner muss die Meldung eine Information über das Bestehen oder Nichtbestehen und den Umfang einer Berufshaftpflichtversicherung oder eines anderen individuellen oder kollektiven Schutzes in Bezug auf die Berufshaftpflicht enthalten (§ 15 Abs. 2 Nr. 3). **43**

b) Erlaubnisse aufgrund anderer Gesetze. Befugnisnormen außerhalb des RDG sind insbesondere die Berufsgesetze jener Berufe, deren Angehörige traditionell rechtsdienstleistend tätig sind, allen voran die BRAO, die das Tätigkeitsfeld der Rechtsanwälte regelt. Rechtsdienstleistungsbefugnisse können sich daneben aus zahlreichen anderen Normen ergeben, die rechtsdienstleistende Tätigkeiten in einem weiteren Sachzusammenhang und damit „eher beiläufig"[38] ansprechen. Im Folgenden findet sich – ohne Anspruch auf Vollständigkeit – eine Reihe von Beispielen. **44**

aa) Rechtsanwälte. Die Befugnis des Rechtsanwalts zur Erbringung von Rechtsdienstleistungen ist unbegrenzt. Er ist gemäß § 3 Abs. 1 BRAO „der berufene unabhängige Berater und Vertreter in allen Rechtsangelegenheiten". **45**

bb) Patentanwälte. Dagegen hat der Patentanwalt nur bestimmte in § 3 PatAnwO enumerativ aufgeführte „berufliche Aufgaben" und Befugnisse. Zu den beruflichen Aufgaben gehören insbesondere die Beratung und Vertretung „in Angelegenheiten der Erlangung, Aufrechterhaltung, Verteidigung und Anfechtung eines Patents, eines ergänzenden Schutzzertifikats, eines Gebrauchsmusters, eines Geschmacksmusters, des Schutzes einer Topographie, einer Marke oder eines anderen nach dem Markengesetz geschützten Kennzeichens (gewerbliche Schutzrechte) oder eines Sortenschutzrechts" (§ 3 Abs. 2 Nr. 1 PatAnwO). **46**

cc) Steuerberater. Steuerberater und Steuerbevollmächtigte sind gemäß § 3 Nr. 1 StBerG nur zur geschäftsmäßigen Hilfeleistung in Steuersachen befugt. **47**

---

38 So Kilian/Sabel/vom Stein/*Kilian*, § 5 Rn 100.

48 **dd) Wirtschaftsprüfer.** Wirtschaftsprüfer sind gemäß § 2 Abs. 2 WPO befugt, „ihre Auftraggeber in steuerlichen Angelegenheiten nach Maßgabe der bestehenden Vorschriften zu beraten und zu vertreten".

49 **ee) Notare.** Nach § 1 BNotO werden Notare als unabhängige Träger eines öffentlichen Amtes „für die Beurkundung von Rechtsvorgängen und andere Aufgaben auf dem Gebiet der vorsorgenden Rechtspflege in den Ländern" bestellt.

50 **ff) In Deutschland niedergelassene Rechtsanwälte aus dem europäischen Ausland.** § 2 Abs. 1 EuRAG gestattet dem europäischen Rechtsanwalt, der Aufnahme in eine deutsche Rechtsanwaltskammer gefunden hat, die Tätigkeit eines (deutschen) Anwalts, dies allerdings mit der Maßgabe, dass in Deutschland die Berufsbezeichnung des Herkunftsstaates zu führen ist.

51 **gg) In Deutschland dienstleistende Rechtsanwälte aus dem europäischen Ausland.** § 25 Abs. 1 EuRAG bestimmt, dass ein europäischer Rechtsanwalt, sofern er Dienstleistungen iSd Art. 50 EG erbringt, vorübergehend in Deutschland die Tätigkeiten eines Anwalts „nach den folgenden Vorschriften", also den §§ 26 ff EuRAG, ausüben darf.

52 Er unterliegt dabei gewissen Restriktionen. So darf der dienstleistende („im Umherziehen" tätige) europäische Rechtsanwalt in gerichtlichen Verfahren sowie in behördlichen Verfahren wegen Straftaten, Ordnungswidrigkeiten, Dienstvergehen oder Berufspflichtverletzungen, in denen der Mandant nicht selbst den Rechtsstreit führen oder sich verteidigen kann, als Vertreter oder Verteidiger eines Mandanten nur im Einvernehmen mit einem deutschen Rechtsanwalt, dem Einvernehmensanwalt, handeln (§ 28 Abs. 1 EuRAG).

53 **hh) Verkammerte Rechtsbeistände.** § 209 BRAO regelt den Status der sog. Kammerrechtsbeistände. Natürliche Personen, die nach Maßgabe des RBerG im Besitz einer uneingeschränkt oder unter Ausnahme lediglich des Sozial- oder Sozialversicherungsrechts erteilten Erlaubnis zur geschäftsmäßigen Rechtsbesorgung waren, konnten seit 1980 auf Antrag in die für den Ort ihrer Niederlassung zuständige Rechtsanwaltskammer aufgenommen werden. Durch das Fünfte Gesetz zur Änderung der Bundesgebührenordnung für Rechtsanwälte vom 18.8.1980[39] ist der Beruf des Rechtsbeistands neu geregelt worden. Seitdem konnten die frühere Vollerlaubnis zur Rechtsberatung und die Teilerlaubnisse für Bürgerliches Recht, für Handels- und Gesellschaftsrecht und für Wirtschaftsrecht nicht mehr erteilt werden. Damit war der Beruf des (Voll-)Rechtsbeistands faktisch „geschlossen", was dazu führt, dass die Zahl der Vollrechtsinhaber beständig abnimmt.

54 Mit Aufnahme in die Rechtsanwaltskammer erlangte der Rechtsbeistand die vollen Mitgliedschaftsrechte und -pflichten.[40] Er kann gemäß § 209 Abs. 1 S. 4 BRAO sogar einen (dem Fachanwaltstitel vergleichbaren) „Fachgebiets-Zusatz" erwerben und führen.

55 Die Kammermitgliedschaft verhilft dem Rechtsbeistand allerdings nicht zum Status eines Rechtsanwalts. Die Aufnahme in die Kammer stattet ihn insbesondere nicht mit den umfassenden Befugnissen des § 3 Abs. 1 BRAO aus.[41] Der

---

39 BGBl. I S. 1503.
40 Vgl hierzu nur Henssler/Prütting/*Henssler*, § 209 BRAO Rn 11.
41 Zu den prozessualen Beschränkungen des Kammerrechtsbeistands vgl Henssler/Prütting/*Henssler*, § 209 BRAO Rn 18 ff.

verkammerte Rechtsbeistand darf auch nicht zum Vertreter oder Abwickler eines Anwalts bestellt werden.[42]

Der Begriff des Kammerrechtsbeistands findet jetzt in § 1 Abs. 2 RDGEG eine Legaldefinition.[43] Am Berufsbild des Kammerrechtsbeistands ändert das RDG grundsätzlich nichts. Insofern gilt Bestandsschutz. Verkammerte Rechtsbeistände werden, anders als die früheren Inhaber einer Teilerlaubnis, nicht in das neue System des RDG überführt (vgl auch § 1 RDGEG Rn 40 ff).[44] **56**

ii) Betreuungsvereine. Gemäß § 1908 f Abs. 4 BGB sind anerkannte Betreuungsvereine zur Beratung bei der Errichtung einer Vorsorgevollmacht befugt. **57**

jj) Versicherungsmakler. Nach § 34 d Abs. 1 S. 4 GewO sind Versicherungsmakler befugt, Unternehmen bei der Vereinbarung, Änderung oder Prüfung von Versicherungsverträgen zu beraten. **58**

kk) Versicherungsberater. § 34 e Abs. 1 S. 3 GewO regelt die Befugnis von Versicherungsberatern, Dritte bei der Vereinbarung, Änderung oder Prüfung von Versicherungsverträgen oder bei der Wahrnehmung von Ansprüchen aus dem Versicherungsvertrag im Versicherungsfall rechtlich zu beraten und gegenüber dem Versicherungsunternehmen außergerichtlich zu vertreten (vgl auch § 2 RDGEG Rn 10 ff). **59**

ll) Kassenärzte. § 43 b Abs. 1 SGB V gestattet die Einziehung der Praxisgebühr der gesetzlichen Krankenversicherung durch Kassenärzte. **60**

mm) Antidiskriminierungsverbände. Nach § 23 Abs. 3 AGG dürfen „Antidiskriminierungsverbände" Benachteiligte unterstützen. Antidiskriminierungsverbände sind Personenzusammenschlüsse, die nicht gewerbsmäßig oder nicht nur vorübergehend entsprechend ihrer Satzung die besonderen Interessen von benachteiligten Personen oder Personengruppen wahrnehmen (§ 23 Abs. 1 S. 1 AGG). **61**

§ 4 Unvereinbarkeit mit einer anderen Leistungspflicht

Rechtsdienstleistungen, die unmittelbaren Einfluss auf die Erfüllung einer anderen Leistungspflicht haben können, dürfen nicht erbracht werden, wenn hierdurch die ordnungsgemäße Erbringung der Rechtsdienstleistung gefährdet wird.

I. Unvereinbare Tätigkeiten 1	5. Erfüllung „einer anderen" Leistungspflicht 13
II. Hauptanwendungsfall: Rechtsschutzversicherung 2	a) Verbot der Vertretung widerstreitender Interessen 13
III. Weitere denkbare Fälle der Unvereinbarkeit 6	b) Tätigkeit im Anschluss an Verkehrsunfälle 19
1. Haftpflichtversicherung 6	c) Anlage- und Versicherungsvertrieb 22
2. Haus- und Wohnungsverwalter 8	d) Konkrete Gefährdung 24
3. Architekt 9	
4. Tätigkeiten der Banken 10	

---

42 Henssler/Prütting/*Henssler*, § 209 BRAO Rn 17.
43 Vgl näher Henssler/Prütting/*Henssler*, § 209 BRAO Rn 17.
44 Vgl hierzu näher Kilian/Sabel/vom Stein/*Kilian*, § 5 Rn 113 f.

I. Unvereinbare Tätigkeiten

1 Die Vorschrift regelt den wichtigsten Fall der Kollision zwischen der Erfüllung der nicht in der Rechtsdienstleistung liegenden Leistungspflicht des Rechtsdienstleistenden einerseits und seiner Rechtsdienstnebenleistung andererseits. Das setzt voraus, dass es neben der Rechtsdienstleistungspflicht andere Leistungspflichten gibt. Die Vorschrift greift also regelmäßig nicht bei Anwälten, Patentanwälten, Notaren, Steuerberatern und Wirtschaftsprüfern ein, da bei diesen Berufen die Rechtsdienstleistungspflicht entweder einziger Vertragsgegenstand ist oder jedenfalls weitere Leistungspflichten allenfalls als Nebenpflichten bestehen.

II. Hauptanwendungsfall: Rechtsschutzversicherung

2 Gedacht hat der Gesetzgeber bei der Regelung des § 4 vor allem an die **Rechtsschutzversicherer**, die in einem Rechtsschutzfall selbst tätig werden wollen. Versucht ein dem Grunde nach eintrittspflichtiger Rechtsschutzversicherer durch eigene oder von ihm in Auftrag gegebene Verhandlungen mit dem Gegner, die Angelegenheit zu erledigen, greift § 4 ein: Die Verhandlung mit dem Gegner ist Rechtsdienstleistung, diese Verhandlung hat unmittelbaren Einfluss auf die eigentliche Leistungspflicht des Versicherers, nämlich die Kostendeckung für die streitige Auseinandersetzung mit dem Gegner. Die Kosten werden vermieden oder geringer gehalten, wenn dem Rechtsschutzversicherer eine Einigung mit dem Gegner gelingt. Gleichzeitig hat eine solche Einigung aber unmittelbaren Einfluss auf die Pflicht zur Erbringung seiner Versicherungsleistung; denn nach den Versicherungsbedingungen muss der Rechtsschutzversicherer die Kosten übernehmen, die durch die beabsichtigte, hinreichend aussichtsvolle Rechtsverfolgung entstehen. Sein Vorgehen kann auf diese Weise die vollständige Rechtsverfolgung durch den Versicherungsnehmer[1] gefährden.

3 Durch § 4 wird auch ausgeschlossen, dass Rechtsschutzversicherer sich in ihren Bedingungen vorbehalten, im Rechtsschutzfall die Rechtsverfolgung oder Rechtsverteidigung selbst zu übernehmen, um auf diese Weise Kosten zu sparen.

4 Davon zu unterscheiden ist die Aufklärung, ob ein Rechtsschutzfall vorliegt. Da die Rechtsverfolgung hinreichend aussichtsvoll sein muss, damit Rechtsschutz gewährt werden kann, darf der Versicherer den Versicherungsfall rechtlich bewerten und dem Versicherungsnehmer Auskunft darüber erteilen, ob nach Auffassung des Versicherers hinreichende Erfolgsaussichten bestehen.

5 Die Grenze zur nicht erlaubten Rechtsdienstleistung wird dagegen überschritten, wenn der Versicherer den Versicherungsnehmer über das nach Auffassung des Versicherers gebotene rechtliche Vorgehen berät. In diesem Falle ist wiederum nicht auszuschließen, dass die Beratung mit der Verpflichtung aus dem Versicherungsvertrag, die Kosten für jedes aussichtsreiche Vorgehen bereitzustellen, kollidiert.

III. Weitere denkbare Fälle der Unvereinbarkeit

6 **1. Haftpflichtversicherung.** In der Haftpflichtversicherung gehört gemäß § 100 VVG die Abwehr unbegründeter Ansprüche zu den Leistungspflichten des Haftpflichtversicherers. Die in diesem Zusammenhang dem Haftpflichtversicherer

---

[1] BGH 20.2.1961 – II ZR 139/59, NJW 1961, 1113, 1115.

zustehende Rechtsdienstleistungsbefugnis wird regelmäßig nicht mit der weiteren sich aus § 100 VVG ergebenden Verpflichtung kollidieren, den Versicherungsnehmer von Ansprüchen Dritter freizustellen. Es gibt regelmäßig eine Stufenfolge, wonach zunächst unbegründete Ansprüche abzuwehren und danach verbleibende Ansprüche zu regulieren sind.

Es ist allerdings nicht ganz auszuschließen, dass im Rahmen der Abwehr unbegründeter Ansprüche der Versicherer sich von eigenen Interessen leiten lässt. Bestimmte Ansprüche sind nicht versichert, etwa Ansprüche aus vorsätzlich herbeigeführten Schäden (§ 103 VVG), außerdem kann derselbe Schaden entweder auf einem versicherten Verhalten des Versicherten beruhen oder einem nicht versicherten Verhalten, etwa bei der Architektenhaftpflichtversicherung auf einem versicherten Planungsfehler oder auf einem nicht versicherten Bauaufsichtsfehler. Der Versicherer könnte sich bei der Abwehr der Ansprüche veranlasst sehen, nur die Ansprüche wegen Planungsfehler abzuwenden, während eine ordnungsgemäße Verteidigung gegenüber Ansprüchen aus Bauaufsicht unterbleibt, weil diese nicht versichert sind. In einem solchen Fall wird der Versicherer sich nach § 4 der Rechtsdienstleistung bei der Abwehr der Ansprüche enthalten müssen, es bleibt bei seiner Verpflichtung gemäß § 101 VVG, die Kosten, die durch die Abwehr der von einem Dritten geltend gemachten Ansprüche entstehen, zu übernehmen. 7

2. Haus- und Wohnungsverwalter. Außerhalb des Versicherungsrechts ist daran zu denken, dass ein Haus- und Wohnungsverwalter – erlaubte Nebenleistung nach § 5 Abs. 2 Nr. 2 – Mietverträge so gestaltet, dass die von ihm im Verwaltervertrag übernommenen Leistungen entfallen oder reduziert werden. Hat sich etwa der Verwalter gegenüber dem Eigentümer verpflichtet, bestimmte Reparaturen zu übernehmen, hat ein Mietvertrag, in dem sich der Mieter gegenüber dem Eigentümer verpflichtet, bestimmte Reparaturen zu übernehmen, unmittelbaren Einfluss auf die Erfüllung der Reparaturpflicht aus dem Verwaltervertrag. Die ordnungsgemäße Erbringung der Rechtsdienstleistung „Abschluss von Mietverträgen" wird durch das eigene Interesse des Verwalters, von seinen Reparaturverpflichtungen freigestellt zu werden, gefährdet, denn die schrankenlose Übernahme von Reparaturverpflichtungen wird in einem Mietvertrag nicht uneingeschränkt vereinbart werden können. Jedenfalls hat wirtschaftlich eine solche Reparaturverpflichtung Einfluss auf die Höhe des Mietpreises, während der Verwalter verpflichtet ist, einen möglichst günstigen Mietvertrag zugunsten des Eigentümers abzuschließen. 8

3. Architekt. Ein mit der Durchführung des Bauvorhabens beauftragter Architekt wird im Rahmen der erlaubten Nebenleistung gemäß § 5 berechtigt sein, für den Bauherrn Bauverträge abzuschließen, jedenfalls die Bedingungen der Bauverträge auszuhandeln. Vereinbart der Architekt dann mit einem Bauhandwerker, dass dieser die Bauaufsicht führt, obwohl nach dem Architektenvertrag die Bauaufsicht von dem Architekten geführt werden muss, versucht der Architekt sich von seiner eigenen Verpflichtung zur Führung der Bauaufsicht durch den Abschluss des Vertrages mit dem Bauhandwerker freizustellen. Der Bauherr hat ein Interesse daran, dass der Architekt persönlich die Bauaufsicht führt, so dass der Abschluss des Bauvertrages mit Bauaufsicht nicht ordnungsgemäß ist; auch in einem solchen Fall ist dem Architekten eine diesbezügliche Tätigkeit nach § 4 verboten. 9

10 **4. Tätigkeiten der Banken.** Hier ist vor allem an die Interessenkollision bei Testamentsvollstreckung zu denken. Wegen der bei dieser Tätigkeit entstehenden Interessenkollision siehe § 5 Rn 110 ff.

11 Hier kollidiert vor allem das Interesse des Testamentsvollstreckers an der schnellen und vollständigen Auseinandersetzung der Miterbengemeinschaft mit dem Interesse der Banken und Sparkassen an der Weiterführung von Krediten.

12 Auch umgekehrt kann – etwa bei geringerer Kreditfähigkeit der Erben – die Bank als Testamentsvollstrecker die Erben darin beraten, zum Zwecke der Auseinandersetzung den Kredit vorzeitig zurückzuführen, wozu die Bank als Kreditgeber nicht in der Lage wäre.

13 **5. Erfüllung „einer anderen" Leistungspflicht. a) Verbot der Vertretung widerstreitender Interessen.** Über die Fälle hinaus, in denen die „andere" Leistungspflicht (häufig Hauptleistungspflicht) mit der Erbringung der Rechtsdienstleistungspflicht gegenüber demselben Auftraggeber kollidiert, ist die Vorschrift auch anwendbar in den Fällen, in denen die allgemeine Leistungspflicht gegenüber Dritten und die Verpflichtung zur Erbringung der Rechtsdienstleistung gegenüber dem Auftraggeber in einen Widerstreit treten können. Denn in § 4 ist ausschließlich von der Erfüllung „einer anderen" Leistungspflicht die Rede, es muss sich also nicht um eine Leistungspflicht gegenüber dem Auftraggeber handeln. Auf diese Weise wird das für die Beratungsberufe geltende Verbot der Vertretung widerstreitender Interessen (§ 43 a Abs. 4 BRAO für den Rechtsanwalt) sinngemäß auf den Rechtsdienstleistenden erstreckt.

14 Der Gesetzgeber konnte hier nicht an Berufspflichten anknüpfen, da diese außerhalb der eigentlichen Beratungsberufe weitgehend nicht existieren oder nicht eingreifen. Um gleichwohl – jedenfalls für den Fall der Rechtsdienstleistung – Interessenkollisionen, die für den Anwalt und den Rechtsbeistand als strafwürdiges Unrecht angesehen werden (Parteiverrat gemäß § 356 StGB) auszuschließen, musste der Gesetzgeber auf die konkrete Gefährdung der ordnungsgemäßen Erbringung der Rechtsdienstleistung durch die Erfüllung einer anderen Leistungspflicht abstellen.

15 Geschützt werden wiederum das Vertrauensverhältnis zum Auftraggeber und die im Interesse des Gemeinwohls zu schützende Rechtspflege. Für den Bereich der Rechtsdienstleistung soll die Interessenkollision ausgeschlossen werden.

16 Sieht man darin den eigentlichen Sinn von § 4, dann ist die Rechtsdienstleistung nicht nur dann unzulässig, wenn sie von Leistungspflichten des Rechtsdienstleistenden gegenüber Dritten beeinträchtigt werden kann, sondern auch dann, wenn das eigene berufliche Interesse des Rechtsdienstleistenden die ordnungsgemäße Erbringung der Rechtsdienstleistung gefährdet. Auch dann, wenn es um kollidierende Interessen des Rechtsdienstleistenden selbst geht – vorausgesetzt, der berufliche Bereich ist betroffen –, wird die ordnungsgemäße Erbringung der Rechtsdienstleistung wegen des Interessenkonflikts gefährdet.

17 Dabei kann es keine Rolle spielen, ob die anderen Leistungspflichten unmittelbaren Einfluss auf die Erfüllung der Rechtsdienstleistung haben oder, was der Wortlaut nahelegen könnte, es nur darum geht, dass die Rechtsdienstleistungen unmittelbaren Einfluss auf die Erfüllung einer anderen Leistungspflicht haben. In Kollisionsfällen treffen beide Leistungspflichten aufeinander; es ist reiner Zufall, ob die Erfüllung der Rechtsdienstleistungspflicht die Erfüllung der anderen Leistungspflicht beeinflusst oder umgekehrt die andere Leistungspflicht die ordnungsgemäße Erbringung der Rechtsdienstleistung. Beide Fälle sind letztlich auch im Wortlaut des § 4 angesprochen.

Konkret ist an folgende Fälle zu denken, wobei zu beachten ist, dass hier häufig sowohl die ordnungsgemäße Erfüllung der Verpflichtungen gegenüber dem Auftraggeber als auch die ordnungsgemäße Erfüllung der Verpflichtungen gegenüber dem Dritten gefährdet sein können.

b) Tätigkeit im Anschluss an Verkehrsunfälle. Nach § 5 können Werkstattunternehmer, Kfz-Sachverständige und Mietwagenunternehmer Rechtsdienstleistungen erbringen, soweit sie als Nebenleistung zum Berufs- oder Tätigkeitsbild der Haupttätigkeit gehören. Hier kann es – schon bei der Beratung des Geschädigten – zu Interessenkollisionen zwischen dem Unternehmer und dem Geschädigten kommen.

So wird ein Werkstattunternehmer regelmäßig daran interessiert sein, ein Fahrzeug zu reparieren,[2] während das Interesse des zu beratenden Geschädigten darauf hinauslaufen kann, dass auf fiktiver Basis abgerechnet wird. Andererseits kann auch ein Werkstattunternehmer daran interessiert sein, die bei ihm zum Verkauf stehenden Gebrauchtwagen zu verkaufen; auch das kann Einfluss auf die Beratung über die Regulierung haben. Ein Mietwagenunternehmer wird regelmäßig ein Interesse daran haben, dem Unfallgeschädigten sein Fahrzeug zu vermieten; das kollidiert mit einer Beratung des Geschädigten darüber, dass er auch anstelle des Mietfahrzeugs eine Nutzungsentschädigung in Anspruch nehmen kann. Soweit es um die Tätigkeit des Werkstatt- und Mietwagenunternehmers geht, ist – mit Rücksicht auf das eigene Interesse des Unternehmers – die ordnungsgemäße Erfüllung der Rechtsdienstleistungspflicht gegenüber dem Geschädigten unmittelbar gefährdet.

Wenn dagegen ein Kfz-Sachverständiger – möglicherweise in rechtlich verfestigter Form mit entsprechenden Leistungsverpflichtungen – mit Werkstattunternehmern und/oder Mietwagenunternehmern zusammenarbeitet, kann je nach Inhalt der Beratung durch den Kfz-Sachverständigen entweder die ordnungsgemäße Erfüllung der Leistungspflicht gegenüber dem Geschädigten oder die Erfüllung der Leistungspflichten gegenüber dem Werkstattunternehmer und/oder Mietwagenunternehmer gefährdet sein. Diese Kollisionen sollen durch § 4 verhindert werden.

c) Anlage- und Versicherungsvertrieb. Hier bestehen idR Leistungspflichten der Berater oder Vertreter gegenüber den die Anlagen auflegenden Instituten bzw. den Versicherungen. Wenn derartige Berater oder Vertreter gegenüber ihren Kunden nunmehr Rechtsdienstleistungen gemäß § 5 erbringen, wird es nicht selten zu Interessenkollisionen zwischen den Interessen der Kunden und den Interessen der Versicherungen, Banken und sonstigen Finanzinstituten kommen.

Zwar gibt es diese Interessenkollisionen bereits heute beim Vertrieb derartiger Finanz- und Versicherungsprodukte. Abgesehen davon, dass jedenfalls in den Fällen, in denen sich die Vertriebskaufleute als neutrale Berater ausgeben, solche Konstellationen höchst problematisch und unerwünscht sind, ist jedenfalls über § 4 in solchen Fällen die Erbringung von Rechtsdienstleistungen nicht mehr zulässig.

---

2 *Burmann*, DAR 2008, 375.

24 d) Konkrete Gefährdung. Angesichts der naheliegenden Kollision des eigenen Interesses des Rechtsdienstleistenden mit dem Interesse des Auftraggebers wird § 4 in derartigen Fällen allerdings nur dann eingreifen, wenn konkret durch die Kollision von Eigeninteresse und Interesse des Auftraggebers die ordnungsgemäße Erbringung der Rechtsdienstleistung **gefährdet** wird.

25 Für den Anwalt ist anerkannt, dass das Verfolgen eigenen Interesses gegen den eigenen Auftraggeber nicht unter das Verbot des Vertretens widerstreitender Interessen fällt.[3] Ob tatsächlich widerstreitende Interessen vorliegen, muss anhand des konkreten Sachverhalts im Einzelfall bei dem Anwalt geklärt werden.

26 Für den Rechtsdienstleistenden außerhalb der Beratungsberufe wird eine unzulässige Interessenkollision nach § 4 nur dann anzunehmen sein, wenn konkret festzustellen ist, dass die Möglichkeit besteht, dass der Rechtsdienstleistende seine Rechtsdienstleistungspflicht deswegen (schlechter) erfüllt, weil er gleichzeitig einem anderen Interesse dient. Es wird nicht ausreichen, dass sein persönliches Interesse an einer möglichst hohen Vergütung – u.a. auch für die Erfüllung der Rechtsdienstleistungspflicht – im Widerstreit zu dem Interesse des Auftraggebers an einer möglichst preisgünstigen Erfüllung aller Pflichten steht.

§ 5 Rechtsdienstleistungen im Zusammenhang mit einer anderen Tätigkeit

(1) Erlaubt sind Rechtsdienstleistungen im Zusammenhang mit einer anderen Tätigkeit, wenn sie als Nebenleistung zum Berufs- oder Tätigkeitsbild gehören. Ob eine Nebenleistung vorliegt, ist nach ihrem Inhalt, Umfang und sachlichen Zusammenhang mit der Haupttätigkeit unter Berücksichtigung der Rechtskenntnisse zu beurteilen, die für die Haupttätigkeit erforderlich sind.

(2) Als erlaubte Nebenleistungen gelten Rechtsdienstleistungen, die im Zusammenhang mit einer der folgenden Tätigkeiten erbracht werden:
1. Testamentsvollstreckung,
2. Haus- und Wohnungsverwaltung,
3. Fördermittelberatung.

I. Grundsätzliches 1	(1) Objektives Tatbestandsmerkmal 23
1. Europa- und verfassungsrechtliche Vorgaben 1	(2) Gewachsenes bzw gesetzlich geregeltes Berufs- oder Tätigkeitsbild 24
2. Reichweite der Norm 4	
3. Kollisionen 6	(3) Noch kein festes Berufs- oder Tätigkeitsbild 29
II. Regelungsgehalt 7	
1. Allgemeines 7	b) Haupttätigkeit und Nebenleistung 34
2. Die Regelungen des Abs. 1 im Einzelnen 14	aa) „Als Nebenleistung" 34
a) Die Erlaubnisfreiheit nach Abs. 1 S. 1 14	bb) Umfang der Nebenleistung (Abs. 1 S. 2) 35
aa) Der Zusammenhang mit einer anderen Tätigkeit .. 14	cc) Inhalt der Nebenleistung und erforderliche Rechtskenntnisse (Abs. 1 S. 2) .. 40
bb) Die Zugehörigkeit zu der anderen Tätigkeit 23	

---

3 *Feuerich/Weyland*, § 43 a BRAO Rn 57.

c)	Einzelfälle... 44		ii)	Kfz-Werkstätten... 69
aa)	Prüfungsschema... 44		jj)	Makler... 75
bb)	Anlageberater/Vermögensverwaltung... 45		kk)	Mediatoren... 79
			ll)	Medien... 83
cc)	Architekten; Baubetreuer/Projektsteuerer... 47		mm)	Sachverständige... 84
			nn)	Schuldnerberatung... 89
dd)	Banken/Sparkassen... 50		oo)	Spielerberater... 91
(1)	Haupt- und Nebenleistungen... 50		pp)	Steuerberater, Wirtschaftsprüfer... 92
(2)	Umschuldungen und Sanierungen... 53		qq)	Unternehmensberater... 97
			rr)	Versicherungswirtschaft... 103
(3)	Anlageberatung und Vermögensverwaltung... 56		3.	Die Sonderfälle des Abs. 2... 106
(4)	Gefahr der Interessenkollision... 57		a)	Stets erlaubte Nebenleistungen... 106
ee)	Detekteien, Auskunfteien... 58		b)	Testamentsvollstreckung (Nr. 1)... 108
ff)	Erbenermittler... 59		c)	Haus- und Wohnungsverwaltung (Nr. 2)... 118
gg)	Frachtprüfer, vereidigte Versteigerer... 61		d)	Fördermittelberatung (Nr. 3)... 121
hh)	Inkasso... 63			

I. Grundsätzliches

1. Europa- und verfassungsrechtliche Vorgaben. Das RDG will gemäß § 1 Abs. 1 S. 2 die Rechtsuchenden, den Rechtsverkehr und die Rechtsordnung vor unqualifizierten Rechtsdienstleistungen schützen. Aus diesem Grunde ist es gemäß § 3 als Verbotsgesetz mit Erlaubnisvorbehalt angelegt. Konsequenterweise ist der Anwendungs- und Schutzbereich des Gesetzes durch die Legaldefinition der Rechtsdienstleistung in § 2 Abs. 1 sehr viel weiter gefasst worden als der durch die Rechtsprechung von BVerfG und BGH deutlich eingeschränkte Anwendungsbereich des RBerG.[1] Stellt also eine Tätigkeit eine Rechtsdienstleistung iSd § 2 Abs. 1 dar, dann ist sie gemäß § 3 verboten, wenn und soweit sie nicht durch das RDG selbst oder andere Gesetze erlaubt ist. Dies gilt – anders als nach der zum RBerG ergangenen Rechtsprechung – für jede beliebige Einzeltätigkeit unabhängig davon, ob diese Tätigkeit alleiniger Gegenstand der zu erbringenden Dienstleistung ist oder im Rahmen einer überwiegend wirtschaftlich geprägten Gesamttätigkeit, wie etwa einer Maklertätigkeit oder einer Unternehmensberatung, entfaltet wird (siehe § 2 Rn 12 ff).

Angesichts der rechtlichen Durchdringung aller Lebensbereiche einerseits und des weit gefassten Anwendungsbereichs des RDG andererseits liefen allerdings viele berufliche Tätigkeiten Gefahr, zumindest in Teilbereichen als Rechtsdienstleistung qualifiziert zu werden und insoweit dem Verbot des § 3 zu unterliegen. Eine derartige „Amputation" oder gar ein vollständiges Verbot der jeweiligen beruflichen Tätigkeiten wäre aber mit den europa- und verfassungsrechtlich geschützten Freiheiten des Dienstleistungsverkehrs, der Berufsfreiheit und der Rundfunkfreiheit unvereinbar. Denn der sowohl vom RBerG als auch vom RDG verfolgte Schutz der Rechtsuchenden, des Rechtsverkehrs und der Rechtsordnung vor unqualifizierten Rechtsdienstleistungen rechtfertigt zwar grds. gesetzgeberische Eingriffe in diese Freiheiten, doch müssen sich diese Eingriffe immer

---

[1] So auch Begr. RegE, BT-Drucks. 16/3655, S. 51 re. Sp.

an den **europa- und verfassungsrechtlichen Grundsätzen der Erforderlichkeit und Verhältnismäßigkeit** messen lassen.[2] Danach ist bei der Auslegung und Anwendung einer Eingriffsnorm in jedem Einzelfall beruflicher Tätigkeit zu prüfen, ob die jeweilige Freiheitsbeschränkung **erforderlich** ist, um die mit dem Gesetz geschützten Gemeinwohlbelange zu wahren, und ob das Gewicht der geschützten Gemeinwohlbelange mit den in Rede stehenden Freiheiten in ein **angemessenes Verhältnis zueinander** gebracht worden ist. Als Maßstab für die Unverhältnismäßigkeit derartiger Beschränkungen haben sowohl der EuGH[3] als auch das BVerfG[4] insbesondere auf das **Maß an fachlicher Qualifikation** abgestellt, das nach der Art der jeweils erbrachten Dienstleistung und den Bedürfnissen ihrer Empfänger für die ordnungsgemäße Erbringung der jeweiligen Dienstleistung erforderlich ist. Dienstleistungen, die nicht auf den breiten Fundamenten des Vollberufs (eines Rechtsanwalts) aufbauen, sondern einfache und abgrenzbare Tätigkeiten zum Inhalt haben, können die dem Gesamtberufsbild (eines Rechtsanwalts) zugeordneten Gemeinwohlbelange in aller Regel nur in Ausschnitten gefährden. Ihr Verbot ist deshalb nur dann erforderlich, wenn es der Abwehr einer ernsthaften Gefahr für die mit dem RDG geschützten Gemeinwohlbelange dient.[5] Gehen die Anforderungen an die fachliche Qualifikation über das zur Abwehr von Gefahren für die Rechtsuchenden, den Rechtsverkehr und die Rechtsordnung zwingend gebotene Maß hinaus, wie dies bei den Entscheidungen des EuGH und des BVerfG zur EDV-gestützten Überwachung von Patentschutzfristen der Fall war,[6] so stellt dies eine mit Art. 49 EGV und Art. 12 GG unvereinbare Beschränkung der Berufsfreiheit dar.

3 In Beachtung dieser von der Rechtsprechung entwickelten Grundsätze hat der Gesetzgeber in **Abs. 1** alle im Zusammenhang mit einer anderen Tätigkeit erbrachten Rechtsdienst-Nebenleistungen erlaubnisfrei gestellt, die „nach ihrem Inhalt, Umfang und sachlichen Zusammenhang mit der Haupttätigkeit unter Berücksichtigung der Rechtskenntnisse ..., die für die Haupttätigkeit erforderlich sind", „zum Berufs- oder Tätigkeitsbild (der Haupttätigkeit) gehören". Innerhalb dieses Erlaubnistatbestands ist dann unter Berücksichtigung der Schutzzwecke des RDG und der zitierten europa- und verfassungsrechtlichen Rechtsprechung zu entscheiden, ob eine Tätigkeit als Rechtsdienst-Nebenleistung zulässig ist oder ob sie über die ihr durch Abs. 1 gezogenen Grenzen hinausgeht.[7]

4 **2. Reichweite der Norm.** Als zentrale Erlaubnisnorm findet die Vorschrift auf alle beruflichen Aktivitäten und alle Arten von Rechtsdienstleistungen, also auch solche von registrierten oder nicht registrierten Personen der Teile 2 und 3 des RDG, Anwendung. Die Beschränkung der Erlaubnisse auf bestimmte Berufs- und Tätigkeitsbilder im früheren Art. 1 § 5 RBerG wurde bewusst aufgegeben, weil angesichts der auch vom BVerfG in seinen einschlägigen Entscheidungen immer wieder betonten rechtlichen Durchdringung aller Lebensbereiche ein Tä-

---

2 EuGH 25.7.1991 – C-76/90 (Rn 16 und 17), Slg 1991, I-4221 = NJW 1991, 2693 (Säger ./. Dennemeyer); BVerfG 29.10.1997 – 1 BvR 780/87, NJW 1998, 3481 (MasterPat).
3 EuGH 25.7.1991 – C-76/90 (Rn 17), Slg 1991, I-4221 = NJW 1991, 2693 (Säger ./. Dennemeyer).
4 BVerfG 29.10.1997 – 1 BvR 780/87, NJW 1998, 3481, 3483 (MasterPat).
5 BVerfG 29.10.1997 – 1 BvR 780/87, NJW 1998, 3481, 3483 (MasterPat).
6 EuGH 25.7.1991 – C-76/90 (Rn 17), Slg 1991, I-4221 = NJW 1991, 2693 (Säger ./. Dennemeyer); BVerfG 29.10.1997 – 1 BvR 780/87, NJW 1998, 3481, 3483 (MasterPat).
7 Zu dieser Struktur der Vorschrift siehe auch Begr. RegE, BT-Drucks. 16/3655, S. 51 f.

tigwerden für Dritte ohne die Erbringung von Rechtsdienstleistungen iSd § 2 Abs. 1 sachgerecht oft nicht mehr möglich ist.[8] Eine bloße Erweiterung des einschränkenden Erlaubniskatalogs des Art. 1 § 5 RBerG wäre deshalb unter verfassungsrechtlichen Gesichtspunkten von vorneherein zum Scheitern verurteilt gewesen. Stattdessen hat sich der Gesetzgeber für die Formulierung einer abstrakten Norm entschieden, bei deren Anwendung in jedem Einzelfall anhand der Schutzzwecke des RDG und der einschränkenden Tatbestandsmerkmale des § 5 die Reichweite zulässiger Nebenleistungen festgelegt werden kann.[9]

In den Medien hat diese Erweiterung allerdings leider zu reißerischen, in ihrer Allgemeinheit irreführenden Schlagzeilen wie zB „Rechtsrat aus der Werkstatt"[10] oder „Sesam, öffne dich! – Mit dem Rechtsdienstleistungsgesetz öffnet sich auch für Nichtjuristen der Beratungsmarkt"[11] geführt. Tatsächlich ist mit der Vorschrift nämlich gerade keine allgemeine, von jeglicher fachlicher Qualifikation losgelöste Freigabe von Rechtsdienstleistungen verbunden, auch wenn sie nur als Nebenleistungen zu einer Haupttätigkeit erbracht werden. Außerdem darf es sich bei der jeweiligen Rechtsdienstleistung eben immer nur um eine **Nebenleistung** handeln, während eine Rechtsdienstleistung als Haupttätigkeit auch nach dem RDG den dafür besonders qualifizierten Personen und Stellen vorbehalten bleibt.

3. Kollisionen. Rechtsdienstleistungen, die im Zusammenhang mit einer anderen Tätigkeit erbracht werden, können auch als Nebenleistungen jederzeit Einfluss auf die Erfüllung der Leistungspflichten aus der Haupttätigkeit haben und umgekehrt. So kann eine Kfz-Werkstatt, die die Schadensregulierung mit dem Schädiger bzw seinem Haftpflichtversicherer abwickeln will, ebenso mit ihren Hauptpflichten in eine Interessenkollision geraten wie eine Bank oder Sparkasse, die von einem verstorbenen Kunden zum Testamentsvollstrecker eingesetzt worden ist (zu Einzelheiten siehe Rn 110 ff andererseits). Infolgedessen ist bei der Erbringung von Rechtsdienstleistungen als Teil einer anderen Haupttätigkeit im Hinblick auf § 4 stets zu prüfen, ob durch die **Wechselwirkungen von Haupt- und Nebenleistung** die **ordnungsgemäße Erbringung der jeweiligen Rechtsdienstleistung gefährdet** ist oder nicht. Ist eine solche Gefährdung zu bejahen, darf die Rechtsdienstleistung nicht erbracht werden, auch wenn sie nach den Tatbestandsmerkmalen des Abs. 1 als erlaubt zu qualifizieren wäre. Denn die Vorschrift des § 4 stellt einen allgemeinen, für das gesamte RDG geltenden Grundsatz auf,[12] der selbstverständlich auch im Rahmen des § 5 Geltung beansprucht.

II. Regelungsgehalt

1. Allgemeines. In dem dargelegten Spannungsfeld (siehe Rn 2) zwischen dem Schutz der in § 1 Abs. 1 S. 2 aufgeführten Rechtsgüter einerseits und der europa- und verfassungsrechtlich geschützten Freiheiten andererseits erwies sich die Gestaltung des § 5 als zentraler Norm für die Erlaubnisfreiheit außergerichtlicher

---

8 Zu den mit dem früheren Erlaubniskatalog des Art. 1 § 5 RBerG verbundenen Problemen sehr anschaulich BVerwG 27.10.2004 – 6 C 30.03, NJW 2005, 1293 (Insolvenzberater).
9 So Begr. RegE, BT-Drucks. 16/3655, S. 52 li. Sp.
10 *Budras*, in: FAZ vom 7./8.6.2008.
11 *Reinsch*, VerkehrsRundschau 21/2008, S. 1 f.
12 Begr. RegE, BT-Drucks. 16/3655, S. 51 li. Sp.

Rechtsdienstleistungen als besonders schwierig. Vom Diskussionsentwurf an über den Referentenentwurf und den Regierungsentwurf bis hin zu dem schließlich Gesetz gewordenen Text des Abs. 1 war jedoch klar, dass **Rechtsdienstleistungen** nur dann **erlaubnisfrei** erbracht werden können sollten, wenn sie eine **Nebenleistung** zu einer anderen beruflichen Tätigkeit darstellten. Dienstleistungen, bei denen insgesamt die rechtliche Seite der Angelegenheit im Vordergrund steht und es wesentlich um die Klärung rechtlicher Verhältnisse geht, sollten demgegenüber in Anlehnung an die von der Rechtsprechung zum Anwendungsbereich des RBerG entwickelten Grundsätze von vornherein den hierfür besonders qualifizierten Personen und Stellen wie den Rechtsanwälten oder den nach § 10 registrierten Personen vorbehalten bleiben.[13]

8 Umstritten war dagegen im Gesetzgebungsverfahren bis zuletzt der **Umfang**, in dem Rechtsdienstleistungen als Nebenleistungen erlaubnisfrei bleiben sollten. So wollte der Bundesrat in seiner Stellungnahme zum RegE lediglich solche Nebenleistungen erlaubnisfrei zulassen, die im Verhältnis zur Haupttätigkeit von untergeordneter Bedeutung und zur Erfüllung der Haupttätigkeit notwendig waren.[14] Diese enge Definition hat der Rechtsausschuss des Bundestages dann zwar abgelehnt, aber ebenfalls die Auffassung vertreten, dass eine ausufernde Auslegung der Vorschrift oder gar die von Vertragsparteien willkürlich und ohne Zusammenhang mit der Haupttätigkeit zu vereinbarende Erbringung von Rechtsdienstleistungen als „Nebenleistung" vermieden werden sollte.[15] Aus diesem Grunde hat der Rechtsausschuss des Bundestages gegenüber dem RegE eine deutliche Straffung der Norm empfohlen, indem er lediglich auf die – **objektive** – **Zugehörigkeit einer Rechtsdienst-Nebenleistung zu einem Berufs- oder Tätigkeitsbild** abgestellt und die im RegE noch enthaltene subjektive Komponente einer vertraglichen Vereinbarung gestrichen hat. Die dementsprechend Gesetz gewordenen Tatbestandsmerkmale einer erlaubnisfreien Rechtsdienst-Nebenleistung sind mithin der Dispositionsbefugnis der handelnden Personen entzogen.

9 Sind Rechtsdienstleistungen nach Abs. 1 S. 1 des § 5 nur als „Nebenleistungen" zu einer anderen Tätigkeit erlaubnisfrei, kommt diesem Tatbestandsmerkmal eine die Norm prägende Bedeutung zu. Zu seiner Konkretisierung hat der Gesetzgeber dem Kriterium der Zugehörigkeit zu einem Berufs- oder Tätigkeitsbild in Satz 1 der Vorschrift in ihrem Satz 2 mehrere ergänzende Kriterien hinzugefügt. Die Prüfung, ob eine bestimmte Dienstleistung eine erlaubte Rechtsdienstleistung iSd Abs. 1 darstellt, ist dementsprechend in **zwei Schritten** vorzunehmen:

- Zunächst ist zu prüfen, ob die Rechtsdienstleistung überhaupt zu dem jeweiligen Berufs- oder Tätigkeitsbild der Haupttätigkeit gehört. Bejahendenfalls ist
- zu prüfen, ob es sich bei der Rechtsdienstleistung um eine Nebenleistung zu der Haupttätigkeit iSd Abs. 1 S. 2 handelt.

10 In **Abs. 2** der Vorschrift werden **drei Tätigkeitsfelder** aufgeführt, die meistens mit Rechtsdienstleistungen von erheblichem Gewicht verbunden sind und deren

---

13 DiskE S. 30; RefE S. 74 f; Begr. RegE, BT-Drucks. 16/3655, S. 52 unter Berufung auf BGH 11.11.2004 – I ZR 213/01, NJW 2005, 969 (Testamentsvollstreckung durch Banken) und BGH 24.2.2005 – I ZR 128/02, NJW 2005, 2458 (Fördermittelberater).
14 BT-Drucks. 16/3655, S. 103.
15 BT-Drucks. 16/6634, S. 63.

Erlaubnisfreiheit deshalb in der Vergangenheit immer wieder zu vom BGH allerdings schon entschiedenen Streitigkeiten geführt hatte.[16] Im Hinblick auf die Neukonzeption des RDG macht die ausdrückliche Regelung der in Abs. 2 genannten Tätigkeitsbereiche aber durchaus Sinn, wenn man für diese Bereiche die Diskussion darum, ob es sich bei den in ihrem Rahmen zu erbringenden Rechtsdienstleistungen überhaupt noch um Nebenleistungen iSd Abs. 1 handelt, ausschließen will.

In der Regelung des Abs. 2 enthalten war im RefE als vierte Tätigkeit auch noch die schon in Art. 1 § 1 Abs. 1 Nr. 3 RBerG ausdrücklich geregelte **Frachtprüfung**, doch wurden die mit dieser Tätigkeit häufig verbundenen Rechtsdienstleistungen schon im RegE nicht mehr generell als erlaubte Nebenleistung qualifiziert. Angesichts der rückläufigen Zahlen bei der Zulassung der Frachtprüfer und des Adressatenkreises ihrer Dienstleistungen erschien dem Gesetzgeber die Aufnahme ihrer Tätigkeit in den Katalog generell erlaubnisfreier Rechtsdienstleistungen entbehrlich. Infolgedessen unterliegt sie nunmehr der allgemeinen Regelung des Abs. 1. Gleiches gilt für die in Art. 1 § 1 Abs. 1 Nr. 2 und Nr. 4 RBerG gesondert aufgeführten **Versicherungsberater** und **vereidigten Versteigerer**, während für die in Art. 1 § 1 Nr. 1, 5 und 6 RBerG aufgeführten Sachbereiche der **Rentenberatung, Inkassodienstleistungen und Rechtsdienstleistungen in einem ausländischen Recht** beim Nachweis besonderer Sachkunde die Erbringung von Rechtsdienstleistungen gemäß den §§ 10 ff auch weiterhin erlaubt ist. 11

Erst aufgrund der Empfehlung des Rechtsausschusses des Bundestages entfallen ist auch ein in allen Gesetzentwürfen enthalten gewesener Abs. 3 des § 5, mit dem jedermann ohne jede Einschränkung die Erbringung von Rechtsdienstleistungen gestattet werden sollte, wenn er sich nur seinerseits zu diesem Zweck einer hierfür qualifizierten natürlichen oder juristischen Person, also insbesondere eines Rechtsanwalts, bediente. Dieser Anwalt sollte dann im Verhältnis zum Kunden des Dienstleisters überhaupt nicht mehr in Erscheinung treten müssen, sondern quasi im „Hinterzimmer" des Dienstleisters als dessen **Erfüllungsgehilfe** oder **Subunternehmer** tätig werden können. Dabei sollte der jeweilige Anwalt zwar im Verhältnis zum Kunden des Dienstleisters an seine besonderen Berufspflichten wie Unabhängigkeit, Verschwiegenheit und unbedingte Interessenvertretung gebunden bleiben, doch blieb unklar, wie dies angesichts des fehlenden direkten Kontakts zwischen Anwalt und Kunde gewährleistet sein sollte. Auch war der Schutz des Zeugnisverweigerungsrechts und des Beschlagnahmeprivilegs von Anwälten nicht befriedigend gelöst, weshalb die Vorschrift mit Recht nicht Gesetz geworden ist. Stattdessen bedarf es weiterhin in allen Fällen, in denen Rechtsdienstleistungen nicht mehr lediglich Nebenleistungen sind, der gesonderten Einschaltung eines Rechtsanwalts oder eines anderen zur selbständigen Erbringung von Rechtsdienstleistungen befugten Berufsangehörigen (zB Steuerberater, Inkassounternehmer oder Rentenberater). Eine gemeinsame Auftragsannahme und -erledigung bleibt unzulässig; zulässig sind dagegen, wie früher, 12

---

16   BGH 11.11.2004 – I ZR 182/02, NJW 2005, 968 (Testamentsvollstreckung durch Steuerberater); BGH 11.11.2004 – I ZR 213/01, NJW 2005, 969 (Testamentsvollstreckung durch Banken); BGH 6.5.1993 – V ZB 9/92, NJW 1993, 1924 (Wohnungseigentumsverwalter); BGH 24.2.2005 – I ZR 128/02, NJW 2005, 2458 (Fördermittelberater).

Kooperationen, bei denen die Eigenständigkeit der Aufträge bzw Mandate gewahrt bleibt.[17]

13 Zu Unrecht werden gegen diese Restriktionen unter Berufung auf die Entscheidung des BVerfG zur erlaubnisfreien Tätigkeit von **Erbenermittlern**[18] verfassungsrechtliche Bedenken erhoben.[19] Denn in dieser Entscheidung hat das BVerfG die Beauftragung und Bezahlung eines Rechtsanwalts durch den Erbenermittler zur Verfolgung der Rechtsansprüche seiner Auftraggeber in deren Namen zwar nicht beanstandet, andererseits aber auch gar nicht prüfen müssen, ob eine solche Beauftragung schon unter der Geltung des RBerG unzulässig gewesen wäre und die Unzulässigkeit verfassungsrechtlich hätte Bestand haben können oder nicht. Denn nach dem Sachverhalt hatten die Auftraggeber des Erbenermittlers diesem lediglich die Auswahl ihres Anwalts und dessen Bezahlung überlassen, während der Anwalt nach außen unmittelbar für die Auftraggeber des Erbenermittlers und damit in einem direkten Mandatsverhältnis mit ihnen tätig wurde. Gegen die Zulässigkeit einer derartigen Vorgehensweise bestehen aber auch nach dem RDG offensichtlich keine Bedenken.

14 **2. Die Regelungen des Abs. 1 im Einzelnen. a) Die Erlaubnisfreiheit nach Abs. 1 S. 1. aa) Der Zusammenhang mit einer anderen Tätigkeit.** Nach **Abs. 1 S. 1** können nur solche Rechtsdienstleistungen erlaubnisfrei erbracht werden, die „im Zusammenhang mit einer anderen Tätigkeit" erbracht werden. Isoliert angebotene oder erbrachte Rechtsdienstleistungen unterliegen mithin unverändert dem Erlaubnisvorbehalt. Typischerweise ist dies bei **Telefon-Hotlines** oder **Internetforen** der Fall, weil sie explizit auf die Erörterung von Rechtsfragen ausgerichtet sind und nicht mit einer anderen Tätigkeit im Zusammenhang stehen. Erbringen sie, wie wohl meist, Rechtsdienstleistungen iSd § 2 Abs. 1 (siehe § 2 Rn 45), dann darf dies also gemäß § 3 nur durch Personen oder Stellen geschehen, denen die Erbringung von Rechtsdienstleistungen aufgrund des RDG oder durch oder aufgrund anderer Gesetze erlaubt ist.

15 Der Versuch, dieses Ergebnis dadurch zu umgehen, dass die jeweilige Rechtsdienstleistung mit einer „anderen Tätigkeit", also zB einer Werbung für Versicherungen oder die Mitgliedschaft in einem Verein, verbunden wird, um auf diese Weise den von Abs. 1 S. 1 geforderten „Zusammenhang" mit einer anderen Tätigkeit herzustellen, liegt nahe, dürfte aber regelmäßig zum Scheitern verurteilt sein. Denn anders als Art. 1 § 5 Nr. 1 bis 3 RBerG fordert Abs. 1 für die Erlaubnisfreiheit von Rechtsdienstleistungen zwar keinen „unmittelbaren" Zusammenhang mit der jeweils anderen Tätigkeit mehr, doch kann der von Abs. 1 geforderte „Zusammenhang" auch nicht einfach durch einen bloß formellen gemeinsamen Rahmen hergestellt werden. Vielmehr muss sich der „Zusammenhang" gemäß dem zweiten Halbsatz des Abs. 1 S. 1 aus der **Zugehörigkeit** der jeweiligen Rechtsdienstleistung „**zum Berufs- oder Tätigkeitsbild**" der „anderen" Tätigkeit ergeben (siehe näher Rn 23 ff), und der Zusammenhang zwischen den beiden Tätigkeiten muss gemäß S. 2 der Vorschrift auch ein „**inhaltlicher**"

---

17 BT-Drucks. 16/6634, S. 63; der BGH hat noch jüngst in einem Urteil vom 3.7.2008 (III ZR 260/07, WM 2008, 1609) auch zum RBerG daran festgehalten, dass der Erlaubnisvorbehalt nicht dadurch umgangen werden kann, dass sich der Vertragspartner des Rechtsuchenden zur Erfüllung seiner Beratungspflichten eines zugelassenen Rechtsberaters als Erfüllungsgehilfen bedient.
18 BVerfG 27.9.2002 – 1 BvR 2251/01, NJW 2002, 3531.
19 *Henssler/Deckenbrock*, DB 2008, 41, 44.

und ein „**sachlicher**" sein. Denn eine Rechtsdienstleistung steht, wie sich aus der Verknüpfung der Sätze 1 und 2 des Absatzes 1 im Begriff der „Nebenleistung" ergibt, nur dann „im Zusammenhang" mit einer anderen Tätigkeit, wenn sie „als Nebenleistung" iSd Satzes 2 erbracht wird. Sätze 1 und 2 der Vorschrift sind mithin stets ineinander integriert wie folgt zu lesen:

„Erlaubt sind Rechtsdienstleistungen im Zusammenhang mit einer anderen Tätigkeit, wenn sie
- *nach ihrem Inhalt,*
- *Umfang und*
- *sachlichen Zusammenhang*

mit der Haupttätigkeit als Nebenleistung zu ihrem Berufs- oder Tätigkeitsbild gehören."

Der „**sachliche Zusammenhang**" muss sich bei **objektiver Betrachtung** aus dem Gegenstand der Haupttätigkeit ergeben und kann nicht etwa durch **Parteivereinbarungen** künstlich herbeigeführt werden.[20] Zu bejahen ist deshalb ein sachlicher Zusammenhang zwischen der Vermittlung des Verkaufs einer Gastwirtschaft und der Beschaffung der Konzession hierfür, zu verneinen dagegen bei der Vereinbarung mit einem selbständigen Buchhalter, die von ihm verbuchten offenen Forderungen des jeweiligen Unternehmens auch einzuziehen.[21]

16

Werden **mehrere**, sachlich voneinander abgrenzbare **Tätigkeiten**, wie zB die Erbenermittlung einerseits und die sich daran anschließende Nachlassauseinandersetzung andererseits, in einem einheitlichen Auftrag zusammengefasst, so ist deshalb bei der Frage nach dem sachlichen Zusammenhang der jeweils zu erbringenden Rechtsdienstleistungen und ihrem Charakter als „Nebenleistung" iSd Abs. 1 auf ihren **Zusammenhang mit der jeweiligen Haupttätigkeit abzustellen**. Zu prüfen ist also in dem genannten Beispiel, ob die zu erbringende Rechtsdienstleistung in einem sachlichen Zusammenhang mit der einen oder anderen der beiden Haupttätigkeiten steht und bejahendenfalls, ob sie als – erlaubnisfrei – „Nebenleistung" zu der jeweils zugehörigen Haupttätigkeit qualifiziert werden kann oder nicht.[22]

17

Ein beliebiges Koppeln von Rechtsdienstleistungen mit anderen Tätigkeiten führt also keinesfalls schon zur Erlaubnisfreiheit der jeweiligen Rechtsdienstleistung.

18

Der notwendige „Zusammenhang" zwischen der „anderen Tätigkeit" und der Rechtsdienstleistung als „Nebenleistung" wird naturgemäß durch den Beginn und das Ende der „anderen Tätigkeit" begrenzt. Denn wenn eine Rechtsdienstleistung einer „anderen Tätigkeit" vorausgeht oder ihr nachfolgt, dann handelt es sich grds. nicht mehr um eine der „anderen Tätigkeit" dienende und sie fördernde Nebenleistung, sondern um eine dem Erlaubnisvorbehalt des § 3 unterliegende selbständige Haupttätigkeit.

19

Eine **Ausnahme** kann jedoch bei der **Anbahnung von Verträgen** in Betracht kommen, wenn die jeweilige Rechtsdienstleistung Voraussetzung für den Abschluss eines Vertrages über die Haupttätigkeit ist und sich die – vorgezogene –

20

---

20 So auch Begr. RegE, BT-Drucks. 16/3655, S. 54 li. Sp.
21 *Chemnitz/Johnigk*, Art. 1 § 5 RBerG Rn 519–521, 525.
22 So zutreffend schon nach altem Recht BGH 16.3.1989 – I ZR 30/87, NJW 1989, 2125 (Erbensucher).

Rechtsdienstleistung als im Zusammenhang mit der Haupttätigkeit stehend darstellt. Dementsprechend hat das OLG Karlsruhe[23] unter Berufung auf eine nicht veröffentlichte Entscheidung des OLG Hamm die Beratungstätigkeit eines Versicherungsmaklers in Bezug auf bereits bestehende, aber nicht von ihm vermittelte Versicherungsverträge schon nach dem RBerG für zulässig gehalten.

21 Für eine „**nachholende**" Rechtsdienstleistung, die bei einem nach Abschluss der Haupttätigkeit noch auftretenden Beratungsbedarf erforderlich werden kann, gilt nichts anderes. Denn genau genommen handelt es sich bei ihr um einen noch nicht vollständig erbrachten Teil der Haupttätigkeit, so dass sie erlaubnisfrei erbracht werden kann, wenn es sich in einer Gesamtschau mit den bereits erbrachten Dienstleistungen immer noch um eine „Nebenleistung" iSd Abs. 1 S. 2 handelt (siehe näher Rn 34 ff). Dies ist zB dann nicht der Fall, wenn ein Hausmakler, der einem Vermieter einen Mietvertrag über ein Ladenlokal vermittelt hat, den Vermieter bei der Kündigung eines späteren Mietvertrages über dasselbe Ladenlokal rechtlich berät. Denn mit dem Abschluss des vermittelten Mietvertrages war die Tätigkeit des Maklers abgeschlossen und aus dieser Tätigkeit resultierte auch keinerlei nachvertragliche Beratungspflicht hinsichtlich des von dem Vermieter später abgeschlossenen neuen Mietvertrages.[24]

22 Sowohl bei der Anbahnung von Verträgen als auch bei der „nachgehenden" Rechtsdienstleistung kommt dem **zeitlichen Moment** für die Annahme eines Zusammenhangs mit der Haupttätigkeit entscheidende Bedeutung zu. Um insoweit einem Missbrauch vorzubeugen und den Schutzzwecken des RDG Rechnung zu tragen, ist bei der Vertragsanbahnung ein unmittelbarer Zusammenhang und bei „nachgehenden" Rechtsdienstleistungen ein zeitlicher Abstand von **nicht mehr als zwei bis drei Wochen** zu fordern.

23 **bb) Die Zugehörigkeit zu der anderen Tätigkeit. (1) Objektives Tatbestandsmerkmal.** Die in Abs. 1 S. 1 geforderte Zugehörigkeit einer Rechtsdienst-Nebenleistung zu dem jeweils zu beurteilenden Berufs- oder Tätigkeitsbild schließt als **objektives Tatbestandsmerkmal** ebenfalls den denkbaren Versuch aus, mit Hilfe von vertraglichen Vereinbarungen einen – künstlichen – Zusammenhang zwischen den zu erbringenden Rechtsdienstleistungen und der jeweiligen Haupttätigkeit herzustellen. Dies gilt umso mehr, als im RefE tatsächlich noch die Erlaubnisfreiheit von Rechtsdienstleistungen auch im Falle ihrer Zugehörigkeit zu vertraglich vereinbarten Hauptpflichten vorgesehen war,[25] dieser Teil des Entwurfs dann aber ersatzlos weggefallen ist. Für die Zugehörigkeit zu einem Berufs- oder Tätigkeitsbild kommt es mithin nicht auf einen subjektiven Parteiwillen, sondern unter Berücksichtigung der Kriterien des Satzes 2 auf die Verkehrsanschauung an.

24 **(2) Gewachsenes bzw gesetzlich geregeltes Berufs- oder Tätigkeitsbild.** Handelt es sich bei der jeweiligen Haupttätigkeit um ein gewachsenes oder gar ein gesetzlich geregeltes Berufs- oder Tätigkeitsbild, so wird sich die Frage nach der

---

23 OLG Karlsruhe 1.10.1987 – 3 Ss 73/87, NJW 1988, 838.
24 Anders LG Hamburg AnwBl 1994, 252, jedoch m. abl. Anm. *Chemnitz*; wie hier außer *Chemnitz/Johnigk*, Art. 1 § 5 RBerG Rn 542 auch noch Henssler/Prütting/*Weth*, Art. 1 § 5 RBerG Rn 36.
25 Nach § 5 Abs. 1 S. 1 RefE sollten im Zusammenhang mit einer anderen Tätigkeit erbrachte Rechtsdienstleistungen auch erlaubt sein, wenn sie eine „zur vollständigen Erfüllung der *vertraglichen* oder gesetzlichen Hauptpflichten gehörige Nebenleistung darstellen".

Zugehörigkeit der jeweiligen Rechtsdienst-Nebenleistung zu der Haupttätigkeit häufig eindeutig beantworten lassen.

So gehören nach § 1 Abs. 5 Baden-Württembergisches Architektengesetz die Beratung, Betreuung und Vertretung des Auftraggebers in allen mit der Planung und Durchführung eines Vorhabens zusammenhängenden Fragen zu den Berufsaufgaben des **Architekten oder Stadtplaners**[26] und dementsprechend durfte und musste zB ein Architekt den Bauherrn je nach Auftrag schon unter der Geltung des RBerG über die einschlägigen bauplanungs- und bauordnungsrechtlichen Bestimmungen, die rechtlichen Voraussetzungen im öffentlich geförderten Wohnungsbau, das Werkvertragsrecht oder das Arbeitsplatzschutzrecht bei Gewerbe- und Industriebauten beraten. Ebenso gehörte, wie sich aus § 15 Abs. 1 Nr. 7 HOAI ergibt, die Vorbereitung von Verträgen mit Bauunternehmern, das Verhandeln mit den Bietern und das Mitwirken bei der Auftragserteilung zu seinen Aufgaben.[27] Schließlich hatte er den Bauherrn bei der Überprüfung von Baumängeln und der Durchsetzung von Gewährleistungsansprüchen zu unterstützen. Dementsprechend hat der BGH[28] den Architekten als „sachkundigen Berater und Betreuer des Bauherrn auf dem Gebiet des Bauwesens" gesehen und von ihm „nicht unerhebliche Kenntnisse des Werkvertragsrechts, des BGB und der entsprechenden Vorschriften der VOB/B sowie bei mangelhaften Bauleistungen die Wahrung der Rechte des Bauherrn verlangt".[29]

Übernimmt ein Architekt darüber hinaus auch **Baubetreuungsleistungen** in Gestalt von Vertragsentwürfen für Vor- und Kaufverträge über Eigentumswohnungen, die Teilungsvereinbarung oder -erklärung und den Hausverwaltervertrag, so gehören diese Tätigkeiten zweifelsohne nicht mehr zum Berufs- oder Tätigkeitsbild eines Architekten. Denn seine eigentliche Berufsaufgabe ist auf die Erstellung eines Bauwerks gerichtet, weshalb auch nur die in diesem Rahmen zu erbringenden Rechtsdienstleistungen als zum Berufs- und Tätigkeitsbild eines Architekten gehörig angesehen werden können. Die Vorbereitung und Abfassung von Verträgen mit den Erwerbern der zu errichtenden Eigentumswohnungen, die Erstellung einer Teilungserklärung und ein Vertrag mit dem Hausverwalter dienen dagegen nicht der Herstellung des Gebäudes, sondern seiner Veräußerung. Das ist aber keine eigentliche Berufsaufgabe eines Architekten, sondern ihrem Wesen nach Maklertätigkeit.[30] Einer weiteren Prüfung, ob es sich bei den jeweiligen Rechtsdienstleistungen um eine „Nebenleistung" iSd Abs. 1 S. 2 handelt, bedarf es bei einem solchen Ergebnis nicht mehr. Denn eine Rechtsdienstleistung kann gemäß Abs. 1 S. 1 eben nur dann als erlaubnisfreie Nebenleistung zu einer Haupttätigkeit erbracht werden, wenn sie zu dem Berufs- oder Tätigkeitsbild der Haupttätigkeit „gehört".

Bei **Immobilienmaklern** „gehört" jedenfalls bei Vermittlungsmaklern die Fertigung von Kaufvertragsentwürfen und die Beratung über die grundpfandrechtliche Belastung des zu vermittelnden Grundstücks sicherlich zu ihrem Tätigkeitsbild. Auch für die Beschaffung der Finanzierung und die damit im Zusammen-

---

26 Ebenso zB § 1 Abs. 4 NRW Architektengesetz und § 1 Abs. 5 Bayerisches Architektengesetz.
27 BGH 10.11.1977 – VII ZR 321/75, NJW 1978, 322.
28 BGH 26.4.1979 – VII ZR 190/78, NJW 1979, 1499.
29 Zu weiteren Einzelheiten siehe *Groscurth*, in: Neuenfeld/Baden/Dohna/Groscurth, Handbuch des Architektenrechts, Bd. 1, Teil II Rn 233 ff, 253 ff und 257.
30 BGH 10.11.1977 – VII ZR 321/75, NJW 1978, 322, 323.

hang stehenden Rechtsdienstleistungen wird deren Zugehörigkeit zum Tätigkeitsbild und ihr Charakter als Nebenleistung (siehe Rn 75) nicht verneint werden können.

28 **Versicherungsvermittler** (Versicherungsvertreter und Versicherungsmakler, §§ 59 ff VVG) und **Versicherungsberater** (siehe § 2 RDGEG Rn 1 ff) haben ein gesetzlich geregeltes Berufsbild, zu dem ebenfalls die Erbringung von Rechtsdienstleistungen gehört. Gleiches gilt für **Spediteure** und **Frachtführer** im Zusammenhang mit der notwendigen Beschaffung von Dokumenten oder der Versicherung der zu befördernden Güter.[31]

29 **(3) Noch kein festes Berufs- oder Tätigkeitsbild.** Schwieriger wird die Frage nach der Zugehörigkeit einer Rechtsdienstleistung bei solchen Berufen oder Tätigkeitsbildern zu beantworten sein, die aus der **Weiterentwicklung des Arbeitsmarktes** neu hervorgehen und für die der Gesetzgeber deshalb auch noch kein festes Berufsbild entwickelt hat. Aktivitäten in solchen Bereichen genießen, wie das BVerfG schon in seiner Entscheidung zur Überwachung der Fälligkeit und der Einzahlung von Patentgebühren[32] deutlich gemacht hat, ebenfalls den Schutz des Art. 12 Abs. 1 GG, wenn es sich nur um eine fest umrissene typisierte Betätigung handelt, mit der nach der Verkehrsanschauung bestimmte untergeordnete Rechtsdienstleistungen verbunden sind.[33]

30 Als Beispiel hierfür mag der Berater von Berufssportlern (**Spielerberater**) dienen, der seine Aktivitäten für den von ihm beratenen Sportler nicht auf die Herstellung von Verbindungen zu potentiellen Vertragspartnern wie Sportveranstaltern, Werbepartnern, Vereinen und Ähnlichem beschränkt, sondern in Vertretung des jeweiligen Sportlers oder auch gemeinsam mit ihm die jeweiligen Vertragsverhandlungen führt. Diese Verhandlungen stellen unzweifelhaft eine Rechtsdienstleistung iSd § 2 Abs. 1 dar, stehen aber ebenso unzweifelhaft in einem sachlichen Zusammenhang mit der Vermittlungstätigkeit des Spielerberaters und „gehören" nach der Verkehrsanschauung auch zu dieser Tätigkeit. Denn ein Verbot, diese Rechtsdienstleistung zu erbringen, und die damit erzwungene Aufspaltung der Tätigkeit in zwei von verschiedenen Dienstleistern zu betreuende Bereiche würde angesichts der Kenntnisse, die ein Spielerberater auch von den üblichen Vertragskonditionen haben muss, als künstlich empfunden werden.

31 Darauf, dass der Spielerberater seine Vermittlungstätigkeit auch ohne die Führung der Vertragsverhandlungen erfüllen könnte, für die Ausübung seines Berufs also nicht unbedingt auf die Erbringung der Rechtsdienstleistung angewiesen ist, kommt es nach Abs. 1 S. 1, anders als noch nach Art. 1 § 5 Nr. 1 bis 3 RBerG, nicht mehr an.[34] Denn Abs. 1 S. 1 fordert im Gegensatz zu Art. 1 § 5 Nr. 1 bis 3 RBerG keinen „unmittelbaren", sondern, wie sich aus dem erläuternden Satz 2 der Vorschrift ergibt, nur noch einen „**sachlichen**" Zusammenhang mit

---

31 Ebenso *Chemnitz/Johnigk*, Art. 1 § 5 RBerG Rn 563; *Rennen/Caliebe*, Art. 1 § 5 RBerG Rn 19.
32 BVerfG 29.10.1997 – 1 BvR 780/87, NJW 1998, 3481 (MasterPat).
33 So auch Begr. RegE, BT-Drucks. 16/3655, S. 52 re. Sp.
34 Der Vorschlag des Bundesrates in seiner Stellungnahme zum RegE, nur solche Nebenleistungen erlaubnisfrei zu stellen, die für die Erfüllung der Haupttätigkeit „notwendig" seien (BT-Drucks. 16/3655, S. 103), wurde vom Bundestag nicht aufgenommen.

der Haupttätigkeit.[35] Dieser ist bei den Vertragsverhandlungen für einen zu vermittelnden Spieler aber zweifellos gegeben, so dass sich der unter der Geltung des RBerG bestehende Streit um die Erlaubnisfreiheit derartiger Dienstleistungen eines Spielerberaters[36] vorbehaltlich ihres Charakters als „Nebenleistung" (siehe Rn 34 ff) erledigt hat. Für die **Berater von Fotomodellen oder Künstlern aller Sparten** gilt nichts anderes.

Der Begriff der **Zugehörigkeit** zu einem Berufs- oder Tätigkeitsbild in Satz 1 des Abs. 1 kann also nicht als Festschreibung des Herkömmlichen, sondern muss als **entwicklungsoffen** verstanden werden.[37] Dementsprechend können künftige Änderungen eines Berufsbildes oder die Entstehung neuer Tätigkeitsbilder auch die erlaubnisfreie Erbringung von Rechtsdienst-Nebenleistungen nach sich ziehen, wobei sich die entscheidenden Kriterien für deren Zugehörigkeit zur jeweiligen Haupttätigkeit aus der Definition der Nebenleistung in Satz 2 des Abs. 1 ergeben. Sind diese Kriterien erfüllt, „**gehört**" die Rechtsdienstleistung als Nebenleistung iSd Satzes 1 zur Haupttätigkeit und darf erlaubnisfrei erbracht werden. Die Sätze 1 und 2 des Abs. 1 stehen insoweit also nicht isoliert nebeneinander, sondern sind im Begriff „Zugehörigkeit" einer Rechtsdienst-Nebenleistung zu einer Haupttätigkeit miteinander verschränkt.

Die bloße Zugehörigkeit einer Rechtsdienst-Nebenleistung zu einem Berufs- oder Tätigkeitsbild führt allerdings, wie zur Vermeidung von Irrtümern hervorzuheben ist, nicht ohne weiteres zu ihrer Erlaubnisfreiheit. Vielmehr kann sie nur dann erlaubnisfrei erbracht werden, wenn sie „im Zusammenhang" mit einer Haupttätigkeit, und zwar einer Haupttätigkeit in einer konkreten Angelegenheit steht. Unzulässig wäre es deshalb – um bei dem Beispiel des **Spielerberaters** zu bleiben –, wenn der Berater für einen Sportler, für den er nicht vermittelnd tätig ist, einen dem Sportler angebotenen oder von ihm abgeschlossenen Vertrag überprüfen würde. Denn bei einer solchen Tätigkeit handelte es sich eben nicht mehr um eine im Zusammenhang mit einer anderen Tätigkeit erbrachte Rechtsdienst-Nebenleistung, sondern um eine isolierte und deshalb verbotene Rechtsdienst-„Hauptleistung" (siehe Rn 14; zum Verhältnis von Haupttätigkeit und Nebenleistung siehe Rn 34).

b) Haupttätigkeit und Nebenleistung. aa) „Als Nebenleistung". Wird eine Rechtsdienstleistung im Zusammenhang mit einer anderen Tätigkeit erbracht und gehört sie zu deren Berufs- oder Tätigkeitsbild, so darf sie nach Abs. 1 S. 1 gleichwohl nicht generell erlaubnisfrei erbracht werden, sondern nur dann, wenn sie sich „als Nebenleistung" zu dieser anderen Tätigkeit darstellt. Die andere Tätigkeit muss also schon begrifflich die Haupttätigkeit sein, zu der die jeweilige Rechtsdienstleistung nur im Verhältnis einer Nebenleistung stehen darf. Ob dies der Fall ist, muss anhand der in Abs. 1 S. 2 für das Vorliegen einer Nebenleistung aufgeführten objektiven Kriterien geprüft werden. Dabei sind die Grenzen für eine Beschränkung der europa- und verfassungsrechtlich geschützten Freiheiten zu beachten (siehe Rn 2 und § 2 Rn 11).

---

35 So auch Begr. RegE, BT-Drucks. 16/3655, S. 52 re. Sp.; *Kleine-Cosack*, BB 2007, 2637, 2639.
36 Vgl *Wertenbruch*, NJW 1995, 223, 225 und *ders.*, NJW 1995, 3372 einerseits, *Löhr*, NJW 1995, 2148 und *Kleine-Cosack*, Art. 1 § 5 RBerG Rn 49 andererseits.
37 Ebenso *Henssler/Deckenbrock*, DB 2008, 41, 43.

35 **bb) Umfang der Nebenleistung (Abs. 1 S. 2).** Die in Abs. 1 S. 2 aufgeführten Kriterien für das Vorliegen einer Nebenleistung machen deutlich, dass der Begriff der Nebenleistung weniger quantitativ als vielmehr **qualitativ** zu verstehen ist. Es bedarf also einer Gewichtung nicht nur nach dem (zeitanteiligen) Umfang der jeweiligen Rechtsdienst-Nebenleistung, sondern auch nach ihrem Inhalt und dem sich daraus unter Berücksichtigung der für die Haupttätigkeit erforderlichen Rechtskenntnisse ergebenden Gewicht (zu diesen Kriterien siehe im Einzelnen Rn 40 ff). Der Gesetzgeber hat damit an dieser Stelle des Gesetzes, dessen neuer Struktur folgend (siehe § 2 Rn 9 ff), ganz bewusst die bereits mehrfach zitierte europa- und verfassungsrechtliche sowie im Anschluss daran ergangene höchstrichterliche Rechtsprechung (siehe Rn 2 und § 2 Rn 9) zur Abgrenzung erlaubnisfreier Geschäftsbesorgung von erlaubnispflichtiger Rechtsbesorgung aufgegriffen, wonach für die Qualifizierung einer Dienstleistung darauf abzustellen ist, „ob die Tätigkeit überwiegend auf wirtschaftlichem Gebiet liegt und die Wahrnehmung wirtschaftlicher Belange bezweckt oder ob die rechtliche Seite der Angelegenheit im Vordergrund steht und es wesentlich um die Klärung rechtlicher Verhältnisse geht".[38]

36 Bildet also die jeweilige Rechtsdienstleistung im Rahmen der Gesamttätigkeit eines Dienstleisters bei wertender Betrachtung des Inhalts der zu erbringenden Dienstleistung und der für die Haupttätigkeit erforderlichen Rechtskenntnisse den Schwerpunkt der Gesamttätigkeit, so handelt es sich nicht mehr um eine erlaubnisfreie Rechtsdienst-Nebenleistung, sondern um eine erlaubnispflichtige Rechtsdienst-Hauptleistung. Anders ausgedrückt **muss stets der wirtschaftliche Teil** und **darf nicht der rechtliche Teil** im **Vordergrund der beruflichen Gesamttätigkeit** stehen. Soweit die Rechtsprechung schon unter der Geltung des RBerG die Erlaubnisfreiheit von Rechtsdienstleistungen mit der Begründung bejaht hat, bei der jeweiligen Gesamttätigkeit stehe nicht die rechtliche Seite der Angelegenheit, sondern die Wahrnehmung wirtschaftlicher Belange im Vordergrund,[39] behält sie infolgedessen in vollem Umfang ihre Gültigkeit.

37 Aus dem Begriff und dem Kontext der „Nebenleistung" als einer im Zusammenhang mit einer Haupttätigkeit stehenden und zu ihr gehörenden Tätigkeit ergibt sich, dass es sich um eine Hilfs- oder Nebentätigkeit handeln muss, die sich im Rahmen der eigentlichen Berufsaufgabe vollzieht und deren Zweck dient, ohne dass sie untergeordnet zu sein braucht. Die Rechtsbesorgung darf jedoch nicht selbständig neben die anderen Berufsaufgaben treten oder gar im Vordergrund stehen (siehe Rn 36).[40] Nur wenn also eine Rechtsdienstleistung ihren den

---

38 BGH 11.11.2004 – I ZR 213/01, NJW 2005, 969 (Testamentsvollstreckung durch Banken); BGH 24.2.2005 – I ZR 128/02, NJW 2005, 2458 (Fördermittelberater); siehe auch Begr. RegE, BT-Drucks. 16/3655, S. 52.
39 Grundlegend BVerfG 29.10.1997 – 1 BvR 780/87, NJW 1998, 3481 (Überwachung von Patentschutzfristen – „MasterPat"); BVerfG 27.9.2002 – 1 BvR 2251/01, NJW 2002, 3531 (Erbenermittler); BGH 30.3.2000 – I ZR 289/97, NJW 2000, 2108 (Kfz-Werkstatt); BGH 11.11.2004 – I ZR 182/02, NJW 2005, 968 (Testamentsvollstreckung durch Steuerberater) und BGH 11.11.2004 – I ZR 213/01, NJW 2005, 969 (Testamentsvollstreckung durch Banken); BGH 24.2.2005 – I ZR 128/02, NJW 2005, 2458 (Fördermittelberater); OLG Frankfurt 19.2.1999 – 24 U 85/97, MDR 1999, 1167 (Optimierung von Telekommunikationsanlagen); OLG Düsseldorf 15.7.2003 – 24 U 6/03, NJW 2004, 1539 (Energieberater).
40 BGH 28.9.2000 – IX ZR 279/99, NJW 2001, 70, 71 zur Treuhandtätigkeit im Rahmen von Bauträgermodellen; ebenso *Chemnitz/Johnigk*, Art. 1 § 5 RBerG Rn 514 f.

Zwecken des Hauptgeschäfts dienenden Charakter wahrt, bleibt sie gemäß Abs. 1 S. 1 als Nebenleistung zu der jeweiligen Haupttätigkeit erlaubnisfrei. Ob dies der Fall ist, richtet sich einerseits gemäß Abs. 1 S. 2 nach dem Inhalt der zu erbringenden Rechtsdienstleistung unter Berücksichtigung der Rechtskenntnisse, die für die Haupttätigkeit erforderlich sind, andererseits aber auch nach der Erwartung des jeweiligen Auftraggebers eines Dienstleisters. Denn wie schon im Zusammenhang mit der Erforderlichkeit einer rechtlichen Prüfung des Einzelfalls iSd § 2 Abs. 1 dargelegt wurde (siehe § 2 Rn 28 ff), ist auch einer solchen Dienstleistung die Qualität einer Rechtsdienstleistung beizumessen, die nach der erkennbaren Erwartung des Rechtsuchenden die rechtliche Prüfung eines Einzelfalls zum Gegenstand hat. Bei der Frage nach dem Charakter einer solchen Dienstleistung als Rechtsdienst-Nebenleistung kommt es dann darauf an, welches Maß an fachlicher Qualifikation für die ordnungsgemäße Erbringung der betreffenden Rechtsdienstleistung erforderlich ist. Bedarf es dafür der vollen Kompetenz eines Rechtsanwalts oder der besonderen Sachkunde einer registrierten Person, so tritt die betreffende Rechtsdienstleistung aus ihrer dienenden Funktion zu den Zwecken des Hauptgeschäfts heraus und steht gleichwertig und gleichgewichtig neben der anderen, im Rahmen der Gesamttätigkeit zu erbringenden Dienstleistung. Von einer im Vordergrund stehenden wirtschaftlichen Betätigung des Dienstleisters, die den Schwerpunkt seiner Tätigkeit bildet, kann dann nicht mehr die Rede sein.

So wird bei komplexen Tätigkeiten wie zB einem **Unternehmenskauf** oder **-verkauf** zwar letzten Endes das wirtschaftliche Ergebnis und nicht die rechtliche Seite der Angelegenheit im Vordergrund stehen. Doch fällt bei derartigen, auf ein Gesamtergebnis gerichteten Tätigkeiten regelmäßig eine Fülle schwieriger zivil-, gesellschafts-, steuer- und arbeitsrechtlicher Fragen an, die der vollen Kompetenz eines Rechtsanwalts oder der besonderen Sachkunde anderer qualifizierter Personen, wie zB Wirtschaftsprüfer oder Steuerbrater, bedürfen und die deshalb nicht von weniger qualifizierten Personen als erlaubnisfreie „Nebenleistung" zu ihrer Hauptaufgabe erledigt werden können. Geht es dagegen im Rahmen einer Beratung zur Optimierung des Energieverbrauchs durch einen **Energieberater** als Haupttätigkeit lediglich um die Prüfung der vorzeitigen Kündbarkeit bestehender Energielieferungsverträge und die Führung von Verhandlungen mit den bisherigen Energielieferanten hierüber, dann können diese Rechtsdienstleistungen von ihrem Umfang und Gewicht her im Verhältnis zur Haupttätigkeit durchaus noch als „Nebenleistung" iSd Abs. 1 angesehen werden.[41]

38

Dienstleistungen, die ihrem Inhalt nach nicht auf den breiten Fundamenten des Vollberufs eines Rechtsanwalts aufbauen, sondern einfache und abgrenzbare Tätigkeiten wie die EDV-gestützte Überwachung von Patentschutzfristen zum Gegenstand haben, dürfen dagegen nur dann dem Erlaubnisvorbehalt unterworfen werden, wenn dies der Abwehr einer ernsthaften Gefahr für die mit dem RDG gemäß § 1 Abs. 1 S. 2 geschützten Gemeinwohlbelange dient.[42]

39

cc) Inhalt der Nebenleistung und erforderliche Rechtskenntnisse (Abs. 1 S. 2). Der Inhalt der jeweiligen Rechtsdienstleistung gibt mithin das Maß für die zu ihrer ordnungsgemäßen Bewältigung erforderlichen Rechtskenntnisse vor, die dann zu den für die Erbringung der Haupttätigkeit erforderlichen Rechtskennt-

40

---

41 OLG Düsseldorf 15.7.2003 – 24 U 6/03, NJW 2004, 1539 (Energieberater).
42 BVerfG 29.10.1997 – 1 BvR 780/87, NJW 1998, 3481 (MasterPat).

nissen ins Verhältnis zu setzen sind. Bleiben die für die Haupttätigkeit erforderlichen Rechtskenntnisse hinter den für die Erbringung der Nebenleistung erforderlichen Rechtskenntnissen zurück, so kann die Nebenleistung zum Schutz der Rechtsuchenden, des Rechtsverkehrs und der Rechtsordnung vor unqualifizierten Rechtsdienstleistungen nicht erlaubnisfrei erbracht werden. Die sich daraus zweifellos ergebende starke Beschränkung der Berufsausübungsfreiheit bei Berufen, die keine oder nur geringe rechtliche Kenntnisse erfordern, ist vom Gesetzgeber gewollt[43] und verfassungsrechtlich um der gemäß § 1 Abs. 1 S. 2 geschützten Gemeinwohlbelange willen nicht zu beanstanden.

41 Bei der Frage nach dem **Maß der für die Haupttätigkeit erforderlichen Rechtskenntnisse** ist dem Wortlaut der Vorschrift entsprechend nicht auf die jeweilige persönliche Kompetenz eines Dienstleisters, sondern auf die für seine Haupttätigkeit bei typisierender Betrachtung erforderlichen Kenntnisse abzustellen. **Wirtschaftsprüfer** oder **Steuerberater** können deshalb selbstverständlich in sehr viel weiterem Umfang erlaubnisfrei rechtsberatend tätig sein als zB ein **Kfz-Meister**, auch wenn er zufällig ein juristisches Studium absolviert haben sollte.[44]

42 So gehört die Beratung von Unternehmern zu sozialversicherungsrechtlichen Fragen oder auch zu gesellschaftsrechtlichen Aspekten bei der Rechtsformwahl zu den von Steuerberatern unbedenklich erlaubnisfrei zu erbringenden Rechtsdienstleistungen. Die Erarbeitung ganzer Gesellschaftsverträge oder der Entwurf von Testamenten ist ihnen dagegen trotz der leider auch schon unter der Geltung des RBerG immer wieder zu beobachtenden Praxis nach wie vor nicht erlaubt. Denn die Schwierigkeit und Komplexität dieser Rechtsdienstleistungen erfordert im Sinne der europa- und verfassungsrechtlichen Rechtsprechung (siehe Rn 2) die volle Kompetenz eines Rechtsanwalts oder die besondere Sachkunde einer registrierten Person. Darüber hinaus stellen diese Rechtsdienstleistungen auch keine „Nebenleistungen" zu der jeweiligen betriebswirtschaftlich und steuerrechtlich ausgerichteten Haupttätigkeit von Wirtschaftsprüfern und Steuerberatern dar, weil sie keine dienende Funktion mehr für die Haupttätigkeit haben, sondern als selbständige Dienstleistungen gleichwertig und gleichgewichtig neben die übrige beratende Tätigkeit treten. Auch wenn der (sachliche) Zusammenhang zwischen beiden Dienstleistungen zu bejahen ist, so „gehören" derartige Rechtsdienstleistungen deshalb weder nach ihrem Inhalt und den für die Haupttätigkeit erforderlichen Rechtskenntnissen noch als „Nebenleistungen" (siehe Rn 34 ff) zu den für Wirtschaftsprüfer und Steuerberater erlaubnisfreien Tätigkeiten.[45]

43 Was die **Kfz-Reparaturbetriebe** oder auch **Mietwagenunternehmen** betrifft, so ist zwar vorstellbar, dass sie sich im Zuge des ständigen Wandels von Berufs- und Tätigkeitsbildern wegen der entwicklungsoffenen Struktur des Abs. 1 S. 1 (siehe Rn 32) in zulässiger Weise mehr und mehr des **Unfallschadensmanagements** annehmen und die hierfür erforderliche fachliche Kompetenz durch entsprechend ausgebildetes Personal bereitstellen. Doch wird ein solches Schadensmanagement dann ebenfalls schnell die in Rn 34 ff aufgezeigte Grenze zwischen

---

43 Siehe Begr. RegE, BT-Drucks. 16/3655, S. 54 re. Sp.
44 So Begr. RegE, BT-Drucks. 16/3655, S. 54 re. Sp.; ebenso *Henssler/Deckenbrock*, DB 2008, 41, 43; *Franz*, AnwBl 2006, 232, 234; aA *Kleine-Cosack*, BB 2007, 2637, 2640.
45 AA *Henssler/Deckenbrock*, DB 2008, 41, 43 zumindest für „Standardverträge".

Nebenleistung und Haupttätigkeit überschreiten, weil es gleichwertig und gleichgewichtig neben die Haupttätigkeit tritt und deshalb nicht mehr als „Nebenleistung" qualifiziert werden kann. Die bloße Aneignung der für die beabsichtigte Erbringung von Rechtsdienstleistungen erforderlichen Rechtskenntnisse reicht deshalb nicht *per se* aus, um diese Rechtsdienstleistungen auch erlaubnisfrei erbringen zu können.[46] Vielmehr wird jeder Dienstleister, der sein Tätigkeitsfeld auf die Erbringung von Rechtsdienstleistungen ausdehnen möchte, zu prüfen haben, ob es sich bei der jeweiligen Rechtsdienstleistung nach ihrem Inhalt und ihrem Gewicht im Verhältnis zur Haupttätigkeit auch noch um eine „Nebenleistung" handelt oder nicht.

c) Einzelfälle. aa) Prüfungsschema. Steht eine Rechtsdienstleistung im Zusammenhang mit einer anderen Tätigkeit und gehört sie zu deren Berufs- oder Tätigkeitsbild, dann ist bei der Frage nach der Erlaubnisfreiheit einer Rechtsdienstleistung gemäß den vorstehenden Erläuterungen zum Begriff der Nebenleistung jeweils noch zu prüfen, ob die Rechtsdienstleistung **44**

- im Verhältnis zur Haupttätigkeit eine Hilfs- oder Nebentätigkeit darstellt (siehe Rn 34 ff) und
- ihrem Inhalt nach nur solche Rechtskenntnisse erfordert, die die für die Haupttätigkeit erforderlichen Rechtskenntnisse bei typisierender Betrachtung nicht übersteigen (siehe Rn 40).

Bei Anwendung dieses Prüfungsschemas ergeben sich für die erlaubnisfreie Erbringung von Rechtsdienstleistungen in den nachstehend erörterten Einzelfällen die dort aufgezeigten Grenzen.

bb) Anlageberater/Vermögensverwaltung. Rechtsdienstleistungen, die in einem unmittelbaren Zusammenhang mit einer Vermögensverwaltung stehen, waren schon in Art. 1 § 5 Nr. 3 RBerG ausdrücklich für zulässig erklärt worden, und in der Tat spielen bei der Anlageberatung und der Vermögensverwaltung vor allem steuerrechtliche Aspekte eine große Rolle. Die Beratung über die steuerrechtlichen Folgen einzelner Anlageformen und -produkte ist dementsprechend als „Nebenleistung" iSd Abs. 1 auch weiterhin zulässig. Ginge ein Anlageberater/Vermögensverwalter allerdings dazu über, das gesamte Vermögen eines Kunden unter Steueroptimierungsgesichtspunkten zu überprüfen und dem Kunden Vorschläge zur Neustrukturierung zu unterbreiten, hätte eine solche Tätigkeit offensichtlich nicht mehr den Charakter einer „Nebenleistung", sondern wäre von ihrem Umfang, vor allem aber ihrem Inhalt her als eine Haupttätigkeit einzustufen, die wegen der dafür erforderlichen Rechtskenntnisse den Steuerberatern, Wirtschaftsprüfern und Rechtsanwälten vorbehalten ist. Sie darf deshalb von anderen als den dafür besonders qualifizierten Berufsangehörigen auch dann nicht erbracht werden, wenn der Kunde dies ausdrücklich wünschen sollte (siehe Rn 8, 23). Erst recht gilt dies für eine etwa noch darüber hinausgehende rechtliche Beratung zB miet-, erb- oder schenkungsrechtlicher Art, wobei eine solche Beratung bei objektiver Betrachtung schon nicht mehr in einem „sachlichen Zusammenhang" mit der Haupttätigkeit stehen dürfte (siehe Rn 15 ff). **45**

Zu einer qualifizierten Anlageberatung wird häufig auch die Berücksichtigung einer angemessenen **privaten Altersvorsorge** gehören. Geht die Anlageberatung in diesem Zusammenhang über die allgemeine Information zu vorhandenen **45a**

---

46 So aber *Kleine-Cosack*, BB 2007, 2637, 2640.

Möglichkeiten privater oder auch öffentlich geförderter Renten und deren sinnvolle Integration in ein Vorsorgekonzept hinaus, wird es sich regelmäßig um eine individuelle **Versicherungs-** oder auch **Rentenberatung** handeln, die wegen ihres Inhalts und der dafür erforderlichen Rechtskenntnisse nicht mehr als „Nebenleistung" iSd Abs. 1 qualifiziert werden könnte (zu Einzelheiten siehe § 10 Rn 24 ff und § 2 RDGEG Rn 1 ff).

46 Eine ordnungsgemäße Anlageberatung oder Vermögensverwaltung kann und muss ggf auch auf eine **Vermögens-** oder **Unternehmensnachfolge** Bedacht nehmen. In diesem Zusammenhang gehört es zu den erlaubnisfreien Rechtsdienst-Nebenleistungen des Beraters bzw Verwalters, seinen Auftraggeber über die gesetzliche Erbfolge in seinem konkreten Fall zu unterrichten, ihn nach seinen Vorstellungen zu möglichen Nachfolgeregelungen zu fragen und ihm die zivil- und steuerrechtlichen Folgen der jeweiligen Regelungen darzustellen. Erlaubt sind auch noch Hinweise auf und Erläuterungen zu in Betracht kommenden Alternativen wie zB die Umwandlung eines Unternehmens in eine bestimmte Gesellschaftsform oder seine Einbringung in eine zu errichtende Stiftung. Darüber hinausgehende Tätigkeiten, wie zB die Konzipierung der Unternehmensumwandlung und ihre Umsetzung, der Entwurf eines Testaments oder auch die Ausarbeitung einer Stiftungssatzung, hätten dagegen im Verhältnis zur Haupttätigkeit keine dienende Funktion mehr, sondern stellten vom Inhalt und Umfang her eine eigene Haupttätigkeit dar, die wegen ihrer Komplexität den hierfür qualifizierten Berufen, also den Rechtsanwälten oder Steuerberatern und Wirtschaftsprüfern, vorbehalten ist.[47]

47 cc) **Architekten; Baubetreuer/Projektsteuerer.** Den Architekten hat die Rechtsprechung schon unter der Geltung des RBerG umfangreiche Rechtsdienstleistungen nicht nur erlaubt, sondern als Teil ihrer vertraglichen Verpflichtungen ausdrücklich auferlegt (siehe Rn 25 f). Sie können nach dem RDG durchaus noch als „Nebenleistungen" iSd Abs. 1 qualifiziert werden, stoßen andererseits aber wegen ihres Inhalts und Umfangs auch schon an die Grenzen der Erlaubnisfreiheit. Denn der Architekt wird auch durch das RDG keinesfalls einem Rechtsberater gleichgestellt.[48] Vielmehr bleibt es dabei, dass er Rechtsdienstleistungen nur insoweit erlaubnisfrei erbringen darf, als es sich um eine „Nebenleistung" iSd Abs. 1 handelt. Die Beratung eines Bauherrn über nachbarrechtliche Verstöße eines Nachbarn ist dem Architekten deshalb ebenso untersagt wie die Vertretung bei Finanzierungsverhandlungen und das Entwerfen von Miet- oder Kaufverträgen für die Wohnungen in einem von ihm zu planenden Gebäude.[49]

48 Die **Prozessvertretung** eines Bauherrn war dem Architekten nach hM bereits unter der Geltung des RBerG untersagt,[50] und dies gilt für das RDG schon deshalb

---

47 So schon nach dem RBerG OLG Karlsruhe 9.11.2006 – 4 U 174/05, NJW-RR 2007, 206. Die dagegen eingelegte Nichtzulassungsbeschwerde wurde durch – nicht veröffentlichten – Beschluss des BGH vom 24.4.2008 zurückgewiesen.
48 So schon nach dem RBerG ausdrücklich BGH 25.10.1984 – III ZR 80/83, NJW 1985, 1692, 1693.
49 So schon nach dem RBerG BGH 10.11.1977 – VII ZR 321/75, NJW 1978, 322, 323.
50 OVG Lüneburg 7.10.1971 – I B 76/71, NJW 1972, 840; OVG Münster 11.12.1978 – XI B 2767/77, NJW 1979, 2165; *Groscurth*, in: Neuenfeld/Baden/Dohna/Groscurth, Handbuch des Architektenrechts, Bd. 1, Teil II Rn 258 mwN aus der Literatur gegen die vereinzelt gebliebene Entscheidung des OVG Münster 27.4.1966 – VII B 164/66, NJW 1966, 2232 f.

weiterhin, weil es gemäß § 1 Abs. 1 S. 1 ausschließlich die Befugnis zur Erbringung außergerichtlicher Rechtsdienstleistungen regelt. Die Befugnis zur Prozessvertretung ist dagegen in den Art. 7 ff des Gesetzes zur Neuregelung des Rechtsberatungsrechts vom 12.12.2007[51] gesondert geregelt worden. Insoweit ist auf die diesbezügliche Kommentarliteratur zu verweisen. Im Ergebnis hat das RDG mithin für die Architekten und Stadtplaner gegenüber der Rechtslage nach dem RBerG keine Erweiterung ihrer Rechtsdienstleistungsbefugnisse mit sich gebracht.

Von der Tätigkeit der Architekten zu unterscheiden ist diejenige der **Baubetreuer** und **Projektsteuerer**, deren Tätigkeit bei Übernahme einer Vollbetreuung nicht nur – wie beim Architektenvertrag – in der Erstellung des Architektenwerks, sondern in der Erstellung eines Bauwerks als körperlichen Gegenstand oder eines bestimmten Projekts besteht.[52] Sie ist infolgedessen sehr viel umfassender als diejenige eines Architekten auch auf die wirtschaftliche, organisatorische und rechtliche Betreuung des Bauherrn ausgerichtet. Auch bei diesen Tätigkeiten ist aber bei der Frage nach der Erlaubnisfreiheit der zu erbringenden Rechtsdienstleistung darauf abzustellen, ob es sich bei ihr im Verhältnis zu der jeweils zu erbringenden Haupttätigkeit um eine dieser dienende Hilfstätigkeit und damit eine „Nebenleistung" iSd Abs. 1 handelt oder nicht. Dementsprechend können bei einer Vollbetreuung auch umfangreiche Rechtsdienstleistungen noch als – erlaubnisfreie – „Nebenleistungen" zu der Haupttätigkeit der Erstellung eines Bauwerks angesehen werden. Anderes gilt jedoch, wenn einem Baubetreuer/Projektsteuerer nur Teilleistungen übertragen werden und die in deren Rahmen zu erbringenden Rechtsdienstleistungen dadurch ein über eine „Nebenleistung" hinausgehendes Gewicht erhalten oder die Aufgabenstellung des Baubetreuers/Projektsteuerers deutlich rechtlich geprägt ist.[53] So wird zB in den Leistungsangeboten von Projektsteuerern öfter die Übernahme des Vertragsmanagements einschließlich des Nachforderungsmanagements in den Vordergrund gestellt, damit aber eben nicht mehr eine Rechtsdienst-Nebenleistung zu einer Haupttätigkeit erbracht, sondern die Rechtsdienstleistung selbst zur Haupttätigkeit gemacht.[54]

dd) Banken/Sparkassen. (1) Haupt- und Nebenleistungen. Hauptaufgabe der Banken und Sparkassen ist die Abwicklung des Zahlungsverkehrs und der sonstigen Bankgeschäfte ihrer Kunden, insbesondere von Finanzierungen, Wertpapierhandel und Vermögensverwaltung. Die dazugehörigen Rechtsdienstleistungen wie die Beratung zu möglichen Kreditsicherungsmitteln und die Beschaffung der hierzu erforderlichen grundbuchmäßigen Unterlagen sowie der Entwurf der erforderlichen grundbuchmäßigen Erklärungen oder Abtretungen von Lebensversicherungen stellen zweifelsfrei erlaubte „Nebenleistungen" iSd Abs. 1 dar. Dagegen würde die Grenze zur Rechtsdienstleistung als erlaubnispflichtiger Haupttätigkeit überschritten, wenn eine Bank dazu überginge, ihren Kunden auch hinsichtlich des jeweils zu finanzierenden Geschäfts zu beraten oder gar zu vertreten. Denn eine Rechtsdienstleistung ist als „Nebenleistung" nur in Bezug

---

51 BGBl. I S. 2840, 2849.
52 Vgl BGH 11.6.1976 – I ZR 55/75, NJW 1976, 1635, 1637 und § 31 HOAI.
53 BGH 11.6.1976 – I ZR 55/75, NJW 1976, 1635, 1637.
54 Zu weiteren Einzelheiten siehe *Kniffka*, ZfBR 1994, 253 ff, *ders.*, ZfBR 1995, 10 ff sowie *Heiermann*, BauR 1996, 98 ff.

auf die jeweils zu erbringende „andere Tätigkeit", bei einer Finanzierung also die Kreditgewährung, erlaubnisfrei und kann deshalb nicht über das Vehikel der „anderen Tätigkeit" auf eine erlaubnisfreie „Nebenleistung" für das eigentliche Geschäft des Kunden ausgedehnt werden. Soll also ein Kredit der Finanzierung eines Unfallschadens dienen, kann die Bank nicht etwa die Schadensregulierung als – erlaubnisfreie – Rechtsdienst-Nebenleistung übernehmen[55] und ebenso sind ihr bei der Finanzierung eines Unternehmenskaufs die Beratung und Vertretung ihres Kunden bei den Kaufverhandlungen verwehrt.

51 Diesem Ergebnis kann nicht mit dem Argument begegnet werden, die Bank müsse schließlich zur Absicherung ihres Kredits Inhalt und Ergebnis des von ihrem Kunden angestrebten Geschäfts (mit-)steuern können. Denn nicht dieses Geschäft ihres Kunden, sondern lediglich seine Finanzierung stellt ihre Haupttätigkeit und damit zugleich die unüberwindbare Grenze und den alleinigen Maßstab für die Rechtsdienstleistungen dar, die als Nebenleistungen erlaubnisfrei erbracht werden können.

52 Ebenso wenig kann dieses Ergebnis durch eine vertragliche Vereinbarung zwischen Bank und Kunden umgangen werden, in der die Unfallschadenregulierung oder der Unternehmenskauf zu der von der Bank zu erbringenden Hauptleistung erklärt werden, um auf diese Weise die damit verbundenen Rechtsdienstleistungen als – erlaubnisfreie – „Nebenleistungen" erscheinen lassen zu können. Denn bei den gesetzlichen Tatbestandsmerkmalen handelt es sich um objektive Kriterien, die einer Abänderung durch Parteiwillen entzogen sind (siehe Rn 8, 23).

53 **(2) Umschuldungen und Sanierungen.** Bei Umschuldungen und Sanierungen steht für die Banken und Sparkassen in aller Regel ihre wirtschaftliche Betätigung im Vordergrund, während die damit verbundenen Rechtsdienstleistungen lediglich dienende Funktion haben. Das gilt zumindest dann, wenn es um die Sanierung der Finanzen eines eigenen Kreditnehmers geht und das Kreditinstitut sich auf die wirtschaftlichen Aspekte der angestrebten Umschuldung konzentriert. Fragt also ein Kreditinstitut nach Ermittlung der wirtschaftlichen Verhältnisse seines Kunden zur Vorbereitung einer Sanierung bei den Gläubigern des Kunden unter bloßem Hinweis auf dessen wirtschaftliche Verhältnisse an, ob sie zu einem teilweisen Verzicht auf ihre Forderungen bereit seien, dann stellt dies eine nach Abs. 1 erlaubnisfreie Tätigkeit dar. Denn sie ist zwar insofern mit einer Rechtsdienstleistung iSd § 2 Abs. 1 verbunden, als sie auf eine Umgestaltung der konkreten Rechtsverhältnisse des Kunden mit seinen Gläubigern gerichtet ist (siehe § 2 Rn 3 ff, 12, 16), hat aber im Verhältnis zur Haupttätigkeit vom Inhalt und Umfang sowie den erforderlichen Rechtskenntnissen her eindeutig den Charakter einer Nebenleistung.[56] Gleiches gilt für die Überprüfung bereits bestehender Finanzierungsverträge und deren Kündbarkeit zum Zwecke der Umschuldung.

54 Differenziert zu beurteilen ist dagegen die weitere Entwicklung eines solchen Vorgehens. Unterbreiten nämlich einzelne oder mehrere Gläubiger entgegen der an sie gerichteten Aufforderung Gegenvorschläge, die eine rechtliche Prüfung der Forderung nahe legen oder einer Umsetzung in einer detaillierten rechtlichen

---

55 Vgl dazu den vom OLG Stuttgart 5.2.1971 – 6 U 92/70, AnwBl 1971, 214 entschiedenen Fall.
56 Im Ergebnis, nicht aber in der Begründung zutreffend deshalb OLG Karlsruhe 9.7.2008 – 6 U 51/08, NJW 2008, 3229; nach dem RBerG noch anders OLG Hamm 19.4.1994 – 4 U 150/93, BB 1994, 1107.

Vereinbarung bedürfen, dann werden die damit verbundenen Rechtsdienstleistungen nach ihrem Inhalt und Umfang sowie den hierfür typischerweise erforderlichen Rechtskenntnissen nicht mehr als Nebenleistung zur Haupttätigkeit des Kreditinstituts betrachtet werden können und bleiben deshalb der vollen Kompetenz von Rechtsanwälten vorbehalten.

Soll ein Kreditinstitut in die Sanierung eines präsumtiven Neukunden einbezogen werden, liegt die Gefahr nahe, dass es nicht nur in eine intensive betriebswirtschaftliche, sondern auch in eine umfassende rechtliche Prüfung sowohl der Verbindlichkeiten des möglichen neuen Geschäftspartners als auch seiner sonstigen Rechtsverhältnisse eintritt und ihn dazu rechtsgestaltend berät, ja, die Umgestaltung dieser Rechtsverhältnisse zur Voraussetzung für seine Bereitschaft zur angestrebten finanziellen Sanierung des Neukunden macht. Eine derartige Rechtsdienstleistung stünde aber gleichgewichtig und gleichwertig neben der Tätigkeit als neuer Kreditgeber und ginge nach ihrem Inhalt und Umfang sowie den hierfür erforderlichen Rechtskenntnissen weit über eine erlaubnisfreie Nebenleistung hinaus. 55

(3) **Anlageberatung und Vermögensverwaltung.** Bei der Anlageberatung und Vermögensverwaltung gilt für Banken und Sparkassen nichts anderes als für selbständige Anlageberater, weshalb auf die diesbezüglichen Ausführungen verwiesen werden kann (siehe Rn 45 f). Für die Tätigkeiten im Rahmen einer **Testamentsvollstreckung** gelten die Ausführungen zur Sonderregelung des Abs. 2 (siehe Rn 108 ff). 56

(4) **Gefahr der Interessenkollision.** Abschließend ist besonders hervorzuheben, dass Banken im Zusammenhang mit einem Geschäft ihres Kunden stehende Rechtsdienstleistungen wohl häufig auch deshalb nicht übernehmen können dürften, weil sie dadurch in eine Interessenkollision mit ihren Leistungspflichten als finanzierende Bank iSd § 4 geraten würden (siehe näher Rn 110 ff).[57] 57

ee) Detekteien, Auskunfteien. Detekteien und Auskunfteien sind nach dem RDG nicht mehr darauf beschränkt, lediglich bestimmte, ihnen von ihrem Auftraggeber vorgeschriebene tatsächliche Feststellungen zu treffen.[58] Vielmehr können sie nunmehr im Rahmen eines ihnen bereits erteilten Auftrags auch selbständig die von ihnen zur Geltendmachung des jeweiligen Anspruchs für notwendig gehaltenen Feststellungen treffen. Aus diesem Grunde sollte allerdings jeder Auftraggeber auf eine präzise Festlegung von Inhalt und Umfang der vorzunehmenden Ermittlungen Wert legen, um einer unerwünschten Ausdehnung und den damit verbundenen Kostenfolgen entgegenzuwirken. Eine Beratung darüber, welche Feststellungen ein Auftraggeber zur erfolgreichen Durchsetzung seiner Ansprüche im Einzelnen treffen müsste, ist den Detekteien und Auskunfteien dagegen auch nach dem RDG nicht erlaubt. Denn sie erfordert Rechtskenntnisse, die regelmäßig über die bei Detekteien und Auskunfteien typischerweise vor- 58

---

57 Das OLG Karlsruhe (9.7.2008 – 6 U 51/08, NJW 2008, 3229) hat dieses Problem in einem Fall der Sanierungsberatung zwar angesprochen, bezogen auf das RBerG jedoch gemeint, der Schutzzweck des Gesetzes erfasse mögliche Interessenkollisionen nicht. Da die Entscheidung nach Inkrafttreten des RDG ergangen ist, hätte es jedoch prüfen müssen, ob sich für die Bank aus § 4 RDG ein Tätigkeitsverbot ergab. Gerade bei den vorstehend erörterten Umschuldungen und Sanierungen, wie sie auch Gegenstand des Urteils des OLG Karlsruhe waren, spricht vieles für ein solches Tätigkeitsverbot.
58 So nach früherem Recht *Chemnitz/Johnigk*, Art. 1 § 1 RBerG Rn 44 und *Rennen/Caliebe*, Art. 1 § 1 RBerG Rn 43.

handenen Rechtskenntnisse weit hinausgehen und nur einem Rechtsanwalt eigen sind.

59 **ff) Erbenermittler.** Die Tätigkeit von Erbenermittlern fällt in den Anwendungsbereich des RDG, wenn und soweit sie Rechtsdienstleistungen wie zB die Anmeldung von Ansprüchen bei Behörden vornehmen oder die Eintragung von Rechten in Grundbüchern veranlassen. Derartige Tätigkeiten sind aber als erlaubnisfreie Nebenleistungen iSd Abs. 1 zu qualifizieren, solange und soweit sie sich nach ihrem Inhalt und den für die Haupttätigkeit erforderlichen Rechtskenntnissen als eine solche „Nebenleistung" darstellen. Dies ist in jedem Einzelfall gesondert zu prüfen, wobei hinsichtlich der erforderlichen Rechtskenntnisse ebenso wie bei anderen beruflichen Tätigkeiten nicht auf die individuellen Rechtskenntnisse des jeweiligen Erbenermittlers, sondern auf die für die **Haupttätigkeit typischerweise erforderlichen Rechtskenntnisse** abzustellen ist (siehe dazu grundlegend Rn 40 ff; siehe zB für Kfz-Werkstätten Rn 69 ff, für Mediatoren Rn 79 ff). Diese Haupttätigkeit kann aber sachgerecht nicht ohne Kenntnisse insbesondere der Erbfolgeregelungen, aber auch zB des Grundbuchrechts oder des Vermögensgesetzes erbracht werden, weshalb Tätigkeiten in diesen Bereichen, die, wie in dem von dem BVerfG entschiedenen Fall,[59] der Sicherung und dem Nachweis der Ansprüche der zu ermittelnden Erben dienen, erlaubnisfrei erbracht werden können. Ein Antrag auf Erteilung eines **Erbscheins** ist allerdings als Teil des nachlassgerichtlichen Verfahrens den in § 10 Abs. 2 FamFG als vertretungsberechtigt bezeichneten Personen und Institutionen vorbehalten, so dass Erbenermittler einen solchen Antrag nur dann stellen und die Erben auch im Verfahren vertreten können, wenn sie über die Befähigung zum Richteramt verfügen und eine Vertretung durch Rechtsanwälte nicht geboten ist.

60 Wird ein Erbenermittler über seinen Auftrag der Erbenermittlung hinaus auch mit der **Nachlassabwicklung** beauftragt, so stellt dies im Verhältnis zur Erbensuche vom Inhalt und Umfang der Tätigkeit her keine Nebenleistung zur Haupttätigkeit der Erbensuche, sondern eine davon zu trennende eigene Haupttätigkeit dar (zur Problematik vgl auch Rn 17),[60] so dass die Erlaubnisfreiheit der im Zusammenhang damit erbrachten Rechtsdienstleistungen am Maßstab dieser neuen oder weiteren Haupttätigkeit zu überprüfen ist (siehe Rn 17). So setzt etwa die zum Zwecke der Erbauseinandersetzung erfolgende Veräußerung gut handelbarer Wirtschaftsgüter, wie etwa von Kraftfahrzeugen, Antiquitäten oder Schmuckstücken, grds. keine Prüfung voraus, ob damit rechtliche Nachteile verbunden sein können, so dass deren Veräußerung unter dieser Voraussetzung ebenso erlaubnisfrei erbracht werden kann wie etwa regelmäßig die Auflösung eines Haushalts. Anders kann es sich verhalten, wenn vom Erblasser getroffene Verfügungen einer solchen Veräußerung entgegenstehen könnten und deshalb eine nähere rechtliche Überprüfung erforderlich ist. Erst recht wird dies in Fällen gelten, in denen ein Unternehmen oder Unternehmensbeteiligungen zum Nachlass gehören. Maßgebend sind aber auch insoweit immer die gesamten Umstände des Einzelfalls.[61]

61 **gg) Frachtprüfer, vereidigte Versteigerer.** Rechtsdienstleistungen, die im Zusammenhang mit einer Frachtprüfung erbracht werden, sollten gemäß Abs. 2 des

---

59 BVerfG 27.9.2002 – 1 BvR 2251/01, NJW 2002, 3531 (Erbenermittler).
60 So zutreffend BGH 16.3.1989 – I ZR 30/87, NJW 1989, 2125 (Erbensucher).
61 So zutreffend BGH 13.3.2003 – I ZR 143/00, NJW 2003, 3046, 3048 (Erbenermittler).

RefE zum RDG über die Regelung des Art. 1 § 1 S. 2 Nr. 3 RBerG hinaus ebenso wie die Rechtsdienstleistungen im Zusammenhang mit einer Testamentsvollstreckung, Haus- und Wohnungsverwaltung oder Fördermittelberatung generell für zulässig erklärt werden. Schon im RegE wurde jedoch auf die Aufnahme der Frachtprüfung in den Tätigkeitskatalog des Abs. 2 im Hinblick auf die rückläufigen Zahlen bei der Zulassung der Frachtprüfer und das geringe Schutzbedürfnis des Adressatenkreises verzichtet. Infolgedessen ist die Erlaubnisfreiheit von Rechtsdienstleistungen, die im Zusammenhang mit Frachtprüfungen erbracht werden, ausschließlich nach den Kriterien des Abs. 1 zu beurteilen. Da der sachliche Zusammenhang einer Rechtsdienstleistung mit und ihre Zugehörigkeit zur Frachtprüfung regelmäßig außer Streit stehen werden, wird es einmal mehr darauf ankommen, ob sich die jeweilige Rechtsdienstleistung noch als „Nebenleistung" iSd Abs. 1 darstellt. Für Tätigkeiten, die schon nach früherem Recht erlaubnisfrei erbracht werden konnten, steht dies außer Frage. Infolgedessen sind Frachtprüfer auch weiterhin nicht auf Rechtsdienstleistungen im Bereich staatlich festgesetzter Frachttarife beschränkt.[62] Der Zielsetzung des RDG entsprechend werden sie ihre Rechtsdienstleistungen nun aber auch über die ihnen früher gezogenen Grenzen hinaus ausdehnen können, solange sie im sachlichen Zusammenhang mit ihrer Haupttätigkeit stehen und die jeweils erforderlichen Rechtskenntnisse die für einen Frachtprüfer typischerweise erforderlichen Rechtskenntnisse nicht übersteigen.

Was die **vereidigten Versteigerer** betrifft, so hat der Gesetzgeber auf eine besondere Regelung iSd Art. 1 § 1 Abs. 1 Nr. 4 RBerG im Hinblick auf die für ausreichend angesehene Vorschrift des § 34 b GewO verzichtet. Im Übrigen gilt für die Erlaubnisfreiheit der von ihnen erbrachten Rechtsdienstleistungen selbstverständlich ebenfalls Abs. 1.

hh) Inkasso. Das RDG will nur solche Inkassodienstleistungen regeln, in denen es um die **Forderungseinziehung auf fremde Rechnung** geht. Das sind zum einen die klassischen Fälle einer Einziehungsvollmacht, in denen die einzuziehende Forderung nicht nur wirtschaftlich, sondern auch formal eine fremde bleibt, zum anderen aber auch die Fälle eines Forderungseinzugs aufgrund einer Inkassozession, bei der die Forderung formal auf den Einziehenden übertragen wird, die Einziehung aber weiterhin auf Risiko und Rechnung des ursprünglichen Forderungsinhabers erfolgt.

Von dem Anwendungsbereich des Gesetzes von vorneherein ausgenommen sind dagegen alle Fälle des Ankaufs fremder Forderungen, bei denen ein endgültiger Forderungserwerb stattfindet und das Risiko des Forderungsausfalls auf den Erwerber übergeht.[63] Dazu gehören alle Finanzgeschäfte im Rahmen des **echten Factoring**, aber auch die Tätigkeit der ärztlichen und anwaltlichen **Verrechnungsstellen**, sofern sie die Forderungen tatsächlich ankaufen, und schließlich der Ankauf ganzer Kreditportfolios, insbesondere im Rahmen sog. **non-performing-loan-Transaktionen**. Zu Gründen und Abgrenzungsfragen siehe auch § 2 Rn 100 ff und 107 ff.[64]

---

62 Siehe dazu BGH 7.11.1991 – I ZR 180/89, NJW 1992, 838.
63 So ausdrücklich auch Begr. RegE, BT-Drucks. 16/3655, S. 48 f.
64 So Begr. RegE, BT-Drucks. 16/3655, S. 48; zu den Gründen und Abgrenzungsfragen siehe Begr. RegE, BT-Drucks. 16/3655, S. 36 f.

65 Ob eine abgetretene Forderung auf eigene oder auf fremde Rechnung eingezogen wird, ist im Streitfall anhand des zugrunde liegenden Vertrages zu prüfen. Entscheidend ist, ob die Forderungen endgültig auf den Erwerber übertragen werden und er insbesondere das Bonitätsrisiko übernimmt. Vertragsklauseln, die für den Fall des Ausfalls des Schuldners eine Rückabwicklung des Kaufvertrages vorsehen oder eine Garantie für die Beitreibbarkeit der übertragenen Forderungen enthalten, verdeutlichen dabei, dass es sich nicht um einen Forderungskauf, sondern um eine (verdeckte) Abtretung zu Einziehungszwecken handelt. Entscheidend ist stets, dass der Erwerber einer Forderung das volle wirtschaftliche Risiko der Beitreibung der Forderung übernimmt.[65]

66 Wird die Einziehung fremder oder zum Zweck der Einziehung auf fremde Rechnung abgetretener Forderungen als „eigenständiges Geschäft", also im Rahmen einer ständigen haupt- oder nebenberuflichern Inkassotätigkeit betrieben, stellt sie gemäß § 2 Abs. 2 S. 1 in jedem Falle eine Rechtsdienstleistung dar, die gemäß § 3 einer Erlaubnis bedarf und dementsprechend gemäß § 10 Abs. 1 Nr. 1 nur von registrierten Personen aufgrund ihrer besonderen Sachkunde erbracht werden darf. Übernimmt ein Dienstleister das Inkasso fremder Forderungen im Rahmen einer „eigenständigen" Geschäftstätigkeit iSd § 2 Abs. 2, ohne über eine solche Registrierung zu verfügen, ist sein Forderungserwerb wegen eines Verstoßes gegen § 134 BGB nichtig, wenn er sich nicht als Kauf im Sinne der Ausführungen in Rn 64 darstellt, sondern lediglich zu Einziehungszwecken erfolgt ist. Schuldner, die nicht von ihrem ursprünglichen Gläubiger, sondern von einem Inkassounternehmen auf die Begleichung ihrer Schuld in Anspruch genommen werden, sollten deshalb stets die rechtliche Legitimation des Unternehmens zur Geltendmachung der Forderung prüfen.

67 Erfolgt ein Inkasso für fremde Rechnung nicht im Rahmen eines „eigenständigen Geschäfts" iSd § 2 Abs. 2, ist zunächst zu prüfen, ob es sich überhaupt um eine Rechtsdienstleistung iSd § 2 Abs. 1 handelt. Zwar wird dies regelmäßig zu bejahen sein, weil der jeweilige Dienstleister das Inkasso wohl kaum ohne vorherige rechtliche Prüfung der Forderung übernehmen oder sich im Zuge des Inkassos spätestens bei Einwendungen des Schuldners mit der Notwendigkeit einer rechtlichen Prüfung konfrontiert sehen wird (zum Forderungseinzug im Wege des sog. **Micropayment** siehe § 2 Rn 17 und 139).[66] Doch kann diese Rechtsdienstleistung unter den Voraussetzungen des § 5 auch als – erlaubnisfreie – Nebenleistung erbracht werden. Beispielhaft sei hier die Einziehung einer der Kfz-Werkstatt zum Ausgleich ihrer Reparaturkostenrechnung erfüllungshalber abgetretenen Schadensersatzforderung aus einem Unfallschaden oder auch die Einziehung einer einem Krankenhaus oder Arzt erfüllungshalber abgetretenen Forderung gegen einen privaten Krankenversicherer genannt. Ist der Haftungsgrund bei einem Kfz-Unfallschaden unstreitig, wird die Kfz-Werkstatt auch eventuell entstandene Sachverständigenkosten oder die Kosten eines von ihr vermieteten Mietwagens bei dem Unfallgegner bzw seinem Haftpflichtversicherer geltend machen und die

---

65 So Begr. RegE, BT-Drucks. 16/3655, S. 48 f unter Bezugnahme auf BGH 24.10.2000 – XI ZR 273/99, NJW-RR 2001, 1420, 1421.
66 Tendenziell anders noch die Begr. RegE, BT-Drucks. 16/3655, S. 49 li. Sp. und S. 53 li. Sp., die sich allerdings noch auf das in § 2 Abs. 1 RegE vorgesehene, später aber entfallene Erfordernis einer „besonderen" rechtlichen Prüfung des Einzelfalls für das Vorliegen einer Rechtsdienstleistung bezog.

Höhe der Kosten verteidigen können (wegen weiterer Einzelheiten zu Kfz-Werkstätten siehe Rn 69 ff).

Das Inkasso von Forderungen, die im Wege des sog. **unechten Factoring** erworben werden, gehört schon seiner Natur nach zu den erlaubnisfreien Rechtsdienst-Nebenleistungen, weil die Abtretung in diesen Fällen lediglich erfüllungshalber zur Kreditsicherung erfolgt. 68

ii) Kfz-Werkstätten. In der öffentlichen Diskussion um die Neugestaltung des RDG und die Öffnung des Rechtsberatungsmarktes für jedermann bildete die Rechtsberatung durch Kfz-Werkstätten bei einer Unfallschadenregulierung das Paradebeispiel für Umfang und Grenzen zukünftig erlaubter Rechtsdienstleistungen (vgl Rn 5).[67] Denn es ist in der Tat nicht zu bestreiten, dass die Behebung von Unfallschäden und die Schadensregulierung in einem sachlichen Zusammenhang miteinander stehen und die Schadensregulierung deshalb eine erlaubte Rechtsdienst-Nebenleistung sein könnte. Hält man sich allerdings vor Augen, dass 69

- die Hauptaufgabe einer Kfz-Werkstatt die Behebung eines Unfallschadens ist,
- die im Zusammenhang damit erbrachten Rechtsdienstleistungen als Nebenleistung immer nur eine Hilfs- oder Nebentätigkeit zur Hauptaufgabe sein dürfen (vgl Rn 34 ff) und
- für die Erfüllung der Hauptaufgabe typischerweise keine Rechtskenntnisse auf dem Gebiet des Unfallschadensrechts erforderlich sind (zu diesem Tatbestandsmerkmal siehe Rn 40 ff),

dann liegt auf der Hand, dass eine Kfz-Werkstatt nur in einem äußerst begrenzten Rahmen auch die Unfallschadenregulierung übernehmen kann.

Im Ergebnis wird sich die erlaubte Rechtsdienst-Nebenleistung eines Kfz-Betriebes daher darauf beschränken müssen, 70

- Hinweise zur Erstattungsfähigkeit von Reparatur- und Mietwagenkosten sowie zur Schadensabrechnung auf Gutachtenbasis und Nutzungsausfallentschädigung zu geben,[68]
- die Reparaturkostenrechnung und das im Auftrag des Geschädigten erstattete Sachverständigengutachten gegenüber dem Unfallgegner bzw seiner Haftpflichtversicherer zu verteidigen und
- die Kfz-Betrieb hinsichtlich der angefallenen Reparaturkostenrechnung und der Kosten des Sachverständigengutachtens abgetretene Schadensersatzforderung bei dem Unfallgegner bzw seinem Haftpflichtversicherer durchzusetzen.[69]

Alles, was darüber hinausgeht, also insbesondere die Prüfung der Haftung dem Grunde und der Quote nach sowie die Geltendmachung aller weiteren Sach-, Sachfolge- und Personenschäden, bleibt dagegen wegen der Komplexität den Angehörigen der rechtsberatenden Berufe vorbehalten. Das gilt auch dann, wenn 71

---

67 Vgl auch BT-Drucks. 16/3655, S. 46 f.
68 So zutreffend Begr. RegE, BT-Drucks. 16/3655, S. 47 mit der ergänzenden Begründung, dass diese Hinweise schon zur vollständigen Erfüllung der vertraglichen Hinweis- und Aufklärungspflichten des Kfz-Betriebes gehören dürften.
69 So zu den beiden zuletzt genannten Tätigkeiten schon der Arbeitskreis VII des Deutschen Verkehrsgerichtstages 2006, aber auch Begr. RegE, BT-Drucks. 16/3655, S. 53 und *Burmann*, DAR 2008, 373, 375; *Prox*, zfs 2008, 363, 365.

der Haftungsgrund unstreitig ist. Denn die Ermittlung und Geltendmachung der einzelnen Schadenspositionen haben im Verhältnis zur Hauptaufgabe des Kfz-Betriebes ein solches Gewicht, dass sie nicht mehr als Nebenleistung qualifiziert werden können (vgl Rn 40 f), und sie erfordern außerdem natürlich Rechtskenntnisse, die weit über diejenigen eines Kfz-Meisters hinausgehen.[70]

72 Darauf, dass ein einzelner **Kfz-Meister** persönlich doch über die erforderlichen Rechtskenntnisse verfügt, kommt es nicht an (vgl Rn 41, 43), und auch die Beschäftigung eines mit den erforderlichen Rechtskenntnissen versehenen Unfallschadensmitarbeiters vermag an diesem Ergebnis nichts zu ändern.[71] Denn abgesehen davon, dass eine derartige Schadensregulierung im Verhältnis zur Hauptaufgabe eines Kfz-Betriebes eben keine Nebenleistung mehr darstellt, gehört sie auch nicht zu seinem Tätigkeitsbild. Die Unfallschadensregulierung durch einen speziell dafür ausgebildeten Mitarbeiter macht dies gerade in besonderem Maße deutlich und das entsprechende Angebot zu einer isolierten Rechtsdienstleistung, die aber gemäß § 3 eben nur von denjenigen Personen oder Stellen erbracht werden darf, denen dies aufgrund des RDG oder anderer Gesetze erlaubt ist (siehe Rn 14 ff). Zu Recht hat das LG Bad Kreuznach deshalb einem Autohaus die Werbung mit der Übernahme der „kompletten Schadensregulierung für seine Kunden" durch einen speziell ausgebildeten Mitarbeiter in einer einstweiligen Verfügung, die nicht angegriffen wurde, untersagt.[72]

73 Die während der Beratungen des RDG bei vielen Inhabern von Kfz-Betrieben geweckte Hoffnung auf eine Erweiterung ihres Geschäftsfeldes auf dem Gebiet des Unfallschadensrechts ist deshalb trügerisch. Auf der anderen Seite sollte die Bedeutung der von Kfz-Werkstätten nunmehr zulässigerweise zu erbringenden Rechtsdienstleistungen nicht unterschätzt werden. Denn nach früher geltendem Recht war die Einziehung abgetretener Kundenforderungen nur dann zulässig, wenn es dem Unternehmer wesentlich darum ging, die ihm durch die Abtretung eingeräumte Sicherheit zu verwirklichen.[73] Mit dem RDG sind dieses Hindernis und die damit verbundenen Rechtsunsicherheiten aber ausgeräumt, so dass die abgetretene Forderung nunmehr ohne Rücksicht auf ihren Sicherungscharakter eingezogen werden kann. Auf diese Weise kann der Streit über die Berechtigung der von dem Kfz-Betrieb geltend gemachten Reparaturkosten nunmehr unmittelbar zwischen dem Kfz-Betrieb und der letztlich zahlungspflichtigen Person ausgetragen werden, wofür nach Auffassung des BGH ein starkes praktisches Bedürfnis sprach, an dessen Umsetzung er sich aber nach dem früher geltenden Recht gehindert sah.[74] Der Kunde kann also nunmehr von der für ihn lästigen Schadensabwicklung entlastet werden, ohne nachteilige Auswirkungen fürchten zu müssen: Setzt der Unternehmer den Erstattungsanspruch erfolgreich durch, wird der Kunde durch die Leistung des Dritten von seiner Verbindlichkeit ge-

---

70 Ebenso der Arbeitskreis VII des Deutschen Verkehrsgerichtstages 2006, *Burmann*, DAR 2008, 375 sowie *Prox*, zfs 2008, 365, aber auch schon Begr. RegE, BT-Drucks. 16/3655, S. 47 li. Sp.
71 So aber der Geschäftsführer des Sachverständigenverbandes BVSK *Fuchs*, SP 2005, 27, zit. bei *Burmann*, DAR 2005, 421.
72 LG Bad Kreuznach 12.9.2008 – 5 O 64/08, n.v.; ebenso LG Aachen 12.5.2009 – 41 O 1/09, n.v. für das Angebot eines Autohauses „Schadenabwicklung mit allen Versicherungsgesellschaften".
73 Vgl BGH 15.11.2005 – VI ZR 268/04, VersR 2006, 283.
74 BGH 26.4.1994 – VI ZR 305/93, NJW-RR 1994, 1081, 1083.

genüber dem Unternehmen befreit; bestreitet der Dritte seine Eintrittspflicht erfolgreich, wird das Unternehmen seine Forderung auch gegenüber dem Kunden nicht durchsetzen können.[75]

Darauf, dass Kfz-Werkstätten Rechtsdienstleistungen gemäß § 4 dann nicht übernehmen können, wenn die jeweilige Rechtsdienstleistung – wie gerade im Kfz-Handwerk häufig – unmittelbaren Einfluss auf die Erfüllung der übrigen Leistungspflichten hat (**Interessenkollision**), ist abschließend besonders hinzuweisen. Wegen der Einzelheiten wird auf die Ausführungen in § 4 Rn 19 ff verwiesen. 74

jj) Makler. Bei **Immobilienmaklern** gehören jedenfalls bei **Vermittlungsmaklern** die Fertigung von Kaufvertragsentwürfen und die Beratung über die grundpfandrechtliche Belastung des zu vermittelnden Grundstücks nicht nur zu ihrem Tätigkeitsbild (siehe Rn 27), sondern stellen im Verhältnis zu ihrer Haupttätigkeit auch eine „Nebenleistung" mit dienender Funktion für die Haupttätigkeit dar und können deshalb erlaubnisfrei erbracht werden.[76] Gleiches gilt wohl in Erweiterung seiner bisherigen Befugnisse für die **Beschaffung der Finanzierung** und die damit im Zusammenhang stehenden Rechtsdienstleistungen. 75

Bei einem **Nachweismakler** nehmen diese Dienstleistungen dagegen ihrem Inhalt nach im Verhältnis zur Haupttätigkeit ein solches Gewicht an, dass sie nicht mehr als – erlaubnisfreie – Rechtsdienst-Nebenleistungen qualifiziert werden können.[77] Die Hilfestellung bei dem Ausfüllen eines Mietvertragsformulars ist dagegen auch ihm erlaubt.[78] 76

Zum – gesetzlich geregelten – Berufsbild der **Versicherungsmakler, Versicherungsvertreter** und **Versicherungsagenten** (= selbständige Versicherungsvertreter)[79] gehört gemäß § 34 d Abs. 1 S. 4 GewO als spezieller gesetzlicher Regelung iSd § 3 die rechtliche Beratung Dritter, die nicht Verbraucher sind, bei der Vereinbarung, Änderung oder Prüfung von Versicherungsverträgen gegen gesondertes Entgelt. Im Verhältnis zu Verbrauchern kann er diese Rechtsdienstleistungen – erlaubnisfrei – nur insoweit erbringen, als es sich dabei um eine „Nebenleistung" iSd Abs. 1 handelt. Dies ist für die Beratung über den Inhalt und Umfang des Versicherungsschutzes sowie die Allgemeinen Versicherungsbedingungen ebenso zu bejahen wie für die Überprüfung bereits bestehender Versicherungsverträge und die Vertretung der Interessen des Versicherungsnehmers gegenüber dem Versicherer.[80] Eine umfassende, also von dem Bestand der Versicherungsverträge seines Kunden losgelöste Beratung in allen Versicherungsangelegenheiten durch einen Versicherungsmakler wäre dagegen keine erlaubnisfreie Rechtsdienst-Nebenleistung mehr, sondern eine Haupttätigkeit, die auch 77

---

75 So zutreffend Begr. RegE, BT-Drucks. 16/3655, S. 53 re. Sp.
76 BGH 19.4.1974 – I ZR 100/73, NJW 1974, 1328; OLG Stuttgart 13.12.2000 – 3 U 169/00, AnwBl 2002, 368, 369.
77 So schon OLG Hamm 19.6.1969 – 2 Ss 235/69, MDR 1970, 73.
78 LG Hanau 4.7.2000 – 6 O 98/00, NZM 2001, 716.
79 Gesetz zur Neuregelung des Versicherungsvermittlerrechts vom 19.12.2006 (BGBl. I S. 3232), das u.a. den § 34 d GewO neu gefasst hat.
80 Vgl OLG Düsseldorf 18.9.1990 – 20 U 4/90, NJW-RR 1991, 115. Zu weiteren Einzelheiten siehe auch *Prölss/Martin*, VVG, 27. Aufl. 2004, Anh. zu §§ 43–48 Rn 13–18.

durch die ausdrückliche Regelung des § 34 d Abs. 1 S. 4 GewO nicht mehr gedeckt ist.[81]

78 Die Haupttätigkeit der **Finanzmakler** besteht im Nachweis oder auch in der Vermittlung von Finanzierungen, so dass sich die Vorbereitung und Prüfung der diesbezüglichen Verträge als eine erlaubnisfreie Rechtsdienst-Nebenleistung darstellen. Das gilt auch noch für die Überprüfung der von einem Kunden bereits abgeschlossenen Finanzverträge und deren Kündbarkeit zum Zwecke der Umschuldung.[82] Ist die Tätigkeit des Finanzmaklers darüber hinaus auch auf die Überprüfung anderweitiger Verbindlichkeiten seines Kunden, zB auf Kauf- und Versicherungsverträge und ggf deren Aufhebung, gerichtet, so geht sie über ihre dienende Funktion zur Haupttätigkeit offensichtlich hinaus und stellt keine – erlaubte – Nebenleistung iSd Abs. 1 mehr dar.[83]

79 kk) **Mediatoren.** Die Mediation und jede vergleichbare Form der alternativen Streitbeilegung ist, wie § 2 Abs. 3 Nr. 4 klarstellt, keine Rechtsdienstleistung und unterliegt deshalb auch nicht der Anwendung des RDG. Das gilt jedoch nur, wenn und soweit sich die Tätigkeit des – nicht anwaltlichen – Mediators innerhalb des für die Mediation charakteristischen Rahmens bewegt. Das heißt, dass der Mediator die Teilnehmer an der Mediation nur mit den spezifischen Kommunikationstechniken der Mediation bei ihrer Suche nach einer Konfliktlösung unterstützen darf. In rechtlicher Hinsicht darf er ihnen dabei auch den allgemeinen rechtlichen Rahmen, in dem sie sich bewegen, und ihre rechtlichen Handlungsoptionen aufzeigen, weil es sich dabei noch um **allgemeine Auskünfte** und nicht schon um eine Rechtsdienstleistung in der konkreten Angelegenheit der Teilnehmer an der Mediation handelt. Greift er jedoch darüber hinaus mit **rechtlichen Regelungsvorschlägen** oder -empfehlungen in die Gespräche der Beteiligten ein – was allerdings dem Selbstverständnis der Mediation widerspricht –, dann verlässt er den in § 2 Abs. 3 Nr. 4 erlaubnisfrei gelassenen Handlungsraum und begibt sich mit seiner diesbezüglichen Tätigkeit in den Anwendungsbereich des Abs. 1 (siehe näher § 2 Rn 150 ff).[84] Bei der Prüfung der Erlaubnisfreiheit der Rechtsdienstleistung nach dieser Vorschrift wird es dann vor allem darauf ankommen, ob sie sich nach ihrem Inhalt und ihrem Umfang sowie den für die Mediation erforderlichen Rechtskenntnissen noch als eine Nebenleistung zur Mediation darstellt oder nicht. Denn der sachliche Zusammenhang mit und die Zugehörigkeit zu der jeweiligen Mediationstätigkeit werden schon der Natur der Sache nach regelmäßig gegeben sein.

80 Bedenkt man, dass es sich bei der Mediation um kein gesetzlich geregeltes Berufs- oder Tätigkeitsbild handelt und die Hauptaufgabe des Mediators auch nicht auf rechtlichem, sondern auf kommunikativem Gebiet liegt, für die Erfüllung dieser Aufgabe aber keinerlei Rechtskenntnisse erforderlich sind, dann zeigt sich, dass – nicht anwaltliche – Mediatoren/-innen mangels der hierfür erforderlichen

---

81 Wie hier Henssler/Prütting/*Weth*, Art. 1 § 5 RBerG Rn 37. Dem gegenteiligen obiter dictum des OLG Stuttgart 28.12.1990 – 2 U 121/90, AnwBl 1992, 503 kann nicht gefolgt werden.
82 Insoweit gilt für ihn das Gleiche wie nach den Ausführungen in Rn 77 für den Versicherungsmakler. Teilweise überholt deshalb OLG Köln 10.11.1989 – 6 U 117/89, NJW-RR 1990, 1383.
83 So zutreffend, wenn auch noch zum RBerG, AG Waiblingen 9.8.1995 – 9 C 2845/94, AnwBl 1997, 507.
84 Ebenso Begr. RegE, BT-Drucks. 16/3655, S. 50 und *Sabel*, AnwBl 2007, 816, 818.

Rechtskenntnisse keine gemäß Abs. 1 erlaubnisfreien Rechtsdienst-Nebenleistungen erbringen können.

Darauf, dass einzelne Mediatoren/-innen persönlich über die erforderlichen Rechtskenntnisse verfügen, kommt es nicht an (vgl Rn 41, 43). Vielmehr ist auf die bei typisierender Betrachtung der Mediation erforderlichen Rechtskenntnisse abzustellen. Danach kann aber jedermann eine Ausbildung zum Mediator bzw zur Mediatorin durchlaufen, ohne dass ihm dabei spezifische Rechtskenntnisse vermittelt werden, ja, es kann sich sogar jedermann als Mediator/-in bezeichnen und betätigen, ohne überhaupt eine diesbezügliche Ausbildung absolviert zu haben. Es liegt deshalb auf der Hand, dass eine Erlaubnisfreiheit jedweder Rechtsdienstleistung im Rahmen einer Mediation im Widerspruch zu dem Gesetzesziel des § 1 Abs. 1 S. 2 stünde, die Rechtsuchenden vor unqualifizierten Rechtsdienstleistungen zu schützen. 81

Mit gutem Grund ist deshalb auch die **Protokollierung** einer eventuellen **Abschlussvereinbarung**, die nach § 2 Abs. 3 Nr. 4 RegE noch ausdrücklich nicht als Rechtsdienstleistung gelten sollte,[85] im weiteren Gesetzgebungsverfahren aus dem Gesetzestext gestrichen und damit der Anwendung des Abs. 1 unterworfen worden. Denn die Mediatoren/-innen werden sich bei einer solchen Protokollierung schon nach der Erwartung der Teilnehmer an der Mediation nicht auf die bloße Aufzeichnung eines ihnen von den Beteiligten diktierten Textes beschränken können, sondern dafür Sorge tragen müssen, dass die gefundene Lösung auch inhaltlich richtig und für die Beteiligten rechtlich verbindlich niedergelegt wird. Dies stellt aber eine klassische Rechtsdienstleistung, nämlich Vertragsgestaltung, dar, die wegen der dafür zwingend erforderlichen Rechtskenntnisse der Anwaltschaft vorbehalten bleiben muss.[86] 82

ll) Medien. Die Hauptaufgabe von Presse, Funk und Fernsehen besteht in der Berichterstattung und Information sowie der Unterhaltung des Publikums. Die Erbringung von Rechtsdienstleistungen iSd § 2 Abs. 1 „gehört" dagegen auch als „Nebenleistung" iSd Abs. 1 offensichtlich nicht zu ihrem Tätigkeitsbild, so dass es einer Erörterung der Frage, inwieweit die Medien Rechtsdienstleistungen als – erlaubnisfreie – Nebenleistungen erbringen dürfen, nicht bedarf. Stattdessen bleiben die Medien gemäß der Sonderregelung in § 2 Abs. 3 Nr. 5 auf die an die Allgemeinheit gerichtete Darstellung und Erörterung von Rechtsfragen und Rechtsfällen beschränkt. Überschreiten sie die ihnen durch diese Vorschrift gezogenen Grenzen (siehe näher § 2 Rn 24 ff, 49 und 227 ff), so erbringen sie deshalb eine unerlaubte Rechtsdienstleistung. 83

mm) Sachverständige. Die isolierte Übernahme von Rechtsdienstleistungen unterliegt generell dem Erlaubnisvorbehalt des § 3 (siehe Rn 14 ff) und ist deshalb auch denjenigen Sachverständigen nicht erlaubt, die, wie zB Sachverständige auf dem Gebiet des Bau- und Immobilienwesens, auf Fachgebieten mit starkem rechtlichem Einschlag tätig sind. Vielmehr muss es sich auch bei den von ihnen 84

---

85 BT-Drucks. 16/3655, S. 7.
86 AA *Sabel*, AnwBl 2007, 816, 818, der ohne nähere Begründung meint, der Rechtsausschuss des Bundestages habe mit der Streichung des ursprünglichen Textes im RegE keine Änderung des Regelungsgehalts dieser Vorschrift herbeiführen wollen. Welche Folgen die Protokollierung einer Abschlussvereinbarung durch einen nicht anwaltlichen Mediator haben kann, zeigt anschaulich die Entscheidung des LG Leipzig 19.6.2004 – 5 O 1899/04, NJW 2004, 3784.

erbrachten Rechtsdienstleistungen um eine Nebenleistung iSd Abs. 1 handeln. Ist der Auftrag des Sachverständigen auf die Erstattung eines **wissenschaftlichen Gutachtens** gerichtet, so gilt diese Tätigkeit allerdings gemäß § 2 Abs. 3 Nr. 1 von vorneherein nicht als Rechtsdienstleistung.

85 Gemäß diesen Grundsätzen kann für **Kfz-Sachverständige** nichts anderes gelten als für die Kfz-Werkstätten. Denn ihre Hauptaufgabe ist die technische Begutachtung eines Kraftfahrzeugs, wobei Aussagen zu den rechtlichen Kategorien einer technischen oder merkantilen Wertminderung sowie zum Schadenbegriff zu ihren erlaubnisfreien Rechtsdienst-Nebenleistungen gehören. Im Übrigen können auch sie Hinweise zur Erstattungsfähigkeit von Reparatur- und Mietwagenkosten sowie zur Schadensabrechnung auf Gutachtenbasis und Nutzungsausfallentschädigung geben, ihr Gutachten gegenüber dem Unfallgegner bzw seiner Haftpflichtversicherung verteidigen und die ihnen hinsichtlich der Kosten des Sachverständigengutachtens abgetretenen Schadensersatzforderung bei dem Unfallgegner bzw einem Haftpflichtversicherer selbst durchsetzen. Dagegen gehen Aussagen zu Haftungsfragen oder weiteren Sach-, Sachfolge- und Personenschäden oder gar deren Geltendmachung gegenüber dem Schädiger weit über eine „Nebenleistung" zu ihrer Haupttätigkeit hinaus und sind ihnen deshalb nicht erlaubt.

86 Sachverständige für die **Bewertung von Immobilien** müssen sich gemäß § 194 BauGB und § 5 Abs. 2 WertV schon kraft Gesetzes auch mit den rechtlichen Gegebenheiten der zu bewertenden Immobilie, also allen wertbeeinflussenden Rechten und Belastungen privatrechtlicher und öffentlich- rechtlicher Art, befassen. Ihre Prüfung rechtlicher Sachverhalte und deren Auswirkungen auf den Wert einer Immobilie gehörte deshalb schon unter der Geltung des RBerG zu den erlaubnisfreien Rechtsdienst-Nebenleistungen. Über ihre dabei getroffenen Feststellungen hinaus werden die Sachverständigen ihrem Auftraggeber zum Zwecke der Ertragssteigerung zB auch Korrektur- und Verbesserungsvorschläge zu bestehenden Mietverträgen machen dürfen. Die Kündigung der Mietverträge mit dem Ziel, verbesserte Vertragskonditionen auszuhandeln, oder gar das selbständige Aushandeln neuer Mietverträge wäre dagegen nicht mehr als „Nebenleistung" zur Haupttätigkeit zu qualifizieren, sondern stellt von ihrem Inhalt und Umfang her eine eigenständige Rechtsdienstleistung dar, die dem Erlaubnisvorbehalt des § 3 unterliegt.

87 **Ärzte** können die von ihnen behandelten oder begutachteten Patienten in rechtlicher Hinsicht darüber unterrichten, wie die Haftung von Medizinern strukturiert ist und welche Maßnahmen die Patienten zum Zwecke der Durchsetzung von Schadensersatzansprüchen im Allgemeinen ergreifen können. Der Rat, von dem vorbehandelnden Arzt wegen des diesem unterlaufenen Behandlungsfehlers das gezahlte Honorar zurückzufordern, geht jedoch über eine erlaubte Rechtsdienst-Nebenleistung hinaus, weil die Begründetheit und die Erfolgsaussichten eines derartigen Rückforderungsanspruchs einer über das Vorliegen eines Behandlungsfehlers hinausgehenden rechtlichen Prüfung bedürfen.[87] Erst recht ist den Ärzten ein eigenes rechtliches Tätigwerden in Arzthaftungsangelegenheiten eines Patienten nicht erlaubt, weil es dabei ersichtlich nicht mehr um eine Hilfstätigkeit des Arztes für die von ihm übernommene Haupttätigkeit, die ärztliche

---

87 So schon nach dem RBerG OLG München 23.3.1995 – 6 U 3897/94, NJW-RR 1996, 315.

Behandlung, sondern um eine davon unabhängige, selbständige Haupttätigkeit geht.

Nicht anders ist die ärztliche Tätigkeit im Zusammenhang mit **Patientenverfügungen** zu beurteilen. Denn auch wenn man die Hilfestellung bei der Formulierung einer Patientenverfügung als zur ärztlichen Beratung gehörend ansehen wollte, stellt die Formulierung einer solchen Patientenverfügung mit ihren komplizierten rechtlichen Implikationen doch keine Hilfstätigkeit zu der ärztlichen Beratung, sondern eine eigenständige Haupttätigkeit dar, die die volle Kompetenz eines Rechtsanwalts erfordert. 88

nn) Schuldnerberatung. Die Besorgung von Rechtsangelegenheiten von Schuldnern wurde in Art. 1 § 3 Nr. 9 RBerG von dem grundsätzlichen Verbot der Besorgung fremder Rechtsangelegenheiten ausgenommen, wenn und soweit sie durch eine nach Landesrecht als geeignet iSd § 305 Abs. 1 Nr. 1 InsO anerkannte Stelle im Rahmen ihres Aufgabenbereichs erfolgte. Diese Regelung ist in § 8 Abs. 1 Nr. 3 übernommen worden, wobei klargestellt worden ist, dass nicht nur für die Schuldnerberatung anerkannte „Stellen", sondern auch „Personen" im Rahmen ihres Aufgaben- und Zuständigkeitsbereichs Rechtsdienstleistungen erlaubnisfrei erbringen dürfen. Darüber hinaus erlaubt § 8 Abs. 1 Nr. 2 und 5 auch den Kommunen und den Trägern der freien Wohlfahrtspflege im Rahmen ihres Aufgaben- und Zuständigkeitsbereichs die Erbringung von Rechtsdienstleistungen im Zusammenhang mit einer Schuldnerberatungsstelle, ohne dass damit jedoch das Problem als im Wesentlichen gelöst angesehen werden könnte. Denn der Bedarf an Schuldnerberatung ist in den letzten Jahren dramatisch gestiegen und kann deshalb auch von den Schuldnerberatungsstellen der Kommunen und den Trägern der freien Wohnfahrtspflege bei Weitem nicht gedeckt werden. Infolgedessen gibt es immer mehr vornehmlich **gewerbliche Schuldenregulierungsangebote**, auf die jedoch mangels einer vergleichbaren Spezialregelung uneingeschränkt die allgemeinen Bestimmungen des RDG anzuwenden sind. Infolgedessen ist bei diesen Anbietern jeweils zu prüfen, ob sie im Rahmen ihrer Tätigkeit Rechtsdienstleistungen iSd § 2 Abs. 1 erbringen, und wenn ja, ob es sich dabei um eine „Nebenleistung" zu ihrer Haupttätigkeit iSd Abs. 1 handelt oder nicht. Geht es bei einem solchen Beratungsangebot zB lediglich um das Vermitteln eines kontrollierten Umgangs mit den zur Verfügung stehenden finanziellen Mitteln oder auch nur um das Aufstellen eines längerfristigen Zahlungs- und Schuldentilgungsplans sowie dessen Durchführung, dann handelt es sich um eine bloße wirtschaftliche Beratung ohne eine Verbindung zu Rechtsdienstleistungen, so dass derartige Tätigkeiten gemäß § 2 Abs. 1 von vorneherein aus dem Anwendungsbereich des RDG ausscheiden und unbedenklich zulässig sind. Meistens wird die Schuldnerberatung darüber hinaus allerdings mit **Umschuldungs- und/oder Kreditvermittlungsangeboten** einhergehen, was unter der Geltung des RBerG durchweg nicht als erlaubnisfreie Rechtsbesorgung im Zusammenhang mit einer gewerblichen Tätigkeit iSd Art. 1 § 5 Nr. 1 RBerG, sondern als eine erlaubnispflichtige Rechtsdienstleistung angesehen wurde.[88] 89

---

[88] Vgl zB BGH 24.6.1987 – I ZR 74/85, NJW 1987, 3003; OLG Schleswig 5.10.1988 – 2 W 120/87, AnwBl 1989, 245; BayObLG 20.11.1990 – 3 ObOWi 133/90, NJW 1991, 1190 (Vermögensberater) und *Chemnitz/Johnigk*, Art. 1 § 5 RBerG Rn 565 m. umfangr. weiteren Nachw. aus Lit. und Rspr.

90 Im Hinblick auf die Erlaubnisfreiheit von Rechtsdienstleistungen als „Nebenleistungen" zu einer Haupttätigkeit gemäß Abs. 1 kann diese Rechtslage nicht uneingeschränkt fortgeschrieben werden. Vielmehr wird sich ein Anschreiben an die Gläubiger eines Schuldners mit einer Darstellung seiner wirtschaftlichen Verhältnisse und Möglichkeiten sowie dem Vorschlag eines Moratoriums und der Bitte um Zustimmung noch im Rahmen einer erlaubten „Nebenleistung" halten, weil die dafür erforderlichen Rechtskenntnisse gering sind und mit den für die Haupttätigkeit der Schuldenregulierung erforderlichen Rechtskenntnissen korrespondieren werden (siehe auch Rn 53).[89] Ist die Schuldnerberatung darüber hinaus mit dem Angebot einer rechtlichen Bewertung der gegen den Schuldner gerichteten Forderungen und der rechtlichen Auseinandersetzung mit den Gläubigern des Schuldners, seiner Vertretung in Verhandlungen mit den Gläubigern, der Aufhebung und Begründung von Verträgen oder auch mit der Vorbereitung eines **Verbraucherinsolvenzverfahrens** verbunden, dann verlieren diese Tätigkeiten dagegen offensichtlich den Charakter einer „Nebenleistung" zu einer Haupttätigkeit und treten gleichgewichtig an deren wirtschaftliche Seite. Sie dürfen deshalb auch unter der Geltung des RDG nicht erlaubnisfrei erbracht werden, sondern bleiben den Rechtsanwälten oder den geeigneten Personen und Stellen iSd § 8 Abs. 1 Nr. 3 oder auch den Schuldnerberatungsstellen der Kommunen und Verbände der freien Wohlfahrtspflege vorbehalten.[90]

91 oo) **Spielerberater.** Das Führen von Vertragsverhandlungen für einen zu vermittelnden Spieler gehört zum Tätigkeitsbild eines Spielerberaters (siehe Rn 30 f) und ist deshalb erlaubt, wenn und soweit es sich um eine „Nebenleistung" iSd Abs. 1 S. 2 handelt. Das ist ebenso wie beim Unternehmensberater für den Fall der Verhandlung von Vertragskonditionen zu bejahen (siehe Rn 101). Ob dem Spielerberater darüber hinaus, anders als dem Unternehmensberater, auch die Formulierung des jeweils abzuschließenden Spielervertrages erlaubt ist, hängt von der Bedeutung des jeweiligen Vertrages und seiner Komplexität sowie den hierfür erforderlichen Rechtskenntnissen ab. Denn es ist natürlich etwas anderes, ob es um das einmalige Auftreten eines Spielers bei einem Sportfest oder seine längerfristige Anstellung bei einem Verein oder einem Rennstall oder auch um einen längerfristigen Werbevertrag geht. In den zuletzt genannten Fällen tritt die Vertragsgestaltung offensichtlich aus ihrer dienenden Funktion für die Haupttätigkeit heraus und steht zumindest gleichwertig und gleichgewichtig neben ihr, so dass von einer „Nebenleistung", die erlaubnisfrei erbracht werden könnte, keine Rede mehr sein kann. Vielmehr muss sie ebenso wie beim Unternehmensberater der vollen Kompetenz eines – am besten im Sportrecht spezialisierten – Rechtsanwalts vorbehalten bleiben.

92 pp) **Steuerberater, Wirtschaftsprüfer.** Für Steuerberater und Wirtschaftsprüfer bringt Abs. 1 insofern eine ganz erhebliche Erweiterung ihrer Befugnisse zur erlaubnisfreien Erbringung von Rechtsdienstleistungen mit sich, als sie nicht mehr, wie noch gemäß Art. 1 § 5 Nr. 2 RBerG, auf solche Rechtsdienstleistungen beschränkt sind, die in einem „unmittelbaren" Zusammenhang mit ihren Aufgaben stehen und ohne die sie ihre Aufgaben auch nicht sachgemäß erledigen konnten. Vielmehr können sie nunmehr unabhängig von diesen beiden Kriterien jedwede Rechtsdienstleistung erbringen, die ihrem Inhalt nach in einem sachlichen Zu-

---

89 Siehe auch OLG Karlsruhe 9.7.2008 – 6 U 51/08, NJW 2008, 3229.
90 Siehe auch Begr. RegE, BT-Drucks. 16/3655, S. 42 re. Sp.

sammenhang mit ihrer Hauptaufgabe steht, zu ihrem Berufs- oder Tätigkeitsbild gehört und im Verhältnis zu ihrer Haupttätigkeit den Charakter einer „Nebenleistung" iSd Abs. 1 S. 2 wahrt. Aus dem Wortlaut des Art. 1 § 5 Nr. 2 RBerG abgeleitete, feingesponnene Differenzierungen zwischen rechtlicher „Bearbeitung" und „Erledigung"[91] haben sich damit ebenso erledigt wie diejenigen zwischen „Aufgaben" und „Befugnissen" der Wirtschaftsprüfer.[92] Infolgedessen dürfen Steuerberater und Wirtschaftsprüfer nunmehr von ihnen festgestellte Fehler oder **Mängel etwa von Register- oder Grundbucheinträgen** selbst beheben, weil es sich dabei im Verhältnis zu ihrer Hauptaufgabe offensichtlich um „Nebenleistungen" handelt. Ebenso dürfen Steuerberater ihre Mandanten zu **sozialversicherungsrechtlichen Fragen** oder auch zu gesellschaftsrechtlichen Aspekten bei der **Rechtsformwahl** beraten, und Gleiches gilt angesichts ihrer Befugnis zur Beratung in steuerlichen Angelegenheiten auch für Wirtschaftsprüfer.

Erlaubt ist den Steuerberatern und Wirtschaftsprüfern auch die **Umschuldungs-, Sanierungs- und Insolvenzberatung**, solange dabei die betriebswirtschaftlichen Tätigkeiten im Vordergrund stehen und die im Zusammenhang damit erbrachten Rechtsdienstleistungen ihrem Umfang und Inhalt nach den dienenden Charakter einer „Nebenleistung" beibehalten.[93] Dementsprechend können sie mit Kreditgebern Verhandlungen über eine Umschuldung führen, eventuell notwendige Rangrücktrittserklärungen formulieren, das Vorliegen der Voraussetzungen für eine Insolvenz prüfen und einen notwendigen Insolvenzantrag vorbereiten. Geht es dagegen um die Umstrukturierung eines Unternehmens und die damit verbundene rechtliche Neugestaltung der Unternehmensorganisation, so gilt für die Steuerbrater und Wirtschaftprüfer nichts anderes als für die Unternehmensberater. Das heißt, dass ihnen die rechtliche Beratung oder gar die Umsetzung einer derartigen **Umstrukturierung** nicht erlaubt ist, weil sie nicht über die hierfür erforderlichen Rechtskenntnisse verfügen. 93

Auch die rechtliche Prüfung zB von Anstellungsverträgen auf ihre Abänderbarkeit oder Kündbarkeit oder von Mietverträgen auf ihre Wirksamkeit und die Durchsetzbarkeit von Mieterhöhungsverlangen kann nicht mehr als „Nebenleistung" qualifiziert werden, weil sie für die Haupttätigkeit von Steuerberatern und Wirtschaftsprüfern keine dienende Funktion hat und die hierfür erforderlichen Rechtskenntnisse bei typisierender Betrachtung ebenfalls über diejenigen eines Steuerberaters/Wirtschaftsprüfers hinausgehen. Etwas anderes gilt nur dann, wenn ein Steuerberater für einen Mandanten die komplette **Haus- oder Wohnungsverwaltung** übernommen hat, weil die damit verbundenen Rechtsdienstleistungen, also zB Mieterhöhungsverlangen oder Abschluss und Kündigung von Mietverträgen, für diese spezielle Tätigkeit in Abs. 2 Nr. 3 erlaubnisfrei gestellt worden sind. 94

Der **Entwurf von Verträgen** aller Art, insbesondere die in der Praxis immer wieder zu beobachtenden Entwürfe von Gesellschaftsverträgen, oder die Überlassung diesbezüglicher Musterverträge sowie von Testamenten war den Steuerbe- 95

---

91 Vgl dazu etwa *Chemnitz/Johnigk*, Art. 1 § 5 RBerG Rn 590; *Rennen/Caliebe*, Art. 1 § 5 RBerG Rn 62.
92 Siehe dazu *Chemnitz/Johnigk*, Art. 1 § 5 RBerG Rn 576–584; BGH 9.5.1967 – Ib ZR 59/65, NJW 1967, 1558; BGH 4.11.1987 – IVa ZR 158/86, NJW 1988, 561.
93 Für die Wirtschaftsprüfer siehe dazu auch § 2 Abs. 3 Nr. 2 WPO.

Krenzler

ratern und Wirtschaftsprüfern schon nach dem RBerG nicht erlaubt[94] und ist es nach dem RDG auch weiterhin nicht. Denn all diese Tätigkeiten stehen wiederum als selbständige Dienstleistungen gleichwertig und gleichgewichtig neben den typischen Beratungsleistungen von Steuerberatern und Wirtschaftsprüfern und müssen wegen ihrer Komplexität der vollen Kompetenz von Rechtsanwälten vorbehalten bleiben. Gleiches gilt für die Erstellung von **Unterhaltsberechnungen**, die zwar auf der Ermittlung des um die öffentlichen Abgaben bereinigten Nettoeinkommens aufbauen, aber zu der steuerlich und sozialversicherungsrechtlichen Einkommensermittlung offensichtlich keine dienende Funktion mehr haben, sondern als selbständige, den Rechtsanwälten vorbehaltene Dienstleistung einzustufen sind.

96 Die unter der Geltung des RBerG sehr umstrittene Übernahme von **Testamentsvollstreckungen** und die Erbringung der damit verbundenen Rechtsdienstleistungen ist Steuerberatern und Wirtschaftsprüfern nunmehr aufgrund des Abs. 2 Nr. 1 selbstverständlich ebenfalls erlaubt (wegen der Einzelheiten siehe Rn 108 ff).

97 qq) **Unternehmensberater.** Die Hauptaufgabe der Unternehmensberater besteht in der betriebswirtschaftlichen Beratung, die von Wirtschaftsprüfern, Steuerberatern und vereidigten Buchprüfern um die steuerliche Beratung ergänzt wird. Auch die **Fördermittel-** bzw **Subventionsberatung** kann zu einer Unternehmensberatung gehören, ist allerdings in Abs. 2 Nr. 3 besonders geregelt (siehe Rn 121 ff)

98 Wird ein Unternehmensberater bei **Existenzgründungen** vornehmlich auf dem Gebiet betriebswirtschaftlicher Berechnungen, Standortanalysen und Finanzierungsverhandlungen tätig, dann stellen in diesem Zusammenhang damit geführte Verhandlungen über einen Mietvertrag eine erlaubnisfreie Nebenleistung dar.[95] Geht es bei einer derartigen Existenzgründung dagegen auch um den gesellschaftsrechtlichen Zusammenschluss mehrerer Gründer, dann gehen die dafür erforderlichen Rechtskenntnisse deutlich über die für die Unternehmensberatung typischerweise erforderlichen Rechtskenntnisse hinaus, so dass der Entwurf der diesbezüglichen Verträge oder auch die Überlassung von Musterverträgen nicht mehr als – erlaubnisfreie – Rechtsdienstnebenleistung qualifiziert werden kann, sondern einem Rechtsanwalt vorbehalten ist.

99 Führt die betriebswirtschaftliche Beratung zu grundlegenden Veränderungen einer bestehenden Unternehmensstruktur, wie zB zur Ausgliederung von Betriebsteilen, Massenentlassungen, Produktionsverlagerungen ins Ausland uÄ, so sind diese regelmäßig mit weit reichenden rechtlichen Gestaltungen verbunden, die wegen ihrer Bedeutung und Tragweite für die Beteiligten ebenfalls nicht mehr als Hilfstätigkeit zu der Haupttätigkeit angesehen und auch wegen der hierfür erforderlichen Rechtskenntnisse nicht erlaubnisfrei erbracht werden können. Denn diese Rechtskenntnisse gehen bei typisierender Betrachtung weit über die im Rahmen einer betriebswirtschaftlichen Ausbildung vermittelten und für die

---

94 So für Gesellschafts- und Darlehensverträge BGH 5.6.1985 – IVa ZR 55/83, NJW 1986, 1050, 1051 und LG Itzehoe 8.11.1995 – 6 O 7/95, AnwBl 1997, 507; für Verträge im Zusammenhang mit einer Existenzgründung LG Düsseldorf 12.1.1988 – 24 S 232/87, AnwBl 1988, 493; weitere Fallbeispiele bei Henssler/Prütting/*Weth*, Art. 1 § 4 RBerG Rn 15 ff.
95 So schon nach dem RBerG OLG Hamm 25.4.1989 – 4 U 107/88, NJW-RR 1989, 1061.

betriebswirtschaftliche Beratung erforderlichen Rechtskenntnisse hinaus, so dass es dafür der vollen Kompetenz eines Rechtsanwalts bedarf.

Geht es um die Prüfung eines **Insolvenzgrundes** und einer eventuellen Insolvenzantragspflicht, so wird der Schwerpunkt der diesbezüglichen Tätigkeit allerdings häufig auf betriebswirtschaftlichem Gebiet liegen, so dass sich die dabei auftretenden Rechtsfragen als ein erlaubnisfreier Annex zu der Haupttätigkeit darstellen. Soll das Unternehmen dagegen zB durch massive Umstrukturierungen im Personalbereich saniert werden, so erhalten die damit verbundenen rechtlichen Maßnahmen auf dem Gebiet des Arbeitsrechts ein solches Gewicht und erfordern ein solches Maß an Rechtskenntnissen, dass die daraus resultierenden Tätigkeiten der vollen Kompetenz eines Rechtsanwalts oder eines von den Gerichten für vergleichbare Fälle für geeignet gehaltenen Insolvenzverwalters erfordern.[96]

Beschränkt sich die Unternehmensberatung auf Einzelaufgaben, wie zB Suche und **Auswahl eines Geschäftsführers**, dann stellen die Verhandlungen über mögliche Vertragskonditionen noch eine – erlaubnisfreie – Nebenleistung zu der Hauptaufgabe dar. Die Formulierung des Anstellungsvertrages und der eventuell notwendigen Änderungen des Gesellschaftsvertrages hat dagegen im Verhältnis zur Haupttätigkeit, also der Auswahl eines Geschäftsführers, keine dienende Funktion mehr, sondern tritt schon aufgrund ihrer Bedeutung für die vertragsschließenden Parteien, aber auch der hierfür erforderlichen Rechtskenntnisse selbständig und gleichgewichtig neben die Beratungsleistungen und kann deshalb nicht mehr als – erlaubnisfreie – Nebenleistung qualifiziert werden.

Für die Beratung bei der **Unternehmensnachfolge** gilt nichts anderes. Suche und Auswahl einer geeigneten Persönlichkeit sowie das Aushandeln von Vertragskonditionen können durch den Unternehmensberater erfolgen, während die Ausformulierung von Verträgen und der Entwurf darauf abgestimmter Testamente und Gesellschaftsverträge der vollen Kompetenz eines Rechtsanwalts vorbehalten sind.

rr) Versicherungswirtschaft. In der Versicherungswirtschaft kann es zu Unvereinbarkeiten von Rechtsdienstleistungen mit anderen Leistungspflichten iSd § 4 kommen, so dass die kollidierenden Rechtsdienstleistungen von vorneherein nicht erbracht werden dürfen (siehe näher § 4 Rn 2 ff). Liegt dagegen keine Kollision vor, können Rechtsdienstleistungen auch von Versicherungsgesellschaften als Nebenleistungen iSd Abs. 1 erlaubnisfrei erbracht werden. So kann der Schadensversicherer seine vertragliche Verpflichtung zur Deckung des Schadens nicht ohne rechtliche Prüfung des Sachverhalts und ggf Verhandlungen mit dem Schädiger erfüllen, und für einen Haftpflichtversicherer gilt nichts anderes. Dementsprechend war schon unter der Geltung des RBerG seit jeher anerkannt, dass ein Kfz-Haftpflichtversicherer für seine Kunden auch dann in Verhandlungen über die Schadensregulierung eintreten darf, wenn er von dem Geschädigten nicht selbst gemäß § 3 PflVG in Anspruch genommen wird. Denn er erbringt dann zwar eine Rechtsdienstleistung in einer konkreten fremden Angelegenheit, doch

---

96 Vgl BVerwG 27.10.2004 – 6 C 30.03, NJW 2005, 1293 (Insolvenzberater).

handelt es sich dabei um einen Reflex seiner eigenen rechtlichen Verpflichtung aus dem Versicherungsvertrag.[97]

104 **Rechtsschutzversicherungen** dürfen dagegen keine Verhandlungen mit dem Gegner ihres Kunden über dessen Hauptansprüche führen, für deren Durchsetzung der Versicherungsnehmer eine Rechtsschutzversicherung abgeschlossen hat. Denn abgesehen davon, dass dies schon an § 4 scheitert, würde es sich dabei auch nicht um eine „Nebenleistung" iSd Abs. 1 handeln, weil es an der dienenden Funktion einer solchen Tätigkeit zur Hauptpflicht, die Kosten der Rechtsverfolgung zu decken, fehlt. Erlaubt sind einem Rechtsschutzversicherer lediglich Fragen an den Gegner ihres Versicherungsnehmers, die auf die Feststellung des Sachverhalts, insbesondere auf die Feststellung der Voraussetzungen des Versicherungsschutzes und die Ermittlung der Haftpflichtversicherer der Gegner abzielen.[98]

105 Das Berufsbild der **Versicherungsberater** ist in § 34e GewO gesetzlich geregelt und umfasst gemäß Abs. 1 S. 3 der Vorschrift ausdrücklich auch die Befugnis, Dritte bei der Vereinbarung, Änderung oder Prüfung von Versicherungsverträgen oder bei der Wahrnehmung von Ansprüchen aus dem Versicherungsvertrag im Versicherungsfall rechtlich zu beraten und gegenüber dem Versicherungsunternehmen außergerichtlich zu vertreten. Es handelt sich dabei um eine Fortschreibung der früheren Rechtslage gemäß Art. 1 § 1 Abs. 1 Nr. 2 RBerG, wobei in Ergänzung zu der Haupttätigkeit erlaubnisfreie Rechtsdienst-Nebenleistungen gemäß Abs. 1 erbracht werden dürfen. Diese Nebenleistungen müssen jedoch gemäß S. 1 der Vorschrift selbstverständlich im Zusammenhang mit der in § 34e Abs. 1 GewO festgelegten Haupttätigkeit stehen, so dass der Versicherungsberater seinen Kunden zB nicht bei der Wahrnehmung von Ansprüchen gegen den Versicherer eines Dritten oder bei der Abwehr von Ansprüchen, die durch Versicherungen des Kunden abgedeckt sind, außergerichtlich vertreten kann.[99] Darauf, ob ein Versicherungsvertrag unter Beteiligung des Versicherungsberaters zustande gekommen ist, kommt es dagegen für seine Befugnis zur Erbringung von Rechtsdienstleistungen gemäß § 34e Abs. 1 S. 3 GewO nicht an.[100]

106 **3. Die Sonderfälle des Abs. 2. a) Stets erlaubte Nebenleistungen.** Mit den drei in Abs. 2 gesondert geregelten Tätigkeiten sind meistens Rechtsdienstleistungen von erheblichem Gewicht verbunden, bei denen sich deshalb auch besonders häufig die Frage stellen würde, ob es sich noch um eine „erlaubnisfreie" Nebenleistung iSd Abs. 1 oder eine erlaubnispflichtige Rechtsdienst-Hauptleistung handelt. Zur Vermeidung dieser Streitigkeiten hat der Gesetzgeber für die drei in Abs. 2 enumerativ und damit **abschließend** aufgeführten Tätigkeiten einen Generalpardon dahingehend erlassen, dass alle im Zusammenhang mit diesen Tätigkeiten erbrachten Rechtsdienstleistungen als „erlaubte Nebenleistungen gelten" sollen, und zwar auch dann, wenn es sich gar nicht um Nebenleistungen

---

97 BGH 20.2.1961 – II ZR 139/59, NJW 1961, 1113, 1114; Henssler/Prütting/*Weth*, Art. 1 § 5 RBerG Rn 48; *Chemnitz/Johnigk*, Art. 1 § 5 RBerG Rn 548; *Rennen/Caliebe*, Art. 1 § 1 RBerG Rn 31; *Kleine-Cosack*, Art. 1 § 5 RBerG Rn 58.
98 BGH 20.2.1961 – II ZR 139/59, NJW 1961, 1113.
99 Vgl *Chemnitz/Johnigk*, Art. 1 § 1 RBerG Rn 254; Henssler/Prütting/*Weth*, Art. 1 § 1 RBerG Rn 85; OLG Düsseldorf 18.9.1990 – 20 U 4/90, NJW-RR 1991, 115, 116.
100 Henssler/Prütting/*Weth*, Art. 1 § 1 RBerG Rn 85; *Rennen/Caliebe*, Art. 1 § 1 RBerG Rn 147.

iSd Abs. 1 handelt.[101] Tätigkeiten, die nach allen von der Rechtsprechung entwickelten und vom Gesetzgeber in das RDG übernommenen Kriterien als erlaubnispflichtige Rechtsdienstleistungen zu qualifizieren sind, sind also kurzerhand zu – erlaubnisfreien – Nebenleistungen umdefiniert und auf diese Weise der Schutz der Rechtsuchenden, des Rechtsverkehrs und der Rechtsordnung vor unqualifizierter Rechtsberatung ohne Not in den Wind geschrieben worden.

Allerdings hat der Gesetzgeber mit dieser Entscheidung lediglich die Frage nach dem Charakter einer im Rahmen einer Testamentsvollstreckung zu erbringenden Rechtsdienstleistung als „Nebenleistung" (siehe Rn 34 ff) außer Streit gestellt. Erhalten geblieben ist dagegen die für die Erlaubnisfreiheit von Rechtsdienst-Nebenleistungen geltende Voraussetzung des Abs. 1 S. 1, dass die Rechtsdienstleistungen „im Zusammenhang" mit der jeweiligen Haupttätigkeit stehen müssen. Auch bei den Tätigkeiten des Abs. 2 muss der **Zusammenhang** mit der jeweiligen Rechtsdienstleistung also ein **inhaltlicher** und **sachlicher** sein (zu diesem Tatbestandsmerkmal siehe Rn 14 ff), und die jeweilige Rechtsdienstleistung muss auch zu dem **Berufs- oder Tätigkeitsbild** der drei aufgeführten Tätigkeiten „gehören" (zum Tatbestandsmerkmal der Zugehörigkeit siehe Rn 23 ff).[102] Da es sich bei Abs. 2 um eine **Ausnahmevorschrift** handelt, die, wie jede Ausnahmevorschrift, grds. **eng auszulegen** ist, kommt diesem Tatbestandsmerkmal im Hinblick auf die mit dem RDG geschützten Gemeinwohlbelange eine besondere Bedeutung zu. 107

b) Testamentsvollstreckung (Nr. 1). Die Frage, ob Banken und Sparkassen oder auch Wirtschaftsprüfungsunternehmen und Steuerberater oder sonstige vom Erblasser eingesetzte Personen geschäftsmäßig Testamentsvollstreckungen übernehmen dürfen, war in den vergangenen Jahren äußerst umstritten.[103] Der BGH hat diesen Streit schließlich dahingehend entschieden, dass die Abwägung der mit dem RBerG verfolgten Gemeinwohlbelange gegen die Berufsfreiheit zu einer grundsätzlichen Freiheit der Übernahme einer Testamentsvollstreckung vom Erlaubnisvorbehalt nach Art. 1 § 1 RBerG führe, weil schon die erbrechtlichen Vorschriften des BGB eine besondere Qualifikation für das Amt des Testamentsvollstreckers nicht vorsehen und die Funktionsfähigkeit der Rechtspflege durch Testamentsvollstreckungen von Personen, die über keine Erlaubnis nach dem RBerG verfügen, nicht in einer Weise beeinträchtigt wird, die ein Verbot rechtfertigen könnte.[104] Nicht verkannt hat der BGH bei seinen Entscheidungen, dass gerade im Rahmen von Testamentsvollstreckungen, insbesondere bei der Abwicklungsvollstreckung, in erheblichem Umfang die Beurteilung rechtlicher Fragen erforderlich ist, aber darauf hingewiesen, dass der Testamentsvollstrecker in solchen Fällen seinerseits Rechtsrat einholen müsse, wie dies der Erblasser auch von ihm erwarten werde. Konsequent wäre es deshalb gewesen, die Testaments- 108

---

101 So ausdr. Begr. RegE, BT-Drucks. 16/3655, S. 54 re. Sp.
102 So auch Begr. RegE, BT-Drucks. 16/3655, S. 54 re. Sp.
103 Vgl etwa OLG Karlsruhe 20.2.1992 – 1 HO 93/91, AnwBl 1992, 333 bejahend im einstweiligen Verfügungsverfahren und OLG Karlsruhe 27.5.1993 – 4 U 303/92, NJW-RR 1994, 236 ablehnend im Hauptsacheverfahren; ablehnend auch OLG Düsseldorf 5.7.2001 – 20 U 26/01, NJW-RR 2002, 606 und OLG Hamm 23.5.2002 – 4 U 19/2002, NJW-RR 2002, 1286; die Erlaubnisfreiheit befürwortend daggen *Kleine-Cosack*, BB 2000, 2109; *ders.*, Art. 1 § 3 RBerG Rn 34 ff; *Lang*, NJW 1999, 2332.
104 BGH 11.11.2004 – I ZR 182/02, NJW 2005, 968 (Testamentsvollstreckung durch Steuerberater); BGH 11.11.2004 – I ZR 213/01, NJW 2005, 969 (Testamentsvollstreckung durch Banken).

vollstreckung der allgemeinen Regelung des Abs. 1 zu unterstellen und auf diese Weise eine flexible Anwendung des RDG auf die vielgestaltigen Tätigkeiten eines Testamentsvollstreckers zu gewährleisten. Stattdessen ist der Gesetzgeber den entgegengesetzten Weg gegangen und hat alle im Zusammenhang mit einer Testamentsvollstreckung stehenden Rechtsdienstleistungen insgesamt, also auch unabhängig davon, ob es sich um eine **Verwaltungs-** oder eine **Abwicklungsvollstreckung** handelt, für zulässig erklärt.

109 Begründet wurde diese Entscheidung mit der Testierfreiheit des Erblassers, die ihm die Ernennung auch rechtlich unqualifizierter Personen oder Institutionen zum Testamentsvollstrecker erlaubt, sowie dem häufig stark vermögensverwaltenden Charakter der Testamentsvollstreckung. Jeder juristisch nicht ausreichend qualifizierte Testamentsvollstrecker wird jedoch zu bedenken haben, dass es nach der Rechtsprechung des BGH[105] zu seinen Pflichten gehört, bei nicht ausreichender Sachkunde anwaltlichen Rat einzuholen, und dass er den Erben und den betroffenen Vermächtnisnehmern gemäß § 2219 Abs. 1 BGB für entstehende Schäden haftet, wenn er diese Pflicht verletzt.[106]

110 **Banken** und **Sparkassen**, die sich seit langem intensiv um die Tätigkeit als Testamentsvollstrecker bemühen, werden stets zu prüfen haben, ob ihre Doppelfunktion als Testamentsvollstrecker und Vermögensverwalter zu einer **Unvereinbarkeit ihrer Leistungspflichten** führt, so dass sie gemäß § 4 die mit der Testamentsvollstreckung verbundenen Rechtsdienstleistungen nicht erbringen dürfen. Derartige Unvereinbarkeiten kommen vor allem bei der Abwicklungsvollstreckung in Betracht. Denn sie ist auf die Übergabe des Nachlasses an den Erben oder auf die Auseinandersetzung der Miterbengemeinschaft (§ 2204 BGB) gerichtet, während die Banken und Sparkassen natürlich ein Interesse daran haben, das idR bei ihnen angelegte Vermögen des Erblassers – ungeteilt – in ihrer Verwaltung zu halten und bei anderen Banken oder Sparkassen angelegtes Vermögen im Rahmen ihrer Testamentsvollstreckung an sich zu ziehen.

111 Mögen sich die dabei auftretenden Interessenkonflikte noch auf der vermögensverwaltenden und deshalb nach Auffassung des Gesetzgebers auf der nicht schützenswerten Ebene bewegen,[107] so sind Konflikte mit den rechtsdienstleistenden Aufgaben eines Testamentsvollstreckers immer dann unvermeidlich, wenn zB ein oder mehrere Mitglieder einer Erbengemeinschaft in einer selbständigen Geschäftsbeziehung zu der jeweiligen Bank oder Sparkasse stehen. Dies wird bei der typischen **Erbengemeinschaft** von überlebenden Ehegatten mit Kind(ern) regelmäßig der Fall sein, weil Eheleute den noch nicht abgezahlten Kredit für die im Nachlass befindliche Immobilie gemeinsam aufgenommen zu haben pflegen. Die Verpflichtung der Bank zur unveränderten Bereitstellung des Kredits mit den vereinbarten Laufzeiten kollidiert dann mit ihrer Pflicht als Testamentsvollstrecker, den Nachlass auseinanderzusetzen und zu diesem Zweck vorab die Nachlassverbindlichkeiten zu berichtigen (§ 2204 Abs. 1 iVm § 2046 BGB). Denn in ihrer Eigenschaft als Testamentsvollstrecker könnte sie trotz der damit verbundenen Vorfälligkeitsentschädigung durchaus eine vorzeitige Ablösung des noch

---

105 BGH 11.11.2004 – I ZR 182/02, NJW 2005, 968 (Testamentsvollstreckung durch Steuerberater); BGH 11.11.2004 – I ZR 213/01, BGH NJW 2005, 969 (Testamentsvollstreckung durch Banken).
106 So zutreffend auch Begr. RegE, BT-Drucks. 16/3655, S. 56 li. Sp.
107 So Begr. RegE, BT-Drucks. 16/3655, S. 55 f.

nicht fälligen Kredits herbeiführen, obwohl sie als Kreditgeber auf eine solche vorzeitige Ablösung keinen Anspruch, wegen des Wegfalls des Erblassers als Mitschuldner wohl aber ein erhebliches Interesse daran hat. Aber auch wenn die Bank gemäß § 2046 Abs. 1 S. 2 BGB lediglich „das zur Berichtigung (des Kredits) Erforderliche zurückbehält", berührt diese Rechtspflicht ihre Pflichten aus dem Kreditverhältnis, weil sie auf diesem Wege neue Sicherheiten an sich ziehen könnte, die ihr nach dem Kreditverhältnis trotz der mit dem Wegfall des Erblassers als Mitschuldner möglicherweise eingetretenen Gefährdung des Kredits überhaupt nicht zustünde. So könnte sie von der Versilberung einer Immobilie, die noch dazu mit einem Grundpfandrecht zu ihren Gunsten belastet ist, mit der Begründung Abstand nehmen, sie behalte auf diese Weise das zur Berichtigung anderweitiger Verbindlichkeiten „Erforderliche" zurück, obwohl sie eigentlich die eine oder die andere Sicherheit zurückgeben müsste.

Eine ähnliche Konfliktlage ergibt sich auch bei **Krediten von (Mit-)Erben**, an denen der Erblasser nicht beteiligt war. Denn wenn die als Testamentsvollstrecker eingesetzte Bank das Kreditverhältnis mit einem Erben als gefährdet einschätzt, es aber aus Rechtsgründen nicht kündigen kann, wird sie den Miterben dazu drängen, seinen Kredit mit Hilfe seines Anteils am Nachlass von sich aus zurückzuführen, statt ihm seinen Anteil am Nachlass pflichtgemäß vorbehaltlos auszukehren und ihm seinen Kredit ebenso pflichtgemäß weiterhin zu belassen. 112

Eine strukturell vergleichbare, wirtschaftlich aber noch sehr viel gravierendere Konfliktlage ergibt sich dann, wenn zum Nachlass **Anteile an einer Handelsgesellschaft** gehören, die – wie aufgrund des Vertrauensverhältnisses zwischen dem Erblasser und der finanzierenden Bank häufig – ihrerseits mit der als Testamentsvollstrecker eingesetzten Bank in Geschäftsverbindung steht. Denn die Rechtspflicht des Testamentsvollstreckers, den Nachlass auseinanderzusetzen und zu diesem Zweck nötigenfalls die Gesellschaftsanteile zu verwerten, führt bei der Gesellschaft oft zu massiven Liquiditätsengpässen bis hin zur Gefährdung ihrer Existenz, während die Bank als Kreditgeber der Gesellschaft gerade umgekehrt an dem Erhalt ihrer Liquidität interessiert ist. 113

Weitere Unvereinbarkeiten von Leistungspflichten können sich für Banken und Sparkassen bei einer Tätigkeit als Testamentsvollstrecker auch bei der Eingehung von Verbindlichkeiten gemäß § 2206 BGB oder aus der Anordnung eines Erblassers ergeben, die Auseinandersetzung des Nachlasses nach seinem „billigen Ermessen" vorzunehmen (§ 2048 S. 2 BGB). Denn wenn die Bank oder Sparkasse mit einem der Miterben in Geschäftsbeziehungen steht, kann und wird das Interesse an dieser Geschäftsbeziehung leicht mit dem für die Ausübung des „billigen Ermessens" geltenden Grundsätzen kollidieren. 114

Der Gesetzgeber hat es sich deshalb bei der Testamentsvollstreckung erheblich zu leicht gemacht, wenn er die mit der Ernennung von Banken und Sparkassen als Testamentsvollstreckern verbundenen Interessenkonflikte vornehmlich dem vermögensverwaltenden Tätigkeitsbereich zugeordnet und deshalb generell aus dem Schutzbereich des RDG herausgenommen hat. Auch das Argument, der Respekt vor der Testierfreiheit gebiete, die gesamte Abwicklung eines Nachlasses als zulässiges Annexgeschäft zur vermögensverwaltenden Tätigkeit des Testamentsvollstreckers anzusehen,[108] greift nicht durch. Denn der in § 1 Abs. 1 S. 1 115

---

108 So Begr. RegE, BT-Drucks. 16/3655, S. 55 re. Sp.

niedergelegte Gesetzeszweck, die Rechtsuchenden vor unqualifizierten Rechtsdienstleistungen zu schützen, ist zwangsläufig mit einer Einschränkung seiner Handlungsfreiheit verbunden (siehe § 2 Rn 29 ff). Diese Einschränkung ausgerechnet für die Ernennung von Testamentsvollstreckern wieder aufzuheben, ist angesichts der rasant gewachsenen Bedeutung der Erbfälle in unserer Wohlstandsgesellschaft und der von Erblassern regelmäßig unterschätzten Aufgaben und Befugnisse eines Testamentsvollstreckers sowie der bei der Ausübung ihrer Tätigkeit entstehenden Konfliktlagen nicht nachvollziehbar.

116 Hervorgehoben hat der Gesetzgeber allerdings, dass die Freistellung der im Rahmen einer Testamentsvollstreckung erbrachten Rechtsdienstleistungen von der Erlaubnispflicht nur für solche Rechtsdienstleistungen gelten soll, die **auch tatsächlich bei der Testamentsvollstreckung selbst anfallen**, während Rechtsdienstleistungen außerhalb dieser Tätigkeit scharf davon zu trennen seien[109] und dementsprechend nach Abs. 1 des § 5 zu beurteilen sind. Dieser Wille findet im Wortlaut des Gesetzes in der Weise seinen Niederschlag, dass nur die „**im (inhaltlichen und sachlichen) Zusammenhang**" mit der Testamentsvollstreckung stehenden Rechtsdienstleistungen erlaubte Nebenleistungen sein können. Die Erlaubnisfreiheit der im Zusammenhang mit einer Testamentsvollstreckung zu erbringenden Rechtsdienstleistungen **beginnt** deshalb zeitlich frühestens mit der Annahme des Amtes als Testamentsvollstrecker und **endet** mit der Beendigung dieses Amts. Eine Rechtsdienstleistung im Vorfeld der Annahme eines Testamentsvollstreckeramtes, also zB die Beratung, ob der zukünftige Erblasser überhaupt eine Testamentsvollstreckung anordnen und wen er ggf zum Testamentsvollstrecker bestellen soll, steht mithin nicht „im Zusammenhang" mit der Testamentsvollstreckung, und dieser Zusammenhang kann auch nicht künstlich mit dem Argument herbeigeführt werden, als zukünftiger Testamentsvollstrecker müsse man sich mit dem Erblasser schon im Vorfeld über den Inhalt der vorgesehenen Testamentsvollstreckung beraten können und dürfen. Denn diese Beratung „gehört" weder inhaltlich noch sachlich zum Tätigkeitsbild der Testamentsvollstreckung (zu diesem Kriterium siehe Rn 15 f). Dies gilt erst recht für den Entwurf einer letztwilligen Verfügung zur Testamentsvollstreckung.[110] Insoweit hat sich deshalb durch die Sonderregelung der Testamentsvollstreckung in Abs. 2 Nr. 1 an der früheren Rechtslage nach dem RBerG nichts geändert.

117 Zum Tätigkeitsbild des Testamentsvollstreckers „gehört" auch nicht die von dem oder den Erben in der Praxis allerdings häufig gewünschte rechtliche Beratung zu ihren Rechten und Pflichten als Erbe oder Miterbe. Denn der Testamentsvollstrecker ist nicht Vertreter der Erben und wird nicht in deren Auftrag tätig, sondern hat als Inhaber eines Amtes[111] die letztwilligen Verfügungen des Erblassers auszuführen (§ 2203 BGB), den Nachlass zu verwalten (§§ 2205 und 2209 BGB) und die Auseinandersetzung der Erbengemeinschaft zu bewirken (§ 2204 BGB). Einmal mehr werden **Banken** und **Sparkassen** als Testa-

---

109 Siehe Begr. RegE, BT-Drucks. 16/3655, S. 55 li. Sp.
110 So zutreffend Begr. RegE, BT-Drucks. 16/3655, S. 55 li. Sp. unter Berufung auf LG Freiburg, Urt. v. 28.10.2005 – 10 O 37/05, NJW-RR 2006, 423. Dieses Urteil wurde bestätigt durch OLG Karlsruhe, Urt. v. 9.11.2006 – 4 U 174/05, NJW-RR 2007, 206. Die dagegen eingelegte Nichtzulassungsbeschwerde der beklagten Bank wurde durch – nicht veröffentlichten – Beschluss des BGH vom 24.4.2008 zurückgewiesen.
111 So die herrschende Amtstheorie, siehe nur Palandt/*Edenhofer*, vor § 2197 BGB Rn 2 und BGH 16.3.1988 – IVa ZR 163/87, NJW 1988, 1390.

mentsvollstrecker allerdings insbesondere dann versucht sein, diese Grenze zu überschreiten, wenn der Erbe oder einer der Miterben ohnehin schon mit ihnen in Geschäftsverbindung steht. Auch wenn daraus keine Unvereinbarkeiten im in Rn 110 ff erörterten Sinne entstehen, ist ihnen dies aber mangels Zugehörigkeit zur Tätigkeit eines Testamentsvollstreckers nicht erlaubt.

c) Haus- und Wohnungsverwaltung (Nr. 2). Die Vorschrift des Art. 1 § 5 Nr. 3 RBerG sah ihrem Wortlaut nach nur für die Verwalter von Mietwohnungen die Erlaubnisfreiheit der von ihnen im Zusammenhang mit ihrer Tätigkeit erbrachten Rechtsdienstleistungen vor. Bereits im Jahre 1993 hatte der BGH jedoch entschieden, dass auch die Wohnungsverwalter nach dem WEG die im Zusammenhang mit ihrer Tätigkeit stehenden Rechtsdienstleistungen erlaubnisfrei erbringen dürfen, weil ihnen andernfalls eine sachgerechte Ausübung ihres gesetzlich verankerten Berufs überhaupt nicht möglich wäre.[112] An dieser seither unumstrittenen Rechtslage wollte der Gesetzgeber nichts ändern, sondern sie mit der Formulierung in Abs. 2 Nr. 2 lediglich ausdrücklich legalisieren.[113]

Auch für die Haus- und die Wohnungsverwaltung gelten aber ebenso wie für die Testamentsvollstreckung nach Abs. 2 Nr. 1 (siehe Rn 108 ff) und die Fördermittelberatung nach Abs. 2 Nr. 3 (siehe Rn 121 ff) die allgemeinen Einschränkungen des Abs. 1 (siehe Rn 107) und des § 4. Die von einem Haus- oder Wohnungsverwalter zu erbringenden Rechtsdienstleistungen müssen also in einem inhaltlichen und sachlichen Zusammenhang mit seiner Verwaltertätigkeit stehen und zu ihrem Tätigkeitsbild gehören. Die isolierte Beratung eines Mieters oder Vermieters zu ihren mietrechtlichen oder eines Wohnungseigentümers zu seinen miet- oder eigentumsrechtlichen Fragen bleibt deshalb weiterhin unzulässig. Erlaubt sind dagegen Auskünfte zu den das Verhältnis der Mieter oder der Wohnungseigentümer untereinander betreffenden Fragen und die Beratung der Gemeinschaften zu gemeinschaftstypischen Problemen bis hin zur Erarbeitung von vertraglichen Lösungen.

Ist ein Haus- oder Wohnungsverwalter seinerseits Mieter oder Eigentümer einer Wohnung in einer von ihm verwalteten Immobilie, kann es zB bei der Beratung der Eigentümergemeinschaft über die Umlage von Nebenkosten oder die Verwaltergebühren und erst recht bei der Kündigung des Verwaltervertrages zu **Interessenkollisionen** kommen. Gemäß § 4 ist der Verwalter in diesen Fällen dann selbstverständlich an der Erbringung von Rechtsdienstleistungen gehindert.

d) Fördermittelberatung (Nr. 3). Der Fördermittelberatung kommt angesichts der vielfältigen, häufig unübersichtlichen und auch sehr komplexen staatlichen Förderangebote eine wachsende wirtschaftliche Bedeutung zu. Sie ist deshalb zu einem wesentlichen Teil der Unternehmensberatung durch Banken und Sparkassen, aber auch freiberufliche Unternehmensberater geworden, lässt sich jedoch ohne eine rechtliche Prüfung der Voraussetzungen für eine Förderung, also einer Rechtsdienstleistung iSd § 2 Abs. 1, überhaupt nicht erbringen. Deshalb hat der BGH in Beachtung der europa- und verfassungsrechtlichen Vorgaben (siehe Rn 2) auch die Fördermittelberatung bereits unter der Geltung des RBerG grds. von dessen Erlaubniszwang ausgenommen,[114] allerdings – ähnlich wie bei

---

112 BGH 6.5.1993 – V ZB 9/92, NJW 1993, 1924.
113 Siehe Begr. RegE, BT-Drucks. 16/3655, S. 56 li. Sp.
114 BGH 24.2.2005 – I ZR 128/02, NJW 2005, 2458 (Fördermittelberater).

seinen Entscheidungen zur Erlaubnisfreiheit von Rechtsdienstleistungen im Zusammenhang mit einer Testamentsvollstreckung[115] – ausdrücklich offen gelassen, wann ein Fördermittelberater die Grenzen zulässiger Rechtsberatung überschreitet und deshalb seinem Kunden die Inanspruchnahme einer anwaltlichen Beratung empfehlen muss. Zur Beseitigung dieser Unsicherheit hat sich der Gesetzgeber deshalb ebenso wie bei der Testamentsvollstreckung für eine generelle Erlaubnisfreiheit aller im Zusammenhang mit einer Fördermittelberatung zu erbringenden Rechtsdienstleistungen entschieden, allerdings auch darauf hingewiesen, dass für den nichtanwaltlichen Fördermittelberater die vertragliche Pflicht besteht, auf die Einholung juristisch qualifizierten, anwaltlichen Rates zu verweisen, sobald seine eigenen Kenntnisse für die sachgerechte Beratung und Vertretung des Rechtsuchenden nicht mehr ausreichen. Eine Verletzung dieser Pflicht könne Haftungsansprüche auslösen.[116]

122 Für die Fördermittelberatung gilt nichts anderes als für die Testamentsvollstreckung und die Haus- und Wohnungsverwaltung. Auch bei ihr muss also der rechtsdienstleistende Teil der Tätigkeit in einem **inhaltlichen und sachlichen Zusammenhang** mit der eigentlichen Tätigkeit, also der Erlangung von Fördermitteln, stehen und zu dem damit verbundenen Tätigkeitsbild **„gehören"** (zu diesen Kriterien siehe bei der Testamentsvollstreckung Rn 116 f und bei der Haus- und Wohnungsverwaltung Rn 119).

123 Bei der Prüfung eines solchen Zusammenhangs ist angesichts des Charakters des Abs. 2 als **Ausnahmeregelung** ein **strenger Maßstab** anzulegen (siehe Rn 107). Dementsprechend ist nicht nur die Beratung darüber, für welche Projekte welche Fördermittel angeboten werden, und die Prüfung der Frage, ob die rechtlichen Voraussetzungen für die Förderung eines bestimmten Projekts vorliegen, sondern auch die Hilfestellung und Vertretung bei der Beantragung von Fördergeldern als im Zusammenhang mit der Fördermittelberatung stehend anzusehen. Alles, was über die mit der Erlangung von Fördermitteln verbundenen Rechtsdienstleistungen hinausgeht, also die Beratung zu den mit dem zu fördernden Projekt selbst verbundenen Rechtsfragen, mag zwar in einem weiteren Sinne in einem inhaltlichen und sachlichen Zusammenhang mit der Fördermittelberatung stehen, ja, wird sie oft sogar erst ausgelöst haben, „gehört" aber gleichwohl nicht mehr zu ihrem Tätigkeitsbild. Dies gilt zB bei Existenzgründungen oder Unternehmensübergaben und -nachfolgeregelungen für alle damit im Zusammenhang stehenden gesellschaftsrechtlichen Fragen,[117] bei der Übergabe oder Aufgabe von Teilen landwirtschaftlicher Betriebe für die Beratung und Gestaltung der damit verbundenen familieninternen Verträge und bei der Durchführung von Umweltschutzprojekten für die Beratung zu ihrer Zulässigkeit nach den einschlägigen bauplanungs- oder naturschutzrechtlichen Vorschriften. Alle diese Tätigkeiten unterliegen deshalb der allgemeinen Regel des Abs. 1, wonach es sich aber regelmäßig nicht um eine zum Berufs- oder Tätigkeitsbild der Fördermittelberatung gehörende Nebenleistung handeln wird (siehe näher Rn 14 ff).

---

115 BGH 11.11.2004 – I ZR 182/02, NJW 2005, 968 (Testamentsvollstreckung durch Steuerberater); BGH 11.11.2004 – I ZR 213/01, NJW 2005, 969 (Testamentsvollstreckung durch Banken).
116 So Begr. RegE, BT-Drucks. 16/3655, S. 56 re. Sp.
117 So auch Begr. RegE, BT-Drucks. 16/3655, S. 56 re. Sp.

Teil 2
Rechtsdienstleistungen durch nicht registrierte Personen

§ 6 Unentgeltliche Rechtsdienstleistungen

(1) Erlaubt sind Rechtsdienstleistungen, die nicht im Zusammenhang mit einer entgeltlichen Tätigkeit stehen (unentgeltliche Rechtsdienstleistungen).

(2) Wer unentgeltliche Rechtsdienstleistungen außerhalb familiärer, nachbarschaftlicher oder ähnlich enger persönlicher Beziehungen erbringt, muss sicherstellen, dass die Rechtsdienstleistung durch eine Person, der die entgeltliche Erbringung dieser Rechtsdienstleistung erlaubt ist, durch eine Person mit Befähigung zum Richteramt oder unter Anleitung einer solchen Person erfolgt. Anleitung erfordert eine an Umfang und Inhalt der zu erbringenden Rechtsdienstleistungen ausgerichtete Einweisung und Fortbildung sowie eine Mitwirkung bei der Erbringung der Rechtsdienstleistung, soweit dies im Einzelfall erforderlich ist.

I. Normzweck 1	c) Rechtsdienstleistung unter Anleitung 28
II. Entstehungsgeschichte 5	aa) Delegationsbefugnis der qualifizierten Person 28
III. Regelungsgehalt 13	bb) Begriff der Anleitung (Abs. 2 S. 2) 31
1. Unentgeltliche Rechtsdienstleistungen (Abs. 1) 13	(1) Definition 31
2. Persönlicher Nähebereich 16	(2) Fortbildung 33
a) Unregulierter Rechtsdienstleistungsbereich 16	(3) Überwachung/Mitwirkung 34
b) Kategorien 18	4. Schutz bei Beratungsfehlern/ Pflichten des unentgeltlichen Rechtsdienstleisters 39
aa) Familiäre Beziehungen ... 19	
bb) Nachbarschaftliche Beziehungen 20	5. Untersagung der Rechtsdienstleistung 40
cc) Ähnlich enge persönliche Beziehungen 22	6. Unentgeltliche Beratung durch Rechtsanwälte 42
3. Pflicht zur Beteiligung einer juristisch qualifizierten Person (Abs. 2 S. 1) 24	7. Gerichtliche Vertretung 45
a) Normzweck 24	
b) Juristische Qualifikation ... 25	

I. Normzweck

Abs. 1 erklärt unentgeltliche Rechtsdienstleistungen grds. für zulässig. Die Norm kehrt damit als **zentraler Erlaubnistatbestand für unentgeltliche Rechtsdienstleistungen** den früheren Grundsatz des Verbots mit Erlaubnisvorbehalt um. Jedermann ist damit grds. befugt, unentgeltliche Rechtsdienstleistungen zu erbringen, solange sie ihm nicht behördlich untersagt wurden. 1

Abs. 2 schränkt Abs. 1 allerdings für die Fälle ein, bei denen unentgeltliche Rechtsdienstleistungen außerhalb einer vollständig unregulierten persönlichen Nähebeziehung erbracht werden. Bedarf es innerhalb der Nähebeziehung keiner besonderen Qualifikation, um die Rechtsdienstleistung zu erbringen, so müssen die unentgeltlichen Rechtsdienstleistungen **außerhalb dieser Nähebeziehung** zumindest unter Anleitung einer Person erbracht werden, der auch die entgeltliche Erbringung einer Rechtsdienstleistung erlaubt ist. Werden die in Abs. 2 statu- 2 ierten Sorgfaltspflichten verletzt, so besteht die Möglichkeit, die Rechtsdienstleistungsbefugnis gemäß § 9 zu versagen.

3 Durch § 6 soll **altruistisches bürgerschaftliches Engagement gestärkt** und dem Umstand Rechnung getragen werden, dass im engeren sozialen Umfeld offensichtlich ein Bedürfnis besteht, unentgeltlichen Rechtsrat einholen zu können, auch wenn der Ratgeber nicht zum Kreis derer gehört, die nach dem RDG berechtigt sind, Rechtsdienstleistungen gegen Entgelt zu erbringen.

4 Weiterhin holt der in § 6 vollzogene Paradigmenwechsel die Sozialrechtsberatung karitativer Einrichtungen aus einer rechtlichen Grauzone und schafft im Zusammenspiel mit den §§ 7, 8 Rechtssicherheit. Hinsichtlich der von Vereinigungen oder von öffentlichen bzw öffentlich anerkannten Stellen erbrachten Rechtsdienstleistungen sind die §§ 7, 8 dabei leges speciales zu § 6, gleichgültig, ob von diesen Institutionen im konkreten Einzelfall ein Entgelt für die Rechtsdienstleistung verlangt wird oder nicht.

II. Entstehungsgeschichte

5 § 6 markiert damit das vorläufige Ende einer Entwicklung, die ihren Ausgangspunkt in den engen Regelungen des RBerG hatte. Diese Regelungen waren von der Praxis zunehmend als unbefriedigend empfunden worden, so dass man im Einzelfall verschiedene Wege suchte, um eine unentgeltliche Rechtsdienstleistung durch entsprechend qualifizierte Personen zu ermöglichen.

6 Nach dem RBerG war die geschäftsmäßige Besorgung fremder Rechtsangelegenheiten nur durch die abschließend im Gesetz genannten Berufsgruppen, insbesondere durch Rechtsanwälte und Notare zulässig. Für die Beurteilung der Geschäftsmäßigkeit spielte es dabei gemäß Art. § 1 RBerG keine Rolle, ob es sich um eine entgeltliche oder unentgeltliche Tätigkeit handelte. Es kam lediglich darauf an, ob der Handelnde beabsichtigte, seine selbständige Tätigkeit in gleicher Art zu wiederholen und sie so zu einem dauernden Teil seiner Beschäftigung zu machen.[1] Da im Einzelfall nur für eine berufsmäßige juristische Beratungstätigkeit eine Sondererlaubnis an Personen außerhalb des im Gesetz genannten Personenkreises erteilt werden konnte, hatte dies zur Konsequenz, dass niemand außerhalb dieser Berufsgruppen aus altruistischen Motiven unentgeltliche Rechtsdienstleistungen erbringen konnte, weil eine nicht auf die Erzielung von Einnahmen gerichtete Beratungstätigkeit nicht genehmigungsfähig war.[2]

7 Wie aus der rechtspolitischen Diskussion im Gesetzgebungsverfahren zum Gesetz zur Verhütung von Mißbräuchen auf dem Gebiet der Rechtspflege von 1935 deutlich wird, verfolgte die Regelung zur unentgeltlichen Besorgung fremder Rechtsangelegenheiten, die auch im RBerG nach Ende des Zweiten Weltkrieges fortgalt, zum einen den Zweck, jede denkbare Umgehung des Betätigungsverbots der vom Beruf des Rechtsanwalts oder Rechtsbeistand ausgeschlossenen Personenkreise, insbesondere der jüdischen Rechtsanwälte, zu verhindern und zum anderen, den verschiedenen Organisationen der NSDAP das Beratungsmonopol im Bereich des Sozialrechts zu sichern.[3]

---

1 St. Rspr seit BGH 17.1.1956 – I ZR 98/54, NJW 1956, 749; BGH 14.11.2006 – XI ZR 294/05, BGHZ 170, 18 = NJW 2007, 593.
2 OLG Karlsruhe 30.12.1991 – 3 Ss 133/91, Justiz 1992, 419; *Rennen/Caliebe*, Art. 1 § 1 RBerG Rn 69 mwN.
3 Begr. RegE, BT-Drucks. 16/3655, S. 39; *Rücker*, Rechtsberatung, S. 266 ff.

Der bundesdeutsche Gesetzgeber hat es nach Ende des Dritten Reichs leider versäumt, den rechtlichen Status quo vor Verabschiedung des Gesetzes zur Verhütung von Mißbräuchen auf dem Gebiet der Rechtspflege 1935 wiederherzustellen. Dort war nach § 35 Abs. 3 GewO aF nur die gewerbsmäßige Besorgung fremder Rechtsangelegenheiten ausschließlich Rechtsanwälten und Notaren vorbehalten, so dass in der Weimarer Republik zahlreiche gesellschaftliche Organisationen Bedürftigen zB eine kostenlose Sozialberatung anbieten konnten. **8**

Die Rechtsprechung hat insbesondere in den letzten Jahren verstärkt versucht, das im Gesetz angelegte strikte Verbot unentgeltlicher Rechtsberatung aufzuweichen. So wurde insbesondere bei engen verwandtschaftlichen oder sonstigen persönlichen Beziehungen argumentiert, dass es in diesen Fällen schon an der Fremdheit der Rechtsangelegenheit fehle, womit das RBerG nicht einschlägig war. Allerdings sollte nach den Instanzgerichten allein das Näheverhältnis nicht schon per se genügen, um mit einer unentgeltlichen Rechtsdienstleistung nicht gegen das RBerG zu verstoßen, sondern es mussten im Einzelfall besondere Umstände hinzutreten, damit die rechtliche Angelegenheit keine „fremde" mehr war. So konnte zB eine Lebens- oder Haushaltsgemeinschaft, aus der sich eine gegenseitige Fürsorgepflicht oder eine wirtschaftliche Interessenverflechtung ergab, dazu führen, dass eine unentgeltliche Rechtsberatung möglich wurde.[4] Dies sollte insbesondere auch dann der Fall sein, wenn die Rechtsberatung aus der ehelichen Beistandspflicht iSd § 1353 Abs. 1 S. 2 BGB resultierte.[5] Teilweise wurde auch argumentiert, dass das RBerG aus verfassungsrechtlichen Gründen auf nachbarliche, verwandtschaftliche und freundschaftliche Hilfe nicht anwendbar sei.[6] **9**

Das BVerfG hat schließlich mit Rücksicht auf die allgemeine Handlungsfreiheit nahegelegt, im Einzelfall den Anwendungsbereich von Art. 1 § 1 RBerG teleologisch zu reduzieren, soweit die altruistische Rechtsberatung durch einen berufserfahrenen Juristen, in den vom Bundesverfassungsgericht zu entscheidenden Fällen durch einen pensionierten Richter, erfolgt.[7] **10**

Auch wenn nun Gerichte dieser Auffassung folgten,[8] verblieb nichtsdestotrotz vor dem Hintergrund der insgesamt doch uneinheitlichen Judikatur eine gewisse Unsicherheit, inwieweit eine unentgeltliche Rechtsdienstleistung im Einzelfall tatsächlich einen Verstoß gegen das RBerG darstellen würde, was in der Beratungspraxis insbesondere der sozialen Organisationen von diesen als erhebliches Risiko empfunden wurde. **11**

Die Neuregelung des § 6 will diese Unsicherheit beseitigen und alle Formen sozialer, karitativer und altruistischer Rechtsdienstleistungen ermöglichen, ohne dabei die Interessen der im sozialen Bereich oftmals besonders schutzbedürftigen Rechtsuchenden aus dem Blick zu verlieren. Die Regelung des § 6 befindet sich damit im Einklang mit der Rechtslage bei vielen europäischen Nachbarn Deutschlands, von denen die Mehrheit außergerichtliche unentgeltliche Rechts- **12**

---

4 BayObLG 20.2.1969 – RReg. 4 a St 85/68, NJW 1969, 1452; OLG Oldenburg 30.9.1991 – Ss 270/91, NJW 1992, 2438.
5 BGH 26.7.2001 – III ZR 172/00, BGHZ 148, 313 = NJW 2001, 3541.
6 LG Dresden 28.11.2000 – 12 O 3217/00, NJW-RR 2001, 1506.
7 BVerfG 29.7.2004 – 1 BvR 737/00, NJW 2004, 2662; BVerfG 16.2.2006 – 2 BvR 951/04, NJW 2006, 1502.
8 OVG Niedersachsen 8.12.2005 – 8 LB 119/03, NVwZ-RR 2006, 361.

dienstleistungen in weit größerem Umfang erlaubt, als Deutschland dies bisher getan hat.[9]

III. Regelungsgehalt

13 **1. Unentgeltliche Rechtsdienstleistungen (Abs. 1).** Nicht jede Rechtsdienstleistung, die ohne entsprechendes Entgelt erbracht wird, ist unentgeltlich iSd § 6. Sobald die Rechtsdienstleistung für den Rechtsuchenden mit einer entgeltlichen (Haupt-)Leistung verknüpft ist, beurteilt sich deren Zulässigkeit für den Fall der unentgeltlichen Rechtsdienstleistungs-Nebenleistung allein nach § 5 (vgl § 5 Rn 7 ff). Wenn also zB im sozialen Bereich gewerblich tätige ambulante Pflegedienste anlässlich ihrer Pflegeleistungen auch über die in diesem Rahmen anfallenden Rechtsangelegenheiten beraten, kann eine solche Beratung als unentgeltliche Nebenleistung zulässig sein. Diese Beratung muss sich jedoch auf den Kern der Rechtsfragen beschränken, die bei der Erbringung der Pflege entstehen. Dies können zB Beratungsleistungen im Hinblick auf das Formulieren von Kostenerstattungsanträgen oder der sonstigen Korrespondenz mit der Kranken- oder Pflegeversicherung sein. Eine unentgeltliche Beratung des gewerblichen Pflegedienstes zu erbrechtlichen Fragen oder in Mietstreitigkeiten ist dagegen unzulässig.

14 Wird eine unentgeltliche Rechtsdienstleistung im Rahmen einer Mitgliedschaft in einer Vereinigung von der Vereinigung gegenüber ihren Mitgliedern erbracht, so richtet sich die Zulässigkeit der Rechtsdienstleistung ausschließlich nach § 7. Es spielt insoweit keine Rolle, ob die Vereinigung von ihren Mitgliedern Mitgliedsbeiträge erhebt oder das einzelne Mitglied ggf von einer Beitragspflicht befreit ist.

15 Schließlich beurteilt sich auch die Zulässigkeit von unentgeltlichen Rechtsdienstleistungen, die öffentliche und öffentlich anerkannte Stellen anbieten, ausschließlich nach § 8. Unentgeltlich sind in diesem Zusammenhang all die Rechtsdienstleistungen, für die nur etwaige Fahrt-, Schreib- oder Portokosten konkret abgerechnet werden. Auch eine nur geringe pauschalierte Honorierung, in die ggf auch noch Umlagen für Personalkosten und Raummiete eingepreist sind, steht der Annahme einer Unentgeltlichkeit entgegen.[10]

16 **2. Persönlicher Nähebereich. a) Unregulierter Rechtsdienstleistungsbereich.** Möchte jemand **im Rahmen** familiärer, nachbarschaftlicher oder ähnlich enger persönlicher Beziehungen unentgeltlich Rechtsdienstleistungen erbringen, bedarf er hierfür keinerlei Qualifikation. Wird dies in der Literatur zT auch kritisch gesehen,[11] so ist doch der Rechtsuchende in diesem Fall nach Ansicht des Gesetzgebers nicht schutzwürdig, da er um die Risiken eines aus Gefälligkeit gegebenen Rechtsrats durch Angehörige, Freunde oder Bekannte wisse.[12]

17 Wenn jemand das persönliche Vertrauensverhältnis und eine schnelle und unkomplizierte Besprechung des Problems höher schätzt als die potentielle Qualität des Rechtsrats, so ist dies zu akzeptieren. Das RDG will insoweit den privaten

---

9 Begr. RegE, BT-Drucks. 16/3655, S. 28; vgl grundl. zur Tätigkeit von Rechtsanwälten in Europa: *Henssler/Nerlich*, Anwaltliche Tätigkeit in Europa, 1994; *Dombek*, BRAK-Mitt. 2001, 98 ff.
10 Kilian/Sabel/vom Stein/*Sabel*, § 8 Rn 262.
11 *Römermann*, NJW 2006, 3025; befürwortend *Henssler*, AnwBl 2007, 553.
12 Begr. RegE, BT-Drucks. 16/3655, S. 58.

Bereich grds. unreguliert lassen.[13] Reglementierungen in diesem Bereich ließen sich darüber hinaus sowohl schwer kontrollieren als auch durchsetzen und wurden darüber hinaus in der Vergangenheit von der Bevölkerung häufig ignoriert.[14]

b) Kategorien. Abs. 2 S. 1 teilt den persönlichen Nähebereich in **drei Kategorien**, die versuchen, verschiedene Ausprägungen des sozialen Umfelds des Ratsuchenden abzubilden: **Familie, Nachbarn und ähnliche enge persönliche Beziehungen.** Die Gesetzesbegründung spricht insoweit synonym von „**Familien- und Bekanntenkreis**".[15] Durch den Wortlaut des Abs. 2 S. 1 hat der Gesetzgeber deutlich gemacht, dass er den unregulierten Nähebereich, in dem jeder unentgeltliche Rechtsdienstleistungen erbringen darf, **weit** ziehen möchte und insofern keine strengen Anforderungen an den Personenkreis stellt, der diesem Nähebereich unterfallen soll. 18

aa) Familiäre Beziehungen. Zur Auslegung des Begriffs der familiären Beziehungen ist auf den Begriff des Familienangehörigen abzustellen. Der Begriff ist dabei weit auszulegen.[16] **Familienangehörige** sind danach zum einen die in § 15 AO aufgeführten Personen: Verlobte, Ehegatten, Verwandte und Verschwägerte gerader Linie, Geschwister, Kinder der Geschwister, Ehegatten der Geschwister und Geschwister der Ehegatten, Geschwister der Eltern, Pflegeeltern und Pflegekinder. Für die Angehörigeneigenschaft der Ehegatten, der Verschwägerten und der Geschwister der Ehegatten spielt es dabei keine Rolle, ob die die Beziehungen begründende Ehe noch besteht; ist sie einmal begründet, wirkt die Angehörigeneigenschaft fort. Ebenso wird die Angehörigeneigenschaft nicht durch die Annahme als Kind aufgelöst und auch zwischen Pflegeeltern und Pflegekindern bleibt die Angehörigeneigenschaft bestehen, solange sie wie Eltern und Kinder miteinander verbunden sind, ohne dass es auf das Bestehen einer häuslichen Gemeinschaft ankäme. Zum anderen sind nach § 11 LPartG gleichgeschlechtliche Lebenspartner und deren Verwandte, die insoweit verschwägerten Personen gleichgestellt werden, Angehörige iSd § 6. 19

bb) Nachbarschaftliche Beziehungen. Schon die nachbarschaftliche Beziehung genügt, um außergerichtlich unentgeltlich bei Rechtsangelegenheiten helfen zu dürfen. **Nachbarn** sind dabei alle diejenigen, zu denen sich nach allgemeinem Verständnis typischerweise eine nachbarschaftliche Beziehung entwickelt. Dies können die Parteien eines Mietshauses, Inhaber oder Bewohner angrenzender Hausgrundstücke oder Bewohner von Schrebergärten, Wochenend- und Ferienhaussiedlungen sein. 20

Ist unklar, inwieweit der soziale Kontakt tatsächlich noch durch die für die nachbarschaftlichen Beziehungen erforderliche räumliche Nähe vermittelt wird, zB bei Anliegern in derselben Wohnstraße, wird man die Beziehung regelmäßig als eine „ähnlich enge soziale Beziehung" einstufen können, womit die dritte Kategorie des Abs. 2 S. 1 für die Einordnung nachbarschaftlicher Beziehungen zu einem Auffangtatbestand wird. 21

cc) Ähnlich enge persönliche Beziehungen. Gemeint ist mit den ähnlich engen persönlichen Beziehungen in Abs. 2 S. 1 der Bekanntenkreis des Rechtsuchen- 22

---

13 Begr. RegE, BT-Drucks. 16/3655, S. 63.
14 Vgl *Hommerich/Kilian*, AnwBl 2007, 612 ff.
15 Begr. RegE, BT-Drucks. 16/3655, S. 57 f.
16 Begr. RegE, BT-Drucks. 16/3655, S. 58.

K.-M. Schmidt

den.[17] Dem **Bekanntenkreis** unterfallen dabei nicht nur persönliche Freunde, sondern alle Personen, zu denen eine ähnlich enge soziale Beziehung besteht, wie typischerweise zu Nachbarn. Dies können Arbeits- oder Vereinskollegen, aber auch Freizeitbekanntschaften sein, solange zwischen den Beteiligten nur eine über den bloß einmaligen Kontakt hinausgehende, irgendwie geartete persönliche Beziehung existiert.

23 Betrachtet man diesen sehr offenen Maßstab zur Einordnung von Rechtsbeziehungen im unregulierten Nähebereich, wird deutlich, dass der Gesetzgeber jemanden, der unentgeltliche Rechtsdienstleistungen anbietet, nur dann dem strengeren Maßstab des Abs. 2 unterwerfen möchte, wenn dieser seine unentgeltlichen Rechtsdienstleistungen an einen unbestimmten Adressatenkreis richtet, dessen Personen ihm zuvor nicht bekannt waren. Dies sind typischerweise karitative Einrichtungen, Selbsthilfevereine, aber auch Einzelpersonen, die aus altruistischen Motiven Dritten helfen möchten, wie zB der pensionierte Richter, dessen Tätigkeit Ausgangspunkt der in Rn 10 erwähnten BVerfG-Entscheidungen war.

24 **3. Pflicht zur Beteiligung einer juristisch qualifizierten Person (Abs. 2 S. 1). a) Normzweck.** Abs. 2 S. 1 verpflichtet alle Personen oder Einrichtungen, die unentgeltliche Rechtsdienstleistungen außerhalb des persönlichen Nähebereichs erbringen, hierbei eine juristisch qualifizierte Person einzuschalten. Anders als beim Rechtsrat in Familien- und Bekanntenkreis handelt es sich bei den Ratsuchenden, die sich an karitativ tätige Personen und Einrichtungen wenden, um unentgeltliche Rechtsdienstleistungen zu erhalten, vornehmlich um sozial schwache Personen. Staat und Anwaltschaft allein können keine hinreichende Beratung dieser Personen sicherstellen, weshalb ein dringendes Bedürfnis nach unentgeltlichen Rechtsdienstleistungen für diesen Personenkreis besteht. Weil aber unqualifizierter Rechtsrat gravierende Auswirkungen haben kann und diesem Personenkreis mangels finanzieller Mittel regelmäßig keine Alternative zur unentgeltlichen Rechtsberatung offen steht, muss der Staat sicherstellen, dass die Interessen dieser Personen auf eine fachlich einwandfreie Rechtsberatung gewahrt werden, ohne dabei das begrüßenswerte altruistische bürgerschaftliche Engagement durch unentgeltliche Rechtsdienstleistungen zu verhindern.

25 **b) Juristische Qualifikation.** Hinsichtlich der juristischen Qualifikation der zu beteiligenden Person nach Abs. 2 S. 1 wird differenziert: Zum einen können dies alle Personen mit der **Befähigung zum Richteramt** sein, also „Volljuristen" wie Rechtsanwälte, Richter, Beamte des höheren Verwaltungsdienstes und Unternehmensjuristen mit zweitem juristischen Staatsexamen sowie ordentliche Professoren der Rechte an einer deutschen Universität, die diese Befähigung gemäß § 7 Abs. 1 DRiG ebenfalls besitzen.

26 Zum anderen können dies Personen sein, denen die entgeltliche Erbringung der konkreten Rechtsdienstleistung erlaubt ist, ohne dass es sich dabei um einen deutschen Volljuristen handeln muss. Dies sind Kammerrechtsbeistände (§ 1 Abs. 2 RDGEG), registrierte Rechtsbeistände und Erlaubnisinhaber gemäß § 1 Abs. 3 RDGEG sowie Diplomjuristen aus der ehemaligen DDR, soweit diese die Voraussetzungen des § 5 RDGEG erfüllen (s. § 5 RDGEG Rn 4). Bei den registrierten Rechtsbeiständen und Erlaubnisinhabern gem. § 1 Abs. 3 RDGEG han-

---

17 Vgl Begr. RegE, BT-Drucks. 16/3655, S. 58 f.

delt es sich im Wesentlichen um Rentenberater, Versicherungsberater, Frachtprüfer, Versteigerer, Inkassounternehmer und Berater im ausländischen Recht, die häufig in Deutschland tätige ausländische Rechtsanwälte sind. Im Rahmen ihres Erlaubnisumfangs kommen aber auch Steuerberater, Wirtschaftsprüfer und Patentanwälte als juristisch qualifizierte Personen in Betracht.

Wenn sich die unentgeltliche Rechtsdienstleistung auf den Bereich der Rentenberatung und das Inkasso beschränkt, genügt für diesen Teilbereich auch eine nach § 10 registrierte Person den Anforderungen des Abs. 2 S. 1. 27

c) Rechtsdienstleistung unter Anleitung. aa) Delegationsbefugnis der qualifizierten Person. Die Rechtsdienstleistung muss von der qualifizierten Person nicht persönlich erbracht werden; es genügt, wenn die Rechtsdienstleistung unter der Anleitung dieser Person vorgenommen wird, um so ein Mindestmaß an juristischer Qualität zu sichern. Mit dieser Delegationsmöglichkeit wollte der Gesetzgeber bürgerschaftliches Engagement im Rahmen größerer arbeitsteiliger Strukturen erleichtern. Abs. 2 S. 1 greift insoweit eine typische Beratungssituation insbesondere bei größeren karitativen Trägern auf, wo regelmäßig nur wenige Volljuristen unmittelbaren Kontakt zu den Beratenen haben. 28

Denkbar ist aber auch eine Situation, bei der Einzelpersonen, die nicht juristisch ausgebildet sind, zB ein Pfarrer, Sozialarbeiter oder Altenpfleger, gegenüber einem Dritten Hilfe leistet und dabei verschiedene juristische Fragen klären muss. Hier verlangt Abs. 2 S. 1 von ihm, diese Fragen unter juristischer Anleitung zu klären und eine entsprechend qualifizierte Person hinzuzuziehen. 29

Wenn es sich bei den Rechtsfragen um Fragen handelt, die in unmittelbarem Zusammenhang mit einer karitativen nicht juristischen Hauptleistung stehen und die unentgeltliche Rechtsdienstleistung somit nur eine Nebenleistung darstellt, so wird auch vertreten, dass bei Vorliegen der Voraussetzungen des § 5 die besonderen Pflichten des Abs. 2 S. 1 nicht gelten sollen.[18] 30

bb) Begriff der Anleitung (Abs. 2 S. 2). (1) Definition. Fand sich im Diskussions- und Referentenentwurf noch keine Definition für den Begriff der Anleitung, so wurde er im Regierungsentwurf **definiert** und in das Gesetz übernommen. Anleitung erfordert danach eine an Umfang und Inhalt der zu erbringenden Rechtsdienstleistung ausgerichtete Einweisung und Fortbildung sowie eine Mitwirkung bei der Erbringung der Rechtsdienstleistung, soweit dies im Einzelfall erforderlich ist (**Abs. 2 S. 2**). 31

Eine ordnungsgemäße Anweisung setzt voraus, dass die juristisch qualifizierte Person die anzuleitenden Personen mit den für ihre Tätigkeit wesentlichen Rechtsfragen vertraut macht, damit diese die typischen Sachverhalte weitgehend selbständig rechtlich erfassen können. Welchen Umfang dabei die hierzu notwendige Anleitung bzw Grundeinweisung haben muss, hängt maßgeblich von den Vorkenntnissen der anzuleitenden Personen und der Art ihrer Tätigkeit ab. 32

(2) Fortbildung. Um die notwendige Fortbildung zu gewährleisten, muss sichergestellt werden, dass die anzuleitenden Personen über die aktuellen rechtlichen Entwicklungen und die wesentlichen Gesetzesänderungen informiert werden. Dies kann durch Schulungen, aber auch durch Rundschreiben oder andere geeignete Informationskanäle geschehen. Inhalt und Umfang der Fortbildungsin- 33

---

18 Kilian/Sabel/vom Stein/*Sabel*, § 8 Rn 271.

formation ist dabei auf den Kenntnisstand der anzuleitenden Personen und die von ihnen zu erbringende unentgeltliche Rechtsdienstleistung abzustimmen.

34 **(3) Überwachung/Mitwirkung.** Der Gesetzgeber hat sich gegen eine Pflicht zur ständigen Überwachung der anzuleitenden Personen entschieden, wie sie noch die Stellungnahme des Bundesrates vorsah.[19] Um allerdings der Idee des § 6 gerecht zu werden, mit dem ja auch der Bedürftige vor unqualifiziertem Rechtsrat geschützt werden soll, wenn er unentgeltliche Rechtsdienstleistungen außerhalb seines persönlichen Nähebereichs in Anspruch nimmt, wird man wohl zumindest **stichprobenartige Kontrollen** der Tätigkeit der angeleiteten Personen durch den qualifizierten Juristen verlangen müssen.[20] Eine entsprechende Pflicht der Aufsichtsperson lässt sich aus der in Abs. 2 S. 2 postulierten erforderlichen Mitwirkung im Einzelfall ableiten.

35 Eine unmittelbare Mitwirkung der juristisch qualifizierten Person ist jedenfalls immer dann erforderlich, wenn das Fachwissen der anzuleitenden Person nicht ausreicht, um eine konkrete Rechtsdienstleistung ordnungsgemäß zu erbringen.

36 Es ist nicht erforderlich, dass – zB in karitativen Einrichtungen – jede beratende Stelle selbst über eine juristisch qualifizierte Person verfügt. Es genügt zB, dass juristisch qualifizierte Personen in einer übergeordneten Dachorganisation die Betreuung der örtlichen Beratungsstellen übernehmen oder bei kleineren Einrichtungen die Anleitung durch einen externen Rechtsanwalt erfolgt, der mit der Einrichtung zB über eine Kooperationsvereinbarung verbunden ist.

37 Wesentlich ist, dass jede Person in der Beratung stets Zugriff auf die Expertise der juristisch qualifizierten Person hat. Insbesondere wenn man an die Verbandstrukturen denkt, wie sie im karitativen Bereich häufig anzutreffen sind, bedeutet dies, dass die Zahl der juristisch qualifizierten Personen – zB in einer Stabsstelle des Dachverbandes – in einem angemessenen Verhältnis zum Umfang der angebotenen Rechtsdienstleistungen stehen muss. Dies ist für die unter die §§ 7, 8 fallenden Einrichtungen dort ausdrücklich festgehalten, gilt aber im Grundsatz für jeden, der außerhalb des Nähebereichs des Rechtsuchenden in einer größeren Struktur unentgeltliche Rechtsdienstleistungen anbietet.

38 Soweit eine Delegation stattfindet, muss die juristisch qualifizierte Person dafür sorgen, dass entsprechend der Struktur der Einrichtung eine **Qualitätskontrolle** etabliert wird, mit der sichergestellt werden kann, dass ihr juristisches Knowhow die konkreten Berater erreicht und sie die Umsetzung durch die Berater regelmäßig kontrollieren kann.

39 **4. Schutz bei Beratungsfehlern/Pflichten des unentgeltlichen Rechtsdienstleisters.** Wer außerhalb des Nähebereichs unentgeltlich Rechtsdienstleistungen erbringt, muss sich nicht gegen die Haftung für potentielle Fehler bei seinen Beratungsleistungen versichern. Eine solche gesetzliche Haftpflichtversicherung für Rechtsberater, wie sie entsprechend § 51 BRAO für Rechtsanwälte existiert, war verschiedentlich gefordert worden.[21] Der Gesetzgeber sah in einer solchen Versicherungspflicht allerdings eine unverhältnismäßige Belastung insbesondere für kleine karitative Organisationen und Einzelpersonen.[22] Auch die übrigen an-

---

19 Begr. RegE, BT-Drucks. 16/3655, S. 103.
20 Grunewald/Römermann/*Müller*, § 6 RDG Rn 26.
21 *Prütting*, Gutachten G für den 65. Deutschen Juristentag 2004, Verhandlungen des 65. Deutschen Juristentages, Bonn 2004, Band I, G 48; *Römermann*, NJW 2006, 3025, 3030.
22 Begr. RegE, BT-Drucks. 16/3655, S. 58 f.

waltlichen Berufspflichten, wie sie sich aus den §§ 43 ff BRAO ergeben, gelten für den unentgeltlich tätig werdenden Rechtsdienstleister nicht unmittelbar. Als vertragliche Nebenpflichten sind allerdings einzelne Pflichten, die der Rechtsanwalt stets beachten muss, wie zB die Verschwiegenheitspflicht oder der sorgfältige Umgang mit Mandantengeldern, auch von ihm zu berücksichtigen.[23]

5. Untersagung der Rechtsdienstleistung. Die für die Durchführung des RDG zuständige Landesjustizverwaltung kann gemäß § 9 Abs. 1 unentgeltlich tätigen Personen oder Vereinigungen die Erbringung von Rechtsdienstleistung untersagen, wenn zu ihrer Überzeugung feststeht, dass die Person oder Vereinigung dauerhaft unqualifizierte Rechtsdienstleistungen zum Nachteil der Rechtsuchenden oder des Rechtsverkehrs erbringt. Erhebliche Verstöße gegen die Pflicht zur Beteiligung eines qualifizierten Juristen iSd Abs. 2 stellen dabei regelmäßig einen Grund zur Untersagung dar.[24] 40

Die Untersagung kann für längstens fünf Jahre angeordnet werden (§ 9 Abs. 1 S. 1). Sie wird in das öffentliche Rechtsdienstleistungsregister eingetragen (§ 9 Abs. 2). Im Übrigen wird auf die Erl. zu § 9 verwiesen. 41

6. Unentgeltliche Beratung durch Rechtsanwälte. Rechtsanwälte, die unentgeltliche Rechtsdienstleistungen anbieten wollen, müssen dabei ihre berufsrechtlichen Rahmenbedingungen beachten. So schreibt § 49b Abs. 1 BRAO vor, dass gesetzliche Gebühren nur im Einzelfall unterschritten werden dürfen, wenn besondere Umstände in der Person des Auftraggebers, insbesondere dessen Bedürftigkeit, dies rechtfertigen, wobei eine solche Gebührenreduktion erst nach Erledigung des Auftrags in Betracht kommt. 42

Für die außergerichtliche Tätigkeit erlaubt § 4 Abs. 1 S. 1 RVG zwar, ein niedrigeres Honorar als die gesetzlichen Gebühren zu vereinbaren. Diese Gebühren müssen allerdings in einem angemessenen Verhältnis zur anwaltlichen Leistung und dem mit ihr übernommenen Haftungsrisiko stehen (§ 4 Abs. 1 S. 2 RVG). Ein Gebührenverzicht ist hier immer dann möglich, wenn besondere Gründe, wie die persönliche Nähe zum Mandanten oder dessen prekäre finanzielle Lage, dies auch vor dem Hintergrund des anwaltlichen Haftungsrisikos noch rechtfertigen.[25] 43

Betrachtet man die Zielsetzung des RDG, die unentgeltliche Rechtsberatung weitgehend freizugeben, so sollte man auch den Rechtsanwälten, die eine probono-Beratung durchführen wollen, mit einer großzügigen Auslegung von § 49b Abs. 1 BRAO und § 4 Abs. 1 RVG entgegenkommen, damit diese, sei es aus altruistischen Motiven oder aus Marketinggesichtspunkten, Bedürftige beraten können, die sonst nicht den Weg zum Anwalt finden würden.[26] 44

7. Gerichtliche Vertretung. Da das RDG ausschließlich außergerichtliche Rechtsdienstleistungen regelt, wird die unentgeltliche Vertretung im Prozess als Rechtsdienstleistung nicht durch das RDG erfasst. 45

Die Vertretungsbefugnis im Prozess richtet sich dabei nach den jeweiligen Verfahrensordnungen. Für Fälle, in denen die Verfahrensbeteiligten sich selbst vor 46

---

23 Grunewald/Römermann/*Müller*, § 6 RDG Rn 29.
24 Kilian/Sabel/vom Stein/*Sabel*, § 8 Rn 275.
25 *Kleine-Cosack*, § 49b BRAO Rn 10.
26 Vgl BGH 23.2.1995 – IX ZR 29/94, NJW 1995, 1425; BGH 12.5.1975 – AnwZ (B) 2/75, NJW 1975, 1559; Grunewald/Römermann/*Müller*, § 6 RDG Rn 31; *Singer*, AnwBl 2009, 393.

Gericht vertreten können, besteht die Möglichkeit der unentgeltlichen Vertretung durch volljährige Familienangehörige, Personen mit Befähigung zum Richteramt und Streitgenossen.[27] Eine enge persönliche Beziehung reicht hier – anders als bei Abs. 1 – nicht aus, weil es dem Gericht im Prozess möglich sein muss, die Frage der Vertretungsbefugnis schnell und anhand von leicht überprüfbaren Kriterien beurteilen zu können.[28] Im Übrigen ist die Prozessvertretung den Rechtsanwälten vorbehalten. Eine bloße Anleitung durch eine juristisch qualifizierte Person, wie sie Abs. 2 ermöglicht, genügt im gerichtlichen Verfahren nicht.

47 Um den Anschein der Voreingenommenheit und etwaiger Interessenkollisionen zu vermeiden, dürfen Richter nicht als Bevollmächtigte vor einem Gericht auftreten, dem sie angehören.[29] Für ehrenamtliche Richter beschränkt sich das Vertretungsverbot auf die Kammer, der sie als Richter angehören.[30]

48 Sind die Bevollmächtigten nicht in der Lage, den Sach- und Streitstand im Sinne der Parteien angemessen darzustellen, kann das Gericht durch unanfechtbaren Beschluss die weitere Vertretung untersagen.[31]

§ 7 Berufs- und Interessenvereinigungen, Genossenschaften

(1) Erlaubt sind Rechtsdienstleistungen, die
1. berufliche oder andere zur Wahrung gemeinschaftlicher Interessen gegründete Vereinigungen und deren Zusammenschlüsse,
2. Genossenschaften, genossenschaftliche Prüfungsverbände und deren Spitzenverbände sowie genossenschaftliche Treuhandstellen und ähnliche genossenschaftliche Einrichtungen

im Rahmen ihres satzungsmäßigen Aufgabenbereichs für ihre Mitglieder oder für die Mitglieder der ihnen angehörenden Vereinigungen oder Einrichtungen erbringen, soweit sie gegenüber der Erfüllung ihrer übrigen satzungsmäßigen Aufgaben nicht von übergeordneter Bedeutung sind. Die Rechtsdienstleistungen können durch eine im alleinigen wirtschaftlichen Eigentum der in Satz 1 genannten Vereinigungen oder Zusammenschlüsse stehende juristische Person erbracht werden.

(2) Wer Rechtsdienstleistungen nach Absatz 1 erbringt, muss über die zur sachgerechten Erbringung dieser Rechtsdienstleistungen erforderliche personelle, sachliche und finanzielle Ausstattung verfügen und sicherstellen, dass die Rechtsdienstleistung durch eine Person, der die entgeltliche Erbringung dieser Rechtsdienstleistung erlaubt ist, durch eine Person mit Befähigung zum Richteramt

---

27 § 79 Abs. 2 Nr. 2 ZPO, § 13 Abs. 2 Nr. 2 SGG, § 11 Abs. 2 Nr. 2 ArbGG, § 73 Abs. 2 Nr. 2 SGG, § 67 Abs. 2 Nr. 2 VwGO, § 62 Abs. 2 Nr. 2 FGO, § 97 Abs. 2 Nr. 2 PatG, § 81 Abs. 2 Nr. 2 MarkenG.
28 Begr. RegE, BT-Drucks. 16/3655, S. 88.
29 § 79 Abs. 4 S. 1 ZPO, § 10 Abs. 5 FamFG, § 11 Abs. 5 S. 1 ArbGG, § 73 Abs. 5 S. 1 SGG, § 67 Abs. 5 S. 1 VwGO, § 62 Abs. 5 S. 1 FGO, § 97 Abs. 5 PatG, § 81 Abs. 5 MarkenG.
30 § 79 Abs. 4 S. 2 ZPO, § 11 Abs. 5 S. 2 ArbGG, § 73 Abs. 5 S. 2 SGG, § 67 Abs. 5 S. 2 VwGO.
31 § 79 Abs. 3 S. 3 ZPO, § 10 Abs. 3 S. 3 FamFG, § 11 Abs. 3 S. 3 ArbGG, § 73 Abs. 3 S. 3 SGG, § 67 Abs. 3 S. 3 VwGO, § 62 Abs. 3 S. 3 FGO, § 97 Abs. 3 S. 3 PatG, § 81 Abs. 3 S. 3 MarkenG.

oder unter Anleitung einer solcher Person erfolgt. § 6 Abs. 2 Satz 2 gilt entsprechend.

I. Normzweck	1
II. Entstehungsgeschichte	5
1. Ausdehnung des Anwendungsbereichs	5
2. Verfassungsmäßigkeit	8
3. Systematische Stellung im RDG	11
III. Vereinigungen und Genossenschaften	12
1. Vereinigungen (Abs. 1 S. 1 Nr. 1)	13
a) Begriff „Vereinigung"	13
b) Berufliche Vereinigungen	21
c) Interessenvereinigungen	23
aa) Gemeinschaftlich verfolgter Zweck	23
bb) Beurteilungskriterium	26
cc) Beispiele	27
d) Größe der Vereinigung	28
e) Zusammenschlüsse von Vereinigungen	30
2. Genossenschaften und genossenschaftliche Einrichtungen (Abs. 1 S. 1 Nr. 2)	31
a) Genossenschaften	32
b) Societas Cooperativa Europaea	33
c) Genossenschaftliche Prüfungsverbände	34
d) Spitzenverbände	35
e) Genossenschaftliche Treuhandstellen und ähnliche Einrichtungen	36
f) Öffentlich-rechtliche Zwangszusammenschlüsse	37
3. Körperschaften des öffentlichen Rechts	38
IV. Rechtsdienstleistungen im Rahmen der Satzung	39
1. Den satzungsmäßigen Aufgaben dienende Funktion	40
2. Rechtsdienstleistung	43
3. Entgeltliche Rechtsdienstleistung	44
V. Rechtsdienstleistung nur für Mitglieder	46
1. Grundsatz	46
2. Ausnahmen von Mitgliederbindung	47
3. Rechtsdienstleistung durch hierzu geschaffene juristische Personen (Abs. 1 S. 2)	49
VI. Sicherung der Rechtsdienstleistungsqualität (Abs. 2)	53
1. Regelungszweck	53
2. Personelle Ausstattung	55
3. Sachliche Ausstattung	58
4. Finanzielle Ausstattung	61
5. Beteiligung einer juristisch qualifizierten Person	62
6. Folgen fehlender Ausstattung oder qualifizierter Personen	69

I. Normzweck

§ 7 regelt, in welchem Umfang und in welcher Form Vereinigungen und Genossenschaften ihren Mitgliedern Rechtsdienstleistungen anbieten können, und will die Qualität dieser Rechtsdienstleistungen sichern. Eine Beratung von Nichtmitgliedern ist unzulässig, auch wenn sie in Hinblick auf die Werbung für eine künftige Mitgliedschaft erfolgt. **1**

Die Mitgliederrechtsberatung wird durch **Abs. 1** auf Rechtsdienstleistungen im Rahmen des satzungsmäßigen Aufgabenbereichs der Vereinigungen beschränkt, wobei diese Rechtsdienstleistungen nicht der satzungsgemäße Hauptzweck der Vereinigung sein dürfen.[1] **2**

Entsprechend der Regelung in § 6 Abs. 2 für unentgeltliche Rechtsdienstleistungen wird mit **Abs. 2** sichergestellt, dass die Rechtsdienstleistungen durch die **3**

---

1 Begr. RegE, BT-Drucks. 16/3655, S. 59.

Vereinigung unter Anleitung eines qualifizierten Juristen erbracht werden. Darüber hinaus stellt Abs. 2 konkrete Anforderungen an die Struktur der Vereinigung und verlangt eine ausreichende personelle, sachliche und finanzielle Ausstattung, um sicherzustellen, dass die angebotenen Rechtsdienstleistungen ordnungsgemäß erbracht werden können.

4 **Abs. 1 S. 2** erlaubt es den Vereinigungen hierbei ausdrücklich, Rechtsdienstleistungen gegenüber ihren Mitgliedern durch eine in ihrem Alleineigentum stehende juristische Person zu erbringen. Diese Regelung reflektiert die gegenwärtige Situation in der Praxis, in der zahlreiche Verbände oder große Vereine, wie zB die Automobilclubs, ihre juristische Kompetenz gebündelt und ausgegliedert haben. Auch wenn eine Vereinigung sich dafür entscheidet, Rechtsdienstleistungen durch eine solche ihr gehörende, juristisch eigenständige Beratungsgesellschaft zu erbringen, bleibt es aber bei der dienenden Funktion der Rechtsberatung gegenüber den Mitgliedern. Auch die rechtlich eigenständige Rechtsberatungsgesellschaft darf also ausschließlich im Zusammenhang mit den satzungsgemäß von der Vereinigung verfolgten Zwecken Rechtsdienstleistungen erbringen. Die Beratungsgesellschaft treffen dementsprechend auch unmittelbar die in Abs. 2 normierten Pflichten zu Ausstattung, Organisation und juristischer Kompetenz ihrer Berater.[2]

II. Entstehungsgeschichte

5 **1. Ausdehnung des Anwendungsbereichs. Abs. 1 S. 1 Nr. 1** knüpft an Art. 1 § 7 RBerG an, der früher Rechtsdienstleistungen von berufsständischen oder auf ähnlicher Grundlage gebildeten Vereinigungen gegenüber ihren Mitgliedern regelte. Abs. 1 S. 1 Nr. 1 verzichtet allerdings auf die Differenzierung, ob die Vereinigung auf berufsständischer oder berufsstandsähnlicher Grundlage gebildet wurde, und erstreckt die Rechtsdienstleistungsbefugnis nunmehr auf **alle zur Wahrung gemeinschaftlicher Interessen gegründeten Vereinigungen**.[3] Dies können auch Vereinigungen mit gesellschaftlichen, sportlichen oder kulturellen Zielen sein. Da mit der Reform auch die großen Automobilclubs nun unter diesen erweiterten Anwendungsbereich fallen, wird § 7 teils als **„ADAC-Paragraph"** bezeichnet.[4]

6 Die erhebliche Erweiterung des Anwendungsbereichs scheint vor dem Hintergrund des praktischen Bedürfnisses einer Mitgliederrechtsberatung von Vereinigungen und Genossenschaften sinnvoll. Insbesondere wenn man bedenkt, dass durch die nunmehr in Abs. 2 vorgesehenen Mindeststandards hinsichtlich der juristischen Qualifikation der Mitarbeiter und der Ausstattung der Vereinigung erhöhte Anforderungen an die Vereinigungen gestellt werden, ist die Neufassung durch § 7 zu begrüßen.

7 Die früher in Art. 1 § 3 Nr. 7 RBerG angesprochene genossenschaftliche Rechtsberatung wird nunmehr ebenfalls in § 7 gemeinsam mit den übrigen Vereinigungen geregelt, handelt es sich doch bei der Beratung durch **Genossenschaften** um einen Sonderfall der Mitgliederrechtsberatung durch Vereinigungen.

---

2 Begr. RegE, BT-Drucks. 16/3655, S. 59.
3 Zur Abgrenzung nach altem Recht siehe *Rennen/Caliebe*, Art. 1 § 7 RBerG Rn 3 ff.
4 *Römermann*, NJW 2006, 3030; *Unseld/Degen*, § 7 RDG Rn 1.

2. Verfassungsmäßigkeit. Teilweise wird vor dem Hintergrund des in § 1 Abs. 1 postulierten Gesetzeszwecks, den Rechtsverkehr und die Rechtsordnung vor unqualifizierten Rechtsdienstleistungen zu schützen, kritisiert, dass die in § 7 festgeschriebene Privilegierung der – über die Mitgliedsbeiträge finanzierten und somit entgeltlichen – Mitgliederrechtsberatung für Vereine und Genossenschaften möglicherweise verfassungs- und europarechtswidrig ist.[5]

Dies wird damit begründet, dass im Hinblick auf Art. 3 Abs. 1 und Art. 12 Abs. 1 GG sowie das EU-rechtliche Diskriminierungsverbot[6] eine Ungleichbehandlung zwischen den in § 7 genannten Vereinigungen und anderen Rechtsdienstleistern, seien es natürliche oder juristische Personen, nicht zu rechtfertigen sei. Denn die Rechtsform des Rechtsdienstleisters sage nichts über die Qualität der erbrachten Beratung aus, so dass man auch angesichts des Art. 19 Abs. 3 GG, der von der Gleichheit aller juristischen Personen mit natürlichen Personen ausgehe, nicht allein die in § 7 privilegierten Vereinigungen völlig erlaubnisfrei stellen dürfe.[7]

Bedenkt man aber, dass nach dem Willen des Gesetzgebers die rechtliche Beratung lediglich ein nachgeordneter Nebenzweck der sonstigen Aktivitäten der nach § 7 privilegierten Vereinigung sein soll, mithin also die gemeinschaftlichen Hauptaktivitäten die Klammer bilden, die die Mitglieder zusammenhält, so wird deutlich, dass hier ein hinreichendes Differenzierungskriterium vorhanden ist, um eine verfassungs- und europarechts-konforme Auslegung der Norm zu ermöglichen.

3. Systematische Stellung im RDG. § 7 ist für den Bereich der Mitgliederrechtsberatung gegenüber § 6 **lex specialis**, auch wenn ein Mitglied zB von der Beitragspflicht befreit ist oder die Leistungen der Vereinigung unentgeltlich in Anspruch nehmen kann.

III. Vereinigungen und Genossenschaften

§ 7 privilegiert Berufs- und Interessenvereinigungen (Abs. 1 S. 1 Nr. 1) sowie Genossenschaften einschließlich ihrer Prüfungsverbände und deren Spitzenverbände, Treuhandstellen und ähnlicher genossenschaftlicher Einrichtungen (Abs. 1 S. 1 Nr. 2).

1. Vereinigungen (Abs. 1 S. 1 Nr. 1). a) Begriff „Vereinigung". Der **Begriff** der Vereinigung wird im Vereinsrecht und im Gesellschaftsrecht nicht verwandt und geht über den zivilrechtlichen Vereinsbegriff hinaus. Eine Vereinigung iSd § 7 ist jeder auf privatrechtlicher Grundlage vollzogene freiwillige Zusammenschluss von natürlichen oder juristischen Personen,[8] sofern durch die Vereinigung kein Gewerbe ausgeübt wird[9] und jeder der Vereinigung problemlos beitreten kann, wenn er die satzungsmäßigen Voraussetzungen für eine Mitgliedschaft erfüllt.[10]

---

5 *Kleine-Cosack*, § 7 RDG Rn 3.
6 EuGH 21.4.2005 – C-140/03, Slg 2005, I-3177-3208 (Optikerentscheidung); vgl auch OVG Saarland 22.1.2007 – 3 W 15/06, AS RP-SL 34, 110 (DocMorris).
7 *Kleine-Cosack*, § 7 RDG Rn 3.
8 Grunewald/Römermann/*Müller*, § 7 RDG Rn 4; *Unseld/Degen*, § 7 RDG Rn 3.
9 OVG Münster 11.4.1962 – VII B 146/62, NJW 1962, 2028 f; *Dreyer/Geißler*, in: Dreyer/Lamm/Müller, § 7 RDG Rn 7.
10 So schon zum RBerG: BGH 30.11.1954 – I ZR 147/53, BGHZ 15, 315, 320 = NJW 1955, 422; *Rennen/Caliebe*, Art. 1 § 7 RBerG Rn 4.

14 Unproblematisch unterfallen danach alle diejenigen Vereinigungen unter die Regelung des Abs. 1 S. 1 Nr. 1, die **als rechtsfähiger Verein** gemäß §§ 21 ff BGB oder als **nicht rechtsfähiger Verein** gemäß § 54 BGB inkorporiert sind.

15 Eine reine Interessengemeinschaft, zB in Form einer **Gesellschaft bürgerlichen Rechts** gemäß §§ 705 ff BGB, genügt ebenfalls den Anforderungen des § 7, soweit das Erbringen von Rechtsdienstleistungen nicht den Hauptzweck der Gesellschaft bürgerlichen Rechts bildet.[11]

16 Eine Vereinigung, deren Zweck darin besteht, über die Bündelung jeweils gleichlaufender Einzelinteressen ihrer Mitglieder diese Interessen gegenüber dem Anspruchsgegner effektiver durchzusetzen, fällt dagegen nicht unter die Vorschrift des Abs. 1 S. 1 Nr. 1 (zB ein Verein der Kreditgeschädigten einer bestimmten Anlagegesellschaft).[12]

17 Für die **offene Handelsgesellschaft** und die **Kommanditgesellschaft** wird ganz überwiegend vertreten, dass sie als Rechtsformen nicht in Betracht kommen, da ihr Gesellschaftszweck zwingend im Betrieb eines Handelsgewerbes bestehen muss.[13] Soweit durch sie Rechtsdienstleistungen erbracht werden, ist allein § 5 maßgeblich.

18 Ebenfalls umstritten ist, ob auch eine **Aktiengesellschaft** oder eine **GmbH** eine Vereinigung iSd Abs. 1 S. 1 Nr. 1 darstellen kann, weil Aktiengesellschaft und GmbH, wie sich aus § 3 Abs. 1 AktG und § 1 GmbHG ergibt, zu jedem rechtlich zulässigen Zweck zur Verfügung stehen. Teils wird dies unter Hinweis auf den gewerblichen Charakter abgelehnt.[14] Eine andere Ansicht stellt darauf ab, dass die grundsätzliche Übertragbarkeit von Aktien und Gesellschaftsanteilen die Möglichkeit des Ein- und Austritts in die bzw aus der Gesellschaft in ähnlicher Weise eröffnen könne wie die unstreitig unter Abs. 1 S. 1 Nr. 1 fallenden privatrechtlich verfassten Vereine und bejaht konsequenterweise die Anwendbarkeit von § 7 für Aktiengesellschaft und GmbH.[15] Schließlich wird vertreten, dass im Prinzip völlig unerheblich ist, welche in- oder ausländische Rechtsform die Vereinigung hat, solange sie nur für jedermann nach ihrem Zweck offenstehe.[16] Das Kriterium, inwieweit eine Vereinigung vorrangig auf Gewinnerzielung ausgerichtet ist, sei im RDG kein Maßstab mehr.[17]

19 Die Diskussion, welche **Rechtsform** als Vereinigung begriffen werden darf, entstammt noch der Auseinandersetzung mit Art. 1 § 7 RBerG. Insofern ist letztere Auffassung, die wegen eines Verstoßes gegen die Gleichbehandlungsgrundsätze des GG und das EU-rechtliche Diskriminierungsverbot auch die Verfassungsmäßigkeit des § 7 infrage stellt, konsequent. Denn sie sieht im RDG eine Zäsur, die eine EU-rechts- und verfassungskonforme **weite Auslegung des Vereinigungs-**

---

11 Vgl BGH 30.11.1954 – I ZR 147/53, BGHZ 15, 320; *Kleine-Cosack*, § 7 RDG Rn 8; krit. *Rennen/Caliebe*, Art. 1 § 7 RBerG Rn 4.
12 Begr. RegE, BT-Drucks. 16/3655, S. 59.
13 Grunewald/Römermann/*Müller*, § 7 RDG Rn 6; *Unseld/Degen*, § 7 RDG Rn 5; Kilian/Sabel/vom Stein/*Sabel*, § 2 Rn 280; zum RBerG bereits *Rennen/Caliebe*, Art. 1 § 7 RBerG Rn 4; anders *Kleine-Cosack*, § 7 RDG Rn 9, 10.
14 OLG München 22.6.1995 – 29 U 6654/94, NJW-RR 1996, 378; Kilian/Sabel/vom Stein/*Sabel*, § 2 Rn 280; *Rennen/Caliebe*, Art. 1 § 7 RBerG Rn 4.
15 Grunewald/Römermann/*Müller*, § 7 RDG Rn 6.
16 *Kleine-Cosack*, § 7 RDG Rn 9.
17 *Kleine-Cosack*, § 7 RDG Rn 10.

begriffs erfordert, die nicht nur die Aktiengesellschaft und die GmbH, sondern auch die übrigen handelsgewerblichen Kooperationsformen umfassen müsse. Angesichts der Entstehungsgeschichte des § 7 erscheint es allerdings zweifelhaft, ob der Gesetzgeber den Vereinigungsbegriff so weit verstanden wissen wollte, wird doch in der amtlichen Begründung deutlich, dass die Weiterung des § 7 an die Regelung des RBerG zu den beruflichen Vereinigungen anknüpfen will und auf solche Vereinigungen beschränkt bleiben soll, die sich der Wahrung gemeinschaftlicher Interessen verschrieben haben, wobei beispielhaft eine mögliche **gesellschaftliche, sportliche und kulturelle Zielsetzung** dieser Vereinigungen genannt wird.[18] Diese Zwecke werden aber typischerweise eben nicht in der Form einer Kapitalgesellschaft oder eines Handelsgewerbes verfolgt, auch wenn dies sicherlich formal möglich ist.

b) Berufliche Vereinigungen. Schon nach Art. 1 § 7 RBerG besaßen die beruflichen Vereinigungen die Rechtsdienstleistungsbefugnis. Mit Abs. 1 S. 1 Nr. 1 hat der Gesetzgeber die Regelung lediglich sprachlich modernisiert und spricht nun nicht mehr von „berufsständischen Vereinigungen".[19]

Eine berufliche Vereinigung setzt voraus, dass in ihr Angehörige eines Berufes oder Berufszweiges oder einer Branche zur Förderung und Vertretung ihrer gemeinsamen Interessen zusammengeschlossen sind.[20] Bereits nach Art. 1 § 7 RBerG konnten danach berufliche Vereinigungen, wie zB Arbeitgeberverbände[21] und Gewerkschaften mit ihren jeweiligen Dachorganisationen,[22] die nach ihren Sachgebieten oder Funktionen gegliederten Fachverbände der Industrie und des Handels (Metall, Lebensmittel, Bekleidung bzw Großhandel, Import, Export),[23] privatärztliche Verrechnungsstellen[24] sowie die Berufsverbände im engeren Sinne, etwa von Ärzten, Apothekern, Architekten, Bauern, Beamten, Gastwirten, Lehrern, Professoren, Rechtsanwälten, Richtern und Steuerberatern,[25] Rechtsdienstleistungen für ihre Mitglieder erbringen.

c) Interessenvereinigungen. aa) Gemeinschaftlich verfolgter Zweck. Neben die beruflichen Vereinigungen treten nun gleichberechtigt alle sonstigen Vereinigungen, die gegründet worden sind, um ein gemeinschaftliches Interesse ihrer Mitglieder zu wahren. Dies ist jedes gemeinschaftliche Gruppeninteresse, das über die Interessen eines Einzelnen hinausgeht. Welcher Art das Interesse ist, spielt keine Rolle, soweit es nicht vorrangig auf das Erbringen von Rechtsdienstleistungen gerichtet ist oder sich in der ausschließlichen Vertretung von Individualinteressen des einzelnen Mitglieds erschöpft.[26]

---

18 Begr. RegE, BT-Drucks. 16/3655, S. 59.
19 Vgl Begr. RegE, BT-Drucks. 16/3655, S. 59.
20 OLG Celle 7.3.1973 – 9 U 153/72, NJW 1973, 2029; OLG Düsseldorf 31.7.1969 – 8 U 286/68, NJW 1969, 2289; Grunewald/Römermann/*Müller*, § 7 RDG Rn 7.
21 OLG Köln 3.7.1987 – 6 U 62/87, NJW-RR 1988, 679; BAG 22.10.2003 – 10 AZR 13/03, BAGE 108, 155 = DB 2004, 712.
22 Vgl BGH 18.3.1982 – I ZR 98/80, NJW 1982, 1882; *Rennen/Caliebe*, Art. 1 § 7 RBerG Rn 7.
23 *Chemnitz/Johnigk*, Art. 1 § 7 RBerG Rn 719, 720.
24 BGH 17.1.1977 – AnwZ (B) 23/76, NJW 1977, 808; BGH 20.12.1979 – VII ZR 306/78, NJW 1980, 991; näher: *Rennen/Caliebe*, Art. 1 § 7 RBerG Rn 7; *Chemnitz/Johnigk*, Art. 1 § 7 RBerG Rn 735.
25 Vgl *Rennen/Caliebe*, Art. 1 § 7 RBerG Rn 7; *Chemnitz/Johnigk*, Art. 1 § 7 RBerG Rn 717.
26 Vgl OLG Karlsruhe 1.6.1989 – 4 U 19/88, NJW-RR 1990, 685; Grunewald/Römermann/*Müller*, § 7 RDG Rn 9.

24 Hatte Art. 1 § 7 RBerG noch verlangt, dass die Interessen der Vereinigung berufsstandsähnlich sein müssen, und hieraus abgeleitet, dass eine gleiche oder ganz ähnliche wirtschaftliche oder soziale Stellung der Mitglieder die Grundlage dafür bilden müsse, in der Vereinigung gemeinschaftlich gleichgelagerte wirtschaftliche oder soziale Interessen zu verfolgen,[27] so hat sich Abs. 1 S. 1 Nr. 1 insofern von diesem Kriterium gelöst, als der Kanon denkbarer Satzungsziele um die Verfolgung **gesellschaftlicher, sportlicher oder kultureller Zwecke** erweitert wurde. Es genügt nun, dass sich die Mitglieder für eine gewisse Dauer zusammenschließen, um ein **gemeinschaftliches Anliegen** zu verfolgen. Die nach altem Recht erforderliche Homogenität der Mitglieder in einer berufsstandsähnlichen Vereinigung wurde ebenfalls aufgegeben.[28]

25 Aus dem breiten Spektrum der Satzungsziele wird teils abgeleitet, dass auch Vereinigungen, die sich um **Belange des Allgemeinwohls**, wie zB **Völkerverständigung** oder **Umweltschutz**, kümmern, unter das Privileg des Abs. 1 S. 1 Nr. 1 fallen sollen, weil das besondere Engagement der Mitglieder in ihrer Vereinigung zur Verwirklichung dieses der Allgemeinheit dienenden Interesses genüge, um das notwendige gemeinschaftliche Interesse innerhalb der Vereinigung zu bejahen.[29] Zum Teil wird derartigen Vereinigungen aber auch keine erlaubnisfreie Rechtsdienstleistungsbefugnis zugestanden, wobei nicht verkannt wird, dass auch Vereinigungen zur Verfolgung von Gruppeninteressen zugleich oder mittelbar Interessen der Allgemeinheit fördern.[30] Auch wird von dieser Ansicht anerkannt, dass Vereinigungen, die gemeinschaftliche kulturelle, sportliche oder gesellschaftliche Interessen verfolgen, sich letztlich für Interessen einsetzen, die keiner abgrenzbaren Bevölkerungsgruppe zuzuordnen sind und damit letztlich Allgemeininteressen sein können. Hier soll so lange von der Erlaubnisfreiheit ausgegangen werden können, als im Einzelfall noch von einem „gemeinschaftlichen Interesse der Mitglieder in der Vereinigung" gesprochen werden kann.[31] Dieser Ansicht ist zu folgen, weil die Verbindung des allgemeinen Begriffs „Interessenvereinigung" mit dem Begriff „Berufsvereinigung" die Wahrnehmung von Partikularinteressen durch die jeweilige Vereinigung impliziert und nur in diesem Rahmen auch der notwendige inhaltliche Bezug iSd Abs. 1 S. 1 zwischen dem satzungsgemäßen Aufgabenbereich einer Vereinigung und der von ihr erlaubterweise zu erbringenden Rechtsdienstleistung für ihre Mitglieder hergestellt werden kann.

26 **bb) Beurteilungskriterium.** Bei der Beurteilung, inwieweit ein von Abs. 1 S. 1 Nr. 1 gedeckter Vereinigungszweck vorliegt, ist nicht allein auf die Satzung der Vereinigung abzustellen, sondern es kommt darauf an, wie die Vereinigung ihre Aufgabe tatsächlich versteht und wahrnimmt.[32] Im Einzelfall ist entscheidend, ob die Förderung des gemeinschaftlichen Ziels in allgemeiner Form erfolgt, zB durch laufende Information sämtlicher Mitglieder, Publikationen oder eine Medien- und Öffentlichkeitsarbeit iSd Vereinigung. Wenn dagegen die **tatsächliche**

---

27 OLG Düsseldorf 25.3.1999 – 2 U 45/98, NJWE-WettbR 2000, 3; BVerwG 14.4.1983 – 5 C 110/79, DVBl 1983, 1249, 1250; *Rennen/Caliebe*, Art. 1 § 7 RBerG Rn 8.
28 Grunewald/Römermann/*Müller*, § 7 RDG Rn 9.
29 Grunewald/Römermann/*Müller*, § 7 RDG Rn 9.
30 *Kleine-Cosack*, § 7 RDG Rn 17, 18.
31 *Kleine-Cosack*, § 7 RDG Rn 21.
32 OLG Köln 13.10.1989 – 6 U 61/89, NJW-RR 1990, 683, 684; OLG Stuttgart 20.1.1989 – 4 Ss 481/88, NStZ 1989, 274.

Tätigkeit der Vereinigung schwerpunktmäßig darauf gerichtet ist, das einzelne Mitglied im Hinblick auf dessen persönliche Fragen aufzuklären und zu beraten, wie zB bei einer als Verein organisierten Schuldnerberatung, dann steht das individuelle Interesse des Mitglieds im Vordergrund und eine Privilegierung scheidet aus.[33]

cc) Beispiele. Schon nach dem RBerG waren bspw Haus- und Grundbesitzervereine,[34] Mietervereine,[35] Vereine zur Interessenvertretung Bergbaugeschädigter[36] und Kriegsopferverbände[37] als berufsstandsähnliche Vereinigungen anerkannt. Den Verbänden der Kriegsdienstverweigerer,[38] Unfallschutzverbänden und Automobilclubs,[39] Kreditreformvereinen[40] sowie einer Vereinigung, der Gewerbetreibende unterschiedlicher Berufe angehörten,[41] wurde eine Anerkennung dagegen versagt. Nunmehr sind auch letztere Beispiele unter Abs. 1 S. 1 Nr. 1 zu subsumieren, da **jeder gemeinschaftlich verfolgte Zweck** genügt. Für die **Automobilclubs** wurde dies ausdrücklich in der amtlichen Begründung festgestellt.[42] 27

d) Größe der Vereinigung. Eine bestimmte Mindestgröße muss eine Vereinigung nach dem RDG nicht haben. Nach altem Recht wurde dies Erfordernis aus dem berufsständischen Charakter der Vereinigung abgeleitet.[43] Man stellte dabei sowohl auf den Prozentsatz der in dem Verband zusammengeschlossenen Mitglieder des Berufsstandes oder der berufsstandsähnlichen Interessengruppe als auch auf die absolute Mitgliederzahl der Vereinigung ab. Damit wurde das Ziel verfolgt, dass einerseits der Erlaubnisvorbehalt nicht durch **Kleinstvereine** unterlaufen werden und andererseits die Vereinigung auch tatsächlich in der Lage sein sollte, die Interessen ihrer berufsständischen oder berufsstandsähnlichen Mitglieder zu verfolgen. Hierzu musste ihnen eine gewisse Bedeutung zukommen, was durch den Zusammenschluss nur einiger weniger Angehöriger eines bestimmten Berufes bzw einer bestimmten Interessengruppe nicht zu erreichen war. Die Rechtsprechung hielt eine gewisse Mindestgröße auch zum Schutz vor unzureichenden Rechtsdienstleistungen für erforderlich, da nur mit einer gewissen Mindestgröße eine ausreichende personelle und finanzielle Ausstattung zu gewährleisten sei, um die Mitglieder sachgerecht beraten zu können.[44] 28

---

33 Vgl OLG Schleswig 5.10.1988 – 2 W 120/87, AnwBl 1989, 245.
34 BGH 3.4.1985 – I ZR 29/83, WM 1985, 1405; OLG Karlsruhe 1.6.1989 – 4 U 19/88, NJW-RR 1990, 685.
35 BGH 30.11.1954 – I ZR 147/53, BGHZ 15, 315, 320 = NJW 1955, 422; OLG Hamburg 6.12.1984 – 3 U 174/84, MDR 1985, 332 f; LG Hagen 10.12.1985 – 15 O 416/85, AnwBl 1987, 152.
36 OLG Köln 13.10.1989 – 6 U 61/89, NJW-RR 1990, 683; aA *Chemnitz/Johnigk*, Art. 1 § 7 RBerG Rn 724.
37 OVG Münster 24.11.1994 – 1 A 4168/94, NJW 1995, 1509; OVG Koblenz 4.8.1987 – 12 A 51/86, NJW 1988, 581; aA *Chemnitz/Johnigk*, Art. 1 § 7 RBerG Rn 724.
38 OVG Münster 21.1.1960 – VIII B 972/59, NJW 1960, 595; VG Köln 13.4.1964 – 5 K 2239, NJW 1964, 1821.
39 *Chemnitz/Johnigk*, Art. 1 § 7 RBerG Rn 732.
40 *Chemnitz/Johnigk*, Art. 1 § 7 RBerG Rn 727.
41 OLG Köln 8.5.1985 – 6 U 278/84, WRP 1985, 659; OLG Köln 26.6.1998 – 6 U 182/97, GRUR 1999, 95.
42 Vgl Begr. RegE, BT-Drucks. 16/3655, S. 60.
43 BVerfG 7.6.1989 – 1 BvR 525/89, juris; BGH 8.11.1993 – II ZR 249/92, NJW 1995, 516; OLG Zweibrücken 13.6.1997 – 2 U 46/96, NJWE-WettbR 1998, 55, 56; *Rennen/Caliebe*, Art. 1 § 7 RBerG Rn 3.
44 BGH 8.11.1993 – II ZR 249/92, NJW 1995, 516.

29 Anders als beim RBerG wird nun die Qualität der Rechtsdienstleistung durch den neu eingeführten Abs. 2 gesichert. Danach wird von der Vereinigung ein **Mindestmaß an Ausstattung** verlangt, um auf diese Weise sicherzustellen, dass die Vereinigung personell, sachlich und finanziell in der Lage ist, gegenüber ihren Mitgliedern die entsprechenden Rechtsdienstleistungen zu erbringen. Nach der amtlichen Begründung kommt es daher auf eine **Mindestgröße** der Vereinigung **nicht** mehr an, auch kleine Vereinigungen sollen das Rechtsdienstleistungsprivileg des Abs. 1 S. 1 Nr. 1 genießen,[45] zumal sich die Ausstattung unterscheiden wird, abhängig davon, ob ein kleiner Verein nur sehr gelegentlich gegenüber wenigen Mitgliedern Rechtsdienstleistungen erbringt oder ob ein großer Verband oder Verein, wie zB Gewerkschaften oder der ADAC, sehr regelmäßig oder gegenüber einer Vielzahl von Mitgliedern beratend tätig wird.

30 e) **Zusammenschlüsse von Vereinigungen.** Rechtsdienstleistungen können ebenfalls durch Zusammenschlüsse von Vereinigungen, insbesondere deren Spitzenorganisationen und Dachverbänden erbracht werden. Diese dürfen dabei nicht nur die Vereinigungen als ihre unmittelbaren Mitglieder beraten, sondern sind auch befugt, die Mitglieder dieser Vereinigungen direkt zu betreuen.[46]

31 **2. Genossenschaften und genossenschaftliche Einrichtungen (Abs. 1 S. 1 Nr. 2).** Die Regelung des Abs. 1 S. 1 Nr. 2 entspricht Art. 1 § 3 Nr. 7 RBerG[47] und erlaubt Genossenschaften, genossenschaftlichen Prüfungsverbänden und deren Spitzenverbänden sowie genossenschaftlichen Treuhandstellen und ähnlichen genossenschaftlichen Einrichtungen, unter den Einschränkungen des § 7 Rechtsdienstleistungen zu erbringen.

32 a) **Genossenschaften.** Genossenschaften sind nach § 1 Abs. 1 GenG Gesellschaften von nicht geschlossener Mitgliederzahl, deren Zweck darauf gerichtet ist, den Erwerb oder die Wirtschaft ihrer Mitglieder oder deren soziale oder kulturelle Belange durch einen gemeinschaftlichen Geschäftsbetrieb zu fördern. Der genossenschaftliche Fördergedanke verbietet die Gewinnerzielungsabsicht als Selbstzweck. Erwirtschaftete Erträge müssen zur Verwirklichung des satzungsmäßigen Förderzwecks verwendet werden.[48]

33 b) **Societas Cooperativa Europaea.** Über § 8 der SCE-Verordnung[49] wird die europäische Genossenschaft (Societas Cooperativa Europaea) auch hinsichtlich der Rechtsdienstleistungsbefugnis der eingetragenen Genossenschaft nach deutschem Recht gleichgestellt und unterfällt Abs. 1 S. 1 Nr. 2.

34 c) **Genossenschaftliche Prüfungsverbände.** Genossenschaftliche Prüfungsverbände sind gemäß § 54 GenG Verbände, denen das Prüfungsrecht verliehen ist. Jede Genossenschaft muss nach den §§ 54 ff GenG einem derartigen Prüfungsverband angehören. Prüfungsverbände sollen nach § 63 b Abs. 1 GenG die Rechtsform eines eingetragenen Vereins haben.

35 d) **Spitzenverbände.** Spitzenverbände sind die Dachorganisation der genossenschaftlichen Prüfungsverbände. Der Begriff des Spitzenverbandes wird in § 56

---

45 Begr. RegE, BT-Drucks. 16/3655, S. 60.
46 Begr. RegE, BT-Drucks. 16/3655, S. 59.
47 Begr. RegE, BT-Drucks. 16/3655, S. 60.
48 *Fandrich*, in: Pöhlmann/Fandrich/Bloehs, GenG, § 1 Rn 6.
49 Verordnung (EG) Nr. 1435/2003 des Rates vom 22.7.2003, ABl. Nr. L 207/1; SCEAG vom 14.8.2006, BGBl. I S. 1911.

Abs. 2 GenG verwendet, aber im GenG nicht definiert.[50] Beispiele für Spitzenverbände sind zB der DGRV (Deutscher Genossenschafts- und Raiffeisenverband e.V.) oder der GdW (Bundesverband deutscher Wohnungs- und Immobilienunternehmen).

e) Genossenschaftliche Treuhandstellen und ähnliche Einrichtungen. Genossenschaftliche Treuhandstellen und ähnliche genossenschaftliche Einrichtungen sind unmittelbar durch die Genossenschaften geschaffene Institutionen. Auf deren Rechtsform kommt es nicht an. **36**

f) Öffentlich-rechtliche Zwangszusammenschlüsse. Öffentlich-rechtliche Zwangszusammenschlüsse, wie zB Zweck- und Realverbände von Grundstückseigentümern, jagdrechtliche Genossenschaften und Genossenschaften nach den Forstgesetzen des Bundes und der Länder, werden durch den für sie spezielleren § 8 Abs. 1 Nr. 2 erfasst.[51] **37**

3. Körperschaften des öffentlichen Rechts. Körperschaften des öffentlichen Rechts werden nicht von § 7, sondern von § 8 Abs. 1 Nr. 2 erfasst. Für Vereinigungen, die zugleich Körperschaften des öffentlichen Rechts sind, wie zB die Innungen, Handwerkskammern, Industrie- und Handelskammern, die kassenärztlichen Vereinigungen und die Berufskammern der verkammerten freien Berufe, ist damit § 8 Abs. 1 Nr. 2 lex specialis.[52] **38**

IV. Rechtsdienstleistungen im Rahmen der Satzung

Die Rechtsdienstleistungsbefugnis nach Abs. 1 gilt nicht uneingeschränkt, sondern nur für die rechtliche Beratung **im Rahmen des satzungsmäßigen Aufgabenbereichs** von Vereinigung oder Genossenschaft. Jede rechtliche Beratung muss also in einem sachlichen Zusammenhang mit diesen Aufgaben stehen,[53] ohne dass der verfolgte Vereinigungszweck durch die Rechtsdienstleistungen überlagert werden darf.[54] **39**

1. Den satzungsmäßigen Aufgaben dienende Funktion. Um die Frage zu beantworten, in welchem Verhältnis die Rechtsdienstleistungen zum Vereinigungszweck stehen, ist nicht allein auf den Wortlaut der Satzung, sondern darauf abzustellen, wie die satzungsmäßigen Aufgaben tatsächlich durch die Vereinigung erfüllt werden.[55] Die von der Vereinigung erbrachten Rechtsdienstleistungen dürfen dabei im Vergleich zu den Aktivitäten, die tatsächlich durchgeführt werden, um den Vereinigungszweck zu erreichen, nicht überwiegen.[56] Die Rechtsdienstleistungen haben eine **dienende Funktion** und dürfen daher nur Mittel sein, um den privilegierten Gesamtzweck zu verfolgen.[57] Dementsprechend darf zB eine „Vereinigung zum Schutz ausländischen Grundbesitzes" ihren Mitgliedern **40**

---

50 *Bloehs*, in: Pöhlmann/Fandrich/Bloehs, GenG, § 56 Rn 9.
51 *Dreyer/Geißler*, in: Dreyer/Lamm/Müller, § 7 RDG Rn 16.
52 Anders *Unseld/Degen*, § 7 RDG Rn 6, der die Industrie- und Handelskammern, obwohl Körperschaften des öffentlichen Rechts, unter die beruflichen Vereinigungen nach § 7 Abs. 1 Nr. 1 fassen will.
53 Vgl OLG Frankfurt 23.9.2004 – 6 U 184/03, NJW 2005, 1375, 1377; *Henssler/Deckenbrock*, DB 2008, 41, 45.
54 Begr. RegE, BT-Drucks. 16/3655, S. 59.
55 OLG Zweibrücken 13.6.1997 – 2 U 46/96, NJWE-WettbR 1998, 55.
56 Begr. RegE, BT-Drucks. 16/3655, S. 59.
57 BGH 18.3.1982 – I ZR 98/80, NJW 1982, 1882; BGH 3.4.1985 – I ZR 29/83, WM 1985, 1405.

keine Rechtsdienstleistungen erbringen, wenn der Schutz des ausländischen Grundbesitzes faktisch vornehmlich in der Information und Beratung der Mitglieder auf dem Gebiet des ausländischen Immobilienrechts besteht.

41 Auch darf eine existierende Satzung in ihrem Satzungszweck nicht auf die allgemeine Rechtsberatung der Mitglieder ausgeweitet werden, um so die **dienende Funktion** zu **umgehen**.[58] Ein Mieterverein darf danach zB nicht im Straßenverkehrsrecht und ein Automobilclub nicht im Wohnungsmietrecht beraten, sondern umgekehrt der Mieterverein nur im Wohnungsmietrecht und der Automobilclub nur im Bereich des Straßenverkehrsrechts und ggf des Reiserechts.[59]

42 Abhängig vom Satzungszweck und dem Charakter der Vereinigung kann die Rechtsdienstleistungsbefugnis durchaus auch **in verschiedene Rechtsbereiche hineinreichen**. So kann eine Gewerkschaft sowohl Forderungen ihrer Mitglieder gegen den Arbeitgeber als auch gegenüber Dritten vertreten, sofern sich die Ansprüche unmittelbar aus der beruflichen Tätigkeit des Mitglieds ergeben.[60] Außerdem können Gewerkschaften ihre Mitglieder nicht nur auf dem Gebiet des Arbeitsrechts, sondern auch auf dem Gebiet des Sozialrechts beraten, weil die Existenzsicherung ihrer Mitglieder Aufgabe der Gewerkschaften ist.[61] Ein allgemeines Mandat der Gewerkschaften, ihre Mitglieder auch in ausländerrechtlichen Fragen zu beraten, besteht aber bspw nicht; hier wird sich wohl die Beratungsbefugnis auf Rechtsfragen um die Arbeitserlaubnis selbst beschränken.[62] Mietervereine sind danach auch zur Abwehr von Ansprüchen eines Maklers berechtigt[63] oder können im Rahmen einer Wohnungsübergabe mit der Veräußerung von Einbauten an den Nachmieter in kaufrechtlichen Fragen beraten[64] und dürfen dies heute wohl auch bei Wohnungseigentümern in Fragen des Wohnungseigentumsgesetzes.[65] Haus und Grundbesitzervereine können bei Verfahren auf Erteilung einer Baugenehmigung beraten.[66]

43 **2. Rechtsdienstleistung.** Der Begriff der Rechtsdienstleistung in Abs. 1 S. 1 entspricht dem der §§ 1, 2 und 3 (siehe § 1 Rn 15 f; § 2 Rn 1 ff; § 3 Rn 21). Damit können die Vereinigungen ihre Mitglieder außergerichtlich mit direktem Rat oder unmittelbarer Hilfe unterstützen. Dies kann mündlich oder schriftlich im Einzelfall oder in allgemeiner Form geschehen, zB durch ein Mitteilungsblatt für die Mitglieder. Die Vereinigungen können aber auch externe Rechtsbesorgungen für ihre Mitglieder übernehmen, zB durch den Verkehr mit Behörden, solange die Rechtsdienstleistungen sich mit dem Vereinigungszweck (siehe Rn 39 ff) bzw dem gemeinschaftlichen Interesse der Mitglieder der Vereinigung (siehe Rn 24 ff) vereinbaren lassen.[67]

---

58 Begr. RegE, BT-Drucks. 16/3655, S. 60.
59 Begr. RegE, BT-Drucks. 16/3655, S. 59.
60 BGH 18.3.1982 – I ZR 98/80, NJW 1982, 1882.
61 BGH 18.3.1982 – I ZR 98/80, NJW 1982, 1882, 1883.
62 Grunewald/Römermann/*Müller*, § 7 RDG Rn 20.
63 OLG Hamburg 6.12.1984 – 3 U 174/84, MDR 1985, 332 f; *Kleine-Cosack*, § 7 RDG Rn 23.
64 LG Hamburg 30.11.2007 – 407 O 253/07, ZMR 2008, 535.
65 *Kleine-Cosack*, § 7 RDG Rn 23; dies war zum RBerG str., vgl LG Hagen 10.12.1985 – 15 O 416/85, AnwBl 1987, 152.
66 OVG Münster 11.4.1962 – VII B 146/62, NJW 1962, 2028.
67 *Kleine-Cosack*, § 7 RDG Rn 37.

3. Entgeltliche Rechtsdienstleistung. Die Vereinigungen können gegenüber den Mitgliedern die im Rahmen der Rechtsdienstleistung entstandenen Aufwendungen geltend machen.[68] Dies kann entweder durch eine Umlage der Kosten auf alle Mitglieder über den Mitgliedsbeitrag geschehen oder die Vereinigung kann eine gesonderte Zahlung von all den Mitgliedern verlangen, die eine Rechtsdienstleistung in Anspruch nehmen.[69] Sofern die Vereinigung die Kosten abhängig von der Inanspruchnahme abrechnet, muss die Satzung dieses Abrechnungsmodell regeln.[70] Zu den im Rahmen der Rechtsdienstleistung erbrachten Aufwendungen gehören sowohl die Gehälter der Mitarbeiter als auch ggf die an einen Beauftragten zu leistenden Honorare.[71]

44

Die dienende Funktion der Rechtsdienstleistung im Rahmen des § 7 verbietet es den Vereinigungen, Rechtsdienstleistungen mit Gewinnerzielungsabsicht anzubieten.[72] Diese Gewinnerzielungsabsicht wurde in der Vergangenheit bereits dann vermutet, wenn etwaige Leistungen entsprechend der Vergütungsregelung der anwaltlichen Gebührenordnung gegenüber den Mitgliedern abgerechnet wurden.[73]

45

V. Rechtsdienstleistung nur für Mitglieder

1. Grundsatz. Neben der inhaltlichen Begrenzung auf den Satzungszweck (siehe Rn 39 ff) wird das Rechtsberatungsprivileg durch die **Mitgliederbindung** nach Abs. 1 S. 1 begrenzt.

46

2. Ausnahmen von Mitgliederbindung. Es gibt allerdings Ausnahmen von der Pflicht, nur die eigenen Mitglieder beraten zu dürfen. So können die Zusammenschlüsse von Vereinigungen, also insbesondere die Spitzenorganisationen oder -verbände, auch unmittelbar gegenüber den Mitgliedern der in ihnen zusammengeschlossenen Vereinigungen Rechtsdienstleistungen erbringen.

47

Ferner kann die Erbringung von Rechtsdienstleistungen gegenüber **Nichtmitgliedern** eine **notwendige Nebenleistung** zum satzungsgemäßen Aufgabenbereich von Vereinigung oder Genossenschaft sein. Dies wurde zB nach dem RBerG für einen Fall angenommen, in dem ein Interessenverband von Heilpraktikern seine Mitglieder dadurch unterstützt hat, dass er deren Patienten bei der Durchsetzung ihrer Erstattungsansprüche gegen die private Krankenversicherung behilflich war. Eine solche Beratung ist möglich, weil die Heilpraktiker ein wirtschaftliches Interesse an der Kostenerstattung haben und die Patienten sonst ihre Therapie möglicherweise abbrechen würden. Hinsichtlich der Einordnung als Nebenleistung wurde argumentiert, dass es sich im Wesentlichen um eine medizinische Auseinandersetzung handelt und der rechtlichen Frage der Erstattungsfähigkeit

48

---

68 BGH 30.11.1954 – I ZR 147/53, BGHZ 15, 315, 320 = NJW 1955, 422; LAG Hamm 18.11.1993 – 8 Ta 61/93, MDR 1994, 416; OLG Köln 13.10.1989 – 6 U 61/89, NJW-RR 1990, 683, 685.
69 BGH 30.11.1954 – I ZR 147/53, BGHZ 15, 315, 320 = NJW 1955, 422.
70 BSG 30.1.1991 – 9a/9 RVs 10/89, NJW 1992, 197, 198.
71 BGH 30.11.1954 – I ZR 147/53, BGHZ 15, 315, 320 = NJW 1955, 422.
72 Grunewald/Römermann/*Müller*, § 7 RDG Rn 23.
73 BGH 30.11.1954 – I ZR 147/53, BGHZ 15, 315, 320 = NJW 1955, 422; LAG Hamm 18.11.1993 – 8 Ta 61/93, MDR 1994, 416; LSG Baden-Württemberg 26.7.2005 – L 13 KN 1757/05, juris.

nur eine untergeordnete Bedeutung zukommt.[74] Eine juristische Erstberatung für Nichtmitglieder, wie sie noch 2007 der Deutsche Mieterbund über eine kostenpflichtige Telefon-Hotline durchführte,[75] ist daher unzulässig.

49 **3. Rechtsdienstleistung durch hierzu geschaffene juristische Personen (Abs. 1 S. 2).** Wie schon das RBerG ermöglicht es auch Abs. 1 S. 2 den Vereinigungen und Genossenschaften, Rechtsdienstleistungen in eine **ihnen gehörende, privatrechtlich organisierte Rechtsschutzgesellschaft** auszulagern, was in der Vergangenheit typischerweise von großen Genossenschaften, den Gewerkschaften und Arbeitgebervereinigungen genutzt wurde.[76]

50 Die Formulierung „im alleinigen wirtschaftlichen Eigentum" lehnt sich an § 39 AO an und stellt klar, dass die Vereinigungen und Genossenschaften die Anteile an der Rechtsdienstleistungsgesellschaft auch über einen Treuhänder halten können.[77]

51 Wird von einer Vereinigung zur Erbringung der Rechtsdienstleistung eine in ihrem wirtschaftlichen Eigentum stehende eigenständige Gesellschaft eingeschaltet, so darf auch in diesen Fällen die Beratung nur innerhalb des satzungsmäßigen Rahmens der Vereinigung erfolgen, die die Gesellschaft eingeschaltet hat. Die Pflichten des Abs. 2 gelten für die eingeschaltete Gesellschaft ebenfalls unmittelbar.

52 Durch mehrere Vereinigungen oder Dachverbände kann auch eine gemeinschaftliche Rechtsschutzgesellschaft gebildet werden. Maßgeblich für die Privilegierung ist, dass wirtschaftlich betrachtet nur Vereinigungen nach § 7 Eigentümer der Gesellschaft sind.

VI. Sicherung der Rechtsdienstleistungsqualität (Abs. 2)

53 **1. Regelungszweck.** Abs. 2 schreibt die Pflichten zur sachgerechten Mitgliederberatung fest und konkretisiert diese im Hinblick auf die notwendige personelle, sachliche und finanzielle Ausstattung der Vereinigung, um sicherzustellen, dass etwaige Rechtsdienstleistungen ordnungsgemäß erbracht werden können. Die Vorschrift will so die rechtsuchenden Mitglieder vor unzulänglichen Rechtsdienstleistungen schützen und ergänzt für Vereinigungen und Genossenschaften die Regelungen des § 6 Abs. 2 über das dort festgelegte Anforderungsprofil an den Rechtsdienstleister (siehe § 6 Rn 24 ff) um notwendige Ausstattungsstandards. In seiner Formulierung folgt Abs. 2 der Vorschrift des § 3 Abs. 1 Nr. 2 des Gesetzes über Unterlassungsklagen bei Verbraucherrechts- und anderen Verstößen (UKlaG).

54 Vereinigungen und Genossenschaften müssen nach Abs. 2, abhängig von ihrer Größe und den von ihnen verfolgten Zielen, über eine ausreichende personelle, sachliche und finanzielle Ausstattung verfügen, wollen sie nicht riskieren, ihre Rechtsdienstleistungsbefugnis durch eine Untersagung gemäß § 9 zu verlieren.

55 **2. Personelle Ausstattung.** Dem Gebot einer ausreichenden personellen Ausstattung genügen Vereinigungen und Genossenschaften, wenn sie eine ausreichende

---

74 BVerfG 8.1.2007 – 1 BvR 1117/03, NJW 2007, 2389; Grunewald/Römermann/*Müller*, § 7 RDG Rn 25; *Kleine-Cosack*, § 7 RDG Rn 35.
75 Mieterzeitung 2008, 11.
76 Kilian/Sabel/vom Stein/*Sabel*, § 2 Rn 290.
77 *Dreyer/Geißler*, in: Dreyer/Lamm/Müller, § 7 RDG Rn 24.

Anzahl qualifizierter Mitarbeiter beschäftigen, die in der Lage sind, die angebotenen Rechtsdienstleistungen auszuführen und zu koordinieren. Abhängig vom Satzungszweck und den verfolgten Zielen müssen die Mitarbeiter ggf in der Lage sein, vor Ort Beratungsgespräche zu führen.

Bei kleinen Vereinigungen kann es ausreichend sein, sich auf externe Kräfte zu stützen, wie zB einen Rechtsanwalt oder einen Juristen des Dachverbands, in dem die Vereinigung organisiert ist.[78] Solch kleinen Vereinigungen ist es insoweit nicht zuzumuten, eigenes Personal vorzuhalten, da aufgrund der geringen Mitgliederzahl eine solche Vereinigung entweder hierzu schon finanziell nicht in der Lage ist oder Rechtsdienstleistungen von den wenigen Mitgliedern nicht in einer Häufigkeit nachgefragt werden, die die Finanzierung einer Personalstelle rechtfertigen würde. 56

Schließlich muss bei der Vereinigung die Verfolgung des Satzungszwecks im Vordergrund stehen. Rechtsdienstleistungen dürfen nur eine dienende Funktion im Blick auf die satzungsgemäße Aufgabe haben (siehe Rn 40), so dass bei der Verwendung der Finanzmittel der Vereinigung diese Mittel nicht durch Personal zur Erbringung von Rechtsdienstleistungen verbraucht werden dürfen, wenn dies zur Folge hätte, dass die Vereinigung nicht mehr wirtschaftlich in der Lage ist, ihren satzungsgemäßen Aufgaben nachzukommen. 57

3. Sachliche Ausstattung. Die sachliche Ausstattung ist die zur Erbringung der Rechtsdienstleistung notwendige Infrastruktur. Hierunter fallen zB Räumlichkeiten, Büroausstattung, Fachbibliothek, Verbrauchsmaterialien und bei entsprechender Größe der Vereinigung ggf Fahrzeuge. 58

Welche sachliche Ausstattung erforderlich ist, variiert erheblich, abhängig von der Größe und den Aktivitäten der Vereinigung bzw Genossenschaft.[79] Kann bei einem kleinen Sportverein schon das Arbeitszimmer in der Privatwohnung des Vorsitzenden genügen oder auf eine eigene sachliche Ausstattung des Vereins verzichtet werden,[80] so ist für große Vereinigungen, wie zB Haus- und Grundstückseigentümervereine, Mietervereine, Gewerkschaften oder den ADAC, ein strukturierter Bürobetrieb erforderlich, der in seiner Ausgestaltung dem einer entsprechend großen Anwaltskanzlei gleichen wird. 59

Abhängig vom Satzungszweck wird man neben der üblichen technischen Büroausstattung und Kommunikationsinfrastruktur typischerweise wenigstens Besprechungsräume zur Beratung der Mitglieder vorhalten müssen, um den Anforderungen des Abs. 2 zu genügen. 60

4. Finanzielle Ausstattung. Vereinigungen und Genossenschaften, die Rechtsdienstleistungen erbringen, sind grds. nicht verpflichtet, sich gegen etwaige Beratungsfehler mit einer Haftpflichtversicherung abzusichern. Ihre finanzielle Ausstattung muss deshalb auch zu einem gewissen Grad das Haftungsrisiko auffangen können, das mit der Beratung verbunden ist, so dass die finanzielle Ausstattung umso größer sein muss, je größer die Vereinigung oder Genossenschaft ist.[81] 61

---

78 *Unseld/Degen*, § 7 RDG Rn 5; *Kleine-Cosack*, § 7 RDG Rn 41; aA Grunewald/Römermann/*Müller*, § 7 RDG Rn 32.
79 Vgl Begr. RegE, BT-Drucks. 16/3655, S. 60.
80 *Kleine-Cosack*, § 7 RDG Rn 41.
81 *Dreyer/Geißler*, in: Dreyer/Lamm/Müller, § 7 RDG Rn 31.

62 **5. Beteiligung einer juristisch qualifizierten Person.** Vereinigungen und Genossenschaften müssen nach Abs. 2 sicherstellen, dass die von ihnen erbrachten Rechtsdienstleistungen zumindest unter der Anleitung einer Person, der die entgeltliche Erbringung dieser Rechtsdienstleistung erlaubt ist, oder durch eine Person mit der Befähigung zum Richteramt erfolgt. Die Anforderungen sind insoweit die gleichen, wie sie in § 6 Abs. 2 S. 2 für die unentgeltlichen Rechtsdienstleistungen definiert werden, so dass auf die dortigen Ausführungen verwiesen werden kann (siehe § 6 Rn 24 ff).

63 Die **notwendige Anleitung** erfordert danach gemäß § 6 Abs. 2 S. 2 eine Einweisung und Fortbildung der Mitarbeiter durch die juristisch qualifizierte Person, die sich an Umfang und Inhalt der von den Mitarbeitern zu erbringenden Rechtsdienstleistung orientiert, und ggf eine Mitwirkung bei der Erbringung dieser Rechtsdienstleistung, soweit dies im Einzelfall erforderlich ist (siehe § 6 Rn 31 f).

64 Wie die Anleitung konkret ausgestaltet wird, hängt von der Organisationsstruktur der Einrichtung sowie der Qualifikation und Berufserfahrung der Mitarbeiter von Vereinigung und Genossenschaft ab, die die Rechtsdienstleistung unmittelbar erbringen. Eine ständige unmittelbare Beaufsichtigung und engmaschige Kontrolle einzelner Tätigkeiten der Mitarbeiter durch die juristisch qualifizierte Person wird auch in der Vereins- und Genossenschaftsrechtsberatung nicht verlangt.

65 In der amtlichen Gesetzesbegründung wird darauf hingewiesen, dass gerade in den großen Mitgliederorganisationen bewährte Rechtsberatungsstrukturen bestehen, die auf gut ausgebildete, überwiegend hauptberuflich tätige Mitarbeiter zurückgreifen können, so dass eine ausreichende juristische Anleitung zuverlässig gewährleistet sei. Es genüge insoweit, einen ausreichenden Informationsaustausch über neue rechtliche Entwicklungen innerhalb der Vereinigung sicherzustellen und im Bedarfsfall auf die rechtliche Expertise einer juristisch qualifizierten Person zurückgreifen zu können.[82]

66 Zu Recht wird teilweise beklagt, dass der Gesetzgeber im Bereich der Mitgliederrechtsberatung darauf verzichtet hat, Kontrollmechanismen zu etablieren, um zu überprüfen, ob es bei der Erbringung der Rechtsdienstleistungen tatsächlich zu einer sachgerechten Anleitung der Mitarbeiter durch juristisch qualifizierte Personen kommt und ob die zur ordnungsgemäßen Beratung geforderte Ausstattung vorhanden ist.[83] Mögen die großen Vereinigungen und Genossenschaften angemessen ausgestattet sein und den Anforderungen an eine qualifizierte Anleitung ohne weiteres genügen, so scheinen doch bei kleineren Vereinigungen gelegentlich Zweifel angebracht, wenn zB ein Volljurist in einem Vereinsvorstand formal als derjenige firmiert, der die nicht juristisch qualifizierten Mitarbeiter anleitet, und es für einen unbefangenen Dritten offensichtlich ist, dass er hierzu weder strukturell noch zeitlich im Hinblick auf Art und Umfang der zu erbringenden Rechtsdienstleistung in der Lage ist.

67 Dieses Beispiel macht auch deutlich, welche Bedeutung das Merkmal der **angemessenen personellen Ausstattung** nach Abs. 2 hat. Kommt es zum **Streit** über die Frage, inwieweit die Rechtsdienstleistungen **sachgerecht** erbracht wurden, ist

---

82 Vgl Begr. RegE, BT-Drucks. 16/3655, S. 60.
83 *Unseld/Degen*, § 7 RDG Rn 26; *Kleine-Cosack*, § 7 RDG Rn 44; *Eversloh*, Das neue Rechtsdienstleistungsgesetz, B 3.2.7.

es im Zweifel leichter, eine unzureichende personelle Ausstattung zu belegen als im Einzelfall nachzuweisen, inwieweit der Mitarbeiter, der eine mangelhafte Rechtsdienstleistung erbracht hat, von der juristisch qualifizierten Person nicht ordnungsgemäß angeleitet wurde. Auch der Gesetzgeber begreift das Merkmal der personellen Ausstattung insoweit als geeignetes Kriterium, um Missbräuchen vorzubeugen, und führt in der amtlichen Gesetzesbegründung den Fall einer unseriösen Schuldnerberatung durch einen „Schuldnerhilfeverein" an, der unqualifizierten Rechtsrat anbietet, um sich unter dem Deckmantel des Rechtsdienstleistungsprivilegs des § 7 an den rechtsuchenden Mitgliedern zu bereichern.[84]

Bedenkt man, dass die formalen Kriterien des § 7 für jemanden, der genehmigungsfrei Rechtsdienstleistungen erbringen will, relativ einfach zu erfüllen sind, bleibt abzuwarten, inwieweit die oben erörterte fehlende Verwaltungskontrolle (vgl Rn 66) zum Missbrauch des Rechtsdienstleistungsprivilegs verleiten wird. Es ist insoweit Aufgabe der Rechtsprechung, zu verhindern, dass mit der Erweiterung des Kreises der privilegierten Vereinigungen vor dem Hintergrund fehlender Verwaltungskontrolle eine rechtliche Grauzone entsteht, die sich zum Schaden der rechtsuchenden Mitglieder auswirkt. 68

6. Folgen fehlender Ausstattung oder qualifizierter Personen. In dem Fall, dass Vereinigungen oder Genossenschaften gegen die Pflichten des Abs. 2 verstoßen, kann es zu einem **Untersagungsverfahren** nach § 9 kommen. Bei erheblichen Verstößen, die die Annahme rechtfertigen, dass zum Nachteil der Rechtsuchenden oder des Rechtsverkehrs dauerhaft unqualifizierte Rechtsdienstleistungen erbracht werden, kann die zuständige Behörde die weitere Erbringung von Rechtsdienstleistungen bis zu einem Zeitraum von höchstens fünf Jahren untersagen. Zum Untersagungsverfahren siehe § 9 Rn 4 ff. 69

§ 8 Öffentliche und öffentlich anerkannte Stellen

(1) Erlaubt sind Rechtsdienstleistungen, die
1. gerichtlich oder behördlich bestellte Personen,
2. Behörden und juristische Personen des öffentlichen Rechts einschließlich der von ihnen zur Erfüllung ihrer öffentlichen Aufgaben gebildeten Unternehmen und Zusammenschlüsse,
3. nach Landesrecht als geeignet anerkannte Personen oder Stellen im Sinn des § 305 Abs. 1 Nr. 1 der Insolvenzordnung,
4. Verbraucherzentralen und andere mit öffentlichen Mitteln geförderte Verbraucherverbände,
5. Verbände der freien Wohlfahrtspflege im Sinn des § 5 des Zwölften Buches Sozialgesetzbuch, anerkannte Träger der freien Jugendhilfe im Sinn des § 75 des Achten Buches Sozialgesetzbuch und anerkannte Verbände zur Förderung der Belange behinderter Menschen im Sinn des § 13 Abs. 3 des Behindertengleichstellungsgesetzes

im Rahmen ihres Aufgaben- und Zuständigkeitsbereichs erbringen.

(2) Für die in Absatz 1 Nr. 4 und 5 genannten Stellen gilt § 7 Abs. 2 entsprechend.

---

84 Vgl Begr. RegE, BT-Drucks. 16/3655, S. 60.

- I. Normzweck 1
- II. Rechtsdienstleistungen durch gerichtlich oder behördlich bestellte Personen (Abs. 1 Nr. 1) 6
  1. Gerichtlich oder behördlich bestellte Personen 7
     - a) Zwangsverwalter 8
     - b) Insolvenzverwalter 9
     - c) Nachlasspfleger 10
     - d) Sonstige Personen 11
       - aa) Betreuer für Volljährige, §§ 1896 ff BGB 12
       - bb) Bewährungshelfer, § 56 d StGB bzw § 24 JGG 13
       - cc) Nachlassverwalter, §§ 1985 ff BGB 16
       - dd) Pfleger für Minderjährige und bestimmte Volljährige, §§ 1909 ff BGB 17
       - ee) Schlichtungsstelle nach VVG, § 214 VVG 18
       - ff) Sonderbeauftragter der BaFin, § 83 a VAG 19
       - gg) Treuhänder bei Pfandbriefbanken, § 7 PfandBG 20
       - hh) Vorläufiger Insolvenzverwalter, § 22 InsO 21
       - ii) Vormund für Minderjährige, §§ 1773 ff BGB 23
  2. Begrenzung der Rechtsdienstleistungsbefugnis durch den in der hoheitlichen Bestellung festgelegten Aufgabenkreis.... 24
  3. Rechtsdienstleistungsprivileg trotz privatrechtlicher Bestellung 25
     - a) Testamentsvollstrecker 25
     - b) Wohnungseigentumsverwalter 26
- III. Behörden und juristische Personen des öffentlichen Rechts (Abs. 1 Nr. 2) 27
  1. Behörden 28
  2. Juristische Personen des öffentlichen Rechts 31
     - a) Funktionaler Behördenbegriff 31
     - b) Körperschaften des öffentlichen Rechts 33
     - c) Anstalten des öffentlichen Rechts 34
     - d) Stiftungen des öffentlichen Rechts 35
     - e) Privatrechtliche Vereinigungen zur Erfüllung öffentlicher Aufgaben 36
  3. Erlaubte Rechtsdienstleistung 38
     - a) Begrenzung durch Aufgaben- und Zuständigkeitsbereich 38
     - b) Allgemeine Rechtsberatung 40
     - c) Beratung im Rahmen der originären Behördenaufgaben 42
     - d) Gerichtliche Vertretung.... 48
- IV. Nach Landesrecht als geeignet anerkannte Personen oder Stellen iSd § 305 Abs. 1 Nr. 1 InsO (Abs. 1 Nr. 3) 49
  1. Geeignete Personen oder Stellen 50
  2. Umfang der Rechtsdienstleistungen 52
- V. Verbraucherzentralen und Verbraucherverbände (Abs. 1 Nr. 4) 54
  1. Verbraucherzentralen 55
  2. Verbraucherverbände 56
  3. Umfang der Rechtsdienstleistung; gerichtliche Vertretung.. 58
- VI. Verbände iSd Sozialgesetzbuches (Abs. 1 Nr. 5) 61
  1. Einrichtungen der freien Wohlfahrtspflege 62
  2. Träger der freien Jugendhilfe und Behindertenverbände..... 68
     - a) Freie Jugendhilfe 69
     - b) Behindertenverbände 70
- VII. Erforderliche Qualifikation und Ausstattung für die in Abs. 1 Nr. 4 und 5 genannten Einrichtungen (Abs. 2) 72

I. Normzweck

Das in § 8 geregelte Rechtsdienstleistungsprivileg für öffentliche und öffentlich anerkannte Stellen war schon in Art. 1 § 3 RBerG geregelt. Die in § 8 genannten Personen und Stellen werden nun dahingehend privilegiert, dass sie ihre Leistungen zum einen entgeltlich erbringen können, also nicht den Beschränkungen des § 6 unterliegen, zum anderen keiner Mitgliederbeschränkung wie in § 7 Abs. 1 unterfallen und ihre Leistungen damit auch für Nichtmitglieder erbringen dürfen.[1]

Die Rechtsdienstleistungsbefugnis der in **Abs. 1 Nr. 1 bis 3** angesprochenen Einrichtungen ergibt sich aufgrund ihres öffentlich-rechtlich geregelten Aufgaben- und Zuständigkeitsbereichs überwiegend bereits aus anderen Gesetzen und Vorschriften. Soweit es in diesen Vorschriften an einer ausdrücklichen Regelung der Rechtsdienstleistungsbefugnis fehlt, dient § 8 zur Klarstellung.

Für die in **Abs. 1 Nr. 4 und 5** genannten Verbraucherzentralen, öffentlich geförderten Verbraucherverbände, Verbände der freien Wohlfahrtspflege, der Jugendhilfe und die gesetzlich anerkannten Behindertenverbände begründet § 8 nun ausdrücklich das Rechtsdienstleistungsprivileg. In der Vergangenheit ergab sich deren Rechtsdienstleistungsbefugnis lediglich aus der Zugehörigkeit zu einem der Träger der freien Wohlfahrtspflege oder einem Verband, dem im Rahmen des Sozialrechts besondere Aufgaben zugeteilt waren. Aus ihnen wurde dann eine Rechtsdienstleistungsbefugnis abgeleitet, was jedoch teilweise zu Abgrenzungsproblemen und zu Rechtsunsicherheit führte.

Der Gesetzgeber schafft daher mit § 8 für diese Einrichtungen einen sicheren rechtlichen Rahmen, was insbesondere deshalb begrüßenswert ist, weil sie häufig nur anteilig öffentlich gefördert werden und auf die im Rahmen der Rechtsdienstleistung erzielten Erlöse zur Finanzierung ihrer Arbeit angewiesen sind. § 8 hilft ihnen so bei der Sicherung ihrer Existenz.

Schließlich betont der Gesetzgeber in seiner Begründung zu § 8, dass es nicht das Ziel der Norm sei, die Anforderungen an die Qualität der Rechtsdienstleistungsbefugnis gegenüber den §§ 6 und 7 herabzusetzen.[2] Die öffentliche Hand kann bei gerichtlich oder behördlich bestellten Personen und Einrichtungen deren Qualitätsstandards direkt kontrollieren. Mit ihren Handlungs- und Aufsichtsmöglichkeiten kann sie gewährleisten, dass nur hinreichend qualifizierte Personen und Einrichtungen Rechtsdienstleistungen erbringen. Eine entsprechende Zuverlässigkeitsprüfung erfolgt auch im Rahmen des § 305 InsO bei der Anerkennung geeigneter Personen und Stellen zur Insolvenzberatung. Für diese Fälle ist daher im RDG keine Regelung zum Schutz der Rechtsuchenden erforderlich. Anders verhält es sich bei den in Abs. 1 Nr. 4 und 5 angesprochenen Einrichtungen. Sie erhalten ihre Anerkennung regelmäßig aufgrund einer öffentlichen Förderung, die keine Prüfung ihrer Qualifikation, Rechtsdienstleistungen zu erbringen, einschließt, weshalb Abs. 2 für die in Abs. 1 Nr. 4 und 5 angesprochenen Stellen über den Verweis auf § 7 Abs. 2 auch die dortigen Sicherungsmechanismen übernimmt, um die rechtsuchenden Bürger zu schützen. Dies schließt auch die Untersagungsmöglichkeit nach § 9 ein (siehe § 9 Rn 4 ff).

---

1 Begr. RegE, BT-Drucks. 16/3655, S. 61.
2 Begr. RegE, BT-Drucks. 16/3655, S. 61.

II. Rechtsdienstleistungen durch gerichtlich oder behördlich bestellte Personen (Abs. 1 Nr. 1)

6 Gemäß Abs. 1 Nr. 1 dürfen alle gerichtlich oder behördlich bestellten Person im Rahmen ihres Aufgaben- und Zuständigkeitsbereichs Rechtsdienstleistungen erbringen.

7 **1. Gerichtlich oder behördlich bestellte Personen.** Waren früher in Art. 1 § 3 Nr. 6 RBerG bestimmte Personen mit ihren Berufen oder Tätigkeiten genannt, so hat der Gesetzgeber hierauf bei der Formulierung des Abs. 1 Nr. 1 bewusst verzichtet. Es soll jede durch ein Gericht oder eine Behörde bestellte Person im Rahmen des ihr zugewiesenen Aufgabenkreises Rechtsdienstleistungen erbringen können.[3] Zu den nach Art. 1 § 3 Nr. 6 RBerG genannten Tätigkeiten, die heute nicht mehr explizit angesprochen werden, zählten insbesondere:

8 **a) Zwangsverwalter.** Der Zwangsverwalter (§§ 150 ff ZVG) wird gemäß § 150 Abs. 1 ZVG vom Gericht damit beauftragt, zum Zwecke der Befriedigung der Gläubiger eines Eigentümers beschlagnahmte Grundstücke zu verwalten. Nach § 152 ZVG hat er das Recht und die Pflicht, alle Handlungen vorzunehmen, die erforderlich sind, um solche Grundstücke in ihrem wirtschaftlichen Bestand zu erhalten und ordnungsgemäß zu nutzen.

9 **b) Insolvenzverwalter.** Der Insolvenzverwalter (§§ 56 ff InsO) wird nach § 56 InsO vom Gericht bestellt. Gemäß §§ 80, 148 Abs. 1, 159 InsO nimmt er das gesamte zur Insolvenzmasse gehörige Vermögen des Schuldners in Besitz und hat es unter Beachtung der Beschlüsse der Gläubigerversammlung zu verwalten und zu verwerten.

10 **c) Nachlasspfleger.** Nach § 1960 Abs. 1 S. 2 BGB kann der Nachlasspfleger (§§ 1960 ff BGB) vor Annahme der Erbschaft für denjenigen bestellt werden, der Erbe wird. Die Nachlasspflegschaft dient der Ermittlung des Erben und der Sicherung und dem Erhalt des Nachlasses bis zur Annahme der Erbschaft.

11 **d) Sonstige Personen.** Zu der Gruppe der sonstigen Personen, die nach Art. 1 § 3 Nr. 6 RBerG für ähnliche Aufgaben behördlich bestellt waren, zählten darüber hinaus:

12 **aa) Betreuer für Volljährige, §§ 1896 ff BGB.** Kann ein Volljähriger aufgrund einer psychischen Krankheit oder einer körperlichen, geistigen oder seelischen Behinderung seine Angelegenheiten ganz oder teilweise nicht besorgen, so wird auf seinen Antrag oder von Amts wegen für ihn ein Betreuer bestellt. Hierfür war bis zum 31.8.2009 gemäß § 1896 Abs. 1 BGB aF das Vormundschaftsgericht zuständig. Seit dem 1.9.2009 ist nach § 1896 Abs. 1 BGB nF das Betreuungsgericht zuständig.

13 **bb) Bewährungshelfer, § 56 d StGB bzw § 24 JGG.** Der Bewährungshelfer wird gemäß § 56 d Abs. 4 StGB vom Gericht bestellt. Das Gericht kann ihm für seine Tätigkeit nach § 56 d Abs. 3 StGB Weisungen erteilen.

14 Nach § 56 d Abs. 3 StGB ist es die Aufgabe des Bewährungshelfers, der verurteilten Person helfend und betreuend zur Seite zu stehen. Hierzu überwacht er im Einvernehmen mit dem Gericht, ob sie die ihr erteilten Auflagen und Weisungen erfüllt und ob sie die von ihr gemachten Zusagen einhält. In den vom Gericht bestimmten Zeitabständen berichtet der Bewährungshelfer über die Le-

---

[3] Begr. RegE, BT-Drucks. 16/3655, S. 61.

bensführung der verurteilten Person und teilt dem Gericht grobe oder beharrliche Verstöße gegen Auflagen, Weisungen oder Zusagen mit.

Bei einem jugendlichen Verurteilten hat der Bewährungshelfer gemäß § 24 Abs. 3 JGG zusätzlich die Aufgabe, die Erziehung des Jugendlichen zu fördern, wobei er möglichst mit dem Erziehungsberechtigten und dem gesetzlichen Vertreter vertrauensvoll zusammenarbeiten soll. Hierzu kann er von dem Erziehungsberechtigten, dem gesetzlichen Vertreter, der Schule oder dem Ausbildenden Auskunft über die Lebensführung des Jugendlichen verlangen.

cc) Nachlassverwalter, §§ 1985 ff BGB. Die Nachlassverwaltung ist gemäß § 1981 BGB beim Vorliegen der sachlichen Voraussetzungen vom Nachlassgericht anzuordnen, wenn der Erbe oder ein Nachlassgläubiger dies beantragt. Es ist die Aufgabe des Nachlassverwalters, den Nachlass entsprechend der §§ 1985 ff BGB zu verwalten und die Nachlassverbindlichkeiten aus dem Nachlass zu berichtigen.

dd) Pfleger für Minderjährige und bestimmte Volljährige, §§ 1909 ff BGB. Wer unter elterlicher Sorge oder unter Vormundschaft steht, erhält einen Pfleger (Ergänzungspfleger) für Angelegenheiten, an deren Besorgung die Eltern oder der Vormund verhindert sind.

ee) Schlichtungsstelle nach VVG, § 214 VVG. Zur außergerichtlichen Beilegung von Streitigkeiten bei Versicherungsverträgen mit Verbrauchern und von Streitigkeiten zwischen Versicherungsvermittlern oder Versicherungsberatern und Versicherungsnehmern im Zusammenhang mit der Vermittlung von Versicherungsverträgen kann das Bundesministerium der Justiz nach § 214 Abs. 1 VVG im Einvernehmen mit dem Bundesministerium der Finanzen, dem Bundesministerium für Wirtschaft und Technologie und dem Bundesministerium für Ernährung, Landwirtschaft und Verbraucherschutz privatrechtlich organisierte Einrichtungen als Schlichtungsstelle anerkennen. Alternativ kann es im Einvernehmen mit den übrigen vorgenannten Ministerien die Aufgaben der Schlichtungsstelle auch durch Rechtsverordnung ohne Zustimmung des Bundesrates einer Bundesoberbehörde oder Bundesanstalt zuweisen und deren Verfahren sowie die Erhebung von Gebühren und Auslagen regeln (§ 214 Abs. 5 VVG). Privatrechtlich organisierte Einrichtungen können als Schlichtungsstelle anerkannt werden, wenn sie die Gewähr bieten, in organisatorischer und fachlicher Hinsicht geeignet zu sein und ihre Aufgabe weisungsunabhängig wahrzunehmen (vgl § 214 Abs. 2 VVG). Schlichtungsstellen sind verpflichtet, jede Beschwerde über einen Versicherer, Versicherungsvermittler, Versicherungsmakler, Versicherungsvertreter und Versicherungsberater zu beantworten (§ 214 Abs. 3 VVG).

ff) Sonderbeauftragter der BaFin, § 83 a VAG. Nach dem VAG kann die Bundesanstalt für Finanzdienstleistungsaufsicht (BaFin) einen Sonderbeauftragten einsetzen und ihm ganz oder teilweise die Befugnisse übertragen, die den Organen eines Versicherungsunternehmens zustehen. Dies geschieht zum einen, wenn es tatsächliche Anhaltspunkte gibt, dass ein oder mehrere Geschäftsleiter unzuverlässig oder fachlich nicht geeignet sind, zum anderen, wenn das Versicherungsunternehmen nachhaltig gegen das VAG, seine Durchführungsnormen oder Anordnungen verstoßen hat und schließlich, wenn Tatsachen die Annahme rechtfertigen, dass die dauernde Erfüllbarkeit der Verpflichtungen aus den Versicherungsverträgen gefährdet ist.

20 gg) Treuhänder bei Pfandbriefbanken, § 7 PfandBG. Die BaFin bestellt nach Anhörung der Bank bei jeder Pfandbriefbank einen Treuhänder sowie mindestens einen Stellvertreter. Sie kann die Bestellung jederzeit aus sachlichem Grund widerrufen. Der Treuhänder ist verpflichtet, der BaFin über Beobachtungen im Rahmen seiner Tätigkeit Auskunft zu geben. Er ist bei seiner Tätigkeit nicht an Weisungen der BaFin gebunden.

21 hh) Vorläufiger Insolvenzverwalter, § 22 InsO. Der vorläufige Insolvenzverwalter wird vom Insolvenzgericht bestellt. In den Fällen, in denen dem Schuldner ein allgemeines Verfügungsverbot auferlegt wurde, geht die Verwaltungs- und Verfügungsbefugnis über das Vermögen des Schuldners auf den vorläufigen Insolvenzverwalter über. Er hat die Aufgabe, das Vermögen des Schuldners zu sichern und zu erhalten. Bis zur Entscheidung über die Eröffnung des Insolvenzverfahrens muss er ein Unternehmen des Schuldners fortführen, soweit das Insolvenzgericht nicht einer Stilllegung des Unternehmens zustimmt, um eine weitere Minderung des Schuldnervermögens zu vermeiden. Schließlich muss er prüfen, ob das Vermögen des Schuldners die Kosten des Verfahrens decken wird. Wenn das Gericht ihn entsprechend beauftragt, prüft er als Sachverständiger, ob ein Eröffnungsgrund vorliegt und welche Aussichten für eine Fortführung des Unternehmens des Schuldners bestehen.

22 Wird dem Schuldner kein allgemeines Verfügungsverbot auferlegt, so bestimmt das Gericht die Pflichten des vorläufigen Insolvenzverwalters im Einzelfall, wobei diese Pflichten nicht über die vorgenannten Pflichten nach § 22 Abs. 1 S. 2 InsO hinausgehen dürfen.

23 ii) Vormund für Minderjährige, §§ 1773 ff BGB. Steht ein Minderjähriger nicht unter elterlicher Sorge oder sind die Eltern weder in den Angelegenheiten, die seine Person, noch in denen, die sein Vermögen betreffen, zur Vertretung des Minderjährigen berechtigt, so erhält der Minderjährige einen Vormund. Bis zum 31.8.2009 erfolgte die Anordnung gemäß § 1774 BGB von Amts wegen durch das Vormundschaftsgericht, ab dem 1.9.2009 nach § 1774 BGB nF durch das Familiengericht.

24 2. Begrenzung der Rechtsdienstleistungsbefugnis durch den in der hoheitlichen Bestellung festgelegten Aufgabenkreis. Für die Frage, ob eine bestimmte Person unter das Dienstleistungsprivileg fällt, ist entscheidend, dass sie auf der Grundlage einer gesetzlichen Bestimmung von einem Gericht oder einer Behörde bestellt worden ist. Die bestellte Person darf die Rechtsdienstleistungen nur im Rahmen des ihr übertragenen Aufgabenbereichs erbringen und nur in dem Umfang, der erforderlich ist, die öffentliche Aufgabe wahrzunehmen.[4] Ausschlaggebend für die **Bestimmung des Aufgabenkreises** ist die **konkrete Bestellung**. Beispielsweise fällt die Erbauseinandersetzung durch einen Nachlasspfleger[5] oder die Veräußerung von beweglichem Vermögen des Schuldners durch den Zwangsverwalter, solange es sich nicht um unechte Bestandteile des Grundstücks handelt, nicht unter Abs. 1 Nr. 1.

25 3. Rechtsdienstleistungsprivileg trotz privatrechtlicher Bestellung. a) Testamentsvollstrecker. Für Testamentsvollstrecker war die Einordnung unter das

---

4 Kilian/Sabel/vom Stein/*Sabel*, § 10 Rn 304.
5 Vgl OLG Hamburg AnwBl 1973, 311.

Rechtsdienstleistungsprivileg des Art. 1 § 3 Nr. 6 RBerG streitig.[6] Mit § 5 Abs. 2 Nr. 1 besteht nun eine Sonderregelung, nach der ein Testamentsvollstrecker unabhängig davon, ob er durch den Erblasser oder das Gericht eingesetzt wurde, Rechtsdienstleistungen erbringen darf (siehe § 5 Rn 108).

b) Wohnungseigentumsverwalter. Auch dem Wohnungseigentumsverwalter nach dem WEG hat die Rechtsprechung nach altem Recht unter Art. 1 § 3 Nr. 6 RBerG ein Rechtsdienstleistungsprivileg zugestanden. Dies wurde damit begründet, dass es nicht auf die formale Einsetzung ankomme, sondern auf die funktionale Vergleichbarkeit der zugewiesenen Aufgaben und Befugnisse.[7] Dies wurde in der Literatur kritisiert.[8] Dieser Streit dürfte mit der Anerkennung der Rechtsfähigkeit von Wohnungseigentümergemeinschaften im reformierten WEG (§ 10 Abs. 6 WEG) aufgrund der Organstellung des Verwalters (§ 20 Abs. 1 WEG) für die Vertretung der Gemeinschaft nach außen obsolet geworden sein, da er in diesen Fällen namens der Gemeinschaft handelt. In den übrigen Fällen, insbesondere im Innenverhältnis zu den Wohnungseigentümern, regelt § 5 Abs. 2 Nr. 2 die Problematik nunmehr eindeutig. Rechtsdienstleistungen, die im Zusammenhang mit der Wohnungsverwaltung anfallen, sind danach zulässige Nebenleistungen.[9] 26

III. Behörden und juristische Personen des öffentlichen Rechts (Abs. 1 Nr. 2)

Wie früher Art. 1 § 3 Nr. 1 RBerG regelt nun Abs. 1 Nr. 2 die Rechtsdienstleistungsbefugnis der Behörden und juristischen Personen des öffentlichen Rechts. Die Privilegierung erstreckt sich dabei auch auf die Bediensteten, die für die Behörde oder die juristische Person des öffentlichen Rechts tätig werden. Es spielt dabei keine Rolle, ob dies Beamte oder Angestellte sind. Selbst freie Mitarbeiter unterfallen dem Privileg, soweit sie im Rahmen eines weisungsgebundenen Auftragsverhältnisses tätig werden.[10] 27

1. Behörden. Eine **Behörde** ist gemäß § 1 Abs. 4 VwVfG jede Stelle, die Aufgaben der öffentlichen Verwaltung wahrnimmt. Danach sind Behörden ohne Rücksicht auf die konkrete Bezeichnung als Behörde, Amt oder Benennung nach dem Behördenleiter (zB „der Bundesminister der Justiz", „der Regierungspräsident") alle vom Wechsel der in ihnen tätigen Personen unabhängigen, mit hinreichender organisatorischer Selbständigkeit ausgestatteten Einrichtungen, denen Aufgaben der öffentlichen Verwaltung zur eigenverantwortlichen Wahrnehmung, dh zum Handeln mit Außenwirkung in eigener Zuständigkeit und im eigenen Namen, übertragen sind.[11] 28

Unter den Begriff der Behörde fallen alle Behörden von **Bund, Ländern** und **Kommunen.** 29

Ob und in welchem Umfang **ausländische Behörden** durch ihre Mitarbeiter in Deutschland genehmigungsfrei Rechtsdienstleistungen erbringen dürfen, ist um- 30

---

6 BFH 3.4.2008 – V R 62/05, NJW-RR 2008, 1106; BGH 11.11.2004 – I ZR 213/01, NJW 2005, 969; BGH 11.11.2004 – I ZR 182/02, NJW 2005, 968; *Rennen/Caliebe*, Art. 1 § 3 RBerG Rn 49.
7 BGH 6.5.1993 – V ZB 9/92, NJW 1993, 1924.
8 *Rennen/Caliebe*, Art. 1 § 3 RBerG Rn 50 mwN.
9 Begr. RegE, BT-Drucks. 16/3655, S. 56.
10 Grunewald/Römermann/*Müller*, § 8 RDG Rn 10.
11 Vgl BVerwG 30.8.2006 – 10 B 38/06, BeckRS 2006, 25554; VG Frankfurt/M. 22.6.1994 – 9 E 895/94, NVwZ 1995, 410; *Kopp/Ramsauer*, VwVfG, § 1 Rn 51.

stritten. Teils wird dies mit dem schlichten Hinweis abgelehnt, das Rechtsdienstleistungsprivileg gelte nur für deutsche Behörden.[12] Teils wird aber auch eine staatliche Fürsorgepflicht des Entsendestaates für seine in Deutschland lebenden Staatsangehörigen angenommen, die bspw die Beratung in sozialrechtlichen Fragen durch den zuständigen Botschaftsattaché und eine anschließende Prozessvertretung vor dem Arbeitsgericht erlaube.[13] Solche Rechtsdienstleistungen sind aber wohl zu Recht unzulässig, sofern nicht die besonderen Voraussetzungen des Art. 5 Buchst. i) des Wiener Übereinkommens über konsularische Beziehungen vorliegen. In allen übrigen Fällen gehört die Prozessvertretung von in Deutschland lebenden Staatsangehörigen des Entsendestaates oder deren Beratung im deutschen Recht nicht zu den Aufgaben einer diplomatischen Mission oder konsularischen Vertretung, so dass es schon an der – auch für deutsche Behörden – notwendigen Amtspflicht fehlt, in deren Rahmen eine Rechtsdienstleistung zu erfolgen hat.[14] Darüber hinaus erscheint es auch nicht unproblematisch, eine Beratung durch die ausländischen Stellen im deutschen Recht nach dem RDG zu ermöglichen, bedenkt man, dass hier Rechtsuchende vor unzureichendem Rechtsrat geschützt werden sollen. Mögen die ausländischen Behördenmitarbeiter sogar im Einzelfall über eine dem deutschen Volljuristen entsprechende juristische Qualifikation ihres Entsendestaates verfügen, so ist nicht ohne weiteres gewährleistet, dass sie mit der deutschen Rechtsordnung, die sie im Rahmen ihrer Beratung anzuwenden haben, ebenso vertraut sind, und anders als deutsche Behörden sind sie bei ihrer Tätigkeit nicht durch das GG verpflichtet, nach den deutschen Gesetzen und Verwaltungsvorschriften zu handeln.

31 **2. Juristische Personen des öffentlichen Rechts. a) Funktionaler Behördenbegriff.** Auch juristische Personen des öffentlichen Rechts sind nach dem funktionalen Behördenbegriff des § 1 Abs. 4 VwVfG Behörden. Ihre ausdrückliche Nennung in Abs. 1 Nr. 2 dient deshalb nur der Klarstellung.

32 Zu den juristischen Personen des öffentlichen Rechts iSv § 8 gehören neben den juristischen Personen des öffentlichen Rechts, wie zB Körperschaften, Anstalten und Stiftungen, auch Privatpersonen, denen öffentliche Aufgaben zur eigenverantwortlichen Wahrnehmung übertragen wurden, und privatrechtlich organisierte Vereinigungen, die gebildet wurden, um öffentliche Aufgaben zu erfüllen (sog. **Beliehene**), sowie deren Spitzenverbände, Arbeitsgemeinschaften oder ähnliche Organisationseinheiten.

33 **b) Körperschaften des öffentlichen Rechts.** Körperschaften des öffentlichen Rechts sind öffentlich-rechtlich organisierte juristische Personen. Sie sind mitgliedschaftlich verfasste, vom Wechsel ihrer Mitglieder unabhängige, regelmäßig mit Hoheitsgewalt ausgestattete Einrichtungen, die öffentliche Aufgaben unter staatlicher Aufsicht wahrnehmen. **Beispiele:** Gemeinden, Gemeindeverbände, Kirchen, anerkannte Religionsgemeinschaften, Hochschulen und Studentenschaften, Sozialversicherungsträger, Orts- und Betriebskrankenkassen, Ersatzkassen sowie die auf gesetzlicher Grundlage errichteten Organisationen der wirt-

---

12 ArbG Wetzlar 31.10.1969 – Ca 238/69, BB 1970, 534.
13 LAG München 2.2.1970 – 2 Ta 101/70, BB 1970, 757; LAG Hamm 27.2.1976 – 3 Sa 1521/75, BB 1976, 555; LAG Hamm 30.8.1977 – 2 Sa 962/77, DB 1977, 2288.
14 Vgl BayObLG 4.1.1985 – 3 Ob OWi 162/84, NStZ 1985, 224; OVG Münster 27.10.1980 – 4 B 764/80, NJW 1981, 1173; ArbG Ludwigsburg 29.10.1971 – Ca 459/71, BB 1972, 90.

schaftlichen und beruflichen Selbstverwaltung. Beispiele für die wirtschaftlichen- und beruflichen Selbstverwaltungsorganisationen sind: Handwerkskammer, Kreishandwerkskammer, Industrie- und Handelskammer, Steuerberaterkammer, Rechtsanwaltskammer, Ärzte- und Zahnärztekammer, Wirtschaftsprüferkammer sowie die dazugehörigen Bundeskammern.

c) Anstalten des öffentlichen Rechts. Anstalten des öffentlichen Rechts sind öffentlich-rechtliche Verwaltungseinrichtungen mit eigener Rechtspersönlichkeit, die einem bestimmten Nutzungszweck gewidmet und nicht mitgliedschaftlich organisiert sind. Entsprechend ihrer Widmung erbringen sie mit den ihnen zur Verfügung stehenden Mitteln aufgrund eines Benutzungsverhältnisses Leistungen für ihre außerhalb der Verwaltung stehenden Benutzer. **Beispiele** sind die kommunalen Sparkassen, die Bundesagentur für Arbeit, Rundfunk- und Fernsehanstalten und die Versicherungsanstalten wie die Bundesversicherungsanstalt für Angestellte (BfA) oder die Deutsche Rentenversicherung. 34

d) Stiftungen des öffentlichen Rechts. Stiftungen des öffentlichen Rechts sind Sondervermögen, die mit eigener Rechtspersönlichkeit ausgestattet und vom Stifter durch einen Stiftungsakt einem bestimmten öffentlichen Zweck gewidmet sind. **Beispiele** sind die Berliner Philharmoniker, die Contergansstiftung für behinderte Menschen, die Kulturstiftung der Länder, die Stiftung preußischer Kulturbesitz und die Volkswagen-Stiftung. 35

e) Privatrechtliche Vereinigungen zur Erfüllung öffentlicher Aufgaben. Beliehene Unternehmen, Verbände oder Arbeitsgemeinschaften fallen aufgrund der von ihnen wahrgenommenen öffentlich-rechtlichen Aufgaben trotz ihrer privatrechtlichen Organisationsstruktur ebenfalls unter das Rechtsdienstleistungprivileg des § 8. **Beispiele** sind die Technischen Überwachungsvereine, die Deutsche Prüfstelle für Rechnungslegung DPR e.V. nach § 342 b HGB sowie die kommunalen Einrichtungen zur gemeindeübergreifenden Daseinsvorsorge, wie zB ein Abwasserzweckverband mehrerer Gemeinden. 36

Ist es nach dem BGH einer Gemeinde bei reinen **Organisationsprivatisierungen** nicht verwehrt, die funktional überwiegend gemeindeeigenen Rechtsangelegenheiten einer von ihr voll beherrschten juristischen Person privaten Rechts als eigene Rechtsangelegenheiten zu übertragen, also die Rechtsdienstleistungen von der juristischen Person erbringen zu lassen,[15] so muss man bei der Erbringung von Rechtsdienstleistungen durch diese juristische Person differenzieren: Sofern sich die öffentliche Hand dafür entscheidet, Aufgaben der Daseinsvorsorge durch von ihr gegründete, vollständig oder mehrheitlich in ihrem Eigentum befindliche, privatrechtlich verfasste Unternehmen wahrnehmen zu lassen (zB eine Stadtwerke GmbH im Eigentum einer Kommune, die BwFuhrparkService GmbH, in deren Eigentum sich von der Bundeswehr genutzte Fahrzeuge befinden und die zu 75 % dem Bund gehört), können diese Gesellschaften das Rechtsdienstleistungsprivileg des § 8 nur insoweit für sich in Anspruch nehmen, als ihnen die wahrgenommenen Aufgaben kraft Hoheitsakt verliehen wurden. Im Übrigen müssen sie sich wie Privatunternehmen behandeln lassen, so dass sie etwaige Rechtsdienstleistungen maximal im Rahmen der Annexbefugnis gemäß § 5 erbringen dürfen. 37

---

15 BGH 16.3.2000 – I ZR 214/97, NJW 2000, 2277, 2279.

38 **3. Erlaubte Rechtsdienstleistung. a) Begrenzung durch Aufgaben- und Zuständigkeitsbereich.** Jede Behörde darf nur auf der rechtlichen Grundlage der für sie maßgeblichen Gesetze und Verwaltungsvorschriften im Rahmen ihrer örtlichen und sachlichen Zuständigkeit handeln. Hieraus ergibt sich, dass Behörden und juristische Personen des öffentlichen Rechts auch Rechtsdienstleistungen nur im Rahmen ihres Aufgaben- und Zuständigkeitsbereichs erbringen dürfen. Dieser Aufgaben- und Zuständigkeitsbereich ergibt sich aus formellen Gesetzen, Verwaltungsvorschriften, Vereinbarungen, Satzungen und den allgemeinen Grundsätzen der öffentlichen Verwaltung.[16]

39 Hierbei dürfen nur solche Rechtsdienstleistungen erbracht werden, die zur Erfüllung des öffentlichen Auftrags erforderlich sind. Das Kriterium der Erforderlichkeit beschränkt somit auch den Umfang der Rechtsdienstleistung auf das zur Erfüllung der öffentlichen Aufgabe notwendige Maß. Behörden können also keine allgemeine Rechtsberatung gewähren.

40 **b) Allgemeine Rechtsberatung.** Die allgemeine Rechtsberatung ist auch im Rahmen der Beratungshilfe gemäß § 3 Abs. 1 BerHG grds. den Rechtsanwälten vorbehalten. Nach § 3 Abs. 2 BerHG iVm § 24a Abs. 1 Nr. 2 RPflG dürfen jedoch die Rechtspfleger an den Amtsgerichten in denjenigen Fällen Beratungshilfe gewähren, in denen sie dem Rechtsuchenden durch eine sofortige Auskunft, einen Hinweis auf andere Hilfsmöglichkeiten oder die Aufnahme eines Antrags oder einer Erklärung weiterhelfen können. Wie schon die engen Voraussetzungen des Gesetzestextes zeigen, handelt es sich hierbei eigentlich nur um eine eng begrenzte Rechtsdienstleistungsbefugnis, die aber in jüngster Zeit aus Kostengründen immer extensiver ausgedehnt wird.

41 Gemäß § 12 BerHG ersetzt in den Ländern Bremen und Hamburg die Beratung durch die eingeführte öffentliche Rechtsberatung in den hierzu eingerichteten Rechtsauskunfts- und Vergleichsstellen die Beratungshilfe. In **Hamburg** erfolgt sie durch die „Öffentliche Rechtsauskunft- und Vergleichsstelle Hamburg (ÖRA)".[17] In **Bremen** wird die öffentliche Rechtsberatung im Auftrag der Freien Hansestadt Bremen von der Arbeitnehmerkammer geleistet.[18] Im Land **Berlin** besteht eine Wahlmöglichkeit des Rechtsuchenden zwischen der Beratungshilfe nach dem BerHG und der Beratung durch die zuständigen Stellen der Bezirksämter.

42 **c) Beratung im Rahmen der originären Behördenaufgaben.** Welche Rechtsdienstleistungen im Rahmen des behördlichen Aufgaben- und Zuständigkeitsbereichs erforderlich und damit nach dem RDG zulässig sind, muss im **Einzelfall** geprüft werden.

43 Eine **Kreishandwerkerschaft** darf zB eine Inkassostelle zur vorgerichtlichen Einziehung von Werklohnforderungen der Mitglieder der ihr angeschlossenen Handwerksinnungen betreiben, da die vom Rechtsdienstleistungsprivileg umfasste Rechtsbetreuung des Mitglieds nicht nur die interne Unterstützung des

---

16 BGH 16.3.2000 – I ZR 214/97, NJW 2000, 2277, 2280; LSG Niedersachsen 3.2.1967 – L 4 S (Kr) 57/65, AmtlMittLVA Rheinpr 1968, 57.
17 Verordnung über die öffentliche Rechtsauskunft- und Vergleichsstelle (Vergleichstelleverordnung – VgStVO) vom 4.2.1946, HmbBl I 333-a.
18 Gesetz über öffentliche Rechtsberatung in der Freien Hansestadt Bremen vom 1.7.1975, Brem.GBl. S. 297 iVm Gesetz über die Arbeitnehmerkammer im Lande Bremen vom 28.3.2000, Brem.GBl. S. 83.

Rechtsuchenden, sondern auch das Handeln nach außen und damit insbesondere auch die Einziehung von Forderungen einschließt.[19]

Ein **Grundbuchamt** kann zwar über die Rechtsverhältnisse an einem Grundstück Auskunft erteilen, es darf mit einem rechtsuchenden Bürger aber nicht auch dessen steuerrechtlichen Fragen erörtern. 44

Das **Jugendamt** darf zB im Rahmen der Unterstützung nach § 18 Abs. 1 KJHG außergerichtlich Unterhaltsansprüche für den Berechtigten geltend machen[20] und kommunale Jugend- und Familienberatungsstellen können Rechtsdienstleistungen gemäß §§ 17, 18 SGB VIII in Fragen der Partnerschaft, Trennung oder Scheidung sowie zur Ausübung der Personensorge erbringen. Sie können aber keine Rechtsberatung im Allgemeinen Schuldrecht durchführen. 45

Strafgefangene sind gemäß §§ 73, 74 StVollzG durch die **Justizvollzugsanstalt** dabei zu unterstützen, ihre persönlichen, wirtschaftlichen und sozialen Angelegenheiten zu ordnen und ihre Rechte und Pflichten zu wahren. Dies bedeutet aber nicht, dass die Anstaltsleitung es dulden muss, wenn nicht zur Erbringung von Rechtsdienstleistungen befugte Strafgefangene sich untereinander rechtlich beraten, da rechtsberatende Tätigkeiten unter Strafgefangenen der Ordnung der Anstalt regelmäßig abträglich sind.[21] Diese Beurteilung hat sich auch durch das RDG nicht geändert.[22] 46

Die **Studentenschaften** sind nach § 41 HRG rechtsfähige Teilkörperschaften der Hochschulen. Ihre Rechtsdienstleistungsbefugnis erstreckt sich damit auf alle das Studium betreffenden Fragen, wozu Studien- und Prüfungsangelegenheiten, Fragen der Ausbildungsförderung nach dem BAföG und ggf auch noch die Mieterberatung für Studenten am Hochschulort zählen. Eine darüber hinausgehende Befugnis, zB zur Beratung der Studenten im Sozialrecht, im Unterhalts- oder im sonstigen Familienrecht, besteht nicht.[23] 47

d) Gerichtliche Vertretung. Die Rechtsdienstleistungsbefugnis der Behörden umfasst nicht die Befugnis zu einer generellen gerichtlichen Vertretung. Allerdings sehen zahlreiche Verfahrensordnungen die Möglichkeit vor, dass Behörden und juristische Personen des öffentlichen Rechts vor Gericht auftreten können.[24] Sofern die Prozessordnung nicht die anwaltliche Vertretung vorschreibt, können die Behörden sich durch eigene Bedienstete, aber auch durch Bedienstete anderer Behörden oder durch juristische Personen des öffentlichen Rechts vor Gericht vertreten lassen. Zum Teil schränken die Prozessordnungen den vertretungsberechtigten Personenkreis dahingehend ein, dass der Vertreter die Qualifikation zum Richteramt besitzen muss.[25] 48

---

19 BGH 12.7.1990 – I ZR 62/89, NVwZ 1991, 298.
20 KG Berlin 2.8.2001 – 16 UF 131/01, FamRZ 2002, 546.
21 OLG Saarbrücken 4.2.1982 – 1 Ws 503/81, NStZ 1983, 47; OLG Nürnberg 27.7.2001 – Ws 452/01, NStZ 2002, 55.
22 OLG Celle 26.9.2008 – 1 Ws 477/08, NStZ 2009, 218.
23 *Hustädt*, NJW 1988, 473, 474; *Bulla/Schäfer*, NJOZ 2008, 1916; Grunewald/Römermann/*Müller*, § 8 RDG Rn 17; krit. *Reich*, NJW 1987, 1315, der die Rechtsdienstleistungsbefugnis der Studentenschaften insgesamt in Frage stellt.
24 § 11 Abs. 2 Nr. 1 ArbGG, § 10 Abs. 2 Nr. 1 FamFG, § 62 Abs. 2 Nr. 1 FGO, § 81 Abs. 2 Nr. 1 MarkenG, § 97 Abs. 2 Nr. 1 PatG, § 73 Abs. 2 Nr. 1 SGG, § 67 Abs. 2 Nr. 1 VwGO, § 79 Abs. 2 Nr. 1 ZPO.
25 § 62 Abs. 4 S. 4 FGO, § 73 Abs. 4 S. 4 SGG, § 67 Abs. 4 S. 4 VwGO, § 78 Abs. 4 ZPO.

IV. Nach Landesrecht als geeignet anerkannte Personen oder Stellen iSd § 305 Abs. 1 Nr. 1 InsO (Abs. 1 Nr. 3)

49 Personen oder Stellen in der Insolvenzberatung, die nach Landesrecht als geeignet anerkannt sind, im Rahmen ihres Aufgaben- und Zuständigkeitsbereichs gemäß § 305 Abs. 1 Nr. 1 InsO tätig zu werden, dürfen in diesem Rahmen ebenfalls erlaubnisfrei Rechtsdienstleistungen erbringen.

50 1. **Geeignete Personen oder Stellen.** Entgegen der früheren Regelung in Art. 1 § 3 Nr. 9 RBerG wird mit Abs. 1 Nr. 3 klargestellt, dass mit dem Begriff der **Insolvenzberatungsstellen** nicht nur solche Stellen gemeint sind, die ihre Befugnis aus Abs. 1 Nr. 4 oder 5 herleiten, sondern auch Einrichtungen und Personen, die nach dem jeweiligen Landesrecht zur Insolvenzberatung berechtigt sind.[26] Letztere sind häufig ehrenamtlich oder gelegentlich auch freiberuflich bzw. gewerblich tätig, ohne für ihre Tätigkeit öffentliche Fördermittel zu erhalten. Auch hier schafft die Neuregelung also Rechtssicherheit über eine mögliche Finanzierung der insolvenzrechtlichen Beratungstätigkeit.

51 Die landesrechtlichen Regelungen sehen als Personen vor allem Rechtsanwälte, Steuerberater, Wirtschaftsprüfer sowie erfahrene Insolvenzverwalter oder Insolvenzberater vor. Alle Bundesländer haben hierzu Ausführungsgesetze verabschiedet.[27]

52 2. **Umfang der Rechtsdienstleistungen.** In welchem Umfang die geeigneten Personen oder Stellen im Rahmen der insolvenzrechtlichen Beratung tätig werden dürfen, ergibt sich allein aus der InsO, insbesondere aus § 305 InsO. Danach ist es ihre Aufgabe, den Schuldner zu beraten und zu unterstützen sowie ihn im Rahmen eines außergerichtlichen Einigungsversuchs mit den Gläubigern unter Berücksichtigung eines Schuldenbereinigungsplans zu vertreten.

53 Außerdem können sie Verbraucher dabei unterstützen, die erforderlichen Anträge auf Eröffnung der Verbraucherinsolvenz zu stellen. Eine Vertretung des Schuldners im vereinfachten Insolvenzverfahren ist allerdings nicht zulässig. Denn nach allgemein vertretener Auffassung kann sich der Schuldner gemäß § 305 Abs. 4 S. 1 InsO vor dem Insolvenzgericht nur im Verfahren „nach diesem Abschnitt" vor dem Insolvenzgericht von einer geeigneten Person oder einer als geeignet anerkannten Stelle iSd § 305 Abs. 1 Nr. 1 InsO vertreten lassen, so dass

---

26 Begr. RegE, BT-Drucks. 16/3655, S. 61 f.
27 Bayerisches Gesetz zur Ausführung des Verbraucherinsolvenzverfahrens nach der Insolvenzordnung (AGInsO) vom 11.7.1998; Berliner Gesetz zur Ausführung der Insolvenzordnung (AGInsO) vom 6.7.1998; Brandenburgisches Gesetz zur Ausführung der Insolvenzordnung (AGInsO) vom 26.11.1998; Bremisches Gesetz zur Ausführung der Insolvenzordnung vom 24.11.1998; Hamburgisches Ausführungsgesetz zur Insolvenzordnung (HmbAGInsO) vom 8.7.1998; Hessisches Gesetz zur Ausführung der Insolvenzordnung und zur Anpassung des Landesrechts an die Insolvenzordnung (AGInsO) vom 18.5.1998; Gesetz zur Ausführung der Insolvenzordnung des Landes Mecklenburg-Vorpommern (InsOAG M-V) vom 17.11.1999; Niedersächsisches Ausführungsgesetz zur Insolvenzordnung (Nds.AGInsO) vom 17.12.1998; Nordrhein-Westfälisches Gesetz zur Ausführung der Insolvenzordnung (AGInsO) vom 23.6.1998; Rheinland-Pfälzisches Landesgesetz zur Ausführung der Insolvenzordnung (AGInsO) vom 20.7.1998; Saarländisches Gesetz Nr. 1408 zur Anpassung und Bereinigung von Landesrecht (6. RBG) vom 24.6.1998; Sachsen-Anhaltinisches Ausführungsgesetz zur Insolvenzordnung (AGInsO LSA) vom 17.11.1998; Sächsisches Ausführungsgesetz zu § 305 InsO (6. InsOAG) vom 10.12.1998; Schleswig-Holsteinisches Gesetz zur Ausführung der Insolvenzordnung (AGInsO) vom 11.12.1998; Thüringer Gesetz zur Ausführung der Insolvenzordnung (Thür-AGInsO) vom 29.9.1998.

die Vertretungsbefugnis auf den Zweiten Abschnitt des Neunten Teils der InsO beschränkt ist und eine gerichtliche Vertretung des Schuldners im vereinfachten Insolvenzverfahren nicht umfasst, weil sie im Dritten Abschnitt des Neunten Teils geregelt ist.[28]

V. Verbraucherzentralen und Verbraucherverbände (Abs. 1 Nr. 4)

Verbraucherzentralen und andere mit öffentlichen Mitteln geförderte Verbraucherverbände dürfen im Rahmen ihres Aufgaben- und Zuständigkeitsbereichs gemäß Abs. 1 Nr. 4 Rechtsdienstleistungen erbringen. 54

1. Verbraucherzentralen. War nach Art. 1 § 3 Nr. 8 RBerG ursprünglich noch erforderlich, dass eine Verbraucherzentrale für ein Bundesland errichtet wurde, so ist dieses Erfordernis mit dem Gesetz zur Modernisierung des Schuldrechts vom 26.11.2001[29] bereits weggefallen und die Norm dahingehend erweitert worden, dass auch andere öffentlich-rechtlich geförderte Verbraucherverbände Rechtsdienstleistungen erbringen durften. Diese reformierte Regelung wurde in das RDG übernommen. 55

2. Verbraucherverbände. Verbraucherverbände im Sinne der Vorschrift sind alle öffentlich geförderten Vereinigungen, die nach ihrem Satzungszweck auch Verbraucherschutzaufgaben wahrnehmen. So fallen zB die durch die Spitzenverbände der gesetzlichen Krankenkassen finanziell geförderten Einrichtungen zur Verbraucher- und Patientenberatung nach § 65 b SGB V, die der gesundheitlichen Information, Beratung und Aufklärung von Versicherten dienen, sowie alle privaten Einrichtungen, die öffentliche Fördermittel erhalten, unter Abs. 1 Nr. 4.[30] Fördermittel sind **öffentliche Fördermittel**, wenn sie von Bund, Ländern, Kommunen, der EU oder sonstigen öffentlichen Stellen stammen. 56

Die vom RDG für die Privilegierung geforderte Notwendigkeit öffentlicher Förderung führt dazu, dass Einrichtungen, die sich vollständig aus Mitgliederbeiträgen oder privaten Spenden finanzieren und auf eine öffentliche Förderung bewusst verzichten, sich nicht auf Abs. 1 Nr. 4 berufen dürfen. Sie können daher Rechtsdienstleistungen nur als Nebenleistung gemäß § 5, nur unentgeltlich nach § 6 oder nur für ihre Mitglieder nach § 7 erbringen. 57

3. Umfang der Rechtsdienstleistung; gerichtliche Vertretung. Auch Verbraucherzentrale und Verbraucherverband dürfen Rechtsdienstleistungen nur im Rahmen ihres durch ihre Satzung definierten Aufgabenbereichs erbringen. Dieser Bereich ist auf den **Verbraucherschutz im weitesten Sinne** begrenzt, woraus folgt, dass Verbraucherzentralen und Verbraucherverbände keine Gewerbetreibenden und Unternehmer in deren betrieblichen bzw kaufmännischen Angelegenheiten beraten dürfen.[31] 58

Verbraucherzentralen und Verbraucherverbände dürfen Verbraucher nach § 79 Abs. 2 Nr. 3 ZPO im Rahmen ihres Aufgabenbereichs bei der Einziehung von Forderungen auch **vor den Amtsgerichten vertreten**. Zu Art. 1 § 3 Nr. 8 RBerG hatte der BGH bereits entschieden, in welchen Fällen Verbraucherzentralen in- 59

---

28 BGH 29.4.2004 – IX ZB 30/04, NZI 2004, 510, 511.
29 BGBl. I S. 3138.
30 *Unseld/Degen*, § 8 RDG Rn 21; *Dreyer/Geißler*, in: Dreyer/Lamm/Müller, § 8 RDG Rn 29.
31 Kilian/Sabel/vom Stein/*Sabel*, § 10 Rn 312.

dividuelle Ansprüche von Verbrauchern gerichtlich verfolgen dürfen.[32] War ihnen früher die gerichtliche Geltendmachung von Forderungen nur im Rahmen einer gewillkürten Prozessstandschaft oder als Partei aus abgetretenem Recht möglich, so können sie nunmehr im Rahmen eines schlichten Vertretungsverhältnisses für den oder die Verbraucher tätig werden.

60 Andere Vereinigungen als Verbraucherzentralen und Verbraucherverbände können jedoch auch nach der Reform der Rechtsberatung durch das RDG, selbst wenn sie nach ihrer Satzung die Ansprüche ihrer Mitglieder unmittelbar geltend machen dürfen, diese Ansprüche im gerichtlichen Verfahren stets nur unter Einschaltung eines Rechtsanwalts geltend machen. Haben sie einen Rechtsanwalt mandatiert, können sie mit seiner Hilfe künftig allerdings aus abgetretenem Recht oder kraft gewillkürter Prozessstandschaft vor Gericht Musterverbandsklagen führen.[33]

VI. Verbände iSd Sozialgesetzbuches (Abs. 1 Nr. 5)

61 Die Verbände der freien Wohlfahrtspflege iSv § 5 SGB XII, anerkannte Träger der freien Jugendhilfe iSd § 75 SGB VIII und anerkannte Verbände zur Förderung der Belange behinderter Menschen iSd § 13 Abs. 3 BGG können im Rahmen ihres Aufgaben- und Zuständigkeitsbereichs Rechtsdienstleistungen erbringen.

62 **1. Einrichtungen der freien Wohlfahrtspflege.** Mit der neuen Regelung in § 8 sollen frühere Grauzonen beseitigt werden, die vorhanden waren, weil Art. 1 § 3 RBerG keine entsprechende Regelung für die staatlich anerkannten Träger der freien Wohlfahrtspflege vorgesehen hatte. Gleichzeitig soll sich mit der Regelung des § 8, die insofern die speziellere Vorschrift ist, ein Rückgriff auf die §§ 6 und 7 erübrigen.

63 Die Erlaubnis umfasst alle Bereiche der Wohlfahrtspflege und beschränkt sich nicht auf Tätigkeiten im Rahmen des SGB XII.[34]

64 Wenn zB ein kirchlicher Wohlfahrtsverband „Dienstleistungen" in sonstigen sozialen Angelegenheiten nach § 10 Abs. 2 SGB XII erbringt, erfasst dies auch die außergerichtliche Rechtsberatung, wobei es notwendig sein kann und deshalb erlaubt ist, dass sich die Beratung außer auf Fragen des Sozialrechts auch auf Fragen aus anderen Gebieten (etwa des Unterhalts- oder Arbeitsrechts) erstreckt, soweit sie den Charakter von Vorfragen haben oder weil die „soziale Angelegenheit" ihrerseits auf sie einwirkt.

65 Eine Prozessvertretung durch den Verband ist allerdings nicht mehr von seiner Befugnis gedeckt.[35] Wenn zB der Deutsche Caritasverband Asylbewerber, die des Deutschen nur unzureichend mächtig sind, dadurch unterstützt, dass er Anträge nach dem Ausländergesetz oder dem Asylverfahrensgesetz einschließlich der damit im Zusammenhang stehenden Ordnungswidrigkeitsverfahren vorformuliert und veranlasst, dass sie bei der Ausländerbehörde oder bei einer Poli-

---

32 BGH 14.11.2006 – XI ZR 294/05, NJW 2007, 593.
33 Begr. RegE, BT-Drucks. 16/3655, S. 88 unter Hinweis auf *Stadler*, in: FS Ekkehard Schumann, 2001, S. 465 ff, 474.
34 Begr. RegE, BT-Drucks. 16/3655, S. 62.
35 LG Stuttgart 21.6.2001 – 5 KfH O 21/01, KirchE 39, 169; VG Aachen 4.11.1998 – 6 K 3921/97, juris.

zeidienststelle eingereicht werden, ist dies eine genehmigungsfreie zulässige Rechtsdienstleistung.[36]

Einige Träger der Wohlfahrtspflege, wie etwa kirchliche Stellen, können ihre Legitimation bereits aus Abs. 1 Nr. 2 ableiten. Unter die Regelung des Abs. 1 Nr. 5 fallen insbesondere: die Arbeiterwohlfahrt, der Deutsche Caritasverband, das Diakonische Werk, das Deutsche Rote Kreuz, der Paritätische Wohlfahrtsverband und die Zentralwohlfahrtsstelle der Juden in Deutschland. 66

Die zu den Verbänden der freien Wohlfahrtspflege gehörenden Einrichtungen fallen ebenfalls unter Abs. 1 Nr. 5. Maßgeblich ist allein die Zugehörigkeit einer Wohlfahrtseinrichtung zu einem der Verbände. 67

2. Träger der freien Jugendhilfe und Behindertenverbände. Neben den Wohlfahrtseinrichtungen fallen auch anerkannte Träger der freien Jugendhilfe iSd § 75 SGB VIII sowie Behindertenverbände iSv § 13 Abs. 3 BGG unter Abs. 1 Nr. 5. Voraussetzung für die Rechtsdienstleistungsbefugnis ist die **Anerkennung** der Einrichtung. 68

a) Freie Jugendhilfe. In der Jugendhilfe tätige Einrichtungen können nach § 75 SGB VIII anerkannt werden, wenn sie gemeinnützig und aufgrund der sachlichen und personellen Voraussetzungen in der Lage sind, Aufgaben der Jugendhilfe zu leisten. Wenn sie verfassungskonform arbeiten und drei Jahre auf dem Gebiet der Jugendhilfe tätig waren, haben sie einen Anspruch auf staatliche Anerkennung. 69

b) Behindertenverbände. Das Anerkennungsverfahren für die Verbände zur Förderung der Belange behinderter Menschen ist ähnlich gestaltet. Nach § 13 Abs. 3 S. 1 BGG kann das Bundesministerium für Arbeit und Soziales den Verband anerkennen, wenn er von Mitgliedern des Beirats für die Teilhabe behinderter Menschen vorgeschlagen wurde, die nach § 64 Abs. 2 S. 2, 1., 3. oder 12. Aufzählungspunkt SGB IX ein Vorschlagsrecht besitzen. 70

Die Anerkennung soll nach § 13 Abs. 3 S. 2 BGG erteilt werden, wenn der vorgeschlagene Verband nach seiner Satzung ideell und nicht nur vorübergehend die Belange behinderter Menschen fördert und nach der Zusammensetzung seiner Mitglieder oder seiner Mitgliedsverbände dazu berufen ist, Interessen behinderter Menschen auf Bundesebene zu vertreten, zum Zeitpunkt der Anerkennung mindestens drei Jahre besteht und in diesem Zeitraum fördernd tätig gewesen ist und die Gewähr für eine sachgerechte Aufgabenerfüllung bietet. Bei der Entscheidung sind Art und Umfang seiner bisherigen Tätigkeit, sein Mitgliederkreis sowie seine Leistungsfähigkeit zu berücksichtigen. Verbände zur Förderung der Belange behinderter Menschen haben damit keinen zwingenden Anspruch auf die zur Erbringung von Rechtsdienstleistungen erforderliche Anerkennung, sondern unterliegen einer **Ermessensentscheidung**.[37] 71

VII. Erforderliche Qualifikation und Ausstattung für die in Abs. 1 Nr. 4 und 5 genannten Einrichtungen (Abs. 2)

Die öffentliche Hand kann bei gerichtlich oder behördlich bestellten Personen und Einrichtungen deren Qualitätsstandards direkt kontrollieren (siehe Rn 5). Dies gilt auch für die Anerkennung geeigneter Personen und Stellen zur Insol- 72

---

36 OLG München 25.1.2001 – 6 U 4759/00, KirchE 39, 5.
37 *Dreyer/Geißler*, in: Dreyer/Lamm/Müller, § 8 RDG Rn 42.

venzberatung im Rahmen des § 305 InsO. Für diese Fälle ist daher im RDG keine Regelung zum Schutz der Rechtsuchenden erforderlich (siehe Rn 6 ff).

73 Ähnlich wie beim Kreis der in § 7 genannten Rechtsdienstleister stellt sich bei den in Abs. 1 Nr. 4 genannten Verbraucherzentralen und Verbraucherverbänden und bei den in Abs. 1 Nr. 5 genannten Sozialverbänden das Problem, dass ihre Fähigkeit zu qualifizierten Rechtsdienstleistungen nicht oder nur eingeschränkt geprüft wird. Sie sollen deshalb den gleichen Standards unterworfen sein wie die Einrichtungen, die nach § 7 genehmigungsfrei Rechtsdienstleistungen erbringen dürfen, und es soll ebenfalls die Möglichkeit bestehen, ihnen nach § 9 die Rechtsdienstleistungsbefugnis zu entziehen, sollten sie ihren Pflichten aus Abs. 2 nicht nachkommen (zum Versagungsverfahren siehe § 9 Rn 13 ff).

74 Auch Verbraucher- und Sozialverbände müssen danach eine juristisch qualifizierte Person beteiligen und über eine sachliche, personelle und finanzielle Ausstattung verfügen, die es ihnen ermöglicht, ihre Rechtsdienstleistungen ordnungsgemäß zu erbringen. Art und Umfang hängen dabei vom Charakter der Rechtsdienstleistung und der Zahl der Mitglieder im Verband ab.[38] Es kann insoweit auf die Ausführungen zu § 7 (siehe § 7 Rn 53 ff) verwiesen werden.

§ 9 Untersagung von Rechtsdienstleistungen

(1) Die für den Wohnsitz einer Person oder den Sitz einer Vereinigung zuständige Behörde kann den in den §§ 6, 7 Abs. 1 und § 8 Abs. 1 Nr. 4 und 5 genannten Personen und Vereinigungen die weitere Erbringung von Rechtsdienstleistungen für längstens fünf Jahre untersagen, wenn begründete Tatsachen die Annahme dauerhaft unqualifizierter Rechtsdienstleistungen zum Nachteil der Rechtsuchenden oder des Rechtsverkehrs rechtfertigen. Das ist insbesondere der Fall, wenn erhebliche Verstöße gegen die Pflichten nach § 6 Abs. 2, § 7 Abs. 2 oder § 8 Abs. 2 vorliegen.

(2) Die bestandskräftige Untersagung ist bei der zuständigen Behörde zu registrieren und im Rechtsdienstleistungsregister nach § 16 öffentlich bekanntzumachen.

(3) Von der Untersagung bleibt die Befugnis, unentgeltliche Rechtsdienstleistungen innerhalb familiärer, nachbarschaftlicher oder ähnlich enger persönlicher Beziehungen zu erbringen, unberührt.

I. Normzweck 1	c) Insbesondere mangelnde Ausstattung und Qualifikation als Untersagungsgrund (Abs. 1 S. 2) 9
II. Untersagungsbefugnis (Abs. 1) ... 4	
1. Materiell-rechtliche Grundlagen 4	
a) Adressaten, denen die Rechtsdienstleistungsbefugnis untersagt werden kann 4	d) Zum Nachteil der Rechtsuchenden oder des Rechtsverkehrs 12
	2. Verfahren 13
b) Dauerhaft unqualifizierte Rechtsdienstleistungen 7	a) Zuständigkeit 13

---

38 *Dreyer/Geißler*, in: Dreyer/Lamm/Müller, § 8 RDG Rn 44.

b) Keine selbständige Prüfung zur Eignung von Personen und Einrichtungen durch die Behörde 15
c) Umfang der Untersagung ... 17
d) Rechtsschutz gegen die Untersagung 20

III. Registrierung und Bekanntmachung der Untersagung (Abs. 2) 21
1. Registrierung 21
2. Bekanntmachung 23

IV. Keine Auswirkungen auf privaten Lebensbereich (Abs. 3) 26

I. Normzweck

Mit der Vorschrift sollen Rechtsuchende vor unqualifizierten Rechtsdienstleistungen geschützt werden. Sie eröffnet den zuständigen Behörden eine Untersagungsmöglichkeit, wenn bekannt wird, dass eine der in Abs. 1 genannte Person oder Vereinigung dauerhaft unqualifizierte Rechtsdienstleistungen erbringt.

Verstößt ein Rechtsdienstleister gegen eine vollziehbare Untersagungsverfügung, ist dies eine **Ordnungswidrigkeit** iSd § 20 Abs. 1 Nr. 2 und kann nach § 20 Abs. 2 mit einer Geldbuße von bis zu 5.000 € geahndet werden (siehe § 20 Rn 21 ff). Daneben hat ein solcher Verstoß gegen die Untersagungsverfügung auch zivil- und wettbewerbsrechtliche Folgen.[1]

Rechtsdienstleistungen, die ausschließlich innerhalb des Familien- oder Bekanntenkreises iSd § 6 Abs. 2 S. 1 erbracht werden, können gemäß Abs. 3 von den Behörden nicht untersagt werden.

II. Untersagungsbefugnis (Abs. 1)

1. Materiell-rechtliche Grundlagen. a) Adressaten, denen die Rechtsdienstleistungsbefugnis untersagt werden kann. Die Untersagungsbefugnis besteht in den Fällen der unentgeltlichen Rechtsdienstleistungen nach § 6, der Vereinsrechtsberatung nach § 7 sowie bei Rechtsdienstleistungen durch Verbraucherzentralen und Verbraucherverbände nach § 8 Abs. 1 Nr. 4 und durch Wohlfahrtsverbände nach § 8 Abs. 1 Nr. 5.

Eine besondere Untersagungsbefugnis gegenüber gerichtlich oder behördlich bestellten Personen nach § 8 Abs. 1 Nr. 1 sowie für Behörden und juristische Personen des öffentlichen Rechts nach § 8 Abs. 1 Nr. 2 ist nicht erforderlich, da diese der Dienstaufsicht der bestellenden oder übergeordneten Behörde unterliegen, so dass eine gesonderte Aufsicht nicht notwendig ist.

Ebenso ist bei den nach Landesrecht anerkannten Personen oder Stellen iSd § 305 Abs. 1 Nr. 1 InsO, die in § 8 Abs. 1 Nr. 3 genannt sind, keine besondere Aufsicht erforderlich, da diese ein Anerkennungsverfahren durchlaufen müssen und die Anerkennung bei Unzulänglichkeiten entsprechend widerrufen werden kann.[2]

b) Dauerhaft unqualifizierte Rechtsdienstleistungen. Eine Untersagung erfolgt, wenn die Person oder Vereinigung ungeeignet ist, Rechtsdienstleistungen zu erbringen. Um zu dieser Einschätzung zu gelangen, genügt es regelmäßig nicht, wenn der Rechtsdienstleister einen einmaligen Beratungsfehler begeht oder mehrere Beratungsfehler, die auf unterschiedlichen Ursachen beruhen. Für eine Untersagung ist vielmehr eine **dauerhafte** unqualifizierte Erbringung von Rechts-

---

[1] *Sabel*, AnwBl 2007, 816, 820; *Dreyer/Geißler*, in: Dreyer/Lamm/Müller, § 9 RDG Rn 30.
[2] Begr. RegE, BT-Drucks. 16/3655, S. 62.

8 Inwieweit in der Praxis der **Nachweis** dauerhaft unqualifizierter Rechtsdienstleistungen zu führen sein wird, bleibt abzuwarten.[4] So geht das RDG weder auf die Frage ein, welche tatsächlichen Voraussetzungen gegeben sein müssen, um das Tatbestandsmerkmal der Dauerhaftigkeit im Einzelnen zu erfüllen, noch wann eine Verletzung erheblich ist. Hier werden die Judikatur und die Verwaltungspraxis die Begriffe ausfüllen müssen, um der Regelung eine klare Kontur zu geben.

dienstleistungen erforderlich, die zeigt, dass der Rechtsdienstleister generell ungeeignet ist, eine sachgerechte Beratung durchzuführen.[3]

9 c) **Insbesondere mangelnde Ausstattung und Qualifikation als Untersagungsgrund (Abs. 1 S. 2).** Das Gesetz nennt allerdings in Abs. 1 S. 2 **Regelbeispiele**, in denen eine Untersagung gerechtfertigt ist, nämlich bei erheblichen Verstößen gegen die Pflichten des Dienstleisters nach § 6 Abs. 2, § 7 Abs. 2 oder § 8 Abs. 2.

10 Anbieter unentgeltlicher Rechtsdienstleistungen außerhalb familiärer, nachbarschaftlicher oder ähnlich enger persönlicher Beziehungen müssen also mit einer Untersagung ihrer Tätigkeit rechnen, wenn die Beratung nicht durch eine juristisch qualifizierte Person erfolgt oder diese Person zwar vorhanden ist, aber für die Anleitung der Personen, die die Rechtsdienstleistungen erbringen, nicht im erforderlichen Umfang zur Verfügung steht. Eine ordnungsgemäße Anleitung erfordert zwar nicht die dauernde Aufsicht, aber die Einweisung, Fortbildung und Unterstützung der anzuleitenden Personen (vgl § 6 Rn 28 ff). Fehlt es hieran, indiziert dies einen Verstoß.

11 Nichts anderes gilt für die Berufs- und Interessenvereinigungen des § 7 sowie die öffentlichen und öffentlich anerkannten Stellen des § 8, wobei bei ihnen als zusätzliche Qualitätsanforderung eine ausreichende personelle, sachliche und finanzielle Ausstattung hinzukommt. Infolgedessen kommt bei ihnen die Untersagung der Erbringung von Rechtsdienstleistungen auch dann in Betracht, wenn die Rechtsdienstleistung zwar von einer qualifizierten Person oder unter ihrer Anleitung erbracht wird, ihre Ausstattung in personeller, sachlicher oder finanzieller Hinsicht aber nicht den Erfordernissen genügt (zu den Merkmalen vgl § 7 Rn 53 ff, § 8 Rn 72 ff). Hier wird deutlich, dass ein Verstoß immer dann erheblich iSd Abs. 1 sein wird, wenn seine Ursachen in qualitativen oder strukturellen Defiziten des Rechtsdienstleisters liegen.[5]

12 d) **Zum Nachteil der Rechtsuchenden oder des Rechtsverkehrs.** Die mangelhafte Rechtsdienstleistung muss entweder zu einem Nachteil der Rechtsuchenden oder des Rechtsverkehrs führen. Ein Nachteil ist damit zunächst gegeben, wenn die Belange des Rechtsuchenden gefährdet werden.[6] Abs. 1 stellt aber weiter klar, dass eine Rechtsdienstleistung auch dann mangelhaft ist, wenn sie den Rechtsverkehr als solchen gefährdet, was zB der Fall sein kann, wenn der Rechtsuchende selbst durch die mangelhafte Rechtsdienstleistung zwar keinen Nachteil erleidet, dieser Nachteil sich aber zu Lasten des Gegners, eines Dritten oder der Allgemeinheit auswirkt. Ein Nachteil zu Lasten der Allgemeinheit ist zB darin

---

3 Begr. RegE, BT-Drucks. 16/3655, S. 63.
4 *Dreyer/Geißler*, in: Dreyer/Lamm/Müller, § 9 RDG Rn 10; skept. *Römermann*, NJW 2008, 1249, 1253.
5 *Dreyer/Geißler*, in: Dreyer/Lamm/Müller, § 9 RDG Rn 17.
6 Begr. RegE, BT-Drucks. 16/3655, S. 40.

zu sehen, wenn die Öffentlichkeit dauerhaft unqualifiziert über Rechtsfragen informiert und dadurch das Vertrauen in die Rechtspflege erschüttert wird.

2. Verfahren. a) Zuständigkeit. Nach § 19 Abs. 1 sind grds. die Landesjustizverwaltungen für die Untersagung der Rechtsdienstleistung zuständig. Diese Befugnis kann jedoch auf nachgeordnete Behörden delegiert werden. Von dieser Delegationsbefugnis haben die Länder unterschiedlich Gebrauch gemacht (zu den jeweils zuständigen Stellen siehe § 19 Rn 5). 13

Die örtliche Zuständigkeit richtet sich bei natürlichen Personen entsprechend § 12 ZPO nach dem Wohnsitz, bei Vereinigungen gemäß § 17 ZPO nach deren Sitz. 14

b) Keine selbständige Prüfung zur Eignung von Personen und Einrichtungen durch die Behörde. Die für die Untersagung zuständige Behörde muss die nach den §§ 6, 7 Abs. 1 und § 8 Abs. 1 Nr. 4 und 5 tätigen Personen und Einrichtungen nicht von Amts wegen überprüfen. Sie muss erst dann tätig werden, wenn sie Kenntnis von Tatsachen erlangt, die die Annahme einer dauerhaft unqualifizierten Rechtsdienstleistung nahe legen. Hat die Behörde aufgrund dieser Anhaltspunkte eine Prüfung eingeleitet, so trifft sie im Rahmen des Untersagungsverfahrens ein Amtsermittlungsgrundsatz. Sie muss den Sachverhalt selbst ermitteln und auf dieser Basis eine Entscheidung treffen.[7] 15

Dieser vom Gesetzgeber gewählte Weg wird als zu lückenhaft kritisiert.[8] Um die Rechtsuchenden möglichst effektiv vor mangelhaften Rechtsdienstleistungen zu schützen, wäre es wünschenswert, wenn die Behörde nicht erst bei „erheblichen", sondern schon bei einfachen Verstößen den Sachverhalt prüfen und ggf gegen den Erbringer dieser fehlerhaften Rechtsdienstleistungen einschreiten müsste. Erst so lange abzuwarten, bis der Anschein einer Erheblichkeit und Dauerhaftigkeit der unqualifizierten Rechtsdienstleistung gegeben ist, führt zu einem Kontrolldefizit, das dazu geeignet sein könnte, das Vertrauen der Rechtsuchenden in die Rechtsdienstleistungen der in §§ 6, 7 Abs. 1 und § 8 Abs. 1 Nr. 4 und 5 Genannten nachhaltig zu erschüttern. Da aber mit dem RDG gerade unentgeltliche Rechtsdienstleistungen und die Rechtsdienstleistungen durch öffentlich anerkannte Stellen gefördert werden sollen, müsste es auch im Interesse der in Abs. 1 genannten Personen und Einrichtungen liegen, engmaschigere Kontrollen der Behörden zu etablieren, weil dies dazu führen würde, dass „schwarze Schafe" aus dem Bereich dieser Rechtsdienstleistungen vertrieben würden. 16

c) Umfang der Untersagung. Bei der Entscheidung über die Untersagung steht der Behörde ein **Ermessen** zu. Die Untersagung ist dabei die Ultima Ratio. Regelmäßig muss die Behörde dem Rechtsdienstleister die Möglichkeit geben, die Mängel in der Rechtsdienstleistung innerhalb einer ihm gesetzten angemessenen Frist abzustellen. 17

Auch die **Dauer** der Untersagung steht im Ermessen der Behörde. Maßgebliche Faktoren, um die Untersagung und ihre Dauer zu bestimmen, sind dabei Schwere und Intensität des Fehlverhaltens. 18

---

[7] Begr. RegE, BT-Drucks. 16/3655, S. 63.
[8] *Römermann*, NJW 2008, 1249, 1253; *ders.*, NJW 2006, 3025, 3030; *Unseld/Degen*, § 9 RDG Rn 4; *Eversloh*, B 3.2.7; zurückhaltender *Dreyer/Geißler*, in: Dreyer/Lamm/Müller, § 9 RDG Rn 44.

19 Die Höchstfrist der Untersagung beträgt fünf Jahre. Ihre Höhe orientiert sich an § 114 Abs. 1 Nr. 4 BRAO.[9] Mit ihrer Dauer trägt sie dem Grundsatz der Verhältnismäßigkeit Rechnung und stellt sicher, dass die beschwerten Personen oder Vereinigungen nicht dauerhaft inkriminiert, also dauerhaft mit dem Makel der Strafe für eine rechtswidrige Verletzung der Interessen derer gezeichnet sind, die sich ihnen auf der Suche nach Rechtsrat anvertraut haben.

20 **d) Rechtsschutz gegen die Untersagung.** Die Untersagung der Rechtsdienstleistungsbefugnis ist ein Verwaltungsakt, der den Rechtsdienstleistenden belastet. Er kann die Untersagung selbst oder die Dauer der Untersagung daher mit einer **Anfechtungsklage** nach § 42 Abs. 1 Alt. 1 VwGO angreifen, wenn der Bescheid von der Landesjustizverwaltung erlassen worden ist. Wurde der Versagungsbescheid von einer nachgeordneten Behörde erlassen, so ist zunächst ein **Vorverfahren** gemäß §§ 68 ff VwGO durchzuführen. Widerspruch und Klage haben aufschiebende Wirkung, sofern von der Behörde nicht die sofortige Vollziehung der Untersagungsverfügung angeordnet wurde.

III. Registrierung und Bekanntmachung der Untersagung (Abs. 2)

21 **1. Registrierung.** Zum Schutz der Rechtsuchenden erfolgt eine Registrierung der bestandskräftigen Untersagung bei der zuständigen Behörde. Dies bedeutet, dass eine Eintragung erst dann erfolgt, wenn der Rechtsdienstleister seine Rechtsschutzmöglichkeiten gegen die Untersagung ausgeschöpft oder auf eine Überprüfung der Untersagung im Rahmen des Verwaltungsrechtswegs verzichtet hat bzw die Fristen abgelaufen sind, um die Untersagung anzugreifen.

22 Die Registrierung ist nicht konstitutiv für die Wirksamkeit der Untersagung. Die Untersagung wird mit der Bekanntgabe an den beschwerten Rechtsdienstleister wirksam. Sofern Klage oder Widerspruch gegen den Bescheid nicht eine aufschiebende Wirkung haben, darf er ab diesem Zeitpunkt keine Rechtsdienstleistungen mehr erbringen. Ob und wann die Untersagung in das Rechtsdienstleistungsregister eingetragen wird, ist für die Wirksamkeit gegenüber dem beschwerten Rechtsdienstleister damit unerheblich.

23 **2. Bekanntmachung.** Die Untersagung muss öffentlich bekannt gemacht werden. Dies geschieht im Rechtsdienstleistungsregister nach § 16.

24 In das Register werden der Name bzw die Firma einschließlich ihrer gesetzlichen Vertreter, das Geburts- bzw das Gründungsjahr, die Anschrift des Betroffenen und die Dauer der Untersagung eingetragen. Das Rechtsdienstleistungsregister kann unter www.rechtsdienstleistungsregister.de im Internet eingesehen werden. Diese Form der Veröffentlichung ersetzt die früher nach § 17 der 1. DVO zum RBerG im Bereich der Vereinsrechtsberatung vorgesehene Bekanntmachung im Amtsblatt. Wie die Registrierung dient auch die Bekanntmachung dem Schutz der Rechtsuchenden, da diese nur durch eine hinreichend breite Publizität der Entscheidung davor geschützt werden können, Rechtsrat bei unqualifizierten Personen oder Einrichtungen zu suchen.[10]

25 Nach § 17 Abs. 1 Nr. 5 ist die Registrierung der Untersagung nach Ablauf der Zeit, für die die Untersagung ausgesprochen war, von Amts wegen aus dem Register zu löschen.

---

9 Begr. RegE, BT-Drucks. 16/3655, S. 63.
10 Begr. RegE, BT-Drucks. 16/3655, S. 63.

IV. Keine Auswirkungen auf privaten Lebensbereich (Abs. 3)

Eine Untersagung der Rechtsdienstleistungsbefugnis hat gemäß Abs. 3 keine Auswirkungen auf die unentgeltliche Rechtsberatung im Familien- und Bekanntenkreis. Für diese Fälle formuliert das Gesetz keine besonderen Voraussetzungen für die Erbringung der Rechtsdienstleistung, denn der Gesetzgeber wollte den privaten Lebensbereich bewusst ungeregelt lassen. Jemandem, der Rechtsrat im persönlichen Nahbereich sucht, muss klar sein, dass ein solcher Ratgeber nicht über eine juristische Qualifikation verfügen muss. Sucht er in diesem Umfeld trotzdem Rat, muss er auch die damit verbundenen Risiken der Falschberatung akzeptieren. 26

Teil 3
Rechtsdienstleistungen durch registrierte Personen

§ 10 Rechtsdienstleistungen aufgrund besonderer Sachkunde

(1) Natürliche und juristische Personen sowie Gesellschaften ohne Rechtspersönlichkeit, die bei der zuständigen Behörde registriert sind (registrierte Personen), dürfen aufgrund besonderer Sachkunde Rechtsdienstleistungen in folgenden Bereichen erbringen:
1. Inkassodienstleistungen (§ 2 Abs. 2 Satz 1),
2. Rentenberatung auf dem Gebiet der gesetzlichen Renten- und Unfallversicherung, des sozialen Entschädigungsrechts, des übrigen Sozialversicherungs- und Schwerbehindertenrechts mit Bezug zu einer gesetzlichen Rente sowie der betrieblichen und berufsständischen Versorgung,
3. Rechtsdienstleistungen in einem ausländischen Recht; ist das ausländische Recht das Recht eines Mitgliedstaates der Europäischen Union oder eines anderen Vertragsstaates des Abkommens über den Europäischen Wirtschaftsraum, darf auch auf dem Gebiet des Rechts der Europäischen Union und des Rechts des Europäischen Wirtschaftsraums beraten werden.

Das Bundesministerium der Justiz wird ermächtigt, durch Rechtsverordnung mit Zustimmung des Bundesrates Teilbereiche der in Satz 1 genannten Bereiche zu bestimmen.

(2) Die Registrierung erfolgt auf Antrag. Soweit nach Absatz 1 Satz 2 Teilbereiche bestimmt sind, kann der Antrag auf einen oder mehrere dieser Teilbereiche beschränkt werden.

(3) Die Registrierung kann, wenn dies zum Schutz der Rechtsuchenden oder des Rechtsverkehrs erforderlich ist, von Bedingungen abhängig gemacht oder mit Auflagen verbunden werden. Im Bereich der Inkassodienstleistungen soll die Auflage angeordnet werden, fremde Gelder unverzüglich an eine empfangsberechtigte Person weiterzuleiten oder auf ein gesondertes Konto einzuzahlen. Auflagen können jederzeit angeordnet oder geändert werden.

I. Normzweck und Entstehungsgeschichte	1	dd) Weitere Bereiche des Sozialversicherungs- und des Schwerbehindertenrechts	31
II. Registrierungsfähige Personen (Abs. 1)	7	ee) Betriebliche und berufsständische Versorgung	36
1. Natürliche und juristische Personen sowie Gesellschaften ohne Rechtspersönlichkeit	7	c) Sonstige Rechtsgebiete	38
		aa) Beamtenversorgung	38
2. Ausländische Rechtsdienstleister	10	bb) Private Altersversorgung	39
3. In- und ausländische Rechtsanwälte	14	cc) Arbeitsförderung	41
III. Registrierungsfähige Rechtsdienstleistungen (Abs. 1)	18	dd) Gesellschafts-, Arbeits- und Zivilrecht, öffentliches Dienstrecht	45
1. Inkassodienstleistungen (Abs. 1 S. 1 Nr. 1)	18	ee) Sonstige erlaubnisfreie Nebenleistungen	46
a) Verweis auf die Legaldefinition des § 2 Abs. 2 S. 1	18	d) Rechtsberatung sowie außergerichtliche und gerichtliche Vertretung	47
b) Gerichtliche Vertretungsbefugnis	20	3. Rechtsdienstleistungen in einem ausländischen Recht (Abs. 1 S. 1 Nr. 3)	51
2. Rentenberatung (Abs. 1 S. 1 Nr. 2)	24		
a) Grundsätzliches	24	4. Registrierung für Teilbereiche (Abs. 1 S. 2)	57
b) Rechtsgebiete gemäß Abs. 1 S. 1 Nr. 2	27	IV. Antragsverfahren (Abs. 2)	61
aa) Gesetzliche Rentenversicherung	27	V. Bedingungen und Auflagen (Abs. 3)	64
bb) Gesetzliche Unfallversicherung	28	1. Grundsätzliches (Abs. 3 S. 1 und 3)	64
cc) Soziales Entschädigungsrecht	29	2. Soll-Auflage bei Inkassodienstleistern (Abs. 3 S. 2)	75

I. Normzweck und Entstehungsgeschichte

1 Durch das RDG wurde das frühere Verfahren der Erlaubniserteilung für nichtanwaltliche Leistungserbringer zu einem **Registrierungsverfahren** umgestaltet. Die Vorschrift des Abs. 1 nennt, wie auch die frühere Regelung in Art. 1 § 1 Abs. 1 S. 2 RBerG,[1] abschließend die Rechtsdienstleistungen, für die eine Registrierung im Rechtsdienstleistungsregister aufgrund besonderer Sachkunde möglich, gleichzeitig aber auch notwenig ist. Vorgesehen ist eine Registrierungsmöglichkeit nur noch für Inkassodienstleistungen (Abs. 1 S. 1 Nr. 1), Rentenberatung (Abs. 1 S. 1 Nr. 2) und Rechtsdienstleistungen in einem ausländischen Recht (Abs. 1 S. 1 Nr. 3) bzw in Teilbereichen dieser Rechtsdienstleistungen (Abs. 1 S. 2). Nicht ausgeschlossen ist hingegen eine Erlaubniserteilung nach Vorschriften außerhalb des RDG, wie zB nach § 34e GewO (vgl § 3 Rn 44 ff).

---

1 Vgl zum RBerG BVerfG 5.5.1987 – 1 BvR 724, 1000, 1015/81; 1 BvL 16/82 und 5/84, BVerfGE 75, 246, 277 f = NJW 1988, 545, 549; BVerwG 27.10.2004 – 6 C 30/03, NJW 2005, 1293.

Die früher in Art. 1 § 1 Abs. 1 S. 2 Nr. 3 und 4 RBerG geregelten Erlaubnistatbestände für **Frachtprüfer** und **vereidigte Versteigerer** sind entfallen. Für sie hat der Gesetzgeber keinen Bedarf mehr gesehen. Soweit diese Berufe noch ausgeübt werden, können die dazugehörigen Rechtsdienstleistungen als Nebenleistungen nach § 5 Abs. 1 erbracht werden. Die gewerbliche Tätigkeit der Versteigerer bedarf jedoch der Erlaubnis gemäß § 34 b GewO. Für die unter Geltung des RBerG zugelassenen Frachtprüfer und vereidigten Versteigerer gilt die Sonderregelung des § 1 Abs. 3 S. 2 RDGEG, wonach sich diese aus Gründen des Bestandsschutzes als Erlaubnisinhaber registrieren lassen können (vgl § 1 RDGEG Rn 60 f). 2

Die früher in Art. 1 § 1 Abs. 1 S. 2 Nr. 2 RBerG geregelte Tätigkeit der **Versicherungsberater** ist in Umsetzung der Versicherungsvermittlungsrichtlinie[2] in den Vorschriften des § 34 e Abs. 1 GewO geregelt (vgl § 2 RDGEG). Dass die Tätigkeit als Versicherungsberater nunmehr nach der GewO erlaubnispflichtig ist, stellt keine unzulässige Beeinträchtigung der Berufsfreiheit dar und ist daher verfassungskonform.[3] 3

Weitere Rechtsdienstleistungsberufe wurden mit dem RDG nicht eingeführt. Insbesondere hat sich der Gesetzgeber dem Drängen einzelner Berufszweige, vor allem der **Diplom-Wirtschaftsjuristen**,[4] nicht gebeugt. Er hat sich unter Hinweis auf die – verglichen mit Volljuristen – geringere fachliche Qualifikation und die Gefahr fehlender Transparenz für die Rechtsuchenden bei einem Nebeneinander von Rechtsanwälten und sonstigen Juristen bewusst gegen eine solche Registrierungsmöglichkeit entschieden.[5] 4

Auch wurden keine neuen Registrierungstatbestände für Tätigkeiten mit **gemischtem Charakter**, bei denen die Rechtsberatung typischerweise mit einer anderen, zumeist wirtschaftlichen, Tätigkeit einhergeht, etwa sog. **Erbensucher**,[6] gewerbliche Schuldenregulierung oder Geschäftsbesorgung aufgrund einer Vorsorgevollmacht,[7] Kreditvermittlung oder Wirtschaftsberatung,[8] geschaffen. Ohne eine hierfür notwendige Gesetzesänderung[9] besteht – wie auch bereits unter Geltung des RBerG hinsichtlich der Erlaubniserteilung – kein Rechtsanspruch auf eine Registrierung in einem gesetzlich nicht geregelten Fall.[10] 5

Das frühere Verfahren der Erlaubniserteilung, dessen Veröffentlichung allein deklaratorischen Charakter hatte, wurde zum Schutz der Rechtsuchenden[11] durch das **Registrierungsverfahren** ersetzt. Die Eintragung in das Rechtsdienstleistungsregister ist nunmehr als rechtsgestaltender Verwaltungsakt iSd § 35 VwVfG **konstitutive Voraussetzung für die Berufsausübung** der Inkassodienst- 6

---

2 Richtlinie 2002/92/EG des Europäischen Parlaments und des Rates vom 9.12.2002 über Versicherungsvermittlung, ABl. EG Nr. L 9 vom 15.1.2003, S. 3.
3 BVerfG 8.5.2007 – 1 BvR 999/07, NJW 2007, 2537.
4 Vgl 16. Hauptgutachten der Monopolkommission 2004/2005, BT-Drucks. 16/2460, S. 394 ff.
5 Begr. RegE, BT-Drucks. 16/3655, S. 31 f.
6 *Kleine-Cosack*, Anh. zu §§ 1–5 RDG Rn 206 f; vgl BGH 13.3.2003 – I ZR 143/00, NJW 2003, 3046 (Erbensucher).
7 Begr. RegE, BT-Drucks. 16/3655, S. 42.
8 *Finzel*, § 10 RDG Rn 2.
9 Vgl Kilian/Sabel/vom Stein/*Kilian*, § 5 Rn 109.
10 Vgl zum RBerG: BVerwG 27.10.2004 – 6 C 30/03, NJW 2005, 1293; *Kleine-Cosack*, § 10 RDG Rn 48 ff.
11 Begr. RegE, BT-Drucks. 16/3655, S. 63.

D. Schmidt

leister, Rentenberater und Rechtsdienstleister im ausländischen Recht (siehe Rn 62).

II. Registrierungsfähige Personen (Abs. 1)

7 **1. Natürliche und juristische Personen sowie Gesellschaften ohne Rechtspersönlichkeit.** Registriert werden können nach Abs. 1 S. 1 grds. alle natürlichen und juristischen Personen sowie Gesellschaften ohne Rechtspersönlichkeit. Als registrierungsfähige Gesellschaften ohne Rechtspersönlichkeit kommen insbesondere die offene Handelsgesellschaft, die Kommanditgesellschaft, die Partnerschaftsgesellschaft und die Gesellschaft bürgerlichen Rechts in Betracht.[12] Eine Registrierung von juristischen Personen und Gesellschaften ohne Rechtspersönlichkeit setzt aber nach § 12 Abs. 4 voraus, dass diese **mindestens eine natürliche sog. qualifizierte Person** benennen. Erbringen mehrere Personen als Zusammenschluss **im Namen einer Gesellschaft** eine registrierungspflichtige Rechtsdienstleistung, muss die Gesellschaft registriert werden, auch wenn die einzelnen Personen bereits registriert sind. Im umgekehrten Fall ist es nicht erforderlich, aber denkbar, dass sich eine Einzelperson registrieren lässt, wenn Leistungen nur im Namen der Gesellschaft erbracht werden sollen.

8 Als registrierungsfähige juristische Personen kommen aufgrund der Systematik des Gesetzes **nur juristische Personen des Privatrechts** in Betracht. Öffentlich-rechtliche Körperschaften, Anstalten und Stiftungen dürfen bereits Rechtsdienstleistungen im Rahmen ihres Zuständigkeits- und Aufgabenbereichs nach den entsprechenden Spezialgesetzen oder § 8 Abs. 1 erbringen (siehe § 8 Rn 2 und 31 ff). Gleiches gilt für privatrechtlich organisierte, zur Erfüllung öffentlicher Aufgaben gebildete Unternehmen (vgl § 8 Rn 36 f).[13] Für **Vereinigungen und Genossenschaften iSd** § 7 besteht dagegen nur die Möglichkeit der Registrierung nach § 10, wenn sie Rechtsdienstleistungen erbringen wollen, die nicht nur an die Mitglieder bzw an die Mitglieder der ihnen angehörenden Vereinigungen oder Einrichtungen gerichtet sind (vgl § 7 Rn 46 ff).

9 Aus Sicht des Rechtsdienstleistungsrechts ist die **Rechtsform des Rechtsdienstleisters** für die Erbringung von Rechtsdienstleistungen also weitgehend ohne Bedeutung und den Zweckmäßigkeitsüberlegungen der Rechtsdienstleister überlassen. Umgekehrt ist die fehlende Registrierung im Rechtsdienstleistungsregister für die ggf erforderliche Anmeldung der Gesellschaft zur Eintragung in das Handelsregister bedeutungslos.[14] Ob die registrierungspflichtige Tätigkeit in einer bestimmten Rechtsform ausgeübt werden darf, ist eine Frage der gesellschaftsrechtlichen Beschränkungen. Danach kann etwa die gewerbliche Inkassotätig-

---

[12] Nach der Definition der Gesellschaften ohne Rechtspersönlichkeit in § 11 Abs. 2 Nr. 1 InsO zählen zu diesen neben den genannten Gesellschaften noch die Partenreederei und die Europäische wirtschaftliche Interessenvereinigung.
[13] Vgl Grunewald/Römermann/*Suppé*, § 10 RDG Rn 8 ff.
[14] § 8 Abs. 1 Nr. 6 GmbHG aF und § 37 Abs. 4 Nr. 5 AktG aF, nach denen bei Anmeldung der Gesellschaft zur Eintragung in das Handelsregister die Genehmigungsurkunde erforderlich war, wenn der Unternehmensgegenstand der staatlichen Genehmigung bedurfte, wurden im Zuge der GmbH-Reform aufgehoben, vgl Begr. RegE MoMiG, BT-Drucks. 16/6140, S. 34 und 52.

keit nicht in Form einer Partnerschaftsgesellschaft ausgeübt werden, da diese Rechtsform gemäß § 1 PartGG nur freiberufliche Tätigkeiten zulässt.[15]

2. Ausländische Rechtsdienstleister. Die Registrierungsfähigkeit ist nicht auf deutsche Staatsangehörige oder inländische juristische Personen bzw Gesellschaften ohne Rechtspersönlichkeit beschränkt. Auch ausländische natürliche oder juristische Personen und Gesellschaften ohne Rechtspersönlichkeit können sich registrieren lassen. Sofern für sie jedoch keine Niederlassungsfreiheit in Deutschland besteht, sind die Bestimmungen des Aufenthaltsrechts zu berücksichtigen. Fehlt danach zB bei einer natürlichen Person aus einem Nicht-EU-Staat die erforderliche **Arbeitsgenehmigung**, ist die Registrierung mangels persönlicher Eignung nach § 12 Abs. 1 Nr. 1 zu versagen.[16] Nicht erforderlich ist, dass das ausländische Unternehmen über eine **Niederlassung in Deutschland** verfügt.[17]

Die Registrierungspflicht für ausländische Rechtsdienstleister entfällt nicht deshalb, weil ihre Tätigkeit **im Herkunftsstaat registrierungsfrei** ist, selbst wenn es sich dabei um einen Mitgliedstaat der Europäischen Union handelt. Dass die (dauerhafte) Tätigkeit in Deutschland dennoch der Registrierungspflicht unterliegt, ist europarechtskonform.[18] Etwas anderes gilt in Umsetzung der Berufsqualifikationsrichtlinie[19] gemäß § 15 für die nur vorübergehende und gelegentliche Tätigkeit von Rechtsdienstleistern aus einem anderen Mitgliedstaat der Europäischen Union, die in ihrem Heimatstaat zur Ausübung des reglementierten Berufs rechtmäßig niedergelassen sind (vgl § 15 Rn 8 ff).

Ausländische natürliche und juristische Personen sowie Gesellschaften ohne Rechtspersönlichkeit, die in einem anderen Mitgliedstaat der Europäischen Union oder in einem anderen Vertragsstaat des Europäischen Wirtschaftsraums zur Ausübung eines in Abs. 1 genannten oder eines vergleichbaren Berufes rechtmäßig niedergelassen sind, müssen sich nur dann nach § 10 registrieren lassen, wenn sie diesen Beruf in Deutschland gemäß § 15 nicht nur **vorübergehend und gelegentlich** ausüben (siehe § 15 Rn 21). Andernfalls genügt das vereinfachte Verfahren der Meldung gemäß § 15 Abs. 2 (siehe § 15 Rn 45 ff). Rechtsdienstleister aus anderen als den in § 15 genannten Staaten müssen sich jedoch auch dann nach § 10 registrieren lassen, wenn sie nur vorübergehend in Deutschland tätig werden wollen.

Inwieweit das RDG auf grenzüberschreitende Tätigkeiten eines Rechtsdienstleisters anwendbar ist, der über keine Niederlassung in Deutschland verfügt, aber aus dem Ausland heraus Rechtsdienstleistungen erbringt, die sich in Deutschland auswirken, und deshalb auch eine Registrierungspflicht besteht, ist problematisch (vgl § 15 Rn 32 ff, § 20 Rn 11 ff).

3. In- und ausländische Rechtsanwälte. Die Registrierung nach Abs. 1 S. 1 Nr. 3 ist auch ausländischen Rechtsanwälten möglich. Inländische zugelassene

---

15 Begr. RegE, BT-Drucks. 16/3655, S. 63; *Henssler*, § 1 PartGG Rn 135; *Rennen/Caliebe*, Art. 1 § 1 RBerG Rn 9.
16 Unseld/Degen/*Unseld*, § 10 RDG Rn 4.
17 Begr. RegE, BT-Drucks. 16/3655, S. 63; vgl auch Kilian/Sabel/vom Stein/*Kilian*, § 11 Rn 340.
18 Vgl EuGH 12.12.1996 – Rs. C-3/95, Slg 1996, I-6511 = BB 1997, 164 = BRAK-Mitt. 1997, 42, 44.
19 Art. 5 Abs. 2 S. 1 der Richtlinie 2005/36/EG des Europäischen Parlaments und des Rates vom 7.9.2005 über die Anerkennung von Berufsqualifikationen, ABl. EG Nr. L 255 vom 30.9.2005, S. 22.

Rechtsanwälte trifft jedoch – ebenso wie ausländische Rechtsanwälte in den Fällen des § 2 EuRAG, der §§ 206, 207 BRAO oder des § 15 – keine Pflicht zur Registrierung. Inländische Rechtsanwälte leiten ihre Befugnis zur umfassenden Rechtsberatung aus der als Spezialgesetz vorrangigen BRAO ab, weshalb sie sich grds. nicht registrieren lassen können. Eine Registrierung ist jedoch dann möglich, wenn der Rechtsanwalt die registrierungspflichtige Rechtsdienstleistung als **zulässigen Zweitberuf**[20] ausübt oder zusätzlich über **besondere Sachkenntnis in einem ausländischen Recht** verfügt.[21] In diesem Fall kann (im Rahmen der Anordnung von Auflagen, siehe Rn 70) eine strikte räumliche und organisatorische Trennung bei Ausübung der beiden Berufe vorgegeben werden.

15 Die Registrierung nach Abs. 1 S. 1 Nr. 3 steht ausländischen Rechtsanwälten auch dann offen, wenn sie nach § 2 Abs. 1 EuRAG als **Europäischer Rechtsanwalt** tätig werden können.[22] Die Möglichkeit der Aufnahme in die Rechtsanwaltskammer nach dieser Vorschrift besteht jedoch ausschließlich für Staatsangehörige der Mitgliedstaaten der Europäischen Union, der anderen Vertragsstaaten des Europäischen Wirtschaftsraums und der Schweiz und nur unter den besonderen Voraussetzungen des § 11 EuRAG oder § 16 EuRAG.

16 Die Möglichkeit der Registrierung nach Abs. 1 S. 1 Nr. 3 besteht auch unabhängig von der Möglichkeit der Niederlassung nach §§ 206, 207 BRAO. Gemäß § 206 Abs. 1 BRAO können **Berufsangehörige aus den Staaten der Welthandelsorganisation** (einschließlich der Mitgliedstaaten der Europäischen Union und der Vertragsstaaten des Europäischen Wirtschaftsraums), deren Beruf der Ausbildung und den Befugnissen eines Rechtsanwalts vergleichbar ist, als Mitglied der Rechtsanwaltskammer aufgenommen werden (zB US-amerikanischer Attorney-at-Law oder mexikanischer Abogado). Gleiches gilt nach § 206 Abs. 2 BRAO für Berufsangehörige aus Staaten, bei denen die **Gegenseitigkeit verbürgt** ist (derzeit nur: russischer Advokat). Die Befugnis zur Rechtsberatung auf der Grundlage einer Registrierung nach Abs. 1 S. 1 Nr. 3 ist für diese Berufsgruppe eine Alternative zur Niederlassung nach der BRAO.

17 Insbesondere eröffnet die Registrierung nach Abs. 1 S. 1 Nr. 3 aber auch denjenigen ausländischen Rechtsanwälten die Möglichkeit zur Erbringung von Rechtsdienstleistungen in ihrem jeweiligen nationalen Recht, denen entweder die Rechtsanwaltskammer nach § 2 EuRAG oder nach §§ 206, 207 BRAO verschlossen ist oder die nicht Mitglied der Rechtsanwaltskammer werden oder die Rechtsdienstleistungen zusätzlich in einer weiteren Rechtsordnung erbringen wollen.[23] Dies gilt auch für ausländische Rechtsdienstleister, denen bei nur vorübergehender Tätigkeit in Deutschland die Möglichkeit der Meldung nach § 15 nicht offensteht.

III. Registrierungsfähige Rechtsdienstleistungen (Abs. 1)

18 **1. Inkassodienstleistungen (Abs. 1 S. 1 Nr. 1). a) Verweis auf die Legaldefinition des § 2 Abs. 2 S. 1.** Der Bereich der registrierungsfähigen Tätigkeit des Inkassodienstleisters ergibt sich nicht aus § 10 selbst. Die Regelung des Abs. 1 S. 1

---

20 Vgl VGH Kassel 29.2.2000 – 11 UE 3337/99, NJW 2000, 2370.
21 Kilian/Sabel/vom Stein/*Kilian*, § 6 Rn 168 und § 11 Rn 324; *Lamm*, in: Dreyer/Lamm/Müller, § 10 RDG Rn 14.
22 Grunewald/Römermann/*Suppé*, § 10 RDG Rn 75.
23 Vgl *Lamm*, in: Dreyer/Lamm/Müller, § 10 RDG Rn 58.

Nr. 1 verweist vielmehr auf die Legaldefinition des Begriffs „Inkassodienstleistungen" und damit auf die Bestimmung des zulässigen Tätigkeitsgebietes des Inkassodienstleisters in § 2 Abs. 2 S. 1. Danach sind alle Inkassotätigkeiten, die im Rahmen eines eigenständigen Geschäftsbetriebes erfolgen (siehe § 2 Rn 77 ff), nur registrierten Personen erlaubt.

Durch den Verweis auf die Legaldefinition in § 2 Abs. 2 S. 1 wird klargestellt, 19 dass es für die Registrierungspflicht nicht darauf ankommt, ob die Schwelle des § 2 Abs. 1 erreicht ist, dh ob die Tätigkeit tatsächlich eine rechtliche Prüfung des Einzelfalls erfordert. Tätigkeiten außerhalb des Anwendungsbereichs des § 2 Abs. 2 S. 1, die auch keine Rechtsdienstleistung gemäß § 2 Abs. 1 darstellen, sind erlaubnisfrei und damit nicht registrierungspflichtig. Gleiches gilt für sonstige Rechtsdienstleistungen außerhalb des Anwendungsbereichs des § 2 Abs. 2, die als Nebenleistung gemäß § 5 zulässig sind (siehe § 5 Rn 66 f).

b) Gerichtliche Vertretungsbefugnis. Die gerichtliche Vertretungsbefugnis der 20 Inkassounternehmen ist in § 79 Abs. 2 S. 2 Nr. 4 ZPO geregelt. Diese Regelung steht in Zusammenhang mit der Neuregelung der **Kostenerstattung** in § 4 Abs. 4 S. 2 RDGEG, wonach die zu ersetzenden Kosten im Mahnverfahren für Inkassounternehmen begrenzt sind. Die anwaltliche Vergütung im Mahnverfahren bleibt hingegen unverändert.

Inkassodienstleister dürfen – angesichts ihres Berufsbildes[24] – nur in unstreitigen 21 Verfahrensabschnitten des Erkenntnis- und Zwangsvollstreckungsverfahrens vertreten. Im gerichtlichen **Mahnverfahren** zählen hierzu zB[25] der Antrag auf Erteilung eines Mahnbescheides gemäß §§ 688, 690 ZPO oder auf Erteilung eines Vollstreckungsbescheides gemäß § 699 ZPO, der Antrag auf Zustellung des Vollstreckungsbescheides gemäß § 699 Abs. 4 S. 1 ZPO und die Empfangsberechtigung für Mitteilung über den Widerspruch des Schuldners gemäß § 695 ZPO. Anders als noch im RegE vorgesehen,[26] können Inkassodienstleister nunmehr – wie auch in der Stellungnahme des Bundesrates[27] angeregt – nach § 79 Abs. 2 Nr. 4 ZPO den Antrag auf Durchführung des streitigen Verfahrens vor oder nach Widerspruch stellen.[28] Dies gilt jedoch nicht für die Begründung des Klageanspruchs nach § 697 Abs. 1 ZPO, da es sich insoweit um eine das streitige Verfahren einleitende Maßnahme handelt. Gemäß Sinn und Zweck der Neuregelung beinhaltet die Vertretungsbefugnis auch die Rücknahme des Mahnantrags durch den Inkassodienstleister.[29] Die Vertretungsbefugnis endet mit der Abgabe an das Streitgericht.

Im **Vollstreckungsverfahren** muss es sich um eine Zwangsvollstreckung in das 22 bewegliche Vermögen wegen Geldforderungen einschließlich des Verfahrens zur Abnahme der eidesstattlichen Versicherung und des Antrags auf Erlass eines Haftbefehls handeln. Ebenso wie im Mahnverfahren darf keine Verfahrenshandlung vorgenommen werden, die ein streitiges Verfahren einleitet oder innerhalb eines streitigen Verfahrens nötig wird. Dies gilt zB für die Vollstre-

---

24 Vgl BVerfG 14.8.2004 – 1 BvR 725/03, NJW-RR 2004, 1570, 1571 (Inkasso II); Antwort der Bundesregierung auf eine Große Anfrage, BT-Drucks. 14/3959, S. 6.
25 Vgl Zöller/*Vollkommer*, ZPO, § 79 Rn 9.
26 Begr. RegE, BT-Drucks. 16/3655, S. 89.
27 Stellungnahme des Bundesrates Begr., BR-Drucks. 623/06, S. 13.
28 *Sabel*, AnwBl 2008, 390, 392; Zöller/*Vollkommer*, ZPO, § 79 Rn 9; aA Kilian/Sabel/vom Stein/*Kilian*, § 6 Rn 153.
29 Begr. RegE, BT-Drucks. 16/3655, S. 88.

ckungserinnerung nach § 766 ZPO.[30] Notwendig ist der Nachweis der Bevollmächtigung des Inkassounternehmens durch Vorlage der Vollmacht im Original; eine Telefaxkopie genügt nicht.[31]

23 Im **Insolvenzverfahren** sind Inkassodienstleister gemäß §§ 174 Abs. 1 S. 3, 305 Abs. 4 S. 2 InsO zur Forderungsanmeldung, einschließlich der Vertretung des Gläubigers im Prüfungstermin, und im gerichtlichen Schuldenbereinigungsplanverfahren vertretungsbefugt.

24 **2. Rentenberatung (Abs. 1 S. 1 Nr. 2). a) Grundsätzliches.** Während Art. 1 § 1 Abs. 1 S. 2 Nr. 1 RBerG keine Aufzählung der Tätigkeitsgebiete des Rentenberaters enthielt, hat der Gesetzgeber nunmehr in Abs. 1 S. 1 Nr. 2 den Gegenstand der registrierungspflichtigen Tätigkeit der **Rentenberatung präzisiert** als das „Gebiet der gesetzlichen Renten- und Unfallversicherung, des sozialen Entschädigungsrechts, des übrigen Sozialversicherungs- und Schwerbehindertenrechts mit Bezug zu einer gesetzlichen Rente sowie der betrieblichen und berufsständischen Versorgung". Im Einklang mit der früheren Rechtslage ist diese Aufzählung der zulässigen Rechtsgebiete der Rechtsdienstleistungen der Rentenberater jedoch **nicht abschließend**,[32] wie insbesondere die Erwähnung des „übrigen" Sozialversicherungsrechts zeigt. Stattdessen hat der Gesetzgeber nur die zentralen Themengebiete der Rentenberatung festgelegt.[33] Durch die Regelung ist sichergestellt, dass auch künftige Gebiete des Sozialversicherungsrechts mit Bezug zu einer gesetzliche Rente in die Regelung des Abs. 1 S. 1 Nr. 2 einbezogen werden, ohne dass zuvor eine Gesetzesänderung notwendig wäre.

25 Die früher nach Art. 1 § 1 Abs. 1 S. 2 Nr. 1 RBerG bestehende Erlaubnis der Rentenberater konkretisierte das BVerfG dahingehend, dass „Ausgangs- und Endpunkt" der Beratung durch den Rentenberater die zu erwartende Rente sei".[34] Diese Ansicht liegt auch der Aufzählung in Abs. 1 S. 1 Nr. 2 zugrunde.[35] Aufgabe des Rentenberaters ist daher weiterhin,[36] dem Rechtsuchenden **im Hinblick auf die gesetzliche Rente** zu seinen Rechten zu verhelfen, die ihm gesetzlich bereits zustehen oder die er durch eigene Handlungen (zB Beitragsnachzahlung) erwerben kann.[37] Damit bleibt die Regelung gegenüber den Befugnissen der Erlaubnisinhaber nach dem RBerG zurück, die bis zum Jahre 1980 als Rechtsbeistand für Sozialrecht und Sozialversicherungsrecht eine **umfassende Beratungsbefugnis im Recht der sozialen Sicherung** erhalten konnten. Der Gesetzgeber hat sich jedoch bewusst gegen eine Ausdehnung des Berufsbildes des Rentenberaters hin zu einem allgemeinen Sozialrechtsberater entschieden.[38]

26 Anders als im Inkassobereich sind Rentenberatungsleistungen nur dann registrierungspflichtig, wenn die Schwelle des § 2 Abs. 1 erreicht ist. Es muss sich daher um eine Dienstleistung handeln, die eine konkrete fremde Angelegenheit

---

30 *Baumbach/Lauterbach*, ZPO, § 79 Rn 22; *Zöller/Vollkommer*, ZPO, § 79 Rn 9.
31 AG Nürtingen 9.6.2009 – 1 M 1611/09, juris Rn 20.
32 AA Unseld/Degen/*Unseld*, § 10 RDG Rn 10, die eine abschließende Aufzählung annimmt.
33 Begr. RegE, BT-Drucks. 16/3655, S. 64.
34 BVerfG 5.5.1987 – 1 BvR 981/81, BVerfGE 75, 284, 301 = NJW 1988, 543, 545.
35 Begr. RegE, BT-Drucks. 16/3655, S. 64.
36 Vgl zu den Aufgaben des Rentenberaters nach Art. 1 § 1 Abs. 1 S. 2 Nr. 1 RBerG: *Rennen/Caliebe*, Art. 1 § 1 RBerG Rn 126 ff; *Kleine-Cosack*, Art. 1 § 1 RBerG Rn 258; *Chemnitz/Johnigk*, Art. § 1 RBerG Rn 250.
37 BVerfG 5.5.1987 – 1 BvR 981/81, BVerfGE 75, 284, 301 = NJW 1988, 543, 545.
38 Begr. RegE, BT-Drucks. 16/3655, S. 64; vgl Kilian/Sabel/vom Stein/*Kilian*, § 8 Rn 157.

(siehe § 2 Rn 47 ff) beinhaltet, die eine **rechtliche Prüfung des Einzelfalls** erfordert (siehe § 2 Rn 14 ff). Dies ist zB nicht der Fall bei einer bloßen **Rentenberechnung** im Sinne einer rein mathematischen Berechnung.[39] Der Rentenberater wird bei der Rentenberechnung aber im Zweifel auch die Ansätze der Berechnung prüfen, so dass die Ermittlung der Rentenhöhe spezielle Kenntnisse des Sozialversicherungsrechts und die entsprechende Rechtsanwendung auf den Einzelfall beinhaltet.[40] Daher stellt die Rentenberechnung regelmäßig eine Rechtsdienstleistung dar.

b) Rechtsgebiete gemäß Abs. 1 S. 1 Nr. 2. aa) Gesetzliche Rentenversicherung. Rechtsdienstleistungen im Bereich der gesetzlichen Rentenversicherung gehören zu dem Kernbereich der Tätigkeit des Rentenberaters. Sie umfassen rechtsberatende Tätigkeiten über die **gesetzlichen Renten nach dem SGB VI und dem Gesetz über die Alterssicherung der Landwirte**, dh hinsichtlich der Altersrenten (§ 33 Abs. 2 iVm §§ 35 ff SGB VI), Erwerbsminderungsrenten (§ 33 Abs. 3 iVm §§ 43 ff SGB VI) sowie Hinterbliebenen- und Erziehungsrenten (§ 33 Abs. 4 iVm §§ 46 ff SGB VI). Gleiches gilt für sonstige Leistungen nach dem SGB VI (zB Leistungen zur medizinischen Rehabilitation und zur Teilhabe am Arbeitsleben nach §§ 15 f SGB VI). Ferner kann die Rentenberatung **Fragen des Versorgungsausgleichs** (vgl §§ 76, 86 SGB VI) beinhalten. 27

bb) Gesetzliche Unfallversicherung. Rechtsdienstleistungen im Bereich der gesetzlichen Unfallversicherung umfassen die **nach dem SGB VII zu gewährenden Leistungen** an Versicherte und Hinterbliebene im Fall eines Unfallereignisses, insbesondere die im Dritten Kapitel des SGB VII geregelten **Unfallrenten**, aber auch sonstige Leistungen nach dem Versicherungsfall. Hingegen sind die Regelungen zur Unfallverhütung (§§ 14 ff SGB VII) und zur Unternehmerhaftung (§§ 104 ff SGB VII) nicht Gegenstand der Rentenberatung. 28

cc) Soziales Entschädigungsrecht . Der Begriff des sozialen Entschädigungsrechts bezeichnet, ausgehend von § 5 SGB I, Leistungen, mit denen **Folgen gesundheitlicher Schädigungen** ausgeglichen werden sollen, für die eine besondere Verantwortung der Allgemeinheit anzuerkennen ist.[41] Leitgesetz des sozialen Entschädigungsrechts ist das Gesetz über die Versorgung der Opfer des Krieges (**Bundesversorgungsgesetz**). Die übrigen Rechtsgrundlagen des sozialen Entschädigungsrechts nehmen auf Leistungen nach dem Bundesversorgungsgesetz Bezug, regeln die Anspruchsvoraussetzungen jedoch weitgehend selbständig. 29

Daher sind Gegenstand der Rentenberatung alle Renten nach dem Bundesversorgungsgesetz und nach anderen Gesetzen, die auf das Bundesversorgungsgesetz verweisen (zB Zivildienstgesetz, Soldatenversorgungsgesetz, Häftlingshilfegesetz, Infektionsschutzgesetz und Gesetz über die Entschädigung der Opfer von Gewalttaten). 30

dd) Weitere Bereiche des Sozialversicherungs- und des Schwerbehindertenrechts. Neben dem gesetzlichen Renten- und Unfallversicherungsrecht sowie dem sozialen Entschädigungsrecht können Gegenstand der Rentenberatung 31

---

39 BVerwG 20.1.1966 – I C 10/63, NJW 1966, 796; vgl aber auch BGH 5.2.1987 – I ZR 100/86, NJW-RR 1987, 875.
40 BVerfG 5.5.1987 – 1 BvR 981/81, BVerfGE 75, 284, 301 = NJW 1988, 543, 545; *Rennen/Caliebe*, Art. 1 § 1 RBerG Rn 126.
41 Vgl *Hase*, in: von Maydell/Ruland/Becker, Sozialrechtshandbuch, 4. Aufl. 2008, § 26 Rn 1 ff; *Fichte*, in: Erlenkämper/Fichte/Fock, Sozialrecht, 6. Aufl. 2008, S. 635 ff.

auch weitere Bereiche des Sozialversicherungs- und des Schwerbehindertenrechts sein, die **im konkreten Zusammenhang mit Rentenfragen** stehen. Ein bloß abstrakter Zusammenhang genügt nicht.[42]

32 Ein **Bezug zur Rente** besteht dann, wenn die Einbeziehung der übrigen Vorschriften des Sozialversicherungs- und Schwerbehindertenrechts notwendig ist, um die Anspruchsvoraussetzungen sowie die Berechnung der Höhe der Rente nach den geleisteten Beiträgen und anderen beeinflussenden Faktoren zu prüfen. Denkbar ist danach als zulässige Rentenberatung etwa die Beratung über Fragen der Mitgliedschaft zur gesetzlichen Krankenversicherung der Rentner, über die Beitragsfreiheit bei Rentenbezug oder die Frage nach der Gewährung von Krankengeld in Abgrenzung zum Rentenbezug wegen verminderter Erwerbsfähigkeit.

33 **Fehlt** der konkrete Bezug zu der gesetzlichen Rente, ist eine Rechtsdienstleistung – mit Ausnahme der Nebenleistungen gemäß § 5 Abs. 1 – unzulässig. Dies ist zB der Fall bei der Beratung und Vertretung von Versicherten in Streitigkeiten über die Erstattung der Kosten für Medikamente[43] und Heilbehandlungen. Gleiches gilt für die im SGB II geregelte Grundsicherung für Arbeitsuchende oder die im SGB XII geregelte Sozialhilfe.[44]

34 Auch im Bereich des **Schwerbehindertenrechts** muss ein konkreter Bezug zu rentenrechtlichen Fragen bestehen. Dies ist zB der Fall bei der Prüfung der Schwerbehinderteneigenschaft im Hinblick auf die Voraussetzungen einer Rente nach § 37 SGB VI, nicht aber bei Rechtsfragen des Kündigungsschutzes schwerbehinderter Menschen (§§ 85 ff SGB IX). Ebenso fehlt in Verfahren nach dem Schwerbehindertenrecht der notwendige Bezug zu einer gesetzlichen Rente, wenn nur die Voraussetzungen der Gewährung einer Erwerbsminderungsrente in Frage stehen.[45]

35 Das Erfordernis eines Bezuges zu einer gesetzlichen Rente unterscheidet die Inhaber einer Rechtsdienstleistungserlaubnis nach Abs. 1 S. 1 Nr. 2 von **Alterlaubnisinhabern**, deren Erlaubnis sich auch auf die Beratung in allen die soziale Sicherung betreffenden Fragen erstrecken kann.

36 **ee) Betriebliche und berufsständische Versorgung.** Die betriebliche Rentenversorgung stellt zwar keine gesetzliche Rente im eigentlichen Sinne dar, gehört aber bereits seit langem zum Kern der Berufstätigkeit des Rentenberater und folgt ähnlichen Strukturen wie die gesetzliche Rente. Rechtsdienstleistungen gemäß Abs. 1 S. 1 Nr. 2 betreffen daher auch die Beratungsbefugnis hinsichtlich **Fragen der betrieblichen Alters- und Hinterbliebenenversorgung** aufgrund des Betriebsrentengesetzes einschließlich des Gebietes der **Zusatzversorgung für den öffentlichen Dienst**.

37 Daneben ist die berufsständische Versorgung durch die **Versorgungswerke der kammerfähigen freien Berufe** (zB der Rechtsanwälte, Ärzte, Architekten) Gegenstand der Rentenberatung. Auch wenn im Gesetzeswortlaut nur die „berufsständische" Versorgung genannt wird und der Gesetzgeber damit auf die kammerfähigen freien Berufe abzielt,[46] wird man insbesondere vor dem Hintergrund,

---

42 Kilian/Sabel/vom Stein/*Kilian*, § 6 Rn 158; *Lamm*, in: Dreyer/Lamm/Müller, § 10 RDG Rn 28; aA *Rennen/Caliebe*, Art. 1 § 1 RBerG Rn 128.
43 Begr. RegE, BT-Drucks. 16/3655, S. 64.
44 Meyer-Ladewig/*Leitherer*, SGG, § 73 Rn 20.
45 SG Bremen 5.2.2009 – S 20 SB 252/08, juris Rn 4.
46 Begr. RegE, BT-Drucks. 16/3655, S. 64.

dass die Aufzählung der Rechtsgebiete nicht abschließend ist (siehe Rn 24), auch rechtsberatende Tätigkeiten im Zusammenhang mit der Versorgung durch vergleichbare Versorgungswerke (Versorgungswerk der Mitglieder des Landtages NRW)[47] mit erfassen müssen. Der Rentenberater darf im Bereich der berufsständischen Versorgung allerdings **nur außergerichtlich** tätig werden (siehe Rn 49). Eine Ausnahme besteht nach der Übergangsregelung bei registrierten Erlaubnisinhabern.

c) Sonstige Rechtsgebiete. aa) Beamtenversorgung. Registrierte Rentenberater 38 nach Abs. 1 S. 1 Nr. 2 dürfen – anders als registrierte Erlaubnisinhaber nach § 1 Abs. 3 RDGEG – nicht im Bereich der Beamtenversorgung beraten. Der Gesetzgeber hat die Aufnahme des Beamtenversorgungsrechts abgelehnt, da hierfür aufgrund der erheblichen Unterschiede zu der gesetzlichen Rente eine besondere Sachkunde im Verwaltungs- und Verwaltungsverfahrensrecht erforderlich ist und das typische Berufsbild des Rentenberaters die Beratung im Beamtenversorgungsrecht nicht erfordert.[48] Alterlaubnisinhaber können ihre Berechtigung zur Beratung in verwaltungsrechtlichen Fragen des Beamtenversorgungsrechts unter den Voraussetzungen der Übergangsregelung des § 1 Abs. 3 RDGEG behalten (vgl § 1 RDGEG Rn 16).

bb) Private Altersversorgung. Auf die Einbeziehung der Beratung über private 39 Formen der Altersversorgung in die Berufsdefinition der Rentenberatung hat der Gesetzgeber trotz ihrer wachsenden Bedeutung und Überschneidung mit dem Kernbereich der Tätigkeit des Rentenberaters (zB bei der Ermittlung von Versorgungslücken aufgrund der Absenkung des allgemeinen Rentenniveaus) bewusst verzichtet.[49] Dies ist sachgerecht, weil es in diesem Bereich nach richtiger Einschätzung des Gesetzgebers in aller Regel um Beratungen über öffentlich geförderte Anlage- oder Versicherungslösungen geht, die aber in § 5 Abs. 2 Nr. 3 ohnehin erlaubnisfrei gestellt worden sind. Soweit es um Beratungen in sonstigen Anlage- und Vorsorgebereichen geht, dürfen die damit verbundenen Rechtsdienstleistungen ebenfalls erlaubnisfrei erbracht werden, wenn und soweit es sich dabei um Nebenleistungen iSd § 5 handelt. Rentenberater können somit also grds. trotz fehlender Erwähnung der privaten Altersvorsorge in Abs. 1 S. 1 Nr. 2 auch in diesem Bereich weitgehend beratend tätig werden.[50] Dies gilt sowohl für die rein private Altersvorsorge, zB durch private Lebens- und Rentenversicherungen sowie die Kapitalanlage in Ansparplänen und Wertpapierfonds, als auch für die gesetzlich geregelten und staatlich geförderten ergänzenden Formen der Altersversorgung, zB die durch das Alterseinkünftegesetz eingeführte kapitalgedeckte private Altersvorsorge im Rahmen der Basisvorsorge gemäß § 10 Abs. 1 Nr. 2 EStG (sog. **Rürup-Rente** bzw **Basis-Rente**) oder die durch das Altersvermögensgesetz eingeführte, staatlich durch Zulagen und Sonderabschreibungsmöglichkeiten geförderte, privat finanzierte Rente gemäß §§ 10 a, 79 ff EStG iVm dem Altersvorsorgeverträge-Zertifizierungsgesetz (sog. **Riester-Rente**).

---

47 Vgl Satzung des Versorgungswerkes der Mitglieder des Landtages NRW 10/2002, Landtag Nordrhein-Westfalen Drucks. 14/5283.
48 Begr. RegE, BT-Drucks. 16/3655, S. 64; vgl Unseld/Degen/*Unseld*, § 10 RDG Rn 13.
49 Begr. RegE, BT-Drucks. 16/3655, S. 64 f.
50 Begr. RegE, BT-Drucks. 16/3655, S. 65.

40 Soweit die Beratung über die private Vorsorge allerdings **private Lebens- und Rentenversicherungen** beinhaltet, ist die Erlaubnispflicht des § 34e Abs. 1 GewO für Versicherungsberater zu berücksichtigen. Erbringt ein Rentenberater regelmäßig und hauptberuflich nicht nur Beratungsleistungen im Hinblick auf den bestehenden Versorgungsbedarf, sondern darüber hinaus über Versicherungsprodukte und fördert er letztlich sogar den Abschluss entsprechender Verträge, bedarf er hierzu der weiteren Erlaubnis als **Versicherungsberater** nach § 34e Abs. 1 GewO.

41 cc) **Arbeitsförderung.** Rechtsdienstleistungen der Rentenberater dürfen – mit Ausnahme von Nebenleistungen nach § 5 Abs. 1 (siehe Rn 46) – zudem nach ständiger Rechtsprechung des Bundessozialgerichts[51] nicht im Bereich der Arbeitsförderung erbracht werden. Die Einschränkung des Tätigkeitsbereichs ist verfassungskonform, auch wenn einzelne Regelungen des Arbeitsförderungsrechts in der Rentenberatung eine Rolle spielen.[52]

42 Für den grds. ausgeschlossenen Bereich des Arbeitsförderungsrechts hat das Bundessozialgericht allerdings bereits unter Geltung des RBerG eine entsprechende (**Annex-**)**Befugnis** des Rentenberaters angenommen, sofern im Einzelfall ein konkreter Zusammenhang zwischen dem Tätigkeitsfeld des Rentenberaters und der Angelegenheit der Bundesagentur für Arbeit vorliegt und zur Erfüllung der eigentlichen Berufsaufgaben des Rentenberaters notwendig ist.[53]

43 Dieser **Zusammenhang** ist gegeben, wenn eine Arbeitsförderungsmaßnahme oder -leistung, über die beraten werden soll, die Höhe oder den Bestand der Rente unmittelbar beeinflusst.[54] Dies ist zB dann der Fall, wenn geprüft wird, ob ein Anspruch auf Zahlung einer **Berufsunfähigkeitsrente** zu kürzen ist, wenn dem Bezieher ein Anspruch auf Arbeitslosengeld zusteht.[55]

44 Zwar führen der grundsätzliche Ausschluss des Arbeitsförderungsrechts aus dem Tätigkeitsgebiet des Rentenberaters und die dennoch bestehende Kompetenz zur Beratung bei einzelnen Rechtsfragen des Arbeitsförderungsrechts im Zusammenhang mit einer gesetzlichen Rente zu einer gewissen Unsicherheit, wann der Rentenberater zur Rechtsdienstleistung befugt ist. Diese Unsicherheit ist jedoch vor dem Hintergrund der für die Rentenberatung notwendigen besonderen Sachkunde und dem Berufsbild des Rentenberaters hinzunehmen.[56]

45 dd) **Gesellschafts-, Arbeits- und Zivilrecht, öffentliches Dienstrecht.** Zudem können die Gebiete des Gesellschafts-, Arbeits- und Zivilrechts (zB im Hinblick auf den nach den §§ 1587 ff BGB durchzuführenden Versorgungsausgleich) sowie des öffentlichen Dienstrechts für die Rentenberatung eine Rolle spielen. Soweit die entsprechenden Fragen in Zusammenhang mit einer gesetzlichen Rente

---

51 BSG 21.3.2002 – B 7 AL 64/01 R, NZA 2003, 92; BSG 5.11.1998 – B 11 AL 31/98, NZS 1999, 570, 571; abl. *Rennen/Caliebe*, Art. 1 § 1 RBerG Rn 129.
52 BVerfG 22.12.2000 – 1 BvR 717/97, NZA 2001, 631.
53 BSG 5.11.1998 – B 11 AL 31/98, NZS 1999, 570, 571.
54 BSG 5.11.1998 – B 11 AL 31/98, NZS 1999, 570, 571; Unseld/Degen/*Unseld*, § 10 RDG Rn 21.
55 BSG 5.11.1998 – B 11 AL 31/98, NZS 1999, 570, 571; aA *Chemnitz/Johnigk*, Art. 1 § 1 RBerG Rn 250.
56 Ebenso Henssler/Prütting/*Weth*, Art. 1 § 1 RBerG Rn 82; aA *Rennen/Caliebe*, Art. 1 § 1 RBerG Rn 129.

stehen, zB bei der Prüfung der rechtlichen Voraussetzungen eines rentenrechtlichen Tatbestands, ist auch in diesen Bereichen eine Beratung zulässig.[57]

ee) Sonstige erlaubnisfreie Nebenleistungen. Auch außerhalb der in Abs. 1 S. 1 Nr. 2 genannten Rechtsgebiete (siehe Rn 27 ff) sind Rechtsdienstleistungen der Rentenberater zulässig, sofern sie bloß eine erlaubnisfreie Nebenleistung nach § 5 Abs. 1 zur eigentlichen Rentenberatung darstellen. Weitgehend werden Beratungsleistungen aber bereits unter den Tatbestand des übrigen Sozialversicherungs- und Schwerbehindertenrechts mit Bezug zu einer gesetzlichen Rente fallen, so dass insoweit ein Rückgriff auf die Regelung des § 5 Abs. 1 nicht notwendig ist. 46

d) Rechtsberatung sowie außergerichtliche und gerichtliche Vertretung. Die in Abs. 1 S. 1 Nr. 2 definierte Rechtsdienstleistung des Rentenberaters orientiert sich an der früheren Regelung in Art. 1 § 1 Abs. 1 S. 2 Nr. 1 RBerG. Obwohl der Begriff der Rentenberatung dabei aus dem RBerG übernommen wird, ist damit keine Einschränkung des Tätigkeitsbereichs auf beratende Tätigkeiten verbunden. Rentenberater dürfen ihre Mandanten stets auch außergerichtlich vertreten.[58] 47

Die **Vertretung** durch Rentenberater **im Sozialgerichtsverfahren** ist in § 73 Abs. 2 S. 2 Nr. 3 SGG geregelt. Die Vertretungsbefugnis vor den Sozialgerichten steht den Rentenberatern nunmehr automatisch zu. Es gibt **kein gesondertes Zulassungsverfahren** mehr. 48

Diese Vertretungsbefugnis beschränkt sich auf die Rechtsgebiete, für die der Rentenberater nach Abs. 1 S. 1 Nr. 2 Rechtsdienstleistungen erbringen darf. Daher ist zB die Vertretung in Angelegenheiten der Arbeitsförderung nach dem SGB III ausgeschlossen, sofern nicht ausnahmsweise ein konkreter Bezug zu Rentenfragen anzunehmen ist.[59] Darüber hinaus besteht auch keine Vertretungsbefugnis in anderen Verfahrensordnungen. Dies gilt mangels besonderer Sachkenntnis insbesondere für den **Verwaltungsprozess** trotz der Einbeziehung der berufsständischen Versorgung in den Bereich der Rentenberatung, da das Verwaltungsprozessrecht zT erheblich vom Sozialgerichtsverfahrensrecht abweicht. Die Befugnisse der Rentenberater sind daher in Fragen der berufsständischen Versorgung derzeit (vgl § 4 RDGEG Rn 6) auf den außergerichtlichen Bereich beschränkt, während Alterlaubnisinhabern nach der Übergangsregelung eine entsprechende Vertretungsbefugnis zustehen kann (siehe § 3 RDGEG Rn 52). 49

In anderen Verfahrensrechten hat der Gesetzgeber keine besondere Vertretungsbefugnis der Rentenberater geregelt. Dies gilt auch für das Scheidungsverfahren, obwohl die Rentenberatung Fragen des Versorgungsausgleichs zum Gegenstand haben kann (siehe Rn 45). 50

3. Rechtsdienstleistungen in einem ausländischen Recht (Abs. 1 S. 1 Nr. 3). Die Registrierung ist bei rechtlicher Beratung und außergerichtlicher Vertretung in Angelegenheiten vorgesehen, bei denen die Kenntnis und Anwendung eines bestimmten ausländischen Rechts wesentlich ist. Eine Registrierung ist – ebenso 51

---

57 Vgl BVerfG 22.12.2000 – 1 BvR 717/97, NZA 2001, 631.
58 Begr. RegE, BT-Drucks. 16/3655, S. 63.
59 BSG 21.3.2002 – B 7 AL 64/01, NZA 2003, 92; Meyer-Ladewig/*Leitherer*, SGG, § 73 Rn 20.

wie bei der Rentenberatung – nur dann erforderlich, wenn die Schwelle des § 2 Abs. 1 überschritten ist (siehe § 2 Rn 12 ff).

52 Es muss sich bei den zu registrierenden Personen nicht um Staatsangehörige eines anderen Staates handeln.[60] Auch Deutsche können nach Abs. 1 S. 1 Nr. 3 registriert werden, sofern die entsprechende Sachkunde in einem ausländischen Recht nachweislich besteht.

53 Die Registrierung erstreckt sich grds. nur auf eine einzelne, mit dem Antrag genau zu bezeichnende ausländische Rechtsordnung. Möglich ist bei entsprechender besonderer Sachkunde des Antragstellers bzw der sog. qualifizierten Person gemäß § 12 Abs. 4 eine Registrierung für mehrere Rechtsordnungen.

54 Der **Begriff** des **ausländischen Rechts** umfasst nicht nur das rein nationale Recht eines ausländischen Staates, sondern auch das in der jeweiligen Rechtsordnung anwendbare **supranationale Recht**, somit insbesondere das Recht der Europäischen Union und des Europäischen Wirtschaftsraums sowie das (gesamte und nicht bloß auf die Grundsätze beschränkte)[61] Völkerrecht. Die Auffassung, nach der die Registrierung nicht auch zu einer Beratung im sonstigen supranationalen Recht (außerhalb des Rechts der Europäischen Union und des Europäischen Wirtschaftsraums sowie des Völkerrechts) berechtigt, wenn der Rechtsdienstleister aus einem Staat kommt, der Vertragsstaat eines weiteren regionalen Wirtschaftsbündnisses ist,[62] ist abzulehnen. Auch wenn bei anderen Wirtschaftsbündnissen keine so enge Verflechtung des supranationalen und des nationalen Rechts besteht wie bei den EU-Mitgliedstaaten, gibt die fehlende Erwähnung weiterer Bündnisse im Gesetzeswortlaut nichts für eine Bevorzugung des Rechts der Europäischen Union oder des Europäischen Wirtschaftsraums her. Aus der Gesetzesbegründung ergibt sich vielmehr, dass der Gesetzgeber das „jeweilige" supranationale Recht mit einbeziehen wollte und allenfalls vorrangig, aber nicht ausschließlich das Recht der Europäischen Union und des Europäischen Wirtschaftsraums im Auge hatte („insbesondere").[63] Eine andere Frage ist aber der Nachweis der besonderen Sachkunde in diesen Fällen.

55 Lediglich klarstellend wird in **Abs. 1 S. 1 Nr. 3 Hs 2** erwähnt, dass Personen, die über eine Erlaubnis zur Beratung in einem Recht eines Mitgliedstaates der Europäischen Union verfügen, auch auf dem Gebiet des Rechts der Europäischen Union tätig sein dürfen. Umgekehrt ergibt sich aus dieser Regelung, dass eine **lediglich auf die Rechtsberatung im Europarecht beschränkte Registrierung** nicht möglich ist. Die fehlende Möglichkeit einer isolierten Teilbereichserlaubnis gilt umfassend, dh auch dann, wenn die zu registrierende Person besondere Sachkunde in einer außereuropäischen Rechtsordnung hat und zusätzlich eine Registrierung für den Teilbereich des Europarechts anstrebt.[64] Die Beratungsbefugnis im Europäischen Recht ist stets akzessorisch zu einem nationalen Recht, das das Europarecht als supranationales Recht beinhaltet.[65]

---

60 *Lamm*, in: Dreyer/Lamm/Müller, § 10 RDG Rn 46; Kilian/Sabel/vom Stein/*Kilian*, § 6 Rn 168.
61 Vgl Kilian/Sabel/vom Stein/*Kilian*, § 6 Rn 172.
62 Grunewald/Römermann/*Suppé*, § 10 RDG Rn 70 f.
63 Begr. RegE, BT-Drucks. 16/3655, S. 65.
64 Ebenso *Lamm*, in: Dreyer/Lamm/Müller, § 10 RDG Rn 49; aA für die Registrierung eines Bürgers aus einem „Nicht-EU/Nicht-EWR"-Staat Grunewald/Römermann/*Suppé*, § 10 RDG Rn 72 und § 11 RDG Rn 9.
65 Begr. RegE, BT-Drucks. 16/3655, S. 65.

Eine gesonderte Regelung zur **gerichtlichen Vertretung** durch registrierte Rechtsdienstleister ist in den verschiedenen Prozessordnungen nicht vorgesehen.[66]

4. Registrierung für Teilbereiche (Abs. 1 S. 2). Das Bundesministerium der Justiz kann mit Zustimmung des Bundesrates in einer Rechtsverordnung einzelne Teilbereiche der in Abs. 1 S. 1 abschließend aufgeführten Bereiche der registrierungspflichtigen Rechtsdienstleistungen festlegen. Die **Verordnungsermächtigung** zur Bestimmung der Teilbereiche steht in Zusammenhang mit der Regelung über den Umfang des Sachkundenachweises in § 12 Abs. 5.

Anders als nach früherer Rechtslage ist eine **Wahl einzelner Teilbereiche nur noch eingeschränkt** im Rahmen der in der RDV festgelegten Teilbereiche möglich. Die Festlegung durch Rechtsverordnung hat nach Auffassung des Gesetzgebers den Vorteil, dass eine für die Rechtsuchenden nicht transparente und unüberschaubare Aufgliederung der in Abs. 1 S. 1 genannten Bereiche in unzählige Rechtsbereiche vermieden wird.[67] Zudem führt die Regelung zu einer Regulierung des Breite der Angebotspalette der Rechtsdienstleister, da maßgeschneiderte Lösungen (zB Inkassodienstleistungen nur im Hinblick auf ärztliche Forderungen, auf die berufsständische Versorgung beschränkte Rentenberatung, Rechtsberatung im argentinischen Familienrecht oder russischen Zollrecht) an der Unzulässigkeit der Eintragung nach der derzeitigen Rechtslage scheitern.[68] Rechtsdienstleister, die eine solche maßgeschneiderte Lösung anstreben, müssen die besondere Sachkunde für das jeweilige gesamte Rechtsgebiet nach Abs. 1 (oder das gemäß § 1 RDV zulässige Teilrechtsgebiet) nachweisen. Die Regelung der Verordnungsermächtigung bietet jedoch den Vorteil, dass der Verordnungsgeber auf künftige Spezialisierungen der Rechtsdienstleister und die Bedürfnisse der Rechtsuchenden flexibel reagieren kann.[69]

Teilbereiche sind in § 1 RDV bislang nur für Rechtsdienstleistungen im ausländischen Recht für den gewerblichen Rechtsschutz und das Steuerrecht vorgesehen. Dabei hat sich der Verordnungsgeber von dem inländischen Berufsbild der Patentanwälte und Steuerberater leiten lassen.[70] **Ausländische Steuerberater, Patentanwälte und Angehörige vergleichbarer ausländischer Berufe**, die entsprechend spezialisiert sind und keine umfassenden Rechtskenntnisse der gesamten ausländischen Rechtsordnung nachweisen können, haben daher die Möglichkeit, aufgrund der Registrierung nach Abs. 1 S. 1 Nr. 3 in dem entsprechenden Teilrechtsgebiet tätig zu werden.

Auch wenn der Gesetzgeber bei der Regelung der Verordnungsermächtigung in Abs. 1 S. 2 die Benennung von Teilbereichen im Rahmen der Rentenberatung im Auge hatte,[71] hat sich der Verordnungsgeber bei den Rentenberatern – ebenso wie bei den Inkassodienstleistern – für ein **einheitliches Berufsbild ohne weitere Aufgliederung** entschieden.[72] Eine **Spezialisierung** ist erst im Zuge der späteren Berufsausübung (nach Registrierung und dem Nachweis der umfassenden Sachkenntnis) möglich.

---

66 Vgl. zur gerichtlichen Vertretung durch Mitglieder der Rechtsanwaltskammer nach § 2 Abs. 1 EuRAG: Kilian/Sabel/vom Stein/*Kilian*, § 6 Rn 174.
67 Begr. RegE, BT-Drucks. 16/3655, S. 65.
68 Kilian/Sabel/vom Stein/*Kilian*, § 6 Rn 125.
69 Unseld/Degen/*Unseld*, § 10 RDG Rn 29.
70 Begr. RDV, BR-Drucks. 316/08, S. 9 f.
71 Begr. RegE, BT-Drucks. 16/3655, S. 65.
72 Begr. RDV, BR-Drucks. 316/08, S. 9.

IV. Antragsverfahren (Abs. 2)

61 Nach **Abs. 2 S. 1** erfolgt eine Registrierung – klarstellend – nur auf Antrag. Die Beantragung einer Registrierung für Teilbereiche, also für einzelne Bereiche der in Abs. 1 S. 1 genannten Gebiete, ist gemäß **Abs. 2 S. 2** nur möglich, wenn und soweit solche Teilbereiche durch Rechtsverordnung gemäß Abs. 1 S. 2 bestimmt worden sind (siehe Rn 59).

62 Die Eintragung der Registrierung ist **konstitutive** Voraussetzung der Berufsausübung des Rechtsdienstleisters. Antragsteller, die zwar sämtliche Voraussetzungen für eine Registrierung erfüllen, sich aber nicht registrieren lassen, sind also nicht zur Erbringung von Rechtsdienstleistungen nach Abs. 1 befugt. Dies gilt selbst dann, wenn die **Eintragung zu Unrecht versagt** wurde oder die nach § 19 zuständige **Behörde untätig** bleibt, da das RDG – im Gegensatz zB zu § 22 Abs. 5 S. 4 BauGB oder § 15 Abs. 1 S. 5 PBefG – keine Genehmigung fingiert.[73] Der betroffene Antragsteller ist insoweit auf den Verwaltungsrechtsweg angewiesen.

63 Registrierte Personen dürfen Rechtsdienstleistungen grds. nur in dem Gebiet, für das sie ihre Sachkunde nachgewiesen haben, erbringen. Die Befugnis ist daher auf die beantragte und eingetragene Rechtsdienstleistung **sachlich beschränkt**.[74] Besteht die Sachkunde in mehreren in Abs. 1 S. 1 genannten Bereichen oder in mehreren ausländischen Rechtsordnungen (bzw den entsprechenden Teilbereichen), ist eine entsprechende Eintragung auf Antrag möglich.

V. Bedingungen und Auflagen (Abs. 3)

64 **1. Grundsätzliches** (**Abs. 3 S. 1 und 3**). Die Registrierung kann gemäß Abs. 3 S. 1 von Bedingungen abhängig gemacht oder mit Auflagen verbunden werden. Es handelt sich um Bedingungen nach § 36 Abs. 2 Nr. 2 VwVfG[75] bzw Auflagen nach § 36 Abs. 2 Nr. 4 VwVfG.

65 Eine **Bedingung** ist eine Nebenbestimmung, nach der der Eintritt oder der Wegfall einer Vergünstigung (oder einer Belastung) von einem ungewissen Eintritt eines zukünftigen Ereignisses abhängig ist (zB Bedingung einer höheren Mindestversicherung des Rechtsdienstleisters, siehe Rn 69). Demgegenüber ist eine **Auflage** eine Nebenbestimmung, durch die dem Begünstigten ein Tun, Dulden oder Unterlassen vorgeschrieben wird (zB eine strikte räumliche Trennung verschiedener Tätigkeiten, siehe Rn 70).

66 Eine Bedingung ist daher konstitutiv für die Erlaubnis der Erbringung der Rechtsdienstleistung. Sie berührt, sei es als aufschiebende oder auflösende Bedingung, das Entstehen oder das Bestehen der Erlaubnis zum Erbringen der Rechtsdienstleistung. Die Auflage berührt hingegen die rechtliche Existenz der Erlaubnis nicht unmittelbar.[76] Die Erfüllung der Auflage ist jedoch nach dem Verwaltungsvollstreckungsgesetz vollstreckbar[77] und bei einem „beharrlichen" Verstoß gegen eine Auflage kommt der Widerruf der Registrierung nach § 14

---

73 Unseld/Degen/*Unseld*, § 10 RDG Rn 31.
74 VG Bremen 3.3.2008 – S8 E 864/07 (S5 K 363/06), juris Rn 10.
75 In der Gesetzesbegründung wird hingegen (versehentlich) auf § 36 Abs. 2 Nr. 1 VwVfG verwiesen, der allerdings die Befristung regelt, Begr. RegE, BT-Drucks. 16/3655, S. 66.
76 Vgl *Rennen/Caliebe*, 1. AVO zum RBerG § 2 Rn 18.
77 Stelkens/Bonk/Sachs/*Stelkens*, § 36 VwVfG Rn 84; Henssler/Prütting/*Weth*, 1. AVO zum RBerG § 2 Rn 11.

Nr. 3 in Betracht (vgl § 14 Rn 33). Die **Auflage** stellt daher das **mildere Mittel** dar, was bei der von der Registrierungsbehörde vorzunehmenden **Verhältnismäßigkeitsprüfung** zu berücksichtigen ist. Für den Antragsteller bietet die Auflage zudem den Vorteil, dass sie unabhängig von der Registrierung als solche angegriffen werden kann.[78] Demgegenüber wäre eine Auflage ungeeignet, wenn wesentliche Voraussetzungen der Registrierung durch sie gesichert werden sollen, denn es obliegt dem Antragsteller, die Voraussetzungen des ihn begünstigenden Verwaltungsaktes nachzuweisen.[79] In diesem Fall kommt die Anordnung einer Bedingung in Betracht.

Wie in **Abs. 3 S. 3** geregelt ist, können Auflagen – anders als nach § 2 Abs. 2 der 1. AVO zum RBerG[80] – jederzeit geändert oder angeordnet werden. Eine Auflage kann daher im Gegensatz zu einer Bedingung auch **nachträglich** angeordnet werden. Eine nachträgliche Änderung der Auflage kann auch deren (teilweise) Aufhebung beinhalten. **67**

Bedingungen und Auflagen sind nur dann zulässig, wenn dies **zum Schutz der Rechtsuchenden erforderlich** ist (vgl **Abs. 3 S. 1**). Diese Regelung ist dem Grundsatz der Verhältnismäßigkeit geschuldet. Da Bedingungen und Auflagen in die durch Art. 12 Abs. 1 GG geschützte Berufsausübungsfreiheit des Antragstellers eingreifen, sind sie nur dann rechtmäßig, wenn sie verhältnismäßig, geeignet und erforderlich sind.[81] Eine Bedingung oder Auflage, die auf anderen Schutzzwecken beruht, ist ausgeschlossen. Da bereits die Prüfung der Registrierungsvoraussetzungen nach § 12 dem Schutz der Rechtsuchenden dient, hat für die Anordnung von Nebenbestimmungen (mit Ausnahme der Soll-Auflage bei Inkassodienstleistern, siehe hierzu Rn 75 ff) eine besondere Gefahrensituation[82] vorzuliegen bzw muss die Gefahr für die Rechtsuchenden gerade durch die Nebenbestimmung eingedämmt werden können. **68**

Neben der Soll-Auflage bei Inkassodienstleistern (siehe Rn 75 ff) sind diverse Nebenbestimmungen denkbar. Bei Inkassounternehmen kommt zur Abdeckung höherer Risiken die **Anordnung einer höheren Mindestversicherung** als der in § 12 Nr. 3 vorgesehenen, insbesondere in der Form einer Bedingung, aber auch einer nachträglichen Auflage[83] bei veränderten Umständen, in Betracht. Ferner sind Auflagen im **Bereich der Büroorganisation** oder in Anlehnung an die frühere Regelung in § 2 Abs. 2 S. 1 der 2. AVO zum RBerG[84] im Hinblick auf die Akten- und Buchführung möglich. **69**

Ebenso sind Auflagen möglich, nach denen eine **strikte (räumliche) Trennung zwischen verschiedenen Tätigkeiten** vorzunehmen ist, wenn entweder die registrierte Person selbst mehreren Erwerbstätigkeiten nachkommt oder in unmittelbarer räumlicher Nähe zu einem Angehörigen eines anderen Berufes ihrer Tä- **70**

---

78 Vgl zum Meinungsstand bei der isolierten Anfechtung von Nebenbestimmungen *Kopp/Ramsauer*, § 36 VwVfG Rn 61 ff.
79 Stelkens/Bonk/Sachs/*Stelkens*, § 36 VwVfG Rn 128.
80 Vgl zu § 2 Abs. 2 der 2. AVO zum RBerG: *Rennen/Caliebe*, 1. AVO zum RBerG § 2 Rn 22; *Chemnitz/Johnigk*, 1. AVO zum RBerG § 2 Rn 924.
81 *Rennen/Caliebe*, 1. AVO zum RBerG § 2 Rn 21.
82 Grunewald/Römermann/*Suppé*, § 10 RDG Rn 83.
83 *Lamm*, in: Dreyer/Lamm/Müller, § 10 RDG Rn 66.
84 Vgl zu § 2 Abs. 1 S. 2 der 2. AVO zum RBerG: *Rennen/Caliebe*, 2. AVO zum RBerG § 2 Rn 23 ff; *Chemnitz/Johnigk*, 2. AVO zum RBerG § 2 Rn 1205 ff; Henssler/Prütting/*Weth*, 2. AVO zum RBerG § 2 Rn 7 f.

tigkeit nachgehen will. Daher kann bspw eine räumliche Trennung der Büroräume zwischen der Tätigkeit eines Inkassounternehmens und einer Rechtsanwaltskanzlei angeordnet werden. Ebenfalls ist die Auflage einer strikten Trennung der beruflichen Tätigkeiten einer registrierten Person denkbar, wenn diese zum einen selbst als natürliche Person registriert ist und als solche eigenständig tätig ist, daneben aber als qualifizierte Person für einen weiteren (Inkasso-)Dienstleister arbeitet.

71 Auch die Auflage, jede **Vermittlung von Versicherungsverträgen** zu unterlassen, wenn hierzu eine entsprechende Erlaubnis nach § 34e Abs. 1 GewO fehlt, kommt in Betracht. Dies gilt erst recht, wenn es zu einer unberechtigten Vermittlung gekommen ist, die Voraussetzungen für einen Widerruf aber noch nicht vorliegen.[85]

72 Bei Fällen einer möglichen **Interessenkollision** ist eine Nebenbestimmung denkbar, nach der die Übernahme bestimmter Mandate im Hinblick auf den möglichen Personenkreis der Auftraggeber untersagt ist. Eine solche Nebenstimmung ist jedoch als inhaltliche Regelung der Erlaubnis problematisch und wurde daher unter Geltung des § 2 der 1. AVO zum RBerG als unzulässig angesehen.[86]

73 Eine Auflage zum entsprechenden **Umgang mit Fremdgeld** ist zwar nach dem Gesetzeszweck nur bei Inkassodienstleistern die Regel, allerdings nicht auf diese Gruppe der Rechtsdienstleister beschränkt. Zwar nicht als Regel, so doch aber im Einzelfall kann eine entsprechende Auflage auch bei Rentenberatern oder sonstigen Rechtsdienstleistern in Betracht kommen, wenn diese im Rahmen ihrer Tätigkeit mit Fremdgeld in Berührung kommen.

74 Eine inhaltliche Eingrenzung der registrierten Tätigkeit auf denkbare Teilbereiche der jeweiligen Rechtsdienstleistung – außerhalb der Teilbereiche nach Abs. 2 S. 2 iVm § 1 RDV – (zB die Auflage, nur im französischen Familienrecht beratend tätig zu werden oder als Inkassodienstleister nur privatärztliche Forderungen einzuziehen) ist im Wege einer Bedingung oder Auflage nicht möglich. Liegt bei dem Antragsteller nur die besondere Sachkenntnis für den fraglichen Teilbereich vor, ist bereits die Registrierung als solche zu versagen.

75 **2. Soll-Auflage bei Inkassodienstleistern (Abs. 3 S. 2).** Bei der in Abs. 3 S. 2 genannten Auflage handelt es sich um eine **Sollvorschrift**, so dass die Registrierung von Inkassounternehmen mit dieser Auflage idR zu verbinden ist. Sie dient dem Schutz der Vermögensinteressen des Auftraggebers des Inkassodienstleisters. Nach Ansicht des Gesetzgebers ist die Pflicht zum ordnungsgemäßen und gewissenhaften Umgang mit **Fremdgeld** bei dem Berufsbild des Inkassounternehmens, das u.a. den ständigen Umgang mit Fremdgeld beinhaltet, selbstverständlich.[87] Gerade deshalb wäre es jedoch wünschenswert gewesen, die Regelung über den Umgang mit Fremdgeld nicht als bloße Soll-Auflage, sondern darüber hinaus als Berufspflicht des Inkassounternehmers – vergleichbar der Regelung der § 43a Abs. 5 S. 2 BRAO, § 4 BORA bei Rechtsanwälten – festzuschrei-

---

85 Vgl Grunewald/Römermann/*Suppé*, § 10 RDG Rn 85.
86 VG Darmstadt 3.3.1999 – 5 E 1786/94 (1), AnwBl 1999, 286, 287; *Rennen/Caliebe*, 1. AVO zum RBerG § 2 Rn 18; Henssler/Prütting/*Weth*, 1. AVO zum RBerG § 2 Rn 8; *Chemnitz/Johnigk*, 1. AVO zum RBerG § 2 Rn 922.
87 Begr. RegE, BT-Drucks. 16/3655, S. 66.

ben.⁸⁸ Dies gilt insbesondere für die Regelung des Verhältnisses zwischen der unverzüglichen Weiterleitung und der Verwahrung (siehe Rn 77).

Eine Ausnahme von der Anordnung der Soll-Auflage ist nur möglich, wenn seitens des Antragstellers im Einzelfall **außergewöhnliche Umstände** vorgetragen werden, die diese Ausnahme von der Regel rechtfertigen können. Dies wird bspw für den – in der Praxis des Inkassogeschäfts unwahrscheinlichen – Fall angenommen, dass nach dem Geschäftsmodell des Inkassodienstleisters die Vereinnahmung von Fremdgeld grds. nicht auf eigenen Konten erfolgen soll oder denkbar ist.⁸⁹ 76

Die Auflage beinhaltet das Erfordernis, fremdes Geld unverzüglich auszuzahlen oder wenigstens vorübergehend getrennt zu verwahren. Nach dem Wortlaut des Gesetzes werden die beiden Möglichkeiten, dh die **Weiterleitung des Fremdgeldes** und die **Verwahrung auf einem gesonderten Konto**, – wie auch in § 43 a Abs. 5 S. 2 BRAO, aber im Gegensatz zu § 4 BORA⁹⁰ – gleichrangig behandelt. Die gesetzliche Regelung der Soll-Auflage gibt auch nicht vor, **wie lange** die gesonderte Aufbewahrung andauern darf. Wie auch bei Rechtsanwälten sollte nach dem Schutzweck der Regelung, nämlich dem Schutz der Vermögensinteressen des Rechtsdienstleisters, die unverzügliche Weiterleitung als vorrangige Alternative behandelt werden.⁹¹ 77

Die Auflage erfasst sowohl Zahlungen mit Bargeld als auch **bargeldlose Zahlungen** an das Inkassounternehmen, da unter „fremden Geldern" nicht nur das als Zahlungsmittel anerkannte Geld, sondern auch das sog. Giralgeld (Buchgeld) zu verstehen ist.⁹² Ebenfalls handelt es sich um Fremdgeld, wenn der Inkassodienstleister gemäß § 2 Abs. 2 S. 2 Alt. 2 eine abgetretene Forderung auf fremde Rechnung einzieht, selbst wenn es sich dabei nach streng eigentumsrechtlicher Betrachtung um eigenes Geld des Inkassodienstleisters handelt. Maßgeblich ist nicht die eigentumsrechtliche, sondern die **wirtschaftliche Betrachtungsweise**, nach der das Geld dem Abtretungsgläubiger und Auftraggeber des Inkassodienstleisters zusteht.⁹³ 78

Die Weiterleitung der Fremdgelder hat „unverzüglich" zu erfolgen. **Unverzüglich** bedeutet gemäß der Legaldefinition des § 121 Abs. 1 S. 1 BGB, dass die Weiterleitung ohne schuldhaftes Zögern, dh zwar nicht zwingend sofort, aber innerhalb einer den Umständen des Einzelfalls angemessenen Frist erfolgen 79

---

88 Vgl *Römermann*, NJW 2006, 3025, 3031; *ders.*, NJW 2008, 1249, 1253.
89 Unseld/Degen/*Unseld*, § 10 RDG Rn 34; Grunewald/Römermann/*Suppé*, § 10 RDG Rn 92.
90 Zum Verhältnis der unverzüglichen Weiterleitung und der Aufbewahrung bei Rechtsanwälten vgl Hartung/Römermann/*Nerlich*, Berufs- und Fachanwaltsordnung, § 43 a BRAO Rn 131; Hartung/Römermann/*Nerlich*, Berufs- und Fachanwaltsordnung, § 4 BerufsO Rn 22; Hensseler/Prütting/*Eylmann*, § 4 BORA Rn 2 f.
91 Zum Schutz der Vermögensinteressen des Auftraggebers vgl Grunewald/Römermann/*Suppé*, § 10 RDG Rn 93.
92 *Lamm*, in: Dreyer/Lamm/Müller, § 10 RDG Rn 69; Hartung/Römermann/*Nerlich*, Berufs- und Fachanwaltsordnung, § 43 a BRAO Rn 101.
93 *Lamm*, in: Dreyer/Lamm/Müller, § 10 RDG Rn 70 f; Hartung/Römermann/*Nerlich*, Berufs- und Fachanwaltsordnung, § 43 a BRAO Rn 103.

muss.[94] Bei Bemessung dieser Frist sind auch die Größe des Rechtsdienstleisters und der Umfang seines Verwaltungsapparats zu berücksichtigen.[95]

80 Wird das Fremdgeld vorübergehend von dem Vermögen des Inkassodienstleisters verwahrt und darf der Inkassodienstleister im Falle einer zulässigen **Aufrechnung** seine Vergütung von dem eingenommenen Fremdgeld abziehen, so muss auch insofern eine Trennung erfolgen.[96] Die gesonderte Verwahrung der Fremdgelder muss auf einem Konto erfolgen, das von dem übrigen Vermögen des Inkassodienstleisters getrennt ist, jedoch genügt ein Konto für die Verwahrung von Fremdgeldern mehrerer Auftraggeber.

§ 11 Besondere Sachkunde, Berufsbezeichnungen

(1) Inkassodienstleistungen erfordern besondere Sachkunde in den für die beantragte Inkassotätigkeit bedeutsamen Gebieten des Rechts, insbesondere des Bürgerlichen Rechts, des Handels-, Wertpapier- und Gesellschaftsrechts, des Zivilprozessrechts einschließlich des Zwangsvollstreckungs- und Insolvenzrechts sowie des Kostenrechts.

(2) Rentenberatung erfordert besondere Sachkunde im Recht der gesetzlichen Renten- und Unfallversicherung und in den übrigen Teilbereichen des § 10 Abs. 1 Satz 1 Nr. 2, für die eine Registrierung beantragt wird, Kenntnisse über Aufbau, Gliederung und Strukturprinzipien der sozialen Sicherung sowie Kenntnisse der gemeinsamen, für alle Sozialleistungsbereiche geltenden Rechtsgrundsätze einschließlich des sozialrechtlichen Verwaltungsverfahrens und des sozialgerichtlichen Verfahrens.

(3) Rechtsdienstleistungen in einem ausländischen Recht erfordern besondere Sachkunde in dem ausländischen Recht oder in den Teilbereichen des ausländischen Rechts, für die eine Registrierung beantragt wird.

(4) Berufsbezeichnungen, die den Begriff „Inkasso" enthalten, sowie die Berufsbezeichnung „Rentenberaterin" oder „Rentenberater" oder diesen zum Verwechseln ähnliche Bezeichnungen dürfen nur von entsprechend registrierten Personen geführt werden.

I. Besondere Sachkunde (Abs. 1 bis 3) 1	4. Besondere Sachkunde im Bereich der Rechtsdienstleistungen in einem ausländischen Recht (Abs. 3) 11
1. Normzweck 1	
2. Besondere Sachkunde im Bereich der Inkassodienstleistungen (Abs. 1) 4	II. Schutz der Berufsbezeichnungen (Abs. 4) 14
3. Besondere Sachkunde im Bereich der Rentenberatung (Abs. 2) 7	1. Normzweck 14

---

94 Palandt/*Heinrichs/Ellenberger*, § 121 BGB Rn 3.
95 Vgl Hartung/Römermann/*Nerlich*, Berufs- und Fachanwaltsordnung, § 43 a BRAO Rn 116 ff; Feuerich/Weyland/*Feuerich*, § 43 a BRAO Rn 90.
96 *Lamm*, in: Dreyer/Lamm/Müller, § 10 RDG Rn 73.

2. Führen einer geschützten oder verwechslungsfähigen Berufsbezeichnung.................... 16
a) Geschützte und verwechslungsfähige Berufsbezeichnungen..................... 16
b) Führen einer Berufsbezeichnung........................ 20
3. Zuwiderhandlungen........... 21

I. Besondere Sachkunde (Abs. 1 bis 3)

1. Normzweck. Die Abs. 1 bis 3 regeln die allgemeinen Anforderungen an die besondere Sachkunde von Antragstellern für eine Registrierung in den Bereichen oder Teilbereichen des § 10 Abs. 1 Nr. 1 bis 3 (siehe § 10 Rn 18 ff). Der Nachweis der notwendigen theoretischen und praktischen Sachkunde richtet sich nach § 12 iVm §§ 2 bis 4 RDV.

Bei den Regelungen zur besonderen Sachkunde in Abs. 1 bis 3 handelt es sich um „**offene Programmsätze**",[1] deren Konkretisierung aufgrund der Ermächtigung in § 12 Abs. 5 durch eine Rechtsverordnung des Bundesministeriums der Justiz mit Zustimmung des Bundesrates erfolgen kann. Da jedoch bereits die Abs. 1 bis 3 detailliert die fachlichen Anforderungen an die besondere Sachkunde der registrierungspflichtigen Rechtsdienstleister des § 10 aufführen, hat der Verordnungsgeber bislang keinen Handlungsbedarf für eine nähere Konkretisierung zum Zwecke der Gewährleistung der problemlosen Umsetzung des RDG gesehen und von der entsprechenden Verordnungsermächtigung keinen Gebrauch gemacht. Stattdessen hat er eine weitere Aufgliederung der einzelnen Themengebiete den Anbietern entsprechender Sachkundelehrgänge überlassen.[2]

Dies ist für Inkassodienstleister und Rentenberater lediglich insofern sachgerecht, als dass sich bereits der Gesetzgeber in § 10 Abs. 1 S. 1 Nr. 1 und 2 an den bislang in Rechtsprechung und Praxis geforderten Themengebieten der besonderen Sachkunde orientiert hat (siehe Rn 4, 7). Jedoch wäre eine weitere Konkretisierung nicht nur aus Gründen des Verbraucherschutzes, sondern auch aus Gründen der vom Gesetzgeber bezweckten Förderung des einheitlichen Berufsbildes (siehe § 10 Rn 60) der Inkassodienstleister und Rentenberater[3] wünschenswert. Die Regelung des § 11 ist demgegenüber nur eingeschränkt praxistauglich, da sie allenfalls die Oberthemen der notwendigen Kenntnisse vorgibt. Es fehlt an einem allgemeingültigen Maßstab, welche Teile der einzelnen Rechtsgebiete in welchem theoretischen und praktischen Maß beherrscht werden müssen.[4] Dies gilt umso mehr, als dass der Verordnungsgeber von einer Zertifizierung der Anbieter für Sachkundelehrgänge abgesehen und für die **Sachkundelehrgänge** in § 4 Abs. 1 S. 1 RDV nur eine im Verhältnis zum Gesamtumfang der Rechtsgebiete, in denen eine besondere Sachkunde vorliegen muss, geringe Zeitstundenzahl vorgesehen hat.

2. Besondere Sachkunde im Bereich der Inkassodienstleistungen (Abs. 1). Der Gesetzgeber hat sich bei der Festlegung der Anforderungen an die besondere Sachkunde für Inkassodienstleistungen gemäß § 10 Abs. 1 S. 1 Nr. 1 an den be-

---

1 Unseld/Degen/*Unseld*, § 11 RDG Rn 1; Grunewald/Römermann/*Suppé*, § 11 RDG Rn 4.
2 Begr. RDV, BR-Drucks. 316/08, S. 7.
3 Begr. RDV, BR-Drucks. 316/08, S. 13.
4 Vgl Grunewald/Römermann/*Suppé*, § 11 RDG Rn 2, 4 und 7.

reits bislang in den Sachkundeprüfungen von Inkassounternehmen verlangten Kenntnissen in einzelnen Rechtsgebieten, für die das Bundesverfassungsgericht[5] im Bereich des Forderungsinkassos „profunde Kenntnisse" als notwendig erachtet hat, orientiert.[6]

5 Die besondere Sachkunde erfordert Kenntnisse im Bürgerlichen Recht (im Allgemeinen Teil des BGB, im Allgemeinen und Besonderen Schuldrecht, im Mobiliar- und Immobiliarsachenrecht), im Handelsrecht, im Wertpapierrecht, im Gesellschaftsrecht, im Zivilprozessrecht einschließlich des Zwangsvollstreckungsrechts (insbesondere im Mahnverfahren),[7] im Insolvenzrecht sowie im Kostenrecht. Prozessuale und insolvenzrechtliche Kenntnisse sind insbesondere vor dem Hintergrund der Vertretungsbefugnisse gemäß § 79 Abs. 2 Nr. 4 ZPO, §§ 174 Abs. 1 S. 3 und 305 Abs. 4 S. 2 InsO unverzichtbar.

6 Die Aufzählung der notwendigen Rechtsgebiete in Abs. 1 ist **nicht abschließend** („insbesondere"). Die RDV sieht jedoch derzeit weder eine Erweiterung noch eine Konkretisierung (siehe Rn 2) der notwendigen Rechtsgebiete vor.

7 **3. Besondere Sachkunde im Bereich der Rentenberatung (Abs. 2).** Auch hinsichtlich der Anforderungen an die besondere Sachkunde von Rentenberatern hat sich der Gesetzgeber weitgehend an der bisherigen Verwaltungspraxis (nämlich den Richtlinien für die Durchführung von Sachkundeprüfungen bei Anträgen auf Erlaubniserteilung zur Rentenberatung, die von den Präsidenten der Landessozialgerichte im Jahr 1994 entworfen wurden)[8] orientiert.[9]

8 Eine Registrierung als Rentenberater setzt danach sowohl im Falle einer umfassenden Registrierung als auch im Fall einer Registrierung für einen Teilbereich stets eine vertiefte Sachkunde im Recht der gesetzlichen Renten- und Unfallversicherung sowie Kenntnisse über Aufbau, Gliederung und Strukturprinzipien der sozialen Sicherung und Kenntnisse der gemeinsamen, für alle Sozialleistungsbereiche geltenden Rechtsgrundsätze einschließlich des sozialrechtlichen Verwaltungsverfahrens und des sozialgerichtlichen Verfahrens voraus. Kenntnisse des sozialgerichtlichen Verfahrens sind vor dem Hintergrund der prozessualen Vertretungsbefugnis der Rentenberater gemäß § 73 Abs. 2 Nr. 3 SGG unverzichtbar.

9 Die **umfassende Registrierung** als Rentenberater erfordert ferner zumindest Grundkenntnisse im sozialen Entschädigungsrecht und im übrigen – über die gesetzliche Renten- und Unfallversicherung sowie das gesetzliche Entschädigungsrecht hinausgehenden – Sozialversicherungs- und Schwerbehindertenrecht mit Bezug zu einer gesetzlichen Rente sowie im Recht der betrieblichen und berufsständischen Versorgung (vgl § 10 Rn 27 ff).

10 Im Falle einer **Registrierung für einen Teilbereich** des Rentenrechts müssen neben den in jedem Fall erforderlichen Kenntnissen des gesetzlichen Renten- und Unfallversicherungsrechts, des materiellen Sozialrechts, des Sozialverwaltungsverfahrens- und Sozialgerichtsverfahrensrechts nur Kenntnisse in dem betreffenden Teilbereich nachgewiesen werden. Der Verordnungsgeber hat in der RDV jedoch

---

5 BVerfG 20.2.2002 – 1 BvR 423/99, 1 BvR 821/00, 1 BvR 1412/01, NJW 2002, 1190 (Inkasso I).
6 Begr. RegE, BT-Drucks. 16/3655, S. 66.
7 BVerfG 20.2.2002 – 1 BvR 423/99, 1 BvR 821/00, 1 BvR 1412/01, NJW 2002, 1190, 1191 (Inkasso I).
8 RV 1995, S. 83 f.
9 Begr. RegE, BT-Drucks. 16/3655, S. 66.

bislang bewusst von einer Aufspaltung des einheitlichen Berufsbildes des Rentenberaters abgesehen und keine Teilbereiche geregelt.[10]

4. Besondere Sachkunde im Bereich der Rechtsdienstleistungen in einem ausländischen Recht (Abs. 3). Die Registrierung für Rechtsdienstleistungen in einem ausländischen Recht erfordert grds., dass besondere **Kenntnisse der gesamten ausländischen Rechtsordnung** nachgewiesen werden, die denen einer in diesem Staat zur Ausübung der umfassenden Rechtsdienstleistung berechtigten Person entsprechen.

Wird hingegen nur eine Registrierung für einen **Teilbereich des ausländischen Rechts** beantragt, so müssen neben den vertieften Kenntnissen in den entsprechenden Rechtsgebieten – auch ohne ausdrückliche Erwähnung im Gesetzeswortlaut – zusätzlich zumindest Grundkenntnisse der ausländischen Rechtsordnung im Übrigen vorliegen.[11] Nach § 1 RDV ist derzeit eine Registrierung im ausländischen Recht nur für die Bereiche des **gewerblichen Rechtsschutzes** und/oder des **Steuerrechts** möglich (vgl § 10 Rn 59).

Ausländische Rechtsdienstleister aus einem **anderen Mitgliedstaat der Europäischen Union** oder einem anderen **Vertragsstaat des Europäischen Wirtschaftsraums**, die im Falle einer Registrierung nach § 10 Abs. 1 S. 1 Nr. 3 kraft Gesetzes auch in dem Recht der Europäischen Union oder des Europäischen Wirtschaftsraums Rechtsdienstleistungen erbringen dürfen (vgl § 10 Rn 55), müssen für diese europarechtlichen Rechtsgebiete keinen besonderen Nachweis ihrer Kenntnisse führen, weil sie nach Auffassung des Gesetzgebers angesichts der Europäisierung des Rechts als vorhanden vorausgesetzt werden können.[12]

II. Schutz der Berufsbezeichnungen (Abs. 4)

1. Normzweck. Während in § 6 RDGEG die Berufsbezeichnung „Rechtsbeistand" geschützt wird (siehe § 6 RDGEG Rn 1 ff), werden Berufsbezeichnungen, die den Begriff „Inkasso" enthalten, und die Berufsbezeichnung „Rentenberater/in" oder diesen zum Verwechseln ähnliche Bezeichnungen durch Abs. 4 in der Weise geschützt, dass sie nur von entsprechend registrierten Personen geführt werden dürfen. Die Regelung soll gewährleisten, dass Rechtsuchende die Rechtsdienstleistungen der nachweislich besonders qualifizierten registrierten Personen erkennen und von den Dienstleistungen anderer Personen eindeutig unterscheiden können.[13] Daher haben nur nach § 10 Abs. 1 S. 1 Nr. 2 registrierte Personen das Recht, die Berufsbezeichnung „**Rentenberater/in**" zu führen, und nur nach § 10 Abs. 1 S. 1 Nr. 1 registrierte Personen dürfen eine Berufsbezeichnung führen, die den Begriff „**Inkasso**" enthält.

Umgekehrt begründet Abs. 4 für die registrierten Inkassounternehmen und Rentenberater – anders als bspw die frühere Regelung des Art. 1 § 1 Abs. 1 S. 3 RBerG[14] und die Regelungen für Steuerberater (§ 43 Abs. 1 S. 3 StBerG) und Wirtschaftsprüfer (§ 18 Abs. 1 S. 1 WPO) – **keine Pflicht zum Führen der entsprechenden Berufsbezeichnung** bei Ausübung ihrer Berufstätigkeit.

---

10 Begr. RDV, BR-Drucks. 316/08, S. 9.
11 Begr. RegE, BT-Drucks. 16/3655, S. 66.
12 Begr. RegE, BT-Drucks. 16/3655, S. 65.
13 Begr. RegE, BT-Drucks. 16/3655, S. 66.
14 Vgl zu Art. 1 § 1 Abs. 1 S. 3 RBerG Henssler/Prütting/*Weth*, Art. 1 § 1 RBerG Rn 74.

16 2. **Führen einer geschützten oder verwechslungsfähigen Berufsbezeichnung. a) Geschützte und verwechslungsfähige Berufsbezeichnungen.** Nicht registrierte Personen dürfen weder die Berufsbezeichnung „Rentenberater/in" noch eine Berufsbezeichnung, die den Begriff „Inkasso" beinhaltet, führen. Gleiches gilt für Berufsbezeichnungen, die die Gefahr der Verwechslung mit den registrierten Inkassounternehmen oder Rentenberatern bergen. Dies ist in Anlehnung an die Rechtsprechung und Literatur zu § 132 a StGB,[15] der ebenfalls bestimmte Berufsbezeichnungen schützt, dann der Fall, wenn „nach dem Gesamteindruck eines durchschnittlichen, nicht genau prüfenden Beurteilers eine **Verwechslung möglich** ist".[16] Entscheidend ist, ob ein durchschnittlicher, nicht genau prüfender Dritter bei dem benutzten Begriff eine Bezeichnung für Inkassodienstleistungen bzw Rentenberatung annimmt (siehe § 20 Rn 18). Ausreichend ist die Eignung, einen durchschnittlichen Dritten zu täuschen; es kommt nicht darauf an, ob tatsächlich jemand getäuscht wurde.[17]

17 Nicht registrierten Personen sind daher im Hinblick auf die geschützte Bezeichnung „Rentenberater/in" zB **folgende Begriffe** versperrt: „Experte für Rentenangelegenheiten/Rentenrecht", „Rentenexperte" und „Alters-/Unfallrentenberater". Hinsichtlich des geschützten Begriffs „Inkasso" bergen die Bezeichnungen „Forderungseinzug", „Beitreibung/Einzug von Außenständen" oder „Schuldenbeitreibung" trotz fehlender Namensähnlichkeit eine Verwechslungsgefahr und dürfen daher nur von registrierten Personen geführt werden (siehe § 20 Rn 18).

18 Trotz des Gesetzeswortlauts, nach dem nur entsprechend registrierte Rechtsdienstleister die Berufsbezeichnung „Rentenberater/in" oder die Bezeichnung „Inkasso" führen dürfen, begegnet es keinen Bedenken, wenn **zugelassene Rechtsanwälte** (unter den Voraussetzungen des § 7 BORA) diese Begriffe zur Beschreibung ihres Tätigkeitsfeldes verwenden.[18] In diesem Fall besteht aufgrund der umfassenden beruflichen Qualifikation der Rechtsanwälte keine Verwechslungsgefahr für die Rechtsuchenden.[19] Ebenfalls unterliegen dem Verbot des Abs. 4 nicht die **Anbieter von bloßen Informations- oder Fortbildungsveranstaltungen,** sofern diese keine Rechtsdienstleistungen iSd § 2 Abs. 1 erbringen. Die von ihnen gewählten Bezeichnungen dürfen indes nicht den Anschein einer registrierungspflichtigen Rechtsdienstleistung erwecken, so dass zB die Bezeichnung „Experte für Rentenfragen" zu vermeiden ist.[20]

19 Hingegen gilt das Verbot des Abs. 4 auch für die **ausländischen Rechtsdienstleister,** die ihren Beruf gemäß § 15 nur gelegentlich und vorübergehend in Deutschland ausüben, so dass sie sich nicht der Begriffe „Rentenberater" oder „Inkasso" bedienen dürfen. Sie müssen gemäß § 15 Abs. 4 S. 1 unter der Berufs-

---

15 *Lamm*, in: Dreyer/Lamm/Müller, § 11 RDG Rn 16.
16 Vgl BayObLG 20.4.1977 – RReg. 3 St 303/76, NJW 1978, 2348, 2349; BayObLG 5.8.1999 – 5 St RR 136/99, NStZ-RR 2000, 236; OLG Dresden 19.4.2000 – 1 Ss 592/99, NJW 2000, 2519, 2520; OLG Köln 10.8.1999 – Ss 293/99, NJW 2000, 1053, 1054; Schönke/Schröder/*Sternberg-Lieben*, § 132 a StGB Rn 13.
17 Schönke/Schröder/*Sternberg-Lieben*, § 132 a StGB Rn 13; MüKo-StGB/*Hohmann*, § 132 a StGB Rn 19.
18 Grunewald/Römermann/*Suppé*, § 11 RDG Rn 13; Unseld/Degen/*Unseld*, § 11 RDG Rn 6.
19 Unseld/Degen/*Unseld*, § 11 RDG Rn 6.
20 Grunewald/Römermann/*Suppé*, § 11 RDG Rn 15.

bezeichnung in der Sprache des Niederlassungsstaates tätig werden. Es genügt nicht, wenn sie der deutschsprachigen Berufsbezeichnung die Angabe des Niederlassungsstaates nachstellen.[21] Anders ist der Fall zu beurteilen, wenn die ausländische Berufsbezeichnung vorangestellt wird und ein erklärender Zusatz unter Verwendung des Namens des Niederlassungsstaates und der gemäß Abs. 4 geschützten Begrifflichkeiten (zB durch entsprechenden Klammerzusatz) hinzugefügt wird.[22] In diesem Fall ist eine Verwechslungsgefahr gemäß § 15 Abs. 4 S. 2 auszuschließen. Auch sollte zur Vermeidung einer Verwechslungsgefahr bei einer identischen oder einer ähnlichen Bezeichnung der Berufe in Deutschland und dem Niederlassungsstaat ein erklärender Zusatz beigefügt werden.[23]

b) Führen einer Berufsbezeichnung. Eine Berufsbezeichnung wird geführt, wenn die entsprechende Person im sozialen Leben diese Berufsbezeichnung durch ein aktives Verhalten für sich in Anspruch nimmt, zB durch den Aufdruck auf Briefbögen, das Veranlassen von Eintragungen in Adressverzeichnissen und Telefonbüchern, Internetauftritte, im Text von Büroschildern oder Zeitungsannoncen.[24] Das bloße Dulden einer entsprechenden Anrede durch einen Dritten stellt für sich allein hingegen kein Führen der Berufsbezeichnung dar.[25] Bereits ein einmaliger Gebrauch kann genügen, wenn er zB öffentlich oder gegenüber einer Mehrzahl von Personen erfolgt.[26] Nicht erforderlich ist, dass das Führen der Berufsbezeichnung von einem Dritten tatsächlich zur Kenntnis genommen wird; es genügt, dass die bloße Möglichkeit der Wahrnehmung durch Dritte besteht.[27] 20

3. Zuwiderhandlungen. Das Führen der Berufsbezeichnung „Rentenberater/in" oder des Begriffs „Inkasso" innerhalb einer Berufsbezeichnung oder einer hiermit verwechslungsfähigen Bezeichnung ohne entsprechende Registrierung stellt gemäß § 20 Abs. 1 Nr. 3 eine **Ordnungswidrigkeit** dar, die mit einer Geldbuße bis zu 5.000 € geahndet werden kann. 21

Zuwiderhandlungen können zudem einen **Wettbewerbsverstoß** begründen. Das Vortäuschen der nicht bestehenden beruflichen Qualifikation durch einen nicht registrierten Rechtsdienstleister stellt als Verstoß gegen Abs. 4 eine unlautere geschäftliche Handlung dar, §§ 3, 4 Nr. 11 UWG. Im Übrigen wird regelmäßig der Tatbestand der Irreführung des § 5 Abs. 1 Nr. 3 UWG gegeben sein. 22

---

21 Vgl OLG Frankfurt 25.3.1999 – 6 U 200/98, DB 1999, 2055, 2056.
22 Ebenso *Kilian*, AnwBl 2008, 394, 395; Kilian/Sabel/vom Stein/*Kilian*, § 11 Rn 331; *Lamm*, in: Dreyer/Lamm/Müller, § 15 RDG Rn 47.
23 *Lamm*, in: Dreyer/Lamm/Müller, § 15 RDG Rn 47.
24 *Lamm*, in: Dreyer/Lamm/Müller, § 11 RDG Rn 17.
25 MüKo-StGB/*Hohmann*, § 132 a StGB Rn 23.
26 Schönke/Schröder/*Sternberg-Lieben*, § 132 a StGB Rn 17; MüKo-StGB/*Hohmann*, § 132 a StGB Rn 24; vgl *Lamm*, in: Dreyer/Lamm/Müller, § 11 RDG Rn 17.
27 MüKo-StGB/*Hohmann*, § 132 a StGB Rn 26.

§ 12 Registrierungsvoraussetzungen

(1) Voraussetzungen für die Registrierung sind
1. persönliche Eignung und Zuverlässigkeit; die Zuverlässigkeit fehlt in der Regel,
   a) wenn die Person in den letzten drei Jahren vor Antragstellung wegen eines Verbrechens oder eines die Berufsausübung betreffenden Vergehens rechtskräftig verurteilt worden ist,
   b) wenn die Vermögensverhältnisse der Person ungeordnet sind,
   c) wenn in den letzten drei Jahren vor Antragstellung eine Registrierung nach § 14 oder eine Zulassung zur Rechtsanwaltschaft nach § 14 Abs. 2 Nr. 1 bis 3 und 7 bis 9 der Bundesrechtsanwaltsordnung widerrufen, die Zulassung zur Rechtsanwaltschaft nach § 14 Abs. 1 der Bundesrechtsanwaltsordnung zurückgenommen oder nach § 7 der Bundesrechtsanwaltsordnung versagt worden oder ein Ausschluss aus der Rechtsanwaltschaft erfolgt ist,
2. theoretische und praktische Sachkunde in dem Bereich oder den Teilbereichen des § 10 Abs. 1, in denen die Rechtsdienstleistungen erbracht werden sollen,
3. eine Berufshaftpflichtversicherung mit einer Mindestversicherungssumme von 250.000 Euro für jeden Versicherungsfall.

(2) Die Vermögensverhältnisse einer Person sind in der Regel ungeordnet, wenn über ihr Vermögen das Insolvenzverfahren eröffnet worden oder sie in das vom Insolvenzgericht oder vom Vollstreckungsgericht zu führende Verzeichnis (§ 26 Abs. 2 der Insolvenzordnung, § 915 der Zivilprozessordnung) eingetragen ist. Ungeordnete Vermögensverhältnisse liegen nicht vor, wenn im Fall der Insolvenzeröffnung die Gläubigerversammlung einer Fortführung des Unternehmens auf der Grundlage eines Insolvenzplans zugestimmt und das Gericht den Plan bestätigt hat, oder wenn die Vermögensinteressen der Rechtsuchenden aus anderen Gründen nicht konkret gefährdet sind.

(3) Die theoretische Sachkunde ist gegenüber der zuständigen Behörde durch Zeugnisse nachzuweisen. Praktische Sachkunde setzt in der Regel eine mindestens zwei Jahre unter Anleitung erfolgte Berufsausübung oder praktische Berufsausbildung voraus. Besitzt die Person eine Berufsqualifikation, die in einem anderen Mitgliedstaat der Europäischen Union oder einem anderen Vertragsstaat des Abkommens über den Europäischen Wirtschaftsraum erforderlich ist, um in dessen Gebiet einen in § 10 Abs. 1 genannten oder einen vergleichbaren Beruf auszuüben, oder hat sie einen solchen Beruf während der vorhergehenden zehn Jahre vollzeitlich zwei Jahre in einem Mitgliedstaat ausgeübt, der diesen Beruf nicht reglementiert, so ist die Sachkunde unter Berücksichtigung dieser Berufsqualifikation oder Berufsausübung durch einen mindestens sechsmonatigen Anpassungslehrgang nachzuweisen.

(4) Juristische Personen und Gesellschaften ohne Rechtspersönlichkeit müssen mindestens eine natürliche Person benennen, die alle nach Absatz 1 Nr. 1 und 2 erforderlichen Voraussetzungen erfüllt (qualifizierte Person). Die qualifizierte Person muss in dem Unternehmen dauerhaft beschäftigt, in allen Angelegenheiten, die Rechtsdienstleistungen des Unternehmens betreffen, weisungsun-

abhängig und weisungsbefugt sowie zur Vertretung nach außen berechtigt sein. Registrierte Einzelpersonen können qualifizierte Personen benennen.

(5) Das Bundesministerium der Justiz wird ermächtigt, durch Rechtsverordnung mit Zustimmung des Bundesrates die Einzelheiten zu den Voraussetzungen der Registrierung nach den §§ 11 und 12 zu regeln, insbesondere die Anforderungen an die Sachkunde und ihren Nachweis einschließlich der Anerkennung und Zertifizierung privater Anbieter von Sachkundelehrgängen, an die Anerkennung ausländischer Berufsqualifikationen und den Anpassungslehrgang sowie, auch abweichend von den Vorschriften des Versicherungsvertragsgesetzes für die Pflichtversicherung, an Inhalt und Ausgestaltung der Berufshaftpflichtversicherung.

I. Normzweck...................... 1	(b) Versagung oder Widerruf der Zulassung zur Rechtsanwaltschaft............ 35
II. Registrierungsvoraussetzungen (Abs. 1)......................... 3	2. Theoretische und praktische Sachkunde (Abs. 1 Nr. 2)...... 38
1. Persönliche Eignung und Zuverlässigkeit (Abs. 1 Nr. 1).................. 3	a) Theoretische Sachkunde.... 39
a) Persönliche Eignung........ 4	aa) Fachkenntnisse für Inkassodienstleistungen....... 39
aa) Abgrenzung zur Sachkunde.................... 4	bb) Fachkenntnisse für Rentenberatung.............. 40
bb) Körperliche Eignung..... 7	cc) Fachkenntnisse für Rechtsdienstleistung im ausländischen Recht..... 41
cc) Verhalten/Lebenswandel....................... 10	dd) Nachweis der theoretischen Sachkunde (Abs. 3 S. 1).............. 42
dd) Interessenkollision....... 12	
b) Persönliche Zuverlässigkeit........................ 14	b) Praktische Sachkunde (Abs. 3 S. 2).............. 47
aa) Beurteilungsmaßstab..... 14	c) Nachweis der Sachkunde durch die Berufsqualifikation für einen anderen EU- oder EWR-Staat oder eine dort ausgeübte Berufstätigkeit (Abs. 3 S. 3)............ 49
bb) Regelbeispiele des Abs. 1 Nr. 1 Buchst. a) bis c).... 19	
(1) Widerlegbare Vermutungswirkung............ 19	
(2) Rechtskräftige Verurteilung (Nr. 1 Buchst. a).... 20	
(3) Ungeordnete Vermögensverhältnisse (Nr. 1 Buchst. b)......... 27	3. Berufshaftpflichtversicherung (Abs. 1 Nr. 3)................ 51
(a) Definition (Abs. 2 S. 1).. 27	4. Qualifizierte Person (Abs. 4).. 54
(b) Keine Gefährdung von Vermögensinteressen trotz Vermögensverfalls (Abs. 2 S. 2).............. 29	5. Verordnungsermächtigung (Abs. 5)....................... 57
	III. Umfang der Antragsprüfung..... 58
(4) Versagung der Registrierung aufgrund von Tatbeständen aus dem anwaltlichen Berufsrecht oder nach dem RBerG (Nr. 1 Buchst. c).......... 32	1. Umfang der Antragsprüfung bei juristischen Personen und Gesellschaften ohne eigene Rechtspersönlichkeit.......... 59
	a) Prüfungsebenen............. 59
(a) RBerG.................... 33	b) Interessenkollision.......... 60

c) Fehlende Zuverlässigkeit... 61
   d) Prüfung der qualifizierten
      Person des Unternehmens.. 62
   e) Umfang der Antragsprüfung
      bei einer weiteren qualifizierten Person im Unternehmen........................ 63
   2. Umfang der Antragsprüfung
      bei einer weiteren qualifizierten Person neben einer als Rechtsdienstleister tätigen natürlichen Person........................ 64

IV. Ausgestaltung der Registrierungsvoraussetzungen durch die RDV (Abs. 5)......................... 65

I. Normzweck

1 § 12 bestimmt die Registrierungsvoraussetzungen. Um Rechtsdienstleistungen erbringen zu dürfen, können sich nur solche Personen registrieren lassen, die dem Anforderungskatalog des **Abs. 1** entsprechen: Sie müssen geeignet und zuverlässig sein (Nr. 1), die besondere Sachkunde besitzen, die notwendig ist, um die Rechtsdienstleistungen zu erbringen (Nr. 2), und eine Berufshaftpflichtversicherung abgeschlossen haben (Nr. 3). Es ist das Ziel des § 12, den Verbraucher vor unqualifiziertem Rechtsrat zu schützen, aber auch die Rechtspflege allgemein vor den Gefahren zu bewahren, die sich ergeben, wenn ungeeignete Personen Rechtsdienstleistungen anbieten.

2 Durch **Abs. 5** wird das Bundesministerium der Justiz ermächtigt, mit Zustimmung des Bundesrates eine **Rechtsdienstleistungsverordnung** (RDV) zu erlassen, um die Registrierungsvoraussetzungen sowohl inhaltlich als auch formal näher auszugestalten. Von dieser Ermächtigung hat es Gebrauch gemacht, so dass nun in den §§ 2 bis 5 RDV die Einzelheiten der Berufszulassung geregelt werden. Auf die Erläuterungen zu den §§ 2 bis 5 RDV wird verwiesen.

II. Registrierungsvoraussetzungen (Abs. 1)

3 **1. Persönliche Eignung und Zuverlässigkeit (Abs. 1 Nr. 1).** Die Merkmale der persönlichen Eignung und Zuverlässigkeit waren bereits nach dem RBerG Kriterien, die gemäß Art. 1 § 1 Abs. 2 S. 1 RBerG, §§ 6, 8 der 1. AVO zum RBerG erfüllt sein mussten, um eine Erlaubnis zur Erbringung von Rechtsdienstleistungen zu erhalten. Begrifflich entstammen sie dem Gewerberecht,[1] so dass zur Auslegung dieser Tatbestandsmerkmale sowohl auf die Rechtsprechung und Literatur zum RBerG als auch auf die gewerberechtliche Rechtsprechung zurückgegriffen werden kann.

4 **a) Persönliche Eignung. aa) Abgrenzung zur Sachkunde.** Die persönliche Eignung umfasst die persönlichen Fähigkeiten und Fertigkeiten, die Rechtsdienstleistung zu erbringen. Sie stellt auf die persönliche Integrität ab und ist von der erforderlichen Sachkunde zu trennen.[2]

5 Gleichgültig, ob die persönliche Eignung und Zuverlässigkeit eines einzelnen Antragstellers oder die einer qualifizierten Person nach Abs. 4 zu prüfen sind, gelten für die Prüfung dieselben Kriterien.

---

1 Kilian/Sabel/vom Stein/*vom Stein*, § 3 Rn 357, 360; *Lamm*, in: Dreyer/Lamm/Müller, § 12 RDG Rn 15.
2 *Unseld/Degen*, § 12 RDG Rn 4; Grunewald/Römermann/*Suppé*, § 12 RDG Rn 9.

Sowohl die persönliche Eignung als auch die Zuverlässigkeit sind bei der Antragstellung **einzelfallspezifisch** danach zu beurteilen, welche Rechtsdienstleistungen der Antragsteller zu erbringen beabsichtigt. In dieser Einzelfallprüfung sind unter Wahrung des Verhältnismäßigkeitsgrundsatzes auf der einen Seite die verfassungsrechtlich geschützten Belange des Antragstellers, wie zB Berufsausübungs- und Berufswahlfreiheit, und auf der anderen Seite die durch das RDG und die öffentliche Ordnung geschützten Rechtsgüter Dritter gegeneinander abzuwägen. Die Registrierung darf danach nur versagt werden, wenn objektiv nachvollziehbare Umstände erhebliche Zweifel an der ordnungsgemäßen Erbringung von Rechtsdienstleistungen begründen.[3] 6

bb) **Körperliche Eignung.** Die persönliche Eignung kann auch entfallen, wenn der Antragsteller physisch oder psychisch nicht in der Lage ist, die Rechtsdienstleistung zu erbringen, für die er um eine Erlaubnis nachsucht. Maßgeblicher Zeitpunkt für die Beurteilung dieser Frage ist der **Zeitpunkt der Antragstellung**. 7

Ungeeignet ist ein Antragsteller zB dann, wenn er zum Zeitpunkt der Antragstellung unter einer **Geistesschwäche** oder **Geisteskrankheit** leidet. Anders ist die Situation zu beurteilen, wenn eine frühere Erkrankung mittlerweile geheilt ist. Der Genehmigungsbehörde steht kein Recht zu einer Prognose zu, inwieweit eventuelle Rückfallrisiken bestehen. Sie kann die Registrierung nur verweigern, wenn es sich um eine dauerhafte Erkrankung handelt. Dies bedeutet, dass eine Registrierung selbst dann nicht wegen mangelnder physischer oder psychischer Eignung versagt werden darf, wenn der Antragsteller zum Zeitpunkt der Antragstellung zwar erkrankt ist, aber eine gesicherte medizinisch bestätigte Prognose vorliegt, dass er in einem überschaubaren Zeitraum wieder genesen und damit seine Eignung wiederhergestellt sein wird. 8

Ein **Invalide**, dem ein oder mehrere Gliedmaßen fehlen, oder ein **blinder** oder **gehbehinderter** Antragsteller wird regelmäßig noch in der Lage sein, die Rechtsdienstleistungen zu erbringen, für die er um eine Genehmigung nachsucht. In der Literatur wird teils vertreten, dass dies bei **tauben** oder **stummen** Antragstellern anders sei.[4] Dem kann in dieser generalisierenden Form nicht gefolgt werden, denn auch in diesen Fällen ist es denkbar, dass der Antragsteller die Rechtsdienstleistungen zB mit Hilfe eines Gebärdendolmetschers ordnungsgemäß erbringen kann. 9

cc) **Verhalten/Lebenswandel.** Der Lebenswandel bzw das Verhalten eines Antragstellers können nur dann ein Grund sein, die Genehmigung zu versagen, wenn sich Lebenswandel bzw Verhalten unmittelbar auf die Beratungstätigkeit selbst auswirken. Als Beurteilungsmaßstab für diese Frage können Rechtsprechung und Literatur zur Beurteilung außerberuflicher Normverstöße bei Rechtsanwälten iSv § 113 Abs. 1 und 2 BRAO herangezogen werden. Danach sind außerberufliche Normverstöße nur dann relevant, wenn sie in besonderem Maße geeignet sind, das Vertrauen der rechtsuchenden Bevölkerung in den Anwaltsstand und in seine berufliche Integrität nachhaltig zu erschüttern.[5] Als **Beispiel** 10

---

3 Begr. RegE, BT-Drucks. 16/3655, S. 67 f.
4 Grunewald/Römermann/*Suppé*, § 12 RDG Rn 17; vgl Henssler/Prütting/*Weth*, 1. AVO zum RBerG § 8 Rn 3.
5 Vgl EGH Berlin 7.9.1992 – II EGH 12/91, DtZ 1993, 318; *Kleine-Cosack*, BRAO, § 113 Rn 21; Henssler/Prütting/*Dittmann*, BRAO, § 113 BRAO Rn 14.

für solche Verstöße wird dauerhafter schwerer Alkoholmissbrauch oder entsprechender Drogenkonsum genannt.[6]

11 **Charakterliche Defizite** müssen **dauerhaft** und in einem **Umfang** zu Tage treten, der geeignet ist, sich zum Nachteil des Rechtsuchenden auszuwirken. Fehlt es bspw dem Rechtsdienstleister regelmäßig an der notwendigen sachlichen Distanz zu der von ihm zu vertretenden Sache,[7] was sich darin äußern kann, dass er gegenüber Verfahrensgegnern, Gerichten und Behörden unsachlich, beleidigend oder ehrverletzend auftritt bzw Behörden und Gerichte ohne sachlichen Grund mit Dienstaufsichtsbeschwerden überzieht, so kann dies ein Grund für einen Widerruf gemäß § 14 Nr. 1 und dementsprechend ein Versagungsgrund bei einem erneuten Antrag auf Registrierung auch nach Ablauf der Drei-Jahres-Frist des Abs. 1 Nr. 1 Buchst. c) sein, sofern sich in dem Verhalten ein Muster erkennen lässt, das über ein bloß gelegentliches Fehlverhalten im Einzelfall hinausgeht.[8]

12 **dd) Interessenkollision.** Eine mangelnde Eignung des Antragstellers kann auch aus einer dauernden Interessenkollision zwischen seiner Tätigkeit als Rechtsdienstleister im Rahmen der drei Bereiche des § 10 und einer sonstigen von ihm dauerhaft ausgeübten Tätigkeit resultieren. Dazu muss die Interessenkollision über einen Konflikt in einem Einzelfall hinausgehen. Denn in solchen Fällen bietet bereits § 4, wonach in einem konkreten Fall Rechtsdienstleistungen nicht erbracht werden dürfen, wenn die Erfüllung der anderen Leistungspflicht ihre ordnungsgemäße Erbringung gefährdet, einen ausreichenden Schutz der Rechtsuchenden.

13 Eine Genehmigung ist danach wegen einer dauernden Interessenkollision nur dann zu versagen, wenn die Tätigkeit neben der Rechtsdienstleistung in nahezu jeder Ausprägung typischerweise das Risiko birgt, zu einer Pflichtenkollision zu führen.[9] Beispielhaft nennt der Gesetzgeber den gleichzeitigen Betrieb eines Inkassounternehmens und einer Finanzvermittlung oder die gleichzeitige Tätigkeit als Rentenberater und Versicherungsvertreter.[10] Es kann also immer dann keine Genehmigung erteilt werden, wenn die Gefahr besteht, bei der Erbringung von Rechtsdienstleistungen zu Lasten des Rechtsuchenden aus der **zweitberuflichen Tätigkeit** resultierende eigene oder fremde Interessen zu verfolgen.

14 **b) Persönliche Zuverlässigkeit. aa) Beurteilungsmaßstab.** Fehlt es dem Antragsteller an der persönlichen Zuverlässigkeit, so ist ihm ebenfalls keine Rechtsdienstleistungsbefugnis zu erteilen. Begrifflich ist die persönliche Zuverlässigkeit ein **Teilaspekt der Eignung.** § 12 verwendet den Terminus – genau wie das Gewerberecht – als eigenständigen Prüfungsaspekt und betont auf diese Weise, welche Bedeutung dem Verhalten und dem Charakter des Antragstellers im Rahmen des Genehmigungsverfahrens zukommt.

---

6 EGH Berlin 5.11.1985 – II 3/86, BRAK-Mitt. 1987, 97; Grunewald/Römermann/*Suppé*, § 12 RDG Rn 22; *Marcks*, in: Landmann/Rohmer, GewO, Band I, § 35 Rn 61.
7 BGH 29.9.1986 – AnwSt (R) 17/86, NStZ 1987, 135.
8 Grunewald/Römermann/*Suppé*, § 12 RDG Rn 26; *von Lewinski*, Grundriss des Anwaltlichen Berufsrechts, S. 136.
9 BGH 21.11.1994 – AnwZ (B) 44/94, NJW 1995, 1031.
10 Begr. RegE, BT-Drucks. 16/3655, S. 67.

Mit den **nicht abschließend** gemeinten **Regelbeispielen** des Abs. 1 Nr. 1   15
Buchst. a) bis c) illustriert der Gesetzgeber, wann die erforderliche Zuverlässigkeit regelmäßig fehlt.

Die Zuverlässigkeit ist stets **bezogen auf die konkret beabsichtigte Rechtsdienst-**   16
leistung zu prüfen. Nicht jedes unzuverlässige Verhalten rechtfertigt es, die Registrierung zu verweigern. Umgekehrt können für die Beurteilung der Zuverlässigkeit aber auch Umstände außerhalb der beruflichen Tätigkeit herangezogen werden, soweit Tatsachen aus dem privaten Bereich oder einem ausgeübten Zweitberuf erhebliche Zweifel daran aufkommen lassen, inwieweit der Antragsteller in der Lage ist, Rechtsdienstleistungen, für die er um eine Genehmigung nachsucht, ordnungsgemäß, dh zuverlässig, zu erbringen.[11]

Ein Antragsteller ist **unzuverlässig**, wenn sein Verhalten den Pflichten, die sich   17
aus seiner Tätigkeit ergeben, so eklatant widerspricht, dass keine Gewähr besteht, dass er diese Pflichten ordnungsgemäß ausüben wird.[12] Das rechtsuchende Publikum muss darauf vertrauen dürfen, dass Anbieter von Rechtsdienstleistungen nach ihren gesamten Lebensumständen die Gewähr dafür bieten, ihre Rechtsdienstleistungen in Einklang mit dem Schutzzweck des RDG, Rechtsuchende, den Rechtsverkehr und die Rechtsordnung vor unqualifiziertem Rechtsrat zu schützen, ordnungsgemäß zu erbringen. Entsprechend ist eine Registrierung zu versagen, wenn zum Zeitpunkt der Antragstellung Tatsachen erkennbar sind, die erhebliche Zweifel hieran begründen.

Wird die Zulassung versagt, greift dies in das grundrechtlich geschützte Rechts-   18
gut der Berufsfreiheit nach Art. 12 GG ein. Die behördliche Zulassungsprüfung muss sich daher an den verfassungsrechtlichen **Verhältnismäßigkeitsprinzipien** orientieren und im Einzelfall abwägen, ob die Umstände, die eine Unzuverlässigkeit indizieren, gravierend genug sind, um die Zulassung zu versagen. Liegen die Gründe für eine mögliche Versagung zB länger zurück und hat der Antragsteller danach durch sein Verhalten bewiesen, dass er die Gewähr bietet, seine Pflichten ordnungsgemäß zu erfüllen, so muss die Behörde bei pflichtgemäßer Ermessensausübung die Rechtsdienstleistung erlauben. Insbesondere ist in solchen Fällen zu beachten, dass die Behörde auch nach der Registrierung die Möglichkeit hat, ihre Entscheidung zu korrigieren und die Zulassung gemäß § 14 Nr. 1 zu widerrufen oder gemäß § 10 Abs. 3 S. 3 der registrierten Person Auflagen zu erteilen, soweit sich im Nachhinein eine Unzuverlässigkeit manifestiert.

bb) Regelbeispiele des Abs. 1 Nr. 1 Buchst. a) bis c). (1) Widerlegbare Vermu-   19
tungswirkung. In Abs. 1 Nr. 1 Buchst. a) bis c) werden Regelbeispiele für die mangelnde Zuverlässigkeit genannt, die **nicht kumulativ** vorliegen müssen, um einem Antragsteller die Zulassung zu versagen. Vielmehr handelt es sich um Alternativbeispiele, wobei der Gesetzestext durch die Verwendung der Worte „**in der Regel**" deutlich macht, dass es sich jeweils um eine vom Antragsteller **widerlegbare Vermutung** handelt, wann eine Unzuverlässigkeit angenommen werden muss. Indem der Antragsteller Tatsachen vorträgt, die seine Zuverlässigkeit belegen, hat er die Möglichkeit, die Annahme der Behörde zu erschüttern, er sei zur Erbringung der Rechtsdienstleistung ungeeignet. Folgt die Behörde der Auf-

---

11 *Lamm*, in: Dreyer/Lamm/Müller, § 12 RDG Rn 21; Henssler/Prütting/*Weth*, 1. AVO zum RBerG § 8 Rn 6; *Rennen/Caliebe*, 1. AVO zum RBerG § 6 Rn 1 mwN.
12 Vgl BVerwG 31.8.1970 – I B 60/70, AnwBl 1973, 19 f; OVG Bremen 15.2.1983 – 1 BA 5/82, RBeistand 1983, 101; Grunewald/Römermann/*Suppé*, § 12 RDG Rn 40.

fassung des Antragstellers, so kann sie ihn registrieren, obwohl ein Regelfall vorliegt.[13]

20 (2) **Rechtskräftige Verurteilung (Nr. 1 Buchst. a).** Ist der Antragsteller oder die qualifizierte Person, derer sich der Antragsteller zur Erbringung der Rechtsdienstleistung bedienen möchte, in den letzten drei Jahren vor Antragstellung wegen eines Verbrechens oder eines Vergehens verurteilt worden, so fehlt es regelmäßig an der Zuverlässigkeit.

21 Im Hinblick auf die im Rahmen des Zulassungsverfahrens vorzunehmende Abwägung mit der grundrechtlich geschützten Berufsfreiheit (siehe Rn 18) gilt dies jedoch uneingeschränkt nur bei **Verbrechen**.

22 Bei einer rechtskräftigen Verurteilung wegen eines **Vergehens** kann eine Registrierung dagegen nach der gesetzlichen Vorgabe regelmäßig nur dann verweigert werden, wenn die Straftat in einem **berufsbezogenen Zusammenhang** steht. Dies ist zB der Fall, wenn jemand Rechtsdienstleistungen im Rahmen einer Inkassotätigkeit erbringen möchte, aber wegen Eigentumsdelikten, Urkundenfälschung, Geldwäsche, Insolvenzstraftaten oder Aussagedelikten verurteilt wurde. Es spielt dabei keine Rolle, ob die Tat im Rahmen der Berufsausübung begangen worden ist. Es reicht vielmehr aus, wenn sie sich gegen ein Rechtsgut gerichtet hat, das für die zu erbringende Rechtsdienstleistung von besonderer Bedeutung ist.

23 Inwieweit die Tat im beruflichen oder privaten Kontext verübt wurde, kann bei der Abwägung im Einzelfall eine Rolle spielen. Sofern aus der Tatbegehung und der sonstigen Lebensführung des Antragstellers deutlich wird, dass das im privaten Kontext begangene Delikt vom Antragsteller in einem beruflichen Zusammenhang nie begangen worden wäre, kann er dennoch zu registrieren sein, obwohl eine rechtskräftige Verurteilung vorliegt.

24 Ferner wird man die Zulassung umso weniger versagen können, je geringfügiger ein begangenes Delikt ist.[14] Beispielsweise rechtfertigt ein einfacher Ladendiebstahl nicht unbedingt die Versagung der Registrierung.[15]

25 Unter den Begriff der **rechtskräftigen Verurteilung** fallen sowohl Strafurteile wie auch Strafbefehle, die rechtskräftig geworden sind.

26 Es dürfen nur Verurteilungen berücksichtigt werden, die in den letzten **drei Jahren vor Antragstellung** ergangen sind. Diese Frist entspricht § 30 BZRG, wonach Verurteilungen frühestens drei Jahre nach Begehung der Tat nicht mehr in ein Führungszeugnis aufzunehmen sind, das der Antragsteller gemäß § 13 Abs. 1 S. 3 Nr. 2 beizubringen hat. Grundsätzlich werden nach Ablauf von drei Jahren solche Verurteilungen nicht mehr in das Führungszeugnis aufgenommen, die ein Jahr Freiheitsstrafe auf Bewährung nicht übersteigen (vgl § 34 Abs. 1 Nr. 1 BZRG). Bei Verurteilungen zu mehr als einem Jahr Freiheitsstrafe werden diese gemäß § 34 Abs. 1 Nr. 3, Abs. 2 und Abs. 1 Nr. 2 BZRG mindestens fünf Jahre im Führungszeugnis festgehalten. Auch wenn die Verurteilung mehr als drei Jahre zurückliegt, aber entsprechend noch im Führungszeugnis erscheint, kann die Verurteilung als Kriterium zur Beurteilung der sonstigen Umstände zum Zeitpunkt der Antragstellung herangezogen werden, um zu klären, ob eine Un-

---

13 *Lamm*, in: Dreyer/Lamm/Müller, § 12 RDG Rn 25.
14 Begr. RegE, BT-Drucks. 16/3655, S. 67.
15 Begr. RegE, BT-Drucks. 16/3655, S. 67.

zuverlässigkeit besteht, so dass diese Eintragung im Ergebnis zur Versagung des Registrierungsantrags führen kann.[16]

(3) Ungeordnete Vermögensverhältnisse (Nr. 1 Buchst. b). **(a) Definition (Abs. 2 S. 1).** Gemäß Nr. 1 Buchst. b) ist die Zulassung zu versagen, wenn die Vermögensverhältnisse des Antragstellers ungeordnet sind. Diese Zulassungsvoraussetzung entspricht anderen berufsrechtlichen Regelungen, etwa für Rechtsanwälte, die nach §§ 7 Nr. 9, 14 Abs. 2 Nr. 7 BRAO ebenfalls dann nicht zur Anwaltschaft zuzulassen sind, oder im Gewerberecht, wo nach § 34b Abs. 4 Nr. 1 GewO Versteigerern und nach § 34c Abs. 2 Nr. 1 GewO Maklern, Anlageberatern, Bauträgern oder Baubetreuern für einen solchen Fall ebenfalls die Zulassung zu versagen ist.

27

Um den **Begriff** der **ungeordneten Vermögensverhältnisse** näher zu bestimmen, hat der Gesetzgeber Regelfälle **definiert**. Gemäß **Abs. 2 S. 1** sind die Vermögensverhältnisse in der Regel ungeordnet, wenn über das Vermögen das Insolvenzverfahren eröffnet worden ist, das Insolvenzgericht bei einer Ablehnung des Insolvenzverfahrens mangels Masse eine Eintragung im Schuldnerverzeichnis vorgenommen (§ 46 Abs. 2 InsO) oder wenn bei Abgabe einer eidesstattlichen Versicherung das Vollstreckungsgericht eine Eintragung in das Schuldnerverzeichnis verfügt hat (§ 915 ZPO).

28

(b) Keine Gefährdung von Vermögensinteressen trotz Vermögensverfalls (Abs. 2 S. 2). Aufgrund der verfassungsrechtlich in Art. 12 GG geschützten Berufsfreiheit schränkt **Abs. 2 S. 2** die Regelbeispiele allerdings für zwei Fälle wieder ein:

29

Zum einen gelten die Vermögensverhältnisse trotz Vorliegens eines der Regelbeispiele nicht als ungeordnet, wenn im Rahmen eines Insolvenzverfahrens eine vom Insolvenzgericht bestätigte Entscheidung der Gläubigerversammlung getroffen wurde, im Rahmen einer Sanierung das Unternehmen des Schuldners fortzuführen. Hier soll durch das RDG die Fortführungsperspektive nicht relativiert werden.

30

Zum anderen sollen die Vermögensverhältnisse auch dann nicht als ungeordnet gelten, wenn sich die Verschuldung ausschließlich auf private Vermögensverhältnisse bezieht und keine Verbindlichkeiten gegenüber Rechtsuchenden bzw Kunden bestehen. Dies macht deutlich, dass der Schutzzweck des Merkmals der ungeordneten Vermögensverhältnisse der Schutz des Vermögens der Rechtsuchenden ist. Mit der Regelung greift das RDG insofern die Rechtsprechung zum anwaltlichen Berufsrecht auf, wonach gemäß dem Wortlaut des § 14 Abs. 2 Nr. 7 BRAO bei ungeordneten Vermögensverhältnissen eine Zulassung zwar versagt bzw entzogen werden muss, aber in den Fällen, in denen die wirtschaftlichen Schwierigkeiten ausschließlich auf private Vermögensverluste zurückzuführen sind (fehlgeschlagene Immobilieninvestitionen, Beteiligungen an nun notleidenden Bauherrenmodellen oder Fonds, glücklose Aktienkäufe etc.), dem verschuldeten Berufsträger mit der Versagung oder dem Widerruf der Zulassung nicht die Chance zur Sanierung genommen werden darf, weil man ihm mit der

31

---

16 Vgl Begr. RegE, BT-Drucks. 16/3655, S. 67.

Versagung der Berufsausübung regelmäßig der Quelle beraubt, mit der er seinen Lebensunterhalt erwirtschaftet.[17]

32 **(4) Versagung der Registrierung aufgrund von Tatbeständen aus dem anwaltlichen Berufsrecht oder nach dem RBerG (Nr. 1 Buchst. c).** Nr. 1 Buchst. c) benennt als weiteres Regelbeispiel für die fehlende Zuverlässigkeit solche Fälle, in denen eine Registrierung oder eine Zulassung zur Rechtsanwaltschaft nachträglich entfallen ist.

33 **(a) RBerG.** Danach gelten solche Antragsteller als nicht zuverlässig, die bereits in ein Rechtsdienstleistungsregister eingetragen waren, deren Eintragung aber gemäß § 14 widerrufen wurde. Um die Verhältnismäßigkeit einer auf diesem Grund basierenden Versagung zu sichern, darf der Widerruf allerdings nicht länger als drei Jahre zurückliegen (vgl Rn 11).

34 War der Widerruf der Erlaubnis noch unter dem RBerG erfolgt, so steht dies gemäß § 1 Abs. 5 RDGEG einem Widerruf nach § 14 gleich. Mit dieser Regelung soll sichergestellt werden, dass kein Erlaubnisinhaber, dem nach dem RBerG innerhalb der letzten drei Jahre die Erlaubnis entzogen worden war, aufgrund seines Antrags nach der Novellierung durch das RDG direkt eine neue Rechtsdienstleistungserlaubnis erhält.[18]

35 **(b) Versagung oder Widerruf der Zulassung zur Rechtsanwaltschaft.** Ferner wird die Unzuverlässigkeit dann vermutet, wenn die Zulassung zur Rechtsanwaltschaft widerrufen, zurückgenommen, versagt oder ein Ausschluss aus der Rechtsanwaltschaft erfolgt ist. Infolgedessen kann ein Rechtsanwalt in diesen Fällen regelmäßig auch nicht mehr als „registrierter" Rechtsdienstleister zB auf dem Gebiet des Inkassos tätig werden.

36 Gründe, nach § 7 BRAO die **Zulassung** zu **versagen**, sind: die Verwirkung eines Grundrechts; eine strafrechtliche Verurteilung, aufgrund der der Verurteilte keine öffentlichen Ämter mehr bekleiden darf; ein Ausschluss aus der Rechtsanwaltschaft; ein Ausschluss aus der Richterschaft oder der Rechtspflege im öffentlichen Dienst aufgrund eines Disziplinarverfahrens; die Unwürdigkeit zur Ausübung des Anwaltsberufs; die strafbare Bekämpfung der freiheitlich demokratischen Grundordnung durch den Rechtsanwalt; die Unvereinbarkeit mit anderen Tätigkeiten; ein Vermögensverfall; und die – auch nur vorübergehende – nicht ehrenamtliche Tätigkeit als Richter, Beamter oder Soldat.[19]

37 Eine **Beendigung** der **Zulassung** kann sich ergeben aus: dem Ausschluss aus der Rechtsanwaltschaft gemäß § 13 BRAO der Rücknahme der Zulassung gemäß § 14 Abs. 1 BRAO und dem Widerruf der Zulassung aus den Gründen der §§ 14 Abs. 2 Nr. 1 bis 3 und 7 bis 9 BRAO. Dazu zählen die Fälle, dass die erforderliche Berufshaftpflichtversicherung nicht besteht, der Rechtsanwalt nach einer Entscheidung des Bundesverfassungsgerichts ein Grundrecht verwirkt, er infolge strafgerichtlicher Verurteilung die Fähigkeit zur Bekleidung öffentlicher Ämter verloren hat oder nicht nur vorübergehend unfähig ist, den Beruf eines Rechtsanwalts ordnungsgemäß auszuüben, es sei denn, dass ein Verbleiben in der Rechtsanwaltschaft die Rechtspflege nicht gefährdet. Schließlich auch, wenn

---

17 Vgl BGH 18.10.2004 – AnwZ (B) 43/03, NJW 2005, 511; BGH 26.1.2009 – AnwZ (B) 72/07, BeckRS 2009, 08600.
18 Kilian/Sabel/vom Stein/*vom Stein*, § 3 Rn 378.
19 *von Lewinski*, Grundriss des Anwaltlichen Berufsrechts, S. 201 ff.

er in Vermögensverfall geraten ist, es sei denn, dass dadurch die Interessen der Rechtsuchenden nicht gefährdet sind.

2. Theoretische und praktische Sachkunde (Abs. 1 Nr. 2). Abs. 1 Nr. 2 setzt für die Registrierung voraus, dass der Antragsteller theoretische und praktische Sachkunde in dem Bereich oder den Teilbereichen des § 10 Abs. 1 besitzt, für die er um eine Rechtsdienstleistungserlaubnis nachsucht. Der Sachkundenachweis stellt damit einerseits auf theoretische Kenntnisse und andererseits auf die praktische berufliche Erfahrung ab.

a) Theoretische Sachkunde. aa) Fachkenntnisse für Inkassodienstleistungen. Wer Inkassodienstleistungen erbringen möchte, muss gemäß § 11 Abs. 1 über die besondere Sachkunde in den für die Inkassotätigkeit bedeutsamen Gebieten des Rechts verfügen. Hierzu zählen insbesondere das Bürgerliche Recht, das Handelsrecht, das Wertpapierrecht, das Gesellschaftsrecht, das Zivilprozessrecht, das Zwangsvollstreckungsrecht, das Insolvenzrecht und das Kostenrecht. Die Regelung orientiert sich an der gerichtlich anerkannten bisherigen Praxis der Sachkundeprüfungen, die besondere Kenntnisse in diesen Rechtsbereichen verlangten.[20]

bb) Fachkenntnisse für Rentenberatung. Für die Rentenberatung gemäß § 11 Abs. 2 ist in folgenden Bereichen eine besondere Sachkunde erforderlich: im Recht der gesetzlichen Rentenversicherung, im Recht der gesetzlichen Unfallversicherung, im sozialrechtlichen Entschädigungsrecht, im Sozialversicherungs- und Schwerbehindertenrecht mit Bezug zur gesetzlichen Rentenversicherung und der betrieblichen und berufsständischen Versorgung, soweit sich die Registrierung auf diese Bereiche erstrecken soll. Weiter muss der Rentenberater Kenntnisse über Aufbau, Gliederung und Strukturprinzipien der sozialen Sicherung besitzen. Schließlich muss er das sozialgerichtliche Verfahren, die sozialrechtlichen Verwaltungsverfahren und die gemeinsamen Rechtsgrundsätze aller Sozialleistungsbereiche kennen.[21]

cc) Fachkenntnisse für Rechtsdienstleistung im ausländischen Recht. Wer Rechtsdienstleistungen in einem ausländischen Recht erbringen möchte, muss nach § 11 Abs. 3 besondere Kenntnisse der gesamten ausländischen Rechtsordnung nachweisen, die denen einer in diesem Land zur Ausübung dieser Rechtsdienstleistung berechtigten Person entsprechen. Sofern es sich dabei nur um einen Teilbereich der ausländischen Rechtsordnung handelt, muss der Antragsteller über Grundkenntnisse des ausländischen Rechts und vertiefte Kenntnisse in dem beantragten Teilbereich verfügen.

dd) Nachweis der theoretischen Sachkunde (Abs. 3 S. 1). Zum Nachweis der theoretischen Kenntnisse sind gemäß Abs. 3 S. 1 entsprechende Zeugnisse gegenüber der zuständigen Behörde vorzulegen.

Der Begriff des **Zeugnisses** ist weit zu verstehen. Ihm unterfallen neben den Lehrgangszeugnissen spezieller Sachkundelehrgänge auch alle Prüfungszeugnisse, die in einem förmlich geregelten Berufszugangsverfahren erworben wurden. Hierzu zählen zB die Urkunden über die erste juristische Staatsprüfung, über die

---

20 Vgl VG München 23.6.2008 – M 16 K 07/2677, juris; VG Düsseldorf 13.12.2006 – 20 K 2128/06, juris; BVerfG 20.2.2002 – 1 BvR 423/99, 1 BvR 821/00, 1 BvR 1412/01, NJW 2002, 1190.
21 Näher *Steinbach/Tabbara*, NZS 2008, 575; vgl auch LSG Rheinland-Pfalz 23.5.2000 – L 5 B 34/00, juris; LSG Nds.-Bremen 21.9.2005 – L 2 B 46/05 R, juris.

Rechtspflegerprüfung oder über ausländische Studienabschlüsse und Qualifikationen. Sofern diese eine hinreichende Aussagekraft besitzen, können auch sonstige Leistungsnachweise anerkannt werden, wie zB im Rahmen des Jurastudiums erworbene Scheine.

44 Durch den Nachweis der Qualifikation über Zeugnisse entfällt die früher durch die Landesjustizverwaltungen vorgenommene Sachkundeprüfung. Nunmehr geht der Gesetzgeber davon aus, dass der Antragsteller seine theoretischen Kenntnisse regelmäßig in Sachkundelehrgängen erwerben wird, bei denen der Lehrgangsveranstalter ihm über die erfolgreiche Teilnahme ein Zeugnis auszustellen hat. Solche Lehrgänge können zB kommerzielle Veranstalter oder die einschlägigen Berufsverbände anbieten.

45 Die zuständige Behörde prüft ein vom Lehrgangsveranstalter erteiltes Zeugnis lediglich darauf, ob die Lehrgänge eines entsprechenden Anbieters geeignet sind, die notwendigen Lehrinhalte zu vermitteln. Dies ist der Fall, wenn Inhalt und Ausgestaltung den Vorgaben des § 4 RDV entsprechen, der auf Basis des Abs. 5 die konkrete Umsetzung des Abs. 3 S. 1 regelt. Auf die Erl. zu § 4 RDV wird verwiesen.

46 Von der in Abs. 5 vorgesehenen Ermächtigung, private Anbieter zu zertifizieren bzw Regelungen über die Anerkennung und Zertifizierung privater Anbieter aufzustellen, hat das Bundesministerium der Justiz bisher keinen Gebrauch gemacht (siehe § 4 RDV).

47 **b) Praktische Sachkunde (Abs. 3 S. 2).** Nach Abs. 3 S. 2 kann die praktische Sachkunde regelmäßig dadurch nachgewiesen werden, dass der Antragsteller mindestens zwei Jahre unter Anleitung den Beruf ausgeübt hat oder in diesem Beruf ausgebildet worden ist, für den er nun die Rechtsdienstleistungsbefugnis beantragt. Der zweijährige juristische Vorbereitungsdienst gilt insoweit als praktische Ausbildung. Nur in besonderen Ausnahmefällen kann von diesem Erfordernis abgewichen werden, wenn zB bei ausländischen Bewerbern hierfür besondere Gründe bestehen. Einzelheiten hierzu regelt wiederum die RDV, und zwar in § 3 RDV. Es wird auf die dortigen Erl. verwiesen.

48 Auch hinsichtlich der geforderten praktischen Sachkunde orientiert sich der Gesetzgeber an der bisherigen Praxis. Danach ist eine fortlaufende, nachhaltige und einschlägige praktische Beschäftigung in dem Rechtsgebiet erforderlich, für das eine Eintragung beantragt wird. Die anzurechnende praktische Tätigkeit muss unter der Anleitung einer entsprechend qualifizierten Person gestanden haben. Diese muss entweder selbst eine registrierte Person sein oder es muss sich um eine entsprechende Tätigkeit bei Behörden oder Unternehmen handeln, wobei die amtliche Begründung hier insbesondere Banken und Versicherungen erwähnt.[22]

49 **c) Nachweis der Sachkunde durch die Berufsqualifikation für einen anderen EU- oder EWR-Staat oder eine dort ausgeübte Berufstätigkeit (Abs. 3 S. 3).** Ist der Antragsteller in einem anderen EU-Mitgliedstaat oder einem anderen EWR-Staat zur Ausübung einer der in § 10 geregelten Tätigkeiten berechtigt oder hat er einen solchen Beruf in den zehn Jahren vor Antragstellung vollzeitlich zwei Jahre lang ausgeübt, so genügt nach Abs. 3 S. 3 für den Nachweis der theoretischen und praktischen Sachkunde die Absolvierung eines **mindestens sechsmonatigen**

---

22 Begr. RegE, BT-Drucks. 16/3655, S. 69.

Anpassungslehrgangs. Auf eine staatliche Prüfung eines ausländischen Bewerbers hat der Gesetzgeber damit ebenso wie bei einem inländischen Bewerber verzichtet.

Der Anpassungslehrgang erfordert die Ausübung der Tätigkeit in Deutschland 50 unter der Verantwortung eines qualifizierten Berufsangehörigen sowie eine theoretische Zusatzausbildung entsprechend der Sachkundelehrgänge für inländische Antragsteller. Die Einzelheiten regeln §§ 2 und 3 RDV der gemäß Abs. 5 erlassenen Durchführungsverordnung. Auf die Erl. zu §§ 2 und 3 RDV wird verwiesen.

3. Berufshaftpflichtversicherung (Abs. 1 Nr. 3). Abs. 1 Nr. 3 verlangt, dass ein 51 Antragsteller eine Berufshaftpflichtversicherung mit einer Mindestversicherungssumme von 250.000 € für jeden Versicherungsfall abgeschlossen hat. Mit dem RDG wird damit das Vorliegen einer **Pflichtversicherung** zwingende Voraussetzung der Registrierung. Nach dem RBerG konnte ihr Abschluss lediglich zu einer Auflage gemacht werden.[23] Nunmehr ist für jede Form einer registrierten Tätigkeit eine Berufshaftpflichtversicherung notwendig.

Hinsichtlich der **Höhe** hat sich der Gesetzgeber an der nach § 51 Abs. 4 BRAO 52 erforderlichen Mindestversicherungssumme für Rechtsanwälte orientiert. Entsprechend wird zur Begründung der Erforderlichkeit darauf abgestellt, dass auch bei einem geringen Tätigkeitsumfang hohe Einzelschäden entstehen können, so dass eine entsprechend hohe Deckungssumme erforderlich ist.[24]

Da es sich bei der Versicherungssumme allerdings nur um eine Mindestversi- 53 cherungssumme handelt, kann die zuständige Registrierungsbehörde gemäß § 10 Abs. 3 die Zulassung auch mit der **Auflage** verbinden, eine höhere Berufshaftpflichtversicherung abzuschließen, wenn Umstände bekannt werden, die höhere Risiken für das Vermögen der Rechtsuchenden erkennen lassen.[25] Die Einzelheiten zur Ausgestaltung der Berufshaftpflichtversicherung sind in § 5 RDV geregelt. Es wird auf die dortigen Erl. verwiesen.

4. Qualifizierte Person (Abs. 4). Erbringen juristische Personen oder Gesell- 54 schaften ohne eigene Rechtspersönlichkeit Rechtsdienstleistungen aufgrund besonderer Sachkunde in den von § 10 Abs. 1 genannten Bereichen, so geschieht dies durch für sie handelnde qualifizierte Personen. Um die Eintragungsvoraussetzungen zu erfüllen, muss die juristische Person oder Gesellschaft ohne eigene Rechtspersönlichkeit eine solche Person benennen können. Die Registrierungsvoraussetzungen der persönlichen Eignung, Zuverlässigkeit und theoretischen und praktischen Sachkunde erstrecken sich dann auf diese **qualifizierte Person iSd Abs. 4 S. 1.**

Die qualifizierte Person muss innerhalb der juristischen Person oder Gesellschaft 55 ohne Rechtspersönlichkeit eine Rechtsstellung innehaben, die ihre **Unabhängigkeit** sichert. Hierzu müssen nach **Abs. 4 S. 2** verschiedene Kriterien erfüllt sein: Die qualifizierte Person muss in dem Unternehmen dauerhaft beschäftigt sein. Sie muss unabhängig von Weisungen sein und ihrerseits in allen Angelegenheiten eigenverantwortlich handeln können, welche die Rechtsdienstleistungen des Unternehmens betreffen. Diese Eigenverantwortlichkeit kommt regelmäßig da-

---

23 *Rennen/Caliebe*, 1. AVO zum RBerG § 2 Rn 21 mwN.
24 Begr. RegE, BT-Drucks. 16/3655, S. 68.
25 Begr. RegE, BT-Drucks. 16/3655, S. 68.

durch zum Ausdruck, dass sie allen im Unternehmen mit den Rechtsdienstleistungen befassten Mitarbeitern die erforderlichen Anweisungen geben und über deren Einstellung und Entlassung entscheiden kann.[26] Sie muss das Unternehmen weiterhin nach außen vertreten können und für den Bereich der zu erbringenden Rechtsdienstleistung alleinvertretungsberechtigt sein.

56 Neben den juristischen Personen und Gesellschaften ohne eigene Rechtspersönlichkeit können sich gemäß **Abs. 4 S. 3** auch **registrierte Einzelpersonen** zur Erbringung von Rechtsdienstleistungen qualifizierter Personen bedienen, die für sie oder mit ihnen in den von § 10 Abs. 1 genannten Bereichen Rechtsdienstleistungen erbringen. Mit dieser Regelung will der Gesetzgeber sicherstellen, dass auch Einzelunternehmer zB im Falle einer längerfristigen Verhinderung ihr Unternehmen weiterführen können, indem sie zB eine qualifizierte Person anstellen. Hinsichtlich der Anforderungen an die qualifizierte Person in diesen Fällen gilt das in Rn 54 f Gesagte entsprechend.

57 **5. Verordnungsermächtigung (Abs. 5).** In Abs. 5 wird das Bundesministerium der Justiz ermächtigt, durch Rechtsverordnung mit Zustimmung des Bundesrates Einzelheiten der Registrierungsvoraussetzungen nach den §§ 11 und 12 zu regeln. Mit dieser **Rechtsdienstleistungsverordnung (RDV)** soll sichergestellt werden, dass die Registrierungsvoraussetzungen mit der Verwaltung und der Praxis abgestimmt werden. Die einzelnen Voraussetzungen sollen so näher bestimmt und bei einem künftig festgestellten Änderungsbedarf leichter modifiziert werden können (siehe näher §§ 2 bis 4 RDV).[27]

III. Umfang der Antragsprüfung

58 Bei der Registrierung prüft die zuständige Behörde die Eignung und Zuverlässigkeit (Abs. 1 Nr. 1), die Sachkunde des Antragstellers (Abs. 1 Nr. 2) sowie das Vorliegen einer auf den Antragsteller abgeschlossenen Berufshaftpflichtversicherung (Abs. 1 Nr. 3) zum Zeitpunkt des von ihm gestellten Registrierungsantrags.

59 **1. Umfang der Antragsprüfung bei juristischen Personen und Gesellschaften ohne eigene Rechtspersönlichkeit. a) Prüfungsebenen.** Wird der Registrierungsantrag von einer juristischen Person oder einer Gesellschaft ohne eigene Rechtspersönlichkeit gestellt, prüft die zuständige Behörde den Antrag auf zwei Ebenen: Zum einen müssen alle Zulassungsvoraussetzungen, die nicht unmittelbar nur an Merkmale einer natürlichen Person anknüpfen, wie persönliche Eignung und Sachkunde, bei der Gesellschaft oder juristischen Person vorliegen. Zum anderen muss auch die qualifizierte Person, auf die sich die Gesellschaft bzw juristischen Person zur Erbringung ihrer Rechtsdienstleistung zu stützen beabsichtigt, geeignet sein, die Rechtsdienstleistungen zu erbringen, für die der Antrag gestellt wird.

60 **b) Interessenkollision.** Entsprechend der vermuteten Interessenkollision bei natürlichen Personen fehlt einer juristischen Person oder Gesellschaft ohne eigene Rechtspersönlichkeit die Eignung zur Rechtsdienstleistung, wenn ihr Geschäftsgegenstand eine grundsätzliche Interessenkollision gegenüber den Interessen derjenigen verursacht, für die diese Rechtsdienstleistung erbracht werden soll. Dies

---

26 Begr. RegE, BT-Drucks. 16/3655, S. 70.
27 Begr. RegE, BT-Drucks. 16/3655, S. 70.

ist zB der Fall, wenn ein Inkassounternehmen gleichzeitig ein Finanzdienstleister ist, der Finanzierungen vermittelt.[28]

c) Fehlende Zuverlässigkeit. Ebenfalls entsprechend den Regelungen für natürlichen Personen ist einer juristischen Person oder Gesellschaft ohne eigene Rechtspersönlichkeit die Zulassung zu versagen, wenn es ihr an der erforderlichen Zuverlässigkeit fehlt, die Rechtsdienstleistungen ordnungsgemäß zu erbringen. Dies ist zB der Fall, wenn die Vermögensverhältnisse der Gesellschaft ungeordnet sind oder wenn die Registrierung in den letzten drei Jahren vor der Antragstellung bereits widerrufen wurde oder zB keine Berufshaftpflichtversicherung abgeschlossen worden ist. 61

d) Prüfung der qualifizierten Person des Unternehmens. Die zur Erbringung der Rechtsdienstleistungen erforderliche qualifizierte Person gemäß Abs. 4 muss zur Erbringung der beantragten Rechtsdienstleistung gemäß Abs. 1 Nr. 1 persönlich geeignet sein, gemäß Abs. 1 Nr. 1, Abs. 2 die zuverlässige Erbringung dieser Rechtsdienstleistung gewährleisten und gemäß § 11, § 12 Abs. 1 Nr. 2, Abs. 3 die hierfür notwendige besondere Sachkunde besitzen. Weiterhin muss gemäß Abs. 4 S. 2 ihre Stellung im Unternehmen gewährleisten, dass sie jederzeit unabhängig an der Erbringung der Rechtsdienstleistung mitwirken kann. 62

e) Umfang der Antragsprüfung bei einer weiteren qualifizierten Person im Unternehmen. Wird neben der ursprünglich benannten qualifizierten Person von der juristischen Person oder Gesellschaft ohne eigene Rechtspersönlichkeit eine andere qualifizierte Person gegenüber der Genehmigungsbehörde benannt, sei es, dass sie zusätzlich neben die bisherige qualifizierte Person tritt, sei es, dass sie diese ersetzt, so beschränkt sich die Prüfung auf das Vorliegen der Registrierungsvoraussetzungen hinsichtlich dieser neuen qualifizierten Person. Eine erneute Prüfung der Genehmigungsvoraussetzungen für die juristische Person oder die Gesellschaft ohne eigene Rechtspersönlichkeit ist nicht erforderlich, da deren Registrierung bereits erfolgt ist. Nur wenn der neu benannten qualifizierten Person die zur Genehmigung erforderlichen Voraussetzungen fehlen und sich im Unternehmen zum Änderungszeitpunkt keine weitere qualifizierte Person befindet, kann dies zur Versagung der Rechtsdienstleistungsbefugnis führen, weil dann das Unternehmen insgesamt die erforderlichen Voraussetzungen zur ordnungsgemäßen Erbringung von Rechtsdienstleistungen nicht mehr erfüllt. 63

2. Umfang der Antragsprüfung bei einer weiteren qualifizierten Person neben einer als Rechtsdienstleister tätigen natürlichen Person. Einzelpersonen, die als Rechtsdienstleister registriert sind oder sich als Rechtsdienstleister registrieren lassen möchten, können ebenfalls qualifizierte Personen benennen, die neben ihnen diese Rechtsdienstleistung erbringen sollen. In diesem Fall erfolgt die Prüfung der Eignung für beide Personen oder, wenn die benennende Person bereits registriert ist, nur noch für die benannte Person. 64

IV. Ausgestaltung der Registrierungsvoraussetzungen durch die RDV (Abs. 5)

Auf Grundlage der nach Abs. 5 erlassenen RDV legen dort die §§ 2 und 3 RDV fest, wie der Nachweis der theoretischen und praktischen Sachkunde gemäß Abs. 3 erfolgen soll und wie der Anpassungslehrgang zu gestalten ist, der von ausländischen Rechtsdienstleistern aus EU- und EWR-Staaten absolviert 65

---

28 Begr. RegE, BT-Drucks. 16/3655, S. 67.

werden muss, damit diese in Deutschland die Rechtsdienstleistungen nach § 10 Abs. 1 RDG erbringen dürfen (vgl § 10 Rn 10). In § 4 **RDV** wird festgelegt, wie die erforderlichen Sachkundelehrgänge für Inkassodienstleister und Rentenberater zu gestalten sind. In § 5 **RDV** werden die Anforderungen an die nach Abs. 1 Nr. 3 abzuschließende Berufshaftpflichtversicherung definiert. Es wird auf die Erl. zu den §§ 2 bis 5 RDV verwiesen.

66 Die einzelnen Fachgebiete der in § 11 aufgeführten Dienstleistungsbereiche (Inkassodienstleistungen, Rentenberatung, Rechtsdienstleistungen in einem ausländischen Recht) werden von der RDV nicht weiter aufgespalten oder erweitert, obwohl die Verordnungsermächtigung dazu die Möglichkeit geschaffen hätte (vgl § 11 Rn 2). Ebenso wird auf ein förmliches Zertifizierungsverfahren für die Anbieter von Sachkundelehrgängen verzichtet, um zusätzlichen bürokratischen Aufwand zu vermeiden.[29]

§ 13 Registrierungsverfahren

(1) Der Antrag auf Registrierung ist an die für den Ort der inländischen Hauptniederlassung zuständige Behörde zu richten. Hat eine Person im Inland keine Niederlassung, so kann sie den Antrag an jede nach § 19 für die Durchführung dieses Gesetzes zuständige Behörde richten. *Das Registrierungsverfahren kann auch über eine einheitliche Stelle nach den Vorschriften des Verwaltungsverfahrensgesetzes abgewickelt werden.*[1] Mit dem Antrag, der alle nach § 16 Abs. 2 Nr. 1 Buchstabe a bis d in das Rechtsdienstleistungsregister einzutragenden Angaben enthalten muss, sind zur Prüfung der Voraussetzungen nach § 12 Abs. 1 Nr. 1 und 2 sowie Abs. 4 beizubringen:
1. eine zusammenfassende Darstellung des beruflichen Ausbildungsgangs und der bisherigen Berufsausübung,
2. ein Führungszeugnis nach § 30 Abs. 5 des Bundeszentralregistergesetzes,
3. eine Erklärung, ob ein Insolvenzverfahren anhängig oder in den letzten drei Jahren vor Antragstellung eine Eintragung in ein Schuldnerverzeichnis (§ 26 Abs. 2 der Insolvenzordnung, § 915 der Zivilprozessordnung) erfolgt ist,
4. eine Erklärung, ob in den letzten drei Jahren vor Antragstellung eine Registrierung oder eine Zulassung zur Rechtsanwaltschaft versagt, zurückgenommen oder widerrufen wurde oder ein Ausschluss aus der Rechtsanwaltschaft erfolgt ist, und, wenn dies der Fall ist, eine Kopie des Bescheids,
5. Unterlagen zum Nachweis der theoretischen und praktischen Sachkunde.

In den Fällen des § 12 Abs. 4 müssen die in Satz 3 genannten Unterlagen sowie Unterlagen zum Nachweis der in § 12 Abs. 4 Satz 2 genannten Voraussetzungen für jede qualifizierte Person gesondert beigebracht werden.

(2) Die zuständige Behörde fordert die Antragstellerin oder den Antragsteller auf, den Nachweis über die Berufshaftpflichtversicherung sowie über die Erfüllung von Bedingungen beizubringen, wenn die Registrierungsvoraussetzungen

---

29 BR-Drucks. 316/08, S. 7.
1 Eingefügt durch Art. 9 Abs. 2 des Gesetzes zur Modernisierung von Verfahren im anwaltlichen und notariellen Berufsrecht, zur Errichtung einer Schlichtungsstelle der Rechtsanwaltschaft sowie zur Änderung sonstiger Vorschriften vom 30.7.2009 (BGBl. I S. 2449, 2472). In Kraft ab 28.12.2009.

nach § 12 Abs. 1 Nr. 1 und 2 sowie Abs. 4 vorliegen. Sobald diese Nachweise erbracht sind, nimmt sie die Registrierung vor und veranlasst ihre öffentliche Bekanntmachung im Rechtsdienstleistungsregister.

(3) Registrierte Personen oder ihre Rechtsnachfolger müssen alle Änderungen, die sich auf die Registrierung oder den Inhalt des Rechtsdienstleistungsregisters auswirken, der zuständigen Behörde unverzüglich schriftlich mitteilen. Diese veranlasst die notwendigen Registrierungen und ihre öffentliche Bekanntmachung im Rechtsdienstleistungsregister. Wirkt sich eine Verlegung der Hauptniederlassung auf die Zuständigkeit nach Absatz 1 Satz 1 aus, so gibt die Behörde den Vorgang an die Behörde ab, die für den Ort der neuen Hauptniederlassung zuständig ist. Diese unterrichtet die registrierte Person über die erfolgte Übernahme, registriert die Änderung und veranlasst ihre öffentliche Bekanntmachung im Rechtsdienstleistungsregister.

(4) Das Bundesministerium der Justiz wird ermächtigt, durch Rechtsverordnung mit Zustimmung des Bundesrates die Einzelheiten des Registrierungsverfahrens zu regeln. Dabei sind insbesondere Aufbewahrungs- und Löschungsfristen vorzusehen.

I. Normzweck 1	a) Firma, Gründungsjahr, gesetzliche Vertreter, Geschäftsanschrift 26
II. Antragsverfahren (Abs. 1) 9	
1. Antragsteller 10	
2. Zuständige Behörde (Abs. 1 S. 1 und 2) 11	b) Name und Geburtsjahr der qualifizierten Person 27
3. Antragsinhalt 13	
4. Registrierung von natürlichen Personen (Abs. 1 S. 3) 15	c) Angaben zur qualifizierten Person gemäß Abs. 1 S. 3 Nr. 1 bis 5 28
a) Name 16	
b) Geburtsjahr 17	7. Antragsprüfung (Abs. 2) 29
c) Anschrift 18	a) Prüfung der Registrierungsvoraussetzungen 30
d) Darstellung des beruflichen Werdegangs (Nr. 1) 19	
e) Führungszeugnis (Nr. 2) 20	b) Nachweis der Berufshaftpflichtversicherung 33
f) Erklärung über die Vermögensverhältnisse (Nr. 3) 21	c) Registrierung und öffentliche Bekanntmachung im Rechtsdienstleistungsregister 34
g) Angaben zum Verlust der Anwaltszulassung oder der Registrierung (Nr. 4) 22	
h) Nachweis der theoretischen und praktischen Sachkunde (Nr. 5) 23	III. Zum Registrierungsverfahren nach der RDV 35
	IV. Meldeobliegenheiten des Rechtsdienstleisters nach der Registrierung (Abs. 3) 37
5. Bestellung einer „qualifizierten Person" (Abs. 1 S. 4) 24	
6. Registrierung von juristischen Personen oder Gesellschaften ohne eigene Rechtspersönlichkeit (Abs. 1 S. 3) 25	V. Gesetzesänderung ab 28.12.2009 41

I. Normzweck

§ 13 regelt das Registrierungsverfahren, welches das frühere Erlaubnisverfahren 1 des RBerG ersetzt. Der Gesetzgeber verzichtet bei der Neuregelung bewusst auf eine Ausgestaltung als behördliches Sachkundeprüfungs- und Aufsichtsverfahren. Die Tätigkeit der Registerbehörden beschränkt sich auf die Prüfung der Antragsunterlagen, die Registrierung und deren Widerruf. Eigene Sachkundeprüfungen durch die Behörde oder eine laufende Dienstaufsicht gibt es nicht mehr.[2]

2 Die Verfahrensschritte der Registrierung spiegeln die materiellen Voraussetzungen der Registrierung nach § 12.

3 Das Registrierungsverfahren ist ein **Verwaltungsverfahren**, womit die Verwaltungsverfahrensgesetze der Länder die Grundlage der Registrierung bei den zuständigen Justizbehörden bilden, auch wenn das RDG die Registrierungsvoraussetzungen bundeseinheitlich regelt.

4 Eine Registrierung muss erfolgen, wenn der Antragsteller die von Abs. 1 und 2 verlangten Nachweise gegenüber der örtlich und sachlich zuständigen Behörde beibringt. Soweit seine Registrierung gemäß § 10 Abs. 3 unter zusätzlichen Bedingungen oder Auflagen steht, muss er zusätzlich deren Erfüllung nachweisen.

5 Die **örtliche Zuständigkeit** der Registrierungsbehörde ergibt sich aus **Abs. 1 S. 1 und 2**, die sachliche Zuständigkeit aus § 19.

6 **Abs. 1 S. 3** benennt die zur Registrierung notwendigen Angaben. So obliegt es dem Antragsteller, seinen beruflichen Werdegang darzulegen. Er muss ein Führungszeugnis und einen Nachweis besonderer theoretischer und praktischer Sachkunde beibringen sowie mitteilen, ob ihm eine früher bereits erteilte Registrierung oder die Anwaltszulassung entzogen worden ist oder ein Insolvenzverfahren anhängig ist bzw in den letzten drei Jahren vor Antragstellung eine Eintragung in das Schuldnerverzeichnis beim Insolvenz- bzw Vollstreckungsgericht erfolgt ist. Wenn der Antragsteller diesen Obliegenheiten nachkommt und er für den Fall, dass die zuständige Behörde ihm gemäß § 10 Abs. 3 bestimmte zusätzliche Bedingungen oder Auflagen für die Registrierung gemacht hat, weiter darlegt, diese Bedingungen oder Auflagen erfüllt zu haben, wird er von der Behörde aufgefordert, den Abschluss einer Berufshaftpflichtversicherung nachzuweisen, und bei erfolgtem Nachweis in das Rechtsdienstleistungsregister eingetragen.

7 Nach **Abs. 3** sind alle registrierten Rechtsdienstleister verpflichtet, der zuständigen Behörde etwaige Tatsachen mitzuteilen, die für die Eintragung in das Register oder die Zuständigkeit der Behörde relevant sind.

8 **Abs. 4 S. 1** bildet für das Bundesministerium der Justiz eine Ermächtigungsgrundlage, mit Zustimmung des Bundesrates eine Rechtsverordnung zu erlassen, in der das Registrierungsverfahren, insbesondere die Ausgestaltung von Aufbewahrungs- und Löschungsfristen (**Abs. 4 S. 2**), näher geregelt werden soll. Die auf dieser Grundlage verabschiedete **Rechtsdienstleistungsverordnung** (RDV) regelt in den §§ 6 und 7 entsprechend die Einzelheiten des Registrierungsverfahrens.

II. Antragsverfahren (Abs. 1)

9 Nach Abs. 1 setzt die Registrierung einen **Antrag** auf Erteilung der Rechtsdienstleistungsbefugnis voraus.

10 **1. Antragsteller.** Antragsteller ist dabei die natürliche oder juristische Person bzw Gesellschaft ohne eigene Rechtspersönlichkeit, die um eine Rechtsdienst-

---

[2] Begr. RegE, BT-Drucks. 16/3655, S. 43.

leistungsbefugnis nachsucht. Ist der Antragsteller eine juristische Person oder eine Gesellschaft ohne eigene Rechtspersönlichkeit, so ist der Antrag durch die gesetzlichen Vertreter zu stellen (vgl § 12 Abs. 1 Nr. 1 und 3 VwVfG). Antragsteller können sich dabei nach § 14 Abs. 1 S. 1 VwVfG von einem Bevollmächtigten vertreten lassen.

2. Zuständige Behörde (Abs. 1 S. 1 und 2). Nach **Abs. 1 S. 1** bearbeitet die zuständige Behörde am Ort der inländischen Hauptniederlassung des Antragstellers dessen Zulassungsantrag. Hat ein Antragsteller seine Hauptniederlassung im Ausland, so wird sein Zulassungsantrag durch die zuständige Behörde am Ort seiner inländischen Niederlassung bearbeitet. 11

Sofern ein ausländischer Antragsteller keine inländische Niederlassung begründen möchte, kann er gemäß **Abs. 1 S. 2** seinen Zulassungsantrag nach § 19 an jede deutsche Registrierungsbehörde richten, sich mithin die Behörde aussuchen, die seinen Antrag bearbeiten soll. Grundsätzlich **sachlich zuständig** sind gemäß § 19 Abs. 1 die Landesjustizverwaltungen, deren Zuständigkeit aber gemäß § 19 Abs. 2 auf nachgeordnete Behörden übertragen werden kann. Entsprechend den Regelungen des RBerG haben die Landesjustizverwaltungen das Registrierungsverfahren den Gerichten übertragen (vgl § 19 Rn 5). Außerdem ist es denkbar, auf diesem Wege eine Zuständigkeitskonzentration für ausländische Antragsteller ohne Niederlassung in Deutschland vorzunehmen, womit die Wahlmöglichkeit zwischen allen sachlich zuständigen Behörden entfiele. 12

3. Antragsinhalt. Zunächst muss der Antragsteller Art und Umfang der beantragten Registrierung spezifizieren. Das heißt, er muss mitteilen, in welchem Bereich des § 10 Abs. 1 S. 1 Nr. 1 bis 3, also dem Inkasso, der Rentenberatung oder in einem ausländischen Recht, Rechtsdienstleistungen erbracht werden sollen (vgl § 10 Rn 18 ff). Sofern beantragt wird, Rechtsdienstleistungen in einem ausländischen Recht zu erbringen, ist ggf mitzuteilen, dass die Rechtsdienstleistungen auf einen der in § 1 RDV vorgesehenen Teilbereiche – gewerblicher Rechtsschutz oder Steuerrecht im ausländischen Recht – beschränkt werden sollen (vgl § 10 Rn 57 ff). 13

Der Inhalt des Antrags unterscheidet sich je nachdem, ob er von einer natürlichen Person oder von einer juristischen Person bzw einer Gesellschaft ohne eigene Rechtspersönlichkeit gestellt wird. 14

4. Registrierung von natürlichen Personen (Abs. 1 S. 3). Der Registrierungsantrag einer natürlichen Person muss folgenden Inhalt haben: 15

a) Name. Nach Abs. 1 S. 3 iVm § 16 Abs. 2 Nr. 1 Buchst. a) sind bei der Registrierung Vor- und Nachname der zu registrierenden Person anzugeben. 16

b) Geburtsjahr. Nach Abs. 1 S. 3 iVm § 16 Abs. 2 Nr. 1 Buchst. b) ist das Geburtsjahr des Antragstellers anzugeben. 17

c) Anschrift. Nach Abs. 1 S. 3 iVm § 16 Abs. 2 Nr. 1 Buchst. c) muss der Antrag die vollständige Anschrift der registrierten Personen enthalten; dies schließt die Angabe aller Zweigstellen ein, die die registrierte Person im In- und Ausland unterhalten möchte. 18

d) Darstellung des beruflichen Werdegangs (Nr. 1). Gemäß **Abs. 1 S. 3 Nr. 1** muss der Antragsteller seine bisherige theoretische Ausbildung und praktische Berufserfahrung in dem Bereich, für den eine Registrierung begehrt wird, dar- 19 stellen. Weitergehende Angaben zur Ausbildung, zB Schulzeugnisse, sind nicht erforderlich.[3]

20 **e) Führungszeugnis (Nr. 2).** Gemäß **Abs. 1 S. 3 Nr. 2** ist dem Antrag ein Führungszeugnis gemäß § 30 Abs. 5 BZRG beizufügen, damit die zuständige Behörde prüfen kann, inwieweit strafrechtliche Verurteilungen vorliegen, die eine Registrierung ausschließen. Das Führungszeugnis wird vom Antragsteller bei der für ihn örtlich zuständigen Meldebehörde beantragt und der zuständigen Behörde gemäß § 30 Abs. 5 S. 1 BZRG direkt vom Bundeszentralregister übermittelt, so dass dem Registrierungsantrag eine entsprechende Erklärung der Meldebehörde beizufügen ist, aus der hervorgeht, dass vom Antragsteller ein Führungszeugnis beantragt wurde.

21 **f) Erklärung über die Vermögensverhältnisse (Nr. 3).** Weiterhin hat der Antrag gemäß **Abs. 1 S. 3 Nr. 3** eine Erklärung zu enthalten, ob gegen den Antragsteller ein Insolvenzverfahren anhängig ist oder war, oder ob von ihm in den vergangenen drei Jahren vor Antragstellung eine eidesstattliche Versicherung abgegeben wurde, damit die Zulassungsbehörde die Vermögensverhältnisse des Antragstellers prüfen kann. Die Behörde muss sich hier nicht auf die Angaben des Antragstellers verlassen, sondern kann seine Angaben angesichts des Untersuchungsgrundsatzes im Verwaltungsverfahren nach § 24 VwVfG selbständig überprüfen.

22 **g) Angaben zum Verlust der Anwaltszulassung oder der Registrierung (Nr. 4).** Gemäß **Abs. 1 S. 3 Nr. 4** muss der Antragsteller erklären, ob in den letzten drei Jahren vor Antragstellung eine Registrierung oder eine Zulassung zur Rechtsanwaltschaft widerrufen worden ist oder der Antragsteller aus der Rechtsanwaltschaft ausgeschlossen wurde, damit die Registrierungsbehörde seine persönliche Eignung zur Erbringung der Rechtsdienstleistung prüfen kann.

23 **h) Nachweis der theoretischen und praktischen Sachkunde (Nr. 5).** Nach **Abs. 1 S. 3 Nr. 5** muss der Antragsteller dem Antrag Nachweise beilegen, die seine theoretische und praktische Sachkunde iSd § 12 Abs. 3 auf dem Gebiet belegen, in dem er künftig Rechtsdienstleistungen erbringen will.

24 **5. Bestellung einer „qualifizierten Person" (Abs. 1 S. 4).** Will eine registrierte Einzelperson gemäß § 12 Abs. 4 S. 3 eine zusätzliche qualifizierte Person bestellen, sind für diese Person Vor- und Nachname sowie Geburtsjahr anzugeben. Außerdem sind gemäß **Abs. 1 S. 4** alle Angaben zu machen, die auch sonst für die Registrierung einer natürlichen Person erforderlich sind (vgl Rn 13 ff). Darüber hinaus sind gemäß Abs. 1 S. 4 iVm § 12 Abs. 4 S. 2 dem Antrag Unterlagen beizufügen, aus denen ersichtlich ist, dass die Person in dem Unternehmen dauerhaft beschäftigt und in allen Angelegenheiten, die die beantragten Rechtsdienstleistungen betreffen, weisungsunabhängig und den Mitarbeitern des Rechtsdienstleisters gegenüber weisungsbefugt ist sowie berechtigt ist, den Rechtsdienstleister nach außen zu vertreten.

25 **6. Registrierung von juristischen Personen oder Gesellschaften ohne eigene Rechtspersönlichkeit (Abs. 1 S. 3).** Wird die Registrierung durch eine juristische Person oder eine Gesellschaft ohne eigene Rechtspersönlichkeit beantragt, gelten neben den in Rn 13 ff dargestellten Voraussetzungen, die von ihnen ebenfalls erfüllt werden müssen, folgende Besonderheiten:

---

3 Begr. RegE, BT-Drucks. 16/3655, S. 70.

a) **Firma, Gründungsjahr, gesetzliche Vertreter, Geschäftsanschrift.** Gemäß 26
Abs. 1 S. 3 iVm § 16 Abs. 2 Nr. 1 Buchst. a) bis c) sind im Antrag die Firmenbezeichnung und das Gründungsjahr anzugeben, die gesetzlichen Vertreter sind zu benennen und es muss die Geschäftsanschrift einschließlich aller etwaiger Geschäftsanschriften der Zweigstellen genannt werden.

b) **Name und Geburtsjahr der qualifizierten Person.** Gemäß § 12 Abs. 4 S. 1 27
muss die juristische Person oder Gesellschaft ohne eigene Rechtspersönlichkeit eine qualifizierte Person bestellen, um ihre Rechtsdienstleistungen erbringen zu können. Von dieser Person sind gemäß Abs. 1 S. 3 iVm § 16 Abs. 2 Nr. 1 Buchst. d) Vor- und Nachname sowie das Geburtsjahr anzugeben.

c) **Angaben zur qualifizierten Person gemäß Abs. 1 S. 3 Nr. 1 bis 5.** Die Angaben 28
des Antragstellers nach Abs. 1 S. 3 Nr. 1 bis 5 müssen sich auf diese qualifizierte Person beziehen und nicht etwa auf den gesetzlichen Vertreter der juristischen Person oder den der Gesellschaft ohne eigene Rechtspersönlichkeit. Weiterhin sind dem Antrag Unterlagen beizufügen, aus denen ersichtlich ist, dass gemäß Abs. 1 S. 4 iVm § 12 Abs. 4 S. 2 die qualifizierte Person in dem Unternehmen dauerhaft beschäftigt und in allen Angelegenheiten, die die beantragten Rechtsdienstleistungen betreffen, weisungsunabhängig und den Mitarbeitern des Rechtsdienstleisters gegenüber weisungsbefugt ist sowie berechtigt ist, den Rechtsdienstleister nach außen zu vertreten.

7. Antragsprüfung (Abs. 2). Die Antragsprüfung durch die gemäß § 19 zuständige Behörde gliedert sich in **drei Stufen:** 29

- Prüfung der Registrierungsvoraussetzungen,
- Nachweis der Berufshaftpflichtversicherung und
- Registrierung und öffentliche Bekanntmachung im Rechtsdienstleistungsregister.

a) **Prüfung der Registrierungsvoraussetzungen.** Die zuständige Behörde prüft 30
zunächst die eingereichten Unterlagen dahingehend, ob der Antragsteller die gesetzlichen Voraussetzungen für eine Registrierung in dem beantragten Gebiet erfüllt. Für diese Prüfung gilt gemäß § 24 VwVfG der Amtsermittlungsgrundsatz. Die Behörde ist daher berechtigt, auch über die vorgelegten Unterlagen hinaus weitere anmeldungsrelevante Tatsachen zu ermitteln. Sie kann gemäß § 26 Abs. 1 VwVfG Auskünfte einholen, Urkunden und Akten beiziehen sowie ggf auch Zeugen und Sachverständige hören.

Hat der Antragsteller die Unterlagen nicht vollständig eingereicht oder sind eingereichte Unterlagen unklar, so ist die Behörde gemäß § 25 VwVfG gehalten, beim Antragsteller auf die Berichtigung bzw Ergänzung der Erklärungen hinzuwirken. 31

Ist die Behörde nach Prüfung der Unterlagen der Auffassung, dass die Voraussetzungen zur Eintragung in das Rechtsdienstleistungsregister nicht erfüllt sind, ist sie gemäß § 28 Abs. 1 VwVfG regelmäßig verpflichtet, dem Antragsteller die Tatsachen zu benennen, die zu diesem Schluss geführt haben, und hat ihm Gelegenheit zur Stellungnahme zu geben. 32

b) **Nachweis der Berufshaftpflichtversicherung.** Sind nach Ansicht der Registrierungsbehörde die Registrierungsvoraussetzungen erfüllt, fordert sie gemäß **Abs. 2 S. 1** den Antragsteller auf, die nach § 12 Abs. 1 Nr. 3 erforderliche Berufshaftpflichtversicherung nachzuweisen. Regelmäßig wird hier die Berufshaft- 33 pflichtversicherung mit einer Mindestversicherungssumme iHv 250.000 € je Versicherungsfall genügen. Sollte die Registrierungsbehörde allerdings zu der Ansicht gelangen, dass im konkreten Einzelfall ein höheres typisches Schadensrisiko gegeben ist, kann sie dem Antragsteller gemäß § 10 Abs. 3 eine höhere Haftpflichtversicherungssumme zur Auflage für eine Registrierung machen (siehe § 12 Rn 53).

34 **c) Registrierung und öffentliche Bekanntmachung im Rechtsdienstleistungsregister.** Sobald der Antragsteller den Nachweis über die Berufshaftpflichtversicherung an die Registrierungsbehörde übermittelt hat, registriert sie ihn gemäß **Abs. 2 S. 2** als Rechtsdienstleister auf dem beantragten Gebiet und veranlasst die öffentliche Bekanntmachung im Rechtsdienstleistungsregister. Mit der Speicherung im Rechtsdienstleistungsregister gemäß § 16 ist das Registrierungsverfahren abgeschlossen.

III. Zum Registrierungsverfahren nach der RDV

35 Neben der Regelung des § 13 stellt § 6 RDV weitere Anforderungen an Form und Inhalt des Registrierungsantrags. § 7 RDV regelt die Aufbewahrungsfristen, die die zuständigen Registrierungsbehörden zu beachten haben. Rechtsgrundlage für diese Regelungen der RDV ist die Verordnungsermächtigung in **Abs. 4 S. 1**. Auf die Erl. zu §§ 6 und 7 RDV wird verwiesen.

36 Da es sich bei dem Registrierungsverfahren um ein Verwaltungsverfahren handelt (siehe Rn 3), gelten für die Registrierung die allgemeinen verwaltungsverfahrensrechtlichen Regeln, soweit ein Tatbestand nicht durch die spezielleren Vorschriften des RDG und der RDV erfasst wird.

IV. Meldeobliegenheiten des Rechtsdienstleisters nach der Registrierung (Abs. 3)

37 Abs. 3 verpflichtet registrierte Rechtsdienstleister, der zuständigen Behörde etwaige Tatsachen mitzuteilen, die für die Eintragung in das Register oder die Zuständigkeit der Behörde relevant sind. Diese Pflicht dient dazu, den Kontrollaufwand der Behörden reduzieren zu können, die nach dem Willen des Gesetzgebers nach erfolgter Registrierung nur noch tätig werden sollen, wenn ihnen Tatsachen bekannt werden, die einen Widerruf erforderlich machen.[4] Um zu vermeiden, dass durch diese Lockerung der behördlichen Aufsicht ein Kontrolldefizit entsteht, statuiert Abs. 3 eine **Meldeobliegenheit** des registrierten Rechtsdienstleisters. Verletzt er beharrlich diese Meldeobliegenheiten, kann die zuständige Behörde seine Registrierung gemäß § 14 Nr. 1 widerrufen (siehe § 14 Rn 20).

38 Zu den **mitteilungspflichtigen Tatsachen** zählen: die Sitzänderung des Rechtsdienstleisters, eine Änderung des Firmennamens oder des Namens des Rechtsdienstleisters, die Schließung oder Eröffnung von weiteren Niederlassungen und der Wegfall oder die Änderung einer für den Rechtsdienstleister tätigen qualifizierten Person sowie der Wegfall der Berufshaftpflichtversicherung.

39 Soll die Registrierung inhaltlich **um ein Tätigkeitsfeld ergänzt** werden, so muss der Rechtsdienstleister für die Rechtsdienstleistungserlaubnis auf diesem neuen

---

4 Begr. RegE, BT-Drucks. 16/3655, S. 43.

Tätigkeitsfeld ein **neues Registrierungsverfahren** durchlaufen. Eine solche Erweiterung fällt damit nicht unter die Pflichten des Abs. 3.

Der mitteilungspflichtige **Wechsel der Hauptniederlassung** führt, sofern für den neuen Geschäftssitz eine andere Behörde örtlich zuständig ist, zu einem Wechsel der behördlichen Zuständigkeit für die Zukunft. Der meldepflichtige Rechtsdienstleister muss die Sitzverlegung in diesem Fall der Registrierungsbehörde mitteilen, die die Sitzänderung einträgt und die Akte an die neue örtlich zuständige Behörde abgibt, damit diese von diesem Zeitpunkt an dort geführt wird. — 40

V. Gesetzesänderung ab 28.12.2009

Durch Art. 9 Abs. 2 des Gesetzes zur Modernisierung von Verfahren im anwaltlichen und notariellen Berufsrecht, zur Errichtung einer Schlichtungsstelle der Rechtsanwaltschaft sowie zur Änderung sonstiger Vorschriften vom 30.7.2009[5] wurde nach Abs. 1 S. 2 folgender Satz eingefügt: — 41

„Das Registrierungsverfahren kann auch über eine einheitliche Stelle nach den Vorschriften des Verwaltungsverfahrensgesetzes abgewickelt werden."

Die Ergänzung tritt am 28.12.2009 in Kraft.[6] Das Änderungsgesetz dient der Umsetzung der Richtlinie 2006/123/EG des Europäischen Parlaments und des Rates vom 12.12.2006 über Dienstleistungen im Binnenmarkt.[7] Inhaltlich dient die Ergänzung der Klarstellung, denn schon vor Ergänzung des Gesetzestextes konnten die Landesjustizverwaltungen nach § 19 eine einheitliche Stelle mit dem Registrierungsverfahren betrauen. — 42

Redaktionell verschieben sich durch die Änderung die Sätze 3 und 4 des Abs. 1 aF jeweils um einen Zähler und werden zu Abs. 1 S. 4 bzw 5 nF. Dies ist zu berücksichtigen, soweit nach dem 27.12.2009 auf die Kommentierung des § 13 zurückgegriffen wird, die für ihre Darstellung auf die geltende Rechtslage zum Zeitpunkt des Erscheinens abstellt. — 43

§ 14 Widerruf der Registrierung

Die zuständige Behörde widerruft die Registrierung unbeschadet des § 49 des Verwaltungsverfahrensgesetzes oder entsprechender landesrechtlicher Vorschriften,

1. wenn begründete Tatsachen die Annahme rechtfertigen, dass die registrierte Person oder eine qualifizierte Person die erforderliche persönliche Eignung oder Zuverlässigkeit nicht mehr besitzt; dies ist in der Regel der Fall, wenn einer der in § 12 Abs. 1 Nr. 1 genannten Gründe nachträglich eintritt oder die registrierte Person beharrlich Änderungsmitteilungen nach § 13 Abs. 3 Satz 1 unterlässt,
2. wenn die registrierte Person keine Berufshaftpflichtversicherung nach § 12 Abs. 1 Nr. 3 mehr unterhält,

---

[5] BGBl. I S. 2449, 2472.
[6] Art. 10 S. 2 des Gesetzes zur Modernisierung von Verfahren im anwaltlichen und notariellen Berufsrecht, zur Errichtung einer Schlichtungsstelle der Rechtsanwaltschaft sowie zur Änderung sonstiger Vorschriften vom 30.7.2009 (BGBl. I S. 2449, 2473).
[7] ABl. L 376 vom 27.12.2006, S. 36.

3. wenn begründete Tatsachen die Annahme dauerhaft unqualifizierter Rechtsdienstleistungen zum Nachteil der Rechtsuchenden oder des Rechtsverkehrs rechtfertigen; dies ist in der Regel der Fall, wenn die registrierte Person in erheblichem Umfang Rechtsdienstleistungen über die eingetragene Befugnis hinaus erbringt oder beharrlich gegen Auflagen verstößt,
4. wenn eine juristische Person oder eine Gesellschaft ohne Rechtspersönlichkeit, die keine weitere qualifizierte Person benannt hat, bei Ausscheiden der qualifizierten Person nicht innerhalb von sechs Monaten eine qualifizierte Person benennt.

I. Normzweck 1	2. Weitere Widerrufsgründe 23
II. Widerrufsverfahren 8	3. Verlust von Eignung/Zuverlässigkeit bei einer qualifizierten
1. Zuständige Widerrufsbehörde 9	Person 24
2. Feststellen der Widerrufsgründe 11	IV. Widerruf wegen fehlender Berufshaftpflichtversicherung (Nr. 2) ... 27
3. Einzelfallbezogene Verhältnismäßigkeitsprüfung 13	V. Widerruf wegen dauerhafter unqualifizierter Rechtsdienstleistungen (Nr. 3) 29
III. Widerruf wegen fehlender persönlicher Eignung oder Zuverlässigkeit (Nr. 1) 15	VI. Widerruf bei Ausscheiden der einzigen qualifizierten Person (Nr. 4) 36
1. Wegfall der persönlichen Eignung 16	VII. Rechtsfolgen des Widerrufs/ Rechtsschutz 42
a) Strafrechtliche Verurteilung 17	1. Abwicklungsfrist 42
b) Ungeordnete Vermögensverhältnisse 18	2. Rechtsmittel gegen den Widerrufsbescheid 43
c) Zurückliegender Widerruf der Registrierung 19	3. Löschung der Registerdaten ... 45
d) Beharrliche Verletzung von Mitteilungspflichten 20	4. Missachtung des Widerrufs ... 46

I. Normzweck

1 § 14, der den Widerruf der Registrierung regelt, tritt an die Stelle des § 14 der 1. AVO zum RBerG, in dem der Widerruf der Erlaubnis zur Rechtsberatung geregelt war. Die zuständige Behörde muss danach die Registrierung eines Rechtsdienstleisters widerrufen, soweit sie bei der Erbringung von Rechtsdienstleistungen durch den Rechtsdienstleister einen der in § 14 genannten Widerrufsgründe feststellt.

2 § 14 regelt die Widerrufsgründe für das RDG **abschließend**. Daneben kommt ein Widerruf der Rechtsdienstleistungsbefugnis nach den allgemeinen verwaltungsrechtlichen Vorschriften, dh nach § 49 VwVfG bzw entsprechenden landesrechtlichen Vorschriften, in Betracht. Sollte die Registrierung des Rechtsdienstleisters von Anfang an rechtswidrig gewesen sein, kann die Registrierung nach § 48 VwVfG zurückgenommen werden, so dass hier keine explizite Regelung im RDG erforderlich war.

3 Die Widerrufsgründe des § 14 sind **zwingend**. Weil es im Bereich des RDG zur Entlastung der Justizverwaltung keine Berufsaufsicht mehr geben soll,[1] verzich-

---
[1] Begr. RegE, BT-Drucks. 16/3655, S. 43.

tet der Gesetzgeber auf das nach altem Recht vorgesehene gestufte Sanktionssystem, das neben dem Widerruf mildere Maßnahmen, wie die förmliche Rüge oder die Verhängung von Ordnungsmitteln, vorsah. Die Aufsicht über Rechtsberater und Prozessagenten, die bisher in § 3 der 2. AVO zum RBerG geregelt war und nach der alle Erlaubnisinhaber der Aufsicht des zuständigen Land- bzw Amtsgerichtspräsidenten unterstanden, wurde in der Praxis höchst unterschiedlich ausgeübt und hat sich nicht bewährt. Bei den meisten Gerichten fand eine regelmäßige Aufsicht, nach der die Ordnungsmäßigkeit der Geschäftsführung zu prüfen und im Wege der Aufsicht Missbilligungen und Rügen zu erteilen oder der Widerruf der Erlaubnis anzudrohen gewesen wäre, faktisch nicht statt. Turnusmäßige Geschäftsprüfungen ohne besonderen Anlass, wie sie bei Notaren, nicht aber bei Rechtsanwälten vorgesehen sind, waren die absolute Ausnahme.[2] Um dieser unterschiedlichen Handhabe entgegenzuwirken und gleichzeitig die Justizverwaltung zu entlasten, schreitet nach dem RDG die Registrierungsbehörde nun erst – und nur dann – ein, wenn ihr Tatsachen bekannt werden, die den Widerruf der Registrierung rechtfertigen. Liegen solche – einen Widerruf der Registrierung rechtfertigende – Tatsachen vor, hat die Behörde keine Möglichkeit, **mildere Mittel** zu verhängen.[3]

Innerhalb des Widerrufsverfahrens hat die zuständige Behörde der registrierten Person nach den allgemeinen verwaltungsrechtlichen Grundsätzen **rechtliches Gehör** zu gewähren (vgl § 28 VwVfG) und ihr Gelegenheit zu geben, das beanstandete Verhalten dauerhaft abzustellen, um so den Grund für einen Widerruf zu beseitigen. 4

Mit dem Widerruf greift die Registrierungsbehörde in die von Art. 12 Abs. 1 GG geschützte Berufsfreiheit und ggf in die Eigentumsgarantie des Art. 14 Abs. 1 GG der registrierten Person ein, weshalb in jedem Einzelfall sorgfältig zu prüfen ist, inwieweit die Interessen der Rechtsuchenden und des Rechtsverkehrs, die darauf vertrauen können müssen, dass registrierte Personen nicht nur die erforderliche besondere Sachkunde mitbringen, sondern auch persönlich und in ihrer Organisationsstruktur zuverlässig sind und sich rechtmäßig verhalten, einen Widerruf rechtfertigen.[4] Dies wird immer dann der Fall sein, wenn nach den Umständen des Einzelfalls die Annahme gerechtfertigt ist, dass der Schutz der Rechtsuchenden, des Rechtsverkehrs oder der Rechtsordnung durch eine Fortsetzung der Rechtsdienstleistungen gefährdet wäre.[5] 5

Sind damit im RDG keine milderen Mittel als der Widerruf vorgesehen, so können registrierte Personen allerdings auch im Rahmen des § 20 mit einer **Geldbuße** belegt werden, wenn sie eine der dort genannten Ordnungswidrigkeiten begehen. Insbesondere kommt hier für registrierte Rechtsdienstleister ein Verstoß gegen § 20 Abs. 1 Nr. 1 in Betracht, wenn die sich aus der Registrierung ergebende Rechtsdienstleistungsbefugnis überschritten wird. Kommt es – möglicherweise sogar dauerhaft – zu einer Überschreitung im erheblichen Umfang, ist die Registrierung ggf auch in diesen Fällen zu widerrufen.[6] 6

---

2 Begr. RegE, BT-Drucks. 16/3655, S. 43.
3 Kilian/Sabel/vom Stein/*vom Stein*, § 21 Rn 540.
4 Vgl *Kleine-Cosack*, NJW 2004, 2473.
5 Begr. RegE, BT-Drucks. 16/3655, S. 72.
6 *Lamm*, in: Dreyer/Lamm/Müller, § 14 RDG Rn 4.

7 Anders als nach der Vorgängervorschrift des § 14 der 1. AVO zum RBerG, nach der die Behörde die Registrierung auch dann widerrufen musste, wenn der Erlaubnisinhaber auf die ihm erteilte Erlaubnis verzichtete,[7] ergibt sich nunmehr aus dem Zusammenspiel von § 17 Abs. 1 Nr. 1 und § 14, dass der Rechtsdienstleister durch den **Verzicht auf die Registrierung** einem Widerruf zuvorkommen kann.[8] Nach § 17 Abs. 1 Nr. 1 führt ein solcher Verzicht der registrierten Person zum Erlöschen der Registrierung, womit ein Widerruf überflüssig wird.[9] Dass ein etwaiges Fehlverhalten damit nicht bestandskräftig festgestellt wird und dem Rechtsdienstleister bei einem erneuten Registrierungsantrag nicht ohne weiteres die Registrierung verweigert werden kann, hat der Gesetzgeber im Interesse der Verfahrensvereinfachung hingenommen.[10]

II. Widerrufsverfahren

8 Tritt nach einer rechtmäßigen Registrierung einer der Widerrufsgründe des § 14 ein und erlangt die zuständige Registrierungsbehörde davon Kenntnis, ist die Registrierung zu widerrufen.

9 **1. Zuständige Widerrufsbehörde.** Für den Widerruf der Registrierung ist die Behörde **örtlich zuständig**, die nach § 13 für die Registrierung des Rechtsdienstleisters zuständig wäre (vgl § 13 Rn 11). Dies ist nach § 13 Abs. 1 S. 1 oder 2 die Behörde, die auch die Registrierung veranlasst hat, oder, falls der Rechtsdienstleister nach der Registrierung seine Hauptniederlassung verlegt hat, gemäß § 13 Abs. 3 S. 3 und 4 die Behörde am Ort der neuen Hauptniederlassung.

10 Welche Behörde **sachlich zuständig** ist, ergibt sich aus § 19. Nach § 19 Abs. 1 sind dies grds. die Landesjustizverwaltungen des jeweiligen Bundeslandes, in dem sich die Hauptniederlassung des Rechtsdienstleisters befindet. Allerdings können aufgrund der Ermächtigungsgrundlage des § 19 Abs. 2 die Landesjustizverwaltungen die Zuständigkeit auf nachgeordnete Behörden übertragen, wovon in allen Bundesländern Gebrauch gemacht wurde.[11]

11 **2. Feststellen der Widerrufsgründe.** Die Widerrufsgründe können durch eigene Erkenntnisse der Behörde zu Tage treten. Ein Widerrufsverfahren ist aber auch dann einzuleiten, wenn die zuständige Behörde Hinweise einer anderen Behörde, eines Gerichts oder die Anzeige bzw Beschwerde von einem sonstigen Dritten erhält, aus der sich Gründe für den Widerruf der Registrierung ergeben.

12 Liegen Erkenntnisse vor, die das Bestehen von Widerrufsgründen nahelegen, so gilt für das Widerrufsverfahren, das die Behörde einzuleiten hat, der Untersuchungsgrundsatz, wonach die Behörde den Sachverhalt von Amts wegen ermitteln muss. In diesem Zusammenhang kann die Behörde Daten, die erforderlich sind, um die Widerrufsgründe zu prüfen, gemäß § 18 Abs. 1 S. 3 von anderen Behörden oder Gerichten anfordern (siehe näher § 18 Rn 10 f).

---

[7] VGH Mannheim 19.7.1983 – 9 S 28/83, Rbeistand 1983, 180, 182; Henssler/Prütting/Weth, 1. AVO zum RBerG § 14 Rn 3.
[8] *Lamm*, in: Dreyer/Lamm/Müller, § 14 RDG Rn 2.
[9] AA *Unseld/Degen*, § 14 RDG Rn 21; Grunewald/Römermann/*Suppé*, § 14 RDG Rn 48, der auch beim Verzicht grds. einen Zulassungswiderrufsbescheid für erforderlich hält.
[10] Begr. RegE, BT-Drucks. 16/3655, S. 76.
[11] Eine Liste der zuständigen Registrierungsbehörden samt Adressen findet sich unter www.rechtsdienstleistungsregister.de.

3. Einzelfallbezogene Verhältnismäßigkeitsprüfung. Für das Widerrufsverfahren als Verwaltungsverfahren gelten die allgemeinen verwaltungsrechtlichen Grundsätze, insbesondere ist der Rechtsdienstleister gemäß § 28 Abs. 1 VwVfG anzuhören. Eine **Anhörung** ist nur in den Fällen des § 28 Abs. 2 und 3 VwVfG entbehrlich. Da der Widerruf der Registrierung ein schwerwiegender Eingriff in die durch Art. 12 GG geschützte Freiheit der Berufswahl einer registrierten Person darstellt und darüber hinaus auch in die verfassungsrechtlich geschützten Eigentumsrechte nach Art. 14 GG eingreifen kann, muss die Widerrufsbehörde entsprechend der ständigen Rechtsprechung des BVerfG[12] im Widerrufsverfahren die dargestellte einzelfallbezogene Verhältnismäßigkeitsprüfung vornehmen (siehe Rn 5).[13]

Aus diesen allgemeinen verwaltungsrechtlichen Grundsätzen ergibt sich auch, dass ein Widerruf erst dann erfolgen darf, wenn **weniger belastende Mittel**, wie zB ein Hinweis der Behörde oder die Erteilung von Auflagen, nicht zum Erfolg führen.[14] Zwar sieht § 14 eine Androhung des Widerrufs nicht vor, es wird aber in Anlehnung an die Praxis zum RBerG vertreten, dass insoweit auch stets zu prüfen sei, inwieweit der durch den Widerruf verfolgte Zweck nicht schon durch die Androhung des Widerrufs erreicht werden kann, was insbesondere dann der Fall ist, wenn man erwarten kann, dass die registrierte Personen in der Lage ist, die gerügten Mängel auf die Androhung des Widerrufs hin abzustellen und dies auch tun wird.[15] Ein sofortiger Widerruf wäre in diesen Fällen unverhältnismäßig und damit rechtswidrig.[16]

III. Widerruf wegen fehlender persönlicher Eignung oder Zuverlässigkeit (Nr. 1)

Treten Tatsachen ein, die die Annahme rechtfertigen, dass ein registrierter Rechtsdienstleister nach § 10 Abs. 1, ein registrierter Erlaubnisinhaber nach § 1 Abs. 3 S. 2 RDGEG oder eine qualifizierte Person nach § 12 Abs. 4 nicht mehr die erforderliche persönliche Eignung (zum Begriff siehe § 12 Rn 4) oder Zuverlässigkeit (zum Begriff siehe § 12 Rn 14) besitzt, ist dies ein Widerrufsgrund gemäß Nr. 1.

1. Wegfall der persönlichen Eignung. Das Gesetz benennt verschiedene Regelbeispiele, in denen regelmäßig davon ausgegangen werden muss, dass die persönliche Eignung oder Zuverlässigkeit weggefallen ist.

a) Strafrechtliche Verurteilung. Ist jemand innerhalb der letzten drei Jahre wegen eines Verbrechens oder eines die Berufsausübung betreffenden Vergehens iSv § 12 Abs. 1 Nr. 1 Buchst. a) verurteilt worden, entfallen die persönliche Eignung und Zuverlässigkeit (siehe näher § 12 Rn 20 ff).

b) Ungeordnete Vermögensverhältnisse. Gemäß § 12 Abs. 1 Nr. 1 Buchst. b) führen ungeordnete Vermögensverhältnisse des Rechtsdienstleisters regelmäßig dazu, dass vermutet wird, dass es ihm an der persönlichen Eignung oder Zuverlässigkeit fehlt (siehe näher § 12 Rn 27 ff).

---

12 Vgl BVerfG 22.3.2006 – 1 BvR 97/06, NJW 2006, 1499; BVerfG 11.2.1992 – 1 BvR 1531/90, NJW 1992, 2341; BVerfG 2.3.1977 – 1 BvR 124/76, NJW 1977, 892.
13 *Kleine-Cosack*, NJW 2004, 2473.
14 Begr. RegE, BT-Drucks. 16/3655, S. 72.
15 *Lamm*, in: Dreyer/Lamm/Müller, § 14 RDG Rn 12.
16 *Kleine-Cosack*, NJW 2004, 2473, 2477.

19 **c) Zurückliegender Widerruf der Registrierung.** Wurde in den letzten drei Jahren eine Registrierung nach § 14 oder eine Zulassung zur Rechtsanwaltschaft nach § 14 Abs. 2 Nr. 1 bis 3 und 7 bis 9 BRAO widerrufen oder die Zulassung zur Rechtsanwaltschaft nach § 14 Abs. 1 BRAO zurückgenommen bzw nach § 7 BRAO versagt oder kam es zu einem Ausschluss aus der Rechtsanwaltschaft gemäß § 12 Abs. 1 Nr. 1 Buchst. c), so fehlen regelmäßig auch die Eignung und Zuverlässigkeit des Rechtsdienstleisters (siehe näher § 12 Rn 32 ff).

20 **d) Beharrliche Verletzung von Mitteilungspflichten.** Schließlich führt auch die beharrliche Verletzung der Pflicht zur Mitteilung von Änderungen gemäß § 13 Abs. 3 S. 1 (vgl § 13 Rn 37) dazu, dass dem Rechtsdienstleister die notwendige Eignung und Zuverlässigkeit abgesprochen werden. Bei der Bewertung der Pflichtverletzung ist ein strenger Maßstab anzulegen. Ein Widerruf ist immer nur dann gerechtfertigt, wenn es sich um **häufige Verstöße** handelt, die „**beharrlich**" begangen werden und **Nachteile** für die Rechtsuchenden und den Rechtsverkehr nach sich ziehen. Aus dieser Formulierung wird eine gewisse Toleranz des Gesetzgebers abgeleitet und prognostiziert, dass die zuständigen Behörden unter der Geltung des RDG kaum im ausreichenden Maß von Tatsachen Kenntnis erlangen werden, um einen Widerruf der Rechtsdienstleistungsbefugnis auf eine beharrliche Pflichtverletzung zu stützen.[17]

21 Wann es sich um einen beharrlichen Verstoß handelt, lässt sich anhand von straf- und ordnungsrechtlichen Vorschriften definieren. Nach der Rechtsprechung handelt **beharrlich**, wer vorsätzlich wiederholt über einen längeren Zeitraum entsprechende Verstöße begeht und durch sein Verhalten zeigt, dass ihm das Gesetz gleichgültig ist, und die Gefahr besteht, dass er auch künftig zu entsprechenden Verstößen bereit ist.[18] Beharrlichkeit ist daher uU zu verneinen, wenn die zuständige Behörde einen Rechtsdienstleister nicht entsprechend auf seine Pflichten hingewiesen hat.[19]

22 Beharrlichkeit erfordert weiter einen inneren Zusammenhang zwischen den einzelnen Zuwiderhandlungen, wozu ein gewisser zeitlicher Zusammenhang notwendig ist.[20] Liegen mehrere Jahre zwischen Verstößen, wird man dem Rechtsdienstleister seine persönliche Eignung und Zuverlässigkeit nicht von vornherein absprechen können.[21]

23 **2. Weitere Widerrufsgründe.** Außerhalb der Regelbeispiele des § 14 kommt ein Widerruf etwa bei registrierten Rechtsdienstleistern in Betracht, die ihren Hauptsitz im Ausland haben und denen dort die Erbringung von Rechtsdienstleistungen untersagt wurde.[22]

24 **3. Verlust von Eignung/Zuverlässigkeit bei einer qualifizierten Person.** Verliert bei einer juristischen Person oder Gesellschaft ohne Rechtspersönlichkeit eine qualifizierte Person gemäß § 12 Abs. 4 ihre persönliche Eignung oder Zuverlässigkeit, so muss hinsichtlich der Konsequenzen für den Rechtsdienstleister da-

---

17 *Römermann*, AnwBl 2009, 22, 25.
18 BGH 25.2.1992 – 5 StR 528/91, NStZ 1992, 594; BayObLG 3.8.1993 – 4 St RR 78/93, juris.
19 *Lamm*, in: Dreyer/Lamm/Müller, § 14 RDG Rn 21.
20 OLG Köln 20.1.1984 – 3 Ss 873/83 (417), GA 1984, 333; BayObLG 18.10.1996 – 2 ObOWi 777/96, NZV 1998, 82; OLG Stuttgart 25.11.1997 – 3 Ss 593/97, LSK 1998, 330288.
21 Vgl *Lamm*, in: Dreyer/Lamm/Müller, § 14 RDG Rn 22.
22 Begr. RegE, BT-Drucks. 16/3655, S. 72.

nach differenziert werden, ob es sich um die einzige qualifizierte Person handelt oder ob der juristischen Person oder Gesellschaft ohne Rechtspersönlichkeit neben ihr noch weitere qualifizierte Personen zur Verfügung stehen.

Verbleibt die qualifizierte Person, die ihre persönliche Eignung oder Zuverlässigkeit verloren hat, beim Rechtsdienstleister, so ist in beiden Fällen sicherzustellen, dass diese Person dort künftig eine Position einnimmt, in der es nicht zu einer Gefährdung der Rechtsuchenden oder des Rechtsverkehrs kommen kann. Handelt es sich dabei um die einzige qualifizierte Person des Rechtsdienstleisters oder scheidet diese aus der juristischen Person oder Gesellschaft ohne Rechtspersönlichkeit aus, so kann der Widerruf der Rechtsdienstleistungsbefugnis dadurch verhindert werden, dass die juristische Person oder Gesellschaft ohne Rechtspersönlichkeit dies der Behörde anzeigt und innerhalb der Frist von sechs Monaten nach Nr. 4 eine neue qualifizierte Person benennt. 25

Sind für den Rechtsdienstleister mehrere qualifizierte Personen in das Register eingetragen und behält mindestens eine dieser Personen ihre persönliche Eignung und Zuverlässigkeit, so ist die Registrierung nicht zu widerrufen, sondern es sind lediglich die qualifizierten Personen im Rechtsdienstleistungsregister zu löschen, die die Merkmale der persönlichen Eignung und Zuverlässigkeit nicht mehr erfüllen. Bleiben diese Personen in ihrer Position, so dass eine Gefährdung nicht auszuschließen ist, ist ein Widerruf der Registrierung des Rechtsdienstleisters zwingend, auch wenn neben dieser Person, die ihre persönliche Eignung und Zuverlässigkeit verloren hat, noch weitere qualifizierte Personen vorhanden sind.[23] 26

IV. Widerruf wegen fehlender Berufshaftpflichtversicherung (Nr. 2)

Eine Berufshaftpflichtversicherung mit einer Mindestversicherungssumme von 250.000 € für jeden Versicherungsfall ist eine zwingende Voraussetzung für die Registrierung als Rechtsdienstleister (vgl § 12 Abs. 1 Nr. 3). Diese Berufshaftpflichtversicherung muss während der gesamten Dauer der Registrierung unterhalten werden. Auf diese Weise wird sichergestellt, dass Rechtsuchende darauf vertrauen können, ggf mögliche Schadensersatzansprüche gegen den Rechtsdienstleister im Rahmen des gesetzlichen Versicherungsschutzes wirtschaftlich durchsetzen zu können. Fehlt es nach erfolgter Registrierung an einer solchen Versicherung, ist die Registrierung zu widerrufen. Nach § 19 Abs. 1 iVm § 117 Abs. 2 VVG müssen die Versicherungsunternehmen der Registrierungsbehörde mitteilen, wenn von dem Rechtsdienstleister keine Berufshaftpflichtversicherung mehr unterhalten wird (vgl § 19 Rn 3). 27

Neben einer solchen Mitteilung sind weitere Wege denkbar, auf denen die zuständige Behörde erfährt, dass ein Versicherungsschutz des Rechtsdienstleisters für berufliche Pflichtverletzungen nicht mehr besteht. So hat der Rechtsdienstleister gemäß § 13 Abs. 3 S. 1 der zuständigen Behörde alle Änderungen, die sich auf die Registrierung oder den Inhalt des Rechtsdienstleistungsregisters auswirken, unverzüglich schriftlich mitzuteilen (vgl § 13 Rn 38). Zu diesen Änderungen zählt auch das Fehlen einer Berufshaftpflichtversicherung. 28

---

23 Begr. RegE, BT-Drucks. 16/3655, S. 72.

V. Widerruf wegen dauerhafter unqualifizierter Rechtsdienstleistungen (Nr. 3)

29 Ein weiterer Widerrufsgrund besteht nach **Nr. 3 Hs 1**, wenn begründete Tatsachen die Annahme rechtfertigen, dass der registrierte Rechtsdienstleister dauerhaft unqualifizierte Rechtsdienstleistungen zum Nachteil der Rechtsuchenden oder des Rechtsverkehrs erbringt. Dieser Widerrufsgrund deckt sich in seinen Voraussetzungen mit den Voraussetzungen für eine Untersagung nach § 9 Abs. 1, so dass auf die dortigen Ausführungen verwiesen werden kann (siehe § 9 Rn 7 ff).

30 Ein Widerrufsgrund nach Nr. 3 erfordert danach Verstöße, die erkennen lassen, dass die Person oder das Unternehmen ungeeignet zur Erbringung von Rechtsdienstleistungen ist, wobei einmalige oder auch mehrere auf verschiedenen Ursachen beruhende fehlerhafte Rechtsdienstleistungen regelmäßig den Widerruf der Registrierung nicht rechtfertigen.[24]

31 Aufgrund des Eingriffs in die grundrechtlich geschützte Berufsausübungsfreiheit des Rechtsdienstleisters bedarf die Prüfung der Tatbestandsvoraussetzungen für einen solchen Widerruf einer besonders vertieften Abwägung sowie der Prüfung aller Umstände des Einzelfalls.[25]

32 Als **Beispiel** für eine unqualifizierte Rechtsdienstleistung nennt der Gesetzgeber in der amtlichen Begründung Rechtsdienstleistungen von Inkassounternehmen, die sich beim Forderungseinzug unseriöser oder sogar rechtswidriger Geschäftspraktiken bedienen.[26]

33 Nr. 3 Hs 2 definiert **zwei Regelbeispiele** für unqualifizierte Rechtsdienstleistungen, die bei erheblichen Verstößen einen Widerruf rechtfertigen. Zum einen ist in Rechtsdienstleistungen, die von registrierten Personen in erheblichem Umfang über die eingetragene Befugnis hinaus erbracht werden, ein solcher Verstoß zu sehen. Zum anderen liegt ein solcher Widerrufsgrund vor, wenn der Rechtsdienstleister beharrlich gegen Auflagen nach § 10 Abs. 3 verstößt.

34 In beiden Beispielen kann nach dem Grundsatz der **Verhältnismäßigkeit** ein Widerruf erst dann erfolgen, wenn der Behörde keine milderen Mittel zur Verfügung stehen, um künftige unqualifizierte Rechtsdienstleistungen zu verhindern. Solche mildere Mittel wären insbesondere Hinweise durch die Behörde oder Auflagen.[27] Der geforderte erhebliche Umfang besitzt dabei auch ein zeitliches Moment, dh, der Verstoß muss nicht nur erheblich sein, sondern auch **wiederholt** vorkommen. In der amtlichen Begründung wird als Beispiel angeführt, dass eine einmalige Beratung im Recht der gesetzlichen Krankenversicherung ohne Rentenbezug oder die einmalige Beratung in einem anderen als dem eingetragenen ausländischen Recht für die Annahme eines erheblichen Verstoßes noch nicht genügt.[28] Der in Nr. 3 geforderte beharrliche Verstoß ist hinsichtlich des Begriffs der Beharrlichkeit genauso zu verstehen wie bei dem beharrlichen Unterlassen nach Nr. 1 (siehe Rn 21).

---

24 Begr. RegE, BT-Drucks. 16/3655, S. 72.
25 Begr. RegE, BT-Drucks. 16/3655, S. 72.
26 Begr. RegE, BT-Drucks. 16/3655, S. 72.
27 Begr. RegE, BT-Drucks. 16/3655, S. 72.
28 Begr. RegE, BT-Drucks. 16/3655, S. 72.

Sind die Regelbeispiele der Nr. 3 Hs 2 nicht abschließend, so zeigen sie doch, 35
welche Qualität etwaige Widerrufsgründe besitzen müssen. Es muss sich um erhebliche Verstöße handeln, die offenbar werden lassen, dass der Rechtsdienstleister nicht in der Lage ist, seine Rechtsdienstleistungen ordnungsgemäß zu erbringen, und sich aus diesen Verstößen eine Gefahr für die Rechtsuchenden oder den Rechtsverkehr ergibt, so dass ein Eingriff in die Berufsfreiheit nach Art. 12 GG gerechtfertigt ist.[29]

VI. Widerruf bei Ausscheiden der einzigen qualifizierten Person (Nr. 4)

Juristische Personen und Gesellschaften ohne Rechtspersönlichkeit benötigen 36
mindestens eine qualifizierte Person iSd § 12 Abs. 4, um Rechtsdienstleistungen erbringen zu dürfen (siehe näher § 12 Rn 54 ff). Stehen der juristischen Person oder der Gesellschaft ohne Rechtspersönlichkeit nach der Registrierung als Rechtsdienstleister keine qualifizierten Personen mehr zur Verfügung, weil diese den Rechtsdienstleister verlassen haben, so schafft Nr. 4 eine Übergangsregelung, die es diesen Rechtsdienstleistern ermöglicht, innerhalb von **sechs Monaten** eine neue qualifizierte Person als Ersatz zu finden.

Wird vom Rechtsdienstleister innerhalb dieser Frist keine neue qualifizierte Per- 37
son benannt, so ist die Eintragung des Rechtsdienstleisters zu widerrufen.

Ein Widerruf kommt nicht in Betracht, wenn nach dem Ausscheiden von quali- 38
fizierten Personen noch mindestens eine weitere qualifizierte Person im Rechtsdienstleistungsregister für den Rechtsdienstleister registriert ist.

Der Widerruf nach Nr. 4 wird dadurch gerechtfertigt, dass mit dem Verlust der 39
qualifizierten Person der Rechtsdienstleister letztlich die fachliche und persönliche Kompetenz zur Erbringung von Rechtsdienstleistungen verliert.[30] Die Frist von sechs Monaten ist insbesondere deshalb erforderlich, damit ein Rechtsdienstleister bei plötzlichem Ausscheiden der qualifizierten Person einen adäquaten Nachfolger finden kann. Für diese Übergangszeit ist hinzunehmen, dass das Unternehmen ohne einen Erlaubnisträger fortgeführt wird, denn in Hinblick auf die betroffenen Grundrechte des Rechtsdienstleisters aus Art. 12 und 14 GG wäre ein sofortiger Widerruf der Rechtsdienstleistungsbefugnis nicht **verhältnismäßig**.[31]

Sollte der Rechtsdienstleister in der Übergangszeit tätig werden, ist er gegenüber 40
dem Rechtsuchenden verpflichtet, die erforderliche Sorgfalt einzuhalten. Um diese Sorgfaltspflichten zu erfüllen, muss er sich ggf der Mitarbeit eines Rechtsanwalts bedienen, sofern das Tagesgeschäft nicht durch das vorhandene Personal sachgerecht erledigt und etwaige Aufgaben auch nicht aufgeschoben werden können.[32]

Kann ein Rechtsdienstleister darlegen, dass er sich unmittelbar nach dem Aus- 41
scheiden der qualifizierten Person um einen Ersatz zu bemühen begonnen hat, seine Bemühungen aber bisher erfolglos geblieben sind, ist die zuständige Behörde durch die Sechs-Monats-Frist des Nr. 4 nicht daran gehindert, für die Su-

---

29 Vgl *Lamm*, in: Dreyer/Lamm/Müller, § 14 RDG Rn 37; Kilian/Sabel/vom Stein/*vom Stein*, § 21 Rn 551.
30 Begr. RegE, BT-Drucks. 16/3655, S. 73.
31 Begr. RegE, BT-Drucks. 16/3655, S. 73.
32 Begr. RegE, BT-Drucks. 16/3655, S. 73.

che nach einer qualifizierten Person eine **Fristüberschreitung** zuzulassen.[33] Gegebenenfalls kann in diesen Fällen dem Rechtsdienstleister gemäß § 10 Abs. 3 durch die zuständige Behörde aufgegeben werden, konkret darzulegen, welche Maßnahmen er eingeleitet hat, um die qualifizierte Erbringung von Rechtsdienstleistungen sicherzustellen, und ihm kann die Auflage gemacht werden, vorübergehend eine zur Erbringung der Rechtsdienstleistungen geeignete Person zu beschäftigen.[34]

VII. Rechtsfolgen des Widerrufs/Rechtsschutz

42 **1. Abwicklungsfrist.** Geht der Widerrufsbescheid dem Rechtsdienstleister zu, so wird der Widerruf der Rechtsdienstleistungsbefugnis wirksam und seine Rechtsdienstleistungsbefugnis erlischt mit diesem Zeitpunkt, sofern die zuständige Behörde dem Rechtsdienstleister keine Frist zur Abwicklung gesetzt hat. Setzt die zuständige Behörde eine Abwicklungsfrist, so endet die Rechtsdienstleistungsbefugnis mit Ablauf dieser Frist. Da der Widerruf einen gravierenden Eingriff in die gemäß Art. 12 GG geschützte Berufsfreiheit darstellt, wird die zuständige Behörde regelmäßig verpflichtet sein, eine solche Abwicklungsfrist zu gewähren, um die **Verhältnismäßigkeit** des Widerrufs zu wahren.[35]

43 **2. Rechtsmittel gegen den Widerrufsbescheid.** Sowohl der Widerruf als auch die Rücknahme der Registrierung sind belastende Verwaltungsakte iSd § 35 VwVfG. Ist dem registrierten Rechtsdienstleister der Widerruf der Registrierung von der zuständigen Behörde wirksam bekannt gegeben worden, so kann der Rechtsdienstleister gegen diesen Bescheid daher Widerspruch einlegen, sofern dieser Bescheid noch nicht bestandskräftig geworden ist, und ggf anschließend vor dem Verwaltungsgericht eine Anfechtungsklage nach § 42 VwGO erheben.

44 Aufgrund der aufschiebenden Wirkung des Widerspruchs und der Anfechtungsklage kann der Rechtsdienstleister bis zur Bestandskraft des Widerrufsbescheids, dh ggf bis zur rechtskräftigen Abweisung der Anfechtungsklage, seine Berufstätigkeit weiter ausüben, sofern die zuständige Behörde nicht die sofortige Vollziehung des Widerrufs gemäß § 80 Abs. 2 Nr. 4 VwGO angeordnet hat, da in diesen Fällen die aufschiebende Wirkung entfällt.

45 **3. Löschung der Registerdaten.** Wird der Widerrufsbescheid bestandskräftig, sind die im Rechtsdienstleistungsregister öffentlich bekannt gemachten Daten des Rechtsdienstleisters gemäß § 17 Abs. 1 Nr. 4 zu löschen. Der Widerruf und der Widerrufsgrund werden aus Datenschutzgründen nicht in das Rechtsdienstleistungsregister eingetragen.[36]

46 **4. Missachtung des Widerrufs.** Missachtet ein registrierungspflichtiger Rechtsdienstleister den ihm gegenüber wirksam erfolgten Widerruf seiner Rechtsdienstleistungsbefugnis, bei dem entweder gemäß § 80 Abs. 2 Nr. 4 VwGO die sofortige Vollziehbarkeit angeordnet war oder der durch Fristablauf bestandskräftig geworden ist, und erbringt weiterhin Rechtsdienstleistungen, für die eine Registrierung nach § 10 Abs. 1 erforderlich wäre, so begeht er eine **Ordnungswidrig-**

---

33 Grunewald/Römermann/*Suppé*, § 14 RDG Rn 42.
34 Begr. RegE, BT-Drucks. 16/3655, S. 73.
35 Vgl BVerwG 18.7.1985 – 5 B 131/84, NVwZ 1986, 553; VGH Mannheim 23.12.1994 – 9 S 653/93, NVwZ-RR 1995, 476; BayVGH 14.2.1989 – 20 CS 88.2312, Rbeistand 1989, 53.
36 Begr. RegE, BT-Drucks. 16/3655, S. 71.

keit gemäß § 20 Abs. 1 Nr. 1, was gemäß § 20 Abs. 2 mit einer Geldbuße von bis zu 5.000 € geahndet werden kann.

Ist dem Rechtsdienstleister eine Abwicklungsfrist (siehe Rn 42) gewährt worden, handelt der Rechtsdienstleister nicht ordnungswidrig, solange er innerhalb der ihm gewährten Abwicklungsbefugnisse tätig wird. So wird auch das Recht des Rechtsdienstleisters, ggf noch offene Honoraransprüche gegen die von ihm betreuten Rechtsuchenden geltend zu machen, von dem Widerruf nicht berührt.[37] Tätigkeiten, die über diese Abwicklung hinausgehen, wie zB die Akquise neuer Aufträge auf dem Gebiet der registrierungspflichtigen Rechtsdienstleistungen, sind dagegen ordnungswidrig.[38]

§ 15 Vorübergehende Rechtsdienstleistungen

(1) Natürliche und juristische Personen sowie Gesellschaften ohne Rechtspersönlichkeit, die in einem anderen Mitgliedstaat der Europäischen Union oder in einem anderen Vertragsstaat des Abkommens über den Europäischen Wirtschaftsraum zur Ausübung eines in § 10 Abs. 1 genannten oder eines vergleichbaren Berufs rechtmäßig niedergelassen sind, dürfen diesen Beruf auf dem Gebiet der Bundesrepublik Deutschland mit denselben Befugnissen wie eine nach § 10 Abs. 1 registrierte Person vorübergehend und gelegentlich ausüben (vorübergehende Rechtsdienstleistungen). Wenn weder der Beruf noch die Ausbildung zu diesem Beruf im Staat der Niederlassung reglementiert sind, gilt dies nur, wenn die Person oder Gesellschaft den Beruf dort während der vorhergehenden zehn Jahre mindestens zwei Jahre ausgeübt hat. Ob Rechtsdienstleistungen vorübergehend und gelegentlich erbracht werden, ist insbesondere anhand ihrer Dauer, Häufigkeit, regelmäßigen Wiederkehr und Kontinuität zu beurteilen.

(2) Vorübergehende Rechtsdienstleistungen sind nur zulässig, wenn die Person oder Gesellschaft vor der ersten Erbringung von Dienstleistungen im Inland der nach § 13 Abs. 1 Satz 2 zuständigen Behörde in Textform Meldung erstattet. Die Meldung muss neben den nach § 16 Abs. 2 Nr. 1 Buchstabe a bis c im Rechtsdienstleistungsregister öffentlich bekanntzumachenden Angaben enthalten:

1. eine Bescheinigung darüber, dass die Person oder Gesellschaft in einem Mitgliedstaat der Europäischen Union oder in einem anderen Vertragsstaat des Abkommens über den Europäischen Wirtschaftsraum rechtmäßig zur Ausübung eines der in § 10 Abs. 1 genannten Berufe oder eines vergleichbaren Berufs niedergelassen ist und dass ihr die Ausübung dieser Tätigkeit zum Zeitpunkt der Vorlage der Bescheinigung nicht, auch nicht vorübergehend, untersagt ist,
2. einen Nachweis darüber, dass die Person oder Gesellschaft den Beruf im Staat der Niederlassung während der vorhergehenden zehn Jahre mindestens zwei Jahre rechtmäßig ausgeübt hat, wenn der Beruf dort nicht reglementiert ist,

---

37 *Lamm*, in: Dreyer/Lamm/Müller, § 14 RDG Rn 44.
38 *Lamm*, in: Dreyer/Lamm/Müller, § 14 RDG Rn 48; vgl zu § 15 der 1. AVO zum RBerG: *Rennen/Caliebe*, 1. AVO zum RBerG § 15 Rn 32; Henssler/Prütting/*Weth*, 1. AVO zum RBerG § 15 Rn 20.

3. eine Information über das Bestehen oder Nichtbestehen und den Umfang einer Berufshaftpflichtversicherung oder eines anderen individuellen oder kollektiven Schutzes in Bezug auf die Berufshaftpflicht,
4. die Angabe der Berufsbezeichnung, unter der die Tätigkeit im Inland zu erbringen ist.

§ 13 Abs. 3 Satz 1 gilt entsprechend. Die Meldung ist jährlich zu wiederholen, wenn die Person oder Gesellschaft nach Ablauf eines Jahres erneut vorübergehende Rechtsdienstleistungen im Inland erbringen will. In diesem Fall ist die Information nach Satz 2 Nr. 3 erneut vorzulegen.

(3) Sobald die Meldung nach Absatz 2 vollständig vorliegt, nimmt die zuständige Behörde eine vorübergehende Registrierung oder ihre Verlängerung um ein Jahr vor und veranlasst die öffentliche Bekanntmachung im Rechtsdienstleistungsregister. Das Verfahren ist kostenfrei.

(4) Vorübergehende Rechtsdienstleistungen sind unter der in der Sprache des Niederlassungsstaats für die Tätigkeit bestehenden Berufsbezeichnung zu erbringen. Eine Verwechslung mit den in § 11 Abs. 4 aufgeführten Berufsbezeichnungen muss ausgeschlossen sein.

(5) Die zuständige Behörde kann einer vorübergehend registrierten Person oder Gesellschaft die weitere Erbringung von Rechtsdienstleistungen untersagen, wenn begründete Tatsachen die Annahme dauerhaft unqualifizierter Rechtsdienstleistungen zum Nachteil der Rechtsuchenden oder des Rechtsverkehrs rechtfertigen. Das ist in der Regel der Fall, wenn die Person oder Gesellschaft im Staat der Niederlassung nicht mehr rechtmäßig niedergelassen ist oder ihr die Ausübung der Tätigkeit dort untersagt wird, wenn sie nicht über die für die Ausübung der Berufstätigkeit im Inland erforderlichen deutschen Sprachkenntnisse verfügt oder wenn sie beharrlich entgegen Absatz 4 eine unrichtige Berufsbezeichnung führt.

I. Normzweck 1	5. Tätigkeiten im Inland 30
II. Erbringung vorübergehender Rechtsdienstleistungen (Abs. 1) .. 8	a) Territorialitätsprinzip 30
1. Vorrangige Spezialregelungen 8	b) „Grenzüberschreitende" Leistungen 32
2. Berufliche Niederlassung in einem Mitgliedstaat (Abs. 1 S. 1) 12	aa) Telemedien 34
	bb) Telekommunikations- und Postdienste 37
3. Reglementierung oder zweijährige Tätigkeit im Niederlassungsstaat (Abs. 1 S. 2) 16	cc) Sitz des Auftraggebers im Ausland 42
	6. Umfang der Befugnisse des europäischen Rechtsdienstleisters 43
4. Vorübergehende und gelegentliche Tätigkeiten (Abs. 1 S. 3) 20	III. Meldung des europäischen Rechtsdienstleisters (Abs. 2) 45
a) Richtlinienkonforme Auslegung 21	1. Grundsätzliches (Abs. 2 S. 1) .. 45
b) Kriterien der „vorübergehenden" Tätigkeit 23	2. Form der Meldung (Abs. 2 S. 1) 46

3. Notwendiger Inhalt der Meldung (Abs. 2 S. 2)	48
a) Allgemeines	48
b) Angaben nach § 16 Abs. 2 Nr. 1 Buchst. a) bis c) (Abs. 2 S. 2 Hs 1)	49
c) Bescheinigung über die Berufsausübung (Abs. 2 S. 2 Nr. 1 und 2)	52
d) Angaben zu einer etwaigen Berufshaftpflichtversicherung (Abs. 2 S. 2 Nr. 3)	56
e) Angabe der Berufsbezeichnung (Abs. 2 S. 2 Nr. 4)	57
4. Mitteilung über Veränderungen (Abs. 2 S. 3)	58
5. Jährliche Wiederholung der Meldung (Abs. 2 S. 4)	59
IV. Registrierung und Bekanntmachung (Abs. 3)	62
V. Berufsbezeichnung (Abs. 4)	66
1. Berufsbezeichnung in der Sprache des Niederlassungsstaates (Abs. 4 S. 1)	66
2. Führen einer Berufsbezeichnung	68
3. Verwechslungsgefahr (Abs. 4 S. 2)	69
4. Zuwiderhandlungen	71
VI. Untersagung der weiteren Erbringung von Rechtsdienstleistungen (Abs. 5)	72
1. Grundsätzliches	72
2. Unqualifizierte Rechtsdienstleistungen (Abs. 5 S. 1)	75
3. Regelfälle unqualifizierter Rechtsdienstleistungen (Abs. 5 S. 2)	81
a) Fehlende Befugnis zur Erbringung von Rechtsdienstleistungen im Staat der Niederlassung (Var. 1)	81
b) Fehlende Sprachkenntnisse (Var. 2)	84
c) Führen einer falschen Berufsbezeichnung (Var. 3)	89

I. Normzweck

Unter der Geltung des RBerG wurde die Zulässigkeit vorübergehender Rechtsdienstleistungen durch nichtanwaltliche ausländische Rechtsdienstleister in Deutschland unterschiedlich beurteilt.[1] Nunmehr enthält § 15 erstmalig[2] eine Regelung für **nichtanwaltliche europäische Rechtsdienstleister**, die **vorübergehend** und **gelegentlich** im Inland tätig werden wollen. Die Vorschrift enthält eine Ausnahme zu der gemäß § 10 bestehenden Registrierungspflicht. Personen und Gesellschaften, die in einem anderen Mitgliedstaat der Europäischen Union[3] oder in einem anderen Vertragsstaat des Abkommens über den Europäischen Wirtschaftsraum[4] zur Ausübung eines in § 10 Abs. 1 genannten oder eines vergleichbaren Berufs rechtmäßig niedergelassen sind, dürfen nach Abgabe einer Meldung vorübergehend und gelegentlich im Inland Rechtsdienstleistungen erbringen, ohne dass zuvor eine Prüfung ihrer Qualifikation wie in den Fällen der Registrierung nach § 10 erfolgt.

Die Regelung beschränkt sich auf die Tätigkeiten der gemäß § 10 registrierungspflichtigen Berufe und bringt **keine generelle Öffnung des Rechtsdienstleistungs-**

---

1 Vgl Unseld/Degen/*Degen*, § 15 RDG Rn 4; *Kilian*, AnwBl 2008, 394; Henssler/Prütting/*Weth*, Einl. RBerG Rn 72 ff; *Rennen/Caliebe*, Art. 1 § 1 RBerG Rn 6 f; *Armbrüster*, RIW 2000, 583, 586.
2 Vgl *Kilian*, AnwBl 2008, 394.
3 Derzeit: Belgien, Bulgarien, Dänemark, Deutschland, Estland, Finnland, Frankreich, Griechenland, Irland, Italien, Lettland, Litauen, Luxemburg, Malta, Niederlande, Österreich, Polen, Portugal, Rumänien, Schweden, Slowakei, Slowenien, Spanien, Tschechien, Ungarn, das Vereinigte Königreich und Zypern.
4 Neben den genannten EU-Mitgliedstaaten derzeit: Island, Liechtenstein und Norwegen.

marktes für europäische Dienstleister mit sich.[5] Lediglich ausländische Rechtsdienstleister, die einen der in § 10 genannten registrierungspflichtigen oder einen vergleichbaren Berufe ausüben, dürfen vorübergehende Rechtsdienstleistungen in Deutschland erbringen. Die praktische Bedeutung der Regelung hat der Gesetzgeber vor allem im Bereich der **Inkassodienstleistungen** gesehen.[6]

3   Die Vorschrift dient der Umsetzung der Art. 5 ff der Richtlinie 2005/36/EG des Europäischen Parlaments und des Rates vom 7.9.2005 über die Anerkennung von Berufsqualifikationen (**Berufsqualifikationsrichtlinie**).[7] Die Richtlinie verwirklicht und konkretisiert die Dienstleistungsfreiheit gemäß Art. 50 S. 3 EGV. Danach dürfen Dienstleister ihre Tätigkeit vorübergehend in dem Staat der Leistungserbringung ausüben und zwar unter den Voraussetzungen, die dieser Staat für seine eigenen Angehörigen vorschreibt.

4   Entsprechend genießen nach Art. 5 Abs. 1 der Berufsqualifikationsrichtlinie Dienstleister aus einem anderen Mitgliedstaat der Europäischen Union, die dort zur Ausübung ihres Berufs rechtmäßig niedergelassen sind, auch im Inland Dienstleistungsfreiheit. Ist weder der Beruf noch die hierfür notwendige Ausbildung reglementiert, besteht nur dann Dienstleistungsfreiheit, wenn eine praktische Berufstätigkeit von mindestens zwei Jahren im Niederlassungsstaat nachgewiesen werden kann. Gleiches gilt für Dienstleister aus Vertragsstaaten des Abkommens über den Europäischen Wirtschaftsraum gemäß Art. 3 des Beschlusses des Gemeinsamen EWR-Ausschusses vom 26.10.2007.[8]

5   Gemäß Art. 7 der Berufsqualifikationsrichtlinie dürfen die Mitgliedstaaten die Aufnahme der Tätigkeit von einer vorherigen schriftlichen Meldung des ausländischen Dienstleisters abhängig machen. Zudem kann nach Art. 6 Buchst. a der Berufsqualifikationsrichtlinie eine automatische vorübergehende Eintragung in ein Berufsregister vorgesehen werden. Von beiden Möglichkeiten hat der Gesetzgeber im Zuge der Umsetzung in **Abs. 2 und 3** Gebrauch gemacht. Insbesondere um bei Inkassodienstleistungen die für den inländischen Rechtsverkehr nötige Transparenz und Sicherheit im Hinblick auf die Befugnis zur Erbringung der Rechtsdienstleistungen zu schaffen, wurde vorgesehen, dass ein ausländischer Rechtsdienstleister erst nach entsprechender Meldung im Inland vorübergehend und gelegentlich tätig werden darf und dann auch vorübergehend in das Rechtsdienstleistungsregister einzutragen ist. Die Eintragung ist für die Befugnis zur Erbringung der vorübergehenden und gelegentlichen Rechtsdienstleistung nicht konstitutiv, weil die Aufnahme der entsprechenden Tätigkeit gemäß Art. 7 der Berufsqualifikationsrichtlinie nur von der vorherigen schriftlichen Meldung und nicht auch von der Eintragung in ein Berufsregister abhängig gemacht werden darf.

6   Die nach **Abs. 5** bestehende **Untersagungsmöglichkeit** dient dem Schutz der Rechtsuchenden und des Rechtsverkehrs vor unqualifizierten Rechtsdienstleis-

---

5   Grunewald/Römermann/*Franz*, § 15 RDG Rn 1; Unseld/Degen/*Degen*, § 15 RDG Rn 10; *Sabel*, AnwBl 2007, 816, 821.
6   Begr. RegE, BT-Drucks. 16/3655, S. 73.
7   ABl. EU Nr. L 255, S. 22, geändert durch die Richtlinie 2006/100/EG des Rates vom 20.11.2006, ABl. EU Nr. L 363, S. 141.
8   Beschluss des Gemeinsamen EWR-Ausschusses Nr. 142/2007 vom 26.10.2007 zur Änderung des Anhangs VII (Gegenseitige Anerkennung beruflicher Qualifikationen) und des Protokolls 37 zum EWR-Abkommen, ABl. EU Nr. L 100, S. 70.

tungen durch vorübergehend tätige Rechtsdienstleister.[9] Ihre Zulässigkeit ergibt sich aus Art. 5 Abs. 3 der Berufsqualifikationsrichtlinie.

Für die Erbringung vorübergehender Rechtsdienstleistungen gilt weitgehend das **Bestimmungslandprinzip** und nicht das Herkunftslandprinzip. Hinsichtlich des Zugangs zu dem deutschen Markt ist zu unterscheiden: Das Herkunftslandprinzip gilt insofern, als dass die ausländische Berufsqualifikation bei Berufen gemäß § 10 Abs. 1 ohne weitere Prüfung anerkannt werden muss.[10] Im Übrigen gilt auch im Hinblick auf den Zugang das Bestimmungslandprinzip (vgl Rn 14). Auch bei den Bedingungen der Berufsausübung gilt weitgehend[11] das Bestimmungslandprinzip.[12] Dies zeigt Art. 5 Abs. 3 der Berufsqualifikationsrichtlinie, wonach der ausländische Dienstleister im Aufnahmestaat den dortigen berufsständischen, gesetzlichen oder verwaltungsrechtlichen Berufsregeln und Disziplinarbestimmungen unterliegt. Ebenfalls nach dem Recht des Aufnahmestaates richten sich der Umfang der zu dem Beruf gehörenden oder die diesem Beruf vorbehaltenen Tätigkeiten.[13]

II. Erbringung vorübergehender Rechtsdienstleistungen (Abs. 1)

1. Vorrangige Spezialregelungen. Die Gewährleistung der Dienstleistungsfreiheit bezieht sich auf die in § 10 geregelten registrierungspflichtigen Rechtsdienstleistungen. Vorübergehende Rechtsdienstleistungen gemäß § 15 sind nur in den in § 10 Abs. 1 genannten oder vergleichbaren Berufen zulässig. Die Regelung gilt aber nicht für Rechtsdienstleistungen von Berufsgruppen, deren Tätigkeit in Spezialgesetzen geregelt ist.[14] Ist die Rechtsdienstleistungsbefugnis auf einem Gebiet in einem **Spezialgesetz** abschließend geregelt, so kann für diesen Bereich aus dem RDG keine Rechtsdienstleistungsbefugnis abgeleitet werden.[15]

Dies ist vor allem bei der vorübergehenden Erbringung von grenzüberschreitenden Rechtsdienstleistungen durch **europäische Rechtsanwälte** der Fall. Die Berufsausübung europäischer Rechtsanwälte ist nicht Regelungsgegenstand der Berufsqualifikationsrichtlinie.[16] Die Zulässigkeit und Bedingungen der Ausübung vorübergehender Dienstleistungen iSd Art. 50 EGV durch Rechtsanwälte, die Staatsangehörige der Mitgliedstaaten der Europäischen Union, der anderen Vertragsstaaten des Abkommens über den Europäischen Wirtschaftsraum und der Schweiz sind, regeln vorrangig[17] die §§ 25 ff EuRAG (dienstleistende europäische Rechtsanwälte).[18] Diese sehen im Gegensatz zu § 15 keine Meldepflicht des dienstleistenden europäischen Rechtsanwalts vor.[19]

---

9 Begr. RegE, BT-Drucks. 16/3655, S. 73.
10 Vgl Grunewald/Römermann/*Franz*, § 15 RDG Rn 2.
11 *Lemor*, EuZW 2007, 135, 136 f; vgl *Waschkau*, EU-Dienstleistungsrichtlinie und Berufsanerkennungsrichtlinie, 2008, S. 91 ff.
12 Vgl Grunewald/Römermann/*Franz*, § 15 RDG Rn 2; *Körner*, NZA 2007, 233, 236; *Kluth/Rieger*, EuZW 2005, 486, 489.
13 Berufsqualifikationsrichtlinie, Einführende Erwägungen Abs. 8.
14 *Lamm*, in: Dreyer/Lamm/Müller, § 15 RDG Rn 4.
15 Begr. RegE, BT-Drucks. 16/3655, S. 45.
16 Berufsqualifikationsrichtlinie, Einführende Erwägungen Abs. 42.
17 *Sabel*, AnwBl 2007, 816, 821; *Lamm*, in: Dreyer/Lamm/Müller, § 15 RDG Rn 4.
18 Vgl zu den §§ 25 ff EuRAG: Henssler/Prütting/*Schroeder/Federle*, §§ 25 ff EuRAG; Feuerich/Weyland/*Feuerich*, §§ 25 ff EuRAG; vgl auch Begr. RegE, BT-Drucks. 16/3655, S. 28.
19 Henssler/Prütting/*Schroeder/Federle*, § 32 EuRAG.

10 Gleichfalls besteht im Hinblick auf den nach § 10 Abs. 1 S. 2 iVm § 1 RDV zulässigen **Teilbereich des ausländischen Steuerrechts** eine Spezialregelung in § 3 a StBerG für die Hilfeleistung in Steuersachen.[20] Danach dürfen Personen, die in einem anderen Mitgliedstaat der Europäischen Union, in einem anderen Vertragsstaat des Abkommens über den Europäischen Wirtschaftsraum oder in der Schweiz beruflich niedergelassen und dort befugt sind, geschäftsmäßig Hilfe in Steuersachen zu leisten, nach entsprechender Meldung an die jeweils zuständige Steuerberaterkammer vorübergehend und gelegentlich geschäftsmäßig Hilfeleistung in Steuersachen in Deutschland erbringen und zwar im Umfang ihrer Befugnis im Niederlassungsstaat.[21] Die Zulässigkeit von vorübergehenden Rechtsdienstleistungen ist daher nur dann nach § 15 zu beurteilen, wenn diese Rechtsdienstleistungen nicht bereits unter § 3 a StBerG fallen.[22]

11 Im Hinblick auf den nach § 10 Abs. 1 S. 2 iVm § 1 RDV ebenfalls zulässigen **Teilbereich des ausländischen gewerblichen Rechtsschutzes** fehlt es (bislang) an einer solchen Spezialregelung. Insbesondere ist eine solche (noch) nicht in der PatAnwO geregelt. Die §§ 154 a f PatAnwO[23] regeln nur die Aufnahme ausländischer Patentanwälte in die Patentanwaltskammer. Diese Vorschriften verwirklichen die Niederlassungsfreiheit für europäische Patentanwälte.[24] Die Dienstleistungsfreiheit darf jedoch nicht durch die Notwendigkeit der vorausgehenden Aufnahme in die Patentanwaltskammer beschränkt werden.[25] Für die vorübergehenden Dienstleistungen von Patentanwälten gilt daher mangels Spezialregelung die allgemeine Auffangregel des § 15. Es besteht kein Anlass, die Berufsqualifikationsrichtlinie, die gemäß Art. 63 Abs. 1 S. 1 bis zum 20.10.2007 in nationales Recht umzusetzen war, auf die vorübergehenden Rechtsdienstleistungen ausländischer Patentanwälte unmittelbar anzuwenden.[26]

12 **2. Berufliche Niederlassung in einem Mitgliedstaat (Abs. 1 S. 1).** Die Vorschrift gilt für natürliche und juristische Personen sowie Gesellschaften ohne Rechtspersönlichkeit (siehe § 10 Rn 7), die in einem anderen Mitgliedstaat der Europäischen Union oder in einem anderen Vertragsstaat des Abkommens über den Europäischen Wirtschaftsraum zur Ausübung eines in § 10 Abs. 1 genannten oder eines vergleichbaren Berufs rechtmäßig niedergelassen sind. Da **Abs. 1 S. 1** umfassend auf die in § 10 Abs. 1 geregelten Berufe verweist, gilt § 15 auch für die Teilbereiche gemäß § 10 Abs. 1 S. 2 iVm § 1 RDV (derzeit: ausländisches Steuerrecht und ausländischer gewerblicher Rechtsschutz), sofern diese Bereiche nicht in Spezialgesetzen geregelt sind (vgl Rn 10 f).

13 Die Umsetzung der Richtlinie in § 15 geht über die Anforderungen der Berufsqualifikationsrichtlinie hinaus, in deren Anwendungsbereich lediglich alle Staatsangehörigen eines Mitgliedstaates fallen, die als Selbständige oder abhängig Beschäftigte, einschließlich der Angehörigen der freien Berufe, einen regle-

---

20 *Lamm*, in: Dreyer/Lamm/Müller, § 15 RDG Rn 7.
21 Vgl zu § 3 a StBerG: Begr. RegE des Achten Gesetzes zur Änderung des Steuerberatungsgesetzes, BT-Drucks. 16/7077, S. 23 f; *Hain*, DStR 2007, 2084; *Fischer*, jurisPR-SteuerR 17/2008 Anm. 4.
22 *Lamm*, in: Dreyer/Lamm/Müller, § 15 RDG Rn 8 und § 1 RDV Rn 18.
23 Vgl zu §§ 154 a f PatAnwO: Feuerich/Weyland/*Feuerich*, §§ 154 a f PAO.
24 Feuerich/Weyland/*Feuerich*, § 154 a PAO Rn 2.
25 Vgl EuGH 13.2.2003 – Rs. C-131/01, EuZW 2003, 344; EuGH 6.3.2003 – Rs. C-478/01, EuZW 2003, 415.
26 *Lamm*, in: Dreyer/Lamm/Müller, § 15 RDG Rn 9 und § 1 RDV Rn 12.

mentierten Beruf in einem anderen Mitgliedstaat als dem, in dem sie ihre Berufsqualifikationen erworben haben, ausüben wollen. Der Gesetzgeber hat die Regelung bewusst nicht auf Staatsangehörige anderer Mitglied- bzw Vertragsstaaten beschränkt.[27] Daher kann die Vorschrift auch auf **Staatsangehörige von Drittstaaten**, die in einem Mitgliedstaat der Europäischen Union oder in einem Vertragsstaat des Europäischen Wirtschaftsraums rechtmäßig zur Ausübung eines Berufes niedergelassen sind, angewendet werden. Gleiches gilt für deutsche Staatsangehörige, die in einem anderen Mitglied- oder Vertragsstaat rechtmäßig niedergelassen sind und in Deutschland vorübergehend tätig werden wollen, sofern nicht ausnahmsweise eine Umgehung in Frage steht (vgl Rn 36, 83). Andere als die in Abs. 1 S. 1 genannten Personen dürfen vorübergehende Rechtsdienstleistungen gemäß § 10 Abs. 1 in Deutschland nur dann erbringen, wenn sie entsprechend registriert sind.

14 Erforderlich ist eine berufliche Tätigkeit in einem der Bereiche des § 10 Abs. 1 oder **in einem vergleichbaren Beruf**. Ob der Beruf, für den der Rechtsdienstleister im Niederlassungsstaat qualifiziert ist, und der Beruf, den er in Deutschland ausüben möchte, vergleichbar sind, hängt nach Art. 4 Abs. 2 der Berufsqualifikationsrichtlinie davon ab, ob die Tätigkeiten, die der Beruf umfasst, vergleichbar sind. Vollständige Identität ist nicht erforderlich, sondern es genügt eine überwiegende Ähnlichkeit der wesentlichen Tätigkeiten.[28] Unterschiede in der Organisation oder im Inhalt der im Herkunftsland erworbenen Ausbildung im Verhältnis zur Ausbildung in Deutschland genügen allein nicht, um die Vergleichbarkeit abzulehnen.[29] Der Umstand, dass der ausländische Rechtsdienstleister in einem aus deutscher Sicht ausländischen Recht berät, berührt die Frage der Vergleichbarkeit ebenfalls nicht.[30]

15 Andere vorübergehende Rechtsdienstleistungen, die nicht den Bereichen des § 10 Abs. 1 entsprechen, sind nur dann zulässig, wenn diese nach dem RDG, einem Spezialgesetz oder einem Abkommen zwischen Deutschland und dem betreffenden Herkunftsstaat des Rechtsdienstleisters erlaubt sind.[31]

16 **3. Reglementierung oder zweijährige Tätigkeit im Niederlassungsstaat (Abs. 1 S. 2).** Sind entweder der Beruf oder die Ausbildung im Niederlassungsstaat reglementiert, darf die Tätigkeit im Inland sofort nach vollständiger Meldung aufgenommen werden. Ob eine Reglementierung im Niederlassungsstaat besteht, richtet sich nach dem Recht dieses Staates.[32]

17 Ein **reglementierter Beruf** ist gemäß Art. 3 Abs. 1 Buchst. a der Berufsqualifikationsrichtlinie eine berufliche Tätigkeit, bei der die Aufnahme oder die Ausübung direkt oder indirekt durch Rechts- und Verwaltungsvorschriften an bestimmte Berufsqualifikationen gebunden ist. Eine Art der Ausübung ist insbesondere das Führen einer Berufsbezeichnung, die durch Rechts- oder Verwaltungsvorschriften auf Personen beschränkt ist, die über die entsprechende Berufsqualifikation verfügen. Auch ein Beruf, der von Mitgliedern der im Anhang I der Berufsqua-

---

27 Begr. RegE, BT-Drucks. 16/3655, S. 73.
28 *Lamm*, in: Dreyer/Lamm/Müller, § 15 RDG Rn 27.
29 Vgl EuGH 19.1.2006 – Rs. C-330/03, EuZW 2006, 315, 316 (Colegio de Ingenieros de Caminos, Canales y Puertos/Administración del Estado).
30 Grunewald/Römermann/*Franz*, § 15 RDG Rn 3.
31 *Lamm*, in: Dreyer/Lamm/Müller, § 15 RDG Rn 12.
32 *Lamm*, in: Dreyer/Lamm/Müller, § 15 RDG Rn 30.

lifikationsrichtlinie genannten Verbände oder Organisationen ausgeübt wird, ist als reglementierter Beruf anzusehen.

18 Eine **Ausbildung** ist nach Art. 3 Abs. 1 Buchst. e der Berufsqualifikationsrichtlinie **reglementiert**, wenn sie speziell auf die Ausübung eines bestimmten Berufes ausgerichtet ist und aus mindestens einem abgeschlossenen Ausbildungsgang besteht, der ggf durch eine Berufsausbildung, durch ein Berufspraktikum oder durch Berufspraxis ergänzt wird. Aufbau und Niveau der Berufsausbildung, des Berufspraktikums oder der Berufspraxis müssen in den Rechts- und Verwaltungsvorschriften des jeweiligen Mitgliedstaates festgelegt sein oder von der zuständigen Behörde kontrolliert oder genehmigt werden.

19 Gibt es weder eine Reglementierung des Berufes noch der Ausbildung im Niederlassungsstaat, so muss der Rechtsdienstleister nach Abs. 1 S. 2 den Beruf im Niederlassungsstaat während der letzten zehn Jahre mindestens **zwei Jahre ausgeübt** haben. Eine Tätigkeit in einem anderen als dem Niederlassungsstaat genügt nicht.[33]

20 **4. Vorübergehende und gelegentliche Tätigkeiten (Abs. 1 S. 3).** Die Vorschrift greift den Wortlaut der Berufsqualifikationsrichtlinie auf, wonach nur vorübergehende und gelegentliche Dienstleistungen im Inland der Dienstleistungsfreiheit unterliegen.

21 **a) Richtlinienkonforme Auslegung.** § 15 regelt nur den Fall, dass der europäische Rechtsdienstleister **grenzüberschreitend** seine Dienstleistungen in Deutschland (vgl Rn 30 ff) erbringen will, ohne hier über eine Niederlassung zu verfügen. Will sich der betroffene europäische Rechtsdienstleister dauerhaft oder zumindest nicht nur gelegentlich zur Erbringung von Rechtsdienstleistungen in Deutschland niederlassen, muss er sich nach § 10 registrieren lassen.

22 Ob eine vorübergehende und gelegentliche Ausübung der Tätigkeit vorliegt, ist richtlinienkonform nach europarechtlichen Grundsätzen unter Berücksichtigung der Rechtsprechung des EuGH zu beurteilen.[34] Dabei sind nach Abs. 1 S. 3 die Kriterien der **Dauer, Häufigkeit, regelmäßigen Wiederkehr und Kontinuität** der jeweiligen Rechtsdienstleistung maßgeblich. Diese im Gesetz genannten **Auslegungskriterien** sind identisch mit den in Art. 5 Abs. 2 S. 2 der Berufsqualifikationsrichtlinie genannten Kriterien und aus der Rechtsprechung des EuGH[35] übernommen. Entscheidend für eine nicht nur vorübergehende oder gelegentliche Tätigkeit ist, ob aufgrund dieser Kriterien angenommen werden kann, dass der Rechtsdienstleister **kontinuierlich und in verfestigter Weise am Wirtschaftsleben in Deutschland teilnimmt** und daraus Nutzen zieht.[36] Wenn dies der Fall ist, die Dienstleistungsfreiheit nicht betroffen, sondern es sind die Regelungen des Niederlassungsrechts anwendbar, so dass eine Registrierung nach § 10 erforderlich ist.

---

33 Grunewald/Römermann/*Franz*, § 15 RDG Rn 6.
34 Begr. RegE, BT-Drucks. 16/3655, S. 73.
35 ZB EuGH 30.11.1995 – Rs. C-55/94, NJW 1996, 579 (Reinhard Gebhard); EuGH 12.12.1996 – Rs. C-3/95, BRAK-Mitt. 1997, 42 (Broede/Sandker); EuGH 11.12.2003 – Rs. C-215/01, EuR 2004, 603, 606 (Bruno Schnitzler).
36 EuGH 30.11.1995 – Rs. C-55/94, NJW 1996, 579, 580 (Reinhard Gebhard); EuGH 12.12.1996 – Rs. C-3/95, BRAK-Mitt. 1997, 42, 43 (Broede/Sandker); EuGH 11.12.2003 – Rs. C-215/01, EuR 2004, 603, 606 (Bruno Schnitzler); EuGH 13.2.2003 – Rs. C-131/01, EuZW 2003, 344, 345; vgl BFH 13.11.2008 – X B 82/08, juris; BFH 21.1.2004 – VII B 99/03, BFH/NV 2004, 827, 828.

b) Kriterien der „vorübergehenden" Tätigkeit. Eine vorübergehende Rechts- 23
dienstleistung erfordert eine **zeitlich beschränkte Leistung**, die ohne dauerhafte
Niederlassung im Inland erbracht wird.[37] Allerdings kann nicht allein nach zeitlichen Grenzen bestimmt werden, ob eine vorübergehende Leistung vorliegt.
Denn vorübergehend meint mit „gelegentlich" **etwas anderes als eine rein zeitliche Beschränkung.**[38] Es gibt weder klare Grenzen der Zeiträume, innerhalb
derer noch von einer vorübergehenden Tätigkeit ausgegangen werden kann,[39]
noch Grenzen der zulässigen Anzahl einzelner Rechtsdienstleistungen innerhalb
eines bestimmten Zeitraums. In dem Vorschlag für die Berufsqualifikationsrichtlinie der Europäischen Kommission vom 7.3.2002[40] war als Abgrenzung
der Dienstleistungs- von der Niederlassungsfreiheit vorgesehen, eine vorübergehende Tätigkeit als berufliche Tätigkeit während höchstens 16 Wochen pro Jahr
zu definieren. Die vorgeschlagene Regelung stieß auf zahlreiche Kritik. Diese
bezog sich nicht nur auf die Unklarheiten im Hinblick auf die Berechnung der
16 Wochen pro Jahr, sondern auch darauf, dass eine solche Regelung dem in
Art. 50 S. 3 EGV enthaltenen Merkmal „vorübergehend" nicht gerecht werde.[41] Nach entsprechender Diskussion zwischen der Europäischen Kommission
und dem Europäischen Parlament wurde die 16-Wochen-Regelung gestrichen
und es wurde allein auf die aus der Rechtsprechung des EuGH bekannten Kriterien zur Auslegung im Einzelfall abgestellt.

Für den europäischen Rechtsdienstleister kann daher zweifelhaft sein, ob seine 24
Tätigkeit noch „vorübergehend und gelegentlich" ist. Aufgrund der Folgen unzulässiger Rechtsdienstleistungen (Ordnungswidrigkeit nach § 20; Nichtigkeit
der Vereinbarung mit dem Dienstleistungsempfänger nach § 134 BGB), ist daher
in **Zweifelsfällen** eine **Registrierung** nach § 10 zu empfehlen.[42]

Eine vorübergehende Dienstleistung scheidet nicht bereits deshalb aus, weil der 25
europäische Rechtsdienstleister **mehrere Monate** im Inland tätig wird.[43] So wird
eine vorübergehende Tätigkeit auch dann angenommen, wenn ein europäisches
Inkassounternehmen innerhalb von vier Monaten nur sechs Forderungen im Inland einzieht.[44] Eine vorübergehende Dienstleistung liegt hingegen nicht vor,
wenn im Inland nicht nur einzelne, sondern mehrere Rechtsuchende an verschiedenen Orten beraten und vor verschiedenen Behörden oder Gerichten in einer
Vielzahl von Verfahren vertreten werden.[45] Gleichfalls wird es regelmäßig für
eine vorübergehende und gelegentliche Tätigkeit nicht genügen, wenn der europäische Rechtsdienstleister für einen Leistungsempfänger über Jahre hinweg im-

---

37 Vgl BFH 11.2.2003 – VII B 330/02, VII S 41/02, DStRE 2003, 635.
38 *Henssler*, EuZW 2003, 229, 232; vgl Callies/Ruffert/*Kluth*, Art. 49, 50 EGV Rn 13.
39 Vgl *Schmidt-Kessel*, in: Schlachter/Ohler, Europäische Dienstleistungsrichtlinie, Art. 16 Rn 6.
40 Vorschlag für eine Richtlinie des Europäischen Parlaments und des Rates über die Anerkennung von Berufsqualifikationen, KOM(2002) 119, Art. 5 Abs. 2.
41 *Henssler*, EuZW 2003, 229, 232; *Mann*, EuZW 2004, 615, 619.
42 *Lamm*, in: Dreyer/Lamm/Müller, § 15 RDG Rn 43 ff.
43 Grunewald/Römermann/*Franz*, § 15 RDG Rn 11.
44 EuGH 12.12.1996 – Rs. C-3/95, BRAK-Mitt. 1997, 42, 43 (Broede/Sandker).
45 *Mankowski*, MDR 2001, 1310, 1311; vgl zu der Parallelvorschrift § 3 a StBerG: BFH 13.11.2008 – X B 105/08, BFH/NV 2009, 415; BFH 13.11.2008 – X B 82/08, juris.

mer wieder gelegentlich tätig wird, wenn es sich dabei nur um eine langwierige Rechtsangelegenheit handelt.[46]

26 In der Rechtsprechung des EuGH werden im Übrigen **kaum Zeiträume** genannt, innerhalb derer von einer vorübergehenden Tätigkeit ausgegangen werden kann (vgl Rn 23). Der EuGH hat betont, dass der EGV keine Vorschrift enthält, die eine abstrakte Bestimmung der Dauer oder Häufigkeit ermöglicht, ab der die Erbringung einer Dienstleistung oder einer bestimmten Art von Dienstleistung in einem anderen Mitgliedstaat nicht mehr als eine Dienstleistung im Sinne des EGV, dh als vorübergehende und gelegentliche Tätigkeit, angesehen werden könne.[47]

27 Eine dauerhafte Tätigkeit liegt deshalb auch nicht schon dann vor, wenn sich der Rechtsdienstleister mit einer bestimmten **Infrastruktur** in Deutschland (insbesondere mit einer **Praxis, Kanzlei** oder einem **Büro**) ausstattet, soweit diese Infrastruktur für die Erbringung der fraglichen Leistung erforderlich ist.[48] Das Vorhandensein solcher Räumlichkeiten deutet jedoch als gewichtiges Indiz auf eine nicht nur vorübergehende Tätigkeit hin. Es rechtfertigt für sich allein genommen aber nicht die Annahme einer mehr als vorübergehenden Tätigkeit ohne Hinzutreten weiterer Umstände.[49] Entscheidend ist auch die Anwesenheit des Dienstleisters. Wenn er sich nur sporadisch dieser Infrastruktur bedient, wird eine vorübergehende Tätigkeit vorliegen.[50] Selbst die kurzzeitige Anstellung von Personal schließt eine vorübergehende Tätigkeit nicht aus.[51]

28 Umgekehrt setzt eine mehr als nur vorübergehende Tätigkeit nicht voraus, dass der Rechtsdienstleister in Deutschland über (äußerlich als solche erkennbare und für potentielle Mandanten zugängliche) Praxis- oder Kanzleiräume verfügt wird. Das **Fehlen derartiger Räumlichkeiten** ist aber als Indiz für eine nur vorübergehende Tätigkeit im Inland zu werten, das wiederum durch besondere gegenläufige Umstände widerlegt sein kann.[52] Zur Widerlegung genügt aber nicht allein die Tatsache, dass der europäische Rechtsdienstleister gleiche oder ähnliche Dienstleistungen mehr oder weniger häufig oder regelmäßig in Deutschland erbringt, wenn ihm die Infrastruktur fehlt, die für eine stabile und kontinuierliche Weise der Erwerbstätigkeit in Deutschland erforderlich ist.[53]

29 Eine nur vorübergehende Dienstleistung liegt nicht allein deshalb vor, weil große **Teile der Rechtsdienstleistung im Ausland erbracht** werden. Werden zwar bspw die schriftlichen Arbeiten der Rechtsdienstleistung in einer ausländischen Niederlassung erarbeitet, erbringen aber die in Deutschland wohnhaften Geschäftsführer des Rechtsdienstleisters fortwährend Teile ihrer Beratungsleistungen im

---

46 EuGH 13.2.2003 – Rs. C-131/01, EuZW 2003, 344, 345; EuGH 11.12.2003 – Rs. C-215/01, EuR 2004, 603, 606 (Bruno Schnitzler).
47 EuGH 11.12.2003 – Rs. C-215/01, EuR 2004, 603, 606 (Bruno Schnitzler).
48 EuGH 30.11.1995 – Rs. C-55/94, NJW 1996, 579, 580 (Reinhard Gebhard); EuGH 12.12.1996 – Rs. C-3/95, BRAK-Mitt. 1997, 42, 43 (Broede/Sandker).
49 Abweichend *Mankowski*, MDR 2001, 1310, 1311, der bereits das Vorhandensein einer solchen Infrastruktur als „sicheres Signal" bezeichnet.
50 *Henssler*, AnwBl 1996, 353, 355; *Lamm*, in: Dreyer/Lamm/Müller, § 15 RDG Rn 38.
51 *Henssler*, AnwBl 1996, 353, 355; *Lamm*, in: Dreyer/Lamm/Müller, § 15 RDG Rn 38; Feuerich/Weyland/*Feuerich*, § 25 EuRAG Rn 7.
52 Vgl zu der Parallelvorschrift § 3 a StBerG: BFH 13.11.2008 – X B 105/08, BFH/NV 2009, 415, 416 f; BFH 13.11.2008 – X B 82/08, juris; BFH 12.11.2008 – X B 8/08, BFH/NV 2009, 221.
53 EuGH 11.12.2003 – Rs. C-215/01, EuR 2004, 603, 606 (Bruno Schnitzler).

Inland, sei es, dass sie sich mit ihren Mandanten treffen, sei es, dass sie Behörden- oder Gerichtstermine für ihre Mandanten wahrnehmen, so ist anzunehmen, dass der europäische Rechtsdienstleister kontinuierlich und in verfestigter Weise am Wirtschaftsleben im Inland teilnimmt und damit registrierungspflichtig ist.[54] Richtet der europäische Dienstleister seine Tätigkeit ganz oder vorwiegend auf Deutschland aus und verlagert so seinen **Tätigkeitsschwerpunkt** in das Inland, so liegt keine vorübergehende Tätigkeit mehr vor, da durch die Zulässigkeit vorübergehender Tätigkeiten aufgrund der Dienstleistungsfreiheit die Berufsregeln des Aufnahmestaates nicht umgangen werden sollen.[55]

5. Tätigkeiten im Inland. a) Territorialitätsprinzip. Erfasst werden nach Abs. 1 S. 1 nur Tätigkeiten auf **inländischem Gebiet**. Etwas anderes wäre aufgrund des Territorialitätsprinzips auch nicht möglich.[56]

Erbringt der Rechtsdienstleister die Leistung gegenüber einem deutschen Leistungsempfänger ausschließlich im Ausland und wirkt sich diese Leistung auch nicht im Inland aus, greift § 15 zweifelsfrei nicht ein. Gleichfalls genügt es nicht, wenn sich die Leistung nur mittelbar in Deutschland auswirkt, bspw wenn der europäische Rechtsdienstleister in seinem Büro im Niederlassungsstaat über einen Inlandssachverhalt berät und der Rechtsuchende im Inland daraufhin entsprechend tätig wird.[57] Umgekehrt greift § 15 jedenfalls dann ein, wenn sich – wie im Wortlaut der Berufsqualifikationsrichtlinie angelegt[58] – der Rechtsdienstleister zur Erbringung der vorübergehenden Rechtsdienstleistung (körperlich) nach Deutschland begibt[59] und es sich insofern um einen Fall der aktiven Dienstleistungsfreiheit[60] handelt.

b) „Grenzüberschreitende" Leistungen. Nicht ausdrücklich geregelt ist die Frage, ob § 15 auch dann eingreift, wenn zwar nicht der ausländische Rechtsdienstleister, wohl aber seine Rechtsdienstleistung die Grenze überschreitet (zB per Telefax oder Telefon). Diese Frage hat in der Praxis vor allem dann Bedeutung, wenn ein europäisches Inkassounternehmen Forderungen gegen im Inland ansässige Schuldner einzieht, ohne über eine Niederlassung in Deutschland zu verfügen (vgl Rn 42). Die Frage hinsichtlich des Erlaubnisvorbehalts für Korres-

---

54 Vgl BFH 9.7.2007 – I B 70/07, BFH/NV 2007, 2357.
55 Vgl EuGH 3.12.1974 – Rs. 33/74, NJW 1975, 1095 (van Binsbergen); *Lamm*, in: Dreyer/Lamm/Müller, § 15 RDG Rn 41; Henssler/Prütting/*Schroeder/Federle*, § 25 EuRAG Rn 5.
56 *Kilian*, AnwBl 2008, 394; Kilian/Sabel/vom Stein/*Kilian*, § 2 Rn 334; *Kleine-Cosack*, RDG, Allgemeiner Teil II Rn 119; vgl VG Schleswig 14.9.1988 – 9 A 106/87 (92), NJW 1989, 1178.
57 BGH 5.10.2006 – I ZR 7/04, NJW 2007, 596, 597 (Schulden Hulp); OLG Hamm 15.6.1999 – 4 U 10/99, BRAK-Mitt. 2000, 207; *Kleine-Cosack*, RDG, Allgemeiner Teil II Rn 120.
58 Art. 5 Abs. 2 der Berufsqualifikationsrichtlinie.
59 Grunewald/Römermann/*Franz*, § 15 RDG Rn 7; *Rennen/Caliebe*, Art. 1 § 1 RBerG Rn 5; abl. noch OLG Stuttgart 18.9.1996 – 1 Ss 544/96, NStZ-RR 1997, 117.
60 Callies/Ruffert/*Kluth*, Art. 49, 50 EGV Rn 24.

pondenzdienstleistungen[61] war bereits unter Geltung des RBerG umstritten[62] und wurde durch die Einführung der Meldepflicht in § 15 lediglich dahingehend entschieden, dass es nicht mehr auf die Niederlassung des europäischen Rechtsdienstleisters in Deutschland ankommt.[63] Davon abgesehen bleiben aber die Fälle der grenzüberschreitenden Rechtsdienstleistung problematisch. Da sich das RDG insoweit nicht von der früheren Regelung im RBerG unterscheidet, kann die hierzu ergangene Rechtsprechung auf die jetzige Rechtslage übertragen werden.[64]

33 Befürworter der Geltung des RBerG stellten u.a. darauf ab, dass es sich – im Hinblick auf Inkassotätigkeiten – um ein rein inländisches Schuldverhältnis zwischen Gläubiger und Schuldner handele und damit – in Anlehnung an Art. 40 Abs. 1 EGBGB – der Erfolgsort der Rechtsdienstleistung im Inland liege.[65] Auch wurde die Geltung des RBerG mit seinem Schutzzweck begründet,[66] wobei teilweise auf den Schutz des Rechtsuchenden, teilweise aber auch auf den Schutz des Gegners des Rechtsuchenden abgestellt wurde. Die Auffassung, die eine Geltung des RBerG verneinte, argumentierte, dass es darauf ankomme, wo der Rechtsdienstleister aktiv handele (bspw auf den Ort, an dem eine schriftliche Rechtsdienstleistung abgeschickt worden sei).[67]

34 **aa) Telemedien.** Bei Rechtsdienstleistungen, die ausschließlich per **Telemedien** (zB **E-Mail, Internet**) geschäftsmäßig angeboten oder erbracht werden und bei denen der Rechtsdienstleister in einem anderen Mitgliedstaat niedergelassen ist, sind Besonderheiten zu berücksichtigen. Diese ergeben sich aus dem sog. Herkunftslandprinzip der E-Commerce-Richtlinie,[68] die durch das Teledienstegesetz (TDG) in deutsches Recht umgesetzt und insoweit inhaltlich unverändert in das am 1.3.2007 in Kraft getretene Telemediengesetz (TMG)[69] übernommen worden ist. Danach unterliegen ausländische Dienstleister grds. ausschließlich dem

---

61 Callies/Ruffert/*Kluth*, Art. 49, 50 EGV Rn 29.
62 Vgl zur Diskussion unter Geltung des RBerG: Anwendung des RBerG bejaht: BGH 5.10.2006 – I ZR 7/04, NJW 2007, 596 (Schulden Hulp); OLG Köln 19.12.2003 – 6 U 65/03, NJW 2004, 2684; OLG Hamm 15.6.1999 – 4 U 10/99, BRAK-Mitt. 2000, 207; OLG Oldenburg 29.5.2001 – 12 U 16/01, MDR 2001, 1309; OLG Stuttgart 13.12.2000 – 3 U 169/2000, AnwBl 2002, 368; *Chemnitz/Johnigk*, Art. 1 § 1 RBerG Rn 261; *Armbrüster*, RIW 2000, 583; *Budzikiewicz*, IPRax 2001, 218. Anwendung des RBerG abgelehnt: OLG Stuttgart 18.9.1996 – 1 Ss 544/96, NStZ-RR 1997, 117; LG Dortmund 3.11.1998 – 19 O 43/98, AnwBl 1999, 617; Henssler/Prütting/*Weth*, Einl. RBerG Rn 65 ff; *Rennen/Caliebe*, Art. 1 § 1 RBerG Rn 5.
63 Unseld/Degen/*Degen*, § 15 RDG Rn 4; anders noch LG Dortmund 3.11.1998 – 19 O 43/98, AnwBl 1999, 617; OLG Stuttgart 18.9.1996 – 1 Ss 544/96, NStZ-RR 1997, 117; Henssler/Prütting/*Weth*, Einl. RBerG Rn 75 und 77.
64 *Dreyer/Müller*, in: Dreyer/Lamm/Müller, § 1 RDG Rn 5; *Knöfel*, AnwBl 2007, 264; *Kilian*, AnwBl 2008, 394.
65 OLG Hamm 15.6.1999 – 4 U 10/99, BRAK-Mitt. 2000, 207, 208.
66 OLG Köln 19.12.2003 – 6 U 65/03, NJW 2004, 2684; OLG Hamm 15.6.1999 – 4 U 10/99, BRAK-Mitt. 2000, 207, 208; *Armbrüster*, RIW 2000, 583, 587 f; *Budzikiewicz*, IPRax 2001, 218, 221.
67 LG Dortmund 3.11.1998 – 19 O 43/98, AnwBl 1999, 617, 618.
68 Richtlinie 2000/31/EG des Europäischen Parlaments und des Rates vom 8.6.2000 (ABl. EU Nr. L 178, S. 1).
69 Vgl zu § 3 TMG: *Abel*, TMG/TKG und TKÜV, § 3 TMG, S. 25 ff; *Heckmann*, Internetrecht, § 3 TMG Rn 3 ff; Spindler/Schuster/*Pfeiffer/Weller*, Recht der elektronischen Medien, 2008, § 3 TMG Rn 1 ff.

Recht ihres Heimatstaates. Nur ausnahmsweise kommt nach der E-Commerce-Richtlinie bzw § 3 Abs. 4 und 5 TMG das innerstaatliche Recht zum Zuge.

Der BGH hat sich bereits unter der Geltung des RBerG mit der Frage von Rechtsdienstleistungen per Internet auseinandergesetzt und – allerdings ohne nähere Begründung – die entgegengesetzte Auffassung vertreten.[70] Danach soll die Erbringung von Teledienstleistungen durch ein europäisches Inkassounternehmen, dessen Internetauftritt zielgerichtet für den deutschen Markt bestimmt ist und sich dort auswirkt, gemäß Art. 3 Abs. 4 Buchst. a, 4 Abs. 2 der E-Commerce-Richtlinie und § 4 Abs. 5 S. 1 Nr. 1 und Abs. 4 TDG (nunmehr § 3 Abs. 5 S. 1 Nr. 1 und Abs. 4 TMG) den innerstaatlichen Zulassungsbeschränkungen unterliegen.[71] Diese Ausführungen greifen zu kurz und werden insbesondere der Ausnahmeregelung des § 3 Abs. 5 S. 1 Nr. 1, Abs. 2 S. 2 TMG nicht gerecht.[72] Daher wird zu Recht in der Literatur angenommen, dass eine Rechtsdienstleistung, die ausschließlich durch Telemedien aus dem Geltungsbereich der E-Commerce-Richtlinie für Leistungsempfänger im Inland erbracht wird, dem Recht des Herkunftsstaates des Rechtsdienstleisters unterliege, so dass der europäische Dienstleister ohne entsprechende Meldung nach § 15 tätig werden dürfe.[73] Etwas anderes muss aber gelten, wenn § 3 Abs. 4 TMG eingreift, dh insbesondere wenn es um „die Vertretung von Mandanten und die Wahrnehmung ihrer Interessen vor Gericht" geht. Dabei bezieht sich die Formulierung der Vertretung von Mandanten ausschließlich auf die gerichtliche Vertretung.[74] Im Umkehrschluss heißt dies, dass – soweit nicht die Ausnahmeregelung des § 3 Abs. 5 eingreift – im Bereich der außergerichtlichen Vertretung und Rechtsberatung das Recht des Herkunftsstaates gilt.[75] Angesichts des (insoweit nicht differenzierenden) BGH-Urteils ist jedoch auch bei vorübergehenden Rechtsdienstleistungen per Telemedien in der Praxis derzeit eine vorherige Meldung anzuraten.

Im Übrigen ist das innerstaatliche Recht auch dann anzuwenden, wenn der Rechtsdienstleister zur Umgehung des deutschen Rechts eine Niederlassung im Ausland wählt und von dort lediglich auf den deutschen Markt abzielende Teledienstleistungen (zB durch entsprechende Gestaltung seines Internetauftritts) erbringt.[76] Denn ein Mitgliedstaat ist weiterhin berechtigt, Maßnahmen gegen einen in einem anderen Mitgliedstaat niedergelassenen Dienstleister, der sich Telemedien bedient, zu ergreifen, wenn dessen Tätigkeit ausschließlich oder überwiegend auf sein Hoheitsgebiet ausgerichtet ist und die ausländische Nie-

---

70 BGH 5.10.2006 – I ZR 7/04, NJW 2007, 596, 597 (Schulden Hulp).
71 Die vorausgegangene Entscheidung des Berufungsgerichts hat die Problematik ebenfalls nicht berücksichtigt, OLG Köln 19.12.2003 – 6 U 65/03, NJW 2004, 2684.
72 Vgl *Dreyer/Müller*, in: Dreyer/Lamm/Müller, § 1 RDG Rn 10.
73 *Lamm*, in: Dreyer/Lamm/Müller, § 15 RDG Rn 15; Grunewald/Römermann/*Franz*, § 15 RDG Rn 9; Henssler/Prütting/*Weth*, Einl. RBerG Rn 77; *Grunewald*, BB 2001, 1111; vgl aber auch *Mankowski*, AnwBl 2001, 73, 78, der zwischen der kommerziellen Kommunikation einerseits und dem Erbringen von Dienstleistungen der Informationsgesellschaft andererseits differenziert.
74 Begr. RegE des Elektronischen Geschäftsverkehr-Gesetzes (EGG), BT-Drucks. 14/6098, S. 19.
75 *Heckmann*, Internetrecht, § 3 TMG Rn 44; Spindler/Schmitz/Geis/*Spindler*, § 4 TDG Rn 50.
76 *Dreyer/Müller*, in: Dreyer/Lamm/Müller, § 1 RDG Rn 11; *Mankowski*, AnwBl 2001, 73, 79.

derlassung gewählt wurde, um die Rechtsvorschriften zu umgehen, die auf den Anbieter Anwendung fänden, wenn er in seinem Hoheitsgebiet niedergelassen wäre.[77] Gleichfalls kommt innerstaatliches Recht dann zur Anwendung, wenn sich der europäische Rechtsdienstleister bei seiner Leistungserbringung nicht nur der Telemedien bedient, sondern im Übrigen auf seine Leistungserbringung (bspw weil sich der Rechtsdienstleister auch nach Deutschland begibt) das RDG anwendbar ist.[78]

37 **bb) Telekommunikations- und Postdienste.** Ebenso ist zweifelhaft, ob § 15 eingreift, wenn der europäische Rechtsdienstleister seine Leistungen über Telekommunikations- oder Postdienste erbringt, zB der im Ausland befindliche Rechtsdienstleister allein über Telefon oder per Brief mit einem im Deutschland befindlichen Rechtsuchenden kommuniziert. Insofern bestehen – anders als bei Telemedien – keine besonderen gesetzlichen Regelungen. Die Berufsqualifikationsrichtlinie regelt nur den Fall, dass sich der Rechtsdienstleister in den Aufnahmestaat „begibt",[79] dh dass sich der Dienstleister, nicht aber die bloße Dienstleistung (zB per Brief) über die Grenze begibt.[80]

38 Teilweise wird angenommen, dass bei solchen Leistungen, wie bei Tätigkeiten über Telemedien, kein ausreichender Inlandsbezug vorliegt und sie daher – quasi als Reflex der Rechtsberatung im Ausland – von europäischen Dienstleistern ohne weiteres erbracht werden können.[81] Die Vorschrift des § 15 komme nur dann zur Anwendung, wenn sich der Dienstleister oder eine für diesen handelnde Person persönlich über die Grenze, dh „körperlich", nach Deutschland begibt.[82] Ansonsten verbleibe es dabei, dass der Handlungsort der Korrespondenzdienstleistung im Ausland liege und damit die Anwendung des RDG ausgeschlossen sei.[83]

39 Andere vertreten eine marktbezogene Anknüpfung.[84] Nur wenn sich ein Rechtsdienstleister dauerhaft und zielgerichtet auf dem deutschen Markt betätige, greife das RDG (und mangels vorübergehender und gelegentlicher Tätigkeit die Registrierungspflicht nach § 10) ein. Grenzüberschreitende vorübergehende Tätigkeiten seien daher nicht nach dem RDG zu beurteilen[85] und es bestehe daher keine Meldepflicht.

40 Die Rechtsprechung (einschließlich des BGH) und die Literatur haben – bereits unter Geltung des RBerG – mehrheitlich einen Inlandsbezug jedenfalls dann be-

---

77 E-Commerce-Richtlinie, Einführende Erwägungen Abs. 57.
78 *Dreyer/Müller*, in: Dreyer/Lamm/Müller, § 1 RDG Rn 13; *Lamm*, in: Dreyer/Lamm/Müller, § 15 RDG Rn 18.
79 Art. 5 Abs. 2 der Berufsqualifikationsrichtlinie.
80 Vgl *Lamm*, in: Dreyer/Lamm/Müller, § 15 RDG Rn 14.
81 *Kleine-Cosack*, RDG, Allgemeiner Teil II Rn 121; Grunewald/Römermann/*Franz*, § 15 RDG Rn 10; Kilian/Sabel/vom Stein/*Kilian*, § 2 Rn 334; vgl zum RBerG: OLG Stuttgart 18.9.1996 – 1 Ss 544/96, NStZ-RR 1997, 117; LG Dortmund 3.11.1998 – 19 O 43/98, AnwBl 1999, 617.
82 Grunewald/Römermann/*Franz*, § 15 RDG Rn 7.
83 Vgl *Kleine-Cosack*, RDG, Allgemeiner Teil II Rn 121; vgl zum RBerG: OLG Stuttgart 18.9.1996 – 1 Ss 544/96, NStZ-RR 1997, 117; LG Dortmund 3.11.1998 – 19 O 43/98, AnwBl 1999, 617.
84 In diese Richtung zielt auch die zum RBerG vertretene Auffassung, dass dieses nicht auf nur vorübergehende Rechtsdienstleistungen anwendbar sei: *Kleine-Cosack*, RBerG, Allgemeiner Teil II B Rn 93; *Mankowski*, AnwBl 2001, 73, 75 ff.
85 *Lamm*, in: Dreyer/Lamm/Müller, § 15 RDG Rn 17.

jaht, wenn die Rechtsdienstleistung (nicht nur mittelbare) Wirkungen im Inland entfaltet.[86] So hat der BGH einen Erlaubnisvorbehalt nach dem RBerG angenommen, wenn sowohl der Auftraggeber des europäischen Inkassodienstleisters als auch der Schuldner des Auftraggebers im Inland ansässig sind, auch wenn die Erstellung und der Versand der Schreiben des Inkassodienstleisters aus dem Ausland heraus erfolgt. Denn der Schutzzweck des Gesetzes, inländische Rechtsuchende vor unqualifizierter Beratung zu schützen und die funktionsfähige Rechtspflege zu erhalten, sei auch in einem solchen Fall betroffen.[87] Nichts anderes kann aufgrund der vergleichbaren Schutzrichtung für das RDG gelten (siehe Rn 32). Die Gefahr, dass sich andernfalls unqualifizierte Rechtsdienstleister durch die bloße Verlegung ihrer Niederlassung in das Ausland den gesetzlichen Bedingungen für die Berufsausübung entziehen, besteht grds. fort.

Die **Umgehungsgefahr durch dauerhafte Verlegung der Niederlassung** steht allerdings im Falle des § 15, der nur für vorübergehende Rechtsdienstleistungen gilt, nicht in Frage und der BGH musste sich in seiner zitierten Entscheidung mit der Anwendbarkeit des RBerG bzw nunmehr des § 15 auf vorübergehende grenzüberschreitende Korrespondenzdienstleistungen auch nicht befassen, weil der europäische Rechtsdienstleister in dem entschiedenen Fall zielgerichtet auf dem deutschen Rechtsberatungsmarkt nicht nur vorübergehende Inkassodienstleistungen erbracht hat. Es ist allerdings zweifelhaft, ob der BGH im Hinblick auf vorübergehende Rechtsdienstleistungen eine andere Auffassung vertreten wird. Denn der BGH hat die Anwendbarkeit des RBerG bei grenzüberschreitenden Korrespondenzdienstleistungen mit seinem Schutzzweck, nämlich den Einzelnen und die Allgemeinheit vor ungeeigneten Rechtsberatern zu schützen und die Funktionsfähigkeit der Rechtspflege nicht zu gefährden, begründet.[88] Die Regelung des § 15 verfolgt vergleichbare Ziele, denn sie soll zum einen durch die Meldepflicht und vorübergehende Registrierung die für den inländischen Rechtsverkehr notwendige Transparenz und Sicherheit über die Rechtsdienstleistungsbefugnis bringen, zum anderen durch die Untersagungsmöglichkeit nach Abs. 5 den Schutz der Rechtsuchenden und des Rechtsverkehrs vor unqualifizierten, vorübergehend tätigen Rechtsdienstleistern gewährleisten.[89] Auch hat der BGH eine Verletzung der Dienstleistungsfreiheit durch den Erlaubnisvorbehalt von Korrespondenzdienstleistungen abgelehnt.[90] 41

cc) Sitz des Auftraggebers im Ausland. Es ist zweifelhaft, ob grenzüberschreitende Korrespondenzdienstleistungen im Falle von Inkassounternehmen auch dann der Meldepflicht unterfallen, wenn nicht nur das Inkassounternehmen, sondern auch der dieses beauftragende Gläubiger seinen Sitz im Ausland hat. Dies hängt entscheidend von der Frage ab, mit welchem Schutzzweck die Anwendbarkeit des RDG bei Korrespondenzdienstleistungen begründet wird. Rechtfertigt man die Anwendbarkeit des RDG mit dem Schutz des Schuldners, dh des Gegners des Rechtsuchenden, so ist die Frage des Sitzes des Gläubigers 42

---

86 BGH 5.10.2006 – I ZR 7/04, NJW 2007, 596, 598 (Schulden Hulp); OLG Hamm 15.6.1999 – 4 U 10/99, BRAK-Mitt. 2000, 2007; OLG Oldenburg 29.5.2001 – 12 U 16/01, MDR 2001, 1309; *Chemnitz/Johnigk*, Art. 1 § 1 RBerG Rn 261.
87 BGH 5.10.2006 – I ZR 7/04, NJW 2007, 596, 598 (Schulden Hulp).
88 BGH 5.10.2006 – I ZR 7/04, NJW 2007, 596, 598 (Schulden Hulp).
89 Begr. RegE, BT-Drucks. 16/3655, S. 73.
90 BGH 5.10.2006 – I ZR 7/04, NJW 2007, 596, 598 f (Schulden Hulp).

D. Schmidt

für die Anwendbarkeit des RDG unerheblich.[91] Wird hingegen allein auf den Schutz des Gläubigers bzw Auftraggebers des Inkassodienstleisters abgestellt, so entfällt die Anwendbarkeit des RDG, wenn der Gläubiger ebenfalls seinen Sitz im Ausland hat.[92] Letzteres ist sachgerecht, da der Gegner des Rechtsuchenden nicht in gleicher Weise wie der Rechtsuchende selbst schützwürdig ist und der Gegner des Rechtsuchenden nur reflexartig durch das RDG geschützt wird.[93]

43 **6. Umfang der Befugnisse des europäischen Rechtsdienstleisters.** Die Befugnisse eines europäischen Rechtsdienstleisters, der in Deutschland vorübergehend Rechtsdienstleistungen erbringt, sind inhaltsgleich mit den Befugnissen der nach § 10 registrierten Personen.[94] Auch wenn das RDG nur die Erbringung außergerichtlicher Rechtsdienstleistungen regelt (siehe § 1 Rn 15 ff), werden die europäischen Rechtsdienstleister nach § 15 umfassend den registrierten Personen nach § 10 gleichstellt. Daher sind die ausländischen Rechtsdienstleister, soweit dies registrierten Personen gestattet ist, **in behördlichen und gerichtlichen Verfahren** vertretungsbefugt. Für ausländische Inkassodienstleister sind die § 79 Abs. 2 S. 2 Nr. 4 ZPO, §§ 174 Abs. 1 S. 3, 305 Abs. 4 S. 2 InsO (siehe § 10 Rn 20 ff) und für ausländische Rentenberater ist § 73 Abs. 2 S. 2 Nr. 3 SGG anwendbar (siehe § 10 Rn 48 f).

44 Im Hinblick auf den Umfang der Befugnisse des ausländischen Rechtsdienstleisters gilt das **Bestimmungslandprinzip** (siehe Rn 7). Selbst wenn dem europäischen Rechtsdienstleister nach dem Recht des Niederlassungsstaates weiter gehende Befugnisse zustehen als nach deutschem Recht, richten sich die Befugnisse allein nach deutschem Recht. Umfasst der Beruf im europäischen Ausland daher auch Tätigkeiten, die über das inländische Berufsbild hinausgehen, so können diese nicht aufgrund von § 15 erbracht werden. Ihre Zulässigkeit kann sich aber aus anderen Rechtsvorschriften ergeben.[95]

III. Meldung des europäischen Rechtsdienstleisters (Abs. 2)

45 **1. Grundsätzliches (Abs. 2 S. 1).** Ausländische Rechtsdienstleister sind in Übereinstimmung mit Art. 7 der Berufsqualifikationsrichtlinie verpflichtet, vor Aufnahme ihrer vorübergehenden Tätigkeit im Inland der zuständigen Behörde (siehe § 19 Rn 5) eine schriftliche Meldung zu erstatten, bevor sie erstmalig in Deutschland tätig werden. Die vollständige Meldung allein ist Voraussetzung für die Rechtmäßigkeit der Aufnahme der Tätigkeit im Inland. Der ausländische Rechtsdienstleister kann seine Meldung gemäß §§ 15 Abs. 2 S. 1, 13 Abs. 1 S. 2 bei jeder für die Durchführung des RDG zuständigen Behörde abgeben.

46 **2. Form der Meldung (Abs. 2 S. 1).** Da nach Art. 7 Abs. 1 der Berufsqualifikationsrichtlinie die schriftliche Meldung in beliebiger Form erstattet werden kann,

---

91 Vgl OLG Hamm 15.6.1999 – 4 U 10/99, BRAK-Mitt. 2000, 207, 208, das zwar mit diesem Schutzzweck argumentiert, aber nicht den Fall zu entscheiden hatte, dass der Auftraggeber des Rechtsdienstleisters seinen Sitz ebenfalls im Ausland hat.
92 OLG Stuttgart 13.12.2000 – 3 U 169/2000, AnwBl 2002, 368; *Armbrüster*, RIW 2000, 583, 587 f; vgl auch *Budzikiewicz*, IPRax 2001, 218, 223 f; *Chemnitz/Johnigk*, Art. 1 § 1 RBerG Rn 261; *Kleine-Cosack*, RDG, Allgemeiner Teil II Rn 122.
93 *Armbrüster*, RIW 2000, 583, 589; *Budzikiewicz*, IPRax 2001, 218, 223 f; iE so auch *Mankowski*, MDR 2001, 1310.
94 Begr. RegE, BT-Drucks. 16/3655, S. 73.
95 Grunewald/Römermann/Franz, § 15 RDG Rn 3; *Lamm*, in: Dreyer/Lamm/Müller, § 15 RDG Rn 28.

sieht die Umsetzung die **Textform** nach § 126 b BGB vor.[96] Schriftform nach § 126 BGB ist nicht erforderlich. Wird die Erklärung aber in Schriftform abgegeben, ist gleichfalls das Erfordernis der Textform gewahrt.

Die Erklärung muss in einer Urkunde oder einer anderen zur dauerhaften Wiedergabe in Schriftzeichen geeigneten Weise abgegeben werden. Die Textform umfasst sowohl Papierdokumente als auch elektronische Dokumente. Es genügen daher auch Verkörperungen wie zB E-Mail, Computer- oder Telefax.[97] Eine bloß mündliche Form ist hingegen nicht ausreichend. Ferner müssen der Name des Erklärenden und der Abschluss der Erklärung erkennbar sein.[98] 47

3. Notwendiger Inhalt der Meldung (Abs. 2 S. 2). a) Allgemeines. Der europäische Rechtsdienstleister muss die zur Eintragung im Rechtsdienstleistungsregister notwendigen Angaben machen. Die Aufzählung der erforderlichen Angaben in Abs. 2 S. 2 Nr. 1 bis 4 ist **abschließend**. Weitere Nachweise können nicht verlangt werden. Die mit der Meldung vorzulegenden Nachweise entstammen dem Katalog des Art. 7 der Berufsqualifikationsrichtlinie. Der Gesetzgeber hat jedoch davon abgesehen, sämtliche nach diesem Katalog zulässigen Nachweise zu fordern. So wurde kein Gebrauch von der Möglichkeit gemacht, einen Nachweis über die Staatsangehörigkeit oder über die Berufsqualifikation[99] des Rechtsdienstleisters zu fordern, weil Letztere regelmäßig bereits im Niederlassungsstaat geprüft wird und Voraussetzung für die dortige rechtmäßige Niederlassung ist. 48

b) Angaben nach § 16 Abs. 2 Nr. 1 Buchst. a) bis c) (Abs. 2 S. 2 Hs 1). Die Meldung muss die nach § 16 Abs. 2 Nr. 1 Buchst. a) bis c) im Rechtsdienstleistungsregister öffentlich bekanntzumachenden Angaben über den europäischen Rechtsdienstleister enthalten. Bei natürlichen Personen sind der Familien- und Vorname sowie das Geburtsjahr, bei juristischen Personen sowie Gesellschaften ohne Rechtspersönlichkeit der Name oder die Firma, die gesetzlichen Vertreter sowie das Gründungsjahr anzugeben (siehe § 16 Rn 20 ff). Darüber hinaus ist die vollständige Geschäftsanschrift einschließlich der Anschrift aller Zweigstellen anzugeben. 49

Aufgrund des Verweises in Abs. 2 S. 2 wären grds. auch Angaben zu dem Registergericht und der Registernummer, unter der das Unternehmen in das Handels-, Partnerschafts-, Genossenschafts- oder Vereinsregister eingetragen ist, erforderlich. Die Notwendigkeit der **Angaben zu der Registereintragung** in § 16 Abs. 2 Nr. 1 Buchst. c), auf den Abs. 2 S. 2 verweist, wurde erst nachträglich im Zuge des Gesetzes zur Neuregelung des Verbots der Vereinbarung von Erfolgshonoraren[100] in § 16 aufgenommen, um eine sachgerechte Unterrichtung des Rechtsverkehrs zu gewährleisten.[101] Die Auswirkungen auf die Meldung von vorübergehend im Inland tätigen europäischen Rechtsdienstleistern aufgrund des Verweises in Abs. 2 S. 2 auf § 16 wurde dabei nicht berücksichtigt. Da die europäischen und nicht in Deutschland niedergelassenen Rechtsdienstleister über keine Eintragung in einem der in § 16 Abs. 2 Nr. 1 Buchst. a) genannten 50

---

96 Begr. RegE, BT-Drucks. 16/3655, S. 73.
97 Palandt/*Ellenberger*, § 126 b BGB Rn 3.
98 Vgl zu den Anforderungen des § 126 b BGB im Einzelnen: Palandt/*Ellenberger*, § 126 b BGB Rn 3 ff; MüKo-BGB/*Einsele*, § 126 b Rn 4 ff; Staudinger/*Hertel*, § 126 b BGB Rn 25 ff.
99 Begr. RegE, BT-Drucks. 16/3655, S. 74.
100 Vom 12.6.2008 (BGBl. I S. 1000, 1003); Gesetzesbeschluss, BR-Drucks. 280/08, S. 4.
101 Beschlussempfehlung und Bericht des Rechtsausschusses, BT-Drucks. 16/8916, S. 15.

(deutschen) Register verfügen werden, ist die Vorschrift insoweit auf sie nicht anwendbar.[102] Der Gesetzgeber hätte jedoch nach Art. 9 Buchst. a der Berufsqualifikationsrichtlinie eine Verpflichtung des Rechtsdienstleisters vorsehen können, dass dieser dem Dienstleistungsempfänger entsprechende ausländische Registerdaten mitteilt.

51 Die Meldung muss auch die **Art der zu erbringenden Rechtsdienstleistungen** (Inkassodienstleistungen, Rentenberatung, Rechtsberatung im ausländischen Recht bzw in einem Teilbereich) angeben,[103] selbst wenn dies nicht ausdrücklich in Abs. 2 erwähnt ist.

52 c) **Bescheinigung über die Berufsausübung (Abs. 2 S. 2 Nr. 1 und 2).** Notwendig ist nach Abs. 2 S. 2 Nr. 1 im Falle einer **Reglementierung der Tätigkeit im Niederlassungsstaat** eine Bescheinigung darüber, dass der Rechtsdienstleister in einem Mitgliedstaat der Europäischen Union oder in einem anderen Vertragsstaat des Abkommens über den Europäischen Wirtschaftsraum rechtmäßig zur Ausübung eines der in § 10 Abs. 1 genannten oder eines vergleichbaren Berufs niedergelassen ist und dass ihm die Ausübung dieser Tätigkeit zum Zeitpunkt der Vorlage der Bescheinigung nicht (auch nicht nur vorübergehend) untersagt ist (**Nr. 1**). Diese Bescheinigung muss von der zuständigen Stelle im Niederlassungsstaat ausgestellt sein. Ein Nachweis der Berufsqualifikation[104] ist hingegen nicht erforderlich.[105]

53 Ist der Beruf im Ausland hingegen **nicht reglementiert**, muss ein Nachweis darüber vorgelegt werden, dass der Dienstleister den Beruf im Staat der Niederlassung während der vorhergehenden zehn Jahre mindestens zwei Jahre rechtmäßig ausgeübt hat (**Nr. 2**). Anders als in Abs. 1 S. 1 vorgesehen, wäre dieser Nachweis auch im Falle einer Reglementierung der Ausbildung zu erbringen, da der Gesetzgeber bei der Regelung in Abs. 2 S. 2 Nr. 1 nur den Fall der Reglementierung der Tätigkeit[106] und nicht auch der Ausbildung im Auge hatte. Richtlinienkonform kann der Nachweis zweijähriger Berufstätigkeit im Ausland nur verlangt werden, wenn weder der Beruf noch die Ausbildung im Herkunftsstaat reglementiert sind.[107] Es ist insofern von einem Redaktionsversehen im Gesetzgebungsprozess auszugehen.[108] Im Falle der **Reglementierung der Ausbildung** ist daher ebenfalls auf einen Nachweis der zweijährigen Berufstätigkeit zu verzichten.

54 Der Wortlaut des § 15 nennt – im Gegensatz zu § 12 Abs. 3 S. 3 – ebenso wie Art. 5 Abs. 1 Buchst. b der Berufsqualifikationsrichtlinie[109] keine **vollzeitliche Tätigkeit.** Um jedoch die Gleichwertigkeit mit einem reglementierten Beruf bzw einer reglementierten Berufsausübung zu wahren, wird man fordern müssen, dass die Berufsausübung, wenn sie in Teilzeit erfolgt ist, einer zweijährigen vollzeitlichen Tätigkeit entspricht.

---

102 *Lamm,* in: Dreyer/Lamm/Müller, § 15 RDG Rn 63.
103 *Lamm,* in: Dreyer/Lamm/Müller, § 15 RDG Rn 59.
104 Die Mitgliedstaaten können nach Art. 7 Abs. 2 Buchst. c der Berufsqualifikationsrichtlinie einen solchen Nachweis fordern.
105 Begr. RegE, BT-Drucks. 16/3655, S. 74 und oben Rn 48.
106 Vgl Begr. RegE, BT-Drucks. 16/3655, S. 74.
107 Art. 7 Abs. 2 Buchst. d iVm Art. 5 Abs. 1 Buchst. b der Berufsqualifikationsrichtlinie.
108 Vgl *Lamm,* in: Dreyer/Lamm/Müller, § 15 RDG Rn 68.
109 Hingegen wird in Art. 13 Abs. 2 der Berufsqualifikationsrichtlinie eine vollzeitliche Tätigkeit genannt.

Bei Zweifeln im Hinblick auf die Nachweise hat die deutsche Registrierungsbehörde die in der Bescheinigung genannte ausländische Stelle um **Amtshilfe** zu ersuchen.[110] Dies ist allerdings nur zum Zwecke der Untersagung und nicht zum Zwecke der vorübergehenden Registrierung zulässig (vgl § 18 Rn 12 ff).

d) Angaben zu einer etwaigen Berufshaftpflichtversicherung (Abs. 2 S. 2 Nr. 3). Der europäische Rechtsdienstleister ist – zumindest nach deutschem Recht – nicht verpflichtet, eine Berufshaftpflichtversicherung zu unterhalten. Abweichendes kann sich aus dem Recht des Herkunftsstaates ergeben. Gleichwohl muss er bei der Meldung Angaben über das Bestehen oder Nichtbestehen und den Umfang einer Berufshaftpflichtversicherung oder eines anderen individuellen oder kollektiven Schutzes in Bezug auf die Berufshaftpflicht machen. Diese Angaben sollen nach Auffassung des Gesetzgebers der Information und dem Schutz der Rechtsuchenden dienen.[111] Dies ist insofern inkonsequent, als dass diese Angaben nicht im Rechtsdienstleistungsregister veröffentlicht werden und der Gesetzgeber von der in Art. 9 Buchst. f der Berufsqualifikationsrichtlinie vorgesehenen Möglichkeit, den Dienstleister zu verpflichten, den Dienstleistungsempfänger über Einzelheiten des Versicherungsschutzes zu informieren, keinen Gebrauch gemacht hat.[112]

e) Angabe der Berufsbezeichnung (Abs. 2 S. 2 Nr. 4). Die Pflicht zur Angabe der Berufsbezeichnung, unter der die Tätigkeit im Inland erbracht werden soll, korrespondiert mit der Pflicht nach Abs. 4. Danach sind vorübergehende Rechtsdienstleistungen unter der in der Sprache des Niederlassungsstaates für die Tätigkeit bestehenden Berufsbezeichnung zu erbringen, wobei eine Verwechslung mit den in § 11 Abs. 4 aufgeführten Berufsbezeichnungen ausgeschlossen sein muss (siehe Rn 66 ff). Die Mitteilung dient der Überprüfung, ob die Pflicht nach Abs. 4 eingehalten wird.[113]

4. Mitteilung über Veränderungen (Abs. 2 S. 3). Aufgrund des Verweises in Abs. 2 S. 3 ist klargestellt, dass Rechtsdienstleister nach § 15 oder ihre Rechtsnachfolger alle Änderungen, die sich auf den Inhalt des Rechtsdienstleistungsregisters auswirken, unverzüglich, dh ohne schuldhaftes Zögern, mitteilen müssen (siehe § 13 Rn 37 ff). Auch insoweit genügt die Textform gemäß § 126 b BGB (siehe Rn 46).[114]

5. Jährliche Wiederholung der Meldung (Abs. 2 S. 4). Sofern Rechtsdienstleistungen auf längere Zeit erbracht werden sollen, ist die Meldung alle zwölf Monate seit der letzten Meldung zu wiederholen. Bei regelmäßiger Wiederholung wird indes fraglich sein, ob noch eine „vorübergehende und gelegentliche" Berufsausübung angenommen werden kann oder nicht vielmehr eine Registrierung nach § 10 notwendig ist.[115]

Bei der Wiederholung der Meldung sind lediglich die Informationen zur Berufshaftpflichtversicherung zu erbringen. Die im Regierungsentwurf noch vorgesehene erneute Vorlage des Nachweises der rechtmäßigen Ausübung der Tätigkeit

---

110 Begr. RegE, BT-Drucks. 16/3655, S. 74.
111 Begr. RegE, BT-Drucks. 16/3655, S. 74.
112 Vgl Grunewald/Römermann/*Franz*, § 15 RDG Rn 15; *Lamm*, in: Dreyer/Lamm/Müller, § 15 RDG Rn 70.
113 Begr. RegE, BT-Drucks. 16/3655, S. 74.
114 Grunewald/Römermann/*Franz*, § 15 RDG Rn 13.
115 Vgl BeckOK GewO/*Pielow*, § 13 a GewO Rn 12.

im Niederlassungsstaat ist dagegen nicht erforderlich.[116] Änderungen im Hinblick auf die Ausübung der Tätigkeit im Niederlassungsstaat unterliegen jedoch der Mitteilungspflicht nach Abs. 2 S. 3 iVm § 13 Abs. 3 S. 1.

61 Erfolgt nach Ablauf eines Jahres keine entsprechende Meldung, so sind die Angaben zu dem europäischen Rechtsdienstleister im Rechtsdienstleistungsregister kraft Gesetzes zu löschen (vgl § 17 Abs. 1 Nr. 6; § 17 Rn 18). Infolgedessen ist jedem europäischen Rechtsdienstleister, der nach Ablauf eines Jahres die Erbringung vorübergehender und gelegentlicher Rechtsdienstleistungen fortsetzen will, die entsprechende Meldung vor Ablauf des maßgeblichen Jahreszeitraums zu empfehlen.

IV. Registrierung und Bekanntmachung (Abs. 3)

62 Die Zulässigkeit der Eintragung in das Rechtsdienstleistungsregister als automatische vorübergehende Eintragung ergibt sich aus Art. 6 Buchst. a der Berufsqualifikationsrichtlinie. Nach Vorliegen der vollständigen Meldung veranlasst die zuständige Behörde eine vorübergehende Registrierung im Rechtsdienstleistungsregister und deren öffentliche Bekanntmachung. Die **Registrierung** erfolgt nur für **ein Jahr**. Erfolgt nach Ablauf eines Jahres keine wiederholende Meldung nach Abs. 2 S. 4, sind die Angaben im Rechtsdienstleistungsregister gemäß § 17 Abs. 1 Nr. 6 zu **löschen**.

63 Die Eintragung wirkt im Gegensatz zur Registrierung nach § 10 **nicht konstitutiv** (siehe § 10 Rn 62). Vielmehr kann der Dienstleister sofort nach der vollständigen Meldung seine Tätigkeit aufnehmen und muss die Registrierung nicht abwarten.[117]

64 Die Erteilung einer **Eingangsbestätigung** durch die zuständige Registrierungsbehörde, insbesondere im Hinblick auf die Vollständigkeit der eingereichten Unterlagen, ist – im Gegensatz zu entsprechenden Regelungen bei anderen Berufen[118] – nicht vorgesehen. Zwar wird die Behörde den ausländischen Rechtsdienstleister regelmäßig entsprechend unterrichten, wenn sie feststellt, dass die abgegebene Meldung unvollständig ist, damit der Rechtsdienstleister Abhilfe schaffen kann. Erbringt er jedoch im Glauben, er habe eine vollständige Meldung abgegeben, in der Zwischenzeit vorübergehende Rechtsdienstleistungen, so trägt er das Risiko eines Verstoßes gegen das Gesetz.

65 Nach **Abs. 3 S. 2** ist das Verfahren für die ausländischen Rechtsdienstleister **kostenfrei**.[119] Dies gilt sowohl für die erstmalige Eintragung als auch für die jährliche Wiederholung der Meldung oder die Eintragung von Änderungen.

V. Berufsbezeichnung (Abs. 4)

66 **1. Berufsbezeichnung in der Sprache des Niederlassungsstaates (Abs. 4 S. 1).** Um eine Verwechslung des europäischen Rechtsdienstleisters mit inländischen nachweislich qualifizierten Personen zu vermeiden, verpflichtet Abs. 4 S. 1 den europäischen Rechtsdienstleister – anders als dies bei registrierten Rechtsdienstleistern nach § 10 der Fall ist (§ 11 Rn 15) – zur Führung der Berufsbezeichnung in

---

[116] Beschlussempfehlung und Bericht des Rechtsausschusses, BT-Drucks. 16/6634, S. 52.
[117] Begr. RegE, BT-Drucks. 16/3655, S. 74.
[118] Vgl § 13 a Abs. 2 S. 2 GewO.
[119] Vgl Art. 6 Buchst. a der Berufsqualifikationsrichtlinie.

der **Sprache des Niederlassungsstaates**. Die Regelung entspricht im Wesentlichen Art. 7 Abs. 3 der Berufsqualifikationsrichtlinie. Nicht erwähnt hat der Gesetzgeber den in der Richtlinie ebenfalls geregelten Fall, dass im Niederlassungsstaat des Rechtsdienstleisters **keine Berufsbezeichnung existiert**. In diesem Fall ist nach Art. 7 Abs. 3 S. 3 der Berufsqualifikationsrichtlinie der **Ausbildungsnachweis** in der Amtssprache des Niederlassungsstaates des Rechtsdienstleisters anzugeben.

Es genügt nicht, wenn der ausländische Rechtsdienstleister der deutschsprachigen Berufsbezeichnung den Namen seines Niederlassungsstaates nachstellt.[120] Vielmehr muss der ausländische Rechtsdienstleister die Berufsbezeichnung in der Amtssprache des Niederlassungsstaates verwenden. Gibt es im Niederlassungsstaat aufgrund mehrerer Amtssprachen mehrere Berufsbezeichnungen, genügt die Angabe der Berufsbezeichnung in einer der Amtssprachen des Niederlassungsstaates.[121]

2. Führen einer Berufsbezeichnung. Das Führen einer Berufsbezeichnung bedeutet ihre aktive nach außen gerichtete Inanspruchnahme für sich im sozialen Leben (vgl auch § 11 Rn 20).[122] Führen an sich kann man daher auch eine Bezeichnung außerhalb des beruflichen Verkehrs. Eine **Pflicht zum Führen der Berufsbezeichnung** nach Abs. 4 besteht jedoch nur bei Erbringung der vorübergehenden Rechtsdienstleistungen. In diesem Fall ist die Berufsbezeichnung zB bei Briefbögen, Eintragungen in Adressverzeichnissen und Telefonbüchern, Internetauftritten, Büroschildern oder Zeitungsannoncen zu verwenden. Ob der jeweilige Rechtsdienstleister die Berufsbezeichnung auch außerhalb der Erbringung der vorübergehenden Rechtsdienstleistungen (insbesondere im privaten Bereich) führt, ist ihm freigestellt.

3. Verwechslungsgefahr (Abs. 4 S. 2). Eine Verwechslung mit den nach § 11 Abs. 4 geschützten Berufsbezeichnungen „Rentenberater/in" oder Berufsbezeichnungen, die den Begriff „Inkasso" beinhalten, muss nach Abs. 4 S. 2 ausgeschlossen sein. Eine Gefahr der Verwechslung besteht – in Anlehnung an die Rechtsprechung und Literatur zu § 132 a StGB,[123] der ebenfalls bestimmte Berufsbezeichnungen schützt –, wenn „nach dem Gesamteindruck eines durchschnittlichen, nicht genau prüfenden Beurteilers eine Verwechslung möglich ist".[124] Entscheidend ist, ob ein durchschnittlicher, nicht genau prüfender Dritter bei dem von dem ausländischen Rechtsdienstleister benutzten Begriff eine Bezeichnung für Inkassodienstleistungen bzw Rentenberatung annimmt (siehe § 11 Rn 16 f, § 20 Rn 18).

Zur Vermeidung einer Verwechslungsgefahr bei einer identischen oder einer ähnlichen Bezeichnung der Berufe in Deutschland und dem Niederlassungsstaat muss ein **erklärender Zusatz** beigefügt werden. Dies ist zB bei „Inkassoinstituten"[125] nach österreichischem Recht der Fall. Zulässig ist, wenn die ausländische

---

120 Vgl OLG Frankfurt 25.3.1999 – 6 U 200/98, DB 1999, 2055, 2056.
121 Vgl Art. 7 Abs. 3 S. 2 der Berufsqualifikationsrichtlinie.
122 *Lamm*, in: Dreyer/Lamm/Müller, § 11 RDG Rn 17.
123 *Lamm*, in: Dreyer/Lamm/Müller, § 11 RDG Rn 16.
124 BayObLG 20.4.1977 – RReg. 3 St 303/76, NJW 1978, 2348, 2349; BayObLG 5.8.1999 – 5 St RR 136/99, NStZ-RR 2000, 236; OLG Dresden 19.4.2000 – 1 Ss 592/99, NJW 2000, 2519, 2520; OLG Köln 10.8.1999 – Ss 293/99, NJW 2000, 1053, 1054; Schönke/Schröder/*Sternberg-Lieben*, § 132 a StGB Rn 13.
125 Vgl §§ 94 Nr. 36, 118 der GewO iVm der Inkassoinstitutverordnung der Republik Österreich.

Berufsbezeichnung vorangestellt wird und ein erklärender Zusatz unter Verwendung des Namens des Niederlassungsstaates und der gemäß Abs. 4 geschützten Begrifflichkeiten (zB durch entsprechenden Klammerzusatz) hinzugefügt wird.[126]

71 **4. Zuwiderhandlungen.** Wird beharrlich eine **unrichtige Berufsbezeichnung** geführt, ist die Untersagung der vorübergehenden Rechtsdienstleistung möglich (siehe Rn 89). Ferner wird eine Ordnungswidrigkeit gemäß § 20 Abs. 1 Nr. 3 begangen, wenn entgegen § 11 Abs. 4 eine unrichtige Berufsbezeichnung geführt wird (siehe § 20 Rn 16 ff).

VI. Untersagung der weiteren Erbringung von Rechtsdienstleistungen (Abs. 5)

72 **1. Grundsätzliches.** Im Einklang mit Art. 5 Abs. 3 der Berufsqualifikationsrichtlinie, wonach die ausländischen Rechtsdienstleister den gleichen Disziplinarregeln wie Inländer unterliegen, regelt Abs. 5 die Möglichkeit der **Untersagung** durch die zuständige Behörde, wenn unqualifizierte Rechtsdienstleistungen zum Nachteil der Rechtsuchenden oder des Rechtsverkehrs erbracht werden. **Zuständig** für die Untersagung ist die Behörde, an die der europäische Rechtsdienstleister seine Meldung nach Abs. 2 zuvor gerichtet hat.[127]

73 Der **Untersagungsgrund** der dauerhaft unqualifizierten Erbringung von Rechtsdienstleistungen entspricht dem Widerrufsgrund bei gemäß § 10 registrierten Personen (vgl § 14 Rn 29 ff). Da die Eintragung in das Rechtsdienstleistungsregister bei vorübergehenden Rechtsdienstleistungen nach § 15 jedoch nicht konstitutiv wirkt, war die Ausgestaltung als Untersagung notwendig.[128]

74 Wird einer für sofort vollziehbar erklärten oder bestandskräftigen Untersagungsverfügung nach Abs. 5 zuwidergehandelt, wird eine **Ordnungswidrigkeit** gemäß § 20 Abs. 1 Nr. 2 begangen (siehe § 20 Rn 12 ff).

75 **2. Unqualifizierte Rechtsdienstleistungen (Abs. 5 S. 1).** Die Voraussetzung für eine Untersagung nach Abs. 5 S. 1 entspricht dem Widerrufsgrund für registrierte Personen in § 14 Nr. 3 (vgl § 14 Rn 29 ff). Da es sich um eine Einschränkung der Dienstleistungsfreiheit handelt,[129] müssen begründete Tatsachen die Annahme rechtfertigen, dass der europäische Rechtsdienstleister dauerhaft unqualifizierte Rechtsdienstleistungen zum Nachteil der Rechtsuchenden oder des Rechtsverkehrs erbringen wird. Notwendig ist eine **Prognoseentscheidung**, ob aufgrund der vorliegenden Verstöße die **Gefahr dauerhaft unqualifizierter Rechtsdienstleistungen auch für die Zukunft** besteht.

76 Eine Untersagung ist regelmäßig nicht zulässig, wenn lediglich **einzelne Fehlleistungen** oder auf mehreren Ursachen beruhende Fehlleistungen des europäischen Rechtsdienstleisters vorliegen (siehe § 14 Rn 34 f). Erforderlich ist vielmehr, dass **schwerwiegende berufliche Fehler** festgestellt werden, die in unmittelbarem und

---

126 Ebenso *Kilian*, AnwBl 2008, 394, 395; Kilian/Sabel/vom Stein/*Kilian*, § 11 Rn 331; *Lamm*, in: Dreyer/Lamm/Müller, § 15 RDG Rn 47; Grunewald/Römermann/*Franz*, § 15 RDG Rn 18.
127 *Lamm*, in: Dreyer/Lamm/Müller, § 15 RDG Rn 81.
128 Begr. RegE, BT-Drucks. 16/3655, S. 74.
129 Zu den Anforderungen an die Zulässigkeit von Einschränkungen der Dienstleistungsfreiheit im Allgemeinen vgl EuGH 30.11.1995 – Rs. C-55/94, NJW 1996, 579 (Reinhard Gebhard).

speziellem Zusammenhang mit dem Schutz der Sicherheit der Verbraucher stehen.[130] Diese müssen zeigen, dass der Rechtsdienstleister generell ungeeignet ist, entsprechende Dienstleistungen zu erbringen.

Allerdings kann im Einzelfall auch eine **Vielzahl nicht so schwerwiegender Fehlleistungen** eine Untersagung rechtfertigen, wenn diese sich so verdichten, dass daraus der Schluss auf dauerhaft unqualifizierte Rechtsdienstleistungen gezogen werden kann.[131] 77

Wie der **Nachweis** dauerhaft unqualifizierter Rechtsdienstleistungen in der Praxis zu führen sein wird, bleibt abzuwarten, zumal die Registrierungsbehörde regelmäßig erst nach entsprechender Unterrichtung durch geschädigte Rechtsuchende von den Fehlleistungen tätig werden wird (siehe § 9 Rn 15 f). 78

Die Untersagung liegt im **Ermessen** der zuständigen Behörde. Bei der Ermessensentscheidung ist zu berücksichtigen, dass eine Untersagung nur zulässig ist, wenn die unqualifizierten Rechtsdienstleistungen entweder zu einem Nachteil der Rechtsuchenden oder des Rechtsverkehrs führen werden. Dies ist zum einen der Fall, wenn die Belange des Rechtsuchenden gefährdet werden.[132] Es genügt aber auch, wenn die unqualifizierte Leistung den Rechtsverkehr als solchen gefährdet (siehe § 9 Rn 12). 79

Der Gesetzgeber hat in **Abs. 5 S. 2** mehrere **Regelfälle** der Untersagung geregelt. Sind die Voraussetzungen dieser Fälle gegeben, ist grds. die Annahme dauerhaft unqualifizierter Rechtsdienstleistungen gerechtfertigt. Diese Annahme kann der europäische Rechtsdienstleister durch entsprechende Nachweise jedoch erschüttern.[133] Eine Untersagung kann nicht nur in den im Gesetz genannten Regelfällen erfolgen, sondern immer dann, wenn die Annahme dauerhaft unqualifizierter Rechtsdienstleistungen gerechtfertigt ist. 80

3. Regelfälle unqualifizierter Rechtsdienstleistungen (Abs. 5 S. 2). a) Fehlende Befugnis zur Erbringung von Rechtsdienstleistungen im Staat der Niederlassung (Var. 1). Ein Untersagungsgrund liegt regelmäßig dann vor, wenn der europäische Rechtsdienstleister im Niederlassungsstaat nicht mehr befugt ist, Rechtsdienstleistungen zu erbringen, sei es, weil er entweder **nicht mehr rechtmäßig zur Erbringung dieser Rechtsdienstleistungen niedergelassen** ist oder ihm die **Befugnis von den zuständigen Stellen untersagt** wurde. Dieses Regelbeispiel trägt dem Umstand Rechnung, dass die Befugnis zur Erbringung der vorübergehenden Rechtsdienstleistungen von der Berufsqualifikation im Niederlassungsstaat abhängt. Bereits eine **vorübergehende Untersagung** im Niederlassungsstaat genügt für eine Untersagung nach Abs. 5.[134] 81

Zwar ist die fehlende Befugnis zur Erbringung von Rechtsdienstleistungen im Staat der Niederlassung nach dem Wortlaut des Gesetzes nur ein Regelbeispiel für eine Untersagung vorübergehender Rechtsdienstleistungen in Deutschland und führt damit keineswegs zwingend in jedem Fall zu einer Untersagung. Allerdings sind – selbst bei einer nur vorübergehenden Untersagung im Niederlassungsstaat – kaum Fälle denkbar, in denen der Verlust der Befugnis zur Berufs- 82

---

130 Art. 5 Abs. 3 der Berufsqualifikationsrichtlinie.
131 Grunewald/Römermann/*Franz*, § 15 RDG Rn 20; *Lamm*, in: Dreyer/Lamm/Müller, § 15 RDG Rn 83.
132 Vgl zu § 9: Begr. RegE, BT-Drucks. 16/3655, S. 40 und 63.
133 *Lamm*, in: Dreyer/Lamm/Müller, § 15 RDG Rn 85.
134 Begr. RegE, BT-Drucks. 16/3655, S. 74.

ausübung im Niederlassungsstaat nicht zu einer Untersagung im Inland führen sollte.[135]

83 Var. 1 regelt nur den Fall, dass die Berufsausübung im ausländischen Niederlassungsstaat nicht mehr rechtmäßig ist. Dem gleichgestellt werden muss der Fall, dass der – nunmehr ausländische – Rechtsdienstleister **zuvor im Inland registriert** war und die Registrierung nach § 14 bestandskräftig widerrufen wurde. Denn durch die Möglichkeit vorübergehender Rechtsdienstleistungen vom Ausland her soll das deutsche Berufsorganisationsrecht nicht unterlaufen werden können.[136] Daher darf die Untersagung einer im Inland ausgeübten registrierungspflichtigen Tätigkeit nicht durch eine grenzüberschreitende Dienstleistung umgangen werden.[137]

84 **b) Fehlende Sprachkenntnisse (Var. 2).** Regelmäßig liegt ein Untersagungsgrund auch dann vor, wenn die jeweiligen Rechtsdienstleister nicht über die zur Erbringung der fraglichen Rechtsdienstleistung erforderlichen deutschen Sprachkenntnisse verfügen.[138] Der **Grad der jeweils erforderlichen Sprachkenntnisse** ist anhand der im Einzelfall erbrachten Dienstleistungen festzulegen. Dabei ist unter Berücksichtigung der Anforderungen des Berufs und der Interessen der Leistungsempfänger sorgfältig zu ermitteln, welche Anforderungen an die Sprachkenntnisse erfüllt sein müssen.

85 Zu berücksichtigen ist, dass die Gewährleistung der Verständigung mit den Rechtsuchenden sowie mit den Verwaltungsbehörden und Berufsorganisationen ebenso wie die Einhaltung der im Inland bestehenden Berufsregeln und Rechtsvorschriften angemessene Kenntnisse der Sprache erfordern. Jedoch dürfen die sprachlichen Anforderungen, die gewährleisten sollen, dass sich der Rechtsdienstleister mit deutschsprachigen Leistungsempfängern sowie mit den Verwaltungsbehörden und Gerichten angemessen verständigen kann, nicht über das zur Erreichung dieses Zieles Erforderliche hinausgehen.[139] Maßgeblich ist, ob bei einer Abwägung unter Berücksichtigung der Interessen des Rechtsdienstleisters und der Leistungsempfänger eine Untersagung zum Schutz der Rechtsuchenden oder des Rechtsverkehrs erforderlich und verhältnismäßig ist.[140]

86 Bei der Abwägung ist auch das Interesse von rechtsuchenden Leistungsempfängern, deren Muttersprache nicht Amtssprache ist, zu berücksichtigen, dass sie mit Rechtsdienstleistern in ihrer Muttersprache kommunizieren können.[141] Ebenso werden Rechtsdienstleistungen, die das Recht eines anderen Mitgliedstaates zum Gegenstand haben, regelmäßig geringere Anforderungen an die Kenntnisse der deutschen Sprache mit sich bringen.[142]

87 Es kann aber nicht außer Acht gelassen werden, dass regelmäßig zum Leistungsumfang auch nur vorübergehend tätiger europäischer Rechtsdienstleister die

---

135 Vgl Grunewald/Römermann/*Franz*, § 15 RDG Rn 21.
136 Vgl Berufsqualifikationsrichtlinie, Einführende Erwägungen Abs. 11.
137 BFH 21.8.2008 – VIII B 70/08, DStR 2008, 2440.
138 Vgl Art. 53 der Berufsqualifikationsrichtlinie.
139 EuGH 4.7.2000 – Rs. C-424/97, EuZW 2000, 733, 736 (Salomone Haim); vgl auch EuGH 19.9.2006 – Rs. C-193/05, BB 2006, 2150, 2151; EuGH 19.9.2006 – Rs. C-506/04, EuZW 2006, 658, 661 (Graham J. Wilson).
140 Grunewald/Römermann/*Franz*, § 15 RDG Rn 22.
141 EuGH 4.7.2000 – Rs. C-424/97, EuZW 2000, 733, 736 (Salomone Haim).
142 EuGH 19.9.2006 – Rs. C-193/05, BB 2006, 2150, 2151; EuGH 19.9.2006 – Rs. C-506/04, EuZW 2006, 658, 661 (Graham J. Wilson).

Vertretung vor Behörden oder Gerichten gehört. Die Rechtsprechung des BVerwG[143] zur Einbürgerung kann daher zwar als Anhaltspunkt für den Grad der notwendigen Sprachkenntnisse herangezogen werden. Sofern aber die Rechtsdienstleistungen auch die Vertretung vor deutschen Behörden oder Gerichten beinhaltet, ist der Grad der notwendigen Sprachkenntnisse auch an § 184 GVG, § 23 Abs. 1 VwVfG zu messen.[144] Regelmäßig werden auch Kenntnisse der **Schriftsprache** erforderlich sein.

Der Untersagung seiner Rechtsdienstleistungen wegen Fehlens der erforderlichen Sprachkenntnisse kann der Dienstleister – in Anlehnung an Art. 5 Abs. 3 der Richtlinie 98/5[145] – dadurch entgehen, dass er mit einem im Inland niedergelassenen Rechtsdienstleister zusammenarbeitet.[146] **88**

c) Führen einer falschen Berufsbezeichnung (Var. 3). Schließlich stellt die beharrliche Verletzung der in Abs. 4 geregelten Pflicht zur Führung einer ordnungsgemäßen Berufsbezeichnung einen Regelfall der Untersagung dar. **Beharrlich** ist das Führen der falschen Berufsbezeichnung erst dann, wenn beständig und hartnäckig gegen Pflichten nach Abs. 4 verstoßen wird. Der europäische Rechtsdienstleister muss daher die falsche Berufsbezeichnung wiederholt und auf längere Zeit führen.[147] Um die Dienstleistungsfreiheit nicht unangemessen einzuschränken und die Verhältnismäßigkeit zu wahren, sollte die zuständige Behörde zunächst darauf hinwirken, dass der Rechtsdienstleister künftig die Berufsbezeichnung führt, die den Anforderungen des Abs. 4 gerecht wird.[148] Hält der Rechtsdienstleister trotz einer solchen behördlichen Aufforderung an der Verwendung der falschen Berufsbezeichnung fest, ist von einem hartnäckigen Verhalten auszugehen. **89**

Teil 4
Rechtsdienstleistungsregister

§ 16 Inhalt des Rechtsdienstleistungsregisters

(1) Das Rechtsdienstleistungsregister dient der Information der Rechtsuchenden, der Personen, die Rechtsdienstleistungen anbieten, des Rechtsverkehrs und öffentlicher Stellen. Die Einsicht in das Rechtsdienstleistungsregister steht jedem unentgeltlich zu.

(2) Im Rechtsdienstleistungsregister werden unter Angabe der nach § 9 Abs. 1 oder § 13 Abs. 1 zuständigen Behörde und des Datums der jeweiligen Registrierung nur öffentlich bekanntgemacht:

---

143 Vgl BVerwG 20.10.2005 – 5 C 8/05, NJW 2006, 1079; BVerwG 20.10.2005 – 5 C 17/05, DVBl 2006, 922.
144 Vgl aber *Beul*, DStR 2006, 1429, 1435.
145 Richtlinie 98/5 des Europäischen Parlaments und des Rates vom 16.2.1998 zur Erleichterung der ständigen Ausübung des Rechtsanwaltsberufs in einem anderen Mitgliedstaat als dem, in dem die Qualifikation erworben wurde, ABl. EU Nr. L 77, S. 36.
146 Vgl EuGH 19.9.2006 – Rs. C-193/05, BB 2006, 2150, 2151; EuGH 19.9.2006 – Rs. C-506/04, EuZW 2006, 658, 661 (Graham J. Wilson).
147 *Lamm*, in: Dreyer/Lamm/Müller, § 15 RDG Rn 84.
148 Grunewald/Römermann/*Franz*, § 15 RDG Rn 24.

1. die Registrierung von Personen, denen Rechtsdienstleistungen in einem oder mehreren der in § 10 Abs. 1 genannten Bereiche oder Teilbereiche erlaubt sind, unter Angabe
   a) ihres Familiennamens und Vornamens, ihres Namens oder ihrer Firma einschließlich ihrer gesetzlichen Vertreter sowie des Registergerichts und der Registernummer, unter der sie in das Handels-, Partnerschafts-, Genossenschafts- oder Vereinsregister eingetragen sind,
   b) ihres Geburts- oder Gründungsjahres,
   c) ihrer Geschäftsanschrift einschließlich der Anschriften aller Zweigstellen,
   d) der für sie nach § 12 Abs. 4 benannten qualifizierten Personen unter Angabe des Familiennamens und Vornamens sowie des Geburtsjahres,
   e) des Inhalts und Umfangs der Rechtsdienstleistungsbefugnis einschließlich erteilter Auflagen sowie der Angabe, ob es sich um eine vorübergehende Registrierung nach § 15 handelt und unter welcher Berufsbezeichnung die Rechtsdienstleistungen nach § 15 Abs. 4 im Inland zu erbringen sind,
2. die Registrierung von Personen oder Vereinigungen, denen die Erbringung von Rechtsdienstleistungen nach § 9 Abs. 1 bestandskräftig untersagt worden ist, unter Angabe
   a) ihres Familiennamens und Vornamens, ihres Namens oder ihrer Firma einschließlich ihrer gesetzlichen Vertreter sowie des Registergerichts und der Registernummer, unter der sie in das Handels-, Partnerschafts-, Genossenschafts- oder Vereinsregister eingetragen sind,
   b) ihres Geburts- oder Gründungsjahres,
   c) ihrer Anschrift,
   d) der Dauer der Untersagung.

Bei öffentlichen Bekanntmachungen nach Nummer 1 werden mit der Geschäftsanschrift auch die Telefonnummer und die E-Mail-Adresse der registrierten Person veröffentlicht, wenn sie in die Veröffentlichung dieser Daten schriftlich eingewilligt hat.

(3) Die öffentliche Bekanntmachung erfolgt durch eine zentrale und länderübergreifende Veröffentlichung im Internet unter der Adresse www.rechtsdienstleistungsregister.de. Die nach § 9 Abs. 1 oder § 13 Abs. 1 zuständige Behörde trägt die datenschutzrechtliche Verantwortung für die von ihr im Rechtsdienstleistungsregister veröffentlichten Daten, insbesondere für die Rechtmäßigkeit ihrer Erhebung, die Zulässigkeit ihrer Veröffentlichung und ihre Richtigkeit. Das Bundesministerium der Justiz wird ermächtigt, durch Rechtsverordnung mit Zustimmung des Bundesrates die Einzelheiten der öffentlichen Bekanntmachung im Internet zu regeln.

I. Normzweck 1	2. Transparenz des Rechtsdienst-
1. Allgemeines 1	leistungsmarktes 6
a) Rechtliche Wirkung der Ver-	II. Regelungsgehalt 10
öffentlichung im Rechts-	1. Formulierung des Normzwecks
dienstleistungsregister 1	(Abs. 1) 10
b) Bestandteile der Registrie-	a) Rechtsdienstleistungsregis-
rung 4	ter als allgemein zugängliche
	Informationsquelle 10

b) Information für die Rechtsuchenden 13	(a) Genauer Inhalt 36
c) Information für die Rechtsdienstleister 16	(b) Auflagen 38
d) Information für den Rechtsverkehr und öffentliche Stellen 17	(c) Angabe, ob vorübergehende Registrierung 39
e) Unentgeltlichkeit der Einsichtnahme (Abs. 1 S. 2) 19	c) Die Veröffentlichung von Untersagungen (Abs. 2 S. 1 Nr. 2) 40
2. Die einzutragenden Daten (Abs. 2) 20	aa) Rechtliche Wirkungen ... 40
a) Exklusivität der Daten 20	bb) Untersagungsverfügungen gegen Personen 44
b) Die registrierten Rechtssubjekte (Abs. 2 S. 1 Nr. 1) 26	cc) Untersagungsverfügungen gegen Vereinigungen 49
aa) Registrierte Personen 26	3. Das Verfahren der Bekanntmachung (Abs. 3) 56
bb) Die Registrierungsdaten 27	a) Internetadresse und RDV .. 56
(1) Familienname, Vorname etc. (Nr. 1 Buchst. a) 27	b) Einzelheiten des Verfahrens der Bekanntmachung 59
(2) Geburts- bzw Gründungsjahr (Nr. 1 Buchst. b) 29	**III. Rechtsmittel gegen Veröffentlichungen** 65
	1. Wirkung der Veröffentlichung 65
(3) Geschäftsanschrift (Nr. 1 Buchst. c) 31	2. Berichtigungsanspruch 66
(4) Angabe benannter qualifizierter Personen (Nr. 1 Buchst. d) 35	3. Weitere Ansprüche nach Datenschutzrecht 67
	a) Widerspruch 67
	b) Löschung der Daten 68
(5) Inhalt und Umfang der Rechtsdienstleistungsbefugnis (Nr. 1 Buchst. e) .. 36	c) Sperrung von Daten 69

I. Normzweck

1. Allgemeines. a) Rechtliche Wirkung der Veröffentlichung im Rechtsdienstleistungsregister. Erstmals hat der Gesetzgeber im Bereich der Rechtsdienstleistung mit der Einführung eines Rechtsdienstleistungsregisters eine Informationsquelle auf elektronischer Grundlage für alle am Rechtsleben Beteiligte geschaffen. Für Rechtsanwälte, nicht für sonstige Mitglieder einer Rechtsanwaltskammer, existiert seit Inkrafttreten des Gesetzes zur Stärkung der Selbstverwaltung der Rechtsanwaltschaft vom 26.3.2007[1] bei jeder Rechtsanwaltskammer ein auf elektronischer Basis geführtes Mitgliederverzeichnis, das bei der Bundesrechtsanwaltskammer nach Maßgabe der § 31 Abs. 1 S. 1 BRAO zusammengeführt und von den einzelnen Rechtsanwaltskammern mit den erforderlichen Daten der Berufsangehörigen: Familiennamen, Vornamen, Zeitpunkt der Zulassung, Kanzleianschrift, in den Fällen des § 29 Abs. 1 oder des § 29 a Abs. 2 BRAO der Inhalt der Befreiung, die Anschrift von Zweigstellen, Fachanwaltsbezeichnungen sowie Berufs- und Vertretungsverbote und deren Aufhebung oder Abänderung versehen wird. Dieses Verzeichnis hatte wohl auch eine gewisse Vorbildfunktion für das in Teil 4 des RDG normierte Rechtsdienstleistungsregister. Auch das Rechtsdienstleistungsregister dient in erster Linie dem **Informationsinteresse** der in Abs. 1 genannten Teilnehmer am Rechtsverkehr, enthält aber weitergehende

---

1 BGBl. I S. 358.

kognitive Erkenntnisquellen, wie Auflagen und Untersagungstatbestände. Die Veröffentlichung im Rechtsdienstleistungsregister stellt insoweit eine **Bekanntmachung, nicht** einen **Akt mit konstitutiver Wirkung** dar, wie dies bei der ursprünglich vorgesehenen Art der Registrierung der Fall gewesen wäre. Bei der zuerst im RegE vorgesehenen elektronischen Registerführung[2] hätte die Registrierung im elektronischen Register zugleich die Regelungs- und Bekanntmachungsfunktion in sich vereint, mit der Folge, dass die Eintragung im Rechtsdienstleistungsregister konstitutive Wirkung erzeugt und damit die Voraussetzungen nach § 10 für ein Tätigwerden des Rechtsdienstleisters geschaffen hätte.

2 Durch die Unterscheidung der **Registrierungsvorgänge** in
- das Antragsverfahren nach § 13 Abs. 1 und 2 S. 1,
- den Registrierungsakt nach § 13 Abs. 2 S. 2 und
- die öffentliche Bekanntmachung nach § 13 Abs. 2 S. 2 iVm § 16

entfällt nach dem Gesetz gewordenen Text die regelnde Freistellungswirkung[3] der Eintragung in das Rechtsdienstleistungsregister.

3 Das Rechtsdienstleistungsregister ist deshalb nicht mit anderen öffentlichen Verzeichnissen wie dem Wasserbuch, dem Straßen- und Wegeverzeichnis, der Denkmalliste[4] gleichzusetzen, bei denen Eintragungen in das jeweilige Register feststellende Rechtswirkungen erzeugen.[5] Nicht vergleichbar ist das Rechtsdienstleistungsregister deshalb auch mit Eintragungen in die Handwerksrolle nach §§ 7 ff HwO wie auch mit den Eintragungen eines Ausbildungsvertrages im Berufsausbildungsverzeichnis nach §§ 34 ff BBiG, denen konstitutive Wirkungen zugesprochen werden.[6] Bei dem **Mitgliederverzeichnis der Rechtsanwälte** nach § 31 BRAO fehlt es dagegen ebenso wie bei dem Rechtsdienstleistungsregister an jeder rechtsregelnden Funktion;[7] es wird lediglich ein Bestandsverzeichnis der Öffentlichkeit mit bestimmten, die Öffentlichkeit interessierenden Daten zur Verfügung gestellt. Die Eintragung in das Mitgliederverzeichnis der Rechtsanwaltskammern erfolgt ohne weitere materielle Prüfung der Eintragungsvoraussetzungen mit Nachweis der Einrichtung der Kanzlei oder Benennung eines Zustellungsbevollmächtigten bei Befreiung von der Kanzleipflicht, § 31 Abs. 2 BRAO. Vor der Eintragung in das Rechtsdienstleistungsregister hingegen erfolgt eine Sachprüfung in Bezug auf sämtliche Eintragungsvoraussetzungen, wie in §§ 10 bis 15 normiert. Ist die Registrierung erfolgt, findet allerdings auch bei der Eintragung in das zentrale Rechtsdienstleistungsregister keine eigenständige Prüfung des einzutragenden Inhalts mehr statt, vielmehr werden die in Abs. 2 S. 1 Nr. 1 und 2 vorgegebenen Registrierungsdaten aus den Registrierungsakten an die Zentralstelle, die das Rechtsdienstleistungsregister unter der Internetadresse **www.rechtsdienstleistungsregister.de** führt, weitergeleitet. Die Bekanntmachung dieser Registrierungsdaten enthält insofern keinen gegenüber der eigentlichen Registrierung mit rechtserzeugender Wirkung versehenen Akt gegenüber

---

2 BR-Drucks. 623/06, § 13 Abs. 2 S. 2, RegE vom 1.9.2006, S. 134; Kilian/Sabel/vom Stein/ *vom Stein*, § 14 Rn 425.
3 *Kopp/Ramsauer*, VwVfG, § 35 Rn 51 ff.
4 OVG Münster 20.6.1991 – 7 A 23/90, NVwZ 1992, 991.
5 *Kopp/Ramsauer*, VwVfG, § 35 Rn 54.
6 VGH Mannheim 21.12.1992 – 9 S 1870/92, NVwZ-RR 1993, 183; aA BVerwG 17.2.1961 – VII C 174.59, BVerwGE 12, 75; BVerwG 16.4.1991 – 1 C 50.88, BVerwGE 88, 122; BVerwG 30.3.1992 – 1 B 42.92, DVBl 1992, 1172.
7 *Feuerich/Weyland*, BRAO, § 31 Rn 11 f.

dem Antragsteller oder bei Eintragung einer Untersagungsverfügung gegenüber dem Betroffenen.

b) Bestandteile der Registrierung. Die Registrierung setzt sich zusammen aus dem **Akt der Entschließung zur Registrierung** und der **Registrierung**, wobei die Registrierung dem Antragsteller schon wegen der erforderlichen Belehrung nach § 68 VwGO über die Möglichkeit der Einlegung eines Widerspruchs[8] wie auch des Erfordernisses der Bekanntgabe der Registrierung nach § 41 VwVfG in schriftlicher Form bekanntzugeben ist. Zwar schreibt das RDG wie auch die RDV dies nicht vor; aus den verwaltungsverfahrensrechtlichen Ländervorschriften, die sich insoweit im Wesentlichen mit den Verwaltungsverfahrensgesetzen des Bundes decken, folgt aber zwingend die förmliche Bekanntgabe der Registrierung als Verwaltungsakt gegenüber dem Antragsteller, bei Untersagungsverfügungen nach § 9 gegenüber dem Betroffenen. Der Einfachheit halber wird insoweit nur auf die Vorschriften des VwVfG verwiesen. Die Publizierung der Registrierung im Dienstleistungsregister vermag insoweit nicht die förmliche Mitteilung der Registrierung als Verwaltungsakt an den Antragsteller bzw den Betroffenen nach § 41 VwVfG zu ersetzen. Eine **schriftliche Belehrung** über das Recht des Widerspruchs sieht insoweit nur § 3 des Gesetzes über das Verfahren der Berliner Verwaltung vor. Aus Gründen der Rechtssicherheit sollten auch die Registrierungsbehörden in den anderen Ländern die schriftliche Belehrung über das Recht, Widerspruch zu erheben, wählen.

Das RBerG kannte diese Form der Publizierung durch Eintragung in ein öffentliches Register nicht. Die nach dem RBerG erteilte Erlaubnis, die insoweit wie die Registrierung nach dem RDG den materiellen Teil des behördlichen Verwaltungsakts verkörpert, wurde nach § 17 der 1. AVO zum RBerG im Amtsblatt bekanntgemacht. Diese Bekanntmachung besaß ebenfalls lediglich deklaratorische Bedeutung[9] ohne eigenständigen Regelungsgehalt. Insoweit sollte die Bekanntmachung insbesondere belastender Verwaltungsakte wie der Widerruf der Erlaubnis sowie eine Untersagung der Rechtsbesorgung nach § 16 Abs. 3 der 1. AVO zum RBerG erst nach Bestandskraft des Verwaltungsakts erfolgen,[10] soweit nicht ein Sofortvollzug des Verwaltungsakts verfügt worden ist. Die **Kosten** der Veröffentlichung im Amtsblatt hatte der Betroffene zu tragen, § 1 Abs. 2 und § 2 der Verordnung des RJM vom 31.1.1936.[11]

2. Transparenz des Rechtsdienstleistungsmarktes. Das Rechtsdienstleistungsregister dient in erster Linie der Transparenz des durch das RDG normierten Marktes der Rechtsdienstleistungen, der zu einer Ausweitung des vor allem auf Anbieterseite durch die Rechtsanwaltschaft geprägten Marktes im Bereich der Rechtsberatung und rechtlicher Vertretung führen dürfte. Zu den am 1.1.2009[12] registrierten 150.375 Rechtsanwälten in der BRD werden durch die gegenüber dem bisherigen Rechtszustand nach dem RBerG erweiterten Erlaub-

---

8 In den Ländern Niedersachsen und Nordrhein-Westfalen ist das Widerspruchsverfahren weitgehend abgeschafft, in den Ländern Baden-Württemberg, Berlin, Hamburg, Hessen, Sachsen und Sachsen-Anhalt eingeschränkt.
9 *Chemnitz/Johnigk*, 1. AVO zum RBerG § 17 Rn 1151.
10 *Jonas*, Das Gesetz zur Verhütung von Mißbräuchen auf dem Gebiet der Rechtsberatung, 1936, 1. AVO zum RBerG § 17 Rn 3; *Schorn*, Die Rechtsberatung, 2. Aufl. 1967, S. 317 f; *Rennen/Caliebe*, 1. AVO zum RBerG § 17 Rn 5.
11 RGBl. S. 57.
12 BRAK Nr. 93/2009.

nistatbestände wie § 6 Abs. 2, § 7 Nr. 1 weitere Marktteilnehmer hinzukommen. Dies gebietet es, dem Rechtsuchenden wie dem Rechtsverkehr im Allgemeinen eine sichere und einfache Erkenntnisquelle zur Verfügung zu stellen, aus der zuverlässig und unbürokratisch die Marktteilnehmer mit den für eine Kontaktaufnahme erforderlichen Daten sowie einem Zugang zu Informationen über Inhalt und Umfang der Rechtsdienstleistungsbefugnis und zu Untersagungsverfügungen in Erfahrung gebracht werden können.

7 Hierbei geht es zunächst darum, diejenigen Personen und Institutionen in dem Rechtsdienstleistungsregister aufzufinden, denen im Umfang der Registrierung Rechtsdienstleistungen erlaubt sind. Diese Information ist sowohl für den rechtsuchenden Verbraucher, aber auch für Dritte, die ggf von Rechtsdienstleistenden, wie Inkassoinstituten, angeschrieben werden, wie auch für andere Marktteilnehmer und Behörden bedeutsam. Dieser **Unterrichtungszweck** steht somit im Vordergrund der Schaffung des Rechtsdienstleistungsregisters.[13] Gleichzeitig verkörpert die Registrierung der rechtsdienstleistenden Personen und Vereinigungen aber auch eine **Qualitätsprüfung** und bietet dem rechtsuchenden Publikum den Schutz, wie er in § 1 Abs. 1 S. 2 als tragende Grundidee des als generelles Verbotsgesetz mit Erlaubnisvorbehalt ausgestalteten Gesetzes vorgesehen ist. Insoweit wird durch die Registrierung und deren Bekanntmachung im Rechtsdienstleistungsregister auch ein gewisser **Vertrauenstatbestand** für die Rechtsuchenden im Rechtsverkehr geschaffen.

8 Das **bundesweit geführte** Rechtsdienstleistungsregister kann dem rechtsuchenden Publikum auch als Orientierungshilfe bei der Suche nach geeigneten Dienstleistungserbringern dienen. Die weltweite Publizität ermöglicht es, den eine Dienstleistung Nachfragenden geeignete und mit Erlaubnis versehene Personen oder Vereinigungen ausfindig zu machen und ggf zu beauftragen. Dieser Werbeeffekt des Rechtsdienstleistungsregisters ist nur ein Reflex des Verzeichnisses und steht nicht als eigenständiger Topos neben den öffentlich-rechtlichen Zielen des Registers.[14]

9 Durch die bundesweite Registrierung aller zur Rechtsdienstleistung befugten Personen und Vereinigungen wie auch der im Register aufgeführten bestandskräftigen Untersagungsverfügungen nach § 9 Abs. 1 wirkt das Register unmittelbaren Missbräuchen auf dem Rechtsdienstleistungsmarkt entgegen, sei es, dass Konkurrenten oder nach § 8 Abs. 3 Nr. 2 bis 4 UWG legitimierte Verbände durch die fehlende Registrierung einer Rechtsdienstleistung erbringenden Person in die Lage versetzt werden, Unterlassungsansprüche nach §§ 8, 3 UWG[15] geltend zu machen, sei es, dass Vertragspartner von Rechtsdienstleistern die zivilrechtliche Verbindlichkeit des Geschäftsbesorgungsvertrages[16] durch einen Blick

---

[13] BR-Drucks. 623/06, S. 161.
[14] BR-Drucks. 623/06, S. 161.
[15] BGH 17.1.1956 – I ZR 98/54, AnwBl 1956, 90 = NJW 1956, 749; BGH 9.5.1967 – Ib ZR 59/65, BGHZ 48, 12 = NJW 1967, 1558; BGH 11.6.1976 – I ZR 55/75, NJW 1976, 1635; BGH 30.11.1954 – I ZR 147/53, NJW 1955, 422 = AnwBl 1955, 53; BGH 25.10.2001 – I ZR 29/99, NJW 2002, 2040 mwN; Palandt/*Sprau*, § 823 BGB Rn 126; *Rennen/Caliebe*, Art. 1 § 1 RBerG Rn 205; Baumbach/Hefermehl/*Köhler*, UWG, 26. Aufl., § 4 Rn 11.61 ff.
[16] BGH 6.11.1973 – VI ZR 149/71, NJW 1974, 50 = AnwBl 1974, 21; BGH 18.5.1995 – III ZR 109/94, NJW 1995, 3122; BGH 25.6.1962 – VII ZR 120/61, BGHZ 37, 258 = NJW 1962, 2010 = AnwBl 1962, 303 m. Anm. *Wenderoth* = BB 1962, 898.

in das Internet feststellen können. Die Eintragung von Untersagungsverfügungen nach § 9 Abs. 1 zu Lasten von Personen und Vereinigungen, die nach §§ 6, 7 Abs. 1 und § 8 Abs. 1 Nr. 4 und 5 rechtsdienstleistend tätig werden, ergänzt unmittelbar den Schutzzweck des Registers, Verstöße gegen das in § 3 inzident enthaltene generelle Verbot des Tätigwerdens auf dem Rechtsdienstleistungsmarkt offenzulegen und solchen Verstößen entgegenzuwirken.

II. Regelungsgehalt

1. Formulierung des Normzwecks (Abs. 1). a) Rechtsdienstleistungsregister als allgemein zugängliche Informationsquelle. Abs. 1 S. 1 stellt den Normzweck des Rechtsdienstleistungsregisters heraus. Es soll, wie das anwaltliche Mitgliederverzeichnis nach § 31 BRAO, der Information der Rechtsuchenden, den Rechtsdienstleistern selbst, des Rechtsverkehrs im Allgemeinen sowie sämtlichen öffentlichen Stellen dienen. Dieser Normzweck stellt gleichzeitig das auch nach allgemeinem Datenschutzrecht zu fordernde Grundgerüst für die Publizierung der ansonsten dem Recht auf informationelle Selbstbestimmung unterliegenden Daten eines Rechtsdienstleistungserbringers dar. Den in Abs. 1 genannten natürlichen, juristischen Personen und Institutionen soll ein möglichst einfacher und unkomplizierter Zugriff auf die zur Veröffentlichung vorgesehenen Daten von Rechtsdienstleistungserbringern eröffnet werden. 10

Hierfür hat der Gesetzgeber das **Internet als Medium der Publizierung** gewählt (siehe Abs. 3 S. 1), welches gegenüber den bisherigen Papierregistern in seiner Transparenzwirkung deutliche Vorteile bietet. Die Schnelligkeit des Zugriffs, die Aktualität der Daten sowie die Verbreitung der Zugriffsmöglichkeiten durch Internetnutzer waren letztlich ausschlaggebend, dieser Art der Publizierung den Vorzug vor der herkömmlichen Veröffentlichungsform zu geben. Die seitherige Form der Publizierung der Erlaubniserteilung nach dem RBerG, also die Veröffentlichung im Amtsblatt, war für den Erlaubnisinhaber nicht nur teuer, sondern in ihrer eigentlichen Funktion der Bekanntmachung der Erteilung einer Erlaubnis auch ineffizient, da nur wenige Interessierte das Amtsblatt lesen und die dortigen Veröffentlichungen zur Kenntnis nehmen. Der Zugriff auf die vorgesehene Internetplattform **www.rechtsdienstleistungsregister.de** ist dagegen ohne größeren Aufwand zu bewerkstelligen und dem Großteil der Bevölkerung auch vertraut. Es bestehen insbesondere auch keine verfassungsrechtlichen Bedenken[17] gegen diese Art der Veröffentlichung der Daten der Dienstleistungserbringer, da § 16 iVm der RDV vom 18.6.2008[18] als ausreichende gesetzliche Grundlage für den durch die Internetveröffentlichung erreichten sehr hohen Verbreitungsgrad auch sehr persönlicher Daten anzusehen ist. 11

Dies gilt auch für die in Abs. 2 auf der Grundlage von § 9 bekanntzumachenden **Untersagungsverfügungen** der Registrierungsbehörden. Die Veröffentlichung dieser nicht auf einem Antrag der betroffenen Personen beruhenden Daten, die zudem stigmatisierende Wirkung haben, bedarf daher eines zusätzlichen Schutzes vor unwillkürlichen, nicht gezielten Zugriffen, um sicherzustellen, dass der Normzweck der Veröffentlichung dieser Daten, wie in Abs. 1 festgelegt, nicht 12

---

17 BVerfG 10.2.1988 – 2 BvR 522/87, NJW 1989, 215; OLG Düsseldorf 31.5.1985 – 3 W 140/85, NJW 1985, 2537 (zur Führung des Grundbuchs als öffentliches Register); *Gola/Schomerus*, BDSG, § 1 Rn 17.
18 BGBl. I S. 1069.

verfehlt wird. Daher dürfen nach § 8 RDV Veröffentlichungen über Untersagungen als Ergebnis einer Recherche nur mitgeteilt werden, wenn sich die Abfrage konkret auf diesen Bereich bezieht, wie auch umgekehrt bei der Abfrage im Zweiten Teil des Rechtsdienstleistungsregisters, in dem die Untersagungsverfügungen veröffentlicht werden, keine nach § 10 registrierte Person als Ergebnis der Suchanfrage mitgeteilt werden darf.[19] Das Manko dieser Art der Veröffentlichung für nicht mit dem Medium Internet vertraute Personen wird dadurch abgemildert, dass die im Rechtsdienstleistungsregister eingetragenen Daten auch direkt bei der Registrierungsbehörde zu erfragen sind. Um den Gesetzeszweck, wie in Abs. 1 vorgesehen, möglichst umfassend erreichen zu können, wird es aber notwendig sein, die Bevölkerung über die Bedeutung des Rechtsdienstleistungsregisters und das Internetportal www.rechtsdienstleistungsregister.de durch gezielte Öffentlichkeitsarbeit umfassend zu informieren.

13 **b) Information für die Rechtsuchenden.** Die Rechtsuchenden erhalten durch das Rechtsdienstleistungsregister die Chance, schnell und unbürokratisch festzustellen, welche Personen in welchem Umfang Rechtsdienstleistungen aufgrund besonderer Sachkunde erbringen können, sei es, dass sie ihren Vertragspartner überprüfen wollen, sei es, dass sie die Legitimation der Gegenseite, was insbesondere bei Anschreiben von Inkassobüros der Fall sein dürfte, ermitteln wollen.[20] Bei Letzterem kann auch die Person, die als Ausübungsberechtigte nach § 12 Abs. 4 registriert ist, festgestellt werden.

14 Zwar soll nach dem Willen des Gesetzgebers dem Rechtsdienstleistungsregister **kein werbender Charakter** zukommen,[21] dieser Effekt ist aber mit dem Rechtsdienstleistungsregister faktisch ebenso verknüpft, wie dies bei dem Mitgliederverzeichnis der Rechtsanwälte nach § 31 BRAO der Fall ist, insbesondere dadurch, dass dort die Fachanwaltsbezeichnungen nach § 31 Abs. 3 BRAO mit aufgeführt sind. Insoweit gewährt das Rechtsdienstleistungsregister den Rechtsuchenden auch eine Hilfestellung bei der Suche nach geeigneten, qualifizierten Rechtsdienstleistungserbringern. Vor allem im Bereich des **ausländischen Rechts** kann für das rechtsuchende Publikum ein erhöhter Informationsbedarf nach Personen bestehen, die für dieses ausländische Recht als Rechtsdienstleister im Rechtsdienstleistungsregister benannt sind. Da insoweit eine Recherche auch bundesweit möglich ist, kann ein Rechtsuchender auch in entlegeneren ausländischen Rechten ggf fündig werden. Durch die Zulassung von Teilbereichen im ausländischen Recht, wie des gewerblichen Rechtsschutzes und des Steuerrechts, nach § 1 RDV erhält der Abfragende auch die Möglichkeit, nach Rechtsdienstleistern mit Spezialkenntnissen im ausländischen Recht zu recherchieren. Aber auch für den Bereich der nach § 10 Abs. 1 Nr. 2 ebenfalls registrierten Rentenberater wird das Rechtsdienstleistungsregister für die Rechtsuchende Bevölkerung eine bisher nicht vorhandene, umfassende Informationsquelle darstellen.

15 Schließlich bieten die zur Veröffentlichung vorgesehen Daten wie **Geburtsjahr** und **Registrierungsdatum** weitere Erkenntnisse und Auswahlkriterien für den Bürger. Für diesen können insbesondere auch Auflagen, die nach § 10 Abs. 3 ebenso wie Bedingungen mit der Registrierung verknüpft werden können, von Bedeutung sein, so zB die Höhe der Haftpflichtsumme, die in einer Auflage fest-

---

19 Amtl. Begr. zu § 8 RDV, S. 17.
20 BR-Drucks. 623/06, S. 161.
21 BR-Drucks. 623/06, S. 161.

gelegt wird. Der Registrierungsteil mit den Veröffentlichungen zu den Untersagungsverfügungen nach § 9 ermöglicht es dem Rechtsuchenden nachzuprüfen, ob er vor oder bei Erteilung eines Auftrags nicht an eine ungeeignete Person gelangt ist bzw wird er in der Lage versetzt, während eines Mandats nachzuprüfen, ob kein Untersagungstatbestand gegeben ist. Auch ermöglicht die Eintragung einer Untersagungsverfügung nach § 9 Abs. 1 zu Lasten von Beratern in karitativen Institutionen, Verbraucherverbänden oder bei unentgeltlicher Beratungshilfe eine rasche Aufklärung des Bürgers.[22]

c) Information für die Rechtsdienstleister. Abs. 1 S. 1 erwähnt als weitere Adressaten des Normzwecks auch die Rechtsdienstleister selbst. Diese erhalten die Möglichkeit, sich über die Qualifikation ihres Gegenüber durch die Internetrecherche unkompliziert zu vergewissern und ggf auf fehlende Qualifikationen oder bei Untersagungsverfügungen mit wettbewerbsrechtlichen Unterlassungs- und Schadenersatzklagen zu reagieren.[23] Außerdem kann der Rechtsdienstleister bei Spezialfragen des ausländischen Rechts oder Fragen der Rentenberatung das Rechtsdienstleistungsregister selbst als Suchhilfe nutzen.

d) Information für den Rechtsverkehr und öffentliche Stellen. Zuletzt nennt Abs. 1 S. 1 den Rechtsverkehr im Allgemeinen sowie öffentliche Stellen als weitere Normadressaten des Normzwecks. Der Rechtsverkehr, der durch unqualifizierte und ungeeignete Rechtsdienstleister behindert wird bzw gestört wird, soll ebenfalls durch die leicht zugängliche Informationsquelle des Rechtsdienstleistungsregisters geschützt werden. Durch die Erwähnung des Rechtsverkehrs im Normzweck des Abs. 1 S. 1 unterstreicht der Gesetzgeber die Bedeutung der qualifizierten Rechtsberatung nur durch registrierte Rechtsdienstleister bzw sonstige, im Gesetz genannte Personen und Institutionen, wie auch in sonstigen Gesetzen, wie BRAO, StBerG und WPO genannte befugte Personen. Insoweit findet die bisherige Rechtsprechung in Wettbewerbssachen[24] ihre Bestätigung in Abs. 1.

Öffentliche Stellen, wie Gerichte und Behörden, sind ebenso auf eine schnelle und unkomplizierte Informationsquelle angewiesen, um die Legitimation von Verfahrensbeteiligten oder Vertretern von Verfahrensbeteiligten festzustellen und bei fehlender Legitimation rasch reagieren zu können. Dies gilt insbesondere für die Registrierungsstellen, die bei Anträgen auf Registrierung als ersten Zugriff die Informationen aus dem Rechtsdienstleistungsregister nutzen werden, um dann ggf auf die ihr zugänglichen weiteren Informationen aus den Registerakten anderer Registrierungsstellen zugreifen zu können, wie in § 18 vorgesehen. Die durch das Gesetz zur Neuregelung des Verbots des Erfolgshonorars vom 12.6.2008[25] eingefügte Ergänzung des § 18 Abs. 1 ermöglicht, den Registrierungsbehörden durch die Einrichtung eines automatisierten Abrufverfahrens und einer weiteren dreijährigen Speicherung der in Abs. 2 aufgeführten Daten, auch bei Löschungen auf die Altdaten von registrierten Personen bzw auf gelöschte Untersagungsverfügungen zurückzugreifen. Insoweit war die Rechts-

---

22 BR-Drucks. 623/06, S. 161.
23 Baumbach/Hefermehl/*Köhler*, UWG, § 4 Rn 11.63.
24 BVerfG 20.2.2002 – 1 BvR 423/99, NJW 2002, 1190 mwN; BGH 13.3.2003 – I ZR 143/00, NJW 2003, 3046 = GRUR 2003, 886, 889 (Erbenermittler); BGH 20.11.2003 – I ZR 104/01, NJW 2004, 847 = GRUR 2004, 253, 254 (Rechtsberatung durch Automobilclub).
25 BGBl. I S. 1000, 1002.

grundlage im ursprünglichen Text des RDG zweifelhaft und hatte auf Wunsch der Länder zu der Änderung des § 18 Abs. 1 im Gesetz zur Neuregelung des Verbots des Erfolgshonorars geführt.[26] § 9 Abs. 2 RDV regelt hierzu die datenschutzrechtlichen Einzelheiten und verweist auf die Anwendung von § 10 Abs. 2 und 4 BDSG.

19 e) **Unentgeltlichkeit der Einsichtnahme (Abs. 1 S. 2).** Die Einsichtnahme in das Rechtsdienstleistungsregister ist für jedermann **kostenfrei** gestaltet. Es dürfen also keine Gebühren für die Einsicht in das elektronische Rechtsdienstleistungsregister gefordert werden. Dies muss, um dem Zweck der Transparenz der Daten Rechnung zu tragen, auch gelten, wenn der Bürger die Registrierungsbehörde selbst wegen der Daten des Abs. 2 befragt, wobei die Behörde den anfragenden Bürger allerdings auch auf einen Internetzugriff verweisen kann, ohne gesetzlich dazu verpflichtet zu sein, die Auskunft selbst zu erteilen. Eine allgemeine, auf bundesgesetzlicher Grundlage beruhende behördliche Auskunftspflicht besteht insoweit nicht,[27] vielmehr nur auf der Grundlage der §§ 25, 71 c VwVfG.[28]

20 2. **Die einzutragenden Daten (Abs. 2).** a) **Exklusivität der Daten.** Abs. 2 regelt die Aufteilung des Rechtsdienstleistungsregisters in **zwei getrennt zu führende Bereiche,**

- zum einen den Bereich für die nach einer Registrierung nach Abs. 2 S. 1 Nr. 1 bekanntzumachenden Daten, die die registrierte Person betreffen (siehe Rn 26 ff),
- zum anderen den Bereich für die Daten von Unterlassungsverfügungen nach Abs. 2 S. 1 Nr. 2 (siehe Rn 40 ff).

21 Abs. 2 S. 1 stellt klar, dass im Rechtsdienstleistungsregister aus Gründen der **Datensparsamkeit** und des **Rechts auf informationelle Selbstbestimmung** ausschließlich die im Gesetzestext erwähnten Daten publiziert werden dürfen. Bei der Bearbeitung des Antrags auf Registrierung werden der Registrierungsbehörde eine Reihe weiterer Daten bekannt, wie Ausbildungsdaten und Daten der Berufstätigkeit, Eintragungen im Führungszeugnis, Eintragungen im Schuldnerverzeichnis nach § 915 ZPO bzw § 26 Abs. 2 InsO, die durchaus für Rechtsuchende auch von Interesse sein können. Diese Daten sind aber für den Rechtsdienstleister von so erheblicher sensibler Bedeutung im unmittelbaren Persönlichkeitsbereich, dass eine Veröffentlichung dieser Daten zu Recht ausgeklammert wurde und sich die zu veröffentlichenden Daten daran orientieren, was die Informationssuchenden an Angaben zu der registrierten Person benötigen.

22 Fraglich ist, ob die Veröffentlichung des Geburtsjahres bzw des Gründungsjahres bei einem Unternehmen als Information zur Verfügung stehen muss. Das **Geburtsjahr** ist ein sehr persönliches Datum des Individuums und grds. nicht als allgemein zugängliches Datum zu behandeln.

23 Das vom Gesetzgeber als Grund für die Veröffentlichung dieses sensiblen Datums genannte Unterscheidungskriterium bei Namensgleichheit hätte auch da-

---

26 Amtl. Begr. zur RDV, S. 18.
27 *Kopp/Ramsauer*, VwVfG, § 25 Rn 20; vgl aber Art. 21 Abs. 3 EG, wonach sich jeder Unionsbürger an ein jedes Organ (Art. 7 EG) bzw eine jede sonst im EG genannte Einrichtung wenden kann mit dem Ziel, eine Auskunft zu erteilen, EuGH 11.1.2000 – Rs. C-174/98 P, Slg 2000, I-1 = NVwZ 2000, 905.
28 BVerwG 30.6.1983 – 2 C 76.81, DVBl 1984, 53; BVerwG 20.2.1990 – 1 C 42.83, DVBl 1990, 707.

durch erreicht werden können, dass alle Vornamen der registrierten Personen, wie bei dem Mitgliederverzeichnis für Rechtsanwälte nach § 31 BRAO geschehen, hätten publiziert werden können,[29] statt nur eines Vornamens, wie in Abs. 2 S. 1 Nr. 1 Buchst. a) vorgegeben. Sehr junge und sehr alte Rechtsdienstleister können durch die Veröffentlichung dieses Datums auch in wettbewerbsmäßiger Hinsicht Nachteile erfahren, die durch die Veröffentlichung nur aller Vornamen hätten vermieden werden können. Eine gewisse Milderung der Veröffentlichung wird dadurch erreicht, dass nur das Geburtsjahr, nicht das exakte Geburtsdatum zu publizieren ist.

Das **Gründungsjahr** bei Unternehmen ist hingegen nicht als ein solches sensibles Datum wie das Geburtsjahr bei einer natürlichen Person zu gewichten, erscheint aber als Unterscheidungskriterium bei Unternehmen auch nicht zwingend erforderlich, da Namens- oder Firmengleichheit bei Unternehmen kaum anzutreffen sein dürften. 24

Mit der Registrierung als solcher sind die zuständige Registrierungsbehörde und das Datum der jeweiligen Registrierung im Rechtsdienstleistungsregister bekanntzumachen. Das Datum der Registrierung ist für die Feststellung von Wichtigkeit, ob rechtliche Handlungen verbindlich waren oder ggf als nichtig zu qualifizieren sind.[30] Die Bekanntgabe der Registrierungsbehörde soll dem Bürger die Möglichkeit bieten, sich bei Anliegen, die den eingetragenen Rechtsdienstleister betreffen, an die zuständige Stelle wenden zu können.[31] 25

b) Die registrierten Rechtssubjekte (Abs. 2 S. 1 Nr. 1). aa) Registrierte Personen. Unter Abs. 2 S. 1 Nr. 1 fallen alle nach § 10 registrierten natürlichen oder juristischen Personen oder Gesellschaften sowie ausländische Personen, die nach § 15 Abs. 3 vorübergehend registriert werden. Erfasst werden somit die in § 10 Abs. 1 Nr. 1 bis 3 aufgeführten Rechtsbereiche, wie Inkassodienstleistungen, Rentenberatung auf dem Gebiet der gesetzlichen Renten- und Unfallversicherung, des sozialen Entschädigungsrechts sowie des übrigen Sozialversicherungs- und Schwerbehindertenrechts mit Bezug zu einer gesetzlichen Rente sowie der betrieblichen und berufsständischen Versorgung, wie auch Rechtsdienstleistungen in einem ausländischen Recht einschließlich des Rechts der Europäischen Union und des Rechts des Europäischen Wirtschaftsraums. Neben den natürlichen und den juristischen Personen können also auch Gesellschaften ohne eigene Rechtspersönlichkeit, wie insbesondere OHG, KG, BGB-Gesellschaft, Partnerschaft, nicht eingetragener Verein, aber auch jede ausländische Gesellschaftsform Gegenstand der veröffentlichten Eintragung sein, soweit das EG- oder EWR-Recht[32] auf die ausländische Gesellschaft Anwendung findet.[33] 26

bb) Die Registrierungsdaten. (1) Familienname, Vorname etc. (Nr. 1 Buchst. a). Zu veröffentlichen sind bei natürlichen Personen Familiennamen und der Vorname, gemeint ist hier wohl der Rufname. Im Mitgliederverzeichnis 27

---

29 *Feuerich/Weyland*, BRAO, § 31 Rn 19 2 b.
30 Palandt/*Heinrichs*, § 134 BGB Rn 21; BGH 28.9.2000 – IX ZR 279/99, NJW 2001, 70; BGH 16.12.2002 – II ZR 109/01, NJW 2003, 1252; BGH 8.10.2004 – V ZR 18/04, NJW 2005, 820, 823.
31 BR-Drucks. 623/06, S. 162.
32 BGH 19.9.2005 – II ZR 372/03, NJW 2005, 3351.
33 EuGH 5.11.2002 – C-208/00, NJW 2002, 3614, 3617 (Überseering); BGH 13.3.2003 – VII ZR 370/98, NJW 2003, 1461; BGH 13.9.2004 – II ZR 276/02, NJW 2004, 3706; BGH 14.3.2005 – II ZR 5/03, NJW 2005, 1648.

der Rechtsanwälte nach § 31 BRAO hingegen sind sämtliche Vornamen zur Unterscheidung von Familiennamen einzutragen.[34] Nicht ausdrücklich erwähnt sind Künstler- oder Berufsnamen als sog. **Wahlnamen**, die bei Annahme eines anderen Familiennamens aus verfassungsrechtlichen Erwägungen[35] im Berufsleben weitergeführt werden dürfen.[36] Insoweit wird auch bei Annahme eines anderen Familiennamens durch einen Rechtsdienstleister der bisher im Berufsleben gebrauchte und dem Publikum bekannte Namen fortgeführt werden dürfen, wenn sich der Rechtsdienstleister hierzu entschließt. Die Veröffentlichung dieses **Berufsnamens** ist mit dem Begriff des Namens in Abs. 2 S. 1 Nr. 1 Buchst. a) ebenfalls erfasst.[37] Auch darf die Registrierungsstelle sämtliche Vornamen publizieren, da hierdurch eine höhere Transparenz bei Namensgleichheit von Familiennamen erzielt wird und insoweit der Grundsatz der Datensparsamkeit hinter dem Normzweck der Transparenz der Norm zurücksteht.

28 Bei nicht rechtsfähigen Gesellschaften, wie BGB-Gesellschaften, Partnerschaftsgesellschaften, nicht rechtsfähigen Vereinen, sind die von den Gesellschaften gewählten Namen bzw der im Partnerschaftsregister eingetragene Name der Partnerschaft zu veröffentlichen. Hierbei sind bei BGB-Gesellschaften wie auch sonst auch reine Fantasienamen[38] zu veröffentlichen. Bei Handelsgesellschaften sind die Firma, die im Handelsregister eingetragen ist, wie auch die gesetzlichen Vertreter der Handelsgesellschaften zu veröffentlichen. Insoweit werden auch Testamentsvollstrecker, Liquidatoren und Insolvenzverwalter zu veröffentlichen sein, da der Normzweck der Transparenz der Registrierung dies erfordert. Ergänzt wurde Abs. 2 Nr. 1 Buchst. a) durch das Gesetz zur Neuregelung des Verbots der Vereinbarung von Erfolgshonoraren vom 12.6.2008.[39] Danach sind auch die Registerdaten wie das Registergericht und die Registernummer, unter der die registrierten Personen oder Unternehmen in den Handels- und Partnerschafts-, Genossenschafts- oder Vereinsregister eingetragen sind, zu veröffentlichen.

29 **(2) Geburts- bzw Gründungsjahr (Nr. 1 Buchst. b).** Bei den registrierten natürlichen Personen, nicht bei den gesetzlichen Vertretern von Gesellschaften, ist das Geburtsjahr im Rechtsdienstleistungsregister zu publizieren. Hiergegen sind aus datenschutzrechtlicher Sicht Bedenken angezeigt, da das mit der Veröffentlichung dieses Datums durch den Gesetzgeber angestrebte Ziel der Vermeidung von Verwechslungen bei gleichem Familien- und Vornamen auch durch die weniger in das Recht auf informationelle Selbstbestimmung einschneidende Angabe mehrerer Vornamen zu erreichen wäre, wie dies beim Mitgliederverzeichnis der Rechtsanwälte nach § 31 BRAO der Fall ist. Zu veröffentlichen ist nur das **Geburtsjahr, nicht** der **Geburtstag**, was dem Grundsatz der Datensparsamkeit und der doch sehr persönlichen Qualität dieses Datums geschuldet ist.

---

34 *Feuerich/Weyland*, BRAO, § 31 Rn 19.
35 BVerfG 21.8.2006 – 1 BvR 2047/03, NJW 2007, 671; BGH 26.6.2003 – I ZR 296/00, BGHZ 155, 273 = NJW 2003, 2978; Palandt/*Heinrichs/Ellenberger*, § 12 BGB Rn 7.
36 BVerfG 12.1.1982 – 2 BvR 113/81, BVerfGE 59, 216 = NVwZ 1982, 367; BVerfG 8.3.1988 – 1 BvL 9/85, 43/86, BVerfGE 78, 38 = NJW 1988, 1577.
37 Palandt/*Heinrichs/Ellenberger*, § 12 BGB Rn 4; BGH 26.6.2003 – I ZR 296/00, BGHZ 155, 273 = NJW 2003, 2978.
38 RGE 109, 213; OLG Stuttgart 9.6.1989 – 2 U 244/88, NJW-RR 1989, 1318.
39 BGBl. I S. 1000, 1002.

Bei Gesellschaften ist das **Gründungsjahr** der Gesellschaft zu veröffentlichen, wobei allerdings auch insoweit der damit beabsichtigte Zweck der ausreichenden Unterscheidbarkeit der Unternehmen[40] zu hinterfragen ist, da Namensgleichheit von Unternehmen schon aus namens-[41] und wettbewerbsrechtlichen[42] Gründen kaum vorkommt und die Registerdaten anderer Register ebenfalls zu veröffentlichen sind. Allerdings hat die Angabe des Gründungsjahres für ein Unternehmen in datenschutzrechtlicher Hinsicht nicht das gleiche Gewicht wie das Geburtsjahr für die natürliche Person.

(3) Geschäftsanschrift (Nr. 1 Buchst. c). Die Geschäftsadresse sowie die Anschriften aller Zweigstellen der registrierten Personen und Gesellschaften sind ebenfalls zu publizieren. Hierbei ist unter der Geschäftsadresse zunächst nur der Ort einschließlich der Straße und Postleitzahl sowie der Hausnummer zu verstehen, nicht die Telefonnummer oder sonstige mediale Kontaktadressen, wie die E-Mail-Adresse, der Domainname oder die Faxnummer. Dies folgt aus Abs. 2 Nr. 1 S. 2 sowie dem Gesetz zur Neuregelung des Verbots der Vereinbarung von Erfolgshonoraren vom 12.6.2008, wonach mit dem Antrag auf Registrierung schriftlich zu erklären ist, ob die Einwilligung zur Veröffentlichung von Telefonnummer und E-Mail-Adresse erteilt wird. Gehörte die Telefonnummer und die E-Mail-Adresse per se zur Geschäftsadresse, wäre eine gesonderte Erlaubnis zur Veröffentlichung dieser Daten durch den Antragsteller nicht erforderlich.[43]

Aus § 6 Abs. 1 S. 2 RDV folgt weiter, dass auch auf Antrag des registrierten Rechtsdienstleisters keine weiteren Daten, wie Domainname u.a., zu veröffentlichen sind, weil dies zum einen die Übersichtlichkeit und Transparenz des Rechtsdienstleistungsregisters gefährden und zum anderen den werblichen Charakter des Rechtsdienstleistungsregisters verstärken würde, was gerade nicht Zweck des Rechtsdienstleistungsregisters sein soll (siehe Rn 14).[44]

Ebenso wenig wird ein Widerspruch gegen die im Gesetz zur Veröffentlichung vorgesehenen Daten möglich sein, ggf mit Ausnahme der Angabe des Geburtsjahres aus den zuvor dargestellten Gründen (siehe Rn 29), da damit ebenso der Zweck der Transparenz der Daten des Rechtsdienstleistungsregisters verfehlt würde. Auf allgemeine datenschutzrechtliche Erwägungen der Landesdatenschutzgesetze kann die registrierte Person insoweit nicht zurückgreifen, da die Regelungen des RDG und der RDV als bereichsspezifische datenschutzrechtliche Regelungen den allgemeinen datenschutzrechtlichen Regelungen der Landesdatenschutzgesetze vorgehen.[45]

Da Rechtsdienstleister ihre Tätigkeit durchaus auch im Ausland verrichten, sind insoweit auch Geschäftsadressen und Adressen von **Zweigstellen**, die sich im Ausland befinden, in das Rechtsdienstleistungsregister aufzunehmen.

---

40 BR-Drucks. 623/06, S. 162.
41 Palandt/*Heinrichs*/*Ellenberger*, § 12 BGB Rn 25; BGH 10.4.1970 – I ZR 121/68, NJW 1970, 1270; BGH 22.7.2004 – I ZR 135/01, NJW 2005, 1198.
42 Baumbach/Hefermehl/*Köhler*, UWG, § 4 Rn 7.8; BGH 3.6.1986 – VI ZR 102/85, BGHZ 98, 94 = GRUR 1986, 759 (BMW).
43 *Feuerich*/*Weyland*, BRAO, § 31 Rn 20.
44 BR-Drucks. 623/06, S. 161.
45 BR-Drucks. 623/06, S. 161; Kilian/Sabel/vom Stein/*vom Stein*, § 14 Rn 448.

35 **(4) Angabe benannter qualifizierter Personen (Nr. 1 Buchst. d).** Diejenigen Personen, die für eine juristische Person oder Gesellschaft die verantwortliche Person iSv § 12 Abs. 4 sind (sog. **qualifizierte Personen**), sind wie die sonstigen natürlichen Personen, die als Rechtsdienstleister eingetragen werden, mit Familienname, Vorname und Geburtsjahr zu publizieren, Abs. 2 S. Nr. 1 Buchst. d). Die Bekanntgabe der Wohnsitzadresse entfällt hier ebenso wie bei den eingetragenen natürlichen Personen. Hat ein Einzelunternehmer als registrierte Person eine weitere qualifizierte Person benannt, wird auch diese eingetragen, § 12 Abs. 4 S. 3.[46]

36 **(5) Inhalt und Umfang der Rechtsdienstleistungsbefugnis (Nr. 1 Buchst. e).
(a) Genauer Inhalt.** Eine für den Normzweck des Rechtsdienstleistungsregisters entscheidende Vorgabe regelt Abs. 2 S. 1 Nr. 1 Buchst. e), in dem der **genaue Inhalt** der Rechtsdienstleistungsbefugnis zu publizieren ist. Nur dadurch kann sichergestellt werden, dass die Normadressaten des Abs. 1 die Grenzen der Erlaubnis erkennen können. Hierbei hat die Registrierungsbehörde einen gewissen Spielraum bei der Umsetzung, der allerdings durch die technischen Machbarkeiten des bundesdeutschen Zentralregisters begrenzt wird. Dort sind **Abteilungen** wie für die Inkassodienstleistungen oder die Rentenberatung gebildet, was sinnvoll erscheint und vom Gesetzgeber angeregt wurde;[47] daher genügt schon die Mitteilung des betreffenden Rechtsdienstleisters durch die Registrierungsbehörde zur Eintragung in eine der vorgenannten Abteilungen. Bezüglich des ausländischen Rechtsbereichs ist es sinnvoll, Länderabteilungen zu bilden. Die Einfügung in eine der Abteilungen reicht aber nicht aus, wenn der betreffende Rechtsdienstleister nur für Teilbereiche der in § 10 Abs. 1 Nr. 1 bis 3 aufgeführten Rechtsbereiche registriert ist, was insbesondere bei § 10 Abs. 1 Nr. 2 wie auch Nr. 3 der Fall sein kann. Insoweit ist der genaue Wortlaut des registrierten Teilbereichs zu veröffentlichen, wie etwa „registriert als Rentenberater für den Bereich der betrieblichen Altersversorgung" oder „registriert für den Bereich des französischen Steuerrechts" oder „registriert für den Bereich des Schweizerischen gewerblichen Rechtsschutzes", wie in § 1 RDV vorgesehen.

37 Wichtig ist insoweit, dass die **Teilbereiche materiell abgrenzbar** sind, was auch schon unter der Geltung des RBerG zur zulässigen Rechtsberatungserlaubnis für Teilbereiche der in § 1 RBerG erfassten Rechtsgebiete gehörte, § 2 der 1. AVO zum RBerG.[48] Die Übergangsregelung in § 1 Abs. 2 RDGEG führt ebenfalls dazu, die genaue Bezeichnung der Erlaubnis der zu übernehmenden Rechtsbeistände zu registrieren und entsprechend im Rechtsdienstleistungsregister zu veröffentlichen. Insoweit dürften allerdings keine weiteren Abteilungen im Rechtsdienstleistungsregister angelegt werden, da die Erlaubnisinhaber nach Art. 1 § 1 Abs. 1 S. 2 Nr. 1, 5 oder 6 RBerG unter Angabe des Umfangs ihrer Erlaubnis in die für die Bereiche nach § 10 Abs. 1 Nr. 1, 2 oder 3 gebildeten Abteilungen ohne weiteres aufgenommen werden können, § 1 Abs. 3 S. 1 RDGEG. Die sonstigen, in § 1 Abs. 3 S. 2 RDGEG erfassten Erlaubnisinhaber nach dem RBerG erfassen so vielgestaltige Bereiche wie Frachtprüfer, Handels- und Gesellschaftsrecht, gewerblichen Rechtsschutz u.a., dass es wenig Sinn machen wird, hierfür im Rechtsdienstleistungsregister eigene Abteilungen zu schaffen. Allerdings müssen

---

46 BR-Drucks. 623/06, S. 149.
47 BR-Drucks. 623/06, S. 163.
48 *Chemnitz/Johnigk*, Art. 1 § 1 RBerG Rn 250, 266, 916; *Prellberg*, AnwBl 1969, 426.

auch diese Erlaubnisinhaber mit dem exakten Umfang ihrer bisherigen Erlaubnis eingetragen werden. Sie dürfen unter ihrer bisherigen Berufsbezeichnung weiterhin tätig sein, § 1 Abs. 3 S. 3 RDGEG. Diese Berufsbezeichnung ist allerdings nicht im Rechtsdienstleistungsregister zu veröffentlichen. Es wäre insoweit jedoch der Transparenz des Rechtsdienstleistungsregisters gedient, wenn in ihm nicht nur der genaue Umfang der Rechtsbeistandserlaubnis veröffentlicht würde, sondern auch die genaue Bezeichnung, unter der der Rechtsdienstleister tätig werden darf, um insoweit Irreführungen des Rechtsverkehrs zu vermeiden. Die Veröffentlichung dieser Bezeichnung würde dem Normzweck dienen und dem Grundsatz der Datensparsamkeit nicht widersprechen, da nur die amtlich verliehene Befugnis, unter der die Tätigkeit nur ausgeübt werden darf, veröffentlicht würde. Gegebenenfalls könnte dies durch einen Klammerzusatz hinter der Bereichsbeschreibung erfolgen. Wenn schon die vorübergehenden zur Rechtsdienstleistungsbefugnis zugelassenen ausländischen Personen und Gesellschaften mit ihrer im Ausland geführten Berufsbezeichnung zu veröffentlichen sind, § 15 Abs. 4 iVm § 16 Abs. 2 S. 1 Nr. 1 Buchst. e), sollten auch die Berufsbezeichnungen der Alt-Erlaubnisinhaber veröffentlicht werden können.

(b) Auflagen. Von hoher Wichtigkeit ist auch die Publizierung der **Auflagen**, die 38 nach § 10 Abs. 3 mit der Registrierung der registrierten Person verbunden werden können bzw sollen. Durch die Veröffentlichung dieser Auflagen wird der Rechtsverkehr in die Lage versetzt zu prüfen, ob der Rechtsdienstleister diese erfüllt, bspw ob bei einem Inkassounternehmen das Fremdgeld auf ein Anderkonto fließt oder nicht. Gegebenenfalls kann der Ratsuchende auch nach der Einhaltung einer Auflage im Bereich der Berufshaftpflichtversicherung des Rechtsdienstleisters nachfragen und sich einen Nachweis hierüber vorlegen lassen. Auch wird man aus dem veröffentlichten Datum einer erst nachträglich erfolgten Auflage schließen können, dass sich der Rechtsdienstleistungserbringer in einem bestimmten Teilbereich als nicht zuverlässig erwiesen hat, wenn etwa die Versicherungsbedingungen der abzuschließenden Haftpflichtversicherung nachträglich von der Regulierungsbehörde im Wege der Auflage geändert werden, was jederzeit nach § 10 Abs. 3 möglich ist, soweit die Registrierungsbehörde von ihrem diesbezüglich eingeräumten Ermessen rechtsfehlerfrei Gebrauch gemacht hat. Insoweit ist nach Abs. 2 S. 1 bei jeder Registrierung das jeweilige Datum der Registrierung mit zu veröffentlichen. Die etwaige hierdurch hervorgerufene Stigmatisierungswirkung eines solchen Eintrags in Verbindung mit dem Eintragungsdatum hat der Rechtsdienstleistungserbringer aus Gründen der Transparenz hinzunehmen.

(c) Angabe, ob vorübergehende Registrierung. Zu veröffentlichen ist auch der 39 Hinweis, dass der Rechtsdienstleister nur vorübergehend Rechtsdienstleistungen nach § 15 erbringt, wobei der ausländische Rechtsdienstleister/das ausländische Rechtsdienstleistungsunternehmen unter seiner Berufsbezeichnung im Heimatstaat zu veröffentlichen ist und diese Berufsbezeichnung bei der Rechtsdienstleistung im Aufnahmestaat zu führen hat. Der Gesetzgeber hat – anders als in der Anlage zu § 1 EuRAG[49] – keine Liste von ausländischen Berufsbezeichnungen im EU-Raum bzw im EWR-Raum festgeschrieben, sondern offensichtlich wegen der Vielfalt dieser Berufsbezeichnungen von Rechtsdienstleistern hiervon Abstand genommen. Die Berufsbezeichnung des Rechtsdienstleisters, der vor-

---

[49] Vom 9.3.2000 (BGBl. I S. 182).

übergehende Rechtsdienstleistungen erbringt, ist hierbei nach § 15 Abs. 4 unter der in der Sprache des Niederlassungsstaats für die Tätigkeit bestehenden Berufsbezeichnung zu veröffentlichen, wobei jede Verwechslungsgefahr mit den nach § 10 Abs. 1 Nr. 1 bis 3 aufgeführten Bereichsbezeichnungen zu vermeiden ist. Insoweit setzt Abs. 2 S. 1 Nr. 1 Buchst. e) Art. 7 Abs. 3 der Berufsqualifikationsrichtlinie im Bereich vorübergehender Rechtsdienstleistungen von Personen aus dem EG- und EWR-Ausland um. Nach dieser Richtlinie ist die vorübergehende Dienstleistung im Inland unter der Berufsbezeichnung des Heimatstaats zu erbringen, ohne dass eine Verwechslung mit inländischen Berufsbezeichnungen möglich ist.

40 **c) Die Veröffentlichung von Untersagungen (Abs. 2 S. 1 Nr. 2). aa) Rechtliche Wirkungen.** Zur Erfüllung des in Abs. 1 normierten Informationszwecks des Rechtsdienstleistungsregisters ist es erforderlich, die in Abs. 1 erwähnten Normadressaten über Untersagungsverfügungen der Rechtsdienstleistungsbehörde zu unterrichten bzw ihnen die Möglichkeit zur Information hierüber zu bieten. Insoweit sind unter Angabe der zuständigen Behörde und des Datums der Bestandskraft der Verfügung diejenigen Personen oder Vereinigungen, denen nach § 9 Abs. 1 die Erbringung von Rechtsdienstleistungen untersagt worden ist, öffentlich bekanntzumachen. Dies muss in einer von der sonstigen Registrierung zu trennenden eigenen, schon aus datenschutzrechtlichen Gründen einzurichtenden **zweiten Abteilung** des Rechtsdienstleistungsregisters erfolgen, wie es § 8 Abs. 1 S. 1 RDV vorgibt.[50] Hierbei muss aus datenschutzrechtlichen Gründen ein Zugriff nur zur jeweiligen Abteilung möglich sein; Zufallszugriffe, insbesondere auf die Abteilung mit den Unterlassungsverfügungen, sind zu vermeiden.[51]

41 Beide Arten der Registrierung sind schon vom Ansatz her grundlegend verschieden und daher auch von einer differenziert zu betrachtenden Datenqualität: Die Registrierung in der Abteilung mit den Zulassungsdaten erfolgt auf Antrag des zu Registrierenden, die Eintragung in der Abteilung mit der Veröffentlichung von Untersagungsverfügungen von Amts wegen.

42 Die Registrierung in der Abteilung mit den Registrierungen der registrierten Personen stellt einen feststellenden begünstigenden Verwaltungsakt entsprechend §§ 35, 48 Abs. 1 S. 2 VwVfG dar, während die Registrierung einer Untersagungsverfügung materiell-rechtlich einen belastenden Verwaltungsakt nach § 35 VwVfG verkörpert. Da letztere Daten schon vom Ansatz her für den Betroffenen direkte berufliche und wirtschaftliche Auswirkungen haben, sind diese Daten als hochsensibel zu qualifizieren mit entsprechend hohem datenrechtlichem Schutzpotential. Insoweit darf eine Internetrecherche nach der veröffentlichten Untersagung auch nur nach den in § 8 Abs. 1 Nr. 6 RDV bestimmten Daten, wie Familiennamen, Vornamen, Firma oder Namen der Person oder Vereinigung, der die Erbringung von Dienstleistungen untersagt ist, bzw den sonstigen in § 8 Abs. 1 Nr. 1 bis 7 RDV genannten Suchkriterien erfolgen, wobei eines oder mehrerer dieser Suchkriterien verwandt werden dürfen.

43 Die Sensibilität dieser Daten hat den Gesetzgeber auch dazu bewogen, die Eingabe der Daten einer Unterlassungsverfügung erst nach Eintritt der Bestandskraft der registrierten Unterlassungsverfügung zur Veröffentlichung im Rechts-

---

50 Amtl. Begr. zur RDV, S. 17.
51 Amtl. Begr. zur RDV, S. 17.

dienstleistungsregister zu veranlassen. Dies bedeutet angesichts der Exklusivität der zu veröffentlichenden Daten, dass auch ein etwaig angeordneter **Sofortvollzug einer Unterlassungsverfügung**, der nach § 80 Abs. 2 Nr. 4 VwGO bei Vorliegen der dortigen Tatbestandsvoraussetzungen möglich ist, nicht im Rechtsdienstleistungsregister zu veröffentlichen ist. Die nach §§ 161 a, 114 Abs. 1 Nr. 4 BRAO oder § 132 a StPO verhängten vorläufigen Berufs- und Vertretungsverbote für Rechtsanwälte, die mit dem Sofortvollzug von Unterlassungsverfügungen vergleichbar sind, sind ebenfalls wegen Fehlens einer ausdrücklichen Regelung in § 31 BRAO nicht in das Mitgliederverzeichnis der Rechtsanwälte aufzunehmen,[52] während die Gleichstellung des Sofortvollzugs bei Widerrufsverfügungen bei Rechtsanwälten mit einem Berufsverbot zur Aufnahme in das Mitgliederverzeichnis nach § 31 BRAO führt.[53]

bb) Untersagungsverfügungen gegen Personen. Verhängt die für den Wohnsitz einer Person zuständige Registrierungsbehörde wegen dauerhaft unqualifizierter Rechtsdienstleistungen einer der in §§ 6, 7 Abs. 1, 8 Abs. 1 Nr. 4 und 5 genannten Personen eine Unterlassungsverfügung – längstens für die Dauer von fünf Jahren – nach § 9 Abs. 1 und wird die diesbezügliche Registrierung bestandskräftig, hat die Registrierungsbehörde diese **Untersagungsverfügung** unter Angabe des Familiennamens, des Vornamens, des Geburtsjahres, der Wohnsitzanschrift und der Dauer der Untersagung im Rechtsdienstleistungsregister zu veröffentlichen, um insoweit dem Rechtsverkehr die Möglichkeit der Kenntnisnahme hiervon zu bieten und dadurch auch eine flächendeckende Überwachung der Untersagungsverfügung, die nach § 20 Abs. 1 Nr. 2 bußgeldbewehrt ist, zu erreichen. 44

Auch hier ist insbesondere die Veröffentlichung des **Geburtsjahres** aus datenschutzrechtlichen Gründen kritisch zu sehen, da die Unterscheidungsfunktion von Familiennamen, Vornamen und Wohnsitzanschrift zum Ausschluss von Verwechslungen ausreichend sein dürfte. Zu dem von einer Untersagungsverfügung betroffenen Personenkreis können auch alle Personen zählen, die unentgeltlich Rechtsrat anbieten, sei es direkt, sei es gemäß § 6 Abs. 2 über einen qualifizierten Dritten, wobei Letzteres idR für soziale Vereinigungen gelten dürfte. 45

Betroffen und veröffentlicht werden kann aber auch der nach § 6 Abs. 2 erwähnte Berater selbst. Insoweit kann auch gegenüber einer registrierten Person eine Untersagungsverfügung ausgesprochen werden, wenn sie unentgeltlich berät, während dies ansonsten bei nach § 10 registrierten Personen nicht möglich ist. 46

Betroffen sind auch Personen, die im Aufgabenbereich der nach § 7 Abs. 1 zur Rechtsberatung zugelassenen beruflichen Vereinigungen, deren Zusammenschlüssen sowie genossenschaftlichen Prüfverbänden und deren Spitzenverbänden sowie genossenschaftlichen Treuhandstellen und ähnlichen genossenschaftlichen Einrichtungen tätig sind. 47

Schließlich werden auch Personen erfasst, die für Verbraucherverbände und Zentralen sowie für Träger der freien Wohlfahrtspflege, anerkannte Träger der freien Jugendhilfe wie auch Verbände zur Förderung der Belange behinderter Menschen arbeiten. 48

---

52 *Feuerich/Weyland*, BRAO, § 31 Rn 39; aA *Horn*, BRAK-Mitt. 2007, 94, 96.
53 *Feuerich/Weyland*, BRAO, § 31 Rn 41; *Horn*, BRAK-Mitt. 2007, 94, 96.

49 **cc) Untersagungsverfügungen gegen Vereinigungen.** Die Untersagungsverfügung, die im Rechtsdienstleistungsregister zu publizieren ist, kann sich auch direkt gegen eine der in §§ 6, 7 und 8 erwähnten Vereinigungen, die entweder auf gesetzlicher, satzungsgemäßer oder gesellschaftsrechtlicher bzw vereinsrechtlicher Grundlage Rechtsrat anbieten, richten. Dies wird unter Berücksichtigung des Verhältnismäßigkeitsgrundsatzes nur dann der Fall sein, wenn die Untersagung gegenüber den von der Vereinigung zur Rechtsberatung eingesetzten Personen nicht ausreicht oder die Vereinigung selbst beharrlich gegen das in § 6 Abs. 2, § 7 Abs. 2 oder § 8 Abs. 2 normierte Erfordernis verstößt, über eine ausreichende personelle, sachliche und finanzielle Ausstattung zu verfügen sowie die Verpflichtung, die Rechtsdienstleistung durch eine juristisch qualifizierte Person iSd §§ 6 Abs. 2 sowie 7 Abs. 2 oder unter deren Anleitung erbringen zu lassen.

50 Auch hier ist das Datum der registrierten Untersagungsverfügung, und zwar das **Datum der Bestandskraft der Verfügung**, zu veröffentlichen, nicht das Datum der Verfügung an sich. Ansonsten ließe sich aus der Angabe des Verfügungsdatums und des Datums der Bestandskraft der Verfügung darauf schließen, dass die Vereinigung ein Rechtsmittel gegen die Verfügung ergriffen hat und hierbei unterlegen ist. Diese Schlussfolgerung soll durch die Angabe nur des Datums der Bestandskraft aus datenschutzrechtlichen Gründen nicht möglich sein.

51 Ferner sind die genaue Bezeichnung der Vereinigung unter Angabe ihres Namens oder der im Handelsregister eingetragenen Firma zu veröffentlichen einschließlich des Familiennamens und Vornamens der gesetzlichen Vertreter der Vereinigung, allerdings ohne deren Wohnsitzanschrift.

52 Ergänzt wurden die Eintragungsdaten durch das Gesetz zur Neuregelung des Verbots der Vereinbarung von Erfolgshonoraren vom 12.6.2008[54] um die Angaben zum Registergericht und der Registernummer, unter der die Vereinigung in das Handels-, Partnerschafts-, Genossenschafts- oder Vereinsregister eingetragen ist.

53 Zu veröffentlichen ist nur die **Geschäftsadresse** der Vereinigung. Hat diese Niederlassungen, sind zur Sicherheit des Rechtsverkehrs und der Transparenz der Untersagungsverfügung auch diese Niederlassungen, obwohl nicht ausdrücklich in Abs. 2 S. 1 Nr. 2 Buchst. c) erwähnt, mit anzuführen, da auch Niederlassungen eine Anschrift der Vereinigung beinhalten.

54 Das **Gründungsjahr** ist zur Verhinderung von Verwechslungen mit zu publizieren, ebenso die Dauer der Untersagung.

55 Der Grund, der zur Untersagung geführt hat, wird hingegen nicht veröffentlicht, da es hierfür keinen materiellen Anlass gibt und die Veröffentlichung daher aus datenschutzrechtlichen Gründen auch nicht erlaubt ist.

56 **3. Das Verfahren der Bekanntmachung (Abs. 3). a) Internetadresse und RDV.** Abs. 3 regelt die technische Abwicklung der Publizierung der registrierten Daten unter Berücksichtigung deren durchweg personenbezogenen Charakters.[55] Erfolgte die Veröffentlichung von Erlaubnissen und deren Widerruf nach dem RBerG noch im Amtsblatt, wird nunmehr die Bekanntmachung der Verwaltungsakte der Registrierungsbehörde im Internet vorgenommen. Hierfür wird eine zentrale und länderübergreifende Internetadresse: www.rechtsdienstleis-

---

54 BGBl. I S. 1000, 1002.
55 Kilian/Sabel/vom Stein/*vom Stein*, § 14 Rn 447.

tungsregister.de eingerichtet (**Abs. 3 S. 1**). Hierbei handelt es sich bei der Zentralstelle nicht um eine Bundesstelle, sondern eine gemeinsame, von den Ländern einzurichtende Zentrale, deren Einrichtung die Länder durch Verwaltungsvereinbarung geregelt haben. Der Sitz des Datenspeichers befindet sich bei dem **Amt für Datenschutz und Statistik** in **Düsseldorf**. Verwaltet wird das Zentralregister somit durch das Land Nordrhein-Westfalen. Insoweit handelt es sich bei dem RDG um ein Gesetz iSd Art. 74 Abs. 1 Nr. 1 GG, das nach Art. 83 Nr. 85 GG durch die Länder durch eigene Länderbehörden auszuführen ist. Dies gilt somit auch für die Schaffung der zentralen Internetstelle.

Die datenschutzrechtliche Verantwortung für die im Zentralregister zu veröffentlichenden und veröffentlichten Daten verbleibt bei der Registrierungsbehörde, die die Registrierung vorgenommen hat; sie wird nicht auf die gemeinsame Länderzentralstelle übertragen (vgl **Abs. 3 S. 2**). 57

Von der **Ermächtigung** in **Abs. 3 S. 3**, die Einzelheiten der öffentlichen Bekanntmachung im Internet durch Rechtsverordnung zu regeln, hat das Bundesministerium der Justiz mit der am 19.6.2008[56] veröffentlichten „**Verordnung zum Rechtsdienstleistungsgesetz (Rechtsdienstleistungsverordnung – RDV)**" Gebrauch gemacht und in § 8 RDV Einzelheiten zur öffentlichen Bekanntmachung geregelt. 58

b) Einzelheiten des Verfahrens der Bekanntmachung. Die öffentliche Bekanntmachung hat wegen ihrer hohen Außenwirkung in Bezug auf die persönlichen Daten von Rechtsdienstleistern sowie sonstigen Personen und Vereinigungen die datenschutzrechtlichen Belange der Betroffenen strikt zu wahren. Im Hinblick auf die vom Gesetzgeber mittels der Veröffentlichung im Internet angestrebte weltweite Zugriffsmöglichkeit auf diese Daten ist seitens der Registrierungsbehörde in besonderem Maße darauf zu achten, dass der zu veröffentlichende bzw veröffentlichte Datenbestand rechtmäßig erhoben, ordnungsgemäß veröffentlicht wird und richtig ist. Die rechtmäßige Erhebung setzt insoweit voraus, dass nur über die im RDG vorgesehenen Verfahrensgänge die für die Registrierung der Daten erforderlichen Kenntnisse durch die Registrierungsbehörde verwertet werden, wobei § 13 RDG für die beantragten Registrierungen den Verfahrensweg für die Registrierung aufzeigt, während bei Untersagungsverfügungen auf allgemeine Verfahrensgrundsätze des Verwaltungsverfahrensrechts zurückzugreifen ist und hier die Registrierungsbehörde bei der Grundlagenermittlung entsprechend § 24 VwVfG keinen engeren Bindungen unterliegt, sondern von Amts wegen den Sachverhalt zu ermitteln hat. Sie muss sich hierbei von Amts wegen eine eigene Überzeugung von der Wahrheit bzw Richtigkeit des Sachverhalts bilden, für den sie eine Regelung treffen will.[57] 59

Bei der ordnungsgemäßen Veröffentlichung ist insbesondere darauf zu achten, dass nur die nach Abs. 2 zu publizierenden Daten dem Zentralregister gemeldet werden; dies gilt ebenso für jede zu registrierende Veränderung. Schließlich muss die Registrierungsbehörde auch prüfen, ob die Daten, die ihr gemeldet werden, richtig sind, bevor sie sie registriert und an die Zentralstelle zur Veröffentlichung weitergibt. **Unrichtig** sind **personenbezogene Daten**, wenn sie Informationen enthalten, die mit der Wirklichkeit nicht übereinstimmen oder nur ein unvoll- 60

---

[56] BGBl. I S. 1069.
[57] *Kopp/Ramsauer*, VwVfG, § 24 Rn 2.

ständiges Abbild derselben abgeben und deswegen falsch sind.[58] Diese Pflicht nach § 20 Abs. 1 S. 1 BDSG, wonach personenbezogene Daten zu berichtigen sind, wenn sie unrichtig sind, wendet sich direkt an die verantwortlichen Stellen als Normadressaten. Sie enthält damit sowohl Rechte des Betroffenen als auch entsprechende Pflichten der verantwortlichen Stelle zur Beachtung dieser Norm, die in den Länderdatenschutzgesetzen entsprechend formuliert ist.[59]

61 In § 8 RDV sind diese datenschutzrechtlich erforderlichen gesetzlichen Vorgaben auf der Grundlage der in Abs. 3 S. 3 normierten Ermächtigungsgrundlage umgesetzt worden. In § 8 Abs. 1 RDV werden die Suchkriterien definiert, nach denen die Internetrecherche durchgeführt werden darf, wobei die Suchkriterien einzeln oder kumulativ eingesetzt werden können. Auch unvollständige Angaben sind zulässig, wie dies schon bei der Internetrecherche zu Veröffentlichungen in Insolvenzsachen gemäß § 2 Abs. 1 S. 2 der Verordnung zu öffentlichen Bekanntmachungen in Insolvenzverfahren der Fall ist.

62 Die **Suchkriterien** in § 8 RDV lauten:
- Bundesland
- Zuständige Behörde
- Behördliches Aktenzeichen
- Datum der Veröffentlichung
- Registrierungsbereich in den Fällen des § 16 Abs. 2 Nr. 1 des RDG
- Familienname, Vorname, Firma oder Name
  a) der registrierten Person, ihrer gesetzlichen Vertreter oder einer qualifizierten Person in den Fällen des § 16 Abs. 2 Nr. 1 des RDG,
  b) der Person oder Vereinigung, der die Erbringung von Rechtsdienstleistungen untersagt ist, oder ihrer gesetzlichen Vertreter in den Fällen des § 16 Abs. 2 Nr. 2 des RDG
- Anschrift.

63 Ferner schreibt § 8 Abs. 2 S. 1 RDV den Registrierungsbehörden vor, dass diese die Registrierungsdaten unverzüglich an die zentrale Veröffentlichungsstelle **weitergeben** müssen. **Unverzüglich** bedeutet nicht, wie in § 121 BGB für das Privatrecht normiert, ohne schuldhaftes Zögern, also bis zu einer Obergrenze von zwei Wochen,[60] sondern hier wird man eine **Zeitspanne von ein bis zwei Arbeitstagen** als ausreichend ansehen müssen, innerhalb derer die Registrierung an die Zentralstelle weiterzuleiten ist.[61] Dies dürfte auch ohne weiteres möglich sein, da die Registrierung bei den Registrierungsbehörden elektronisch erfolgt und die Weiterleitung dieser elektronischen Daten über den elektronischen Versand keinen hohen Arbeits- und Zeitaufwand mit sich bringt.

64 Die weitere datenschutzrechtliche Verpflichtung in § 8 Abs. 2 S. 2 RDV schreibt den Registrierungsbehörden vor, sicherzustellen, dass die Daten bei der Weitergabe und der Veröffentlichung durch die Zentralstelle **unversehrt, vollständig und aktuell** bleiben müssen und jederzeit ihrem Ursprung nach zugeordnet werden können müssen. Insoweit setzt § 8 Abs. 2 RDV die Regelung des § 18 Abs. 3 S. 2 auch für den Bereich des zentralen Registers um und gibt den Ländern

---
58 *Gola/Schomerus*, BDSG, § 20 Rn 3.
59 *Gola/Schomerus*, BDSG, § 20 Rn 1.
60 OLG Hamm 9.1.1990 – 26 U 21/89, NJW-RR 1990, 523.
61 Vgl hierzu auch *Feuerich/Weyland*, BRAO, § 31 Rn 18.

auf, durch technische und organisatorische Maßnahmen diese datenschutzrechtlichen Bedingungen umzusetzen. Insoweit werden durch Codewörter und Autorisierungszuweisungen wie auch durch Firewalls Datensicherungsmaßnahmen zu schaffen sein, die sowohl die Zugangskompetenz der Sachbearbeiter sicherstellen, wie auch Angriffe von außen auf den Datenbestand bei der Zentralstelle verhindern sollen.

III. Rechtsmittel gegen Veröffentlichungen

1. Wirkung der Veröffentlichung. Die Veröffentlichung hat **keine rechtsgestaltende Wirkung**, sie ist nur der zum eigentlichen Registrierungsakt gehörende Publizitätsvorgang. Somit kann nicht im Wege des Widerspruchs bzw der Anfechtungsklage gegen die Veröffentlichung selbst vorgegangen werden. Der Betroffene muss aber auch gegen Fehler im Datenbestand des Zentralregisters bzw bei der Registrierungsbehörde vorgehen können. Zwar sind die datenschutzrechtliche Bestimmungen enthaltenden Normen des RDG und der RDV bereichsspezifische Regelungen iSd § 1 Abs. 3 BDSG bzw der entsprechenden Vorschriften der Landesdatenschutzgesetze. Enthält aber die bereichsspezifische Regelung keine Norm, die einen im BDSG bzw in den Landesdatenschutzgesetzen ebenfalls geregelten Sachverhalt erfasst, gilt insoweit das BDSG mit seinen Normen wie auch die Landesdatenschutzgesetze als Auffangnorm.[62] Da die Vorschriften zum Datenschutzrecht im RDG und RDV keine datenschutzrechtlichen Normen in Bezug auf die Rechte der registrierten Personen und Vereinigungen enthalten, gelten die landesdatenschutzrechtlichen Normen, in denen die Rechte der Personen, deren Daten verarbeitet werden, geregelt sind, wobei diese im Wesentlichen die Rechte, wie in § 20 BDSG für den Betroffenen vorgesehen, wiedergeben.

2. Berichtigungsanspruch. In diesem Zusammenhang ist in erster Linie der Berichtigungsanspruch, wie in § 20 Abs. 1 BDSG normiert, maßgebend. Bei unrichtigen Daten kann der Betroffene die Berichtigung bei der Registrierungsbehörde geltend machen, obwohl die Berichtigung selbst lediglich einen Realakt beinhaltet.[63] Lehnt die Registrierungsbehörde die Berichtigung ab, stellt dies allerdings einen Verwaltungsakt dar, weil durch die Ablehnung einer Berichtigung von persönlichen Daten in das Recht auf informationelle Selbstbestimmung eingegriffen wird.[64] Insoweit steht dem Betroffenen das Recht auf **Widerspruch** gegen die Ablehnung der Berichtigung und nach Zurückweisung eines Widerspruchs das Recht auf Erhebung einer Verpflichtungsklage bzw Untätigkeitsklage bei Untätigkeit der Registrierungsbehörde zu.

3. Weitere Ansprüche nach Datenschutzrecht. a) Widerspruch. Weitere, nach dem Datenschutzrecht denkbare Ansprüche der registrierten Personen und Vereinigungen sind das Recht auf **Widerspruch gegen die Erhebung, Verarbeitung oder Nutzung** von personenbezogenen Daten entsprechend § 20 Abs. 5 BDSG. Dieses Widerspruchsrecht findet sich auch in sämtlichen Landesdatenschutzgesetzen. Insoweit gehen aber die Regeln des RDG und des RDV über die Veröffentlichung der Daten im Rechtsdienstleistungsregister diesem Widerspruchs-

---

[62] *Gola/Schomerus*, BDSG, § 1 Rn 24.
[63] *Gola/Schomerus*, BDSG, § 20 Rn 5 (vgl aber auch BVerwG 16.4.1991 – 1 C 50.88, MDR 1992, 419: Verwaltungsakt als Mitteilung über Löschung in Handwerksrolle).
[64] *Gola/Schomerus*, BDSG, § 20 Rn 40.

recht vor, weil sie gerade zur Erhebung, Verarbeitung oder Nutzung dieser Daten verpflichten. Ein Widerspruchsrecht gegen die Erhebung, Verarbeitung oder Nutzung der Daten entfällt damit.

68 **b) Löschung der Daten.** Der Betroffene kann auch das Recht auf **Löschung** der Daten beanspruchen, wenn und soweit die Voraussetzungen der Vorschriften zur Löschung von Veröffentlichungen nach dem RDG bzw der RDV vorliegen. Die Löschungsvorschriften stellen insoweit bereichsspezifische, dem allgemeinen Datenschutzrecht vorgehende Regelungen dar. Zwar enthalten diese Regelungen keinen Individualanspruch der registrierten Personen, doch folgt ihr Individualanspruch auf Löschung aus dem in allen Datenschutzrechten vorgesehenen Individualanspruch auf Löschung entsprechend § 20 Abs. 2 BDSG wie auch den entsprechenden Landesdatenschutzgesetzen. Auch hier ist die Löschung wie die Berichtigung kein Verwaltungsakt, sondern Realakt. Die Ablehnung der Löschung hingegen ist als Verwaltungsakt zu qualifizieren mit der Folge, dass Widerspruch dagegen möglich ist und Verpflichtungsklage erhoben werden kann.[65]

69 **c) Sperrung von Daten.** Eine Regelung über eine **Sperrung** von Daten enthält das RDG und die RDV nicht, so dass insoweit wiederum auf die allgemeinen datenschutzrechtlichen Vorschriften zur Sperrung von Daten zurückgegriffen werden kann, die in bestimmten Fällen an die Stelle einer Löschung treten, § 20 Abs. 3 BDSG sowie die entsprechenden Vorschriften der Landesdatenschutzgesetze.

§ 17 Löschung von Veröffentlichungen

(1) Die im Rechtsdienstleistungsregister öffentlich bekanntgemachten Daten sind zu löschen
1. bei registrierten Personen mit dem Verzicht auf die Registrierung,
2. bei natürlichen Personen mit ihrem Tod,
3. bei juristischen Personen und Gesellschaften ohne Rechtspersönlichkeit mit ihrer Beendigung,
4. bei Personen, deren Registrierung zurückgenommen oder widerrufen worden ist, mit der Bestandskraft der Entscheidung,
5. bei Personen oder Vereinigungen, denen die Erbringung von Rechtsdienstleistungen nach § 9 Abs. 1 untersagt ist, nach Ablauf der Dauer der Untersagung,
6. bei Personen oder Gesellschaften nach § 15 mit Ablauf eines Jahres nach der vorübergehenden Registrierung oder ihrer letzten Verlängerung, im Fall der Untersagung nach § 15 Abs. 5 mit Bestandskraft der Untersagung.

(2) Das Bundesministerium der Justiz wird ermächtigt, durch Rechtsverordnung mit Zustimmung des Bundesrates die Einzelheiten des Löschungsverfahrens zu regeln.

I. Normzweck	1	2. Umfang der Löschung	3
1. Löschung als Informationsmittel	1	3. Wirkung der Löschung	5

---

[65] AA *Gola/Schomerus*, BDSG, § 20 Rn 9: für Leistungsklage.

Löschung von Veröffentlichungen § 17

II. Die Löschungstatbestände
(Abs. 1) 8
1. Verzicht der registrierten Personen (Nr. 1) 8
2. Tod der registrierten Person und Beendigung der Gesellschaft (Nr. 2 und 3) 10
3. Bestandskraft der Rücknahme- und Widerrufsverfügung (Nr. 4) 14
4. Fristablauf bei Untersagungsverfügung (Nr. 5) 17
5. Zeitablauf der registrierten vorübergehenden Dienstleistung und Bestandskraft einer Untersagungsverfügung für vorübergehende Dienstleistungen (Nr. 6) 18

III. Rechtsmittel gegen die Löschung 19

I. Normzweck

1. Löschung als Informationsmittel. Die Löschung von Veröffentlichungen im Rechtsdienstleistungsregister dient wie die Veröffentlichung von Registrierungen in § 16 der Information der Öffentlichkeit über den Bestand des Rechtsdienstleistungsregisters. Damit erfüllt die Vorschrift zugleich den datenschutzrechtlich gebotenen Grundsatz der **Datenwahrheit**, wie in § 20 Abs. 1 BDSG und den entsprechenden Landesdatenschutzgesetzen normiert, und der **Datensparsamkeit**, wie in § 3 a BDSG vorgesehen. Auch hier sieht § 9 Abs. 1 RDV eine unverzügliche Löschung der öffentlich bekanntgemachten Daten im zentralen Rechtsdienstleistungsregister durch die zuständigen Behörden vor, um wie bei Eintragungen oder Änderungen im Rechtsdienstleistungsregister eine durchgängig korrekte Wiedergabe der registrierten Daten in dem zentralen Rechtsdienstleistungsregister der Öffentlichkeit gegenüber zu gewährleisten. 1

Dabei beschränkt sich die Regelung auf solche Daten aus dem Rechtsdienstleistungsregister, die zuvor im bundesweiten Rechtsdienstleistungsregister öffentlich bekanntgemacht worden sind, und begrenzt gleichzeitig die Löschung auf das allgemein zugängliche Rechtsdienstleistungsregister, nicht auf das bei der Registrierungsbehörde selbst geführte Register, sei es, dass dieses elektronisch, sei es, dass dieses in anderer Form geführt wird. Dies folgt zum einen aus dem Wortlaut des § 17, zum anderen aber auch aus Sinn und Zweck der Regelung, die im Zusammenhang mit der Schaffung des zentralen Registers und den dort vollzogenen öffentlichen Bekanntmachungen steht. Die bei der Behörde selbst gespeicherten Informationen hingegen stehen nicht der Öffentlichkeit zur Verfügung, sondern haben auch den Zweck, den behördlichen Aufgaben der Registrierung und der Überwachung der registrierten Personen und Vereinigungen zu dienen. Infolge einer durchgängigen Löschung auch dieser bei der Registrierungsbehörde geführten Daten wäre dieser Gesetzesauftrag an die Registrierungsbehörde gefährdet. § 18 regelt insoweit die datenschutzrechtlichen Vorgaben des Umgangs mit diesen Daten, die bei den Registrierungsbehörden gespeichert sind, bzw der bei der Zentralstelle gelöschten Daten, § 18 Abs. 1 S. 2. 2

2. Umfang der Löschung. Die **Löschung** erfolgt **umfassend**. Es sind alle Daten bei Vorliegen der im Einzelnen aufgeführten Löschungstatbestände aus dem zentralen Rechtsdienstleistungsregister zu eliminieren, was wiederum dem datenschutzrechtlichen Gebot der Datenwahrheit und -klarheit wie auch dem Gebot der Datensparsamkeit geschuldet ist. 3

Eine **Sperrung** von Daten sieht das Gesetz nicht vor; insoweit wäre aber eine Sperrung von Daten nach den Landesdatenschutzgesetzen, die § 20 Abs. 4 BDSG nachgebildet sind, dann möglich, wenn Daten im Rechtsdienstleistungsregister 4 veröffentlicht sind, deren Richtigkeit von Betroffenen bestritten wird und sich weder die Richtigkeit noch die Unrichtigkeit der Daten feststellen lässt. Es ist insoweit auch nicht erkennbar, dass der Gesetzgeber diese allgemeine, für Behörden geltende datenschutzrechtliche Regelung durch die datenschutzrechtliche Bereichsregelung im RGD und RDV ausgeschlossen hätte, da der Tatbestand der Sperrung insoweit im RDG und RDV nicht behandelt wird und es daher an einer bereichsspezifischen Sonderregelung iSd § 1 Abs. 3 BDSG fehlt, während die Löschungstatbestände exklusiv im RDG und RDV geregelt sind.

5 **3. Wirkung der Löschung.** Der Löschungsakt ist wie die Veröffentlichung der *acti contrarii*[1] **keine eigenständige Verfügung** der Behörde zur Regelung eines Einzelfalls auf dem Gebiet des öffentlichen Rechts und erfüllt somit nicht die in § 35 VwVfG bzw in den entsprechenden Landesverwaltungsverfahrensgesetzen normierten Legaldefinitionen eines Verwaltungsakts. Der Löschung mangelt es an der für die Annahme der Verwaltungsaktqualität erforderlichen konstitutiven Wirkung[2] ähnlich wie bei einer Löschung in der Handwerksrolle, da die Löschungstatbestände in § 17 an Sachverhalte anknüpfen, bei denen die rechtsregelnde Verfügung der Behörde der Löschung vorausgegangen ist, wie bei Rücknahme oder Widerruf von Registrierungen oder eine Verfügung wegen Eintritt eines Erledigungstatbestands entbehrlich ist, da insoweit die Löschung mangels weiteren Vorhandenseins einer Rechtspersönlichkeit in Niemandes Rechte eingreift.

6 Auch die Veröffentlichung von Widerrufen von Erlaubnissen nach dem RBerG bzw von Untersagungsverfügungen im Amtsblatt besaß keine konstitutive Wirkung, sondern war nur deklaratorischer Natur.[3]

7 Wie nach § 17 erfolgte die Veröffentlichung auch erst nach der Bestandskraft der Verfügung.[4]

II. Die Löschungstatbestände (Abs. 1)

8 **1. Verzicht der registrierten Personen (Nr. 1).** Die registrierten natürlichen oder juristischen Personen wie auch Gesellschaften ohne Rechtspersönlichkeit, die auch zu den registrierten Personen zählen,[5] können jederzeit auf ihre Registrierung verzichten. Denn die Registrierung beruht auf ihrem Antrag, der jederzeit zurückgenommen werden kann,[6] so dass die Registrierung zur freien Disposition des Registrierten steht. Dies bedeutet auch, dass während eines bereits laufenden Widerrufsverfahrens die registrierten Personen auf die Registrierung verzichten können mit der Folge, dass bestandskräftige Widerrufsgründe nicht mehr fest-

---

1 *Kopp/Ramsauer*, VwVfG, § 35 Rn 59 und 59 a; BVerwG 16.4.1991 – 1 C 50.88, BVerwGE 88, 123; BVerwG 26.4.1994 – 1 C 17.92, BVerwGE 95, 364.
2 BVerwG 25.6.1981 – 3 C 35.80, BVerwGE 62, 330; BVerwG 20.5.1987 – 7 C 83.84, BVerwGE 77, 271; VGH Kassel 15.5.1979 – II OE 98/77, NJW 1980, 356; *Kopp/Ramsauer*, VwVfG, § 35 Rn 59.
3 *Chemnitz/Johnigk*, 1. AVO zum RBerG § 17 Rn 1151.
4 *Jonas*, Das Gesetz zur Verhütung von Mißbräuchen auf dem Gebiet der Rechtsberatung, 1936, 1. AVO zum RBerG § 17 Rn 3; *Rennen/Caliebe*, 1. AVO zum RBerG § 17 Rn 5.
5 BR-Drucks. 623/06, S. 162.
6 BVerwG 29.8.1968 – III C 118.67, BVerwGE 30, 185; BVerwG 12.12.1986 – 8 C 85.84, BVerwGE 75, 284; VGH BW 11.7.1990 – 5 S 357/90, NVwZ-RR 1991, 270; OVG Lüneburg 31.8.1983 – 1 A 20/81, NVwZ 1985, 431.

gestellt werden und bei einem erneuten Registrierungsantrag nicht ohne weiteres bei der Zurückweisung des Antrags zugrunde gelegt werden können.[7]

Fraglich ist, ob aufgrund des Verzichts auf die Rechte aus der Registrierung eine per-se-Erledigung[8] der Registrierung iSd § 43 Abs. 2 VwVfG bzw der entsprechenden Länderverwaltungsverfahrensgesetze eintritt oder ob ein Widerruf der Registrierung als Rücknahmeakt, wie in § 14 Abs. 1 BRAO bei einem Verzicht auf die Zulassung als Rechtsanwalt vorgesehen, der Löschung vorausgehen muss. Mangels entsprechender Regelung genügt der rechtswirksame Verzicht der berechtigten registrierten Person, die Löschung in dem Rechtsdienstleistungsregister nach Vermerk des Verzichts in den Registrierungsakten zu veranlassen, da insoweit von einer Erledigung der Registrierung auszugehen ist. Die registrierte Person, die auf die Registrierung verzichtet hat, verzichtet damit gleichzeitig auf Rechtsmittel gegen die Löschung mit Ausnahme datenschutzrechtlicher Rechtsbehelfe bei Unrichtigkeit der Löschung.[9] Die Löschung im Mitgliederverzeichnis der Rechtsanwälte nach § 31 Abs. 4 BRAO erfolgt hingegen bei einem Verzicht des Rechtsanwalts auf die Zulassung erst, wenn der aufgrund des Verzichts ergangene Rücknahmebescheid der Rechtsanwaltskammer bestandskräftig geworden ist.

2. Tod der registrierten Person und Beendigung der Gesellschaft (Nr. 2 und 3). Neben dem Verzicht der registrierten Personen sind als weitere Erledigungstatbestände iSd § 43 Abs. 2 VwVfG der Tod der registrierten Person (Nr. 2) und das Erlöschen einer juristischen Person oder Gesellschaft ohne Rechtspersönlichkeit (Nr. 3) vermerkt.

Bei der Registrierung handelt es sich um ein höchstpersönliches Recht des Antragstellers, das mit dem Tod der natürlichen Person untergeht und insoweit wie bei sonstigen Personalkonzessionen des Wirtschaftsverwaltungsrechts[10] einer Einzel- oder Gesamtrechtsnachfolge nicht zugänglich ist. Eine Einzelrechtsnachfolge setzt eine besondere gesetzliche Regelung voraus, deren Nachfolgetatbestand erfüllt sein muss.[11] Dies sieht das RDG wegen des höchstpersönlichen Bezugs des Registrierungsakts nicht vor. Soweit in § 13 Abs. 3 S. 1 auch die Rechtsnachfolger der registrierten Personen verpflichtet sind, alle für das Rechtsdienstleistungsregister bedeutsamen Änderungen der Registrierungsbehörde mitzuteilen, besagt dies nichts über eine etwaige Rechtsnachfolge in die durch die Registrierung geschaffene Rechtsposition der registrierten Person. Die Verpflichtung des Rechtsnachfolgers der registrierten Person, etwa des Erben bei Tod der registrierten Person, soll lediglich der Registrierungsbehörde die ihr ansonsten möglicherweise unbekannte Änderung der Eintragungsvoraussetzungen bekanntmachen.[12]

Bei juristischen Personen oder nicht rechtsfähigen registrierten Gesellschaften tritt die Erledigung der Registrierung iSd § 43 Abs. 2 VwVfG mit deren gesellschaftsrechtlich zu ermittelnden Beendigung als Gesellschaft ein. Bei juristischen

---

7 BR-Drucks. 623/06, S. 165.
8 BVerwG 15.12.1989 – 4 C 36/86, NVwZ 1990, 464; VGH BW 10.11.1993 – 3 S 1120/92, NVwZ 1995, 280.
9 *Gola/Schomerus*, BDSG, § 20 Rn 40.
10 *Kopp/Ramsauer*, VwVfG, § 43 Rn 13 b.
11 *Kopp/Ramsauer*, VwVfG, § 43 Rn 13 d.
12 BR-Drucks. 623/06, S. 153.

Personen endet die Persönlichkeit mit der Löschung in den Registern, bei nicht rechtsfähigen Gesellschaften, wie BGB-Gesellschaften, OHG, KG, nicht eingetragenen Vereinen sowie ausländischen Gesellschaftsformen mit den im Gesetz vorgesehenen Beendigungstatbeständen wie §§ 723 ff BGB, §§ 41 ff BGB, §§ 131 ff HGB, §§ 161, 131 HGB. Die Löschung setzt aber zwingend voraus, dass die registrierten Personen tatsächlich nicht mehr existieren.

13 Die Bestellung eines Abwicklers, wie sie in § 1 a des Art. 1 des RBerG noch vorgesehen war, sehen das RDG und die RDV nicht mehr vor, ebenso wenig die Möglichkeit der registrierten Person, bei Widerruf oder Zurücknahme der Registrierung noch die Abwicklung ihrer Tätigkeit zu gestatten, wie seinerzeit in § 15 Abs. 2 der 1. AVO zum RBerG vorgesehen.

14 **3. Bestandskraft der Rücknahme- und Widerrufsverfügung (Nr. 4).** Die Transparenz des Rechtsdienstleistungsregisters bedingt auch die Bekanntmachung von Rücknahme- und Widerrufsverfügungen nach § 49 VwVfG bzw den entsprechenden landesrechtlichen Verwaltungsverfahrensvorschriften sowie § 14. Dies erfolgt nicht mehr, wie noch in § 17 der 1. AVO zum RBerG vorgesehen, durch Veröffentlichung des Widerrufs im Amtsblatt, sondern durch Löschung der registrierten Personen. Die Rücknahme- oder Widerrufstatbestände enthalten sensible Daten des Betroffenen, deren Kenntnis für die Öffentlichkeit nicht zwingend geboten ist, so dass es zur Transparenz dieser Verfügung genügt, wenn die Löschung der registrierten Personen von der Allgemeinheit wahrgenommen werden und damit das Ergebnis der Rücknahme- bzw Widerrufsverfügung von der Allgemeinheit festgestellt werden kann. Damit trägt die **Löschung ohne Veröffentlichung des Grundes** den datenschutzrechtlichen Belangen des Rechts auf informationelle Selbstbestimmung des Betroffenen Rechnung.[13]

15 Dem Informationsinteresse der Registrierungsbehörde wird zum einen durch die Pflicht zur Vorlage eines in den letzten drei Jahren vor Antragstellung ergangenen Widerrufsbescheids nach § 13 Abs. 1 Nr. 3 Rechnung getragen, zum anderen auch durch die Nutzbarkeit der bei der Registrierungsbehörde verbleibenden Daten, die nach § 18 Abs. 1 übermittelt werden dürfen, wie auch die Möglichkeit des automatisierten Abrufs der bei der Zentralstelle für die Öffentlichkeit gelöschten Daten für die Zeit von drei Jahren nach deren Löschung, § 18 Abs. 1 S. 2.

16 Der Persönlichkeitsschutz der betroffenen registrierten Personen bedingt es auch, dass nur **bestandskräftige** Rücknahme- und Widerrufsverfügungen zur Löschung der registrierten Daten führen können. Dies führt dazu, dass selbst bei Anordnung des Sofortvollzugs einer Rücknahme- oder Widerrufsverfügung nach § 80 Abs. 5 VwGO keine Löschung erfolgen darf, wie im Rechtsanwaltsverzeichnis nach § 31 Abs. 4 BRAO ebenfalls vorgesehen, wobei dort aber bei Anordnung des Sofortvollzugs einer Rücknahmeverfügung wegen Widerrufs der Zulassung dieser Sofortvollzug entsprechend einem Berufsverbot eingetragen werden soll.[14] Da Widerrufs- und Rücknahmeverfahren bis zur Rechtskraft lange andauern können, entsteht insofern ein erheblicher Nachteil für die Öffentlichkeit und die Rechtspflege, weil unzuverlässige oder persönlich unqualifizierte Rechtsdienstleister trotz Vorliegens einer Widerrufs- bzw Rücknahmeverfügung

---

13 BR-Drucks. 623/06, S. 165.
14 *Feuerich/Weyland*, BRAO, § 31 Rn 41; *Horn*, BRAK-Mitt. 2007, 94, 96.

aufgrund ihrer weltweiten Registrierung weiterhin unbelastet am Marktgeschehen teilhaben können. Insoweit wäre zumindest eine Sperrung der Daten bei Anordnung eines Sofortvollzugs angezeigt.

4. Fristablauf bei Untersagungsverfügung (Nr. 5). Da Untersagungsverfügungen nach § 9 Abs. 1 nur auf Zeit erlassen werden können, erledigen sich diese durch Zeitablauf und sind daher aus der entsprechenden Abteilung des Rechtsdienstleistungsregisters durch Löschung zu tilgen. Auch hier bleiben die registrierten Daten für die Registrierungsbehörde für drei Jahre zugänglich bzw bei Einzelabfrage bei der Registrierungsbehörde auch länger, da die Löschung nur die im Rechtsdienstleistungsregister für die Öffentlichkeit bekanntgemachten Daten betrifft.

5. Zeitablauf der registrierten vorübergehenden Dienstleistung und Bestandskraft einer Untersagungsverfügung für vorübergehende Dienstleistungen (Nr. 6). Auch hier erledigt sich die Registrierung durch Zeitablauf, nachdem die registrierte vorübergehende Dienstleistung eines ausländischen Dienstleistungserbringers nach § 15 Abs. 2 nur für die Dauer eines Jahres seit der Meldung nach § 15 Abs. 2 bzw der Wiederholungsmeldung, die wiederum für ein Jahr gilt, erbracht werden darf. Die nach § 16 Abs. 2 S. 1 Nr. 1 Buchst. e) vorgenommene Registrierung ist daher aus Gründen der Transparenz zu löschen. Dies gilt wie bei Nr. 4 auch für eine bestandskräftige Untersagungsverfügung nach § 15 Abs. 5. Bezüglich der Anordnung des Sofortvollzugs gelten insoweit dieselben Bedenken wie zu Nr. 4 (vgl Rn 16).

III. Rechtsmittel gegen die Löschung

Der Löschungsakt ist kein konstitutiver Akt, sondern stellt lediglich die tatsächliche Umsetzung der zuvor ergangenen Verfügungen dar oder gibt die tatsächliche Erledigung der Registrierung durch bestimmte Lebenssachverhalte wieder. Insoweit greift die Löschung auch nicht direkt in bestehende Rechtspositionen der registrierten Personen ein, so dass ihnen gegen die Löschung keine materiellen Rechtsbehelfsansprüche wie Widerspruch oder Leistungsklage bzw Beseitigungsklage zustehen.

Nur dann, wenn datenschutzrechtliche Belange durch die Löschung betroffen sind, etwa wenn die Löschung unrichtig ist und daher ein Berichtigungsanspruch iSd § 20 Abs. 1 BDSG sowie den entsprechenden landesrechtlichen Datenschutzgesetzen besteht, kann der Berechtigte die Beseitigung der Löschung fordern und bei Ablehnung insoweit Widerspruch gegen die Ablehnung und nach Zurückweisung des Widerspruchs Verpflichtungsklage erheben.[15]

Teil 5
Datenübermittlung und Zuständigkeiten, Bußgeldvorschriften

§ 18 Umgang mit personenbezogenen Daten

(1) Die zuständigen Behörden dürfen einander und anderen für die Durchführung dieses Gesetzes zuständigen Behörden Daten über Registrierungen nach

---

15 *Gola/Schomerus*, BDSG, § 20 Rn 40.

§ 9 Abs. 2, § 10 Abs. 1 und § 15 Abs. 3 übermitteln, soweit die Kenntnis der Daten zur Durchführung dieses Gesetzes erforderlich ist. Sie dürfen die nach § 16 Abs. 2 öffentlich bekanntzumachenden Daten längstens für die Dauer von drei Jahren nach Löschung der Veröffentlichung zentral und länderübergreifend in einer Datenbank speichern und aus dieser im automatisierten Verfahren abrufen; § 16 Abs. 3 Satz 2 gilt entsprechend. Gerichte und Behörden dürfen der zuständigen Behörde personenbezogene Daten, deren Kenntnis für die Registrierung, den Widerruf der Registrierung oder für eine Untersagung nach § 9 Abs. 1 oder § 15 Abs. 5 erforderlich ist, übermitteln, soweit dadurch schutzwürdige Interessen der Person nicht beeinträchtigt werden oder das öffentliche Interesse das Geheimhaltungsinteresse der Person überwiegt.

(2) Die zuständige Behörde darf zum Zweck der Prüfung einer Untersagung nach § 15 Abs. 5 von der zuständigen Behörde des Staates der Niederlassung Informationen über die Rechtmäßigkeit der Niederlassung und über das Vorliegen berufsbezogener disziplinarischer oder strafrechtlicher Sanktionen anfordern und ihr zum Zweck der Prüfung weiterer Maßnahmen die Entscheidung über eine Untersagung nach § 15 Abs. 5 mitteilen. Sie leistet Amtshilfe, wenn die zuständige Behörde eines anderen Mitgliedstaates der Europäischen Union darum unter Berufung auf die Richtlinie 2005/36/EG des Europäischen Parlaments und des Rates vom 7. September 2005 über die Anerkennung von Berufsqualifikationen (ABl. EU Nr. L 255 S. 22) ersucht, und darf zu diesem Zweck personenbezogene Daten, deren Kenntnis für eine berufsbezogene disziplinarische oder strafrechtliche Maßnahme oder ein Beschwerdeverfahren erforderlich ist, von Gerichten und Behörden anfordern und an die zuständige Behörde des anderen Mitgliedstaates übermitteln.

(3) Das Bundesministerium der Justiz wird ermächtigt, die Einzelheiten des Umgangs mit personenbezogenen Daten, insbesondere der Veröffentlichung in dem Rechtsdienstleistungsregister, der Einsichtnahme in das Register, der Datenübermittlung einschließlich des automatisierten Datenabrufs und der Amtshilfe, durch Rechtsverordnung mit Zustimmung des Bundesrates zu regeln. Dabei ist sicherzustellen, dass die Veröffentlichungen auch während der Datenübermittlung unversehrt, vollständig und aktuell bleiben und jederzeit ihrem Ursprung nach zugeordnet werden können.

I. Normzweck 1	III. Der Umgang mit ausländischen Behörden (Abs. 2) 12
II. Datenübermittlung zwischen inländischen Behörden 7	IV. Rechtsgrundlage der Rechtsdienstleistungsverordnung (Abs. 3) 17
1. Datenaustausch zwischen Registrierungsbehörden (Abs. 1 S. 1 und 2) 7	
2. Datenübermittlung sonstiger Stellen (Abs. 1 S. 3) 10	

I. Normzweck

1 Bei den registrierten Daten, insbesondere den Daten, die von den Registrierungsbehörden zum Zwecke einer Rücknahme-, Widerrufs- oder Untersagungsverfügung bearbeitet werden, handelt es sich durchweg um sensible Daten des Betroffenen, die aufgrund der besonderen Schutzwürdigkeit dieser Daten einer ge-

sonderten gesetzlichen Regelung[1] über den Umgang mit diesen Daten durch die Registrierungsbehörden, aber auch andere öffentliche Stellen, die als Übermittler solcher Daten in Betracht kommen, bedürfen.

Die Regelung soll somit sicherstellen, den Betroffenen davor zu schützen, durch den Umgang mit den ihm zugeordneten Daten in seinem Persönlichkeitsrecht[2] beeinträchtigt zu werden, wie dies § 1 Abs. 1 BDSG als Schutzzweck des Datenschutzrechts normiert.[3]

Gleichzeitig gewährleistet die Regelung die Datenübermittlung der personenbezogenen Daten der registrierten oder zu registrierenden Personen in Erfüllung der gesetzlichen Aufgabe der Registrierungsbehörden in dem in § 18 beschriebenen Umfang in zweierlei Hinsicht: Zum einen wird der Datenaustausch zwischen den Länderbehörden, die die Registrierung durchzuführen haben, gestattet, zum anderen können andere öffentliche Stellen, wie Behörden oder Gerichte, unter gewissen Voraussetzungen die Übermittlung personenbezogener Daten an die Registrierungsstellen veranlassen.

Ferner enthält die Regelung die für den Umgang mit ausländischen Stellen bei vorübergehender Dienstleistung durch ausländische Dienstleistungserbringer und nach § 10 registrierte Personen, die im Ausland tätig sind, erforderlichen datenschutzrechtlichen Vorgaben, deren Grundlage sich auch in der Berufsqualifikationsrichtlinie finden, wie insbesondere Mitteilungs- und Kooperationspflichten im Verhältnis zu Stellen im Ausland.

Schließlich wird die Rechtsgrundlage für die die Einzelheiten des Umgangs mit personenbezogenen Daten regelnde Rechtsverordnung – die seit 1.7.2008 in Kraft befindliche Rechtsdienstleistungsverordnung[4] – in Abs. 3 geschaffen. § 16 Abs. 3 S. 2 weist insoweit die datenschutzrechtliche Verantwortung der nach § 9 Abs. 1 oder § 13 Abs. 1 zuständigen Registrierungsbehörde zu, was auch für die unter Federführung des Landes Nordrhein-Westfalen eingerichtete länderübergreifende Zentraladresse www.rechtsdienstleistungsregister.de, die bei dem Amt für Statistik und Datenschutz in Düsseldorf gepflegt wird, gilt (siehe § 16 Rn 56).

Ergänzend zu der ursprünglichen Regelung des Abs. 1 ermöglicht der durch das Gesetz zur Neuregelung des Verbots der Vereinbarung von Erfolgshonoraren vom 12.6.2008[5] eingeführte S. 2 des Abs. 1 die Schaffung eines **automatisierten Abrufverfahrens** und einer **dreijährigen Speicherung** der in § 16 Abs. 2 aufgeführten Daten, um auch bei Löschungen auf die Altdaten von registrierten Personen bzw auf die Daten gelöschter Untersagungsverfügungen zurückgreifen zu können. Grund für diese doch sehr kurzfristige Gesetzesänderung waren Zweifel, ob Abs. 1 aF hierfür eine ausreichende Rechtsgrundlage bietet.[6]

---

1 BVerfG 15.12.1983 – 1 BvR 209, 269, 362, 420, 440, 484/83, BVerfGE 65, 1 = NJW 1984, 422 (Volkszählungsurteil); BVerfG 9.3.1988 – 1 BvL 49/86, NJW 1988, 2031.
2 Vgl hierzu BVerfG 16.7.1969 – 1 BvL 19/63, BVerfGE 27, 1, 6 (Mikrozensus); BVerfG 15.1.1970 – 1 BvR 13/68, BVerfGE 27, 344, 350 f (Ehescheidungsakten); BVerfG 24.5.1977 – 2 BvR 988/75, BVerfGE 44, 353, 379 (Arztkartei); BVerfG 5.6.1973 – 1 BvR 536/72, BVerfGE 35, 202, 220 (Lebach); BVerfG 3.3.2004 – 1 BvR 2378/98, 1 BvR 1084/99, NJW 2004, 999 f (Großer Lauschangriff).
3 BR-Drucks. 623/06, S. 166.
4 BGBl. I S. 1069.
5 BGBl. I S. 1000, 1002.
6 Amtl. Begr. zur RDV, S. 18.

Klees

II. Datenübermittlung zwischen inländischen Behörden

7 1. **Datenaustausch zwischen Registrierungsbehörden (Abs. 1 S. 1 und 2).** Die Registrierungsbehörden der Länder dürfen nach **Abs. 1 S. 1** die Daten von registrierten Personen, die nach **Abs. 1 S. 2** auf die Dauer von **drei Jahren gespeichert** bleiben, auch von der zentralen Registrierungsstelle automatisiert weiterhin abrufen bzw die die Daten einstellende Registrierungsbehörde darf diese Daten trotz der Löschung gegenüber der Allgemeinheit für die Zwecke der Registrierungsaufgaben der Registrierungsbehörden weiterhin zur Verfügung halten, was einer Übermittlung der in den Registrierungsakten der Ausgangsbehörde vorhandenen Daten gleichkommt und nur einen vereinfachten automatisierten Datenabruf ermöglicht, der allerdings, wie § 10 BDSG es vorsieht, bestimmte zusätzliche Vorgaben fordert. Allerdings bleibt es auch insoweit bei der datenschutzrechtlich gebotenen Prüfung nach § 10 Abs. 2 und 4 BDSG für die abrufende Behörde, wie in § 9 Abs. 2 RDV ausdrücklich vorgeschrieben.

8 Demzufolge muss die abrufende Registrierungsbehörde beim Abrufverfahren schriftlich festlegen:
- Anlass und Zweck des Abrufverfahrens,
- Dritte, an die übermittelt werden soll,
- Art der zu übermittelnden Daten,
- nach § 9 BDSG erforderliche technische und organisatorische Maßnahmen.

Die Verantwortung für den Abruf trägt die Registrierungsbehörde, die den Abruf tätigt.

9 Die Übermittlung der Daten zwischen den Registrierungsbehörden und damit auch der Abruf der Daten aus dem Datenspeicher der zentralen Registrierungsstelle setzt die Kenntnis der übermittelten Daten bzw der abgerufenen Daten für die Durchführung von Verfahren über Registrierungen,[7] über Rücknahme-, Widerrufs- oder Untersagungsverfügungen, die nach § 9 Abs. 2, § 10 Abs. 1 und § 15 Abs. 3 gespeichert sind, voraus. Hierzu schreibt § 9 Abs. 2 RDV vor, dass durch technische und organisatorische Maßnahmen sicherzustellen ist, dass ein Datenabruf nur durch die hierzu befugten Behörden erfolgen kann. Es können insoweit auch Daten, die über die veröffentlichten Daten hinausgehen, übermittelt werden, soweit deren Kenntnis für die von der Registrierungsbehörde zu treffende Entscheidung erforderlich ist. Einer Prüfung, ob die Übermittlung dieser Daten schutzwürdige Belange der Betroffenen berührt, bedarf es bei der Übermittlung der Daten zwischen den Registrierungsbehörden nicht.

10 2. **Datenübermittlung sonstiger Stellen (Abs. 1 S. 3).** Hier sieht die gesetzliche Regelung in Abs. 1 S. 3 vor, dass sonstige Behörden, die nicht als Registrierungsbehörden tätig sind, sowie Gerichte personenbezogene Daten an die zuständige Registrierungsbehörde übermitteln dürfen, soweit dadurch schutzwürdige Interessen der Person nicht beeinträchtigt werden oder das öffentliche Interesse das Geheimhaltungsinteresse der Person überwiegt. Auch hier gilt der generelle Grundsatz, dass die Kenntnis der zu übermittelnden Daten für die zuständige Behörde im Einzelfall für die Durchführung einer Registrierung, einer Rücknahme-, Widerrufs- oder einer Untersagungsverfügung erforderlich sein muss, wie dies auch bereits für die Übermittlung der Daten zwischen den Registrierungs-

---

[7] BR-Drucks. 623/06, S. 166; aA Kilian/Sabel/vom Stein/*vom Stein*, § 14 Rn 448 nur für Widerrufs- und Untersagungsdaten.

behörden der Fall sein muss. Die Regelung setzt insofern § 15 BDSG bzw. die entsprechenden Vorschriften der Landesdatenschutzgesetze in **bereichsspezifischer** Form um, so dass insoweit nicht mehr auf die allgemeinen datenschutzrechtlichen Normen der Zulässigkeit der Übermittlung personenbezogener Daten zurückgegriffen werden kann. Die **Übermittlung** als solche ist dabei tatsächliches Verwaltungshandeln, **kein Verwaltungsakt**.[8]

Die Zulässigkeit der Übermittlung personenbezogener Daten durch Behörden und Gerichte ermöglicht es auch den Registrierungsbehörden ihrerseits, Anfragen an diese in Bezug auf Registrierungsvorgänge unter Bekanntgabe persönlicher Daten wie Name und Anschrift und Zweck der Anfrage zu richten, wie es § 15 Abs. 1 BDSG vorsieht.[9] Die datenschutzrechtliche Prüfung obliegt bei Letzterem der Registrierungsbehörde, während die Prüfung, ob die Voraussetzungen nach Abs. 1 S. 2 gegeben sind, der übermittelnden Behörde obliegen. In dem genannten Umfang ist auch eine zweckgebundene automatisierte Datenerhebung, -verarbeitung und -übermittlung erlaubt.[10]

III. Der Umgang mit ausländischen Behörden (Abs. 2)

In Umsetzung der Richtlinie 2005/36/EG des Europäischen Parlaments und des Rates vom 7.9.2005 über die Anerkennung von Berufsqualifikationen (ABl. EG Nr. L 155 S. 22) und der in § 15 Abs. 5 vorgesehenen Möglichkeit der Untersagung weiterer Erbringung von Rechtsdienstleistungen durch vorübergehend registrierte Personen oder Gesellschaften aus dem EG-Ausland bzw. dem EWR-Raum regelt Abs. 2 **Mitteilungs- und Kooperationspflichten** im Verhältnis zu Stellen im europäischen Ausland.

Nach **Abs. 2 S. 1** darf die zuständige Registrierungsstelle allerdings nur für Zwecke einer Untersagungsprüfung nach § 15 Abs. 5 von der für die Niederlassung des Betroffenen zuständigen Behörde des ausländischen Staates Informationen über die Rechtmäßigkeit der Niederlassung und über das Vorliegen berufsbezogener disziplinarischer oder strafrechtlicher Sanktionen anfordern und ihrerseits dieser Behörde zum Zweck der Prüfung weiterer Maßnahmen durch diese die Entscheidung über eine Untersagung nach § 15 Abs. 5 übermitteln. Für die vorübergehende Registrierung nach einer Meldung des ausländischen Rechtsdienstleisters nach § 15 Abs. 3 sind hingegen keine Nachforschungen bei der ausländischen Stelle zulässig.[11] Insoweit stellt die Regelung hohe Anforderungen an die anfragende Registrierungsbehörde, da die Zweckbindung der Anfrage eine möglichst präzise und verständliche Formulierung, wohl in der Landessprache der angefragten ausländischen Behörde, bedingt. Über die gesetzlich normierten Anfrageinhalte hinaus dürfen keine weiteren Fragen gestellt werden.

Umgekehrt verpflichtet **Abs. 2 S. 2** die Registrierungsbehörde zur Amtshilfe, wenn die zuständige ausländische Stelle unter Berufung auf die Berufsqualifikationsrichtlinie darum ersucht. Insoweit dürfen personenbezogene Daten, deren Kenntnis für eine berufsbezogene disziplinarische oder strafrechtliche Maßnahme oder ein Beschwerdeverfahren erforderlich ist, von Gerichten und Behörden des Inlands angefordert und an die anfragende zuständige Behörde des anderen

---

8 *Gola/Schomerus*, BDSG, § 15 Rn 3 mwN.
9 *Gola/Schomerus*, BDSG, § 15 Rn 6.
10 BR-Drucks. 123/06, S. 166.
11 Vgl hierzu auch *Feuerich/Weyland*, BRAO, § 207 A Rn 2.

Mitgliedstaates übermittelt werden. Auch dies führt dazu, dass die angefragte Registrierungsbehörde prüfen muss, ob die Datenübermittlung zur Erfüllung der Zwecke der ausländischen Behörde erforderlich ist, was im Zweifelsfall auch die Kenntnis des entsprechenden ausländischen Berufs-, Disziplinar- oder Strafrechts erfordert. Nur so kann die übermittelnde Registrierungsbehörde die ihr auferlegten datenschutzrechtlichen Gesichtspunkte der Erforderlichkeit und der Zweckbindung der zu übermittelnden Daten ordnungsgemäß prüfen.

15 Erfasst werden insoweit auch die nach § 10 registrierten Personen, die im europäischen Ausland agieren.

16 Die Amtshilfe der zuständigen europäischen Behörden regelt Art. 56 der Berufsqualifikationsrichtlinie. Hiernach arbeiten die zuständigen Behörden der Aufnahme- und Herkunftsmitgliedstaaten eng zusammen und leisten sich Amtshilfe, um die Anwendung der Richtlinie zu erleichtern.

IV. Rechtsgrundlage der Rechtsdienstleistungsverordnung (Abs. 3)

17 Abs. 3 enthält die nach Art. 80 GG erforderliche Ermächtigungsgrundlage für das BMJ, eine Rechtsverordnung zu erlassen, in der die Einzelheiten des Umgangs mit personenbezogenen Daten – insoweit als bereichsspezifische datenschutzrechtliche Regelung – zur Veröffentlichung in dem Rechtsdienstleistungsregister, der Einsichtnahme in das Register, der Datenübermittlung einschließlich des automatisierten Datenabrufs und der Amtshilfe geregelt werden können. Mit der Verabschiedung der „Verordnung zum Rechtsdienstleistungsgesetz (Rechtsdienstleistungsverordnung – RDV)" vom 19.6.2008[12] hat das BMJ hiervon Gebrauch gemacht.

§ 19 Zuständigkeit und Übertragung von Befugnissen

(1) Zuständig für die Durchführung dieses Gesetzes sind die Landesjustizverwaltungen, die zugleich zuständige Stellen im Sinn des § 117 Abs. 2 des Gesetzes über den Versicherungsvertrag sind.

(2) Die Landesregierungen werden ermächtigt, die Aufgaben und Befugnisse, die den Landesjustizverwaltungen nach diesem Gesetz zustehen, durch Rechtsverordnung auf diesen nachgeordnete Behörden zu übertragen. Die Landesregierungen können diese Ermächtigung durch Rechtsverordnung auf die Landesjustizverwaltungen übertragen.

I. Normzweck

1 Die Norm enthält in **Abs. 1** die zentrale Zuständigkeitsregelung zur behördlichen Umsetzung des Gesetzes. Wegen der Nähe der Prüfungsvorgänge, insbesondere des § 10 zu justiziellen Aufgaben der Landesverwaltungen, ordnet das Gesetz die **funktionelle Zuständigkeit** den **Landesjustizverwaltungen** zu, wie dies auch schon bei der Erlaubniserteilung nach dem RBerG der Fall war (§ 11 Abs. 1 der 1. AVO zum RBerG). Dort lag die Zuständigkeit bei dem örtlich für die vorgesehene Niederlassung des Antragstellers zuständigen Präsidenten des Landgerichts bzw den Präsidenten des Amtsgerichts. Insoweit lag eine Angelegenheit

---

12 BGBl. I S. 1069.

der Justizverwaltung vor[1] mit dem Rechtsweg des Widerspruchs zu dem OLG-Präsidenten,[2] sofern die Ausgangsbehörde nicht abgeholfen hat. Die sich anschließende verwaltungsrechtliche[3] Klage war gegen das Land zu richten, dessen Behörden die Ausgangsentscheidungen getroffen hatten. Es war insoweit folgerichtig, wenn der Gesetzgeber des RDG die funktionelle Zuständigkeit der Landesjustizverwaltung der Länder zugewiesen hat.

Dennoch handelt es sich **nicht um Justizverwaltungsakte**, die seitens der Justizverwaltung bei der Registrierung nach § 23 EGGVG erlassen werden, sondern um **verwaltungsrechtliche Akte im engeren Sinne**, denen die Landesjustizverwaltungsgesetze und das RDG zugrunde liegen. Insoweit handeln die von den Landesjustizverwaltungen eingesetzten Gerichte als Behörden iSv § 1 Abs. 4 VwVfG, also als Stellen, die öffentliche Verwaltung wahrnehmen. Gegen die Entscheidungen der Präsidenten der Amtsgerichte und Landgerichte ist das Widerspruchsverfahren nach § 69 VwGO eröffnet und letztlich der Rechtsweg zu den Verwaltungsgerichten und nicht, wie bei Justizverwaltungsakten nach § 23 EGGVG, zu den ordentlichen Gerichten. Dies bedeutet, dass nach § 2 Abs. 3 Nr. 1 VwVfG bzw den entsprechenden Landesverwaltungsverfahrensgesetzen das Landesverwaltungsverfahrensrecht auch auf die Durchführung der Registrierung zur Anwendung gelangt.

Gleichzeitig werden die zur Verwaltungstätigkeit eingesetzten Stellen auch als die von den Versicherern zu informierende Behörde bestimmt, um im Hinblick auf die in §§ 12 Abs. 3, 14 Nr. 3 iVm § 5 RDV erfolgte Regelung zur Berufshaftpflichtversicherung die Rechtsfolgen eintreten zu lassen, die an ein Fehlen der Berufshaftpflichtversicherung anknüpfen. Insoweit war die Regelung der Zuständigkeit der Registrierungsbehörde für den Empfang der Mitteilung durch den Versicherer und die Mitteilung über den Versicherer nach § 5 Abs. 6 S. 2 RDV durch die Registrierungsbehörde in Abs. 1 erforderlich, um den Versicherern eine hinreichende datenschutzrechtliche Grundlage für die Datenübermittlung zu bieten.

Ferner enthält die Regelung in **Abs. 2** eine Verordnungsermächtigung an die Landesregierungen, die Verwaltungstätigkeit nach dem RDG auf den Landesjustizverwaltungen nachgeordnete Behörden zu übertragen, wobei die Landesregierungen ihrerseits ermächtigt sind, diese Delegationsaufgabe auf ihre Justizverwaltung – idR das jeweilige Justizministerium als oberste Justizbehörde – zu übertragen.

II. Die zuständigen Registrierungsstellen (Abs. 2)

Alle Landesregierungen bzw Landesjustizverwaltungen haben von ihrer **Delegationsbefugnis** in Abs. 2 Gebrauch gemacht.[4]

- Baden-Württemberg: Zuständig sind die Präsidenten der Landgerichte bzw Amtsgerichte.[5]
- Bayern: Zuständig sind die Präsidenten der Landgericht bzw Amtsgerichte.

---

1 *Chemnitz/Johnigk*, Art. 1 § 1 RBerG Rn 270.
2 *Chemnitz/Johnigk*, 1. AVO zum RBerG § 12 Rn 1072.
3 *Chemnitz/Johnigk*, 1. AVO zum RBerG § 12 Rn 1073.
4 Die Liste der zuständigen Registrierungsbehörden samt Adressen findet sich unter www.rechtsdienstleistungsregister.de.
5 GBl. BW vom 29.5.2008, S. 162 – § 30 a.

- Berlin: Zuständig ist der Präsident des Kammergerichts und des Landessozialgerichts Berlin/Brandenburg im Bereich der Rentenberatung iSv § 10 Abs. 1 Nr. 2 RDG.
- Brandenburg: Zuständig ist der Präsident des Brandenburgischen Oberlandesgerichts und des Landessozialgerichts Berlin/Brandenburg im Bereich der Rentenberatung iSv § 10 Abs. 1 Nr. 2 RDG.
- Bremen: Zuständig ist der Präsident des Landgerichts Bremen.
- Hamburg: Zuständig ist der Präsident des Amtsgerichts Hamburg.
- Hessen: Zuständig ist der Präsident des Oberlandesgerichts Frankfurt am Main.
- Mecklenburg-Vorpommern: Zuständig ist der Präsident des Oberlandesgerichts Rostock.
- Niedersachsen: Zuständig sind die Präsidenten der Landgerichte bzw Amtsgerichte.
- Nordrhein-Westfalen: Zuständig sind die Präsidenten der Oberlandesgerichte Düsseldorf, Hamm und Köln.
- Rheinland-Pfalz: Zuständig ist der Präsident des Landgerichts Mainz.
- Saarland: Zuständig ist der Präsident des Landgerichts Saarbrücken.
- Sachsen: Zuständig sind die Präsidenten der Amtsgerichte Chemnitz, Dresden und Leipzig und der Präsident des Sächsischen Landessozialgerichts im Bereich der Rentenberatung iSv § 10 Abs. 1 Nr. 2 RDG.
- Sachsen-Anhalt: Zuständig ist der Präsident des Landgerichts Halle.
- Schleswig-Holstein: Zuständig ist der Präsident des Schleswig-Holsteinischen Oberlandesgerichts.
- Thüringen: Zuständig ist der Präsident des Landgerichts Erfurt.

§ 20 Bußgeldvorschriften

(1) Ordnungswidrig handelt, wer
1. ohne die nach § 10 Abs. 1 erforderliche Registrierung eine dort genannte Rechtsdienstleistung erbringt,
2. einer vollziehbaren Anordnung nach § 9 Abs. 1 oder § 15 Abs. 5 zuwiderhandelt oder
3. entgegen § 11 Abs. 4 eine dort genannte Berufsbezeichnung oder Bezeichnung führt.

(2) Die Ordnungswidrigkeit kann mit einer Geldbuße bis zu fünftausend Euro geahndet werden.

I. Normzweck 1	a) Beschränkung auf Registrierungstatbestände 6
1. Bußgeldbewehrung als Verbraucherschutz 1	b) Der Bereich der Inkassodienstleistung, § 10 Abs. 1 S. 1 Nr. 1 7
2. Einzelheiten zum Normzweck 4	
II. Die einzelnen Ordnungswidrigkeitstatbestände (Abs. 1) 6	c) Der Bereich der Rentenberatung, § 10 Abs. 1 S. 1 Nr. 2 9
1. Erbringung einer Rechtsdienstleistung ohne Registrierung (Nr. 1) 6	

d) Rechtsdienstleistung in einem ausländischen Recht, § 10 Abs. 1 S. 1 Nr. 3 10	IV. Rechtsfolgenausspruch (Abs. 2) 21
2. Zuwiderhandlung gegen vollziehbare Anordnung (Nr. 2) ... 12	1. Höhe der Geldbuße 21
	2. Inhalt des Bußgeldbescheids... 22
3. Führen einer geschützten Berufsbezeichnung (Nr. 3) 16	3. Verjährung 23
	4. Zuständige Verfolgungsbehörden 25
III. Beteiligte 20	

I. Normzweck

1. Bußgeldbewehrung als Verbraucherschutz. Sah der RegE[1] zunächst – anders 1
als Art. 1 § 8 RBerG – keine Ordnungswidrigkeitstatbestände mehr vor, wurden
aufgrund kritischer Stimmen im Gesetzgebungsverfahren seitens des Bundesrates,[2] aber auch außerparlamentarischer Stellungnahmen[3] doch noch Ordnungswidrigkeitstatbestände in das RDG aufgenommen. Der Gesetzgeber wollte die
Überwachung der Einhaltung der Normen des RDG doch nicht, wie noch in der
Begründung zum RegE dargelegt, dem Zivil- und Wettbewerbsrecht allein überlassen.[4] Zwar führt ein Verstoß gegen die Erlaubnistatbestände des RDG wie
beim RBerG auch über § 134 BGB zur **Nichtigkeit** des der Rechtsdienstleistung
zugrunde liegenden Geschäftsbesorgungsvertrages,[5] wobei der Vertrag auch
dann im Ganzen nichtig ist, wenn er zugleich erlaubte Tätigkeiten umfasst;[6] die
Nichtigkeit erfasst insoweit auch die Vollmacht für den unerlaubt tätigen Rechtsdienstleister.[7] Auch sind Rechtsanwaltskammern und Rechtsanwälte in der Lage, wettbewerbsrechtlich gegen Verstöße vorzugehen. Dennoch erschienen zu
Recht dem Gesetzgeber diese Möglichkeiten nicht ausreichend, den durch das
RDG angestrebten Verbraucherschutz auch tatsächlich zu realisieren, ohne
staatliche Sanktionsmöglichkeiten gegen solche Verstöße, die dem Verbraucherschutzzweck des RDG gerade zuwiderlaufen, zur Verfügung zu stellen.

Soweit für den Wegfall der Ordnungswidrigkeitstatbestände das geringe Aufkommen gerichtlicher Entscheidungen zu Art. 1 § 8 RBerG und die Belastungen 2
der Staatsanwaltschaften mit der Aufklärung derartiger Sachverhalte ins Feld
geführt wurden,[8] waren die Gegenargumente für den Gesetzgeber letztlich doch
überzeugend. Das Fehlen von Gerichtsentscheidungen besagt nichts über die Effizienz staatsanwaltschaftlicher Maßnahmen, insbesondere die denkbare Akzeptanz von Bußgeldbescheiden der Staatsanwaltschaften ohne Anrufen des Gerichts durch den Betroffenen, und somit auch nichts über die Abschreckungswirkung der Ordnungswidrigkeitstatbestände.[9] Genauso wenig wie in sonstigen

---

1 BR-Drucks. 623/06, S. 88.
2 BT-Drucks. 16/3655, S. 105 f.
3 Vgl BRAK-Stellungnahme zum Gesetzentwurf zur Neuregelung des Rechtsberatungsrechts.
4 BR-Drucks. 623/06, S. 88.
5 BGH 28.9.2000 – IX ZR 279/99, BGHZ 145, 265 = NJW 2001, 70; BGH 16.12.2002 – II ZR 109/01, BGHZ 153, 214 = NJW 2003, 1252; BGH 8.10.2004 – V ZR 18/04, NJW 2005, 820, 823.
6 BGH 29.4.1968 – VII ZR 9/66, BGHZ 50, 90, 92; BGH 10.11.1977 – VII ZR 321/75, BGHZ 70, 12, 17; BGH 17.2.2000 – IX ZR 50/98, NJW 2000, 1560.
7 BGH 11.10.2001 – III ZR 182/00, NJW 2002, 66; BGH 18.3.2003 – XI ZR 188/02, NJW 2003, 2088; BGH 2.12.2003 – XI ZR 421/02, NJW 2004, 839.
8 BR-Drucks. 623/06, S. 88.
9 BT-Drucks. 16/3655, S. 106.

Klees

vergleichbaren Marktbereichen der Gesetzgeber ohne Ordnungswidrigkeitstatbestände auskommt (vgl §§ 160 ff StBerG, § 132 WPO), stellt auch im Bereich des Rechtsberatungsmarktes die Absicherung der Einhaltung der Erlaubnistatbestände des RDG durch Ordnungswidrigkeitstatbestände die letztlich effektivste Art der Durchsetzung der gesetzgeberischen Intension des Verbraucherschutzes dar. Allerdings sieht die WPO als Ordnungswidrigkeitstatbestand nur die Verletzung der Befugnis vor, unbefugt die Berufsbezeichnung Wirtschaftsprüfer bzw Wirtschaftsprüfungsgesellschaft zu führen.

3 Gegenüber der Regelung in Art. 1 § 8 RBerG und der dieser Regelung nachgebildeten Vorlage des Bundesrates,[10] wonach jede unbefugte unentgeltliche Rechtsdienstleistung als Ordnungswidrigkeitstatbestand vorgesehen und mit einer Geldbuße bedroht war, schränkt die Gesetz gewordene Norm den Tatbestand einer Ordnungswidrigkeit stark ein und **sanktioniert** nur Verstöße, soweit Rechtsdienstleistungen, die in § 10 zur Registrierung vorgesehen sind, betroffen sind. Andere Rechtsbereiche außerhalb der Inkassodienstleistung, der Rentenberatung sowie der Rechtsdienstleistung in einem ausländischen Recht sind somit der Regelung nicht unterworfen. Insoweit haben sich Überlegungen durchgesetzt, die eine Sanktion für alle Rechtsbereiche unter dem Blinkwinkel des Bestimmtheitsgebots sanktionierter Tatbestände für verfassungsrechtlich bedenklich ansahen.[11] Es erscheint fraglich, ob damit das Ziel des Gesetzes, den Verbraucher vor unqualifiziertem Rechtsrat zu schützen, nicht aus den Augen verloren wurde. Der Großteil der Rechtsdienstleistungen spielt sich nicht auf den in § 10 genannten Rechtsbereichen, sondern im Mietrecht, Arbeitsrecht und Allgemeinen Zivilrecht ab. Eine in diesen Bereichen unzulässigerweise erbrachte Rechtsdienstleistung ohne Inkassobezug bleibt daher sanktionslos und kann nur mit Mitteln des Zivil-/Wettbewerbsrechts bekämpft werden – eine nicht immer taugliche Waffe, insbesondere bei Vermögenslosigkeit des unbefugt handelnden Rechtsdienstleisters.

4 **2. Einzelheiten zum Normzweck.** Die Schaffung eines Ordnungswidrigkeitstatbestands dient der Absicherung der materiellen Regelung bzw des hinter diesen Normen stehenden Gesetzeszwecks. Hierdurch soll durch die Ordnungswidrigkeitstatbestände general-präventiv für die Einhaltung der Registrierungsvorschriften und der Untersagungsverfügungen der Registrierungsbehörde sowie den Schutz der Berufsbezeichnungen gesorgt werden. Vor der Einstufung als Ordnungswidrigkeitstatbestand durch Art. 37 EGOW[12] waren das geschäftsmäßige Besorgen fremder Rechtsangelegenheiten und ein Verstoß gegen Art. 1 § 7 S. 2 RBerG noch als Straftatbestand unter Strafe gestellt. Um den Gleichklang mit dem Steuerberatungsrecht und dem dort geschaffenen § 160 StBerG zu erzielen, wurde die Abstufung als Ordnungswidrigkeit durch den Gesetzgeber vorgenommen.[13] Aus dem RBerG übernommen sind die Ahndungen von Verstößen gegen Untersagungsverfügungen nach § 9 Abs. 1 oder § 15 Abs. 3 entsprechend Art. 1 § 8 Abs. 1 Nr. 2 RBerG wie auch Verstöße gegen die in § 11 Abs. 4 aufgeführten Berufsbezeichnungen mit dem Bestandteil „Inkasso" oder „Rentenberater" entsprechend Art. 1 § 8 Abs. 1 Nr. 3 RBerG, wobei dort allerdings der

---

10 BT-Drucks. 16/3655, S. 106.
11 BR-Drucks. 623/06, S. 88.
12 BGBl. 1968 I S. 520.
13 *Chemnitz/Johnigk*, Art. 1 § 8 RBerG Rn 750.

Begriff „Rechtsbeistand" oder eine zum Verwechseln ähnliche Bezeichnung geschützt war.

Bei den Ordnungswidrigkeitstatbeständen handelt es sich nicht um polizeirechtlich begründete Sanktionen,[14] da nur bereits eingetretene Rechtsverletzungen nicht schon Gefährdungen der öffentlichen Ordnung sanktioniert werden. Somit ist auch das bloße Anbieten von Inkassodienstleistungen noch nicht als Ordnungswidrigkeitstatbestand zu ahnden,[15] da die Verletzungshandlung als solche noch nicht begangen ist und nach § 13 Abs. 2 OWiG der Versuch einer Ordnungswidrigkeit nur dann geahndet wird, wenn das Gesetz dies ausdrücklich vorsieht, was bei § 20 nicht der Fall ist. Wettbewerbsrechtlich hingegen ist auch das Anbieten von unerlaubten Rechtsdienstleistungen als Verstoß gegen §§ 3, 4 Nr. 11 UWG zu werten, da bereits das Anbieten unerlaubter Rechtsdienstleistungen das Anstandsgefühl aller verständigen Berufsgenossen verletzt, weil der Anbieter sich bedenkenlos über die durch das RDG gezogenen Schranken hinwegsetzt und versucht, sich auf diese Weise einen ihm nicht zustehenden Vermögensvorteil zu verschaffen,[16] bzw hierdurch die Gefahr begründet, der Empfänger des Angebots werde sich an einen nicht qualifizierten Rechtsdienstleister wenden.[17]

II. Die einzelnen Ordnungswidrigkeitstatbestände (Abs. 1)

1. Erbringung einer Rechtsdienstleistung ohne Registrierung (Nr. 1). a) Beschränkung auf Registrierungstatbestände. Entgegen der Regelung in § 8 Abs. 1 Nr. 1 RBerG sind unerlaubte Rechtsdienstleistungen, auch wenn sie wettbewerbsrechtlich verboten sind, nur dann bußgeldbewehrt, wenn es sich um eine der in § 10 Abs. 1 Nr. 1 bis 3 aufgeführten Rechtsdienstleistungen handelt, die registrierungsfähig und -pflichtig sind. Rechtsdienstleistungen, die andere Rechtsbereiche als in § 10 Abs. 1 Nr. 1 bis 3 aufgelistet betreffen, stellen somit bereits objektiv keinen Ordnungswidrigkeitstatbestand dar.[18]

b) Der Bereich der Inkassodienstleistung, § 10 Abs. 1 S. 1 Nr. 1. Der objektive Tatbestand setzt voraus, dass eine natürliche Person – insoweit sind juristische Personen nicht als Normadressaten anzusehen[19] – eine Inkassodienstleistung erbringt, **ohne** hierfür durch die Registrierungsbehörde **registriert** worden zu sein; auf die Veröffentlichung der Registrierung kommt es insoweit nicht an. Nach § 9 OWiG trifft insoweit die bußgeldrechtliche Verantwortung bei einer juristischen Person oder rechtsfähigen Personengesellschaft das Organ bzw den Vertreter, soweit die Rechtsdienstleistung durch die Gesellschaft erbracht worden ist. Ob die Gesellschaft registrierungsfähig war, spielt insoweit keine Rolle. Es kommt nur darauf an, ob es sich um eine Rechtsdienstleistung gehandelt hat, die dem registrierungspflichtigen Inkassobereich zuzuordnen ist. Die in § 2 Abs. 2

---

14 *Schorn*, Die Rechtsberatung, 2. Aufl. 1967, S. 322.
15 OLG Karlsruhe 5.12.2002 – 1 Ss 272/01, zit. nach *Chemnitz/Johnigk*, Art. 1 § 8 RBerG Rn 751.
16 LG Köln 13.1.1953 – 14 O 226/52, AnwBl 1953, 141; vgl auch OLG Hamburg 8.2.1951 – 3 U 279/1950, MDR 1951, 305; LG Hamburg 1.7.1953 – 15 O 58/53, NJW 1953, 1590; Baumbach/Hefermehl/*Köhler*, UWG, § 4 Rn 11.63.
17 BGH 6.12.2001 – I ZR 214/99, NJW 2002, 2880 = GRUR 2002, 985, 986 („WISO").
18 AA *Feuerich/Weyland*, § 209 BRAO Rn 6.
19 Vgl für § 8 RBerG *Chemnitz/Johnigk*, Art. 1 § 8 RBerG Rn 752; Karlsruher Kommentar-OWiG/*Rogall*, Vor § 1 Rn 19.

geregelte Definition ist auch für Abs. 1 Nr. 1 iVm § 10 Abs. 1 Nr. 1 maßgeblich, die objektive Verletzungshandlung zu bestimmen. Dies bedeutet, dass eine Ordnungswidrigkeit auch dann vorliegt, wenn die Voraussetzungen einer Dienstleistung iSd § 2 Abs. 1 nicht gegeben sind, da im Bereich der Einziehung fremder oder zum Zweck der Einziehung auf fremde Rechnung abgetretener Forderungen, soweit die Forderungseinziehung als eigenständiges Geschäft betrieben wird, keine zusätzlichen Einschränkungen nach § 2 Abs. 1 bestehen. Auf eine rechtliche Prüfung des Einzelfalls kommt es also gerade nicht an, was verfassungsrechtlich nicht ganz zweifelsfrei ist, aber unter dem Gesichtspunkt des Verbraucherschutzes letztlich doch nicht gegen Art. 12 GG verstößt.[20]

8   Die Inkassorechtsdienstleistung muss als **eigenständiges Geschäft** betrieben werden. Soweit sie lediglich im Rahmen einer anderen Tätigkeit erfolgt, liegt keine eigenständige Inkassodienstleistung vor. Insoweit ist auf § 5 zurückzugreifen; soweit nach den dortigen Maßstäben die Inkassodienstleistung als Nebenleistung qualifiziert werden kann, ist schon der objektive Tatbestand einer Inkassodienstleistung nicht erfüllt. Fordert also der Verwalter einer Mietwohnung den Mieter zur Zahlung der Miete auf, ist dies nach § 5 genauso als Nebenleistung zu qualifizieren wie die Geltendmachung einer Nachlassforderung durch den Testamentsvollstrecker. Nicht gedeckt wäre eine weitergehende Inkassodienstleistung, wenn etwa der Hausverwalter, ohne Wohnungsverwalter zu sein, den Einzug der Mieten der Wohnungseigentümer gegenüber den Mietern vornehmen würde. Das Nebenleistungsinkasso muss sich also auf den Bereich der Haupttätigkeit beziehen.

9   **c) Der Bereich der Rentenberatung, § 10 Abs. 1 S. 1 Nr. 2.** Geschützt ist auch der Bereich der Rentenberatung in dem in § 10 Abs. 1 Nr. 2 normierten Umfang. Erbringt also jemand Leistungen auf dem Gebiet der Rentenberatung, ohne förmlich registriert zu sein, ist der objektive Tatbestand der Bußgeldvorschrift erfüllt. Insoweit kommt es allerdings – anders als im Inkassobereich (siehe Rn 8) – darauf an, ob mit der Beratungsleistung auf dem Gebiet der Rentenberatung § 2 Abs. 1 erfüllt ist. Es muss demzufolge eine Dienstleistung auf dem Gebiet der Rentenberatung in den in § 10 Abs. 1 Nr. 2 definierten Bereichen erbracht worden sein, die eine konkrete, fremde Angelegenheit, die eine rechtliche Prüfung des Einzelfalls erfordert, behandelt. Allgemeine Hinweise zu Fragen der gesetzlichen Rentenversicherung ohne konkreten Fallbezug erfüllen ebenso wenig den Tatbestand wie Hinweise, die keine rechtliche Prüfung erfordern, oder ein Hinweis auf eine erforderliche Antragstellung für den Erwerb einer Rente oder das Erfordernis bestimmter Beitragszeiten. Soweit die Erlaubnistatbestände der §§ 6 bis 8 eingreifen, fehlt es schon an der Verwirklichung des objektiven Tatbestands. Dies gilt für alle in § 20 erfassten Bereich des § 10.

10 **d) Rechtsdienstleistung in einem ausländischen Recht, § 10 Abs. 1 S. 1 Nr. 3.** Die Erfüllung dieses Tatbestandsmerkmals des Abs. 1 Nr. 1 setzt voraus, dass eine unter § 2 Abs. 1 zu subsumierende Tätigkeit in Bezug auf **ausländisches Recht** vorliegt. EU-Recht oder sonstiges internationales Recht ist insoweit ausgenommen, da es sich hierbei schon dem Wortlaut nach nicht um ausländisches Recht handelt. Zwar erfasst die Registrierung des ausländischen Rechts auch das EU-Recht oder das EWR-Recht, wenn das ausländische Recht das eines Mit-

---

20 BVerfG 20.2.2002 – 1 BvR 423/99, 1 BvR 821/00, 1 BvR 1412/01, NJW 2002, 1190, 1191 (Inkassounternehmen I).

glieds- oder Vertragsstaates iSd § 10 Abs. 1 Nr. 3 ist. Damit wird aber dieses Recht noch nicht zu ausländischem Recht, so dass einer unzulässigen Beratung auf diesen Rechtsgebieten nur mit den Mitteln des Zivil- und Wettbewerbsrechts, nicht des Bußgeldrechts begegnet werden kann. Andererseits umfasst der Begriff des ausländischen Rechts alle Bereiche des ausländischen Rechts, gleichgültig, ob es sich um materielles Recht oder Verfahrensrecht handelt.

Täter kann insoweit ein Deutscher oder ein Ausländer sein, wobei es allerdings darauf ankommt, dass die Rechtsdienstleistung auf dem **Gebiet der BRD** erbracht worden ist. Der Geltungsbereich des RDG bezieht sich insoweit nur auf das Gebiet der BRD,[21] § 5 OWiG. Insoweit ist der Ort der Leistungserbringung[22] oder der Niederlassung[23] maßgeblich. Die Rechtsdienstleistung muss sich also im Inland vollziehen, um den Geltungsbereich des RDG zu bejahen. Agiert also ein Rechtsberater auf dem Gebiet ausländischen Rechts vom Ausland her, soll das RDG nicht gelten.[24] Dies würde den Schutzbereich des RDG jedoch zu weit einengen. Erfolgt die Leistungserbringung im Inland und wirkt sich diese im Inland aus, in dem Rechte oder Ansprüche auf dem Gebiet der BRD realisiert werden sollen, ist der Schutzbereich des RDG tangiert, auch wenn es sich bei den betroffenen Personen nicht um Deutsche handelt, zumindest wenn der Wohnsitz der Auftraggeber sich im Inland befindet.[25] Dafür spricht auch die in § 15 aufgenommene Regelung zur vorübergehenden oder gelegentlichen Tätigkeit von dort genannten Personen, die dem Grunde nach obsolet wäre, würde man darauf abstellen, dass die geschützte Tätigkeit eine Niederlassung oder Zweigstelle des Dienstleistungserbringers auf dem Gebiet der BRD voraussetzen würde.[26] Betreibt ein Unternehmen mit Sitz im Ausland Inkassotätigkeit aus dem Ausland – auch per Internet – auf dem Gebiet der BRD, wirkt sich zumindest die Leistungserbringung auch im Inland aus, so dass auch wegen des Schutzes der durch Inkassotätigkeiten angesprochenen Verbraucher von einer ausreichenden Berührung zum **Territorialitätsprinzip** des § 5 OWiG auszugehen ist.

2. Zuwiderhandlung gegen vollziehbare Anordnung (Nr. 2). Die Ahnung eines Verstoßes gegen eine vollziehbare Anordnung nach § 9 Abs. 1 oder § 15 Abs. 5 erfasst mehr Tatbestände als die vergleichbare Regelung in Art. 1 § 8 Abs. 1 Nr. 2 RBerG oder § 160 Abs. 1 Nr. 1 StBerG. § 8 Abs. 1 Nr. 2 RBerG betraf nur Zuwiderhandlungen gegen eine Untersagungsverfügung, die sich gegen auf berufsständischer oder ähnlicher Grundlage gebildete Vereinigungen gerichtet hat, sei es, weil die Rechtsberatung von nicht ausreichend qualifizierten Personen, wie in den §§ 4 bis 8 der 1. AVO zum RBerG aufgeführt, ausgeübt wird (§ 16 Abs. 1 Buchst. a) der 1. AVO zum RBerG), sei es, dass die Rechtsberatung über den zulässigen Beratungsbereich hinausreichte oder die Vereinigung die Voraussetzung nach § 7 RBerG nicht erfüllt, sich aber als zulässige Vereinigung nach

---

21 Henssler/Prütting/*Weth*, Art. 1 § 1 RBerG Rn 99.
22 VG Schleswig 14.9.1988 – 9 A 106/87 (92), NJW 1989, 1178; OLG Stuttgart 18.9.1996 – 1 Ss 544/96, MDR 1997, 285; *Willander*, NJW 1989, 1128, 1129 f.
23 Erbs/Kohlhaas/*Senge*, Art. 1 § 3 RBerG Rn 11; LG Dortmund 3.11.1998 – 19 O 43/48, AnwBl 1999, 617.
24 OLG Stuttgart 18.9.1996 – 1 Ss 544/96, MDR 1997, 285.
25 OLG Stuttgart 13.12.2000 – 3 U 169/00, AnwBl 2002, 368; OLG Hamm 15.6.1999 – 4 U 10/99, NJW-RR 2000, 509; aA Henssler/Prütting/*Weth*, Einl. RBerG Rn 77.
26 So aber Henssler/Prütting/*Weth*, Einl. RBerG Rn 77.

außen geriert (§ 16 Abs. 1 Buchst. b) der 1. AVO zum RBerG).[27] Eine Untersagungsverfügung nach § 9 Abs. 1, die für längstens fünf Jahre ausgesprochen werden darf, betrifft zwar ebenfalls berufliche oder andere, zur Wahrung gemeinsamer Interessen gegründete Vereinigungen, daneben aber auch die in § 7 Abs. 1 Nr. 2 erwähnten Genossenschaften und ähnliche Gruppierungen wie auch Erbringer von unentgeltlichen Rechtsdienstleistungen, die in § 6 aufgeführt sind. Schließlich sind auch Untersagungsverfügungen gegen die in § 8 Abs. 1 Nr. 4 genannten Verbraucherzentralen und andere, mit öffentlichen Mitteln geförderte Verbraucherverbände erfasst sowie die in § 8 Abs. 1 Nr. 5 aufgelisteten Verbände der freien Wohlfahrtspflege und gleichgestellte Verbände.

13 Als Ordnungswidrigkeit geahndet werden kann nur ein Verstoß gegen eine **für sofort vollziehbar erklärte oder bestandskräftige Untersagungsverfügung**.[28] Irrt der Täter über die Unanfechtbarkeit/Vollziehbarkeit der Anordnungen, liegt ein Tatbestandsirrtum vor.[29] Insoweit genügt nach dem Wortlaut das formelle Vorliegen einer Untersagungsverfügung, bei Zuwiderhandlungen hiergegen den objektiven Tatbestand der Bußgeldvorschrift zu bejahen. Eine materielle Prüfung der Verbotsverfügung hat insoweit nicht mehr zu erfolgen, mit der Ausnahme, dass bei Nichtigkeit der Verfügung (§§ 43 Abs. 3, 44 VwVfG) der objektive Tatbestand nicht gegeben ist. Die nur materielle Rechtswidrigkeit lässt den objektiven Tatbestand hingegen unberührt, da es insoweit nur auf die sofortige Vollziehbarkeit oder Bestandskraft der Anordnung ankommt. Eine Bindung der Bußgeldbehörde an den Verwaltungsakt existiert aber nicht, da dies im OWiG nicht vorgesehen ist.[30] Sind allerdings gegen die Untersagungsverfügung Rechtsmittel ergriffen, wird üblicherweise ein Bußgeldverfahren bis zum Ausgang des verwaltungsrechtlichen Verfahrens **ausgesetzt** werden, was aufgrund des in § 47 Abs. 1 OWiG normierten Opportunitätsprinzips möglich ist.[31]

14 Maßgebend für die Annahme eines Verstoßes ist die Zuwiderhandlung gegen die Anordnung der zuständigen Behörde. Insoweit ist es erforderlich, diese Anordnung nach § 9 Abs. 1 bzw § 15 Abs. 5 so konkret wie möglich zu formulieren, um einen klar umrissenen Verbotstatbestand zu definieren. Zu offene Formulierungen der Verbotsverfügung ließe ggf eine Berufung auf einen Tatbestands- oder auch Verbotsirrtum des Täters zu.

15 Richtet sich die Untersagungsverfügung nur gegen eine **Vereinigung** nach §§ 7, 8, ist fraglich, ob ein in der Verfügung nicht namentlich Genannter bei einer Zuwiderhandlung gegen die Verbotsverfügung nach Abs. 1 Nr. 2 mit einem Bußgeld belegt werden kann. Dies ist dann zu bejahen, wenn die Voraussetzungen des § 9 OWiG in Bezug auf den Handelnden vorliegen. Wird also einer Vereinigung iSd § 7 Abs. 1 Nr. 1 wegen unzureichend qualifizierter personeller Ausstattung die Wahrnehmung von Rechtsdienstleistungen untersagt, handelt auch

---

27 BVerwG 14.4.1983 – 5 C 110.79, DVBl 1983, 1250; BVerwG 18.12.1973 – 1 C 18.68, DÖV 1974, 675; OVG Münster 31.7.1962 – II A 1459/60, AnwBl 1962, 306.
28 BGH 23.7.1969 – 4 StR 371/68, BGHSt 23, 86, 95 = NJW 1969, 2023; OLG Hamm 20.12.1979 – 2 Ss OWi 2977/79, NJW 1980, 1476; OLG Karlsruhe 15.3.1988 – 4 Ss 214/87, NJW 1988, 1604; *Lemke/Mosbacher*, OWiG, 2. Aufl. 2005, § 11 Rn 8; Karlsruher Kommentar-OWiG/*Rengier*, § 11 Rn 18.
29 *Lemke/Mosbacher*, OWiG, § 11 Rn 8; Karlsruher Kommentar-OWiG/*Rengier*, § 11 Rn 18.
30 Göhler/*Seitz*, OWiG, Vor § 59 Rn 1.
31 Göhler/*Seitz*, OWiG, § 71 Rn 49.

der von der Vereinigung Beauftragte der Anordnung zuwider und setzt sich einem Bußgeldverfahren aus, da nach § 9 Abs. 2 die Untersagungsverfügung, die gegen die Vereinigung gerichtet ist, auch auf ihn anzuwenden ist. Die Kenntnis der Untersagungsverfügung durch den Handelnden ist aber erforderlich, da es ansonsten am Vorsatz fehlt und von einem Tatbestandsirrtum (§ 11 Abs. 1 OWiG) auszugehen ist.[32] Gleiches gilt auch für den Vertreter einer Vereinigung. Nach § 30 Abs. 1 OWiG kann auch gegen die Vereinigung, gegen die eine Untersagungsanordnung ergangen ist, ein Bußgeld verhängt werden, wenn der Vertretungsberechtigte der Vereinigung der Anordnung zuwider handelt und er hierdurch eine Ordnungswidrigkeit nach Abs. 1 Nr. 2 begangen hat.

3. Führen einer geschützten Berufsbezeichnung (Nr. 3). Durch Abs. 1 Nr. 3 sind die in § 11 genannten Rechtsdienstleistungsbereiche „Inkasso" und „Rentenberatung" in ihrer Berufsbezeichnung besonders geschützt worden. Die Bereiche Inkasso und Rentenberatung, die der Gesetzgeber dem Registrierungsverfahren vorbehalten hat, sollen insoweit auch in ihrer gesetzgeberisch vorgegebenen Kennzeichnung vor Missbrauch geschützt werden. Hierbei rekuriert der Bußgeldtatbestand auf § 11 Abs. 4, wonach die Berufsbezeichnung, die den Begriff **„Inkasso"** sowie **„Rentenberater/in"** oder diesen zum Verwechseln ähnliche Bezeichnungen beinhalten, nur von den für die genannten Bereiche registrierten Personen geführt werden dürfen. **16**

Für die Annahme eines Verstoßes genügt das Führen einer Bezeichnung; sie muss nicht zwingend als Berufsbezeichnung personalisiert sein. Wirbt jemand mit dem Begriff „Inkasso", erfüllt dies den Tatbestand. **17**

Bei der Annahme eines **verwechslungsfähigen Begriffs** kommt es auf den Einzelfall an; eine sprachliche Ähnlichkeit ist vom Wortlaut her nicht gefordert.[33] Es kommt insoweit nur darauf an, ob ein durchschnittlicher, nicht genau prüfender Dritter davon ausgeht, dass es sich bei dem benutzten Begriff dem Sinn nach um eine Bezeichnung für Inkasso oder Rentenberatung handelt.[34] So werden auch die Bezeichnungen „Forderungseinzug" oder „Beitreibung von Außenständen" mit dem Begriff des Inkassos gleichzusetzen sein wie auch die Bezeichnung „Beratung in Rentensachen" oder „Altersrentenberater" den Tatbestand erfüllt. **18**

Bei verwechslungsfähigen Bezeichnungen wird sich ein Betroffener auf einen Tatbestands- oder Verbotsirrtum berufen wollen. Hierbei bleibt allerdings bei einem bloßen Subsumtionsirrtum der Vorsatz unberührt. Ein solcher Subsumtionsirrtum liegt vor, wenn der Betroffene die verwechslungsfähige Bezeichnung nicht für verwechslungsfähig hält, so dass in diesem Fall der Vorsatz nicht entfällt.[35] Hält der Betroffene sich aufgrund seiner Kenntnisse für befugt, sich Rentenberater zu nennen, obwohl er die Schutznorm für die Bezeichnung kennt, liegt lediglich ein Verbotsirrtum nach § 11 Abs. 2 OWiG, der idR vermeidbar ist, vor. Weiß der Betroffene allerdings nicht, dass für die Führung der Bezeichnung Ren- **19**

---

32 *Chemnitz/Johnigk*, Art. 1 § 8 RBerG Rn 774; Karlsruher Kommentar-OWiG/*Rengier*, § 11 Rn 18; Göhler/*König*, OWiG, § 11 Rn 3 und 21.
33 Hensssler/Prütting/*Weht*, Art. 1 § 8 RBerG Rn 24; Erbs/Kohlhaas/*Senge*, Art. 1 § 8 RBerG Rn 12.
34 *Chemnitz/Johnigk*, Art. 1 § 8 RBerG Rn 798; Hensssler/Prütting/*Weht*, Art. 1 § 8 RBerG Rn 24; Erbs/Kohlhaas/*Senge*, Art. 1 § 8 RBerG Rn 12; aA *Rennen/Caliebe*, Art. 1 § 8 RBerG Rn 27.
35 Göhler/*König*, OWiG, § 11 Rn 8; Karlsruher Kommentar-OWiG/*Rengier*, § 11 Rn 16.

tenberater eine zuvor erfolgte Registrierung erforderlich ist, soll ein Tatbestandsirrtum anzunehmen sein, der den Vorsatz ausschließt.[36]

III. Beteiligte

20 Das Ordnungswidrigkeitenrecht kennt nur einen einheitlichen Täterbegriff in § 14 OWiG, nicht die Differenzierung nach (mittelbarer) Täterschaft, Anstiftung oder Beihilfe. Nach § 14 Abs. 1 S. 2 OWiG genügt es, wenn nur bei einem der an der Tat Beteiligten die Voraussetzungen für die Annahme der Verwirklichung eines Bußgeldtatbestands vorliegen, geht man davon aus, dass die fehlende Registrierung ein ahndungsbegründendes Merkmal in der Person eines der Beteiligten ist.[37] Insoweit kann auch ein registrierter Dienstleister oder ein Rechtsanwalt wegen einer durch einen anderen, nicht befugt handelnden Tatbeteiligten eine Ordnungswidrigkeit nach § 20 begehen.[38] Die Vorschrift des § 14 Abs. 3 S. 2 OWiG kommt insoweit nicht zum Tragen.[39] Überlässt also ein Rechtsanwalt in Kenntnis der Umstände einem nicht registrierten Rentenberater Räume zu entsprechenden Dienstleistungen, handelt auch er ordnungswidrig.[40] Der Beratene selbst handelt nicht ordnungswidrig, da das RDG gerade seinem Schutz dient;[41] insoweit greift hier § 14 Abs. 3 OWiG ein.[42]

IV. Rechtsfolgenausspruch (Abs. 2)

21 **1. Höhe der Geldbuße.** Gemäß Abs. 2 besteht ein Ahndungsrahmen, eine Geldbuße von 5 € (§ 17 Abs. 1 OWiG) bis 5.000 € zu verhängen. Der Maßstab für die Höhe der Geldbuße richtet sich nach § 17 Abs. 3 aus an der Bedeutung der Ordnungswidrigkeit und der Schwere des Tatvorwurfs. Auch sind die wirtschaftlichen Verhältnisse des Täters zu berücksichtigen. Nach § 17 Abs. 4 OWiG soll die Geldbuße auf alle Fälle den wirtschaftlichen Vorteil, den der Täter aus der Ordnungswidrigkeit gezogen hat, übersteigen. In diesem Fall kann ausnahmsweise auch der Bußgeldrahmen von 5.000 € überschritten werden, wenn die wirtschaftlichen Vorteile, die der Täter durch die Ordnungswidrigkeit erlangt hat, durch die Höchstbuße nicht abgeschöpft werden.

22 **2. Inhalt des Bußgeldbescheids.** Nach § 66 OWiG sind für die Ausgestaltung des Bußgeldbescheids bestimmte Angaben zwingend erforderlich, insbesondere die Bezeichnung der Tat sowie Zeit und Ort ihrer Begehung. Dazu gehört in den Fällen des Abs. 1 Nr. 1, dass dem Betroffenen bekanntgegeben wird, für welche Person und durch welche Handlungen er tätig geworden ist. Die bloße Angabe, der Täter habe während eines bestimmten Zeitraums unerlaubt ohne Registrierung Rechtsdienstleistungen iSd § 10 Abs. 1 erbracht, reicht demgegenüber nicht aus.[43] Da es keinen Fortsetzungszusammenhang mehr gibt, auch nicht im Ord-

---

36 OLG Celle 25.5.2004 – 222 Ss 71/04 (OWi), NJW 2004, 3790; Göhler/*König*, OWiG, § 11 Rn 32.
37 Henssler/Prütting/*Weht*, Art. 1 § 8 RBerG Rn 8; Erbs/Kohlhaas/*Senge*, Art. 1 § 8 RBerG Rn 17; *Chemnitz/Johnigk*, Art. 1 § 8 RBerG Rn 755.
38 BayObLG 21.4.1983 – 3 ObOWi 46/83, NStZ 1983, 512 = AnwBl 1983, 457; OLG Stuttgart 26.2.1992 – 3 Ss 5/92, NJW 1992, 3051.
39 Henssler/Prütting/*Weth*, Art. 1 § 8 RBerG Rn 7 f.
40 BayObLG 21.4.1983 – 3 ObOWi 46/83, NStZ 1983, 512 = AnwBl 1983, 457.
41 Erbs/Kohlhaas/*Senge*, Art. 1 § 8 RBerG Rn 18.
42 Henssler/Prütting/*Weth*, Art. 1 § 8 RBerG Rn 9.
43 Henssler/Prütting/*Weth*, Art. 1 § 8 RBerG Rn 29; Erbs/Kohlhaas/*Senge*, Art. 1 § 8 RBerG Rn 26.

nungswidrigkeitenrecht, sind an die Zusammenfassung mehrerer Einzelakte zu einer Tat im Rechtssinne erhöhte Anforderungen zu stellen.[44] Kommt es aufgrund eines Einspruchs zu einem gerichtlichen Verfahren, können die im Bußgeldbescheid nicht angegebenen Einzelakte nicht abgeurteilt werden.[45]

3. Verjährung. Die Verjährung richtet sich nach allgemeinem Ordnungswidrigkeitenrecht. Gemäß § 31 Abs. 2 Nr. 2 OWiG verjährt die Tat in zwei Jahren seit Beendigung der Tat, § 31 Abs. 3 S. 1 OWiG. Dies ist der Fall, wenn die in Abs. 1 Nr. 1 geregelte Rechtsdienstleistung tatsächlich beendet ist. Im Zweifelsfall wird man sich insoweit an der fiktiven Fälligkeit der Entgeltleistung orientieren können, auch wenn diese wegen Nichtigkeit des zugrunde liegenden Auftragsverhältnisses in Wirklichkeit entfällt und nur unter dem Gesichtspunkt des § 812 BGB ggf zum Tragen kommt. 23

Die **Vollstreckungsverjährung** richtet sich nach § 33 OWiG und beträgt je nach der Höhe der rechtskräftigen Geldbuße drei bis fünf Jahre und beginnt mit der Rechtskraft der Entscheidung, § 34 OWiG. 24

4. Zuständige Verfolgungsbehörden. Aufgrund der in § 36 Abs. 2 OWiG vorgesehenen Öffnungsklausel für die Länder wurde die Verfolgungszuständigkeit für die Ordnungswidrigkeiten von den meisten Ländern auf die Leiter der Staatsanwaltschaften bei den Landgerichten übertragen.[46] 25

---

44 Vgl BGH 3.5.1994 – GSSt 2/93, GSSt 3/93, BGHSt 40, 138 = NJW 1994, 1663.
45 BayObLG 29.6.1994 – 3 ObOWi 54/94, NJW 1994, 2303; Hensfler/Prütting/*Weth*, Art. 1 § 8 RBerG Rn 29.
46 Vgl hierzu Hensfler/Prütting/*Weth*, Art. 1 § 8 RBerG Rn 28.

Einführungsgesetz zum Rechtsdienstleistungsgesetz (RDGEG)

Vom 12.12.2007 (BGBl. I S. 2840, 2846)[1] (BGBl. III 303-21)
zuletzt geändert durch Gesetz zur Reform des Verfahrens in Familiensachen und in den Angelegenheiten der freiwilligen Gerichtsbarkeit (FGG-Reformgesetz – FGG-RG) vom 17.12.2008 (BGBl. I S. 2586, 2742)

§ 1 Erlaubnisinhaber nach dem Rechtsberatungsgesetz

(1) Behördliche Erlaubnisse zur Besorgung fremder Rechtsangelegenheiten von Erlaubnisinhabern, die nicht Mitglied einer Rechtsanwaltskammer sind, erlöschen sechs Monate nach Inkrafttreten dieses Gesetzes. Erlaubnisinhaber können unter Vorlage ihrer Erlaubnisurkunde die Registrierung nach § 13 des Rechtsdienstleistungsgesetzes beantragen. Wird der Antrag innerhalb von sechs Monaten nach Inkrafttreten dieses Gesetzes gestellt, bleibt die Erlaubnis abweichend von Satz 1 bis zur Entscheidung über den Antrag gültig.

(2) Behördliche Erlaubnisse zur Besorgung fremder Rechtsangelegenheiten von Erlaubnisinhabern, die nach § 209 der Bundesrechtsanwaltsordnung in eine Rechtsanwaltskammer aufgenommen sind (Kammerrechtsbeistände), erlöschen mit ihrem Ausscheiden aus der Rechtsanwaltskammer. Kammerrechtsbeistände, deren Aufnahme in die Rechtsanwaltskammer nach § 209 Abs. 2 der Bundesrechtsanwaltsordnung auf eigenen Antrag widerrufen wird, können die Registrierung nach § 13 des Rechtsdienstleistungsgesetzes beantragen. Wird der Antrag innerhalb von drei Monaten nach dem Widerruf gestellt, bleibt die Erlaubnis abweichend von Satz 1 bis zur Entscheidung über den Antrag gültig.

(3) Inhaber einer Erlaubnis nach Artikel 1 § 1 Abs. 1 Satz 2 Nr. 1, 5 oder Nr. 6 des Rechtsberatungsgesetzes werden unter Angabe des Umfangs ihrer Erlaubnis als registrierte Personen nach § 10 Abs. 1 Satz 1 Nr. 1, 2 oder Nr. 3 des Rechtsdienstleistungsgesetzes registriert. Erlaubnisinhaber, deren Erlaubnis sich auf andere Bereiche erstreckt oder deren Befugnisse über die in § 10 Abs. 1 des Rechtsdienstleistungsgesetzes geregelten Befugnisse hinausgehen, werden gesondert oder zusätzlich zu ihrer Registrierung nach Satz 1 als Rechtsbeistände oder Erlaubnisinhaber registriert (registrierte Erlaubnisinhaber). Sie dürfen unter ihrer bisher geführten Berufsbezeichnung Rechtsdienstleistungen in allen Bereichen des Rechts erbringen, auf die sich ihre bisherige Erlaubnis erstreckt. Rechtsdienstleistungen auf den Gebieten des Steuerrechts und des gewerblichen Rechtsschutzes dürfen sie nur erbringen, soweit die bisherige Erlaubnis diese Gebiete ausdrücklich umfasst.

(4) Abweichend von § 13 des Rechtsdienstleistungsgesetzes prüft die zuständige Behörde vor der Registrierung nur, ob eine ausreichende Berufshaftpflichtversicherung nach § 12 Abs. 1 Nr. 3 des Rechtsdienstleistungsgesetzes besteht. Als qualifizierte Personen werden die zur Zeit der Antragstellung in der Erlaubnisurkunde bezeichneten Ausübungsberechtigten registriert. Kosten werden für die Registrierung und ihre öffentliche Bekanntmachung nicht erhoben. Die spätere Benennung qualifizierter Personen ist nur für registrierte Personen nach § 10

---

[1] Verkündet als Art. 2 des Gesetzes zur Neuregelung des Rechtsberatungsrechts vom 12.12.2007 (BGBl. I S. 2840, 2846).

Abs. 1 des Rechtsdienstleistungsgesetzes und nicht für registrierte Erlaubnisinhaber möglich.

(5) Der Widerruf einer Erlaubnis nach dem Rechtsberatungsgesetz steht dem Widerruf der Registrierung nach § 12 Abs. 1 Nr. 1 Buchstabe c und § 13 Abs. 1 Satz 3 Nr. 4 des Rechtsdienstleistungsgesetzes gleich.

I. Entstehungsgeschichte und Normzweck 1	a) Der „Beruf" des Kammerrechtsbeistands 41
1. Eingeschränkter Bestandsschutz 2	b) Ausscheiden aus der Rechtsanwaltskammer 46
2. Berufe auf dem Prüfstand 7	aa) Unfreiwilliges Ausscheiden 49
II. Regelungsgehalt 11	bb) Freiwilliges Ausscheiden (Abs. 2 S. 2 und 3) 52
1. Arten von Alt-Erlaubnisinhabern und Regelungssystematik 11	4. Die Unterscheidung zwischen registrierten Personen und registrierten Erlaubnisinhabern (Abs. 3) 56
2. Die grundsätzliche Regelung für Alt-Erlaubnisinhaber, die nicht Mitglied einer Rechtsanwaltskammer sind (Abs. 1).... 14	a) Registrierte Personen (Abs. 3 S. 1) 59
a) Die einzelnen Berufsgruppen 16	b) Registrierte Erlaubnisinhaber (Abs. 3 S. 2 Alt. 1) 60
aa) Rentenberater 16	c) Kombinationsfälle (Abs. 3 S. 2 Alt. 2) 62
bb) Frachtprüfer 20	d) Berufsbezeichnung und Umfang der Erlaubnis (Abs. 3 S. 3 und 4) 63
cc) Vereidigte Versteigerer.. 22	5. Verfahrensfragen (Abs. 4) 67
dd) Inkassounternehmer (Inkassobüros) 23	a) Vereinfachtes Prüfungsverfahren (Abs. 4 S. 1 und 3).. 68
ee) Rechtskundige in einem ausländischen Recht 27	b) Registrierung qualifizierter Personen (Abs. 4 S. 2 und 4) 75
ff) Nicht verkammerte Voll-Rechtsbeistände 30	
b) Vereinfachtes Registrierungsverfahren (Abs. 1 S. 2) 31	
c) Frist (Abs. 1 S. 3) 33	6. Registrierungshindernis (Abs. 5) 81
3. Die Sonderregelung für Kammerrechtsbeistände (Abs. 2) ... 40	

I. Entstehungsgeschichte und Normzweck

§ 1 regelt das Schicksal derjenigen Rechtsdienstleister, die über eine Erlaubnis 1 nach altem Recht verfügen. Als Alt-Erlaubnisinhaber gelten auch Personen, die ihren Antrag auf Erteilung einer Erlaubnis noch vor dem Inkrafttreten des RDG am 1.7.2008 (nach Art. 1 § 1 Abs. 1 S. 1 RBerG) gestellt, die Erlaubnis aber erst nach dem 1.7.2008 erhalten haben. Denn über ihre Anträge war gemäß § 7 noch nach altem Recht zu entscheiden.

1. Eingeschränkter Bestandsschutz. Zwar wird kein Bestandsschutz im eigent- 2 lichen Sinne gewährt, doch sollen alle bisherigen Erlaubnisinhaber die Möglichkeit erhalten, ihre Rechtsdienstleistungen dauerhaft weiter zu erbringen. Eine Einschränkung des Umfangs ihrer Rechtsdienstleistungsbefugnis, insbesondere eine Beschränkung auf die in § 10 Abs. 1 RDG geregelten Tätigkeiten (Inkassodienstleistungen, Rentenberatung, Rechtsdienstleistungen in einem ausländischen Recht), ist nicht vorgesehen. Die einzige „Erschwernis" gegenüber dem bisherigen Rechtszustand besteht in der Pflicht zur Unterhaltung einer Haftpflichtversicherung.[1] Der RefE (§ 1 Abs. 1 RDGEG-E) hatte noch umfassenden Bestandsschutz, nämlich die Regelung vorgesehen, dass behördliche Erlaubnisse zur Besorgung fremder Rechtsangelegenheiten, die einer natürlichen Person vor Inkrafttreten des RDG erteilt wurden, gültig bleiben sollten.

3 Neu ist gegenüber dem RefE auch die Unterscheidung zwischen den sog. Kammerrechtsbeiständen und Erlaubnisinhabern, die nicht Mitglied einer Rechtsanwaltskammer sind. Nur Letztere sollen in das Regelungssystem des RDG überführt und damit den nach § 10 RDG registrierten Personen gleichgestellt werden. Zugleich will der Gesetzgeber durch ihre Registrierung eine Markttransparenz herstellen, die für die Justizverwaltung und den Rechtsverkehr, aber auch für die Rechtsbeistände selbst erhebliche Vorteile biete.[2] Für verkammerte (Voll-)Rechtsbeistände ändert sich dagegen nichts. Für sie wurde in Abs. 2 lediglich eine Übergangsregelung für den Fall des willentlichen Ausscheidens aus der Rechtsanwaltskammer geschaffen. Der Gesetzgeber geht davon aus, dass eine Überführung der Kammerrechtsbeistände in das System des RDG nicht geboten sei, weil sie der Aufsicht der Rechtsanwaltskammern unterlägen und Aufhebung und Erlöschen ihrer Erlaubnis in § 209 Abs. 1 S. 3 BRAO besonders geregelt seien.[3]

4 Behördliche Erlaubnisse zur Besorgung fremder Rechtsangelegenheiten, die einer juristischen Person oder einer Gesellschaft ohne Rechtspersönlichkeit erteilt wurden, sollten gemäß § 1 Abs. 2 des RefE „mit dem Wegfall der letzten am Tag des Inkrafttretens dieses Gesetzes in der Erlaubnis namentlich bezeichneten Person" erlöschen, was von der Bundesrechtsanwaltskammer in ihrer seinerzeitigen Stellungnahme[4] ausdrücklich begrüßt wurde. Auf diese Weise werde verhindert, dass Alt-Erlaubnisse von juristischen Personen oder Gesellschaften ohne Rechtspersönlichkeit durch die fortlaufende Neubenennung von Ausübungsberechtigten endlos perpetuiert würden.

5 In dieser Schärfe gilt das nach Abs. 4 S. 4 jetzt nur noch für juristische Personen oder Gesellschaften ohne Rechtspersönlichkeit, die registrierte Erlaubnisinhaber (vgl Rn 60 f) sind, also über eine Alt-Erlaubnis verfügen, die in Inhalt oder Reichweite über § 10 Abs. 1 RDG hinausgeht.

6 Eine Sonderregelung gilt gemäß § 2 für **Versicherungsberater** (siehe § 2 Rn 1 ff, 17 f).

7 **2. Berufe auf dem Prüfstand.** § 1 folgt der Systematik des RDG, das die Reglementierungen des alten Rechts (Art. 1 § 1 Abs. 1 S. 2 Nr. 1 bis 6 RBerG) nur noch zum Teil beibehält. Der Gesetzgeber sah sich durch gesellschaftliche Entwicklungen, die auch Auswirkungen auf den Rechtsdienstleistungsmarkt hätten, veranlasst, die Erlaubnistatbestände des RBerG zu überprüfen. Einige Berufsbilder hätten sich verfestigt, andere klassische Erlaubnistatbestände hätten dagegen an Bedeutung verloren.

---

1 Begr. RegE, BT-Drucks. 16/3655, S. 77.
2 Begr. RegE, BT-Drucks. 16/3655, S. 77 f.
3 Begr. RegE, BT-Drucks. 16/3655, S. 78.
4 Stellungnahme der Bundesrechtsanwaltskammer zum Referentenentwurf des BMJ eines Gesetzes zur Neuregelung des Rechtsberatungsrechts (Rechtsdienstleistungsgesetz – RDG), BRAK-Nr. 385/2005, S. 44 f.

So seien Inkassounternehmen aus dem Wirtschaftsleben nicht wegzudenken.[5] **8**
Und auch die Bereiche Rentenberatung und Rechtsdienstleistungen in einem
ausländischen Recht hätten nach wie vor ihre Daseinsberechtigung.

Eine andere Entwicklung hätten dagegen die Berufe der Frachtprüfer und der **9**
vereidigten Versteigerer genommen. Eine Länderumfrage habe gezeigt, dass es
bei diesen Teilerlaubnissen in den letzten zehn Jahren tatsächlich kaum Neuzulassungen gegeben habe. Deshalb werde hier jetzt auf ein aufwändiges Verwaltungsverfahren verzichtet. Soweit Frachtprüfer im Rahmen ihrer Tätigkeit
Rechtsdienstleistungen erbrächten, könne dies künftig auch ohne Registrierung
unter dem allgemeinen Tatbestand der Rechtsdienstleistungen im Zusammenhang mit einer anderen Tätigkeit gemäß § 5 Abs. 1 RDG erfolgen. Gleiches gelte
für öffentlich bestellte Versteigerer nach § 34 b GewO, bei denen der Erlaubnistatbestand in Art. 1 § 1 Abs. 1 S. 2 Nr. 4 RBerG ohnehin nur Tätigkeiten erfasst
habe, die für die Wahrnehmung der Aufgaben als Versteigerer erforderlich seien.
Hier finde über die Vorschriften der GewO stets eine ausreichende öffentliche
Kontrolle ihrer – auch rechtsdienstleistenden – Tätigkeit statt.[6]

Angesichts dessen fragt sich allerdings, warum für Frachtprüfer und vereidigte **10**
Versteigerer überhaupt noch eine Übergangsregelung vorgesehen und die Vielgestaltigkeit oder, besser gesagt, Uneinheitlichkeit der früheren Erlaubnistatbestände noch für eine lange Übergangszeit in das Rechtsdienstleistungsregister
transportiert wurde.

II. Regelungsgehalt

1. Arten von Alt-Erlaubnisinhabern und Regelungssystematik. § 1 erfasst grds. **11**
vier Arten von Alt-Erlaubnisinhabern:

- die Inhaber einer Erlaubnis in einem der drei Registrierungsbereiche des
  § 10 Abs. 1 S. 1 RDG (Inkasso, Rentenberatung, ausländisches Recht), die
  nunmehr „registrierte Personen" nach § 10 Abs. 1 S. 1 Nr. 1, 2 oder 3 RDG
  sind;
- Erlaubnisinhaber, deren Erlaubnis sich auf andere als die in § 10 Abs. 1 S. 1
  RDG genannten Bereiche erstreckt und die als „registrierte Erlaubnisinhaber" in das Rechtsdienstleistungsregister einzutragen sind;
- Erlaubnisinhaber, deren Erlaubnis sich auf einen der drei Registrierungsbereiche des § 10 Abs. 1 S. 1 RDG bezieht, deren Befugnisse aber über die in
  § 10 Abs. 1 geregelten Befugnisse hinausgehen, und die sowohl als „registrierte Personen" als auch als „registrierte Erlaubnisinhaber" in das Rechtsdienstleistungsregister einzutragen sind;
- Kammerrechtsbeistände, also einer Rechtsanwaltskammer angehörende
  Rechtsbeistände mit Vollerlaubnis, für die keine Eintragungspflicht besteht.

Eine fünfte Kategorie, an die zu denken wäre, nämlich die der Rechtsbeistände **12**
mit Vollerlaubnis, die nicht verkammert sind, entspricht der dritten Kategorie.

Die Systematik von § 1 ist etwas unübersichtlich, weil zunächst in den Absätzen 1 **13**
und 2 grds. zwischen Alt-Erlaubnisinhabern, die nicht Mitglied einer Rechtsanwaltskammer sind, und sog. verkammerten Rechtsbeiständen unterschieden
wird. Für die Nicht-Kammerrechtsbeistände, also die in Abs. 1 erfasste Perso-

---

5 Vgl hierzu das Zahlenmaterial in § 2 RDG Rn 75.
6 Begr. RegE, BT-Drucks. 16/3655, S. 40, 41.

nengruppe, schafft Abs. 3 dann noch einmal die Unterscheidung in „registrierte Personen", „registrierte Erlaubnisinhaber" und „registrierte Personen und registrierte Erlaubnisinhaber". Abs. 4 schließlich enthält – unter anderem – eine besondere Regelung für juristische Personen und Gesellschaften ohne Rechtspersönlichkeit, die Inhaber einer Erlaubnis zur Besorgung fremder Rechtsangelegenheiten sind.

14 **2. Die grundsätzliche Regelung für Alt-Erlaubnisinhaber, die nicht Mitglied einer Rechtsanwaltskammer sind (Abs. 1).** Abs. 1 statuiert einen beschränkten Bestandsschutz für sämtliche Personen, die über eine behördliche Erlaubnis zur Besorgung fremder Rechtsangelegenheiten verfügen, mit Ausnahme der Versicherungsberater und der sog. Kammerrechtsbeistände.

15 Es sind dies Inhaber einer Erlaubnis als
- Rentenberater (Art. 1 § 1 Abs. 1 S. 2 Nr. 1 RBerG);
- Frachtprüfer für die Prüfung von Frachtrechnungen und die Verfolgung der sich hierbei ergebenden Frachterstattungsansprüche (Art. 1 § 1 Abs. 1 S. 2 Nr. 3 RBerG);
- vereidigte Versteigerer, soweit die Erlaubnis für die Wahrnehmung der Aufgaben als Versteigerer erforderlich ist (Art. 1 § 1 Abs. 1 S. 2 Nr. 4 RBerG);
- Inkassounternehmer (Inkassobüros) für die außergerichtliche Einziehung von Forderungen (Art. 1 § 1 Abs. 1 S. 2 Nr. 5 RBerG);
- Rechtskundige in einem ausländischen Recht für die Rechtsbesorgung auf dem Gebiet dieses Rechts (Art. 1 § 1 Abs. 1 S. 2 Nr. 6 RBerG);
- nicht verkammerte Voll-Rechtsbeistände.

16 **a) Die einzelnen Berufsgruppen. aa) Rentenberater.** Bei den Rentenberatern spielt – wie bei den Inkassounternehmern (dort allerdings mit umgekehrten Vorzeichen) – die Unterscheidung zwischen einer Erlaubnis nach älterem und neuerem Recht (also nach dem Recht vor und nach 1980)[7] eine erhebliche Rolle. Die nach 1980 erteilten Erlaubnisse waren bzw sind deutlich umfassender als die früheren.

17 Nach altem (inzwischen müsste man sagen „ganz altem") Recht war der Rentenberater, der neben Rechtsbeiständen für Sozialrecht und Rechtsbeiständen für Sozialversicherungsrecht existierte, auf die Beratung auf dem Gebiet der gesetzlichen Rentenversicherung und der notwendig angrenzenden Rechtsgebiete beschränkt.

18 Dagegen sollte die Erlaubnis iSv Art. 1 § 1 Abs. 1 S. 2 Nr. 1 RBerG nach dem Willen des Gesetzgebers[8] „umfassend" zu verstehen sein, was das BVerfG[9] dahingehend präzisierte, dass Ausgangs- und Endpunkt der Beratung des Rentenberaters die zu erwartende Rente sei und die Aufgabe des Beraters darin bestehe, seinen Klienten zu Rechten zu verhelfen, die ihnen von Gesetzes wegen bereits zustünden oder auf die sie durch eigene Handlungen, wie zB durch Nachzahlung von Beiträgen, einen Anspruch erwerben könnten. Danach fallen in den Zulas-

---

[7] Durch Art. 2 des Fünften Gesetzes zur Änderung der Bundesgebührenordnung für Rechtsanwälte vom 18.8.1980 (BGBl. I S. 1503, 1506) wurden der Beruf des Voll-Rechtsbeistands geschlossen und in Art. 1 § 1 Abs. 1 S. 2 RBerG ein Katalog von Tätigkeiten eingeführt, für die eine sachlich beschränkte Erlaubnis zur Rechtsberatung erteilt werden konnte.
[8] BT-Drucks. 8/4277, S. 22.
[9] BVerfG 5.5.1987 – 1 BvR 981/8, BVerfGE 75, 284 = NJW 1988, 543.

sungsumfang eines Rentenberaters iSv Art. 1 § 1 Abs. 1 S. 2 Nr. 1 RBerG alle Bereiche des Sozial- und Sozialversicherungsrechts, die Regelungen enthalten, die sich auf die Rente auswirken können.[10]

Das neue Recht (§ 10 Abs. 1 S. 1 Nr. 2 RDG) präzisiert den Bereich der Rentenberatung als „Rentenberatung auf dem Gebiet der gesetzlichen Renten- und Unfallversicherung, des sozialen Entschädigungsrechts, des übrigen Sozialversicherungs- und Schwerbehindertenrechts mit Bezug zu einer gesetzlichen Rente sowie der betrieblichen und berufsständischen Versorgung". Allerdings soll diese Aufzählung – entsprechend dem bisherigen Rechtszustand – keine abschließende Normierung der Rechtsgebiete vornehmen, die Gegenstand der Rentenberatung sein können, sondern lediglich die zentralen Bereiche der Rentenberatung herausstellen.[11] Zu Einzelheiten siehe § 10 RDG Rn 24 ff. **19**

bb) Frachtprüfer. Bei den Frachtprüfern iSv Art. 1 § 1 Abs. 1 Nr. 3 RBerG handelt es sich um Personen, die die Prüfung von Frachtrechnungen und die Verfolgung der sich hieraus ergebenden Frachterstattungsansprüche übernehmen (4. AVO zum RBerG).[12] Bei der Tätigkeit der Frachtprüfer ist zwischen rein kaufmännisch-wirtschaftlicher Beratung und Prüfung einerseits und Rechtsberatung andererseits zu unterscheiden. In den von jeher erlaubnisfreien wirtschaftlich-technischen Bereich fallen u.a. die rein rechnerische Überprüfung der Richtigkeit der Frachtrechnung, die Ermittlung von Ortsentfernungen und die Wahl des frachtgünstigsten Beförderungsmittels.[13] Als Rechtsberatung wurden dagegen die Prüfung, ob ein Fracht- oder Speditionsvertrag vorliegt, die Prüfung der Fristen zur Geltendmachung von Frachterstattungsansprüchen und insbesondere die Verfolgung von Ansprüchen aus unrichtigen Frachtrechnungen eingestuft.[14] **20**

Nachdem mit der Neufassung des RBerG im Jahre 1980 die Möglichkeit entfallen war, dem Frachtprüfer – und sei es auch nur zur Klarstellung des zulässigen Tätigkeitsumfangs – eine „Erlaubnis zur Rechtsbesorgung auf allen Tarifgebieten des Fracht- und Speditionsgeschäfts" zu erteilen, gewann die Frage des Erlaubnisumfangs an Bedeutung.[15] **21**

cc) Vereidigte Versteigerer. Bei vereidigten Versteigerern iSv Art. 1 § 1 Abs. 1 S. 2 Nr. 4 RBerG handelt es sich um gewerbliche Unternehmer (§ 34 b GewO), bei denen die Berufsausübung häufig mit der Besorgung fremder Rechtsangelegenheiten auf den Gebieten des Bürgerlichen Rechts, insbesondere des Sachenrechts, verbunden ist. So vermitteln sie, wenn sie bewegliche Sachen öffentlich zur Versteigerung bringen, den zwischen dem Auftraggeber und dem Ersteigerer zustande kommenden Vertrag.[16] **22**

dd) Inkassounternehmer (Inkassobüros). Bei Inkassobüros iSv Art. 1 § 1 Abs. 1 Nr. 5 RBerG handelt es sich um Personen oder Unternehmen, denen die Erlaub- **23**

---

10 Vgl hierzu dezidiert und mit zahlreichen Abstufungen *Rennen/Caliebe*, Art. 1 § 1 RBerG Rn 128 ff.
11 Begr. RegE, BT-Drucks. 16/3655, S. 64.
12 *Rennen/Caliebe*, Art. 1 § 1 RBerG Rn 75.
13 *Rennen/Caliebe*, Art. 1 § 1 RBerG Rn 135.
14 Henssler/Prütting/*Weth*, Art. 1 § 1 RBerG Rn 88; *Rennen/Caliebe*, Art. 1 § 1 RBerG Rn 135.
15 *Rennen/Caliebe*, Art. 1 § 1 RBerG Rn 135; vgl hierzu eingehend *Horn*, Rbeistand 1988, 171 ff und 191 ff.
16 *Rennen/Caliebe*, Art. 1 § 1 RBerG Rn 76.

nis nur für die außergerichtliche Einziehung von Forderungen und für den geschäftsmäßigen Erwerb von Forderungen zum Zwecke der Einziehung auf eigene Rechnung erteilt wird. Die Inkassobüros haben vor allem auf dem Gebiet der Beitreibung ausgeklagter Forderungen im Wirtschaftsleben eine erhebliche Bedeutung erlangt und erweisen sich bis heute als unentbehrlich für die Wirtschaft.[17]

24 Bei vor Inkrafttreten des RDG erteilten Inkassoerlaubnissen ist zwischen neueren und älteren, dh vor und nach 1980 erteilten Erlaubnissen zu unterscheiden. Die neueren Inkassoerlaubnisse gemäß Art. 1 § 1 Abs. 1 S. 2 Nr. 5 RBerG umfassen die außergerichtliche Einziehung fremder Forderungen (also das Inkassomandat mit Inkassovollmacht oder Einzugsermächtigung), die außergerichtliche Einziehung von zu Einziehungszwecken abgetretenen Forderungen (also das Inkassomandat mit treuhänderischer Zession) und den geschäftsmäßigen Forderungserwerb zum Zwecke der Einziehung auf eigene Rechnung.[18]

25 Vor der Änderung des RBerG im Jahre 1980 wurden häufig Erlaubnisse als „Inkassoerlaubnisse" erteilt, die über die genannten Bereiche hinausgingen und etwa dem Erlaubnisinhaber zusätzlich den schriftlichen Verkehr mit den Mahngerichten und teilweise auch mit den Vollstreckungsgerichten gestatteten.[19] Da die Wirksamkeit dieser Erlaubnisse von der Änderung des RBerG 1980 nicht berührt wurde,[20] galt eine entsprechend erteilte alte Erlaubnis in dem früheren Umfang fort und war so auch in das Rechtsdienstleistungsregister einzutragen.

26 Das neue Recht enthält in § 2 Abs. 2 S. 1 RDG eine Legaldefinition des Begriffs „Inkassodienstleistung", auf die § 10 Abs. 1 S. 1 Nr. 1 RDG verweist. Inkassodienstleistung ist jetzt (nur noch) „die Einziehung fremder oder zum Zweck der Einziehung auf fremde Rechnung abgetretener Forderungen, wenn die Forderungseinziehung als eigenständiges Geschäft betrieben wird" (vgl § 2 RDG Rn 77 ff).

27 **ee) Rechtskundige in einem ausländischen Recht.** Auch bei Rechtskundigen in einem ausländischen Recht ist hinsichtlich des Umfangs der Erlaubnis eine Unterscheidung zu machen. Grundsätzlich handelt es sich um Personen, die zur Rechtsberatung und Rechtsbesorgung in all denjenigen rechtlichen Angelegenheiten befugt sind, in denen es auf die Kenntnis des ausländischen Rechts ankommt.[21]

28 Der bis 1994 gültige und dann durch Gesetz vom 30.8.1994[22] geänderte Wortlaut des Art. 1 § 1 Abs. 1 S. 2 Nr. 6 RBerG aF ließ die Auslegung zu, dass es jedem Erlaubnisinhaber in einem ausländischen Recht automatisch, dh ohne besonderen Sachkundenachweis, aufgrund der ihm erteilten Erlaubnis gestattet sei, zusätzlich zu den nachgewiesenen ausländischen Rechtskenntnissen auch auf dem Gebiet des EU-Gemeinschaftsrechts rechtsbesorgend tätig zu werden. Durch die Neufassung der Nr. 6 wurde klargestellt, dass die Rechtsbesorgungsbefugnis auf dem Gebiet des EU-Gemeinschaftsrechts nur dann besteht, wenn das ausländische Recht, für das die Erlaubnis erteilt wurde, das Recht eines Mitgliedstaates

---

17 Vgl *Rennen/Caliebe*, Art. 1 § 1 RBerG Rn 78.
18 *Rennen/Caliebe*, Art. 1 § 1 RBerG Rn 110.
19 *Rennen/Caliebe*, Art. 1 § 1 RBerG Rn 111.
20 *Rennen/Caliebe*, Art. 1 § 1 RBerG Rn 111.
21 *Rennen/Caliebe*, Art. 1 § 1 RBerG Rn 141.
22 BGBl. II S. 438.

der EU ist.[23] Außerdem sah der neue Art. 1 § 1 Abs. 3 RBerG die im Hinblick auf Art. 12 GG problematische nachträgliche Beschränkung einer nach der alten Fassung der Nr. 6 des Abs. 1 S. 2 auf dem Gebiet eines ausländischen „außereuropäischen" Rechts erteilte Erlaubnis auf das Gebiet dieses ausländischen Rechts vor.[24]

Auch das neue Recht (§ 10 Abs. 1 S. 1 Nr. 3 RDG) präzisiert, dass, sofern es sich bei dem ausländischen Recht um das Recht eines Mitgliedstaates der EU oder eines anderen Vertragsstaates des Abkommens über den Europäischen Wirtschaftsraum handelt, auch auf diesen Gebieten beraten werden darf. **29**

ff) Nicht verkammerte Voll-Rechtsbeistände. Unter Abs. 1 fallen auch die Inhaber sog. Vollerlaubnisse, welche vor Schließung des Rechtsbeistandsberufs im Jahr 1980 erteilt wurden (siehe Rn 42 f),[25] sofern sie nicht Mitglied einer Rechtsanwaltskammer (vgl hierzu Abs. 2) geworden sind. **30**

b) Vereinfachtes Registrierungsverfahren (Abs. 1 S. 2). Alle genannten Erlaubnisinhaber hatten die Möglichkeit, ihre Erlaubnis zu „konservieren", indem sie innerhalb bestimmter Frist die Registrierung nach § 13 RDG beantragten (vgl näher Rn 33 ff). **31**

Die Registrierung erfolgte unter Vorlage der Erlaubnisurkunde (Abs. 1 S. 2). **32**

c) Frist (Abs. 1 S. 3). Tatsächlicher Bestandsschutz wurde gemäß Abs. 1 S. 3 nur für die Frist von sechs Monaten nach Inkrafttreten des RDG, also bis zum 31.12.2008 (§§ 187, 188 BGB),[26] gewährt. Danach erloschen die Erlaubnisse automatisch, sofern nicht ein Antrag auf Registrierung gestellt wurde. **33**

Nach Ansicht des Gesetzgebers war die Frist von sechs Monaten angemessen lang, um die nach dem Inkrafttreten der Neuregelung zu erwartenden Anträge abzuarbeiten. Das gelte insbesondere vor dem Hintergrund der nur sehr eingeschränkten Prüfungspflichten und -befugnisse der zuständigen Behörden.[27] **34**

Wer bis zum 31.12.2008 den Antrag auf Registrierung eingereicht hatte, behielt die Erlaubnis, auch wenn nicht innerhalb der Frist über den Antrag entschieden war. Selbst eine Antragstellung pünktlich zum Fristablauf am 31. Dezember perpetuierte also den Status quo, obwohl der Antrag naturgemäß erst 2009 bearbeitet werden konnte. **35**

Die Sechs-Monats-Frist des Abs. 1 S. 3 ist keine Ausschlussfrist. Für Erlaubnisinhaber, die eine rechtzeitige Antragstellung versäumten, bleibt die spätere Registrierung möglich. Allerdings erlosch in diesem Fall die Erlaubnis zunächst und lebt erst später nach positiv beschiedenem Antrag wieder auf. In der Zwischenzeit, also vom 1.1.2009 bis zur Bescheidung, durften/dürfen die „säumigen" Alt-Erlaubnisinhaber nicht rechtsdienstleistend tätig werden.[28] **36**

Beantrag(t)en sie nach dem Erlöschen der Erlaubnis die Registrierung, können sie sich jedoch auf die erleichterten Registrierungsvoraussetzungen nach Abs. 4 berufen[29] und die erloschene Rechtsberatungsbefugnis im ursprünglichen Um- **37**

---

23 *Rennen/Caliebe*, Art. 1 § 1 RBerG Rn 142 unter Hinweis auf BT-Drucks. 12/8122, S. 3, 7 sowie BT-Drucks. 12/7655, S. 7.
24 *Rennen/Caliebe*, Art. 1 § 1 RBerG Rn 142.
25 Vgl auch Kilian/Sabel/vom Stein/*Sabel*, § 23 Rn 578.
26 Kilian/Sabel/vom Stein/*Sabel*, § 24 Rn 594.
27 Begr. RegE, BT-Drucks. 16/3655, S. 78.
28 Begr. RegE, BT-Drucks. 16/3655, S. 78; Kilian/Sabel/vom Stein/*Sabel*, § 24 Rn 594.
29 Kilian/Sabel/vom Stein/*Sabel*, § 24 Rn 594.

fang wiedererlangen. Diese Regelung – so die amtliche Begründung – greife weniger stark in die Berufsfreiheit der Erlaubnisinhaber ein als eine Ausschlussfrist, mit deren Ablauf die Erlaubnis unwiderruflich erlöschen würde.[30]

38 Ein „absolutes Verfallsdatum" existiert also nicht, so dass theoretisch der Fall denkbar ist, dass ein Alt-Erlaubnisinhaber noch Jahre nach Inkrafttreten des RDG einen Registrierungsantrag stellt. Der Gesetzgeber ging – sicher zu Recht – davon aus, dass alle Erlaubnisinhaber „im eigenen Interesse an einer lückenlosen Fortsetzung ihrer Berufstätigkeit" unverzüglich die Überführung in das neue Regelungssystem einleiteten.

39 Durch die großzügige Handhabung sollte auch der Verwaltungsaufwand in Grenzen gehalten werden, weil ansonsten – im Fall einer Ausschlussfrist – eine förmliche Aufforderung an die Erlaubnisinhaber wohl unverzichtbar gewesen wäre.[31]

40 **3. Die Sonderregelung für Kammerrechtsbeistände (Abs. 2).** Abs. 2 schafft für die sog. verkammerten Rechtsbeistände eine Sonderregelung. An ihrem Status ändert sich während der Zugehörigkeit zu einer Rechtsanwaltskammer nichts.

41 **a) Der „Beruf" des Kammerrechtsbeistands.** Gemäß § 209 Abs. 1 BRAO sind, oder besser gesagt, waren „natürliche Personen, die im Besitz einer uneingeschränkt oder unter Ausnahme lediglich des Sozial- oder Sozialversicherungsrechts erteilten Erlaubnis zur geschäftsmäßigen Rechtsbesorgung sind", auf Antrag in die für den Ort ihrer Niederlassung zuständige Rechtsanwaltskammer aufzunehmen. Sie dürfen im beruflichen Verkehr zugleich die Bezeichnung „Mitglied der Rechtsanwaltskammer XY" führen und sind in vielerlei Hinsicht den Rechtsanwälten gleichgestellt.

42 Durch das Fünfte Gesetz zur Änderung der Bundesgebührenordnung für Rechtsanwälte vom 18.8.1980[32] sind der Beruf des Rechtsbeistands insgesamt neu geregelt und der des Vollrechtsbeistands geschlossen worden. Seitdem wurden die frühere Vollerlaubnis zur Rechtsberatung und die Teilerlaubnis für Bürgerliches Recht, für Handels- und Gesellschaftsrecht und für Wirtschaftsrecht nicht mehr erteilt.[33] Erlaubnisse zur Erledigung fremder Rechtsangelegenheiten konnten nur noch für die sechs in Art. 1 § 1 Abs. 1 S. 2 RBerG abschließend aufgeführten Teilbereiche (Rentenberatung, Versicherungsberatung, Frachtprüfung, Versteigerung, Inkasso, Beratung in einem ausländischen Recht) erlangt werden.[34]

43 Aus diesem Grund ist die Zahl der verkammerten Rechtsbeistände – nach einem rasanten Anstieg Anfang der 1980er Jahre – stetig im Abnehmen begriffen. Zum

---

30 Begr. RegE, BT-Drucks. 16/3655, S. 78.
31 Begr. RegE, BT-Drucks. 16/3655, S. 78.
32 BGBl. I S. 1503.
33 Henssler/Prütting/*Henssler*, § 209 BRAO Rn 1.
34 Erst kürzlich hat der BGH (21.4.2008 – AnwZ (B) 42/07, n.v.) wieder festgestellt, dass ein „Teil-Rechtsbeistand" mit der Erlaubnis zur Besorgung fremder Rechtsangelegenheiten mit der Beschränkung „auf die Bearbeitung von Schadensersatzansprüchen im Bereich des Kraftfahrzeugverkehrs" und „auf die außergerichtliche Einziehung von Forderungen (Inkassobüro)" keinen Anspruch auf Aufnahme in eine Rechtsanwaltskammer gemäß § 209 Abs. 1 BRAO hat.

1.1.1982 lag sie bei 259,[35] zum 1.1.1983 bei 354,[36] zum 1.1.1990 bei 444,[37] zum 1.1.2008 aber nur noch bei 334.[38]

Kammerrechtsbeistände behielten nach Inkrafttreten des RDG ihren Status quo, vorausgesetzt, die Kammerzulassung blieb/bleibt bestehen.

Die Berufsbezeichnung der verkammerten Rechtsbeistände wird durch § 6 geschützt.[39] Außerdem dürfen sie auch weiterhin zusätzlich zu der Berufsbezeichnung „Rechtsbeistand" den Zusatz „Mitglied der Rechtsanwaltskammer …" führen.[40]

b) Ausscheiden aus der Rechtsanwaltskammer. Mit Ausscheiden aus der Rechtsanwaltskammer erlischt die Erlaubnis eines Kammerrechtsbeistands (Abs. 2 S. 1).

Die Gründe für ein Ausscheiden aus der Rechtsanwaltskammer ergeben sich aus den analog anzuwendenden[41] §§ 13 und 14 BRAO. In Betracht kommen ein Verlust der Zugehörigkeit durch Rücknahme gemäß § 14 Abs. 1 BRAO, durch Widerruf aus einem der Gründe des § 14 Abs. 2 und 3 BRAO oder durch rechtskräftiges Urteil (§ 13 BRAO). Der Fall des Widerrufs der Aufnahme in die Rechtsanwaltskammer auf Antrag des Erlaubnisinhabers, also wegen eigenen Verzichts, ist in § 209 Abs. 2 BRAO gesondert geregelt, so dass dieser § 14 Abs. 2 Nr. 4 BRAO als *lex specialis* vorgeht. Ein besonderer Widerrufsgrund ergibt sich für verkammerte Rechtsbeistände aus § 209 Abs. 4 BRAO, wonach die Rechtsanwaltskammer die Erlaubnis zur geschäftsmäßigen Rechtsbesorgung widerrufen kann, „wenn der Erlaubnisinhaber seit mehr als drei Monaten an dem Ort seiner Niederlassung keine Tätigkeit ausgeübt hat und sein Aufenthaltsort unbekannt ist". Diese Norm ist *lex specialis* gegenüber § 14 Abs. 3 Nr. 4 BRAO.

Der ursprüngliche Meinungsstreit, ob eine isolierte Zurücknahme der Aufnahme in die Rechtsanwaltskammer möglich sei oder ob mit der Zurücknahme der Aufnahme in die Kammer stets auch die Zurücknahme der Erlaubnis nach Art. 1 § 1 RBerG einhergehe,[42] ist jetzt durch Abs. 2 S. 1 endgültig obsolet geworden. Danach erlischt die Erlaubnis zur Besorgung fremder Rechtsangelegenheiten mit Ausscheiden aus der Rechtsanwaltskammer, wobei die weiteren Rechtsfolgen davon abhängen, ob das Ausscheiden freiwillig (aufgrund eigenen Verzichts) oder unfreiwillig erfolgte.

aa) Unfreiwilliges Ausscheiden. Einem verkammerten Rechtsbeistand, der die Kammerzugehörigkeit unfreiwillig (zB aus gesundheitlichen Gründen, § 14 Abs. 2 Nr. 3 BRAO analog; oder wegen Vermögensverfalls, § 14 Abs. 2 Nr. 7 BRAO analog) verliert, sind eine Wiederaufnahme in die Rechtsanwaltskammer und die erneute Erteilung bzw das Wiederaufleben einer behördlichen Erlaubnis zur Besorgung fremder Rechtsangelegenheiten (nach altem Recht) dauerhaft verschlossen.

---

35 BRAK-Mitt. 1982, 112.
36 BRAK-Mitt. 1983, 21.
37 BRAK-Mitt. 1990, 87.
38 BRAK-Mitt. 2008, 116.
39 Kilian/Sabel/vom Stein/*Sabel*, § 23 Rn 582.
40 Begr. RegE, BT-Drucks. 16/3655, S. 81.
41 Vgl hierzu näher *Feuerich/Weyland*, § 209 BRAO Rn 39 ff.
42 Vgl hierzu nur *Feuerich/Weyland*, § 209 BRAO Rn 40 mwN.

50 Dies war schon früher so und wurde vom BGH[43] als verfassungsgemäß eingestuft. Insbesondere stelle der Widerruf einer nach früherem Recht erteilten „Vollerlaubnis" kein Berufsverbot dar. Denn der Betroffene könne den Beruf eines Rechtsbeistands grds. wieder ausüben, falls er die Voraussetzungen für die Erteilung der entsprechenden Erlaubnis erfülle. Dass er die für Neuanträge geltenden gesetzlichen Grenzen zu beachten habe, sei kein Berufsverbot. Selbst wenn man dies anders sähe, könne der Widerruf der „Vollerlaubnis" nicht unterbleiben. Dies wäre zum einen mit dem Schutz der Rechtsuchenden nicht vereinbar. Außerdem würde der Kammerrechtsbeistand dann besser gestellt als ein in Vermögensverfall geratener Rechtsanwalt. Da Letzterer – als der berufene Berater und Vertreter in allen Rechtsangelegenheiten (§ 3 Abs. 1 BRAO) – mindestens in gleichem Umfang beraten dürfe wie ein Rechtsbeistand alten Rechts, könne der Umfang der Erlaubnis zur Rechtsberatung für die Frage, ob diese im Fall eines Vermögensverfalls ihres Inhabers zu widerrufen sei, nicht erheblich sein.

51 Heute ergibt sich der dauerhafte Verlust der Rechtsdienstleistungsbefugnis bei unfreiwilligem Ausscheiden aus dem Zusammenspiel von Abs. 2 S. 1 und S. 2. Nach S. 2 können nur diejenigen aus der Rechtsanwaltskammer ausgeschiedenen Rechtsbeistände die Registrierung nach § 13 RDG beantragen, deren Aufnahme in die Kammer nach § 209 Abs. 2 BRAO „auf eigenen Antrag" widerrufen wurde.

52 bb) Freiwilliges Ausscheiden (Abs. 2 S. 2 und 3). Wird die Aufnahme in die Rechtsanwaltskammer nach § 209 Abs. 2 BRAO auf eigenen Antrag des Kammerrechtsbeistands, also aufgrund eigenen Verzichts widerrufen, kann später noch die Registrierung nach § 13 RDG beantragt werden (Abs. 2 S. 2). Geschieht dies innerhalb von drei Monaten nach dem Widerruf, bleibt die Erlaubnis bis zur Entscheidung über den Antrag gültig (Abs. 2 S. 3).

53 Unter der Geltung der Ursprungsfassung von § 209 Abs. 2 BRAO war die Frage, ob der Inhaber einer Vollerlaubnis nach dem RBerG, der auf eigenen Wunsch in eine Rechtsanwaltskammer aufgenommen worden war, aus dieser auch freiwillig wieder ausscheiden könne, ohne seine Erlaubnis zur geschäftsmäßigen Rechtsbesorgung zu verlieren, umstritten.[44] Durch Gesetz vom 13.12.1989[45] wurde die Vorschrift in diesem Sinne geändert. In seiner bis zum Inkrafttreten des RDG geltenden Fassung bestimmte § 209 BRAO in Abs. 2 S. 2, dass der auf Antrag des Erlaubnisinhabers erfolgende Widerruf der Aufnahme in die Rechtsanwaltskammer die Erlaubnis zur geschäftsmäßigen Rechtsbesorgung unberührt lasse. § 209 Abs. 2 S. 2 BRAO wurde durch das Gesetz zur Neuregelung des Rechtsberatungsrechts aufgehoben, weil die Auswirkungen des Widerrufs der Aufnahme in die Rechtsanwaltskammer auf die Erlaubnis nach dem RBerG in dem neuen Abs. 2 abschließend geregelt seien.[46]

54 Den Fall, dass ein verkammerter Rechtsbeistand seine Kammermitgliedschaft aufgeben, die Rechtsberatungserlaubnis aber behalten will, hält der Gesetzgeber für denkbar. Es könne Gründe für eine solche Entscheidung geben, denen bisher

---

43 BGH 13.3.2000 – AnwZ (B) 28/99, AnwBl 2001, 296 = BRAK-Mitt. 2000, 145.
44 Vgl hierzu *Feuerich*, Rbeistand 1988, 79, 82 f.
45 BGBl. I S. 2135.
46 Begr. RegE, BT-Drucks. 16/3655, S. 84.

§ 209 Abs. 2 S. 2 BRAO aF Rechnung getragen habe.[47] Welche Fälle er dabei im Blick hat, verrät der Normgeber nicht.

Es sind auch Fälle denkbar, in denen die Kammerzugehörigkeit isoliert zurückgenommen oder widerrufen wird, ohne dass nach altem Recht zugleich Gründe für die Rücknahme oder den Widerruf der Rechtsberatungserlaubnis vorgelegen hätten. So mag etwa die Ausübung eines bestimmten Zweitberufs (zB einer Maklertätigkeit) zu einem Widerruf der Kammerzugehörigkeit gemäß § 14 Abs. 2 Nr. 8 BRAO analog führen, nicht aber die Zuverlässigkeit des Dienstleistungserbringers iSv § 12 Abs. 1 Nr. 1 RDG (Art. 1 § 1 Abs. 2 S. 1 RBerG, § 6 der 1. AVO zum RBerG) in Frage stellen. In einem solchen Fall hat der Rechtsbeistand, der seine Rechtsdienstleistungsbefugnis erhalten will, die Möglichkeit, einer Rücknahme oder einem Widerruf der Kammerzugehörigkeit durch eigenen Verzicht, also durch einen Antrag nach § 209 Abs. 2 S. 1 BRAO, zuvorzukommen und sich auf diese Weise die Möglichkeit der vereinfachten Antragstellung gemäß Abs. 4 zu erhalten. Bei einem drohenden Widerruf der Kammerzugehörigkeit wegen Vermögensverfalls dürfte dagegen eine „Flucht" in den eigenen Verzicht mit Blick auf den Erhalt der Möglichkeit einer vereinfachten Antragstellung wenig nützen, weil in einem solchen Fall die Zuverlässigkeit des Rechtsbeistands nicht mehr gegeben ist[48] und die Registrierung sogleich nach § 14 Nr. 1 iVm § 12 Abs. 1 Nr. 1 Buchst. b) RDG zu widerrufen wäre. Hier käme allenfalls ein „Spielen auf Zeit" in Betracht.

4. Die Unterscheidung zwischen registrierten Personen und registrierten Erlaubnisinhabern (Abs. 3). Abs. 3 unterscheidet zwischen (nicht verkammerten) Alt-Erlaubnisinhabern, die über eine Erlaubnis in einem derjenigen Bereiche verfügen, die sich in § 10 Abs. 1 S. 1 Nr. 1 bis 3 RDG wieder finden, und Alt-Erlaubnisinhabern, deren Erlaubnis sich auf andere Bereiche bezieht oder deren Befugnisse über die in § 10 Abs. 1 geregelten Befugnisse hinausgehen.

Die gegenüber dem RegE nochmals geänderte Schlussfassung soll eine einfache Registrierung der Alt-Erlaubnisinhaber ermöglichen, um die Belastung der Gerichte bei der Überführung der Alt-Erlaubnisse gering zu halten. Personen, die eine Erlaubnis nach dem RBerG als Inkassounternehmer, Rentenberater oder Berater in einem ausländischen Recht besitzen, sind generell als registrierte Person nach § 10 RDG zu registrieren. Mit der Registrierung, so der Rechtsausschuss des Deutschen Bundestages, sei stets der genaue Umfang der Rechtsdienstleistungsbefugnis aus der vorzulegenden Erlaubnisurkunde zu vermerken, da die Erlaubnisse nach dem RBerG häufig beschränkt seien und etwa das Inkasso oder die Rentenberatung nur in einem Teilbereich ermöglichten. Die Registrierung der sich aus der Erlaubnisurkunde ergebenden Besonderheiten sei unerlässlich, da nach S. 3 die Rechtsdienstleistungsbefugnis nur in diesem Umfang fortbestehe.[49]

Nur wenn sich aus der Erlaubnisurkunde ergebe, dass ein Inkassounternehmer oder Rentenberater Rechtsdienstleistungsbefugnisse besitze, die über die Befugnis nach § 10 RDG hinausgingen, sei er nach S. 2 zusätzlich zu seiner Registrierung nach S. 1 als registrierter Erlaubnisinhaber zu registrieren. Das sei etwa der Fall, wenn ein Inkassounternehmer auch die Erlaubnis zur außergerichtlichen

---

47 Begr. RegE, BT-Drucks. 16/3655, S. 78.
48 BVerwG 3.5.1977 – I C 43/77, NJW 1977, 2178.
49 BT-Drucks. 16/6634, S. 53.

oder sogar (amts-)gerichtlichen Vertretung in Unfallschadenangelegenheiten besitze. Insoweit gelte für ihn dasselbe wie für Rechtsbeistände, deren Befugnisse keinem der in § 10 RDG genannten Bereiche zuzuordnen seien.[50]

59 **a) Registrierte Personen (Abs. 3 S. 1).** Die erstgenannte Personengruppe verfügt über eine Erlaubnis nach Art. 1 § 1 Abs. 1 S. 2 Nr. 1, 5 oder 6 RBerG, also über eine Erlaubnis in den Bereichen Inkassodienstleistung, Rentenberatung oder Rechtsdienstleistung in einem ausländischen Recht. Wer bisher eine Erlaubnis als Inkassounternehmer, Rentenberater oder Rechtskundiger in einem ausländischen Recht besaß, war/ist auf seinen Antrag hin – unter Angabe des Umfangs der Erlaubnis – als „registrierte Person" nach § 10 Abs. 1 RDG in das Rechtsdienstleistungsregister einzutragen (Abs. 3 S. 1).

60 **b) Registrierte Erlaubnisinhaber (Abs. 3 S. 2 Alt. 1).** Die Inhaber einer Erlaubnis, die sich auf andere als die in § 10 Abs. 1 S. 1 RDG genannten Bereiche erstreckt, wurden/werden nach Abs. 3 S. 2 Alt. 1 gesondert „als Rechtsbeistände oder Erlaubnisinhaber" registriert. Das Gesetz bezeichnet sie als „registrierte Erlaubnisinhaber".

61 Die Regelung bezieht sich auf Frachtführer und vereidigte Versteigerer (Art. 1 § 1 Abs. 1 S. 2 Nr. 3 und 4 RBerG) sowie auf Voll-Rechtsbeistände, die nicht Mitglied einer Rechtsanwaltskammer sind. Für die früher von Art. 1 § 1 Abs. 1 S. 2 Nr. 2 RBerG erfassten Versicherungsberater findet sich eine Sonderregelung in § 2.

62 **c) Kombinationsfälle (Abs. 3 S. 2 Alt. 2).** Abs. 3 S. 2 Alt. 2 bestimmt, dass Erlaubnisinhaber, deren Erlaubnis grds. von § 10 Abs. 1 RDG erfasst ist, aber in Teilen darüber hinausgeht (zB Inkassoerlaubnis mit zusätzlicher Erlaubnis zur außergerichtlichen und gerichtlichen Beratung und Vertretung in Verkehrsunfallangelegenheiten oder Inkassoerlaubnis mit der Befugnis zur Vertretung im gerichtlichen Mahnverfahren)[51] zusätzlich zu ihrer Registrierung nach S. 1 eine Registrierung nach S. 2 (als „Rechtsbeistände oder Erlaubnisinhaber") beantragen, also sowohl als „registrierte Personen" als auch als „registrierte Erlaubnisinhaber" in das Rechtsdienstleistungsregister eingetragen werden konnten/können.[52]

63 **d) Berufsbezeichnung und Umfang der Erlaubnis (Abs. 3 S. 3 und 4).** Abs. 3 S. 3 stellt klar, dass Alt-Erlaubnisinhaber ihre bisher geführte Berufsbezeichnung beibehalten und Rechtsdienstleistungen in allen Bereichen des Rechts erbringen dürfen, auf die sich ihre frühere Erlaubnis erstreckt.

64 Der Begriff „Rechtsbeistand" ist im RBerG nicht enthalten. Er wurde erst durch § 4 der 2. AVO zum RBerG geschaffen.[53] Gemäß § 4 Abs. 1 S. 2 der 2. AVO zum RBerG durften Einzelpersonen, denen die unbeschränkte Erlaubnis nach Art. 1 § 1 RBerG erteilt war, nur die Berufsbezeichnung „Rechtsbeistand" führen.

---

50 BT-Drucks. 16/6634, S. 53.
51 Im letztgenannten Fall ist eine entsprechende Registrierung eigentlich überflüssig, weil nach § 79 Abs. 2 S. 2 Nr. 4 ZPO nF alle Personen, die über eine Registrierung nach § 10 Abs. 1 Nr. 1 RDG verfügen, nunmehr nicht nur – wie früher – in Teilen des Zwangsvollstreckungsverfahrens, sondern auch im gerichtlichen Mahnverfahren zur Vertretung des Gläubigers befugt sind. – Vgl *Sabel*, AnwBl 2008, 390, 392.
52 Begr. RegE, BT-Drucks. 16/3655, S. 78.
53 Vgl hierzu näher *Chemnitz/Johnigk*, Art. 1 § 1 RBerG Rn 126 mwN.

Auch Prozessagenten (vgl § 3 Rn 44 ff) durften sich danach als „Rechtsbeistand" (§ 4 Abs. 1 S. 2 der 2. AVO zum RBerG) bezeichnen.

§ 4 Abs. 2 der 2. AVO zum RBerG bestimmte ferner, dass Personen, denen die Erlaubnis aufgrund besonderer Sachkunde für bestimmte Gebiete erteilt war, hinsichtlich ihrer Berufsbezeichnung „Weisungen gegeben werden" konnten. Insbesondere durfte ihnen die Führung von Bezeichnungen untersagt werden, die einen Irrtum über Art oder Umfang ihrer Tätigkeit hervorrufen konnten.[54] Die Ausgestaltungen im Hinblick auf § 4 Abs. 2 der 2. AVO zum RBerG waren vielfältig. So konnte zB in einem entsprechenden Fall einem Rentenberater die Weisung erteilt werden, die Berufsbezeichnung „Rentenberater in Versorgungssachen" oder „Rentenberater auf dem Gebiet der betrieblichen Altersversorgung" zu führen. **65**

Eine Einschränkung hinsichtlich des Tätigkeitsumfangs enthält lediglich Abs. 3 S. 4 für die (nicht oder nicht mehr verkammerten) Voll-Rechtsbeistände, deren Erlaubnisse noch aus der Zeit vor Inkrafttreten des Steuerberatungsgesetzes bzw der Patentanwaltsordnung stammen.[55] Sie dürfen Rechtsdienstleistungen auf den Gebieten des Steuerrechts und des gewerblichen Rechtsschutzes nur erbringen, wenn die Alt-Erlaubnis diese Gebiete ausdrücklich umfasst. **66**

5. Verfahrensfragen (Abs. 4). Abs. 4 regelt im Wesentlichen Verfahrensfragen, befasst sich aber auch mit dem Sonderproblem der Benennung einer „qualifizierten Person" durch juristische Personen oder Gesellschaften ohne Rechtspersönlichkeit, die Erlaubnisinhaber sind. **67**

a) Vereinfachtes Prüfungsverfahren (Abs. 4 S. 1 und 3). Abs. 4 S. 1 sieht für Alt-Erlaubnisinhaber ein erheblich vereinfachtes Antrags- und Prüfungsverfahren vor. Es sind weder die persönliche Eignung und Zuverlässigkeit (§ 12 Abs. 1 Nr. 1 RDG) noch die theoretische und praktische Sachkunde (§ 12 Abs. 1 Nr. 2 RDG) nachzuweisen und auch nicht die in § 13 Abs. 1 Nr. 1 bis 5 RDG aufgeführten Unterlagen beizubringen. Dies gilt selbstverständlich nur, wenn die Tätigkeit in dem bisherigen Umfang fortgeführt werden soll. Wer etwa vereidigter Versteigerer war und jetzt neu eine Inkassoerlaubnis beantragen will, muss für diesen Bereich das normale Registrierungsverfahren durchlaufen.[56] **68**

Dem Antrag, dessen Form und Inhalt in der Rechtsdienstleistungsverordnung (RDV) geregelt wird, sind lediglich die „alte" Erlaubnisurkunde (Abs. 1 S. 1) und der Nachweis über eine ausreichende Berufshaftpflichtversicherung nach § 12 Abs. 1 Nr. 3 RDG beizufügen. Letzteres hält der Gesetzgeber zum Schutz der Rechtsuchenden und im Hinblick auf das Grundrecht der Gleichbehandlung (Art. 3 GG) für erforderlich. Zahlreiche Rechtsbeistände verfügten über umfassende Rechtsdienstleistungsbefugnisse, die über die in § 10 Abs. 1 RDG geregelten Bereiche hinausgingen. Bei ihnen sei das Bestehen einer ausreichenden Haftpflichtversicherung umso dringender geboten.[57] **69**

---

54 Vgl näher zur Entwicklung des „Rechtsbeistands-Berufs" *Chemnitz/Johnigk*, 2. AVO zum RBerG § 4 Rn 1225 ff.
55 Vgl hierzu Begr. RegE, BT-Drucks. 16/3655, S. 78.
56 Vgl in diesem Sinne Begr. RegE, BT-Drucks. 16/3655, S. 79 und Kilian/Sabel/vom Stein/Sabel, § 24 Rn 599.
57 Begr. RegE, BT-Drucks. 16/3655, S. 79.

70 Es gelten außerdem die allgemeinen Vorschriften über die Registrierung, so dass die Behörde die Registrierung von Bedingungen abhängig machen oder Auflagen anordnen darf.[58]

71 Der Antrag ist an die nach § 13 RDG zuständige Behörde zu richten, wobei die Zuständigkeiten gemäß § 19 RDG von den Ländern zu regeln sind.

72 Da Erlaubnisse nach dem RBerG in der Vergangenheit durchaus unterschiedlich formuliert und ausgestaltet wurden, ist nicht auszuschließen, dass im Antragsverfahren zwischen der Registrierungsbehörde und dem Erlaubnisinhaber Meinungsverschiedenheiten über Inhalt und Umfang der vorzunehmenden Registrierung auftreten. Um zumindest Missverständnissen vorzubeugen, sollte der Antragsteller den Umfang der begehrten Registrierung so genau wie möglich angeben. Nimmt die Behörde die Registrierung mit einem aus Sicht des Antragstellers unbefriedigenden Inhalt vor, steht dem Antragsteller gegen diesen Justizverwaltungsakt der Verwaltungsrechtsweg offen.[59]

73 Wird ein Antrag sowohl auf Registrierung in einem der drei Bereiche des § 10 Abs. 1 RDG (also als registrierte Person) als auch – darüber hinaus – auf Registrierung als Rechtsbeistand oder Erlaubnisinhaber in einem weiteren Bereich oder mit weitergehenden Befugnissen (also als registrierter Erlaubnisinhaber) gestellt, liegt ein einheitliches Antragsverfahren vor.[60]

74 Gemäß Abs. 4 S. 3 werden für das Registrierungsverfahren und die Eintragung in das Rechtsdienstleistungsregister aus Anlass der Überführung der Alt-Erlaubnisinhaber in das neue Regelungssystem keine Gebühren erhoben. Der Gesetzgeber wollte Alt-Erlaubnisinhaber, in deren Rechte durch die Neuregelung ohnehin schon eingegriffen werde, durch die erforderliche Registrierung nicht auch noch mit Verwaltungskosten belasten, nur weil statt der möglichen Registrierung aller Erlaubnisinhaber von Amts wegen das für die Gerichtsverwaltung weniger aufwändige Antragsverfahren gewählt worden sei.[61]

75 b) Registrierung qualifizierter Personen (Abs. 4 S. 2 und 4). Abs. 4 S. 2 stellt klar, dass bei juristischen Personen und Gesellschaften ohne Rechtspersönlichkeit als „qualifizierte Personen" die zur Zeit der Antragstellung in der Erlaubnisurkunde bezeichneten Ausübungsberechtigten registriert werden.

76 „Gesellschaften ohne Rechtspersönlichkeit" sind insbesondere die offene Handelsgesellschaft, die Kommanditgesellschaft, die Partnerschaftsgesellschaft und die Gesellschaft des Bürgerlichen Rechts.

77 Ob die registrierungspflichtige Tätigkeit in einer bestimmten Rechtsform überhaupt ausgeübt werden darf, ist nach den für diese Rechtsform geltenden Vorschriften zu entschieden. So kann etwa die gewerbliche Inkassotätigkeit nicht in Form einer Partnerschaftsgesellschaft ausgeübt werden, weil diese nur freiberufliche Tätigkeiten zulässt.[62]

78 Wer Ausübungsberechtigter sein konnte, war früher in § 10 Abs. 2 der 1. AVO zum RBerG geregelt. Hier war von „gesetzlichen Vertretern oder leitenden An-

---

58 Begr. RegE, BT-Drucks. 16/3655, S. 79.
59 Kilian/Sabel/vom Stein/*Sabel*, § 24 Rn 599.
60 Vgl Kilian/Sabel/vom Stein/*Sabel*, § 24 Rn 597.
61 Begr. RegE, BT-Drucks. 16/3655, S. 79.
62 Begr. RegE, BT-Drucks. 16/3655, S. 63.

gestellten" die Rede.[63] Das RDG verwendet jetzt den Begriff „qualifizierte Person" und umschreibt diese in § 12 Abs. 4 S. 2 als Person, „die in dem Unternehmen dauerhaft beschäftigt, in allen Angelegenheiten, die Rechtsdienstleistungen des Unternehmens betreffen, weisungsunabhängig und weisungsbefugt sowie zur Vertretung nach außen berechtigt sein (muss)".

Abs. 4 S. 4 schränkt für juristische Personen und Gesellschaften ohne Rechtspersönlichkeit, die Alt-Erlaubnisinhaber sind, die Möglichkeit ein, nach der Registrierung weitere qualifizierte Personen zu benennen und dadurch beim Ausscheiden der einzigen qualifizierten Person (des früheren Ausübungsberechtigten) den Widerruf der Registrierung zu verhindern. Diese Möglichkeit besteht jetzt nur noch für juristische Personen und Gesellschaften, die „registrierte Personen" sind, also über eine Erlaubnis in einem der Bereiche des § 10 Abs. 1 S. 1 RDG verfügen. Juristische Personen und Gesellschaften, die „registrierte Erlaubnisinhaber" sind, deren Erlaubnis sich also auf andere als die in § 10 Abs. 1 S. 1 RDG genannten Bereiche erstreckt oder deren Befugnisse über die in § 10 Abs. 1 geregelten Befugnisse hinausgehen, unterliegen einer verschärften Regelung. Ihre Alt-Erlaubnisse sind nicht mehr unbegrenzt gültig. Vielmehr haben diese Erlaubnisse nur noch so lange Bestand, bis die letzte im Zeitpunkt des Antrags auf Registrierung benannte natürliche Person weggefallen, also entweder verstorben oder für die Gesellschaft nicht mehr tätig ist. 79

Ein Austausch von ausübungsberechtigten Personen, wie er unter Geltung des RBerG in juristischen Personen oder Gesellschaften ohne Rechtspersönlichkeit möglich – und zum Zwecke der Perpetuierung der Rechtsberatungserlaubnis gang und gäbe – war, ist auch für Alt-Erlaubnisinhaber jetzt also nur noch in dem durch § 10 Abs. 1 RDG vorgegebenen Umfang möglich.[64] 80

6. Registrierungshindernis (Abs. 5). Abs. 5 stellt klar, dass der Widerruf einer Erlaubnis nach dem RBerG dem Widerruf der Registrierung nach § 12 Abs. 1 Nr. 1 Buchst. c) RDG und § 13 Abs. 1 S. 3 Nr. 4 RDG gleichsteht. 81

Personen, deren Erlaubnis nach dem RBerG in dem in § 12 Abs. 1 Nr. 1 Buchst. c) RDG genannten Zeitraum, also in den letzten drei Jahren vor Antragstellung, widerrufen worden ist, dürfen eine Registrierung nach dem RDG nicht beantragen.[65] 82

Abs. 5 hätte systematisch eigentlich in den Kontext von § 12 Abs. 1 Nr. 1 Buchst. c) RDG gehört. Er ergänzt die Vorschriften des RDG über die Registrierungshindernisse bei vorausgegangenem Widerruf einer Zulassung (konkret einer Registrierung nach § 14 RDG oder einer Zulassung zur Rechtsanwaltschaft). 83

Im Gefüge der Übergangsvorschriften des RDGEG ist die Norm deplatziert, weil frühere Erlaubnisinhaber, deren Erlaubnis schon bei Inkrafttreten des RDG widerrufen war, keinen Bestandsschutz für sich in Anspruch nehmen können und aufgrund der Sechs-Monats-Frist des Abs. 1 S. 1 nach Verstreichen der dreijährigen Wartezeit nicht mehr in den Genuss der erleichterten Registrierungsvoraussetzungen und der Fortgeltung des bisherigen Erlaubnisumfangs kommen. 84

---

63 Vgl zu der konkreten Ausfüllung dieser Begriffe und den diesbezüglichen Meinungsverschiedenheiten *Rennen/Caliebe*, 1. AVO zum RBerG § 10 Rn 11 ff.
64 Begr. RegE, BT-Drucks. 16/3655, S. 79.
65 Begr. RegE, BT-Drucks. 16/3655, S. 79.

Dies gilt selbstverständlich nur, wenn die Erlaubnis nicht schon vor Inkrafttreten des RDG wieder erteilt worden war.

§ 2 Versicherungsberater

Abweichend von § 1 Abs. 1 Satz 2 können Personen mit einer Erlaubnis zur Besorgung fremder Rechtsangelegenheiten auf dem Gebiet der Versicherungsberatung (Artikel 1 § 1 Abs. 1 Satz 2 Nr. 2 des Rechtsberatungsgesetzes) nur eine Erlaubnis als Versicherungsberater nach § 34 e Abs. 1 der Gewerbeordnung beantragen.

I. Entstehungsgeschichte und Normzweck 1	2. Zweck und Inhalt von § 34 e GewO 11
II. Exkurs 10	III. Regelungsgehalt 17
1. Wortlaut von § 34 e GewO ... 10	

I. Entstehungsgeschichte und Normzweck

1 Versicherungsberater waren früher von Art. 1 § 1 Abs. 1 S. 2 Nr. 2 RBerG erfasst. Ihnen wurde die Erlaubnis erteilt für die Beratung und außergerichtliche Vertretung gegenüber Versicherern
- bei der Vereinbarung, Änderung oder Prüfung von Versicherungsverträgen;
- bei der Wahrnehmung von Ansprüchen aus dem Versicherungsvertrag im Versicherungsfall.

2 Aufgrund des Fünften Gesetzes zur Änderung der Bundesgebührenordnung für Rechtsanwälte vom 18.8.1980[1] war der Beruf des Versicherungsberaters zunächst aus dem Katalog des Art. 1 § 1 Abs. 1 S. 2 RBerG herausgefallen. Allerdings hatte das BVerfG dies für verfassungswidrig erklärt.[2] Das BVerfG führt aus, beim Versicherungsberater sei ein praktisches Bedürfnis für die Erteilung der Erlaubnis nach dem RBerG nicht geringer als bei den weiterhin zugelassenen Berufen. Es handele sich um einen „traditionsreichen Beruf" mit einer geringen Zahl an Spezialisten mit besonderer Sachkunde, deren Tätigkeit nicht anwaltsähnlich sei und die nicht einfach durch Rechtsanwälte ersetzt werden könnten.[3]

3 Von den Versicherungsvertretern und -vermittlern unterschied sich der Versicherungsberater von jeher durch seine Selbständigkeit und Unabhängigkeit, da ihm traditionell jede Form der Vermittlung von Versicherungsverträgen verboten war. Als eigenständiger Beruf ohne Interessenbindung an die Versicherungs-

---

[1] BGBl. I S. 1503.
[2] BVerfG 5.5.1987 – 1 BvR 981/81, BVerfGE 75, 284 = NJW 1988, 543. Die Zahl der zum damaligen Zeitpunkt tätigen Versicherungsberater war niedrig. In den Entscheidungsgründen (S. 544) heißt es hierzu, es sei nicht genau bekannt, wie viele Versicherungsberater derzeit über eine Erlaubnis nach dem RBerG in der Bundesrepublik verfügten. Nach einer vom Bundesverband der Rechtsberater überreichten Statistik aus dem Jahre 1979, die nicht vollständig sei, könnten etwa 50 Teilerlaubnisse in Betracht kommen. Diese Zahl dürfe allerdings noch zu hoch gegriffen sein, weil wohl nicht alle der insgesamt 50 Teilerlaubnisse für die Bereiche „Privatversicherungs-, Haftpflichtangelegenheiten" und „Schadensregulierung" an Versicherungsberater im herkömmlichen Sinne erteilt worden seien.
[3] BVerfG 5.5.1987 – 1 BvR 1981/81, BVerfGE 75, 284 = NJW 1988, 543, 545.

wirtschaft gewährleistete der Versicherungsberater wie kein anderer eine an den individuellen Bedürfnissen des Einzelnen orientierte, objektive und neutrale Beratung, gerichtet auf die Herstellung des bestmöglichen Versicherungsschutzes.[4]

Das RDG sieht eine Registrierung für Versicherungsberater nicht mehr vor, weshalb auch die Übergangsregelung in § 2 abweichend von § 1 Abs. 1 zu gestalten war. 4

Die Versicherungsberatung wurde im Rahmen der gesetzlichen Neuregelung des Versicherungsvermittlerrechts novelliert und ist jetzt in § 34 e Abs. 1 GewO geregelt. Auf diese Weise, so der Gesetzgeber,[5] werde der dauerhafte Erhalt des Berufs des Versicherungsberaters sichergestellt. Insbesondere die Berufsbezeichnung und die das Berufsbild prägende Unabhängigkeit von der Versicherungswirtschaft, die sich vor allem in dem unbedingten Provisionsannahmeverbot niederschlage, blieben gesetzlich normiert. 5

Eine Regelung innerhalb des RDG sei dafür nicht erforderlich. § 1 Abs. 2 RDG enthalte den Grundsatz, dass Rechtsdienstleistungsbefugnisse in anderen Gesetzen geregelt werden könnten. Eine spezialgesetzliche Regelung verdiene gegenüber einer Regelung im RDG den Vorzug, soweit damit spezielle Bereiche einheitlich und im Zusammenhang normiert werden könnten. Dies sei bei der Versicherungsberatung der Fall. Die graduelle Abstufung der beim Abschluss von Versicherungsverträgen beteiligten Berufe vom Versicherungsvertreter über den Versicherungsmakler zum unabhängigen Versicherungsberater könne für den Versicherungsnehmer gerade bei einer einheitlichen gesetzlichen Regelung transparent gemacht werden. 6

Ein weiterer wesentlicher Grund für die Regelung der Versicherungsberatung außerhalb des RDG sei die Pflicht, die Richtlinie 2002/92/EG des Europäischen Parlaments und des Rates vom 9.12.2002 über Versicherungsvermittlung[6] auch für den Beruf des Versicherungsberaters in das deutsche Recht umzusetzen. Aufgrund des weiten, funktionalen Vermittlerbegriffs, der sich mit dem in Deutschland verwendeten Begriff der Versicherungsvermittlung nicht decke, falle ein wesentlicher Teil der Versicherungsberatung, nämlich jede auf den Abschluss eines konkreten Versicherungsvertrages gerichtete Beratungstätigkeit, in den Anwendungsbereich der Vermittler-Richtlinie. Die hauptberuflich betriebene Versicherungsberatung sei danach insbesondere kein „anderer Beruf" iSd Richtlinie, weil dieser Beruf im Kern, nämlich mit einem Teil seiner gesetzlichen Legaldefinition (Art. 1 § 1 Abs. 1 S. 2 Nr. 2 RBerG), auf die Beratung und Vertretung beim Abschluss von Versicherungsverträgen gerichtet sei. 7

Bei einer Regelung innerhalb des RDG hätte die Anwendbarkeit der Vermittlerrichtlinie auf Versicherungsberater dazu geführt, dass sämtliche Vorschriften, die für Versicherungsvertreter und -makler zur Umsetzung dieser Richtlinie erforderlich seien, für Versicherungsberater nochmals gesondert hätten niedergelegt werden müssen. Dies betreffe etwa die Vorschriften über die Beratungs- und 8

---

4 Henssler/Prütting/*Weth*, Art. 1 § 1 RBerG Rn 86 unter Bezugnahme auf den Bescheid des LG-Präsidenten Nürnberg-Fürth vom 10.12.1990 sowie ein Rundschreiben des Gesamtverbandes der Deutschen Versicherungswirtschaft e.V. (GDV) vom 16.5.1990, beide abgedr. in AnwBl 1992, 226; *Rennen/Caliebe*, Art. 1 § 1 RBerG Rn 144.
5 Begr. RegE, BT-Drucks. 16/3655, S. 41 f.
6 ABl. L 9 S. 3 vom 15.1.2003.

Dokumentationspflichten oder über die Pflichten zur Fremdgeldverwahrung. Außerdem hätte im Fall getrennter Registrierung von Versicherungsberatern und Versicherungsvermittlern eine einheitliche Auskunftsstelle geschaffen werden müssen, die einen leichten und schnellen Zugang aus den verschiedenen Registern ermöglicht hätte. Schließlich stünden die Vorgaben zur Haftpflichtversicherung (Art. 4 Abs. 3 der Vermittler-Richtlinie) und zur Schaffung eines Sanktionentatbestands (Art. 8 der Vermittler-Richtlinie) nicht im Einklang mit dem Regelungskonzept des RDG. Insgesamt hätte eine Aufnahme der Versicherungsberater ins RDG damit einen erheblichen Regelungs- und wohl auch Verwaltungsmehraufwand mit sich gebracht, der bei Schaffung einer einheitlichen Regelung vermeidbar gewesen sei. Die jetzt gefundene Lösung sei auch unschädlich, weil die rechtliche Stellung der Versicherungsberater nicht davon abhänge, in welchem Gesetz ihr Beruf geregelt sei.

9 Hinzu komme schließlich, dass die Versicherungsberater aufgrund der Regelung in § 1 Abs. 2 RDG keinen Alleinstellungsanspruch für die rechtliche Beratung im Zusammenhang mit Versicherungsverträgen mehr hätten. Rechtsdienstleistungsbefugnisse könnten vielmehr unabhängig davon, ob die Versicherungsberatung im RDG geregelt bleibe, auch für Versicherungsvermittler, insbesondere Versicherungsmakler, geregelt werden. Auch dies spreche für eine zusammenhängende Regelung der Rechtsdienstleistungsbefugnisse dieser Berufe außerhalb des RDG.

II. Exkurs

10 **1. Wortlaut von § 34 e GewO.** § 34 e GewO lautet:

„(1) Wer gewerbsmäßig Dritte über Versicherungen beraten will, ohne von einem Versicherungsunternehmen einen wirtschaftlichen Vorteil zu erhalten oder von ihm in anderer Weise abhängig zu sein (Versicherungsberater), bedarf der Erlaubnis der zuständigen Industrie- und Handelskammer. Die Erlaubnis kann inhaltlich beschränkt und mit Auflagen verbunden werden, soweit dies zum Schutze der Allgemeinheit oder der Versicherungsnehmer erforderlich ist; unter denselben Voraussetzungen ist auch die nachträgliche Aufnahme, Änderung und Ergänzung von Auflagen zulässig. Die Erlaubnis beinhaltet die Befugnis, Dritte bei der Vereinbarung, Änderung oder Prüfung von Versicherungsverträgen oder bei der Wahrnehmung von Ansprüchen aus dem Versicherungsvertrag im Versicherungsfall rechtlich zu beraten und gegenüber dem Versicherungsunternehmen außergerichtlich zu vertreten. Bei der Wahrnehmung ihrer Aufgaben nach den Sätzen 1 und 2 unterliegt die Industrie- und Handelskammer der Aufsicht der obersten Landesbehörde.

(2) § 34 d Abs. 2 und 5 bis 8 sowie die aufgrund des § 34 d Abs. 8 erlassenen Rechtsvorschriften gelten entsprechend.

(3) Versicherungsberater dürfen keine Provision von Versicherungsunternehmen entgegennehmen. Das Bundesministerium für Wirtschaft und Technologie kann im Einvernehmen mit dem Bundesministerium der Justiz durch Rechtsverordnung mit Zustimmung des Bundesrates zum Schutze der Allgemeinheit und der Versicherungsnehmer nähere Vorschriften über das Provisionsannahmeverbot erlassen. In der Rechtsverordnung nach Satz 2 kann insbesondere bestimmt werden, dass die Einhaltung des Provisionsannahmeverbotes auf Kosten des Versicherungsberaters regelmäßig oder aus besonderem Anlass zu überprüfen

und der Prüfungsbericht der zuständigen Behörde vorzulegen ist, soweit es zur wirksamen Überwachung erforderlich ist; hierbei können die Einzelheiten der Prüfung, insbesondere deren Anlass, Zeitpunkt und Häufigkeit, die Auswahl, Bestellung und Abberufung der Prüfer, deren Rechte, Pflichten und Verantwortlichkeit, der Inhalt des Prüfberichts, die Verpflichtungen des Versicherungsberaters gegenüber dem Prüfer sowie das Verfahren bei Meinungsverschiedenheiten zwischen dem Prüfer und dem Versicherungsberater, geregelt werden. Zur Überwachung des Provisionsannahmeverbotes kann in der Rechtsverordnung bestimmt werden, dass der Versicherungsberater über die Einnahmen aus seiner Tätigkeit Aufzeichnungen zu führen hat."

2. Zweck und Inhalt von § 34 e GewO. § 34 e Abs. 1 GewO übernimmt die Beschreibung des Tätigkeitsbereichs aus Art. 1 § 1 Abs. 1 S. 2 Nr. 2 RBerG und erweitert die Legaldefinition des Berufs um das für Versicherungsberater prägende Merkmal der Unabhängigkeit von der Versicherungswirtschaft. Wie für die Versicherungsvermittler ist die Industrie- und Handelskammer die zuständige Erlaubnisbehörde. **11**

Nach Abs. 2 gelten die für Versicherungsvermittler eingeführten Erlaubnisvoraussetzungen, dh Zuverlässigkeit, geordnete Vermögensverhältnisse, Berufshaftpflichtversicherung und Sachkundenachweis, entsprechend für Versicherungsberater. Insbesondere die Sachkundeanforderungen werden über Abs. 2 iVm § 34 d Abs. 2 Nr. 3 und Abs. 8 Nr. 2 GewO in einer Verordnung konkretisiert. Weiterhin gelten über Abs. 2 die in § 34 d Abs. 5 bis 8 GewO enthaltenen Bestimmungen sowie die aufgrund des § 34 d Abs. 8 GewO für Versicherungsvermittler erlassenen Vorschriften entsprechend, insbesondere die Pflicht zu Registrierung und statusbezogener Information. **12**

§ 34 e Abs. 3 S. 1 GewO normiert mit dem Provisionsannahmeverbot den entscheidenden Unterschied zum Versicherungsvermittler. Damit sich der Kunde auf die Neutralität des Versicherungsberaters verlassen kann, schafft Abs. 3 die Ermächtigungsgrundlage zum Erlass einer Rechtsverordnung, in der Aufzeichnungspflichten sowie die Überwachung des Provisionsannahmeverbotes durch Prüfungen auf Kosten des Versicherungsberaters geregelt werden können. **13**

Die entsprechenden Aufzeichnungspflichten und Überwachungsmaßnahmen sind in den §§ 14 ff der „Verordnung über die Versicherungsvermittlung und -beratung (Versicherungsvermittlungsverordnung – VersVermV)" vom 15.5.2007[7] geregelt. **14**

So bestimmt etwa § 14 Abs. 2 S. 1 VersVermV, dass aus den Aufzeichnungen und Unterlagen, die der Versicherungsberater zu führen hat, ersichtlich sein müssen: **15**

- der Name und Vorname oder die Firma sowie die Anschrift des Versicherungsnehmers,
- ob und inwieweit der Aufzeichnungspflichtige, also der Versicherungsberater, zur Entgegennahme von Zahlungen oder sonstigen Leistungen ermächtigt ist,
- Art und Höhe der Vermögenswerte des Versicherungsnehmers, die der Aufzeichnungspflichtige zur Weiterleitung an ein Versicherungsunternehmen erhalten hat,

---

7 BGBl. I S. 733, geänd. durch Verordnung vom 19.12.2008 (BGBl. I S. 2969).

- Art, Höhe und Umfang der vom Aufzeichnungspflichtigen für die Vermögenswerte zu leistenden Sicherheit und abzuschließenden Versicherung, Name oder Firma und Anschrift des Bürgen und der Versicherung,
- die Verwendung der Vermögenswerte des Versicherungsnehmers.

16 Gemäß § 14 Abs. 3 VersVermV hat der Versicherungsberater darüber hinaus Aufzeichnungen über Art und Höhe der Einnahmen, die er für seine Tätigkeit erhalten hat, und den Namen und Vornamen oder die Firma sowie die Anschrift des Leistenden anzufertigen und die Unterlagen und Belege übersichtlich zu sammeln.

III. Regelungsgehalt

17 § 2 schafft eine Ausnahmeregelung zu § 1. Da das RDG eine Registrierungsmöglichkeit für Versicherungsberater nicht vorsieht, konnten Inhaber einer Alt-Erlaubnis nach Art. 1 § 1 Abs. 1 S. 2 Nr. 2 RBerG (eingeschränkten) Bestandsschutz nur erlangen, indem sie eine Erlaubnis als Versicherungsberater nach § 34e Abs. 1 GewO beantragten.

18 Das „Gesetz zur Neuregelung des Versicherungsvermittlerrechts" vom 19.12.2006[8] ist am 22.5.2007 in Kraft getreten. Nach den Bestimmungen der GewO mussten Inhaber einer Erlaubnis nach Art. 1 § 1 Abs. 1 S. 2 Nr. 2 RBerG „unverzüglich" nach Inkrafttreten des neuen VVG die neue Erlaubnis beantragen, um ihre Tätigkeit weiter ausüben zu dürfen. Mit der Entscheidung über den Erlaubnisantrag erlosch die bisherige Erlaubnis nach dem RBerG.[9] Versicherungsberater, die – aus welchem Grund auch immer – keine gewerberechtliche Erlaubnis beantragten, haben ihre Alt-Erlaubnis sechs Monate nach Inkrafttreten des RDG, also am 31.12.2008, verloren. § 1 Abs. 1 S. 1 hat insofern „Auffang- und Ausschlusscharakter".[10] Eine Fristverlängerung oder Heilungsmöglichkeit ist nicht vorgesehen.

§ 3 Gerichtliche Vertretung

(1) Kammerrechtsbeistände stehen in den nachfolgenden Vorschriften einem Rechtsanwalt gleich:
1. § 79 Abs. 2 Satz 1, § 88 Abs. 2, § 121 Abs. 2, § 133 Abs. 2, §§ 135, 157, 169 Abs. 2, §§ 174, 195, 317 Abs. 4 Satz 2, § 397 Abs. 2 und § 811 Nr. 7 der Zivilprozessordnung,
2. § 10 Abs. 2 Satz 1 und § 11 Satz 3 des Gesetzes über das Verfahren in Familiensachen und in den Angelegenheiten der freiwilligen Gerichtsbarkeit,
3. § 11 Abs. 2 Satz 1 des Arbeitsgerichtsgesetzes,
4. § 73 Abs. 2 Satz 1 und Abs. 6 Satz 4 des Sozialgerichtsgesetzes, wenn nicht die Erlaubnis das Sozial- und Sozialversicherungsrecht ausschließt,
5. § 67 Abs. 2 Satz 1 und Abs. 6 Satz 4 der Verwaltungsgerichtsordnung,
6. § 62 Abs. 2 Satz 1 und Abs. 6 Satz 4 der Finanzgerichtsordnung, wenn die Erlaubnis die geschäftsmäßige Hilfeleistung in Steuersachen umfasst.

---

8 BGBl. I S. 3232.
9 Kilian/Sabel/vom Stein/*Sabel*, § 23 Rn 592.
10 Begr. RegE, BT-Drucks. 16/3655, S. 79; Kilian/Sabel/vom Stein/*Sabel*, § 23 Rn 592.

(2) Registrierte Erlaubnisinhaber stehen im Sinn von § 79 Abs. 2 Satz 1 der Zivilprozessordnung, § 10 Abs. 2 Satz 1 des Gesetzes über das Verfahren in Familiensachen und in den Angelegenheiten der freiwilligen Gerichtsbarkeit, § 11 Abs. 2 Satz 1 des Arbeitsgerichtsgesetzes, § 73 Abs. 2 Satz 1 des Sozialgerichtsgesetzes, § 67 Abs. 2 Satz 1 der Verwaltungsgerichtsordnung und § 62 Abs. 2 Satz 1 der Finanzgerichtsordnung einem Rechtsanwalt gleich, soweit ihnen die gerichtliche Vertretung oder das Auftreten in der Verhandlung

1. nach dem Umfang ihrer bisherigen Erlaubnis,
2. als Prozessagent durch Anordnung der Justizverwaltung nach § 157 Abs. 3 der Zivilprozessordnung in der bis zum 30. Juni 2008 geltenden Fassung,
3. durch eine für die Erteilung der Erlaubnis zum mündlichen Verhandeln vor den Sozialgerichten zuständige Stelle,
4. nach § 67 der Verwaltungsgerichtsordnung in der bis zum 30. Juni 2008 geltenden Fassung oder
5. nach § 13 des Gesetzes über die Angelegenheiten der freiwilligen Gerichtsbarkeit in der bis zum 30. Juni 2008 geltenden Fassung

gestattet war. In den Fällen der Nummern 1 bis 3 ist der Umfang der Befugnis zu registrieren und im Rechtsdienstleistungsregister bekanntzumachen.

(3) Das Gericht weist registrierte Erlaubnisinhaber, soweit sie nicht nach Maßgabe des Absatzes 2 zur gerichtlichen Vertretung oder zum Auftreten in der Verhandlung befugt sind, durch unanfechtbaren Beschluss zurück. Prozesshandlungen eines nicht vertretungsbefugten Bevollmächtigten und Zustellungen oder Mitteilungen an diesen Bevollmächtigten sind bis zu seiner Zurückweisung wirksam. Das Gericht kann registrierten Erlaubnisinhabern durch unanfechtbaren Beschluss die weitere Vertretung oder das weitere Auftreten in der Verhandlung untersagen, wenn sie nicht in der Lage sind, das Sach- und Streitverhältnis sachgerecht darzustellen. § 335 Abs. 1 Nr. 5 der Zivilprozessordnung gilt entsprechend.

I. Entstehungsgeschichte und Normzweck 1	ee) Verwaltungsrechtliche Angelegenheiten (Abs. 1 Nr. 5) 27
II. Regelungsgehalt 9	ff) Finanzrechtliche Angelegenheiten (Abs. 1 Nr. 6) 30
1. Umfang der Befugnis zur gerichtlichen Vertretung 12	gg) Strafrechtliche Angelegenheiten 33
a) Kammerrechtsbeistände (Abs. 1) 13	b) Registrierte Erlaubnisinhaber (Abs. 2) 37
aa) Zivilrechtliche Angelegenheiten (Abs. 1 Nr. 1) 14	aa) Inhaber einer besonderen Erlaubnis (Abs. 2 S. 1 Nr. 1, S. 2) 42
bb) Angelegenheiten der freiwilligen Gerichtsbarkeit (Abs. 1 Nr. 2) 21	bb) Prozessagenten (Abs. 2 S. 1 Nr. 2, S. 2) 44
cc) Arbeitsrechtliche Angelegenheiten (Abs. 1 Nr. 3) 22	cc) Inhaber einer Erlaubnis zum mündlichen Verhandeln vor den Sozialgerichten (Abs. 2 S. 1 Nr. 3, S. 2) 50
dd) Sozialrechtliche Angelegenheiten (Abs. 1 Nr. 4) 24	

dd) Inhaber einer Erlaubnis nach § 67 VwGO aF (Abs. 2 S. 1 Nr. 4) 53	b) Zurückweisung wegen Unvermögens (Abs. 3 S. 3) 60
ee) Inhaber einer Erlaubnis nach § 13 FGG aF (Abs. 2 S. 1 Nr. 5) 55	3. Schutzbestimmungen für den Fall einer Zurückweisung (Abs. 3 S. 2 und 4) 63
2. Zurückweisung registrierter Erlaubnisinhaber (Abs. 3) 56	
a) Zurückweisung wegen fehlender Befugnis zur gerichtlichen Vertretung oder zum Auftreten in der Verhandlung (Abs. 3 S. 1) 58	

I. Entstehungsgeschichte und Normzweck

1 Angesichts der Tatsache, dass das RDG gemäß § 1 Abs. 1 S. 1 nur noch die Befugnis regelt, **außergerichtliche** Rechtsdienstleistungen zu erbringen, wirkt § 3, der sich über die **gerichtliche** Vertretung verhält, auf den ersten Blick wie ein Fremdkörper im Gesamtgefüge des Gesetzes zur Neuregelung des Rechtsberatungsrechts.

2 Der Gesetzgeber hat den Anwendungsbereich des RDG, aus dem im Gegensatz zum RBerG (dessen Anwendbarkeit auf das gerichtliche Verfahren ein Verbot der geschäftsmäßigen Prozessvertretung durch Nicht-Anwälte bewirkte) keine Einschränkung gerichtlicher Tätigkeiten abzuleiten ist, bewusst beschränkt. Die Befugnis zur gerichtlichen Vertretung solle sich nur noch nach der jeweiligen Verfahrensordnung richten, um deren Bedürfnissen und Besonderheiten Rechnung tragen zu können. So solle sich etwa der Umfang der Befugnisse von Schuldnerberatungsstellen im Insolvenzverfahren künftig ausschließlich nach den Regelungen in der Insolvenzordnung richten. Entsprechendes gelte für spezielle Vertretungsbefugnisse von Verbänden und Vereinigungen vor den Gerichten der einzelnen Gerichtsbarkeiten. Die Neuregelung erfordere eine Begrenzung des zur Prozessvertretung berechtigten Personenkreises, die in der Rechtsanwendung durch die Gerichte eine größere Klarheit und Rechtssicherheit bewirken werde als die in der Vergangenheit oft uneinheitlich und wenig konsequent erfolgte Anwendung des RBerG in gerichtlichen Verfahren.

3 Dabei solle in den großen Verfahrensordnungen (ZPO, FGG,[1] ArbGG, VwGO, SGG, FGO) ein weitgehender Gleichlauf der bisher auch rechtstechnisch unterschiedlich ausgestalteten Vorschriften über die gerichtliche Vertretungsbefugnis hergestellt werden. Die hiermit unmittelbar verknüpften Regelungen über die Vorlage der Prozessvollmacht würden ebenfalls in allen Prozessordnungen gleich ausgestaltet, um auch in diesem Bereich eine einheitliche Rechtsanwendung herbeizuführen.

4 Dabei wollte der Gesetzgeber die Vertretungsbefugnis in den gerichtlichen Verfahren, in denen kein Anwaltszwang besteht, gerade nicht streng akzessorisch zum RDG regeln.[2] Eine uneingeschränkte Verweisung auf das RDG hätte neben den unentgeltlich tätigen Personen und Einrichtungen (§ 6 RDG) auch allen Vereinigungen (§ 7 Abs. 1 RDG), den nach § 10 RDG registrierten Inkassoun-

---
1 Seit dem 1.9.2009: FamFG.
2 Begr. RegE, BT-Drucks. 16/3655, S. 33.

ternehmern, Rentenberatern und Rechtsberatern in einem ausländischen Recht sowie insbesondere auch denjenigen Personen, die Rechtsdienstleistungen im Rahmen einer Annexkompetenz erbringen (§ 5 RDG), in dem durch das RDG vorgegebenen Umfang die gerichtliche Vertretung ermöglicht.

Dies hätte im Bereich der Inkassounternehmen, aber auch bei den in § 7 Abs. 1 RDG genannten Vereinigungen zu einer gegenüber dem alten Rechtszustand erheblichen Ausweitung der Tätigkeitsmöglichkeiten vor Gericht geführt, die weder dem Berufs- bzw Tätigkeitsbild noch der Qualifikation der Mitarbeiter dieser Unternehmen und Organisationen entspräche. Eine Verweisung auf die Regelung des § 5 RDG hätte außerdem den Schluss zugelassen, dass auch die Prozessvertretung lediglich eine Nebenleistung darstellen könne. Dies ist nach Ansicht des Gesetzgebers jedoch gerade nicht der Fall, weil die Vertretung vor Gericht für den Rechtsuchenden ein solches Gewicht habe, dass sie mindestens gleichwertig neben den anderen Dienstleistungen stehe. Auch zum Berufs- oder Tätigkeitsbild der von § 5 RDG erfassten Personen gehöre die gerichtliche Vertretung gerade nicht.[3]

Vor allem im Bereich des § 5 RDG, aber auch darüber hinaus, könnte eine uneingeschränkte Verweisung auf das RDG in der gerichtlichen Praxis verstärkt Streitigkeiten über die Berechtigung zur Prozessvertretung auslösen. Der Streit über die Vertretungsbefugnis jedoch soll nach dem Willen des Gesetzgebers „im Sinne der Rechtsklarheit und der einfachen und schnellen Rechtsanwendung durch die Prozessgerichte" die Ausnahme bleiben. Es bedürfe daher einfacher, leicht abgrenzbarer und für die Praxis handhabbarer Kriterien zur Feststellung der gerichtlichen Vertretungsbefugnis.[4]

§ 3 hat die Funktion, für alle registrierten Alt-Erlaubnisinhaber, die bis zum Inkrafttreten des RDG die Befugnis zur gerichtlichen Vertretung besaßen, den Status quo zu sichern. Ihnen soll die Prozessvertretung in dem Umfang gestattet bleiben, der ihrer Zulassung entspricht.[5] Ob es hierzu tatsächlich der Aufnahme einer besonderen Bestimmung in das RDGEG bedurfte oder ob man die Situation der Alt-Erlaubnisinhaber nicht systematisch konsequenter auch in den einzelnen Verfahrensordnungen hätte regeln können, sei dahingestellt.

Die Regelung der gerichtlichen Vertretung durch Kammerrechtsbeistände einerseits und durch Prozessagenten andererseits (ursprünglich noch in zwei Vorschriften) fand sich bereits im Referentenentwurf eines Gesetzes zur Neuregelung des Rechtsberatungsrechts (§§ 3, 4 RDGEG-E) und wurde – von Kritik weitgehend unbehelligt, jedoch in erheblich verfeinerter Form – in die Endfassung übernommen.

II. Regelungsgehalt

§ 3 unterscheidet nur zwischen verkammerten Rechtsbeiständen (siehe Rn 13 ff) und „registrierten Erlaubnisinhabern" (siehe Rn 37 ff).

„Registrierte Personen" (zur Unterscheidung zwischen registrierten Personen und registrierten Erlaubnisinhabern siehe § 1 Rn 56 ff) müssen und dürfen in der Vorschrift nicht erwähnt werden, da es sich bei ihnen um solche Alt-Erlaubnis-

---

3 Begr. RegE, BT-Drucks. 16/3655, S. 33.
4 Begr. RegE, BT-Drucks. 16/3655, S. 33.
5 Begr. RegE, BT-Drucks. 16/3655, S. 79.

inhaber handelt, die nach ihrer bisherigen Befugnis auf die Erbringung **außergerichtlicher** Rechtsdienstleistungen in einem der Bereiche des § 10 Abs. 1 S. 1 Nr. 1 bis 3 RDG (Inkasso, Rentenberatung, ausländisches Recht) beschränkt sind. Einer Sonderregelung bedürfen (außer den Kammerrechtsbeiständen) nur diejenigen Inhaber von Alt-Erlaubnissen, die über eine Befugnis zur **gerichtlichen** Vertretung (und damit über eine Befugnis, die den Rahmen des RDG „sprengt") verfügen. Sie werden als sog. registrierte Erlaubnisinhaber (§ 1 Abs. 3 S. 2) registriert.

11 § 3 regelt nicht nur den Umfang der Befugnis zur gerichtlichen Vertretung von Kammerrechtsbeiständen einerseits und registrierten Erlaubnisinhabern andererseits, sondern auch die Möglichkeit des Gerichts, Letztere (nicht auch Erstere) zurückzuweisen, einschließlich der Gründe für eine Zurückweisung und der Gewährleistung des Schutzes des rechtsuchenden Publikums.

12 **1. Umfang der Befugnis zur gerichtlichen Vertretung.** Abs. 1 und 2 enthalten hinsichtlich des Umfangs der prozessrechtlichen Befugnisse von Kammerrechtsbeiständen und registrierten Erlaubnisinhabern eine Reihe von Klarstellungen gegenüber dem früheren Rechtszustand.

13 **a) Kammerrechtsbeistände (Abs. 1).** Der früher im Einzelnen umstrittene[6] Umfang der prozessrechtlichen Befugnisse von Voll-Rechtsbeiständen, die Mitglied einer Rechtsanwaltskammer sind (vgl näher § 1 Rn 41 ff), wird jetzt präzisiert. Abs. 1 enthält in den Nr. 1 bis 6 einen abschließenden Katalog der Vorschriften, in denen Kammerrechtsbeistände einem Rechtsanwalt gleichstehen.

14 **aa) Zivilrechtliche Angelegenheiten (Abs. 1 Nr. 1).** Die in § 25 EGZPO aF enthaltene Vorschrift, die verkammerte Rechtsbeistände bei der Prozessvertretung im Zivilverfahren weitgehend den Rechtsanwälten gleichstellte, ist in das RDGEG übernommen und an die Rechtsänderungen angepasst worden. Durch die Verweisung auf § 79 Abs. 2 S. 1 ZPO wird sichergestellt, dass die Kammerrechtsbeistände auch künftig im Parteiprozess als Bevollmächtigte tätig werden können. Eine Untersagung der weiteren Vertretung ist bei ihnen nicht möglich.[7]

15 Abs. 1 Nr. 1 nimmt die folgenden Vorschriften in Bezug:
- **§ 79 Abs. 2 S. 1 ZPO (nF)**, wonach sich die Parteien im Parteiprozess durch einen Rechtsanwalt als Bevollmächtigten vertreten lassen können;
- **§ 88 Abs. 2 ZPO**, wonach das Gericht einen Mangel der Vollmacht von Amts wegen zu berücksichtigen hat, wenn nicht als Bevollmächtigter ein Rechtsanwalt auftritt;
- **§ 121 Abs. 2 ZPO**, wonach der Partei im Parteiprozess auf ihren Antrag ein zur Vertretung bereiter Rechtsanwalt ihrer Wahl beigeordnet wird, wenn die Vertretung durch einen Rechtsanwalt erforderlich erscheint oder der Gegner durch einen Rechtsanwalt vertreten ist;
- **§ 133 Abs. 2 ZPO**, wonach im Falle der Zustellung von Anwalt zu Anwalt (§ 195 ZPO) die Parteien sofort nach der Zustellung eine für das Prozessgericht bestimmte Abschrift ihrer vorbereitenden Schriftsätze und der Anlagen bei dem Gericht einzureichen haben;

---

6 Vgl die Übersichten bei Henssler/Prütting/*Henssler*, § 209 BRAO Rn 18 ff und *Feuerich*, Rbeistand 1988, 79, 95 ff.
7 Begr. RegE, BT-Drucks. 16/3655, S. 79.

- § 135 ZPO betreffend die Mitteilung von Urkunden unter Rechtsanwälten;
- § 157 ZPO (nF) betreffend die Untervertretung in der Verhandlung durch einen Referendar, der im Vorbereitungsdienst bei dem bevollmächtigten Rechtsanwalt beschäftigt ist;
- § 169 Abs. 2 ZPO, wonach zuzustellende Schriftstücke von der Geschäftsstelle des Gerichts zu beglaubigen sind, soweit von einem Anwalt eingereichte Schriftstücke nicht bereits von diesem beglaubigt wurden;
- § 174 ZPO[8] betreffend die Zustellung gegen Empfangsbekenntnis;[9]
- § 195 ZPO[10] betreffend die Zustellung von Anwalt zu Anwalt;
- § 317 Abs. 4 (gemeint wohl Abs. 6) S. 2 ZPO betreffend die Beglaubigung der Abschrift der Klageschrift durch den Rechtsanwalt des Klägers;
- § 397 Abs. 2 ZPO betreffend das Recht der Anwälte, an einen Zeugen unmittelbar Fragen zu richten;
- § 811 Nr. 7 ZPO betreffend die Unpfändbarkeit von zur Ausübung des Berufs erforderlichen Gegenständen, einschließlich angemessener Kleidung.

Soweit in den genannten Vorschriften die Worte „Rechtsanwalt" oder „Anwalt" auftauchen, sind sie durch „oder Kammerrechtsbeistand" zu ergänzen. 16

Im Anwaltsprozess (§ 78 ZPO) dürfen verkammerte Rechtsbeistände nicht tätig werden. Auch § 52 Abs. 2 BRAO gilt für sie nicht.[11] 17

Der frühere Streit über die Frage, ob die Beiordnung von Kammerrechtsbeiständen im Prozesskostenhilfeverfahren möglich sei,[12] ist durch die Aufnahme von § 121 Abs. 2 ZPO in den Katalog der in Abs. 1 Nr. 1 erwähnten Vorschriften jetzt beendet. Soweit andere Verfahrensordnungen auf § 121 ZPO verweisen, gilt die Zulässigkeit der Beiordnung entsprechend.[13] 18

Auch zur Beratungshilfe sind Kammerrechtsbeistände befugt.[14] 19

In den Verfahren, in denen verkammerte Rechtsbeistände Prozessbevollmächtigte sein können, steht ihnen – wie einem Rechtsanwalt – das Recht zu, die Überlassung der Gerichtsakten in ihre Geschäftsräume zu verlangen.[15] Darüber hinaus haben sie kein Akteneinsichtsrecht.[16] 20

bb) Angelegenheiten der freiwilligen Gerichtsbarkeit (Abs. 1 Nr. 2). Abs. 1 Nr. 2 (nF) nimmt die folgenden Vorschriften in Bezug: 21

- § 10 Abs. 2 S. 1 FamFG, wonach sich die Beteiligten durch einen Rechtsanwalt als Bevollmächtigten vertreten lassen können;

---

8 Früher unter Geltung des § 212a ZPO aF umstr, vgl *Feuerich/Weyland*, § 209 BRAO Rn 57.
9 Der im RegE noch in der Paragraphenkette enthaltene § 178 Abs. 1 S. 2 ZPO ist, weil die Verweisung bereits seit dem Inkrafttreten des Zustellungsrechtsreformgesetzes unrichtig war, in der Schlussfassung entfallen, vgl BT-Drucks. 16/6634, S. 53.
10 Früher unter Geltung des § 198 ZPO aF umstr, vgl *Feuerich/Weyland*, § 209 BRAO Rn 57.
11 EGH München 23.4.1982 – BayEGH I – 15/81, AnwBl 1982, 446.
12 Verneinend: OLG Düsseldorf 16.8.1989 – 3 WF 186/89, MDR 1989, 1108 und Henssler/Prütting/*Henssler*, § 209 BRAO Rn 19 unter Hinweis darauf, dass der Gesetzgeber bei der Neufassung von § 121 Abs. 2 ZPO bewusst ein Anwaltsprivileg geschaffen habe. Bejahend: *Feuerich/Weyland*, 6. Aufl., § 209 BRAO Rn 56 und *Rennen/Caliebe*, Anh. 2 Rn 29.
13 *Feuerich/Weyland*, § 209 BRAO Rn 52.
14 Vgl hierzu nur Henssler/Prütting/*Henssler*, § 209 BRAO Rn 19.
15 BVerfG 12.2.1998 – 1 BvR 272/97, NJW 1998, 3188.
16 BVerfG 21.3.2002 – 1 BvR 2119/01, BRAK-Mitt. 2002, 129.

- **§ 11 S. 3 FamFG,** wonach das Gericht einen Mangel der Vollmacht von Amts wegen zu berücksichtigen hat, wenn nicht als Bevollmächtigter ein Rechtsanwalt oder Notar auftritt.

22 cc) **Arbeitsrechtliche Angelegenheiten (Abs. 1 Nr. 3).** Abs. 1 Nr. 3 nimmt in Bezug:

- **§ 11 Abs. 2 S. 1 ArbGG (nF),** wonach sich die Parteien vor dem Arbeitsgericht durch einen Rechtsanwalt als Bevollmächtigten vertreten lassen können.

23 Nach alter Rechtslage waren Kammerrechtsbeistände – so jedenfalls die hM – im arbeitsrechtlichen Verfahren sowohl von der mündlichen Verhandlung (§ 11 Abs. 3 ArbGG – „mit Ausnahme der Rechtsanwälte") als auch von der Prozessführung ausgeschlossen.[17] Die Neufassung beendet den insofern bestehenden Streit zu Gunsten der verkammerten Rechtsbeistände. Der Gesetzgeber vertritt ausdrücklich die Ansicht, dass kein Grund bestehe, Kammerrechtsbeistände künftig von der Vertretung im Arbeitsgerichtsverfahren auszuschließen.[18]

24 dd) **Sozialrechtliche Angelegenheiten (Abs. 1 Nr. 4).** Abs. 1 Nr. 4 nimmt in Bezug:

- **§ 73 Abs. 2 S. 1 SGG (nF),** wonach sich die Beteiligten vor dem Sozialgericht und dem Landessozialgericht durch einen Rechtsanwalt (oder Rechtslehrer an einer deutschen Hochschule iSd Hochschulrahmengesetzes mit Befähigung zum Richteramt) als Bevollmächtigten vertreten lassen können;
- **§ 73 Abs. 6 S. 4 SGG (nF),** wonach das Gericht einen Mangel der Vollmacht von Amts wegen zu berücksichtigen hat, wenn nicht als Bevollmächtigter ein Rechtsanwalt auftritt.

25 Schon nach altem Recht galten Kammerrechtsbeistände als zur Prozessvertretung vor den Sozialgerichten und den Landessozialgerichten befugt, sofern ihre Erlaubnis das Sozialversicherungsrecht umfasste.[19]

26 Verkammerte Rechtsbeistände, die nur über eine Erlaubnis unter Ausklammerung des Sozial- und Sozialversicherungsrechts verfügen, waren und bleiben von der Prozessführung in sozialgerichtlichen Verfahren ausgeschlossen, dh sie dürfen dort weder in der mündlichen Verhandlung auftreten noch schriftsätzlich vortragen.[20]

27 ee) **Verwaltungsrechtliche Angelegenheiten (Abs. 1 Nr. 5).** Abs. 1 Nr. 5 nimmt in Bezug:

- **§ 67 Abs. 2 S. 1 VwGO (nF),** wonach sich die Beteiligten vor dem Verwaltungsgericht durch einen Rechtsanwalt (oder Rechtslehrer an einer deut-

---

[17] BAG 21.4.1988 – 8 AZR 394/86, AnwBl 1989, 53; LAG Frankfurt 27.4.1981 – 13 Ta 40/81, Rbeistand 1981, 85; LAG Düsseldorf 30.8.1984 – 7 Ta 148/84, Rbeistand 1985, 103; LAG Schleswig-Holstein 15.8.1985 – 1 Ta 169/85, Rbeistand 1986, 112; LAG Niedersachsen 14.3.2001 – 11 Ta 474/00, BRAK-Mitt. 2001, 147; Henssler/Prütting/*Henssler*, § 209 BRAO Rn 20; aA LAG Köln 9.5.1986 – 4 Ta 87/86, Rbeistand 1986, 112; LAG Frankfurt 19.3.1987 – 11 Ta 50/87, Rbeistand 1987, 64; *Rennen/Caliebe*, Anh. 2 Rn 31.
[18] Begr. RegE, BT-Drucks. 16/3655, S. 79.
[19] Vgl hierzu nur Henssler/Prütting/*Henssler*, § 209 BRAO Rn 21 mwN.
[20] Vgl hierzu *Feuerich/Weyland*, § 209 BRAO Rn 53 und schon *Rennen/Caliebe*, Anh. 2 Rn 32 f.

schen Hochschule iSd Hochschulrahmengesetzes mit Befähigung zum Richteramt) als Bevollmächtigten vertreten lassen können;
- § 67 Abs. 6 S. 4 VwGO (nF), wonach das Gericht einen Mangel der Vollmacht von Amts wegen zu berücksichtigen hat, wenn nicht als Bevollmächtigter ein Rechtsanwalt auftritt.

Die jetzt festgeschriebene Vertretungsbefugnis von Kammerrechtsbeiständen im verwaltungsgerichtlichen Verfahren entspricht der bereits früher geltenden Rechtslage.[21] **28**

Die Beiordnung im Rahmen der Prozesskostenhilfe ist gemäß § 166 VwGO iVm § 121 Abs. 2 ZPO (siehe Rn 18) möglich.[22] **29**

ff) Finanzrechtliche Angelegenheiten (Abs. 1 Nr. 6). Abs. 1 Nr. 6 nimmt in Bezug: **30**
- § 62 Abs. 2 S. 1 FGO (nF), wonach sich die Beteiligten vor dem Finanzgericht durch einen Rechtsanwalt (Steuerberater, Steuerbevollmächtigten, Wirtschaftsprüfer oder vereidigten Buchprüfer oder eine Gesellschaft iSd § 3 Nr. 2 und 3 des Steuerberatungsgesetzes, die durch eine solche Person handelt) als Bevollmächtigten vertreten lassen können;
- § 62 Abs. 6 S. 4 FGO (nF), wonach das Gericht einen Mangel der Vollmacht von Amts wegen zu berücksichtigen hat, wenn nicht als Bevollmächtigter eine der genannten Personen (oder Gesellschaften) auftritt.

Abs. 1 Nr. 6 enthält die Einschränkung, dass Kammerrechtsbeistände nur dann vor den Finanzgerichten postulationsfähig sind, wenn ihre Erlaubnis die geschäftsmäßige Hilfeleistung in Steuersachen umfasst. Dies ist auch bei Inhabern einer sog. Vollerlaubnis eher selten, so dass verkammerte Rechtsbeistände idR nicht vor den Finanzgerichten auftreten dürfen.[23] **31**

Sofern der Gesetzgeber die Auffassung vertritt, vor den Finanzgerichten seien (Kammer-)Rechtsbeistände nie vertretungsbefugt gewesen, da sich ihre Erlaubnis nicht auf die Vertretung in Steuerangelegenheiten erstrecke,[24] stellt sich die Frage, warum dann die Aufnahme einer entsprechenden Regelung in das RDGEG überhaupt für erforderlich gehalten wurde. **32**

gg) Strafrechtliche Angelegenheiten. Bestimmungen der StPO sind in Abs. 1 nicht in Bezug genommen. Damit ist klargestellt, dass Kammerrechtsbeistände nicht nach den §§ 141, 142 Abs. 1 StPO als Pflichtverteidiger beigeordnet werden können.[25] **33**

Als Wahlverteidiger dürfen verkammerte Rechtsbeistände tätig werden, sofern keine notwendige Verteidigung vorliegt (§ 138 Abs. 2 StPO). Allerdings ist eine Genehmigung des Gerichts erforderlich, die nach pflichtgemäßem Ermessen zu erfolgen hat.[26] Die Genehmigung kann nur verweigert werden, wenn im kon- **34**

---

21 Vgl hierzu nur Henssler/Prütting/*Henssler*, § 209 BRAO Rn 22 mwN.
22 Vgl zur gegenteiligen Auffassung nach altem Recht noch Henssler/Prütting/*Henssler*, § 209 BRAO Rn 22.
23 *Feuerich/Weyland*, § 209 BRAO Rn 56.
24 Begr. RegE, BT-Drucks. 16/3655, S. 79.
25 *Feuerich/Weyland*, § 209 BRAO Rn 58; Henssler/Prütting/*Henssler*, § 209 BRAO Rn 23.
26 Vgl hierzu nur *Karlsruher Kommentar*, § 138 StPO Rn 8 f; *Meyer-Goßner*, § 138 StPO Rn 8 ff; *Löwe/Rosenberg*, § 138 StPO Rn 14; OLG Düsseldorf 9.11.1987 – 1 Ws 918/87, BRAK-Mitt. 1988, 284 = StV 1988, 377; OLG Karlsruhe 8.5.1987 – 1 Ws 32/87, NJW 1988, 2549 = BRAK-Mitt. 1988, 284.

kreten Verteidigungsfall die Sachkunde des Kammerrechtsbeistands zweifelhaft ist.[27]

35 Im Falle notwendiger Verteidigung darf die Zulassung als Wahlverteidiger nur in Gemeinschaft mit einem Rechtsanwalt oder einem Rechtslehrer an einer deutschen Hochschule erfolgen (§ 138 Abs. 2 StPO).

36 In der Eigenschaft als Verteidiger steht dem Kammerrechtsbeistand das Zeugnisverweigerungsrecht gemäß § 53 Abs. 1 Nr. 2 StPO zu. Außerdem gilt das Beschlagnahmeverbot des § 97 StPO.[28]

37 **b) Registrierte Erlaubnisinhaber (Abs. 2).** Bei Inhabern von Alt-Erlaubnissen, die keine Kammerrechtsbeistände sind, muss sich die Registrierung aus Bestandsschutzgründen auch auf den gerichtlichen Bereich erstrecken, sofern der Erlaubnisinhaber bislang über besondere prozessuale Befugnisse verfügt.[29] Personen, deren Befugnisse über die in § 10 Abs. 1 RDG geregelten Befugnisse hinausgehen, werden gemäß § 1 Abs. 3 S. 2 als „registrierte Erlaubnisinhaber" (zur Unterscheidung von den „registrierten Personen" siehe Rn 10) registriert.

38 Rechtsbeistände, die nicht Mitglied einer Rechtsanwaltskammer sind, und andere Erlaubnisinhaber können nach altem Recht aus verschiedenen Gründen befugt sein, vor einem oder mehreren Gerichten aufzutreten, wobei die Vertretungsbefugnis das gesamte Verfahren einschließlich der mündlichen Verhandlung oder nur die schriftlichen Verfahrenshandlungen umfassen kann. Die bisherigen Befugnisse sollen zur Wahrung des Status quo auch nach der Registrierung im RDG fortgelten.[30]

39 Abs. 2 nimmt ausdrücklich Bezug auf
- § 79 Abs. 2 S. 1 ZPO (nF), wonach sich die Parteien im Parteiprozess durch einen Rechtsanwalt als Bevollmächtigten vertreten lassen können;
- § 10 Abs. 2 S. 1 FamFG, wonach sich die Beteiligten durch einen Rechtsanwalt als Bevollmächtigten vertreten lassen können;
- § 11 Abs. 2 S. 1 ArbGG (nF), wonach sich die Parteien vor dem Arbeitsgericht durch einen Rechtsanwalt als Bevollmächtigten vertreten lassen können;
- § 73 Abs. 2 S. 1 SGG (nF), wonach sich die Beteiligten vor dem Sozialgericht und dem Landessozialgericht durch einen Rechtsanwalt (oder Rechtslehrer an einer deutschen Hochschule iSd Hochschulrahmengesetzes mit Befähigung zum Richteramt) als Bevollmächtigten vertreten lassen können;
- § 67 Abs. 2 S. 1 VwGO (nF), wonach sich die Beteiligten vor dem Verwaltungsgericht durch einen Rechtsanwalt (oder Rechtslehrer an einer deutschen Hochschule iSd Hochschulrahmengesetzes mit Befähigung zum Richteramt) als Bevollmächtigten vertreten lassen können;
- § 62 Abs. 2 S. 1 FGO (nF), wonach sich die Beteiligten vor dem Finanzgericht durch einen Rechtsanwalt (Steuerberater, Steuerbevollmächtigten, Wirtschaftsprüfer oder vereidigten Buchprüfer oder eine Gesellschaft iSd § 3 Nr. 2 und 3 des Steuerberatungsgesetzes, die durch eine solche Person handelt) als Bevollmächtigten vertreten lassen können.

---

27 Henssler/Prütting/*Henssler*, § 209 BRAO Rn 23.
28 Henssler/Prütting/*Henssler*, § 209 BRAO Rn 23; *Rennen/Caliebe*, Anh. 2 Rn 33.
29 Kilian/Sabel/vom Stein/*Sabel*, § 23 Rn 589.
30 Begr. RegE, BT-Drucks. 16/3655, S. 79.

Registrierte Erlaubnisinhaber stehen im Sinne der genannten Vorschriften einem **40**
Rechtsanwalt gleich, soweit ihnen die gerichtliche Vertretung oder das Auftreten
in der Verhandlung gestattet war.

Abs. 2 S. 1 unterscheidet in seinen Nr. 1 bis 5 zwischen verschiedenen Fällen. **41**

aa) Inhaber einer besonderen Erlaubnis (Abs. 2 S. 1 Nr. 1, S. 2). Abs. 2 S. 1 **42**
Nr. 1 regelt den Fall, dass die Befugnis zur gerichtlichen Vertretung bereits mit
der seinerzeitigen Erlaubnis durch den zuständigen Gerichtspräsidenten erteilt
wurde. Das betrifft alle Alt-Erlaubnisinhaber, deren Tätigkeitsspektrum nicht
ausdrücklich auf den außergerichtlichen Bereich beschränkt war. Sie dürfen im
Umfang ihrer bisherigen Erlaubnis, also zB als Bevollmächtigte im gerichtlichen
Mahnverfahren, tätig werden. Ohne eine gleichzeitige Prozessagentenerlaubnis
(siehe Rn 46) gilt dies allerdings auch weiterhin nur außerhalb der mündlichen
Verhandlung.[31]

In den in Nr. 1 geregelten Fällen ergibt sich die Berechtigung, Dritte vor Gericht **43**
(außerhalb der Verhandlung) zu vertreten, also unmittelbar aus der Erlaubnisurkunde. Eine entsprechende Befugnis war/ist beim Registrierungsantrag zu berücksichtigen und gemäß Abs. 2 S. 2 in der Registrierung zu erfassen.[32]

bb) Prozessagenten (Abs. 2 S. 1 Nr. 2, S. 2). Abs. 2 S. 1 Nr. 2 sichert den Status **44**
quo der sog. Prozessagenten. Dies sind Personen, denen gemäß § 157 Abs. 3 ZPO
aF die geschäftsmäßige Besorgung fremder Rechtsangelegenheiten vor Gericht
gestattet war.

Bei der Entscheidung über einen entsprechenden Antrag hatte die Justizverwal- **45**
tung gemäß § 157 Abs. 3 S. 2 ZPO aF sowohl die Eignung des Antragstellers als
auch die Frage zu berücksichtigen, ob im Hinblick auf die Zahl der bei dem
Gericht zugelassenen Rechtsanwälte überhaupt ein Bedürfnis für die Zulassung
bestehe.

Die Erlaubnis nach § 157 Abs. 3 ZPO aF war – als Konsequenz aus Art. 1 § 1 **46**
Abs. 1 S. 2 RBerG – auf das Sachgebiet der Teilerlaubnis nach dem RBerG zu
beschränken.[33]

Prozessagenten unterscheiden sich von dem in Abs. 2 S. 1 Nr. 1 angesprochenen **47**
Personenkreis dadurch, dass sie (auch) die Berechtigung zu mündlichem Verhandeln haben.

Die Prozessagenteneigenschaft kann sich sowohl aus der Erlaubnisurkunde als **48**
auch aus einer gesonderten Zulassung ergeben.[34]

Wie im Fall von Abs. 2 S. 1 Nr. 1 war/ist auch in den Fällen der Nr. 2 der Umfang **49**
der Befugnis zu registrieren und im Rechtsdienstleistungsregister bekanntzumachen (Abs. 2 S. 2).

cc) Inhaber einer Erlaubnis zum mündlichen Verhandeln vor den Sozialgerichten **50**
(Abs. 2 S. 1 Nr. 3, S. 2). Abs. 2 S. 1 Nr. 3 betrifft die der Nr. 2 entsprechende
Zulassung vor den Sozialgerichten.

Gemäß Abs. 2 S. 2 war/ist der Umfang der Befugnis zu registrieren und im **51**
Rechtsdienstleistungsregister bekanntzumachen.

---

31 Begr. RegE, BT-Drucks. 16/3655, S. 79 f.
32 Kilian/Sabel/vom Stein/*Sabel*, § 23 Rn 590.
33 Zöller/*Vollkommer*, ZPO, Vor § 78 Rn 9 a.
34 Kilian/Sabel/vom Stein/*Sabel*, § 23 Rn 589.

52 *Sabel*[35] weist zu Recht darauf hin, dass bei der Registrierung von Rentenberatern zu berücksichtigen sei, dass sie gemäß § 73 Abs. 2 S. 2 Nr. 3 SGG nF im Umfang ihrer Befugnisse nach § 10 RDG vor allen Sozial- und Landessozialgerichten vertretungsbefugt seien. Dies gelte ohne weiteres auch für alle registrierten Personen, die sich aufgrund einer Alt-Erlaubnis als Rentenberater nach § 10 Abs. 1 S. 1 Nr. 2 RDG hätten registrieren lassen. Bei ihnen sei die in Abs. 2 S. 1 Nr. 3 vorgesehene gesonderte Registrierung der Vertretungsbefugnis deshalb entbehrlich. Allerdings behalte sie eine eigenständige Bedeutung in den Fällen, in denen ein Rechtsbeistand oder Erlaubnisinhaber, der nicht Rentenberater sei, eine Erlaubnis zum Verhandeln vor den Sozialgerichten besitze. Das könne etwa bei einem Rechtsbeistand für Sozialrecht der Fall sein, dessen Erlaubnis den Rechtsdienstleistungsumfang eines Rentenberaters übersteige, und der deshalb zusätzlich als registrierter Erlaubnisinhaber zu registrieren sei.

53 **dd) Inhaber einer Erlaubnis nach § 67 VwGO aF (Abs. 2 S. 1 Nr. 4).** Abs. 2 S. 1 Nr. 4 trägt der bisher zum Verwaltungsgerichtsverfahren herrschenden Ansicht[36] Rechnung, dass Erlaubnisinhaber dort auch ohne eine besondere gerichtliche Zulassung im Rahmen ihrer Erlaubnis vertretungsbefugt waren.[37]

54 Eine Befugnis zur Vertretung vor den Verwaltungsgerichten war/ist nicht gesondert zu registrieren. Sie ist in Abs. 2 S. 2 nicht erwähnt und ergibt sich deshalb bereits unmittelbar aus Abs. 2 S. 1 Nr. 4.[38]

55 **ee) Inhaber einer Erlaubnis nach § 13 FGG aF (Abs. 2 S. 1 Nr. 5).** Abs. 2 S. 1 Nr. 5 erfasst Alt-Erlaubnisinhaber, die zur Vertretung in nicht streitigen Verfahren nach § 13 FGG aF befugt sind. Für sie gilt das zu Abs. 2 S. 1 Nr. 4 Ausgeführte entsprechend (vgl Rn 53 f).[39]

56 **2. Zurückweisung registrierter Erlaubnisinhaber (Abs. 3).** Abs. 3 normiert die Möglichkeit der Zurückweisung von registrierten Erlaubnisinhabern, nicht von Kammerrechtsbeiständen, durch das Gericht.

57 Zwei Gründe für eine Zurückweisung sind zu unterscheiden: das Überschreiten der Befugnis (Abs. 3 S. 1) oder das im Laufe des Verfahrens zutage tretende Unvermögen des registrierten Erlaubnisinhabers (Abs. 3 S. 3).

58 **a) Zurückweisung wegen fehlender Befugnis zur gerichtlichen Vertretung oder zum Auftreten in der Verhandlung (Abs. 3 S. 1).** Abs. 3 S. 1 regelt die Zurückweisung von registrierten Erlaubnisinhabern, die nicht vertretungsbefugt oder nicht zum Auftreten in der mündlichen Verhandlung berechtigt sind, und die Untersagung des weiteren Vortrags entsprechend den Vorschriften über die Zurückweisung von Verfahrensbevollmächtigten und Beiständen in den gerichtlichen Verfahrensordnungen. Der Umfang der gerichtlichen Vertretungsbefugnis eines Erlaubnisinhabers ergibt sich – außer im Bereich der VwGO- und nichtstreitigen FGG-Verfahren, in denen grundsätzlich von einer umfassenden Vertretungsbefugnis auszugehen ist – aus dem Rechtsdienstleistungsregister, in das ja gemäß Abs. 2 S. 2 der Umfang der gerichtlichen Vertretungsbefugnis einzutragen ist.

---

35 Kilian/Sabel/vom Stein/*Sabel*, § 23 Rn 591.
36 BVerfG 25.2.1976 – 1 BvR 8 und 275/74, BVerfGE 41, 378 = NJW 1976, 1349; Henssler/Prütting/*Henssler*, § 209 BRAO Rn 22.
37 Begr. RegE, BT-Drucks. 16/3655, S. 80.
38 Kilian/Sabel/vom Stein/*Sabel*, § 23 Rn 591.
39 Begr. RegE, BT-Drucks. 16/3655, S. 80; Kilian/Sabel/vom Stein/*Sabel*, § 23 Rn 591.

Die Zurückweisung muss sich nicht notwendig auf das gesamte gerichtliche Verfahren erstrecken, sondern kann sich auch, weil die Vertretungsbefugnis vieler Erlaubnisinhaber nach altem Recht auf das Verfahren außerhalb der Verhandlung beschränkt ist, nur auf die Vertretung in der mündlichen Verhandlung beziehen. Ist einem Erlaubnisinhaber das Auftreten in der Verhandlung nicht ausdrücklich gestattet, darf er regelmäßig auch nicht Beistand sein.[40]

b) Zurückweisung wegen Unvermögens (Abs. 3 S. 3). Gemäß Abs. 3 S. 3 kann das Gericht einem grundsätzlich vertretungsbefugten, also im Rahmen seiner Erlaubnis agierenden registrierten Erlaubnisinhaber, nicht einem verkammerten Rechtsbeistand, die weitere Vertretung oder das weitere Auftreten in der Verhandlung untersagen, wenn er nicht in der Lage ist, das Sach- und Streitverhältnis sachgerecht darzustellen. Das entspricht dem früheren Recht. Denn die Zulassung nach § 157 Abs. 3 ZPO aF beseitigt nur die Möglichkeit des Ausschlusses nach Abs. 1, nicht dagegen die einer Untersagung des Vortrages nach Abs. 2.[41] Die Zurückweisung eines verkammerten Rechtsbeistands kam dagegen nach § 157 Abs. 2 ZPO aF ebenso wenig in Betracht wie die eines Rechtsanwalts.[42]

Als Gründe für eine Zurückweisung waren nach altem Recht (wegen mangelnder „Fähigkeit zum geeigneten Vortrag", § 157 Abs. 2 ZPO aF) anerkannt worden „eine Unklarheit des Denkens",[43] eine nur mangelhafte Ausdrucksfähigkeit, ein Zustand der Angetrunkenheit, eine ungenügende Selbstbeherrschung, ein körperliches Gebrechen, ein zu schwieriger Sachverhalt und die Erkenntnis, dass der Bevollmächtigte die Rechte seines Auftraggebers aus einem sonstigen Grund auf unabsehbare Zeit nicht wahrnehmen könne,[44] außerdem Schreien, ununterbrochenes Reden und Geistesstörung.[45] Problematisch war der Umgang mit sprachlichen Defiziten des Beistands, weil einerseits die „bloße Beherrschung einer Sprache für den täglichen Umgang" im Allgemeinen noch nicht zur Rechtsverfolgung vor Gericht genügte, andererseits aber eine „Ungewandtheit im Ausdruck", insbesondere beim Amtsgericht, noch nicht Grund genug war, den Vortrag zu untersagen.[46]

Da mit Abs. 3 S. 3 der bisherige Rechtszustand perpetuiert werden soll,[47] kann bei der Beurteilung der Frage, wann ein registrierter Erlaubnisinhaber nicht in der Lage ist, das Sach- und Streitverhältnis sachgerecht darzustellen, auf die frühere Rechtsprechung zurückgegriffen werden. § 157 Abs. 2 ZPO aF, der bisher die Möglichkeit regelte, Bevollmächtigten und Beiständen, die nicht Rechtsanwälte (und nicht Kammerrechtsbeistände) waren, den weiteren Vortrag zu untersagen, wenn ihnen die Fähigkeit zum geeigneten Vortrag mangelte, wurde durch das Gesetz zur Neuregelung des Rechtsberatungsrechts aufgehoben und durch § 79 Abs. 3 S. 3 ZPO ersetzt.[48]

3. Schutzbestimmungen für den Fall einer Zurückweisung (Abs. 3 S. 2 und 4). Abs. 3 S. 2 bestimmt, dass Prozesshandlungen eines nicht vertretungs-

---

40 Vgl zum Ganzen Begr. RegE, BT-Drucks. 16/3655, S. 80.
41 Baumbach/Lauterbach/Albers/Hartmann/*Hartmann*, ZPO, § 157 Rn 28.
42 Baumbach/Lauterbach/Albers/Hartmann/*Hartmann*, ZPO, § 157 Rn 21.
43 BFH 16.10.1984 – IX B 49/84, DB 1985, 474 (zu § 62 Abs. 2 FGO aF).
44 Baumbach/Lauterbach/Albers/Hartmann/*Hartmann*, ZPO, § 157 Rn 21.
45 Zöller/*Greger*, ZPO, § 157 Rn 7.
46 Zöller/*Greger*, ZPO, § 157 Rn 7.
47 Begr. RegE, BT-Drucks. 16/3655, S. 80.
48 Vgl hierzu *Sabel*, AnwBl 2008, 390.

befugten Bevollmächtigten und Zustellungen oder Mitteilungen an diesen Bevollmächtigten bis zu seiner Zurückweisung wirksam sind. Auf diese Weise wird der Schutz des rechtsuchenden Publikums sichergestellt.

64 Dies gilt nicht in Verfahren mit Anwaltszwang. § 78 ZPO bleibt insofern unberührt. Prozesshandlungen, die eine nicht zur Anwaltschaft zugelassene Person im Anwaltsprozess vornimmt, sind unwirksam.[49] Allerdings muss das Gericht einen möglicherweise nicht Postulationsfähigen im Streit hierüber als postulationsfähig behandeln.[50]

65 Abs. 3 S. 4 verweist auf § 335 Abs. 1 Nr. 5 ZPO (nF), wonach der Antrag auf Erlass eines Versäumnisurteils oder einer Entscheidung nach Lage der Akten zurückzuweisen ist, „wenn in den Fällen des § 79 Abs. 3[51] die Zurückweisung des Bevollmächtigten oder die Untersagung der weiteren Vertretung erst in dem Termin erfolgt oder der nicht erschienenen Partei nicht rechtzeitig mitgeteilt worden ist". Dies dient in erster Linie dem Schutz des rechtsuchenden Publikums, also des Verbrauchers.

§ 4 Vergütung der registrierten Personen

(1) Das Rechtsanwaltsvergütungsgesetz gilt für die Vergütung der Rentenberaterinnen und Rentenberater (registrierte Personen nach § 10 Abs. 1 Satz 1 Nr. 2 des Rechtsdienstleistungsgesetzes) sowie der registrierten Erlaubnisinhaber mit Ausnahme der Frachtprüferinnen und Frachtprüfer entsprechend. Richtet sich ihre Vergütung nach dem Gegenstandswert, haben sie den Auftraggeber vor Übernahme des Auftrags hierauf hinzuweisen.

(2) Den in Absatz 1 Satz 1 genannten Personen ist es untersagt, geringere Gebühren und Auslagen zu vereinbaren oder zu fordern, als das Rechtsanwaltsvergütungsgesetz vorsieht, soweit dieses nichts anderes bestimmt. Die Vereinbarung eines Erfolgshonorars (§ 49b Abs. 2 Satz 1 der Bundesrechtsanwaltsordnung) ist unzulässig, soweit das Rechtsanwaltsvergütungsgesetz nichts anderes bestimmt; Verpflichtungen, die Gerichtskosten, Verwaltungskosten oder Kosten anderer Beteiligter zu tragen, sind unzulässig. Im Einzelfall darf besonderen Umständen in der Person des Auftraggebers, insbesondere dessen Bedürftigkeit, Rechnung getragen werden durch Ermäßigung oder Erlass von Gebühren oder Auslagen nach Erledigung des Auftrags.

(3) Für die Erstattung der Vergütung der in Absatz 1 Satz 1 genannten Personen und der Kammerrechtsbeistände in einem gerichtlichen Verfahren gelten die Vorschriften der Verfahrensordnungen über die Erstattung der Vergütung eines Rechtsanwalts entsprechend.

(4) Die Erstattung der Vergütung von Personen, die Inkassodienstleistungen erbringen (registrierte Personen nach § 10 Abs. 1 Satz 1 Nr. 1 des Rechtsdienstleistungsgesetzes), für die Vertretung im Zwangsvollstreckungsverfahren richtet sich nach § 788 der Zivilprozessordnung. Ihre Vergütung für die Vertretung im

---

49 BGH 8.5.1990 – VI ZR 321/89, NJW 1990, 3152; vgl hierzu näher Baumbach/Lauterbach/Albers/Hartmann/*Hartmann*, ZPO, Grundz. § 253 Rn 18.
50 Baumbach/Lauterbach/Albers/Hartmann/*Hartmann*, ZPO, § 78 Rn 32.
51 Zur Ersetzung von § 157 Abs. 2 ZPO aF durch § 79 Abs. 3 ZPO nF siehe Rn 60 ff.

gerichtlichen Mahnverfahren ist bis zu einem Betrag von 25 Euro nach § 91 Abs. 1 der Zivilprozessordnung erstattungsfähig.

I. Geltungsbereich des RVG (Abs. 1)	1
1. Betroffene Rechtsdienstleister	1
a) Rentenberater/innen gemäß § 10 Abs. 1 S. 1 Nr. 2 RDG	2
b) Registrierte Erlaubnisinhaber gemäß § 1	9
c) Ausnahme: Frachtprüfer/innen	13
d) Unanwendbarkeit des RVG	14
aa) Nebendienstleister gemäß § 5 RDG	15
bb) Unentgeltliche Dienstleister gemäß § 6 RDG	16
cc) Dienstleister gemäß § 7 RDG	17
dd) Dienstleistungen gemäß § 8 RDG	18
2. Betroffene Vergütungsbereiche	19
a) Außergerichtliche Rechtsdienstleistungen gemäß § 1 Abs. 1 S. 1 RDG	19
b) Abschnitt 1 RVG: Allgemeine Vorschriften	20
aa) § 3 RVG	21
bb) § 3a RVG	23
cc) § 4 RVG	24
dd) § 4a RVG	25
ee) § 11 RVG	26
ff) § 12 RVG	27
c) Abschnitt 2 RVG: Gebührenvorschriften	28
aa) § 13 RVG	29
bb) § 14 RVG	30
d) Abschnitt 3 RVG: Angelegenheit	32
aa) § 15 RVG	32
bb) §§ 16 ff RVG	34
cc) Unanwendbarkeit der §§ 31 bis 33 RVG	41
e) Abschnitt 4 RVG: Gegenstandswert	42
aa) §§ 22, 23 Abs. 1 S. 3, Abs. 3 S. 1 und § 30 S. 2, 2. Teilsatz RVG	43
bb) §§ 25 bis 29 RVG	46
f) Abschnitt 5 RVG: Außergerichtliche Beratung und Vertretung	47
aa) § 34 RVG (Beratung, Gutachten und Mediation)	48
bb) § 35 RVG (Hilfeleistung in Steuersachen)	53
cc) Analoge Anwendung des Teil 3 VV RVG	54
g) Abschnitt 8 RVG: Beigeordneter oder bestellter Rechtsanwalt, Beratungshilfe	55
aa) § 44 RVG	56
bb) § 46 RVG	63
cc) § 58 RVG	64
h) Teil 1 VV RVG: Allgemeine Gebühren	65
aa) Einigungsgebühr, Nr. 1000 VV RVG	66
bb) Aussöhnungsgebühr, Nr. 1001 VV RVG	69
cc) Erledigungsgebühr, Nr. 1002 VV RVG	70
dd) Mehrheit von Auftraggebern, § 1008 VV RVG	72
ee) Hebegebühren, Nr. 1009 VV RVG	74
i) Teil 2 VV RVG: Außergerichtliche Tätigkeiten einschließlich der Vertretung im Verwaltungsverfahren	76
aa) Abschnitt 1: Prüfung der Erfolgsaussichten eines Rechtsmittels	77
(1) Streitwertabhängige Angelegenheit	78
(2) Ausarbeitung eines schriftlichen Gutachtens	79
(3) Sozialrechtliche Angelegenheit	80
(4) Schriftliches Gutachten in sozialrechtlichen Angelegenheiten	81
(5) Anrechnung	82
bb) Abschnitt 3: Vertretung	84
(1) Geschäftsgebühr	85
(2) Nachprüfung eines Verwaltungsakts	88
(3) Schreiben einfacher Art	92
cc) Abschnitt 4: Vertretung in bestimmten sozialrechtlichen Angelegenheiten	96

(1) Geschäftsgebühr	97
(2) Nachprüfung des Verwaltungsakts	100
dd) Abschnitt 5: Beratungshilfe	103
(1) Vom Mandanten zu zahlende Gebühr	104
(2) Beratungsgebühr	106
(3) Außergerichtliche Einigung bei Schuldenbereinigungsplan	109
(4) Geschäftsgebühr	110
(5) Gestaffelte Geschäftsgebühr bei Schuldenbereinigungsplan	116
(6) Einigungsgebühr	117
j) Teil 3 VV RVG: Zivilsachen, Verfahren der öffentlich-rechtlichen Gerichtsbarkeiten, Verfahren nach dem Strafvollzugsgesetz und ähnliche Verfahren	118
aa) Unterabschnitt 3: Zwangsvollstreckung und Vollziehung einer im Wege des einstweiligen Rechtsschutzes ergangenen Entscheidung	119
bb) Unterabschnitt 4: Zwangsversteigerung und Zwangsverwaltung	122
cc) Unterabschnitt 5: Insolvenzverfahren, Verteilungsverfahren nach der Schifffahrtsrechtlichen Verteilungsordnung	125
(1) Vertretung des Schuldners	127
(2) Verfahren über den Schuldenbereinigungsplan	129
(3) Insolvenz- und Verteilungsverfahren	131
(4) Insolvenzplan	132
(5) Anmeldung einer Insolvenzforderung	134
(6) Restschuldbefreiung	135
(7) Zulassung der Zwangsvollstreckung	136
(8) Aufhebung von Vollstreckungsmaßnahmen	137
k) Teil 7 VV RVG: Auslagen	138
aa) Dokumentenpauschale	138
bb) Entgelte für Post- und Telekommunikationsdienstleistungen	139
cc) Fahrtkosten	140
dd) Tage- und Abwesenheitsgeld, sonstige Auslagen anlässlich einer Geschäftsreise	142
ee) Prämie für Haftpflichtversicherung für Vermögensschäden	148
ff) Umsatzsteuer auf die Vergütung	149
3. Hinweispflicht (Abs. 1 S. 2)	150
II. Vereinbarte Vergütungen (Abs. 2)	**153**
1. Normzweck	153
2. Angleichung an RVG-Regeln; Widerspruch des S. 2 zur Neufassung von § 49b Abs. 1 BRAO, § 4a RVG?	154
a) Geringere Vergütung	155
b) Erfolgshonorar	157
3. Außergerichtliche Tätigkeit, § 4 Abs. 2 RVG	158
a) Die erfassten Tätigkeiten	158
b) Formvorschriften	162
c) Vereinbarte Vergütung	165
d) Mindestgebühren unter Berücksichtigung der Kriterien des § 4 Abs. 2 S. 2 RVG	166
e) Angemessen/unangemessen	167
aa) Stand der Rechtsprechung	167
bb) Angemessenheit bei niedrigen Streitwerten	169
f) Sittenwidrigkeit	172
4. Erfolgshonorar	173
a) Unzulässigkeit der Vereinbarung (Abs. 2 S. 2)	173
b) Zulässigkeit der Vereinbarung (Abs. 2 S. 3)	176
aa) Die Person des Auftraggebers	176
bb) Anwendbarkeit für Rechtsdienstleister	179
cc) Einzelfallregelung	180
dd) Die Interessen des Mandanten	181
ee) Vorzeitiges Mandatsende	183
ff) Höhe des Erfolgshonorars	184
c) Formvorschriften	185

d)	Hinweispflichten	187	
aa)	Notwendige Angaben über gesetzliche Vergütung	188	
bb)	Notwendige Angaben über vereinbarungsfähiges Honorar	189	
cc)	Hinweis auf Erstattungsansprüche Dritter	190	
dd)	Hinweispflicht bezüglich Beratungs- und Prozesskostenhilfe	191	
e)	Verfassungsrechtliche Bedenken	195	
f)	Europarechtliche Bedenken?	196	
g)	Höhe des Erfolgshonorars	197	

III. Erstattung der Vergütung nach Abs. 3 198
1. Betroffener Personenkreis 198
2. Tätigkeiten in gerichtlichen Verfahren 199
3. Verfahren über Erstattung der Vergütung 200

IV. Erstattung der Vergütung nach Abs. 4 203
1. Betroffener Personenkreis 203
2. Erstattungsanspruch gemäß § 788 ZPO (Abs. 4 S. 1) 204
   a) Allgemeine Zwangsvollstreckung 204
   b) Besondere Zwangsvollstreckungen 205
   c) Ausnahmen 206
3. Erstattungsfähigkeit von Mahnverfahrensgebühren (Abs. 4 S. 2) 207
   a) Betroffener Verfahrensbereich 207
   b) Erstattungsanspruch gegen eigenen Mandanten 208
   c) Deckelung des Erstattungsanspruchs 209
     aa) Regelungsgehalt 209
     bb) Auswirkungen auf anwaltliche Tätigkeit? 212

I. Geltungsbereich des RVG (Abs. 1)

1. Betroffene Rechtsdienstleister. Das RVG gilt für die Kammerrechtsbeistände 1 gemäß § 1 Abs. 1 S. 3 RVG unmittelbar, während es für die nachfolgenden Rechtsdienstleister auf Grund dieser vorliegenden Vorschrift entsprechend gilt.

a) Rentenberater/innen gemäß § 10 Abs. 1 S. 1 Nr. 2 RDG. Tätigkeitsfeld ist die 2 Rentenberatung auf dem Gebiet der gesetzlichen Renten- und Unfallversicherung, des sozialen Entschädigungsrechts, des übrigen Sozialversicherungs- und Schwerbehindertenrechts mit Bezug zu einer gesetzlichen Rente sowie der betrieblichen und berufsständischen Versorgung (§ 10 Abs. 1 S. 1 Nr. 2 RDG).

Die Tätigkeit betrifft sowohl die beratende als auch die außergerichtliche Vertretung der Mandanten; im Rahmen der Befugnisse nach § 10 Abs. 1 S. 1 Nr. 2 RDG sind Rentenberater/innen auch berechtigt, Mandanten vor dem Sozialgericht und dem Landessozialgericht zu vertreten, § 73 Abs. 2 Nr. 3 SGG. 3

Eine darüber hinausgehende Vertretungsbefugnis in anderen Verfahrensordnungen, insbesondere im Verwaltungsprozess, ist auch angesichts der Einbeziehung der berufsständischen Versorgung in den Tätigkeitsbereich der Rentenberatung für künftig neu registrierte Rentenberater/innen nicht vorgesehen. Die berufsmäßige Prozessvertretung soll nur in den Bereichen erfolgen, in denen eine besondere auch prozessuale Sachkunde besteht. Da die verwaltungsgerichtlichen Verfahrensvorschriften vom Sozialgerichtverfahren zT erheblich abweichen, wird angenommen, dass diese prozessuale Sachkunde nicht besteht. Ob sich die Einschränkung der Tätigkeit der Rentenberater/innen bei Fragen der berufsständischen Versorgung sowie der betrieblichen Altersversorgung lediglich auf den außergerichtlichen Bereich halten lässt, dürfte fraglich sein. 4

5 Dabei ist besonders zu berücksichtigen, dass Rentenberater/innen, denen bisher schon die Genehmigung zur Vertretung vor Sozialgerichten und Landessozialgerichten zugestanden war, dieses Recht auch in Zukunft weiter haben werden (vgl § 1 Abs. 3).

6 Der **Begriff** der **Rentenberatung** ist nicht abschließend normiert, ausgegangen wird aber von folgenden **wesentlichen Tätigkeitsbereichen**:

- Gesetzliche Renten nach SGB VI und dem Gesetz über die Alterssicherung der Landwirte; hier geht es also um Alters-, Erwerbsminderungs-, Hinterbliebenen- und Erziehungsrenten; die Fragen des Versorgungsausgleichs fallen darunter, ohne dass hierdurch eine Vertretungsbefugnis im Gerichtsverfahren statuiert wird: Eine Ausweitung der Vertretungsbefugnis auf ein Scheidungsverfahren ist zweifellos nicht vorgesehen.
- Es geht weiterhin um die gesetzliche Unfallversicherung gemäß SGB VII, hier also die Leistungen an Versicherte und Hinterbliebene, wie Unfallrenten oder auch sonstige Leistungen nach dem Versicherungsfall; die Tätigkeit des Rentenberaters erstreckt sich nicht auf die in SGB VII enthaltenen Regelungen zur Unfallverhütung und zur Unternehmerhaftung.
- Unter den Begriff des sozialen Entschädigungsrechts fasst der Gesetzgeber alle Renten nach dem BVG und nach anderen Gesetzen, die eine entsprechende Anwendung des BVG vorsehen.
- Die Tätigkeit der Rentenberater kann des weiteren Bereiche des Sozialversicherungsrechts und des Schwerbehindertenrechts umfassen, soweit ein Zusammenhang mit Rentenfragen vorliegt; dies könnte sich auf die Mitgliedschaft zur gesetzlichen Krankenversicherung der Rentner, auf die Beitragsfreiheit bei Rentenbezug oder auf die Gewährung von Krankengeld in Abgrenzung zum Rentenbezug wegen verminderter Erwerbsfähigkeit beziehen. Erforderlich ist aber jeweils ein konkreter Bezug zu einer gesetzlichen Rente, weshalb etwa die Beratung und Vertretung von Versicherten in Streitigkeiten über die Erstattung von Kosten für Medikamente nicht Gegenstand der Rentenberatung ist. Auch in Fragen des Schwerbehindertenrechts ist jeweils entscheidend, ob ein Bezug zu rentenrechtlichen Fragestellungen besteht; die Zustimmung zur arbeitsrechtlichen Kündigung eines Schwerbehinderten fällt also nicht unter die Tätigkeit des Rentenberaters.
- Der Beratungstätigkeit des Rentenberaters unterliegen auch Fragen der betrieblichen Alters- oder Hinterbliebenenversorgung einschließlich der Zusatzversorgung für den öffentlichen Dienst sowie auch die berufsständische Versorgung durch die Versorgungswerke der Rechtsanwälte, Ärzte, Psychotherapeuten, Apotheker und ähnlichen Berufen. Der Gesetzgeber sieht hier zu enge Parallelen zu den Regelungen der gesetzlichen Rentenversicherung, als dass er diese Bereiche ausklammern möchte.
- Nicht fällt unter die Rentenberatungsbefugnis die Beamtenversorgung; soweit einzelnen Rentenberatern hier eine Erlaubnis erteilt worden ist, fällt diese unter die Übergangsvorschrift des § 1 Abs. 3 und bleibt auch weiterhin bestehen.
- Auch die private Form der Altersversorgung gehört nicht zur Rentenberatung, obwohl diese in den letzten Jahren an Bedeutung gewonnen hat und an Bedeutung auch zunehmen wird. Ob sich der vom Gesetzgeber angenommene Ausschluss dieser Tätigkeit auf Dauer halten lassen wird, ist zu bezweifeln.

- Soweit die rein private Altersvorsorge gesetzlich geregelte und geförderte Formen der ergänzenden Altersvorsorge (Riester-Rente, Rürup-Rente) umfasst, gehören diese ebenfalls zur Tätigkeit der Rentenberater/innen, zumal es sich bei der Beratung über öffentliche Fordermöglichkeiten üblicherweise um keine registrierungspflichtige Tätigkeit handelt (vgl § 5 Abs. 2 Nr. 3 RDG).

Die Auffassung des Gesetzgebers, die Tätigkeit der Rentenberater/innen müsste sich grundlegend „auf die Rente" beziehen, erweist sich damit als blauäugig. 7

Wegen weiterer Einzelheiten zur Rentenberatung nach § 10 Abs. 1 S. 1 Nr. 2 RDG wird auf die dortige Kommentierung verwiesen (siehe § 10 RDG Rn 24 ff). 8

b) Registrierte Erlaubnisinhaber gemäß § 1. Zu diesem Personenkreis gehören Rechtsdienstleister, die nicht Mitglied einer Rechtsanwaltskammer sind und deren behördliche Erlaubnis zur Besorgung fremder Rechtsangelegenheiten vor Inkrafttreten des RDG erteilt wurde und die innerhalb von sechs Monaten nach Inkrafttreten des RDG sich gemäß § 13 RDG haben registrieren lassen. Es genügt die Antragstellung innerhalb von sechs Monaten, um die bestehende Erlaubnis zu retten. 9

Zu den Erlaubnisinhabern gehören des Weiteren Kammerrechtsbeiständc, deren Aufnahme in die Rechtsanwaltskammer nach § 209 Abs. 2 BRAO auf eigenen Antrag widerrufen wurde und die innerhalb einer Frist von drei Monaten nach dem Widerruf den Antrag auf Registrierung stellen. 10

Zu den weiteren registrierten Erlaubnisinhabern gehören Rechtsdienstleister in einem ausländischen Recht (vgl § 10 Abs. 1 S. 1 Nr. 3 RDG), die sich aber ebenfalls registrieren lassen müssen. 11

Die weiteren in § 1 aufgeführten Erlaubnisinhaber sind die Inkassodienstleister gemäß § 10 Abs. 1 S. 1 Nr. 1 RDG, die nach Registrierung ebenfalls das RVG entsprechend anwenden können. 12

c) Ausnahme: Frachtprüfer/innen. Obwohl in § 10 Abs. 1 S. 1 Nr. 2 RDG ausdrücklich die Frachtprüfer/innen als Erlaubnisinhaber nicht aufgeführt sind, hat der Gesetzgeber zur Klarstellung diese in der vorliegenden Vorschrift noch einmal ausdrücklich ausgenommen. 13

d) Unanwendbarkeit des RVG. Das RVG ist demzufolge nicht durch nicht registrierte Personen anzuwenden. Hierzu gehören: 14

aa) Nebendienstleister gemäß § 5 RDG. Für Rechtsdienstleister, die Nebenleistungen iSv § 5 RDG im Zusammenhang mit einer anderen Tätigkeit erbringen, ist das RVG nicht anzuwenden. Hierzu zählen beispielhaft die Testamentsvollstreckung, die Haus- und Wohnungsverwaltung sowie die Fördermittelberatung. 15

bb) Unentgeltliche Dienstleister gemäß § 6 RDG. Das RVG gilt ebenfalls nicht entsprechend für Rechtsdienstleister, die ihre Leistungen iSv § 6 RDG unentgeltlich erbringen; allein die Tatsache der unentgeltlichen Erbringung der Rechtsdienstleistungen spricht gegen die entsprechende Anwendung des RVG. 16

cc) Dienstleister gemäß § 7 RDG. Ebenfalls gilt das RVG nicht für die Rechtsdienstleistung von **Berufs- und Interessenvereinigungen** sowie **Genossenschaften** iSv § 7 RDG. Hier geht der Gesetzgeber davon aus, dass diese Rechtsdienstleistungen gegenüber den Mitgliedern kostenlos erbracht werden und der Aufwand in den Beiträgen enthalten ist. Zu diesen Berufsvereinigungen können Gewerkschaften gehören, zu den Interessenvereinigungen gehören Mietervereine, 17

Haus- und Grundbesitzervereine, zu den Genossenschaften gehören zB die Raiffeisengenossenschaft im landwirtschaftlichen Bereich.

18 **dd) Dienstleistungen gemäß § 8 RDG.** Das RVG ist auch nicht entsprechend anzuwenden für Rechtsdienstleistungen **öffentlicher und öffentlich anerkannter Stellen** gemäß § 8 RDG. Hierzu gehören zB gerichtlich bestellte Schiedsrichter, Schlichtungsstellen bei Ärztekammern, Handwerkskammern, Industrie- und Handelskammern, Rechtsanwaltskammern, Steuerberaterkammern, Wirtschaftsprüferkammern, Zahnärztekammern und anderen Berufskammern, aber auch bei Innungen und Verbänden, so zB bei der Kraftfahrzeuginnung oder beim ADAC. Dazu gehören auch Schuldnerberatungsstellen, Verbraucherzentralen oder Träger freier Jugendhilfe wie zB ein Jugendhilfswerk.

19 **2. Betroffene Vergütungsbereiche. a) Außergerichtliche Rechtsdienstleistungen gemäß § 1 Abs. 1 S. 1 RDG.** Das RDG betrifft im Wesentlichen die außergerichtlichen Rechtsdienstleistungen, die neben den Rechtsanwälten und Kammerrechtsbeiständen die im Gesetz aufgeführten Rechtsdienstleister erbringen dürfen.

20 **b) Abschnitt 1 RVG: Allgemeine Vorschriften.** Anzuwenden sind entsprechend auf die berechtigten Rechtsdienstleister (siehe Rn 1 ff) die Allgemeinen Vorschriften aus Abschnitt 1 RVG (§§ 1 bis 12 b), wobei hierzu folgende Vorschriften gehören:

21 **aa) § 3 RVG.** Nicht anzuwenden ist § 3 Abs. 1 RVG. Diese Bestimmung befasst sich mit den Gebühren in Verfahren vor den Gerichten der Sozialgerichtsbarkeit sowie mit den Fällen, in denen das GKG nicht anzuwenden ist, ferner auch mit den Fällen, in denen nach dem Gegenstandswert abzurechnen ist, wenn der Auftraggeber nicht zu den in § 183 SGG genannten Personen gehört.

22 Demgegenüber wendet § 3 Abs. 2 RVG die Regelung des Abs. 1 entsprechend für eine Tätigkeit außerhalb eines gerichtlichen Verfahrens an, und diese Vorschrift ist demzufolge auch für die Rechtsdienstleister iSd RDG einschlägig.

23 **bb) § 3 a RVG.** § 3 a RVG regelt die Vergütungsvereinbarung. Auf die Ausführungen in Rn 153 ff wird verwiesen.

24 **cc) § 4 RVG.** § 4 RVG behandelt die erfolgsunabhängige Vergütung. Auf die Ausführungen in Rn 158 ff wird verwiesen.

25 **dd) § 4 a RVG.** Die Regelung des § 4 a RVG befasst sich mit dem Erfolgshonorar. Auf die Ausführungen in Rn 173 ff wird verwiesen.

26 **ee) § 11 RVG.** Eine weitere Ausnahme stellt § 11 RVG insoweit dar, als es hier um die Festsetzung der Vergütung in gerichtlichen Verfahren geht.

27 **ff) § 12 RVG.** Auch § 12 RVG ist nicht entsprechend anzuwenden, da diese Bestimmung die Vorschriften für die Prozesskostenhilfe betrifft, die lediglich in einem gerichtlichen Verfahren anfallen können.

28 **c) Abschnitt 2 RVG: Gebührenvorschriften.** Die Vorschriften dieses Abschnitts (§§ 13 bis 15 RVG) sind generell entsprechend anzuwenden:

29 **aa) § 13 RVG.** Dies gilt zum einen für die Wertgebühren gemäß § 13 RVG, die der Gesetzgeber in der Anlage 2 zum RVG noch einmal in Tabellenform gefasst hat und die in den üblichen Gesetzesveröffentlichungen zudem mit weiter gehenden Gebührentabellen unter Berücksichtigung der Steigerungswerte üblicherweise als Anlage zu der gesetzlichen Veröffentlichung abgedruckt sind.[1]

bb) § 14 RVG. § 14 RVG befasst sich mit den Rahmengebühren, wie sie zB in Nr. 2300 VV RVG von 0,5 bis 2,5 als Satzrahmengebühr oder in Nr. 2400 VV RVG als Betragsrahmengebühr von 40 € bis 520 € aufgeführt sind. Für den Rechtsdienstleister gilt demzufolge bei der Bestimmung der Rahmengebühr im Einzelfall auch die Berücksichtigung aller Umstände, wie sie enumerativ in § 14 RVG aufgeführt sind, nämlich

- der Umfang der anwaltlichen Tätigkeit,[2]
- die Schwierigkeit der anwaltlichen Tätigkeit,[3]
- die Bedeutung der Angelegenheit für den Auftraggeber,[4]
- die Einkommensverhältnisse des Auftraggebers,[5]
- die Vermögensverhältnisse des Auftraggebers[6] und
- ein besonderes Haftungsrisiko des Rechtsanwalts, das bei Rahmengebühren, die sich nicht nach dem Gegenstandswert richten (also Betragsrahmengebühren) auf jeden Fall, ansonsten bei entsprechender Bedeutung zu berücksichtigen ist.[7]

Da § 14 Abs. 2 RVG nicht ausgeschlossen ist, hat bei einer Streitigkeit über die Höhe der Gebühren des Rechtsdienstleisters das Gericht ein Gutachten des Vorstands der Rechtsanwaltskammer einzuholen, wobei dieses Gutachten kostenlos zu erstatten ist. Auf die Rechtsanwaltskammern kommen auf diesem Umweg erkennbar erhebliche Mehrbelastungen zu, während sich diese bei der bisherigen Rechtslage unter dem RBerG eher in Grenzen hielten. Die Anwaltschaft selber trägt über die Kammerbeiträge die Kosten für diese kostenlos zu erstattenden Gutachten, obwohl es sich nicht um Gutachten in Gebührenstreitigkeiten der eigenen Mitglieder handelt. Dies erscheint nicht unproblematisch.

d) Abschnitt 3 RVG: Angelegenheit. aa) § 15 RVG. § 15 behandelt den Abgeltungsbereich der Gebühren und stellt hierfür gesonderte Regelungen auf, wobei das System der Pauschalvergütung besonders zu berücksichtigen ist: Gebühren können in derselben Angelegenheit nur einmal gefordert werden, sieht man von der zeitlichen Schranke des Abs. 5 ab.

„**Dieselbe Angelegenheit**" hat der Gesetzgeber nicht definiert, sondern dies der Rechtsprechung überlassen. Der BGH[8] hat den Begriff der Angelegenheit so definiert:

„*Gegenstand einer Angelegenheit ist das Recht oder das Rechtsverhältnis, auf das sich die Tätigkeit des Rechtsanwalts auf Grund des Auftrages bezieht*" ... „*ob eine Angelegenheit einen oder mehrere Gegenstände betrifft, bestimmt sich ... nach objektiven Maßstäben.*"[9]

---

1 Vgl *Schönfelder*, Deutsche Gesetze, Nr. 117; BRAK-Informationsheft Nr. 4, S. 55 ff.
2 HK-RVG/*Winkler*, § 14 Rn 16 ff; Gerold/Schmidt/*Madert*, RVG, § 14 Rn 15.
3 HK-RVG/*Winkler*, § 14 Rn 20 ff; Gerold/Schmidt/*Madert*, RVG, § 14 Rn 16.
4 HK-RVG/*Winkler*, § 14 Rn 23 ff; Gerold/Schmidt/*Madert*, RVG, § 14 Rn 17.
5 HK-RVG/*Winkler*, § 14 Rn 26; Gerold/Schmidt/*Madert*, RVG, § 14 Rn 18.
6 HK-RVG/*Winkler*, § 14 Rn 27 ff; Gerold/Schmidt/*Madert*, RVG, § 14 Rn 18.
7 HK-RVG/*Winkler*, § 14 Rn 29 ff; Gerold/Schmidt/*Madert*, RVG, § 14 Rn 19.
8 BGH 5.4.1976 – III ZR 95/74, AnwBl 1976, 337; BGH 9.2.1995 – IX ZR 207/94, NJW 1995, 1431; vgl auch BVerfG 28.6.2000 – 1 BvR 1864/94, NJW-RR 2001, 139.
9 Vgl ebenfalls BGH 29.6.1978 – III ZR 49/77, Rpfleger 1978, 370; BGH 17.11.1983 – III ZR 193/82, AnwBl 1984, 501; BGH 11.12.2003 – IX ZR 109/00, AnwBl 2004, 251.

Die Tätigkeit muss
- auf Grund eines einheitlichen Auftrages erfolgen,
- sich im gleichen Rahmen halten und
- zwischen den einzelnen Handlungen und/oder Gegenständen einen inneren Zusammenhang haben.[10]

34 bb) §§ 16 ff RVG. Weiterführend zu § 15 RVG, der sich mit der Angelegenheit befasst, zählen die §§ 16 bis 18 RVG auf, was
- dieselbe Angelegenheit iSv § 16 RVG,
- verschiedene Angelegenheiten iSv § 17 RVG und
- besondere Angelegenheiten gemäß § 18 RVG

sind. Die dortige Aufzählung kann aber keinen Anspruch auf Vollständigkeit erheben.[11]

35 In der Vorbemerkung 3 Abs. 4 VV RVG heißt es:

„Soweit wegen desselben Gegenstands eine Geschäftsgebühr nach den Nummern 2300 bis 2303 entsteht, wird diese Gebühr zur Hälfte, jedoch höchstens mit einem Gebührensatz von 0,75, auf die Verfahrensgebühr des gerichtlichen Verfahrens angerechnet. Sind mehrere Gebühren entstanden, ist für die Anrechnung die zuletzt entstandene Gebühr maßgebend. Die Anrechnung erfolgt nach dem Wert des Gegenstands, der auch Gegenstand des gerichtlichen Verfahrens ist."

In mehreren Entscheidungen musste sich der BGH[12] mit der Frage der **Anrechnung der Geschäftsgebühr auf die Verfahrensgebühr** befasst. Wohl keine Bestimmung des RVG war aus diesem Grunde so regelungsbedürftig wie die Anrechnungsbestimmung der Vorbemerkung 3 Abs. 4 VV RVG, die zwangsläufig auf andere Anrechnungsregelungen des RVG sich auswirkte, so zB auf die Anrechnungsregelung der Beratungsgebühr § 34 RVG.

36 Da die Anrechnungsregelung sich auch im außergerichtlichen Bereich auswirkt – zB Anrechnung der Beratungsgebühr § 34 RVG auf die Geschäftsgebühr 2300 VV RVG oder im Verhältnis der außergerichtlichen Geschäftsgebühr 2300 VV RVG auf die Verfahrensgebühr 3305 VV RVG oder die Vollstreckungsgebühr 3309 VV RVG, die beim Rechtsdienstleister anfallen können, wirkt sich die Neuregelung des **§ 15 a RVG** auch auf die Gebühren des Rechtsdienstleisters aus.

37 Abs. 1 des § 15 a RVG befasst sich mit dem Anrechnungsverhältnis mehrerer Gebühren zwischen Rechtsdienstleister und Mandanten. Der Rechtsdienstleister

---

10 AnwK-RVG/*Rick*, § 15 Rn 22; Gerold/Schmidt/*Madert*, RVG, § 15 Rn 7 ff; *Hartmann*, KostG, § 15 RVG Rn 14 f; *Römermann*, in: Hartung/Römermann/Schons, RVG, § 15 Rn 14; HK-RVG/*Winkler*, § 15 Rn 6; RA-MICRO-Online-Kommentar-RVG/*Baumgärtel*, § 15 Rn 6 ff.
11 Vgl insoweit die ausführliche Darstellung bei HK-RVG/*Winkler*, § 15 Rn 23–73. Im Übrigen wird auf die einschlägigen Kommentierungen zu den §§ 16, 17 und 18 RVG verwiesen, wie zB *Mayer/Kroiß* (Hrsg.), Handkommentar zum RVG; *Schneider/Wolf* (Hrsg.), AnwaltKommentar zum RVG; *Bischof/Jungbauer u.a.*, RVG Kommentar; *Gerold/Schmidt*, Kommentar zum RVG; *Hartung/Römermann/Schons*, Praxiskommentar zum RVG; *Riedel/Sußbauer*, Kommentar zum RVG.
12 BGH 7.3.2007 – VIII ZR 86/06, NJW 2007, 2049 = AGS 2007, 283 m. Anm. *Schons*, *N. Schneider* und *Hansens* = RVGreport 2007, 226 m. Anm. *Hansens*; BGH 14.3.2007 – VIII ZR 184/06, NJW 2007, 2050 = AGS 2007, 289 = RVGreport 2007, 220 m. Anm. *Hansens*; BGH 11.7.2007 – VIII ZR 310/06, NJW 2007, 3500 = AGS 2008, 41 = RVGreport 2007, 421 m. Anm. *Hansens*.

kann demnach beide angefallenen Gebühren fordern, jedoch nicht mehr als den um den Anrechnungsbetrag verminderten Gesamtbetrag beider Gebühren. Damit hat der Rechtsdienstleister bspw die Wahl, ob er die 1,3 Geschäftsgebühr 2300 VV RVG und die um den Anrechnungsbetrag verminderte 1,0 Verfahrensgebühr 3305 VV RVG oder die um den Anrechnungsbetrag verminderte 1,3 Geschäftsgebühr 2300 VV RVG und die unverminderte 1,0 Verfahrensgebühr 3305 VV RVG abrechnet. In der Summe jedenfalls dürfen im Beispielsfall für Geschäftsgebühr 2300 VV RVG und Verfahrensgebühr 3305 VV RVG nicht mehr als 1,65 Gebühr abgerechnet werden.

Abs. 2 der Vorschrift befasst sich mit dem Außenverhältnis zum Erstattungspflichtigen. Dem Mandanten gegenüber kann sich der Erstattungspflichtige auf die Anrechnung nur berufen, soweit er den Anspruch auf eine der beiden Gebühren erfüllt hat, wegen eines dieser Ansprüche gegen ihn ein Vollstreckungstitel besteht oder beide Gebühren in demselben Verfahren gegen ihn geltend gemacht werden. Hat der Beklagte oder Antragsgegner die als Verzugsschaden geltend gemachte vorgerichtlich entstandene Geschäftsgebühr 2300 VV RVG iHv 1,3 beglichen, dann kann er die Anrechnungsregelung mit der Hälfte dieser Gebühr, also 0,65, hinsichtlich der Mahnverfahrensgebühr 3305 VV RVG einwenden, so dass diese lediglich noch restlich 0,35 beträgt. Der Einwand der Anrechnung kann ebenfalls erhoben werden, wenn in einem anderen Verfahren die volle 1,3 vorgerichtliche Geschäftsgebühr 2300 VV RVG gegen den Antragsgegner tituliert ist und demzufolge vollstreckbar ist. Der Einwand kann auch erhoben werden, wenn die Titulierung der vollen vorgerichtlichen Geschäftsgebühr im obigen Beispiel durch Vollstreckungsbescheid erfolgt und zudem die volle Verfahrensgebühr 3305 VV RVG geltend gemacht wird. 38

Mit dieser neuen Regelung ist ein erheblicher Teil der seit 7.3.2007 ergangenen Rechtsprechung des BGH zu diesem Thema erledigt, hatte doch der BGH die Anrechnung verfügt, unabhängig von der Frage, ob die vorgerichtliche Geschäftsgebühr beim Zahlungspflichtigen geltend gemacht, gegen diesen tituliert oder von diesem beglichen war. Selbst wenn der Anspruchsberechtigte von vornherein lediglich die halbe Geschäftsgebühr unter Berücksichtigung der Anrechnungsregelung der Vorbemerkung 3 Abs. 4 VV RVG eingeklagt hatte, war nach Auffassung des BGH die Kürzung auf Grund der Anrechnungsregelung vorzunehmen. Noch schmerzlicher war dies für den Anspruchsteller, wenn er die vorgerichtlichen Kosten überhaupt nicht geltend machte und dennoch auf Grund ihres Anfalls eine entsprechende Anrechnung zu Gunsten des Gegners erfolgte. Da der Antragsgegner häufig genug überhaupt keinen Anspruch auf Erstattung seiner vorgerichtlich entstandenen Kosten zur Abwehr unberechtigter Ansprüche hatte, wirkte sich die auch in diesem Fall vom BGH vorgenommene Anrechnung auf die Verfahrensgebühr äußerst problematisch aus. 39

Nicht anwendbar sind für den Rechtsdienstleister bei außergerichtlicher Tätigkeit die Bestimmungen in den §§ 16 bis 19 RVG, die sich ausdrücklich mit der gerichtlichen Tätigkeit befassen; dies gilt auch für die §§ 20 und 21 RVG. 40

cc) Unanwendbarkeit der §§ 31 bis 33 RVG. Die §§ 31 bis 33 RVG, die sich auf gerichtliche Verfahren beziehen, sind für Rechtsdienstleister bei außergerichtlicher Tätigkeit nicht anzuwenden. 41

42 **e) Abschnitt 4 RVG: Gegenstandswert.** Hier gelten folgende Vorschriften:

43 aa) §§ 22, 23 Abs. 1 S. 3, Abs. 3 S. 1 und § 30 S. 2, 2. Teilsatz RVG. § 22 Abs. 1 RVG regelt die das Gebührenrecht bestimmende Zusammenrechnung der Werte mehrerer Gegenstände in ein und derselben Angelegenheit, sofern mit dem Mandanten keine anderweitige Regelung getroffen worden ist.[13] § 22 Abs. 2 RVG deckelt den Höchstwert in derselben Angelegenheit bei 30 Millionen Euro;[14] abweichende Vereinbarungen hierzu sind aber zulässig.[15]

44 Von den allgemeinen Wertvorschriften werden

- die außergerichtliche Tätigkeiten betreffende Vorschrift des § 23 Abs. 1 S. 3 RVG, die die zuvor aufgeführten, für das Gerichtsverfahren geltenden Wertvorschriften auch entsprechend für die Tätigkeit außerhalb eines gerichtlichen Verfahrens angewendet wissen will, sowie
- § 23 Abs. 3 RVG, der auf die Bestimmungen der KostO abhebt,

angewandt. Im Übrigen gelten auch die Bestimmungen, wonach der Gegenstandswert mangels Anknüpfbarkeit an andere Kostenvorschriften nach billigem Ermessen zu bestimmen ist; in Ermangelung genügend tatsächlicher Anhaltspunkte erfolgt eine Schätzung bei nicht vermögensrechtlichen Gegenständen zwischen 4.000 € und 500.000 €.

45 § 30 S. 2, 2. Teilsatz RVG ist bei außergerichtlichem Tätigwerden in Asylverfahrensangelegenheiten anzuwenden.

46 bb) §§ 25 bis 29 RVG. Teilweise gelten auch die §§ 25 bis 29 RVG, soweit die dort beschriebenen Tätigkeiten erbracht werden können.

47 **f) Abschnitt 5 RVG: Außergerichtliche Beratung und Vertretung.** Unter diesen Abschnitt fallen § 34 RVG (Beratung, Gutachten und Mediation), § 35 RVG (Hilfeleistung in Steuersachen) und § 36 RVG (Schiedsrichterliche Verfahren und Verfahren vor dem Schiedsgericht).

48 **aa) § 34 RVG (Beratung, Gutachten und Mediation).** (1) Für eine Beratung iSv § 34 RVG, die nicht mit einer anderen gebührenpflichtigen Tätigkeit zusammenhängt, sowie für die Ausarbeitung eines schriftlichen Gutachtens und für die Tätigkeit als Mediator soll der Rechtsanwalt auf eine Gebührenvereinbarung hinwirken, soweit im Vergütungsverzeichnis keine Gebühren bestimmt sind. Grundsätzlich wird also vom Rechtsdienstleister, der das RVG entsprechend anwendet, erwartet, dass er mit seinem Mandanten eine Gebührenvereinbarung für diese Tätigkeit abschließt.

49 Da auch nach der Neufassung des RVG zum 1.7.2008 der Gesetzgeber weiterhin zwischen der Gebührenvereinbarung des § 34 RVG und der Vergütungsvereinbarung des § 3 a RVG differenziert, wird überwiegend die Auffassung vertreten, dass die Gebührenvereinbarung des § 34 RVG nicht der Schriftform unterliegt.[16] Ungeachtet dessen ist es allein aus Beweisgründen zu empfehlen, auch eine Gebührenvereinbarung iSv § 34 RVG schriftlich abzuschließen.

---

13 Zu anderweitigen Regelungen vgl zB *Hinne/Klees/Müllerschön/Teubel/Winkler*, Vereinbarungen mit Mandanten, 2. Aufl. 2008.
14 Verfassungsrechtlich unbedenklich, BVerfG 13.2.2007 – 1 BvR 910/05, AnwBl 2007, 535.
15 Vgl *Winkler*, in: Hinne/Klees/Müllerschön/Teubel/Winkler, § 1 B Muster 1.2.
16 HK-RVG/*Teubel*, § 34 Rn 71 ff.

(2) Wird keine Vereinbarung getroffen, so erhält der Rechtsanwalt – und damit 50
auch vorliegend der Rechtsdienstleister als entsprechender Anwender des RVG
– Gebühren nach den Vorschriften des bürgerlichen Rechts (§ 34 Abs. 1 S. 2
RVG). Es handelt sich hierbei um die übliche Taxe iSv § 612 Abs. 2 BGB bzw
(bei Gutachten) § 632 Abs. 2 BGB – also die sog. ortsübliche Vergütung. Feststellungen über die Höhe der ortsüblichen Vergütungen von Rechtsanwälten bei Beratung, Gutachten und Mediation liegen derzeit weiterhin nicht vor, da selbst innerhalb der Kammerbezirke stark variierend. So schwanken bspw in Deutschland die Stundensätze zwischen unter 75 € und bis 650 €.[17] Derzeit ist auch nur eine einschlägige Entscheidung zur ortsüblichen Vergütung bekannt;[18] dort wird letztlich auf die Gebührentabelle des § 13 RVG Bezug genommen.

(3) Auch für den Rechtsdienstleister, der das RVG nur entsprechend anzuwenden 51
hat, gilt aber die Vergütungskappungsregelung des § 34 Abs. 1 S. 3 RVG, wonach mangels einer Gebührenvereinbarung die Gebühren für die Beratung oder für die Ausarbeitung eines schriftlichen Gutachtens gegenüber dem Auftraggeber, der Verbraucher[19] ist, jeweils 250 € beträgt, wobei für ein erstes Beratungsgespräch[20] die Gebühr jedoch höchstens 190 € beträgt.

(4) Auch gilt die Anrechnungsbestimmung des § 34 Abs. 2 RVG für den Rechts- 52
dienstleister.

bb) § 35 RVG (Hilfeleistung in Steuersachen). Bei Hilfeleistungen in Steuersa- 53
chen wird über § 35 RVG der Zugang zur StBGebV hergestellt, wobei – anders als die Steuerberater selber – der Rechtsdienstleister gemäß § 3 a RVG eine niedrigere als die gesetzliche Gebühr vereinbaren darf.

cc) Analoge Anwendung des Teil 3 VV RVG. Der an sich sonst für die außer- 54
gerichtliche Tätigkeit nicht anwendbare Teil 3 Abschnitt 1 des Vergütungsverzeichnisses wird bei der Vertretung in schiedsrichterlichen Verfahren nach dem Buch 10 der ZPO und Verfahren vor dem Schiedsgericht gemäß § 104 ArbGG analog angewendet.

g) Abschnitt 8 RVG: Beigeordneter oder bestellter Rechtsanwalt, Beratungshil- 55
fe. Soweit die außergerichtliche Tätigkeit des Rechtsdienstleisters angesprochen ist, kann hier lediglich die Vergütung nach dem BerHG einschlägig sein.

aa) § 44 RVG. § 44 RVG verweist darauf, dass der Rechtsanwalt für die Tätig- 56
keit im Rahmen der Beratungshilfe eine Vergütung aus der Landeskasse erhält, soweit nicht für die Tätigkeit in Beratungsstellen nach § 3 Abs. 1 BerHG besondere Vereinbarungen getroffen sind.

Gemäß § 1 BerHG wird für die Wahrnehmung von Rechten außerhalb eines 57
gerichtlichen Verfahrens und dem obligatorischen Güteverfahren nach § 15 a EGZPO Beratungshilfe gewährt, wenn der Rechtsuchende die erforderlichen Mittel nicht aufbringen kann, keine anderen Möglichkeiten für eine andere Hilfe zur Verfügung stehen, deren Inanspruchnahme zumutbar ist, und die Wahrnehmung der Rechte nicht mutwillig ist.

---

17 *Hommerich/Kilian*, Vergütungsvereinbarungen deutscher Rechtsanwälte, 2006, S. 64 ff; *Hommerich/Kilian*, NJW 2009, 1569 ff: absolutes Minimum 10 €, absolutes Maximum 1.500 €.
18 AG Emmerich 8.10.2007 – 2 C 137/07, AnwBl 2008, 74.
19 Zum Begriff des Verbrauchers vgl HK-RVG/*Teubel*, § 34 Rn 115 ff; HK-RVG/*Winkler*, § 34 Rn 147 ff.
20 HK-RVG/*Winkler*, § 34 Rn 143.

58 Beratungshilfe wird gewährt in Angelegenheiten des Zivilrechts einschließlich des Arbeitsrechts, des Verwaltungsrechts, des Verfassungsrechts und des Sozialrechts, wobei in diesen Bereichen nicht nur Beratung sondern auch Vertretung ermöglicht wird, während in Angelegenheiten des Strafrechts und des Ordnungswidrigkeitenrechts nur Beratung gewährt wird, § 2 BerHG.

59 Beratungshilfe wird durch Rechtsanwälte und durch Rechtsbeistände und auch in Beratungsstellen, die auf Grund einer Vereinbarung mit der Landesjustizverwaltung eingerichtet sind, gewährt, § 3 BerHG.

60 Dem Rechtsuchenden ist unter genauer Bezeichnung der Angelegenheit ein Berechtigungsschein für die Beratungshilfe durch einen Rechtsanwalt seiner Wahl auszustellen, § 6 BerHG.

61 Die Vergütung im Rahmen der Beratungshilfe ist in
- Nr. 2501 VV RVG (Beratungsgebühr),
- Nr. 2502 VV RVG (Beratungstätigkeit mit dem Ziel einer außergerichtlichen Einigung mit den Gläubigern über die Schuldenbereinigung auf der Grundlage eines Plans gemäß § 305 Abs. 1 Nr. 1 InsO),
- Nr. 2503 VV RVG (Geschäftsgebühr) und
- Nr. 2508 VV RVG (Einigungs- und Erledigungsgebühr)

geregelt, wobei die
- Nr. 2504 bis 2507 VV RVG eine Ergänzung zu Nr. 2502 VV RVG bei einer größeren Anzahl von Gläubigern sind.

62 Neben diesen aus der Landeskasse zu erstattenden Gebühren kann der Rechtsdienstleister vom Beratungshilfeberechtigten lediglich eine Pauschalgebühr 2500 VV RVG iHv 10 € verlangen, wobei es sich hier um den Bruttobetrag handelt, auf den also keine Mehrwertsteuer aufzuschlagen ist.

63 **bb) § 46 RVG.** § 46 RVG befasst sich mit den Auslagen und Aufwendungen, die grds. auch bei der Tätigkeit im Rahmen der Beratungshilfe anfallen können.

64 **cc) § 58 RVG.** Von den sonstigen Gebührenbestimmungen in Abschnitt 8 des RVG ist für die außergerichtliche Tätigkeit des Rechtsdienstleisters dann lediglich noch § 58 RVG einschlägig, wonach Zahlungen, die der Rechtsanwalt aufgrund Kostenersatzes durch den Gegner gemäß § 9 BerHG erhalten hat, auf die aus der Landeskasse zu zahlende Vergütung angerechnet werden, § 58 Abs. 1 RVG.

65 **h) Teil 1 VV RVG: Allgemeine Gebühren.** Für den außergerichtlich tätigen Rechtsdienstleister sind von diesem Gebührenteil einschlägig Nr. 1000 VV RVG (Einigungsgebühr), Nr. 1001 VV RVG (Aussöhnungsgebühr), Nr. 1002 VV RVG (Erledigungsgebühr), Nr. 1008 VV RVG (Erhöhungsgebühr) und Nr. 1009 VV RVG (Hebegebühr).

66 **aa) Einigungsgebühr, Nr. 1000 VV RVG.** Die Einigungsgebühr gemäß Nr. 1000 VV RVG entsteht für die Mitwirkung bei Abschluss eines Vertrages, durch den der Streit oder die Ungewissheit der Parteien über ein Rechtsverhältnis beseitigt wird, es sei denn, der Vertrag beschränkt sich ausschließlich auf ein Anerkenntnis oder einen Verzicht. Dies gilt auch für die Mitwirkung bei einer Einigung der Parteien in einem der in § 36 RVG bezeichneten Güteverfahren (Anm. Abs. 1 S. 1 und 2 zu Nr. 1000 VV RVG).

67 Diese Einigungsgebühr beträgt 1,5 Gebühren, sie gilt nur im Rahmen einer außergerichtlichen Tätigkeit. Mit dieser Gebühr soll die streitentscheidende oder

-beendende Tätigkeit des Rechtsdienstleisters gefördert werden; die Höhe der Gebühr soll einen entsprechenden Anreiz zur Entlastung der Gerichte geben.[21]

Die Gebühr kann sowohl in zivilrechtlichen Angelegenheiten als auch in öffentlichrechtlichen Angelegenheiten entstehen; im Übrigen wird auf die Anmerkung zu Nr. 1000 VV RVG verwiesen. Die Gebühr kann auch im Rahmen einer Zwangsvollstreckung entstehen.[22] 68

bb) Aussöhnungsgebühr, Nr. 1001 VV RVG. Die Aussöhnungsgebühr in familienrechtlichen Verfahren gemäß Nr. 1001 VV RVG fällt auch bei außergerichtlicher Tätigkeit dann an, wenn der Rechtsdienstleister scheidungswillige Ehegatten aussöhnt, wobei die Tätigkeit für die Aussöhnung ursächlich sein muss.[23] Es genügt aber eine Mitursächlichkeit.[24] Auch hier fällt eine 1,5 Gebühr an. 69

cc) Erledigungsgebühr, Nr. 1002 VV RVG. Die Erledigungsgebühr Nr. 1002 VV RVG fällt im verwaltungsrechtlichen Verfahren an; sie entsteht, wenn sich eine Rechtssache ganz oder teilweise nach Aufhebung oder Änderung des mit einem Rechtsbehelf angefochtenen Verwaltungsakts durch die anwaltliche Mitwirkung erledigt. Es genügt, wenn der Rechtsdienstleister erst nach Eintritt eines erledigenden Ereignisses aktiv an einer tatsächlichen Verständigung zwischen den Parteien in der Zeit bis zur Abgabe der Erledigungserklärung mitgewirkt hat.[25] 70

Die Erledigungsgebühr entsteht aber nicht, wenn der Rechtsdienstleister lediglich gegen einen Ablehnungsbescheid Widerspruch einlegt, auf tatsächliche Umstände und rechtliche Aspekte (auch Rechtsprechung) hinweist, die Behörde daraufhin ihren Standpunkt aufgibt und den begehrten Bewilligungsbescheid erlässt; dies ist keine erledigungsgerichtete Tätigkeit.[26] Die Erledigungsgebühr erfordert ein besonderes Bemühen des Rechtsdienstleisters um die außergerichtliche Erledigung, es genügt nicht der bloße Widerspruch mit Begründung.[27] 71

dd) Mehrheit von Auftraggebern, § 1008 VV RVG. Sind Auftraggeber in derselben Angelegenheit mehrere Personen, so erhöhen sich die Verfahrens- oder Geschäftsgebühr für jede weitere Person gemäß Nr. 1008 VV RVG, wobei nach allgemein hA auch die Beratungsgebühren hierunter fallen. Dies wirkt sich insbesondere bei der sog. Erstberatungsgebühr iHv 190 € gemäß § 34 Abs. 1 S. 4 RVG bzw auf die dort genannte Höchstgebühr von 250 € aus.[28] 72

---

21 HK-RVG/*Klees*, Nr. 1000 VV Rn 3.
22 OLG Thüringen 31.5.2006 – 9 W 119/06, FamRZ 2006, 1692 = RVGreport 2006, 347 m. Anm. *Hansens*; eingrenzend BGH 28.6.2006 – VII ZB 157/05, FamRZ 2006, 1372 = RVGreport 2006, 382 m. Anm. *Hansens* = AGS 2006, 496.
23 HK-RVG/*Ebert*, Nr. 1001 VV Rn 16.
24 OLG Bamberg 2.9.1974 – 5 W 38/74, JurBüro 1974, 1393; OLG Bamberg 26.9.1984 – 2 WF 198/84, JurBüro 1985, 233; KG 16.6.1969 – 1 W 3283/68, MDR 1969, 1022.
25 VGH BW 6.4.2006 – 6 S 834/05, AnwBl 2006, 497 = AGS 2007, 194; OVG Koblenz 18.4.2007 – 8 E 10310/07, RVGletter 2007, 70 = DVBl 2007, 783; aA OVG Lüneburg 7.1.2008 – 10 OA 250/07, RVGreport 2008, 103.
26 BayVGH 12.6.2006 – 24 C 06.794, RVGreport 2006, 440; BSG 21.3.2007 – B 11 a AL 53/06R, RVGreport 2007, 421.
27 LSG NRW 16.3.2006 – L 5 KR 79/05, RVGreport 2006, 264; LSG NRW 22.8.2006 – L 1 AL 23/06, RVGreport 2006, 427; LSG BW 9.5.2006 – L 11 KR 1144/06, RVGletter 2006, 101.
28 HK-RVG/*Winkler*, § 34 Rn 162 (Erstberatung); HK-RVG/*Teubel*, § 34 Rn 126 (Höchstbetragsgebühr).

73 Bei Wertgebühren erhöht sich die Grundgebühr um 0,3, bei Festgebühren um 30 %, wobei mehrere Erhöhungen[29] einen Gebührensatz von zusätzlich 2,0 bzw bei Festgebühren zusätzlich das Doppelte der Festgebühr nicht übersteigen dürfen; bei Betragsrahmengebühren darf zusätzlich das Doppelte des Mindest- und Höchstbetrags nicht durch die Erhöhungen überschritten werden.[30]

74 ee) **Hebegebühren, Nr. 1009 VV RVG.** Bei Geldverkehr können Hebegebühren iSv Nr. 1009 VV RVG berechnet werden. Es handelt sich dabei um die Auszahlung oder Rückzahlung entgegengenommener Geldbeträge; die Hebegebühr entsteht nicht, soweit Kosten an ein Gericht oder eine Behörde weitergeleitet oder eingezogene Kosten an den Auftraggeber abgeführt oder eingezogene Beträge auf die Vergütung verrechnet werden. Wird zB ein Betrag von 2.000 € eingezogen und hiervon ein Teilbetrag von 200 € auf Gebührenansprüche gegen den Mandanten verrechnet, dann entsteht die Hebegebühr lediglich aus einem Betrag von 1.800 €.

75 Die Höhe der Hebegebühr ist gestaffelt: Bis einschließlich 2.500 € beläuft sie sich auf 1 % des entsprechenden Betrages, vom Mehrbetrag über 2.500 bis einschließlich 10.000 € beläuft sie sich auf 0,5 % des Betrages, vom Mehrbetrag über 10.000 € sind es lediglich 0,25 %. Der Mindesthebegebührenbetrag beläuft sich auf 1 €.

76 **i) Teil 2 VV RVG: Außergerichtliche Tätigkeiten einschließlich der Vertretung im Verwaltungsverfahren.** In Betracht kommen hier die Abschnitte 1, 3, 4 und 5.

77 **aa) Abschnitt 1: Prüfung der Erfolgsaussichten eines Rechtsmittels.** Die Prüfung der Erfolgsaussicht eines Rechtsmittels kann grds. auch von einem Rechtsdienstleister erbracht werden, der nicht Rechtsanwalt ist.

78 **(1) Streitwertabhängige Angelegenheit.** Für die Prüfung der Erfolgsaussichten eines Rechtsmittels gilt bei streitwertabhängigen Angelegenheiten eine 0,5 bis 1,0 Gebühr gemäß Nr. 2100 VV RVG.

79 **(2) Ausarbeitung eines schriftlichen Gutachtens.** Ist die Prüfung der Erfolgsaussicht eines Rechtsmittels mit der Ausarbeitung eines schriftlichen Gutachtens verbunden, dann beläuft sich die Gebühr auf 1,3 gemäß Nr. 2101 iVm Nr. 2100 VV RVG. Unter Gutachten wird eine eingehende Untersuchung eines Falles unter Berücksichtigung der Rechtsprechung und Rechtslehre mit eigener Stellungnahme, die zu einer bestimmten Beurteilung des Falles führt, verstanden.

- Das Gutachten muss schriftlich erstellt sein;
- es erfordert eine geordnete Darstellung des zu beurteilenden Sachverhaltes;
- die rechtlichen Probleme des zu beurteilenden Falles sind darzustellen;
- die Auffassungen von Rechtsprechung und Literatur sind darzustellen;

---

[29] Bei einer Geschäftsgebühr von 1,3 bringen sieben weitere Mandanten weitere 2,0 Gebühren, ergibt insgesamt 3,3 Gebühren bei acht Mandanten. Das gilt auch für das Vollstreckungsverfahren: Acht Auftraggeber ergeben insgesamt 2,3 Gebühren, vgl HK-RVG/ *Dinkat*, Nr. 1008 VV Rn 6; völlig falsch demgegenüber AG Recklinghausen 5.11.2004 – 21 M 3048/04, AGS 2005, 154 und AG Offenbach 9.12.2004 – 61 M 10544/04, AGS 2005, 198 = RVGreport 2005, 226 m. Anm. *Volpert*.

[30] Bei Nr. 2400 VV RVG (Betragsrahmen 40 € bis 520 €) erhöht sich bei insgesamt acht Mandanten der Rahmen auf 120 € bis 1.560 €.

- eine eigene Stellungnahme des Gutachters zu Rechtsprechung und Literatur ist erforderlich;
- die hieraus gezogenen Schlüsse für den Auftraggeber sind darzustellen.

Der Vertrag über die Erstattung eines Gutachtens ist idR kein Dienst-, sondern ein Werkvertrag.[31]

(3) Sozialrechtliche Angelegenheit. Bezieht sich die Prüfung der Erfolgsaussicht eines Rechtsmittels auf eine sozialrechtliche Angelegenheit, in der in gerichtlichen Verfahren Betragsrahmengebühren iSv § 3 RVG entstehen, und auf Angelegenheiten, für die nach den Teilen 4 bis 6 des Vergütungsverzeichnisses Betragsrahmengebühren entstehen, so beläuft sich die Gebühr gemäß Nr. 2102 VV RVG auf einen Rahmen zwischen 10 € und 260 €.

(4) Schriftliches Gutachten in sozialrechtlichen Angelegenheiten. Ist in einem der in voriger Rn 80 zur Gebühr 2102 VV RVG dargestellten Fälle die Prüfung der Erfolgsaussicht mit der Ausarbeitung eines schriftlichen Gutachtens verbunden, dann beträgt die Gebühr gemäß Nr. 2103 VV RVG zwischen 40 € und 400 €.

(5) Anrechnung. Die Gebühren 2100 VV RVG und 2102 VV RVG – also die Prüfungsgebühren ohne Ausarbeitung eines schriftlichen Gutachtens – sind jeweils auf eine Gebühr für das Rechtsmittelverfahren anzurechnen. Eine Anrechnung ist natürlich nur möglich, wenn der prüfende Rechtsdienstleister auch die Vertretung im Rechtsmittelverfahren übernimmt bzw übernehmen kann, was nur in wenigen Fällen möglich sein dürfte (vgl insoweit §§ 3 und 4).

Ist der Rechtsdienstleister nicht prozessführungsberechtigt, dann kann eine Anrechnung begrifflich nicht stattfinden. Da der Mandant in diesem Falle das Risiko einer höheren kostenmäßigen Inanspruchnahme läuft, wird hier zweifellos eine Aufklärungspflicht gegenüber dem Mandanten bestehen.

bb) Abschnitt 3: Vertretung. Hier kommen die Vergütungsverzeichnisnummern 2300 VV RVG bis 2303 VV RVG in Betracht.

(1) Geschäftsgebühr. Die grundlegende Gebühr für außergerichtliche Tätigkeit und auch die meistabgerechnete Gebühr hierfür ist die Geschäftsgebühr 2300 VV RVG. Die Geschäftsgebühr entsteht für das Betreiben des Geschäfts einschließlich der Information und für die Mitwirkung bei der Gestaltung eines Vertrages.

Sie erfordert den **Auftrag zu einem Tätigwerden nach außen hin** und nicht lediglich beratender Art, selbst wenn die Beratung sich auf ein Außenverhältnis bezieht. Kommt zB der Mandant mit einem Zahlungsaufforderungsschreiben und lässt sich darüber beraten, wie er auf dieses Zahlungsaufforderungsschreiben selber reagieren soll, dann entsteht lediglich eine Beratungsgebühr iSv § 34 RVG. Bittet er den Rechtsdienstleister um Entwurf eines unter eigenem Namen abzusendenden Antwortschreibens, dann handelt es sich möglicherweise schon um eine nach außen gerichtete Vertretungstätigkeit.[32] Umstritten ist die Frage

---

31 BGH 20.10.1964 – VI ZR 101/63, NJW 1965, 106; BGH 8.12.1966 – VII ZR 114/64, NJW 1967, 719 = MDR 1967, 296 = BB 1967, 145; LG Hamburg 4.4.1975 – 74 O 13/75, AnwBl 1975, 237.
32 AG Stuttgart 6.4.2005 – 1 C 7002/04, NJW 2005, 1956: Tätigkeit gemäß Nr. 2300 VV RVG.

insbesondere bei dem Entwurf eines Testamentes.[33] Beauftragt der Mandant den Rechtsdienstleister, das Schreiben an den Anspruchsteller zu verfassen und abzuschicken, liegt eindeutig eine Geschäftstätigkeit iSd Nr. 2300 VV RVG vor.

87 Der Gebührenrahmen beläuft sich von 0,5 bis 2,5, wobei eine über 1,3 liegende Gebühr nur gefordert werden kann, wenn die Tätigkeit umfangreich oder schwierig ist.[34]

88 **(2) Nachprüfung eines Verwaltungsakts.** Soweit der außergerichtlich tätige Rechtsdienstleister im Verfahren zur **Nachprüfung eines Verwaltungsakts** tätig ist, entsteht die Gebühr 2301 VV RVG, sofern er schon im ursprünglichen Verwaltungsverfahren tätig war. Beispiel: Dem Antrag auf Erteilung einer Baugenehmigung wird nicht vollständig stattgegeben; in diesem Verfahrensstadium fällt die Gebühr 2300 VV RVG an; gegen die eingeschränkte Baugenehmigung wird ein Widerspruch eingelegt; für dieses Widerspruchsverfahren fällt die Gebühr 2301 VV RVG an.

89 Die Gebühr beträgt zwischen 0,5 und 1,3. Dabei ist nicht (mehr) zu berücksichtigen, dass der Umfang der Tätigkeit infolge der Tätigkeit im vorausgegangenen Verwaltungsverfahren geringer ist – diese Art von Vorkenntnis drückt sich im Gebührenrahmen schon aus.

90 Ähnlich wie in Nr. 2300 VV RVG gibt es eine „Schwellengebühr", die nur überschritten werden kann, wenn die Tätigkeit umfangreich oder schwierig war; hier beläuft sich die Schwellengebühr auf 0,7.

91 Ist der Rechtsdienstleister nicht im vorangegangenen Verwaltungsverfahren tätig gewesen, sondern betrifft sein Mandat im oben genannten Beispiel nur das Widerspruchsverfahren, dann ist die Gebühr nach Nr. 2300 VV RVG abzurechnen.

92 **(3) Schreiben einfacher Art.** Beschränkt sich der Auftrag auf ein **Schreiben einfacher Art**, dann beträgt gemäß Nr. 2302 VV RVG die Gebühr 2300 VV RVG lediglich 0,3. Schreiben einfacher Art liegen vor, wenn diese weder schwierige rechtliche Ausführungen noch größere sachliche Auseinandersetzungen enthalten. Hier kommt es leicht zu Missverständnissen: Entscheidend ist der Auftrag und nicht das Ergebnis.

93 Wird der Rechtsdienstleister mit einer Geschäftstätigkeit iSv Nr. 2300 VV RVG beauftragt, dann fällt die Gebühr 2300 VV RVG an, auch wenn das Ergebnis der Tätigkeit ein Schreiben einfacher Art ist, das weder schwierige rechtliche Ausführungen noch größere sachliche Auseinandersetzungen enthält. Musterbeispiel ist hierfür ein vorgerichtliches Zahlungsaufforderungsschreiben, das die Anspruchsgrundlage darstellt und darlegt, dass dem Schuldner nach einer rechtlichen Überprüfung offensichtlich keine Gegenansprüche oder sonstigen Einwendungen zustehen, aufgrund deren er die Leistung verweigern kann. Ein solches Schreiben ist nach Nr. 2300 VV RVG abzurechnen, wobei konkret abzuklären ist, wie hoch die Gebühr für ein solches Schreiben ist; die Mindestgebühr beträgt hier 0,5; im Einzelfall ist zu prüfen, ob unter Berücksichtigung aller Kri-

---

33 AG Hamburg-Altona 6.11.2007 – 316 C 85/07, NJW-Spezial 2008, 187; HK-RVG/*Winkler*, § 34 Rn 36; unsicher HK-RVG/*Teubel*, Nr. 2300 VV Rn 8; aA AnwK-RVG/ *N. Schneider*, Vorbem. 2.3 VV Rn 29; Gerold/Schmidt/*Madert*, Nr. 2300 VV Rn 13; *Schons*, in: Hartung/Römermann/Schons, Vorbem. 2.3 VV Rn 10.
34 Zu Umfang und Schwierigkeit anwaltlicher Tätigkeit vgl § 14 RVG, hier beispielhaft HK-RVG/*Winkler*, § 14 Rn 16 ff bzw 20 ff.

terien des § 14 RVG die geltendgemachte Gebühr angemessen und demzufolge vom Schuldner zu erstatten ist. Ausgangspunkt ist aber generell die 1,3-Gebühr.

Nur wenn der Auftraggeber von vornherein dem Rechtsdienstleister das Mandat lediglich zur Abfassung eines einfachen Schreibens erteilt, fällt eine 0,3 Gebühr an; dabei kann es sich in der Tat um das gleiche Schreiben handeln wie oben dargestellt – der Auftrag lautet anders. Dies ist insbesondere bei standardisierten über die Datenverarbeitung massenweise hergestellten Schreiben von Inkassoinstituten zu berücksichtigen. Im Streitfall müßte das Inkassoinstitut beweisen, dass nicht nur ein Auftrag für ein Schreiben einfacher Art erteilt worden ist, sondern ein umfassender Auftrag, der eine über 0,3 gehende Gebühr nach Nr. 2300 VV RVG auslöst. **94**

Liegt ein einfaches Schreiben vor, dann wird im Falle einer Streitigkeit über eine 0,3 überschreitende Gebühr der Rechtsdienstleister nachweisen müssen, dass er einen weitergehenden Auftrag iSv Nr. 2300 VV RVG erhalten hat; dies, weil allein der Beweis des ersten Anscheins aufgrund des einfachen Schreibens für eine Mandatierung iSv Nr. 2302 VV RVG spricht. Dies wird umso mehr gelten, wenn es sich für den konkreten Mandanten um ein Massengeschäft handelt und eine Vergütungsvereinbarung iSv § 4 Abs. 1 und 2 RVG abgeschlossen wurde. **95**

cc) Abschnitt 4: Vertretung in bestimmten sozialrechtlichen Angelegenheiten. Es handelt sich hier um die Nr. 2400 und 2401 VV RVG. **96**

(1) Geschäftsgebühr. Nr. 2400 VV RVG behandelt die Geschäftsgebühr in sozialrechtlichen Angelegenheiten, in denen im gerichtlichen Verfahren Betragsrahmengebühren iSv § 3 RVG entstehen. Das gerichtliche Verfahren ist lediglich der Bezugspunkt für die außergerichtliche Gebühr. Hier entstehen Betragsrahmengebühren zwischen 40 € und 520 €, wobei gemäß der Anmerkung eine Gebühr von mehr als 240 € nur gefordert werden kann, wenn die Tätigkeit umfangreich oder schwierig ist. **97**

Die Mittelgebühr 2400 VV RVG beläuft sich auf (40 + 520 = 560 : 2 =) 280 €; die sog. Schwellengebühr liegt mit 240 € in ungefähr dem gleichen Abstand darunter, wie dies mit der Schwellengebühr 1,3 bei Nr. 2300 VV RVG der Fall ist. Andererseits liegt die Schwellengebühr von 240 € hier ersichtlich unter der Hälfte der Höchstgebühr, während die Schwellengebühr bei Nr. 2300 VV RVG über der Hälfte der Höchstgebühr liegt. Der gesetzgeberische Wille, in sozialgerichtlichen Angelegenheiten auch die Gebühren des Rechtsdienstleisters „sozialverträglich" auszugestalten, ist erkennbar. **98**

Zum Umfang und zur Schwierigkeit der Tätigkeit des Rechtsdienstleisters vgl § 14 RVG und die einschlägigen Kommentierungen.[35] **99**

(2) Nachprüfung des Verwaltungsakts. Ist eine Tätigkeit im Verwaltungsverfahren vorausgegangen, so beläuft sich gemäß Nr. 2401 VV RVG die Gebühr 2400 VV RVG für das weitere, der Nachprüfung des Verwaltungsakts dienende Verwaltungsverfahren auf zwischen 40 € und 260 €. Damit sollen die Einarbeitung und Vorkenntnis des Rechtsdienstleisters im Nachprüfungsverfahren des Verwaltungsakts berücksichtigt werden; die Gebühr ist entsprechend herabgesetzt, so dass bei der Bemessung der Gebühr diese Vorkenntnis nicht mehr zu berücksichtigen ist. **100**

---

35 Vgl zB HK-RVG/*Winkler*, § 14 Rn 16 ff bzw 20 ff.

101 Eine Gebühr von mehr als 120 € kann nur gefordert werden, wenn die Tätigkeit umfangreich oder schwierig ist. Diese sog. Schwellengebühr beträgt hier knapp die Hälfte der Höchstgebühr, wiederum die Hälfte der Schwellengebühr 2400 VV RVG.

102 Zum Umfang und der Schwierigkeit der Tätigkeit des Rechtsdienstleisters vgl § 14 RVG und die einschlägigen Kommentierungen.[36]

103 dd) **Abschnitt 5: Beratungshilfe.** Einschlägig sind hier die Nr. 2500 bis 2508 VV RVG.

104 (1) **Vom Mandanten zu zahlende Gebühr.** Die Beratungshilfegebühr beträgt 10 €. Es handelt sich um die Gebühr, die der Beratungshilfeberechtigte (vgl Rn 62) dem Rechtsdienstleister zu zahlen hat, sofern der Rechtsdienstleister diese einfordert. Die Anmerkung zu 2500 VV RVG betont, dass diese Gebühr erlassen werden kann.

105 Bei der Beratungshilfegebühr handelt es sich um eine Bruttogebühr, sie enthält also sämtliche Auslagen und Mehrwertsteuer. Auch bei einer Erhöhung des Mehrwertsteuersatzes ändert sie sich nicht.

106 (2) **Beratungsgebühr.** Die Beratungsgebühr, die dem Rechtsdienstleister aus der Landeskasse zu erstatten ist, beläuft sich auf 30 €. Sie entsteht für eine Beratung, wenn die Beratung nicht mit einer anderen gebührenpflichtigen Tätigkeit zusammenhängt. Sie ist auf eine Gebühr für eine sonstige Tätigkeit anzurechnen, die mit der Beratung zusammenhängt.

107 Ergibt sich die Notwendigkeit, über die Beratung hinausgehend für den Berechtigten tätig zu werden, dann entsteht die Geschäftsgebühr 2503 VV RVG (siehe Rn 61). Die Beratungsgebühr 2501 VV RVG geht in dieser Geschäftsgebühr dann auf.

108 Die Regelung ist notgedrungen schematisch; bei Nr. 2501 VV RVG wird nicht berücksichtigt, dass Beratungen in manchen Bereichen, wie zB in Familiensachen, sehr komplex sind und durch die Gebühr von 30 € keineswegs auch nur angemessen honoriert werden.

109 (3) **Außergerichtliche Einigung bei Schuldenbereinigungsplan.** Erfolgt die Beratungstätigkeit mit dem Ziel einer außergerichtlichen Einigung mit den Gläubigern über die Schuldenbereinigung auf der Grundlage eines Plans gemäß § 305 Abs. 1 Nr. 1 InsO, dann erhöht sich die Beratungsgebühr 2501 VV RVG gemäß Nr. 2502 VV RVG von 30 € auf 60 €. Die Verdoppelung der Beratungsgebühr soll die Tätigkeit des Rechtsdienstleisters im Zusammenhang mit mehreren Gläubigern honorieren – erfahrungsgemäß ist eine derartige Beratung sehr viel komplexer als zB bezüglich der Forderung eines Gläubigers an den Beratungshilfeberechtigten.

110 (4) **Geschäftsgebühr.** Geht die Tätigkeit des Rechtsdienstleisters im Rahmen der Beratungshilfe über die Beratungstätigkeit hinaus und sind Geschäftstätigkeiten zu entfalten, dann entsteht an Stelle der Gebühr 2501 VV RVG eine Geschäftsgebühr gemäß Nr. 2503 VV RVG. Diese Gebühr entsteht für das Betreiben des Geschäfts einschließlich der Information oder die Mitwirkung bei der Gestaltung eines Vertrages; die entsprechende gesetzliche Definition entspricht der in Vor-

---

36 Vgl zB HK-RVG/*Winkler*, § 14 Rn 16 ff bzw 20 ff.

bemerkung 2.3 Abs. 3 VV RVG für die außergerichtliche Tätigkeit außerhalb der Beratungshilfe.

Die Gebühr beträgt 70 €, sie ist **nicht streitwertabhängig**. Das bedeutet, dass eine Beratungshilfetätigkeit bei geringen Streitwerten uU für den Rechtsdienstleister lukrativer ist als gegenüber dem Mandanten, gegenüber dem auf gesetzlicher Gebührenbasis abzurechnen ist. Dies zeigt sich an der Tätigkeit im Rahmen einer Forderung bis zu 600 €: Die 1,3 Geschäftsgebühr 2300 VV RVG beläuft sich auf 58,50 €, während sich die Geschäftsgebühr 2503 VV RVG auf 70 € beläuft. 111

Noch krasser liegen die Dinge bei einem Gegenstandswert bis zu 300 €: Die 1,3 Geschäftsgebühr 2300 VV RVG beläuft sich auf 32,50 €, die Geschäftsgebühr 2503 VV RVG liegt mit 70 € mehr als doppelt so hoch. 112

Aber schon bei einem Gegenstandswert von über 600 € liegen die Dinge anders, und die freien Gebühren sind zunehmend höher als die Geschäftsgebühr 2503 VV RVG. 113

Auf die Gebühren für ein anschließendes gerichtliches oder behördliches Verfahren ist diese Gebühr zur Hälfte anzurechnen; diese Anrechnungsvorschrift entspricht der Anrechnungsregelung gemäß Vorbemerkung 3 Abs. 4 VV RVG. 114

Auf die Gebühren für ein Verfahren auf Vollstreckbarerklärung eines Vergleichs nach §§ 796a, 796b und 796c Abs. 2 ZPO ist die Gebühr zu einem Viertel anzurechnen. Die Anrechnungsregelung gilt natürlich nur für den Rechtsdienstleister, der die entsprechenden gerichtlichen Leistungen überhaupt erbringen kann. 115

(5) Gestaffelte Geschäftsgebühr bei Schuldenbereinigungsplan. Nr. 2504 VV RVG bringt eine ergänzende Bestimmung für den Rechtsdienstleister, dessen Tätigkeit das Ziel einer außergerichtlichen Einigung mit den Gläubigern des Beratungshilfeberechtigten über die Schuldenbereinigung auf der Grundlage eines Plans iSv § 305 Abs. Nr. 1 InsO ist. Geht es um bis zu 5 Gläubiger, dann beträgt die Gebühr 2503 VV RVG 224 €. Geht es um 6 bis 10 Gläubiger, dann beträgt gemäß Nr. 2505 VV RVG die Geschäftsgebühr 2503 VV RVG 448 €. Geht es um mehr als 15 Gläubiger, dann beträgt gemäß Nr. 2507 VV RVG die Geschäftsgebühr 2503 VV RVG 560 €. Damit honoriert der Gesetzgeber die umfassenden Tätigkeiten des Rechtsdienstleisters im Rahmen einer außergerichtlichen Schuldenbereinigung zur Vermeidung eines förmlichen Verbraucherinsolvenzverfahrens. 116

(6) Einigungsgebühr. Kommt es im Rahmen der Beratung oder auch der Geschäftstätigkeit für den Mandanten zu einer Einigung oder Erledigung iSd Nr. 1000 und 1002 VV RVG, dann beträgt diese Gebühr 2508 VV RVG zusätzlich 125 €. – Bis zu einem Gegenstandswert von 900 € ist der Rechtsdienstleister im Rahmen der Beratungshilfe besser gestellt als gegenüber einem sonstigen Mandanten: Bei 900 € Gegenstandswert beläuft sich die 1,5 Einigungsgebühr 1000 VV RVG auf 97,50 €, bis zu 300 € Gegenstandswert auf 37,50 € und bis zu 600 € Gegenstandswert auf 67,50 €. 117

j) Teil 3 VV RVG: Zivilsachen, Verfahren der öffentlich-rechtlichen Gerichtsbarkeiten, Verfahren nach dem Strafvollzugsgesetz und ähnliche Verfahren. Hier kann im Rahmen der außergerichtlichen Tätigkeit lediglich Abschnitt 3 zum Tragen kommen. Dieser Abschnitt befasst sich mit Gebühren für 118 besondere Verfahren. Auch von den dortigen Unterabschnitten sind für die außergerichtliche Tätigkeit nicht alle einschlägig:

119 **aa) Unterabschnitt 3: Zwangsvollstreckung und Vollziehung einer im Wege des einstweiligen Rechtsschutzes ergangenen Entscheidung.** Diese Gebühren sind grds. in Teil 3 VV, der sich mit Zivilsachen etc. befasst, geregelt; dennoch betrifft die Zwangsvollstreckung auch die Tätigkeit außergerichtlich tätiger Rechtsdienstleister.

120 Für die Zwangsvollstreckung entsteht die **Verfahrensgebühr** 3309 VV RVG, soweit die weiteren Vorschriften des Unterabschnitts 3 keine anderen Gebührenregelungen enthalten. Mit 0,3 ist diese Verfahrensgebühr sehr gering bemessen, bedenkt man zum einen das Haftungsrisiko für den Fall einer fehlerhaften Zwangsvollstreckung, bedenkt man zum anderen auch den Aufwand bei manchem Zwangsvollstreckungsauftrag. Dies hatte der Gesetzgeber auch ursprünglich gesehen und bei den Beratungen zum RVG eine 0,4 Gebühr angesetzt. Insbesondere bei komplizierten Vollstreckungsmaßnahmen empfiehlt sich dringend der Abschluss einer Vergütungsvereinbarung.[37] Man denke hier nur an einen komplizierten Pfändungs- und Überweisungsbeschluss oder die Vollstreckung in ein Grundstück ohne Zwangsversteigerung oder -verwaltung oder gar die Vollstreckung im Ausland.

121 Im Rahmen des Zwangsvollstreckungsverfahrens kann eine **Terminsgebühr** entstehen, dies aber nur bei der Teilnahme an einem gerichtlichen Termin oder einem Termin zur Abnahme der eidesstattlichen Versicherung. Diese Terminsgebühr beträgt gemäß Nr. 3310 VV RVG 0,3.

122 **bb) Unterabschnitt 4: Zwangsversteigerung und Zwangsverwaltung.** Der außergerichtlich tätige Rechtsdienstleister kann aus vorhandenen dinglichen oder persönlichen Titeln auch im Rahmen von Zwangsversteigerungen und Zwangsverwaltung tätig werden.

123 Die **Verfahrensgebühr** 3311 VV RVG beläuft sich auf 0,4. Sie entsteht nach der Anmerkung jeweils gesondert
- für die Tätigkeit im Zwangsversteigerungsverfahren bis zur Einleitung des Verteilungsverfahrens (Nr. 1),
- im Zwangsversteigerungsverfahren für die Tätigkeit im Verteilungsverfahren, und zwar auch für eine Mitwirkung an einer außergerichtlichen Verteilung (Nr. 2);
- im Verfahren der Zwangsverwaltung für die Vertretung des Antragstellers im Verfahren über den Antrag auf Anordnung der Zwangsverwaltung oder auf Zulassung des Beitritts (Nr. 3);
- im Verfahren der Zwangsverwaltung für die Vertretung des Antragstellers im weiteren Verfahren einschließlich des Verteilungsverfahrens (Nr. 4);
- im Verfahren der Zwangsverwaltung für die Vertretung eines sonstigen Beteiligen im ganzen Verfahren einschließlich des Verteilungsverfahrens (Nr. 5) und
- für die Tätigkeit im Verfahren über Anträge auf einstweilige Einstellung oder Beschränkung der Zwangsvollstreckung und einstweilige Einstellung des

---

37 Vgl zB *Winkler*, in: Hinne/Klees/Müllerschön/Teubel/Winkler, § 1 B Muster 29.

Verfahrens sowie für Verhandlungen zwischen Gläubiger und Schuldner mit dem Ziel der Aufhebung des Verfahrens (Nr. 6).
Die Verfahrensgebühr kann demzufolge mehrfach entstehen.

Eine **Terminsgebühr** entsteht nur für die Wahrnehmung eines Versteigerungstermins für einen Beteiligten, ansonsten entsteht im Verfahren der Zwangsversteigerung und der Zwangsverwaltung keine Terminsgebühr. Die Terminsgebühr 3312 VV RVG beläuft sich auf 0,4. 124

cc) Unterabschnitt 5: Insolvenzverfahren, Verteilungsverfahren nach der Schifffahrtsrechtlichen Verteilungsordnung. Einschlägig sind hier die Nr. 3313 bis 3323 VV RVG. Die Gebührenvorschriften gelten für die Verteilungsverfahren nach der SVertO, soweit dies ausdrücklich angeordnet ist (Vorbemerkung 3.3.5 Abs. 1 VV RVG). Bei der Vertretung mehrerer Gläubiger, die verschiedene Forderungen geltend machen, entstehen die Gebühren jeweils besonders (Vorbemerkung 3.3.5 Abs. 2 VV RVG). 125

Für die Vertretung des ausländischen Insolvenzverwalters im Sekundärinsolvenzverfahren entstehen die gleichen Gebühren wie für die Vertretung des Schuldners (Vorbemerkung 3.3.5 Abs. 3 VV RVG). Das Sekundärinsolvenzverfahren bezieht sich auf inländische Vermögenswerte, wenn das Hauptinsolvenzverfahren bereits im Ausland eröffnet worden ist. Dieses Verfahren, das in den §§ 356 bis 358 InsO geregelt ist, dient nicht nur dem Schutz lokaler Gläubiger, sondern es kann auch gezielt vom Verwalter des Hauptinsolvenzverfahrens zur Strukturierung völlig unübersichtlicher Vermögensverhältnisse eingesetzt werden.[38] 126

(1) Vertretung des Schuldners. Die Verfahrensgebühr 3313 VV RVG für die Vertretung des Schuldners im Eröffnungsverfahren sowie gleichermaßen auch im Verteilungsverfahren nach der SVertO beläuft sich auf 1,0. 127

Die Verfahrensgebühr 3314 VV RVG für die Vertretung des Gläubigers im Eröffnungsverfahren sowie gleichermaßen auch im Verteilungsverfahren nach der SVertO beläuft sich auf 0,5. 128

(2) Verfahren über den Schuldenbereinigungsplan. Soweit die Tätigkeit auch im Verfahren über den Schuldenbereinigungsplan erfolgt, beläuft sich nach Nr. 3315 VV RVG die Verfahrensgebühr 3313 VV RVG auf 1,5. 129

Soweit die Tätigkeit auch im Verfahren über den Schuldenbereinigungsplan erfolgt, beläuft sich nach Nr. 3316 VV RVG die Verfahrensgebühr 3314 VV RVG auf 1,0. 130

(3) Insolvenz- und Verteilungsverfahren. Ist das Insolvenzverfahren eröffnet, so beläuft sich die Verfahrensgebühr 3317 VV RVG für das Insolvenzverfahren sowie auch im Verteilungsverfahren nach der SVertO auf 1,0. 131

(4) Insolvenzplan. Die Verfahrensgebühr 3318 VV RVG für das Verfahren eines Insolvenzplanes beläuft sich auf 1,0. 132

Die Verfahrensgebühr 3318 VV RVG beläuft sich bei der Vertretung des Schuldners, der den Plan vorgelegt hat, gemäß Nr. 3319 VV RVG auf 3,0. Hierbei sollen die erheblichen Leistungen des Schuldnervertreters honoriert werden. 133

(5) Anmeldung einer Insolvenzforderung. Sofern sich die Tätigkeit lediglich auf die Anmeldung einer Insolvenzforderung beschränkt, reduziert sich die Verfah- 134

---

38 HK-RVG/*Gierl*, Nr. 3313 bis 3323 VV Rn 19.

rensgebühr 3317 VV RVG von 1,0 gemäß Nr. 3320 VV RVG auf 0,5; diese Gebühr entsteht auch im Verteilungsverfahren nach der SVertO.

135 **(6) Restschuldbefreiung.** Die Verfahrensgebühr für das Verfahren über einen Antrag auf Versagung oder Widerruf der Restschuldbefreiung beläuft sich gemäß Nr. 3321 VV RVG auf 0,5, wobei das Verfahren über mehrere gleichzeitig anhängige Anträge eine Angelegenheit ist. Die Gebühr entsteht auch gesondert, wenn der Antrag bereits vor Aufhebung des Insolvenzverfahrens gestellt wird.

136 **(7) Zulassung der Zwangsvollstreckung.** Die Verfahrensgebühr für das Verfahren über Anträge auf Zulassung der Zwangsvollstreckung nach § 17 Abs. 4 SVertO beläuft sich gemäß Nr. 3322 VV RVG auf 0,5.

137 **(8) Aufhebung von Vollstreckungsmaßnahmen.** Die Verfahrensgebühr für das Verfahren über Anträge auf Aufhebung von Vollstreckungsmaßnahmen gemäß § 8 Abs. 5 und § 41 SVertO beläuft sich gemäß Nr. 3323 VV RVG ebenfalls auf 0,5.

138 **k) Teil 7 VV RVG: Auslagen. aa) Dokumentenpauschale.** Nr. 7000 VV RVG regelt die Vergütung für die Herstellung und Überlassung von Dokumenten jeglicher Art, wobei wegen der Einzelheiten auf den Wortlaut von Nr. 7000 VV RVG verwiesen wird. Bei Ablichtungen und Ausdrucken werden für die ersten 50 abzurechnenden Seiten je Seite 0,50 €, für jede weitere Seite 0,15 € angesetzt (Nr. 7000 Nr. 1 VV RVG). Für die Überlassung von elektronisch gespeicherten Dateien anstelle von Ablichtungen oder Ausdrucken fällt je Datei ein Betrag von 2,50 € an (Nr. 7000 Nr. 2 VV RVG).

139 **bb) Entgelte für Post- und Telekommunikationsdienstleistungen.** Die Entgelte für Post- und Telekommunikationsdienstleistungen sind nach Nr. 7001 VV RVG in voller Höhe zu erstatten, wobei das Porto für die Übermittlung der Kostennote nicht abgerechnet werden kann. Der Rechtsdienstleister kann sein Post- und Telekommunikationsentgelt nach Nr. 7002 VV RVG auch pauschal mit 20 % der Gebühren, höchstens 20 € abrechnen; einer Einzelabrechnung bedarf es dann also nicht.

140 **cc) Fahrtkosten.** Die Fahrtkosten für eine Geschäftsreise bei Benutzung seines eigenen Kraftfahrzeugs belaufen sich nach Nr. 7003 VV RVG für jeden gefahrenen Kilometer auf 0,30 €, wobei mit diesen Fahrtkosten die Anschaffungs-, Unterhalts- und Betriebskosten sowie die Abnutzung des Kraftfahrzeugs abgegolten sind. Schon bei einem Kleinwagen reichen diese Sätze heutzutage nicht mehr aus, so dass sich der Abschluss einer entsprechenden Vereinbarung empfiehlt.[39]

141 Soweit der Rechtsdienstleister bei einer Geschäftsreise andere Verkehrsmittel als das eigene Kraftfahrzeug nutzt, sind die Fahrtkosten gemäß Nr. 7004 VV RVG in voller Höhe zu erstatten, soweit sie angemessen sind. Für die Angemessenheit bietet hier hinsichtlich der Benutzung der **Bahnklasse** § 5 Abs. 1 JVEG Anhaltspunkte: Wenn für Zeugen und Sachverständige die Benutzung der 1. Wagenklasse der Bahn einschließlich der Auslagen für Platzreservierung und Beförderung des notwendigen Gepäcks ersetzt wird, dann gilt dies auch für den Rechtsdienstleister.[40] Angesichts der niedrigen Flugkosten der Billigfluglinien wird man

---

39 Vgl *Winkler*, in: Hinne/Klees/Müllerschön/Teubel/Winkler, § 1 B Muster 13.
40 VG Freiburg 4.6.1996 – 1 K 1846/93, AnwBl 1996, 589; AG Kenzingen 12.6.2008 – 1 C 168/07, n.v.

bei größeren Entfernungen auch ohne Schwierigkeiten die Flugkosten, ggf auch 1. Klasse, sofern vorhanden, als erstattungsfähig ansehen können.[41]

dd) **Tage- und Abwesenheitsgeld, sonstige Auslagen anlässlich einer Geschäftsreise.** Tage- und Abwesenheitsgeld bei einer Geschäftsreise betragen nach Nr. 7005 VV RVG bei einer Abwesenheit 142

- von nicht mehr als 4 Stunden 20 €,
- von mehr als 4 bis 8 Stunden 35 € und
- von mehr als 8 Stunden 60 €,

wobei bei Auslandsreisen zu diesen Beträgen ein Zuschlag von 50 % berechnet werden kann. Auch hier empfiehlt sich dringend der Abschluss einer entsprechenden Vereinbarung, weil die Abwesenheitsgelder den Verlust an Arbeitszeit nicht im Geringsten aufwiegen.[42]

Nimmt der Rechtsdienstleister während der Geschäftsreise ein Mittagessen ein, so wird die hierfür erforderliche Zeit nicht in Abzug gebracht.[43] 143

Gemäß Nr. 7006 VV RVG sind auch sonstige Auslagen anlässlich einer Geschäftsreise in voller Höhe zu erstatten, soweit sie angemessen sind. Hierzu gehören zB: Kosten für die Aufbewahrung, Beförderung und Versicherung des mitgeführten Gepäcks;[44] Passgebühren; Aufwendungen für eine Flugunfallversicherung;[45] notwendige Post-, Telefon- und Telegrafengebühren in Ausführung der Geschäftsreise; Trinkgelder; Auslagen für die Zimmerbestellung; Übernachtungskosten. 144

Gerade die Erstattungsfähigkeit von **Übernachtungskosten** führt immer wieder zu kleinlichen Entscheidungen: Ein Reiseantritt vor 6 Uhr morgens wird vom Rechtsdienstleister nicht erwartet genauso wenig wie der Antritt einer Rückreise nach 22 Uhr abends.[46] 145

Die Auswahl des Hotels steht grds. dem Anwalt zu, wobei aber die Kriterien der Angemessenheit zu berücksichtigen sind. Zu berücksichtigen sind dabei auch die Vermögensverhältnisse des Mandanten; die Übernachtung in einem Luxushotel ist nur dann zulässig, wenn der Mandant dort regelmäßig residiert und dort auch Besprechungen mit der gegnerischen Partei geführt werden.[47] 146

Erstattet werden die reinen Übernachtungskosten, die Aufwendungen für das Frühstück sind dagegen vom Tage- und Abwesenheitsgeld erfasst.[48] Vereinbarungen mit dem Mandanten empfehlen sich auch hier.[49] 147

---

41 VG Freiburg 4.6.1996 – 1 K 1846/93, AnwBl 1996, 589; AG Kenzingen 12.6.2008 – 1 C 168/07, n.v.
42 Vgl *Winkler*, in: Hinne/Klees/Müllerschön/Teubel/Winkler, § 1 B Muster 13.
43 VG Stuttgart 9.5.1983 – A 15 K 57/80, AnwBl 1984, 323; VG Stuttgart 3.5.1984 – VRSA 2 K 384/82, AnwBl 1984, 562.
44 OLG Düsseldorf 14.3.1978 – 1 Ws 163/78, AnwBl 1978, 471; LG Frankfurt 19.1.1978 – 4 Js 773/70, AnwBl 1978, 472.
45 OLG Düsseldorf 14.3.1978 – 1 Ws 163/78, AnwBl 1978, 471; OLG Hamm 4.6.1973 – 4 Ws 66/73, NJW 1973, 2120; aA OLG Bamberg 12.12.1978 – Ws 539/78, JurBüro 1979, 374 und OLG Bamberg 4.5.1979 – Ws 157/79, JurBüro 1979, 1030.
46 OLG Karlsruhe 4.9.1985 – 17 W 38/75, Justiz 1985, 473.
47 OLG Karlsruhe 10.12.1985 – 4 Ws 266/85, AnwBl 1986, 110.
48 Str, wie hier OLG Karlsruhe 10.12.1985 – 4 Ws 266/85, AnwBl 1986, 110; aA *Stöber*, Rpfleger 1965, 264.
49 *Winkler*, in: Hinne/Klees/Müllerschön/Teubel/Winkler, § 1 B Muster 13.

148 **ee) Prämie für Haftpflichtversicherung für Vermögensschäden.** Im Einzelfall gezahlte Prämien für eine Haftpflichtversicherung für Vermögensschäden, soweit die Prämie auf Haftungsbeträge von mehr als 30 Mio. € entfällt, sind nach Nr. 7007 VV RVG in voller Höhe zu erstatten. Der Haftungsbetrag von 30 Mio. € entspricht der Streitwertdeckelung gemäß § 22 Abs. 2 RVG. Unabhängig hiervon kann selbstverständlich mit dem Mandanten eine Vereinbarung des Inhalts getroffen werden, dass auch die Haftpflichtversicherungsprämien für geringere Haftungsbeträge übernommen werden.

149 **ff) Umsatzsteuer auf die Vergütung.** Gemäß Nr. 7008 VV RVG ist die Umsatzsteuer auf die Vergütung in voller Höhe zu zahlen. Dies gilt aber nicht, wenn die Umsatzsteuer nach § 19 Abs. 1 UStG unerhoben bleibt; bei § 19 Abs. 1 UStG handelt es sich um die Kleinunternehmer-Klausel.

150 **3. Hinweispflicht (Abs. 1 S. 2).** Mit dem Kostenrechtsmodernisierungsgesetz vom 5.5.2004,[50] mit dem auch das RVG eingeführt wurde, wurde § 49 b BRAO mit Wirkung zum 1.7.2004 um die gleichlautende Bestimmung in einem neuen Absatz 5 ergänzt. Durch diesen Hinweis soll der Mandant vor Überraschungen bei der Abrechnung, vor allem bei hohen Gegenstandswerten, geschützt werden, wobei sich diese Hinweispflicht nur auf Mandate beschränkt, deren Abrechnung sich nach dem Gegenstandswert richtet.

151 Nach hA reicht der allgemeine Hinweis aus, weil damit dem Mandanten die Möglichkeit gegeben wird, weiter nachzufragen, soweit er die Folgen der Form der Gebührenberechnung nach dem Gegenstandswert nicht abschätzen kann.[51]

152 Entgegen der noch in der neueren Literatur vertretenen Auffassung, wonach eine ausführliche ungefragte Belehrung oder weiter gehende Hinweise der Rechtsanwalt – jedenfalls ungefragt – nicht geben muss, ist dies inzwischen nicht mehr ganz zweifelsfrei.[52] Wurde zu § 49 b Abs. 5 BRAO über längere Zeit hinweg die Auffassung vertreten, dass es sich um eine rein berufsrechtliche Vorschrift handle, die zivilrechtlich nicht durchschlage,[53] so kann das Fehlen eines solchen Hinweises zur **Schadensersatzpflicht** nach den Grundsätzen zum Verschulden bei Vertragsschluss führen.[54] Um zu einem solchen Schadensersatzanspruch zu gelangen, müsste aber der Mandant beweisen, dass er die erbrachte und abgerechnete Leistung des Rechtsdienstleisters bei einem anderen Rechtsdienstleister zu den gleichen Bedingungen günstiger erhalten hätte.

II. Vereinbarte Vergütungen (Abs. 2)

153 **1. Normzweck.** Rechtsdienstleister iSv Abs. 1 werden bezüglich ihrer Vergütung weitgehend auf die für Rechtsanwälte geltenden Vergütungsregelungen des RVG verwiesen. Die Gebührenansätze der Rechtsdienstleister sind damit für den Verbraucher überschaubarer und besser zu überprüfen.

---

50 BGBl. I S. 718, 788.
51 Amtl. Begr. BT-Drucks. 15/1971, S. 232.
52 Vgl einerseits BGH 24.5.2007 – IX ZR 89/06, BRAK-Mitt. 2007, 159 und andererseits OLG Saarbrücken 12.9.2007 – 1 U 676/06, AGS 2008, 110; Feuerich/Weyland/*Weyland*, BRAO, § 49 b Rn 130 f.
53 *Völtz*, BRAK-Mitt. 2004, 103; *Ebert*, BRAK-Mitt. 2005, 271; *von Seltmann*, NJW-Spezial 2007, 285.
54 BGH 24.5.2007 – IX ZR 89/06, NJW 2007, 2332 = MDR 2007, 1046.

2. Angleichung an RVG-Regeln; Widerspruch des S. 2 zur Neufassung von 154
§ 49b Abs. 1 BRAO, § 4a RVG? Die Vorschrift des Abs. 2 übernimmt Regelungen der BRAO für die in Abs. 1 S. 1 aufgeführten Rechtsdienstleister.

a) Geringere Vergütung. So verpflichtet § 49b Abs. 1 S. 1 BRAO den Rechts- 155
anwalt, keine geringeren als die gesetzlichen Gebühren zu vereinbaren oder zu fordern, sofern das RVG dies nicht ausdrücklich anders bestimmt. Da § 4 RVG dem Rechtsanwalt ausdrücklich gestattet, in bestimmten dort aufgeführten Fällen eine niedrigere als die gesetzliche Gebühr zu vereinbaren, gilt diese Regelung nun auch für Rechtsdienstleister.

§ 4 RVG gestattet dem Rechtsanwalt, für außergerichtliche Tätigkeiten niedri- 156
gere als die gesetzlichen Gebühren zu vereinbaren (Abs. 1 S. 1). Damit ist der größte Teil der Tätigkeit des Rechtsdienstleisters im Rahmen des vorliegenden Gesetzes erfasst, das seiner Bezeichnung nach die außergerichtliche Rechtsdienstleistung regelt.

§ 4 RVG gestattet dem Rechtsanwalt weiterhin, für die Tätigkeit im gerichtlichen Mahnverfahren gemäß §§ 688ff ZPO sowie für das Vollstreckungsverfahren besondere Regelungen zu treffen, indem hier Pauschalen unter Abtretung der zu erstattenden Gebührenansprüche an Erfüllungs statt vereinbart werden können (Abs. 2 S. 1).

b) Erfolgshonorar. Gemäß § 49b Abs. 1 S. 2 BRAO, § 4a RVG darf der Rechts- 157
anwalt unter bestimmten Voraussetzungen ein Erfolgshonorar vereinbaren. Das zeitlich vor dem „Gesetz zur Neuregelung des Verbots der Vereinbarung von Erfolgshonorar" vom 12.6.2008[55] geschaffene vorliegende Gesetz hat die nach der Entscheidung des BVerfG vom 12.12.2006[56] notwendig gewordene, zum 1.7.2008 in Kraft getretene Regelung für Rechtsanwälte in Abs. 2 S. 2 für Rechtsdienstleister vorweggenommen – zweifellos ein Grund für das nach Verkündung am 12.12.2007[57] vergleichsweise späte Inkrafttreten zum 1.7.2008.[58] Zur Frage, ob der abweichende Wortlaut der Regelung zur erfolgsabhängigen Vergütung zu abweichenden Regelungen führt, siehe Rn 174 ff.

3. Außergerichtliche Tätigkeit, § 4 Abs. 2 RVG. a) Die erfassten Tätigkei- 158
ten. Zu außergerichtlichen Tätigkeiten gehören Beratungstätigkeiten sowie Geschäftstätigkeiten iSd Nr. 2300ff VV RVG.

Die Beratungstätigkeiten sind in § 34 RVG geregelt. Sie erfordern grds. eine Ge- 159
bührenvereinbarung, sofern der Rechtsdienstleister nicht auf die übliche Vergütung gemäß § 611 BGB bzw § 631 BGB verwiesen werden will, wobei bei fehlender Vergütungsvereinbarung bei Beratungstätigkeit für Verbraucher iSd § 13 BGB die Obergrenze bei 250 € netto liegt; handelt es sich nur um ein erstes Beratungsgespräch, mit dem die Tätigkeit beendet ist, liegt die Obergrenze bei 190 € netto.

Die Geschäftstätigkeiten betreffen die Vertretung des Mandanten gegenüber 160
Dritten, wobei es sich hier um natürliche Personen, juristische Personen oder auch Behörden handeln kann; zu Letzterem gehört auch die Vertretung in bestimmten sozialrechtlichen Angelegenheiten (vgl Rn 21, 96 ff).

---

55 BGBl. I S. 1000.
56 BVerfG 12.12.2006 – 1 BvR 2576/04, AnwBl 2007, 297 ff = NJW 2007, 979.
57 BGBl. I S. 2840.
58 Diese Ansicht wird durch die amtliche Begründung zu Abs. 2 gestützt.

161 In Mahn- und Vollstreckungsverfahren darf der Rechtsdienstleister mit dem Mandanten eine pauschale Vergütung unter Abtretung der vom Gegner zu erstattenden Gebühren an Erfüllungs statt vereinbaren.

162 **b) Formvorschriften.** Die Gebührenvereinbarung im Rahmen der Beratungstätigkeit ist grds. formfrei möglich, aus Beweisgründen wird aber eine schriftliche Vereinbarung empfohlen.[59]

163 Vereinbarungen, die eine geringere als die gesetzliche Vergütung für außergerichtliche Tätigkeit vorsehen, unterliegen der Textform; die frühere Regelung der vorgeschriebenen Schriftform für höhere als die gesetzliche Vergütung, die umgekehrt keine Schriftform für niedrigere als die gesetzliche Vergütung vorsah, wurde vereinheitlicht.[60]

164 Auch bei der Vereinbarung von pauschalen Vergütungen für das Mahn- und Vollstreckungsverfahren bei gleichzeitiger Abtretung der vom Gegner zu erstattenden Gebühren ist gemäß § 3 a RVG Textform vorgeschrieben.[61] Die Vereinbarung sollte sinnvollerweise den Hinweis enthalten, dass Gerichts- und Gerichtsvollzieherkosten sowie sonstige bei Vollstreckungen anfallende Fremdkosten[62] nicht im vereinbarten Gebührenbetrag enthalten sind.

165 **c) Vereinbarte Vergütung.** Die teilweise recht kontroverse Rechtsprechung hat seit Jahrzehnten versucht, für vereinbarte Vergütungen Regelungen aufzustellen. Die Neufassung des RVG zum 1.7.2006 führte dazu, dass Vergütungen im unteren zweistelligen Euro-Bereich trotz der in § 14 RVG genannten Kriterien als zulässig angesehen wurden (vgl Rn 166). Umstritten sind die vom BGH entwickelten Kriterien für eine Unangemessenheit oder gar Sittenwidrigkeit von über den gesetzlichen Sätzen liegenden vereinbarten Gebühren (vgl Rn 167 ff).

166 **d) Mindestgebühren unter Berücksichtigung der Kriterien des § 4 Abs. 2 S. 2 RVG.** § 4 Abs. 2 S. 2 RVG betont, dass bei der Vereinbarung niedrigerer als der gesetzlichen Gebühren bestimmte Kriterien zu beachten sind, wobei es sich teilweise um die in § 14 RVG aufgeführten Kriterien handelt:

- Die „Leistung" des Rechtsdienstleisters dürfte dem Umfang der anwaltlichen Tätigkeit im Wesentlichen entsprechen.
- Die „Verantwortung" des Rechtsdienstleisters dürfte der Bedeutung der anwaltlichen Tätigkeit im Wesentlichen entsprechen.
- Die „Haftung" des Rechtsdienstleisters sollte eine gewichtige Rolle spielen; die neuere Rechtsprechung zu Beratungsgebührenvereinbarungen des Rechtsanwalts negiert diesen Gesichtspunkt aber weitgehend und überlässt den Markt insoweit dem freien Spiel der Kräfte. Dass diese Rechtsprechung noch § 4 Abs. 2 S. 2 RVG entspricht, darf bezweifelt werden. So sind Angebote von anwaltlichen Beratungsgebühren von 20 € brutto nicht als wettbe-

---

[59] Vgl hierzu HK-RVG/*Teubel*, § 34 Rn 71 ff; Gerold/Schmidt/*Madert*, RVG, § 34 Rn 106; siehe auch *Winkler*, in: Hinne/Klees/Müllerschön/Teubel/Winkler, § 1 B Mustervereinbarungen.
[60] Vgl hierzu HK-RVG/*Teubel*, § 3 a Rn 10 ff.
[61] Vgl hierzu HK-RVG/*Teubel*, § 3 a Rn 10 ff.
[62] ZB Grundbuchkosten bei Eintragung einer Zwangshypothek bzw Notariatskosten für deren Löschung.

werbswidrig angesehen worden;[63] Dass eine Gebühr von 10 €[64] zB für eine erbrechtliche Beratung das Haftungsrisiko nicht im Mindesten berücksichtigt, bedarf alleine angesichts der bei Rechtsanwälten üblichen Versicherungsprämien keiner näheren Erwähnung. Für Rechtsdienstleister, die sich ebenfalls pflichtversichern[65] müssen, gilt dies gleichermaßen.

e) Angemessen/unangemessen. aa) Stand der Rechtsprechung. Vereinbarte Vergütungen dürfen nicht unangemessen hoch sein – unangemessen niedrige Gebühren gibt es augenscheinlich nach Auffassung des BGH nicht.[66] Ist eine vereinbarte Gebühr unangemessen hoch, so ist sie auf die angemessene Gebühr zu reduzieren. **167**

Mehrere BGH-Entscheidungen[67] befassten sich im Laufe der Jahrzehnte mit der Frage der Angemessenheit bzw Unangemessenheit; die maßgebliche aktuelle Entscheidung[68] datiert vom 27.1.2005. Insbesondere diese Entscheidung hat zu langwierigen Diskussionen[69] geführt, wobei hinzu kommt, dass sie bspw vom 5. Strafsenat des BGH[70] fehlinterpretiert wurde. Das Problem der Entscheidung vom 27.1.2005 beginnt damit, dass sie mathematisch unscharf ist: Verschiedentlich heißt es in der Entscheidung,[71] dass die im konkreten Fall dort vereinbarte Gebühr das Fünffache überschreite, verschiedentlich ist von dem „Fünffachen über der gesetzlichen Gebühr" die Rede – Letzteres bedeutet rechnerisch das Sechsfache. Die Gebührenreferentenkonferenz der Bundesrechtsanwaltskammer hat demnach notgedrungen die Sprachfehler des BGH übernommen und auf ihrer 51. Tagung am 24.9.2005 festgestellt, dass „eine Vereinbarung, die beinhaltet, dass das fünf- bis sechsfache der gesetzlichen Höchstgebühr nicht überschritten wird, … nicht unangemessen (ist)".[72] Ähnlich versuchte auch das OLG Hamm[73] Jahre vor der zitierten BGH-Entscheidung des Problems Herr zu werden. **168**

---

63 BGH 3.5.2007 – I ZR 137/05, AnwBl 2007, 870 (10 €!); OLG Stuttgart 28.12.2006 – 2 U 134/06, AnwBl 2007, 229; LG Freiburg 11.10.2006 – 10 O 72/06, AnwBl 2007, 376 lag ein Sonderfall zugrunde, als der dortige Rechtsanwalt selber vortrug, dass es sich bei den Gebühren (9,99 €!) um Lockvogelangebote handelte und er sich von vornherein vorbehielt, zu den von ihm selbst genannten Gebühren nicht tätig zu werden; das wettbewerbswidrige Verhalten wurde also vom Beklagten selber eingeräumt.
64 BGH 3.5.2007 – I ZR 137/05, AnwBl 2007, 870; LG Freiburg 11.10.2006 – 10 O 72/06, AnwBl 2007, 376.
65 Vgl § 12 Abs. 1 Nr. 3 RDG als Registrierungsvoraussetzung und § 14 Nr. 2 RDG für den Widerruf bei Wegfall der Versicherung; für Rechtsanwälte gilt § 51 BRAO; die Versicherung ist Voraussetzung für die Aushändigung der Zulassungsurkunde (§ 12 Abs. 2 S. 2 BRAO), und die Beendigung der Versicherung führt zum sofortigen Verlust der Zulassung (§ 14 Abs. 2 S. 9 BRAO).
66 BGH 3.5.2007 – I ZR 137/05, AnwBl 2007, 870 (10 €!).
67 BGH 11.6.1980 – VIII ZR 62/79, BGHZ 77, 250 = NJW 1980, 1962 (das Zehnfache kann angemessen sein); BGH 30.5.2000 – IX ZR 121/99, NJW 2000, 2669.
68 BGH 27.1.2005 – IX ZR 273/02, NJW 2005, 2142.
69 Vgl beispielhaft *Lutje*, NJW 2005, 2490.
70 BGH 6.9.2006 – 5 StR 64/06, NJW 2006, 3219; der 5. Strafsenat bezieht sich auf BGH 27.1.2005 – IX ZR 273/02, NJW 2005, 2142 und geht bei einem das Fünffache überschreitenden Gebührenbetrag von Sittenwidrigkeit aus, ohne die Entscheidung BGH 27.1.2005 – IX ZR 273/02, NJW 2005, 2142 auch nur zu erwähnen.
71 BGH 27.1.2005 – IX ZR 273/02, NJW 2005, 2142, 2144 re. Sp. (3.).
72 *Ebert*, BRAK-Mitt. 2005, 271, 272.
73 OLG Hamm 18.6.2002 – 28 U 3/02, AGS 2002, 268.

169 **bb) Angemessenheit bei niedrigen Streitwerten.** Bei niedrigen Streitwerten ist ersichtlich, dass auch das Fünf- oder Sechsfache uU nicht kostendeckend ist: Eine schwierige Auseinandersetzung über Mietnebenkosten bei einem Gegenstandswert zwischen 300 € und 600 € führt zu gesetzlichen Gebühren von maximal 2,5 Geschäftsgebühr 2300 VV RVG iHv 112,50 €. Das Sechsfache mit 675 € ist bei ausführlichen Diskussionen von Nebenkostenpositionen im Mietrecht dem Grunde und der Höhe nach vom notwendigen Zeitaufwand her weiterhin nicht angemessen, wobei ausgehend von einem Stundensatz

- von 200 € der sechsfache gesetzliche Gebührenbetrag in knapp dreieinhalb Stunden,
- von 250 € der sechsfache gesetzliche Gebührenbetrag in weniger als drei Stunden

erreicht wird.

170 Aus diesem Grunde hat die 51. Tagung der Gebührenreferenten der Bundesrechtsanwaltskammer ergänzend beschlossen: „Bei Vergütungsvereinbarungen, die das fünf- bis sechsfache der gesetzlichen Höchstgebühren überschreiten, muß der Maßstab der Aufwandsbezogenheit, zum Beispiel der Zeitaufwand, herangezogen werden. Die vereinbarte Zeitvergütung ist dann angemessen, wenn der Stundensatz angemessen ist und der Zeitaufwand nachvollziehbar dargelegt wird."[74]

171 Dies hat grds. auch das OLG Hamm[75] für möglich und zulässig gehalten. In seinem Urteil vom 5.12.2005 weist es darauf hin, dass eine Abrechnung nach Zeitaufwand nicht unangemessen sei – eine These, die in dieser Allgemeinheit nun wiederum nicht zutrifft, denn wenn auch bei Abrechnung nach Zeitaufwand das 17fache der gesetzlichen Höchstgebühr überschritten wird, geht der BGH von Sittenwidrigkeit aus.[76]

172 **f) Sittenwidrigkeit.** Überschreitet die vereinbarte Gebühr das 17fache der gesetzlichen Gebühren, dann ist sie nach Auffassung des BGH[77] sittenwidrig und ist auf die gesetzliche (nicht: angemessene!) Gebühr zu reduzieren. Diese Rechtsprechung findet in der Instanzrechtsprechung nur zögerlich Resonanz und wird gerade in Strafverteidigungen abgelehnt,[78] zumal bei vereinbartem Stundenhonorar, das ordnungsgemäß mit Arbeitshinweisen etc. abgerechnet wird, der BGH keine einheitliche Rechtsprechung aufweist.

173 **4. Erfolgshonorar. a) Unzulässigkeit der Vereinbarung (Abs. 2 S. 2).** Gemäß Abs. 2 S. 2 sind Vereinbarungen, durch die die Vergütung des Rechtsdienstleisters vom Ausgang der Sache oder sonst vom Erfolg der Tätigkeit abhängig gemacht wird, unzulässig. Diese Regelung entspricht § 49b Abs. 1 S. 1 BRAO.

174 Soweit das Gesetz keine § 49b Abs. 1 S. 2 BRAO vergleichbare Regelung enthält, ist von einem redaktionellen Versehen auszugehen; dies würde bedeuten, dass

---

74 *Ebert*, BRAK-Mitt. 2005, 271, 272.
75 OLG Hamm 5.12.2006 – 28 U 31/05, AnwBl 2007, 723 (Zeittakt ergibt rund das 10-Fache der gesetzlichen Gebühr, n.rkr.).
76 BGH 24.7.2003 – IX ZR 131/00, NJW 2003, 3486.
77 BGH 24.7.2003 – IX ZR 131/00, NJW 2003, 3486.
78 OLG Hamm 13.3.2008 – 28 U 71/07, AnwBl 2008, 546 = RVGreport 2008, 256 m. Anm. *Burhoff*, dem bei der Stundenberechnung ein Fehler unterlaufen ist.

die für den Erfolgsfall vereinbarte Erhöhung gesetzlicher Erfolgsgebühren[79] auch für den Rechtsdienstleister nicht unter das generelle Verbot der Vereinbarung von Erfolgshonorar fällt, da deren Erhöhung im Falle des Erfolges nicht als „Erfolgshonorar" iSd Gesetzes angesehen wird.

Da eine Erhöhung dieser gesetzlichen „Erfolgsgebühren" auch unter § 3a RVG fällt, bedarf eine derartige Vereinbarung auch der Schriftform. **175**

b) Zulässigkeit der Vereinbarung (Abs. 2 S. 3). aa) Die Person des Auftraggebers. Die Ermäßigung oder der Erlass von Gebühren oder Auslagen nach Erledigung des Auftrags ist im Einzelfall unter Berücksichtigung der besonderen Umstände in der Person des Auftraggebers, insbesondere dessen Bedürftigkeit, zulässig. Diese Regelung weicht ersichtlich von der in § 4a RVG seit dem 1.7.2008 geltenden Regelung für Rechtsanwälte ab. Diese lautet: **176**

§ 4a RVG Erfolgshonorar

(1) Ein Erfolgshonorar (§ 49b Abs. 2 Satz 1 der Bundesrechtsanwaltsordnung) darf nur für den Einzelfall und nur dann vereinbart werden, wenn der Auftraggeber aufgrund seiner wirtschaftlichen Verhältnisse bei verständiger Betrachtung ohne die Vereinbarung eines Erfolgshonorars von der Rechtsverfolgung abgehalten würde. In einem gerichtlichen Verfahren darf dabei für den Fall des Misserfolgs vereinbart werden, dass keine oder eine geringere als die gesetzliche Vergütung zu zahlen ist, wenn für den Erfolgsfall ein angemessener Zuschlag auf die gesetzliche Vergütung vereinbart wird.

(2) Die Vereinbarung muss enthalten:

1. die voraussichtliche gesetzliche Vergütung und gegebenenfalls die erfolgsunabhängige vertragliche Vergütung, zu der der Rechtsanwalt bereit wäre, den Auftrag zu übernehmen, sowie

2. die Angabe, welche Vergütung bei Eintritt welcher Bedingung verdient sein soll.

(3) In der Vereinbarung sind außerdem die wesentlichen Gründe anzugeben, die für die Bemessung des Erfolgshonorars bestimmend sind. Ferner ist ein Hinweis aufzunehmen, dass die Vereinbarung keinen Einfluss auf die gegebenenfalls vom Auftraggeber zu zahlenden Gerichtskosten, Verwaltungskosten und die von ihm zu erstattenden Kosten anderer Beteiligter hat.

Der wichtigste Unterschied zwischen beiden Regelungen liegt schon darin, dass nach dem RDG eine Ermäßigung oder ein Erlass von Gebühren oder Auslagen erst **nach** Erledigung des Auftrags erfolgen darf, während das RVG von einer Vereinbarung vor Mandatierung oder während des Mandats ausgeht. Der weitere Unterschied zwischen beiden Regelungen liegt in der Person des Auftraggebers: Das RDG spricht generell von besonderen Umständen in dessen Person, insbesondere dessen Bedürftigkeit, während das RVG auf die wirtschaftlichen und finanziellen Verhältnisse des Auftraggebers abhebt, die es ihm nicht erlauben, den Rechtsstreit zu führen. **177**

In der Tat dürfte die Formulierung in Abs. 2 S. 3 der Unsicherheit des Gesetzgebers bei Beschließung des RDG entsprungen sein: Zu diesem Zeitpunkt war noch **178**

---

[79] Hierzu zählen beispielhaft Nr. 1000 ff VV RVG (Einigungsgebühren), Nr. 4141 VV RVG, Nr. 5115 VV RVG (Einstellungsgebühren), Nr. 4146 VV RVG (Einigungsgebühr); vgl auch *Winkler*, in: Hinne/Klees/Müllerschön/Teubel/Winkler, § 1 B Muster 24.

völlig unklar, wie der Beschluss des BVerfG vom 12.12.2006[80] gesetzlich umzusetzen ist; ein Referentenentwurf[81] lag vor, ein Regierungsentwurf[82] war in Bearbeitung, und die Beteiligten hatten ihre Stellungnahmen,[83] aber auch zT eigene Gesetzentwürfe,[84] abgegeben bzw noch bearbeitet.[85]

179 **bb) Anwendbarkeit für Rechtsdienstleister.** Da Abs. 1 sich generell auf das RVG bezieht, gilt auch § 4 a RVG für Rechtsdienstleister, so dass ein Erfolgshonorar, zu dem auch die Quota litis gehört, unter den dort beschriebenen Bedingungen vereinbart werden kann.

180 **cc) Einzelfallregelung.** Zulässig ist eine Erfolgshonorarvereinbarung gemäß § 4 a Abs. 1 S. 1 RVG nur für den Einzelfall; das generelle Angebot von Erfolgshonorarvereinbarungen bspw mit einem Dauermandanten in einer Vielzahl von Mandaten ist unzulässig und bleibt verboten, eine Vereinbarung für jeden Einzelfall demgegenüber erlaubt, weil in jedem Einzelfall die sonstigen Zulässigkeitsvoraussetzungen zu überprüfen sind.

181 **dd) Die Interessen des Mandanten.** Zulässig ist eine Erfolgshonorarvereinbarung gemäß § 4 a Abs. 1 S. 1 RVG auch nur dann, wenn der Auftraggeber – gleichgültig ob Verbraucher, Unternehmer, natürliche oder juristische Person – von der Verfolgung eigener Ansprüche oder von der Verteidigung gegen geltendgemachte Ansprüche bei verständiger Betrachtung auf Grund seiner wirtschaftlichen Verhältnisse abgehalten würde. Soweit der Gesetzgeber – auch in der Begründung – den Eindruck erweckt, als sei damit nur in einem eng begrenzten Rahmen die Vereinbarung eines Erfolgshonorars zulässig, trügt dieser Eindruck. Der Begriff „bei verständiger Betrachtung" ist das Einfallstor[86] für eine extensive Interpretation der Vorschrift: Die „verständige Betrachtung" erfolgt aus der Perspektive des Mandanten und nicht aus einem (möglichst) objektiven Blickwinkel; letztlich ist kaum überprüfbar, wie der Mandant – und der Rechtsdienstleister – bei Abschluss der Vereinbarung den konkreten Fall und die wirtschaftliche Situation des Mandaten „verständig" betrachteten.

182 In seinem eigenen Interesse sollte der Rechtsdienstleister bei Abschluss einer Erfolgshonorarvereinbarung darauf achten, dass der Mandant ihm möglichst schriftlich die wirtschaftlichen Gründe und seine eigene verständige Betrachtung darlegt, um in diesem Punkte späteren Auseinandersetzungen möglichst vorzubeugen.

183 **ee) Vorzeitiges Mandatsende.** Die Vereinbarung sollte eine Regelung für den Fall einer Mandatsbeendigung zur Unzeit enthalten. Der Rechtsdienstleister sollte gerade bei einem Mandanten, der mit ihm ein Erfolgshonorar vereinbaren möchte, davon ausgehen, dass dieser möglichst überhaupt keine Gebühren auch im Erfolgsfall zahlen möchte.

---

80 BVerfG 12.12.2006 – 1 BvR 2576/04, AnwBl 2007, 297 ff = NJW 2007, 979.
81 BRAK-Mitt. 2007, 263, 265.
82 BT-Drucks. 16/8384 und BT-Drucks. 16/8916; BRAK-Mitt. 2008, 19.
83 Stellungnahme der BRAK, BRAK-Mitt. 2007, 202 und 2008, 20; des DAV, AnwBl 2007, 676 ff; gemeinsame Stellungnahme der BRAK und des DAV zum RegE, BRAK-Mitt. 2008, 63 und AnwBl 2008, 251.
84 ZB des DAV, AnwBl 2006, 724, 728.
85 Zur Kritik am beschlossenen Gesetz vgl zB *Schons*, BRAK-Magazin 3/2008, 3; *Kilian*, NJW 2008, 1905; *Kleine-Cosack*, BB 2008, 1406.
86 Vgl *Kilian*, NJW 2008, 1905, 1907; *Kleine-Cosack*, BB 2008, 1406, 1407.

ff) Höhe des Erfolgshonorars. Die Höhe des im Erfolgsfall zu zahlenden Honorars muss in der Vereinbarung enthalten sein, wobei es hier zahllose Vereinbarungsmöglichkeiten[87] gibt, die hier nur stichwortartig aufgezählt werden: 184
- mehrfach erhöhtes gesetzliches Honorar,
- Zuschlag zum gesetzlichen Honorar,
- Prozentsatz des im Erfolgsfall für den Mandanten erzielten Betrages,
- erhöhtes Zeithonorar.

c) Formvorschriften. Die Vereinbarung ist als Vergütungsvereinbarung oder ähnlich zu bezeichnen. Damit sind langwierige Auseinandersetzungen in Literatur und Rechtsprechung,[88] ob exakt der Begriff „Vergütungsvereinbarung" gewählt werden muss oder nicht, hinfällig; teilweise wurde die Auffassung vertreten, dass allein die fehlende Verwendung des Begriffs „Vergütungsvereinbarung" die getroffenen Honorarvereinbarungen unwirksam mache und die in den konkreten Fällen betroffenen Rechtsanwälte nur noch das gesetzliche Honorar erhielten.[89] 185

Die Vereinbarung ist in Textform abzufassen; es reicht also zB Fax oder E-Mail, wobei für letzteren Fall wegen der fehlenden Unterschrift eine Abfassung unter Verwendung einer elektronischen Signatur empfohlen wird.[90] 186

d) Hinweispflichten. Die Vereinbarung über ein Erfolgshonorar bedarf zwingend mehrerer Hinweise und Erklärungen: 187

aa) Notwendige Angaben über gesetzliche Vergütung. Der Rechtsdienstleister muss angeben, welche gesetzliche Vergütung ohne Erfolgshonorarvereinbarung anfallen würde. Dies ist häufig nicht sicher anzugeben, da bei wertabhängiger Berechnung selbst bei der Geltendmachung von Geldforderungen auf Grund von Anspruchserweiterungen oder von Gegenansprüchen sich der Gegenstandswert und damit auch die Berechnung der gesetzlichen Gebühren nicht überschaubar ändern können. Der Mandant soll auf diesem Wege überprüfen können, ob er überhaupt eine Erfolgshonorarvereinbarung abschließen will oder angesichts seiner wirtschaftlichen Situation abschließen muss. 188

bb) Notwendige Angaben über vereinbarungsfähiges Honorar. Der Rechtsdienstleister muss angeben, zu welcher vereinbarten Vergütung anstelle eines Erfolgshonorars er das Mandat bearbeiten würde. Der Mandant soll auf diesem Wege überprüfen können, ob er überhaupt eine Erfolgshonorarvereinbarung abschließen will oder angesichts seiner wirtschaftlichen Situation abschließen muss. 189

cc) Hinweis auf Erstattungsansprüche Dritter. Die Vereinbarung muss den Hinweis enthalten, dass Erstattungsansprüche der Gegenseite, aber auch des Gerichts und sonstiger Dritter im Unterliegensfall nicht ausgeschlossen, diese also vom Rechtsdienstleister, mit dem die Vereinbarung abgeschlossen wurde, nicht getragen werden (dürfen). Insoweit ist die gesetzliche Formulierung in Abs. 2 S. 3 unscharf, als durch Verwendung des Begriffs **„Auslagen"** leicht der Eindruck erweckt werden könnte, es handele sich hier auch um Gerichtskosten, Gerichts- 190

---

87 Vgl hierzu die Vereinbarungsmuster bei *Mayer/Winkler*, Erfolgshonorar – Grundlagen, Erläuterungen, Muster, 2008.
88 Vgl den Hinweis bei *Bischof*, in: Bischof/Jungbauer, RVG, 2. Aufl., § 4 Rn 8.
89 Vgl aber AG Gemünden 14.3.2007 – 10 C 1040/06, AnwBl 2007, 550; AG Wolfratshausen 23.8.2007 – 1 C 691/07, AGS 2008, 11.
90 Vgl hierzu auch HK-RVG/*Teubel*, § 3 a Rn 20 ff.

vollzieherkosten und sonstige Kosten, die der Rechtsdienstleister häufig bevorschusst; „Auslagen" im Sinne dieser Vorschrift sind Auslagen iSd Abschnitts 7 VV RVG.

191 **dd) Hinweispflicht bezüglich Beratungs- und Prozesskostenhilfe.** Der Rechtsdienstleister ist auch verpflichtet, den Mandanten nach Mandatsannahme auf die Möglichkeit hinzuweisen, Beratungshilfe bzw Prozesskostenhilfe zu beantragen, wenn sich für den Rechtsdienstleister Anhaltspunkte für eine derartige Berechtigung ergeben oder der Mandant diese nicht ausdrücklich nach Beratung und Belehrung hierüber ablehnt. Mangelt es an dieser Belehrung bei Erkennen einer Hilfeberechtigung, so läuft der Rechtsdienstleister das Risiko, trotz erfolgreicher Tätigkeit seinen Honoraranspruch wegen gleich hoher Schadenersatzansprüche des Mandanten zu verlieren.[91]

192 Diese Hinweispflicht ergibt sich als vertragliche Nebenpflicht, sie ist nicht nur auf Rechtsanwälte beschränkt.

193 Der Rechtsanwalt ist nach Mandatsannahme verpflichtet, auch als Anwalt im Wege der Beratungshilfe oder der Prozesskostenhilfe für den Mandanten tätig zu werden (§§ 48 ff BRAO); ablehnen kann er das Mandat nach Annahme nicht mehr mit der Begründung, er führe keine derartigen Mandate, während er vor Mandatsannahme ein solches Mandat ablehnen kann.[92]

194 Ob der Rechtsdienstleister ohne konkrete Einbeziehung der entsprechenden BRAO-Bestimmungen mit seiner Tätigkeit den gleichen Regeln unterliegt, ist derzeit ungeklärt, es sollte aber davon ausgegangen werden.

195 **e) Verfassungsrechtliche Bedenken.** Verfassungsrechtliche Bedenken gegen die Regelung des Abs. 2 S. 3 sind nicht von der Hand zu weisen, wenn tatsächlich die Rechtsanwälte bei der Mandatsbearbeitung strengeren Berufsregelungen unterlägen als die Rechtsdienstleister bei im Wesentlichen gleicher Tätigkeit. Generelle verfassungsrechtliche Bedenken werden hinsichtlich der gesetzlichen Erfolgshonorarregelung geäußert.[93]

196 **f) Europarechtliche Bedenken?** Gegen die seit dem 1.7.2008 geltenden Bestimmungen über das Erfolgshonorar erhebt *Kleine-Cosack*[94] europarechtliche Bedenken: Die Regelungen des § 49 b Abs. 1 BRAO und § 4 a RVG verstießen gegen die Dienstleistungsfreiheit.

197 **g) Höhe des Erfolgshonorars.** Das Erfolgshonorar darf und sollte höher sein als das gesetzliche oder auch das vereinbarte Honorar. Ist eine Vereinbarung auf der Basis „*no win no fee*" abgeschlossen worden, so kann nicht beanstandet werden, wenn das angemessene vereinbarte Honorar verdoppelt wird, denn bei Verlust bekommt der Rechtsdienstleister in dieser Konstellation gar nichts. Eine in diesem Fall auf das 10fache erhöhte gesetzliche Gebühr kann unter den Voraussetzungen des Honorarverlustes bei Unterliegen nicht unangemessen sein.[95] Das bedeutet, dass die Sittenwidrigkeitsschwelle deutlich höher anzusetzen ist als beim vereinbarten Honorar, das unabhängig von Erfolg oder Misserfolg geschuldet ist.

---

91 OLG Düsseldorf 17.5.1984 – 8 U 20/83, AnwBl 1984, 444.
92 Feuerich/Weyland/*Feuerich*, § 48 BRAO Rn 2.
93 *Kleine-Cosack*, BB 2008, 1406.
94 *Kleine-Cosack*, BB 2008, 1406.
95 *Winkler*, in: Mayer/Winkler, Erfolgshonorar, 2 Rn 39; HK-RVG/*Teubel*, § 4 a Rn 43; Gerold/Schmidt/*Mayer*, RVG, § 4 a Rn 13.

III. Erstattung der Vergütung nach Abs. 3

1. Betroffener Personenkreis. Nach Abs. 3 gelten für die Erstattung der Vergütung der in Abs. 1 S. 1 genannten Personen in einem gerichtlichen Verfahren die Vorschriften der Verfahrensordnungen über die Erstattung der Vergütung eines Rechtsanwalts entsprechend. Abs. 1 S. 1 nimmt als betroffene Personen in Bezug: 198

- Rentenberater/innen gemäß § 10 Abs. 1 S. 1 Nr. 2 RDG. Hierzu wird auf die Ausführungen zu § 10 Abs. 1 S. 1 Nr. 2 RDG (siehe § 10 RDG Rn 24 ff) und § 11 Abs. 2 RDG (siehe § 11 RDG Rn 7 ff) verwiesen.
- Registrierte Erlaubnisinhaber iSv § 16 RDG. Hierzu wird auf die Kommentierung zu § 16 RDG verwiesen (siehe § 16 RDG Rn 26 ff). Ausgenommen sind Frachtprüfer/innen.

Im Weiteren gilt die Erstattungsregelung auch für Kammerrechtsbeistände gemäß § 6. Es wird auf die Ausführungen zu § 6 verwiesen.

2. Tätigkeiten in gerichtlichen Verfahren. Darunter fällt die gerichtliche Tätigkeit von Rentenberater/innen in sozialrechtlichen Verfahren vor dem Sozialgericht, ggf auch vor dem Verwaltungsgericht. Auch die gerichtliche Tätigkeit von sonstigen registrierten Personen nach § 10 Abs. 1 S. 1 Nr. 1 RDG, also Inkassodienstleistern, wird erfasst, ferner die gerichtliche Tätigkeit von Kammerrechtsbeiständen gemäß § 6. 199

3. Verfahren über Erstattung der Vergütung. In Betracht kommt das Festsetzungsverfahren gemäß §§ 91 ff ZPO gegen den unterlegenen Gegner.[96] 200

Das Festsetzungsverfahren gemäß § 11 RVG richtet sich gegen den eigenen Mandanten. Es soll eine rasche Titulierung unstreitiger oder unwidersprochener Gebührenforderungen ermöglichen. Hierunter fallen aber nur die gesetzlichen, nicht die vereinbarten Gebühren; eine Festsetzung ist auch bei Rahmengebühren möglich, wenn der Mandant zustimmt. 201

Jede Einwendung führt zur Ablehnung des Festsetzungsverfahrens gemäß § 11 RVG, es sei denn, die Einwendung ist absolut haltlos. Kostenbeamte sind mit dieser Wertung aber sehr zurückhaltend. So wird zB die Festsetzung gemäß § 11 RVG abgelehnt, wenn der Mandant einwendet, es sei eine (unter den gesetzlichen Gebühren liegende und damit gegen § 49 BRAO verstoßende) Gebührenvereinbarung zustande gekommen.[97] Nur bei offensichtlicher Haltlosigkeit finden die Einwendungen kein Gehör.[98] 202

IV. Erstattung der Vergütung nach Abs. 4

1. Betroffener Personenkreis. Die Bestimmung richtet sich an Inkassodienstleister. Es wird auf die Ausführungen zu § 10 Abs. 1 S. 1 Nr. 1 RDG (siehe § 10 RDG Rn 18 ff) und zu § 11 Abs. 1 RDG (siehe § 11 RDG Rn 4 ff) verwiesen. 203

2. Erstattungsanspruch gemäß § 788 ZPO (Abs. 4 S. 1). a) Allgemeine Zwangsvollstreckung. Sämtliche Zwangsvollstreckungsverfahren fallen unter diese 204

---

[96] Vgl hierzu die einschlägigen Kommentierungen zur ZPO. Nur beispielhaft seien aufgeführt: *Baumbach/Lauterbach u.a.*, Zivilprozessordnung, Kommentar; *Saenger*, Zivilprozessordnung Handkommentar; *Zöller*, ZPO, Kommentar.
[97] AG Baden-Baden 30.4.2008 – 2 F 146/98, n.v.; AG Baden-Baden 19.5.2008 – 2 F 84/06, n.v.; vgl auch VGH München 30.1.2008 – 10 C 07.2693, NJW 2008, 2203.
[98] VGH Kassel 19.7.2007 – 7 TJ 1217/07, NJW 2007, 3738.

Kostenerstattungsvorschrift, die sich letztlich auf § 91 ZPO gründet. Damit ist der Überprüfung der Notwendigkeit der Kosten der Weg geebnet.

205 **b) Besondere Zwangsvollstreckungen.** Auch Kosten der Vollziehung in Verfügungs- und Arrestverfahren gehören zur Kostenregelung des § 788 ZPO.[99]

206 **c) Ausnahmen.** Kosten ausländischer Beitreibungsmaßnahmen gehören bei Vollstreckung eines ausländischen Titels im Inland nicht zu den Kosten der Zwangsvollstreckung.[100] Gleichermaßen gehören Kosten einer Zwangsvollstreckung im Ausland aus einem deutschen Titel, aber auch die Kosten für ein Vollstreckbarkeitsverfahren nicht zu den unter § 788 ZPO fallenden Kosten.[101]

207 **3. Erstattungsfähigkeit von Mahnverfahrensgebühren (Abs. 4 S. 2). a) Betroffener Verfahrensbereich.** Es handelt sich um gerichtliche Mahnverfahren gemäß §§ 688 ff ZPO.

208 **b) Erstattungsanspruch gegen eigenen Mandanten.** Der Vergütungsanspruch gegen eigenen Mandanten ist von dieser Vorschrift nicht betroffen; es handelt sich um den Erstattungsanspruch gegen den Schuldner.

209 **c) Deckelung des Erstattungsanspruchs. aa) Regelungsgehalt.** Der ursprüngliche RegE sah überhaupt keine Erstattungsfähigkeit der beim Inkassodienstleister entstandenen Mahnverfahrensgebühren vor. Begründet wurde dies damit, dass es sich beim Mahnverfahren um eine „überwiegend technische Annextätigkeit" handele, die nicht Gegenstand eines prozessualen Kostenerstattungsverfahrens sein sollte; die Kosten des Inkassodienstleisters sollten lediglich als materieller Schadenersatzanspruch im Rahmen der Abgeltung der tatsächlich angefallenen Aufwendungen Berücksichtigung finden.[102]

210 Im Verlaufe des Gesetzgebungsverfahrens wurde hiervon Abstand genommen und der ursprüngliche RegE geändert; der prozessuale Kostenerstattungsanspruch des Inkassodienstleisters für das Mahnverfahren wurde auf bis zu 25 € als nach § 91 Abs. 1 ZPO erstattungsfähig angesehen. Dabei handelt es sich um den **Endbetrag**, der **Auslagen** sowie **Mehrwertsteuer** umfasst.

211 Unklar ist angesichts dieser Regelung im Unterschied zur ursprünglich fehlenden Erstattungsfähigkeit von Mahnverfahrenskosten, ob mit diesem Betrag sämtliche Inkassokosten abgegolten sein sollen.[103] Dies dürfte aber eher zu verneinen sein, denn der Kostenaufwand eines Inkassodienstleisters dürfte auch bei Anwendung aller technischen Möglichkeiten über 25 € brutto liegen. Von einem eventuellen weitergehenden materiellen Schadensersatzanspruch iSd Begründung des RegE ist auszugehen.

212 **bb) Auswirkungen auf anwaltliche Tätigkeit?** Auswirkungen dieser Erstattungsregelung dürften für die anwaltliche Tätigkeit zu erwarten sein; bei den Kostenerstattungsansprüchen gemäß §§ 91 ff ZPO handelt es sich dem Grunde nach

---

99 Zöller/*Stöber*, ZPO, § 788 Rn 2.
100 Zöller/*Stöber*, ZPO, § 788 Rn 3 a.
101 Zöller/*Stöber*, ZPO, § 788 Rn 3 a.
102 Ursprüngliche Begründung im RegE Drucks. 623/06.
103 Dies hält *Goebel*, MDR 2008, 542 für nicht ausgeschlossen.

um einen prozessualen Schadensersatzanspruch, der bestimmten Regeln unterliegt.[104] Der Obsiegende unterliegt der Schadensminderungsverpflichtung.[105] Hier könnte uU der Schuldner insbesondere bei von Rechtsanwälten inkassomäßig betriebenen Forderungsbeitreibungen einwenden, dass die Einschaltung eines Inkassobüros zu niedrigeren Mahnverfahrensgebühren geführt hätte.[106] Allein die 1,0 Verfahrensgebühr 3305 VV RVG beträgt bei dem niedrigsten Streitwert von bis zu 300 € schon 25 € netto, es kommen die Auslagenpauschale 7002 VV RVG mit 5 € und die Mehrwertsteuer 7008 VV RVG mit (zurzeit) 19 %, also 5,70 €, hinzu, ergibt allein beim Mahnbescheid einen Betrag von 35,70 €, der sich für den Vollstreckungsbescheid um 17,85 € auf 53,55 € erhöht. Der Kostenerstattungsanspruch bei anwaltlicher Tätigkeit liegt beim niedrigsten Gegenstandswert der Gebührentabelle des § 13 RVG schon fast 120 Prozent über dem für den Inkassodienstleister geltenden Erstattungsanspruch. Begründet werden kann dies nur mit einer materiell-rechtlich sorgfältigeren Begründung durch den Rechtsanwalt, der nicht nur reine Inkassoleistungen erbringt.

§ 5 Diplom-Juristen aus dem Beitrittsgebiet

Personen, die in dem in Artikel 3 des Einigungsvertrags genannten Gebiet ein rechtswissenschaftliches Studium als Diplom-Jurist an einer Universität oder wissenschaftlichen Hochschule abgeschlossen haben und nach dem 3. Oktober 1990 zum Richter, Staatsanwalt oder Notar ernannt, im höheren Verwaltungsdienst beschäftigt oder als Rechtsanwalt zugelassen wurden, stehen in den nachfolgenden Vorschriften einer Person mit Befähigung zum Richteramt gleich:
1. § 6 Abs. 2 Satz 1 und § 7 Abs. 2 Satz 1 des Rechtsdienstleistungsgesetzes,
2. § 78 Abs. 4 und § 79 Abs. 2 Satz 2 Nr. 2 der Zivilprozessordnung,
3. § 10 Abs. 2 Satz 2 Nr. 2 des Gesetzes über das Verfahren in Familiensachen und in den Angelegenheiten der freiwilligen Gerichtsbarkeit,
4. § 11 Abs. 2 Satz 2 Nr. 2, Abs. 4 Satz 3 des Arbeitsgerichtsgesetzes,
5. § 73 Abs. 2 Satz 2 Nr. 2, Abs. 4 Satz 3 und 4 des Sozialgerichtsgesetzes,
6. § 67 Abs. 2 Satz 2 Nr. 2, Abs. 4 Satz 4 der Verwaltungsgerichtsordnung,
7. § 62 Abs. 2 Satz 2 Nr. 2, Abs. 4 Satz 4 der Finanzgerichtsordnung,
8. § 97 Abs. 2 Satz 2 Nr. 2 des Patentgesetzes,
9. § 81 Abs. 2 Satz 2 Nr. 2 des Markengesetzes.

I. Normzweck 1	2. Begriff „Diplom-Jurist aus dem Beitrittsgebiet" 4
II. Partielle Gleichstellung der Diplom-Juristen aus dem Beitrittsgebiet 2	a) Kriterien 4
1. Regelungsbedarf 2	b) Gefahr der Verwechslung mit „Diplomjurist"? 6
	3. Gesetzessystematik 10

---

104 Vgl hierzu im Einzelnen Baumbach/Lauterbach/*Hartmann*, ZPO, Übersicht § 91 Rn 26 ff; HK-ZPO/*Gierl*, vor §§ 91–107 Rn 12 ff; Zöller/*Herget*, ZPO, vor § 91 Rn 10 ff.
105 Baumbach/Lauterbach/*Hartmann*, ZPO, § 91 Rn 28 ff; HK-ZPO/*Gierl*, § 91 Rn 11; Zöller/*Herget*, ZPO, § 91 Rn 12.
106 Vgl *Goebel*, MDR 2008, 542.

4. Die erfassten Rechtsdienstleistungsbereiche	14	d) Arbeitsgerichtsgesetz (Nr. 4)	22
a) Rechtsdienstleistungsgesetz (Nr. 1)	14	e) Sozialgerichtsgesetz (Nr. 5)	24
b) Zivilprozessordnung (Nr. 2)	18	f) Verwaltungsgerichtsordnung (Nr. 6)	27
c) Gesetz über das Verfahren in Familiensachen und in den Angelegenheiten der freiwilligen Gerichtsbarkeit (Nr. 3)	21	g) Finanzgerichtsordnung (Nr. 7)	29
		h) Patentgesetz (Nr. 8)	31
		i) Markengesetz (Nr. 9)	32

I. Normzweck

1 Zweck der Norm ist die partielle Gleichstellung der Diplom-Juristen aus dem Beitrittsgebiet im Rahmen der außergerichtlichen und gerichtlichen Erbringung von Rechtsdienstleistungen.

II. Partielle Gleichstellung der Diplom-Juristen aus dem Beitrittsgebiet

2 **1. Regelungsbedarf.** Infolge der Wiedervereinigung mit dem Beitritt der Länder Brandenburg, Mecklenburg-Vorpommern, Sachsen, Sachsen-Anhalt und Thüringen zum alten Gebiet der Bundesrepublik Deutschland (Art. 1 Abs. 1 S. 1 des Einigungsvertrages) und Schaffung des Landes Berlin aus den 23 Berliner Bezirken (Art. 1 Abs. 2 des Einigungsvertrages) entstand Regelungsbedarf, **welche Tätigkeiten** Diplom-Juristen, die auf dem Gebiet der ehemaligen DDR an einer Universität oder wissenschaftlichen Hochschule ein rechtswissenschaftliches Studium abgeschlossen haben und nach dem Stichtag des Beitritts zum Richter, Staatsanwalt oder Notar ernannt, im höheren Verwaltungsdienst beschäftigt oder als Rechtsanwalt zugelassen worden sind (**Diplom-Juristen aus dem Beitrittsgebiet**), ausüben dürfen. Dieser Regelungsbedarf besteht auch im Zeitpunkt der Reform des Rechtsberatungsrechts fort.

3 Welche Rechtsdienstleistungen Diplom-Juristen aus dem Beitrittsgebiet erbringen dürfen, regelt § 5 über deren Gleichstellung mit Personen mit der Befähigung zum Richteramt.

4 **2. Begriff „Diplom-Jurist aus dem Beitrittsgebiet". a) Kriterien.** Diplom-Jurist aus dem Beitrittsgebiet iSd der Norm ist, wer die folgenden Kriterien **kumulativ** erfüllt: Die Qualifikation muss **im Gebiet** eines der Länder des Art. 3 des Einigungsvertrages erworben worden sein und die betroffene Person muss **nach dem Stichtag** (3.10.1990) zum Richter, Staatsanwalt oder Notar ernannt, im höheren Verwaltungsdienst beschäftigt oder als Rechtsanwalt zugelassen worden sein. Noch vor dem Inkrafttreten des RDGEG am 1.7.2008 ist dieses bereits durch das Gesetz zur Neuregelung des Verbots der Vereinbarung von Erfolgshonoraren vom 12.6.2008[1] geändert worden: In der ursprünglichen Fassung war aufgrund eines Redaktionsversehens auf Art. 1 § 1 des Einigungsvertrages anstelle des einschlägigen Art. 3 verwiesen worden.

5 Nach Art. 37 Abs. 1 S. 5 des Einigungsvertrages genießen akademische Berufsbezeichnungen Schutz und können daher weitergeführt werden, wenn sie vor dem Beitritt verliehen wurden. Der **Stichtag** stellt damit klar, dass die Regelung

---

[1] BGBl. I S. 1000, 1002.

nur Diplom-Juristen aus dem Beitrittsgebiet betrifft, die nicht bereits zuvor einen staatlich anerkannten akademischen Grad oder eine ebensolche Berufsbezeichnung zu tragen berechtigt waren. Das Erfordernis des **Abschlusses eines rechtswissenschaftlichen Studiums** dient dem Schutz der Verbraucher und des Rechtsverkehrs vor unqualifizierter Rechtsberatung (zu diesem Hauptzweck des RDG siehe § 1 Abs. 1 S. 2). Der Einigungsvertrag bestimmt, dass Abschlüsse der Juristischen Hochschule Potsdam-Eiche oder einer vergleichbaren Einrichtung nicht als vollwertige juristische Abschlüsse anerkannt werden.[2] Potsdam-Eiche war eine Hochschule des Ministeriums für Staatssicherheit, anerkannt aber werden nur rechtswissenschaftliche Studiengänge an ordentlichen Hochschulen.

b) Gefahr der Verwechslung mit „Diplomjurist"? Der damit etwas umständlich beschriebene Titel „**Diplom-Juristen aus dem Beitrittsgebiet**" darf nicht mit den seit einigen Jahren von einer Anzahl von Universitäten verliehenen Bezeichnung „**Diplomjurist**" für einen universitären Abschluss verwechselt werden: Das rechtswissenschaftliche Studium der Diplom-Juristen aus dem Beitrittsgebiet iSd § 5 stellt der Gesetzgeber einem vollständigen Studium der Rechtswissenschaften einschließlich Vorbereitungsdienst und zweitem Staatsexamen (Rechtsassessor) gleich und verleiht damit folgerichtig die gleichen Befugnisse wie Personen mit der Befähigung zum Richteramt. Die später durch einzelne Universitäten geschaffene Bezeichnung „Diplomjurist" aber soll lediglich die **Vergleichbarkeit des ersten juristischen Staatsexamens** mit ausländischen Studienabschlüssen gewährleisten und verbessern; Vorbereitungsdienst und zweites Staatsexamen sind also gerade nicht Voraussetzung für die Verleihung jener Bezeichnung. 6

In der Gesetzesbegründung[3] heißt es hierzu, durch die Neuregelung sei dieser Unterschied sprachlich klargestellt. Ob die Klarstellung gelungen ist, darf aus zwei Gründen bezweifelt werden: 7

Bereits durch die Einführung der Bezeichnung Diplomjurist für ein bestandenes universitäres Staatsexamen entstand eine unübersichtliche Begriffsvielfalt. Die Verleihung des Titels ermöglicht § 18 HRG, wobei Einzelheiten den Universitäten überlassen sind. Zu diesen Einzelheiten zählt bereits die genaue Bezeichnung, weshalb nicht einmal die **Schreibweise** einheitlich ist. So wird die Bezeichnung bisweilen in der Schreibweise „Diplom-Jurist"[4] verliehen, andere Universitäten ziehen die Schreibweise „Diplomjurist"[5] vor. § 5 verwendet die Schreibweise „Diplom-Jurist", während die Vorgängervorschriften in den einzelnen Verfahrensordnungen bisher die Schreibweise „Diplomjurist" verwendeten; hierzu seien beispielhaft § 62a Abs. 1 S. 3 FGO aF und § 67 Abs. 1 S. 3 VwGO aF genannt. Dass die Schreibweise nun in § 5 gewechselt wurde, vereinfacht die Gesetzesanwendung also nur bedingt, entscheidend sind die qualifizierenden Merkmale (Gebiet und Beschreibung des Studiums, siehe Rn 4). Sprachlich ist die erhoffte Klarheit damit gerade nicht erreicht worden. 8

Auch inhaltlich ist die Gleichstellung nicht ohne Fehler. Dem Wortlaut des Gesetzes nach wird nicht ausgeschlossen, dass eine fehlerhaft zum Rechtsanwalt, 9

---

2 Anlage I zum Einigungsvertrag Kapitel III Sachgebiet A – Rechtspflege Abschnitt III Nr. 8 y) jj).
3 Begr. RegE, BT-Drucks. 16/3655, S. 81; BR-Drucks. 623/06, S. 177 f.
4 So zB § 1 der Ordnung zur Verleihung des Hochschulgrades „Diplom-Juristin" oder „Diplom-Jurist" der Rechtswissenschaftlichen Fakultät der Universität zu Köln.
5 So zB § 29 Abs. 1 der Satzung der Eberhard-Karls-Universität Tübingen.

T. Winkler

Staatsanwalt oder Notar ernannte Person, die nach Einführung des universitären Diplomjuristen im Gebiet des Einigungsvertrages lediglich einen universitären Abschluss als „Diplomjurist" (siehe Rn 6; erstes juristisches Staatsexamen) erworben hat,[6] den eigentlich gemeinten Diplom-Juristen aus dem Beitrittsgebiet mit der Befähigung zum Richteramt gleichgestellt wird. Präziser wäre eine unmittelbare Anknüpfung an die im Zeitpunkt des Beitritts nach dem Einigungsvertrag bestehenden Studiengänge und Universitäten. Große Bedeutung dürfte diese Gesetzeslücke indes nicht erlangen.

10 **3. Gesetzessystematik.** Das RDG regelt die außergerichtliche Erbringung von Rechtsdienstleistungen (§ 1 Abs. 1 S. 1 RDG).[7] Infolge ihrer Gleichstellung durch § 5 mit Personen mit der Befähigung zum Richteramt können Diplom-Juristen aus dem Beitrittsgebiet neben Anwälten als den „geborenen Vertretern"[8] in einzeln geregelten Tatbeständen Rechtsdienstleistungen erbringen. Die **Aufzählung** in § 5 ist **abschließend**. Neben der **außergerichtlichen** Rechtsdienstleistung regelt die Vorschrift die Tätigkeit im **gerichtlichen** Verfahren.

11 Um die Gesetzesanwendung zu vereinfachen, wurden im Zuge der Einführung des RDG die in Bezug genommenen verfahrensrechtlichen Regelungen ebenfalls sämtlich abgeändert und in ihrer Begrifflichkeit und Struktur vereinheitlicht. Wie bisher ist in den einzelnen Verfahrensordnungen geregelt, welche Personen und Organisationen neben Rechtsanwälten als Vertreter oder Beistände am Verfahren teilnehmen können. Mit der Reform des Rechtsberatungsrechts aber ist nun allein in § 5 konzentriert, in welchen Fällen auch Diplom-Juristen aus dem Beitrittsgebiet derartige Rechtsdienstleistungen erbringen dürfen.

12 Alle Verfahrensordnungen enthalten nun auch bisher fehlende und einheitliche Regelungen für den **Ausschluss vom Verfahren**. Der Ausschluss erfolgt durch **unanfechtbaren Beschluss** im Einzelfall.[9] Die Rechtmäßigkeit eines solchen Ausschlusses kann damit nur im Rahmen eines Rechtsmittels gegen die Entscheidung in der Hauptsache überprüft werden. Eine generelle Untersagung für die Zukunft ist in den Verfahrensordnungen nicht vorgesehen und damit Aufgabe des Wettbewerbsrechts, im Bereich der außergerichtlichen Rechtsdienstleistungen indes ist eine (teilweise) Untersagung für die Zukunft vorgesehen (siehe § 9 RDG). Nach entsprechenden Forderungen des Bundesrates[10] und der BRAK[11] im Gesetzgebungsverfahren wurde mit § 20 RDG eine Ordnungswidrigkeitenvorschrift Gesetz, die allerdings Verstöße gegen das RDGEG nicht erfasst (siehe ausf. § 20 RDG Rn 3).

13 In allen in Bezug genommenen Gesetzen wird einheitlich der Begriff „**Person mit Befähigung zum Richteramt**" verwendet, an den § 5 anknüpft. Die im Einzelnen damit erlaubten Rechtsdienstleistungen unterscheiden sich, da im Bereich der

---

6 Verliehen wird die Bezeichnung zB an der Universität Greifswald; § 35 Abs. 1 der Prüfungsordnung für den Studiengang Rechtswissenschaften mit dem Abschluss erste juristische Prüfung der Rechts- und Staatswissenschaftlichen Fakultät der Ernst-Moritz-Arndt-Universität Greifswald.
7 Zum Begriff der Rechtsdienstleistung siehe § 2 RDG und *vom Stein*, AnwBl 2008, 385 ff.
8 „Der Rechtsanwalt ist der berufene unabhängige Berater und Vertreter in allen Rechtsangelegenheiten", § 3 Abs. 1 BRAO.
9 Kilian/Sabel/vom Stein/*Sabel*, § 19 Rn 509; *R. Römermann/V. Römermann*, ZAP 2008, Fach 23, 779 ff.
10 BT-Drucks. 16/3655, S. 105 re. Sp.
11 BRAK-Stellungnahme Nr. 16/2005, S. 37 und 52.

außergerichtlichen Rechtsdienstleistungen und der Erbringung von Rechtsdienstleistungen vor Gericht und in den einzelnen Verfahrensordnungen leicht abweichende Schutzbedürfnisse der Verfahrensbeteiligten und des Rechtsverkehrs gesehen werden.

4. Die erfassten Rechtsdienstleistungsbereiche. a) Rechtsdienstleistungsgesetz (Nr. 1). Für den Bereich der außergerichtlichen Rechtsdienstleistungen (siehe § 1 Abs. 1 RDG)[12] stellt § 5 in insgesamt drei Fällen Diplom-Juristen aus dem Beitrittsgebiet den Personen mit der Befähigung zum Richteramt gleich. Entscheidend für die Abgrenzung der **gerichtlichen** von der **außergerichtlichen** Rechtsdienstleistung ist, ob Adressat der jeweiligen Handlung ein Gericht ist (siehe ausf. § 1 RDG Rn 16 ff), weshalb zB die Erstellung eines Entwurfs eines Schriftsatzes an ein Gericht außergerichtliche Rechtsdienstleistung ist.[13]

§ 6 RDG regelt, unter welchen Voraussetzungen **unentgeltliche** Rechtsdienstleistungen von anderen Personen als Rechtsanwälten ohne Registrierung nach § 10 Abs. 1 RDG erbracht werden dürfen. Das RDG hat infolge mehrerer Entscheidungen des BVerfG[14] eine **Öffnung für altruistische Rechtsdienstleistungen** im Bereich familiärer, nachbarschaftlicher oder ähnlich enger persönlicher Beziehungen und durch oder unter Anleitung einer Person mit Befähigung zum Richteramt gebracht. Diplom-Juristen aus dem Beitrittsgebiet wird somit über Nr. 1 außergerichtlich (siehe Rn 14) die **Erbringung unentgeltlicher Rechtsdienstleistungen** und die **Anleitung anderer Personen bei der Erbringung** unentgeltlicher Rechtsdienstleistungen erlaubt; wegen ihrer besonderen sachlichen Qualifikation ist eine persönliche Bindung zum Dienstleistungsempfänger nicht vorausgesetzt.

§ 7 RDG erweitert die Befugnisse von **Berufs- und Interessenvereinigungen** und **Genossenschaften**, außergerichtliche Rechtsdienstleistungen zu erbringen. Derartige Rechtsdienstleistungen müssen nach § 7 Abs. 1 RDG **im Rahmen des satzungsmäßigen Aufgabenbereichs** und **für die Mitglieder** erbracht werden. Zum Schutz der Dienstleistungsempfänger regelt § 7 Abs. 2 RDG, dass eine zur sachgerechten Erbringung erforderliche Ausstattung vorzuhalten ist und die Rechtsdienstleistung durch oder unter Anleitung einer Person mit Befähigung zum Richteramt erbracht werden muss. Diplom-Juristen aus dem Beitrittsgebiet stehen solchen Personen gleich und dürfen daher ebenfalls für die Mitglieder der genannten Organisationen im satzungsmäßigen Aufgabenbereich Rechtsdienstleistungen erbringen.

Über den in § 8 **Abs. 2** RDG enthaltenen Verweis auf § 7 **Abs. 2** RDG wird Diplom-Juristen aus dem Beitrittsgebiet auch die Erbringung von außergerichtlichen Rechtsdienstleistungen und die Anleitung anderer Personen bei der Erbringung von Rechtsdienstleistungen als gerichtlich oder behördlich bestellte Personen, in Behörden und in Verbraucherzentralen und Verbänden der freien Wohlfahrtspflege erlaubt.[15] Wegen der Einzelheiten der Regelungen wird auf die dortigen Ausführungen verwiesen (siehe § 8 RDG Rn 72 ff und § 7 RDG Rn 53 ff).

---

12 Zum Begriff der Rechtsdienstleistung siehe § 2 RDG und *vom Stein*, AnwBl 2008, 385 ff.
13 Kilian/Sabel/vom Stein/*vom Stein*, § 2 Rn 19; Kilian/Sabel/vom Stein/*Sabel*, § 17 Rn 489.
14 BVerfG 29.7.2004 – 1 BvR 737/00, NJW 2004, 2662; BVerfG 16.2.2006 – 2 BvR 951/04 und 2 BvR 1087/04, NJW 2006, 1502.
15 Vgl BR-Drucks. 623/06, S. 177 unten; BT-Drucks. 16/3655, S. 62 re. Sp.

18 b) Zivilprozessordnung (Nr. 2). Die Einführung des RDG wurde zu einer umfassenden Umgestaltung der Regelungen im Zivilprozess über die Vertretung im Verfahren einschließlich der mündlichen Verhandlung genutzt.[16] Nunmehr gilt ein **einheitlicher Vertretungsbegriff**, der die Vertretung bei Schriftsätzen und in der mündlichen Verhandlung zusammenfasst.[17] Die Regelungen hierzu finden sich in den §§ 78 und 79 ZPO. Die Regelungen zur Vertretung in der mündlichen Verhandlung in § 157 ZPO aF sind weggefallen, § 157 ZPO nF regelt nunmehr lediglich noch den Auftritt des Stationsreferendars als Unterbevollmächtigter im Termin.[18] Da Diplom-Juristen aus dem Beitrittsgebiet keine Rechtsanwälte sind, ist nach § 88 Abs. 2 ZPO ein Mangel der Vollmacht von Amts wegen zu berücksichtigen; es ist daher nach § 80 S. 1 ZPO eine schriftliche Vollmacht vorzulegen.

19 § 78 Abs. 4 ZPO bestimmt, dass **Behörden** und **juristische Personen des öffentlichen Rechts** einschließlich der von ihnen zur Erfüllung ihrer öffentlichen Aufgaben gebildeten Zusammenschlüsse sich als Beteiligte für die Nichtzulassungsbeschwerde und die Rechtsbeschwerde nach § 621e Abs. 2 ZPO durch eigene Beschäftigte mit Befähigung zum Richteramt oder durch Beschäftigte mit Befähigung zum Richteramt anderer Behörden oder juristischer Personen des öffentlichen Rechts einschließlich der von ihnen zur Erfüllung ihrer öffentlichen Aufgaben gebildeten Zusammenschlüsse vertreten lassen können. Nr. 2 stellt Diplom-Juristen aus dem Beitrittsgebiet Personen mit Befähigung zum Richteramt gleich. Behörden und juristische Personen des öffentlichen Rechts können sich also wie bisher auch durch Diplom-Juristen aus dem Beitrittsgebiet vertreten lassen. Die Vorschrift ergänzt damit § 8 RDG im prozessrechtlichen Bereich.

20 § 79 Abs. 2 S. 2 Nr. 2 ZPO regelt zusammenfassend die Vertretung durch andere Personen als durch einen Rechtsanwalt im **Parteiprozess**. Ein Auftreten in Verfahren mit Anwaltszwang ist ausgeschlossen. Hiermit wird die Funktionsfähigkeit der Rechtspflege geschützt, die als Gemeinwohlinteresse von hohem Rang vom BVerfG anerkannt ist.[19] Diplom-Juristen aus dem Beitrittsgebiet wird mit der Gleichstellung mit Personen mit Befähigung zum Richteramt die Vertretung im Parteiprozess gestattet, wenn diese **nicht im Zusammenhang mit einer entgeltlichen Tätigkeit** steht. Diese Formulierung stellt sicher, dass es nicht darauf ankommen kann, ob gerade für die Prozessvertretung ein Entgelt vereinbart ist, was die Gesetzesbegründung ausdrücklich hervorhebt.[20] Jeder auch nebensächliche Zusammenhang mit einer entgeltlichen Tätigkeit steht der Vertretung entgegen. Aufgegeben wurde die frühere Einschränkung auf ein „nicht geschäftsmäßiges" Auftreten. Nunmehr also darf die Vertretung regelmäßig und wiederholt erfolgen, begrenzt wird die Befugnis allein durch das Verbot eines Zusammenhangs mit einer entgeltlichen Tätigkeit. Das Kriterium der Geschäftsmäßigkeit verursachte Beweisschwierigkeiten und war zudem von geringer Relevanz.

---

16 Siehe Art. 8 des Gesetzes zur Neuregelung des Rechtsberatungsrechts vom 12.12.2007 (BGBl. I 2840, 2850).
17 BR-Drucks. 623/06, S. 65 und 187f; BT-Drucks. 16/3655, S. 85 re. Sp.; *Sabel*, AnwBl 2008, 390 ff.
18 Bislang in § 59 Abs. 2 S. 2 BRAO geregelt; weiterführend *Sabel*, AnwBl 2008, 390 ff.
19 BVerfG 14.7.1987 – 1 BvR 537/81, 1 BvR 195/87, BVerfGE 76, 171 = NJW 1988, 191; BVerfG 12.7.2001 – 1 BvR 2272/00, NJW 2001, 3325.
20 BR-Drucks. 623/06, S. 192; BT-Drucks. 16/3655, S. 87 re. Sp.

Die Regelung trägt damit der Rechtsprechung des BVerfG[21] zur altruistischen Rechtsberatung Rechnung (vgl Rn 15). Diplom-Juristen aus dem Beitrittsgebiet kann nach § 79 Abs. 3 S. 3 ZPO durch unanfechtbaren Beschluss (siehe Rn 12) die weitere Vertretung untersagt werden, wenn sie nicht in der Lage sind, das Sach- und Streitverhältnis sachgerecht darzustellen.

c) Gesetz über das Verfahren in Familiensachen und in den Angelegenheiten der freiwilligen Gerichtsbarkeit (Nr. 3). Diplom-Juristen aus dem Beitrittsgebiet wird über ihre Gleichstellung mit Personen mit Befähigung zum Richteramt in § 10 Abs. 2 S. 2 Nr. 2 FamFG die Vertretung von Verfahrensbeteiligten erlaubt, wenn die Vertretung **nicht im Zusammenhang mit einer entgeltlichen Tätigkeit** steht und eine **Vertretung durch Rechtsanwälte nicht geboten** ist. Das Verbot eines Zusammenhangs mit einer entgeltlichen Tätigkeit entspricht der Regelung in Nr. 2 (siehe Rn 20). Anders als im Verfahren der ZPO allerdings kann eine Vertretung durch Rechtsanwälte geboten und damit die Vertretung durch die Diplom-Juristen aus dem Beitrittsgebiet **ausnahmsweise unzulässig** sein. Die Vorschrift wird im Lichte der Rechtsprechung des BVerfG[22] zur altruistischen Rechtsberatung eng auszulegen sein (vgl Rn 15). Denkbar ist eine Gebotenheit der Vertretung durch Rechtsanwälte, wenn es besonders auf die Unabhängigkeit des Rechtsanwalts oder dessen gesetzlich normierte und strafrechtlich sanktionierte Schweigepflicht ankommt. Das Gericht kann Diplom-Juristen aus dem Beitrittsgebiet durch unanfechtbaren Beschluss (siehe Rn 12) die weitere Vertretung untersagen, wenn sie nicht in der Lage sind, das Sach- und Streitverhältnis sachgerecht darzustellen, § 10 Abs. 3 S. 3 FamFG. Nach § 11 S. 4 FamFG ist ein Mangel der Vollmacht von Amts wegen zu berücksichtigen. Die Vollmacht muss nach § 11 S. 1 FamFG schriftlich zu den Gerichtsakten gereicht werden.

d) Arbeitsgerichtsgesetz (Nr. 4). § 11 Abs. 2 S. 2 Nr. 2 ArbGG erlaubt Diplom-Juristen aus dem Beitrittsgebiet, vor dem Arbeitsgericht Parteien anstelle eines Rechtsanwalts zu vertreten. Diese Vertretung ist wiederum nur erlaubt, wenn sie **nicht im Zusammenhang mit einer entgeltlichen Tätigkeit** steht. Der Begriff der entgeltlichen Tätigkeit entspricht dem in Nr. 2 (siehe Rn 20). Eine unmittelbare Vertretung vor dem Bundesarbeitsgericht und dem Landesarbeitsgericht ist nicht erlaubt, lediglich als Vertreter bestimmter Organisationen besteht eine solche Befugnis (siehe Rn 23). Nach § 11 Abs. 3 S. 3 ArbGG kann das Gericht Diplom-Juristen aus dem Beitrittsgebiet durch unanfechtbaren Beschluss (siehe Rn 12) die weitere Vertretung untersagen, wenn sie nicht in der Lage sind, das Sach- und Streitverhältnis sachgerecht darzustellen.

§ 11 Abs. 4 S. 3 ArbGG regelt die (mittelbare) Vertretung vor dem Bundesarbeitsgericht und dem Landesarbeitsgericht. Kein Vertretungszwang besteht vor diesen Gerichten, wenn ein Verfahren vor dem beauftragten oder ersuchten Richter betroffen ist oder eine Prozesshandlung, die vor dem Urkundsbeamten der Geschäftsstelle vorgenommen werden könnte. Diplom-Juristen aus dem Beitrittsgebiet wird über § 5 erlaubt, **als Vertreter** von Organisationen iSd § 11 Abs. 2 S. 2 Nr. 4 und Nr. 5 ArbGG vor dem Bundesarbeitsgericht und dem Landesarbeitsgericht aufzutreten, die wiederum eine Partei vertreten dürfen. Derar-

---

21 BVerfG 29.7.2004 – 1 BvR 737/00, NJW 2004, 2662; BVerfG 16.2.2006 – 2 BvR 951/04 und 2 BvR 1087/04, NJW 2006, 1502.
22 BVerfG 29.7.2004 – 1 BvR 737/00, NJW 2004, 2662; BVerfG 16.2.2006 – 2 BvR 951/04 und 2 BvR 1087/04, NJW 2006, 1502.

tige Organisationen sind **Gewerkschaften** und **Vereinigungen von Arbeitgebern** sowie Zusammenschlüsse solcher Verbände (§ 11 Abs. 2 S. 2 Nr. 4 ArbGG) und juristische Personen, deren Anteile sämtlich im wirtschaftlichen Eigentum einer solchen Organisation stehen (§ 11 Abs. 2 S. 2 Nr. 5 ArbGG). Auch diese Organisationen dürfen vor dem Bundesarbeitsgericht nur auftreten, wenn sie für ihre Mitglieder handeln. Die Tätigkeit muss nicht unentgeltlich sein. Die Vorschrift ist die prozessrechtliche Parallelvorschrift zu § 7 RDG. Über § 46 Abs. 2 S. 1 ArbGG und § 495 ZPO gelangt § 88 Abs. 2 ZPO zur Anwendung. Da Diplom-Juristen aus dem Beitrittsgebiet keine Rechtsanwälte sind, ist der Mangel der Vollmacht also von Amts wegen zu berücksichtigen. Die Vollmacht ist nach § 80 S. 1 ZPO schriftlich zu den Akten zu geben.

24 e) **Sozialgerichtsgesetz (Nr. 5).** § 73 Abs. 2 S. 2 Nr. 2 SGG erlaubt Diplom-Juristen aus dem Beitrittsgebiet, Beteiligte vor dem Sozialgericht und dem Landessozialgericht zu vertreten, wenn die Vertretung **nicht im Zusammenhang mit einer entgeltlichen Tätigkeit** steht. Der Begriff der entgeltlichen Tätigkeit ist identisch mit dem in Nr. 2 (siehe Rn 20). Das Gericht kann ihnen nach § 73 Abs. 3 S. 3 SGG durch unanfechtbaren Beschluss (siehe Rn 12) die weitere Vertretung untersagen, wenn sie nicht in der Lage sind, das Sach- und Streitverhältnis sachgerecht darzustellen.

25 § 73 Abs. 4 S. 3 SGG regelt die Erbringung von Rechtsdienstleistungen vor dem Bundessozialgericht außerhalb des Prozesskostenhilfeverfahrens. Die Regelung entspricht im Wesentlichen der des § 11 Abs. 4 S. 3 ArbGG und gestattet Diplom-Juristen aus dem Beitrittsgebiet ein Handeln für die in § 73 Abs. 2 S. 2 Nr. 5 bis 9 SGG bezeichneten Organisationen. Da den Organisationen die Vertretung der Partei gestattet ist, wird hierdurch mittelbar die Vertretung der Partei erlaubt. Eine unmittelbare Vertretung ist grds. unzulässig, da § 73 Abs. 4 S. 1 SGG die Vorschrift des § 73 Abs. 2 S. 2 Nr. 2 SGG nicht mit einbezieht; zulässig ist sie nach § 73 Abs. 4 S. 5 SGG aber, wenn eine der benannten Organisationen selbst Beteiligte ist. Aufgeführt sind die folgenden Organisationen:

- Selbständige Vereinigungen von Arbeitnehmern mit sozial- oder berufspolitischer Zwecksetzung (§ 73 Abs. 2 S. 2 Nr. 5 SGG),
- berufsständische Vereinigungen der Landwirtschaft (§ 73 Abs. 2 S. 2 Nr. 6 SGG),
- Gewerkschaften und Vereinigungen von Arbeitgebern sowie Zusammenschlüsse solcher Verbände (§ 73 Abs. 2 S. 2 Nr. 7 SGG),
- Vereinigungen, deren satzungsgemäße Aufgaben die gemeinschaftliche Interessenvertretung, die Beratung und Vertretung der Leistungsempfänger nach dem sozialen Entschädigungsrecht oder der behinderten Menschen wesentlich umfasst und die unter Berücksichtigung von Art und Umfang ihrer Tätigkeit sowie ihres Mitgliederkreises die Gewähr für eine sachkundige Prozessvertretung bieten (§ 73 Abs. 2 S. 2 Nr. 8 SGG), und
- juristische Personen, deren Anteile sämtlich im wirtschaftlichen Eigentum einer der in den vorangegangenen Nummern bezeichneten Organisationen stehen (§ 73 Abs. 2 S. 2 Nr. 9 SGG).

26 Einschränkendes Kriterium ist wiederum, dass diese Rechtsdienstleistungen durch die Organisationen nur **zugunsten der jeweiligen Mitglieder** erbracht werden dürfen. Die Tätigkeit muss nicht unentgeltlich sein. Nach § 73 Abs. 6 S. 4 SGG ist der Mangel der Vollmacht von Amts wegen zu berücksichtigen. Da

Diplom-Juristen aus dem Beitrittsgebiet keine Rechtsanwälte sind, ist die Vollmacht schriftlich (§ 73 Abs. 6 S. 1 SGG) zu den Akten des Gerichts zu reichen.

f) Verwaltungsgerichtsordnung (Nr. 6). Durch Anknüpfung an den Begriff der Person mit Befähigung zum Richteramt wird Diplom-Juristen aus dem Beitrittsgebiet nach **§ 67 Abs. 2 S. 2 Nr. 2 VwGO** die Vertretung von Beteiligten vor dem Verwaltungsgericht erlaubt, soweit sie **nicht in Zusammenhang mit einer entgeltlichen Tätigkeit** steht. Der Begriff der entgeltlichen Tätigkeit ist identisch mit dem in Nr. 2 (siehe Rn 20). Durch unanfechtbaren Beschluss (siehe Rn 12) kann ihnen nach § 67 Abs. 3 S. 3 VwGO die weitere Vertretung untersagt werden, wenn sie nicht in der Lage sind, das Sach- und Streitverhältnis sachgerecht darzustellen. 27

§ 67 Abs. 4 S. 4 VwGO regelt die Vertretung vor dem Bundesverwaltungsgericht und dem Oberverwaltungsgericht/Verwaltungsgerichtshof[23] außerhalb des Prozesskostenhilfeverfahrens. Die Anknüpfung des § 5 an den Begriff der Person mit der Befähigung zum Richteramt erlaubt Behörden und juristischen Personen des öffentlichen Rechts einschließlich der von ihnen zur Erfüllung ihrer öffentlichen Aufgaben gebildeten Zusammenschlüsse, sich durch Diplom-Juristen aus dem Beitrittsgebiet in Verfahren vor dem Bundesverwaltungsgericht und dem Oberverwaltungsgericht vertreten zu lassen; die unmittelbare Vertretung sonstiger Beteiligter ist Diplom-Juristen aus dem Beitrittsgebiet nicht erlaubt. Auch als Vertreter der in § 67 Abs. 4 S. 5 VwGO benannten Organisationen wird ihnen aber die mittelbare Vertretung erlaubt. Anders als vor dem Bundesverwaltungsgericht sind vor dem Oberverwaltungsgericht auch die in § 67 Abs. 2 S. 2 Nr. 3 bis 7 VwGO benannten Organisationen vertretungsbefugt, die sich wiederum durch Diplom-Juristen aus dem Beitrittsgebiet vertreten lassen können. Nach § 67 Abs. 6 S. 4 VwGO ist der Mangel der Vollmacht von Amts wegen zu berücksichtigen, Diplom-Juristen aus dem Beitrittsgebiet müssen also die sie legitimierende Vollmacht schriftlich (§ 67 Abs. 6 S. 1 VwGO) zu den Akten des Gerichts geben. 28

g) Finanzgerichtsordnung (Nr. 7). Die Bezugnahme auf **§ 62 Abs. 2 S. 2 Nr. 2 FGO** erlaubt Diplom-Juristen aus dem Beitrittsgebiet die Erbringung von Rechtsdienstleistungen als Bevollmächtigte vor dem Finanzgericht, wenn die Vertretung **nicht im Zusammenhang mit einer entgeltlichen Tätigkeit** steht. Der Begriff der entgeltlichen Tätigkeit ist identisch mit dem in Nr. 2 (siehe Rn 20). Durch unanfechtbaren Beschluss (siehe Rn 12) kann die weitere Vertretung nach § 62 Abs. 3 S. 3 FGO untersagt werden, wenn sie nicht in der Lage sind, das Sach- und Streitverhältnis sachgerecht darzustellen. 29

Vor dem Bundesfinanzhof besteht Vertretungszwang, § 62 Abs. 4 S. 1 FGO. Nach **§ 62 Abs. 4 S. 4 FGO** dürfen Behörden und juristische Personen des öffentlichen Rechts einschließlich der von ihnen zur Erfüllung ihrer öffentlichen Aufgaben gebildeten Zusammenschlüsse sich durch Diplom-Juristen aus dem Beitrittsgebiet vertreten lassen. Da der Mangel der Vollmacht nach § 62 Abs. 6 S. 4 FGO vom Amts wegen zu berücksichtigen ist, müssen Diplom-Juristen aus dem Beitrittsgebiet sich durch Einreichen einer schriftlichen (§ 62 Abs. 6 S. 1 FGO) Vollmacht zu den Akten des Gerichts legitimieren. 30

---

23 Baden-Württemberg, Bayern und Hessen haben von der nach § 184 VwGO eingeräumten Möglichkeit Gebrauch gemacht, ihr Oberverwaltungsgericht Verwaltungsgerichtshof zu nennen.

31 **h) Patentgesetz (Nr. 8).** In Verbindung mit § 97 Abs. 2 S. 2 Nr. 2 PatG wird Diplom-Juristen aus dem Beitrittsgebiet die Vertretung von Beteiligten vor dem Patentgericht erlaubt, soweit diese Vertretung **nicht im Zusammenhang mit einer entgeltlichen Tätigkeit** steht. Ihnen kann nach § 97 Abs. 3 S. 3 PatG durch unanfechtbaren Beschluss (siehe Rn 12) die weitere Vertretung untersagt werden, wenn sie nicht in der Lage sind, das Sach- und Streitverhältnis sachgerecht darzustellen. Der Begriff der entgeltlichen Tätigkeit ist identisch mit dem in Nr. 2 (siehe Rn 20). Nach § 97 Abs. 6 S. 2 PatG ist der Mangel der Vollmacht von Amts wegen zu berücksichtigen; Diplom-Juristen aus dem Beitrittsgebiet müssen also die sie legitimierende Vollmacht schriftlich (§ 97 Abs. 5 S. 1 PatG) zu den Akten des Gerichts geben.

32 **i) Markengesetz (Nr. 9).** Durch Verweis auf § 81 Abs. 2 S. 2 Nr. 2 MarkenG wird Diplom-Juristen aus dem Beitrittsgebiet erlaubt, Beteiligte vor dem Patentgericht in Streitigkeiten nach dem Markengesetz zu vertreten, wenn die Vertretung **nicht im Zusammenhang mit einer entgeltlichen Tätigkeit** steht. Nach § 81 Abs. 3 S. 3 MarkenG kann ihnen durch unanfechtbaren Beschluss (siehe Rn 12) die weitere Vertretung untersagt werden, wenn sie nicht in der Lage sind, das Sach- und Streitverhältnis sachgerecht darzustellen. Der Begriff der entgeltlichen Tätigkeit ist identisch mit dem in Nr. 2 (siehe Rn 20). Nach § 81 Abs. 6 S. 2 MarkenG ist der Mangel der Vollmacht von Amts wegen zu berücksichtigen; Diplom-Juristen aus dem Beitrittsgebiet müssen also die sie legitimierende Vollmacht schriftlich (§ 81 Abs. 5 S. 1 MarkenG) zu den Akten des Gerichts geben.

§ 6 Schutz der Berufsbezeichnung

Die Berufsbezeichnung „Rechtsbeistand" oder eine ihr zum Verwechseln ähnliche Bezeichnung darf nur von Kammerrechtsbeiständen und registrierten Rechtsbeiständen geführt werden.

1 Die Vorschrift ergänzt § 11 Abs. 4 RDG.[1] Die Berufsbezeichnung „Rechtsbeistand" darf nur von Kammerrechtsbeiständen nach altem Recht (bis zur Schließung des Berufsstandes 1980 verliehen; siehe ausf. § 10 RDG Rn 25) benutzt werden; sie können die Berufsbezeichnung „Rechtsbeistand" wie bereits bisher mit dem Zusatz „Mitglied der Rechtsanwaltskammer" verbinden. Nach dem RDG darf sich Rechtsbeistand nennen, wer im Rechtsdienstleistungsregister registriert ist.

2 Obgleich vor dem Amtsgericht eine Partei mit einem „Beistand" auftreten darf, muss die Verwendung der Bezeichnung „Rechtsbeistand" unterbleiben. Auch wer regelmäßig (ohne Zusammenhang mit einer entgeltlichen Tätigkeit, vgl § 5) als „Beistand" auftritt, wird bei der Beschreibung seiner Tätigkeit höchste Vorsicht walten lassen müssen: Die Bezeichnung „Beistand in Rechtsangelegenheiten" bspw dürfte bereits zum Verwechseln ähnlich sein, obgleich sie beschreibend durchaus richtig ist. Vergleichbare Begriffsbildungen wie „Rechtshelfer", „Rechtsunterstützung" oder „Rechtsrat" bergen ebenfalls die Gefahr in sich, zum Verwechseln ähnlich zu sein.

---

1 Vgl Begr. RegE, BT-Drucks. 16/3655, S. 81 re. Sp.

Ein **Verstoß** gegen die Vorschrift stellt – anders als ein Verstoß gegen § 11 Abs. 4 RDG – keine Ordnungswidrigkeit dar.[2] Verstöße sind daher ggf zivilrechtlich oder wettbewerbsrechtlich zu verfolgen. Das Gesetz zur Neuregelung des Rechtsberatungsrechts hat das bisherige Niveau des Verbraucherschutzes abgesenkt: Nach § 8 Abs. 1 Nr. 3 RBerG war das unerlaubte Führen der Bezeichnung „Rechtsbeistand" noch als Ordnungswidrigkeit sanktioniert. Dies ist bedauerlich, da es so den Wettbewerbern alleine überlassen wird, gegen Missbrauch vorzugehen (siehe ausf. § 20 RDG Rn 2).

3

§ 7 Übergangsvorschrift für Anträge nach dem Rechtsberatungsgesetz

Über Anträge auf Erteilung einer Erlaubnis nach Artikel 1 § 1 Abs. 1 Satz 1 des Rechtsberatungsgesetzes, die vor dem 1. Juli 2008 gestellt worden sind, ist nach bisherigem Recht zu entscheiden.

Die Vorschrift stellt klar, dass über Anträge auf Erlaubniserteilung nach dem RBerG, die noch vor dem Inkrafttreten des RDG wirksam gestellt worden waren, nach dem alten Recht zu entscheiden ist. In diesen sicherlich seltenen Fällen müssen diejenigen, denen aufgrund dieser Übergangsvorschrift noch eine Erlaubnis nach altem Recht erteilt wird, ihre Registrierung nach § 2 Abs. 1 beantragen.

1

---

2 Zu den Sanktionen bei Verstößen gegen diese Vorschrift siehe ausf. *R. Römermann/ V. Römermann*, ZAP 2008, Fach 23, 779 ff.

Verordnung zum Rechtsdienstleistungsgesetz (Rechtsdienstleistungsverordnung – RDV)

Vom 19.6.2008 (BGBl. I S. 1069)
(BGBl. III 303-20-1)

Auf Grund des § 10 Abs. 1 Satz 2, § 12 Abs. 5, § 13 Abs. 4, § 16 Abs. 3 Satz 3, § 17 Abs. 2 und des § 18 Abs. 3 des Rechtsdienstleistungsgesetzes vom 12. Dezember 2007 (BGBl. I S. 2840), von denen § 18 Abs. 3 durch Artikel 6 des Gesetzes vom 12. Juni 2008 (BGBl. I S. 1000) geändert worden ist, verordnet das Bundesministerium der Justiz:

Vorbemerkung zur RDV

I. Verordnungsermächtigung

1 Im RDG sind **sechs Verordnungsermächtigungen** enthalten, nach denen das Bundesministerium der Justiz, jeweils mit Zustimmung des Bundesrates, berechtigt ist, die Umsetzung verschiedener im RDG postulierter Rechtsgedanken näher zu regeln.

2 Zum einen können für die drei Registrierungsbereiche des § 10 RDG (Inkassodienstleistungen, Rentenberatung, Rechtsdienstleistungen in einem ausländischen Recht) Teilbereiche bestimmt werden, auf die eine Registrierung beschränkt werden kann (**§ 10 Abs. 1 S. 2 RDG**).

3 Weiterhin können Regelungen zu den Voraussetzungen der Registrierung, insbesondere zu den Anforderungen an die Sachkunde und an den Sachkundenachweis, zu einer möglichen Zertifizierung privater Anbieter von Sachkundelehrgängen, zu den Anforderungen an die Anerkennung ausländischer Berufsqualifikationen und den insoweit erforderlichen Anpassungslehrgang sowie an Inhalt und Ausgestaltung der Berufshaftpflichtversicherung getroffen werden (**§ 12 Abs. 5 RDG**).

4 Ferner kann durch Verordnung das Registrierungsverfahren näher ausgestaltet werden, insbesondere können Aufbewahrungs- und Löschungsfristen vorgesehen werden (**§ 13 Abs. 4 RDG**). Es kann auch bestimmt werden, wie die öffentliche Bekanntmachung der Daten im Rechtsdienstleistungsregister (**§ 16 Abs. 3 S. 3 RDG**) und die Löschung der öffentlichen Bekanntmachungen (**§ 17 Abs. 2 RDG**) auszugestalten ist. Schließlich können auch noch die Einzelheiten des Umgangs mit personenbezogenen Daten geregelt werden (**§ 18 Abs. 3 RDG**).

5 Diese Verordnungsermächtigungen sollten nach dem Wunsch des Gesetzgebers bereits zum Inkrafttreten des RDG am 1.7.2008 einheitlich umgesetzt werden, was mit der Rechtsdienstleistungsverordnung (RDV) geschehen ist.[1] Die Regelungen der Verordnung sollen nach dem Willen des Gesetzgebers die gesetzlichen Regelungen ergänzen und spezifizieren, soweit dies für eine reibungslose Anwendung des RDG erforderlich ist.[2]

---

1 BR-Drucks. 316/08, S. 1.
2 BR-Drucks. 316/08, S. 7.

II. Verordnungszweck der RDV

Der Gesetzgeber ging davon aus, dass sich mit Inkrafttreten von RDG und RDV ca. 2.500 Unternehmen, die nach dem früher angewendeten dezentralen Registrierungsverfahren des RBerG bereits Erlaubnisinhaber sind, sich nun bei der zuständigen Behörde nach § 13 RDG registrieren lassen müssen, wenn sie auch künftig außergerichtliche Rechtsdienstleistungen erbringen wollen. Das heißt, sie müssen sich dem in § 6 näher geregelten Registrierungsverfahren stellen. Nach dieser „ersten Registrierungswelle" nimmt der Gesetzgeber ca. 150 Neuregistrierungen und ca. 600 Änderungen jährlich an.[3] Tatsächlich waren Ende Juni 2009 in Deutschland 3.782 Rechtsdienstleister registriert. Davon waren 1.895 Alterlaubnisinhaber, 1.539 waren für Inkassodienstleistungen registriert, 585 für die Rentenberatung und 136 für Rechtsdienstleistungen in einem ausländischen Recht.

In der Verordnung zum RDG werden in § 1 auf der Grundlage von § 10 Abs. 1 S. 2 RDG nur für den Bereich der Rechtsdienstleistungen in einem ausländischen Recht zwei gesonderte Teilbereiche bestimmt, nämlich einerseits das Recht des gewerblichen Rechtsschutzes und andererseits das Steuerrecht, um es ausländischen Patentanwälten und Steuerberatern sowie Angehörigen jeweils vergleichbarer Spezialberufe zu ermöglichen, in Deutschland Rechtsdienstleistungen im ausländischen Patent- bzw Steuerrecht zu erbringen. In den Bereichen Inkassodienstleistungen und Rentenberatung wollte der Gesetzgeber dagegen keine Aufspaltung der einheitlichen Berufsbilder (siehe § 1 Rn 2).[4]

Die nach § 12 RDG erforderlichen **Sachkundeanforderungen** und den **Sachkundenachweis** gestalten §§ 2 und 3 näher aus.

In der Annahme, dass die Anbieter von Sachkundelehrgängen besser auf die Bedürfnisse des Marktes reagieren können, wurde im Bereich der Registrierungsvoraussetzungen darauf verzichtet, die bereits in § 11 RDG detailliert aufgeführten fachlichen Anforderungen an die besondere Sachkunde weiter zu spezifizieren; eine detaillierte Aufschlüsselung von Lehrinhalten wurde den jeweiligen Anbietern von Sachkundelehrgängen überlassen. Um allerdings die Qualität der Anbieter von Sachkundelehrgängen zu sichern, regelt § 4 Mindestanforderungen an die zu absolvierenden **Sachkundelehrgänge**, um zu verhindern, dass Sachkundenachweise durch unseriöse Anbieter erteilt werden. Auf ein förmliches Zertifizierungsverfahren für die angebotenen Lehrgänge wurde verzichtet, auch um zusätzlichen bürokratischen Aufwand zu vermeiden. Anbieter der Sachkundelehrgänge sollen nach der Vorstellung des Gesetzgebers vor allem die betroffenen Berufsverbände sein.[5]

Die Verordnung enthält schließlich in § 5 ergänzende Bestimmungen zur **Berufshaftpflichtversicherung** sowie in den §§ 6 bis 9 die aus datenschutzrechtlicher Sicht erforderlichen Bestimmungen zum **Registrierungsverfahren** und zur öffentlichen Bekanntmachung im Rechtsdienstleistungsregister.

---

3 Vgl BR-Drucks. 316/08, S. 8.
4 BR-Drucks. 316/08, S. 7.
5 BR-Drucks. 316/08, S. 7.

§ 1 Bestimmung von Teilbereichen

Das Recht des gewerblichen Rechtsschutzes und das Steuerrecht sind Teilbereiche der Rechtsdienstleistungen in einem ausländischen Recht nach § 10 Abs. 1 Satz 1 Nr. 3 des Rechtsdienstleistungsgesetzes.

I. Normzweck

1   Die Verordnungsermächtigung in § 10 Abs. 1 S. 2 RDG erlaubt es, für alle drei Bereiche des § 10 Abs. 1 S. 1 RDG (Inkassodienstleistungen, Rentenberatung, Rechtsdienstleistungen in einem ausländischen Recht) Teilbereiche zu bestimmen, auf die eine Registrierung sodann beschränkt werden kann. Die Regelung in § 1 macht von dieser Ermächtigung nur für den Bereich der Rechtsdienstleistungen in einem ausländischen Recht Gebrauch.

II. Inkassodienstleistungen und Rentenberatung, § 10 Abs. 1 S. 1 Nr. 1 und 2 RDG

2   Weder für Inkassodienstleistungen noch für die Rentenberatung, die jeweils ohnehin nur einen eng umgrenzten Teilbereich des Rechts umfassen, wäre es nach der amtlichen Begründung sachgerecht, schon vor dem Berufszugang eine weitere Verengung des Tätigkeitsumfangs und damit der Berufsqualifikation vorzusehen.[1] Im Gegenteil sei es auch und vor allem aus der Sicht der Rechtsuchenden wünschenswert, dass alle Personen, die künftig Rechtsdienstleistungen in den Bereichen Inkasso und Rentenberatung erbringen dürfen, für den jeweiligen Bereich umfassend qualifiziert sind. Gerade auch Personen, die künftig den Beruf der Rentenberaterin oder des Rentenberaters ergreifen, sollen in dem gesamten von § 10 Abs. 1 S. 1 Nr. 2 RDG erfassten Rechtsbereich sachkundig sein. Dies schließe eine spätere Spezialisierung – etwa auf den Bereich der Alters- oder Unfallrenten – nicht aus.[2]

III. Rechtsdienstleistungen in einem ausländischen Recht, § 10 Abs. 1 S. 1 Nr. 3 RDG

3   Dagegen ist für den Bereich der Rechtsdienstleistungen in einem ausländischen Recht, der sich grds. stets auf die gesamte ausländische Rechtsordnung erstreckt, in zwei Bereichen nach der amtlichen Begründung eine Beschränkung sinnvoll und wirtschaftlich geboten, für die auch in Deutschland Spezialberufe bestehen.

4   **1. Gewerblicher Rechtsschutz.** Dies betrifft einerseits den Bereich des gewerblichen Rechtsschutzes. Wie im deutschen Recht die Patentanwaltschaft seit jeher der Spezialberuf für alle Fragen des gewerblichen Rechtsschutzes ist, so besteht auch für die Beratung im ausländischen Patentrecht ein erheblicher Bedarf, der durch ausländische Patentspezialisten (etwa US-amerikanische patent attorneys) gedeckt werden kann. Diese müssen aber – wie auch die deutschen Patentanwälte – nicht im gesamten Recht ihres Heimatlandes besonders sachkundig sein. Die Beratung im ausländischen Patentrecht und in den sonstigen Bereichen des gewerblichen Rechtsschutzes iSd §§ 2 und 4 PatAnwO soll deshalb bereits zulässig sein, wenn die besondere Sachkunde in diesen Bereichen des jeweiligen ausländischen Rechts nachgewiesen ist.

---

1   BR-Drucks. 316/08, S. 9.
2   BR-Drucks. 316/08, S. 9.

2. Steuerrecht. Andererseits ist auch das Steuerrecht eine Materie, für die sich in Deutschland ein eigenständiger Berufsstand herausgebildet hat, der nur in diesem Bereich und nicht im gesamten Recht besonders qualifiziert ist.[3] Das StBerG regelt die Zulässigkeit der Beratung in einem ausländischen Steuerrecht in § 12 StBerG nur teilweise und verweist hinsichtlich der Befugnisse von Personen, die nicht Angehörige der deutschen steuerberatenden Berufe sind, auf die Regelungen im allgemeinen Rechtsberatungsrecht. Deshalb umfasst § 10 Abs. 1 S. 1 Nr. 3 RDG auch den Bereich der Steuerberatung in einem ausländischen Recht, soweit diese nicht aufgrund der Spezialregelung in § 12 StBerG zulässigerweise durch Angehörige der steuerberatenden Berufe erfolgt. Für ausländische Steuerberater und Angehörige vergleichbarer Berufe, die im Ausland zur Beratung in Steuer- und Abgabenangelegenheiten berechtigt sind, soll deshalb aufgrund ihrer nachweislichen Spezialkenntnisse im Steuerrecht eine Möglichkeit vorgesehen werden, auch ohne umfassende Kenntnisse im übrigen Recht ihres Heimatstaates eine Registrierung nach § 10 RDG zu erhalten, die auf den Bereich des ausländischen Steuerrechts beschränkt ist.[4]

§ 2 Nachweis der theoretischen Sachkunde

(1) In den Bereichen Inkassodienstleistungen und Rentenberatung wird die nach § 12 Abs. 3 Satz 1 des Rechtsdienstleistungsgesetzes erforderliche theoretische Sachkunde in der Regel durch ein Zeugnis über einen erfolgreich abgeschlossenen Sachkundelehrgang im Sinn des § 4 nachgewiesen. Zum Nachweis der theoretischen Sachkunde genügt auch das Zeugnis über die erste Prüfung nach § 5 d Abs. 2 des Deutschen Richtergesetzes. Die zuständige Behörde kann als Nachweis der theoretischen Sachkunde auch andere Zeugnisse anerkennen, insbesondere das Abschlusszeugnis einer deutschen Hochschule oder Fachhochschule über einen mindestens dreijährigen Hochschul- oder Fachhochschulstudiengang mit überwiegend rechtlichen Studieninhalten, wenn der Studiengang die nach § 11 Abs. 1 oder 2 des Rechtsdienstleistungsgesetzes erforderlichen Rechtskenntnisse vermittelt.

(2) In den Fällen des § 12 Abs. 3 Satz 3 des Rechtsdienstleistungsgesetzes ist durch geeignete Unterlagen, insbesondere das Zeugnis einer ausländischen Behörde, nachzuweisen, dass die Voraussetzungen des § 12 Abs. 3 Satz 3 des Rechtsdienstleistungsgesetzes vorliegen. Daneben ist ein gesonderter Nachweis der theoretischen Sachkunde nicht erforderlich.

(3) Im Bereich der Rechtsdienstleistungen in einem ausländischen Recht wird die theoretische Sachkunde in der Regel durch das Zeugnis einer ausländischen Behörde darüber nachgewiesen, dass die zu registrierende Person in dem ausländischen Land rechtmäßig zur Ausübung des Rechtsanwaltsberufs oder eines vergleichbaren rechtsberatenden Berufs niedergelassen ist oder war. Zum Nachweis der theoretischen Sachkunde genügt auch das Abschlusszeugnis einer ausländischen Hochschule über den erfolgreichen Abschluss eines Studiengangs, der nach Umfang und Inhalten den in Absatz 1 Satz 3 genannten Studiengängen entspricht.

---

3 BR-Drucks. 316/08, S. 9.
4 BR-Drucks. 316/08, S. 9 f.

(4) Ist der Antrag in den Fällen des Absatzes 3 auf einen Teilbereich beschränkt, so genügt zum Nachweis der theoretischen Sachkunde das Zeugnis einer ausländischen Behörde darüber, dass die zu registrierende Person in dem ausländischen Staat rechtmäßig zur Ausübung des Patentanwaltsberufs, des Steuerberaterberufs oder eines vergleichbaren Berufs niedergelassen ist oder war.

(5) Der Nachweis der Sachkunde in einem ausländischen Recht erstreckt sich nur auf das Recht, auf das sich die vorgelegten Zeugnisse beziehen.

I. Normzweck 1	3. Sachkundenachweis für Rechtsdienstleistungen in einem ausländischen Recht (Abs. 3 bis 5) 13
II. Regelungsgehalt 2	a) Überblick 13
1. Sachkundenachweis für Inkassodienstleistungen und Rentenberatung (Abs. 1) 2	b) Umfassende Rechtsdienstleistungen 17
2. Nachweis der theoretischen Sachkunde bei einer Qualifikation nach § 10 Abs. 1 RDG im EU- oder EWR-Ausland (Abs. 2) 8	c) Rechtsdienstleistungen in Teilbereichen 18
	d) Fremdsprachliche Zeugnisse 19

I. Normzweck

1 Der Nachweis der theoretischen Sachkunde gegenüber der zuständigen Behörde ist grds. durch Zeugnisse zu erbringen. Die Behörde führt keine eigene Sachkundeprüfung mehr durch, wie dies noch im Rahmen der Erlaubniserteilung nach dem RBerG zulässig war.[1]

II. Regelungsgehalt

2 **1. Sachkundenachweis für Inkassodienstleistungen und Rentenberatung (Abs. 1).** Die Vorschrift des Abs. 1 regelt die Sachkundenachweise für Inkassodienstleistungen und Rentenberatung. Der Nachweis der theoretischen Sachkunde mittels eines Zeugnisses über einen erfolgreich abgeschlossenen Sachkundelehrgang soll dabei der Regelfall sein (vgl **Abs. 1 S. 1**). Eine Ausnahme gilt für Antragsteller mit erfolgreich absolvierter erster juristischer Staatsprüfung nach § 5 d Abs. 2 DRiG. Hier ersetzt das Examenszeugnis den Nachweis aus dem Sachkundelehrgang (vgl **Abs. 1 S. 2**), da der Gesetzgeber davon ausgeht, dass Personen, die ein rechtswissenschaftliches Hochschulstudium erfolgreich mit dem ersten Staatsexamen abgeschlossen haben, eine umfassende Ausbildung in allen Rechtsbereichen aufweisen, was einen weiteren Nachweis der theoretischen Sachkunde entbehrlich macht.[2]

3 Wie sich aus dem Wortlaut „kann" in **Abs. 1 S. 3** ergibt, steht es im **Ermessen** der Behörde, zum Nachweis der theoretischen Sachkunde auch andere Zeugnisse anzuerkennen.[3] Nach pflichtgemäßem Ermessen muss die Behörde prüfen, ob das Zeugnis im Einzelfall geeignet ist, die erforderliche theoretische Sachkunde für eine Tätigkeit als Inkassodienstleister oder Rentenberater zu belegen.

---

1 Vgl *Rennen/Caliebe*, 1. AVO zum RBerG § 8 Rn 51 ff mwN.
2 *Lamm*, in: Dreyer/Lamm/Müller, § 2 RDV Rn 11.
3 BR-Drucks. 316/08, S. 10.

Insbesondere die Abschlusszeugnisse von mindestens dreijährigen Studiengängen an Hochschulen oder Fachhochschulen, die einen überwiegend rechtlichen Studieninhalt haben, können als Beleg für die theoretische Sachkunde dienen (Abs. 1 S. 3 aE). Danach kann auf einen Sachkundelehrgang verzichtet werden, wenn sich aus den ggf vorzulegenden Lehrplänen ergibt, dass im Rahmen des Studiengangs die für den jeweiligen Registrierungsbereich erforderlichen Rechtskenntnisse vermittelt wurden.[4]

So vermitteln alle Studiengänge, die schwerpunktmäßig auf das Zivil- und Wirtschaftsrecht ausgerichtet sind, wie zB das mit bestandener Rechtspflegerprüfung abgeschlossene Studium der Rechtspflege an einer Fachhochschule für Rechtspflege oder die Fachhochschulausbildung zum Wirtschaftsjuristen, die notwendige theoretische Sachkunde auf dem Gebiet der Inkassodienstleistungen.

Entsprechend vermitteln die sozial- oder sozialversicherungsrechtlich orientierten Studiengänge an den Fachhochschulen, wie zB auch das entsprechende Studium an der Fachhochschule des Bundes für öffentliche Verwaltung, die für die Rentenberatung erforderlichen theoretischen Kenntnisse. In Zweifelsfällen muss die Genehmigungsbehörde die Studieninhalte mit dem Anforderungskatalog des § 11 Abs. 2 RDG abgleichen.[5]

Die Aufzählung der Zeugnisse dieser Institutionen in Abs. 1 S. 3 ist nicht abschließend („insbesondere"). Die Behörde kann nach ihrem Ermessen auch andere Zeugnisse zum Nachweis der theoretischen Sachkunde akzeptieren.

2. Nachweis der theoretischen Sachkunde bei einer Qualifikation nach § 10 Abs. 1 RDG im EU- oder EWR-Ausland (Abs. 2). Abs. 2 regelt die Anforderungen an die Sachkundenachweise von Personen, die in EU- oder EWR-Staaten die in § 10 Abs. 1 RDG genannte oder vergleichbare Berufe ausüben dürfen und um eine Rechtsdienstleistungserlaubnis in diesen Bereichen in Deutschland nachgesucht haben.

Sofern diese Personen – dies können EU- oder EWR-Ausländer, aber auch Deutsche sein –, die in einem EU- oder EWR-Mitgliedstaat entsprechend zugelassen sind, in diesem Land bzw in ihrem Herkunftsland bereits auf den Gebieten des § 10 Abs. 1 RDG beruflich tätig waren, brauchen sie ihre theoretische Sachkunde nicht mehr nachzuweisen, wenn sie stattdessen nachweisen, dass die Voraussetzungen des § 12 Abs. 3 S. 3 RDG auf sie zutreffen (vgl Abs. 2).

Der Nachweis vor der deutschen Behörde erfolgt regelmäßig durch die geeigneten Zeugnisse der zuständigen ausländischen Behörde des Herkunftslandes oder einer dort zur Erteilung von entsprechenden Zeugnissen kompetenten Institution. Ist der Beruf, für den eine Registrierung angestrebt wird, im Herkunftsland nicht reglementiert, so muss der Antragsteller nachweisen, dass er während der vorangegangenen zehn Jahre mindestens zwei Jahre in diesem Beruf vollzeitlich tätig war.[6]

Neben den Zeugnissen ausländischer Behörden oder Institutionen kann die Genehmigungsbehörde auch andere geeignete Nachweise heranziehen, zB Arbeit-

---

[4] BR-Drucks. 316/08, S. 10; *Lamm*, in: Dreyer/Lamm/Müller, § 2 RDV Rn 13.
[5] BR-Drucks. 316/08, S. 11.
[6] Art. 13 Abs. 1 Buchst. a) und Abs. 2 der Richtlinie 2005/36/EG des Europäischen Parlaments und des Rates vom 7.9.2005 über die Anerkennung von Berufsqualifikationen, ABl. EG Nr. L 255 vom 30.9.2005, S. 22, ABl. EU L 93 vom 4.4.2008, S. 28.

geberzeugnisse, aus denen eine zweijährige Vollzeitbeschäftigung im entsprechenden Beruf hervorgeht.[7]

12 Sind die erforderlichen Nachweise erbracht, bedarf es für die Registrierung aber immer noch eines vorherigen Anpassungslehrgangs iSd § 3 Abs. 3 (siehe hierzu § 3 Rn 6 ff).

13 **3. Sachkundenachweis für Rechtsdienstleistungen in einem ausländischen Recht (Abs. 3 bis 5). a) Überblick.** Die Regelungen in Abs. 3 bis 5 betreffen die Nachweise für Rechtsdienstleistungen in einem ausländischen Recht oder in einem Teilbereich einer ausländischen Rechtsordnung.

14 Abs. 3 regelt die Voraussetzungen für einen Nachweis der theoretischen Sachkunde, wenn ein Antragsteller sich für umfassende Rechtsdienstleistungen in einem ausländischen Recht registrieren lassen möchte.

15 Für diejenigen, die nur die Registrierung in einem Teilbereich des ausländischen Rechts anstreben, bestimmt Abs. 4, welche Nachweise die notwendige theoretische Sachkunde belegen können.

16 Nach Abs. 5 iVm § 6 Abs. 2 muss der Antragsteller bei der Zulassung die ausländische Rechtsordnung näher bestimmen, für die er registriert werden möchte. Nur für diesen Bereich ist ein theoretischer Sachkundenachweis zu erbringen.[8]

17 **b) Umfassende Rechtsdienstleistungen.** Für umfassende Rechtsdienstleistungen in einem ausländischen Recht besteht die erforderliche theoretische Sachkunde idR immer dann, wenn der Antragsteller in dem betreffenden ausländischen Rechtskreis uneingeschränkt Rechtsdienstleistungen erbringen kann.[9] Dies sind typischerweise ausländische Rechtsanwälte, es können aber auch Angehörige anderer Rechtsdienstleistungsberufe in diesem ausländischen Rechtskreis sein (vgl § 10 RDG Rn 10 ff). Es kommt insoweit also nicht auf die anwaltsähnliche Ausbildung oder Stellung an.[10]

18 **c) Rechtsdienstleistungen in Teilbereichen.** Nach § 1 ist es möglich, die Registrierung auf bestimmte Teilbereiche der Rechtsdienstleistungen in einem ausländischen Recht zu beschränken, weshalb Abs. 4 eine entsprechende Regelung zum Nachweis der theoretischen Sachkunde enthält. Soweit ein Antragsteller seine Registrierung auf einen Teilbereich der Rechtsdienstleistungen in einem ausländischen Recht beschränken möchte, muss er seine theoretische Sachkunde gemäß § 11 Abs. 3 RDG nur für diesen beantragten Teilbereich nachweisen. Bei diesen Teilbereichen handelt es sich entweder um den gewerblichen Rechtsschutz oder das Steuerrecht. Ein geeigneter Nachweis der Sachkunde ist regelmäßig ein Zeugnis, wonach der Antragsteller zB als Patentanwalt oder als Steuerberater im ausländischen Rechtskreis zugelassen ist. Hat die Zulassungsbehörde Zweifel an der Vergleichbarkeit des Berufs, so wird sie bei den zuständigen Kammern für Patentanwälte oder Steuerberater Stellungnahmen zur Vergleichbarkeit einholen.[11]

---

7 *Lamm*, in: Dreyer/Lamm/Müller, § 2 RDV Rn 19.
8 *Lamm*, in: Dreyer/Lamm/Müller, § 2 RDV Rn 31.
9 BR-Drucks. 316/08, S. 11.
10 Grunewald/Römermann/*Franz*, § 2 RDV Rn 7; *Lamm*, in: Dreyer/Lamm/Müller, § 2 RDV Rn 22.
11 BR-Drucks. 316/08, S. 11.

d) **Fremdsprachliche Zeugnisse.** Soweit fremdsprachliche Zeugnisse zum Beleg 19
der theoretischen Sachkunde vorgelegt werden, sind diese gemäß § 6 Abs. 4 ins
Deutsche zu übersetzen, es sei denn, der Mitarbeiter der Zulassungsbehörde
verzichtet auf eine Übersetzung, weil er der Sprache hinreichend mächtig ist, in
der das Zeugnis verfasst wurde.[12]

§ 3 Nachweis der praktischen Sachkunde

(1) Die nach § 12 Abs. 3 Satz 2 des Rechtsdienstleistungsgesetzes erforderliche
praktische Sachkunde wird in der Regel durch Arbeitszeugnisse und sonstige
Zeugnisse über die bisherige praktische Tätigkeit der zu registrierenden Person
in dem Bereich des Rechts nachgewiesen, für den eine Registrierung beantragt
wird. Über die erforderliche praktische Sachkunde verfügt auch, wer die Befähigung zum Richteramt nach dem Deutschen Richtergesetz besitzt.

(2) Im Bereich der Rechtsdienstleistungen in einem ausländischen Recht genügt
zum Nachweis der praktischen Sachkunde auch das Zeugnis einer ausländischen
Behörde darüber, dass die zu registrierende Person in dem ausländischen Land
rechtmäßig zur Ausübung des Rechtsanwaltsberufs oder eines vergleichbaren
rechtsberatenden Berufs, in den Fällen des § 2 Abs. 4 zur Ausübung des Patentanwaltsberufs, des Steuerberaterberufs oder eines vergleichbaren Berufs, niedergelassen ist oder war. § 2 Abs. 5 gilt entsprechend.

(3) In den Fällen des § 12 Abs. 3 Satz 3 des Rechtsdienstleistungsgesetzes ist zusätzlich das von einer registrierten Person oder einem Mitglied einer Rechtsanwaltskammer ausgestellte Zeugnis darüber vorzulegen, dass die zu registrierende
Person in dem Bereich, für den sie die Registrierung beantragt, mindestens sechs
Monate unter der Verantwortung der registrierten oder einer für sie tätigen qualifizierten Person oder des Mitglieds einer Rechtsanwaltskammer im Inland tätig
gewesen ist.

I. Nachweismöglichkeiten	1	3. Zum Nachweis geeignete Zeugnisse	4
1. Fälle, in denen eine praktische Sachkunde vermutet wird	2	II. Notwendigkeit eines Anpassungslehrgangs	6
2. Nachweis der praktischen Sachkunde durch Berufstätigkeit	3	III. Ausbilder im Anpassungslehrgang	14

I. Nachweismöglichkeiten

Abs. 1 regelt, wie die praktische Sachkunde für alle Registrierungsbereiche des 1
§ 10 Abs. 1 RDG nachzuweisen ist.

1. Fälle, in denen eine praktische Sachkunde vermutet wird. Nach Abs. 1 S. 2 2
verfügt ein Antragsteller über die erforderliche praktische Sachkunde, wenn er
die Befähigung zum Richteramt nach dem DRiG besitzt. Nach Abs. 2 müssen
ferner Antragsteller, die sich für eine Rechtsdienstleistung im ausländischen
Recht registrieren lassen möchten, keine weitere praktische Sachkunde nachweisen, sofern sie in dem ausländischen Rechtskreis, für den sie sich registrieren
lassen möchten, bereits als Rechtsanwalt, Patentanwalt, Steuerberater oder sons-

---

12 BR-Drucks. 316/08, S. 15 f.

tiger zugelassener Rechtsdienstleister in einem vergleichbaren Beruf niedergelassen sind oder waren.

3 **2. Nachweis der praktischen Sachkunde durch Berufstätigkeit.** Soweit ein Antragsteller nicht unter eine dieser beiden Kategorien fällt, wird von der Genehmigungsbehörde gemäß § 12 Abs. 3 RDG seine praktische Sachkunde dann als hinreichend akzeptiert, wenn der Antragsteller in Deutschland mindestens zwei Jahre unter Anleitung einen Beruf ausgeübt oder eine praktische Berufsausbildung absolviert hat, die den Bereich der beantragten Rechtsdienstleistungen umfasst.

4 **3. Zum Nachweis geeignete Zeugnisse.** Der Nachweis der praktischen Sachkunde ist – genau wie der Nachweis über die theoretische Sachkunde – über Zeugnisse zu führen. Denkbare Nachweise sind Arbeitszeugnisse, Ausbildungszeugnisse, dienstrechtliche Beurteilungen für Beamte oder Angestellte im öffentlichen Dienst oder sonstige Bescheinigungen, aus denen die Genehmigungsbehörde ersehen kann, inwieweit der Antragsteller mindestens zwei Jahre unter Anleitung auf dem Gebiet tätig gewesen ist, für das um eine Rechtsdienstleistungsgenehmigung nachgesucht wird.

5 Die Befähigung zum Richteramt nach § 5 DRiG wird mit dem Zeugnis über die erfolgreich absolvierte zweite juristische Staatsprüfung, die Zulassung als Rechtsanwalt, Patentanwalt, Steuerberater oder sonstiger registrierungspflichtiger Rechtsdienstleister im Ausland über die entsprechenden Zeugnisse der zuständigen ausländischen Behörden geführt.

II. Notwendigkeit eines Anpassungslehrgangs

6 Antragsteller, die über keine entsprechende deutsche, aber über eine Qualifikation verfügen, die ihnen in einem anderen EU- oder EWR-Mitgliedstaat die Ausübung einer Tätigkeit auf den in § 10 Abs. 1 RDG genannten Gebieten erlaubt, müssen ihre praktische Sachkunde gemäß **Abs. 3** für den entsprechenden Registrierungsbereich durch den Besuch eines mindestens **sechsmonatigen Anpassungslehrgangs** nachweisen.

7 Die Regelung trifft typischerweise ausländische Antragsteller, gilt aber zB auch für Deutsche, die ihre Berufsausbildung oder ihr Studium im EU- oder EWR-Ausland absolviert haben, wenn der erfolgreiche Abschluss von Ausbildung oder Studium dort zu einer entsprechenden beruflichen Tätigkeit berechtigt.

8 Dieser Anpassungslehrgang ist kein theoretischer Sachkundelehrgang iSd § 4, sondern eine **Berufstätigkeit unter Anleitung.**

9 Der Antragsteller muss hierzu mindestens sechs Monate in Deutschland unter der Verantwortung einer registrierten Person, einer qualifizierten Person, die für einen registrierten Rechtsdienstleister tätig ist, oder unter der Aufsicht eines Mitglieds einer Rechtsanwaltskammer tätig gewesen sein. Auf diese Weise soll sichergestellt werden, dass der Antragsteller, der regelmäßig nur mit den Vorschriften seines Heimatlandes zur Berufsausübung in einem der in § 10 Abs. 1 RDG genannten Bereiche vertraut wird, die entsprechenden deutschen Regelungen in diesen Bereichen kennenlernt.[1] Inhaltlich zählen zu diesen Regelungen neben den rechtlichen Kenntnissen, die erforderlich sind, um Inkassodienstleistungen oder Rentenberatung zu erbringen, auch Kenntnisse über die deut-

---

1 BT-Drucks. 16/3655, S. 69.

schen berufsrechtlichen Vorschriften nach dem RDG und der RDV sowie den rechtlichen Rahmen seiner Vertragsbeziehung zum Rechtsuchenden einschließlich der haftungsrechtlichen Regeln im Falle einer Berufspflichtverletzung, insbesondere den Folgen einer Falschberatung.

Da § 12 Abs. 3 S. 3 RDG auf alle in § 10 Abs. 1 RDG genannten oder vergleichbare Berufe verweist, sind auch diejenigen Tätigkeiten umfasst, die nach § 10 Abs. 1 S. 1 Nr. 3 RDG Rechtsdienstleistungen in einem ausländischen Recht beinhalten. Wenn Abs. 2 die Erbringer von Rechtsdienstleistungen in einem ausländischen Recht oder einem Teilgebiet des ausländischen Rechts dahingehend privilegiert, dass ausländische Zeugnisse über eine Zulassung zum Rechtsanwaltsberuf oder einen vergleichbaren rechtsberatenden Beruf sowie zum Beruf des Patentanwalts und des Steuerberaters oder eines vergleichbaren Berufs für den Nachweis der praktischen Sachkunde genügen, so erscheint die Formulierung des § 3 nicht sonderlich glücklich, da nach dem Wortlaut unklar bleibt, inwieweit Personen, die zu der Gruppe der EU- oder EWR-Ausländer gehören, die nach § 12 Abs. 3 S. 3 RDG einen mindestens sechsmonatigen Anpassungslehrgang zu absolvieren haben, um einen Sachkundenachweis zu erbringen, bei Vorliegen der Voraussetzungen des Abs. 2 keinen solchen Anpassungslehrgang absolvieren müssen.

Betrachtet man Sinn und Zweck der Regelung und die Gesamtsystematik von § 10 RDG und § 12 RDG sowie § 3, kann **Abs. 2** sinnvollerweise nur dahingehend verstanden werden, dass auch für diejenigen Antragsteller, die sich in Deutschland niederlassen und Rechtsdienstleistungen auf dem Gebiet des ausländischen Rechts oder einem Teilgebiet des ausländischen Rechts erbringen wollen, ein Anpassungslehrgang verlangt werden muss. Zwar berührt die unmittelbare Beratung im ausländischen Recht selbst nicht das deutsche Recht. Allerdings ist eine Beratungstätigkeit sowohl inhaltlich über die nationalen rechtlichen Anknüpfungsregeln des IPR als auch formal über die berufsrechtlichen Regeln und die zivilrechtlichen Vorschriften, die die Vertragsbeziehung zum Rechtsuchenden gestalten, wie zB § 675 BGB, und das Haftungsrecht bei Beratungsfehlern mit dem deutschen Recht verbunden. Über den Anpassungslehrgang sollte deshalb sichergestellt werden, dass der Rechtsdienstleister über die hinreichenden Kenntnisse und somit praktische Sachkunde auch auf diesen Gebieten des deutschen Rechts verfügt, um die Rechtsdienstleistungen im ausländischen Recht oder einem Teilgebiet des ausländischen Rechts in Deutschland ordnungsgemäß erbringen zu können.

Dem steht auch nicht entgegen, dass vorübergehende Rechtsdienstleistungen, die aus dem Ausland heraus in Deutschland erbracht werden, keinem Genehmigungsverfahren unterliegen, sondern nur den zuständigen Behörden gemeldet werden müssen (vgl § 15 RDG Rn 20 ff). Für im EU-Ausland niedergelassene Rechtsanwälte ergibt sich insoweit nach den §§ 25 ff EuRAG, dass sie eine anwaltliche Beratungstätigkeit im Recht ihres Niederlassungslandes auch in Deutschland aufnehmen dürfen, ohne dass es hierfür einer Genehmigung durch deutsche Behörden bedarf. Für Steuerberater ergibt sich dies aus den §§ 37a Abs. 2, 58 Nr. 6 StBerG.

13 Ist dies für diese Fälle aufgrund der europäischen Dienstleistungsfreiheit geboten,[2] so liegt der Fall jedoch anders, wenn mit einer Niederlassung in Deutschland durch den Antragsteller eine dauernde Verbindung zum rechtlichen Rahmen geknüpft wird, wie ihn die deutsche Rechtsordnung bereithält. Denn in diesen Fällen ist für die rechtsuchenden Kreise, für die aufgrund der Niederlassung des Rechtsdienstleisters in Deutschland nicht ohne weiteres erkennbar ist, inwieweit dieser auch über die vorbezeichneten notwendigen Rechtskenntnisse im deutschen Recht verfügt, die das Verhältnis zum Rechtsuchenden prägen oder die zur Beurteilung seines Anliegens erforderlich sind, eine Akzentverschiebung und es ist gerechtfertigt, in den Fällen des § 12 Abs. 3 S. 3 RDG für alle Bereiche des § 10 Abs. 1 RDG einen Anpassungslehrgang zu verlangen.

III. Ausbilder im Anpassungslehrgang

14 Hinsichtlich der verantwortlichen Person, unter der der Antragsteller auf dem zu registrierenden Gebiet tätig gewesen sein muss, grenzt Abs. 3 den Kreis der geeigneten Ausbilder auf Kammermitglieder einer Rechtsanwaltskammer oder einen registrierten Rechtsdienstleister auf dem angestrebten Gebiet ein.

15 Für den Fall, dass ein Antragsteller die Registrierung in einem ausländischen Recht unter einem Teilbereich des ausländischen Rechts anstrebt, wird teilweise vertreten, dass es nicht genüge, den Anpassungslehrgang bei einer Person zu absolvieren, die als Rechtsdienstleister im ausländischen Recht oder einem Teilbereich des ausländischen Rechts registriert ist oder als qualifizierte Person eines in diesen Bereichen registrierten Rechtsdienstleisters tätig ist, soweit diese Person kein Rechtsanwalt ist.[3]

16 Diese Auffassung findet vor dem Hintergrund des klaren Wortlautes des Abs. 3, der lediglich verlangt, dass der Anpassungslehrgang unter einer registrierten Person erfolgen muss, keine Rechtfertigung. Auch wenn man davon ausgeht, dass es die Idee des Gesetzgebers war, richtigerweise mit dem Anpassungslehrgang sicherzustellen, nur solchen Antragstellern eine Rechtsdienstleistungsbefugnis zu erteilen, die über die für ihren Registrierungsbereich erforderlichen Kenntnisse im deutschen Recht verfügen, so kann daraus nicht gefolgert werden, dass nur Rechtsanwälte in der Lage sind, den Antragstellern diese Kenntnisse zu vermitteln. Denn im Rahmen seiner eigenen Registrierung als Rechtsdienstleister in einem ausländischen Recht oder einem Teilbereich des ausländischen Rechts hat auch der nichtanwaltliche Ausbilder den Nachweis seiner praktischen Sachkunde erbracht. Hierzu gehören eben auch die notwendigen Kenntnisse im deutschen Recht, die er an den Antragsteller weitergeben kann, sei er nun Steuerberater, Patentanwalt oder sonst als Rechtsdienstleister in einem ausländischen Recht oder einem Teilbereich des ausländischen Rechts registrierte Person.

§ 4 Sachkundelehrgang

(1) Der Sachkundelehrgang muss geeignet sein, alle nach § 11 Abs. 1 oder 2 des Rechtsdienstleistungsgesetzes für die jeweilige Registrierung erforderlichen Kenntnisse zu vermitteln. Die Gesamtdauer des Lehrgangs muss im Bereich In-

---

2 Näher *von Lewinski*, Grundriss des Anwaltlichen Berufsrechts, S. 210 ff.
3 *Lamm*, in: Dreyer/Lamm/Müller, § 3 RDV Rn 17 f.

kassodienstleistungen mindestens 120 Zeitstunden und im Bereich Rentenberatung mindestens 150 Zeitstunden betragen. Erlaubnisinhaber nach dem Rechtsberatungsgesetz, deren Registrierung nach § 1 Abs. 3 des Einführungsgesetzes zum Rechtsdienstleistungsgesetz auf den Umfang ihrer bisherigen Erlaubnis zu beschränken ist, können zum Nachweis ihrer theoretischen Sachkunde in den nicht von der Erlaubnis erfassten Teilbereichen einen abgekürzten Sachkundelehrgang absolvieren, dessen Gesamtdauer 50 Zeitstunden nicht unterschreiten darf.

(2) Die Anbieter von Sachkundelehrgängen müssen gewährleisten, dass nur qualifizierte Lehrkräfte eingesetzt werden. Qualifiziert sind insbesondere Richterinnen und Richter aus der mit dem jeweiligen Bereich vorrangig befassten Gerichtsbarkeit, Mitglieder einer Rechtsanwaltskammer, Hochschullehrerinnen und Hochschullehrer sowie registrierte und qualifizierte Personen mit mindestens fünfjähriger Berufserfahrung in dem jeweiligen Bereich.

(3) Die Lehrgangsteilnehmerinnen und -teilnehmer müssen mindestens eine schriftliche Aufsichtsarbeit ablegen und darin ihre Kenntnisse aus verschiedenen Bereichen des Lehrgangs nachweisen. Die Gesamtdauer der erfolgreich abgelegten schriftlichen Aufsichtsarbeiten darf fünf Zeitstunden nicht unterschreiten.

(4) Die Lehrgangsteilnehmerinnen und -teilnehmer müssen eine abschließende mündliche Prüfung erfolgreich ablegen. Die mündliche Prüfung besteht aus einem Fachgespräch, das sich auf verschiedene Bereiche des Lehrgangs erstrecken muss und im Bereich Rentenberatung auch eine fallbezogene Präsentation beinhalten soll. Die Prüfungskommission soll mit mindestens einer Richterin oder einem Richter aus der mit dem jeweiligen Bereich vorrangig befassten Gerichtsbarkeit und mindestens einer registrierten oder qualifizierten Person mit mindestens fünfjähriger Berufserfahrung in dem jeweiligen Bereich besetzt sein.

(5) Das Zeugnis über den erfolgreich abgelegten Sachkundelehrgang muss enthalten:
1. die Bestätigung, dass die Teilnehmerin oder der Teilnehmer an einem Lehrgang, der den Anforderungen der Absätze 1 und 2 entspricht, erfolgreich teilgenommen hat,
2. Zeitraum und Ort des Lehrgangs sowie die Namen und Berufsbezeichnungen aller Lehrkräfte,
3. Anzahl, jeweilige Dauer und Ergebnis aller abgelegten schriftlichen Aufsichtsarbeiten,
4. Zeit, Ort und Ergebnis der abschließenden mündlichen Prüfung sowie die Namen und Berufsbezeichnungen der Mitglieder der Prüfungskommission.

Die schriftlichen Aufsichtsarbeiten und ihre Bewertung sowie eine detaillierte Beschreibung von Inhalten und Ablauf des Lehrgangs sind dem Zeugnis beizufügen.

I. Anforderungen an den Lehrgangsinhalt und -umfang (Abs. 1) 1	1. Schriftliche Leistungskontrolle (Abs. 3) 10
II. Anforderungen an die Dozenten des Lehrgangs (Abs. 2) 7	2. Mündliche Prüfung (Abs. 4) ... 15
III. Anforderungen an die Lehrgangsprüfung 9	IV. Anforderungen an das Lehrgangszeugnis (Abs. 5) 18
	V. Evaluierung der Lehrgangsanbieter 21

I. Anforderungen an den Lehrgangsinhalt und -umfang (Abs. 1)

1 Rechtsgrundlage für § 4 ist § 12 Abs. 5 RDG. Die Vorschrift legt fest, wie die Lehrgänge zu gestalten sind, in denen die theoretische Sachkunde zur Erbringung von Rechtsdienstleistungen in der Inkasso- und Rentenberatung vermittelt wird.

2 § 4 richtet sich dabei an künftige Rechtsdienstleister und an Personen, die als qualifizierte Person iSd § 12 Abs. 4 RDG für eine juristische Person oder Gesellschaft ohne eigene Rechtspersönlichkeit tätig sein wollen, die als Rechtsdienstleister auf diesem Gebiet tätig ist.

3 **Inhaltlich** lehnen sich die Kriterien für einen Sachkundelehrgang an die Vorgaben an, die die Fachanwaltsordnung (FAO) als notwendige Struktur für einen Lehrgang zum Erwerb des Fachanwaltstitels definiert.

4 Durch einen Mindestkatalog von zu erfüllenden Anforderungen soll sichergestellt werden, dass nur seriöse Anbieter Sachkundelehrgänge abhalten.[1]

5 Inwieweit in diesen Lehrgängen über das im Rahmen der Verordnung definierte Maß hinaus Lehrgangsinhalte vermittelt werden, bleibt dem Lehrgangsveranstalter überlassen.

6 **Abs. 1 S. 2** fordert für den Sachkundelehrgang im Bereich Inkassodienstleistungen eine **Dauer** von mindestens 120 Zeitstunden und im Bereich Rentenberatung eine Dauer von mindestens 150 Zeitstunden. Für die Fälle, in denen gemäß § 1 Abs. 3 RDGEG der Umfang einer bereits nach altem Recht erteilten Rechtsdienstleistungserlaubnis nun auf einen Teilbereich dieser Erlaubnis zu beschränken ist, soll nach **Abs. 1 S. 3** ein kürzerer Sachkundelehrgang mit einer Dauer von mindestens 50 Zeitstunden zur Erlangung der nötigen Sachkunde genügen.

II. Anforderungen an die Dozenten des Lehrgangs (Abs. 2)

7 Als Lehrkräfte sind qualifizierte Dozenten einzusetzen, wobei Abs. 2 diesen Kreis näher definiert, ohne dass es sich dabei um eine abschließende Aufzählung handelt. Infrage kommen danach insbesondere Richter aus Zweigen der Gerichtsbarkeit, die sich mit den betreffenden Rechtsdienstleistungsbereichen befassen, Rechtsanwälte und in den Anwaltskammern registrierte Rechtsbeistände, Hochschullehrer sowie alle Personen, die bereits fünf Jahre als Rechtsdienstleister oder als qualifizierte Person für einen registrierten Rechtsdienstleister in dem jeweiligen Gebiet tätig gewesen sind.

8 Für den Bereich Inkassodienstleistungen kommen danach in den Zivilgerichten tätige Richter, für die Rentenberatung Richter aus der Sozialgerichtsbarkeit als Dozenten infrage. Unter den Begriff des Hochschullehrers fallen auch Dozenten in den einschlägigen Studiengängen der Fachhochschulen.[2]

III. Anforderungen an die Lehrgangsprüfung

9 Die Prüfung, die über den Lehrgangsinhalt abzulegen ist, besteht aus mindestens einer schriftlichen Arbeit (Abs. 3) sowie für beide Bereiche, Inkassodienstleistungen und Rentenberatung, aus einem Fachgespräch vor einer Prüfungskommission (Abs. 4).

---

[1] BR-Drucks. 316/08, S. 1.
[2] *Lamm*, in: Dreyer/Lamm/Müller, § 4 RDV Rn 18.

1. Schriftliche Leistungskontrolle (Abs. 3). Die schriftliche Leistungskontrolle kann nach Abs. 3 S. 1 aus **einer oder mehreren schriftlichen Aufsichtsarbeiten** bestehen, in denen der gesamte im Lehrgang vermittelte Stoff abzuprüfen ist.[3] 10

Die Gesamtdauer der vom Kandidaten erfolgreich abgelegten schriftlichen Arbeiten darf **fünf Zeitstunden** nicht unterschreiten (Abs. 3 S. 2). Es bleibt damit dem Lehrgangsveranstalter überlassen, ob er zB nach jeder Sinneinheit des Kurses einstündige Klausuren stellt, die sich zu einer Gesamtdauer von fünf Stunden addieren, oder ob er zB eine fünfstündige Klausur an das Ende des Lehrgangs setzt. 11

Da Abs. 3 S. 2 nur von „erfolgreich abgelegten schriftlichen Aufsichtsarbeiten" von mindestens „fünf Zeitstunden" spricht, ist die Anzahl der Wiederholungsmöglichkeiten für **nicht bestandene Klausuren** durch die RDV nicht begrenzt.[4] 12

Weil eine eindeutige Zurechnung der Leistung zum Kandidaten erfolgen muss, kann die schriftliche Arbeit nicht als Gruppen- oder Teamarbeit erbracht werden, da dann nicht mehr nachvollziehbar wäre, auf wessen Leistung das Resultat der schriftlichen Arbeit zurückgeht.[5] 13

Aufsichtsarbeiten sind mindestens mit „bestanden" oder „nicht bestanden" zu bewerten. Die RDV verlangt keine konkrete Benotung, schließt diese aber auch nicht aus.[6] 14

2. Mündliche Prüfung (Abs. 4). Der **Prüfungskommission** in der mündlichen Prüfung sollen mindestens ein Richter aus dem jeweiligen Bereich und mindestens eine Person angehören, die seit mindestens fünf Jahren als Rechtsdienstleister oder qualifizierte Person im jeweiligen Bereich tätig gewesen ist (Abs. 4 S. 3). 15

Für den Bereich der **Rentenberatung** ist das Fachgespräch durch einen **Kurzvortrag** des Kandidaten zu einem praktischen Fall mit einfachem Schwierigkeitsgrad zu ergänzen (Abs. 4 S. 2), damit sich die Prüfungskommission ein Bild machen kann, inwieweit dieser in der Lage ist, die erlernten Kenntnisse auf einen Praxisfall anzuwenden.[7] 16

Für den Bereich der **Inkassodienstleistungen** wurde auf diesen Kurzvortrag verzichtet, da das Fachgespräch ausreichend Möglichkeiten biete, anhand kurzer Beispielsfälle aus der Praxis die Kenntnisse des Kandidaten aus den verschiedenen Lehrgangsbereichen zu überprüfen.[8] 17

IV. Anforderungen an das Lehrgangszeugnis (Abs. 5)

Die Zulassungsbehörde prüft anhand des Zeugnisses, das der Lehrgangsveranstalter nach erfolgter Prüfung zu erteilen hat, ob die Inhalte den Vorgaben des § 4 entsprochen haben und der Bewerber die Prüfung erfolgreich absolviert hat. 18

Das Zeugnis muss daher den formalen Voraussetzungen des Abs. 5 S. 1 Nr. 1 bis 4 entsprechen. Ihm sind nach Abs. 5 S. 2 die korrigierten schriftlichen Auf- 19

---

3 Vgl Hartung/Römermann/*Scharmer*, Berufs- und Fachanwaltsordnung, § 4a FAO Rn 12 f.
4 Vgl Hartung/Römermann/*Scharmer*, Berufs- und Fachanwaltsordnung, § 4a FAO Rn 14.
5 Vgl Henssler/Prütting/*Stobbe*, § 6 FAO Rn 17.
6 Vgl Hartung/Römermann/*Scharmer*, Berufs- und Fachanwaltsordnung, § 4a FAO Rn 11; Henssler/Prütting/*Stobbe*, § 6 FAO Rn 20.
7 BR-Drucks. 316/08, S. 14.
8 BR-Drucks. 316/08, S. 14.

sichtsarbeiten sowie eine detaillierte Beschreibung von Inhalt und Ablauf des Lehrgangs beizufügen.

20 Abs. 5 S. 1 Nr. 3, S. 2 spricht von „**allen**" abgelegten schriftlichen Aufsichtsarbeiten des Kandidaten. Der Wortlaut umfasst damit auch die **nicht bestandenen Aufsichtsarbeiten**. Für die vergleichbare Regelung in der FAO ist geklärt, dass der Antragsteller allerdings lediglich die zum Nachweis der erfolgreichen Teilnahme erforderlichen Aufsichtsarbeiten vorlegen muss, so dass er auf die Vorlage der nicht bestandenen Arbeiten verzichten kann.[9] Ein solches Vorgehen würde auch dem Sinn und Zweck des § 4 entsprechen.[10]

V. Evaluierung der Lehrgangsanbieter

21 Der Lehrgangsanbieter wird nicht im Rahmen eines förmlichen Zertifizierungsverfahrens überprüft, sondern es wird dem Markt überlassen sicherzustellen, dass sich nur ordnungsgemäß arbeitende Lehrgangsanbieter etablieren. Lediglich über die Angaben im Zeugnis (vgl Abs. 5 S. 1) hinsichtlich der Qualifikation der Dozenten und den Umfang und Inhalt des Unterrichts sowie die Einsichtsmöglichkeit in die Korrekturen der Aufsichtsarbeiten erfolgt eine Qualitätskontrolle des Lehrgangsangebots durch die Ordnungsbehörde. Auf diese Weise will der Verordnungsgeber bürokratischen Aufwand vermeiden.[11]

22 Bevor sich jemand für die Teilnahme an einem Sachkundelehrgang entscheidet, sollte er deshalb prüfen, ob der Lehrgang den Anforderungen des § 4 entspricht, damit ein Zeugnis über die erfolgreiche Teilnahme im Zulassungsverfahren vor der Behörde auch als tauglicher Sachkundenachweis akzeptiert wird.

§ 5 Berufshaftpflichtversicherung

(1) Die nach § 12 Abs. 1 Nr. 3 des Rechtsdienstleistungsgesetzes von der registrierten Person zu unterhaltende Berufshaftpflichtversicherung muss bei einem im Inland zum Geschäftsbetrieb befugten Versicherungsunternehmen zu den nach Maßgabe des Versicherungsaufsichtsgesetzes eingereichten Allgemeinen Versicherungsbedingungen genommen werden. Der Versicherungsvertrag muss Deckung für die sich aus der beruflichen Tätigkeit der registrierten Person ergebenden Haftpflichtgefahren für Vermögensschäden gewähren und sich auch auf solche Vermögensschäden erstrecken, für die die registrierte Person nach § 278 oder § 831 des Bürgerlichen Gesetzbuchs einzustehen hat.

(2) Der Versicherungsvertrag hat Versicherungsschutz für jede einzelne Pflichtverletzung zu gewähren, die gesetzliche Haftpflichtansprüche privatrechtlichen Inhalts gegen die registrierte Person zur Folge haben könnte; dabei kann vereinbart werden, dass sämtliche Pflichtverletzungen bei Erledigung eines einheitlichen Auftrags, mögen diese auf dem Verhalten der registrierten Person oder einer von ihr herangezogenen Hilfsperson beruhen, als ein Versicherungsfall gelten.

---

9 Vgl Henssler/Prütting/*Stobbe*, § 6 FAO Rn 23.
10 Ebenso *Lamm*, in: Dreyer/Lamm/Müller, § 4 RDV Rn 30.
11 BR-Drucks. 316/08, S. 1 f.

(3) Von der Versicherung kann die Haftung ausgeschlossen werden:
1. für Ersatzansprüche aus wissentlicher Pflichtverletzung,
2. für Ersatzansprüche aus Tätigkeiten über Kanzleien oder Büros, die in anderen Staaten eingerichtet sind oder unterhalten werden,
3. für Ersatzansprüche aus Tätigkeiten im Zusammenhang mit der Beratung und Beschäftigung mit einem außereuropäischem Recht, soweit sich nicht die Registrierung nach § 10 Abs. 1 Satz 1 Nr. 3 des Rechtsdienstleistungsgesetzes auf dieses Recht erstreckt,
4. für Ersatzansprüche aus Tätigkeiten vor außereuropäischen Gerichten,
5. für Ersatzansprüche wegen Veruntreuung durch Personal oder Angehörige der registrierten Person.

(4) Die Leistungen des Versicherers für alle innerhalb eines Versicherungsjahres verursachten Schäden können auf den vierfachen Betrag der gesetzlichen Mindestversicherungssumme begrenzt werden.

(5) Die Vereinbarung eines Selbstbehalts bis zu 1 Prozent der Mindestversicherungssumme ist zulässig. Ein Selbstbehalt des Versicherungsnehmers kann dem Dritten nicht entgegengehalten und gegenüber einer mitversicherten Person nicht geltend gemacht werden.

(6) Im Versicherungsvertrag ist der Versicherer zu verpflichten, der nach § 19 des Rechtsdienstleistungsgesetzes zuständigen Behörde die Beendigung oder Kündigung des Versicherungsvertrages sowie jede Änderung des Versicherungsvertrages, die den vorgeschriebenen Versicherungsschutz beeinträchtigt, unverzüglich mitzuteilen. Die nach § 19 des Rechtsdienstleistungsgesetzes zuständige Behörde erteilt Dritten zur Geltendmachung von Schadensersatzansprüchen auf Antrag Auskunft über den Namen und die Adresse der Berufshaftpflichtversicherung der registrierten Person sowie die Versicherungsnummer, soweit das Auskunftsinteresse das schutzwürdige Interesse der registrierten Person an der Nichterteilung dieser Auskunft überwiegt.

I. Berufshaftpflichtversicherung als Pflichtversicherung 1	V. Beschränkungen des Versicherungsumfangs (Abs. 2, 4) 12
II. Versicherungspflichtige Personen 2	VI. Risikoausschlüsse (Abs. 3) 15
	VII. Selbstbehalt (Abs. 5) 17
III. Geeignete Versicherer, Versicherungsnachweis (Abs. 1 S. 1) 6	VIII. Anzeigepflichten und Auskunftsanspruch (Abs. 6) 19
IV. Versicherungsleistung (Abs. 1 S. 2) 8	

I. Berufshaftpflichtversicherung als Pflichtversicherung

Nach § 12 Abs. 1 Nr. 3 RDG ist das Vorliegen einer Berufshaftpflichtversicherung mit einer Mindestdeckungssumme iHv 250.000 € Voraussetzung für die Registrierung eines Rechtsdienstleisters. Die Berufshaftpflichtversicherung ist damit eine **Pflichtversicherung** iSd §§ 113 ff VVG. Wie diese Versicherung konkret auszugestalten ist, regelt § 5, wobei die Vorschrift sich inhaltlich an § 51 BRAO anlehnt, der die Berufshaftpflichtversicherung für Rechtsanwälte regelt.

II. Versicherungspflichtige Personen

2 Versicherungspflichtig sind zunächst die registrierten Personen gemäß § 10 Abs. 1 RDG; dazu zählen Inkassodienstleister, Rentenberater und Rechtskundige in einem ausländischen Recht einschließlich der Personen, die sich gemäß § 1 nur für einen Teilbereich im ausländischen Recht haben registrieren lassen.

3 Versicherungspflichtig sind ferner Erlaubnisinhaber nach dem RBerG, die sich nun nach neuem Recht gemäß § 1 RDGEG registrieren lassen wollen; sie müssen sich nach § 1 Abs. 4 S. 1 RDGEG ebenfalls haftpflichtversichern.

4 Versicherungsnehmer ist die registrierte Person, sei es eine natürliche oder juristische Person oder eine Gesellschaft ohne eigene Rechtspersönlichkeit.

5 Personen und Gesellschaften, die nach § 15 RDG in Deutschland nur vorübergehend Rechtsdienstleistungen erbringen, müssen keine Berufshaftpflichtversicherung abschließen. Sie sind aber verpflichtet, die zuständige Behörde zu informieren, ob sie eine Berufshaftpflichtversicherung abgeschlossen haben.

III. Geeignete Versicherer, Versicherungsnachweis (Abs. 1 S. 1)

6 Nach § 113 Abs. 2 VVG muss der Versicherer dem Rechtsdienstleister als Versicherungsnehmer bescheinigen, dass dieser eine Berufshaftpflichtversicherung abgeschlossen hat, die den Vorschriften von § 12 Abs. 1 Nr. 3 RDG und § 5 entspricht. Diese Bescheinigung dient als Nachweis iSd § 13 Abs. 2 RDG und ist bei der Registrierungsbehörde vorzulegen, damit diese den Rechtsdienstleister registrieren kann.

7 Nach Abs. 1 S. 1 ist die Berufshaftpflichtversicherung bei einem in- oder ausländischen Versicherungsunternehmen abzuschließen, das nach dem Versicherungsaufsichtsgesetz (VAG) zugelassen ist und in Deutschland geschäftlich tätig sein darf. Die Versicherungsbedingungen des Berufshaftpflichtversicherungsvertrages müssen aufsichtsbehördlich geprüft sein und § 10 VAG entsprechen.[1]

IV. Versicherungsleistung (Abs. 1 S. 2)

8 Versichert sind nach Abs. 1 S. 2 ausschließlich **Vermögensschäden**, die anlässlich der Ausübung der registrierten Rechtsdienstleistung verursacht werden und für die der Rechtsdienstleister Dritten gegenüber nach zivilrechtlichen Maßstäben haftet. Dies bedeutet, dass ein Rechtsdienstleister, der außerhalb seines Registrierungsbereichs Rechtsdienstleistungen erbringt, seien sie registrierungspflichtig oder erlaubnisfrei (zB ein Rentenberater, der im ausländischen Recht berät, oder ein Inkassodienstleister, der für seinen Nachbarn unentgeltlich einen Kaufvertrag prüft), für etwaige Pflichtverletzungen in diesem Bereich nicht durch seine Berufshaftpflichtversicherung geschützt ist, sofern er nicht mit der Versicherung explizit vereinbart hatte, dass solche Risiken von seiner Police abgedeckt sein sollen.

9 Der Versicherungsschutz muss nach Abs. 1 S. 2 auch Schäden umfassen, die durch Pflichtverletzungen von **Erfüllungsgehilfen** (§ 278 BGB) oder **Verrichtungsgehilfen** (§ 831 BGB) der registrierten Person verursacht worden sind. Dies zielt insbesondere auf den Schutz vor Fehlern der qualifizierten Personen nach

---

[1] So für die entsprechende anwaltliche Berufshaftpflichtversicherung Hensseler/Prütting/*Stobbe*, § 51 BRAO Rn 43; für die Versicherung nach § 12 RDG, § 5 RDV *Lamm*, in: Dreyer/Lamm/Müller, § 5 RDV Rn 13.

§ 12 Abs. 4 RDG sowie der Mitarbeiter einer registrierten Person oder Vereinigung; allerdings erlaubt es Abs. 3 Nr. 5, eine Haftung des Versicherers für die Veruntreuung von Geldern durch einen Mitarbeiter des Rechtsdienstleisters auszuschließen.

Da die Berufshaftpflichtversicherung nur die Haftung für Vermögensschäden versichert, müssen die Risiken eventueller **Personen- und Sachschäden** ggf gesondert versichert werden.[2]

Wenn der Versicherungsfall aufgrund einer Berufspflichtverletzung eingetreten ist, hat der Geschädigte regelmäßig keinen direkten Anspruch gegen die Pflichtversicherung zur Regulierung des Schadens. Er muss sich an den Rechtsdienstleister halten, der seinerseits bei seinem Versicherer Regress nehmen kann. Nur in den Ausnahmefällen, dass die registrierte Person insolvent ist oder ihr Aufenthalt unbekannt, hat der geschädigte Dritte gemäß § 115 Abs. 1 Nr. 2 und 3 VVG einen direkten Anspruch gegen die Versicherung.

V. Beschränkungen des Versicherungsumfangs (Abs. 2, 4)

Es ist nach Abs. 2 Hs 2 zulässig, im Rahmen des Versicherungsvertrages zu vereinbaren, dass mehrere Pflichtverletzungen im Rahmen eines einheitlichen Auftrags als ein Versicherungsfall gelten sollen.[3] Dies hat zur Konsequenz, dass im Versicherungsfall die Mindestversicherungssumme nur einmal zur Regulierung des so entstandenen Schadens zur Verfügung steht.

Unzulässig ist hingegen eine Vereinbarung, wonach mehrere unterschiedliche Schäden, die auf dieselbe Pflichtverletzung zurückzuführen sind oder auf gleichartigen Verstößen beruhen, als ein Versicherungsfall begriffen werden dürfen.[4]

Gemäß Abs. 4 können die Versicherungsleistungen für mehrere innerhalb eines Versicherungsjahres auftretende Fälle auf insgesamt 1 Mio. € begrenzt werden.

VI. Risikoausschlüsse (Abs. 3)

Abs. 3 zählt **abschließend** die möglichen Risikoausschlüsse im Versicherungsvertrag auf. Neben dem Ausschluss des Versicherungsschutzes für Ersatzansprüche aus Tätigkeiten einer Kanzlei oder eines Büros im Ausland (Nr. 2), aus Tätigkeiten im Zusammenhang mit der Beratung im außereuropäischen Recht (Nr. 3), aus Tätigkeiten vor außereuropäischen Gerichten (Nr. 4) und wegen der Veruntreuung von Geldern durch Mitarbeiter (Nr. 5) kann die Haftung auch für eine wissentliche Pflichtverletzung (Nr. 1), dh eine vorsätzliche schädigende Handlung, ausgeschlossen werden. Letzteres sehen alle auf den Allgemeinen Versicherungsbedingungen basierenden Versicherungspolicen vor.

---

[2] Grunewald/Römermann/*Franz*, § 5 RDV Rn 2.
[3] Für die BRAO Henssler/Prütting/*Stobbe*, § 51 BRAO Rn 72.
[4] *Lamm*, in: Dreyer/Lamm/Müller, § 5 RDV Rn 20; für die BRAO Henssler/Prütting/*Stobbe*, § 51 BRAO Rn 73.

16 Um eine wissentliche Pflichtverletzung iSv Nr. 1 anzunehmen, reicht bedingter Vorsatz beim Versicherungsnehmer nicht aus.[5] Auch wer sich über eine Rechtspflicht irrt, handelt nicht wissentlich.[6]

VII. Selbstbehalt (Abs. 5)

17 Hinsichtlich der Mindestversicherungssumme wird der Selbstbehalt des Versicherten pro Versicherungsfall auf **maximal 2.500 €** begrenzt. Bei höheren Versicherungsvolumina besteht jedoch die Möglichkeit, einen höheren Selbstbehalt für den über die Mindestversicherungssumme von 250.000 € hinausgehenden Betrag zu vereinbaren. Es muss allerdings sichergestellt sein, dass auch in diesen Fällen der Selbstbehalt bei Schäden bis zu einem Betrag von 250.000 € die Summe von 2.500 € nicht übersteigt.[7]

18 Soweit ein Selbstbehalt vereinbart wurde, stellt Abs. 5 S. 2 klar, dass der Versicherer gegenüber dem Geschädigten oder einem Mitversicherten einen etwaigen Anspruch nicht um den Selbstbehalt kürzen kann. Er muss ihm den Schaden vollständig ersetzen, um dann im Verhältnis zum Versicherungsnehmer, dem Rechtsdienstleister, von diesem den vereinbarten Selbstbehalt zurückzufordern.

VIII. Anzeigepflichten und Auskunftsanspruch (Abs. 6)

19 Gemäß **Abs. 6 S. 1** muss der Versicherungsvertrag eine Klausel enthalten, die den Versicherer verpflichtet, der nach § 19 RDG zuständigen Behörde die Beendigung oder Kündigung sowie jede Änderung des Versicherungsvertrages unverzüglich **mitzuteilen**, die den gesetzlich vorgeschriebenen Versicherungsschutz beeinträchtigt. Diese Regelung entspricht § 51 Abs. 6 BRAO. Auf diese Weise soll gewährleistet werden, dass die zuständigen Behörden auch nach Registrierung des Rechtsdienstleisters eine ordnungsgemäße Erbringung der Rechtsdienstleistung sicherstellen können und die Möglichkeit haben, zum Schutze der Rechtsuchenden bei Wegfall des Versicherungsschutzes die Registrierung als Rechtsdienstleister gemäß § 14 Nr. 2 RDG zu widerrufen.

20 Zeigt der Versicherer der Behörde den Wegfall der Versicherung an, so wird er nach § 117 VVG gegenüber geschädigten Dritten erst nach einer Nachhaftungsfrist von einem Monat von seiner Leistungspflicht frei.

21 Da der durch die fehlerhafte Rechtsdienstleistung Geschädigte regelmäßig den Versicherer des Rechtsdienstleisters nicht kennen wird, sieht **Abs. 6 S. 2** eine Pflicht der Registrierungsbehörde vor, dem Geschädigten **Auskunft** über die Versicherung der registrierten Person zu erteilen. Da die Auskunft lediglich dazu dienen soll, einen etwaigen Schadensersatzanspruch geltend zu machen, kann sich die Auskunft auf Name und Anschrift des Versicherers sowie die Versicherungsnummer des Schädigers beschränken.

---

5 BGH 26.9.1990 – IV ZR 147/89, NJW-RR 1991, 145; Henssler/Prütting/*Stobbe*, § 51 BRAO Rn 100; Hartung/Römermann/*Römermann*, § 51 BRAO Rn 11; aber BGH 9.12.1991 – NotSt (B) 1/91, NJW 1992, 1179.
6 BGH 5.3.1986 – IVa ZR 179/84, VersR 1986, 647; näher *von Lewinski*, Grundriss des Anwaltlichen Berufsrechts, S. 124.
7 Grunewald/Römermann/*Franz*, § 5 RDV Rn 7; *Lamm*, in: Dreyer/Lamm/Müller, § 5 RDV Rn 29.

§ 6 Registrierungsverfahren

(1) Anträge nach § 13 Abs. 1 des Rechtsdienstleistungsgesetzes sind schriftlich zu stellen. Dabei ist anzugeben, für welchen Bereich oder Teilbereich die Registrierung erfolgen soll, und ob die Einwilligung zur Veröffentlichung von Telefonnummer und E-Mail-Adresse erteilt wird.

(2) Im Bereich der Rechtsdienstleistungen in einem ausländischen Recht ist das ausländische Recht anzugeben, auf das sich die Registrierung beziehen soll.

(3) Erlaubnisinhaber nach dem Rechtsberatungsgesetz, die eine Registrierung als registrierte Erlaubnisinhaber nach § 1 Abs. 3 Satz 2 des Einführungsgesetzes zum Rechtsdienstleistungsgesetz beantragen, haben den Umfang dieser Registrierung in dem Antrag genau zu bezeichnen.

(4) Von Zeugnissen und Nachweisen, die nicht in deutscher Sprache ausgestellt sind, kann die Vorlage einer Übersetzung verlangt werden.

I. Schriftlicher Registrierungsantrag (Abs. 1 S. 1)

Nach Abs. 1 S. 1 muss der Registrierungsantrag gemäß § 13 Abs. 1 RDG **schriftlich** gestellt werden. Die sonst im Verwaltungsverfahren übliche Möglichkeit der Antragstellung zur Niederschrift bei der Behörde scheidet aus.[1]

1

II. Schriftformerfordernis

Die Voraussetzungen des Schriftformerfordernisses ergeben sich aus § 126 Abs. 1 BGB.[2] Danach ist der Antrag schriftlich in einer Urkunde zu formulieren und eigenhändig zu unterzeichnen bzw mit einem notariell beglaubigten Handzeichen oder gemäß § 126 Abs. 3 BGB iVm § 2 SigG für den Fall, dass der Antrag in elektronischer Form gestellt wird, mit einer elektronischen Signatur nach dem SigG zu versehen.[3]

2

Unterzeichner ist bei Einzelpersonen der Antragsteller selbst, bei juristischen Personen oder Gesellschaften ohne eigene Rechtspersönlichkeit deren gesetzlicher Vertreter.

3

Weil sie das Erfordernis der eigenhändigen Unterschrift nicht erfüllen, genügen Telefax oder Telegramm nicht dem Schriftformerfordernis.[4]

4

Dass der Antrag in einer Urkunde zu stellen ist, bedeutet, dass bei Anträgen, die aus mehr als einem Blatt bestehen, die Zusammengehörigkeit der verschiedenen Blätter erkennbar sein muss. Am besten geschieht dies dadurch, dass die einzelnen Blätter physisch miteinander verbunden werden. Dem Erfordernis einer einheitlichen Urkunde ist allerdings bereits dann genügt, wenn sich die Einheitlichkeit aus einer fortlaufenden Paginierung der Seiten oder einer durchgehenden Nummerierung der einzelnen Antragspunkte zweifelsfrei ergibt.[5]

5

---

1 Vgl BR-Drucks. 316/08, S. 15.
2 Näher Palandt/*Ellenberger*, § 126 BGB Rn 1 ff.
3 Näher *Lamm*, in: Dreyer/Lamm/Müller, § 6 RDV Rn 6.
4 BGH 30.7.1997 – VIII ZR 244/96, NJW 1997, 3169.
5 Vgl BGH 24.9.1997 – XII ZR 234/95, NJW 1998, 58; BGH 18.12.2002 – XII ZR 253/01, NJW 2003, 1248.

III. Genaue Bezeichnung des Rechtsdienstleistungsbereichs (Abs. 1 S. 2, Abs. 2)

6 Abs. 1 S. 2 verlangt, den Bereich genau zu bezeichnen, für den eine Registrierung angestrebt wird. Der Antragsteller hat also mindestens einen der Bereiche des § 10 Abs. 1 S. 1 Nr. 1 bis 3 RDG anzugeben, dh mitzuteilen, ob er Inkassodienstleistungen, Rentenberatung oder Rechtsdienstleistungen in einem ausländischen Recht erbringen möchte.

7 Möchte er Rechtsdienstleistungen in einem ausländischen Recht erbringen, so ist nach Abs. 2 darüber hinaus die ausländische Rechtsordnung konkret zu benennen, zB „Rechtsdienstleistungen im französischen Recht". Beschränkt der Antragsteller die Rechtsdienstleistungen in einem ausländischen Recht gemäß § 1 iVm § 10 Abs. 1 S. 1 Nr. 3 RDG auf die danach zulässigen Teilbereiche des gewerblichen Rechtsschutzes oder des Steuerrechts, so sind diese Teilbereiche konkret zu bezeichnen, zB „Rechtsdienstleistungen im niederländischen Steuerrecht" oder „Rechtsdienstleistungen im gewerblichen Rechtsschutz Italiens".

IV. Registrierungsangaben von Erlaubnisinhabern nach dem RBerG (Abs. 3)

8 Für Erlaubnisinhaber nach dem RBerG ermöglicht § 1 RDGEG eine Registrierung nach dem RDG. Abs. 3, der solchen Antragstellern die Pflicht auferlegt, für ihre Registrierung unter dem neuen Recht die Registrierungsbereiche anzugeben, für die sie um eine Registrierung nachsuchen, will auf diese Weise Auslegungsschwierigkeiten vermeiden, die entstehen können, sofern ein Antragsteller lediglich seine Registrierung nach altem Recht zu den Akten reicht, weil aus ihr nicht immer zwingend eindeutig der Registrierungsumfang hervorgeht.[6]

V. Telefonnummer und E-Mail (Abs. 1 S. 2)

9 Da § 16 Abs. 2 S. 2 RDG verlangt, dass der Antragsteller in die Veröffentlichung von Telefonnummer und E-Mail-Adresse im Rechtsdienstleistungsregister gegenüber der Registrierungsbehörde schriftlich einwilligt, verlangt § 6 Abs. 1 S. 2 Hs 2, gegenüber der Behörde im Antrag zu erklären, inwieweit man mit der Veröffentlichung dieser Daten einverstanden ist.

VI. Fremdsprachige Dokumente (Abs. 4)

10 Sofern der Antragsteller seinem Antrag fremdsprachige Dokumente als Nachweis der Registrierungsvoraussetzungen beifügt, regelt Abs. 4, dass die Genehmigungsbehörde Übersetzungen dieser Dokumente verlangen kann. Diese Regelung ist sehr antragstellerfreundlich. Zum einen, weil im Falle der hinreichenden Sprachkompetenz des Bearbeiters in der Genehmigungsbehörde auf eine Übersetzung verzichtet werden kann, da das fremdsprachige Dokument verstanden wird. Zum andern, weil lediglich Übersetzungen und nicht amtlich beglaubigte Übersetzungen beizubringen sind,[7] was regelmäßig eine Kostenersparnis für den Antragsteller darstellt, da er die Kosten für die Übersetzungen zu tragen hat, sofern sie von ihm beizubringen sind.[8]

---

6 Vgl BR-Drucks. 316/08, S. 15.
7 Vgl BR-Drucks. 316/08, S. 16.
8 *Lamm*, in: Dreyer/Lamm/Müller, § 6 RDV Rn 16.

§ 7 Aufbewahrungsfristen

(1) Die nach § 13 des Rechtsdienstleistungsgesetzes für die Registrierung zuständigen Behörden haben Akten und elektronische Akten über registrierte Personen für einen Zeitraum von zehn Jahren nach der Löschung der im Rechtsdienstleistungsregister öffentlich bekannt gemachten Daten gemäß § 17 Abs. 1 Nr. 1 bis 4 sowie 6 des Rechtsdienstleistungsgesetzes aufzubewahren.

(2) Akten und elektronische Akten über Personen oder Vereinigungen, denen die Erbringung von Rechtsdienstleistungen untersagt worden ist, sind für einen Zeitraum von fünf Jahren nach Ablauf der Dauer der Untersagung aufzubewahren.

(3) Akten und elektronische Akten, in denen eine beantragte Registrierung bestandskräftig abgelehnt worden oder eine Untersagung nicht erfolgt ist, sind für einen Zeitraum von fünf Jahren nach der Beendigung des Verfahrens aufzubewahren.

I. Normzweck

Entsprechend der Vorgabe in § 13 Abs. 4 RDG regelt **Abs. 1** die Aufbewahrungs- und Löschungsfristen für Akten in Papierform und für elektronische Akten im Rahmen des Registrierungsverfahrens. Die Fristen orientieren sich an den Aufbewahrungsfristen, die in der Aktenordnung für die Akten von Erlaubnisinhabern nach dem RBerG festgelegt waren.[1] **Abs. 2** regelt darüber hinaus die Aufbewahrungsfristen im Rahmen des Untersagungsverfahrens gemäß § 9 RDG.

II. Partiell fehlende Verordnungsermächtigung

Inwieweit die Regelung des Abs. 2 von der Ermächtigungsgrundlage des § 13 Abs. 4 RDG, der sich seinem Wortlaut nach nur auf das Registrierungsverfahren bezieht, noch gedeckt ist, wird teils kritisch beurteilt, weil das Untersagungsverfahren eben kein Registrierungsverfahren sei.[2] Der Gesetzgeber begreift Abs. 2 in seiner amtlichen Begründung jedoch als Rechtsgrundlage für die Aufbewahrungsfristen im Rahmen des Untersagungsverfahrens nach § 9 RDG.[3] Er hat dabei wohl u.a. sicherstellen wollen, dass die Genehmigungsbehörde im Registrierungsverfahren die Möglichkeit behalten soll, die Angaben des Antragstellers zu einer früheren Versagung der Rechtsdienstleistungsbefugnis gemäß § 13 Abs. 1 Nr. 4 RDG bei Zweifeln anhand der behördlichen Akten nachvollziehen zu können. Dieses ist nur möglich, wenn diese Akten zum Zeitpunkt der Antragstellung noch existieren. Vor dem Hintergrund der datenschutzrechtlichen Bestimmungen und des grundrechtlichen Schutzes der persönlichen Daten und der Privatsphäre, die eine Abwägung der Interessen des Antragstellers gegenüber den öffentlichen Interessen erfordern, erscheint es daher sinnvoll, die Aufbewahrungsfristen des Untersagungsverfahrens auf den Umgang mit den Akten im Rahmen des Genehmigungsverfahrens abzustimmen. Aufgrund der Verknüpfung durch § 13 Abs. 1 Nr. 4 RDG kann die sich aus dem Untersagungsverfahren ergebende Aktenlage als Teilaspekt des Genehmigungsverfahrens begriffen werden, womit die Regelung insoweit noch von der Ermächtigungsgrundlage des § 13 Abs. 4

---

1 BR-Drucks. 316/08, S. 16.
2 *Lamm*, in: Dreyer/Lamm/Müller, § 7 RDV Rn 9 ff.
3 BR-Drucks. 316/08, S. 16.

RDG gedeckt ist. Da das Untersagungsverfahren nach § 9 RDG aber auch gegenüber Personen und Vereinigungen durchgeführt werden kann, die nach den §§ 6, 7 Abs. 1 und 8 Abs. 1 Nr. 4 und 5 RDG Rechtsdienstleistungen erbringen dürfen, muss man diesbezüglich daran zweifeln, ob Abs. 2 eine Ermächtigungsgrundlage für die Regelung der Aufbewahrungsfristen bildet. Eine redaktionelle Änderung des Verordnungstextes oder des RDG wäre hier sinnvoll, um Zweifel über die Rechtmäßigkeit etwaiger auf Abs. 2 basierender Verwaltungstätigkeit in diesen Fällen auszuschließen.

III. Löschungsfristen

3 Anknüpfend an den jeweiligen Löschungstatbestand nach § 17 Abs. 1 RDG sind die Akten, die über registrierte Personen geführt werden, gemäß **Abs. 1** grds. für einen Zeitraum von **zehn Jahren** nach dem Ende der Registrierung aufzubewahren.

4 Die Aufbewahrungsfrist verkürzt sich gemäß **Abs. 3** auf **fünf Jahre**, sofern entweder das Registrierungsverfahren nicht zu einer Registrierung des Antragstellers geführt hat oder bei einem tätigen Rechtsdienstleister zwar ein Untersagungsverfahren nach § 9 RDG eingeleitet, aber nicht mit einer bestandskräftigen Untersagung abgeschlossen worden ist. Diese Frist beginnt, wenn das Verfahren beendet ist, dh mit der letzten sachlichen Verfügung.[4]

5 Ebenso hält der Gesetzgeber gemäß **Abs. 2** eine **fünfjährige** Aufbewahrungsfrist für Akten über die Untersagung von Rechtsdienstleistungen nach § 9 RDG für erforderlich und angemessen. Fristbeginn bei erfolgter Untersagung ist der Zeitpunkt, in dem die Untersagungsfrist abläuft.[5]

§ 8 Öffentliche Bekanntmachungen im Rechtsdienstleistungsregister

(1) Für öffentliche Bekanntmachungen nach § 16 Abs. 2 Nr. 1 des Rechtsdienstleistungsgesetzes und solche nach § 16 Abs. 2 Nr. 2 des Rechtsdienstleistungsgesetzes sind innerhalb des Rechtsdienstleistungsregisters zwei getrennte Bereiche vorzusehen. Eine Suche nach den eingestellten Daten darf nur anhand eines oder mehrerer der folgenden Suchkriterien erfolgen:
1. Bundesland,
2. zuständige Behörde,
3. behördliches Aktenzeichen,
4. Datum der Veröffentlichung,
5. Registrierungsbereich in den Fällen des § 16 Abs. 2 Nr. 1 des Rechtsdienstleistungsgesetzes,
6. Familienname, Vorname, Firma oder Name
   a) der registrierten Person, ihrer gesetzlichen Vertreter oder einer qualifizierten Person in den Fällen des § 16 Abs. 2 Nr. 1 des Rechtsdienstleistungsgesetzes,

---

[4] BR-Drucks. 316/08, S. 16.
[5] BR-Drucks. 316/08, S. 16.

b) der Person oder Vereinigung, der die Erbringung von Rechtsdienstleistungen untersagt ist, oder ihrer gesetzlichen Vertreter in den Fällen des § 16 Abs. 2 Nr. 2 des Rechtsdienstleistungsgesetzes oder
7. Anschrift.

Die Angaben nach Satz 2 können unvollständig sein, sofern sie Unterscheidungskraft besitzen.

(2) Die öffentlich bekanntzumachenden Daten werden von der nach § 9 Abs. 1 oder § 13 Abs. 1 des Rechtsdienstleistungsgesetzes für die Untersagung oder für das Registrierungsverfahren zuständigen Behörde unverzüglich nach der Registrierung im Wege der Datenfernübertragung an die zentrale Veröffentlichungsstelle weitergegeben. Durch technische und organisatorische Maßnahmen ist sicherzustellen, dass die Daten dabei und während der Veröffentlichung unversehrt, vollständig und aktuell bleiben sowie jederzeit ihrem Ursprung nach zugeordnet werden können.

I. Normzweck

Für die nach § 16 RDG vorzunehmenden öffentlichen Bekanntmachungen enthält § 8 ergänzende datenschutzrechtliche Regelungen. Abs. 1 berücksichtigt dabei die zwei grundlegend verschiedenen Gründe einer Veröffentlichung im Rechtsdienstleistungsregister: Die Veröffentlichungen über Registrierungen nach § 10 RDG sind von den Untersagungen nach § 9 RDG zu trennen, weil es sich in dem einen Fall um die Veröffentlichung aufgrund eines freiwilligen Antrags und in dem anderen Fall um die Veröffentlichung einer staatlichen Sanktion handelt.[1] Es ist deshalb nach der Begründung des Gesetzgebers sicherzustellen, dass die Veröffentlichung der Untersagung nicht mit den Veröffentlichungen über registrierte Personen vermischt wird.[2] Als Konsequenz dürfen Veröffentlichungen über Untersagungen als Ergebnis einer Abfrage nur mitgeteilt werden, wenn sich die Abfrage konkret auf diesen Bereich bezieht. Nach der amtlichen Begründung ist es selbstverständlich, dass bei einer Suche nach Personen oder Vereinigungen, denen Rechtsdienstleistungen untersagt sind, keine registrierten Personen nach § 10 RDG als Ergebnis der Suchabfrage mitgeteilt werden dürfen.[3]

1

II. Zulässige Suchkriterien einer Abfrage (Abs. 1 S. 2 und 3)

Abs. 1 S. 2 legt die Suchkriterien fest, nach denen ein Datenabruf aus dem Bestand der öffentlichen Bekanntmachungen erfolgen kann. Die dort unter Nr. 1 bis 7 genannten Suchkriterien können jeweils **einzeln oder kombiniert** verwendet werden.

2

Nr. 1 und 2: Da es sich um Veröffentlichungen der Länder handelt, die auf einer länderübergreifenden Plattform erfolgen, ist als Suchkriterium zunächst das jeweilige **Bundesland,** das die Veröffentlichung vornimmt, zugelassen, wobei dies daneben eine Suche nach den jeweiligen **Registrierungsbehörden** oder eine kumulative Suche nicht ausschließt.[4]

3

---

1 BR-Drucks. 316/08, S. 16.
2 BR-Drucks. 316/08, S. 16.
3 BR-Drucks. 316/08, S. 16.
4 BR-Drucks. 316/08, S. 17.

4 **Nr. 3 und 4:** Ist ein **Aktenzeichen** bekannt, so soll nach dem Willen des Gesetzgebers die Veröffentlichung unmittelbar über die Eingabe dieses Aktenzeichens oder, falls dies bekannt ist, über das **Veröffentlichungsdatum** abrufbar sein.[5]

5 **Nr. 5:** Die unterschiedlichen **Registrierungsbereiche** bilden ein weiteres Abrufkriterium für registrierte Personen. Dabei handelt es sich einerseits um die drei Bereiche Inkasso, Rentenberatung und Rechtsdienstleistungen in einem ausländischen Recht und andererseits um den Bereich der registrierten Erlaubnisinhaber nach § 1 Abs. 3 RDGEG.

6 **Nr. 6 und 7:** Die öffentlichen Bekanntmachungen über registrierte Personen können schließlich auch durch Angabe ihres **Namens** oder des Namens eines gesetzlichen Vertreters oder einer qualifizierten Person sowie durch Angabe der nach § 16 RDG zu veröffentlichenden **Anschriften** abgerufen werden.

7 Die Regelung in **Abs. 1 S. 3** ermöglicht auch **unvollständige** Angaben. Dies kann etwa die Anschrift betreffen, wenn nur der Ort der Niederlassung bekannt ist. Auch bei Namenseingaben genügt die Angabe eines Teils des Familien- oder Vereinsnamens oder der Firma. Dies entspricht den Regelungen zur Veröffentlichung in Insolvenzsachen (vgl § 2 Abs. 1 S. 2 der Verordnung zu öffentlichen Bekanntmachungen in Insolvenzverfahren im Internet).

III. Aufbau des Registers durch die Einrichtungen der Länder (Abs. 2)

8 Die Regelung in Abs. 2 setzt die Vorgabe aus § 18 Abs. 3 S. 2 RDG um. Bei der Einrichtung und Führung des Rechtsdienstleistungsregisters müssen die Länder deshalb alle technischen und organisatorischen Maßnahmen treffen, die erforderlich sind, um die Vorgaben aus § 18 Abs. 3 S. 2 RDG zu erfüllen.[6]

§ 9 Löschung von Veröffentlichungen

(1) Die zuständige Behörde hat die Löschung der nach § 16 Abs. 2 des Rechtsdienstleistungsgesetzes öffentlich bekanntgemachten Daten aus dem Rechtsdienstleistungsregister unverzüglich nach Bekanntwerden des Löschungstatbestands zu veranlassen.

(2) Soweit Daten in einer zentralen Datenbank nach § 18 Abs. 1 Satz 2 des Rechtsdienstleistungsgesetzes gespeichert sind, ist durch technische und organisatorische Maßnahmen sicherzustellen, dass ein Datenabruf insoweit nur durch die hierzu befugten Behörden erfolgt. § 10 Abs. 2 und 4 des Bundesdatenschutzgesetzes findet Anwendung.

I. Normzweck

1 Die Löschungstatbestände und -zeitpunkte der im Rechtsdienstleistungsregister öffentlich bekanntgemachten Daten sind bereits in § 17 Abs. 1 RDG abschließend aufgeführt. **Abs. 1** regelt die Pflicht der nach § 9 RDG oder § 13 RDG zuständigen Behörde, die Löschung unverzüglich nach dem Bekanntwerden des jeweiligen Löschungsgrundes zu veranlassen. Die Regelung in **Abs. 2** stellt klar, dass elektronisch gespeicherte Daten nach Ablauf der Veröffentlichungsfrist kei-

---

5 BR-Drucks. 316/08, S. 17.
6 BR-Drucks. 316/08, S. 17.

ne öffentlich bekanntgemachten Daten mehr sind und allein den Regelungen des RDG für behördeninterne Abrufe unterliegen.

§ 9 trägt dem Umstand Rechnung, dass die öffentlichen Bekanntmachungen und der behördeninterne automatisierte Datenabruf im Interesse einer effizienten und kostengünstigen technischen Umsetzung auf der Grundlage einer einheitlichen EDV-Lösung erfolgen sollen. Die Klarstellung des Abs. 2 erfolgt, weil Verfahrensdaten, die öffentlich bekanntzumachen sind, für die zuständigen Registrierungsbehörden auch nach dem Ablauf der jeweiligen Veröffentlichungsfrist für den im Gesetz bestimmten Zeitraum von drei Jahren weiter zentral abrufbar sein sollen, um Kenntnisse über frühere Registrierungs-, Widerrufs- oder Untersagungsverfahren ermitteln und ggf auf die entsprechenden Akteninhalte zurückgreifen zu können, die für eine Entscheidung über einen neuen Registrierungsantrag oder eine neue Untersagung von erheblicher Bedeutung sein können.[1]

II. Datenschutz im automatischen Datenabgleich (Abs. 2)

Weil die Daten aus der zentralen Datenbank im automatisierten Verfahren abgerufen werden, regelt Abs. 2 S. 1 die nach § 10 BDSG bei automatisierten Abrufverfahren erforderliche Prüfung der Zulässigkeit des Datenabrufs. Ergänzend sieht Abs. 2 S. 2 die Anwendbarkeit von § 10 Abs. 2 und 4 BDSG vor, der Einzelheiten zur Kontrolle des Abrufverfahrens und zu den Verantwortlichkeiten regelt.[2]

§ 10 Inkrafttreten

Diese Verordnung tritt am 1. Juli 2008 in Kraft.

Die Vorschrift regelt das Inkrafttreten der Verordnung. Der Zeitpunkt des Inkrafttretens folgt aus dem Inkrafttreten des RDG.

---

1 BR-Drucks. 316/08, S. 17f.
2 BR-Drucks. 316/08, S. 18.

Änderungen durch das Gesetz zur Neuregelung des Rechtsberatungsrechts[1]

Vom 12.12.2007 (BGBl. I S. 2840)

(Auszug)

I.
Änderung der Bundesnotarordnung

§ 27 BNotO[2]

(1) Der Notar hat eine Verbindung zur gemeinsamen Berufsausübung oder zur gemeinsamen Nutzung der Geschäftsräume unverzüglich der Aufsichtsbehörde und der Notarkammer anzuzeigen. *Diese Anzeigepflicht gilt auch für berufliche Verbindungen im Sinne von § 3 Abs. 1 Satz 1 Nr. 7 des Beurkundungsgesetzes.* Anzuzeigen sind Name, Beruf, weitere berufliche Tätigkeiten und Tätigkeitsort der *Beteiligten.* § 9 bleibt unberührt.

(2) Auf Anforderung hat der Notar der Aufsichtsbehörde und der Notarkammer die Vereinbarung über die gemeinsame Berufsausübung oder die gemeinsame Nutzung der Geschäftsräume vorzulegen.

1 Die Ergänzung des Abs. 1 um den neu eingeführten S. 2 erwies sich als notwendig, um angesichts der Erweiterung der Mitwirkungsverbote (siehe § 3 BeurkG Rn 3 ff) den Aufsichtsbehörden die Erfüllung ihrer Aufgaben bei der Überwachung des Notars zu ermöglichen. Über die frühere Verpflichtung hinaus, Auskünfte zur gemeinsamen Berufsausübung oder zur gemeinsamen Nutzung von Geschäftsräumen zu erteilen, ist der Notar nunmehr verpflichtet, über alle ihm eingegangenen Berufsverbindungen, und zwar auch über Berufsverbindungen in Sternsozietäten, Auskunft zu erteilen und die hierüber abgeschlossenen Vereinbarungen vorzulegen.

§ 93 BNotO[3]

(1)–(3) (…)

(4) Der Notar ist verpflichtet, den Aufsichtsbehörden oder den von diesen mit der Prüfung Beauftragten Akten, Verzeichnisse und Bücher sowie die in seiner Verwahrung befindlichen Urkunden zur Einsicht vorzulegen und auszuhändigen, Zugang zu den Anlagen zu gewähren, mit denen personenbezogene Daten automatisiert verarbeitet werden, sowie die notwendigen Aufschlüsse zu geben.

---

1 Kursive Hervorhebungen in den nachfolgenden Gesetzestexten machen die Gesetzesänderungen kenntlich, sofern nicht der Gesetzgeber insgesamt eine Neufassung des Gesetzestextes vorgab.
2 Geändert durch Art. 3 Nr. 1 des Gesetzes zur Neuregelung des Rechtsberatungsrechts vom 12.12.2007 (BGBl. I S. 2840, 2848).
3 Geändert durch Art. 3 Nr. 2 des Gesetzes zur Neuregelung des Rechtsberatungsrechts vom 12.12.2007 (BGBl. I S. 2840, 2848).

Personen, mit denen sich der Notar zur gemeinsamen Berufsausübung verbunden oder mit denen er gemeinsame Geschäftsräume hat oder hatte, sind verpflichtet, den Aufsichtsbehörden Auskünfte zu erteilen und Akten vorzulegen, soweit dies für die Prüfung der Einhaltung der Mitwirkungsverbote erforderlich ist. *Dies gilt auch für Dritte, mit denen eine berufliche Verbindung im Sinne von § 27 Abs. 1 Satz 2 besteht oder bestanden hat.*

Der Abs. 4 hinzugefügte S. 3 ergänzt die Regelungen des § 27 BNotO. Er gibt der Aufsichtsbehörde des Notars das Recht, von allen Personen, die mit dem Notar über verbundene Unternehmen iSd § 15 AktG verbunden sind, Auskünfte oder die Vorlage von Akten zu verlangen. Ohne diese Vorschrift würde sich eine Lücke in der Überwachung ergeben, da der Anwaltsnotar nicht immer in der Lage sein wird, Vereinbarungen, die zB der Sozius seines Sozius in einer dritten Sozietät getroffen hat, vorzulegen. Ob allerdings die Vorschrift eine praktische Bedeutung erlangen wird, bleibt abzuwarten. Wenn der Notar keine Kenntnis von den Regelungen in den verschiedenen verbundenen Unternehmen hat, wird die Aufsichtsbehörde kaum in der Lage sein, eine konkrete Anfrage zu stellen. 1

II.
Änderung der Bundesrechtsanwaltsordnung

§ 49 b BRAO Vergütung[4]

(1)–(3) (…)
(4) Die Abtretung von Vergütungsforderungen oder die Übertragung ihrer Einziehung an Rechtsanwälte oder rechtsanwaltliche Berufsausübungsgemeinschaften (§ 59 a) ist zulässig. Im Übrigen sind Abtretung oder Übertragung nur zulässig, wenn eine ausdrückliche, schriftliche Einwilligung des Mandanten vorliegt oder die Forderung rechtskräftig festgestellt ist. Vor der Einwilligung ist der Mandant über die Informationspflicht des Rechtsanwalts gegenüber dem neuen Gläubiger oder Einziehungsermächtigten aufzuklären. Der neue Gläubiger oder Einziehungsermächtigte ist in gleicher Weise zur Verschwiegenheit verpflichtet wie der beauftragte Rechtsanwalt.

I. Abtretung von Vergütungsforderungen oder Übertragung ihrer Einziehung ohne Einwilligung des Mandanten (Abs. 4 S. 1)

Nach der bis zum 30.6.2008 geltenden Fassung von Abs. 4 war zweifelhaft, ob Vergütungsforderungen ohne Einwilligung des Mandanten an Rechtsanwälte abgetreten werden können.[5] Die Neuregelung des Abs. 4 S. 1 schafft nunmehr Klarheit. Ohne weitere Voraussetzungen sind sowohl die Abtretung von Vergütungsforderungen als auch die Übertragung ihrer Einziehung zulässig, und zwar an Rechtsanwälte oder rechtsanwaltliche Berufsausübungsgemeinschaften. 1

---

4 Geändert durch Art. 4 Nr. 1 des Gesetzes zur Neuregelung des Rechtsberatungsrechts vom 12.12.2007 (BGBl. I S. 2840, 2848).
5 Offen gelassen von BGH 11.11.2004 – IX ZR 240/03, NJW 2005, 507 und BGH 9.6.2005 – IX ZR 14/04.

2 **Vergütungsforderungen** sind gemäß der Definition der anwaltlichen Vergütung in § 1 Abs. 1 S. 1 RVG die anwaltlichen Gebühren und Auslagen. Dazu gehören auch die Ansprüche gegen die Staatskasse aus Beratungshilfe, Prozesskostenhilfe und Beiordnung. Erfasst ist auch der Anspruch auf Zahlung der Gebühren und Auslagen gegen den in die Prozesskosten verurteilten Gegner im Falle der Prozesskostenhilfe (§ 126 Abs. 1 ZPO).

3 Dagegen ist die Abtretung nicht beschränkt hinsichtlich der übrigen Kostenerstattungsansprüche. Diese stehen nicht dem Rechtsanwalt, sondern der von ihm vertretenen Partei zu. Wenn sie an den Rechtsanwalt abgetreten sind, kann der Rechtsanwalt – vorbehaltlich etwaiger entgegenstehender Vereinbarungen und/oder entgegenstehender Verschwiegenheitspflicht im konkreten Einzelfall – weiter abtreten.

4 Erfasst ist zunächst die **Abtretung** iSd § 398 BGB, unabhängig davon, ob es sich um eine Vollabtretung oder um eine treuhänderische Abtretung zum Zwecke des Inkassos handelt.

5 Daneben ist unter den gleichen Voraussetzungen die **Übertragung der Einziehung** von Vergütungsforderungen zulässig. In einem solchen Fall bleibt der Rechtsanwalt, in dessen Person die Vergütungsforderung entstanden ist, Inhaber der Forderung, willigt aber gemäß § 185 BGB darin ein, dass ein Dritter, insbesondere eine Einziehungsstelle (Factoring), im eigenen Namen die Forderung gegen den Schuldner geltend macht.

6 Voraussetzung für die Abtretung oder Übertragung zur Einziehung **ohne Einwilligung** des Mandanten ist es, dass der Empfänger Rechtsanwalt oder eine rechtsanwaltliche Berufsausübungsgemeinschaft ist. **Rechtsanwaltliche Berufsausübungsgemeinschaften** sind die in § 59 BRAO nunmehr neu geregelten Berufsausübungsgemeinschaften, also Sozietäten und Bürogemeinschaften; gemeint sind ersichtlich auch die Zusammenschlüsse mit eigener Rechtspersönlichkeit (Partnerschaftsgesellschaften, Rechtsanwalts-AG, Rechtsanwalts-GmbH).

7 Unzulässig ist dagegen die Abtretung an Mitglieder rechtsanwaltlicher Berufsausübungsgemeinschaften, die nicht Rechtsanwälte sind, also etwa Steuerberater und Wirtschaftsprüfer. Zwar unterliegen diese Berufe entsprechenden Verschwiegenheitspflichten, so dass von der Sache wegen einzuwenden wäre, an einen mit einem Rechtsanwalt zur gemeinschaftlichen Berufsausübung verbundenen Steuerberater zu übertragen. Das Gesetz hat diese Möglichkeit aber nicht vorgesehen, obwohl ohne weiteres die Abtretung an Mitglieder von rechtsanwaltlichen Berufsausübungsgemeinschaften hätte zugelassen werden können. Andererseits hätte dann auch generell die Abtretung an Steuerberater usw zugelassen werden können und müssen, ersichtlich wollte das Gesetz die Zulässigkeit der Abtretung von der Einbindung eines Rechtsanwalts beim Zessionar abhängig machen.

II. Abtretung von Vergütungsforderungen oder Übertragung ihrer Einziehung mit Einwilligung des Mandanten bzw nach rechtskräftiger Feststellung (Abs. 4 S. 2 und 3)

8 1. **Ausdrückliche schriftliche Einwilligung des Mandanten (Abs. 4 S. 2 Alt. 1).** Jedenfalls nach dem Wortlaut der früheren Fassung des Abs. 4 war die Abtretung und Übertragung zur Einziehung an einen **nicht als Rechtsanwalt zu-**

gelassenen Dritten nicht nur von der ausdrücklichen schriftlichen Einwilligung des Mandanten, sondern darüber hinaus von der rechtskräftigen Feststellung der Forderung und einem fruchtlosen ersten Vollstreckungsversuch abhängig.[6] Die Neuregelung hat die Abtretung bzw Übertragung deutlich erleichtert. Es ist nunmehr **alternativ** nur noch eine weitere Voraussetzung erforderlich, nämlich

- ausdrückliche schriftliche Einwilligung des Mandanten **oder**
- rechtskräftige Feststellung der Forderung.

Für die **Schriftform** gelten §§ 126, 126a BGB, also eigenhändige Unterschrift, notariell beglaubigtes Handzeichen, notarielle Beurkundung oder elektronische Form mit qualifizierter elektronischer Signatur. Mangels eindeutiger Regelung eines im Übrigen dem Gesetzgeber bekannten Problems wird eine per Fax übermittelte Erklärung nicht ausreichen. 9

Auch wenn der Vergütungsanspruch des Rechtsanwalts durch die Vereinbarung der Abtretbarkeit modifiziert wird, ist für die schriftliche Einwilligung des Mandanten keine Vergütungsvereinbarung iSd § 3a RVG erforderlich; das Gesetz will ersichtlich keine weitergehenden Anforderungen stellen. Daraus dürfte sich aber zugleich ergeben, dass die Einwilligung in die Abtretung eine andere Vereinbarung iSd § 3a Abs. 1 S. 1 RVG ist, demgemäß dann, wenn die Einwilligung in eine Vergütungsvereinbarung aufgenommen werden soll, die Einwilligung von der eigentlichen Vergütungsvereinbarung deutlich abzusetzen ist. 10

2. Aufklärung des Mandanten (Abs. 4 S. 3). Das Gesetz verlangt nunmehr in S. 3 vor der Einwilligung eine Aufklärung des Mandanten über die **Informationspflicht des Rechtsanwalts** gegenüber dem neuen Gläubiger oder Einziehungsermächtigten. Dafür ist eine Form nicht vorgeschrieben, dh die Information kann mündlich erteilt werden. Beweispflichtig für das Fehlen der Information ist der Mandant; der Rechtsanwalt hat allerdings substantiiert die Erfüllung der Informationspflicht vorzutragen. Inhaltlich bezieht sich die Informationspflicht darauf, dass dem Mandanten erläutert werden muss, dass mit der Abtretung auch die Verpflichtung des § 402 BGB verbunden ist, dh der Rechtsanwalt dem neuen Gläubiger die zur Geltendmachung der Forderung nötige Auskunft zu erteilen und ihm die zum Beweis der Forderung dienenden Urkunden, soweit sie sich in seinem Besitz befinden, auszuliefern hat. Der Rechtsanwalt muss also den neuen Gläubiger über all das informieren dürfen, was zur Entstehung der abgetretenen Gebühren- und Auslagenforderungen gehört, ggf muss er also auch über eine Beratung oder über einen Rechtsstreit im Einzelnen, ggf unter Vorlage von Urkunden, aufklären dürfen. 11

3. Rechtskräftige Feststellung der Forderung (Abs. 4 S. 2 Alt. 2). Die Abtretung bzw Übertragung zur Einziehung ist auch dann zulässig, wenn die Forderung **rechtskräftig festgestellt** ist. Ein Vollstreckungsversuch ist nicht mehr erforderlich. Wenn eine Forderung rechtskräftig festgestellt ist, ist nicht mehr zu besorgen, dass der bisherige Gläubiger (Rechtsanwalt) über seine Tätigkeit dem neuen Gläubiger gemäß § 402 BGB Auskunft erteilen muss; denn zur Geltendmachung der Forderung ist nur noch die Vorlage des Titels erforderlich. Der Titel unter- 12

---

[6] Nach BGH 24.4.2008 – IX ZR 53/07, AnwBl 2008, 630 ff war diese Einschränkung der Abtretbarkeit verfassungswidrig; aufgrund verfassungskonformer Auslegung tritt die Neuregelung auch für die Zeit vor dem 18.12.2007 an die Stelle der früheren Regelung.

liegt aber nicht der Verschwiegenheitspflicht. Rechtskraftfähig ist auch der Vergütungsfestsetzungsbeschluss gemäß § 11 RVG.

III. Verschwiegenheitspflicht (Abs. 4 S. 4)

13 Abs. 4 S. 4 ordnet an, dass der **neue Gläubiger** oder Einziehungsermächtigte in gleicher Weise zur **Verschwiegenheit** verpflichtet ist wie der beauftragte Rechtsanwalt. Dadurch wird die Einhaltung der Verschwiegenheitspflicht auch bei Zustimmung zur Abtretung jedenfalls grds. gewahrt. Hier greift zwar immer dann, wenn nicht an einen kraft Berufsrechts zur Verschwiegenheit verpflichteten Dritten abgetreten wird, keine allgemeine Verschwiegenheitspflicht kraft Berufsrechts ein, wohl aber – jedenfalls in den wichtigsten Fällen – die Strafandrohung nach § 203 Abs. 1 Nr. 6 StGB. Denn nach Art. 17 des Gesetzes zur Neuregelung des Rechtsberatungsrechts vom 12.12.2007[7] ist die schon bisher bestehende Strafbarkeit der Verletzung von Privatgeheimnissen durch privatärztliche Verrechnungsstellen auf die anwaltlichen Verrechnungsstellen erweitert worden. Wenn also an eine anwaltliche Verrechnungsstelle abgetreten wird, ist die Verletzung der Verschwiegenheitspflicht durch die Verrechnungsstelle strafbar, im Übrigen dürfte die Erweiterung der Verschwiegenheitspflicht sanktionslos bleiben. Allenfalls ist daran zu denken, dass sich aus dem Abtretungsvertrag zwischen Anwalt und Drittem Schadensersatzansprüche ergeben, auch wenn das Gesetz den abtretenden Rechtsanwalt nicht verpflichtet, für die Einhaltung der Verschwiegenheitsverpflichtung des Zessionars, etwa durch eine Vertragsstrafenvereinbarung, zu sorgen. Wenn Mandanten unter diesen Umständen den mangelnden Schutz ihrer dem Anwalt anvertrauten Privatgeheimnisse fürchten, können sie ihre Einwilligung zur Abtretung beschränken oder eben überhaupt nicht erteilen.

§ 59 BRAO Ausbildung von Referendaren[8]

Der Rechtsanwalt soll in angemessenem Umfang an der Ausbildung der Referendare mitwirken. Er hat den Referendar, der im Vorbereitungsdienst bei ihm beschäftigt ist, in den Aufgaben eines Rechtsanwalts zu unterweisen, ihn anzuleiten und ihm Gelegenheit zu praktischen Arbeiten zu geben. Gegenstand der Ausbildung soll insbesondere sein die gerichtliche und außergerichtliche Anwaltstätigkeit, der Umgang mit Mandanten, das anwaltliche Berufsrecht und die Organisation einer Anwaltskanzlei.

1 Abs. 2 des § 59 wurde durch Art. 4 Nr. 2 Buchst. b des Gesetzes zur Neuregelung des Rechtsberatungsrechts aufgehoben. Bisher waren durch Abs. 2 aF Referendare, die unter Beistand des Rechtsanwalts in der mündlichen Verhandlung die Parteirechte ausführten oder im Parteienprozess den Rechtsanwalt vertraten,

---

[7] BGBl. I S. 2840, 2858.
[8] Abs. 2 wurde durch Art. 4 Nr. 2 Buchst. b des Gesetzes zur Neuregelung des Rechtsberatungsrechts vom 12.12.2007 (BGBl. I S. 2840, 2848) aufgehoben. Abs. 2 lautete: „Auf den Referendar, der unter Beistand des Rechtsanwalts die Ausführung der Parteirechte übernimmt, ist § 157 Abs. 1 und 2 der Zivilprozessordnung nicht anzuwenden. Das gleiche gilt, wenn der Referendar den Rechtsanwalt in Fällen vertritt, in denen eine Vertretung durch einen Rechtsanwalt nicht geboten ist."

von den Beschränkungen des § 157 Abs. 1 und 2 ZPO freigestellt, ihnen konnte also nicht bei mangelnder Fähigkeit zum geeigneten Vortrag der weitere Vortrag durch das Gericht untersagt werden.

Durch Art. 8 des Gesetzes zur Neuregelung des Rechtsberatungsrechts[9] ist die Vertretung im Zivilprozess neu geregelt. Referendare, die nicht bei dem bevollmächtigten Rechtsanwalt im Vorbereitungsdienst beschäftigt sind, können Bevollmächtigte nur noch nach § 79 Abs. 2 Nr. 1 bis 4 ZPO sein; insoweit kann das Gericht die weitere Vertretung untersagen, wenn der Referendar nicht in der Lage ist, das Sach- und Streitverhältnis sachgerecht darzustellen. Soweit der Referendar bei dem prozessbevollmächtigten Rechtsanwalt im Vorbereitungsdienst beschäftigt ist, kann er den Rechtsanwalt auch weiterhin (ohne Zurückweisungsmöglichkeit des Gerichts) gemäß § 157 ZPO nF im Parteiprozess vertreten.

§ 59 a BRAO Berufliche Zusammenarbeit

(1) Rechtsanwälte dürfen sich mit Mitgliedern einer Rechtsanwaltskammer und der Patentanwaltskammer, mit Steuerberatern, Steuerbevollmächtigten, Wirtschaftsprüfern und vereidigten Buchprüfern zur gemeinschaftlichen Berufsausübung im Rahmen der eigenen beruflichen Befugnisse verbinden. § 137 Abs. 1 Satz 2 der Strafprozessordnung und die Bestimmungen, die die Vertretung bei Gericht betreffen, stehen nicht entgegen. Rechtsanwälte, die zugleich Notar sind, dürfen eine solche Verbindung nur bezogen auf ihre anwaltliche Berufsausübung eingehen. Im Übrigen richtet sich die Verbindung mit Rechtsanwälten, die zugleich Notar sind, nach den Bestimmungen und Anforderungen des notariellen Berufsrechts.

(2) Eine gemeinschaftliche Berufsausübung ist Rechtsanwälten auch gestattet:
1. mit Angehörigen von Rechtsanwaltsberufen aus Staaten, die nach dem Gesetz über die Tätigkeit europäischer Rechtsanwälte in Deutschland oder nach § 206 berechtigt sind, sich im Geltungsbereich dieses Gesetzes niederzulassen und ihre Kanzlei im Ausland unterhalten,
2. mit Patentanwälten, Steuerberatern, Steuerbevollmächtigten, Wirtschaftsprüfern oder vereidigten Buchprüfern anderer Staaten, die einen in der Ausbildung und den Befugnissen den Berufen nach der Patentanwaltsordnung, dem Steuerberatungsgesetz oder der Wirtschaftsprüferordnung entsprechenden Beruf ausüben und mit Patentanwälten, Steuerberatern, Steuerbevollmächtigten, Wirtschaftsprüfern oder vereidigten Buchprüfern im Geltungsbereich dieses Gesetzes ihren Beruf gemeinschaftlich ausüben dürfen.

(3) Für Bürogemeinschaften gelten die Absätze 1 und 2 entsprechend.

I. Sozietät mit Angehörigen „vereinbarer Berufe"	1	III. Bürogemeinschaft (Abs. 3); anderweitige Zusammenarbeit (Kooperation)	15
II. Zulässigkeit der Sternsozietät	3		

---

[9] BGBl. 2007 I S. 2840, 2850.

I. Sozietät mit Angehörigen „vereinbarer Berufe"

1 Die ursprünglich in Abs. 4 in der Form des RegE vorgesehene Erstreckung der Sozietätsmöglichkeit auf alle Angehörigen „vereinbarer Berufe"[10] ist nicht Gesetz geworden. Diese höchst problematische Neuregelung ist nicht endgültig aufgegeben worden, sondern soll im Zuge einer BRAO-Reform wieder aufgegriffen werden.

2 Derzeit bleibt es aber bei der schon bisher geltenden Möglichkeit der gemeinschaftlichen Berufsausübung mit anderen Mitgliedern einer Rechtsanwaltskammer und Patentanwaltskammer sowie mit den verkammerten und derselben Verschwiegenheitspflicht unterliegenden Steuerberatern, Steuerbevollmächtigten, Wirtschaftsprüfern und vereidigten Buchprüfern sowie ausländischen Rechtsanwälten, deren Tätigkeit durch das Gesetz über die Tätigkeit europäischer Rechtsanwälte in Deutschland vom 9.3.2000[11] geregelt ist, sowie den ausländischen Patentanwälten, Steuerberatern, Steuerbevollmächtigten, Wirtschaftsprüfern oder vereidigten Buchprüfern, die den deutschen Berufsangehörigen gleichgestellt sind. Insoweit ergibt sich keine Änderung zum früheren Rechtszustand.

II. Zulässigkeit der Sternsozietät

3 Neu geregelt ist die Zulässigkeit der sog. **Sternsozietät**. Während früher in § 59a aF und § 31 BORA klargestellt war, dass deutsche Rechtsanwälte sich mit anderen deutschen Rechtsanwälten und den übrigen in § 59a genannten Berufen in einer Sozietät verbinden dürfen und sich daraus nach hM ein Verbot der Sternsozietät ergab, schreibt § 59a nF nunmehr nicht mehr die Beschränkung auf die Verbindung in einer einzigen Sozietät zur gemeinschaftlichen Berufsausübung vor, sondern erlaubt generell die Verbindung zur gemeinschaftlichen Berufsausübung, unabhängig ob **in einer oder mehreren Sozietäten**. **Bürogemeinschaften** sind ausdrücklich den Sozietäten **gleichgestellt** (Abs. 3).

4 Damit sind die Auslegungsstreitigkeiten und die verfassungs- und europarechtlichen Bedenken gegen das Verbot der Sternsozietät entfallen.

5 Nach der Gesetzesbegründung sei es nicht erforderlich, Rechtsanwälten vorzuschreiben, welche gesellschaftsrechtliche Organisationsform sie wählen können, um ihren Beruf auszuüben. Es soll der Verantwortung des einzelnen Rechtsanwalts obliegen, wie er seine Tätigkeit organisiert. Es ist nicht erforderlich, ihm vorzuschreiben, in welcher Kanzlei er seinen Beruf in welchem Umfang ausübt. Das Verbot der Sternsozietät ist damit gerechtfertigt worden, dass eine unübersehbare Vermehrung der letztlich nicht vermehrbaren Berufstätigkeit des einzelnen Rechtsanwalts verhindert werden solle. Letztlich sei für den Mandanten bei Zulassung der Sternsozietät nicht mehr überschaubar, wer mit ihm in welcher Rechtsform zusammenarbeitet.

6 Dazu ist bereits in der Diskussion zur Verfassungsmäßigkeit der früheren Regelung darauf hingewiesen worden, dass es letztlich eine Frage der zivilrechtlichen Auslegung des Mandatsvertrages ist, **wer Vertragspartner des Mandanten** im Einzelfall ist. Wenn also ein Rechtsanwalt Gesellschafter in mehreren Sozietäten

---

10 Begr. RegE, BT-Drucks. 16/3655, S. 83.
11 BGBl. I S. 182, zuletzt geändert durch Art. 19 Abs. 9 des Gesetzes zur Neuregelung des Rechtsberatungsrechts vom 12.12.2007 (BGBl. I S. 2840, 2859).

ist, wird anhand der im Zusammenhang mit dem Abschluss des Mandatsvertrages abgegebenen Erklärungen zu entscheiden sein, welche der Sozietäten Vertragspartner des Mandanten ist oder ob gar mehrere Sozietäten Vertragspartner werden. Maßgeblich sind insoweit

- primär die ausdrückliche Erklärung der Vertragsschließenden bei Abschluss des Vertrages, der Rechtsanwalt kann also ausdrücklich klarstellen, für welche Sozietät er im Einzelfall handelt,
- der äußere Eindruck, den der Mandant im Zeitpunkt des Vertragsschlusses gewinnt, also etwa das Kanzleischild, vorgelegte Briefbögen, Inhalt einer (allerdings nur im Außenverhältnis geltenden) Vollmacht,
- ganz hilfsweise der äußere Eindruck, der von dem Anwalt am Ort des Vertragsschlusses allgemein erweckt wird, also etwa durch Werbung in Verzeichnissen oder im Internet.

Wenn danach Unklarheiten bleiben, wird vorgeschlagen, dass der Anwalt den Mandanten aufklären müsse. Eine solche **Aufklärungspflicht** besteht zwar sicherlich, hilft dem Mandanten aber nicht weiter, weil die Verletzung der Aufklärungspflicht über § 311 BGB auch nur zur Haftung des handelnden Rechtsanwalts führt, der ohnehin persönlich für alle Verpflichtungen aus dem Anwaltsvertrag haftet. Richtigerweise wird angesichts der weitgehenden Rechtscheinshaftung im Zusammenhang mit dem Auftreten von Sozietäten nach außen bei Unklarheiten jede Sozietät haften, für die der handelnde Anwalt nach Rechtscheinsgrundsätzen zu handeln berechtigt ist und die nach dem äußeren Anschein als Vertragspartnerin des Mandanten in Betracht kommt. Bei einer Sternsozietät muss also immer damit gerechnet werden, dass die **Haftung der Sozietätsmitglieder** sich erweitert. 7

Sichergestellt werden muss die Einhaltung der **Verschwiegenheitspflicht** gemäß § 43 a Abs. 2 BRAO. Gemäß § 2 Abs. 4 BORA hat der Rechtsanwalt alle sonstigen Personen, die bei seiner beruflichen Tätigkeit mitwirken, zur Verschwiegenheit ausdrücklich zu verpflichten und anzuhalten. Daraus ergibt sich, dass er bei Mitgliedschaft in mehreren Sozietäten oder auch sonstigen Berufsausübungsgemeinschaften verpflichtet ist, die Einhaltung der Verschwiegenheit bei allen mit ihm verbundenen Personen vertraglich sicherzustellen. Das gilt entsprechend für alle übrigen Berufspflichten. 8

Für das **Verbot der Vertretung widerstreitender Interessen** nach § 43 a Abs. 4 BRAO ergeben sich die Einzelheiten aus § 3 Abs. 2 BORA. Das Verbot der Vertretung widerstreitender Interessen gilt also bei der Sternsozietät für alle Sozietäten, denen der sachbearbeitende Rechtsanwalt angehört. 9

Die Ausnahme nach § 3 Abs. 2 S. 2 BORA für den Fall, dass sich im Einzelfall die betroffenen Mandanten in den widerstreitenden Mandaten nach umfassender Information mit der Vertretung ausdrücklich einverstanden erklärt haben und Belange der Rechtspflege nicht entgegenstehen, dürfte für Sternsozietäten kaum eingreifen. Zwar könnte das Einverständnis beider Mandanten von den jeweiligen Sozietäten eingeholt werden, Belange der Rechtspflege dürften aber entgegenstehen, wenn aktuell in einer Auseinandersetzung durch die gleichzeitige Mitwirkung in beiden Sozietäten derselbe Anwalt beide Mandanten vertritt. Insoweit liegt der Fall der Sternsozietät anders als der Fall des Sozietätswechsels, für den die Ausnahmevorschrift des § 3 Abs. 2 S. 2 BORA geschaffen worden ist. 10

11 In der Praxis schwer durchführbar wird der **Abgleich der Kollisionsfälle:** Der in der Sozietät ABC und der Sozietät CXY tätige Anwalt C darf die ihm bekannten Mandate der Sozietät CXY nicht seiner weiteren Sozietät ABC offenbaren, ohne gegen seine Verschwiegenheitspflicht zu verstoßen. Das führt dazu, dass die Kollisionsprüfung nur von C durchgeführt werden kann, also nicht etwa durch A, da diesem die Daten der Sozietät CXY nicht bekannt gemacht werden dürfen. Praktisch lösbar dürfte das Problem dann sein, wenn bei Übernahme aller Mandate beide Sozietäten offenlegen, dass sie über C verbunden sind und der Mandant bei Abschluss des Mandatsvertrages der Weitergabe der Information, dass er Mandant einer der beiden Sozietäten ist, an die andere Sozietät zustimmt. Die Information müsste auch die Grundinformationen über den Inhalt des Mandatsverhältnisses umfassen, um eine Kollisionsprüfung im Einzelfall zu ermöglichen.

12 Schließlich ist zu klären, ob eine bloß formelle, insbesondere **kapitalmäßige Beteiligung an einer zweiten Sozietät** zulässig ist. Abs. 1 S. 1 regelt jedoch schon seinem Wortlaut nach die Verbindung von Rechtsanwälten mit anderen Personen „zur gemeinschaftlichen Berufsausübung". Berufsausübung ist aber ersichtlich nicht eine reine kapitalmäßige Beteiligung, da Kapitalbeteiligungen nicht als Berufsausübung gemäß § 3 BRAO für den Rechtsanwalt vorgesehen sind. Ebenso wenig ist die Zurverfügungstellung von **Namensrechten** (ggf gegen Bezahlung) eine Form der anwaltlichen Berufsausübung.

13 Es erscheint daher erforderlich, dass der Rechtsanwalt verpflichtet und/oder berechtigt ist, in jeder der beiden Sozietäten als Berater und Vertreter in Rechtsangelegenheiten (§ 3 Abs. 1 BRAO) tätig zu sein.

14 Angesichts der ausdrücklichen **Freigabe der Organisation der Tätigkeit des Rechtsanwalts** kann nicht vorgeschrieben werden, in welchem Umfang und in welcher Weise der Rechtsanwalt in der jeweiligen Sozietät tätig wird. Die bloße Möglichkeit der Tätigkeit wird ausreichen. Nur dann, wenn die Tätigkeit vertraglich ausgeschlossen ist oder feststellbar ist, dass eine Tätigkeit nicht gewollt ist, ist die Beteiligung auch durch Abs. 1 nF nicht erlaubt.

III. Bürogemeinschaft (Abs. 3); anderweitige Zusammenarbeit (Kooperation)

15 Nach Abs. 3 gelten die Vorschriften über die Zulässigkeit von Sozietäten mit sozietätsfähigen Partnern auch für eine **Bürogemeinschaft.** Sowohl die Sozietät als auch die Bürogemeinschaft sind grds. eine **BGB-Gesellschaft.** Der Gesellschaftszweck und der Umfang der gesellschaftlichen Zusammenarbeit sind bei der Bürogemeinschaft gegenüber der Sozietät eingeschränkt. Die Sozietät ist eine Verbindung zur gemeinschaftlichen Berufsausübung, umfasst also die gemeinsame Annahme der Aufträge und die gemeinsame Entgegennahme der Entgelte. Die Bürogemeinschaft dagegen übernimmt die Aufträge gerade nicht gemeinsam und nimmt auch die Entgelte nicht gemeinsam entgegen, ihr Gesellschaftszweck ist die gemeinsame Führung des Büros (Anschaffung und Nutzung der Büroausstattung, gemeinsame Miete oder jedenfalls Nutzung des Büros, gemeinsame Anstellung der Mitarbeiter und Bezahlung der Mitarbeiter).

16 Die in Abs. 1 und 2 liegende Einschränkung der Zusammenarbeit mit anderen Berufsträgern kann nicht dadurch erweitert werden, dass statt einer Sozietät eine Bürogemeinschaft mit nicht sozietätsfähigen Berufsangehörigen begründet wird.

Der Kreis der sozietätsfähigen Berufe ist für Sozietät und Bürogemeinschaft identisch.

Dagegen ist eine anderweitige Zusammenarbeit – regelmäßig als **Kooperation** bezeichnet – auch mit nicht sozietätsfähigen Personen möglich und zulässig. Insoweit ist allerdings § 33 BORA zu beachten, dh auch für die nicht sozietätsfähigen Personen, mit denen der Anwalt im Rahmen einer Kooperation zusammenarbeitet, gelten die Vorschriften der Berufsordnung.

III. Änderung des Beurkundungsgesetzes

§ 3 BeurkG Verbot der Mitwirkung als Notar[12]

(1) Ein Notar soll an einer Beurkundung nicht mitwirken, wenn es sich handelt um

1.–6. (…)

7. Angelegenheiten einer Person, für die der Notar, eine Person im Sinn der Nummer 4 *oder eine mit dieser im Sinn der Nummer 4 oder in einem verbundenen Unternehmen (§ 15 des Aktiengesetzes) verbundene Person* außerhalb einer Amtstätigkeit in derselben Angelegenheit bereits tätig war oder ist, es sei denn, diese Tätigkeit wurde im Auftrag aller Personen ausgeübt, die an der Beurkundung beteiligt sein sollen,

8.–9. (…)

Der Notar hat vor der Beurkundung nach einer Vorbefassung im Sinne der Nummer 7 zu fragen und in der Urkunde die Antwort zu vermerken.

(2)–(3) (…)

I. Anlass der Gesetzesänderung

Art. 4 Nr. 3 des Gesetzes zur Neuregelung des Rechtsberatungsrechts vom 12.12.2007[13] hat das früher in § 59 a BRAO enthaltene Verbot, sich in mehr als einer Sozietät zur gemeinschaftlichen Berufsausübung zusammenzuschließen, durch die Neufassung der Regelung der beruflichen Zusammenarbeit aufgehoben (siehe § 59 a BRAO Rn 3 ff). Diese Aufhebung des Verbots der Sternsozietät veranlasste den Gesetzgeber, das insbesondere für den Bereich des Anwaltsnotariats bedeutsame Mitwirkungsverbot bei außernotarieller Vorbefassung auf andere auch mittelbare berufliche Verbindungen auszudehnen. Dies ist durch die hier zur Verdeutlichung in Gesetzestext kursiv hervorgehobenen Ergänzungen der Nr. 7 des Abs. 1 S. 1 geschehen.

II. Mitwirkungsverbote

Das Mitwirkungsverbot regelt vier verschiedene Sachverhalte. Es betrifft zunächst die außernotarielle Vorbefassung des Notars selbst (erste Fallgruppe) und sodann die Vorbefassung desjenigen, mit dem sich der Notar zur gemeinsamen

---

12 Geändert durch Art. 5 des Gesetzes zur Neuregelung des Rechtsberatungsrechts vom 12.12.2007 (BGBl. I S. 2840, 2849).
13 BGBl. I S. 2840, 2848.

Berufsausübung verbunden hat oder mit dem er gemeinschaftliche Geschäftsräume unterhält (zweite Fallgruppe). Dies war die frühere gesetzliche Regelung.

3 Die Erweiterung des Mitwirkungsverbots bezieht sich auf Fallgestaltungen, in denen Personen vorbefasst waren oder sind, die sich mit einem Sozius des Notars, nicht aber mit diesem zu gemeinsamer Berufsausübung verbunden haben oder die mit diesem Sozius gemeinsame Büroräume unterhalten (dritte Fallgruppe). Hierdurch soll dem möglichen Missstand entgegengewirkt werden, dass ein Mitglied einer Anwaltskanzlei eine Sozietät mit einem Anwaltsnotar eingeht und der Notar in Angelegenheiten, die die Sozien seines Sozius oder die Bürogemeinschafter bearbeitet haben oder bearbeiten, seinerseits notarielle Tätigkeiten erbringt. Es wird auch befürchtet, dass die bei derartigen Tätigkeiten anfallenden Gebühren durch die Gestaltung des Sozietätsvertrages zumindest teilweise der Anwaltskanzlei zugute kommen, die einen Sozius für eine Sozietät mit dem Anwaltsnotar „abstellt".

4 Mit dem Hinweis auf **außernotarielle Vorbefassungen einer Person, die über ein verbundenes Unternehmen mit dem Anwaltsnotar verbunden** ist, wird der vierte Sachverhalt geregelt. Der Notar soll auch nicht tätig werden in Angelegenheiten, die nicht der Sozius des Anwaltsnotars oder die Sozien, die mit ihm, nicht aber dem Notar verbunden sind, bearbeiten, sondern die in einer dritten Sozietät bearbeitet werden, zu der die Verbindung über den Sozius des Sozius des Anwaltsnotars hergestellt wird. Zu denken ist an die Gründung einer Sozietät mit drei Sozien. Jeder der drei Sozien gründet eine weitere Sozietät, der nur er, nicht aber seine beiden anderen Sozien angehören. In einer der drei Sozietäten wird ein Anwaltsnotar aufgenommen. Ohne die Erstreckung des Mitwirkungsverbots auf die mit der Ursprungssozietät verbundenen drei neuen Sozietäten wäre es möglich, dass der Anwaltsnotar in allen Angelegenheiten notarielle Tätigkeiten erbringt, die in den zwei anderen von Mitgliedern der Ursprungssozietät gegründeten Sozietäten bearbeitet werden. Durch den Hinweis auf verbundene Unternehmen iSv § 15 AktG sollen Vorbefassungen in derartig konzernartig strukturierten Rechtsanwaltssozietäten, wie zB Staffelungen von Mutter-, Töchter- und Enkelgesellschaften,[14] zu Mitwirkungsverboten auf Seiten des Notars führen.

5 Die Ausdehnung der Mitwirkungsverbote auf außernotarielle Vorbefassungen der „Sozien des Sozius" war im Gesetzgebungsverfahren nicht umstritten. Alle Beteiligten sahen die Notwendigkeit, bei dieser noch als unmittelbar zu bezeichnenden beruflichen Verbindung des Anwaltsnotars mit den Sozien seines Sozius eine das Mitwirkungsverbot auslösende Vorbefassung anzunehmen. Hingegen erfolgte erst in der Schlussberatung des RDG die Ausdehnung des Mitwirkungsverbots auf außernotarielle Tätigkeiten von Personen, die in verbundenen Unternehmen iSd § 15 AktG vorbefasst sind oder waren. Der Gesetzgeber schloss sich den Bedenken der Bundesnotarkammer und dieser folgend des Bundesrates an. Er sah die Gefahr, dass die Aufhebung des Verbots der Sternsozietät zu Konzernformen führen könnte, wie sie sich in der Wirtschaft herausgebildet haben.[15] Demgegenüber vertrat das BMJ die Auffassung, das „Näheverhältnis" zu Personen, mit denen der Notar nicht selbst verbunden ist, sondern lediglich mit-

---

14 BT-Drucks. 16/3655, S. 107.
15 BT-Drucks. 16/3655, S. 106 f; Schreiben der Bundesnotarkammer an das BMJ vom 30.4.2007.

telbar über einen Sozius oder Bürogemeinschaft, sei nicht so groß, dass es ein generelles Mitwirkungsverbot rechtfertige.[16]

III. Außernotarielle Befassung in der Neufassung des Abs. 1 S. 1 Nr. 7

§ 3 gehört zu den zentralen Vorschriften des notariellen Berufsrechts. Hiermit soll die in § 14 Abs. 3 S. 2 BNotO enthaltene Verpflichtung des Notars, Unabhängigkeit und Unparteilichkeit zu wahren, gesichert werden.[17] Die Bedeutung, die der Gesetzgeber der Einhaltung der Mitwirkungsverbote beimisst, ergibt sich insbesondere aus § 50 Abs. 1 Nr. 9 BNotO, wonach wiederholte grobe Verstöße gegen die Mitwirkungsverbote des § 3 zu einer Amtsenthebung des Notars führen können. Die im Jahre 1998 eingeführte Vorschrift, die seinerzeit angesichts der Zulässigkeit örtlicher und überörtlicher Sozietäten notwendig wurde, ist jetzt – bedingt durch die Aufhebung des Verbots der Sternsozietät (siehe § 59 a BRAO Rn 3 ff) – konsequent weiterentwickelt worden. 6

Das Mitwirkungsverbot aufgrund außernotarieller Vorbefassung ist umfassend ausgestaltet. Das Abgrenzungskriterium – gemeinsame Berufsausübung oder gemeinsame Büroräumlichkeiten – ist erweitert. Es umfasst jetzt auch die **außernotariellen Tätigkeiten** von Personen, die nur **nach Zwischenschaltung einer möglicherweise Vielzahl anderer Personen mit dem Anwaltsnotar mittelbar beruflich verbunden** sind. Dabei besteht Einvernehmen darüber, dass die Mitwirkungsverbote des Abs. 1 S. 1 Nr. 4 und 7 auch im Rahmen **internationaler Sozietäten** Anwendung finden. Die vom Gesetzgeber angenommene Gefährdungslage soll völlig unabhängig davon bestehen, ob der Sozius nur in einer anderen Stadt oder auch in einem anderen Land ansässig ist.[18] Entsprechendes gilt nach der Neufassung des Abs. 1 S. 1 Nr. 7 auch für **verbundene Unternehmen**. 7

Angesichts der Ausweitung der Mitwirkungsverbote auf außernotarielle Tätigkeiten von Personen, die mit einer Person iSd Nr. 4 durch weitere berufliche Verbindungen zur gemeinsamen Berufsausübung verbunden sind, stellt sich die Frage nach der Vereinbarkeit dieser Regelungen mit **Art. 12 Abs. 1 GG**. Die Freiheit der Berufsausübung kann beschränkt werden, soweit vernünftige Erwägungen des Gemeinwohls es zweckmäßig erscheinen lassen. Die Einschränkungen sind dann aber unter dem Gebot strikter Wahrung des Prinzips der Verhältnismäßigkeit vorzunehmen.[19] Diese Voraussetzungen können durch die Neuregelung noch als erfüllt angesehen werden. Es erfolgt eine Berufsausübungsregelung, die durch vernünftige Erwägungen des Gemeinwohls gerechtfertigt ist. Die Gefahr, dass durch die umfassende Ausweitung beruflicher Verbindungen konzernartige Strukturen von Rechtsanwaltssozietäten entstehen können, die eine Verbindung zu Anwaltsnotaren über eines ihrer Mitglieder herstellt, ist nicht ausgeschlossen. Die Sicherung von Unabhängigkeit und Unparteilichkeit des Notars sind Leitgedanken des Dritten Gesetzes zur Änderung der Bundesnotarordnung und anderer Gesetze vom 31.8.1998[20] und für die vorsorgende Rechtspflege unverzichtbar. 8

---

16 BT-Drucks. 16/3655, S. 119.
17 BT-Drucks. 13/4184, S. 36.
18 Rundschreiben der Bundesnotarkammer 21/2001 vom 10.7.2001.
19 *Leibholz/Rinck*, Grundgesetz für die Bundesrepublik Deutschland, Art. 12 Rn 282.
20 BGBl. I S.2585, ber. 1999 I S. 194; BGH 22.3.2004 – NotZ 26/03, BGHZ 158, 310 = DNotZ 2004, 888, 890.

9 Eine andere Frage ist es, ob die jetzige Regelung **Missbrauch** und **Umgehungen** nennenswert erschwert. Dies ist fraglich. Der Hinweis auf verbundene Unternehmen iSd § 15 AktG wird zu Schwierigkeiten bei der Überprüfung führen. Zwar ist es zutreffend, dass der Rechtsbegriff des verbundenen Unternehmens rechtsformneutral ist und auch außerhalb des Aktienkonzernrechts Anwendung findet.[21] Ob jedoch im Einzelfall die Voraussetzungen der §§ 16 bis 19 AktG erfüllt sind und vor allem deren Erfüllung nachgewiesen werden kann, ist zweifelhaft. Praktikabler wäre der vom Bundesrat übernommene Vorschlag der Bundesnotarkammer gewesen, wonach ein Mitwirkungsverbot dann vorliegt, wenn es sich um Angelegenheiten einer Person handelt, mit der der Notar unmittelbar oder mittelbar durch weitere berufliche Verbindungen zur gemeinsamen Berufsausübung verbunden ist. Entsprechendes sollte für Bürogemeinschafter gelten.

10 Unabhängig von vorstehenden Erwägungen stellt sich die Frage nach der **Notwendigkeit der Ausweitung der Mitwirkungsverbote**. Die Befürchtungen von Bundesnotarkammer und Bundesrat zum Aufbau konzernartiger Strukturen dürften Theorie bleiben. Nach der Zulassung überörtlicher Sozietäten ist es entgegen den damals geäußerten Befürchtungen nicht zu einer Verlagerung von notariellen Tätigkeiten in das Gebiet des Anwaltsnotariats gekommen. Genauso wird die Aufhebung des Verbots der Sternsozietät nicht zu neuen Organisationsformen führen. Gerade die großen internationalen Sozietäten werden sich angesichts der von ihnen schon aus anwaltlicher Sicht einzuhaltenden Kollisionsprüfungen scheuen, mit Rücksicht auf die Ausdehnung der Mitwirkungsverbote zusätzliche Pflichten zu übernehmen. In jedem Fall wird ein erhöhter Aufwand für die erforderliche Überwachung anfallen, die nicht in einem angemessenen Verhältnis zum Nutzen einer solchen Regelung steht.[22] So wird die Vorschrift nur eine geringe praktische Bedeutung haben. Da sie dem Anwaltsnotar klare Regelungen vorgibt, stärkt sie ihn aber in seiner Unabhängigkeit und Unparteilichkeit. Angesichts der Sanktion bei groben Verstößen gegen das Mitwirkungsverbot dürfte diese Vorschrift vorrangig präventive Wirkungen haben.

---

21 BT-Drucks. 16/3655, S. 119; *Hüffer*, AktG, 8. Aufl. 2008, § 15 Rn 4, 6.
22 BT-Drucks. 16/3655, S. 119.

Stichwortverzeichnis

Die **fetten** Zahlen ohne Gesetzesangabe verweisen auf Paragrafen des RDG, anderenfalls steht vor der fetten Zahl die Bezeichnung *RDGEG*, *RDV* bzw *BNotO*, *BRAO* oder *BeurkG*. Die mageren Zahlen beziehen sich auf Randnummern.

Abgetretene Forderung
- Abgrenzung Einziehung auf eigene oder fremde Rechnung **2** 120, 141 ff, **5** 65

Abschleppunternehmen **2** 92, 134

Abschlussvereinbarung
- Mediation **2** 155 ff, 222 ff, **5** 82

Abteilungen des Rechtsdienstleistungsregisters **16** 36

Abtretung
- Inkassozession **2** 89, **5** 63

Abtretung an Erfüllungs statt
- Inkassodienstleistungen, frühere Rechtslage **2** 57

Abtretung von Erstattungsansprüchen **2** 66

Abtretung von Vergütungsforderungen *siehe* Vergütungsforderungen, Abtretung bzw Übertragung ihrer Einziehung

Abwicklungsfrist
- Widerruf der Registrierung **14** 42, 47

Abwicklung von Verkehrsunfallschaden
- Tätigkeit als Rechtsdienstleistung **2** 17, 40, 42 ff, **5** 69 ff

ADAC-Paragraph **7** 5

Akteneinsichtsrecht
- gerichtliche Vertretung durch Kammerrechtsbeistand *RDGEG* **3** 20

Aktiengesellschaft
- Rechtsdienstleistungsbefugnis **7** 18

Allgemeine Rechtsberatung
- im Rahmen der Beratungshilfe **8** 40 f

Altdaten
- automatisiertes Abrufverfahren **18** 6

Alt-Erlaubnisinhaber *siehe auch* Gerichtliche Vertretung, Kammerrechtsbeistand; *siehe auch* Gerichtliche Vertretung, registrierte Erlaubnisinhaber; *siehe auch* Registrierungsverfahren bei Alt-Erlaubnisinhabern
- Antragsinhalt *RDV* **6** 8
- Arten *RDGEG* **1** 11 f
- eingeschränkter Bestandsschutz *RDGEG* **1** 2 ff
- Haftpflichtversicherung *RDGEG* **1** 2
- Inkassodienstleistungen *RDGEG* **1** 2
- Kammerrechtsbeistände *RDGEG* **1** 40 ff
- Kombinationsfälle *RDGEG* **1** 62
- nicht Mitglied einer Rechtsanwaltskammer *RDGEG* **1** 14 ff
- Rechtsdienstleistungen in einem ausländischen Recht *RDGEG* **1** 2
- registrierte Erlaubnisinhaber *RDGEG* **1** 56 ff, 60 f
- registrierte Personen *RDGEG* **1** 56 ff, 59
- Rentenberatung *RDGEG* **1** 2
- Übergangsvorschrift für Anträge nach dem RBerG *RDGEG* **7** 1
- Versicherungsberater *RDGEG* **2** 17 f

Alt-Erlaubnisinhaber, die nicht Mitglied in einer Rechtsanwaltskammer sind
- beschränkter Bestandsschutz *RDGEG* **1** 14
- Frachtprüfer *RDGEG* **1** 20 f
- Frist *RDGEG* **1** 33 ff
- Inkassobüro *RDGEG* **1** 23 ff
- Inkassounternehmer *RDGEG* **1** 23 ff
- nicht verkammerte Voll-Rechtsbeistände *RDGEG* **1** 12, 30
- Rechtskundige in einem ausländischen Recht *RDGEG* **1** 27 ff
- Registrierungsverfahren *RDGEG* **1** 31 f
- Rentenberater *RDGEG* **1** 16 ff
- vereidigter Versteigerer *RDGEG* **1** 22

Alternative dispute resolution (ADR) **2** 211

Alternative Streitbeilegung
- Begriffsverständnis **2** 150, 210 ff

Alternative Streiterledigung
- Begriffsverständnis **2** 213

Altersversorgung
- Beamtenversorgung **10** 38; *RDGEG* **4** 6
- berufsständische Versorgung **10** 37, 49; *RDGEG* **4** 6
- betriebliche Versorgung **10** 36; *RDGEG* **4** 6
- private **10** 39 f; *RDGEG* **4** 6

Altersvorsorgeberatung
- Nebenleistung **5** 45a

Altruistische Rechtsdienstleistungen *RDGEG* **5** 15

Amtshilfe **18** 12 ff

Stichwortverzeichnis

Anbahnung von Verträgen
- erlaubnisfreie Nebentätigkeit 5 20, 22

Angelegenheit, RVG *RDGEG* 4 32 ff

Angelegenheiten der freiwilligen Gerichtsbarkeit
- gerichtliche Vertretung durch Alt-Erlaubnisinhaber *RDGEG* 3 21, 39

Anlageberater
- Nebenleistung 5 45 f

Anlagevertrieb
- Interessenkollision 4 22 f

Anleitung
- Anpassungslehrgang *RDV* 3 6 ff
- Definition 6 31 f
- Delegationsbefugnis der juristisch qualifizierten Person 6 28 ff
- Fortbildung der anzuleitenden Person 6 33, 7 63
- Mitwirkung der juristisch qualifizierten Person 6 34 f
- Überwachung der anzuleitenden Person 6 34 ff

Annexleistungen 3 32 f

Anpassungslehrgang
- Ausbilder *RDV* 3 14 ff
- Berufstätigkeit unter Anleitung *RDV* 3 6 ff
- Sachkundenachweis 12 49 f

Anstalten des öffentlichen Rechts
- Rechtsdienstleistungsbefugnis 8 34
- Registrierungsfähigkeit 10 8

Antidiskriminierungsverbände
- Vorrang von Sonderregelungen gegenüber RDG 1 54, 3 61

Antrag auf Erteilung der Rechtsdienstleistungsbefugnis *siehe* Registrierungsverfahren

Antrag nach dem RBerG (Alt-Erlaubnisinhaber)
- Übergangsvorschrift *RDGEG* 7 1

Antragsprüfung
- bei juristischen Personen und Gesellschaften ohne Rechtspersönlichkeit 12 58 ff
- Umfang 13 29 ff

Antragsteller 13 10

Anwaltliche Verrechnungsstellen 2 107 ff, 5 64

Anwaltsprozess
- gerichtliche Vertretung durch Kammerrechtsbeistand *RDGEG* 3 17

Anwendungsbereich des RDG
- außergerichtliche Rechtsdienstleistung 1 15 ff, 3 21
- Beratung bei Telekommunikationsanlagen 2 20
- Beratung durch Banken 2 19, 5 50 ff
- Beratung durch Finanzdienstleister 2 19
- berufsrechtliches Verfahren 1 36
- Betreuer 2 52
- disziplinarrechtliches Verfahren 1 36
- Energieberater 2 40, 46
- Erbenermittler 2 18, 5 59 f
- erlaubte Rechtsdienstleistung 1 11 ff
- Genealoge 2 17
- gerichtliche Verfahren 1 22 ff, 6 45
- gewerbliche Schuldenregulierung 5 89 f, 10 5
- Inkassodienstleistungen 2 2, 54 ff
- Internetforen 2 45, 5 14 f
- Kfz-Werkstatt 2 17, 40, 42 ff, 69 ff, 133, 5 67
- Maklertätigkeit 2 21
- Micropayment 2 17, 5 67
- Ratgeberseiten mit juristischem Inhalt 2 25, 45
- Ratgebersendungen mit juristischem Inhalt 2 25 ff, 45, 49
- Rechtsdienstleistung 1 12, 2 1
- Routineangelegenheiten 2 22
- Schiedsgerichtsverfahren 1 25 ff
- Strafverfahren 1 23 ff
- Stromanbieter 2 40
- Tätigkeiten auf rein wirtschaftlichem Gebiet 2 17 ff
- Telefon-Hotlines 2 45, 5 14 f
- Verbotsgesetz mit Erlaubnisvorbehalt 1 7 ff, 2 31, 77, 3 1, 15 ff, 5 1
- Verfahren vor den Vergabekammern 1 32
- Verkehrsunfallschadenabwicklung 2 17, 40, 42 ff, 67, 69 ff, 5 67
- Vertreter eines Minderjährigen 2 52
- Vertretung von Banken durch externe Personen im Zwangsversteigerungstermin 2 41
- Vormund 2 52
- Vorrang von Sonderregelungen 1 53 ff, 3 27
- Vorstand einer AG 2 52
- Zeugenbeistand 1 29 ff
- Zwangsvollstreckungsverfahren 1 34 f

Anzeigepflicht
- Berufshaftpflichtversicherung *RDV* 5 19 f
- Notar *BNotO* 27 1

Arbeiterwohlfahrt 8 66

Arbeitsförderung
- Rentenberatung 10 41 ff, 49

Stichwortverzeichnis

Arbeitsrechtliche Angelegenheiten
- gerichtliche Vertretung durch Alt-Erlaubnisinhaber *RDGEG* 3 22, 39

Architekt
- Berufs- und Tätigkeitsbild 5 25 f, 47 f
- Nebenleistung 5 47 f
- Unvereinbarkeit mit einer anderen Leistungspflicht 4 9

Arzt
- Einziehung erfüllungshalber abgetretener Forderungen 2 135
- Nebenleistung 5 87 f

Ärztliche Verrechnungsstellen 5 64

Asset-Backed-Securities (ASB)
- Abgrenzung Einziehung auf eigene oder fremde Rechnung 2 144
- Begrifflichkeit 2 113
- frühere Rechtslage 2 63

Asymmentrie der Information 3 11, 17

Aufbewahrungsfristen *RDV* 7 1 f

Aufforderung der Zeitschriftenredaktion an Leser zur Fallschilderung
- Rechtsaufklärung in den Medien 2 166

Auflagen
- Alt-Erlaubnisinhaber *RDGEG* 1 70
- Rechtsdienstleistungsregister 16 38
- Registrierung 10 64 ff

Aufsichtsarbeit *RDV* 4 10 ff

Aufsicht über Amtsführung des Notars *BNotO* 93 1

Auftrag, einheitlicher
- erlaubnisfreie Nebentätigkeit 5 17

Auftraggeber, Erwartung des
- erlaubnisfreie Nebenleistung 5 37 ff

Aufzeichnungspflichten
- Versicherungsberater *RDGEG* 2 14 ff

Ausbilder im Anpassungslehrgang *RDV* 3 14 ff

Ausbildung von Referendaren *BRAO* 59 1 f

Ausfallrisiko 2 122

Ausfüllen von Sozialleistungsanträgen
- Routineangelegenheiten 2 22

Auskunfteien
- Nebenleistung 5 58

Auskunftspflicht
- Berufshaftpflichtversicherung *RDV* 5 21

Auslagen
- Vergütung *RDGEG* 4 138 ff

Ausländische Behörde
- Rechtsdienstleistungsbefugnis 8 30

Ausländische nichtanwaltliche Rechtsdienstleister *siehe* Vorübergehende Rechtsdienstleistungen

Ausländische Rechtsdienstleister
- Berufsbezeichnung 11 19, 15 66 ff, 89
- grenzüberschreitende Tätigkeit 10 13
- Kammermitglieder nach §§ 206, 207 BRAO 10 16
- Meldung 15 45 ff
- Registrierungsfähigkeit 10 10 ff
- vorübergehende Tätigkeit 10 12

Ausländischer gewerblicher Rechtsschutz
- vorübergehende Rechtsdienstleistungen 15 11

Ausländisches Recht, Rechtsdienstleistungen
- Alt-Erlaubnisinhaber *RDGEG* 1 2
- Begriff 10 54
- besondere Sachkunde 11 11 ff
- Entwicklung des Berufsbildes *RDGEG* 1 8
- Europarecht 10 54 f, 11 13
- Gegenstand der Registrierung 10 53
- gerichtliche Vertretung 10 56
- Nachweis der theoretischen Sachkunde *RDV* 2 13 ff
- Rechtsdienstleistungsregister 16 36
- Registrierung 10 51 ff
- registrierungsfähige Personen 10 52
- supranationales Recht 10 54
- Teilbereichsregistrierung 10 59; *RDV* 1 3 ff
- theoretische Sachkunde 12 41
- Zuwiderhandlungen 20 10 f

Ausländisches Recht, Rechtskundige im
- Alt-Erlaubnisinhaber, die nicht Mitglied in einer Rechtsanwaltskammer sind *RDGEG* 1 27 ff

Ausländisches Steuerrecht
- vorübergehende Rechtsdienstleistungen 15 10

Ausschlussfrist
- Alt-Erlaubnisinhaber, die nicht Mitglied in einer Rechtsanwaltskammer sind *RDGEG* 1 33 ff

Ausschluss vom Verfahren, Diplom-Juristen aus dem Beitrittsgebiet
- Arbeitsgerichtsbarkeit *RDGEG* 5 22
- Finanzgerichtsbarkeit *RDGEG* 5 29
- freiwillige Gerichtsbarkeit *RDGEG* 5 21
- Markenrechtsstreitigkeiten *RDGEG* 5 32
- Patentgerichtsbarkeit *RDGEG* 5 31
- Sozialgerichtsbarkeit *RDGEG* 5 24

Stichwortverzeichnis

- Verwaltungsgerichtsbarkeit *RDGEG 5* 27
- Zivilprozessordnung *RDGEG 5* 20

Außergerichtliche Beratung und Vertretung, RVG *RDGEG 4* 47 ff

Außergerichtliche Rechtsdienstleistung *siehe auch* Gerichtliche Vertretung, Kammerrechtsbeistand; *siehe auch* Gerichtliche Vertretung, registrierte Erlaubnisinhaber
- Anwendungsbereich des RDG 1 6 ff, 15 ff, 3 21
- außergerichtliche Rechtsdienstleistung in Abgrenzung zu gerichtlicher Rechtsdienstleistung 1 15 ff
- Diplom-Juristen aus dem Beitrittsgebiet *RDGEG 5* 10, 14 ff
- Prozessvertretung durch Nicht-Anwälte 3 21
- RDG als Verbotsgesetz mit Erlaubnisvorbehalt 1 7 ff, 2 31, 77, 3 15 ff, 5 1
- selbständige Erbringung 3 22 ff
- Umfang der Zulässigkeit 3 26 ff

Außergerichtlicher Forderungseinzug
- Inkassodienstleistungen, frühere Rechtslage 2 56

Aussöhnungsgebühr *RDGEG 4* 69

Ausstattung der Vereinigungen (Mitgliederrechtsberatung)
- finanzielle 7 61
- personelle 7 55 ff
- sachliche 7 58 ff

Automatisiertes Abrufverfahren 18 6; *RDV 9* 3

Automobilclubs
- Rechtsdienstleistungsbefugnis 7 27

Autovermietung *siehe* Mietwagenunternehmen

Banken
- Anlageberatung 5 56
- Beratung als Rechtsdienstleistung 2 19
- Haupt- und Nebenleistungen 5 50 ff
- Interessenkollision 5 57, 110 ff
- Sanierungen 5 53 ff
- Testamentsvollstreckung 4 10 ff, 5 6, 56, 108 ff
- Umschuldungen 5 53 ff
- Unvereinbarkeit mit einer anderen Leistungspflicht 4 10 ff, 5 57, 110
- Vermögensverwaltung 5 56
- Vertretung von Banken durch externe Personen im Zwangsversteigerungstermin 2 41

Barkäufe
- Routineangelegenheiten 2 22

Basis-Rente 10 39

Baubetreuer
- Nebenleistung 5 49
- ungeordnete Vermögensverhältnisse 12 27

Baubetreuungsleistung
- Berufs- und Tätigkeitsbild eines Architekten 5 26

Bauträger
- Forderungseinzug aufgrund Inkassoermächtigung 2 88

Bauträgermodell
- Treuhandtätigkeit bei rechtlicher Abwicklung eines Grundstückserwerbs 2 34 ff

Beamtenversorgung
- Rentenberatung 10 38; *RDGEG 4* 6

Beantwortung von (fingierten) Leseranfragen
- Rechtsaufklärung in den Medien 2 160

Bedingungen
- Alt-Erlaubnisinhaber *RDGEG 1* 70
- Registrierung 10 64 ff

Beendigung der Gesellschaft
- Löschung von Veröffentlichungen 17 12

Befugnis zur Erbringung außergerichtlicher Rechtsdienstleistung
- Befugnisnormen außerhalb des RDG („aufgrund anderer Gesetze") 3 44 ff
- Befugnisnormen nach dem RDG 3 32 ff

Behindertenverbände
- erforderliche Qualifikation und Ausstattung 8 72 ff
- Rechtsdienstleistungsbefugnis 8 70 f

Behörde
- gerichtliche Vertretung 8 48
- Rechtsdienstleistungsbefugnis 8 28 ff

Bekanntenkreis
- unentgeltliche Rechtsdienstleistung 6 22 f

Bekanntmachung *siehe auch* Rechtsdienstleistungsregister
- Internetadresse 16 56
- Wirkung 16 65

Bekanntmachung, Rechtsmittel
- Berichtigungsanspruch 16 66
- Löschung der Daten 16 68
- Sperrung von Daten 16 69, 17 4

- Widerspruch gegen Ablehnung der Berichtigung 16 66
- Widerspruch gegen Erhebung, Verarbeitung oder Nutzung personenbezogener Daten 16 67

Bekanntmachung der registrierten Rechtssubjekte (Zulassungsdaten)
- Angabe benannter qualifizierter Personen 16 35
- Auflagen 16 38
- Familienname 16 27 ff
- Geburtsjahr 16 29
- Geschäftsanschrift 16 31 ff
- Gründungsjahr 16 30
- Inhalt der Rechtsdienstleistungsbefugnis 16 36
- Insolvenzverwalter 16 28
- Rechtsdienstleistungen in einem ausländischen Recht 16 36
- Rechtsmittel gegen Veröffentlichung 16 65 ff
- registrierte Personen 16 26
- Rentenberatung 16 36
- Testamentsvollstrecker 16 28
- Vorname 16 27 ff
- vorübergehende Rechtsdienstleistungen 16 39
- Zweigstellen im Ausland 16 35

Bekanntmachung der Untersagungsverfügung
- Eintragung von Amts wegen 16 41
- einzutragende Daten 9 24, 16 44
- keine Verfehlung des Schutzzwecks der Veröffentlichung 16 12
- rechtliche Wirkungen 16 40 ff
- Rechtsmittel gegen Veröffentlichung 16 65 ff
- Sensibilität der Daten 16 42 f
- Untersagungsverfügung gegen Personen 16 44 ff
- Untersagungsverfügung gegen Vereinigungen 16 49 ff
- Zeitpunkt der Veröffentlichung 16 43

Bekanntmachungsverfahren
- datenschutzrechtliche Verantwortung für veröffentlichte Daten 16 57
- ordnungsgemäße Veröffentlichung 16 59 ff; *RDV* 8 1 ff
- RDV 16 58
- Suchkriterien einer Abfrage 16 62; *RDV* 8 2 ff

Belehrung über Widerspruchsrecht 16 4

Beliehene
- Rechtsdienstleistungsbefugnis 8 32, 36
- Registrierungsfähigkeit 10 8

Berater im ausländischen Recht
- als juristisch qualifizierte Person 6 26

Berater von Berufssportlern (Spielerberater)
- Berufs- und Tätigkeitsbild 5 30 ff, 91

Berater von Fotomodellen
- Berufs- und Tätigkeitsbild 5 31

Berater von Künstlern
- Berufs- und Tätigkeitsbild 5 31

Beratung durch Finanzdienstleister und Banken
- Nebendienstleistung 5 56
- Tätigkeit als Rechtsdienstleistung 2 19, 46

Beratung durch gewerblichen Pflegedienst
- unentgeltliche Rechtsdienstleistung 6 13

Beratungsfehler des unentgeltlichen Rechtsdienstleisters 6 39

Beratungshilfe
- gerichtliche Vertretung durch Kammerrechtsbeistand *RDGEG* 3 19
- Vergütung *RDGEG* 4 55 ff, 103 ff

Berichtigungsanspruch 16 66

Berufliche Zusammenarbeit
- Bürogemeinschaft *BRAO* 59a 3, 15
- Kooperation *BRAO* 59a 17
- Sozietät mit Angehörigen „vereinbarer Berufe" *BRAO* 59a 1 f
- Zulässigkeit der Sternsozietät *BRAO* 59a 3 ff

Berufsbezeichnung
- ausländische Rechtsdienstleister 11 19, 15 66 ff, 16 39
- Begriff „Inkasso" 11 14 ff
- Führen einer Berufsbezeichnung 11 20, 15 68
- geschützte 11 16 ff
- Meldepflicht europäischer Rechtsdienstleister 15 57
- Rechtsbeistand *RDGEG* 6 1 ff
- Rentenberater/in 11 14 ff
- Schutz 11 14 ff
- Verwechslungsgefahr 11 16 ff, 15 69 f
- vorübergehende Rechtsdienstleistungen 15 66 ff, 16 39
- Zuwiderhandlungen 11 21 f, 15 71, 89, 20 16 ff

Berufsbilder
- Entwicklung von *RDGEG* 1 7 ff

Berufsfreiheit, Einschränkung der
- Schutzweck des RDG 1 37 ff, 5 2
- Verbotsmodell 3 3

Berufshaftpflichtversicherung
- Alt-Erlaubnisinhaber *RDGEG* 1 69

- Antragsprüfung bei juristischen Personen und Gesellschaften ohne Rechtspersönlichkeit 12 58 ff
- Anzeigepflichten RDV 5 19 f
- Auskunftspflicht RDV 5 21
- Beschränkung des Versicherungsumfangs RDV 5 12 ff
- Meldepflicht europäischer Rechtsdienstleister 15 56; RDV 5 5
- Nachweis 13 33; RDV 5 6
- Pflichtversicherung RDV 5 1
- Registrierungsvoraussetzungen 12 51 ff
- Regulierung RDV 5 11
- Risikoausschluss RDV 5 15 f
- Selbstbehalt RDV 5 17 f
- Versicherer RDV 5 7
- Versicherungsberater RDGEG 2 12
- Versicherungsleistung RDV 5 8 ff
- Versicherungsnehmer RDV 5 4
- versicherungspflichtige Personen RDV 5 2 f
- Widerruf wegen fehlender 14 27 f

Berufsname
- Rechtsdienstleistungsregister 16 27

Berufs- oder Tätigkeitsbild der Haupttätigkeit, erlaubnisfreie Nebenleistung
- Architekt 5 25 f, 47 f
- Frachtführer 5 28
- gewachsenes bzw gesetzlich geregeltes Berufs- oder Tätigkeitsbild 5 24 ff
- Immobilienmakler 5 27, 75
- noch kein festes Berufs- oder Tätigkeitsbild 5 29 ff
- objektive Zugehörigkeit der Nebenleistung 5 8 ff
- Spediteur 5 28
- Spielerberater 5 30 ff, 91
- Stadtplaner 5 25, 48
- Versicherungsberater 5 28, 105
- Versicherungsvermittler 5 28

Berufsqualifikationsrichtlinie
- Dienstleistungsfreiheit 15 3 ff
- Registrierungsfähigkeit 10 11

Berufsrechtliches Verfahren
- gerichtliche Rechtsdienstleistung 1 36

Berufsständische Altersversorgung
- Rentenberatung 10 37, 49

Berufsständische Versorgung
- Rentenberatung RDGEG 4 6

Berufstätigkeit unter Anleitung
- Anpassungslehrgang RDV 3 6 ff

Berufsvereinigungen (Mitgliederrechtsberatung)
- Rechtsdienstleistungsbefugnis 7 21 f
- Registrierungsfähigkeit 10 8

- Unanwendbarkeit des RVG RDGEG 4 17

Besondere Sachkunde siehe auch Registrierungsfähige Rechtsdienstleistungen
- Inkassodienstleistungen 11 4 ff
- Normzweck 11 1 ff
- offene Programmsätze 11 2
- Rechtsdienstleistungen in einem ausländischen Recht 11 11 ff
- Rentenberatung 11 7 ff
- Teilbereichsregistrierung 11 10, 12

Bestimmungslandprinzip 15 7, 44

Betreuer
- Tätigkeit als Rechtsdienstleistung 2 52

Betreuer für Volljährige
- Rechtsdienstleistungsbefugnis 8 12

Betreuungsvereine
- Vorrang von Sonderregelungen gegenüber RDG 1 54, 3 29, 57

Betriebliche Altersversorgung
- Bezeichnung als „Rentenberater auf dem Gebiet der betrieblichen Altersversorgung" RDGEG 1 65
- Rentenberatung 10 36

Betriebliche Interessenvertretung
- Rechtsdienstleistung 2 202 f

Betriebliche Versorgung
- Rentenberatung RDGEG 4 6

Betriebsratstätigkeit
- Rechtsdienstleistung 2 202 ff

Bewährungshelfer
- Rechtsdienstleistungsbefugnis 8 13 ff

Bewertung von Immobilien
- Nebenleistung 5 86

Bonitätsrisiko 2 84, 142, 5 65

Briefkästen in Zeitschriften
- Rechtsaufklärung in den Medien 2 230

Bundesagentur für Arbeit
- Rechtsdienstleistungsbefugnis 8 34

Bundesnotarordnung (BNotO)
- Anzeigepflicht des Notars BNotO 27 1
- Aufsicht über Amtstätigkeit des Notars BNotO 93 1

Bundesversicherungsanstalt für Angestellte (BfA)
- Rechtsdienstleistungsbefugnis 8 34

Bürogemeinschaft BRAO 59a 3, 15

Bußgeldbescheid 20 22

Bußgeldvorschriften siehe Ordnungswidrigkeiten

Stichwortverzeichnis

Call-in-Sendungen
- Rechtsaufklärung in den Medien 2 161

Commercial-Papers 2 113

Darstellung und Erörterung von Rechtsfragen und Rechtsfällen in den Medien
- Briefkästen 2 230
- Rechtsdienstleistung 2 159 ff, 227 ff
- Telefonaktionen 2 231

Datenabgleich 18 6; *RDV* 9 3

Datensparsamkeit
- Rechtsdienstleistungsregister 16 21, 27, 29, 37, 17 1, 3

Datenübermittlung
- Amtshilfe 18 12 ff
- ausländische Behörden 18 12 ff
- automatisiertes Abrufverfahren 18 6; *RDV* 9 3
- Normzweck 18 1 ff
- RDV 18 17
- zwischen Registrierungsbehörden 18 7 ff
- zwischen sonstigen inländischen Stellen 18 10 f

Datenwahrheit 17 1, 3

Dauerhaft unqualifizierte Rechtsdienstleistung
- Untersagungsgrund 9 7 f
- Widerrufsgrund 14 29 ff

Delegationsbefugnis der juristisch qualifizierten Person 6 28 ff

Delkredererisiko 2 96, 102

Detekteien
- Nebenleistung 5 58

Deutsche Prüfstelle für Rechnungslegung DPR e.V.
- Rechtsdienstleistungsbefugnis 8 36

Deutscher Caritasverband 8 66

Deutsche Rentenversicherung
- Rechtsdienstleistungsbefugnis 8 34

Deutsche Sprachkenntnisse 15 84 ff

Deutsches Rotes Kreuz 8 66

Diakonisches Werk 8 66

Dienstleistungsfreiheit
- Berufsqualifikationsrichtlinie 15 3 ff
- Schutzzweck des RDG 2 32, 3 16, 5 2
- vorübergehende Rechtsdienstleistungen 15 3 f, 8 ff

Diplomjurist
- Abgrenzung zu „Diplom-Juristen aus dem Beitrittsgebiet" *RDGEG* 5 6 ff

Diplom-Juristen aus dem Beitrittsgebiet
siehe auch Ausschluss vom Verfahren, Diplom-Juristen aus dem Beitrittsgebiet; *siehe auch* Mangel der Vollmacht, Diplom-Juristen aus dem Beitrittsgebiet
- Abgrenzung zu „Diplomjurist" *RDGEG* 5 6 ff
- als juristisch qualifizierte Person 6 26
- Arbeitsgerichtsbarkeit *RDGEG* 5 22 f
- außergerichtliche Rechtsdienstleistung *RDGEG* 5 10, 14 ff
- Begriff *RDGEG* 5 4 ff
- Beitrittsgebiet *RDGEG* 5 2
- Finanzgerichtsbarkeit *RDGEG* 5 29 f
- freiwillige Gerichtsbarkeit *RDGEG* 5 21
- gerichtliche Vertretung *RDGEG* 5 10 ff
- Markenrechtsstreitigkeiten *RDGEG* 5 32
- Patentgerichtsbarkeit *RDGEG* 5 31
- Person mit Befähigung zum Richteramt *RDGEG* 5 13
- rechtswissenschaftliches Studium *RDGEG* 5 5
- Sozialgerichtsbarkeit *RDGEG* 5 24 f
- Stichtag *RDGEG* 5 4 f
- Verwaltungsgerichtsbarkeit *RDGEG* 5 27 f
- Zivilprozessordnung *RDGEG* 5 18 ff

Diplom-Wirtschaftsjurist 10 4

Disziplinarrechtliches Verfahren
- gerichtliche Rechtsdienstleistung 1 36

Dokumentenpauschale *RDGEG* 4 138

Domainname
- Rechtsdienstleistungsregister 16 32

Echter Forderungskauf
- Forderungseinzug auf eigene Rechnung 2 95 ff
- Gesetzgebungsverfahren 2 69 ff

Echtes Factoring 2 101 f, 107, 5 64

Echtes Schiedsgericht 1 26 f

E-Commerce-Richtlinie 15 34 ff

Ehrengerichte 2 201

Eigene Angelegenheiten
- Inkassodienstleistungen, Gesetzgebungsverfahren 2 69

Eigenes Geschäft
- Einziehung einer eigenen Forderung für eigene Rechnung 2 80

Eigenständiges Geschäft, Forderungseinzug *siehe* Forderungseinzug als „eigenständiges Geschäft"

Eignung, persönliche *siehe* Persönliche Eignung

435

Einigungsgebühr *RDGEG* 4 66 ff
Einigungsstellen, Tätigkeit von
- Rechtsdienstleistung 2 149, 197
Einrichtungen der freien Wohlfahrtspflege
siehe Wohlfahrtsverbände
Einvernehmensanwalt 3 52
„Einzelfallprüfung", Legaldefinition Rechtsdienstleistung 2 24 ff
Einziehung
- Begriff 2 124 f
Einziehung abgetretener Erstattungsansprüche
- durch Kfz-Werkstatt 2 66, 135
Einziehung der Praxisgebühr durch Kassenärzte 1 54, 2 136, 3 29, 60
Einziehung einer eigenen Forderung für eigene Rechnung
- Inkassodienstleistungen, Begriff 2 80
Einziehung einer fremden Forderung
- Inkassodienstleistungen, Begriff 2 79
Einziehung erfüllungshalber abgetretener Forderungen
- durch Ärzte, Psychotherapeuten oder andere Freiberufler 2 135
- Inkassozession 2 91, 131 ff
- unechtes Factoring 2 103, 5 68
Einziehung fremder oder zu Einziehungszwecken abgetretener Forderungen
- Inkassodienstleistungen, Begriff 2 79
- Inkassodienstleistungen, frühere Rechtslage 2 54
Einziehungsermächtigung
- Forderungseinzug auf fremde Rechnung 2 87 f
Einziehung von Schadensersatzforderungen
- Inkassozession 2 92, 133
Einziehung von Vergütungsforderungen
siehe Vergütungsforderungen, Abtretung bzw Übertragung ihrer Einziehung
Einzweckgesellschaft 2 113
E-Mail
- grenzüberschreitende Leistungen 15 34 ff
E-Mail-Adresse
- Rechtsdienstleistungsregister 16 31; *RDV* 6 9
Energieberater
- Nebenleistung 5 38
- Tätigkeit als Rechtsdienstleistung 2 40, 46
Entschädigungsrecht
- Rentenberatung 10 29 f

Erbenermittler
- Entscheidung des BVerfG 5 13
- Erbscheinsantrag 5 59
- Nebenleistung 5 59 f
- Prozessvertretung 5 59
- Tätigkeit als Rechtsdienstleistung 2 18
Erbengemeinschaft
- Interessenkollision Bank 5 111
Erbensucher
- Registrierung 10 5
Erbschein, Antrag auf Erteilung
- Erbenermittler 5 59
Erfolgshonorar
- Formvorschriften *RDGEG* 4 185 f
- Hinweispflichten *RDGEG* 4 187 ff
- Höhe *RDGEG* 4 184, 197
- Unzulässigkeit der Vereinbarung *RDGEG* 4 173 ff
- Zulässigkeit der Vereinbarung *RDGEG* 4 176 ff
Erfolgsunabhängige Vergütung *RDGEG* 4 24
Erforderlichkeit
- Eingriffsnorm 5 2
„Erforderlichkeit" der rechtlichen Prüfung, Legaldefinition Rechtsdienstleistung
- Fallgruppen 2 34 ff
- Internetforen 2 45
- objektive Komponente 2 28 f
- subjektive Komponente 2 28, 30
- Tätigkeit von Stellvertretern 2 39 ff
- Telefon-Hotlines 2 45
- Treuhandtätigkeit 2 34 ff
- Vertretung von Banken durch externe Personen im Zwangsversteigerungstermin 2 41
Erfüllungsgehilfe 5 12; *RDV* 5 9
Erfüllungshalber abgetretene Forderungen, Einziehung *siehe* Einziehung erfüllungshalber abgetretener Forderungen
„Erkennbare Erwartung des Rechtsuchenden", Legaldefinition Rechtsdienstleistung
- Energieberatung 2 46
- Existenzgründungsberatung 2 46
Erlaubnisfreie Rechtsdienst-Nebenleistung *siehe* Nebenleistung
Erlaubnisinhaber nach dem RBerG *siehe* Alt-Erlaubnisinhaber
Erlaubnisse
- außerhalb des RDG („aufgrund anderer Gesetze") 3 44 ff

Stichwortverzeichnis

- nach dem RDG 3 32 ff

Erlaubnisurkunde *RDGEG* 1 69

Erlaubte Rechtsdienstleistung
- Anwendungsbereich des RDG 1 11 ff

Erledigungsgebühr *RDGEG* 4 70 f

Erledigung von Rechtsangelegenheiten innerhalb verbundener Unternehmen
- Rechtsdienstleistung 2 167, 233 ff

Ermittlungsverfahren
- Rechtsdienstleistung im 1 24

Erstattung der Vergütung *RDGEG* 4 198 ff, 203 ff

Erwerb von Forderungen
- Inkassodienstleistungen, frühere Rechtslage 2 57

Europäische nichtanwaltliche Rechtsdienstleister *siehe* Vorübergehende Rechtsdienstleistungen

Europäische Rechtsanwälte
- Befugnis zur Erbringung außergerichtlicher Rechtsdienstleistung 3 50 ff
- Erbringung vorübergehender Rechtsdienstleistung 15 9
- Registrierungsfähigkeit 10 15

Europäische Verbraucherzentren 2 198

Europarecht
- Rechtsdienstleistungen in einem ausländischen Recht 10 54 f, 11 13

Europarechtliche Vorgaben
- RDG 5 1 ff

Existenzgründung
- Beratung durch Finanzdienstleister und Banken 2 19, 46
- Tätigkeiten des Unternehmensberaters 5 98

Fachliche Qualifikation 5 2

Factor 2 100

Factoring
- Begrifflichkeit 2 100
- echtes 2 101 f, 5 64
- Forderungskauf 2 96
- Globalzession 2 100
- Mantelzession 2 100
- unechtes 2 103 f, 122 f, 5 68

Factoringunternehmen 2 69, 99

Fahrtkostenerstattung *RDGEG* 4 140 f

Familienangehörige
- unentgeltliche Rechtsdienstleistung 6 19

Familienname
- Rechtsdienstleistungsregister 16 27 ff

Fantasiename
- Rechtsdienstleistungsregister 16 28

Fernsehanstalten
- Rechtsdienstleistungsbefugnis 8 34

Fernsehen
- Beantwortung von (fingierten) Leseranfragen 2 160
- Rechtsaufklärung in den Medien 2 160 ff, 227 ff, 5 83

Finanzdienstleister
- Beratung als Rechtsdienstleistung 2 19
- Schadensregulierung und Haupttätigkeit 2 134

Finanzgerichtliche Angelegenheiten
- gerichtliche Vertretung durch Alt-Erlaubnisinhaber *RDGEG* 3 30 ff, 39

Finanzmakler
- Haupt- und Nebenleistung 5 78
- Tätigkeit als Rechtsdienstleistung 2 21

Fördermittelberatung
- Nebenleistung 5 97
- stets erlaubte Nebenleistung 5 121 ff

Forderungen
- Anforderungen an Unternehmen, die Forderungsankauf betreiben 2 73
- Bedeutung im heutigen Wirtschaftsleben 2 72

Forderungen, abgetretene
- Abgrenzung Einziehung auf eigene oder fremde Rechnung 2 120, 141 ff, 5 65

Forderungsankauf
- frühere Rechtslage 2 60 f

Forderungseinzug als „eigenständiges Geschäft"
- als Tatbestandsmerkmal 2 66, 126 ff, 5 66 f
- unechtes Factoring 2 137, 5 68

Forderungseinzug auf eigene Rechnung
- Abgrenzung zum Forderungseinzug auf fremde Rechnung 2 141 ff, 5 65
- ärztliche und anwaltliche Verrechnungsstellen 2 107 ff, 5 64
- Factoring 2 100 ff
- Forderungskauf 2 95 ff
- Forfait-Geschäfte 2 110
- frühere Rechtslage 2 57, 93
- Sicherungsabtretung 2 111, 144

Forderungseinzug auf fremde Rechnung
- Abgrenzung zum Forderungseinzug auf eigene Rechnung 2 141 ff, 5 65
- Abgrenzung zur Einziehung auf eigene Rechnung 2 84

Stichwortverzeichnis

- aufgrund Inkassoermächtigung 2 83, 87 f
- aufgrund Inkassovollmacht 2 83, 86, 5 63
- aufgrund Inkassozession 2 83, 89 ff, 5 64

Forderungseinzug durch anwaltliche Verrechnungsstellen 2 107 ff, 5 64

Forderungseinzug durch ärztliche Verrechnungsstellen 2 107 ff, 5 64

Forderungserwerb
- Erwerb fälliger oder notleidender Forderungen 2 98
- Erwerb noch nicht fälliger Forderungen 2 98

Forderungskauf
- echtes Factoring 2 101, 5 64
- frühere Rechtslage 2 57
- Gesetzgebungsverfahren 2 67 ff
- Gläubigerwechsel 2 71
- Neugläubiger 2 71
- Schuldnerschutz 2 71
- Schutz des Rechtsverkehrs 2 64, 67
- Verbraucherschutz 2 64, 67

Forderungsprüfung, rechtliche
- Rechtsprechung des BVerfG zur Definition des Tätigkeitsfeldes von Inkassounternehmen 2 77

Forderungsverkäufer
- Forderungseinzug aufgrund Inkassoermächtigung 2 88

Forfait-Geschäfte 2 110, 138

Forfaitierung 2 110

Forschung und Lehre
- Erstattung wissenschaftlicher Gutachten 2 174 ff

Fortbildung der anzuleitenden Person 6 33, 7 63

Frachterstattungsansprüche *RDGEG* 1 20

Frachtführer
- Berufs- und Tätigkeitsbild 5 28
- registrierte Erlaubnisinhaber *RDGEG* 1 61

Frachtprüfer
- als juristisch qualifizierte Person 6 26
- Alt-Erlaubnisinhaber, die nicht Mitglied in einer Rechtsanwaltskammer sind *RDGEG* 1 20 f
- Alt-Erlaubnisinhaber ohne Mitgliedschaft in einer Rechtsanwaltskammer 10 2
- Entwicklung des Berufsbildes *RDGEG* 1 9 f

- Frachterstattungsansprüche *RDGEG* 1 20
- Frachtrechnung *RDGEG* 1 20
- Nebenleistung 5 11, 61, 10 2
- Rechtsdienstleistung im Zusammenhang mit einer anderen Tätigkeit *RDGEG* 1 9
- Vergütung *RDGEG* 4 13

Frachtrechnung *RDGEG* 1 20

Freiberuflich tätige Personen
- Einziehung erfüllungshalber abgetretener Forderungen 2 135

Freie Jugendhilfe
- erforderliche Qualifikation und Ausstattung 8 72 ff
- Rechtsdienstleistungsbefugnis 8 69

Freie Wohlfahrtspflege *siehe* Wohlfahrtsverbände

Freiwillige Gerichtsbarkeit
- gerichtliche Vertretung durch Alt-Erlaubnisinhaber *RDGEG* 3 21, 39

„Fremde" Rechtsangelegenheit, Legaldefinition Rechtsdienstleistung
- Bedeutung des Tatbestandsmerkmals 2 50
- Fallbeispiele 2 51 ff
- Inkasso 2 50, 80
- Treuhandtätigkeit 2 50

Fremdgeld
- Auflagen 10 73, 75 ff

Fremdsprachige Dokumente
- Registrierungsverfahren *RDV* 6 10

Fremdsprachliche Zeugnisse *RDV* 2 19

Frist
- Alt-Erlaubnisinhaber, die nicht Mitglied in einer Rechtsanwaltskammer sind *RDGEG* 1 33 ff
- Aufbewahrung *RDV* 7 1 f
- Löschung *RDV* 7 3 ff
- Widerruf der Registrierung 14 42, 47

Führen einer Berufsbezeichnung 11 20, 15 68

Führungszeugnis 13 21

Fußballspieler, Vermittlung von
- Tätigkeit als Rechtsdienstleistung 2 21

Geburtsjahr
- Rechtsdienstleistungsregister 16 29
- sensible Daten 16 22 ff, 45

Gefälligkeitsgutachten 2 179

Gegenstandswert *RDGEG* 4 42 ff, 150

Geldbuße 20 21

Stichwortverzeichnis

Genealoge
- Tätigkeit als Rechtsdienstleistung 2 17

Genossenschaften (Mitgliederrechtsberatung)
- Rechtsdienstleistungsbefugnis 7 31 ff
- Unanwendbarkeit des RVG RDGEG 4 17

Genossenschaftliche Einrichtungen (Mitgliederrechtsberatung)
- Rechtsdienstleistungsbefugnis 7 34 ff

Genossenschaftliche Prüfungsverbände (Mitgliederrechtsberatung)
- Rechtsdienstleistungsbefugnis 7 34

Genossenschaftliche Treuhandstellen und ähnliche Einrichtungen (Mitgliederrechtsberatung)
- Rechtsdienstleistungsbefugnis 7 36
- Registrierungsfähigkeit 10 8

Gerichtliche Rechtsdienstleistung
- Begriff 1 21
- berufsrechtliches Verfahren 1 36
- disziplinarrechtliches Verfahren 1 36
- Schiedsgerichtsverfahren 1 25 ff
- Strafverfahren 1 23 f
- unentgeltlich 6 45 ff
- Vergaberecht, Verfahren im 1 32 f
- Zeugenbeistand 1 29 ff
- Zwangsvollstreckungsverfahren 1 34 f

Gerichtliches Verfahren
- berufsrechtliches Verfahren 1 36
- disziplinarrechtliches Verfahren 1 36
- Schiedsgerichtsverfahren 1 25 ff
- Strafverfahren 1 23 f
- Vergaberecht 1 32 f
- Zeugenbeistand 1 29 ff
- Zwangsvollstreckungsverfahren 1 34 f

Gerichtliche Vertretung
- Behörde 8 48
- Diplom-Juristen aus dem Beitrittsgebiet RDGEG 5 10 ff
- Inkassounternehmen 10 20 ff
- Rechtsdienstleister in einem ausländischen Recht 10 56
- Rentenberater 10 48 ff
- unentgeltliche 6 45 ff
- Verbraucherverbände 8 59
- Verbraucherzentralen 8 59
- Vereinigungen iRd Mitgliederrechtsberatung 8 60

Gerichtliche Vertretung, Kammerrechtsbeistand
- Akteneinsichtsrecht RDGEG 3 20
- Angelegenheiten der freiwilligen Gerichtsbarkeit RDGEG 3 21
- arbeitsrechtliche Angelegenheiten RDGEG 3 22 f
- finanzgerichtliche Angelegenheiten RDGEG 3 30 ff
- sozialrechtliche Angelegenheiten RDGEG 3 24 ff
- strafrechtliche Angelegenheiten RDGEG 3 33 ff
- verwaltungsrechtliche Angelegenheiten RDGEG 3 27 ff
- zivilrechtliche Angelegenheiten RDGEG 3 14 ff

Gerichtliche Vertretung, registrierte Erlaubnisinhaber
- Inhaber einer besonderen Erlaubnis RDGEG 3 42 f
- Inhaber einer Erlaubnis nach § 13 FGG aF RDGEG 3 55
- Inhaber einer Erlaubnis nach § 67 VwGO aF RDGEG 3 53 f
- Inhaber einer Erlaubnis zum mündlichen Verhandeln vor den Sozialgerichten RDGEG 3 50 ff
- Prozessagent RDGEG 3 44 ff
- Schutzbestimmungen für den Fall der Zurückweisung RDGEG 3 63 ff
- Umfang der Befugnis zur gerichtlichen Vertretung RDGEG 3 39
- Zurückweisung wegen fehlender Befugnis zu gerichtlichen Vertretung oder zum Auftreten in der Verhandlung RDGEG 3 58 f
- Zurückweisung wegen Unvermögens RDGEG 3 60 ff

Gerichtsnahe prozessbegleitende Mediation 2 206

Geschäftsanschrift
- Rechtsdienstleistungsregister 16 31 ff

Geschäftsbesorgung
- erlaubnisfreie 2 3, 10

Geschäftsführer
- Suche und Auswahl durch Unternehmensberater 5 101

Geschäftsmäßigkeit
- Inkassodienstleistungen, frühere Rechtslage 2 56

Geschäftsreise RDGEG 4 142 ff

Geschützte Berufsbezeichnungen 11 16 ff

Gesellschaft bürgerlichen Rechts
- Name im Rechtsdienstleistungsregister 16 28
- Rechtsdienstleistungsbefugnis 7 15
- registrierungsfähige Personen 10 7

Gesellschafter
- Forderungseinzug aufgrund Inkassoermächtigung 2 88

Gesellschaftsverträge
- Rechtskenntnisse 5 42
- Steuerberater 5 95

Gesetzesvertretende Verordnungen
- Inkassodienstleistungen, frühere Rechtslage 2 58

Gesetzliche Rentenversicherung
- Rentenberatung 10 27; *RDGEG* 4 6

Gesetzliche Unfallversicherung
- Rentenberatung 10 28; *RDGEG* 4 6

Gesprächsleitung des Mediators 2 153, 207

Gewerblicher Pflegedienst
- unentgeltliche Rechtsdienstleistung 6 13

Gewerblicher Rechtsschutz
- Alt-Erlaubnisinhaber *RDGEG* 1 66
- ausländischer 15 11
- Teilbereichsregistrierung 10 59, 11 12; *RDV* 1 4

Gewerbliche Schuldenregulierung 5 89 f, 10 5

Gewerkschaftssekretäre 2 149

Gläubigerwechsel
- Forderungskauf 2 71

Globalzession
- Factoring 2 100

GmbH
- Rechtsdienstleistungsbefugnis 7 18

Grenzüberschreitende Leistungen
- Auslandssitz des Gläubigers 15 42
- Postdienste 15 37 ff
- Telekommunikationsdienste 15 37 ff
- Telemedien 15 34 f

Grenzüberschreitende Tätigkeiten, ausländische Rechtsdienstleister
- Registrierungsfähigkeit 10 13

Gründungsjahr
- Rechtsdienstleistungsregister 16 30, 54

Gutachten, wissenschaftliche *siehe* Wissenschaftliche Gutachten, Erstattung

Gutachter *siehe auch* Kfz-Sachverständiger
- Anforderungen an Person 2 185 ff

Gütestellen, Tätigkeit von
- Rechtsdienstleistung 2 199 f

Haftpflichtversicherer
- Unvereinbarkeit mit einer anderen Leistungspflicht 4 6 f

Haftpflichtversicherung
- Alt-Erlaubnisinhaber *RDGEG* 1 2

Handwerkskammern, Schlichtungsstellen 2 198

Haupttätigkeit
- und Schadensregulierung 2 134

Haus- und Grundbesitzervereine
- Rechtsdienstleistungsbefugnis 7 27

Haus- und Wohnungsverwaltung
- durch Steuerberater 5 94
- stets erlaubte Nebenleistung 5 118 ff
- Unvereinbarkeit mit einer anderen Leistungspflicht 4 8, 5 120

Hebegebühren *RDGEG* 4 74 f

Herkunftslandprinzip 15 7

Hinweispflicht
- bei Erfolgshonorar *RDGEG* 4 187 ff
- bei Vergütung nach dem Gegenstandswert *RDGEG* 4 150 ff

Hochschullehrer
- Anforderungen an Person des Gutachters 2 187, 191

IHS-Studie 3 9 f

Immobilienbewertung
- Nebenleistung 5 86

Immobilienmakler
- Berufs- und Tätigkeitsbild 5 27, 75

„Im Zusammenhang mit einer anderen Tätigkeit", Rechtsdienstleistungen *siehe* Rechtsdienstleistungen „im Zusammenhang mit einer anderen Tätigkeit"

Industrie- und Handelskammer
- zuständige Erlaubnisbehörde für Versicherungsberater *RDGEG* 2 11

Informationsdienste, juristische
- „Einzelfallprüfung", Legaldefinition Rechtsdienstleistung 2 24

Informationsinteresse der Allgemeinheit
- Rechtsaufklärung in den Medien 2 165 f, 5 83

Informationsmodell
- Vor- und Nachteile 3 4 ff

Inhaberschuldverschreibungen 2 113

In-House-Factoring 2 121, 144

Inkasso
- Schutz der Berufsbezeichnung 11 14 ff

Inkassobüro
- Alt-Erlaubnisinhaber, die nicht Mitglied in einer Rechtsanwaltskammer sind *RDGEG* 1 23 ff

Stichwortverzeichnis

Inkassodienstleistungen
- Alt-Erlaubnisinhaber *RDGEG* 1 2
- Anwendungsbereich des RDG 2 2
- Auflagen 10 69
- Berufsbezeichnung 11 14 ff
- besondere Sachkunde 11 4 ff
- eigenständiges Geschäft als Tatbestandsmerkmal 2 66, 126 ff, 137, 5 66 f
- Entstehungsgeschichte 2 54 ff
- Erstattung der Vergütung *RDGEG* 4 203 ff
- Fremdgeld 10 73, 75 ff
- gerichtliche Vertretung 10 20 ff
- Gesetzgebungsverfahren 2 64 ff
- Insolvenzverfahren 10 23
- Mahnverfahren 10 21
- Nachweis der theoretischen Sachkunde *RDV* 2 2 ff
- Nebenbestimmungen 10 69
- Rechtsdienstleistungsregister 16 36
- Registrierung 10 18 ff
- Schutz des Rechtsverkehrs 2 64, 67
- Soll-Auflage 10 75 ff
- Teilbereichsregistrierung *RDV* 1 2
- theoretische Sachkunde 12 39
- Verbraucherschutz 2 64, 67
- Zuwiderhandlungen 20 7 f
- Zwangsvollstreckungsverfahren 10 22

Inkassodienstleistungen, frühere Rechtslage
- Abtretung an Erfüllungs statt 2 57
- außergerichtlicher Forderungseinzug 2 56
- Einziehung fremder oder zu Einziehungszwecken abgetretener Forderungen 2 54, 79
- Forderungsankauf 2 60
- Forderungskauf 2 57
- kaufmännische oder sonstige gewerbliche Unternehmer 2 62, 134
- Vollabtretung 2 57

Inkassodienstleistungen, Legaldefinition
- Bedeutung der „rechtlichen Prüfung" iSd Legaldefinition Rechtsdienstleistung 2 74, 78
- eigenes Geschäft 2 80
- Einziehung 2 124 f
- Forderungseinzug als „eigenständiges Geschäft" 2 126 ff, 5 66 f
- Forderungseinzug auf eigene Rechnung 2 93 ff
- Forderungseinzug auf fremde Rechnung 2 81 ff
- Grenzfälle 2 112 ff
- rechtliche Forderungsprüfung 2 77

- Rechtsprechung des BVerfG zur Definition des Tätigkeitsfeldes von Inkassounternehmen 2 77

Inkassoerlaubnis
- vor bzw nach 1980 erteilt *RDGEG* 1 24

Inkassoermächtigung
- Forderungseinzug auf fremde Rechnung 2 83, 87 f

Inkassogeschäft
- Inkassodienstleistungen, Gesetzgebungsverfahren 2 69

Inkassounternehmen
- Alt-Erlaubnisinhaber, die nicht Mitglied in einer Rechtsanwaltskammer sind *RDGEG* 1 23 ff
- Anzahl 2 75
- Entwicklung des Berufsbildes *RDGEG* 1 8
- rechtliche Forderungsprüfung 2 77
- Rechtsprechung des BVerfG zur Definition des Tätigkeitsfeldes 2 5, 77

Inkassounternehmer
- als juristisch qualifizierte Person 6 26

Inkassovollmacht
- Forderungseinzug auf fremde Rechnung 2 83, 86, 5 63

Inkassozession
- Forderungseinzug auf fremde Rechnung 2 83, 89 ff, 5 63

Insolvenzausfallsicherung 2 96

Insolvenzberatungsstellen
- Rechtsdienstleistungsbefugnis 8 50
- Untersagungsbefugnis 9 6

Insolvenzgrund
- Prüfung durch Unternehmensberater 5 100

Insolvenzverfahren
- Inkassodienstleistungen 10 23
- Vergütung *RDGEG* 4 125 ff

Insolvenzverwalter
- Rechtsdienstleistungsbefugnis 8 9
- Rechtsdienstleistungsregister 16 28

Interessenkollision
- Anlagevertrieb 4 22 f
- Antragsprüfung bei juristischen Personen und Gesellschaften ohne Rechtspersönlichkeit 12 60
- Banken 5 57, 110 ff
- Haus- und Wohnungsverwaltung 5 120
- Kfz-Sachverständiger 4 19 ff
- Kfz-Werkstatt 5 6, 74
- konkrete Gefährdung 4 24 ff
- Mietwagenunternehmer 4 19 ff

- Nebenleistung 5 6, 57
- persönliche Eignung 12 12 f
- Rechtsdienstleistung 4 13 ff
- Tätigkeit im Anschluss an Verkehrsunfälle 4 19 ff, 5 74
- Versicherungsvertrieb 4 22 f

Interessenvereinigungen (Mitgliederrechtsberatung)
- Beispiele 7 27
- Beurteilungskriterium 7 26
- gemeinschaftlich verfolgter Zweck 7 23 ff
- Rechtsdienstleistungsbefugnis 7 23 ff
- Registrierungsfähigkeit 10 8
- Unanwendbarkeit des RVG RDGEG 4 17

Internet
- als Medium der Publizierung 16 11 f
- grenzüberschreitende Leistungen 15 34 ff
- Internetadresse 16 56

Internetforen
- Tätigkeit als Rechtsdienstleistung 2 45 f, 5 14

„Jedermann-Rechtsdienstleistungen" 3 32

„Jede Tätigkeit", Legaldefinition Rechtsdienstleistung 2 12 f

Jugendamt 8 45

Juristische Informationsdienste
- „Einzelfallprüfung", Legaldefinition Rechtsdienstleistung 2 24

Juristische Personen des öffentlichen Rechts, Rechtsdienstleistungsbefugnis
- Anstalten des öffentlichen Rechts 8 34
- Beliehene 8 32, 36
- funktionaler Behördenbegriff 8 31 f
- Körperschaften des öffentlichen Rechts 8 33
- privatrechtliche Vereinigungen zur Erfüllung öffentlicher Aufgaben 8 36 f
- Stiftungen des öffentlichen Rechts 8 35

Juristischer Rat
- Abgrenzung zum wissenschaftlichen (Rechts-)Gutachten 2 181 ff

Juristische Vorbildung
- Anforderungen an Person des Gutachters 2 187 ff

Juristisch qualifizierte Person
- andere Personen als Volljuristen 6 26 f
- Delegationsbefugnis 6 28 ff
- Mitgliederrechtsberatung 7 62 ff
- Mitwirkung 6 34 ff
- Qualitätskontrolle bei angeleiteter Person 6 38
- stichprobenartige Kontrollen bei angeleiteter Person 6 34
- Überwachung der anzuleitenden Person 6 34 ff
- unentgeltliche Rechtsdienstleistung unter Anleitung 6 28 ff
- Volljuristen 6 25

Justizvollzugsanstalt 8 46

Kammerrechtsbeistand *siehe auch* Gerichtliche Vertretung, Kammerrechtsbeistand
- als juristisch qualifizierte Person 6 26
- Befugnis zur Erbringung außergerichtlicher Rechtsdienstleistung 3 53 ff
- Beruf RDGEG 1 41 ff
- Erlaubnis zur geschäftsmäßigen Rechtsbesorgung RDGEG 1 41
- Erlöschen der Erlaubnis RDGEG 1 46 ff
- freiwilliges Ausscheiden aus Rechtsanwaltskammer RDGEG 1 52 ff
- Legaldefinition 3 56
- Schutz der Berufsbezeichnung RDGEG 1 45, 6 1 ff
- Umfang der Befugnis der gerichtlichen Vertretung RDGEG 3 13 ff
- unfreiwilliges Ausscheiden aus Rechtsanwaltskammer RDGEG 1 49 ff
- Vergütung RDGEG 4 1, 10
- Verzicht RDGEG 1 52
- Zweitberuf RDGEG 1 55

Kassenarzt, Einziehung von Praxisgebühr
- Vorrang von Sonderregelungen gegenüber RDG 1 54, 3 29, 60

Kauf einer Forderung *siehe* Forderungskauf

Kaufmännische Hilfsleistungen 2 126

Kaufmännische oder sonstige gewerbliche Unternehmer
- Inkassodienstleistungen, frühere Rechtslage 2 62, 115, 134

Kauf und sonstiger Vollerwerb einer Forderung
- Inkassodienstleistungen, Gesetzgebungsverfahren 2 67 ff

Kfz-Händler
- Schadensregulierung und Haupttätigkeit 2 134

Kfz-Meister
- Rechtskenntnisse 5 41, 71 f

Kfz-Sachverständiger
- Interessenkollision 4 19, 21

Stichwortverzeichnis

- Nebenleistung 5 85
- Schadensregulierung 2 92, 134

Kfz-Werkstatt
- Einziehung abgetretener Erstattungsansprüche 2 66
- Forderungseinzug aufgrund Inkassozession 2 92, 133, 5 67
- Interessenkollision 4 19 ff, 5 6, 74
- Rechtskenntnisse 5 43
- Tätigkeit als Rechtsdienstleistung 2 17, 40, 42 ff, 5 69 ff
- Unfallschadensmanagement 5 43

Kleinstvereine
- Rechtsdienstleistungsbefugnis 7 28

Kommanditgesellschaft
- Name im Rechtsdienstleistungsregister 16 28
- Rechtsdienstleistungsbefugnis 7 17
- registrierungsfähige Personen 10 7

„Konkrete" Angelegenheit, Legaldefinition Rechtsdienstleistung 2 48 f

Konzern
- Erledigung von Rechtsangelegenheiten innerhalb verbundener Unternehmen 2 167, 233 ff

Konzerninkasso 2 236

Kooperation 5 12; *BRAO* 59a 17

Körperschaften des öffentlichen Rechts
- Rechtsdienstleistungsbefugnis 8 33
- Registrierungsfähigkeit 10 8

Körperschaften des öffentlichen Rechts (Mitgliederrechtsberatung)
- Rechtsdienstleistungsbefugnis 7 38

Kosten der Einsichtnahme in Rechtsdienstleistungsregister 16 19

Kostenfreiheit der Registrierung vorübergehender Rechtsdienstleistungen 15 65

Kreditgeschäft
- unechtes Factoring 2 105, 5 68

Kreditorisches Nebengeschäft 2 102

Kreditportfolios 2 98, 5 64

Kreditreformvereine
- Rechtsdienstleistungsbefugnis 7 27

Kreditsicherung 2 137

Kreditvermittler *siehe* Finanzmakler

Kreditvermittlung 10 5

Kreishandwerkerschaft 8 43

Kriegsopferverbände
- Rechtsdienstleistungsbefugnis 7 27

Landesjustizverwaltungen
- Delegationsbefugnis 19 5

- funktionelle Zuständigkeit 19 1

Lehrgangsanbieter
- Evaluierung *RDV* 4 21 f

Lehrgangsprüfung
- mündliche Prüfung *RDV* 4 15 ff
- schriftliche Prüfung *RDV* 4 10 ff

Lehrgangszeugnis *RDV* 4 18 ff

Leseranfragen
- Beantwortung von (fingierten) 2 160

Löschung der Daten 16 68

Löschung der Registerdaten
- Widerrufsverfahren 14 45

Löschungsfristen *RDV* 7 3 ff

Löschung von Veröffentlichungen
- Beendigung der Gesellschaft 17 12
- Bestandskraft der Rücknahmeverfügung 17 14 ff
- Bestandskraft der Untersagungsverfügung für vorübergehende Dienstleistungen 17 18
- Bestandskraft der Widerrufsverfügung 17 14 ff
- Fristablauf bei Untersagungsverfügungen 17 17
- Löschung als Informationsmittel 17 1 f
- Löschungstatbestände 17 8 ff
- Rechtsmittel 17 19 f
- Tod der registrierten Person 17 11
- umfassende Löschung 17 3
- unverzügliche Veranlassung *RDV* 9 1 f
- Verzicht der registrierten Personen 17 8 ff
- Wirkung 17 5 ff
- Zeitablauf der registrierten vorübergehenden Dienstleistung 17 18

Mahnverfahren
- Inkassodienstleister 10 21

Maklertätigkeit
- Tätigkeit als Rechtsdienstleistung 2 21

Mangel der Vollmacht, Diplom-Juristen aus dem Beitrittsgebiet
- Arbeitsgerichtsbarkeit *RDGEG* 5 23
- Finanzgerichtsbarkeit *RDGEG* 5 30
- freiwillige Gerichtsbarkeit *RDGEG* 5 21
- Markenrechtsstreitigkeiten *RDGEG* 5 32
- Patentgerichtsbarkeit *RDGEG* 5 31
- Sozialgerichtsbarkeit *RDGEG* 5 26
- Verwaltungsgerichtsbarkeit *RDGEG* 5 28
- Zivilprozessordnung *RDGEG* 5 18

Mantelzession
- Factoring 2 100

Massenmedien
- Rechtsaufklärung in den Medien 2 165

MasterPat-Entscheidung 1 2, 2 10, 5 2

Mediale Berichterstattung
- Rechtsaufklärung in den Medien 2 229

Mediation
- Abschlussvereinbarung 2 155 ff, 222 ff, 5 82
- Begriffsverständnis 2 150 ff, 207
- Gesprächsleitung 2 153, 207
- „Jedermann-Tätigkeit" 2 209
- „Mediation in Rechtsangelegenheiten" 2 154
- Nebenleistung 5 79 ff
- rechtliche Regelungsvorschläge 2 152 ff, 214 ff, 5 79
- Verbraucherschutz 2 220
- Vergütung RDGEG 4 48

Mediations-Richtlinie 2 208

Mediator
- Protokollierung einer Abschlussvereinbarung 2 155 ff, 222 ff, 5 82
- Rechtskenntnisse 5 81

Medien, Rechtsaufklärung in den
- Aufforderung der Zeitschriftenredaktion an Leser zur Fallschilderung 2 166
- Informations- und Unterhaltungsinteresse der Allgemeinheit 2 165 f, 5 83
- Nebenleistung 5 83
- Rechtsdienstleistung 2 159 ff, 227 ff, 5 83
- Rundfunkfreiheit 2 162 ff, 228 ff, 5 2

Medizinisches Gutachten 2 171

Mehrheit von Auftraggebern, RVG RDGEG 4 72 f

Meldeobliegenheit des Rechtsdienstleisters nach Registrierung
- beharrliche Verletzung als Widerrufsgrund 14 20 ff
- mitteilungspflichtige Tatsachen 13 37 ff

Meldepflicht europäischer Rechtsdienstleister
- Angaben zur Berufsbezeichnung 15 57
- Angaben zur Berufshaftpflichtversicherung 15 56
- Bescheinigung über Berufsausübung 15 52 ff
- deklaratorische Wirkung der Meldung 15 63
- Form der Meldung 15 46 f
- Inhalt der Meldung 15 48 ff
- jährliche Wiederholung der Meldung 15 59 ff
- Mitteilung über Veränderungen 15 58

Micropayment
- kein „eigenständiges Geschäft" 2 139, 5 67
- Tätigkeit auf rein wirtschaftlichem Gebiet 2 17, 140

Mietervereine
- Rechtsdienstleistungsbefugnis 7 27

Mietwagenunternehmen
- Entwicklung hin zu Unfallschadensmanagement 5 43
- Forderungseinzug 2 92
- Interessenkollision 4 19 ff
- Schadensregulierung und Haupttätigkeit 2 134

Mitglied der Rechtsanwaltskammer
- als Zusatz der Berufsbezeichnung bei Kammerrechtsbeiständen RDGEG 1 41, 45

Mitgliederrechtsberatung siehe Rechtsdienstleistungen durch Vereinigungen und Genossenschaften (Mitgliederrechtsberatung)

Mitgliederverzeichnis der Rechtsanwälte 16 3, 14

Mitwirkungsverbote des Notars BeurkG 3 2 ff

Mündliche Prüfung iRv Sachkundelehrgang RDV 4 15 ff

Musterverbandsklagen 8 60

Nachbarn
- unentgeltliche Rechtsdienstleistung 6 20 f

Nachlassabwicklung
- Erbenermittler 5 60

Nachlasspfleger
- Rechtsdienstleistungsbefugnis 8 10

Nachlassverwalter
- Rechtsdienstleistungsbefugnis 8 16

Nachweis der praktischen Sachkunde
- Anforderungen 12 47 f; RDV 3 2 ff
- Anpassungslehrgang 12 49 f; RDV 3 6 ff
- durch Berufsqualifikation für einen anderen EU- oder EWR-Staat 12 49 f; RDV 3 6 ff
- Zeugnis RDV 3 4 f

Stichwortverzeichnis

Nachweis der theoretischen Sachkunde
- Anpassungslehrgang 12 49 f
- durch Berufsqualifikation für einen anderen EU- oder EWR-Staat 12 49 f; *RDV* 2 8 ff
- Inkassodienstleistungen *RDV* 2 2 ff
- Rechtsdienstleistungen in einem ausländischen Recht *RDV* 2 13 ff
- Rentenberatung *RDV* 2 2 ff
- Teilbereichsregistrierung *RDV* 2 18
- Zeugnis 12 42 ff; *RDV* 2 1 ff

Nachweismakler
- Nebenleistung 5 76

Nähebereich, persönlicher
siehe Persönlicher Nähebereich

Nebenleistung *siehe auch* Berufs- oder Tätigkeitsbild der Haupttätigkeit, erlaubnisfreie Nebenleistung
- „als Nebenleistung" 5 34
- Altersvorsorgeberatung 5 45a
- Anbahnung von Verträgen 5 20, 22
- Anlageberater 5 45 f
- Architekt 5 25 f, 47 f
- Arzt 5 87 f
- Auskunfteien 5 58
- Banken 5 50 ff
- Baubetreuer 5 49
- Berater von Fotomodellen 5 31
- Berater von Künstlern 5 31
- Berufs- oder Tätigkeitsbild der Haupttätigkeit 5 24 ff, 107
- Beurteilungskriterium 5 8 ff
- Detekteien 5 58
- einheitlicher Auftrag 5 17
- Einzelfälle 5 45 ff
- Erbenermittler 5 59 f
- erforderliche Rechtskenntnisse 5 40 ff
- erlaubnisfreie Rechtsdienstleistung 5 7 ff
- Erwartung des Auftraggebers 5 37 ff
- Existenzgründungsberatung 5 98
- Finanzmakler 5 78
- Fördermittelberatung 5 97
- Forderungseinzug als „eigenständiges Geschäft" 2 126
- Frachtführer 5 28
- Frachtprüfer 5 11, 61, 10 2
- gewerbliche Schuldenregulierung 5 89 f
- Immobilienbewertung durch Sachverständige 5 86
- Immobilienmakler 5 27, 75
- Interessenkollision 5 6
- Internetforen 5 14 f
- Kfz-Sachverständige 5 85
- Kompetenz des Rechtsanwalts 5 37 ff
- Mediation 5 79 ff
- Medien 5 83
- „nachholende" Rechtsdienstleistung 5 21 f
- Nachweismakler 5 76
- Parteivereinbarung 5 16
- Projektsteuerer 5 49
- Prüfungsschema 5 44
- qualitatives Verständnis 5 35 ff
- Rentenberatung 5 45a, 10 46
- sachlicher Zusammenhang 5 15 f, 107
- Sachverständige 5 84 ff
- Sanierungen durch Banken/Sparkassen 5 53 ff
- Sanierungen durch Steuerberater/Wirtschaftsprüfer 5 93
- Schuldnerberatung 5 89 f
- Sparkassen 5 50 ff
- Spediteur 5 28
- Spielerberater 5 30 ff, 91
- Stadtplaner 5 25
- Subventionsberatung 5 97
- Telefon-Hotlines 5 14 f
- Umfang der Nebenleistung 5 35 ff
- Umschuldungen durch Banken/Sparkassen 5 53 ff
- Umschuldungen durch Schuldnerberatung 5 89 f
- Umschuldungen durch Steuerberater/Wirtschaftsprüfer 5 93
- Umstrukturierungsberatung 5 93
- Unanwendbarkeit des RVG *RDGEG* 4 15
- Unternehmensberater 5 97 ff
- Unternehmenskauf bzw -verkauf 5 38
- vereidigter Versteigerer 5 11, 62
- Vermittlungsmakler 5 75
- Vermögens-/Unternehmensnachfolge 5 46, 102
- Vermögensverwaltung 5 45 f
- Versicherungsagent 5 77
- Versicherungsberater 5 11, 28, 105
- Versicherungsberatung 5 45a
- Versicherungsmakler 5 77
- Versicherungsvermittler 5 28
- Versicherungsvertreter 5 77
- Zugehörigkeit zum Berufs- oder Tätigkeitsbild der Haupttätigkeit 5 8 ff, 23 ff, 107
- „Zusammenhang mit einer anderen Tätigkeit" 5 14 ff, 107

Nebenleistung, stets erlaubte
- Banken 5 108 ff
- Fördermittelberatung 5 121 ff
- Haus- und Wohnungsverwaltung 5 118 ff

Stichwortverzeichnis

- inhaltlicher und sachlicher Zusammenhang mit der Rechtsdienstleistung 5 107
- Sparkassen 5 108 ff
- Testamentsvollstreckung 5 108 ff
- Zugehörigkeit zum Berufs- oder Tätigkeitsbild 5 107

Negativ-Katalog (keine Rechtsdienstleistung) *siehe* Rechtsdienstleistung, Negativ-Katalog

Neugläubiger
- Forderungskauf 2 71

Nichtanwaltliche europäische Rechtsdienstleister *siehe* Vorübergehende Rechtsdienstleistungen

Nicht verkammerter Voll-Rechtsbeistand RDGEG 1 12, 30

Non-performing-loan-Transaktionen 2 98, 5 64

Notar
- Anzeigepflicht *BNotO* 27 1
- Aufsicht über Amtsführung des Notars *BNotO* 93 1
- Befugnis zur Erbringung außergerichtlicher Rechtsdienstleistung 3 49
- Mitwirkungsverbote *BeurkG* 3 2 ff

Offene Handelsgesellschaft
- Name im Rechtsdienstleistungsregister 16 28
- Rechtsdienstleistungsbefugnis 7 17
- registrierungsfähige Personen 10 7

Öffentliche Rechtsberatung
- im Rahmen der Beratungshilfe 8 40 f

Öffentliche und öffentlich anerkannte Stellen, Rechtsdienstleistungen durch
- Behörden und juristische Personen des öffentlichen Rechts 8 27 ff
- Folgen mangelnder Qualifikation und Ausstattung 9 11
- gerichtlich oder behördlich bestellte Personen 8 6 ff
- nach Landesrecht als geeignet anerkannte Personen oder Stellen iSd § 305 Abs. 1 Nr. 1 InsO 8 49 ff
- Qualifikation und Ausstattung 8 72 ff, 9 9 ff
- Umfang der Rechtsdienstleistungen 8 24, 38 ff, 52 f, 58 ff
- Untersagungsbefugnis 9 4 ff
- Verbände iSd Sozialgesetzbuches 8 61 ff
- Verbraucherverbände 8 56 f
- Verbraucherzentralen 8 54 f

Ombudsmannverfahren 2 198
one-shot-player 3 9

Ordnungswidrigkeiten
- Beteiligte 20 20
- Bußgeldbescheid 20 22
- Bußgeldbewehrung als Verbraucherschutz 20 1 ff
- Erbringung einer Rechtsdienstleistung ohne Registrierung 20 6 ff
- Führen einer geschützten Berufsbezeichnung 20 16 ff
- Höhe der Geldbuße 20 21
- im Bereich Inkassodienstleistungen 20 7 f
- im Bereich Rentenberatung 20 9
- Rechtsdienstleistung in einem ausländischen Recht 20 10 f
- Verjährung 20 23 f
- zuständige Verfolgungsbehörden 20 25
- Zuwiderhandlung gegen vollziehbare Anordnung 20 12 ff

Organisationsprivatisierungen 8 37
Originator 2 113 ff
Paritätischer Wohlfahrtsverband 8 66

Parteiprozess
- gerichtliche Vertretung durch Kammerrechtsbeistand *RDGEG* 3 14

Parteivereinbarung
- erlaubnisfreie Nebentätigkeit 5 16

Partnerschaftsgesellschaft
- Name im Rechtsdienstleistungsregister 16 28
- registrierungsfähige Personen 10 7

Patentanwalt
- als juristisch qualifizierte Person 6 26
- Befugnis zur Erbringung außergerichtlicher Rechtsdienstleistung 3 46

Patientenverfügung 5 88

Personalratstätigkeit
- Rechtsdienstleistung 2 202 ff

Persönliche Eignung
- Abgrenzung zur Sachkunde 12 4 ff
- Antragsprüfung bei juristischen Personen und Gesellschaften ohne Rechtspersönlichkeit 12 58 ff
- fehlende persönliche Eignung als Widerrufsgrund 14 15 ff
- Interessenkollision 12 12 f
- körperliche Eignung 12 7 ff
- Lebenswandel 12 10 f
- qualifizierte Person 12 54 ff, 14 24 ff
- Registrierungsvoraussetzung 12 4 ff
- Verhalten 12 10 f

Persönlicher Nähebereich
- ähnlich enge persönliche Beziehungen 6 22 f

- familiäre Beziehungen 6 19
- nachbarschaftliche Beziehungen 6 20 f
- unentgeltliche Rechtsdienstleistung außerhalb des persönlichen Nähebereichs 6 24 ff
- unentgeltliche Rechtsdienstleistung innerhalb des persönlichen Nähebereichs 6 16 ff, 9 26

Persönliche Zuverlässigkeit
- Antragsprüfung bei juristischen Personen und Gesellschaften ohne Rechtspersönlichkeit 12 58 ff
- Beurteilungsmaßstab 12 14 ff
- fehlende persönliche Zuverlässigkeit als Widerrufsgrund 14 15 ff
- qualifizierte Person 12 54 ff, 14 24 ff
- rechtskräftige Verurteilung 12 20 ff, 14 17
- Regelbeispiele 12 19 ff
- ungeordnete Vermögensverhältnisse 12 27 f, 14 18
- Versagung der Registrierung aufgrund RBerG 12 33 f
- Versagung oder Widerruf der Zulassung zur Rechtsanwaltschaft 12 35 ff
- widerlegbare Vermutung 12 19

Person mit Befähigung zum Richteramt RDGEG 5 13

Pflegedienst, gewerblicher
- Beratung als unentgeltliche Rechtsdienstleistung 6 13

Pfleger für Minderjährige und bestimmte Volljährige
- Rechtsdienstleistungsbefugnis 8 17

Postdienste
- grenzüberschreitende Leistungen 15 37 ff

Postulationsfähigkeit
- Regelungsinhalt der Verfahrensordnungen 1 19

Post- und Telekommunikationsdienstleistungen, Entgelte für RDGEG 4 139

Postwurfsendungen mit juristischem Inhalt an Vereinsmitglieder/Geschäftspartner/andere Personen
- „Einzelfallprüfung", Legaldefinition Rechtsdienstleistung 2 24

Praktische Sachkunde
- Anforderungen 12 48
- Antragsprüfung bei juristischen Personen und Gesellschaften ohne Rechtspersönlichkeit 12 58 ff
- Nachweis 12 47, 49 f
- qualifizierte Person 12 54 ff

Prangerwirkung
- Rechtsaufklärung in den Medien 2 232

Präventives Verbotsmodell 3 7, 13

Praxisgebühr
- Einziehung durch Kassenärzte 1 54, 2 136, 3 29, 60

Presse siehe Medien, Rechtsaufklärung

Prinzipal-Agentenbeziehung 3 9

Private Altersversorgung
- Anlageberatung, Nebenleistung 5 45a
- Rentenberatung 10 39 f; RDGEG 4 6

Privatrechtliches Schiedsverfahren 1 26 f

Privatrechtliche Vereinigungen zur Erfüllung öffentlicher Aufgaben
- Rechtsdienstleistungsbefugnis 8 36 f

Projektsteuerer
- Nebenleistung 5 49

Provisionsannahmeverbot
- Versicherungsberater RDGEG 2 5, 13

Prozessagent
- außergerichtliche Rechtsdienstleistung 1 20
- Bezeichnung als „Rechtsbeistand" RDGEG 1 64
- gerichtliche Vertretung RDGEG 3 44 ff

Prozessagentenerlaubnis RDGEG 3 42, 46

Prozesskostenhilfe RDGEG 4 27

Prozesskostenhilfeverfahren
- Beiordnung des Kammerrechtsbeistand RDGEG 3 29
- gerichtliche Vertretung durch Kammerrechtsbeistand RDGEG 3 18

Prozessordnungen
- Diplom-Juristen aus dem Beitrittsgebiet RDGEG 5 12
- Prozessvertretung durch Nicht-Anwälte 3 21
- Prozessvertretung durch registrierte Alt-Erlaubnisinhaber RDGEG 3 3, 7 f
- Regelungsinhalt 1 19

Prozessvertretung
- Architekt 5 48
- durch Nicht-Anwälte 3 21
- Erbenermittler 5 59

„Prüfung", Legaldefinition Rechtsdienstleistung
- rechtliche 2 15 ff

Prüfung der Erfolgsaussichten eines Rechtsmittels, RVG RDGEG 4 77 ff

447

Stichwortverzeichnis

Prüfungsanforderungen iRv Sachkundelehrgang *RDV* 4 10 ff

Psychotherapeuten
- Einziehung erfüllungshalber abgetretener Forderungen 2 135

Qualifikation 5 2

Qualifizierte Person
- Angaben für Registrierung 13 28
- Antragsprüfung bei juristischen Personen und Gesellschaften ohne Rechtspersönlichkeit 12 59 ff
- Ausscheiden der einzigen qualifizierten Person als Widerrufsgrund 14 36 ff
- Bestellung einer weiteren qualifizierten Person 13 24
- fehlende Eignung bzw Zuverlässigkeit 14 24 ff
- Rechtsdienstleistungsregister 16 35
- Registrierung bei Alt-Erlaubnisinhabern *RDGEG* 1 75 ff
- Registrierungsvoraussetzungen 12 54 ff

Rahmengebühren *RDGEG* 4 30 f

Rat (juristischer)
- Abgrenzung zum wissenschaftlichen (Rechts-)Gutachten 2 181 ff

Ratgeberseiten mit juristischem Inhalt
- „Einzelfallprüfung", Legaldefinition Rechtsdienstleistung 2 25, 45

Ratgebersendungen mit juristischem Inhalt
- „Einzelfallprüfung", Legaldefinition Rechtsdienstleistung 2 25 ff, 45, 49

RBerG *siehe* Rechtsberatungsgesetz (RBerG)

RDG *siehe* Rechtsdienstleistungsgesetz (RDG)

RDV *siehe* Rechtsdienstleistungsverordnung (RDV)

Rechtliche Forderungsprüfung
- Rechtsprechung des BVerfG zur Definition des Tätigkeitsfeldes von Inkassounternehmen 2 77

„Rechtliche Prüfung", Legaldefinition Rechtsdienstleistung
- Abgrenzung zu Routineangelegenheiten 2 22 f
- Abgrenzung zu Tätigkeiten auf rein wirtschaftlichem Gebiet 2 17 ff
- Beratung bei Telekommunikationsanlagen 2 20
- Beratung durch Finanzdienstleister und Banken bei Vermögensanlagen oder Existenzgründungen 2 19
- Beurteilungsmaßstab 2 15 f
- Energieberater 2 40
- Erforderlichkeit 2 28 ff
- Inkassodienstleistungen 2 74, 78
- Kfz-Werkstatt 2 17, 40
- Maklertätigkeit 2 21
- Micropayment 2 17, 140, 5 67
- nicht als eigenständiges Geschäft betriebene Inkassotätigkeit 2 128 f
- Stromanbieter 2 40
- Verkehrsunfallschaden 2 17

Rechtliche Regelungsvorschläge des Mediators 2 152 ff, 214 ff, 5 79

Rechtliches Gehör
- Widerrufsverfahren 14 4, 13

Rechtsanwalt
- ausländischer 10 15 ff
- Befugnis zur Erbringung außergerichtlicher Rechtsdienstleistung 3 45, 50 ff
- europäischer 10 15, 15 9
- Kompetenz 5 37 ff
- Registrierungsfähigkeit 10 14 ff
- unentgeltliche Beratung 6 42 ff
- Zweitberuf 10 14

Rechtsanwaltskammer
- Alt-Erlaubnisinhaber, die nicht Mitglied einer Rechtsanwaltskammer sind *RDGEG* 1 14 ff
- Ausscheiden des Kammerrechtsbeistands *RDGEG* 1 46 ff
- Kammerrechtsbeistand *RDGEG* 1 40 ff
- „Mitglied der Rechtsanwaltskammer" als Zusatz der Berufsbezeichnung bei Kammerrechtsbeiständen *RDGEG* 1 41, 45

Rechtsanwaltsvergütungsgesetz (RVG)
siehe auch Erfolgshonorar; *siehe auch* Vereinbarte Vergütungen
- Angelegenheit *RDGEG* 4 32 ff
- Auslagen *RDGEG* 4 138 ff
- außergerichtliche Beratung und Vertretung *RDGEG* 4 47 ff
- Aussöhnungsgebühr *RDGEG* 4 69
- Beratungshilfe *RDGEG* 4 55 ff, 103 ff
- betroffene Rechtsdienstleister *RDGEG* 4 1 ff, 14 ff
- betroffene Vergütungsbereiche *RDGEG* 4 19 ff
- Dokumentenpauschale *RDGEG* 4 138
- Einigungsgebühr *RDGEG* 4 66 ff
- Entgelte für Post- und Telekommunikationsdienstleistungen *RDGEG* 4 139
- Erfolgshonorar *RDGEG* 4 25
- erfolgsunabhängige Vergütung *RDGEG* 4 24

Stichwortverzeichnis

- Erledigungsgebühr RDGEG 4 70 f
- Erstattung der Vergütung RDGEG 4 198 ff, 203 ff
- Fahrtkosten RDGEG 4 140 f
- Gegenstandswert RDGEG 4 42 ff, 150
- Geschäftsreise RDGEG 4 142 ff
- Hebegebühren RDGEG 4 74 f
- Hinweispflicht bei Vergütung nach dem Gegenstandswert RDGEG 4 150 ff
- Insolvenzverfahren RDGEG 4 125 ff
- Mehrheit von Auftraggebern RDGEG 4 72 f
- Prozesskostenhilfe RDGEG 4 27
- Prüfung der Erfolgsaussichten eines Rechtsmittels RDGEG 4 77 ff
- Rahmengebühren RDGEG 4 30 f
- Schreiben einfacher Art RDGEG 4 92 ff
- Umsatzsteuer RDGEG 4 149
- vereinbarte Vergütungen RDGEG 4 153 ff
- Vergütungsvereinbarung RDGEG 4 23
- Vertretung RDGEG 4 84 ff
- Vertretung in bestimmten sozialrechtlichen Angelegenheiten RDGEG 4 96 ff
- Wertgebühren RDGEG 4 29
- Zivilsachen RDGEG 4 118 ff
- Zwangsversteigerung RDGEG 4 122 ff
- Zwangsverwaltung RDGEG 4 122 ff
- Zwangsvollstreckung RDGEG 4 119

Rechtsaufklärung in den Medien siehe Medien, Rechtsaufklärung in den

Rechtsauskunfts- und Vergleichsstellen 8 41

Rechtsbeistand siehe auch Kammerrechtsbeistand
- Berufsbezeichnung RDGEG 1 64, 6 1 ff
- Neuregelung des Berufs RDGEG 1 42

Rechtsbeistand für Sozialrecht RDGEG 1 17, 3 52

Rechtsbeistand für Sozialversicherungsrecht RDGEG 1 17

Rechtsberatung, allgemeine
- im Rahmen der Beratungshilfe 8 40 f

Rechtsberatungsgesetz (RBerG) siehe auch Alt-Erlaubnisinhaber
- Ablösung durch das RDG 1 1 ff

Rechtsbesorgung
- erlaubnispflichtige 2 3, 10

Rechtsdienstleistung siehe auch Anwendungsbereich des RDG; siehe auch Nebenleistung; siehe auch Unvereinbarkeit mit einer anderen Leistungspflicht
- Abgrenzung erlaubnisfreie Geschäftsbesorgung und erlaubnispflichtige Rechtsbesorgung 2 3, 10
- außergerichtliche 1 15 ff
- Befugnisnormen im bzw außerhalb des RDG zur Erbringung außergerichtlicher Rechtsdienstleistungen 3 30 ff
- erlaubte 1 11 ff, 12 ff
- gerichtliche 1 21
- Inkassodienstleistungen 2 54 ff
- Interessenkollision 4 13 ff
- keine Rechtsdienstleistung (Negativ-Katalog) 2 148 ff

Rechtsdienstleistung, außergerichtliche siehe Außergerichtliche Rechtsdienstleistung

Rechtsdienstleistung, Legaldefinition
- Einzelfallprüfung 2 24 ff
- Entstehungsgeschichte 2 3 ff
- „erkennbare Erwartung des Rechtsuchenden" 2 46
- in einer „fremden" Rechtsangelegenheit 2 50 ff
- in einer „konkreten" Rechtsangelegenheit 2 48 f
- „jede Tätigkeit" 2 12 f
- „rechtliche Prüfung" 2 15 ff

Rechtsdienstleistung, Negativ-Katalog
- alternative Streitbeilegung 2 150, 210 ff, 5 79 ff
- betriebliche Interessenvertretung 2 202 ff
- Darstellung und Erörterung von Rechtsfragen und Rechtsfällen in den Medien 2 159 ff, 227 ff
- Erstattung wissenschaftlicher Gutachten 2 149, 171 ff
- Mediation 2 150 ff, 5 79 ff
- Tätigkeit von Einigungsstellen 2 149, 197
- Tätigkeit von Gewerkschaftssekretären 2 149
- Tätigkeit von Gütestellen 2 199 f
- Tätigkeit von Schiedsrichtern 2 149, 201
- Tätigkeit von Schlichtungsstellen 2 149, 198

Rechtsdienstleistung, unentgeltliche siehe Unentgeltliche Rechtsdienstleistungen

Rechtsdienstleistungen durch öffentliche und öffentlich anerkannte Stellen siehe Öffentliche und öffentlich aner-

449

kannte Stellen, Rechtsdienstleistungen durch
- Unanwendbarkeit des RVG *RDGEG* 4 18

Rechtsdienstleistungen durch Vereinigungen und Genossenschaften (Mitgliederrechtsberatung) *siehe auch* Vereinigungen (Mitgliederrechtsberatung)
- ADAC-Paragraph 7 5
- Ausnahmen von Mitgliederbindung 7 47 f
- Begriff der Vereinigung 7 13 ff
- Bekanntmachung der Untersagungsverfügung im Rechtsdienstleistungsregister 16 49 ff
- Berufsvereinigungen 7 21 f
- Beteiligung einer juristisch qualifizierten Person 7 62 ff, 69
- durch hierzu geschaffene juristische Personen (Rechtsschutzgesellschaft) 7 49 ff
- entgeltliche Rechtsdienstleistung 7 44 f
- Entstehungsgeschichte 7 5 ff
- finanzielle Ausstattung 7 61
- Folgen fehlender Ausstattung 7 69, 9 11
- Genossenschaften 7 32
- genossenschaftliche Einrichtungen 7 33 ff
- gerichtliche Vertretung 8 60
- Größe der Vereinigung 7 28 f
- im Rahmen des satzungsmäßigen Aufgabenbereichs 7 39 ff
- Interessenvereinigungen 7 23 ff
- Körperschaften des öffentlichen Rechts 7 38
- nur für Mitglieder (Mitgliederbindung) 7 46 ff
- personelle Ausstattung 7 55 ff
- Rechtsdienstleistungsbegriff 7 43
- Registrierungsfähigkeit 10 8
- sachliche Ausstattung 7 58 ff
- Sicherung der Rechtsdienstleistungsqualität 7 53 ff
- Sonderregelung 7 11
- Unanwendbarkeit des RVG *RDGEG* 4 17
- unter Anleitung 7 63 ff
- Untersagungsbefugnis 9 4
- Untersagungsgrund 9 11, 16 55
- Untersagungsverfahren 7 69
- Verfassungsmäßigkeit 7 8 ff
- Zusammenschlüsse von Vereinigungen 7 30

Rechtsdienstleistungen „im Zusammenhang mit einer anderen Tätigkeit" *siehe auch* Nebenleistung
- Anwendungsbereich 5 4
- europa- und verfassungsrechtliche Vorgaben 5 1 ff
- Frachtprüfer *RDGEG* 1 9
- Interessenkollision 5 6
- Nebenleistung 5 5, 7 ff, 14 ff, 106 ff
- stets erlaubte Nebenleistungen 5 106 ff

Rechtsdienstleistungen in einem ausländischen Recht *siehe* Ausländisches Recht, Rechtsdienstleistungen

Rechtsdienstleistungsbefugnis
- Berufsvereinigungen 7 21 f
- Genossenschaften 7 32
- genossenschaftliche Einrichtungen 7 33 ff
- Interessenvereinigungen 7 23 ff
- Körperschaften des öffentlichen Rechts 7 38
- Rechtsdienstleistungsregister 16 36

Rechtsdienstleistungsgesetz (RDG)
- Anwendungsbereich 1 6 ff
- Auslegung 1 18
- Befugnisnormen im bzw außerhalb des RDG 3 30 ff
- Berufsfreiheit, Einschränkung der 1 37, 3 3, 5 2
- Entstehungsgeschichte 1 1 ff
- Erforderlichkeit des Eingriffs 5 1 ff
- europa- und verfassungsrechtliche Vorgaben 5 1 ff
- Gesetzgebungsverfahren 1 3 ff
- Schutz der Rechsuchenden 1 39 ff
- Schutz der Rechtsordnung 1 51 f
- Schutz des Rechtsverkehrs 1 47 ff
- Schutzzweck 1 37 ff
- Verbotsgesetz mit Erlaubnisvorbehalt 1 7 ff, 2 31, 77, 3 1, 15 ff; 5 1
- Verhältnismäßigkeit des Eingriffs 5 1 ff
- Verordnungsermächtigungen im RDG *RDV* Vorbem. zu RDV 1 ff
- Vorrang von Sonderregelungen 1 53 ff, 3 27
- Ziel 1 37 ff

Rechtsdienstleistungsregister *siehe auch* Bekanntmachung der registrierten Rechtssubjekte (Zulassungsdaten); *siehe auch* Bekanntmachung der Untersagungsverfügung; *siehe auch* Bekanntmachungsverfahren
- Abteilungen 16 36
- Aufbau durch Einrichtungen der Länder 18 17; *RDV* 8 8

Stichwortverzeichnis

- Berichtigungsanspruch **16** 66
- Bestandteile der Registrierung **16** 4 f
- bundesweit **16** 8 f
- Datensparsamkeit **16** 21
- einzutragende Daten **16** 20 ff
- Information für den Rechtsverkehr und öffentliche Stellen **16** 17 f
- Information für Rechtsdienstleister **16** 16
- Information für Rechtsuchende **16** 13 ff
- Informationsinteresse **16** 1, 10
- Internetadresse **16** 56
- Internet als Medium der Publizierung **16** 11
- Normzweck **16** 10 ff
- Recht auf informationelle Selbstbestimmung **16** 21
- Rechtsmittel gegen Veröffentlichungen **16** 65 ff
- registrierte Rechtssubjekte **16** 26 ff
- sensible Daten **16** 21 ff, 42 f
- Sitz des Datenspeichers **16** 56
- Teilbereiche **16** 37
- Transparenz des Rechtsdienstleistungsmarktes **16** 6 ff
- Unentgeltlichkeit der Einsichtnahme **16** 19
- Unterrichtungszweck **16** 7
- Untersagungsverfügungen **16** 40 ff
- Wirkung der Veröffentlichung **16** 3, 65
- Zentralregister **16** 56
- zwei getrennte Bereiche **16** 20

Rechtsdienstleistungsverordnung (RDV)
siehe auch Verordnungsermächtigung
- Bekanntmachungsverfahren **16** 58
- Datenübermittlung **18** 17
- Inkrafttreten *RDV* **10** 1
- Registrierungsverfahren **13** 8, 35 f
- Registrierungsvoraussetzungen **12** 57, 65 f
- Verordnungszweck *RDV* Vorbem. zu RDV 6 ff

Rechtsdienst-Nebenleistung
siehe Nebenleistung

Rechtsgutachten **2** 171

Rechtskenntnisse
- Auskunfteien **5** 58
- Detekteien **5** 58
- Entwurf von Testamenten **5** 42, 46, 95
- Erbenermittler **5** 59
- Gesellschaftsverträge **5** 42, 95
- Kfz-Meister **5** 41, 71 f
- Kfz-Werkstatt **5** 43
- Mediator **5** 81
- Nebenleistung **5** 40 ff
- Steuerberater **5** 41 f
- Wirtschaftsprüfer **5** 41 f

Rechtskundige in einem ausländischen Recht
- Alt-Erlaubnisinhaber, die nicht Mitglied in einer Rechtsanwaltskammer sind *RDGEG* **1** 27 ff

Rechtsordnung, Schutz der
- Notwendigkeit und Umfang **1** 51 f

Rechtsschutzgesellschaft
- Mitgliederrechtsberatung **7** 49 ff

Rechtsschutzversicherer
- Nebenleistung **5** 104
- Unvereinbarkeit mit einer anderen Leistungspflicht **4** 2 ff

Rechtsuchender
- „erkennbare Erwartung", Legaldefinition Rechtsdienstleistung **2** 46

Rechtsuchender, Schutz des
- Notwendigkeit und Umfang **1** 39 ff

Rechtsverkehr, Schutz des
- Notwendigkeit und Umfang **1** 47 ff

Redaktionelle Sprechstunden
- Rechtsaufklärung in den Medien **2** 231

Referendarsausbildung *BRAO* 59 1 f

Registergericht **15** 50, **16** 28, 52

Registernummer **15** 50, **16** 28, 52

Registrierte Erlaubnisinhaber *siehe auch* Gerichtliche Vertretung, registrierte Erlaubnisinhaber
- Alt-Erlaubnisinhaber *RDGEG* **1** 56 ff, 60 f
- Schutzbestimmungen für den Fall der Zurückweisung *RDGEG* **3** 63 ff
- Umfang der Befugnis der gerichtlichen Vertretung *RDGEG* **3** 37 ff
- Zurückweisung wegen fehlender Befugnis zu gerichtlichen Vertretung oder zum Auftreten in der Verhandlung *RDGEG* **3** 58 f
- Zurückweisung wegen Unvermögens *RDGEG* **3** 60 ff

Registrierte Personen *siehe auch* Vergütung der registrierten Personen
- Alt-Erlaubnisinhaber *RDGEG* **1** 56 ff, 59

Registrierter Rechtsbeistand
- als juristisch qualifizierte Person **6** 26

Registrierung *siehe auch* Widerrufsgrund; *siehe auch* Widerrufsverfahren
- Antragsprüfung bei juristischen Personen und Gesellschaften ohne Rechtspersönlichkeit 12 58 ff
- Antragsverfahren 10 61 ff
- Auflagen 10 64 ff
- Bedingungen 10 64 ff
- Bestandteile 16 4 f
- bundesweit 16 8 f
- Erbensucher 10 5
- konstitutive Wirkung 10 6, 62
- Meldeobliegenheit des Rechtsdienstleisters nach Registrierung 13 37 ff, 14 20 ff
- Tätigkeiten mit gemischtem Charakter 10 5
- Teilbereichsregistrierung 10 57 ff; *RDV* 1 1 ff
- Untersagung 9 21 f
- Versagung der Eintragung zu Unrecht 10 62
- Verzicht auf Registrierung 14 7
- vorübergehende Rechtsdienstleistungen 15 62 ff, 16 39

Registrierungsbehörde
- Zuständigkeit 13 5, 11 f, 19 5

Registrierungsfähige Personen *siehe auch* Persönliche Eignung; *siehe auch* Persönliche Zuverlässigkeit; *siehe auch* Praktische Sachkunde; *siehe auch* Theoretische Sachkunde
- Anstalten des öffentlichen Rechts 10 8
- ausländische Rechtsdienstleister 10 10 ff
- Berufsqualifikationsrichtlinie 10 11
- Berufsvereinigungen 10 8
- Genossenschaften 10 8
- genossenschaftliche Einrichtungen 10 8
- Gesellschaften ohne Rechtspersönlichkeit 10 7
- Interessenvereinigungen 10 8
- juristische Personen 10 7 f
- Körperschaften des öffentlichen Rechts 10 8
- natürliche Personen 10 7
- Rechtsanwälte 10 14 ff
- Rechtsdienstleistungen in einem ausländischen Recht 10 52
- Rechtsform des Rechtsdienstleisters 10 9
- Staatsangehörigkeit 10 10
- Stiftungen des öffentlichen Rechts 10 8
- Vereinigungen 10 8

Registrierungsfähige Rechtsdienstleistungen *siehe auch* Besondere Sachkunde
- Inkassodienstleistungen 10 18 ff
- Rechtsdienstleistung in einem ausländischen Recht 10 51 ff
- Rentenberatung 10 24 ff
- Teilbereichsregistrierung 10 57 ff

Registrierungsverfahren
- Alt-Erlaubnisinhaber, die nicht Mitglied in einer Rechtsanwaltskammer sind *RDGEG* 1 31 f
- Angaben zur qualifizierten Person 13 28
- Antrag 13 9
- Antragsinhalt 13 13 f; *RDV* 6 6 f
- Antragsteller 13 10
- bei Alt-Erlaubnisinhabern *RDV* 6 8
- bei juristischen Personen oder Gesellschaften ohne Rechtspersönlichkeit 13 10, 25 ff
- bei natürlichen Personen 13 10, 15 f
- Bestellung einer qualifizierten Person 13 24
- Bestellung einer weiteren qualifizierten Person 13 24
- fremdsprachige Dokumente *RDV* 6 10
- Meldeobliegenheit des Rechtsdienstleisters nach Registrierung 13 37 ff, 14 20 ff
- RDV 13 8, 35 f
- Schriftform *RDV* 6 1 ff
- Umfang der Antragsprüfung 13 29 ff
- Verordnungsermächtigung 13 8, 35 f; *RDV* **Vorbem. zu RDV 4**
- Verwaltungsverfahren 13 3, 35
- Zuständigkeit 13 5, 11 f

Registrierungsverfahren bei Alt-Erlaubnisinhabern
- Antrag *RDGEG* 1 71
- Auflagen *RDGEG* 1 70
- Bedingungen *RDGEG* 1 70
- Erlaubnisurkunde *RDGEG* 1 69
- Nachweis der Berufshaftpflichtversicherung *RDGEG* 1 69
- qualifizierte Person *RDGEG* 1 75 ff
- Registrierungshindernis *RDGEG* 1 81 ff
- Zuständigkeit *RDGEG* 1 71

Registrierungsvoraussetzungen
- Antragsprüfung 13 30 ff
- ausländische Rechtsdienstleister 12 49 f
- Berufshaftpflichtversicherung 12 51 ff, 13 33, 14 27 f
- persönliche Eignung 12 4 ff
- persönliche Zuverlässigkeit 12 14 ff

- praktische Sachkunde 12 47 f
- qualifizierte Person 12 54 ff, 13 24, 14 24 ff
- RDV 12 57, 65 f
- theoretische Sachkunde 12 39 ff
- Verordnungsermächtigung 12 57; RDV Vorbem. zu RDV 3

Reglementierte Ausbildung 15 18

Reglementierter Beruf 15 17

Rentenberater
- als juristisch qualifizierte Person 6 26
- Alt-Erlaubnisinhaber, die nicht Mitglied in einer Rechtsanwaltskammer sind RDGEG 1 16 ff
- Vergütung RDGEG 4 2 ff

Rentenberater/in
- Berufsbezeichnung 11 14 ff

Rentenberater auf dem Gebiet der betrieblichen Altersversorgung
- Bezeichnung RDGEG 1 65

Rentenberater in Versorgungssachen
- Bezeichnung RDGEG 1 65

Rentenberatung
- Alt-Erlaubnisinhaber RDGEG 1 2
- Arbeitsförderung 10 41 ff, 49
- Arbeitsrecht 10 45
- Beamtenversorgung 10 38; RDGEG 4 6
- Berufsbezeichnung 11 14 ff
- berufsständische Versorgung 10 37, 49; RDGEG 4 6
- besondere Sachkunde 11 7 ff
- betriebliche Versorgung 10 36; RDGEG 4 6
- Entwicklung des Berufsbildes RDGEG 1 8
- Gegenstand der Rentenberatung 10 24 ff; RDGEG 1 19, 4 6
- gerichtliche Vertretung 10 48 ff
- Gesellschaftsrecht 10 45
- gesetzliche Rentenversicherung 10 27; RDGEG 4 6
- gesetzliche Unfallversicherung 10 28; RDGEG 4 6
- Nachweis der theoretischen Sachkunde RDV 2 2 ff
- Nebenleistung 5 45a, 10 46
- private Altersversorgung 10 39 f; RDGEG 4 6
- Rechtsdienstleistungsregister 16 36
- Registrierung 10 24 ff
- Rentenberechnung 10 26
- Rentenbezug 10 32 f, 42 f
- Schwerbehindertenrecht 10 34; RDGEG 4 6
- soziales Entschädigungsrecht 10 29 f; RDGEG 4 6
- Sozialversicherungsrecht 10 31 ff; RDGEG 4 6
- Teilbereichsregistrierung RDV 1 2
- theoretische Sachkunde 12 40
- Versicherungsvermittlung 10 40
- Versorgungsausgleich 10 45
- Zivilrecht 10 45
- Zuwiderhandlungen 20 9

Rentenberechnung 10 26

Rentenbezug
- Rentenberatung 10 32 f, 42 f

Rentenversicherung
- Rentenberatung 10 27

Reparaturwerkstatt siehe Kfz-Werkstatt

Richter
- Anforderungen an Person des Gutachters 2 192

Richtermediation 2 206

Riester-Rente 10 39; RDGEG 4 6

Risikoausschluss bei Berufshaftpflichtversicherung RDV 5 15 f

Routineangelegenheiten
- Abgrenzung zur „rechtlichen Prüfung" iSd Legaldefinition Rechtsdienstleistung 2 22 f

Rundfunkanstalten
- Rechtsdienstleistungsbefugnis 8 34

Rundfunkfreiheit
- Rechtsaufklärung in den Medien 2 162 ff, 228 ff
- Schutzzweck des RDG 5 2

Rundschreiben mit juristischem Inhalt an Vereinsmitglieder/Geschäftspartner/andere Personen
- „Einzelfallprüfung", Legaldefinition Rechtsdienstleistung 2 24

Rürup-Rente 10 39; RDGEG 4 6

RVG siehe Rechtsanwaltsvergütungsgesetz (RVG)

Sachkunde, besondere
siehe Besondere Sachkunde

Sachkunde, praktische
siehe Praktische Sachkunde

Sachkunde, theoretische
siehe Theoretische Sachkunde

Sachkundelehrgang
- Adressaten RDV 4 2
- Aufsichtsarbeit RDV 4 20
- Dauer RDV 4 6
- Evaluierung der Lehrgangsanbieter RDV 4 21 f

- Inhalt *RDV* 4 3 ff
- Lehrgangsprüfung *RDV* 4 9 ff
- Lehrgangszeugnis *RDV* 4 18 ff
- Lehrkräfte *RDV* 4 7 f

Sachkundenachweis *siehe* Nachweis der praktischen Sachkunde; *siehe* Nachweis der theoretischen Sachkunde

Sachverständige
- Nebenleistung 5 84 ff

Sanierungen
- Banken/Sparkassen 5 53 ff
- Steuerberater 5 93
- Wirtschaftsprüfer 5 93

Schadensersatzforderungen, Einziehung
- Inkassozession 2 92, 133

Schadensregulierung *siehe auch* Verkehrsunfallschaden, Abwicklung
- und Haupttätigkeit 2 134

Schiedsgericht
- echtes 1 26 f
- unechtes 1 25

Schiedsgerichtsverfahren
- gerichtliche Rechtsdienstleistung 1 25 ff

Schiedsrichter 2 149, 201

Schlichtungsstellen 2 149, 198

Schlichtungsstelle nach VVG
- Rechtsdienstleistungsbefugnis 8 18

Schreiben einfacher Art *RDGEG* 4 92 ff

Schriftliche Prüfung iRv Sachkundelehrgang *RDV* 4 10 ff

Schuldenregulierung, gewerbliche 5 89 f, 10 5

Schuldnerberatung
- Nebenleistung 5 89 f

Schuldnerberatungsstelle 5 89 f; *RDGEG* 3 1

Schutz der Berufsbezeichnungen 11 14 ff

Schutz der Rechsuchenden
- Notwendigkeit und Umfang 1 39 ff

Schutz der Rechtsordnung
- Notwendigkeit und Umfang 1 51 f

Schutz des Rechtsverkehrs
- Inkassodienstleistungen 2 64, 67
- Notwendigkeit und Umfang 1 47 ff

Schutzzweck des RDG
- Schutz der Rechsuchenden 1 39 ff
- Schutz der Rechtsordnung 1 51 f
- Schutz des Rechtsverkehrs 1 47 ff
- Ziel des RDG 1 37 ff

Schwarze Sheriffs
- Schutz des Rechtsverkehrs 1 47

Schwerbehindertenrecht
- Rentenberatung 10 34; *RDGEG* 4 6

Schwerbehindertenvertretung
- Rechtsdienstleistung 2 202 ff

Selbständige Erbringung von außergerichtlichen Rechtsdienstleistungen
- Abgrenzung zu abhängiger Beschäftigung 3 22 ff

Selbstbehalt *RDV* 5 17 f

Selbststudium
- Anforderungen an Person des Gutachters 2 188

Sensible Daten
- Datenübermittlung 18 1
- Rechtsdienstleistungsregister 16 21 ff, 42 f

Service-Agent 2 114

Servicing-Agreement 2 114

Sicherungsabtretung 2 88, 111, 144

Societas Cooperativa Europaea (Mitgliederrechtsberatung)
- Rechtsdienstleistungsbefugnis 7 33

Soll-Auflage bei Inkassodienstleistern 10 75 ff

Sonderbeauftragter der BaFin
- Rechtsdienstleistungsbefugnis 8 19

Sonderregelungen
- Vorrang gegenüber RDG 1 53 f, 3 27

Sonstiger Vollerwerb einer Forderung
- Inkassodienstleistungen, Gesetzgebungsverfahren 2 67 ff

Soziales Entschädigungsrecht
- Rentenberatung 10 29 f; *RDGEG* 4 6

Sozialrecht *RDGEG* 1 17

Sozialrechtliche Angelegenheiten
- gerichtliche Vertretung durch Alt-Erlaubnisinhaber *RDGEG* 3 24 ff, 39
- Vergütung *RDGEG* 4 96 ff

Sozialversicherungsrecht
- Rechtsbeistand für *RDGEG* 1 17
- Rentenberatung 10 31 ff; *RDGEG* 4 6

Sozietät mit Angehörigen „vereinbarer Berufe" *BRAO* 59a 1 f

Sparkasse *siehe* Banken

Special-Purpose-Vehicle (SPV) 2 113

Spediteur
- Berufs- und Tätigkeitsbild 5 28

Speicherung von Daten 18 6

Sperrung von Daten 16 69, 17 4

Spielerberater
- Berufs- und Tätigkeitsbild 5 30 ff, 91

Stichwortverzeichnis

Spitzenverbände (Mitgliederrechtsberatung)
- Rechtsdienstleistungsbefugnis 7 35

Sportler, Vermittlung von
- Tätigkeit als Rechtsdienstleistung 2 21, 5 91

Sprachkenntnisse, fehlende
- als Untersagungsgrund bei vorübergehender Rechtsdienstleistung 15 84 ff

Staatsangehörigkeit
- Registrierungsfähigkeit 10 10

Stadtplaner
- Berufs- und Tätigkeitsbild 5 25, 48

Stellvertreter
- Tätigkeit als Rechtsdienstleistung 2 39 ff

Sternsozietät *BRAO* 59a 3 ff

Steuerberater
- als juristisch qualifizierte Person 6 26
- Befugnis zur Erbringung außergerichtlicher Rechtsdienstleistung 3 47
- Haus- und Wohnungsverwaltung 5 94
- Nebenleistung 5 38, 92 ff
- Rechtskenntnisse 5 41 f
- Testamentsentwurf 5 95
- Testamentsvollstreckung 5 96, 108 ff
- Umstrukturierungsberatung 5 93
- Unterhaltsberechnungen 5 95
- Vertragsentwürfe 5 95

Steuerrecht
- Alt-Erlaubnisinhaber *RDGEG* 1 66
- ausländisches 15 10; *RDV* 1 5
- Teilbereichsregistrierung 10 59, 11 12; *RDV* 1 5

Stiftungen des öffentlichen Rechts
- Rechtsdienstleistungsbefugnis 8 35
- Registrierungsfähigkeit 10 8

Strafrechtliche Angelegenheiten
- gerichtliche Vertretung durch Alt-Erlaubnisinhaber *RDGEG* 3 33 ff

Strafverfahren
- gerichtliche Rechtsdienstleistung 1 23 f

Stromanbieter
- Tätigkeit als Rechtsdienstleistung 2 40

Studentenschaften 8 47

Subunternehmer 5 12

Subventionsberatung
- Nebenleistung 5 97

Suchkriterien einer Abfrage 16 62; *RDV* 8 2 ff

Supranationales Recht
- Rechtsdienstleistungen in einem ausländischen Recht 10 54

Tage- und Abwesenheitsgeld *RDGEG* 4 142 ff

„Tätigkeit", Legaldefinition Rechtsdienstleistung
- jede 2 12 f

Tätigkeiten auf rein wirtschaftlichem Gebiet
- Abgrenzung zur „rechtlichen Prüfung" iSd Legaldefinition Rechtsdienstleistung 2 17 ff, 40

Technisches Gutachten 2 171

Technische Überwachungsvereine
- Rechtsdienstleistungsbefugnis 8 36

Teilbereichsregistrierung
- besondere Sachkunde 11 10, 12
- gewerblicher Rechtsschutz *RDV* 1 4
- Inkassodienstleistungen *RDV* 1 2
- materielle Abgrenzbarkeit der Teilbereiche 16 37
- Nachweis der theoretischen Sachkunde *RDV* 2 18
- Rechtsdienstleistung in einem ausländischen Recht 10 59; *RDV* 1 3 ff
- Rentenberatung *RDV* 1 2
- Steuerrecht *RDV* 1 5
- Verordnungsermächtigung 10 57; *RDV* Vorbem. zu RDV 2

Teilerlaubnis
- für Bürgerliches Recht, für Handels- und Gesellschaftsrecht und für Wirtschaftsrecht *RDGEG* 1 42

Telefonaktionen
- Rechtsaufklärung in den Medien 2 160, 231

Telefon-Hotlines
- Tätigkeit als Rechtsdienstleistung 2 45 f, 5 14

Telefonnummer
- Rechtsdienstleistungsregister 16 31; *RDV* 6 9

Telekommunikationsanlagen, Beratung bzgl Einsatz und Optimierung
- Tätigkeit als Rechtsdienstleistung 2 20

Telekommunikationsdienste
- grenzüberschreitende Leistungen 15 37 ff

Telemedien 15 34 ff

Testamentsentwurf
- Rechtskenntnisse 5 42, 46
- Steuerberater 5 95

Testamentsvollstrecker
- Rechtsdienstleistungsbefugnis 8 25
- Rechtsdienstleistungsregister 16 28

Testamentsvollstreckung
- Banken 4 10 ff, 5 6, 56, 108 ff
- stets erlaubte Nebenleistung 5 108 ff
- Steuerberater/Wirtschaftsprüfer 5 96, 108 ff

Theoretische Sachkunde
- Antragsprüfung bei juristischen Personen und Gesellschaften ohne Rechtspersönlichkeit 12 58 ff
- Inkassodienstleistungen 12 39
- Nachweis 12 42 ff, 49 f
- qualifizierte Person 12 54 ff
- Rechtsdienstleistungen im ausländischen Recht 12 41
- Rentenberatung 12 40
- Sachkundelehrgang *RDV* 4 1 ff

Tod der registrierten Person
- Löschung von Veröffentlichungen 17 11

Träger der freien Jugendhilfe
- erforderliche Qualifikation und Ausstattung 8 72 ff
- Rechtsdienstleistungsbefugnis 8 69

Transparenz des Rechtsdienstleistungsmarktes 16 6 ff

Treuhänder bei Pfandbriefbanken
- Rechtsdienstleistungsbefugnis 8 20

Treuhandtätigkeit
- bei rechtlicher Abwicklung eines Grundstückserwerbs iRv Bauträgermodell 2 34 ff
- „fremde" Rechtsangelegenheit 2 50

True Sale 2 117

Übergangsvorschrift
- Antrag nach dem RBerG *RDGEG* 7 1

Übertragung der Einziehung von Vergütungsforderungen *siehe* Vergütungsforderungen, Abtretung bzw Übertragung ihrer Einziehung

Überwachung
- der anzuleitenden Person 6 34 ff
- des Notars *BNotO* 27 1, 93 1

Umsatzsteuer auf Vergütung *RDGEG* 4 149

Umschuldungsberatung
- Banken/Sparkassen 5 53 ff
- Schuldnerberatung 5 89
- Steuerberater 5 93
- Wirtschaftsprüfer 5 93

Umstrukturierungsberatung
- Steuerberater/Wirtschaftsprüfer 5 93

Unechtes Factoring 2 103 ff, 122 f, 137, 5 68

Unechtes Schiedsgericht 1 25

Unentgeltliche Beratung durch Rechtsanwalt 6 42 ff

Unentgeltliche Rechtsdienstleistungen
siehe auch Juristisch qualifizierte Person
- außerhalb des persönlichen Nähebereichs 6 24 ff
- Bekanntenkreis 6 22 f
- Beratung durch gewerblichen Pflegedienst 6 13
- Beratungsfehler 6 39
- Beteiligung einer juristisch qualifizierten Person 6 24 ff
- Entstehungsgeschichte 6 5 ff
- Familienangehörige 6 19
- gerichtliche Vertretung 6 45 ff
- innerhalb des persönlichen Nähebereichs 6 16 ff, 9 26
- Nachbarn 6 20 f
- Stärkung altruistisches bürgerschaftliches Engagement 6 3
- Unanwendbarkeit des RVG *RDGEG* 4 16
- unter Anleitung 6 28 ff
- Untersagung 6 40 f, 9 10
- Untersagungsbefugnis 9 4, 26

Unfallschadensmanagement
- Rechtskenntnisse 5 43

Unfallschadensregulierung *siehe* Verkehrsunfallschaden, Abwicklung

Unfallschutzverbände
- Rechtsdienstleistungsbefugnis 7 27

Unfallversicherung
- Rentenberatung 10 28

Ungeordnete Vermögensverhältnisse
- Definition 12 27 f
- keine Gefährdung von Vermögensinteressen trotz Vermögensverfalls 12 29 ff
- Unzuverlässigkeit 12 27 f
- Widerrufsgrund 14 18

Unlauterer Wettbewerb
- RDG als Verbotsgesetz mit Erlaubnisvorbehalt 1 10

Unqualifizierte Rechtsdienstleistungen
- Untersagungsgrund bei vorübergehender Rechtsdienstleistung 15 73, 81 ff

Unterhaltsberechnungen
- Steuerberater 5 95

Unterhaltungsinteresse der Allgemeinheit
- Rechtsaufklärung in den Medien 2 165 f, 5 83

Unternehmensberater
- Existenzgründung 5 98

Stichwortverzeichnis

- Nebenleistung 5 97 ff
- Prüfung eines Insolvenzgrundes 5 100
- Suche und Auswahl eines Geschäftsführers 5 101

Unternehmenskauf bzw -verkauf
- erlaubnisfreie Nebenleistung 5 38

Unternehmensnachfolge
- Beratung durch Unternehmensberater 5 102
- Nebenleistung 5 46

Untersagung der unentgeltlichen Rechtsdienstleistung 6 40 f, 9 10

Untersagungsverfahren
- Zuständigkeit 9 13 f

Untersagung von Rechtsdienstleistungen
- Adressaten, denen die Rechtsdienstleistungsbefugnis untersagt werden kann 9 4 ff
- Bekanntmachung im Rechtsdienstleistungsregister 9 23 ff, 16 12
- Dauer 9 18 f
- dauerhaft unqualifizierte Rechtsdienstleistung 9 7 f
- Ermessensentscheidung 9 17 f
- keine Auswirkungen auf unentgeltliche Rechtsberatung im Familien- und Bekanntenkreis 9 26
- keine selbständige Prüfung zur Eignung von Personen und Einrichtungen 9 15 f
- mangelnde Ausstattung und Qualifikation als Untersagungsgrund 9 9 ff
- Normzweck 9 1 ff
- Rechtsschutz 9 20
- Registrierung 9 21 f
- Sofortvollzug der Unterlassungsverfügung 16 43
- Umfang 9 17
- Untersagungsbefugnis 9 4 ff
- zum Nachteil der Rechtsuchenden oder des Rechtsverkehrs 9 12

Untersagung vorübergehender Rechtsdienstleistung
- einzelne Fehlleistungen 15 76
- Ermessensentscheidung 15 79
- fehlende Befugnis zur Erbringung der Rechtsdienstleistung im Niederlassungsstaat 15 81 ff
- fehlende Sprachkenntnisse 15 84 ff
- Führen einer falschen Berufsbezeichnung 15 89
- Nachweis des Untersagungsgrundes 15 78
- Prognoseentscheidung 15 75
- Regelfälle unqualifizierter Rechtsdienstleistungen 15 81 ff

- Untersagungsgrund 15 73
- Zuständigkeit 15 72
- Zuwiderhandlung 15 74, 20 12 ff

Unvereinbarkeit mit einer anderen Leistungspflicht
- Anlagevertrieb 4 22 f
- Architekt 4 9
- Banken 4 10 ff, 5 57, 110 ff
- Haftpflichtversicherer 4 6 f
- Haus- und Wohnungsverwalter 4 8
- Interessenkollision/Verbot der Vertretung widerstreitender Interessen 4 13 ff
- Rechtsschutzversicherer 4 2 ff, 5 104
- Sparkassen 5 110 ff
- Tätigkeit im Anschluss an Verkehrsunfälle 4 19 ff, 5 74
- Versicherungsvertrieb 4 22 f
- Versicherungswirtschaft 5 103 ff

Unzuverlässigkeit *siehe auch* Persönliche Zuverlässigkeit
- Registrierungsvoraussetzungen 12 14 f
- Widerrufsgrund 14 15 ff

Verbot der Vertretung widerstreitender Interessen
- Unvereinbarkeit mit einer anderen Leistungspflicht 4 13 ff

Verbotsgesetz mit Erlaubnisvorbehalt 1 7 ff, 2 31, 77, 3 1, 15 ff, 5 1

Verbotsmodell
- präventives 3 7, 13
- Vor- und Nachteile 3 2 ff

Verbraucherinsolvenzverfahren
- Nebenleistung 5 90

Verbraucherschutz
- Inkassodienstleistungen 2 64, 67
- Mediation 2 220
- Verbots- bzw Informationsmodell 3 2 ff, 15 ff

Verbraucherverbände
- erforderliche Qualifikation und Ausstattung 8 73 f
- gerichtliche Vertretung 8 59
- Rechtsdienstleistungsbefugnis 8 56 f
- Untersagungsbefugnis 9 4

Verbraucherzentralen
- erforderliche Qualifikation und Ausstattung 8 73 f
- gerichtliche Vertretung 8 59
- Rechtsdienstleistungsbefugnis 8 55
- Untersagungsbefugnis 9 4

Verbundene Unternehmen
- Erledigung von Rechtsangelegenheiten innerhalb 2 233 ff

- Erledigung von Rechtsangelegenheiten innerhalb verbundener Unternehmen 2 167

Vereidigter Buchprüfer 5 97

Vereidigter Versteigerer
- als juristisch qualifizierte Person 6 26
- Entwicklung des Berufsbildes RDGEG 1 9 f
- Nebenleistung 5 11, 62, 10 2
- registrierte Erlaubnisinhaber 10 2; RDGEG 1 22, 61

Verein
- Rechtsdienstleistungsbefugnis 7 14

Vereinbarte Vergütungen *siehe auch* Erfolgshonorar
- Angemessenheit RDGEG 4 169 ff
- Formvorschriften RDGEG 4 162 ff
- geringere Vergütung RDGEG 4 155 ff
- Mindestgebühren RDGEG 4 166 ff
- Sittenwidrigkeit RDGEG 4 172

Verein der Kreditgeschädigten
- Rechtsdienstleistungsbefugnis 7 16

Vereinfachtes Registrierungsverfahren
- Alt-Erlaubnisinhaber, die nicht Mitglied in einer Rechtsanwaltskammer sind RDGEG 1 31 f

Vereinigungen (Mitgliederrechtsberatung)
- Aktiengesellschaft 7 18
- Auslegung 7 19 f
- Begriff 7 13, 19 f
- GbR 7 15
- GmbH 7 18
- Größe 7 28 f
- Kommanditgesellschaft 7 17
- offene Handelsgesellschaft 7 17
- rechtsfähiger und nicht rechtsfähiger Verein 7 14
- Rechtsform 7 19
- Registrierungsfähigkeit 10 8
- Sicherung der Rechtsdienstleistungsqualität 7 29, 53 ff
- Zusammenschlüsse von Vereinigungen 7 30

Verfahrensordnungen *siehe* Prozessordnungen

Verfassungsrechtliche Vorgaben
- RDG 5 1 ff

Verfolgungsbehörden bei Ordnungswidrigkeiten 20 25

Vergaberecht, Verfahren im
- gerichtliche Rechtsdienstleistung 1 32 f

Vergleichbarer Beruf 15 14

Vergütung der registrierten Personen *siehe auch* Rechtsanwaltsvergütungsgesetz (RVG)
- betroffene Vergütungsbereiche RDGEG 4 19 ff
- Kammerrechtsbeistand RDGEG 4 1, 10
- registrierte Erlaubnisinhaber nach § 1 RDGEG RDGEG 4 9 ff
- Rentenberater RDGEG 4 2 ff

Vergütungsforderungen, Abtretung bzw Übertragung ihrer Einziehung
- mit Einwilligung des Mandanten BRAO 49b 8 ff
- nach rechtskräftiger Feststellung der Forderung BRAO 49b 12
- ohne Einwilligung des Mandanten BRAO 49b 1 ff
- Verschwiegenheitspflicht BRAO 49b 13

Vergütungsvereinbarung RDGEG 4 23

Verhältnismäßigkeit
- Eingriffsnorm 5 2

Verhältnismäßigkeitsprüfung
- Widerrufsverfahren 14 13 f, 34

Verhandlungsmanagement
- Mediation 2 154

Veritätshaftung 2 119

Verjährung
- Ordnungswidrigkeitenrecht 20 23
- Vollstreckungsverjährung 20 24

Verkammerter Rechtsbeistand *siehe* Kammerrechtsbeistand

Verkehrsunfall *siehe* Kfz-Werkstatt

Verkehrsunfallschaden, Abwicklung
- Tätigkeit als Rechtsdienstleistung 2 17, 40, 42 ff, 5 69 ff

Verlängerter Eigentumsvorbehalt
- Forderungseinzug aufgrund Inkassoermächtigung 2 88

Vermittlungsmakler
- Nebenleistung 5 75

Vermittlung von Sportlern
- Tätigkeit als Rechtsdienstleistung 2 21, 5 91

Vermögensanlagen, Beratung durch Finanzdienstleister und Banken
- Nebendienstleistung 5 56
- Tätigkeit als Rechtsdienstleistung 2 19

Vermögensnachfolge
- Nebenleistung 5 46

Vermögensverwaltung
- Nebenleistung 5 45 f

Stichwortverzeichnis

Verordnungsermächtigung
- Datenübermittlung 18 17
- im RDG RDV Vorbem. zu RDV 1 ff
- Registrierungsverfahren 13 8, 35 f; RDV Vorbem. zu RDV 4
- Registrierungsvoraussetzungen 12 57; RDV Vorbem. zu RDV 3
- Teilbereichsregistrierung 10 57; RDV Vorbem. zu RDV 2

Verrechnungsstellen 2 69, 99, 107 ff, 5 64

Verrichtungsgehilfe
- Versicherungsschutz RDV 5 9

Verschwiegenheitspflicht BRAO 49b 13, 59a 8

Versicherungsagent
- Nebenleistung 5 77

Versicherungsberater
- Abgrenzung zu Versicherungsvermittler RDGEG 2 3
- Abgrenzung zu Versicherungsvertreter RDGEG 2 3
- als juristisch qualifizierte Person 6 26
- Alt-Erlaubnisinhaber RDGEG 2 17 f
- Aufzeichnungspflichten RDGEG 2 14 ff
- Berufshaftpflichtversicherung RDGEG 2 12
- Berufs- und Tätigkeitsbild 5 28, 105
- erlaubnispflichtig 10 3
- Erlaubnisvoraussetzungen RDGEG 2 12
- Nebenleistung 5 11, 105
- Neuregelung der Versicherungsberatung RDGEG 2 5 ff
- Provisionsannahmeverbot RDGEG 2 5, 13
- Sachkundenachweis RDGEG 2 12
- Vorrang von Sonderregelungen gegenüber RDG 3 59; RDGEG 2 10 ff
- zuständige Erlaubnisbehörde RDGEG 2 11

Versicherungsberatung
- Nebenleistung 5 45a

Versicherungsmakler
- Nebenleistung 5 77
- Vorrang von Sonderregelungen gegenüber RDG 3 58, 5 77

Versicherungsvermittler
- Berufs- und Tätigkeitsbild 5 28

Versicherungsvermittlung
- Rentenberatung 10 40
- Vorrang von Sonderregelungen gegenüber RDG 1 54, 3 28, 5 77

Versicherungsvermittlungsverordnung (VersVermV) RDGEG 2 14

Versicherungsvertreter
- Nebenleistung 5 77

Versicherungsvertrieb
- Interessenkollision 4 22 f

Versorgungsausgleich
- Rentenberatung 10 45

Versteigerer, vereidigter *siehe* Vereidigter Versteigerer

Verteidiger im Strafverfahren 1 23

Vertragsanbahnung
- erlaubnisfreie Nebentätigkeit 5 20, 22

Vertragsentwürfe
- Steuerberater/Wirtschaftsprüfer 5 95

Vertreter eines Minderjährigen
- Tätigkeit als Rechtsdienstleistung 2 52

Vertretung, RVG RDGEG 4 84 ff

Verurteilung, rechtskräftige
- Unzuverlässigkeit 12 20 ff
- Widerrufsgrund 14 17

Verwaltungsrechtliche Angelegenheiten
- gerichtliche Vertretung durch Alt-Erlaubnisinhaber RDGEG 3 27 ff, 39

Verwaltungsverfahren
- Registrierungsverfahren 13 3, 35

Verwechslungsfähige Berufsbezeichnungen 11 16 ff, 15 69 f, 16 39

Verzicht auf Registrierung 14 7

Verzicht der registrierten Personen
- Löschung von Veröffentlichungen 17 8 ff

Vollabtretung von Forderungen
- Inkassodienstleistungen, frühere Rechtslage 2 57

Vollerlaubnis zur Rechtsberatung RDGEG 1 11, 30, 42

Volljurist
- als juristisch qualifizierte Person 6 25
- Informationsmodell 3 4
- Rechtsprechung des BVerfG zur Definition des Tätigkeitsfeldes von Inkassounternehmen 2 77
- unentgeltliche Rechtsberatung 1 2
- unentgeltliche Rechtsdienstleistung 3 35

Vollmacht *siehe* Gerichtliche Vertretung; *siehe* Mangel der Vollmacht, Diplom-Juristen aus dem Beitrittsgebiet; *siehe* Prozessordnungen

Voll-Rechtsbeistand
- Alt-Erlaubnisinhaber, die nicht Mitglied in einer Rechtsanwaltskammer sind RDGEG 1 12, 30, 61
- Schließung des Berufs RDGEG 1 42 f

Vorfinanzierung 2 96

Vorläufiger Insolvenzverwalter
- Rechtsdienstleistungsbefugnis 8 21 f

Vormund für Minderjährige
- keine „fremde" Rechtsangelegenheit 2 52
- Rechtsdienstleistungsbefugnis 8 23

Vorname
- Rechtsdienstleistungsregister 16 27 ff, 44

Vorsorgevollmacht, Errichtung durch Betreuungsvereine
- Vorrang von Sonderregelungen gegenüber RDG 1 54, 3 29, 57

Vorstand einer AG
- Tätigkeit als Rechtsdienstleistung 2 52

Vorübergehende Rechtsdienstleistungen
siehe auch Grenzüberschreitende Leistungen; *siehe auch* Meldepflicht europäischer Rechtsdienstleister; *siehe auch* Untersagung vorübergehender Rechtsdienstleistung
- ausländischer gewerblicher Rechtsschutz 15 11
- ausländisches Steuerrecht 15 10
- Auslandssitz des Gläubigers 15 42
- Berufsbezeichnung 15 57, 66 ff, 16 39
- Berufshaftpflicht 15 56
- Berufsqualifikationsrichtlinie 15 3 ff
- Bestimmungslandprinzip 15 7, 44
- Dienstleistungsfreiheit 15 3 f, 8 ff
- europäische Rechtsanwälte 15 9
- grenzüberschreitende Leistungen 15 32 ff
- Herkunftslandprinzip 15 7
- Inlandstätigkeiten 15 30 ff
- Kostenfreiheit der Registrierung 15 65
- Kriterien „vorübergehender" Tätigkeit 15 23 ff
- Meldung 15 45 ff
- Mitteilung über Veränderungen 15 58
- Niederlassung in einem EU-Mitgliedstaat 15 12
- Rechtsdienstleistungsregister 16 39
- Registrierung 15 62 ff, 16 39
- reglementierte Ausbildung 15 18
- reglementierter Beruf 15 17
- Sprachkenntnisse 15 84 ff
- Staatangehörigkeit 15 13
- Umfang der Befugnisse 15 43 f
- unqualifizierte Rechtsdienstleistungen 15 73 ff
- Untersagung der weiteren Erbringung 15 72 ff
- vergleichbarer Beruf 15 14

Vorübergehende Tätigkeiten, ausländische Rechtsdienstleister
- Registrierungsfähigkeit 10 12

Werkstatt *siehe* Kfz-Werkstatt

Wertgebühren RDGEG 4 29

Widerrufsbehörde
- Zuständigkeit 14 9 f

Widerrufsbescheid
- Löschung der Registerdaten nach Bestandskraft 14 45
- Rechtsmittel gegen 14 43 f

Widerrufsgrund
- Alt-Erlaubnisinhaber RDGEG 1 81 ff
- Ausscheiden der einzigen qualifizierten Person 14 36 f
- beharrliche Verletzung von Mitteilungspflichten 14 20 ff
- dauerhaft unqualifizierte Rechtsdienstleistung 14 29 ff
- fehlende Berufshaftpflichtversicherung 14 27 f
- fehlende persönliche Eignung 14 15 ff
- fehlende persönliche Zuverlässigkeit 14 15 ff
- Kenntnis der Registrierungsbehörde 14 3
- strafrechtliche Verurteilung 14 17
- ungeordnete Vermögensverhältnisse 14 18
- zurückliegender Widerruf der Registrierung 14 19; RDGEG 1 83
- zwingende Widerrufsgründe 14 3

Widerrufsverfahren
- Abwicklungsfrist 14 42, 47
- Feststellen der Widerrufsgründe 14 11 f
- Kenntnis der Registrierungsbehörde von Widerrufsgründen 14 3
- Löschung der Registerdaten 14 45
- Missachtung des Widerrufs 14 46 f
- rechtliches Gehör 14 4, 13
- Rechtsfolgen des Widerrufs 14 42 ff
- Rechtsmittel gegen Widerrufsbescheid 14 43 f
- Verhältnismäßigkeitsprüfung 14 13 f, 34
- Verzicht auf Registrierung 14 7
- zuständige Widerrufsbehörde 14 9 f

Stichwortverzeichnis

Widerspruch
- gegen Ablehnung der Berichtigung 16 66
- gegen Erhebung, Verarbeitung oder Nutzung von personenbezogenen Daten 16 67
- schriftliche Belehrung über Widerspruchsrecht 16 4

Wirtschaftsberatung 10 5

Wirtschaftsprüfer
- als juristisch qualifizierte Person 6 26
- Befugnis zur Erbringung außergerichtlicher Rechtsdienstleistung 3 48
- Nebenleistung 5 38, 92 ff
- Rechtskenntnisse 5 41 f
- Testamentsvollstreckung 5 96, 108 ff
- Umstrukturierungsberatung 5 93
- Vertragsentwürfe 5 95

Wissenschaftliche Gutachten, Erstattung
- Abgrenzung vom (juristischen) Rat 2 181 ff
- Gefälligkeitsgutachten 2 179
- Gutachten 2 173
- Person des Gutachters 2 185 ff
- Rechtsdienstleistung 2 149, 171 ff
- Rechtsgutachten 2 171
- Schiedsgutachten 2 183
- Wissenschaftlichkeit 2 174 ff

Wohlfahrtsverbände
- erforderliche Qualifikation und Ausstattung 8 72 ff
- Rechtsdienstleistungsbefugnis 8 62 ff
- Untersagungsbefugnis 9 4, 16 48

Wohnungseigentumsverwalter
- Forderungseinzug aufgrund Inkassoermächtigung 2 88
- Rechtsdienstleistungsbefugnis 8 26

Wohnungsverwaltung *siehe* Haus- und Wohnungsverwaltung

Zeitschriftenredaktion
- Aufforderung an Leser zur Fallschilderung 2 166

Zentralregister 16 56

Zentralwohlfahrtsstelle der Juden in Deutschland 8 66

Zeugenbeistand
- gerichtliche Rechtsdienstleistung 1 29 ff

Zeugnis
- fremdsprachliche *RDV* 2 19
- Lehrgangszeugnis iRv Sachkundelehrgang *RDV* 4 18 ff
- Nachweis der praktischen Sachkunde *RDV* 3 4 f
- Nachweis der theoretischen Sachkunde 12 42 ff; *RDV* 2 1 ff

Zivilrechtliche Angelegenheiten
- gerichtliche Vertretung durch Alt-Erlaubnisinhaber *RDGEG* 3 14 ff, 39
- Vergütung *RDGEG* 4 118 ff

Zu Einziehungszwecken abgetretene Forderungen
- Inkassodienstleistungen, Begriff 2 79

Zugehörigkeit zu der anderen Tätigkeit, erlaubnisfreie Nebentätigkeit
- Berufs- oder Tätigkeitsbild 5 24 ff, 107
- objektives Tatbestandsmerkmal 5 23

Zulassungsdaten *siehe* Bekanntmachung der registrierten Rechtssubjekte (Zulassungsdaten)

Zurückweisung registrierter Erlaubnisinhaber
- Schutzbestimmungen für den Fall der Zurückweisung *RDGEG* 3 63 ff
- Zurückweisungsgründe *RDGEG* 3 57 ff

Zusammenhang mit einer anderen Tätigkeit *siehe* Rechtsdienstleistungen „im Zusammenhang mit einer anderen Tätigkeit"

Zuständigkeit
- funktionelle 19 1
- Registrierungsbehörde 13 5, 11 f, 19 5
- Registrierungsverfahren bei Alt-Erlaubnisinhabern *RDGEG* 1 71
- Untersagungsverfahren 9 13 f
- Untersagung vorübergehender Rechtsdienstleistung 15 72
- Verfolgungsbehörden bei Ordnungswidrigkeiten 20 25
- Widerrufsbehörde 14 9 f

Zuverlässigkeit, persönliche *siehe* Persönliche Zuverlässigkeit

Zuwiderhandlungen *siehe* Ordnungswidrigkeiten

Zwangsversteigerungstermin
- Vertretung von Banken durch externe Personen 2 41

Zwangsversteigerungsverfahren
- Vergütung *RDGEG* 4 122 ff

Zwangsverwalter
- Rechtsdienstleistungsbefugnis 8 8

Zwangsverwaltungsverfahren
- Vergütung *RDGEG* 4 122 ff

461

Zwangsvollstreckungsverfahren
- gerichtliche Rechtsdienstleistung 1 34 f
- Inkassodienstleistungen 10 22
- Vergütung RDGEG 4 119

Zwangszusammenschlüsse, öffentlich-rechtliche (Mitgliederrechtsberatung)
- Rechtsdienstleistungsbefugnis 7 37

Zweckgesellschaft 2 113

Zweigstellen im Ausland
- Rechtsdienstleistungsregister 16 35

Zweitberuf
- Interessenkollision 12 13
- Kammerrechtsbeistand RDGEG 1 55
- Rechtsanwalt 10 14